HANDBUCH DER ARCHÄOLOGIE

Im Rahmen des Handbuchs der Altertumswissenschaft.
Begründet von Walter Otto, fortgeführt von Reinhard Herbig,
neu herausgegeben von Ulrich Hausmann

RÖMISCHE SARKOPHAGE

VON

GUNTRAM KOCH
UND HELLMUT SICHTERMANN

mit einem Beitrag
von
Friederike Sinn-Henninger

C. H. BECK'SCHE VERLAGSBUCHHANDLUNG
MÜNCHEN

Mit 25 Abbildungen im Text
und 599 Abbildungen auf 160 Tafeln

CIP-Kurztitelaufnahme der Deutschen Bibliothek

Handbuch der Archäologie: im Rahmen d. Handbuchs
der Altertumswissenschaft / begr. von Walter Otto.
Fortgef. von Reinhard Herbig. Neu hrsg. von
Ulrich Hausmann. – München : Beck
NE: Otto, Walter [Begr.]; Hausmann Ulrich [Hrsg.]
→ Koch, Guntram: Römische Sarkophage

Koch, Guntram:
Römische Sarkophage / von Guntram Koch u. Hellmut
Sichtermann. Mit e. Beitr. von Friederike Sinn-
Henninger. – München : Beck, 1982.
    (Handbuch der Archäologie)
    ISBN 3 406 08709 4

NE: Sichtermann, Hellmut:

ISBN 3 406 08709 4

© C. H. Beck'sche Verlagsbuchhandlung (Oscar Beck) München 1982
Satz und Druck: Georg Appl Wemding
Printed in Germany

Zum Gedächtnis an

Friedrich Matz d. Ält.
Carl Robert
Gerhart Rodenwaldt
Friedrich Matz

INHALTSVERZEICHNIS

Vorwort des Herausgebers XIII

Vorwort XVII

Verzeichnis der Textabbildungen XIX

Verzeichnis der Tafelabbildungen XX

Abkürzungen XXXI

A. EINLEITUNG (H. S.)

1. Die Sarkophage als römische Kunstwerke 3
2. Geschichte der Erforschung 6
3. Form. Material. Soziologisches 20
4. Zur Terminologie 23
5. Inschriften auf Sarkophagen 25
6. Verbrennung. Beisetzung. Bestattung 27

B. DIE SARKOPHAGKUNST DER RÖMISCHEN KAISERZEIT

Allgemeines (G. K.) 33

I. Stadtrömische Urnen, Klinenmonumente und Sarkophage

Allgemeines (G. K.) 35

1. Die frühen Sarkophage (G. K.) 36
2. Urnen (Friederike Sinn – Henninger) 41
3. Klinenmonumente (G. K.) 58
4. Die Sarkophage des 2. bis 4. Jhs. n. Chr.
   Allgemeines (G. K.) 61
   4.1. Formen (H. S.) 62. – 1. Langseiten 63. – 2. Nebenseiten. Rückseiten. Innenseiten 64. – 3. Deckel 66. – 4. Kastensarkophage 72. – 5. Riefelsarkophage 73. – 6. Säulensarkophage 76. – 7. Lenoi. Wannensarkophage 80. – 8. Sonderformen. Scheinsarkophage 82. – 9. Fragmente 84.

4.2. Technisches (H. S.) 1. Technik der Herstellung 84. – 2. Farbigkeit 86
4.3. Themen
    Allgemeines (H. S) 88
    4.3.1 Menschenleben: 1. Schlacht (H.S.) 90. – 2. Jagd (G.K.) 92. – 3. Hochzeit. Processus Consularis (H.S.) 97. – 4. Feldherren (H.S.) 106. – 5. Lebenslauf (G.K.) 107. – 6. Mahl. Toter auf der Kline (G.K.) 109. – 7. Wagenfahrt. Aufzüge. Amtshandlungen. Opfer (H.S.) 114. – 8. Bukolik. Landleben (H.S.) 116. – 9. Berufe (G.K.) 121. – 10. Schauspieler (G.K.) 122. – 11. Wagenrennen. Wettkämpfe (H.S.) 123. – 12. Schiffahrt (H.S.) 124. – 13. Sonstiges (G.K.) 126.
    4.3.2. Mythologische Themen: 1. Achill (G.K.) 127. – 2. Adonis (G.K.) 131. – 3. Aeneas (G.K.) 134. – 4. Aktaion (G.K.) 135. – 5. Alkestis (G.K.) 136. – 6. Amazonen (G.K.) 138. – 7. Apollon (H.S.) 141. – 8. Ares und Aphrodite (H.S.) 142. – 9. Bellerophon (H.S.) 143. – 10. Daidalos (H.S.) 143. – 11. Dioskuren (H.S.) 144. – 12. Endymion (H.S.) 144. – 13. Ganymed (H.S.) 146. – 14. Giganten (H.S.) 147. – 15. Grazien (H.S.) 147. – 16. Herakles (H.S.) 148. – 17. Hippolytos (G.K.) 150. – 18. Jason (H.S.) 153. – 19. Iliupersis (H.S.) 154. – 20. Kentauren (H.S.) 155. – 21. Kleobis und Biton (H.S.) 156. – 22. Leda (H.S.) 156. – 23. Leukippiden (H.S.) 157. – 24. Marsyas (H.S.) 158. – 25. Medea (H.S.) 159. – 26. Meleager (G.K.) 161. – 27. Narkissos (H.S.) 167. – 28. Neoptolemos (H.S.) 167. – 29. Nike (H.S.) 168. – 30. Niobiden (H.S.) 169. – 31. Odysseus (H.S.) 169. – 32. Oidipus (H.S.) 170. – 33. Orest (H.S.) 170. – 34. Orpheus (H.S.) 172. – 35. Parisurteil (H.S.) 172. – 36. Peleus und Thetis (H.S.) 173. – 37. Pelops (G.K.) 174. – 38. Persephone (G.K.) 175. – 39. Perseus (G.K.) 180. – 40. Phaethon (G.K.) 180. – 41. Prometheus (H.S.) 183. – 42. Protesilaos (H.S.) 184. – 43. Rhea Silvia (H.S.) 184. – 44. Romulus und Remus (H.S.) 185. – 45. Raub der Sabinerinnen (H.S.) 186. – 46. Kampf der Sieben gegen Theben (H.S.) 186. – 47. Theseus (H.S.) 187. – 48. Triptolemos (H.S.) 187. – 49. Unterwelt (H.S.) 188. – 50. Ungedeutet (H.S.) 190.
    4.3.3. Dionysische Themen (H. S.) 191
    4.3.4 Meerwesen (H. S.) 195
    4.3.5 Musen (G. K.) 197
    4.3.6. Philosophen. Weise. Dichter (G. K.) 203
    4.3.7. Eroten (H. S.) 1. Erotenspiele 206. – 2. Eros und Psyche 213.
    4.3.8. Jahreszeiten (H. S.) 217
    4.3.9. Dekorativer Schmuck: 1. Girlanden (G. K.) 223. – 2. Ranken (G. K.) 235. – 3. Greifen (G. K.) 236. – 4. Kentauren (G. K.) 238. – 5. Fliegende oder stehende Eroten oder Niken (H. S.) 238. – 6. Riefeln (H. S.) 241.
    4.3.10 Sonstige Darstellungen (G. K.) 245
4.4. Vorbilder (H. S.) 246
4.5. Grundlagen der Chronologie. Problem der Werkstätten (G. K.) 252

4.6. Verbreitung (G. K.) 267
4.7. Import anderer Sarkophage nach Rom (G. K.) 272

II. Die Sarkophage der westlichen Gebiete des römischen Reiches (G. K.) . 276

1. Italien westlich des Apennin 276
2. Oberitalien 281
3. Unteritalien – Sizilien 288
4. Sardinia – Corsica 294
5. Gallia 296
6. Rhein-Mosel-Gebiet 300
7. Raetia 303
8. Noricum 305
9. Britannia 306
10. Hispania 308
11. Westliches Nordafrika 311

III. Die Sarkophage der Provinzen des Balkans (außer den attischen Sarkophagen) (G. K.) 314

1. Dalmatia 314
2. Pannonia 323
3. Moesia Superior 332
4 Moesia Inferior 336
5. Dacia 341
6. Thracia 343
7. Macedonia 346
8. Epirus 357
9. Achaia – Griechische Inseln – Kreta 358

IV. Athen – Die attischen Sarkophage (G. K.) 366

1. Formen 369
2. Technik der Herstellung 373
3. Themen 376

3.1. Menschenleben: 1. Schlacht 378. – 2. Jagd 379. – 3. Sonstiges 381. –
3.2. Mythen: 1. Achill 382. – 2. Amazonen 390. – 3. Herakles 392. – 4. Hippolytos 393. – 5. Kentauren 398. – 6. Meleager 399. – 7. Orest 402. – 8. Pelops 404. – 9. Schlacht vor Troja 405. – 10. Schlacht bei den Schiffen vor Troja und bei Marathon 410. – 11. Sonstige Mythen 414.

3.3. Dionysische Themen 419
3.4. Meerwesen 422
3.5. Musen 423
3.6. Eroten 424
3.7. Jahreszeiten 434
3.8. Dekorativer Schmuck: 1.Girlanden 435. – 2. Ranken 442. – 3. Niken 443. – 4. Tiere und Tierkampfgruppen 444. – 5.Klinen-Riefel-Sarkophage 446. – 6. Sonstige Riefelsarkophage 451. – 7. Sonstiger Schmuck 452.
4. Vorbilder 454
5. Grundlagen der Chronologie. Problem der Werkstätten 456
6. Export 461
7. Kopien nach attischen Sarkophagen in den Provinzen des römischen Reiches 470

V. Die Sarkophage Kleinasiens (G. K.) 476

1. Tradition der Sarkophagbestattung seit dem Hellenismus 480
2. Produktion und Verbreitung von Halbfabrikaten 484
   1. Prokonnesos 486. – 2. Ephesos 492. – 3. Hermosgebiet 494. – 4. Karien 494. – 5. Aphrodisias 495.
3. Die Hauptgruppe der kleinasiatischen Sarkophage 497
   3.1. Technik der Herstellung 498
   3.2. Formen und Darstellungen: 1.Girlanden 499. – 2.Fliegende Eroten und Niken 500. – 3. Figürlicher Fries 500. – 4. Säulensarkophage 503.
   3.3. Export 507
4. Die lokalen Sarkophage der einzelnen Kunstlandschaften
   4.1. Bithynien 509
   4.2. Mysien und Troas 514
   4.3. Ionisch-lydisches Gebiet 519
   4.4. Karien 525
   4.5. Phrygien 531
   4.6. Lykien und Kibyratis 536
   4.7. Pamphylien 540
   4.8. Pisidien 544
   4.9. Lykaonien und Isaurien 548
   4.10. Kilikien 550
   4.11. Sonstiges Kleinasien 554
   4.12. Weitere Sarkophage aus Kleinasien 557

VI. Die Sarkophage der übrigen Provinzen des Ostens des römischen
   Reiches (G. K.) 558

   1. Regnum Bospori 558
   2. Cyprus 559
   3. Syria 560
   4. Palaestina und Arabia 573
   5. Aegyptus 576
   6. Cyrenaica und Africa 579

C. SINNGEHALT (H. S.) 581

D. DIE RÖMISCHEN SARKOPHAGE UND DIE
   GLEICHZEITIGE KUNST (H. S.)

E. NACHLEBEN (H. S.) 625

Nachträge 635

Register 637

Tafeln

VORWORT DES HERAUSGEBERS

Mit dem vorliegenden Band über die römischen Sarkophage wird die Behandlung der römischen Plastik im Handbuch der Archäologie eröffnet, die s. Zt. Reinhard Herbig als Pendant zum Werk ‚Die Griechische Plastik' von Georg Lippold geplant hatte. Letzteres, seit langem vergriffen, wird z. Zt. in zweibändiger Gestalt von W. Fuchs und J. Floren neu bearbeitet. Ist für eine handbuchmäßige Darbietung der griechischen Plastik die Verfolgung der kunst- und stilgeschichtlichen Entwicklung von den Anfängen bis zum Hellenismus, gewiß unter Berücksichtigung kunstregionaler Gesichtspunkte, nach wie vor sinnvoll, so verbietet sich ein solcher Ansatz für die römische Plastik schon von ihrem abgeleiteten Verhältnis zur griechischen Kunst insgesamt. Hinzu tritt die komplexe Struktur des Kunstbetriebs im römischen Imperium als solche, die einer synchronen Darstellung jeweils aller Zweige der Skulptur in zeitlicher Abfolge, dazu in der für ein Handbuch erforderlichen Materialbreite, entgegensteht. Wesentliche Probleme des spezifisch römischen Kunstbetriebs würden dabei nicht deutlich, ja geradezu verschleiert werden. Übersichten über die römische Kunstentwicklung gibt es in letzter Zeit mehrfach, u. a. die ausgezeichnete von B. Andreae. So glaubten Verlag und Herausgeber den Benutzern des Handbuchs, Lernenden und Lehrenden, Studenten und Mitforschern, einen größeren Dienst zu erweisen, wenn sie den Versuch unternähmen, die Fülle der Erscheinungen auf dem Gebiet der römischen Plastik nach Gattungen monographisch aufgearbeitet vorzulegen. Eine derartige Gliederung des fast unübersehbaren Materials an Steinskulptur, einschließlich der nur in kleiner Zahl erhaltenen monumentalen Metallplastik, hat den Vorteil, daß die für die jeweilige Gattung genuine Formüberlieferung, ihr engerer oder entfernterer Anschluß an die griechisch-hellenistischen Prototypen, im Sinn des ‚Gattungsstils' klarer sichtbar wird. ‚Stil' darf nur nicht zu eng formalistisch aufgefaßt werden, sondern bedarf dringend der Berücksichtigung ideologischer oder religiöser Komponenten, die die künstlerische Form mitprägen. Dabei spielen zum ersten Mal in der europäischen Kunstgeschichte Erscheinungen eine Rolle, die wir mit den Begriffen ‚Klassizismus', ‚Eklektizismus', ‚Renaissance' und ‚Renovatio' zu bezeichnen pflegen, Erscheinungen, für die ebenfalls ‚ideologische' Motivierungen maßgebend gewesen sind. Es wäre daher methodisch falsch, wie für die in sich so konsequente Entfaltung der griechischen Kunstformen von der geometrischen bis wenigstens zur klassischen Stufe, im Kunstbetrieb des römischen Imperiums ein Äquivalent zu suchen. So ist u. a. auch Winckelmanns abwertendes Urteil über die römische Kunst als Niedergang und Verfall der griechischen inadaequat. Die Schwierigkeit liegt darin, daß die Kunst, insbesondere die Plastik, innerhalb des römischen Reiches die griechische Ausprägung voraussetzt, ja geschichtlich eindeutig an sie anknüpft, ferner der griechische Osten und griechische Künstler weiterhin im Rahmen des Imperiums existieren und an der Realisierung der römischen Kunst entscheidend mitwirken. Das wird in keinem Gattungsbereich klarer deutlich als in dem der Sarkophage.

Weit stärker kommt das ‚Römische', und zwar im ideologischen Sinn, in der Gattung der offiziellen Staatsplastik, in den sog. Historischen Reliefs und anderen auf die Selbstdarstellung der *res publica romana* gerichteten, meist in die Architektur eingebundenen Skulpturen, zum Ausdruck, deren Behandlung T. Hölscher in einem eigenen Band des Handbuchs vorbereitet. Ähnliches gilt, wenn auch vielleicht etwas anders gelagert infolge regionaler Differenzierung, für das plastische römische Porträt, an dessen zusammenfassender Vorlage innerhalb des Handbuchs der Herausgeber arbeitet. Die sepulkrale Kunst außerhalb der Sarkophage, wie sie sich im plastischen Schmuck von Grabbauten, in Grabreliefs, Grabstelen und an Grabaltären in vielfältiger regionaler Brechung der Provinzen neben dem Zentrum Rom und Mittelitalien darstellt, wird Gegenstand eines Bandes sein, den eine Gruppe von Forschern (H. Gabelmann, H.-G. Niemeyer, K. Parlasca, D. Willers, H. Wrede) unter der koordinierenden Leitung von Parlasca vorbereitet.

Wünschenswert wäre ferner eine entsprechende Darstellung des Bereichs der römischen Kult- und Votivplastik, für die die Sammelwerke von M. J. Vermaseren zum Mithras- und Kybelekult bereits Vorarbeiten in der Erfassung des schier unendlichen Materials sind. Eine entstehende Heidelberger Dissertation (H.-G. Martin) beschäftigt sich mit spezifisch römischen Götterbildtypen.

Ein weiteres Desiderat ist eine zusammenfassende Materialvorlage und problembewußte Behandlung der sog. Idealplastik im Rahmen der römischen Kunstszene. P. Zanker hat hier mit seinem wichtigen Buch ‚Klassizistische Statuen, Studien zur Veränderung des Kunstgeschmacks in der römischen Kaiserzeit' (1974), bereits einen richtungsweisenden Vorstoß unternommen. Von ihm und anderen angeregte Arbeiten zur plastischen Ausstattung von Theatern, Thermen und Villen sind neuerdings Gegenstand von Dissertationen und enthalten neben Porträts auch ‚Idealplastik' (M. Fuchs, H. Manderscheid, R. Neudecker, J. Raeder). Die Habilitationsschrift von H. Döhl über die Plastik in den Häusern von Pompeji wird in Kürze erscheinen. Diese Spezialstudien können z. Teil bereits als Vorarbeiten eines übergreifenden Bandes zum Material und zur Funktion der römischen Idealplastik betrachtet werden.

Für den Sarkophagband war es ein besonderer Glücksfall, daß H. Sichtermann, Schüler von Gerhart Rodenwaldt und langjähriger Leiter der Photoabteilung des Deutschen Archäologischen Instituts Rom, als Autor gewonnen werden konnte. Wo anders hätte ein solcher Band besser geschrieben werden können als in Rom selbst mit den Hilfsmitteln der umfassenden Bibliothek und der reichhaltigen Photo-Sammlung des Instituts. Daß ihm G. Koch zur Seite trat und große Teile in eigener Verantwortung selbst übernahm, vor allem die regionalen Bereiche außerhalb Italiens und einen beträchtlichen Teil der mythologischen Themen, war Voraussetzung für die Bewältigung des gewaltigen, über das ganze Imperium verstreuten Materials und für den zügigen Abschluß des Bandes. Sehr willkommen ist der Beitrag über die Urnen, den Friederike Sinn-Henninger beigesteuert hat.

Die christlichen Sarkophage, deren Vorlage ursprünglich mit den heidnischen zusammen geplant war, wird nun H. Brandenburg in einem eigenen Band behandeln. Die besonderen religiösen Voraussetzungen und die aus ihnen resultierende abweichende ikonographische Problematik rechtfertigen eine solche Trennung.

Rodenwaldt hatte noch in seinen letzten Lebensjahren mit dem Verlag Grote, dem seinerzeitigen Verleger des Sarkophagcorpus, den Plan eines allgemeinverständlichen Buches über die antiken Sarkophage verabredet unter dem für ihn so bezeichnenden Goethe'schen Motto „Sarkophage und Urnen verzierte der Heide mit Leben". Kein anderer wie er wäre bereits damals in der Lage gewesen, eine solche zusammenfassende Darstellung der gesamten antiken Sarkophagkunst, einschließlich der orientalischen, griechischen und etruskischen Vorstufen zur römischen Entwicklung zu geben. Nun ist mit erheblich vermehrtem Material ein Kompendium und zugleich eine kunst- und ideengeschichtliche Bearbeitung der römischen Sarkophage entstanden, die zurecht seinen Namen auf dem Widmungsblatt trägt, zusammen mit dem seines Lehrers Carl Robert, des Begründers des Sarkophagcorpus, dazu den von Friedrich Matz d. Ält., des eigentlichen Initiators der neueren Sarkophagforschung, und ferner denjenigen von Friedrich Matz d. Jg., dem Rodenwaldt s. Zt. die Leitung des Corpus der Antiken Sarkophagreliefs überantwortet hatte und der das Unternehmen neben grundlegenden Arbeiten allein durch seine vier Bände der dionysischen Sarkophage so intensiv gefördert hat wie seit C. Robert niemand zuvor. Jetzt liegt die Leitung in den Händen von B. Andreae, dem dafür zu danken ist, daß er die Benutzung des für das Corpus der ASR gesammelten Materials gestattete.

Dem Verleger, Herrn Wolfgang Beck, sei gedankt für das verständnisvolle Eingehen auf die Gesamtkonzeption der gattungsmäßigen Gliederung der römischen Plastik sowie für die großzügige Antwort auf alle Umfangs- und Abbildungswünsche der Autoren des vorliegenden Bandes. Frau Dr. Ursula Pietsch danke ich persönlich für die harmonische Zusammenarbeit bei der Drucklegung.

Ulrich Hausmann

VORWORT

Als die Verfasser im Jahre 1976 intensiv mit der Arbeit am Handbuch begannen, beschlossen sie, diese bis Ende des Jahres 1980 fertigzustellen und das Erreichte vorzulegen, um das Erscheinen des Bandes nicht in fernste Zukunft zu verschieben. Sie sind sich darüber im Klaren, daß die Arbeit damit keineswegs abgeschlossen ist. In den meisten Gebieten fehlt es an einer Sammlung und Sichtung des Materials, so daß wohl alle Kapitel, vor allem die über die Provinzen, aufwendiger Vorarbeiten bedürften und ausführlicher ausgearbeitet werden könnten. Die einzelnen Kapitel sind deshalb, entsprechend dem Stand der Vorarbeiten, in unterschiedlicher Weise behandelt worden; manche Abschnitte sind vielleicht umfangreicher ausgefallen, als sie es im Verhältnis zu anderen verdient hätten, andere wiederum knapper, manches tritt mehr in den Vordergrund, anderes wird summarischer gegeben, es mag auch sein, daß einige Aspekte überhaupt fehlen. In verschiedenen Fällen wurden die Sarkophage listenartig aufgeführt, um sie übersichtlich darzubieten und die Anmerkungen zu entlasten; bei anderen Themen mußten einzelne Beispiele genügen.

Da es das Ziel war, die Gesamtheit der kaiserzeitlichen Sarkophage zu behandeln, waren sie in erster Linie auch als Ganzheit zu sehen. Dennoch hätte es unserem heutigen Wissen nicht entsprochen, die immer deutlicher erkannten Unterschiede der einzelnen Landschaften nicht weitgehend zu berücksichtigen. So finden sich verhältnismäßig wenige Abschnitte, die alle Sarkophage und Sarkophaggruppen zum Gegenstand haben. In der Regel werden Probleme wie ‚Formen‘, ‚Technik der Herstellung‘, ‚Themen‘, ‚Vorbilder‘, ‚Chronologie‘ und anderes, obwohl sie vielfach die gesamte römische Sarkophagkunst betreffen, nur bei den entsprechenden Landschaftskapiteln abgehandelt oder allenfalls mit einigen übergreifenden Bemerkungen in der Einleitung bedacht. Eine Gesamtübersicht kann man sich mit Hilfe des Inhaltsverzeichnisses und des Registers zusammenstellen.

Bei der Vorbereitung des Textes für das Handbuch ist es den Verfassern zugute gekommen, daß sie von F. Matz (†) und B. Andreae mit der Bearbeitung einer Reihe von Bänden des Sarkophagcorpus betraut worden sind. Dem derzeitigen Herausgeber, B. Andreae, und dem Präsidenten des Deutschen Archäologischen Instituts danken sie für alle Unterstützung ihrer Bemühungen.

Es wäre kaum möglich gewesen, die Texte ohne die Photoabteilung und die Bibliothek des Deutschen Archäologischen Instituts in Rom auszuarbeiten. Die Verfasser danken dem Direktor des Instituts, T. Kraus, für alle Förderung.

Bei der Beschäftigung mit den Sarkophagen wurde den Verfassern im Laufe der Jahre die Hilfe vieler Kolleginnen und Kollegen zuteil. Für die Unterstützung der Arbeiten am Handbuch haben sie vor allem zu danken: E. Andreou, A. Bounni, J.-

C. Balty, F. Baratte, E. Bendermacher, E. Berger, H. Bloedhorn, D. v. Bothmer, M. Bruskari, D. Buitron, M. Chéhab, G. Daltrop, A. Despini, G. Dontas, K. Fittschen, J. Frel, A. Giuliano, W. Hornbostel, J. Inan, F. Işik, H. Jung, T. Karageorga, E. La Rocca, W. Müller-Wiener, P. Noelke, H. G. Oehler, K. Parlasca, C. Pennas, B. Petrakos, F. Rebecchi, A. Rhomiopoulou, A. Sadurska, K. Schauenburg, M. Schmidt, T. Spyropoulos, A. Staurides, V. M. Strocka, P. Themelis, J. Thimme, C. C. Vermeule, M. Waelkens, S. Walker, H. Wiegartz, N. Yalouris, A. Yaylali, B. Zouhdi.

B. Andreae, A. Borbein, U. Hausmann, K. Parlasca und E. Simon gewährten Rat und Hilfe bei der Gliederung des Bandes und sahen Probekapitel durch. Bei Kapiteln über einzelne Landschaften gaben N. Asgari (Kleinasien), M. Blech (Hispania) und N. Cambi (Dalmatia) viele Anregungen; dafür sei ihnen auch an dieser Stelle gedankt.

F. Sinn – Henninger übernahm das Kapitel über die stadtrömischen Urnen, die sie ausführlich in ihrer Dissertation behandelt hat.

Für die Anfertigung fast aller Karten und Zeichnungen ist Heidemarie Koch, für die Durchsicht und Überprüfung der Manuskripte, wesentliche Hilfe bei der Reinschrift und beim Einrichten der Tafeln sowie Mitarbeit bei den Korrekturen und beim Erstellen des Registers ist Leonore Binder, Christoph Dühr, Heidemarie Koch, Wilhelm Koch, Brigitte Schaeffer, Birgit Schlüter-Ossadnik und Elga Ziechmann in Göttingen zu danken; ohne ihren Einsatz hätten die Termine nicht eingehalten werden können.

Die DFG unterstützte Reisen von G. K. nach Griechenland und Rom im Jahre 1979 und in die Türkei im Jahre 1980. Durch sie konnte Material zu den Kapiteln über Macedonia, Achaia – Inseln – Kreta, die attischen Sarkophage, die Kopien nach attischen Sarkophagen und über Kleinasien gesammelt werden, so daß die Ausarbeitung dieser Texte überhaupt erst ermöglicht wurde.

Dem Herausgeber des Handbuchs der Archäologie, U. Hausmann, sowie Frau U. Pietsch und Herrn R. Halusa vom Beck-Verlag sei für die Betreuung und die schnelle Fertigung des Bandes besonders gedankt.

Das Buch ist das Ergebnis einer engen, durch ständige Konsultationen aufrecht erhaltenen Zusammenarbeit der Autoren. Dennoch sind die einzelnen Abschnitte in eigener Verantwortung verfaßt und daher auch entsprechend im Inhaltsverzeichnis mit den Initialen gekennzeichnet.

Rom, März 1981   Guntram Koch   Hellmut Sichtermann

VERZEICHNIS DER TEXTABBILDUNGEN

1 Deckelformen stadtrömischer Sarkophage. Entwurf und Zeichnung H. Koch *(S. 68)*
2 Formen stadtrömischer Riefelsarkophage. Entwurf und Zeichnung H. Koch *(S. 74)*
3 Typen der stadtrömischen Säulensarkophage. Entwurf G. Koch, Zeichnungen H. und G. Koch *(S. 78/79)*
4 Verbreitung der stadtrömischen Sarkophage. Entwurf G. Koch, Zeichnung H. Koch *(S. 270/71)*
5 Typen der architektonischen Sarkophage in Oberitalien. Entwurf und Zeichnung H. Koch *(S. 284)*
6 Die Provinzen des Balkan. Zeichnung H. Koch *(S. 315)*
7 Der Export der attischen Sarkophage. Entwurf G. Koch, Zeichnung H. Koch *(S. 462/63)*
8 Kunstprovinzen und wichtige Städte in Kleinasien. Zeichnung H. Koch *(S. 479)*
9 Girlanden-Halbfabrikate aus Kleinasien. Entwurf von G. Koch auf der Grundlage von N. Asgari, AA 1977, 354 Abb. 52, Zeichnung H. Koch *(S. 485)*
10 Rohlinge aus Prokonnesos: Formen von Deckeln und Kästen. Zeichnung G. Koch *(S. 486)*
11 Halbfabrikate aus Prokonnesos. Zeichnung H. und G. Koch *(S. 488)*
12 Halbfabrikat aus Prokonnesos mit Girlanden und Typen der ausgearbeiteten Girlandensarkophage. Zeichnung H. Koch *(S. 491)*
13 Girlanden-Halbfabrikate von Ephesos. Zeichnung H. Koch *(S. 493)*
14 Girlanden-Halbfabrikat des Hermos-Gebietes. Zeichnung H. Koch *(S. 494)*
15 Girlanden-Halbfabrikat aus Karien (Stratonikeia). Zeichnung H. Koch *(S. 495)*
16 Girlanden-Halbfabrikate von Aphrodisias. Zeichnung H. Koch *(S. 496)*
17 Typen der Säulensarkophage der kleinasiatischen Hauptgruppe. Entwurf und Zeichnung H. Koch *(S. 504)*
18 Export von Sarkophagen der kleinasiatischen Hauptgruppe. Entwurf G. Koch, Zeichnung H. Koch *(S. 508)*
19 Truhensarkophage aus Bithynien. Zeichnung G. Koch *(S. 510)*
20 Girlandensarkophag aus Assos. Zeichnung H. Koch *(S. 516)*
21 Verbreitung der Sarkophage aus Assos. Entwurf G. Koch, Zeichnung H. Koch *(S. 517)*
22 Sarkophagtypen in Lykien. Entwurf G. Koch, Zeichnung H. und G. Koch *(S. 537)*
23 Sarkophag aus Termessos. Zeichnung H. Koch *(S. 545)*
24 Die römische Provinz Syria mit wichtigen Städten. Zeichnung H. Koch *(S. 561)*
25 Sarkophag aus Palmyra. Zeichnung H. Koch nach: Syria 17, 1936 Taf. 46 n. S. 246 *(S. 570)*

VERZEICHNIS DER TAFELABBILDUNGEN

1 Rom, Pal. Cons.: Sarkophag des P. Cornelius. RM 73/74, 1966/67 Taf. 32,1
2 Vatikan 1191: Sarkophag des C. L. Scipio. INR 74.1007
3 Berlin, Pergamonmuseum: Sarkophag Caffarelli. G. Rodenwaldt, Der Sarkophag Caffarelli, 83.BWPr (1925) Taf. 1
4 Rom, Friedhof bei der Cestius Pyramide. INR 73.1801
5 Rom, NM 77664: Serienurne des Pardalas.Photo G. Koch
6 Pisa, Camposanto: Sarkophag der Rafidia. INR 34.693
7 Ariccia, V. Chigi: INR 74.338
8 Ostia Antica, Cimitero: INR 69.855
9 Rom, Pantheon: Girlandensarkophag, für Raffael wiederverwandt. INR 77.1082
10 Pisa, Camposanto: INR 34.578
11 Rom, Mus. Naz. di Villa Giulia: INR 7312
12 Rom, NM 1301: INR 60.577
13 Venedig, Mus. Arch. 44: INR 68.5108
14 Venedig, Mus. Arch. 156: INR 68.5114
15 Vatikan 10519: Neg. FRP 1771/6
16 Verschollen, ehem. Paris, Slg. Sambon: INR 71.1048
17 Rom, Mus. Cap. 4600: INR 73.257
18 Rom, NM 1038: INR 70.1625
19 Rom, NM 1044: INR 70.1623
20 Rom, NM 34158: INR 68.4811
21 Hever Castle: Neg. FRP 1075/10
22 München 171: Photo Koppermann
23 Vatikan 9819/20: Neg. FRP 1774/3
24 Vatikan, Gall. Cand. I 61: INR 41.977
25 Rom, NM 1039: INR 70.1619
26 Verschollen, ehem. Rom, Kunsthandel: INR 68.1086
27 Kopenhagen 801: Photo Mus.
28 Worcester 1915.75: Photo G. Fittschen-Badura
29 Rom, Pal. Cons., Mus. Nuovo 171: INR 59.1813
30 Vatikan 9815/16: Neg. FRP 1759/10
31 Vatikan 10696: Vat. Neg. XXVIII.30.456
32 Vatikan 10694: Vat. Neg. XXXII.30.32
33 Ostia 1320: INR 37.639
34 Pawlowsk 46: Photo Leningrad, Ermitage
35 Vatikan 10591: Neg. FRP 1757/5
36 Rom, NM 34: INR 72.2670 (nach Gips)
37 Vatikan 2608: Vat. Neg. XXVIII.9.15
38 Paris 2285: Photo Chuzeville
39 Vatikan 9813/14: Neg. FRP 1760/6
40 Rom, NM 121649: INR 74.235
41 Mazara del Vallo, Kathedrale: INR 71.751
42 Rom, NM 125407: INR 74.240
43 Rom, V. Albani: Alinari 27633
44 Cambridge (Mass.), Fogg Art Mus. 1969.177.1: Courtesy of the Fogg Art Museum Harvard University, Gift Harry J. Denberg.
45 Rom, Pal. Cons., Mus. Nuovo 2103: INR 59.1767
46 Vatikan 1667: Vat. Neg. XXVIII.3.480

47 Vatikan 10529: Neg. FRP 1773/7
48 Pawlowsk 56: Photo Leningrad, Ermitage
49 Vatikan 109a: Vat. Neg. XXI.15.19
50 Rom, NM 325: INR 74.230
51 London 2407: Photo Mus.
52 Rom, NM 65197: Photo G. Koch
53 Leningrad: Photo Mus.
54 London 2382: Photo Mus.
55 Rom, NM 39869: INR 80.2705
56 Rom, Pal. Cons., Mus. Nuovo 161: INR 59.1776
57 Rom, NM 34048: INR 74.236
58 Rom, DAI: INR 70.1752
59 Boston (Mass.), Mus. of Fine Arts 1972.356: Courtesy, Museum of Fine Arts, Boston, Benjamin and Lucy Rowland Fund
60 Rom, NM 61586: INR 80.2718
61 Rom, NM 125829: INR 74.1635
62 Rom, NM 125605: INR 76.759
63 Vatikan 1365: INR 80.1578
64 Rom, NM 72879: INR 80.2707
65 Kopenhagen 777: Photo G. Koch
66 Urbino, Pal. Ducale: Platte des Eutropos. INR 75.1101
67 Detail der Platte von Taf. 66: INR 75.1102
68 Rom, S. Andrea: INR 71.263
69 Rom, Pal. Cons., Mus. Nuovo 839: unfertiger Sarkophag mit Jahreszeiten. INR 37.538
70 Ostia Antica, Grabungen: Endymion. INR 74.698
71 Vatikan 10536: Sarkophag des Valerianus. INR 80.1702
72 Rom, NM 876: unfertiger Erotensarkophag. INR 65.1136
73 Cava dei Tirreni, Badia della Trinità: Schlacht. INR 67.593
74 Rom, Mus. Cap. 213: Schlachtsarkophag Ammendola. INR 55.427
75 Rom, Antiquarium auf dem Celio: Schlachtsarkophag aus der Villa Doria. INR 69.406
76 Rom, NM 112327: Schlachtsarkophag von Portonaccio. INR 61.1399
77 Mainz: Deckel des Schlachtsarkophages Ludovisi. INR 68.4202
78 Rom, NM 8574: Schlachtsarkophag Ludovisi. Anderson 3302
79 Rom, NM 713: Jagd. INR 36.260
80 Rom, Pal. Lepri Gallo: Hippolytos. INR 60.28
81 Barcelona: Löwenjagd. INMadrid D 831
82 Paris 346: Löwenjagd. Foto Marburg 180261
83 Kopenhagen 786: Löwenjagd. Photo G. Koch
84 Rom, Pal. Mattei: Löwenjagd II. INR 35.1973
85 Rom, Pal. Mattei: Löwenjagd I. INR 29.400
86 Rom, S. Pietro: Löwenjagd. INR 78.83
87 Rom, S. Callisto: Löwenjagd. INR 78.128
88 S. Elpidio: Löwenjagd. INR 79.1495
89 Kopenhagen 786a: Eberjagd. Photo G. Koch
90 Florenz, Baptisterium: Eberjagd. INR 65.2197
91 Neapel 6766: Jagd. INR 76.1052
92 Rom, Pal. Cons., Mus. Nuovo 837: Jagd. INR 36.488
93 Mantua, Pal. Ducale: Hochzeit. INR 62.126
94 Frascati, V. Taverna: Hochzeit. INR 55.266
95 Rom, NM 39400: Neoptolemos. INR 70.1596
96 Vatikan 942: Feldherr. INR 36.541
97 Rom, S. Lorenzo: Hochzeit. INR 57.320
98 Pisa, Camposanto: Hochzeit. INR 34.615
99 Florenz, Mus. dell'Opera: Hochzeit. INR 75.230
100 Rom, Mus. der Prätextat-Katakombe: sog. Sarkophag des Balbinus. INR 72.482
101 Neapel: ‚Brüdersarkophag'. INR 70.1505

102 Rom, NM 40799: ‚Annona-Sarkophag'. INR 66.1877
103 Rom, NM 126372: Sarkophag von Acilia. Himmelmann, Typ. Unt. Taf. 11
104 Vatikan 1604: Fragment mit Magistratsszene. Himmelmann, Typ. Unt. Taf. 4a
105 Vatikan 866: Ehepaar. INR 80.1621
106 Rom, NM 113266: Riefelsarkophag mit Ehepaar. INR 72.518
107 Rom, NM 115174: Platte mit Ehepaar auf Kline. INR 59.18
108 London 2320: Photo Mus.
109 Vatikan 9538/39: Sarkophag des P. C. Vallianus. Anderson 24199
110 Verschollen: Dal Pozzo-Albani Nr. 8505
111 Rom, NM 535: INR 65.1122
112 Stuttgart: Photo Mus.
113 Rom, NM 65199: Wagenfahrt. INR 79.3955
114 Paris 659: Lebenslauf. Foto Marburg 180249
115 Rom, Mus. Torlonia: Lebenslauf. INR 33.11
116 Paris 1520: Lebenslauf. Foto Marburg 180248
117 Rom, NM 184: Sarkophag eines Schuhmachers und Seilers. Photo G. Koch.
118 Wien I 1127: Sarkophag eines Rennstallbesitzers. Photo Mus.
119 New York 48.76.1: Sarkophag eines Arztes. INR 2378
120 Vatikan (Lat. 191 A): Weinlese. INR 80.1655
121 Rom, V. Medici: Opfer. INR 57.467
122 Pisa, Camposanto: INR 72.268
123 Vatikan (Lat. 181): Sarkophag von der Via Salaria. INR 3235
124 Rom, NM 125802: Sarkophag des Iulius Achilleus. INR 39.1
125 Rom, Via del Banco di S. Spirito 42: INR 60.727
126 Rom, V. Doria: INR 8341
127 Ostia, Isola Sacra: INR 60.1371
128 Vatikan 9495: Wettkämpfe. INR 80.1697
129 Vatikan 2358: Wagenrennen. Vat. Kat. III 2 Tafel 35,2
130 Ostia (Nr. ?): Deckel mit Prozession. INR 79.79
131 Rom, S. Lorenzo: Deckel mit Prozession. INR 7002
132 Ostia 1340: Ls. mit Schiffahrt und Gaststätte. INR 69.747
133 Kopenhagen 787: Schiffahrt. Photo G. Koch
134 Rom, Pal. Colonna: Schiffahrt. INR 78.562
135 Vatikan 973: Schiffahrt. INR 31.1138
136 Verschollen: Achill auf Skyros. ASR II 28
137 Vatikan: Achill auf Skyros. INR 37.771
138 Paris 353: Priamos vor Achill. Foto Marburg 180312
139 Rom, NM 168186: Aeneas. INR 79.3940
140 Rom, S. Paolo: Achill. INR 70.2153
141 Paris 347: Adonis. Foto Marburg 180278
142 Vatikan 10409/08: Adonis, auf dem Deckel Oidipous. INR 71.1762
143 Vatikan 1195: Alkestis. INR 72.590
144 Rom, Gall. Borghese: Apoll. INR 37.1021
145 Palermo: Ankunft der Amazonen in Troja. INR 71.652
146 London 1947.7–14.7: Amazonen. JdI 55, 1940, 53 Abb. 13
147 Rom, Mus. Cap. 726: Amazonen. INR 72.679
148 Mazara del Vallo, Kathedrale: Amazonen. INR 71.748
149 Vatikan 933: Amazonen. INR 72.571
150 Grottaferrata, Abbazia: Ares. INR 72.3290
151 Rom, Pal. Mattei: Säulensarkophag mit Ares und Aphrodite und Mars und Rhea Silvia. INR 72.2966
152 Rom, Pal. Mattei. Mars und Rhea Silvia. INR 57.508
153 Rom, V. Doria: Bellerophon. INR 69.519
154 Algier: Bellerophon. INR 75.406
155 Rom, Mus. Cap. 325: Endymion. INR 72.698
156 New York 24.97.13: Endymion. Photo Mus.

157 Rom, Mus. Cap. 725: Endymion. INR 62.796
158 Paris 1335: Endymion. Foto Marburg 180307
159 New York 47.100.4: Endymion. Photo Mus.
160 Genua, Pal. Doria: Endymion. INR 77.412
161 Rom, Pal. Doria: Endymion. INR 71.1497
162 Vatikan: Ganymed. INR 72.583
163 Vatikan 549: Giganten. INR 72.562
164 Rom, NM 135930: Grazien. INR 72.524
165 Mantua, Pal. Ducale: Ilioupersis. INR 62.134
166 Florenz, Uff.: Herakles. INR 72.154
167 Mantua, Pal. Ducale: Herakles. INR 62.141
168 Rom, NM 154592: Herakles. INR 76.750
169 Rom, Pal. Mattei: Hylas. INR 65.1435
170 Pisa, Camposanto: Hippolytos. INR 34.592
171 Vatikan 10400/399 B: Hippolytos. INR 71.1099
172 Rom, NM 112444: Hippolytos. INR 61.1417
173 Rom, Mus. der Prätextatkatakombe: Iason. INR 68.923
174 Ostia 16651: Kentauren. INR 72.3201
175 Venedig: Kleobis und Biton. INR 68.5091
176 Vatikan 2796: Leukippiden. INR 76.614
177 Rom, Pal. Cons. 2402: Marsyas. INR 69.977
178 Rom, Pal. Doria: Marsyas. INR 71.1489
179 Paris 2347: Marsyas. Foto Marburg 180322
180 Rom, NM 75248: Medea. INR 63.545
181 Basel: Medea. Photo Mus.
182 Rom, Campo Verano: Orpheus. INR 72.14
183 Mailand, Slg. Torno: Meleager. INR 75.891
184 Rom, Pal. Doria: Meleager. INR 71.1474
185 Rom, Pal. Cons. 917: Meleager. INR 62.789
186 Istanbul 2100: Meleager. INIst 67/18
187 Basel: Meleager. Photo Mus.
188 Perugia: Meleager. INR 72.298
189 Vatikan 10437: Niobiden. INR 71.1766
190 Providence: Niobiden. Photo Mus.
191 Vatikan 2635: Niobiden. INR 76.605
192 Vatikan 10450: Orest. INR 71.1775
193 Leningrad: Orest. INR 70.3851
194 Berlin, Pergamon-Museum: Orest. Repro nach Photo im DAI Rom
195 München: Orest. Photo Mus.
196 Rom, NM 8563: Parisurteil. INR 70.1610
197 Rom, V. Medici: Parisurteil. Alinari 27526
198 Rom, V. Albani: Peleus und Thetis. INR 54.428
199 Vatikan 2341: Pelops. INR 80.1609
200 Tipasa: Pelops. INR 75.455
201 Rom, V. Albani: Pelops. INR 31.16
202 Rom, V. Doria: Sieben gegen Theben. INR 69.374
203 Rom, Pal. Rospigliosi: Persephone. INR 38.800
204 Baltimore: Persephone. INR 65.35
205 Rom, Mus. Cap. 249: Persephone. INR 62.806
206 Wien I 1126: Persephone. Photo Mus.
207 Askalon: Persephone. Photo Department of Antiquities, Jerusalem
208 Rom, Mus. Cap.: Deckel mit Unterweltdarstellung auf dem nicht zugehörigen Endymionsarkophag Inv. Nr. 725. INR 67.32
209 Florenz, Mus. Bardini: Perseus. INR 65.2215
210 Wilton House: Triptolemos. INR 69.572
211 Liverpool: Phaethon. Ashmole, Ince Blundell Taf. 48,221

212 Florenz, Uff.: Phaethon. INR 72.174
213 Rom, V. Borghese: Phaethon. INR 77.276
214 Paris 339: Prometheus. Foto Marburg 180345
215 Rom, Mus. Cap. 329: Prometheus. INR 62.813
216 Neapel 6705: Prometheus. INR 62.835
217 Neapel, S. Chiara: Protesilaos. INR 62.872
218 Vatikan 2465: Protesilaos. INR 72.612
219 New York 90.12: Theseus. Photo Mus.
220 Cliveden: Theseus. Repro
221 Rom, NM 1303: INR 36.1009
222 Neapel 27710: INR 63.1467
223 Rom, Pal. Sacchetti: INR 65.151
224 Rom, NM 128577: INR 65.1127
225 Rom, Pal. Cons. 1378: INR 33.425
226 Neapel 6776: INR 67.563
227 Vatikan 10428: INR 80.1681
228 Rom, NM 196261: INR 74.2633
229 Hever Castle: INR 78.2084
230 Rom, NM 124682: INR 55.554
231 Rom, Mus. Cap. 726: INR 54.194
232 Vatikan 10425: INR 80.1674
233 Rom, NM 124711: INR 78.1921
234 Ferentillo, Abbazia di S. Pietro in Valle: INR 74.1442
235 Paris 1346: Foto Marburg 180354
236 Rom, NM 407: INR 73.516
237 Verschollen, ehem. Kunsthandel Rom: Girlandensarkophag mit Meerwesen. INR 64.960
238 Vatikan 874: INR 32.186
239 Rom, Pal. Colonna: INR 54.1019
240 Rom, NM 78684: INR 30.378
241 Rom, Circonvallazione Appia: INR 72.3719
242 Tipasa: INR 75.450
243 Vatikan: INR 32.187
244 Rom, Pal. Cons., Mus. Nuovo 2269: INR 29.716
245 Neapel 6712: Eroten bei der Wettfahrt. INR 62.845
246 Mailand, Slg. Torno: Eroten bei Wettkämpfen. INR 75.906
247 Taormina: Erotenthiasos. INR 71.811
248 Rom, NM 115172: Erotensarkophag. INR 63.538
249 Rom, NM 113065: Erotenschiffahrt. INR 48.2
250 Paris: waffenschmiedende Eroten. Foto Marburg 180378
251 Rom, Pal. Venezia: weinlesende Eroten. INR 71.224
252 Rom, Pal. Cons.: weinlesende Eroten. INR 41.2667
253 Rom, S. Lorenzo in Panisperna: Jahreszeiten. INR 65.179
254 Tunis: Jahreszeiten und Grazien. INR 75.1229
255 Vatikan 879: Jahreszeiten. INR 80.1596
256 Rom, Pal. Cons. 1212: Jahreszeiten. INR 62.786
257 Pisa, Camposanto: Jahreszeiten. INR 34.696
258 Rom, Pal. Cons. 1185: Jahreszeiten. INR 73.261
259 Washington, Dumbarton Oaks: Jahreszeiten. Anderson 6377
260 Rom, V. Medici: Musen. INR 63.1236
261 Paris 475: Musen. Foto Marburg 180381
262 Rom, Pal. Cons. 1082: Musen. INR 41.580
263 San Simeon: Musen. Photo G. Koch
264 Rom, Mus. Torlonia: Sarkophag des Pullius Peregrinus. INR 31.958
265 Vatikan 9504: ‚Plotin'-Sarkophag. INR 35.1981
266 Rom, NM 80711: Musensarkophag Mattei. INR 64.836

267 Paris 459: Girlandensarkophag mit Szenen aus der Sage von Aktaion in den Bögen. Foto Marburg 180290a
268 Vatikan 10443: INR 80.1666
269 Rom, NM 441: INR 5892
270 Rom, S. Maria Antiqua: INR 79.1868
271 Hever Castle: Girlandensarkophag mit ungedeuteten Szenen in den Bögen. INR 78.2057
272 Ostia, Isola Sacra: INR 69.1091
273 Orvieto, Mus. dell'Opera: INR 69.2446
274 Cava dei Tirreni, Badia della Trinità: INR 65.1339
275 Rom, Mus. Torlonia: INR 31.960
276 Rom, V. Albani: INR 33.46
277 Kopenhagen 788a: Photo G. Koch
278 Vatikan 166: INR 75.1265
279 Ostia 1156: INR 68.4822
280 Ostia 106: INR 67.1073
281 Rom, Pal. Corsini: INR 74.737
282 Rom, NM 514: INR 75.1394
283 Rom, NM: INR 69.2524
284 Vatikan 20295: INR 78.58
285 Rom, Pal. Cons., Mus. Nuovo 839: INR 36.489
286 Rom, Pal. Cons.: INR 68.3465
287 Rom, NM 23894: INR 36.238
288 Ostia: INR 67.660
289 Brüssel A 3286: Photo ACL
290 Rom, Pal. Cons., Mus. Nuovo 1394: INR 36.522
291 Genzano, V. Riva: INR 68.4089
292 Rom, Pal. Farnese: INR 35.449
293 Pisa, Camposanto: INR 34.536
294 Pisa, Camposanto: INR 72.1350
295 Vatikan 1111: INR 64.778
296 Ostia, Azienda 10: Sarkophag mit Kindern. INR 69.777
297 Velletri, Kathedrale: Sarkophag mit Eros und Psyche. INR 70.1073
298 Aquino, S. Maria della Libera: Sarkophag mit Wagenrennen. INR 71.1630
299 Florenz, Baptisterium: Sarkophag mit Girlandenbinderin. INR 65.2201
300 Modena: Rückseite des Sarkophages der Peducaea Hilara. MarbWPr 1966 Taf. 12,2
301 Torcello, Kathedrale: Gabelmann, Werkstattgruppen Taf. 3,1
302 Ravenna: Sarkophag der Olia Tertulla. INR 73.2243
303 Pesaro, Sarkophag des Marcus Aufidius Fronto. INR 75.1126
304 Ravenna: INR 38.1551
305 Modena: Gabelmann, Werkstattgruppen Taf. 25,1
306 Ferrara: INR 64.2022
307 Ancona: INR 61.251
308 Neapel 6674: Amazonen. INR 71.426
309 Capua, Dom: Hippolytos. INR 65.1200
310 Neapel 6604/05: Girlanden. INR 76.1041
311/12 Neapel (Nr. ?): Langseiten eines Sarkophages mit Girlanden und Greifen. INR 71.411; 71.414
313 Salerno, Dom: Photo G. Koch
314 Salerno, Dom: Photo G. Koch
315 Salerno, Dom: Photo G. Koch
316 Neapel 6589: Meerwesen. INR 34.2111
317 Brignoles, Sarkophag aus La Gayole: Repro. n. alter Photographie
318 Arles (Espérandieu I 186): Photo G. Koch
319 Arles P 559 (Espérandieu I 166): Photo G. Koch
320 Arles (Espérandieu III 2539): Photo G. Koch
321 Arles (Espérandieu I 170): Photo G. Koch

322 Arles (Espérandieu I 181): Photo G. Koch
323 Köln 31.251: Sarkophag der Traiania Herodiana. Photo Mus.
324 Köln 70: Sarkophag mit Herakles und Hesione und anderen Darstellungen. Photo Mus.
325 Verschollen, ehem. Köln: Sarkophag mit Herakles und Alkestis und anderen Darstellungen. BJb 108/09, 1902, 151 Abb. 3
326 Trier, St. Matthias: Photo Mus.
327 Trier G 4: Vorderseite eines Weinlesesarkophages. Photo Mus.
328 Leiden I 1930/12.1, aus Simpelveld: AA 1933, 56 ff.
329 Straßburg 2958, aus Königshofen: Espérandieu VII 5518
330 Augsburg: Sarkophag und nicht zugehöriger Deckel. Photo Mus.
331 Augsburg, privat: Langseite eines Erotensarkophages (?). Photo Mus.
332 York: JRS 47, 1957 Taf. 13,3
333 London: Riefelsarkophag. Photo Mus.
334 Belem: INMadrid R 170/68/4
335 Tarragona: Musen. INMadrid E 764
336 Annaba: Amazonen. INR 56.1514
337 Ehem. Philippeville: Dionysischer Sarkophag. Musée de Philippeville (1898) Taf. II 2
338 Tunis 3158: Jahreszeiten. INR 61.651
339 Karthago: Eroten. Karthago 11, 1961/62, 122 ff. Nr. 103 Taf. 16
340 Algier, aus Hadrumetum. Karthago a.O. 136 f. Nr. 134 Taf. 13
341 Timgad: Girlandensarkophag. INR 64.1650
342 Timgad: Rankensarkophag. Musée de Timgad (1903) Taf. IX 3
343 Ehem. Philippeville: Sarkophag mit Hirt und Jäger. Musée de Philippeville (1898) Taf. II 1
344 Solin, Sv. Kajo: Sarkophag mit Heraklestaten. VjesDal 39, 1916 Taf. 26
345 Salona A 461 (Grabungen): VjesDal 33, 1910 Taf. 18
346 Split A 300: Photo Mus.
347 Split A 148: Photo G. Koch
348 Split A 1634: Photo G. Koch
349 Zadar, aus Narona: Nebenseite eines Säulensarkophages mit Herakles und Hermes. Photo G. Koch
350 Kopenhagen 780a: Sarkophag aus Rom, Porta Salaria. JbAChr 18, 1975 Taf. 4a
351 Split D 13: Sarkophag mit gutem Hirten. Photo Mus.
352 Aquincum: Mócsy, Pannonia Taf. 23a
353 Budapest, NM: Sarkophag aus Brigetio. Mócsy, Pannonia Taf. 23c
354 Belgrad: Sarkophag aus Sirmium. ÖJh 26, 1930, 29 Abb. 20
355/56 Kostolac: Sarkophag aus Viminacium. Photos G. Rodenwaldt
357 Widin: Sarkophag aus Ratiaria. BIBulg 33, 1972, 141 ff. Abb. 8
358 Constantza 5734: Sarkophag aus Tomis. Istros 1, 1934, 81 ff. Abb. 1
359 Constantza 2095: Sarkophag aus Tomis. Dacia 8, 1964, 167 Abb. 5
360 Silistria: Sarkophag aus Durostorum. E. Kalinka, Antike Denkmäler in Bulgarien (1906) 279/80 Abb. 112
361 Caracal: Sarkophag aus Romula. D. Tudur, Oltenia Romană (1978) Abb. 119
362–65 Bukarest: Sarkophag aus Romula (?). GazArch 12, 1887 Taf. 9
366 Çanakkale 514: Fragment aus Madytos. Photo G. Koch
367 Istanbul 4252: Photo G. Koch
368 Tekirdağ: Sarkophag aus Bizanthe: ÖJh 23, 1926 Beibl. 133 f. Abb. 13
369 Istanbul 4998: Photo G. Koch
370 Istanbul 4983: Photo G. Koch
371 Istanbul 4944: Photo G. Koch
372 Istanbul 4476: Photo G. Koch
373 Beroia 483: Vorderseite eines Girlandensarkophages. Photo G. Koch
374 Beroia (Nr. ?): Sarkophag mit Büsten. Photo G. Koch
375 Thessaloniki 1942: Sarkophag mit Büsten. Photo G. Koch
376 Thessaloniki 1832: Sarkophag der Rheia Zosime, datiert 129/30 n.Chr. Photo G. Koch
377–79 Thessaloniki 1722: Sarkophag der Annia Tryphaina, datiert 134/35 n. Chr. Photo G. Koch

380/81 Thessaloniki 1833: Truhensarkophag, auf der Nebenseite Schiffsdarstellung, datiert 145 n. Chr. Photo G. Koch
382 Thessaloniki 4544: Klinensarkophag, datiert 161 n. Chr. Photo G. Koch
383 Thessaloniki 5703: Sarkophag des Tiberios Klaudios Lykos, datiert 147/48 n. Chr. Photo G. Koch
384 Thessaloniki 5677: Sarkophag mit Bildern der Aphrodite und Artemis. Photo G. Koch
385 Thessaloniki 5676: Sarkophag mit Reiter. Photo G. Koch
386 Thessaloniki 5707. Photo G. Koch
387 Thessaloniki 5684: Sarkophag des Philippos. Photo G. Koch
388 Thessaloniki 1718: Sarkophag mit Medusenköpfen und Totenmahl. Photo G. Koch
389/90 Thessaloniki 5685: Girlandensarkophag. Photo G. Koch
391/92 Thessaloniki 5690: Girlandensarkophag. Photo G. Koch
393 Hierissos, aus Akanthos: ADelt 24 B 2, 1969 Taf. 326,2
394 Theben, Hagios Loukas: P. Le Bas-S. Reinach, Voyage archéol. en Grèce et en Asie Mineure (1888) Itin. Taf. 36,1
395 Delphi, Ost-Nekropole: Sarkophag mit Tieren. Photo G. Koch
396 Nikopolis: Girlandensarkophag. Photo G. Koch
397 Patras, Odeion: Girlandensarkophag. Photo G. Koch
398 Patras, Odeion: Girlandensarkophag. Photo G. Koch
399 Paros: Sarkophag mit einzelnen Reliefs. INAth Paros 76
400 Gytheion: Girlandensarkophag mit Herakles und tanzenden Putten. Photo G. Koch
401 Mistra, Kirche Goubali: Girlandensarkophag. Photo G. Koch
402 Sparta 708: Erotensarkophag. INAth Sparta 10
403 London 2324: Girlandensarkophag aus Hierapytna. Photo Mus.
404 Herakleion 8: Altmann, Architectur 40f. Taf. 1,1
405 Gortyn: Photo J. Christern
406 Patras, Odeion: Löwenjagd. Photo G. Koch
407 Vatikan 9482: Faustkampf. INR 80.1695
408 Athen, Akademie: Eberjagd. Nebenseite des Sarkophages Taf. 460. Photo G. Koch
409/10 Antakya 9576: Nebenseiten des Sarkophages mit Eros und Psyche Taf. 456. Photo G. Koch
411 Neapel 124325: Achill auf Skyros. INR 71.381
412 London 2296: Achill auf Skyros. Photo Mus.
413 Rom, Mus. Cap. 218: Achill auf Skyros. INR 72.709
414 Beirut 607: Rüstung Achills. Photo G. Koch
415 Beirut 954: Achill am Totenlager des Patroklos; Nebenseite des Sarkophages Taf. 419. Photo G. Koch
416 Beirut 954: Tötung eines Gefangenen vor Achill; Nebenseite des Sarkophages Taf. 419. Photo G. Koch
417 London 2296: Schleifung Hektors; Rückseite des Sarkophages Taf. 412. Photo Mus.
418 Woburn Abbey: Schleifung Hektors und Priamos vor Achill. ASR III 3, 47'''
419 Beirut 954: Priamos vor Achill. Photo G. Koch
420 Paris 2119: Amazonen. Foto Marburg 180281
421 Thessaloniki 1245: Amazonen. Photo G. Koch
422 Rom, S. Maria sopra Minerva: Herakles. Photo G. Fittschen-Badura
423 Thessaloniki 10234: Kentauren auf der Jagd. Photo G. Koch
424 Split, Casa Geremia: Kentauren und Lapithen im Kampf. Photo G. Koch
425 Beirut 447: Hippolytos. Photo G. Koch
426 Agrigent, Kathedrale: Hippolytos. INR 72.619
427/28 Budapest: Sarkophag mit Hippolytos oder Jagd. ASAtene 33/34, 1955/56, 190 Abb. 8/9
429 Athen, NM 1186: Meleager. INAth 74/35
430 Damaskus: Meleager. Photo G. Koch
431 Thessaloniki 3329: Meleager. Photo G. Koch
432 Chicago, Art Institute: Nebenseite eines Meleagersarkophages. Photo Mus.
433 Thessaloniki 1246: Orpheus; Nebenseite des Sarkophages Taf. 445. Photo G. Koch
434/35 Theben: Fragmente eines Orestsarkophages. INAth Theben 65 und 66
436 Beirut: Unterwelt. Photo G. Koch
437 Thessaloniki P 116: Unterwelt. Photo G. Koch

438 Athen, NM 1176: Pelops. INAth 74/43
439 Korinth: Sieben gegen Theben. Photo G. Koch
440 Ptolemais: Nebenseite eines Schlachtsarkophages. INR 58.2678
441 Selçuk 1589 (aus Ephesos): Nebenseite eines Schlachtsarkophages. Photo G. Koch
442 Beirut 1279/80 (aus Tyros): Schlachtsarkophag. Photo G. Koch
443 Tyros: Schlachtsarkophag. Photo G. Koch
444 Tyros: Sarkophag mit dem Kampf bei den Schiffen vor Troja. Photo G. Koch
445 Thessaloniki 1246: Sarkophag mit dem Kampf bei den Schiffen vor Troja. Photo G. Koch
446 Brescia: Fragment eines Sarkophages mit dem Kampf bei den Schiffen vor Marathon. INR 62.220
447 Istanbul 1417: Dionysischer Sarkophag. ASR IV 1,1 Taf. 1,1
448 Tyros: Dionysischer Sarkophag. Photo G.Koch
449 Istanbul 366: Dionysischer Sarkophag. ASR IV 1,3 Taf. 4,1
450 Thessaloniki 1247: Dionysischer Sarkophag. Photo G. Koch
451 Selçuk, Tor der Verfolgung: Langseite eines Sarkophages mit Weinlese. Photo G. Koch
452/53 Rom, S. Lorenzo: rechte Nebenseite und Rückseite eines Klinensarkophages mit Weinlese. JdI 45, 1930 Taf. 5/6
454 Athen, NM 1187: Erotensarkophag. INAth 74/69
455 Istanbul 511: Erotensarkophag. INIst 64/146
456 Antakya 9576: Sarkophag mit Eros und Psyche und stiertötenden Niken. Photo G. Koch
457 Athen, NM 1181: Erotensarkophag. INAth 77/456
458 Beirut 908/09 (aus Tyros): Erotensarkophag. Photo G. Koch
459 Side 109: Erotensarkophag. Photo G. Koch
460 Athen, Akademie: Sarkophag mit jagenden Eroten. Photo G. Koch
461 Verschollen, ehem. Rom: Sarkophag mit Eroten beim Wettkampf. Dal Pozzo/Albani Nr. 8765/66
462 Rom, Museum der Prätextatkatakombe: wagenfahrende Eroten; Rückseite eines Erotensarkophages. INR 38.665
463 Damaskus 4861 (aus Laodikeia): Fragment eines Erotensarkophages. Photo G. Koch
464/65 Split D 46: Fragmente eines Sarkophages mit jagenden Eroten. Photo G. Koch
466 Thessaloniki 6687: fragmentierte Langseite eines Sarkophages mit Eroten beim Gelage. Photo G. Koch
467 Athen, NM 1180: INAth 77/452
468 Athen, Römische Agora: Photo G. Koch
469 Athen, Akademie: Rückseite des Erotensarkophages Taf. 460. Photo G. Koch
470 Kephissia: Rückseite eines Erotensarkophages. Photo G. Koch
471 Beirut: Rückseite des Unterweltsarkophages Taf. 436. Photo G. Koch
472 Preveza, aus Nikopolis: Langseite eines Sarkophages mit Riefeln und Girlanden. Photo G. Koch
473 Kephissia: Meerwesen. Photo G. Koch
474 Berlin Sk 1454: Langseite mit antithetischen Sphingen. Photo Mus.
475 Antakya 9576: Rückseite des Erotensarkophages Taf. 456. Photo G. Koch
476 Myra: Rankensarkophag. Wiegartz, Myra Taf. 88 A
477/78 Beirut (aus Tyros): Linke Neben- und Vorderseite eines Klinen-Riefel-Sarkophages. Photo G. Koch
479 Athen, Kerameikos: Sarkophag mit Kassetten. Photo G. Koch
480 Malibu 72.AA.152: Langseite eines kleinasiatischen Girlandensarkophages. INR 70.1025
481/82 Vatikan: Kleinasiatische Ostothek mit Girlanden. INR 32.322/23
483 Antalya A 380 (aus Perge): Sarkophag mit fliegenden Eroten (und Niken). Photo G. Koch
484 Rom, Pal. Borghese: Sarkophag von Torre Nova. INR 58.1997
485 Beirut: Ostothek mit Eroten. Photo G. Koch
486 Antalya A 167: Sarkophag mit Jagdszenen. Photo G. Koch
487 Antalya A 928 (aus Perge): Säulensarkophag mit Heraklestaten. Photo G. Koch
488 Antalya A 929 (aus Perge): Säulensarkophag. Photo G. Koch
489 Rom, Gall. Borghese: Langseite eines Heraklessarkophages. Alinari 6813
490–93 Istanbul 1179: Säulensarkophag aus Sidamaria. Photomontage nach Photos im DAI in Rom
494 Bilecik: Sarkophag mit Kastenrahmung; zerstört? INR 70.3154

495 Iznik 1875: Fragment eines Säulensarkophages. Photo G. Koch
496 Iznik: Fragment eines Säulensarkophages. Photo G. Koch
497 Bursa: Fragment eines Säulensarkophages. Photo G. Koch
498 Gebze: Sarkophag mit Inschrift. INIst R 2008
499 Damaskus: Girlanden-Halbfabrikat aus Prokonnesos. Photo G. Koch
500 Istanbul 4449 (aus Parion): Photo G. Koch
501 Bergama 463: Photo E. Steiner
502 Thessaloniki: Sarkophag aus Assos. Photo G. Koch
503 Paris 3309: Ostothek aus Sardes. Photo Mus.
504 Aigina 700: Ostothek aus Ephesos. Photo G. Koch
505/06 Ephesos, Celsus-Bibliothek: Sarkophag des Celsus. Forschungen in Ephesos V 1, 44 Abb. 88/89
507 Ehem. Alaşehir: Denkschriften Wien 53, 2, 1908, 39 Abb. 34
508 Selçuk 261 (aus Ephesos): Girlandensarkophag. ÖJh 26, 1930 Beibl. 13/14 Abb. 5
509 Selçuk 4/4/74 (aus Ephesos): Girlandensarkophag, aus prokonnesischem Halbfabrikat hergestellt. Photo G. Koch
510 Paris 3184 (aus der Nähe von Smyrna): Endymion. Foto Marburg 180302
511 Istanbul 2768 (aus Ephesos): Unterweltssarkophag. ÖJh 17, 1914 Taf. 2
512 Izmir 20 (aus Hypaipa): Photo G. Koch
513 Manisa 4434 (aus Philadelphia): Photo G. Koch
514 Aydin 98 (aus Tralleis): AA 1977, 346 Abb. 36
515 Istanbul 513 (aus Iasos): Photo G. Koch
516 Izmir 3557 (aus Germencik): Photo G. Koch
517 Aphrodisias: AJA 76, 1972 Taf. 42, 35
518 Aphrodisias: Photo G. Koch
519 Aphrodisias: TürkAD 20, 1, 1973, 84 Abb. 31
520 Aphrodisias: Photo G. Koch
521 Ehem. Aphrodisias: L. de Laborde, Voyage de l'Asie Mineure Taf. 56, 115
522 Patara, Lykien: Photo G. Koch
523 Apollonia, Lykien: Photo G. Koch
524/25 Burdur 6927 (aus Bubon): Photo G. Koch
526 Termessos: Photo G. Koch
527 Izmir 79 (aus Laodikeia): Photo G. Koch
528 Side: Schmalseite eines Sarkophages mit Kränzen. Photo G. Koch
529 Side 169: Schmalseite einer Ostothek. Photo G. Koch
530/31 Antalya A 345 (aus Side): linke Nebenseite und Vorderseite eines Sarkophages mit Eroten und Ranken. Photo G. Koch
532 Antalya A 372 (aus Perge): Photo G. Koch
533 Antalya A 373 (aus Perge): Photo G. Koch
534 Side: Vorderseite einer Ostothek aus Kalkstein. Photo G. Koch
535 Side: Nebenseite einer Ostothek aus Kalkstein mit Grabesportal. Photo G. Koch
536 Konya 700: Sarkophag mit Kastenrahmung. Photo G. Koch
537 Konya 133: Fragmentierte Langseite eines lokalen Säulensarkophages. Photo G. Koch
538 Konya 1: Sarkophag mit antithetisch sitzendem Paar. Photo G. Koch
539 Adana 1 (aus Anazarbos): Photo G. Koch
540 New York 70.1 (aus Tarsos): Photo Mus.
541 Adana 2 (aus Korykos): Photo G. Koch
542 Adana 7330 (aus Augusta): Photo G. Koch
543 Korykos: lokaler Girlandensarkophag. Photo G. Koch
544 Korykos: Girlandensarkophag, aus anstehendem Felsen gemeißelt. Photo G. Koch
545 Dösene: Sarkophag mit Köpfen und Deckel mit lagernden Löwen. Photo G. Koch
546 Adana: Photo G. Koch
547 Elaiussa Sebaste: Photo G. Koch
548 Istanbul 1165 (aus Sinope): INIst 64/151
549 Amasya: Photo H. Hauptmann
550 Kayseri 22: Photo G. Koch

551 Tyros 3875/76: Photo G. Koch
552 Tyros 715/16: Photo G. Koch
553 Tyros 927/28: Photo G. Koch
554 Tyros 1095/96: Photo G. Koch
555 Tyros: Sarkophag mit tanzenden Mänaden. Photo G. Koch
556/57 Beirut (aus Deb'aal): Nebenseiten zweier Sarkophage mit Girlanden, datiert 136 n. Chr. Photo G. Koch
558 Beirut (aus Sidon): Photo G. Koch
559 Beirut (aus Sidon): Photo G. Koch
560 Beirut (aus Sidon): Photo G. Koch
561 Bryn Mawr College (aus Beirut): Photo G. Koch
562 Washington, National Museum (aus Beirut): Photo G. Koch
563 Beirut, École de la Sagesse: Girlandensarkophag aus Kalkstein, datiert 133 n. Chr. Photo G. Koch
564 Beirut: Fragmentierte Langseite mit Frau auf Kline. Photo G. Koch
565 Istanbul 510 (aus Tripolis): Erotensarkophag. Repro
566 Istanbul 300 (aus Tripolis): Girlandensarkophag. INIst 77/32
567 Istanbul 508 (aus Tripolis): Hippolytos. Repro
568 Baalbek: Photo G. Koch
569 Damaskus 2834 (aus dem Hauran): Kentaurenkampf. Photo G. Koch
570 Damaskus: Photo G. Koch
571 Kopenhagen 791 (aus Laodikeia): Photo G. Koch
572 Tartous 290 (aus Laodikeia): Photo G. Koch
573 Apameia: Photo G. Koch
574 Aleppo: Photo G. Koch
575 Aleppo, Zitadelle: Photo G. Koch
576 Antakya 8501: Photo G. Koch
577 Antakya 8472: Photo G. Koch
578 Antakya 8475: Photo G. Koch
579 Beirut (aus Berytos): Bleisarkophag. Syria 15, 1934, 347f. Nr. 19 Taf. 47
580 Beirut (aus Sidon): Syria 15, 1934, 343 Nr. 9 Taf. 43
581 Beirut (aus Sidon): Syria 15, 1934, 342f. Nr. 7 Taf. 42
582 Beirut (aus Tyros): Photo G. Koch
583 Jerusalem: IEJ 21, 1971 Taf. 38A
584 Sarkophag aus Pella: Pella of the Decapolis I Taf. 15 D
585 Amman (aus Jebel el Mukabbir): PEQ 105, 1973 Taf. 1 A n. S. 82
586 Jerusalem: B. Bagatti, Dominus flevit Taf. 20, 49
587 London 126392 (aus Jerusalem): Photo Mus.
588 Jerusalem 36.2183 (aus Tell el Barak): Photo Mus.
589 Beth She'arim: Beth She arim III Taf. 40, 1
590 Amman: Photo G. Koch
591/92 London 2325 (aus Euhesperides): Ostothek. Photo Mus.
593 Alexandria 25879: A. Adriani, Repertorio I Taf. 1,1
594 Alexandria 24874: INR 60.1825
595 Alexandria 11268: INR 63.1982
596 Alexandria 17927: INR 60.1830
597 Rom, St. Peter: Sarkophag aus rotem Granit. INR 30.615
598 Vatikan 237: sog. Sarkophag der Constantina. INR 63.2342
599 Vatikan 238: sog. Sarkophag der Helena. INR 63.2339

ABKÜRZUNGEN

Es werden die Abkürzungen des Deutschen Archäologischen Instituts verwandt; vgl. AA 1980 und Archäologische Bibliographie 1980. Außerdem gelten folgende Sigel:

ALTMANN, Architectur	W. ALTMANN, Architectur und Ornamentik der antiken Sarkophage (1902)
ALTMANN, Grabaltäre	W. ALTMANN, Die römischen Grabaltäre der Kaiserzeit (1905)
ANDREAE, Schlachtsarkophage	B. ANDREAE, Motivgeschichtliche Untersuchungen zu den römischen Schlachtsarkophagen (1956)
ANDREAE, Studien	B. ANDREAE, Studien zur römischen Grabkunst (9. Ergh. RM, 1963)
ARIAS, Camposanto	P. E. ARIAS – E. CRISTIANI – E. GABBA, Camposanto monumentale di Pisa. Le antichità (1977)
ASGARI, Kalchedon	N. ASGARI - N. FIRATLI, Die Nekropole von Kalchedon, in: Studien zur Religion und Kultur Kleinasiens. Festschrift F. K. Dörner I (1978) 1–92
ASHMOLE, Ince Blundell	B. ASHMOLE, A Catalogue of the Ancient Marbles at Ince Blundell Hall (1929)
ASR	– in der Regel Angaben ohne Verfasser und ohne Jahr; zitiert wird die Nr. des S., Seite ggf. mit S. (z. B. ASR III 2, 214 = ASR III 2 Nr. 214)
BROMMER, Denkmälerlisten	F. BROMMER, Denkmälerlisten zur griechischen Heldensage I–IV (1971–1976)
BROMMER, Vasenlisten	F. BROMMER, Vasenlisten zur griechischen Heldensage, 3. Aufl. (1973)
CAGIANO, V. Medici	M. CAGIANO DE AZEVEDO, Le antichità di Villa Medici (1951)
CALZA, Isola Sacra	G. CALZA, La necropoli del Porto di Roma nell'Isola Sacra (1940)
CALZA, Villa Doria	R. CALZA, Antichità di Villa Doria Pamphilj (1977)
CHARBONNEAUX, Louvre	J. CHARBONNEAUX, La sculpture grecque et romaine au Musée du Louvre (1963)
CUMONT, Symb. Fun.	F. CUMONT, Recherches sur le symbolisme funéraire des romains (1942)
ENGEMANN, Untersuchungen	J. ENGEMANN, Untersuchungen zur Sepulkralsymbolik der späten römischen Kaiserzeit (2. Erg. Bd. JbAChr, 1973)
ESPÉRANDIEU	ESPÉRANDIEU, Recueil général des basreliefs, statues et bustes de la Gaule Romaine I–XVI (1907–1981)
GABELMANN, Werkstattgruppen	H. GABELMANN, Die Werkstattgruppen der oberitalischen Sarkophage (1973)
GARCÍA Y BELLIDO	A. GARCÍA Y BELLIDO, Esculturas romanas de España y Portugal (1949)
GERKE	F. GERKE, Die christlichen Sarkophage der vorkonstantinischen Zeit (1940)
GIULIANO, Commercio (im Kapitel IV: Giul.)	A. GIULIANO, Il commercio dei sarcofagi attici (1962)
GIULIANO, Cultura Artistica	A. GIULIANO, La cultura artistica delle province della Grecia in età romana (1965)

Giuliano, Mus. Naz. Rom. I 1	A. Giuliano u. a., Museo Nazionale Romano. Le sculture I 1 (1979)
Giuliano - Palma	A. Giuliano - B. Palma, La maniera ateniese di età romana. I maestri dei sarcofagi attici (Studi Miscellanei 24, 1975/76 [1978])
Goethert, Klein Glienicke	F. W. Goethert, Katalog der Antikensammlung des Prinzen Carl von Preußen im Schloß zu Klein-Glienicke bei Potsdam (1972)
Guerrini, Pal. Mattei	L. Guerrini, Sculture di Palazzo Mattei (Studi Miscellanei 20, 1971/72 [1972])
Gütschow, Prätextat	M. Gütschow, Das Museum der Prätextatkatakombe (MemPontAcc 4, 2, 1938)
Hanfmann	G. M. A. Hanfmann, The Season Sarcophagus in Dumbarton Oaks (1951)
Helbig[4]	– Sarkophage werden nur nach der Nummer, ohne den Bearbeiter, B. Andreae, zitiert (z. B. Helbig[4] I 1014)
Himmelmann, Antakya	N. Himmelmann, Sarkophage in Antakya (AbhMainz 1970 Nr. 8)
Himmelmann, Hirten-Genre	N. Himmelmann, Über Hirten-Genre in der antiken Kunst (AbhDüsseldorf 65, 1980)
Himmelmann, Megiste	N. Himmelmann, Der ‚Sarkophag' aus Megiste (AbhMainz 1970 Nr. 1)
Himmelmann, Typ. Unt.	N. Himmelmann, Typologische Untersuchungen an römischen Sarkophagreliefs des 3. und 4. Jahrhunderts n. Chr. (1973)
Honroth, Girlanden	M. Honroth, Stadtrömische Girlanden (Sonderschriften des Österr. Archäol. Inst. 17, 1971)
Kallipolitis, Chron.	B. G. Kallipolitis, Χρονολογικὴ κατάταξις τῶν μετὰ μυθολογικῶν παραστάσεων ἀττικῶν σαρκοφάγων τῆς ῥωμαϊκῆς ἐποχῆς (1958)
Kaschnitz	G. Kaschnitz-Weinberg, Sculture del magazzino del Museo Vaticano (1936/37)
Kraus, PropKg	T. Kraus, Das römische Weltreicht (PropKG 2, 1967)
Lehmann, Baltimore	K. Lehmann-Hartleben, Dionysiac Sarcophagi in Baltimore (1942)
Lippold, Gemäldekopien	G. Lippold, Antike Gemäldekopien (1951)
L'Orange - v. Gerkan	H.-P. L'Orange - A. v. Gerkan, Der spätantike Bildschmuck des Konstantinsbogens (1939)
De Luca, Pal. Corsini	G. De Luca, I monumenti antichi di Palazzo Corsini in Roma (1976)
Matz, MW	F. Matz, Ein römisches Meisterwerk. Der Jahreszeitensarkophag Badminton-New York (10. Ergh. JdI, 1958)
McCann, Metr. Mus.	A. M. McCann, Roman Sarcophagi in The Metropolitan Museum of Art (1978)
Michaelis	A. Michaelis, Ancient Marbles in Great Britain (1882)
Pesce, Sardegna	G. Pesce, Sarcofagi romani di Sardegna (1957)
Redlich	R. Redlich, Die Amazonensarkophage des 2. und 3. Jahrhunderts n. Chr. (1942)
Rep. I	F. W. Deichmann (Hrsg.), Repertorium der christlich-antiken Sarkophage I (1967)
Reschke	E. Reschke, Römische Sarkophagkunst zwischen Gallienus und Konstantin dem Großen, in: F. Altheim – R. Stiehl, Die Araber in der alten Welt III (1966) 307–416
Rodenwaldt, Stilwandel	G. Rodenwaldt, Über den Stilwandel in der antoninischen Kunst (AbhBerlin 1935)
Salerno – Paribeni	L. Salerno – E. Paribeni, Palazzo Rondinini (1965)

SAVERKINA, Eremitage   I. I. SAVERKINA, Römische Sarkophage I. Römische Sarkophage in der Ermitage (1979)

SCHUMACHER, Hirt   W. N. SCHUMACHER, Hirt und ‚Guter Hirt' (34. Suppl. H. RömQSchr, 1977)

SCRINARI, Mus. Arch.   V. S. M. SCRINARI, Museo archeologico di Aquileia. Catalogo delle sculture romane (1972)

SICHTERMANN, Endymion   H. SICHTERMANN, Späte Endymion-Sarkophage (1966)

SICHTERMANN-KOCH   H. SICHTERMANN–G. KOCH, Griechische Mythen auf römischen Sarkophagen (1975)

SMITH, Cat. Sculpt.   A. H. SMITH, A Catalogue of Sculpture in the Department of Greek and Roman Antiquities, British Museum, I–III (1892–1904)

TOYNBEE   J. M. C. TOYNBEE, The Hadrianic School (1934)

TURCAN   R. TURCAN, Les sarcophages romains à représentation dionysiaques (1966)

TUSA, Sicilia   V. TUSA, I sarcofagi romani in Sicilia (1957)

VACCARO MELUCCO   A. VACCARO MELUCCO, Sarcofagi romani di caccia al leone (Studi Miscellanei 11, 1963/64 [1966]

VERMEULE I   C. C. VERMEULE, The Dal Pozzo-Albani Drawings of Classical Antiquities in the British Museum (Transactions of the American Philosophical Society N.S. 50, 5, 1960)

VERMEULE II   C. C. VERMEULE, The Dal Pozzo-Albani Drawings of Classical Antiquities in the Royal Library at Windsor Castle (Transactions of the American Philosophical Society N. S. 56, 2, 1966)

WALTER, Akropolismus.   O. WALTER, Beschreibung der Reliefs im kleinen Akropolismuseum in Athen (1923)

WEBER, Wagenfahrt   W. WEBER, Die Darstellungen einer Wagenfahrt auf römischen Sarkophagdeckeln und Loculusplatten des 3. und 4. Jahrhunderts n. Chr. (Archeologica 5, 1978)

WIEGARTZ, Marmorhandel   H. WIEGARTZ, Marmorhandel, Sarkophagherstellung und die Lokalisierung der kleinasiatischen Säulensarkophage, in: Mélanges A. M. Mansel I (1974) 345–383

WIEGARTZ, Myra   H. WIEGARTZ, Kaiserzeitliche Reliefsarkophage in der Nikolaoskirche, in: J. BORCHHARDT u. a., Myra (IstForsch 30, 1975) 161–251

WIEGARTZ, Säulens.   H. WIEGARTZ, Kleinasiatische Säulensarkophage (IstForsch 26, 1965)

WILPERT   G. WILPERT, I sarcofagi cristiani antichi I–III (1929–1936)

WEITERE ABKÜRZUNGEN

FRP   Forschungsarchiv für römische Plastik, Köln
INAth   Inst. Neg. DAI Athen
INIst   Inst. Neg. DAI Istanbul
INMadrid   Inst. Neg. DAI Madrid
INR   Inst. Neg. DAI Rom
NM   Nationalmuseum (= Museo Nazionale, Musée National)

D.   Deckel
F. O.   Fundort
Frgt.   Fragment
H   Höhe
K.   Kasten
L   Länge

L.	Linke (= linke Hand)
l.	links
Ls.	Langseite
Ns.	Nebenseite
Nss.	Nebenseiten
R.	Rechte (= rechte Hand)
r.	rechts
Rs.	Rückseite
S.	Sarkophag (in Ausnahmefällen auch = Seite)
T	Tiefe
Vs.	Vorderseite

HINWEISE FÜR DIE BENUTZER

In den Anmerkungen wird bei den Literaturangaben nur das Wichtigste berücksichtigt und solche Publikationen, die weiterführende Angaben enthalten. Für zusätzliche Hinweise ist in jedem Fall die in den Anmerkungen zitierte Literatur heranzuziehen.

Die Textgestaltung folgt möglichst den Anweisungen des Deutschen Archäologischen Instituts. Der inhaltliche Aufbau lehnt sich an das Corpus der antiken Sarkophagreliefs an. So werden mythologische Namen in der griechischen Form gebracht, lateinisch nur dann, wenn der Zusammenhang es erfordert; die Reihenfolge ist alphabetisch.

Es sind Überschneidungen in den einzelnen Kapiteln vorhanden, viele Sarkophage werden also an mehreren Stellen genannt. Es gibt keine Querverweise auf Seiten, lediglich, in manchen Fällen, auf Kapitel; dabei wird das Hauptkapitel B nicht eigens mit dem Buchstaben angeführt, da die Abschnitte an den römischen Zahlen zu erkennen sind. Die einzelnen Seiten sind über das Register aufzufinden, das also ständig herangezogen werden muß.

In Text und Anmerkungen sind die Museen und Sammlungen in abgekürzter Form genannt. Sofern keine Verwechslungen möglich sind, wird nur der Aufbewahrungsort angegeben. Im Register sind die Museen ausführlich zitiert.

In den einzelnen Kapiteln wird diejenige Literatur abgekürzt zitiert, die in den Vorspannen aufgeführt ist.

An verschiedenen Stellen war ein *Nachtrag* möglich, der nur bei den Literaturangaben oder in den Anmerkungen vorgenommen, nicht jedoch im Text berücksichtigt werden konnte. Weitere *Nachträge* sind auf S. 635 zusammengestellt worden.

A. EINLEITUNG

Eine monographische Behandlung der römischen Sarkophage existiert nicht; Übersichten geben die entsprechenden Abschnitte in den Büchern über römische Kunst und die Lexika. Die Lit. bis 1932 bringt: Kat. der Bibliothek des Deutschen Archäologischen Instituts in Rom von A. MAU. Neue Bearbeitung von E. v. MERCKLIN u. F. MATZ II, bearb. von F. MATZ I. Teil (1932) 295 ff. – Neuere Literaturangaben bei F. MATZ in: EAA VII (1966) 2 ff. C. PANELLA u. J. B. WARD PERKINS in: EAA Suppl. 1970 (1973) 686 ff. – Von älteren Lexikonartikeln vgl. É. CAHEN in: Daremberg – Saglio IV 2 (1877) 1064 ff. HAMBURG in: RE I A2 (1920) 2530 ff. – *Zusammenfassende Äußerungen* u. a. in: A. RIEGL, Spätröm. Kunstindustrie (1901. Neuausgabe 1927) 186 f. 240. WILPERT II (1932) 1 ff. G. RODENWALDT in: Cambridge Ancient History IX (1936) 793 ff. J. M. C. TOYNBEE, The Art of the Romans (1965) 95 ff. B. ANDREAE, Röm. Kunst (1973) 227 ff. R. BRILLIANT, Roman Art from the Republik to Constantine (1974) 100 ff. R. BIANCHI BANDINELLI, Die röm. Kunst (1975) 111. 130 ff. 178 ff. P. E. ARIAS in: ARIAS, Camposanto (1977) 19 ff. – Ein neues Literaturverzeichnis bringt B. ANDREAE in: ANRW II 12,2 (1981) 3–64

1. DIE SARKOPHAGE ALS RÖMISCHE KUNSTWERKE

Nur eine zusammenfassende Behandlung der römischen Sarkophage unter allen Gesichtspunkten, die für ihr Verständnis und ihre Würdigung von Bedeutung sind, kann ihre Rolle innerhalb der römischen Kunst klar herausarbeiten. Die bisher vorwiegend geübte Methode, sie von der gesamten römischen Kunstgeschichte her zu sehen und nur als Teil derselben zu behandeln, wird ihnen weder als geistesgeschichtlicher noch als künstlerischer Erscheinung gerecht. So wäre es, obwohl der größte Teil der römischen Sarkophage mit figürlichen Reliefs geschmückt ist, verfehlt, sich auf diese zu beschränken und sie als Teil der ‚Reliefkunst' zu behandeln.[1] Auch die figürlich verzierten Sarkophage sind in erster Linie Sarkophage, wie alle übrigen, und nur mit diesen zusammen erklärbar und verständlich. Form und Zweck bestimmen sie auch als Kunstwerk: von der durch den menschlichen Körper vorgegebenen langgestreckten Form, den als Verschluß notwendigen Deckeln und der zweckbedingten Aufstellung angefangen über die herzustellende Anzahl bis zur Verbindung zu Todesvorstellungen und Jenseitsglauben. Form und Aufstellung haben bestimmte Kompositionsregeln zur Folge, die relativ große Anzahl der herzustellenden Sarkophage bewirkt in der Ausführung einen gewissen Routinestil mit impressionistischem Einschlag, der Zweck beeinflußt die Wahl der Themen und ihre Behandlung.

So werden die Sarkophage für den Betrachter und Forscher in erster Linie als Sarkophage anzusehen sein, ehe sie als Kunstwerke verstanden und zu Monumenten der römischen Kunstgeschichte werden können. Zwar hatte schon J. J. Bachofen gesagt: „Man glaubt einen ganz speziellen Gegenstand der Kunst-Archäologie unter den Händen zu haben und findet sich zuletzt inmitten einer wahren Universaldoktrin",[2] doch ist es eben eine funeräre Universaldoktrin, von der hier gesprochen wird, wie

---

[1] z. B. G. M. A. HANFMANN, Röm. Kunst (o. J.) 204 ff. KRAUS, PropKg (1967) 218 ff. B. ANDREAE, Röm. Kunst (1973) 227 ff.

R. BIANCHI BANDINELLI, Die röm. Kunst (1975) 130 ff. 178 ff.

[2] zitiert in: Die Antike 19, 1943, 61 f.

auch heute noch J. B. Ward-Perkins sich über „that extraordinary phenomenon, the funerary art of Rome" äußert.[3]

Den Sachverhalt im engeren kunstgeschichtlichen Sinn hat G. Rodenwaldt dargelegt: „Die Reliefs römischer Sarkophage bedeuten meist nur Beispiele einer Gattung, die der allgemeinen Stilentwicklung folgt. Verhältnismäßig gering ist die Zahl der Werke, die über dem Durchschnitt stehend ein persönlicheres Gepräge tragen. Ganz selten sind die Fälle, in denen ein Sarkophagrelief, wie an dem großen ludovisischen Schlachtsarkophag und dem Sarkophag des Junius Bassus, zum Ausdruck der besten Leistung einer Stilphase wird",[4] und: „Werke wie der ludovisische Schlachtsarkophag und der ‚Plotinsarkophag' sind mehr als Etappen auf dem Wege zur Spätantike; sie repräsentieren Geist und Stimmung ihrer Zeit und können nur, wenn man sie so versteht, recht gewürdigt werden."[5] Erst, wenn die „Eigenart der Sarkophage als Kunstgattung ... verstanden" wird, kann „ihr Beitrag zur Erkenntnis des Wesens der griechischen und römischen Kunst geklärt werden."[6] Dann auch erst verstehen wir, daß einzelne römische Sarkophage als große Kunstwerke aus der Menge der übrigen herausragen und die Bezeichnung „Meisterwerk" verdienen[7] und man einen von ihnen sogar ein „wahrhaft majestätisches Werk" nennen konnte.[8]

Aber nicht nur durch einzelne hervorragende Stücke, gerade durch die Menge des Durchschnittlichen sind die Sarkophage lehrreicher für die römische Kunstgeschichte als jede andere Monumentengattung.[9] Ihrer Aufstellung wegen entgingen sie mehr als andere Marmorwerke der Zerstörung, auch trug die Möglichkeit, sie wiederzuverwenden, zu ihrer Erhaltung bei. Die von den Römern über Jahrhunderte hinweg geübte Sitte der Körperbestattung bewirkte, daß die hierfür verwendeten Sarkophage die gesamte kunstgeschichtliche Entwicklung dieser Jahrhunderte widerspiegeln konnten. So sind sie in hervorragendem Maße geeignet, die beiden Grundkräfte aufzuzeigen, welche die römische Kunst bestimmt haben: die dem Griechischen zugewandte, klassizistische Komponente und die individuell-historische, römische Komponente. Es gibt Sarkophage, die vorwiegend in die offizielle römische Kunst gehören, die grundsätzlich klassizistisch war, und solche, die der römischen Volkskunst zuzurechnen sind, daneben mannigfache Mischungen. Eine historische Entwicklung ist dabei nicht zu verkennen. Entstanden in einer betont klassizistischen Epoche, der Zeit Trajans und Hadrians, trat die Kunst der Sarkophage zunächst in klassizistischen Formen und mit entsprechenden Darstellungen auf, ehe sie sich mehr und mehr den italisch-römischen Kräften öffnete, dem Porträt immer mehr Bedeutung einräumte, historische und realistische Szenen neben die griechisch-mythologischen setzte, dem Prinzip der Zentralkomposition zur Herrschaft verhalf und im Formalen den reinen

---

[3] RendPontAcc 48, 1975/6, 238.
[4] RODENWALDT, Stilwandel 3; vgl. B. ANDREAE, RendPontAcc 41, 1968/9, 145.
[5] G. RODENWALDT, JdI 51, 1936, 113.
[6] G. RODENWALDT, RM 58, 1943, 1.
[7] G. RODENWALDT, AA 1928, 266ff.; vgl. auch ders., FuF 4, 1928, 253 f. MATZ, MW.

[8] G. RODENWALDT, JdI 37, 1922, 32. B. ANDREAE nannte ihn „ein Meisterwerk spätantiker Reichskunst", in: HELBIG[4] I S. 21 zu Nr. 25.
[9] Vgl. H. BRANDENBURG, JdI 93, 1978, 278.

Klassizismus zugunsten volkstümlich römischer Stileigentümlichkeiten aufgab, ohne allerdings je ihre klassizistische Grundhaltung ganz zu verleugnen. Mit diesen Tendenzen stellte sie sich schließlich in den Dienst des frühen Christentums, bevor sie, nach dreihundertjährigem Leben, langsam erlosch.

Lehrreich für die römische Reichskunst sind die Sarkophage auch, weil sie die Unterschiede der einzelnen Provinzen klar erkennen lassen.[10] Neben die zentrale Erscheinung der Kunst Roms, die sogenannte stadtrömische, treten in bedeutsamer Eigentümlichkeit die kraftvollen Äußerungen des Ostens in Gestalt der attischen und der kleinasiatischen Sarkophagkunst, dazu in Italien selbst eigene Strömungen im Norden und im Süden; auch in fast allen übrigen Provinzen bildeten sich – abgesehen davon, daß man Rom nachzuahmen trachtete – mehr oder weniger selbständige Kunstschulen aus.[11] Um Gemeinsames und Verschiedenes innerhalb der einen großen römischen Kunst zu zeigen, sind gerade die im gesamten Reich verstreuten Sarkophage mit ihren durch Export und Import ermöglichten gegenseitigen Beeinflussungen geeigneter als andere Monumente.

Eine Besonderheit der gesamten antiken, auch der römischen Kunst zu demonstrieren, sind die Sarkophage vielleicht mehr als die übrigen Monumente geeignet: die Gleichgültigkeit gegenüber der originellen, persönlichen Leistung. Obwohl es unter den Sarkophagen Meisterwerke gibt,[12] ist die Frage nach Meistern kaum zu stellen, eine diesbezügliche Überlieferung gibt es nicht. Es ist auch nicht zu bemerken, daß die Sarkophage als persönliche Leistung gelten wollten. An ein- und demselben Sarkophag sind nicht selten deutlich mehrere Hände zu unterscheiden, die Porträts sind offenbar von Spezialisten ausgeführt – ganz abgesehen von der allgemein antiken Gleichgültigkeit gegenüber origineller Leistung im Motivlichen und in der Komposition, die bei den Sarkophagen zu Replikenreihen und ‚Klassen‘ geführt hat, deren Einzelstücke sich in dieser Hinsicht kaum voneinander unterscheiden. Wohl gibt es immer wieder Abweichungen im Einzelnen, auch sind absolut getreu übereinstimmende Repliken nicht nachzuweisen,[13] aber die Abweichungen haben oft mehr den Charakter der Unstimmigkeit als den einer persönlichen Leistung.[14] In dieser Hinsicht können die Sarkophage in ihrer Zeit als Stellvertreter gelten für eine bestimmte Gattung römischer Kunstwerke, die in der Malerei bereits in Pompeji faßbar ist, für die es aber in der späteren kaiserzeitlichen Kunst nicht so augenfällige Beispiele gibt, da vor allem die Zeugnisse der bürgerlich-volkstümlichen Malerei hier weitgehend ausfallen.

---

[10] Über all dies s. die entsprechenden Kapitel.
[11] Über die Frage, ob der Ort der Herstellung oder die Form entscheidet s. G. Koch, ASR XII 6 S. 23. J. B. Ward Perkins, RendPontAcc 48, 1975/6, 207 Anm. 14.
[12] s. Anm. 7.
[13] G. Koch, AA 1979, 246.
[14] Zur Bevorzugung der Kollektivarbeit in der gesamten Antike: H. Rose, Klassik als künstlerische Denkform des Abendlandes (1937) 127 ff.

2. GESCHICHTE DER ERFORSCHUNG

Die Anfänge der Beschäftigung mit den römischen Sarkophagen gehören, vom Mittelalter bis in die Renaissance hinein, zum Kapitel ‚Nachleben', so sehr in diesen Jahrhunderten auch, allein durch Abzeichnen, Nachahmen und Wiederverwenden, die wissenschaftliche Beschäftigung in die Wege geleitet wurde. Diese selbst begann jedoch im eigentlichen Sinne erst, als man nach der Entstehungszeit und dem Inhalt der Darstellungen zu fragen begann.

Eine eigene spezialistische Sarkophagforschung hat es lange nicht gegeben, streng genommen bildete sie sich erst in den zwanziger und dreißiger Jahren unseres Jahrhunderts[1] heraus. Vorher behandelte man die Sarkophagreliefs vorwiegend als „bassorilievi" mit anderen Kunstwerken zusammen, oft, ohne ihre Eigenart als Sarkophagreliefs auch nur zu erwähnen.[2] Selbst Winckelmann mußte ausdrücklich darauf aufmerksam machen, daß die meisten „erhobenen Arbeiten" von Sarkophagen abgesägt seien,[3] hat diese Tatsache bei den 25 Sarkophagreliefs, die er in den Monumenti Antichi Inediti (1767) behandelte, selbst aber nur bei elf Exemplaren angegeben.

Da sich die meisten Sarkophage in und bei Rom befanden und dort auch immer wieder neue Exemplare zu Tage traten, hat man zwar von Anfang an ihre Besonderheit als Erzeugnisse der römischen Kunst erkannt, auch wenn gelegentlich Import aus Griechenland angenommen wurde.[4] Unklarheiten bestanden nur über ihre genaue Datierung. Daß so vollendete und aufwendige Monumente nicht schon in republikanischer Zeit gefertigt sein konnten, war dann allerdings auch mehr oder weniger selbstverständlich; es handelte sich wohl um einen einfachen, unverzierten Sarkophag, den man 1485 in die Zeit Ciceros setzte, da man in der Leiche, die er enthielt, eine Tochter dieses Redners sehen wollte.[5] Doch wurde auch der dionysische Sarkophag Badminton-New York noch 1728 „Badewanne des Augustus" („Augustus's Bath") genannt.[6]

Auch die Deutung der Darstellungen war bei vielen Sarkophagen ohne weiteres einleuchtend, wie bei den Sarkophagen mit Szenen des Menschenlebens, vielen Erotensarkophagen, Meerwesensarkophagen und dergleichen. Schwierigkeiten boten die

---

[1] s. G. RODENWALDT, RM 58, 1943, 1 u. Vorwort zu ASR V 1 S. VIII.

[2] Noch im Register der AZ findet sich oft nur die Angabe „Relief", wo es sich um einen Sarkophag handelt, s. z. B. 1847, 80. Andere Äußerungen in dieser Hinsicht: AZ 1843, 113 ff. 187. AZ 1845, 81. 354 f.

[3] Geschichte der Kunst des Altertums 8. Buch 3. Kap. § 11 J. WINCKELMANNS Sämtl. Werke hrsg. von J. EISELEIN V (1825) 249.

[4] s. noch E. Qu. VISCONTI, Il Museo Pio Clementino IV (1788) S. IX. Er gibt als Grund die unausgeführten Porträts an, und damit hat er, was die attischen Sarkophage betrifft, wohl auch recht.

[5] Ch. HÜLSEN, Die Auffindung der römischen Leiche vom Jahre 1485, in: Mittheilungen des Instituts für österreichische Geschichtsforschung IV Band 3, 433 ff.; der Sarkophag muß als verschollen gelten, hat sich jedenfalls bisher nicht identifizieren lassen, s. H. THODE, in: Mittheilungen des Instituts für österreichische Geschichtsforschung IV Band 1, 11. 13 mit Anm. 1. HÜLSEN a. O. 439.

[6] MATZ, MW 4.

eigentlichen mythologischen Darstellungen oder solche, die genauere antiquarische Kenntnisse voraussetzten.

Unter den ersten, die sich wissenschaftlich mit römischen Sarkophagen beschäftigten, ist vor allem *Pietro Santi Bartoli* zu nennen, der in seinem 1697 erschienenen Buch „Gli antichi sepolcri, overo mausolei romani et etruschi" römische Sarkophage im Zusammenhang mit ihrer Fundstätte besprach. So gab er auf Tafel 37 einen Schnitt durch das Grab der Caecilia Metella mit dem großen Reliefsarkophag in der Kammer,[7] der dann auf Tafel 38 besonders erscheint. Von weiteren Sarkophagen bildete er auf Tafel 55 den Protesilaossarkophag im Vatikan[8] ab und deutete die Langseite als Krankheit, Tod und Fahrt ins Jenseits der beigesetzten Person, die eine Nebenseite richtig als Strafen im Jenseits (Ixion, Tantalos und Sisyphos). Der Achillsarkophag im Kapitolinischen Museum erscheint auf Tafel 80 bis 83 als „sepolcro di Alessandro Severo e di Giulia Mammea"; auch seine Darstellungen werden auf diesen Kaiser bezogen. In seinem 1693 erschienenen Buch „Admiranda Romanorum Antiquitatum ac Veteris Sculpturae Vestigie" deutete er den einfacheren Rhea-Silvia-Sarkophag im Palazzo Mattei als den des Kaisers Gallien (Tafel 22), den Jagdsarkophag im selben Palazzo[9] als den des Kaisers Balbinus (Tafel 24). Richtig interpretierte er einen Persephonesarkophag (Tafel 53), während er die Orestsarkophage nicht zu deuten wußte (Tafel 52) und auf einem Medeasarkophag Szenen aus dem Persephonemythos sehen wollte (Tafel 53). Treffendes sagte er zum Prometheussarkophag im Kapitolinischen Museum (Tafel 66/7),[10] auch zu einem Sarkophag mit dem Tod des Meleager (Tafel 69), bezeichnete jedoch dessen Heimtragung nur als „Funeralis Pompa" (Tafel 70/1). Zum Protesilaossarkophag im Vatikan (Tafel 75–77) findet sich dieselbe Deutung wie in den ‚Antichi sepolcri'; ein Jahreszeitensarkophag wird richtig gedeutet (Tafel 78), auch ein dionysischer mit Jahreszeiten (Tafel 79).

F. Buonarotti[11] bemühte sich als einer der ersten um die symbolische Deutung der Sarkophagreliefs. Demeter auf der Suche nach Persephone, die man auf sehr vielen Reliefs fände, könnte darauf hinweisen, daß hier Priester der Mysterien beigesetzt seien „o per esprimere la variazione, e vicendevolezza delle stagioni, e della vita umana ..."[12] Er gilt als der ‚Erfinder' der Deutung der Meerwesensarkophage mit Clipeus als Zug zu den Inseln der Seligen,[13] jedoch darf nicht übersehen werden, daß es danach bei ihm auch heißt: „o perchè fossero di persone, o di artefici, i quali tenessero l'elemento dell'aqua per principio delle vicende delle cose, e della vita, e della morte".[14]

L. Beger deutete dann bereits richtig den Alkestissarkophag in der Villa Albani,[15] weiter den Protesilaossarkophag im Vatikan[16] ebenfalls auf Alkestis,[17] mit Fehlern im Einzelnen; auch fand er die richtige Deutung der Kleobis und Biton-Platte in Venedig.[18] Mit keinem Wort sagt er jedoch, daß es sich um Sarkophage handelt.

B. de Montfaucon legte sein großes Werk „L'antiquité expliquée et représentée en figures" (2. ed. 1722) chronologisch und ästhetisch wertend an: „Cet ouvrage comprend tout ce qu'on appelle la belle antiquité, qui quoique fort déchue depuis le troisième siecle, est censée finir entierement au temps de Theodose le Jeune".[19] Schon im ersten Band, der den Göttern gewidmet ist, erscheinen mehrere Sarkophage, zumeist mit richtiger Deutung: Tafel 24 Kleobis und Biton in Venedig, Tafel 39 ein Persephonesarkophag, Tafel 40,1 ein weiterer, Tafel 45 ein Triptolemossarkophag, Tafel 56 der Musensarkophag Mattei, Tafel 59 und 60 drei weitere Musensarkophage, Tafel 81 ein Endymionsarkophag, Tafel 97 ein Sarkophag mit dem Tod Meleagers, Tafel 120 der Sarkophag mit den drei Grazien im Palazzo Mattei; unrichtig gedeutet wird ein Medeasarkophag, der auf Persephone

---

[7] Zur Zuverlässigkeit solcher Fundzeichnungen s. allerdings L. CANINA, La prima parte della Via Appia I (1853) 87 Anm. 25.

[8] C. ROBERT, ASR III 3, 423.

[9] Mattei II. VACCARO MELUCCO Taf. 6, 14. ASR I 2, 128.

[10] ASR III 3, 355. SICHTERMANN-KOCH 63 f. Nr. 68 Taf. 165–7.

[11] Osservazioni istoriche sopra alcuni medaglioni antichi (1698).

[12] a. O. 58.

[13] vgl. 44. 114, dazu H. BRANDENBURG, JdI 82, 1967, 195.

[14] a. O. 114.

[15] ASR III 1, 22. SICHTERMANN-KOCH Nr. 9 Taf. 17, a.

[16] ASR III 3, 423. SICHTERMANN-KOCH Nr. 69 Taf. 168, b.

[17] Alcestis pro marito moriens ... (1703).

[18] ASR III 3, 437, s. K. FITTSCHEN, JdI 85, 1970, 171 Anm. 1; 173.

[19] a. O. Preface S. XIV.

bezogen wird (Tafel 40,2)[20] und ein Sarkophag mit Rhea Silvia (Tafel 48), dessen Darstellung er als „adultere di Mars et de Venus" bezeichnet. Im fünften Band widmet der Verfasser ein ganzes Kapitel den „funerailles des Grecs & des Romains". Zuerst findet sich, im ersten Buch,[21] eine ausführliche, doch recht unsystematische Behandlung der verschiedenen Bestattungsgebräuche, auch des Verbrennens und Beisetzens, unter Heranziehung vieler Schriftquellen und Inschriften; die Chronologie wird dabei jedoch vernachlässigt. Im zweiten Buch[22] werden, mit vielen Beispielen, „les hypogées, les columbaria, les urnes cineraires" behandelt, im dritten[23] „les grandes urnes sepulcrales ou les sarcophages, les places pour la sepulture, les urnes lacrymatoires & les mausolées". In der Einleitung unterscheidet er rechteckige und ovale Kästen; anschließend bespricht er 15 einzelne Sarkophage. Vor allem interessieren ihn solche mit Inschriften, wobei er sich ausführlich mit diesen beschäftigt. Von den ‚Trauergenien' an den Enden sagt er, daß sie das Ende des Lebens bedeuten. Im 2. Kapitel wird der Achillsarkophag im Kapitolinischen Museum[24] behandelt und, wie schon von Bartoli, als Sarkophag des Septimius Severus und seiner Mutter, die auf dem Deckel porträtiert seien, angesehen,[25] wie Bartoli bezieht auch er die Reliefs des Kastens auf diesen Kaiser. Einen Sarkophagdeckel setzt er, wegen der Frisur des weiblichen Porträts, in die Zeit des Kaisers Marc Aurel, den Deckel des großen Ludovisischen Schlachtsarkophages[26] bezieht er auf einen Kaiser. Den Protesilaossarkophag in Neapel[27] läßt er ungedeutet: „Je ne comprens rien à cette image",[28] auf dem Protesilaossarkophag im Vatikan,[29] den Beger auf Alkestis gedeutet hatte, sieht er gewöhnliche Unterweltsszenen.

Auch *A. F. Gori* publiziert in seinen Stichen[30] mehrere Sarkophage („sculpti in marmoreo sarcophago"), wobei er eine recht gute Übersicht, auch im Ikonographischen, verrät.

Für die unterschiedlichen Deutungen des 18. Jhs. sei als Beispiel der Dädalossarkophag in Messina gewählt.[31] Schon Montfaucon hatte ihn besprochen und mehr oder weniger richtig gedeutet. Danach befaßte sich S. M. di Blasi[32] erneut mit diesem Sarkophag, und obwohl er die Deutung auf Dädalos in Erwägung zieht, meint er dann doch, es sei eine Apotheose des Verstorbenen dargestellt; seitenlang spricht er dann von der „ascia sepolcrale", ebenso, wie danach auch G. Allegranza.[33] Dieser zitiert zwar Montfaucon, sieht aber in der Darstellung „una magica antichissima evocazione di qualche anima".[34]

G. Passeri[35] nennt den Kardinal Giovanni Francesco Stoppani als den, der auf dem Jahreszeitensarkophag in Gubbio als erster die „misterj segreti di Bacco" erkannt habe. Er geht dann ausführlich auf die dionysischen Sarkophage ein und meint, daß das Bildnis im Zentrum den Verstorbenen als Bacchus darstellen solle.[36] Bemerkenswert ist sein Datierungsversuch: „Qui poi mi sovviene un sospetto, che tutte le urne di questo argomento, nelle quali vi è Bacco espresso, e che sono d'ammirabile lavoro, sian tutte dell'alto tempo de' Cesari, ne'quali la superstizione procedeva con isfrontarissima libertà".[37]

Barbault verwendet in „Les plus beaux monuments de Rome ancienne" (1761) Abbildungen von Sarkophagen nur als unteren Tafelabschluß, wobei die Sarkophage künstlich zu Fragmenten gemacht und Einzelheiten willkürlich verändert werden, wie z. B. auf Tafel 17 beim Prometheussarkophag im Kapitolinischen Museum; eine Erklärung wird nicht gegeben. Tafel 48 zeigt unten Teile des Orestsarkophages im Palazzo Giustiniani, nur mit Angabe dieses Palastes. Auf Tafel 72 erscheint, mit rich-

---

[20] vgl. dazu schon P. SANTI BARTOLI a. O.
[21] a. O. 1–36.
[22] a. O. 37–96.
[23] a. O. 97–133.
[24] ASR II 25. SICHTERMANN-KOCH 16 f. Nr. 3 Taf. 5–7.
[25] Zu dieser Deutung ablehnend erst H. MEYER, in: J. Winckelmanns Sämtliche Werke, hrsg. von J. EISELEIN V (1825) 250 Anm. 1.
[26] s. Kapitel I 4.3.1.1.
[27] ASR III 3, 422. ANDREAE, Studien Taf. 31–33. SICHTERMANN-KOCH 65 f. Nr. 70.
[28] a. O. 101.
[29] ASR III 3, 423. ANDREAE, Studien Taf. 30.

SICHTERMANN-KOCH 64 f. Nr. 69.
[30] Inscriptionum Antiquarum Graecarum et Romanarum quae in Etruriae Urbibus exstant III 1743.
[31] SICHTERMANN-KOCH Nr. 15 Taf. 31. 32,2.
[32] In: Opuscoli di autori Siciliani I (1758) 151 ff.
[33] Opuscoli eruditi (1781) 258 ff.
[34] a. O. 264.
[35] Spiegazione delle scolture d'un antico marmoreo sarcofago che si conserva in Gubbio (1773).
[36] a. O. 11.29.
[37] a. O. 28.

tiger Deutung, ein Sarkophag mit dem Tod Meleagers; der darunter abgebildete Teil wird dann aber nicht ganz richtig gedeutet. Der auf Tafel 47 wiedergegebene Grabbau der Caecilia Metella dürfte auf Phantasie beruhen.[38] In seinem 1770 erschienenen „Recueil de divers monumens" widmet sich Barbault dann direkt den Sarkophagen.[39] Er erklärt, Plinius zitierend, das Wort ‚Sarkophag' und behauptet, daß die Griechen stets ihre Toten in Sarkophagen bestattet hätten; als Beispiele für diese gibt er dann solche in römischen Sammlungen an. Die Sarkophage, die er abbildet, seien bewunderungswert wegen ihrer Form und der Verteilung der Ornamente; zu einem Clipeussarkophag mit Ehepaar heißt es dann aber, er stamme wohl aus der Zeit „de la décadence des beaux arts".[40] Schwer Deutbares bringt er nicht; von drei kelternden Putten sagt er: „Les trois enfans qui s'embrassent, signifient peut-être que le défunct étoit père de trois fils".

J. J. *Winckelmann* verhält sich den Sarkophagen gegenüber eher gleichgültig, was schon in den schwankenden Bezeichnungen zum Ausdruck kommt: neben „Sarkophag"[41] findet sich nicht selten „Urne"[42] oder „Begräbnisurne".[43] Daß er selbst nicht immer die Zugehörigkeit eines Reliefs zu einem Sarkophag angibt, ist bereits gesagt worden. Immerhin ist die Kritik Justis[44] nicht ganz berechtigt: wenn auch nicht in den Monumenti Inediti, so hat Winckelmann an anderer Stelle durchaus der Tatsache Rechnung getragen, daß die Sarkophage funeräre Denkmäler sind, obwohl er dabei zu einem eher negativen Urteil gelangte.[45] Auch als Kunstwerke schätzte er sie nicht hoch ein. So sagt er von einem Relief, es sei „von einer Begräbnisurne, dem geringsten alter Werke",[46] oder meint über das Komponieren von Figuren: „Sie (die Alten) verstanden sehr wohl das, was wir grupiren nennen; aber man muß dergleichen nicht in den häufigsten erhobenen Arbeiten suchen, die alle von Begräbnisurnen genommen sind, wo die schmale Länge der Form dieses nicht allemal erlaubte".[47] Zur negativen Bewertung paßt dann auch seine – an sich richtige – Datierung: „Die mehresten Begräbnisurnen sind aus dieser letzten Zeit der Kunst, und also auch die mehresten erhobenen Arbeiten: denn diese sind von solchen viereckicht länglichen Urnen abgesägt. Unter denselben merke ich sechs als die schönsten an, die aber früher gemacht sein müssen…"[48] In der Aufzählung folgen fünf stadtrömische Sarkophage, die in der Tat alle dem 2. Jh. n. Chr., also der ‚Frühzeit' der römischen Sarkophagkunst, angehören, und ein attischer aus dem 3. Jh. n. Chr. Daß Winckelmann auf Inschriften zur Bestimmung und Datierung von Sarkophagen achtete, zeigt sein Interesse für den 1764 gefundenen Sarkophag des Vaters des Heliogabal.[49] Sein eigentliches Verdienst auf dem Gebiete der Sarkophagforschung liegt aber auf einem anderen Felde: durch seine Hermeneutik hat er endgültig die griechisch-mythologische Deutung der Darstellungen anstelle der römisch-historischen als richtig erwiesen.[50]

Beachtlich „modern" ist das, was E. Q. *Visconti*[51] allgemein und im Einzelnen über Sarkophage sagt.[52] Er gibt an, daß in der römischen Kaiserzeit die Sitte der Bestattung aufkam, vielleicht wegen religiöser Einflüsse aus dem Orient, vielleicht wegen Mangels von Holz für die Verbrennung, wodurch die reliefverzierten Sarkophage große Verbreitung erlangten.[53] Diese seien zwar von letztklassigen Künstlern ausgeführt, bewahrten aber noch in ihren Kompositionen die Erinnerung an frühe meisterliche Erfindungen. Der griechische Marmor, aus dem sie gearbeitet seien, und die roh gelassenen Porträts ließen vermuten, daß die Sarkophage aus Griechenland importiert seien.[54] Visconti

---

[38] Vgl. Anm. 7.
[39] a. O. 30 ff.
[40] a. O. 31.
[41] z. B. Sämtliche Werke, hrsg. von J. EISELEIN II (1825) 382.
[42] z. B. Sämtliche Werke, hrsg. von J. EISELEIN V (1825) 249.
[43] z. B. Sämtliche Werke, hrsg. von J. EISELEIN V (1825) 252; s. dazu auch MATZ, MW 4; erst im 19. Jh. wurde konsequent zwischen „Urne" und „Sarkophag" geschieden.
[44] Winckelmann und seine Zeitgenossen III³ (1923) 378; II⁴ (1943) 570.
[45] s. Kapitel C.
[46] Sämtliche Werke, hrsg. von J. EISELEIN IV (1825) 188.

[47] Ebenda 243.
[48] Ebenda V (1825) 249 f.
[49] Briefe, in Verbindung mit H. DIEPOLDER hrsg. von W. REHM III (1956) 70 f. Vatikan, Belvedere 31, AMELUNG, Vat. Kat. II Taf. 24.
[50] N. HIMMELMANN, Winckelmanns Hermeneutik (AbhMainz 1971 Nr. 12).
[51] Über diesen F. ZEVI in EAA VII (1966) 1187 f.
[52] Il Museo Pio Clementino IV (1788). V (1796). VII (1807).
[53] a. O. IV S. IX ff.
[54] Vgl. dazu auch VII 32.

setzt sich ausführlich mit der Meinung von Caylus[55] auseinander, in den Reliefs könnten griechische Gemälde überliefert sein, und verbreitet sich über die Eigenart römischer Reliefs im allgemeinen. Bei den einzelnen Sarkophagen datiert er bereits, mehr oder weniger richtig, nach dem Stil,[56] wobei dann die auch später immer wieder vertretene Wertung des dritten und vierten nachchristlichen Jahrhunderts als Zeit der Dekadenz ausgesprochen wird.[57] Oft fehlt aber auch jede Datierung. Immer wieder spricht Visconti von den „elegantissime invenzioni delle figure", „estratte da egregj originali";[58] die Gruppen des Niobidensarkophages seien wert, von Raffael erfunden zu sein.[59] Die Häufigkeit dionysischer Darstellungen wird hervorgehoben, die Meerwesensarkophage zeigten die Fahrt zu den Inseln der Seligen,[60] die richtige Deutung der Leukippidensarkophage ginge auf Winckelmann zurück,[61] der Raub der Persephone sei nach den dionysischen Szenen und den Jahreszeiten einer der häufigsten Gegenstände der Sarkophagreliefs, sie seien geeignet als Schmuck von Sarkophagen für jung verstorbene Frauen,[62] die Nereiden mit den Waffen des Achill könnten auf Skopas zurückgehen.[63] Visconti behauptete auch bereits, daß Unstimmigkeiten durch die falsche Unterteilung eines ursprünglich für ein Rundmonument geschaffenen Reliefs entstanden sein könnten.[64]

Ende des 18. Jhs. war also sowohl Datierung als auch Deutung der Sarkophage bereits in die richtigen Bahnen eingelenkt. Immerhin konnte es geschehen, daß ein auf der Insel Ios (?) gefundener attischer Sarkophag als Grabmal des Homer ausgegeben wurde; *C. G. Heyne* widerlegte 1794 dieses Märchen, gab die richtige Deutung der Darstellung (Achill unter den Töchtern des Lykomedes) und meinte, der Sarkophag stamme „wahrscheinlich erst aus den Zeiten der Römer".[65] Hier wäre daran zu erinnern, daß auch noch *Goethe* 1787 einen attischen Sarkophag, den Hippolytossarkophag in Agrigent, in die „anmutigste Zeit griechischer Kunst" setzte, obwohl bereits zehn Jahre vorher Richard Payne Knight ihn zeitlich für römisch erklärt und mit dem Achillsarkophag im Kapitolinischen Museum verglichen hatte.[66]

Im 19. Jh. erschienen, außer in Einzelschriften, im Bollettino und in den Annali dell'Instituto sowie in der Archäologischen Zeitung, auch im Bollettino Comunale, zahlreiche zumeist kürzere Aufsätze über einzelne oder mehrere Sarkophage, von den verschiedensten Verfassern, unter denen kaum einer als besonderer Spezialist gelten könnte.[67] Gegenstand der Erörterung sind zumeist ikonographische Fragen, wobei auch schon Einteilungen nach Klassen gemacht werden[68] und nach Vorbildern gefragt wird.[69] Bei der Deutung gibt es gelegentlich Rückschritte,[70] vorwiegend jedoch Fortschritte.[71] In den meisten dieser Aufsätze wird der Datierung gar keine Aufmerksamkeit geschenkt,[72]

---

[55] P. C. A. CAYLUS, Recueil d'antiquites egyptiennes, etrusques, grecques et romaines (1761–67) III Taf. LVI. LVII.

[56] IV 23, vgl. 94 f.

[57] IV 27 zum Knaben-Musen-S. Taf. 14, ASR V 3, 139 Taf. 59. 69; vgl. zu dieser Wertung auch V 48.

[58] IV 32 zum Endymions. Taf. 16 ASR III 1, 48; vgl. weiter V 14 f. 33.35.

[59] IV 36 Taf. 17, ASR III 3, 313. SICHTERMANN-KOCH Nr. 47 Taf. 122,2; 123.

[60] IV 57 f.

[61] IV 90.

[62] V 7.

[63] V 39.

[64] V 45; vgl. dazu W. HELBIG, AZ 24, 1866, 263 Anm. 7. A. MICHAELIS, AZ 33, 1876, 107; später zu dem Problem G. BENDINELLI, RM 64, 1957, 92 ff.

[65] Das vermeinte Grabmal Homers nach einer Skizze des Herrn Lechevalier gezeichnet von Joh. Dominik Fiorillo. Erläutert von C. G. HEYNE (1794); es handelt sich um ASR II 20: SAVERKINA, Ermitage 15 ff. Nr. 1.

[66] G. RODENWALDT, AA 1940, 599 ff.

[67] Allgemeine Ausblicke auf die Sarkophagkunst als solche sind selten, vgl. etwa G. SPANO, Bullettino Archeologico Sardo 3, 1857, 775.

[68] z. B. B. G. ABEKEN, BdI 1839, 39 f. A. KLÜGMANN, AdI 36, 1864, 304 ff. F. MATZ, AdI 40, 1869, 249 ff. K. WERNICKE, AZ 43, 1885, 209 ff.

[69] A. CIAMPI, Due urne sepolcrali (1813) 20. C. BURSIAN, AZ 1852, 439 ff. E. HÜBNER, BdI 1857, 55. H. HIRZEL, AdI 36, 1864, 75. F. MATZ, AdI 40, 1868, 263 f. C. DILTHEY, AdI 41, 1869, 69. A. TRENDELENBURG, AdI 43, 1871, 27 ff.

[70] E. LÜBBERT, Nuove Mem. dell'Inst. 2, 1865, 143 ff.

[71] Vgl. etwa E. CURTIUS, AZ 25, 1867, 86 f. u. dann F. MATZ, AdI 1869, 93 ff. u. H. HEYDEMANN, AZ 29, 1872, 116 ff.

[72] So in mehreren Aufsätzen H. BRUNNS, z. B. AdI 16, 1844, 186 ff. BdI 1849, 60 ff. 62 ff. AdI 29, 1857, 36 ff. BdI 1858, 146 f. BdI 1860, 35. Weiter C. BURSIAN, AZ 1855 (AA), 119 f. A. MICHAELIS, AZ 1862 (AA), 341 ff. O. BENNDORF, AZ 22, 1864, 158 ff. H. HINCK, AdI 39,

doch finden sich gelegentlich auch Hinweise auf den Stil und die Entstehungszeit, wobei die antoninische bevorzugt wird oder allgemein das zweite nachchristliche Jahrhundert.[73] Aber auch Spätdatierungen sind anzutreffen.[74] Beliebt ist die Erörterung symbolischer Fragen.[75] Man verweist aber auch schon auf Ungereimtheiten.[76] An Hinweisen auf den geringen Kunstwert der Sarkophage, den wir teilweise schon bei G. Q. Visconti gefunden hatten, fehlt es nicht,[77] wozu als bezeichnend eine Äußerung von F. G. Welcker[78] angeführt sei, der bei einem Vergleich römischer Sarkophage mit einem griechischen Relief sagte: „Wie wenn man aus trüber und schwerer Luft plötzlich unter den klaren und schönen Himmel Athens versetzt würde". Aber auch lobende Erwähnungen finden sich.[79] Selten sind Bemerkungen zur Form[80] oder zur Ornamentik[81] der Sarkophage.

Zwei Aufsätze überragen die übrigen: derjenige von E. Petersen über Fragen der Symbolik,[82] und der von F. Matz über den Unterschied stadtrömischer und attischer Sarkophage,[83] der, nach den ersten grundsätzlichen Bemerkungen von E. Gerhard,[84] die beiden Gattungen genau charakterisiert.

O. *Jahn* faßte zwar als erster den Gedanken eines umfassenden *Corpus der antiken Sarkophage*,[85] hat aber selbst weniges über Sarkophage hinterlassen, und das bestand, seiner wissenschaftlichen Art entsprechend, nur in Bemerkungen zum Inhalt der Darstellungen,[86] allenfalls auch zur Komposition.[87]

Aus universalerem Gesichtspunkte stellte *J. Burckhardt* fest, daß die Sarkophage keinerlei „absoluten Kunstwert" hätten, sie würden fast ohne Ausnahme aus der römischen Kaiserzeit stammen, da erst mit dem zweiten Jahrhundert n. Chr. die Leichenverbrennung außer Gebrauch gekommen wäre, sie hätten jedoch religionsgeschichtliche Bedeutung und überlieferten vielleicht griechische Originale; außerdem gäben sie einen Begriff von der „fortlaufenden Erzählung".[88] In kurzen Bemerkungen zu einzelnen Sarkophagen[89] wird gelegentlich sehr allgemein datiert, vom Inhaltlichen und von Vorbildern gesprochen, auch von der „außerordentlichen Schönheit" einzelner Motive;[90] die Benennung der Porträts auf dem Achillsarkophag im Kapitolinischen Museum wird angezweifelt, der Adonissarkophag in der Villa Borghese als „Abschied und Tod eines Jägers" angeführt.

Neben diese entweder sehr vereinzelten oder allzu generellen Bemerkungen läßt sich im 19. Jh., aus verständlichen Gründen, noch keine fundierte zusammenfassende Behandlung der römischen Sarkophage stellen. Einen Versuch dazu machte C. L. Visconti mit seinem Beitrag „sarcophagi and their basreliefs", der 1877 im 10. Band der „Archaeology of Rome" erschien. Gleich zu Anfang wird gesagt, daß die Sarkophage „for the most part to the epoch of decadence" gehörten (19). Östlicher Einfluß und das Aufkommen des Isis- und Mithrasdienstes hätten das Verbrennen der Leichen außer

1867, 109 ff. F. Matz, BdI 1869, 15 f. 37. 67 f. 129. Ders., AZ 28, 1871, 113 f. K. Wernicke, AZ 43, 1885, 209 ff.

[73] P. Ciampi, Due urne sepolcrali (1813) 20. W. Henzen, BdI 1858, 38. H. Brunn, BdI 1858, 39 ff. 86 ff. O. Frick, AZ 1857, 44. C. Dilthey, AdI 41, 1869, 69. A. Conze, AZ 27, 1869, 50 f. (nach Inschrift). Kritisch: E. Gerhard, AdI 1, 1829, 76. G. Henzen, BdI 1849, 101 ff. (nach Inschrift). A. Aquari, BullCom 5, 1877, 146 ff. F. v. Duhn, AA 1885, 160.

[74] E. Bunsen, BdI 1833, 100. S. Birch, AZ 1848, 313 (nach Porträt). F. Matz, AdI 40, 1868, 264. G. Schmidt, BdI 1879, 174 f. L. Borsari, NSc 1890, 325.

[75] E. Braun, BdI 1851, 66 f. E. Petersen, AZ 18, 1861, 195 ff. F. Lanci, Nuove Mem. dell'Inst. 2, 1865, 473 ff. (Meerwesen). E. Curtius, AZ 25, 1867, 87.

[76] H. Hirzel, AdI 36, 1864, 76. A. Michaelis, AZ 25, 1867, 83. A. Klügmann, AZ 27, 1869, 31 f.

[77] z. B. K. Friederichs, AZ 1855, 81 ff.

[78] Alte Denkmäler II (1850) 176.

[79] C. La Farina, Su di un antico sarcofago nella chiesa de' PP. Conventuali di Messina (1822) 3. A. Michaelis, AZ 1859 (AA), 54 ff. Ders., AZ 1862 (AA), 341. A. Aquari, BullCom 5, 1877, 149.

[80] W. Helbig, BdI 1880, 27 ff.: Lenoi.

[81] E. Petersen, RM 15, 1900, 172, Riefel.

[82] AZ 18, 1861, 195 ff., s. Kapitel C.

[83] AZ 30, 1873, 11 ff.

[84] Archäolog. Intelligenzblatt 1837, 92 ff.

[85] s. ASR II S. IX, vorher Th. Mommsen, AZ 27, 1869, 96.

[86] AZ 1844, 367 ff. AdI 31, 1859, 27 ff. AZ 18, 1861, 145 ff. AZ 21, 1863, 27 ff. AZ 24, 1866, 233 ff.

[87] Die Entführung der Europa auf antiken Kunstwerken (1870) 52, vgl. auch AZ 27, 1869, 52; zu O. Jahn auch R. Förster, AZ 33, 1876, 79.

[88] Der Cicerone (1855) (Neudruck der Originalausgabe 1958) 431 f.

[89] a. O. 432 ff.

[90] Vgl. dazu auch eine spätere Äußerung in: Briefe (bearb. v. M. Burckhardt) V (1963) 221.

Gebrauch gebracht; da das im zweiten nachchristlichen Jahrhundert erfolgte, seien die Sarkophage, die über das 3. bis in das 4. Jh. n. Chr. hineinreichen, „in the ruder style", wenn es auch ausnahmsweise Sarkophage von großem künstlerischen Wert gäbe. Wichtig seien die Sarkophage wegen der Gegenstände ihrer Reliefs. Diese hätten einen bestimmten funerären Sinn, wie man schon den Porträts entnehmen könne. Aber auch die mythologischen Darstellungen seien hier zu nennen, dazu dann auch die Szenen aus dem menschlichen Leben. Die Sarkophage seien meist aus griechischem Marmor und oft mit unfertigen Porträts versehen, weshalb sie als aus Griechenland eingeführt zu betrachten seien.[91]

Nur wenig später gab *J. Overbeck* in seiner ‚Geschichte der griechischen Plastik'[92] ebenfalls einen zusammenfassenden Überblick über die „Sarkophagreliefe", „welche als die zahlreichste Classe aller Reliefbildungen eine kleine Kunstwelt für sich darstellen".[93] Bezeichnend ist, daß auch Overbeck die Sarkophage in dem Kapitel „Der Verfall der antiken Plastik" behandelt, und daß von der „überwuchernden Figurenfülle" und dem „völlig verwilderten Stile" die Rede ist,[94] was in die „Periode der sinkenden Kunst und des Kunstverfalls" gehöre.[95] Doch werden die Gründe für den Wechsel der Bestattungsform erwogen,[96] die Frage der unausgeführten Porträts erörtert,[97] sachliche Angaben zur Aufstellung gemacht, die Unterschiede zwischen griechischen (d. h. attischen) und römischen (d. h. stadtrömischen) Sarkophagen aufgezeigt und, von den fast relieflosen über die ornamental verzierten Sarkophage bis zu den mit figürlichen Darstellungen versehenen fortschreitend, ein knappes Bild ihrer Dekoration geboten; bei der Wahl der mythologischen Gegenstände sei die Beziehung zu Tod und Jenseits ausschlaggebend gewesen.[98] Trotz allen „Verfalls" könne man bei vielen erkennen, daß sie „Copien älterer Kunstwerke, plastischer wie malerischer sind".[99]

Ganz im Sinne O. Jahns[100] wurde dann sein Gedanke aufgenommen, ein Corpus sämtlicher Sarkophagreliefs zu schaffen, d. h. nicht der Sarkophage als solcher, sondern nur der sie zierenden Reliefs. Zwar wären dabei auch die Nebenseiten und die Deckel zu berücksichtigen, und da auch ein Band „Ornamentales" vorgesehen war, hätten schließlich auch die Sarkophage ohne figürliche Darstellungen, im Endeffekt also doch sämtliche oder so gut wie sämtliche Sarkophage im Corpus ihren Platz gefunden.[101]

Gewiß entstammt das Corpusdenken dem positivistischen 19. Jh., welches „wissenschaftliche Probleme am besten durch vollständige Sammlung des Materials lösen zu können oder gar schon zu lösen glaubte".[102] Aber trotz gelegentlicher Kritik an diesem Ausgangspunkt fand der Gedanke bis in die Gegenwart hinein Verteidiger, wenngleich in erster Linie von Vertretern der ‚Alten Schule'.[103] Wichtiger erscheint, daß der Plan bis heute zwar hie und da modifiziert, nicht aber aufgegeben wurde und seit Jahrzehnten ganze Mitarbeiterstäbe in anhaltender und fruchtbarer Arbeit beschäftigt.

Der ursprüngliche, seither nicht geänderte, sondern nur modifizierte und erweiterte Plan sah sechs Bände vor: I Menschenleben, II Mythologische Zyklen, III Einzelmythen, IV Bacchischer Kreis, V Musen, Nereiden, Eroten, VI Dekoratives. Inzwischen ist das Ganze auf zwölf Bände angelegt;[104] es

---

[91] Der diesem Überblick folgende Abschnitt von C. W. Jones „On mythology in funeral sculpture" befaßt sich ausführlich mit der funerären Symbolik, s. Kapitel C.
[92] II⁴ (1894) 533 ff.
[93] a. O. 533.
[94] a. O. 534.
[95] a. O. 535, vgl. auch 536.
[96] a. O. 535.
[97] a. O. 535 f.

[98] a. O. 534 f.
[99] a. O. 536.
[100] s. ASR II S. IX.
[101] Zum Sarkophagcorpus: E. Curtius, AZ 32, 1875, 174 f.
[102] G. Kleiner, IstMitt 7, 1957, 2.
[103] F. Matz, Gnomon 31, 1959, 694 zu G. Kleiner, IstMitt 7, 1957, 2.
[104] B. Andreae, AA 1977, 477 f., dort genaue Angaben über die Mitarbeiter, den Stand der Vorbereitung und der Publikation.

kamen hinzu VII Die jüngeretruskischen Steinsarkophage, VIII Die Sarkophage der westlichen Gebiete des Imperium Romanum, IX Die Sarkophage Griechenlands und der Donauprovinzen, X Die kleinasiatischen Sarkophage, XI Die Sarkophage Syriens, Palästinas und Alexandrias, XII (als Neubearbeitung der alten Bände II und III) Die mythologischen Sarkophage. Die Erweiterung stellt also eigentlich nur eine neue Aufteilung des Materials dar, nach den als inzwischen von der Wissenschaft als wichtig erkannten landschaftlichen Gesichtspunkten; da die alten inhaltlichen Kriterien daneben jedoch beibehalten wurden, ergeben sich vielfach Überschneidungen, die zu noch nicht ganz gelösten Fragen der Abgrenzung des Materials geführt haben.

1890, 1897, 1904 und 1919 erschienen die ersten, von C. *Robert* besorgten Bände; seiner Vorliebe und dem Anstoß O. Jahns entsprechend, hatte er sich die Sarkophage mit mythologischen Darstellungen herausgesucht, deren Publikation, nach jahrzehntelanger Arbeit, auch zum Abschluß gelangte. Bei aller Anerkennung der Leistung Roberts, die vor allem im Zusammenbringen des Materials, der Erforschung des Schicksals der einzelnen Sarkophage und der Suche nach den Vorbildern bestand, setzte recht bald Kritik ein. Schon 1927 heißt es in der Doppelbiographie ‚Hermann Diels und Carl Robert' von O. Kern (70): „Es besteht Hoffnung, daß nicht nur dieser Band (die dionysischen Sarkophage) von einer Schülerin Roberts, sondern daß auch die anderen von zwei Robert besonders nahestehenden Schülern bearbeitet werden, wobei dann auch die kunsthistorische Würdigung dieser Reliefs mehr auf ihre Rechnung kommen soll, als es bei Robert geschehen ist". Auch in jüngerer Zeit wurde noch Kritik geübt.[105]

Es darf jedoch nicht übersehen werden, daß bei Robert neben viel Zeitgebundenem, ja Zurückgewandtem, auch bereits nicht wenige in die Zukunft weisende Ansätze da sind. So datiert auch er bereits – wenn auch oft unrichtig[106] –, und zwar nicht nur nach Porträts, sondern auch nach dem Stil,[107] er verwendet bereits den heute so wichtigen Begriff „Werkstatt",[108] und der Vorwurf, er hätte die Sarkophagreliefs wie Erzeugnisse der griechischen und nicht der römischen Kunst interpretiert,[109] ist nur zum Teil richtig.[110]

Seine Zeitgebundenheit zeigt sich uns heute vor allem in der Verwendung von Zeichnungen statt von Photographien. Aber auch hier ist zu sagen, daß Robert die Photographie keineswegs ablehnte; nur genügten ihm die vorhandenen Aufnahmen nicht[111] – was ihm jeder, der mit dergleichen zu tun hat, bis heute nachfühlen kann. Es gibt ja dann auch – wenn allerdings auch nur sehr wenige – Photographien in seinem Werk.

So hat der Fortsetzer seines Werkes, G. *Rodenwaldt,* bei aller Betonung der Notwendigkeit, die inzwischen erfolgte Entwicklung der Wissenschaft zu berücksichtigen, ausdrücklich erklärt, daß dieses geschehen müsse „ohne die Grundsätze von Roberts Interpretation und die Erforschung der Exempla Graeca zu vernachlässigen",[112] und F. *Matz* hat sogar darauf bestanden, daß gewisse als überholt bezeichnete Gesichtspunkte Roberts beizubehalten seien.[113]

Das bezog sich vor allem auf die Feststellung, daß die Sarkophage nunmehr, nach neuestem Stande der Wissenschaft, als „Denkmäler der Kunst, Religion und Kultur ihrer Entstehungszeit zu würdigen"[114] und daß sie als Ganzes zu betrachten seien, weshalb nicht mehr von „Sarkophagreliefs", sondern von „Reliefsarkophagen" die Rede sein müsse.[115] Daß das in der Tat in der Archäologie nur mit Zögern aufgenommen wurde, zeigt sich darin, daß noch die 1970 und 1976 veranstalteten Zusammenkünfte der Mitarbeiter am Sarkophagcorpus sich „Symposion über die antiken Sarkophagreliefs"nannten.[116]

In den nach Robert erschienenen Bänden des Corpus zeigt sich, dieser Sachlage entsprechend, dann auch eine gewisse Unausgeglichenheit zwischen Bewahrung der Tradition und Beachtung

[105] K. FITTSCHEN, JdI 85, 1970, 173 Anm. 2.

[106] Vgl. z. B. seine Ansätze in augusteische Zeit oder ins 1. Jh. n. Chr., ASR III 2 S. 246 zu Nr. 196 oder S. 247 zu Nr. 197.

[107] z. B. ASR III 2 S. 265 zu Nr. 209¹; vgl. auch ASR II S. 7 zu Nr. 3.

[108] ASR III 2 S. 249 zu Nr. 198.

[109] K. FITTSCHEN, JdI 85, 1970, 173 Anm. 2.

[110] Vgl. ASR III 2 S. 212 zu Nr. 170 u. 171; III 3 S. 506 f. zu Nr. 430.

[111] ASR II S. X.

[112] ASR V 1, Vorwort S. VII.

[113] ASR IV 1 S. XVII; vgl. auch ders., Gnomon 31, 1959, 694.697 f.

[114] G. RODENWALDT, in: ASR V 1 S. VII, vgl. auch VIII, fast wörtlich so auch A. RUMPF in der Einleitung S. IX.

[115] R. HERBIG, ASR VII S. 9; vgl. auch K. FITTSCHEN, JdI 85, 1970, 173 Anm. 2. H. GABELMANN, BJb 177, 1977, 199 mit Anm. 3. ASR VIII 2 S. 50.

[116] AA 1971, 86. AA 1977, 327.

neuer Fragestellungen und Methoden. Erschienen sind: 1952 Band VII, Die jüngeretruskischen Steinsarkophage von R. Herbig, 1966 Band V 3, Die Musensarkophage von M. Wegner, 1968 bis 1974 Band IV, Die dionysischen Sarkophage von F. Matz, 1975 Band XII 6 Meleager von G. Koch, 1980 Band I 2, Die römischen Jagdsarkophage von B. Andreae.

In den rund hundert Jahren der Existenz des Sarkophagcorpus, die hier zusammenfassend überblickt wurden, ist also Altes bestehen geblieben, Neues daneben emporgewachsen. Unter diesem ist die stärkere Betonung des Historischen an erster Stelle zu nennen, die auch zu einer differenzierteren Betrachtung der lokalen Bindungen führte. Wann, wie und wo wurden die prinzipiellen Fragen, das andere trat in den Hintergrund. Bevor darauf im Einzelnen eingegangen wird, sei untersucht, wie innerhalb einer immer intensiveren und ausgedehnteren Beschäftigung mit den römischen Sarkophagen, die schließlich in den zwanziger und dreißiger Jahren dieses Jahrhunderts zu einem Spezialzweig der Archäologie wurde, die alte Frage nach der künstlerischen Qualität der Sarkophage beantwortet wurde, oder ob man sie überhaupt noch stellte.

Die historische Betrachtungsweise neigt als solche zu wertungsfreier Behandlung ihrer Gegenstände. Es ist ihr aber auch daran gelegen, dies zu dokumentieren. Als *F. Wickhoff* am Ende des 19. Jhs. den Eigenwert der römischen Kunst neben dem der bisher allein gefeierten griechischen herausstellte,[117] suchte er diesen ganz exakt zu fassen. Er lenkte die Aufmerksamkeit auf die römische Besonderheit des „illusionistischen Stiles",[118] verwarf die These der Übernahme hellenistischer Bilder durch die Sarkophagkünstler und wies die Schaffung der „kontinuierenden Darstellungsart" nach, die sich gerade auf den Sarkophagen exemplifizieren lasse;[119] sie hänge mit der Buchillustration zusammen[120] und schlösse sich „als fortlaufende Illustration einem Texte" an.[121] Das ließe sich vor allem nach Ausbildung der „römischen Reichskunst im zweiten und dritten Jahrhundert n. Chr." beobachten.[122]

Noch einen Schritt weiter ging *A. Riegl,* der in seiner 1901 erschienenen „Spätrömischen Kunstindustrie"[123] vor allem mit der Verfallstheorie abrechnete, die bis dahin gerade das Verständnis der Sarkophage beherrscht hatte; auch die spätere römische Kunst bedeute gegenüber der flavisch-trajanischen „einen Fortschritt und nichts als Fortschritt", „Verfall" gäbe es „tatsächlich in der Geschichte nicht".[124] Er erkannte als erster den „Stilwandel" im zweiten nachchristlichen Jahrhundert,[125] der nun aber nicht der Beginn des Verfalls sei, sondern ein neues Fortschreiten.

Wie sehr man dergleichen damals diskutierte, wird auch aus weniger hervorragenden Publikationen deutlich. Nicht ganz so entschieden wie A. Riegl, aber doch betont wertungsfrei äußerte sich z. B. *F. Ohlsen* in seinem Aufsatz über „I bassorilievi nei sarcofagi in Roma (metà del III – fine del V secolo)".[126] Der Verfasser befaßt sich ausschließlich mit Datierungs- und Stilfragen – die bisherige einseitige Beschäftigung mit der Ikonographie führe zu „nebulosità"[127] –, also mit der Bohrarbeit, der Haarbehandlung, den Falten, der Komposition und den Proportionen der Figuren. Dabei hätte sich ihm, wie er erklärt, das Material wie von selbst geordnet „in linea ascendale, o discendale, come si vuole – ad ogni modo in linea storico-evolutiva".[128] Das Ganze sei ein Auflösen klassischer Elemente bei gleichzeitigem Einströmen neuer Elemente, bis diese – obwohl der Klassizismus nie ganz verschwand – die Oberhand gewannen. Der Aufsatz schließt mit einer positiven Würdigung des „basso impero romano".[129]

---

[117] Die Wiener Genesis (1895), später als Römische Kunst (1912) gesondert erschienen.
[118] a. O. 132.
[119] a. O. 132. 172f. 180ff.
[120] a. O. 188.
[121] a. O. 189.
[122] a. O. 189.

[123] Hier zitiert nach der Ausgabe 1927.
[124] a. O. 11.
[125] a. O. 151.
[126] L'Arte 9, 1906, 81 ff.
[127] a. O. 92.
[128] a. O. 86.
[129] a. O. 95.

Es zeigte sich jedoch, daß die Verfallstheorie nicht so leicht zu beseitigen war, daß sie aber auch einer intensiven historischen Erforschung der Sarkophagkunst nicht im Wege zu stehen brauchte und sich sogar mit ihr verbinden konnte. Es war G. *Rodenwaldt,* der sich am entschiedensten gegen Riegls Gedanken wandte und über das zweite und dritte Jahrhundert n. Chr. sagte: „Es ist trotz aller neuen, fesselnden und bedeutenden künstlerischen Erscheinungen eine Zeit, die, gemessen an den höchsten Werten der Antike, eine Periode des Verfalls ist. Es war ein für seine Zeit heuristisch wertvoller, aber verhängnisvoller Irrtum A. Riegls, daß er mit der Theorie des Kunstwollens eine Relativität aller kunstgeschichtlichen Werte proklamierte, die bis heute noch Anhänger findet".[130] So bestand denn die alte Wertskala, wenn auch durch neue Erkenntnisse modifiziert, durchaus weiter, und bis in die Gegenwart hinein gab es Archäologen, die es ablehnten, sich mit römischen Sarkophagen zu beschäftigen[131] – ihrer minderen künstlerischen Qualität wegen.

Daß trotz alledem eine gründliche, historisch neu orientierte Erforschung der Sarkophage betrieben werden konnte, beweist in hervorragendem Maße das Lebenswerk desjenigen Forschers, der am entschiedensten der Theorie der Nivellierung aller Werte entgegengetreten war: G. Rodenwaldt. Auch er brauchte wohl als Gegengewicht den ständigen Kontakt mit der originalen griechischen Kunst. Aber daneben leitete er als „Bahnbrecher eines neuen Verständnisses römischer Kunst"[132] einen neuen Abschnitt der Sarkophagforschung ein – „a scholar who was so often ahead of his time in his perceptions of the archeological verities of Roman Imperial art".[133]

Rodenwaldt hatte 1921 die Leitung des Sarkophagcorpus übernommen und dem Unternehmen durch eigene Forschungen eine neue Richtung gegeben. Er stellte als erster die Erforschung der Chronologie auf eine solide Basis, wodurch die Sarkophage überhaupt erst eigentlich zu Objekten der Kunstgeschichte wurden,[134] und erzielte auf diesem Gebiet Erfolge, die alles bisher dazu Geäußerte weit in den Schatten stellten. So lenkte er die Aufmerksamkeit auf die frühen Sarkophage,[135] klärte in einer grundlegenden Abhandlung[136] die Entwicklung im zweiten Jahrhundert n. Chr. und legte den Grund für die Erforschung des dritten und vierten Jahrhunderts n. Chr., wobei er auf die Bedeutung der volksmäßig römischen Komponente aufmerksam machte.[137] Weiter trug er Entscheidendes zur Beantwortung der Fragen nach dem Verhältnis von kleinasiatischen, attischen, provinziellen und stadtrömischen Sarkophagen bei,[138] behandelte außerdem einzelne Sarkophaggruppen sowohl nach ihrer

---

[130] JdI 51, 1936, 110ff. 112 Anm. 1 Lit. u. weitere Ausführungen dazu. Ähnliche Urteile dann bei F. GERKE, z. B. 11: „Zeichen letzter Formauflösung", 19: „Die Formauflösung war nicht mehr aufzuhalten", auch 20. 25: „dekadent gewordener Faltenstil", 26: „oft krankhaftes Pathos der diokletianischen Zeit". Vgl. auch F. MATZ, Gnomon 17, 1941, 342.343.346. H. v. SCHÖNEBECK, RM 51, 1936, 240. Wie intensiv bis heute die Diskussion geführt wird s. bei E. DINKLER, Christus und Asklepios (Abh-Heidelberg 1980, 2) 8.

[131] E. BUSCHOR, Von griechischer Kunst² (1956) 14.

[132] B. ANDREAE, Röm. Kunst (1973) 165.

[133] J. B. WARD-PERKINS, RendPontAcc 48,

1975/6, 207. Eine Bibliographie Rodenwaldts findet sich in: G. RODENWALDT, Griechisches und Römisches in Berliner Bauten des Klassizismus (1956) 34ff.; zur Biographie s. U. HAUSMANN in: EAA VI (1965) 740ff.

[134] B. ANDREAE, Röm. Kunst (1973) 312.

[135] Der Sarkophag Caffarelli, 83. BWPr (1925).

[136] Über den Stilwandel in der antoninischen Kunst (AbhBerlin 1935 Nr. 3).

[137] RM 36/7, 1921/2, 58ff. JdI 51, 1936, 82ff. Scritti in onore di B. Nogara (1937) 389ff. JdI 55, 1940, 12ff.

[138] RM 38/9, 1923/4, 1ff. Gnomon 1, 1925, 121ff. JdI 45, 1930, 116ff. AA 1930, 258ff. AA 1933, 46ff. 406ff. JHS 53, 1933, 181ff. Annua-

Form als nach ihrem Inhalt[139] und untersuchte einzelne Motive und ihre Abhängigkeiten;[140] da er für das Corpus die Schlacht- und Jagdsarkophage zu bearbeiten hatte, standen dabei diesbezügliche Untersuchungen an erster Stelle.[141] Darüber hinaus finden sich einzelne Bemerkungen zu wohl allen Problemen der Sarkophagforschung.[142] Sie sind oft genug in größere Aufsätze eingeflochten, und da diese selbst an verschiedenen Stellen erschienen sind, ist eine Übersicht nicht immer leicht.[143] Die lange geplante Veröffentlichung seiner Gesammelten Schriften sollte endlich durchgeführt werden, zumal es ihm selbst nicht vergönnt war, eine Zusammenfassung seines Wissens und seiner Forschungen zu publizieren.[144]

Wenn, wie Rodenwaldt 1943 sagte, „die Erforschung der antiken Sarkophage fast zu einem kleinen Spezialzweig der Wissenschaft geworden" ist,[145] so hatte er, durch eigene Arbeit und durch Anregungen, die er anderen gab, den größten Anteil daran. Eine solche Spezialisierung ist nun allerdings nicht nur von Vorteil, was nicht weiter ausgeführt zu werden braucht, doch ist bei der Fülle der Probleme und des Materials ein anderer Weg nicht möglich.

In der Tat haben seit den zwanziger und dreißiger Jahren dieses Jahrhunderts immer mehr Archäologen sich den Sarkophagen zugewandt; die Zahl der Aufsätze nahm und nimmt beständig zu, wie bereits eine Durchsicht der bekanntesten archäologischen Zeitschriften lehrt. Es begann mit Forschern, die noch unter direktem Einfluß von Rodenwaldt standen. Zu nennen ist hier das über einen Katalog weit hinausgehende Buch von M. Gütschow[146] über die Sarkophage der Prätextatkatakombe mit zahlreichen Bemerkungen über die verschiedensten Probleme der Sarkophagforschung; andere Arbeiten derselben Verfasserin lassen sich ihm an die Seite stellen.[147] Eine groß angelegte Zusammenfassung gab F. Gerke in seinem 1940 erschienenen Buch „Die christlichen Sarkophage der vorkonstantinischen Zeit",[148] in welchem weitgehend auch die heidnischen Sarkophage berücksichtigt sind und sowohl die Chronologie als auch die Ikonographie und die Symbolik mit umfassender Materialkenntnis untersucht werden.

Gerkes Hauptinteresse waren die frühchristlichen Sarkophage. Sie bildeten auch

rio del Cuerpo Facultativo de Archiveros, Bibliotecarios y Arqueólogos 2, 1934, 439 ff. AEphem. 1937, 134 ff. AA 1940, 59 ff. Gnomon 16, 1940, 384. BJb 147, 1942, 217 ff.

[139] u. a. Säulensarkophage: RM 38/9, 1923/4, 1 ff. Riefelsarkophage: JRS 28, 1938, 60 ff. Sarkophage mit Löwen: AA 1936, 251 ff. La Critica d'Arte 1, 1935/6, 225 ff.

[140] AA 1934, 287 ff. AA 1936, 251 ff. JRS 28, 1938, 60 ff. JdI 55, 1940, 44 ff.

[141] u. a. RM 36/7, 1921/2, 58 ff. AA 1928, 266 ff. FuF 4, 1928, 253 ff. AD IV (1929) Heft 3/4. RM 59, 1944, 191 ff. JdI 67, 1952, 31 ff.

[142] Am seltensten zur Frage der Symbolik; diesen Komplex glaubte er bei F. Cumont in den besten Händen.

[143] s. die Klage von R. Calza, BdA 39, 1954, 108; vgl. auch F. Matz in: EAA VII (1966) 12.

[144] Der große Aufsatz „Sarkophagprobleme" RM 58, 1943, 1 ff. ist ein Ansatz dazu; der die Sarkophage behandelnde Abschnitt in der CAH (XII 1939) Kap. XVI 544 ff. mußte notgedrungen knapp werden.

[145] RM 58, 1943, 1.

[146] M. Gütschow, Das Museum der Prätextatkatakombe (1938).

[147] u. a. RM 43, 1928, 256 ff. RM 46, 1931, 90 ff. RM 49, 1934, 295 ff. 304.

[148] Studien zur spätantiken Kunstgeschichte 11.

das Hauptthema der Forschungen H. U. von Schönebecks;[149] dazu kam F. W. Deichmann.[150] Der Neubearbeitung eines mythologischen Themas war das Buch von R. Redlich über die Amazonensarkophage, das 1942 erschien, gewidmet.

Alle diese Arbeiten, auch die von Rodenwaldt selbst, hingen mehr oder weniger mit den Vorarbeiten für die Bände des Sarkophagcorpus zusammen. Daneben fehlte es aber auch nicht an anderen Forschungen und Publikationen. So gab von 1929 bis 1936 *J. Wilpert* drei prachtvoll gedruckte Foliobände unter dem Titel „I sarcofagi cristiani antichi" heraus, die freilich, bei aller verdienstvollen Sammlung und Vorlage des Materials, weder in ikonographischer noch in kunstgeschichtlicher Hinsicht einen großen Fortschritt brachten.[151] Das Buch von *J. M. C. Toynbee* „The Hadrianic School", das 1934 erschien, zog in weitem Maße auch die Sarkophage in den Kreis der Untersuchung. Eine vornehmlich kunsthistorisch und ideengeschichtlich ausgerichtete Publikation der „Dionysiac Sarcophagi in Baltimore" (die auch die übrigen in Baltimore befindlichen Sarkophage enthält) brachten 1942 K. Lehmann und E. C. Olsen heraus.[152]

Als nach dem Kriege die Arbeiten am Sarkophagcorpus wieder in Gang kamen und nach und nach ein ganzer Stab von Mitarbeitern sich dieser Aufgabe widmete, setzte erneut, und zwar in verstärktem Umfang, die Forschungs- und Publikationstätigkeit ein. Überblicke vermitteln die als Frucht zweier nach dem Krieg veranstalteten „Symposien über die antiken Sarkophagreliefs" geschlossen publizierten Aufsätze,[153] denen Übersichten über den Stand der Arbeiten am Sarkophagcorpus beigegeben sind. Zwar sind nach dem Kriege erst neun Bände erschienen, doch haben die einzelnen Bearbeiter eine Reihe von Voruntersuchungen oder allgemeine Sarkophagstudien vorgelegt.[154] *F. Matz,* der nach dem Tode Rodenwaldts Leiter des Sarkophagcorpus geworden war, hatte die Arbeit an dem in vier umfangreiche Teile zerlegten Band der dionysischen Sarkophage bereits vor dem Kriege begonnen. Seine Hauptarbeiten zur Sarkophagforschung erschienen jedoch erst nach dem Kriege.[155] Vorangegangen waren nur kleinere Veröffentlichungen und Rezensionen.[156] Neben weiteren Rezensionen sind es dann Abhandlungen zum dionysischen Thema, die hier zu nennen sind, und zwar solche, die sich, der wissenschaftlichen Grundhaltung des Verfassers entsprechend, vornehmlich auf ikonographich-typologische Fragen erstreckten. Es erschienen 1952 „Der Gott auf dem Elefantenwagen",[157] 1958 „Ein römisches Meisterwerk. Der Jahreszeitensarkophag Badminton-New York" mit ausgedehnten Studien

---

[149] JdI 47, 1932, 97 ff. Der Mailänder Sarkophag und seine Nachfolge (1935). RM 51, 1936, 238 ff.

[150] u. a. RM 55, 1940, 122 f.

[151] s. Repertorium I S. XIII.

[152] Dazu J. B. WARD-PERKINS, RendPontAcc 48, 1975/6, 191 ff.

[153] Erstes Symposium: Februar 1970 in Marburg, AA 1971, 86 ff. Zweites Symposium: Februar 1976 in Bochum, AA 1977, 327 ff.

[154] Der folgende Überblick über die letzten Jahrzehnte der Sarkophagforschung muß knapp bleiben; er ist durch die Literaturangaben vor den einzelnen Kapiteln und Abschnitten und durch diese selbst zu ergänzen. Vgl. auch die in EAA Suppl 1970 (1973) 691 ff. von C. PANELLA gegebene Zusammenfassung.

[155] s. das „Verzeichnis der Schriften von F. Matz zu seinem achtzigsten Geburtstag am 15. August 1970", Berlin, Gebr. Mann.

[156] s. das eben genannte Verzeichnis S. 13 ff.

[157] AbhMainz 1952 Nr. 10.

zu allen Fragen dieses dionysischen Sarkophages, 1964 die Mainzer Akademieabhandlung „Dionysiake Telete. Archäologische Untersuchungen zum Dionysoskult in hellenistischer und römischer Zeit" und 1966 das Stichwort „sarcofago" in der EAA VII (s. 2 ff.), seit 1968 dann die vier Bände des Corpus mit den dionysischen Sarkophagen. B. *Andreae*, der 1974 die Leitung des Sarkophagcorpus übernahm, publizierte 1956 „Motivgeschichtliche Untersuchungen zu den römischen Schlachtsarkophagen" und legte 1963 „Studien zur römischen Grabkunst" und 1980 „Die römischen Jagdsarkophage" in ASR I 2 vor; auch in seiner „Römischen Kunst" (1973) zog er viele Sarkophage und Sarkophaggruppen heran. Daneben behandelte er Einzelfragen in verschiedenen Aufsätzen.[158] N. Himmelmann veröffentlichte verschiedene Arbeiten zu kleinasiatischen Sarkophagen,[159] 1973 dann „Typologische Untersuchungen an römischen Sarkophagreliefs des dritten und vierten Jahrhunderts n. Chr." mit besonderer Berücksichtigung der Sarkophage mit Wagenfahrt, Aufzügen und Mahlszenen. H. Wiegartz gab 1965 sein Buch „Kleinasiatische Säulensarkophage" heraus,[160] 1973 folgte H. Gabelmann mit „Die Werkstattgruppen der oberitalischen Sarkophage". Mythologisch-Typologisches behandelte H. Sichtermann,[161] Mythologisches auch G. Koch[162] und K. Schauenburg.[163] V. M. Strocka befaßte sich mit Kleinasiatischem und ikonographischen Fragen,[164] mit stadtrömischen Säulensarkophagen und der Sarkophagchronologie P. Kranz.[165] K. Fittschen gab eine Monographie über den Meleagersarkophag im Liebieghaus in Frankfurt am Main heraus (1975) und schrieb Aufsätze zu Einzelfragen,[166] H. Wrede publizierte Untersuchungen zu Fragen der Bestattungsbräuche,[167] H. Jung solche zum Stil der Sarkophage.[168]

Auch neben dem Sarkophagcorpus wurde die Forschung immer reger und intensiver. Zunächst sind die Fortschritte in der Vorlegung des Materials zu nennen. 1957 veröffentlichte V. Tusa „I sarcofagi Romani in Sicilia" und G. Pesce „Sarcofagi Romani di Sardegna", 1968 C. Dufour Bozzo „Sarcofagi Romani a Genova", 1977 R. Calza (mit Mitarbeitern) „Antichità di Villa Doria Pamphilj" und P. Arias mit E. Cristiani und E. Gabba „Camposanto Monumentale di Pisa. Le antichità"; 1978 erschien der Katalog „Roman Sarcophagi in The Metropolitan Museum of Art" von A. M. McCann und 1979 „Römische Sarkophage der Ermitage (Leningrad)" von I. I. Saverkina.

[158] RM 63, 1956, 32 ff. RendPontAcc 41, 1968/9, 145 ff.
[159] s. Kapitel V.
[160] Vgl. danach ders., in Mél. Mansel I (1974) 345 ff.
[161] Späte Endymionsarkophage (1966). JdI 83, 1968, 180 ff. RM 76, 1969, 266 ff. RM 77, 1970, 110 ff. AA 1970, 214 ff. RM 78, 1971, 181 ff. AA 1974, 308 ff. RM 86, 1979, 351 ff. Mit G. KOCH: Griech. Mythen auf röm. Sarkophagen (1975).
[162] BJb 177, 1977, 245 ff. JWaltArtG 37, 1978, 74 ff. GettyMusJ 6/7, 1978/9, 103 ff. AA 1979, 228 ff. GettyMusJ 8, 1980, 129 ff. – Außerdem Östliches: BJb 180, 1980, 51 ff.

[163] JdI 78, 1963, 294 ff. JdI 81, 1966, 261 ff. AA 1969, 108 ff. AA 1972, 501 ff. AA 1975, 280 ff. Außerdem über Porträts auf S.: Eikones. Festschrift H. Jucker (1980) 153 ff.
[164] JdI 83, 1968, 221 ff. AA 1971, 62 ff. Studien zur Religion u. Kultur Kleinasiens, Festschrift F. K. Dörner (1978) 882 ff.
[165] BullCom 84, 1974/5, 173 ff. RM 84, 1977, 349 ff. Hefte ABern 3, 1977, 43 ff.
[166] RM 76, 1969, 329 ff. AA 1969, 301 ff. JdI 85, 1970, 171 ff.
[167] RM 85, 1978, 411 ff.
[168] JdI 93, 1978, 328 ff.

Als Einzelgruppen behandelte die Jahreszeiten in einer umfassenden Publikation G. M. A. Hanfmann,[169] A. Vaccaro Melucco „Sarcofagi Romani di caccia al leone" (1966), 1967 erschien der erste Band des „Repertorium der christlichen antiken Sarkophage", herausgegeben von F. W. Deichmann, bearbeitet von H. Brandenburg.[170]

Neben die Vorlage des Materials stellten sich Untersuchungen zu einzelnen Sarkophagproblemen. So veröffentlichte R. Turcan 1966 eine umfangreiche Monographie über die dionysischen Sarkophage,[171] schrieb danach mehrere kleinere Aufsätze zu Einzelfragen und einen zusammenfassenden Bericht über die Symbolforschung.[172] Diese hatte seit dem 1942 erschienenen Buch von F. Cumont[173] einen neuen Aufschwung genommen, der sich zunächst in der Entgegnung von A. D. Nock[174] zeigte, dann auch in Einzelstudien von H. Brandenburg,[175] H. Sichtermann,[176] P. Blome[177] und H. Wrede.[178] Umfangreiche „Untersuchungen zur Sepulkralsymbolik der späteren römischen Kaiserzeit" publizierte 1973 J. Engemann.

Mit Fragen des Materials, der Technik und des Handels von Ost nach West befaßten sich vornehmlich J. B. Ward-Perkins,[179] G. Ferrari[180] und H. Wiegartz,[181] mit kleinasiatischen Themen[182] auch M. Lawrence und N. Asgari.[183] Attischen Sarkophagen widmete sich B. G. Kallipolitis,[184] A. Giuliano[185] und B. Palma,[186] dem Beginn der römischen Sarkophagproduktion G. Gasparri[187] und H. Brandenburg.[188] Zur Frage der Vorbilder äußerten sich K. Schefold,[189] P. Blome[190] und H. Froning,[191] zu den Lenoi mit Löwen C. R. Chiarlo,[192] zu norditalischen Sarkophagen H. Gabelmann und F. Rebecchi.[193]

Charakteristisch für die Sarkophagforschung der letzten Jahrzehnte ist, daß bei weitgehendem Festhalten an der inhaltlich-ikonographischen Fragestellung der älteren Generation eine entschiedene Hinwendung zur chronologischen, d. h. geschicht-

---

[169] The Season Sarcophagus in Dumbarton Oaks (1951).
[170] Zu Frühchristlichem auch H. BRANDENBURG, RM 86, 1979, 439 ff.
[171] Les sarcophages romains à représentation dionysiaques (1967), vgl. ASR IV 4, S. 539 ff. (Konkordanz).
[172] ANRW II 16, 2 (1978) 1700 ff.
[173] Recherches sur le symbolisme funéraire des Romains.
[174] AJA 50, 1946, 140 ff. Weiteres in Kapitel C.
[175] JdI 82, 1967, 195 ff.
[176] JdI 85, 1970, 224 ff.
[177] RM 85, 1978, 435 ff.
[178] in: Festschrift für G. Kleiner (1976) 147 ff.
[179] Die einzelnen Studien genannt bei H. Wiegartz, s. Anm. 181; danach RendPontAcc 48, 1975/6, 191 ff.
[180] Il commercio dei sarcofagi asiatici (1966).
[181] in: Mél. Mansel I (1974) 345 ff.

[182] s. Kapitel V.
[183] M. LAWRENCE, u. a. AJA 32, 1928, 421 ff. ArtB 14, 1932, 103 ff. MemAmAc 20, 1951, 116 ff. AJA 62, 1958, 273 ff. – N. ASGARI, AA 1977, 329 ff.; dies., Kalchedon.
[184] s. Kapitel IV.
[185] Il commercio dei sarcofagi attici (1962).
[186] Zus. mit A. GIULIANO: La maniera Ateniese di età Romana. I maestri dei sarcofagi attici (1978).
[187] RendLinc ser. 8 vol. 15, 24, 3/4, 1972, 1 ff.
[188] JdI 93, 1978, 277 ff.
[189] MEFRA 88, 1976, 759 ff.
[190] AntK 20, 1977, 43 ff.
[191] JdI 95, 1980, 322 ff.
[192] StClOr 26, 1977, 69 ff. AnnPisa ser. III vol. IV 4, 1974, 1307 ff.
[193] GABELMANN, Werkstattgruppen. F. REBECCHI in: Antichità Altoadriatiche 13, 1978, 201 ff.

lichen Betrachtungsweise der Sarkophage erfolgte, und daß eine klare Scheidung der Sarkophage nach ihren Entstehungsorten angestrebt wird. Die inhaltlich-ikonographischen Probleme werden einerseits zum Typologischen, andererseits zum Symbolischen hin ausgedehnt. All das bedeutet, daß die Ergebnisse der älteren Forschung trotz der neuen Fragestellung nicht vernachlässigt werden und sich so ein organisches Fortschreiten der Forschung ergibt.

3. FORM. MATERIAL. SOZIOLOGISCHES

Material: GÜTSCHOW, Prätextat 211 f. WIEGARTZ, Marmorhandel 347 f. J. B. WARD-PERKINS, RendPontAcc 48, 1975/6, 204 ff.
Soziologisches: L. FRIEDLÄNDER, Darstellungen aus der Sittengeschichte Roms[10] III (1923) 48. J. A. RICHMOND, Archaeology and the After-Life in Pagan and Christian Imagery (1950) 37 ff. J. M. C. TOYNBEE – J. B. WARD PERKINS, The Shrine of St. Peter and the Vatican Excavations (1956) 105 ff. A. W. BYVANCK, BAntBeschav 31, 1956, 31 ff. u. 35, 1960, 91 ff. R. TURCAN, REA 60, 1958, 335. F. de VISSCHER, Le droit des tombeaux romains (1963) 22. K. FITTSCHEN, Der Meleager Sarkophag. Liebieghaus Monographien 1 (1975) 15 ff. J. B. WARD PERKINS, RendPontAcc 48,1975/6, 192. H. WREDE, AA 1977, 404 ff. H. GABELMANN, BJb 177, 1977, 223 f. H. BRANDENBURG, JdI 93, 1978, 279 f. 314 f. Anm. 70; 325 f. mit Anm. 106. N. BROCKMEYER, Antike Sklaverei (Erträge der Forschung 116) (1979). W. BACKHAUS, Gnomon 52, 1980, 180 ff. (Rez. von H. Raffeiner, Sklaven und Freigelassene. Eine soziologische Studie auf der Grundlage des griechischen Grabepigramms [1977], mit Lit.). B. ANDREAE, ASR I 2 S. 133.136.138. – *Nachtrag:* H. HERDEJÜRGEN, JdI 96, 1981, 413 ff.

Abgesehen davon, wie man im römischen Reich mit den Leichnamen der Verstorbenen verfuhr, ob man sie nun verbrannte oder beisetzte,[1] so legte man, im Gegensatz zur Nachantike bis zur Gegenwart, auf die dauerhafte und möglichst aufwendige Aufbewahrung der körperlichen Reste großen Wert. Diesem Bestreben haben wir es zu verdanken, daß so zahlreiche Totenbehältnisse die Zeiten überdauert haben und bis heute erhalten geblieben sind.

Zur Aufnahme der Asche dienten Urnen oder ausgehöhlte Grabaltäre, zur Aufnahme der Leichen Sarkophage; in seltenen Fällen konnten auch diese als Aschenbehälter verwendet werden.[2] Ein Mittelding stellen die sogenannten Ostotheken dar,[3] die zur Aufnahme nicht des ganzen Leichnams, sondern nur der Knochen bestimmt waren; sie finden sich in römischer Zeit nur im Osten des Reiches. Der äußere Unterschied ergibt sich durch die zweckbedingte Form: den kleinen Urnen stehen die länglichen Sarkophage gegenüber, die mindestens einen ganzen menschlichen Körper aufzunehmen geeignet sein mußten. Die Größe der Ostotheken liegt in der Mitte, weshalb sie oft als Urnen angesprochen wurden. Auch die Proportionen der Sarkophage wurden durch den Zweck bestimmt, einen oder mehrere Körper aufzunehmen. Wie die auf der Bodenfläche vorhandenen Erhöhungen für den Kopf erkennen lassen, war eine solche Verwendung die Regel. An der Länge ist zu erkennen, ob ein Kind, ein

---

[1] s. Kapitel A 6.
[2] A. D. NOCK, Essays on Religion and the Ancient World I (1972) 287.
[3] HIMMELMANN, Megiste 15 ff.

Jugendlicher oder ein Erwachsener beigesetzt werden sollte. Am häufigsten finden sich Sarkophage, die ihren Abmessungen nach nur einen Körper bergen konnten, doch muß man damit rechnen, daß selbst kleine Sarkophage mehr als einen Körper enthalten konnten.[4] Es kam auch vor, daß Sarkophage durch eine innere Trennwand für mehrere Leichen hergerichtet wurden.[5] Daß große Sarkophage für mehrere Leichen gedacht waren, lehren entsprechende Funde.[6]

Das Material der römischen Sarkophage, und zwar in sämtlichen Teilen des Imperiums, ist fast ausnahmslos Marmor; selten wurde einheimisches Gestein wie Tuff oder Kalkstein verwendet.[7] Man benutzte vornehmlich die aus den Steinbrüchen Kleinasiens (Prokonnesos, Dokimeion, Aphrodisias), Griechenland (vor allem Pentelikon) und Italien (lunensischer Marmor) stammenden Arten. Da es für den Nicht-Geologen, aber oft auch für den Fachmann, nicht leicht ist, die Marmorart einwandfrei zu bestimmen,[8] außerdem Marmorblöcke als Rohlinge oder Halbfabrikate von weither importiert wurden, um erst an Ort und Stelle fertiggestellt zu werden,[9] hat die Feststellung der Marmorart nur selten eine für die Lokalisierung oder auch Datierung der Sarkophage als künstlerisch zu bewertender Fertigprodukte nennenswerte Bedeutung, weshalb sie in der Literatur mehr und mehr weggelassen wird.[10] Dennoch sollte die Bestimmung des Marmors nicht ganz vernachlässigt werden; daß sie zu beachtlichen Ergebnissen führen kann, haben Untersuchungen von J. B. Ward-Perkins gezeigt.[11]

Die Aufstellung der Sarkophage war in den verschiedenen Teilen des Reiches recht unterschiedlich, so daß sich allgemein nur sagen läßt, daß sie im Freien oder in Grabkammern erfolgte; die Besonderheiten werden in den betreffenden Kapiteln dargelegt.[12]

Nicht viele Sarkophage wurden an ihrem ursprünglichen Aufstellungsort gefunden, weshalb die Geschichte ihrer Erforschung durch die Problematik gekennzeichnet ist, welche sich aus der Betrachtung isolierter Denkmäler ergibt.

Von Einfluß auf das künstlerische Erscheinungsbild der Sarkophage war auch die

---

[4] GÜTSCHOW, Prätextat 230 mit Anm. 1. In dem Meleagersarkophag ASR XII 6, 146 (S. Pietro) lagen ein Erwachsener und ein Kind.

[5] LEHMANN, Baltimore 11 Anm. 5.

[6] z. B. der S. von Velletri, in welchem neun Skelette gefunden wurden, ANDREAE, Studien 13.

[7] Die Blei- und Tons. als besondere Kunstzweige bleiben hier außer Betracht; zu Bleis. s. McCANN, Metr. Mus. 142 ff. u. hier Kapitel VI 3, zu frühen Tons. H. BRANDENBURG, JdI 93, 1978, 287 ff. 324. Für andere Materialien (Porphyr u.a.) s. Kapitel VI 4 u. VI 5.

[8] s. dazu GÜTSCHOW, Prätextat 211 f. F. MATZ, ASR IV 1 S. XVIII. HIMMELMANN, Typ. Unt. 3 mit Anm. 8. WIEGARTZ, Marmorhandel 347 f. J. B. WARD-PERKINS, RendPontAcc 48, 1975/6, 204 ff. N. ASGARI, AA 1977, 337 Anm. 20. B. FREYER-SCHAUENBURG, Gnomon 51, 1979, 479 (zu ostgriechischen Grabreliefs).

[9] GÜTSCHOW, Prätextat 211 ff. J. B. WARD-PERKINS – P. THROCKMORTON, Archaeology 18, 1965, 201 ff. WIEGARTZ, Marmorhandel 346 ff. 369 f. 374. 377. 380. J. B. WARD PERKINS, RendPontAcc 48, 1975/6, 207. ASGARI a. O. 329 ff. 351. 352 Anm. 52; 378 f. Zu den Begriffen „Rohling" und „Halbfabrikat" s. Kapitel I 4.2.1.

[10] Vgl. F. MATZ, ASR IV 1 S. XVIII und die Praxis der übrigen nach dem Krieg erschienenen ASR-Bände; auch G. KOCH, ASR XII 6 S. 5. – Über Verschiedenheit des Marmors bei Kasten und Deckel s. Kapitel I 4.1.3.

[11] RendPontAcc 48, 1975/6, 232 ff.

[12] s. die Kapitel I–VI.

Tatsache, daß sie, als aufwendige Monumente, nur von einer einigermaßen wohlhabenden Schicht der Bevölkerung benutzt werden konnten.[13] So sprach G. Rodenwaldt von der „aristokratischen Form des Sarkophages, die über das ganze Weltreich wandert", im Gegensatz zum bürgerlichen Grabmal, das „bodenständig" blieb und eine „volksmäßig römische Komponente" behielt.[14] Daß reiche und angesehene Familien im Vordergrund standen, zeigt etwa die Grabanlage der Calpurnii Pisones.[15] Einige große und wertvolle Sarkophage stehen in deutlichem Zusammenhang mit Otium-Villen reicher Römer.[16] Allen vorangegangen waren die Cornelier.[17] Es ging dann bis zu den Kaisern, die sich jedoch bis ins 3. Jh. n. Chr. hinein verbrennen ließen.[18] Der erste beigesetzte Kaiser war Antoninus,[19] von Balbinus hat der Sarkophag sich erhalten.[20] Klassizistisch-mythologische Darstellungen sprechen ebenfalls für den gehobenen Stand der Beigesetzten,[21] dann sind es auch die Szenen aus dem Leben von Beamten und Feldherren, schließlich hie und da auch Inschriften.[22] Daß jedoch auch in weniger vornehmen und begüterten Kreisen der Wunsch nach qualitätvollen Sarkophagen bestand und erfüllt werden konnte, zeigt der Meleagersarkophag in Frankfurt am Main, der laut Inschrift einem Centurionen der Praetorianer gehörte, also einem Angehörigen der Mittelschicht der römischen Bevölkerung.[23] So gab es auch nicht selten Freigelassene, die sich zunächst Klinenmonumente, später Sarkophage leisteten;[24] auch Sarkophage für Sklaven sind erhalten.[25] Die Menge einfach verzierter Sarkophage spricht ebenfalls dafür, daß nicht nur reiche Leute sich solche leisten konnten: „Wie überall gab es teure Werkstätten für den Bedarf des reichen und kultivierten, billige für den volkstümlichen Geschmack".[26] So erklären sich auch die Unterschiede zwischen den klassizistisch ausgeführten, sorgfältig gearbeiteten Sarkophagen mit Themen, deren Verständnis Bildung voraussetzte, und solchen, die in einfacher Form Dinge darstellten, die allen verständlich waren. Zwingend bis zur letzten Konsequenz sind solche Überlegungen jedoch nicht, da sich auch einfache

---

[13] Bereits das Aufkommen der Sarkophagbestattung in hadrianischer Zeit ist nach WIEGARTZ, Marmorhandel 372 „eine nur soziologisch zu erklärende Erscheinung"; vgl. schon BYVANCK a. O. Über Kleinasien: WIEGARTZ, Myra 248 ff.

[14] JdI 55, 1940, 12. Über die Kostspieligkeit auch ders., RM 58, 1943, 4f. Vgl. auch H. GABELMANN, BJb 177, 1977, 223.

[15] LEHMANN, Baltimore 11. J. B. WARD PERKINS, RendPontAcc 48, 1975/6, 192.

[16] Die Sarkophage von Melfi und Agrigent, s. Kapitel IV.V.

[17] H. GABELMANN, BJb 177, 1977, 223.

[18] Septimius Severus 211 n. Chr., Caracalla 217. A. D. NOCK, Essays on Religion and the Ancient World I (1972) 284f. Zur Kaiserverbrennung: R. TURCAN, REA 60, 1958, 324ff.

[19] TURCAN a. O. 336.

[20] TURCAN a. O. 330. B. ANDREAE, Röm. Kunst (1973) 227. Ders., ASR I 2 S. 24 mit Anm. 92 (skeptisch).

[21] Der Klassizismus als eine „breiten Schichten nicht leicht zugängliche Stilrichtung": P. ZANKER, in: Le classizisme à Rome (1979) 304. Vgl. H. SICHTERMANN, Gymnasium 86, 1979, 518. 526ff. H. WREDE in: Festschrift für G. Kleiner (1976) 175. – Mythenverzierte Sarkophage als Beweis der Bildung: K. SCHAUENBURG, BJb 161, 1961, 234. S. HILLER, Bellerophon (1970) 44.

[22] A. GIULIANO, PP 27, 1972, 271 ff.

[23] FITTSCHEN a. O. 15 ff.

[24] H. WREDE, AA 1977, 404 ff. H. GABELMANN, MarbWPr 1966, 44 mit Anm. 47. Ders., BJb 177, 1977, 223 f.

[25] M. GÜTSCHOW, RM 46, 1931, 110, Sarkophag des kaiserlichen Sklaven Callistus Hagianus, von seiner Frau gestiftet.

[26] GÜTSCHOW, Prätextat 213.

Sarkophage erhalten haben, die für Angehörige der Oberschicht benutzt worden sind,[27] andererseits Beispiele vorliegen, die das Bestreben des Mittelstandes zeigen, es der Aristokratie gleichzutun.[28] Daß man auf Sparen bedacht war, zeigen die vielen Fälle, in denen nachweisbar Sarkophage zum zweitenmal verwendet wurden.[29]

Über das Kaufen von Sarkophagen und das Feilschen dabei unterrichtet ein Passus im Philogelos (97), der allerdings wohl schon in das 4. oder 5. Jh. n. Chr. gehört und nicht unbedingt für die römischen Verhältnisse zutreffen muß.[30] Neuere Berechnungen haben ergeben, daß unter den Militärangehörigen die Ausgaben für die Beisetzung bis zur Höhe eines Jahresgehaltes gehen konnten.[31]

4. ZUR TERMINOLOGIE

Außer den Wörterbüchern der griechischen und lateinischen Sprache s.: A. DIETERICH, Nekyia (1893) 52f. MATZ, MW (1958) 4. J. B. WARD PERKINS, RendPontAcc 39, 1966/7, 129ff. Ders., BMusBeyr 22, 1969, 124ff.

Die in der Neuzeit von den Römern übernommene Bezeichnung „Sarkophag" ist griechisch, σαρκοφάγος, Fleischfresser.[1] Eigenartigerweise findet sich jedoch dieses Wort, als Benennung des Sarges, erst in römischer Zeit; vor Juvenal[2] ist es nicht nachzuweisen,[3] hat dann aber das ältere Wort „capulus" für Sarg weitgehend verdrängt,[4] ebenso das Wort „arca".[5] Ursprünglich wurde das Wort nur zur Bezeichnung eines bestimmten Steines gebraucht, des *lapis sarcophagus;* Plinius nennt ihn und gibt an, er werde bei Assos gebrochen, sei spaltbar und habe die Eigenschaft, die von ihm

---

[27] Beispiele bei FITTSCHEN a. O. 16 mit Anm. 54 auf S. 29 (Hinweis auf TURCAN 43 ff.). Zum Gegenständlichen: HIMMELMANN, Hirten-Genre 136.

[28] FITTSCHEN a. O. 18.

[29] Kenntlich u. a. an der Umarbeitung von Porträts, s. Kapitel C, oder der Anbringung neuer Inschriften, SICHTERMANN-KOCH 27f. Nr. 16; vgl. allgemein M. GÜTSCHOW, RM 46, 1931, 98.

[30] Philogelos, hrsg. von A. THIERFELDER (1968), zur Datierung 14 mit Nachweisen. Erwähnt auch bei FRIEDLÄNDER a. O. 48; dort wird der Preis eines Sarkophages in 900 Mark umgerechnet, was heute natürlich zu überprüfen wäre. In Band IV 304ff. desselben Werkes werden aufgrund der Inschriften Preise von Grabdenkmälern (nicht Sarkophagen) mitgeteilt.

[31] FITTSCHEN a. O. 17. Genaue Überlegungen zu Arbeitszeit und Kosten bei WIEGARTZ, Marmorhandel 365ff.

[1] Sie wurde allerdings erst im Laufe des 18. Jhs. allgemein gebräuchlich, vorher sprach man von „Urne", s. MATZ, MW 4. Zur Terminologie im frühen 18. Jh. aufschlußreich J. GUTTERIUS, De Jure Manium, in: J. G. GRAEVIUS, Thesaurus Antiquitatum Romanarum Congestus (1732–37), besonders XII 1202ff.; 1213 über den Begriff ‚sarcophagus'. Zu WINCKELMANN s. Kapitel A 2 Anm. 41–43; WINCKELMANN gebrauchte auch „Grabmahl", Briefe, in Verbindung mit H. DIEPOLDER hrsg. von W. REHM I (1952) 220.

[2] JUVENAL 10, 171, vgl. A. C. ROMANO, Irony in Juvenal (1979) 164.

[3] STEPHANUS, Thesaurus Graecae Linguae VII (1848–54) 87 s.v. σαρκοφάγος. *Sarcofagus* erscheint auch in Inschriften, s. H. FUHRMANN in: GÜTSCHOW, Prätextat 206. Repertorium I (1967) Nr. 558. H. SOLIN, AA 1980, 271 Anm. 4; 274. H. BRANDENBURG, ebenda 277, immer in heutiger Bedeutung des Wortes. Vgl. Kapitel A 5.

[4] Vgl. etwa APULEIUS IV 18,1ff. X 12. A. FORCELLINI, Lexicon totius Latinitatis I (1940) 531 s. v. capulus. IV (1940) 224 s. v. sarcophagus.

[5] FORCELLINI a. O. I (1940) 304. ‚Arca' wurde im Italienischen noch lange gebraucht, bis sich ‚sarcofago' durchsetzte.

umschlossenen Leichen bis auf die Zähne aufzuzehren und die Beigaben zu versteinern.[6]

Da ein solcher Stein der Naturwissenschaft jedoch nicht bekannt ist, nahm man an, daß das Verzehren der Leichen durch ungelöschten, aber gebrannten Kalk, mit dem die Särge ausgelegt waren, bewirkt wurde,[7] oder daß in die offen aufgestellten Särge Fliegen eingedrungen seien, deren Maden die Fleischteile der Toten auffraßen.[8] Davor behauptete man, daß die Erklärung des Plinius ein „ätiologischer Einfall später Zeit" sei, während es sich bei σαρκοφάγος um ein Beiwort der Hekate handle, die die Toten „verzehre".[9]

All solchen Erklärungen gegenüber ist zu bedenken, daß der *lapis sarcophagus* nicht nur in diesem Zusammenhang erwähnt wird, sondern auch in der Medizin eine Rolle spielt, und daß er, nach Herkunft und charakteristischen Merkmalen, recht genau benannt wird.[10] All das kann kein bloßes „Märchen" sein.[11]

Auf die einfachste Methode, dem so deutlich bezeichneten Stein auf die Spur zu kommen, nämlich ihn an Ort und Stelle, in Assos, zu suchen, wies schon H. Lamer hin.[12] Das geschah jedoch erst vor wenigen Jahren. M. H. Ballance war der erste, der sich in Assos selbst umsah, und er stellte fest, daß der dort vorhandene vulkanische Stein, von keineswegs guter Qualität und wenig widerstandsfähig, nicht nur in Assos selbst zu Sarkophagen verarbeitet wurde, sondern daß derartige Sarkophage auch exportiert wurden.[13] Es besteht kein Zweifel, daß es sich um den in der Antike *lapis sarcophagus* genannten Stein handelt, obwohl unsicher bleiben muß, wieweit die ihm beigelegten Eigenschaften der Wirklichkeit entsprechen; hier kann es sich, wenn nicht ganz um ein Märchen, so doch um Übertreibung handeln. Immerhin steht fest, daß dieser Stein den ‚Sarkophagen' ihren allgemein üblichen Namen gegeben hat, wobei erstaunlich ist, daß dies erst relativ spät erfolgte. Bemerkenswert ist auch, daß man die ‚fleischverzehrende' Eigenschaft des Steines als wesentlich ansah, obwohl wir eher annehmen würden, daß die Sitte der Leichenbeisetzung im Gegensatz zur Verbrennung eben deshalb geübt worden sei, um eine Konservierung des Körpers zu ermöglichen,[14] sind ja auch konservierte Leichen in Sarkophagen gefunden worden.[15] Die-

---

[6] Plinius, n. h. II 210. XXXVI 131, vgl. auch Pollux X 150 u. Lucanus, Bellum civile VI 538. W. ALTMANN, Architektur u. Ornamentik der antiken Sarkophage (1902) 46. Vgl. Kapitel V 4.2.

[7] J.-E. HILLER, Archiv für Geschichte der Mathematik 13, 1931. W. ALTMANN spricht in der RE I A 2 (1920) 2530 von „Kalkstein", der in die Särge als Füllung eingelegt worden sei, unter Berufung auf Plinius, was unzutreffend ist.

[8] R. MÜLLER, Die Umschau in Wissenschaft u. Technik 36, 1932, 239f.

[9] A. DIETERICH, Nekyia (1893) 52f.

[10] E. FREISTADT, Altchristl. Totengedächtnistage u. ihre Beziehung zum Jenseitsglauben u. Totenkultus der Antike (1928) 186ff. Vgl. J. QUASTEN, RM 53, 1938, 61 Anm. 1.

[11] Gegen den Kalk u. die Fliegen sprach sich schon H. LAMER aus, Die Umschau in Wissenschaft u. Technik 36, 1932, 598.

[12] a. O.

[13] J. B. WARD-PERKINS, RendPontAcc 39, 1966/7, 129ff. Ders., BMusBeyr 22, 1969, 124ff. Vgl. auch ders., RendPontAcc 48, 1975/6, 208; s. Kapitel V 4.2.

[14] Zu diesen „origines paradoxales du mot sarcophage" R. TURCAN, REA 60, 1958, 340.

[15] So 1485 die durch künstliche Mittel konservierte Leiche eines Mädchens, s. Kapitel A 2 Anm. 5; auch die Leiche eines Mädchens, die

ser Widerspruch ist vielleicht dadurch zu erklären, daß Plinius in einer Zeit lebte, in welcher die Beisetzung in Sarkophagen noch nicht die vorherrschende Sitte war, daß er also ohne eigene Erfahrung urteilte und berichtete. Daß aber Sarkophage als Ruhestätten der Toten und nicht als ihre ‚Aufzehrer' gedacht waren, bezeugen schon die Erhöhungen für den Kopf, die sich am Boden finden.

5. INSCHRIFTEN AUF SARKOPHAGEN

CIL VI 2 S. 1349 ff. CIL VI 3 u. 4.1. – Griech. Vers-Inschriften. Hrsg. von W. PEEK, I Grab-Epigramme (1955). – Griech. Grabgedichte. Griechisch u. deutsch von W. PEEK (1960). – K. SCHAUENBURG, JdI 78, 1963, 294 ff. – Römische Grabinschriften. Ges. von H. GEIST, betreut von G. PFOHL (1969).

Die Sarkophage sind ihrer Tradition und ihrer Form nach wenig geeignet, als Träger von Inschriften zu dienen. Schon bei den Etruskern überwog der figürliche Schmuck, und diese Tendenz blieb bis in die Spätzeit hinein lebendig. Zu dem plötzlichen Übergang von Grabstele, Grabaltar und Aschenurne zum Sarkophag mit all seinen Nebenerscheinungen gehört auch das abrupte Zurücktreten der Inschriften. Man braucht nur die Bände „Sepolcralia" des CIL[1] durchzublättern, um festzustellen, wie verschwindend wenig „sarcophagi" neben „tabulae marmoreae" und anderen Grabmonumenten zu finden sind. War es bis in die frühe Kaiserzeit so, daß der Inschrift die Hauptbedeutung zukam und sie sich sozusagen das Medium aussuchte, durch welches sie am besten sprechen konnte – wozu sich die einfache „tabula marmorea" anbot –, so mußte sie später, vom bildlichen Geschehen beiseitegedrängt, oft mühsam versuchen, irgendwo auf diesen ungefügen Kästen mit Anstand unterzukommen. Diese Kästen ganz zu beherrschen, gelang ihr sehr selten,[2] es konnte dagegen vorkommen, daß sie auf gänzlich unangemessene Plätze wie die Innenseiten von Sarkophagen auswich.[3]

Wie wenig die Form des Sarkophages für die Aufnahme einer Inschrift geeignet ist, zeigen gerade diejenigen Exemplare, die sie nicht missen wollen und sogar an zentraler Stelle anbringen: die Sarkophage mit Tabula, sei es einer einfach rechteckigen oder Tabula ansata, entweder auf dem Kasten[4] oder auf dem Deckel.[5] Die Gewohnheit, Inschriften auf solche Tabulae zu setzen, war so fest verwurzelt, daß man, da der Sarkophag selbst ja keine Tabula war, eine Nachbildung auf ihm anbrachte, also sozusagen

---

1964 in Grottarossa an der Via Cassia bei Rom gefunden wurde, war gut erhalten, GIULIANO, Mus. Naz. Rom. I 1, 323 f. J. M. C. TOYNBEE, Death and Burial in the Roman World (1971) 41; 42 werden weitere Beispiele von römischen Mumienfunden genannt. Daß eine derartige Konservierung jedoch selten sei, betont A. D. NOCK, Essays on Religion and the Ancient World I (1972) 287 mit Anm. 62.

[1] CIL a. O.

[2] ASR VIII 2 S. 19 zu Nr. A 1. Rom, Villa Aldobrandini, INR 70.4012.

[3] S. in Vasto, H. BRANDENBURG, JdI 93, 1978, 280 ff.

[4] Beispiele bei SCHAUENBURG a. O. 297 f. Anm. 9.

[5] Beispiele bei SCHAUENBURG a. O. 297 Anm. 7. Vgl. M. G. PICOZZI, RendPontAcc 46, 1973/4, 89 ff.

eine fiktive Tabula, die dann meist noch von mythologischen Wesen gehalten und damit noch weiter in die Unwirklichkeit versetzt wurde.

Außer auf den Tabulae erscheinen Inschriften auch auf Clipei, auf dem Rand von Sarkophagen oder auf der Sarkophagwand selbst.[6] Ränder wurden besonders bei einer zweiten oder dritten Verwendung des Sarkophages benutzt, und zwar konnte sowohl der obere als auch der untere Rand beschrieben werden.[7] Es kam auch vor, daß ältere Inschriften ausradiert und durch neue ersetzt wurden,[8] oder figürlicher Schmuck beseitigt wurde, um Platz für eine Inschrift zu erhalten.[9]

Zwischen den einzelnen Sarkophaggattungen bestehen Unterschiede hinsichtlich der Häufigkeit. An der Spitze stehen die oberitalischen Sarkophage mit ihren vielen, meist auf Tabulae angebrachten Inschriften, ja, es kommt vor, daß dort die ganze Langseite von der Inschrift eingenommen wird.[10] Die östlichen Sarkophage haben weitaus weniger Inschriften,[11] die stadtrömischen wenden sich im Laufe der Entwicklung langsam immer mehr den Inschriften, meist in Form von Tabulae, zu.

Der Inhalt der Inschriften unterscheidet sich nicht von dem anderer Grabinschriften:[12] neben dem fast immer abgekürzten *Dis Manibus* werden die Namen der Beigesetzten genannt, oft auch das Alter; sonst finden sich mehr oder weniger alle Zusätze, Varianten und Sonderformen, die auch auf den übrigen Grabmonumenten vorkommen, nur, daß in seltenen Fällen der ‚sarcophagus' ausdrücklich genannt wird.[13] Allgemein läßt sich sagen, daß Inschriften auf Sarkophagen gwöhnlich kürzer sind und weniger Angaben enthalten als die übrigen sepulkralen Inschriften,[14] auch ein Zeichen ihrer Fremdheit.

Die Sprache ist meist lateinisch, weitaus seltener griechisch; es kommen auch beide Sprachen auf demselben Sarkophag vor.[15] Einmal ist ein griechischer Text mit lateinischen Buchstaben geschrieben worden.[16]

Da die Inschriften kaum zur Klassifizierung bestimmter Sarkophaggruppen geeignet sind, da sie außerdem nur selten zur Datierung beitragen oder sonst irgendwie für die Beurteilung der Sarkophage nützlich sind, werden sie von der Forschung zumeist vernachlässigt und den Epigraphikern überlassen.[17] Selbst wo Aufschlüsse besonderer

---

[6] Beispiele bei SCHAUENBURG a. O. 297 f. Anm. 8.10.11.
[7] ASR XII 6, 162; vgl. auch 178. ASR I 2,78.
[8] ASR I 2,78.
[9] ASR III 1,40. SICHTERMANN-KOCH 27 f. Nr. 16.
[10] ASR VIII 2, A 1. Vgl. auch A. GIULIANO, PP 27, 1972, 271 ff.
[11] WIEGARTZ, Säulens. 147. Vgl. den attischen S. in Neapel, ASR II 22. SICHTERMANN-KOCH 15 f. Nr. 1. Vgl. die Kapitel V 4.1. V 4.3, auch J. KUBIŃSKA, Les monuments funéraires dans les inscriptions grecques de l'Asie Mineure (1968).
[12] Weshalb bei GEIST-PFOHL a. O. die Form des Grabmonumentes nicht angegeben ist, was Spezialuntersuchungen sehr erschwert. Sowohl im CIL als auch bei PEEK a. O. sind die Formen vermerkt.
[13] z. B. CIL II 1806 = GEIST-PFOHL a. O. 209 Nr. 566. GEIST-PFOHL a. O. 213 Nr. 583.
[14] SCHAUENBURG a. O. 299.
[15] Beispiele bei SCHAUENBURG a. O. 298 f. Anm. 12–14, für griechische Inschriften auch PEEK a. O.
[16] Ravenna, San Vittore, SCHAUENBURG a. O. 298. ASR V 3,83. ASR VIII 2, A 35 (in keinem der Bände wird die Inschrift wiedergegeben).
[17] Sowohl GABELMANN, Werkstattgruppen, als auch ASR VIII 2 befassen sich so gut wie gar nicht mit den Inschriften der oberitalischen S., bemerken jedoch, daß das Interesse der früheren

Art, etwa über die soziale Stellung der Beigesetzten, zu erwarten sind,[18] weist man die Bearbeitung des Materials den Spezialisten zu.[19] In den Bänden des Corpus werden sie gewöhnlich sorgfältig wiedergegeben,[20] dann aber auch nur erwähnt;[21] bei den ravennatischen Sarkophagen wurden allein erhaltene Inschriften, obwohl ihre Zahl beträchtlich ist, gar nicht aufgenommen.[22] Für eine zusammenfassende Darstellung fehlt es also nicht nur an Vorarbeiten, sondern auch an der Bereitstellung des Materials.

6. VERBRENNUNG. BEISETZUNG. BESTATTUNG

A. D. NOCK, HarvTheolR 25, 1932, 321 ff. = Essays on Religion and the Ancient World I (1972) 284 ff. – H. von SCHOENEBECK, RM 51, 1936, 329 ff. – F. BÖMER, Philologus 93, 1939, 325 ff. – G. RODENWALDT, RM 58, 1943, 10. – P. G. HAMBERG, Studies in Roman Imperial Art (1945) 172 ff. – F. CUMONT, Lux Perpetua (1949) 387 ff. – K. SCHEFOLD, Pompejan. Malerei (1952) 115 f. – J. M. C. TOYNBEE – J. B. WARD PERKINS, The Shrine of St. Peter and the Vatican Excavations (1956) 111 ff. – R. TURCAN, REA 60, 1958, 324 ff. – MATZ, MW (1958) 48. – A. AUDIN, Latomus 19, 1960, 321 ff. 518 ff. – K. SCHEFOLD, RA 1961 II 187 f. – Ders., Röm. Kunst als religiöses Phänomen (1964) 61 ff. – G. DALTROP, GGA 217, 1965, 249. – J. M. C. TOYNBEE, The Art of the Romans (1965) 95 ff. – H. GABELMANN, MarbWPr 1966, 44. – F. deVISSCHER, Le droit des tombeaux romains (1968) 9 ff. 17 ff. – S. HILLER, Bellerophon (1970) 44. – J. M. C. TOYNBEE, Death and Burial in the Roman World (1971). – C. GASPARRI, RendLinc ser. 8 vol. 27, 1972, 32 ff. – WIEGARTZ, Marmorhandel 372. – H. GABELMANN, BJb 177, 1977, 223. – H. BRANDENBURG, JdI 93, 1978, 277 ff. – H. FRONING, JdI 95, 1980, 322 f. – *Nachtrag:* H. Herdejürgen, JdI 96, 1981, 413 ff.

Die Herstellung von Sarkophagen setzt die Sitte der Leichenbestattung oder -beisetzung voraus.[1] Es hat sie in der gesamten Antike durchweg gegeben, manchmal in gleicher Weise neben der Verbrennung,[2] zumeist aber entweder vorherrschend wie zeitweise bei den Etruskern,[3] oder nur gelegentlich wie bei den Römern vor dem 2. Jh. n. Chr.[4] Für das 1.Jh. n. Chr. finden sich in der Literatur zahlreiche Hinweise zur Verbrennung, so bei Vergil, Ovid, Martial, Properz, Tibull, besonders dann im Bellum Civile des Lucan. Daß aber die Erdbestattung nicht unbekannt war, zeigt dersel-

---

Forschung lange Zeit gerade nur auf diese gerichtet war, GABELMANN a. O. 1. ASR VIII 2 S. 15.

[18] A. W. BYVANCK, BABesch 31, 1956, 31 ff.; 35, 1960, 91 ff. ASR VIII 2 S. 17 Anm. 15. A. GIULIANO, PP 27, 1972, 271 ff.

[19] GABELMANN, Werkstattgruppen 204.

[20] ASR II. III. IV (IV 4 S. 560 werden alle Inschriften im Register nachgewiesen). V 1 (S. 148 im Register Konkordanz zum CIL). XII 6 (S. 79 werden die Inschriften besonders besprochen).

[21] ASR V 3, z. B. 83.133; VIII 2, z. B. A 35; manchmal auch in ASR I 2, z. B. 238.239.

[22] ASR VIII 2 S. 15.

[1] Körperbestattung und Sarkophagbestattung sind jedoch nicht immer gleichzusetzen, s. BRANDENBURG a. O. 325.

[2] z. B. am Dipylon in Athen, s. W. RIEZLER, Weißgrundige attische Lekythen (1914) 5 Anm. 7.

[3] J. M. C. TOYNBEE, Death and Burial in the Roman World (1971) 14 ff.

[4] Über die italische Vorgeschichte und die vorwiegend geübte Verbrennung: BÖMER a. O. 325 ff. mit kritischer Behandlung von Plinius, n. h. VII 187. Cicero, de leg. II 56. Plutarch, Numa XXII. Vergil, Aen. XI 1 ff. J. M. C. TOYNBEE, Death and Burial in the Roman World (1971) 39 ff. J. BAYET, Histoire politique et psychologique de la religion romaine (1957) 24. 34 ff. P. GRIMAL, A la recherche de l'Italie antique (1961) 86 f.

be Lucan;[5] auch Statius kann hier genannt werden.[6] Dem entspricht der archäologische Befund.[7]

Über die Gründe des Wandels, der in der ersten Hälfte des 2. Jhs. n. Chr. eintrat, erfahren wir aus der antiken Literatur nur Allgemeinheiten. Tacitus gibt an, daß die Sitte der Konservierung der Leiche von ausländischen Königen (regnum externorum consuetudine) übernommen worden sei,[8] Statius läßt den Ehemann seine jung verstorbene Frau auf ein „torus beatus" legen, da er den Rauch und das Getöse des Scheiterhaufens nicht ertrug[9] – Gründe, die nichts über die tieferen Ursachen aussagen. Ebenso werden auch als Gründe für die Verbrennung statt des Beisetzens nur Äußerlichkeiten genannt: Sulla habe aus Furcht, daß seine Gebeine zerstreut werden könnten, wie er es mit denen des C. Marius gemacht hatte, sich verbrennen lassen.[10] Bei Lucan findet sich sogar die Meinung, daß es gleichgültig sei, ob man Leichen bestatte oder verbrenne, die Natur nehme so oder so alles in ihre Arme zurück.[11] Daß man zwischen „beigesetzt" (sepultus) und „beerdigt" (humatus) unterschied, erfahren wir von Plinius[12] und Cicero,[13] dieser berichtet aber auch schon von einer Verwischung der Begriffe. Zu den literarischen Zeugnissen treten die – wenig ergiebigen – Inschriften.[14]

Daß im 2. Jh. n. Chr. die Beisetzung immer stärker geübt wurde, wird vor allem durch archäologische Erkenntnisse erwiesen;[15] unter Tiberius scheint der Wandel eingesetzt zu haben,[16] unter Hadrian ist er bereits weit fortgeschritten,[17] doch erst in der Mitte des 3. Jhs. n. Chr. wurde die Bestattung allgemeine Sitte.[18]

Die archäologische und religionswissenschaftliche Forschung hat sich mehrfach bemüht, über die allgemeinen Angaben der antiken Literatur hinauszukommen. Es bildeten sich zwei Meinungen: die einen sprachen von einem „tiefgreifenden religiösen Sinneswandel" der Römer,[19] wiesen auf die Dionysosreligion,[20] die Isisreligion[21] und den pythagoreisch beeinflußten Stoizismus hin, der Bestattung statt Verbrennung fordern mußte,[22] oder allgemein auf das Umsichgreifen des Unsterblichkeitsdranges, des Jenseitsglaubens und der damit zusammenhängenden Symbolik[23] – der

---

[5] Bellum civile VI 533 ff. VII 809 ff.
[6] Silvae V 1,222 ff.
[7] s. Kapitel I 1.
[8] Ann. XVI 6, s. G. RODENWALDT, RM 58, 1943, 2. NOCK a. O. (Essays) 278 f.
[9] Silvae V 1,222 ff., s. TURCAN a. O. 323 f. BRANDENBURG a. O. 326 f. Anm. 108.
[10] Plinius, n. h. VII 55, 187. Cicero, de leg. II 56 f.
[11] Bellum civile VII 809 ff., vgl. auch V 665 f.
[12] n. h. VII 55, 187.
[13] de leg. II 56 ff.; das Beerdigen sei, als sei der Körper quasi operimento matris obducitur. Zu dem Unterschied TURCAN a. O. 325 f.
[14] NOCK a. O. (Essays) 306 Anm. 146.
[15] TOYNBEE – WARD PERKINS a. O. 112 f.
[16] Daß neben der Verbrennung auch vorher schon die Leichenbestattung geübt wurde, haben neuere Forschungen deutlich werden lassen, s. Kapitel I 1.
[17] F. MATZ, ASR IV 3, S. 359.
[18] TOYNBEE – WARD PERKINS a. O. 112. BRANDENBURG a. O. 323.
[19] W. TECHNAU, Die Kunst der Römer (1940) 238; vertreten vor allem von K. SCHEFOLD, s. RA 1961 II 187 f.
[20] F. MATZ, ASR IV 1 S. 89.
[21] K. SCHEFOLD in: Lexikon der Alten Welt (1965) 2703 s. v. Sarkophag.
[22] TURCAN a. O. 336 ff. F. MATZ, ASR IV 1,89. H. GABELMANN, BJb 177, 1977, 224 f.
[23] A. RIEGL, Spätrömische Kunstindustrie (1927) 139. K. SCHEFOLD, Pompejan. Malerei (1952) 115 f. TOYNBEE – WARD PERKINS a. O. 112. BAYET a. O. 211 f. K. SCHEFOLD, Röm. Kunst als religiöses Phänomen (1964) 62.

„illusionistischen" Periode sei eine „transparente" gefolgt[24] –, oder man machte „das individuelle Selbstgefühl" für den Wandel verantwortlich, das danach drängte, die „so intensiv erlebte, emanzipierte Existenz über den Tod hinaus zu erhalten",[25] wonach auch das Aufkommen des Porträts in der Grabkunst als Zeichen des Glaubens an ein persönliches Fortleben nach dem Tode zu deuten sei;[26] die anderen stritten jede religiöse Begründung ab: es handle sich einfach um einen Wechsel der Sitten und Gebräuche (fashion),[27] der Wandel sei eine „nur soziologisch zu erklärende Erscheinung",[28] oder der Philhellenismus Hadrians könnte eine Rolle dabei gespielt haben.[29]

Für die These von der mehr äußerlich geübten Sitte ließe sich anführen, daß die Sarkophagbestattung in Rom und Italien nie völlig aus der Übung gekommen war[30] und daß andererseits die Verbrennung auch nach dem Vordringen der Bestattung beibehalten wurde.[31] Überliefert ist, daß einige römische Familien wie die Scipionen bereits vor dem Aufkommen der Körperbestattung diese als alte Tradition übten;[32] daß einige Kaiser sich auch später noch verbrennen ließen, wurde schon gesagt. Andererseits konnten Adelsfamilien den Wechsel durchaus mitmachen, wie das Beispiel der Calpurnii Pisones zeigt, in deren Grabanlagen Altäre der hadrianischen Zeit und Sarkophage des späteren 2. Jhs. n. Chr. gefunden wurden.[33]

Unbefriedigend blieb die Annahme, Mangel an Brennholz könne den Wechsel veranlaßt haben.[34]

Auch die allgemein angenommene Feststellung, daß die Sitte der Beisetzung in Sarkophagen aus dem Osten gekommen sei, wo sie bereits früher verbreitet war, trug nicht viel zur Erhellung der Hintergründe bei.[35] Es wurde darauf hingewiesen, daß die äußere Form der Sarkophage in Rom sogleich eine völlig eigenständige gewesen

J. M. C. TOYNBEE, The Art of the Romans (1965) 98. B. ANDREAE, Röm. Kunst (1973) 227. R. BIANCHI BANDINELLI, Die röm. Kunst (1975) 131.

[24] K. SCHEFOLD, RA 1961 II 187f. Kritisch dazu F. MATZ, ASR IV 1, S. 89 Anm. 48.
[25] H. WREDE, RM 85, 1978, 432 f.
[26] TOYNBEE – WARD PERKINS a. O. 11; vgl. aber die Genese des Wortes „Sarkophag", Kapitel A 4.
[27] NOCK a. O. (Essays) 285 ff. Vermittelnd TURCAN a. O. 337.346 f. Vgl. auch AUDIN a. O. 318. H. BLANCK, RM 73/4, 1966/7, 76.77. DE VISSCHER a. O. 27. 29. M. SCHMIDT, Der Basler Medeasarkophag (o. J.) 34. BRANDENBURG a. O. 324.
[28] WIEGARTZ, Marmorhandel 372.
[29] S. HILLER, Bellerophon (1970) 43 ff.
[30] A. AUDIN gibt a. O. 526 ff. eine statistisch ausgewertete Übersicht über kaiserzeitliche Nekropolen mit Sarkophagen und Urnen. Vgl. auch GABELMANN, Werkstattgruppen 5 ff. H. GABELMANN, BJb 177, 1977, 223. BRANDENBURG a. O. 277 ff.

[31] G. RODENWALDT, RM 36/7, 1921/2, 105. Vgl. DE VISSCHER a. O. 18 ff.
[32] H. BLANCK, RM 73/4, 1966/7, 72 ff. V. SALADINO, Der Sarkophag des L. Cornelius Scipio Barbatus (1970). GIULIANO, Mus. Naz. Rom. I 1, 323 f.
[33] LEHMANN, Baltimore 10. J. B. WARD-PERKINS, RendPontAcc 48, 1975/6, 192.
[34] Als Meinung schon angeführt bei G. Qu. VISCONTI, Il Museo Pio Clementino (1788) IX, dann diskutiert von NOCK a. O. (Essays) 306. DE VISSCHER a. O. 41, ablehnend.
[35] A. W. BYVANCK, BAntBesch 31, 1956, 31 u. 35, 1960, 91 ff.: Einführung der Sarkophagbestattung durch freigelassene, neureiche Sklaven aus dem Osten. G. RODENWALDT in: CAH XI (1936) 793 f. TURCAN a. O. 334. AUDIN a. O. 526 ff. H. GABELMANN, MarbWPr 1966, 44. B. ANDREAE, Röm. Kunst (1973) 227 f. R. BIANCHI BANDINELLI, Die röm. Kunst (1975) 130 f. Schon die Bezeichnung „Sarkophag" spricht für Übernahme aus dem Osten, s. NOCK a. O. (Essays) 278 f. – Auch die Geschichte von der „Ephesischen Witwe", die im 1. Jh. n. Chr. in

sei,³⁶ weshalb der Einfluß aus dem Osten sogar in Frage zu stellen wäre.³⁷ Neuere Forschungen haben dieser These jedoch wieder größere Wahrscheinlichkeit verliehen. Daneben wurde auch auf die Möglichkeit einer Wiederbelebung etruskisch-italischer Gebräuche und Gefühle hingewiesen.³⁹

Bei dieser Sachlage ist es nicht erstaunlich, daß in der archäologischen Forschung sich immer wieder Skepsis bezüglich einer eindeutigen Antwort auf die Frage nach den Gründen des Wechsels von der Verbrennung zur Bestattung findet.⁴⁰ Eine allgemein anerkannte Meinung hat sich jedenfalls bisher noch nicht gebildet.

Rom erzählt wurde, deutet auf den Osten, s. PETRON 111,2: „In hypogaeo Graeco more corpus custodire", vgl. 112,8; PHAEDRUS spricht von „sarcophagus", Vidva et miles 2. Vgl. auch TACITUS, ann. XVI 6.

³⁶ G. RODENWALDT in: CAH XI (1936) 793 f.
³⁷ MATZ, MW 48 Anm. 19.
³⁸ GABELMANN, Werkstattgruppen 5 ff.

³⁹ NOCK a. O. (Essays) 307. Über etruskischen Einfluß auch TURCAN a. O. 332 f.
⁴⁰ G. RODENWALDT, Gnomon 1, 1925, 125. Ders., Der Sarkophag Caffarelli, 83. BWPr 1925, 1 ff. VON SCHOENEBECK a. O. 329. G. M. A. HANFMANN, Röm. Kunst (o. J.) 112. B. ANDREAE, Röm. Kunst (1973) 227 f.

B. DIE SARKOPHAGKUNST
DER RÖMISCHEN KAISERZEIT

ALLGEMEINES

In der römischen Kaiserzeit gab es drei Zentren der Herstellung von reliefgeschmückten Sarkophagen, nämlich Rom, Athen und Dokimeion in Phrygien, woher die Hauptgruppe der kleinasiatischen (der bisher sogenannten pamphylischen) Sarkophage stammt. Die Produkte dieser Orte unterscheiden sich in ihren Darstellungen, ihren Dekorationen und auch ihrem Stil so sehr voneinander, daß es in der Regel selbst bei kleinen Fragmenten möglich ist, ihre Herkunft zu bestimmen. Aus Rom ist eine fast unübersehbar große Zahl an Sarkophagen nachzuweisen; es lassen sich sicher über 6000 Beispiele mit verschiedenen Themen zusammenstellen. Aus Athen dürften an die 1000 Exemplare bekannt sein, sehr viele davon allerdings nur in Fragmenten. Von der kleinasiatischen Hauptgruppe sind bisher etwa 400 Stücke zugänglich, von denen viele fragmentiert sind.

Aus allen drei Zentren der Herstellung wurden Sarkophage in reichem Maße exportiert. Stadtrömische Exemplare finden sich vor allem in den westlichen Teilen des römischen Reiches und nur in wenigen Beispielen im Osten. Die attischen Sarkophage sind weit gestreut von Südrußland, Palästina und Arabia bis Spanien und Südfrankreich. Stücke der kleinasiatischen Hauptgruppe sind ebenfalls verteilt, allerdings nicht so weit wie die attischen. Die einzelnen Zentren haben ihre Besonderheiten und ihren eigenen Stil, es gibt aber gewisse Beziehungen zwischen ihnen; die Forschung hat allerdings kaum begonnen, diese gegenseitige Einflußnahme zu untersuchen, die sich auch, soweit sich das bisher überblicken läßt, nur auf Details beschränkt und nicht die breite Produktion berührt.

Die einzelnen Zentren bevorzugen verschiedene Darstellungen. Bei den stadtrömischen Sarkophagen ist die Auswahl der Themen bei weitem am größten. Bei den attischen Sarkophagen ist sie dagegen viel kleiner. Die Hauptgruppe der kleinasiatischen Sarkophage besteht, von verschiedenartigen Versuchen am Anfang der Produktion (Girlanden- und Friessarkophagen) abgesehen, aus Sarkophagen mit architektonischer Gliederung (,Säulensarkophagen'), die statuarische Figurentypen in den Interkolumnien tragen.

Neben den drei Zentren der Sarkophagherstellung gab es in fast allen Provinzen lokale Werke. Teilweise hängen sie von Vorbildern eines der Zentren ab, bisweilen haben sie aber auch Besonderheiten, die nur für eine bestimmte Kunstprovinz charakteristisch sind. Diese lokalen Werke sind im Gegensatz zu den Produkten der Zentren kaum exportiert worden, sie beschränken sich also in der Regel auf eine bestimmte Landschaft. Es handelt sich meist um relativ schlichte Exemplare, die mit Girlanden oder einer Tabula mit Eroten oder anderen Beifiguren geschmückt sind. Selten sind aufwendige Stücke, die in eigenständiger Tradition stehen; als solche sind vor allem die Sarkophage in Oberitalien zu nennen. Es finden sich aber bisweilen qualitativ gute Arbeiten, die von Vorlagen aus den führenden Werkstätten abhängen.

Diese Situation erfordert es, neben den drei Zentren der Sarkophagherstellung auch jede der Kunstprovinzen einzeln zu behandeln.[1] Am Anfang steht Rom mit seiner besonders reichen und vielfältigen Produktion. Es folgen die westlichen Gebiete des römischen Imperiums, die teilweise unter dem Einfluß von Rom gestanden, verschiedentlich aber auch eigene Formen verwandt haben. Es schließen sich die Sarkophage des Balkans an, die in der Regel eigene Traditionen haben oder Beziehungen zu Kleinasien oder Athen aufweisen. Es folgt Athen mit seinen bedeutenden Werken. Aus Kleinasien sind Sarkophage sehr zahlreich erhalten. Die Lage ist besonders kompliziert, da eine Reihe von Gesichtspunkten berücksichtigt werden muß, nämlich die Produktion von Halbfabrikaten in einigen Steinbrüchen, die weit verbreitet und dann lokal in den einzelnen Kunstprovinzen ausgearbeitet wurden, die Verteilung und Einflußnahme von Exemplaren der kleinasiatischen Hauptgruppe und schließlich die lokalen Traditionen in den einzelnen Kunstlandschaften, zu denen gelegentlich noch Einflüsse durch importierte Sarkophage kommen. Kleinasien erfordert also eine ausführliche Behandlung. Angeschlossen werden die übrigen Provinzen im Osten des römischen Reiches. Unter ihnen ist nur in Syria eine umfangreiche Produktion erhalten. Eigene Züge sind jedoch in diesen Landschaften nur selten zu fassen.

[1] Vgl. die Gliederung des Sarkophagcorpus, bei der thematische und landschaftliche Gesichtspunkte berücksichtigt werden: B. ANDREAE, Zur Weiterführung des Gesamtplans des Corpus der antiken Sarkophagreliefs, AA 1977, 475 ff.

I. STADTRÖMISCHE URNEN, KLINENMONUMENTE UND SARKOPHAGE

Rom war das Zentrum der Herstellung von Sarkophagen im westlichen Teil des römischen Reiches. Die Sitte, die Toten zu bestatten, hatte hier eine lange Tradition, wurde aber nicht durchgehend und nicht in gleichbleibendem Umfang geübt.[1] In der späten Republik und der frühen Kaiserzeit bis zum Beginn des 2. Jhs. n. Chr. herrschte die Verbrennung vor. Die Asche wurde in Grabgebäuden, teilweise speziellen ‚Columbarien', beigesetzt.[2] Dazu verwandte man einfache Tongefäße. Für aufwendigere Bestattungen gab es steinerne Aschenurnen, die mit Reliefschmuck versehen sein konnten. Vielfach wurden Grabaltäre aufgestellt; mehrere Exemplare haben oben eine Eintiefung für die Asche, so daß Urne und Altar miteinander verbunden waren; der Charakter des Altars bleibt aber vorherrschend.[3] Verbreitet waren auch Grabreliefs verschiedener Formen.[4] Eine Sondergattung sind Monumente in Gestalt einer Kline, auf der eine oder zwei Figuren lagern; sie wurden in Grabgebäuden aufgestellt oder lagen auf einem schlichten Sarkophag, der durch eine flache Platte abgedeckt war. Diese Klinenmonumente hielten sich neben den Sarkophagen und wurden in einzelnen Beispielen bis um 300 n. Chr. benutzt.

Sarkophage wurden in der späten Republik vor allem von Angehörigen alter Adelsfamilien verwandt, wie einige Exemplare belegen. Im 1. und frühen 2. Jh. n. Chr. läßt sich eine kleine Gruppe von Sarkophagen zusammenstellen, die zeigt, daß neben der Verbrennung in Ausnahmefällen auch die Beisetzung angewandt wurde. Ein Wechsel der Bestattungssitten[5] führte dann seit etwa 120 n. Chr. dazu, daß die Verbreitung der Sarkophage stark anstieg und die Verbrennung zunehmend zurückgedrängt wurde. Die frühen Sarkophage unterschieden sich sehr von der ‚Hauptproduktion' des 2. bis 4. Jhs. n. Chr., müssen also gesondert behandelt werden.

Das stadtrömische Material wird deshalb in verschiedenen Kapiteln vorgelegt: zuerst werden die frühen Formen, also die Sarkophage der späten Republik und frühen Kaiserzeit und die Aschenurnen, erörtert; die Klinenmonumente schließen sich als Sondergattung an; breiten Raum nimmt dann die Hauptproduktion des 2. bis 4. Jhs. n. Chr. ein.

Rom ist Ort der Herstellung einer großen Zahl von Sarkophagen; das ergibt sich nach der Fundstatistik und den Verbindungen zu anderen Werken der stadtrömischen

---

[1] J. M. C. Toynbee, Death and Burial in the Roman World (1971) 39 ff. – Hier Kapitel A 6.
[2] Toynbee a. O. 113 ff.
[3] Toynbee a. O. 253 ff.
[4] Toynbee a. O. 245 ff. – Dazu z. B.: P. Zanker, JdI 90, 1975, 267 ff. – D. E. und F. S. Kleiner, AA 1975, 250 ff.
[5] Dazu zuletzt mit Angabe der Lit.: H. Froning, JdI 95, 1980, 322 f. – Hier Kapitel A 6.

Kunst. Auch viele der in Ostia gefundenen Sarkophage gehen so eng mit Stücken aus Rom zusammen, daß sie als ‚stadtrömische' Werke bezeichnet werden können, auch wenn eine der Werkstätten ihren Sitz in Ostia gehabt haben sollte; lokale Produkte von Ostia sondern sich dagegen ab.[6] Weitere Werkstätten außerhalb von Rom, in denen ‚stadtrömische' Sarkophage hergestellt worden sind, sind bisher nicht nachgewiesen worden. Provinzielle Nachahmungen gibt es im westlichen und südlichen Italien; sie werden in eigenen Kapiteln behandelt.

In Rom wurden die Sarkophage in der Regel in oberirdischen Grabgebäuden aufgestellt, und zwar gewöhnlich an der Wand des Raumes.[7] Es gab eine ausgesprochene Schauseite, die Vorderseite; die Nebenseiten wurden fast immer vernachlässigt, die Rückseite nur in Ausnahmen mit Reliefs versehen.

I. 1. DIE FRÜHEN SARKOPHAGE

G. RODENWALDT, Der Sarkophag Caffarelli, 83. BWPr (1925). – M. GÜTSCHOW, RM 46, 1931, 90 ff. – C. GASPARRI, RendLinc Ser. 8, 27, 1972, 1 ff. – H. BRANDENBURG, JdI 93, 1978, 277 ff. – *Nachtrag*: H. HERDEJÜRGEN, JdI 96, 1981, 413 ff.

Die Produktion von Sarkophagen setzt in Rom in größerem Umfang im 2. Jh. n. Chr. ein, und zwar in trajanisch-hadrianischer Zeit. Es gibt aber eine Reihe von früheren Exemplaren; sie zeigen, daß neben der Verbrennung gelegentlich auch schon in der Republik und der frühen Kaiserzeit die Beisetzung der Toten und die Benutzung von steinernen Sarkophagen vorkamen. G. Rodenwaldt hat auf einige Beispiele hingewiesen, und zuletzt hat sich H. Brandenburg[1] ausführlich mit dieser Gruppe beschäftigt.

1   Aus der *Republik* stammen ein schlichter Kasten mit Eckpilastern,[2] für dessen Form aus so früher Zeit Parallelen bisher nicht bekannt sind,[3] und ein reicher, in etruskischer Tradition stehender Deckel;[4] beide sind nicht in situ gefunden, nach ihren Inschriften aber für Mitglieder der Familie der Cornelier verwandt worden[5] und können ins späte 4. oder frühe 3. Jh. v. Chr. datiert werden.[6] Ähnlich ist ein Deckel in Pa-

[6] s. Kapitel II 1.
[7] Sarkophage in originaler Aufstellung z. B.: F. COARELLI, DArch 6, 1972, 36 ff. (Scipionengrab); CALZA, Isola Sacra passim; J. M. C. TOYNBEE – J. B. WARD PERKINS, The Shrine of St. Peter an the Vatican Excavations (1956); J. B. WARD-PERKINS, RendPontAcc 48, 1975/76, 191 ff.
[1] Vgl. auch: N. HIMMELMANN, AnnPisa 4, 1974, 139 ff.; H. BRANDENBURG, Colloqui del Sodalizio tra studiosi dell'arte, Ser. 2, 5, 1975/76, 81 ff. Taf. 11 ff.; H. GABELMANN, BJb 177, 1977, 220 ff.
[2] Rom, Pal. Cons. (aus Kalkstein): H. BLANCK, RM 73/74, 1966/67, 72 ff. Taf. 32,1;

33, 1.3; W. v. SYDOW, AA 1973, 634; Roma Medio Repubblicana (Roma 1973) 240 f. Nr. 372 Taf. 52.
[3] Zahlreiche etrusk. S. haben figürliche Szenen zwischen Eckpilastern oder -halbsäulen z. B.: ASR VII Taf. 27 ff.
[4] Rom, Pal. Cons. (aus Tuff): BLANCK a. O. 75 ff. Taf. 32,2; 33,2; 34; Roma Medio Repubblicana (1973) 239 Nr. 371 Taf. 51. – Vgl. ASR VII 62 Taf. 6 mit einer Deckelform, die auch innerhalb der etruskischen Produktion vereinzelt steht.
[5] BLANCK a. O. 72 ff.; v. SYDOW a. O. 634; F. COARELLI, DArch 6, 1972, 44.
[6] BLANCK a. O. 73.76.

lestrina.⁷ Wie in der Familie der Cornelier so scheint es auch in der der Scipionen üblich gewesen zu sein, die Toten in Sarkophagen beizusetzen, wie das Scipionengrab an der Via Appia zeigt.⁸ Unter den dort gefundenen Exemplaren hat nur das des L. Cornelius Scipio Barbatus, das heute im Vatikan steht,⁹ einen aufwendigen Schmuck, für den es keine Parallele innerhalb der gesamten stadtrömischen Produktion gibt; es hat die Form eines Altares¹⁰ und steht in der Tradition griechischer Altäre;¹¹ es dürfte im frühen 3. Jh. v. Chr. entstanden,¹² die Inschrift dann etwa ein Jahrhundert später eingetragen worden sein.¹³ Andere Sarkophage des Grabes haben lediglich schmale Leisten am oberen und unteren Rand sowie Inschriften.¹⁴ – An weiteren Sarkophagen wäre noch ein Stück in Spoleto zu nennen,¹⁵ das neben einer Inschrift je eine Rosette auf sonst schmucklosem Kasten trägt und ins späte 2. oder frühe 1. Jh. v. Chr. datiert wird. Außerdem gibt es Sarkophage ohne Reliefschmuck, die nach den Befunden in republikanische Zeit datiert werden können.¹⁶

Aus der *frühen Kaiserzeit*, vielleicht vereinzelt auch noch aus der ausgehenden Republik,¹⁷ läßt sich eine ganze Reihe von Sarkophagen nachweisen.¹⁸ Die meisten sind schlichte Marmorkästen, bei denen als einziger Schmuck eine allseitig umlaufende *profilierte Rahmung*,¹⁹ *Profile* unten,²⁰ oben²¹ oder oben und unten,²² und zwar häufig auf allen vier Seiten, dienen; gelegentlich beschreiben die Profile an den Seiten oder oben eine Rundung;²³ in einem Fall ist eine Tabula ansata auf der Vorderseite vorhanden;²⁴ in einem anderen findet sich eine Inschrift in großen Buchstaben in einer vertieften, von Profilen umgebenen rechteckigen Tabula, die an den Seiten noch freien

---

[7] Palestrina, Mus.: P. ROMANELLI, Palestrina (1967) Abb. 39 u. S. 28; COARELLI a. O. 44 Anm. 24.

[8] Zuletzt: F. COARELLI, Il sepolcro degli Scipioni (Guide e monumenti 1, 1972); ders., DArch 6, 1972, 36 ff.; Roma Medio Repubblicana (1973) 234 ff.

[9] Vatikan 1191 (aus Nenfro = Grautuff): HELBIG⁴ I 266 (E. MEINHARDT – E. SIMON); V. SALADINO, Der Sarkophag des Lucius Cornelius Scipio Barbatus (Beiträge zur Archäologie 1, 1970); F. COARELLI, DArch 6, 1972, 43 ff. 93 f. Anm. 133; Roma Medio Repubblicana (1973) 236 ff. Nr. 370; W. H. GROSS, Gymnasium 81, 1974, 151 f.; T. KRAUS in: Hellenismus in Mittelitalien (AbhGöttingen 97, 1976) 456 ff. Abb. 1; BRANDENBURG a. O. 322.

[10] SALADINO a. O. 3 ff. 23 ff. – Vgl. den S. der Peducaea Hilara in Modena: H. GABELMANN, MarbWPr 1966, 37 ff. Taf. 12 ff.

[11] SALADINO a. O. 3 ff.

[12] F. COARELLI, DArch 6, 1972, 48. Der Beigesetzte war 298 v. Chr. Consul; sein Todesdatum ist nicht bekannt, es mag um 270 v. Chr. liegen.

[13] HELBIG⁴ I 266 (E. MEINHARDT – E. SIMON)

[14] COARELLI a. O. Abb. 11, 15; GROSS a. O. 152.

[15] Spoleto, Mus: M. VERZAR in: Hellenismus in Mittelitalien (AbhGöttingen 97, 1976) 126; CIL XI 2, 4854; BRANDENBURG a. O. 303. 324 Anm. 98

[16] z. B. Roma Medio Repubblicana (1973) 245 f. bei Nr. 377 Taf. 52; C. F. GIULIANI, Tibur I (Forma Italiae I 7, 1970) 231 Nr. 128; 243 Nr. 142.

[17] s. die Stücke unter Anm. 47 und 51.

[18] Dazu vor allem: GASPARRI a. O. 32 ff.; BRANDENBURG a. O. 280 ff.

[19] BRANDENBURG a. O. 281 ff. Abb. 1.19 ff.; zu Rom, V. Doria: CALZA, V. Doria 239 f. Nr. 287 Taf. 159.

[20] BRANDENBURG a. O. 285 Abb. 6.

[21] BRANDENBURG a. O. 286 ff. Abb. 7 ff. – Dazu Exemplar in Amalfi: unpubl.

[22] BRANDENBURG a. O. 291 ff. Abb. 16–18; zu Pisa: ARIAS, Camposanto 96 f. Taf. 35,1 (D. nicht zugehörig!).

[23] BRANDENBURG a. O. 294 f. Abb. 19–21 (s. auch oben Anm. 19).

[24] Tarragona, Frühchristl. Mus.: BRANDENBURG a. O. 290 Abb. 13–15.

Raum läßt.²⁵ Die Deckel sind flach und können ein Fenster haben.²⁶ Unter diesen Sarkophagen sind drei Exemplare durch Inschrift oder durch Fundumstände in die augusteische oder iulisch-claudische Zeit datiert.²⁷ Anzuschließen ist ein Urnenbehälter in Sarkophagform mit großer rechteckiger Tabula, reicher Profilierung und Dach mit niedrigem Giebel, der wohl spätestens in flavische Zeit angesetzt werden kann.²⁸ Die profilgerahmten Sarkophage bilden eine recht geschlossene Gruppe.²⁹ Griechische Holzsarkophage können für sie nicht als Vorbilder gedient haben, da sie einen andersartigen Aufbau zeigen; sie haben auch keine Beziehungen zu Sarkophagen im griechischen Osten, sondern sind eine für Rom typische Gruppe.³⁰ Es lassen sich einige stadtrömische Aschenurnen als Parallelen anführen,³¹ doch scheint die Form von profilgerahmten Altären abzuhängen.³²

Auf einigen Sarkophagen, die um die Mitte oder in der zweiten Hälfte des 1. Jhs. n. Chr. entstanden sein dürften, nimmt eine große *Tabula ansata* die gesamte Vorderfläche ein;³³ hervorzuheben ist ein Kasten in Ariccia, der zurückhaltenden Dekor zeigt.³⁴ Ob eine Vorderseite in Pisa³⁵ mit großer Tabula und seitlichen Pilastern zu diesen Stücken gezählt werden kann, müßte noch geklärt werden. Ebenso fraglich ist, ob ein Kasten mit allseitig profilierter Rahmung, Riefeln und Grabestür und ein anderer mit Tabula ansata in Albano³⁶ in diesen Zusammenhang gehören.

Einige Sarkophage haben reicheren Schmuck, und zwar Girlanden, Ranken und Arkaden. Unter den *Girlandensarkophagen* ist vor allem der marmorne Sarkophag Cafarelli in Berlin zu nennen, der zuerst von G. Rodenwaldt gewürdigt worden ist;³⁷ er hat allseits eine profilierte Rahmung; die Flächen tragen auf den Langseiten Girlanden, die an Bukranien hängen, und auf den Schmalseiten Lorbeerbäume und Kande-

---

²⁵ Paris 1990 (aus Philippeville): unpubl. (?).
²⁶ BRANDENBURG a. O. 285 ff. Abb. 5/6. 7/8. 9/10. 11/12. 14/15. 16.
²⁷ BRANDENBURG a. O. 280 ff. Abb. 1/2 (Vasto, Mus); 284 ff. Abb. 7/8 (Rom, Pal. Cons., Museo Nuovo); 287 ff. Abb. 11/12 (Rom, Magazin der Stadt).
²⁸ Rom, NM 77664: H. GABELMANN, BJb 177, 1977, 222; BRANDENBURG a. O. 302 f. Abb. 33.
²⁹ BRANDENBURG a. O. 299. – Das Stück Vatikan 983 (AMELUNG, Vat. Kat. II 83 Nr. 31 Taf. 24; HELBIG⁴ I 233 [E. MEINHARDT]) ist kein Sarkophag, sondern ein Block.
³⁰ H. GABELMANN, BJb 177, 1977, 220 ff.
³¹ BRANDENBURG a. O. 299 Abb. 30.38.
³² GABELMANN a. O. 221.
³³ Pisa: BRANDENBURG a. O. 300 f. Abb. 31; ARIAS, Camposanto 156 Nr. C 1 Taf. 102, 212 – 214; H. GABELMANN, BJb 177, 1977, 223 Abb. 18; ASR VIII 2 S. 19 Anm. 33 (H. HERDEJÜRGEN tritt für oberitalischen Ursprung ein, berücksichtigt aber die Parallelen in Rom nicht). – Vatikan: AMELUNG, Vat. Kat. I 822 Nr. 16 Taf. 90; BRANDENBURG a. O. 302 f.; INR 77.503. – Rom, V. Doria: CALZA, V. Doria 239 Nr. 286 Taf. 158. – Rom, Pal. Cons. 954: STUART JONES, Pal. Cons. Taf. 28,3 (vgl. CALZA a. O. 239 Anm. 3). – Rom, Pal. Cons. (Nr. ?): unpubl. (vgl. CALZA, V. Doria 239 Anm. 3).
³⁴ Ariccia, V. Chigi: BRANDENBURG a. O. 301 f. Abb. 32.
³⁵ Pisa: CIL XI 1483; ARIAS, Camposanto 72 Nr. A 25 Taf. 22, 47.
³⁶ Albano, Villa Comunale: M. GÜTSCHOW, RM 46, 1931, 90 ff. Abb. 1, Taf. 12,1 (aus Tuff); GASPARRI a. O. 33 Anm. 137; E. TORTORICI, Castra Albana (Forma Italiae I 9, 1970) 118 Nr. 19 Abb. 172.
³⁷ Berlin Sk 843 a: RODENWALDT a. O. 4 ff. Taf. 1 ff.; HONROTH, Girlanden 73 Nr. 22; N. HIMMELMANN, AnnPisa 4, 1974, 141; Ch. BÖRKER, AA 1975, 247 f. mit Anm. 31; BRANDENBURG a. O. 280.305 ff. mit Lit. in Anm. 50, Abb. 34/35 (zu verschiedenen Autoren, die das Stück für zweifelhaft halten, a. O. 280 Anm. 13; 307 Anm. 53).

Die frühen Sarkophage

laber. Das Stück hat nach Dekoration und Qualität der Ausführung unter den Sarkophagen keine Parallele und ist etwa in tiberische Zeit zu datieren.[38] Ein Kasten in Ostia[39] hat auf allen vier Seiten Girlanden, die an Bukranien befestigt sind; auch dieses Stück dürfte aus der frühen Kaiserzeit stammen.[40] Bei einem Kasten in Sarno[41] müßte geklärt werden, ob es sich um eine lokale Kopie nach einem stadtrömischen Sarkophag etwa der Mitte des 1. Jhs. n. Chr. handelt. Ein für das Grab Raffaels im Pantheon wiederverwandter Kasten[42] hat eine schmale umlaufende Leiste und sehr flache Girlandenbögen, die an Bukranien hängen; auf den Nebenseiten sind Lorbeerbäume wiedergegeben; das Stück ist um die Mitte des 1. Jhs. n. Chr. entstanden. Schließlich sind noch ein verschollener Kasten, der eine Tabula ansata und an Stierschädeln hängende Girlanden zeigt und wohl im späteren 1. Jh. n. Chr. geschaffen wurde,[43] sowie ein Aschenbehälter in Sarkophagform in Rom, NM[44], etwa aus dem späten 1. oder frühen 2. Jh. n. Chr., zu nennen.

Bei diesen Girlandensarkophagen handelt es sich um Einzelstücke; eine Tradition hat es in der frühen Kaiserzeit in Rom nicht gegeben. Der Dekor einiger Beispiele dürfte durch die Ara Pacis und auch durch andere Staatsmonumente angeregt worden sein, wie die Lorbeerbäume auf den Nebenseiten zweier Exemplare erkennen lassen.[45] Beziehungen zu Sarkophagen aus dem griechischen Osten, etwa dem Rankensarkophag in Antalya, sind nicht vorhanden.[46]

Einige wenige Sarkophage haben *Ranken* als Schmuck, die auf den späteren Exemplaren in Rom nur in einem Fall wieder begegnen: Es handelt sich um einen Kasten frühaugusteischer – oder spätrepublikanischer? – Zeit in der Nähe von Rom,[47] einen aus frühen 1. Jh. n. Chr. stammenden fragmentierten Kasten mit Tabula ansata, Stierschädel und Weinranke, ebenfalls in der Nähe von Rom,[48] und den etwa in der Mitte des 1. Jhs. n. Chr. geschaffenen Kasten in Pisa.[49] Sie sind Einzelstücke, ha-

[38] Mit RODENWALDT a. O. 25 und z. B. BRANDENBURG a. O. 306 gegen HONROTH a. O. 73 Nr. 22.
[39] Ostia Antica, Cimitero (Travertin): BRANDENBURG a. O. 307 ff. Abb. 36/37.
[40] BRANDENBURG a. O. 308: spätaugusteisch.
[41] Sarno (derzeitiger Aufbewahrungsort nicht bekannt): M. DELLA CORTE, NSc 1932, 320 Abb. 9; H. GABELMANN, BJb 177, 1977, 221 f.; BRANDENBURG a. O. 314 Abb. 44.
[42] Rom, Pantheon: N. HIMMELMANN, Ann Pisa 1, 1974, 141; C. BÖRKER, AA 1975, 247 f. Anm. 31 (hält das Stück für eine Arbeit des frühen 19. Jhs.); BRANDENBURG a. O. 309 ff. Abb. 39/40 (mit richtiger Beurteilung).
[43] VERMEULE II 35 Nr. 8528 Abb. 122; GASPARRI a. O. 33 Anm. 137; BRANDENBURG a. O. 312 f. Abb. 41.
[44] Rom NM 124707: HELBIG⁴ III 2131 H; GASPARRI a. O. 41 Taf. 19 c (zu früh datiert); BRANDENBURG a. O. 314 ff.

[45] HIMMELMANN a. O. 141. BRANDENBURG a. O. 325 f. mit Anm. 105.
[46] GABELMANN a. O. 222 Anm. 99. – Zu den frühen Sarkophagen in Kleinasien: V. M. STROCKA in: Festschrift F. K. Dörner (1978) 882 ff.
[47] Casale Corvio bei Rom: L. QUILICI, Collatia (Forma Italiae I 10, 1974) 901 Nr. 838 Abb. 2018; BRANDENBURG a. O. 317 f. Abb. 47.
[48] Tor Vergata bei Rom: QUILICI a. O. 688 Nr. 616 Abb. 1518; BRANDENBURG a. O. 313 f. Abb. 43.
[49] Pisa: H. GABELMANN, BJb 177, 1977, 222; BRANDENBURG a. O. 316 f. Abb. 45/46; ARIAS, Camposanto 106 f. Nr. A 13 Taf. 48 (entgegen Arias kein kleinasiatischer, sondern stadtrömischer Ursprung); ASR VIII 2 S. 19 Anm. 31 (H. HERDEJÜRGEN tritt für oberitalischen Ursprung ein).

ben weder Verbindungen untereinander noch eine Tradition gebildet. Die Motive dürften von der Architektur übernommen worden sein.[50]

11   Als letztes Beispiel ist der Unterweltssarkophag der Villa Giulia in Rom[51] zu nennen, der auf der Vorderseite sieben *Arkaden* mit Figuren und auf der rechten Nebenseite in allseitig profilierter Rahmung einen großen bärtigen Kopf mit Flügeln[52] hat; das Stück ist von C. Gasparri ausführlich behandelt und etwa in den Beginn der Regierungszeit des Augustus, also in das dritte Viertel des 1. Jhs. v. Chr., datiert worden.[53] Für die Arkadengliederung gibt es zu der Zeit weder in Rom noch in anderen Gegenden Parallelen.[54]

Verschiedene weitere Sarkophage, die angeblich aus der frühen Kaiserzeit stammen, sind entweder schmucklos, nicht publiziert[55] oder auszuscheiden.[56] Ob zwei frühe Sarkophage in Oberitalien Vorbilder in Rom hatten, müßte noch geklärt werden; nach der bisherigen Publikationslage scheint dies kaum der Fall gewesen zu sein.[57]

Zusammenfassend läßt sich feststellen, daß in Rom aus der frühen Kaiserzeit, von der Gruppe der profilgerahmten Exemplare abgesehen, nur sehr wenige Sarkophage bekannt sind.[58] Erst in trajanisch-hadrianischer Zeit setzen sie in größer werdender Zahl ein, und es kommt zur Ausbildung des figurengeschmückten Sarkophages. Der Übergang von der Brand- zur Körperbestattung erfolgt aber nicht unvermittelt, sondern geht langsam vor sich; es gibt noch im späten 2. und sogar im 3. Jh. n. Chr. Aschenurnen.[59] Die Sarkophage der Hauptproduktion werden unten im Kapitel I 4 ausführlich behandelt.

Kleinasien scheint nicht von den frühen stadtrömischen Sarkophagen beeinflußt zu sein,[60] sondern hat eigene Traditionen.[61] Auch auf Athen haben die frühen Sarko-

---

[50] WIEGARTZ, Myra 185 f.
[51] Rom, Mus. Naz. di Villa Giulia: GASPARRI a. O. 1 ff. (Lit. in Anm. 1) Taf. 1–4; P. KRANZ, RM 84, 1977, 368; H. GABELMANN, BJb 177, 1977, 224 f.; BRANDENBURG a. O. 318.
[52] GASPARRI a. O. 12.
[53] GASPARRI a. O. 21 ff.
[54] P. KRANZ, RM 84, 1977, 368 mit Anm. 115; oberitalischen Ursprung anzunehmen, liegt kein Grund vor; das a. O. genannte Frgt. in Zadar (M. SUIĆ, Muzeji i zbirke Zadra [1954] 21 Nr. 63 Abb. 85) stammt aus Narona und dürfte erheblich später entstanden sein.
[55] KRANZ, a. O. 378 (S. in Rom, NM und Celio).
[56] Siehe zu den von GASPARRI a. O. 33 Anm. 137 genannten Stücken BRANDENBURG a. O. 312 Anm. 64. Ebenfalls – entgegen BRANDENBURG a. O. 318 f. Anm. 81 – auszuscheiden ist der Jagdsarkophag in Rom, NM 713, der HELBIG⁴ III 2390 durch einen Druckfehler vor die Mitte des 1. Jhs. n. Chr. datiert worden ist; s. jetzt ASR I 2, 107 Taf. 75,5 (Datierung in das 4. Viertel des 3. Jhs.; wahrscheinlicher allerdings M. 2. Jh.). Ferner z. B.: CAGIANO, V. Medici 81 Nr. 86 Taf. 36,66. E. TORTORICI, Castra Albana (Forma Italiae I 9, 1970) 126 ff. Nr. 32 Abb. 188 ff.
[57] BRANDENBURG a. O. 322 (zum S. der Peducaea Hilara in Modena und des C. Decimius Philargyrus in Reggio Emilia).
[58] BRANDENBURG betont a. O. 280. 303. 314. 319 ff. 324 ff. und passim mit Recht, daß entgegen der bisher verbreiteten Meinung die Sarkophagbestattung in der frühen Kaiserzeit keine allzugroße Ausnahme war; man muß aber berücksichtigen, daß die bisher aus über 100 Jahren der frühen Kaiserzeit zusammen bekannten Sarkophage weit weniger sind als die jeweils aus einem Jahrzehnt erhaltenen S. der Zeit ab Hadrian. – Zur literarischen Überlieferung, u. a. zur Bestattung der Poppaea (Tac., ann. XVI 6): BRANDENBURG a. O. 323 f.
[59] BRANDENBURG a. O. 323 f. – Hier Kapitel I 2.
[60] BRANDENBURG a. O. 327.
[61] STROCKA a. O. (s. oben Anm. 46) 882 ff.

phage nicht eingewirkt; die attische Produktion beginnt erst gegen Mitte des 2. Jhs. n. Chr. Noch nicht geklärt ist, wie sich die stadtrömischen Sarkophage zu einigen frühen Beispielen in Oberitalien,[62] zu den zahlreichen Exemplaren mit großer Tabula ansata in Gallien[63] und zu den Stücken mit profilierter Rahmung in Nordafrika[64] verhalten.

I. 2. URNEN

ALTMANN, Grabaltäre (1905). – G. LUGLI, Arte decorativa romana I, Le urne cinerarie in: Architettura e arti decorative V (1925/26) 385 ff. – L. CIMASCHI, I cinerari figurati romani del Genovesato in: StGenuensi 3, 1960/61, 99 ff. – J. M. C. TOYNBEE, Death and Burial in the Roman World (1971) 253 ff. – HONROTH, Girlanden (1971). – V. BRACCO, Le urne romane della costa d' Amalfi (1977 [hier: BRACCO, Urne romane]). – *Nachtrag:* F. SINN-HENNINGER, Die stadtrömischen Marmorurnen (in Druckvorbereitung).

Marmorurnen, die vor allem in den ersten eineinhalb Jahrhunderten der römischen Kaiserzeit, als die Brandbestattung vorherrschte, verwendet wurden, stellen nur einen zahlenmäßig geringen Teil der Aschenurnen insgesamt dar. Daneben gibt es gefäßförmige, eckige und zylindrische Behälter aus Stein und Edelstein, Blei, Edelmetall, Glas und Ton. Während in der schriftlichen Überlieferung für die Tongefäße die Bezeichnung ‚olla' vorherrschend ist,[1] kann die Vielzahl der weiteren Namen wie ‚olla ossuaria',[2] ‚urna',[3] ‚urnula',[4] ‚hydria',[5] ‚vascellum'[6] und ‚testa'[7] nicht mit einer bestimmten Urnenart verbunden werden. Keiner dieser Begriffe wurde zudem ausschließlich in sepulkralem Zusammenhang benutzt.[8]

Formen, Materialien, Aufstellung

Die verbrannten Überreste der Toten waren meist in Stoff gehüllt, in seltenen Fällen ist eine Charons-Münze in der Asche gefunden worden.[9] Am häufigsten wurde sie in einfachen Tongefäßen ge-

---

[62] ASR VIII 2,1 Taf. 1,1. – H. GABELMANN, MarbWPr 1966, 44 Anm. 47.

[63] ESPÉRANDIEU III 1781 (Lyon; dazu mehrere andere, wohl unpubl. Beispiele in Lyon und Vienne).

[64] Karthago: H. FOURNET-PILIPENKO, Karthago 11, 1961/62, 128 Nr. 114 Taf. 27. – Algier: unpubl (?); INR 75.443. – Timgad: unpubl. (?); INR 64.1583. – Paris 1990, aus Philippeville: s. oben Anm. 26.

[1] z. B. CIL VI 7 Fasc. 4 S. 4262 ff.; W. HILGERS, Lateinische Gefäßnamen, 31. Beih. BJb (1969) 39 f. 115.

[2] z. B. CIL VI 6824. 7508. 8726. 9189. 10249. 12312. 12671. 22754. 33263. 35035.

[3] Fast ausschließlich poetisch verwendet: vgl. HILGERS a. O. 86. 303.

[4] z. B. H. A., Sev. XXIV 2; vgl. HILGERS a. O. 304.

[5] z. B. CIL VI 5306. 21445. PLUT., Phil. XXI 2. CASS. DIO LXXVII 15,4. – Der Begriff ‚Hydria' für Aschenurne ist in römischer Zeit sehr vereinzelt, er erinnert an die Verwendung von Hydrien als Aschenbehälter in griechischer Zeit. Vgl. E. DIEHL, Die Hydria (1964) 146 ff.; HILGERS a. O. 197.

[6] z. B. CIL VI 3428. 34674.

[7] z. B. PROP. II 13, 32; vgl. HILGERS a. O. 287.

[8] z. B. der Begriff ‚olla' ist in Form und Name mit Kochgeschirr identisch. Vgl. M. VEGAS, Cerámica común romana del Mediterráneo occidental (1973) 11; HILGERS a. O. 39 f.

[9] Zum Bestattungsvorgang: DAREMBERG-SAGLIO II (1896) 1394 s. v. funus, incineration; RE III (1899) 346 ff. s. v. Bestattung (A. MAU); TOYNBEE a. O. 48 ff.; CALZA, Isola Sacra 53 ff.

borgen, die in den Loculi der großen stadtrömischen Columbarien fest eingemauert waren.[10] Die Mehrzahl der kaiserzeitlichen Tonurnen ist bauchig, mit ausschwingendem Rand und henkellos, oder sie haben Krugform. Immer werden die Behälter von einem konischen Deckel mit Griffknopf verschlossen.[11] Ähnliche Tongefäße waren in ganz Italien schon seit Jahrhunderten in Benutzung.[12] Sie ruhten mehr oder weniger geschützt in der Erde. Amphoren dienten im ganzen römischen Reich als Aschenbehältnis armer Leute.[13] Von den im Hausgebrauch geläufigen Glasgefäßen wurden kugelige, amphorenförmige und eckige Exemplare, jeweils mit Deckel versehen, auch als Aschenbehälter verwendet. Glasurnen sind vor allem im westlichen Teil des römischen Reiches belegt, und zwar in den ersten drei nachchristlichen Jahrhunderten.[14] Bleibehälter verschiedener Ausformung dienten als Umhüllung von Glasurnen[15] oder wurden selbst als Aschenbehälter benutzt.[16] Vereinzelt sind auch gefäßförmige Urnen aus Alabaster verwendet worden. Von den in den Museen aufbewahrten Stücken ist nur in Ausnahmefällen der Fundzusammenhang bekannt und somit deren Funktion als Aschenurne zu sichern.[17] Dabei handelt es sich um so monumentale Prachtgefäße wie die im Vatikan aufbewahrte Alabasterurne, die wahrscheinlich die Asche der Livilla, der Tochter des Germanicus barg,[18] oder die des Senators C. Varius C. f. Iulius Proculus im Soanes Museum in London.[19] Hinzu kommen aber auch kleinformatige Alabasterbehälter, die in den Loculi der Columbarien aufgefunden worden sind und offenbar nicht unerschwinglich waren.[20] Noch seltener sind Porphyrurnen be-

[10] z. B. F. G. NEWTON, BSR 5, 1910 Taf. 37.38 (Pomponius Hylas); RE IV (1901) 595 ff. s. v. Columbarium (SAMTER). – Zur Anzahl von Bestattungen in großen Columbarien vgl. H. KAMMERER-GROTHAUS, MEFRA 91, 1979, 325 Anm. 50.

[11] z. B. Rom: E. LISSI CARONNA, NSc 92, 1969, 109 Abb. 53, 4–7. – Ostia: F. ZEVI, NSc 97, 1972, 467 Abb. 47; 470 Abb. 51; 472 Abb. 55.56. – Marche: L. MERCANDO, NSc 99, 1974, 108. 110 Abb. 29; 111 Abb. 30; 139 Abb. 64.65.

[12] z. B. Rom: A. DEGRASSI, ILLRP 885 Nr. 314–316. – Etrurien: A. EMILIOZZI, La collezione Rossi Danielli nel Museo Civico di Viterbo (1974) Taf. 165 ff.; M. MATTEINI CHIARI, La tomba del Faggeto in territorio perugino (1975) 24 Taf. 18, 1.2; L. CAVAGNARO VANONI, NSc 102, 1977, 189 Abb. 35. – Sizilien: G. V. GENTILI, NSc 1956, 147 Abb. 1; 155 Abb. 5; I. TAMBURELLO, NSc 92, 1967, 369 ff.; A. M. BISI, NSc 95, 1970, 546 Abb. 33.

[13] z. B. Rom: G. LUGLI, NSc 1919, 314 Abb. 14. – Ostia: CALZA, Isola Sacra 54; F. ZEVI, NSc 97, 1972, 443 Abb. 16; 458 Abb. 39. – Syrakus: P. ORSI, NSc 1913, 264 ff. Abb. 7. 8. 16–18. – Karthago: A. L. DELATTRE, RA 12, 1888, 155 f. – England: TOYNBEE a.O. 291 Anm. 175.

[14] A. KISA, Das Glas im Altertum II (1908) 311 ff.; MORIN-JEAN, La verrerie en Gaule sous l'empire romain (1922/23) 42 ff. – Hauptformen aus datierten Zusammenhängen: C. ISINGS, Roman Glass from Dated Finds (1957) Form Nr. 15.62–65.67 a/b. – Beginn der Glasurnen in tiberischer Zeit: J. W. HAYNES, Roman and Pre-Roman Glass in the Royal Ontario Museum (1975) 148 ff. – Beispiele aus Rom: R. PARIBENI, Le Terme di Diocleziano e il Museo Nazionale Romano² (1932) 300 Nr. 1032. – Pompeji: J. OVERBECK – A. MAU, Pompeji in seinen Gebäuden, Alterthümern und Kunstwerken (1884) 433. Der „vaso di vetro blu" aus demselben Grab diente nicht als Aschenurne, vgl. D. E. L. HAYNES, The Portland Vase (1964) 21 Anm. 21. – Übriges Italien: M. C. CALVI, I vetri romani del Museo di Aquileia (1968) 88 ff. – Spanien: M. BENDALA GALÁN, La necrópolis romana de Carmona (Sevilla) (1976) 114 ff. Taf. 51.52. – Deutschland: K. GOETHERT-POLASCHEK, Katalog der römischen Gläser des Rheinischen Landesmuseums Trier (1977) 237 ff. – Nord-Afrika: S. LANCEL, Verrerie antique de Tipasa (1967) 28 ff. – Griechenland: J. WISEMAN, Hesperia 38, 1969, 86 f. Taf. 32 I.

[15] z. B. A. MAU, RM 3, 1888, 125.127.138; BENDALA GALÁN a.O. 117 Taf. 77,2; R. THOUVENOT in: Hommages à Marcel Renard III (1969) 558 ff. Taf. 201.

[16] z. B. B. HABACHI, BArchAlex 31, N.S. 9,2, 1937, 279 Abb. 6; M. ALMAGRO, Las necrópolis de Ampurias II (1955) 152 Abb. 121,2; W. HABEREY in: Festschrift für August Oxé (1938) 197 ff. (Köln).

[17] Gefäße aus edlen Materialien wurden bekanntlich auch in anderen Zusammenhängen benutzt, z. B. zu kultischen Zwecken: B. ANDREAE, Römische Kunst (1973) Abb. 47.279; zur Gartenausgestaltung: P. HARTWIG, ÖJh 6, 1903, 16 Abb. 11.

[18] HELBIG⁴ I 420 (E. MEINHARDT).

[19] CIL VI 1535. Vgl. auch CALZA, Villa Doria 121 Nr. 142 Taf. 94.

[20] Schriftliche Belege: Stat. Silv. II 6, 90 ff.;

legt. Ihre zeitliche Einordnung fällt sehr schwer. Sie stammen meist aus Rom,[21] genauere Fundumstände sind jedoch nur von einem Stück aus Aix-en-Provence bekannt.[22] Von Edelmetallurnen, die für Kaiserbestattungen überliefert sind,[23] haben sich keine Zeugnisse erhalten. Die im Augustus-Mausoleum befindlichen Marmorbehälter und das im Konservatoren-Palast bewahrte Behältnis der Urne der Agrippina d. Ä. dürften nach Größe und Form der inneren Ausnehmung Gefäßurnen umschlossen haben.[24] Vermutlich waren diese mitunter aus Edelmetall. Die im 1. und 2. Jh. n. Chr. manchmal auf Grabwänden gemalten Metallgefäße können in einzelnen Fällen als Abbilder von Edelmetallurnen betrachtet werden, wenn sie in Loculinischen erscheinen und so stellvertretend für ein wirkliches Gefäß stehen. Andere Bilder von Metallvasen müssen dagegen im Rahmen einer prunkvollen Grabausstattung gesehen werden.[25] Tuff-, Peperin- und Kalksteinkästen waren seit hellenistischer Zeit ebenso wie Tonurnen in ganz Italien und darüber hinaus in Gebrauch.[26] Sie stammen aus Kammer- und Pozzogräbern. Zylindrische Steinbehälter dienten meist als Schutz für Bronzehydrien und andere Metallgefäße, gefäßförmige nahmen direkt Asche auf.[27]

Die Herstellung reliefgeschmückter *Marmorurnen* in großem Umfang ist eine Sondererscheinung der Stadt Rom und ihrer nächsten Umgebung.[28] Im übrigen kai-

---

CIL VI 5306 = DESSAU, ILS II Nr. 7930. – Beispiele: GIULIANO, Mus. Naz. Rom. I 1, 231 Nr. 145; 235 Nr. 149; 249 Nr. 156; B. SISMONDO RIDGEWAY, Catalogue of the Classical Collection, Museum of Art, Rhode Island School of Design (1972) 117 Nr. 50 Abb. 50; OVERBECK-MAU a.O. (s. oben Anm. 14) 411 f. Abb. 209; S. AURIGEMMA, Rimini, Guida ai più notevoli monumenti romani e al Museo Archeologico Comunale (1934) 31 Abb. S. 81; B. FORLATI TAMARO, Il R. Museo dell'Istria in Pola (1930) 37 f. Abb. 24. BArchAlex 15, 1914, 61 Nr. 12 mit Zeichnung (2. Jh. n. Chr.); B. HABACHI, BArchAlex 31, N.S. 9,2, 1937, 280 Abb. 8.9.

[21] R. DELBRUECK, Antike Porphyrwerke (1932) 194 ff. Abb. 102–104, Taf. 89–92. 94–96; G. M. A. RICHTER, Catalogue of Greek and Roman Antiquities in the Dumbarton Oaks Collection (1956) 23 Nr. 13 Taf. 4A. – SUETON (Ner. 50) erwähnt, daß Nero in einem „solium porphyretici" bestattet worden sei. Der Begriff ‚solium' wird zwar durchgehend für ‚Sarkophag' angewendet (z. B. Plin., nat. XXXV 160; CIL VI 10 848), da Nero jedoch verbrannt worden sein soll (Suet., Ner. 49), ist in diesem Falle an eine Urne zu denken. – Zu den Bestattungsarten der römischen Kaiser: R. TURCAN, REA 60, 1958, 325 ff.

[22] DELBRUECK a.O. 200.

[23] Für Trajan: Eutr. VIII 5,2; für Septimius Severus: H. A. Sev. XXIV 2 nennt „urnula aurea", bei DIO CASS. LXXVII 15,4 dagegen wird von einer Porphyrurne berichtet, bei HERODIAN. III 15,7 aber von einem Alabastergefäß. Offenbar waren diese Materialien für Kaiserbestattungen möglich und wurden daher von den Autoren verwechselt. Eine goldene Hydria wird schon für Demetrios Poliorketes überliefert (Plut., Dem. 53,2).

[24] G. Q. GIGLIOLI, Capitolium 6, 1930, 535 ff. Abb. S. 539. 546. 547. 566; HELBIG⁴ II 1678 (E. MEINHARDT).

[25] J. TOYNBEE-J. WARD PERKINS, The Shrine of St. Peter and the Vatican Excavations² (1958) 42 Taf. 6 (Krater in Loculinische). Kratere wurden ebenda als Urnen benutzt: TOYNBEE-WARD PERKINS a.O. 95 f. – M. PALLOTTINO, BullCom 62, 1934, 41 ff. Taf. 1 (Lebes); P. S. BARTOLI, Gli antichi sepolcri (1697) Taf. 70 (verschiedene Gefäße, Cestius-Pyramide; A. LAIDLAW, Archaeology 17, 1964, 33 ff. Abb. 3. 8 (Amphora, Hydria).

[26] Zusammenfassung verschiedener Befunde aus Rom und Latium: Ausstellungskatalog: Roma Medio Repubblicana (1973) 188 und passim; A. D. NOCK, HarvTheolR 25, 1932, 322. – Truhenform, Füßchen, Deckel längs aufliegend: K. M. PHILLIPS, NSc 92, 1967, 24 f. Abb. 2.3; A. EMILIOZZI, La collezione Rossi Danielli nel Museo Civico di Viterbo (1974) 269 Nr. 647 Taf. 198; A. DEGRASSI, ILLRP Nr. 309; BENDALA GALÁN a.O. (s. oben Anm. 14) 107 Taf. 78, 1–5; P. M. FRASER, Rhodian Funerary Monuments (1977) 12 ff. Abb. 25 ff. – Deckel mit Akroteren: A. M. BISI, NSc 96, 1971, 688.743 Abb. 82.87; dies., FA 23, 1968 (1972) Nr. 2856; FRASER a.O. Taf. 29 b. 29 e.

[27] z. B. Apollonia, Les fouilles dans la nécropole d'Apolonia en 1947–1949 (1963) 15 Abb. 14; E. LISSI CARONNA, NSc 94, 1969, 107 Abb. 51; 109 Abb. 53, 1–3; CALZA, Villa Doria 121 Nr. 141 Taf. 94.

[28] In Ostia und auf der Isola Sacra fanden sich zahlreiche Urnen, die mit der städtischen Produktion eine Einheit bilden.

serzeitlichen Italien wurden die herkömmlichen Steinkästen weiter benutzt oder Glas- und Tongefäße in den Familiengräbern verwendet.[29] Nur in einzelnen Orten Mittelitaliens wurde in der frühen Kaiserzeit ein eigenständiger Urnentyp in Form von Kassetten geschaffen.[30] Von stadtrömischen Arbeiten unabhängig sind ebenfalls die skulptierten Urnen in Oberitalien.[31] Einige Marmorurnen im Museum von Neapel, die aus Campanien stammen, sind zwar von den stadtrömischen Produkten deutlich beeinflußt, aber vielleicht in regionalen Werkstätten gearbeitet.[32] Bei einigen Urnen im Bereich der amalfitanischen Küste[33] und aus Syrakus[34] ist nicht sicher zu entscheiden, ob sie direkt aus Rom stammen. Sicher exportiert sind dagegen einige Urnen, die in ferneren Reichsteilen gefunden wurden.[35]

Die städtischen Marmorurnen wurden in Kammer- und Hausgräbern sowie in Columbarien verwendet. Gegenüber den vorherrschenden Tonurnen stellen sie immer eine Ausnahme dar. Die Bogenöffnungen der Loculi mußten zu ihrer Aufnahme oft vergrößert werden.[36] In den großen Columbarienanlagen – den Begräbnisplätzen einer Bevölkerung von bescheidenem Wohlstand – haben die Marmorurnen an den Bestattungen nur einen verschwindenden Anteil.[37] Sie stellten offenbar eine bereits aufwendige Art der Beisetzung dar. In vornehmen Familiengräbern fehlen dagegen die versenkten Tonbehälter in den Nischen, hier war die Aufstellung von Marmor- oder Alabasterurnen von Anfang an geplant und selbstverständlich.[38]

Bei den wenigen Marmorurnen der ersten Hälfte des 1. Jhs. n. Chr. tauchen noch typologische Merkmale der republikanischen Steinurnen auf: so sind die Füßchen der Truhenform bei eckigen und zylindrischen Urnen zunächst üblich. Die Deckel der frühen Urnen stellen eine eigenartige Kombination von herkömmlichem Satteldach und Altaraufsatz dar, d. h. an den Dachschrägen sitzen Pulvini. Im Unterschied zu früheren Kastenurnen erscheint der Giebel über der Urnenlangseite. Die Deckeloberseiten weisen in einzelnen Fällen Löcher zur Aufnahme von Libationen auf. Zu der ehemals hochstehenden Urnenkunst Etruriens läßt sich keine direkte Verbindung feststellen. Einige Bildmotive im Dekorschatz des kaiserzeitlichen Rom weisen jedoch auf das Fortleben italisch-etruskischer Vorstellungen im Grabbereich hin.[39] Die stadtrömischen Marmorurnen stellen sich somit als

---

[29] vgl. Anm. 11. 14.

[30] z. B. S. Diebner, Aesernia – Venafrum (1979) 37. 154 ff. Is. 41–52.

[31] z. B. A. Alfonsi, NSc 1922, 15 f. Abb. 17.18; 32 Abb. 29; 33 Abb. 30; 34 Abb. 31; 35 Abb. 32; 37 Abb. 33; Scrinari, Mus. Arch. 105.

[32] z. B. Neapel o. Inv.: INR 73.1647; Neapel o. Inv.: INR 73.1661; Neapel 6120: INR 71.420/21; Neapel 4189: INR 71.419.

[33] Bracco, Urne romane (zur Herkunft s. S. 15 ff.).

[34] z. B. Syrakus o. Nr.: INR 71.895; G. Fiorelli, NSc 1882, 85: INR 71.888.

[35] z. B. in der römischen Kolonie Patras: E. Mastrokostas, ADelt 19 B 2, 1964, 186 Taf. 214; G. Daux, BCH 90, 1966, 83 mit Abb.-Lyon: z. B. A. Audin, Latomus 36, 1977, 647 ff. Taf. 24. 25.

[36] In dem frühaugusteischen Columbarium auf dem Gelände der Villa Doria Pamphilj ist noch gar keine Marmorurne verwendet worden: G. Bendinelli, Le pitture del colombario di Villa Pamphili, Monumenti della pittura antica scoperti in Italia III, Roma V (1941) 1 ff. (mit älterer Literatur).

[37] z. B. fanden sich in dem großen Columbarium in der Vigna Codini, das mit ca. 450 Loculi mit durchschnittlich zwei Tonurnen ausgestattet ist, nur etwas mehr als 20 Marmorurnen; vgl. Nash, Rom II 333.

[38] z. B. R. Lanciani, NSc 1880 Taf. 4 (Platorinergrab); Toynbee a. O. Abb. 44 f. (Rom, Vatikan-Nekropole).

[39] s. u. Anm. 175–178 (Tür mit Dextrarumiunctio-Darstellung, von Bäumchen flankiert). Da das Ende der etruskischen Urnenproduktion noch nicht sicher zu bestimmen ist, bleibt das zeitliche Verhältnis mancher sehr ähnlich erscheinender Dekorationen auf etruskischen und römischen Urnen unklar. Vgl. z. B. Rankenschmuck von: M. Cristofani (Hrsg.), Corpus delle urne etrusche 2, Urne volterrane 2, Il Museo Guarnacci (1977) Nr. 28.30 und Urne ehem. Paris, Slg. Sambon, hier Taf. 16. – Zum Ende der etruskischen Urnen s. J. Thimme, StEtr 25, 1957, 139 (frühaugusteisch); M. Nielsen in:

weitgehend unabhängige frühkaiserzeitliche Neuschöpfung dar. Eng verwandt im Dekor und in der Funktion ist die Gattung der Grab- und Aschenaltäre. Einander ergänzende Unterscheidungskriterien sind die Größe, die bei den Urnen eine Maximalhöhe von etwa 60 cm wegen der Aufstellung in Nischen nicht überschreitet, und die Art der Aushöhlung zur Aschenaufnahme, die bei den Urnen meist das ganze Innere umfaßt, bei den Aschenaltären in der Regel auf einen Teil beschränkt bleibt. Die frühesten Urnen stehen oft auf kleinen Füßchen, die späteren schließen unten mit einer Leiste ab, während Altäre in der Regel auf Basen stehen, die zumeist noch mit einer Profilzone kombiniert sind, gemäß ihrer freiräumigen Aufstellung. Schließlich gibt es Dekorationen, wie zum Beispiel gekreuzte Zweige verschiedener Pflanzengattungen, die auf Urnen üblich sind, im Dekor der Grabaltäre aber fast nur für Nebenseiten verwendet werden.

Die Haupt*form* der Marmorurnen ist der eckige Kastentyp, ihm folgen zahlenmäßig die zylindrischen Urnen. Die Dekorationen beider Typen gleichen einander. Eine dritte Form kommt durch gefäßförmige Urnen hinzu, sie werden fast nur ornamental geschmückt.[40] Neben den verzierten Behältern gibt es – zeitlich parallel laufend, auf beide Grundformen und Gefäßurnen gleichermaßen verteilt – auch zahlreiche unverzierte bzw. nur mit Profilrahmung versehene Exemplare.[41] Zwei polygonale[42] und eine kalathosförmige Urne[43] bilden in jeder Beziehung Ausnahmen. In der ‚Standard-Urne' mit einer Tabula wurde die Asche von einer, höchstens von zwei Personen bestattet. Daneben gibt es zahlreiche Doppel-Urnen[44] und schon seit republikanischer Zeit Behälter für mehrere Bestattungen bzw. für Tonurnen.[45] Diese großen Behältnisse übernehmen nicht den Dekor der kleinen Kästen, meist sind sie schlicht gestaltet.

Chronologie und Dekorentwicklung der Marmorurnen

Die Chronologie der Marmorurnen wird von einzelnen Stücken getragen, die durch Hinweise ihrer Inschriften[46] zeitlich einzugrenzen sind oder deren Fundzusammenhang Aufschluß über ihre Entstehungszeit gibt. Hinzu kommen der Vergleich mit formal ähnlichen, datierten Grab- und Weihealtären und Werkstattzusammenhänge

Caratteri dell'ellenismo nelle urne etrusche (1977) 137 ff. (augusteisch); M. CRISTOFANI, ebenda 144 (nach 50 v. Chr. nur noch geringe Produktion).
[40] z. B. R. CALZA, NSc 97, 1972, 480 ff. Abb. 70–72; GIULIANO, Mus. Naz. Rom. I 1, 231 Nr. 145; 236 Nr. 150; 248 Nr. 155; 249 Nr. 156.
[41] Eckig: z. B. C. PIETRANGELI, BullCom 68, 1940, 181 Nr. 14 Abb. 2; L. BIVONA, Iscrizioni latine lapidarie del Museo di Palermo (1971) 159 Nr. 188 Taf. 93. – Rund: z. B. LIPPOLD, Vat. Kat. III 2, 405 Nr. 48 b Taf. 170, zur Datierung: M. CLAUSS, Epigraphica 35, 1973, 83.92 (2495); F. L. BASTET, Beeld en Relief (1979) 54 Nr. 70 mit Abb., zur Datierung: P. R. C. WEAVER, Familia Caesaris (1972) 34.106.252 f. (8878). – Gefäßförmig: z. B. CALZA, Villa Doria 120 Nr. 139 Taf. 93; LIPPOLD, Vat. Kat. III 2, 213 Nr. 79 Taf. 101; 378 Nr. 10 Taf. 163.
[42] HELBIG[4] II 1252 (E. Simon). – L. GUERRINI, Marmi antichi nei disegni di Pier Leone Ghezzi (1971) 64 Nr. 10 Taf. 6.7 (Paris).
[43] GIULIANO, Mus. Naz. Rom. I 1, 244 Nr. 154; hier Taf. 12.
[44] z. B. MUSTILLI 156 Nr. 22 Taf. 97, 360; H. BRANDENBURG, JdI 93, 1978, 299 Abb. 30.
[45] z. B. M. FLORIANI SQUARCIAPINO, Le necropoli I, Scavi di Ostia III (1958) 6 Taf. 6,1; 19,3–5; NASH, Rom II 336 Abb. 1107, H. BRANDENBURG, JdI 93, 1978, 303 Abb. 33; AMELUNG, Vat. Kat. I 197 Nr. 42; 778 Nr. 685 Taf. 84.
[46] z. B. Nennung von kaiserlichen Sklaven und Freigelassenen, Bediensteten prosopographisch erfaßbarer Personen etc.

innerhalb der Gattung. Schließlich lassen sich an Hand einzelner Motive dichte chronologische Reihen bilden, die es erlauben, zumindest die qualitativ besseren Stücke in Zeitabschnitte von etwa 30 Jahren einzugrenzen.

Die stadtrömische Urnenproduktion läßt sich in *vor- und frühaugusteischer Zeit* an Einzelstücken fassen, die jedoch in Typus und Ikonographie noch weitgehend unabhängig von der späteren Gattung sind. Da ihre Fundumstände nicht bekannt bzw. nicht aussagekräftig sind, können diese Stücke nicht präzise datiert werden. Neben der sog. Lovatelli-Urne sind dies profilgerahmte Kästen mit figürlichem, und zwar mythologischem Dekor.[47] Eine Urne im Thermen-Museum trägt einen Deckel, der bereits an Altaraufsätze erinnert.[48] Die mythologische Thematik tritt im 1. Jh. n. Chr. dann zunächst vollkommen zugunsten von dekorativem und emblematischem Schmuck zurück.

12

Die nächste Gruppe, die sich etwa in *spätaugusteisch-tiberische Zeit* einordnen läßt, umfaßt ebenfalls nur wenige Exemplare. Die zeitliche Einordnung stützt sich auf Vergleiche mit datierten Altären wie Larenaltären, dem Genienaltar in Neapel von 18 n. Chr. und den spätaugusteisch-tiberischen Altären der Pax und der Securitas August(a) in Palestrina.[49] Innerhalb dieses Zeitraumes entwickeln sich die typische Form der Urnen und deren lange fortlebende Dekorationen. Die eckigen wie die zylindrischen Urnen dieser Zeit haben in der Regel Füßchen, einige der Kästen haben auch hohe, längs aufliegende, satteldachförmige Deckel, beides Reminiszenzen an republikanische Steinurnen.[50] In der Regel sind die Urnen der Frühzeit vierseitig dekoriert. Der Schmuck der meisten Stücke besteht aus Fruchtgirlanden, die an den Hörnern von Bukranien befestigt sind.[51] Neben der weit verbreiteten Girlandendekoration entwickelt sich ein spezifischer Urnendekor, der zunächst rein vegetabil ist: Efeuzweige[52] und Ranken[53] überziehen die Fronten. In diesen Zeitabschnitt ist auch die Urne des P. Volumnius A. f. Violens in Perugia einzureihen,[54] ein Denkmal stadtrömischer Prägung, das auf eine durchgreifende stilistische Geschmacksänderung im frühkaiserzeitlichen Etrurien weist.[55]

13.14

15.16

In *tiberisch-frühclaudischer Zeit* gewinnt die Gattung offenkundig an Beliebtheit. Da

---

[47] Taf. 12: Einweihung des Herakles in die eleusinischen Mysterien: GIULIANO, Mus. Naz. Rom. I 1, 244 Nr. 154. – Todesgenius und schreibender Genius: C. GASPARRI, RendLinc 27, 1972, 104 Anm. 45; 105 Anm. 50; 125f.; B. HAARLØV, The Half-Open Door (1977) Abb. 10a–c. – Charon, geflügelter Genius: Rom, Antiquario Comunale, Pal. Caffarelli (CIL VI 20609 sekundär). – Fischer, Grotesken: U. TARCHI, L'arte etrusco-romana nell' Umbria e nella Sabina (1936) Taf. 71; vgl. GASPARRI a.O. 125.

[48] vgl. HAARLØV a.O. Abb. 10a.

[49] HONROTH, Girlanden 74 Nr. 27; F. ZEVI, Prospettiva 7, 1976, 39ff.

[50] z. B. Taf. 16, s. unten Anm. 53.

[51] Taf. 13: Venedig 44; Taf. 14: Venedig 156, vgl. HONROTH, Girlanden 26 Anm. 83.85; MUSTILLI 157 Nr. 26 Taf. 97, 361.

[52] BENNDORF-SCHÖNE 198 Nr. 312b.

[53] z. B. Taf. 16: Verschollen, ehem. Paris, Slg. Sambon; GIULIANO, Mus. Naz. Rom. I 1, 243 Nr. 153 mit Abb.

[54] K.-P. GOETHERT, Typologie und Chronologie der jünger-etruskischen Steinsarkophage (1974) 279f. mit älterer Literatur.

[55] Vermutlich aus demselben kulturellen Kontext stammt eine Urne in Malibu: C. VERMEULE – N. NEUERBURG, Catalogue of Ancient Art in the J. Paul Getty Museum (1973) 38 Nr. 86 Abb. 86.

jetzt auch mehr Beispiele Inschriften tragen, sind teilweise recht genaue Datierungen möglich. Unter den Bestatteten befinden sich kaiserliche Sklaven und Freigelassene.[56]   17
Einen weiteren Datierungsanhalt bietet das Inventar des sog. Platorinergrabes. Die mit dem Bau verbundenen Inschriften und die Statuen zeigen, daß die Grabanlage von caliguleischer Zeit an bis in die flavische benutzt wurde.[57] Zwei der girlandenverzierten Urnen sind aus stilistischen Gründen dem früheren Bestand des Grabes zuzuweisen.[58]

Die meisten Urnen dieses Zeitraumes haben keine Füßchen mehr und sind nur noch dreiseitig dekoriert. Auf den Nebenseiten bildet sich langsam ein vereinfachter Dekor in flachem Relief heraus. Es werden z. B. Rosetten,[59] Palmetten[60] und Vogelschalen[61] angebracht. Neben vegetabilen Dekorationen[62] kommen architektonische   20.21
Ausgestaltungen auf, die den Hauscharakter der Urnen meist durch Pilaster an den Ecken unterstreichen.[63] Die caliguleisch datierte Urne des Celadus zeigt außerdem eine Scheintür, die von Bäumchen flankiert wird, eine Kombination, die – lediglich in anderer Formensprache – schon auf spätetruskischen Urnen anzutreffen ist.[64] Bescheidenere Stücke werden rein ornamental geschmückt, vorzugsweise mit Scherenkymatien,[65] die in der ersten Hälfte des Jahrhunderts als Abschlußkymatien am häufigsten sind.

In *claudisch-neronischer Zeit* nimmt die Gattung zahlenmäßig enorm zu, das Dekorationsrepertoire wird vielfältig bereichert, erste figürliche Motive tauchen auf. In diesem Zeitabschnitt zeichnet sich der Stilwandel zur ‚illusionären' flavischen Reliefbehandlung ab, die in der inschriftlich claudisch datierten Urne des Ascanius in Mün-   22
chen bereits deutlich vorgetragen wird.[66] Um diese Urne gruppieren sich auf Grund ihres Werkstattzusammenhanges eine Reihe qualitätvoller Stücke, zu denen auch die große Aschenkiste mit Erotenszenen im Museo Gregoriano Profano des Vatikan ge-   23
hört.[67] Sie sind alle mit Hilfe der Ascanius-Urne in claudische bis frühflavische Zeit

---

[56] z. B. STUART JONES, Mus. Cap. 111 Nr. 35a Taf. 33, zur Inschrift: H. CHANTRAINE, Freigelassene und Sklaven im Dienst der römischen Kaiser (1967) 19 (unter b: caliguleisch).

[57] HELBIG⁴ III 2168 (H. v. HEINTZE). Zur Datierung der mit dem Bau verbundenen Inschrift des Q. Septicius in caliguleische Zeit s. W. ECK, Hispania Antiqua 3, 1973, 306ff.

[58] Taf. 18: GIULIANO, Mus. Naz. Rom. I 1, 253 Nr. 158 mit Abb.; Taf. 19: GIULIANO a.O. 250 Nr. 157 mit Abb.

[59] z. B. STUART JONES, Mus. Cap. 111 Nr. 35a Taf. 33.

[60] z. B. Berlin, Staatl. Museen Preußischer Kulturbesitz, Römisches im Antikenmuseum (1978) 203 mit Abb. (K. VIERNEISEL).

[61] z. B. D. MANACORDA, DArch 8, 1974/75, 495 f. Abb. 4.5.

[62] Taf. 20: MANACORDA a.O. 495 f. Abb. 3.4.5 (Rom, NM); Taf. 21: H. OEHLER, Foto und Skulptur (1980) 67 Nr. 52 Taf. 95b (Hever Castle).

[63] z. B. Taf. 17; ALTMANN, Grabaltäre 20 Abb. 12; S. 46 (Rom, NM); Vente après décès des collections de J. Ferroni (1909) 56 Nr. 580 Taf. 58.

[64] z. B. A. BOETHIUS – J. B. WARD PERKINS, Etruscan and Roman Architecture (1970) Abb. 41. Vgl. unten Anm. 177. 178.

[65] z. B. MUSTILLI 41 Nr. 18 Taf. 30, 109; L. GUERRINI, Marmi antichi nei disegni di Pier Leone Ghezzi (1971) 105 Nr. 87 Taf. 58,2 (Florenz).

[66] ALTMANN, Grabaltäre 120 Nr. 120 Abb. 96. Zur Inschrift: G. BOULVERT, Esclaves et affranchis impériaux sous le haut-empire romain (1970) 37 Anm. 145.

[67] HELBIG⁴ I 1033 (E. SIMON).

24 einzuordnen.⁶⁸ Drei Urnen aus dem Platorinergrab lassen sich mit stilistischen Argu-
25 menten diesem Zeitraum zuweisen.⁶⁹ Als Orientierung für die Datierung der zahlreichen girlandengeschmückten Urnen dient unter anderem der Grabaltar des zwischen
45 und 47 n. Chr. verstorbenen M. Licinius Crassus im Thermen-Museum.⁷⁰ Weibli-
26 che Miniaturporträts, die in dieser Zeit erstmals auftreten, zeigen Modefrisuren.⁷¹ Da
die Frisuren im Privatbereich jedoch lange weitergelebt haben, müssen diese Anhaltspunkte jeweils durch allgemeine stilistische Beobachtungen gestützt werden.

Nach der Jahrhundertmitte trifft man kaum mehr Füßchen an den Urnen an, eine
neue Kastenform hat sich durchgesetzt: unten und oben leicht ausschwingend, die
aufwendigen Schmuckprofile vor allem der claudischen Zeit (Scherenkyma, Perlstab,
Zahnschnitt)⁷² weichen glatten Leisten mit Ritzlinien oder vereinzelten Kordeln.
Dasselbe gilt auch für zylindrische Urnen. Nach wie vor überwiegt der pflanzliche
Dekor. Die Fruchtgirlanden werden jetzt häufig mit Blüten bereichert. Als Girlan-
27 denträger werden neue Motive eingesetzt: neben Bukranien⁷³ und Widderköpfen⁷⁴
28 sind dies verstärkt Ammonsköpfe⁷⁵ und Kandelaber.⁷⁶ Die unteren Ecken der Urnen-
fronten sind teilweise mit Vögeln, Adlern und Schwänen besetzt. Ebenso tummeln
sich in den Girlandenbögen Vögel, sind dort Vogelnester eingebettet, stehen Adler
oder sind Medusenhäupter plaziert. Hierin äußert sich eine Tendenz zur Füllung des
Bildfeldes, die von den dicken claudischen Fruchtgirlanden unterstützt wird. Dasselbe gilt für Efeu-⁷⁷ und Weinzweigdekorationen⁷⁸ sowie zahlreiche Rankenrahmun-
29 gen,⁷⁹ die einen datierten Vergleich im claudischen Altar des Calamus haben.⁸⁰ Zu

⁶⁸ Taf. 24: LIPPOLD, Vat.Kat. III 2, 146 Nr. 61
Taf. 67; Kunsthandel Rom: INR 71.1322/23;
SMITH, Cat.Sculpt. Nr. 2359; E. SELETTI, Marmi
scritti del Museo Archeologico (1901) 171
Nr. 247 (Mailand); AMELUNG, Vat. Kat. II 253
Nr. 91 c Taf. 23.
⁶⁹ Taf. 25: GIULIANO, Mus. Naz. Rom. I 1,
239 Nr. 152 mit Abb.; GIULIANO a.O. 237
Nr. 171 mit Abb.; ALTMANN, Grabaltäre 45
Abb. 32 (Rom, NM).
⁷⁰ B. CANDIDA, Altari e cippi nel Museo Na-
zionale Romano (1979) 20 Nr. 6 Taf. 6; vgl.
A. E. GORDON – J. S. GORDON, Album of Dated
Latin Inscriptions I (1958) 193 Nr. 92.
⁷¹ Taf. 26: ehem. Kunsthandel Rom (In-
schrift eines Freigelassenen des Tiberius oder
Claudius); ALTMANN, Grabaltäre 144 Nr. 158
Abb. 118 (Rom, Vatikan); Velletri, Kathedrale:
INR 70. 1076; CUMONT, Symb.Fun. 162 Taf. 11
(Paris, Cab.Méd.).
⁷² z. B. Taf. 22. 23. 25. 27.
⁷³ Taf. 27: POULSEN, Cat.Sculpt. Nr. 801;
L. BUDDE – R. NICHOLLS, A Catalogue of the
Greek and Roman Sculpture in the Fitzwilliam
Museum Cambridge (1964) 90 Nr. 145 Taf.
48 f.

⁷⁴ z. B. Taf. 24; S. NOCENTINI, Sculture
greche e romane nel Museo Bardini in Firenze
(1965) 44 Nr. 38 Taf. 7 b.
⁷⁵ Taf. 28: CALZA, Villa Doria 126 Nr. 148
Taf. 99 (Worcester, Mass.); S. 128 Nr. 151
Taf. 100; BUDDE-NICHOLLS a.O. (s. oben
Anm. 73) 92 Nr. 148 Taf. 47; MUSTILLI 44
Nr. 27 Taf. 30, 110; OEHLER a.O. (s. oben
Anm. 62) 54 Nr. 19 Taf. 88 a (Castle Howard).
⁷⁶ z. B. Taf. 22. 23; ALTMANN, Grabaltäre 119
Nr. 119 Abb. 95 (München); G. FOTI, Guida
delle raccolte archeologiche etrusche e romane,
Museo Civico di Viterbo (1957) Abb. 32;
SMITH, Cat.Sculpt. Nr. 2359.
⁷⁷ z. B. ALTMANN, Grabaltäre 124 Abb. 99
(Rom, Vatikan); D. MANACORDA, DArch 8,
1974/75, 494 Abb. 1 (Rom, Vatikan-Nekropo-
le); Neapel: INR 73.1662.
⁷⁸ z. B. CALZA, Villa Doria 122 Nr. 144
Taf. 96.
⁷⁹ Taf. 29; MUSTILLI 158 Nr. 28 Taf. 97, 370;
BUDDE-NICHOLLS a.O. (s. oben Anm. 73) 91
Nr. 146 Taf. 47; BRACCO, Urne romane 70
Nr. 33 Abb. 38.39.
⁸⁰ STUART JONES, Mus.Cap. 336 Nr. 30 k
Taf. 80.

den bisher eher zurückhaltenden architektonischen Fassungen der Urnen treten weitere Elemente der Scheinarchitektur[81] oder figürliche Bereicherungen.[82] Die Eckpilaster und Säulen können auch gegen gewundene Pflanzenstengel ausgetauscht werden.[83]

Der Dekor der Fronten reicht nur noch ausnahmsweise auf die Nebenseiten. Die Regel sind jetzt einfache Motive in flachem Relief wie Zweige, Palmetten, Lorbeerbäumchen, Rosetten, Schilde vor gekreuzten Lanzen und Delphine. Insgesamt läßt sich bei allen Dekorationen eine starke Belebung der Einzelteile feststellen, die durch Auflösung der Konturen und tief gebohrte Schattenzonen bewirkt wird. Dies geht aber noch nicht so sehr auf Kosten der plastischen Substanz der einzelnen Glieder wie in flavischer Zeit.

Ihren zahlenmäßigen Höhepunkt und die größte Vielfalt an Dekorationsmöglichkeiten erlebt die Gattung in einem Zeitraum, der etwa das *letzte Drittel des 1. Jhs.* und das *erste Drittel des 2. Jhs. n. Chr.* umfaßt. Eine große Zahl Urnen kann bei fehlenden außerstilistischen Anhaltspunkten diesem Abschnitt nur allgemein zugewiesen werden, da der Reliefstil keine grundlegenden Wandlungen aufweist: es sind Urnen mit ‚flavischem' Dekor, durch Inschriften[84] und Fundorte[85] eindeutig in das 2. Jh. n. Chr. datiert; sie belegen die Tradierung flavischer Formensprache auch in dieser Gattung.[86] Miniaturporträts mit flavischer Stirntoupet-Frisur lassen sich gleichfalls noch im fortgeschrittenen 2. Jh. n. Chr. belegen und bieten daher keinen eindeutigen Datierungsanhalt für das 1. Jh. n. Chr.[87] Durch ihre Inschrift fest datiert ist die Urne eines Sklaven Vespasians im Thermen-Museum.[88] Wenig hilfreich sind dagegen die Inschriften von Freigelassenen der flavischen Kaiser, da sie einheitlich die Namensbestandteile T. Flavius Aug. lib. führen. Diese Nomenklatur bietet lediglich einen Terminus ante quem non für das Jahr 69 n. Chr.[89] Die Liberti der jüngeren Flavier dürften jedoch häufig erst in trajanischer und frühhadrianischer Zeit verstorben sein. Im Grab der Cacii in Ostia, das um die Jahrhundertwende errichtet wurde, fanden sich vier reich dekorierte Urnen, die nach Aussage ihrer Inschriften etwa im gleichen Zeitraum entstanden sind, vermutlich mit Erbauung des Grabes.[90] Nur wenige Stücke lassen sich

---

[81] Taf. 30: ALTMANN, Grabaltäre 54 Nr. 9 Abb. 46; Rom, Pal. Farnese: INR 71.186.

[82] z. B. ALTMANN, Grabaltäre 45 Abb. 32 (Rom, NM); 144 Nr. 158 Abb. 118 (Rom, Vatikan); Velletri, Kathedrale: INR 70. 1076.

[83] z. B. Taf. 26. – Diese vegetabilen Stützen sind wohl von Kandelaberschäften angeregt, vgl. LIPPOLD, Vat.Kat. III 2, 389 Nr. 24 Taf. 266.

[84] z. B. LIPPOLD, Vat.Kat. III 2, 157 Nr. 8 Taf. 75; H. THYLANDER, OpRom 4, 1962, 137 Nr. 19 Taf. 7 (San Michele, Capri); BRACCO, Urne romane 68 Nr. 31 Abb. 35 (Ravello).

[85] vgl. unten Anm. 90. 91.

[86] Als bekanntes Beispiel für dieses Phänomen sei auf die Reliefs aus dem Hateriergrab verwiesen: HELBIG⁴ I 1071–1077 (E. SIMON).

[87] z. B. weibliche Figur auf der Urne eines Freigelassenen des Antoninus Pius: L. STEPHANI, Die Antiken-Sammlung zu Pawlowsk (1872) 33 Nr. 56, hier Taf. 48.

[88] Unpubliziert.

[89] vgl. I. CALABI LIMENTANI, Epigrafia Latina³ (1973) 177: der Terminus gilt für das Gentil Flavius insgesamt.

[90] Taf. 31: BENNDORF - SCHÖNE 379 Nr. 538. Taf. 32: BENNDORF-SCHÖNE 380 Nr. 543; BENNDORF-SCHÖNE 387 Nr. 562; 394 Nr. 574. In der letztgenannten Urne war vermutlich der Patron der in den übrigen Urnen Bestatteten beigesetzt. – Zum Grab: FLORIANI SQUARCIAPINO a. O. (s. oben Anm. 45) 45 f.

mit ausreichender Sicherheit dem beginnenden 2. Jh. n. Chr. zuweisen: z. B. Urnen aus den frühesten Gräbern der Isola-Sacra-Nekropole.[91] In der Slg. Pawlowsk bei Leningrad werden zwei Urnen von Freigelassenen des durch Statius bekannten domitianischen Freigelassenen Abascantus aufbewahrt, die auf Grund dieser Kombination mit einiger Wahrscheinlichkeit dem 2. Jh. n. Chr. zuzuschreiben sind.[92] Schließlich weist die inschriftliche Verwendung des nomen Ulpius einige Stücke ins 2. Jh. n. Chr.[93] Trajanische Modefrisuren bei Miniaturporträts sind mit den oben aufgezeigten Einschränkungen weitere Indizien für die Datierung.[94]

Bei den Urnenformen lassen sich im beschriebenen Zeitraum einige Tendenzen beobachten: in flavischer Zeit überwiegt die unten und oben ausschwingende Kastenform; in zunehmendem Maße treten Urnen auf, die auf der Rückseite halbrund sind, eine Form, die vermutlich auf Materialersparnis zurückzuführen ist. Die Abschlußleisten werden häufiger mit geritzten Wellenlinien statt mit Geraden gezeichnet. Plastische Ornamente finden sich selten, dagegen leitet häufig eine Profilierung mit verschattender Wirkung zum Reliefgrund über. Die Deckel haben in flavischer Zeit flache Giebeldach-Formen oder sind auf der Oberseite ganz flach und zeigen nur vorne eine Giebelfassade mit Eckakroteren. Um die Jahrhundertwende kommen hohe Deckel bzw. Giebelfassaden auf, die Akrotere bestehen vereinzelt aus Köpfen und Masken oder figürlichen Motiven.

Im letzten Drittel des 1. Jhs. besteht die größte Variationsbreite im Urnenschmuck. Die Mehrzahl der Kästen ist traditionell mit Girlanden[95] bzw. Zweigen[96] und Ranken[97] geschmückt, dabei nehmen die Frucht- und Lorbeergirlanden den größten Anteil ein. Bei den Girlandenträgern wird das Bukranion vollständig durch neue Motive verdrängt. Es sind dies Masken,[98] Delphine, die um Steuerruder gewunden sind,[99] Schwäne, die auf Balustern sitzen,[100] Adler,[101] Eroten[102] und Viktorien.[103] Die beiden letzteren Motive werden verstärkt im weiteren Verlauf des 2. Jhs. n. Chr. verwendet. Die unteren Ecken sind nun fast immer mit Dekor gefüllt. Vielfältig ist auch der Schmuck in den Girlandenbögen bzw. unter den Tabulae: Vögel mit Früchten,[104] von Schwänen flankierte Medusenköpfe,[105] Büstchen in Muscheln[106] oder Kränzen, die von Eroten gehalten werden, dionysische Requisiten,[107] die Lupa romana,[108] um eine Auswahl zu nennen. Die Dekorationen mit Efeu-, Wein- und Oliven-

---

[91] Taf. 33: H. THYLANDER, Inscriptions du Port d'Ostie (1952) 52 A 46 Taf. 17,3; 29 A 14 Taf. 5,2. – Zur Chronologie der Isola Sacra vgl. H. THYLANDER, Etude sur l'épigraphie latine (1952) 15 f.

[92] Stat., Silv. V, 1. Taf. 34: STEPHANI a.O. (s. oben Anm. 87) 27 Nr. 46; 41 Nr. 71. Zu den Inschriften vgl. CHANTRAINE a.O. (s. oben Anm. 56) 393 Anm. 32.

[93] vgl. Beispiele von Anm. 84. Außerdem: STEPHANI a.O. (s. oben Anm. 87) 26 Nr. 45; MUSTILLI 156 Nr. 22 Taf. 97, 360.

[94] z. B. A. SADURSKA, Inscriptions latines et monuments funéraires au Musée National de Varsovie (1953) 42 Nr. 7 Taf. 12; STEPHANI a.O. (s. oben Anm. 87) 29 Nr. 50; R. CALZA, I ritratti I, Scavi di Ostia V (1964) 66 Nr. 101 Taf. 60.

[95] Taf. 35: BENNDORF-SCHÖNE 102 Nr. 175. Taf. 36: C. DULIÈRE, Lupa romana, Recherches d'iconographie et essai d'interprétation (1979) 25 Nr. 50 Abb. 251. 252 (Vatikan, Mus. Greg.Prof.). Taf. 37: LIPPOLD, Vat.Kat. III 2, 365 Nr. 109 Taf. 157.

[96] z. B. Rom, Antiquario Comunale, Celio Inv. 1673; OEHLER, a.O. (s. oben Anm. 62) 85 Nr. 93 Taf. 81 (Woburn Abbey).

[97] z. B. R. J. S. SMUTNY, Greek and Latin Inscriptions at Berkeley (1966) 10 Nr. 5 Taf. 7.

[98] z. B. Taf. 37.

[99] z. B. Rom, Sta. Maria dell'Anima.

[100] z. B. STEPHANI a.O. (s. oben Anm. 87) 26 Nr. 45; ASHMOLE, Ince Blundell 91 Nr. 240; CALZA, Villa Doria 127 Nr. 149 Taf. 99.

[101] z. B. POULSEN, Cat. Sculpt. 575 Nr. 806; Billedtavler Taf. 69.

[102] z. B. Taf. 31; SMUTNY a.O. (s. oben Anm. 97) 8 Nr. 4 Taf. 6.

[103] F. DE CLARAC, Musée de sculpture antique et moderne II 2 (1841) 931 Nr. 539 Taf. 250.

[104] z. B. Taf. 31. 33. 35. 37. 38.

[105] z. B. Taf. 37.

[106] ALTMANN, Grabaltäre 53 Nr. 8 Abb. 45 (Vatikan, Mus.Greg. Prof.).

[107] z. B. Vente après décès des collections de J. Ferroni (1909) 56 Nr. 578 Taf. 58 (verschollen); BENNDORF-SCHÖNE 268 Nr. 392.

[108] z. B. Taf. 36.

zweigen laufen im beginnenden 2. Jh. n. Chr. aus, ebenso Rankenrahmungen. In flavischer Zeit erscheint besonders häufig eine Kombination von Dreifüßen an den Ecken und einem Greifenpaar unter der Tabula,[109] die im 2. Jh. n. Chr. wieder aufgegeben wird. Die architektonische Fassung mit Ecksäulen und Pilastern wird konstant wiederholt, ebenso die gewundenen Pflanzenstützen an den Ecken, beides häufig mit einer figürlichen Darstellung unter der Tabula kombiniert, wie einem Büstchen,[110] einer Lectus-Szene,[111] einer Dextrarum-iunctio-Darstellung[112] oder einer mythologischen Darstellung.[113] Auch solche mythologischen Themen, die später in der Sarkophagkunst weiter ausgestaltet werden, tauchen bereits um die Jahrhundertwende auf den Urnen auf.[114] Die Nebenseiten sind bei den qualitätvollen früherflavischen Urnen mit bereits bekannten Motiven wie Palmetten,[115] Efeuzweigen,[116] Schilden vor gekreuzten Lanzen,[117] geritztem Quadermauerwerk,[118] Ranken und Lorbeerbäumchen[119] dekoriert. Bei der Masse der qualitativ minderen Stücke bleiben sie bis auf ein kleines Feld vorne an der Ecke unverziert. Im 2. Jh. n. Chr. wiederum findet man öfter Greifen auf den Nebenseiten,[120] ein Motiv, das ebenfalls von den Sarkophagen aufgegriffen wird. Als Giebelfüllung der Deckel kommen etwa dieselben Motive wie in den Lünetten vor, am häufigsten erscheinen jedoch Blattkränze.[121]

40.41
42

In *hadrianisch-frühantoninischer Zeit* nimmt die Gattung der Urnen stark ab, allerdings zu Gunsten einer wieder besseren Qualität. Gut gearbeitet sind besonders jene Stücke, die in ihrem Bildschmuck eindeutig von der Sarkophagkunst abhängig sind. Vermutlich sind sie in den Sarkophagwerkstätten hergestellt worden.

Die chronologische Einordnung in diesen Zeitraum erleichtern Inschriften mehrerer kaiserlicher Freigelassener auf den Urnen. Da diese im Durchschnitt ihre Freilasser um 15–20 Jahre überlebt haben dürften, sind im hier besprochenen Abschnitt auch die Liberti Trajans in Betracht zu ziehen.[122] Auch Urnen von Freigelassenen der Plotina und des Hadrian bilden Datierungsstützen in dieser Zeit.[123] Eine leider unverzierte Urne aus Ostia in Mainz ist durch Konsulangabe sogar auf das Jahr genau (147 n. Chr.) datiert.[124] Urnen aus dem Caetenniergrab in der Vatikan-Nekropole sind bald nach Errichtung dieses Grabes (um 140 n. Chr.) anzusetzen.[125]

44
45

[109] z. B. Taf. 32.
[110] z. B. Taf. 39.
[111] Taf. 40: Rom, NM 121649; DE LUCA, Pal. Corsini 119 Nr. 64 Taf. 101.
[112] Taf. 41: Mazaro del Vallo (Sizilien), Kathedrale; ALTMANN, Grabaltäre 153 Nr. 184 Abb. 126 (Rom, NM).
[113] Taf. 42: H. GUMMERUS, JdI 28, 1913, 88 Abb. 13 (Rom, NM, Mag.); ALTMANN, Grabaltäre 55 Nr. 10 Abb. 47(Vatikan); G. SUSINI, Il lapidario greco e romano di Bologna (1960) 55 Nr. 44 Taf. 18.
[114] Taf. 43: ALTMANN, Grabaltäre 159 Nr. 197 (Rom, Villa Albani); S. 107 Nr. 96 Abb. 87 (Perugia). Dionysisches: vgl. bei A. GEYER, Das Problem des Realitätsbezuges in der dionysischen Bildkunst (1977) 53.
[115] z. B. MUSTILLI 155 Nr. 20 Taf. 97, 362.
[116] z. B. OEHLER a. O. (s. oben Anm. 62) 85 Nr. 93 Taf. 81 (Woburn Abbey).
[117] z. B. A. LEVI, Sculture greche e romane del Palazzo Ducale di Mantova (1931) 78 Nr. 168 Taf. 89a.

[118] z. B. OEHLER a. O. 54 Nr. 20 Taf. 89 (Castle Howard).
[119] z. B. OEHLER a. O. 54 Nr. 19 Taf. 88 (Castle Howard).
[120] z. B. C. PIETRANGELI, BullCom 69, 1941, 185 Nr. 123 mit Abb.
[121] z. B. Taf. 31. 34. 38. 39.
[122] Taf. 44: Catalogue Sotheby, Sale 13. 6. 1966, 77 Nr. 173 (Cambridge, Fogg Art Museum); SUSINI a. O. (s. oben Anm. 113) 16 Nr. 6 Taf. 18; BRACCO, Urne romane 68 Nr. 31 Abb. 35 (Ravello). Zur Datierung: CHANTRAINE a. O. (s. oben Anm. 56) 76f.; WEAVER a. O. (s. oben Anm. 41) 31ff.
[123] Taf. 45: MUSTILLI 30 Nr. 15 Taf. 23, 80; B. E. THOMASSON, OpRom 1, 1954, 134 Nr. 115 Taf. 4 (Rom, Nekropole bei S. Paolo f. l. m.); BASTET a. O. (s. oben Anm. 41) 53 Nr. 66 Abb. 66.
[124] L. J. WEBER, JbZMusMainz 7, 1960, 308ff. Taf. 58.
[125] TOYNBEE-WARD PERKINS a. O. (s. oben Anm. 25) 44f. Taf. 21. Zur Datierung des Gra-

Ein großer Anteil der Urnen ist jetzt zylindrisch, jedoch von denen des 1. Jhs. n. Chr. deutlich unterschieden: unten leitet ein Kyma reversa von einer vorspringenden Leiste zum Reliefgrund über, dieser Abschluß wird auf der Front häufig von kräftigem Relief verdrängt, während auf der Rückseite Riefel angebracht sind. Oben fehlt jeglicher Abschluß, dafür haben die Deckel unten vorragende Profile. Die Tabula liegt unverbunden auf der Reliefoberfläche, oft einen großen Teil der Vorderseite einnehmend. Verhältnismäßig wenige Urnen sind jetzt noch mit Girlanden geschmückt. Als Träger kommen Widder-[126] und Ammonsköpfe vor, ferner Delphine[127] und häufig Eroten.[128] Die unteren Ecken sind nicht mehr unbedingt gefüllt. Der Girlandenbogen dient nur gelegentlich zur Aufnahme von Schmuck, zumal die Girlande meist direkt an die Tabula anschließt. In der Regel sind es die zylindrischen Urnen, die seitlich der Tabula figürlichen Schmuck zeigen, der von der Sarkophagkunst angeregt ist. In Kurzform werden Themen wie Medea,[129] Adonis[130] und Erotenszenen[131] wiedergegeben. Die wenigen dekorierten Nebenseiten der eckigen Urnen zeigen Greifen[132] oder Quadermauerwerk.[133]

Auch der *mittelantoninischen* Zeit (ca. 150–180 n. Chr.) lassen sich einige Urnen zuweisen, einerseits auf Grund der Inschriften, andererseits nach stilistischen Kriterien. Neben Freigelassenen des Antoninus Pius[134] werden auch Liberti zweier Augusti in den Inschriften genannt, d. h. vermutlich des M. Aurel und des L. Verus aus deren gemeinsamer Regierungszeit (161–169 n. Chr.).[135] Zwei weitere Urnen können durch Inschriftenkombinationen in die Jahre nach 140 bzw. um 169 n. Chr. datiert werden.[136]

An den Urnen dieser Zeit ist in vielerlei Hinsicht die Abhängigkeit von der Sarkophagkunst zu bemerken: bei den eckigen wird der Kasten meist traditionell geschmückt (mit Girlanden und architektonischen Motiven), an den Deckeln aber erscheinen dieselben Akrotermotive wie an den Sarkophagen, z. B. Köpfe mit phrygi-

bes um 140 n. Chr.: H. MIELSCH, Römische Stuckreliefs, 21. Ergh. RM (1975) 87. 168.

[126] z. B. BRACCO, Urne romane 68 Nr. 31 Abb. 35 (Ravello).

[127] z. B. Paris 1330 (CIL VI 11 814).

[128] z. B. Taf. 45.

[129] K. HERBERT, AJA 64, 1960, 76ff. Taf. 17. 18.

[130] Taf. 46: AMELUNG, Vat.Kat. I 537 Nr. 350a Taf. 55; KASCHNITZ 211 Nr. 463 Taf. 36.

[131] Taf. 47: BENNDORF-SCHÖNE 97 Nr. 165; HELBIG⁴ II 1253 (E. SIMON).

[132] s. z. B. oben Anm. 122 (Cambridge).

[133] z. B. SADURSKA a.O. (s. oben Anm. 94) 46 Nr. 8 Taf. 13.

[134] Taf. 48: STEPHANI a.O. (s. oben Anm. 87) 33 Nr. 56; MUSTILLI 156 Nr. 23 Taf. 97, 366; BASTET a.O. (s. oben Anm. 41) 54 Nr. 70 Abb. 70, zur Inschrift: WEAVER a.O. (s. oben Anm. 41) 34. 106. 252f.

[135] z. B. Rom, San Sebastiano (Victor Augg.lib.): A. AUDIN, Latomus 36, 1977, 654 Taf. 25, 3; möglicherweise sind sie auch der Regierungsperiode 177–180 n. Chr. von M. Aurel und Commodus zuzuweisen. Severische Entstehungszeit ist aus stilistischen Gründen auszuschließen. Vgl. WEAVER a.O. (s. oben Anm. 41) 58ff.

[136] Taf. 49: LIPPOLD, Vat.Kat. III 2, 202 Nr. 66a Taf. 95. 97. LIPPOLD fand heraus, daß der Stifter der Urne auf einer 169 n. Chr. datierten Inschrift aus Bovillae (CIL XI 2408) genannt ist. – A. Aegrilius Eutychus, der in einer inzwischen verschollenen Urne bestattet war (ASR II 194, mit Zeichnung), erscheint vermutlich unter den Mitgliedern des ‚ordo Corporatori' der 140 n. Chr. datierten Ostienser Weihinschrift CIL XIV 246, 14.

scher Mütze,[137] oder sie sind quergelagert, mit Schranken an der Vorderseite, kleinen 50
Sarkophagdeckeln gleich.[138] Bei den zylindrischen Urnen wird an den Deckeln der
herkömmliche Blattschmuck verwendet,[139] dagegen werden unter den Tabulae dieselben Füllmotive wie auf den Sarkophagen angebracht: z. B. gefangene Barbaren,[140]
ein Atlas[141] oder nach formalen Aspekten ausgewählte Figuren des dargestellten Mythos. Neben den Tabulae werden bei den einfacheren Exemplaren z. B. Eroten[142] oder
Viktorien-Paare[143] plaziert. Im übrigen werden Kernszenen aus dem Sarkophagrepertoire übernommen: Schlacht,[144] Menschenleben,[145] Seewesen,[146] Persephone- 51.52
Raub,[147] Meleager,[148] Medea[149] und Hippolytos.[150] Eine Darstellung des Streites um 53.54
Achills Waffen ist allerdings bisher noch nicht auf den Sarkophagen belegt.[151] Bei einigen Urnen lassen sich in Dekor und Form Rückgriffe auf das 1. Jh. n. Chr. feststellen,[152] sie haben Füßchen, Abschlußprofile, an Bukranien befestigte Fruchtgirlanden
und sind dreiseitig dekoriert. Offenbar liegt eine bewußte Rückwendung vor.

Um die *Wende vom 2. zum 3. Jh. n. Chr. und danach* lebt die Gattung nur noch in
Einzelstücken fort. Neben wenigen reliefgeschmückten Exemplaren, die sich durch
Sarkophagvergleiche einordnen lassen, sind dies vor allem Aschenurnen von Mitgliedern der Prätorianerkohorten, die auf Grund ihrer Inschriften in die Spätzeit datiert werden können.[153] 55

Einige Urnen, besonders die eckigen, tradieren immer noch den Urnenschmuck
des 1. Jhs. n. Chr.[154] Vor allem bei figürlich verzierten Urnen fehlen häufig Inschriften am Kasten, sie waren wahrscheinlich nach Art der Sarkophage an den Deckeln angebracht,[155] die jedoch meist verschollen sind. Weiterhin findet man bevorzugte
Themen der zeitgenössischen Sarkophagkunst auf den Urnen, sogar die Vorliebe für
Schlacht- und Feldherren-Darstellungen im 3. Jh. n. Chr. ist zu beobachten.[156] Au- 56.57

[137] z. B. Paris 1482, vgl. R. TURCAN in: Mél. P. Boyancé (1974) 721 ff.
[138] HELBIG³ II 1459; CALABI LIMENTANI a.O. (s. oben Anm. 89) 205 Nr. 16 mit Abb.
[139] z. B. Taf. 51.
[140] z. B. AMELUNG, Vat.Kat. I 199 Nr. 44b.
[141] s. Taf. 49.
[142] z. B. Taf. 49; MUSTILLI 41 Nr. 17 Taf. 30, 116; BRACCO, Urne romane 52 Nr. 3 Abb. 3. 4.
[143] z. B. AMELUNG, Vat.Kat. I 199 Nr. 44b.
[144] SMITH, Cat. Sculpt. Nr. 2407.
[145] z. B. CALZA, Villa Doria 124 Nr. 146 Taf. 97.
[146] z. B. CUMONT, Symb.Fun. 167 Taf. 12,2 (Vatikan).
[147] CANDIDA a.O. (s. oben Anm. 70) 76 Nr. 32 Taf. 27.
[148] Taf. 53: G. KIESERITZKY, Kaiserliche Ermitage, Museum der antiken Skulptur [russ. (1901)] 57 Nr. 124 mit Abb.; ALTMANN, Grabaltäre 256 Abb. 200 (verschollen); vgl. G. KOCH, AA 1975, 534.
[149] z. B. M. SCHMIDT, Der Basler Medeasarkophag (o. J.) 34 Taf. 30. 31.
[150] SMITH, Cat.Sculpt. Nr. 2382.
[151] s. Taf. 50.
[152] z. B. MUSTILLI 156 Nr. 23 Taf. 97, 366: Inschrift eines Freigelassenen von Antoninus Pius; STEPHANI a.O. (s. oben Anm. 87) 44 Nr. 77.
[153] Taf. 55: Rom, NM 39869, zur Inschrift: M. CLAUSS, Epigraphica 35, 1973, 85 (2634). – AMELUNG, Vat. Kat. I 260 Nr. 129, zur Inschrift: CLAUSS a.O. 93 (2635). – Rom, S. Sebastiano: G. MANCINI, NSc 1923, 60 Abb. 19, zur Inschrift: CLAUSS a.O. 86. – Paris MND 2188, zur Inschrift: CLAUSS a.O. 82. 92 (2456). – Rom, NM 72559: G. MANCINI, NSc 1911, 134, zur Inschrift: CLAUSS a.O. 76f. 81. 94 (37220).
[154] z. B. Taf. 55: AMELUNG, Vat. Kat. I 260 Nr. 129.
[155] z. B. Taf. 50. 57. 59; A. ANDRÉN, OpRom 5, 1965, 114 Nr. 42 Taf. 37 (Stockholm, Milles Coll.).
[156] Taf. 56: MUSTILLI 42 Nr. 21 Taf. 30; LIPPOLD, Vat.Kat. III 2, 369 Nr. 2b Taf. 160; G. PICARD, CRAI 1966, 285 ff. (Paris, Cab.Méd.); Paris 1485.

58 ßerdem werden Szenen aus dem Menschenleben,[157] Hirtenidyllen,[158] die Kalydoni-
59 sche Eberjagd,[159] der Endymionmythos[160] und die Tötung des Aktaion[161] dargestellt.
Die nachweislich späteste römische Marmorurne ist ein grob bearbeiteter Kasten aus der Vatikan-Nekropole, in dem eine konstantinische Münze gefunden wurde.[162]

Bildthemen und ihre Herkunft

Die Grabbildhauer der frühen Kaiserzeit entnahmen ihre Vorlagen offenkundig dem Repertoire der augusteischen Staatskunst,[163] sie trafen jedoch eine dem Sepulkralbereich angemessene Auswahl. Bis in claudische Zeit beschränken sich die Darstellungen der Urnen, abgesehen von den Ausnahmen in vor- und frühaugusteischer Zeit, fast ausschließlich auf *vegetabilen Dekor* wie Girlanden, Zweige und Ranken. Bis in das beginnende 2. Jh. n. Chr. hinein bleiben diese Dekorationen auch im Übergewicht. In der Aussage deckt sich dieser Schmuck mit dem der Grabaltäre, bei denen im 1. Jh. n. Chr. Girlanden- und Rankendekor dominieren. Offenbar wird hiermit dem Bedürfnis Ausdruck gegeben, die Grabstätte dauerhaft mit frischem Grün und Blütenpracht zu schmücken, ein Thema, das auch Gegenstand zahlreicher Grabepigramme ist.[164] Die Vögel und Insekten, die die Girlanden und Zweige fast immer beleben, verbildlichen darüber hinaus den in vielen Grabinschriften geäußerten Wunsch nach idyllisch-naturhafter Umgebung des Grabes,[165] der sich auch in den Anlagen von Kepotaphia ausdrückt.[166] In wieweit den einzelnen Pflanzengattungen, die auf den Grabmonumenten dargestellt sind, unterschiedliche Bedeutung beigelegt wurde, ist kaum zu ermitteln: Massenproduktion und eine weitgehend wahllose Kombination mit Beiwerk läßt in den meisten Fällen an konkretem Sinngehalt zweifeln. Die Vielfalt der Monumente, an denen vegetabiler Schmuck angebracht worden ist, mahnt darüber hinaus zur Vorsicht.[167]

Bei Girlandenträgern und Beiwerk lassen sich jedoch einige Vorlieben erkennen, die vermutlich sinnbezogene Aussagen bergen: die vielen Fackeln und Kandelaber, die an Urnenecken erscheinen, müssen zweifellos in Bezug auf Bestattungsbrauch und Grabkult gesehen werden.[168] Das Bukranion wiederum, das ursprünglich von

[157] z. B. R. LANCIANI, NSc 1877, 318 Nr. 29 (Rom, NM).
[158] z. B. ALTMANN, Grabaltäre 251 Abb. 197.
[159] G. KOCH, AA 1975, 534f. Abb. 8a–c (Rom, DAI).
[160] z. B. Ostia 913. 1499: INR 74. 1059–1061; Ostia 11: INR 75. 925–927.
[161] M. B. COMSTOCK – C. C. VERMEULE, Sculpture in Stone, The Greek, Roman and Etruscan Collections of the Museum of Fine Arts Boston (1976) 151 Nr. 243 mit Abb.
[162] M. GUARDUCCI, RendPontAcc 39, 1966/67, 137ff. mit Abb.
[163] Vgl. A. ALFÖLDI, Die zwei Lorbeerbäume des Augustus (1973) 57; H. BRANDENBURG, JdI 93, 1978, 325f.
[164] Vgl. R. LATTIMORE, Themes in Greek and Latin Epitaphs (1962) 129f. 135ff. – Zur Bedeutung des Girlandenschmuckes: R. TURCAN, JbAChr 14, 1971, 126ff. bes. 132.
[165] Vgl. H. GEIST – G. PFOHL, Römische Grabinschriften (1960) Nr. 427. 591; H. SICHTERMANN, RM 76, 1969, 300.
[166] Vgl. TOYNBEE a. O. 94ff.
[167] Zusammenstellung bei HONROTH, Girlanden 9f.
[168] Vgl. G. McN. RUSHFORTH, JRS 5, 1915, 149; LATTIMORE a. O. (s. oben Anm. 164) 134f.; R. TURCAN, JbAChr 14, 1971, 131.

den Girlandenfriesen der Tempelarchitektur übernommen wurde, verschwindet fast völlig aus dem Urnenrepertoire in flavischer Zeit. Vielleicht ist dies ein Hinweis darauf, daß man seine Bedeutungslosigkeit in sepulkralem Zusammenhang realisierte (kein Rinderopfer am Grab). An seine Stelle traten seit tiberischer und claudischer Zeit Widder- und Ammonsköpfe. Beiden Motiven erkannte R. Turcan einen Bezug zum Sepulkralbereich zu.[169] Der Widderkopf könnte auf das Reinigungsopfer nach der Bestattung anspielen,[170] dem Ammonskopf maß man vermutlich eine schützende Kraft bei,[171] worauf auch seine Verwendung im Militärbereich hinweist. Der Kopf des Jupiter Ammon wird sinngemäß häufig mit einem Adler an den unteren Ecken kombiniert und bleibt bis ins 2. Jh. n. Chr. hinein einer der beliebtesten Girlandenträger. Medusenhäupter (im Girlandenbogen) und die in flavischer Zeit aufkommenden Masken an Kasten und Deckel dienten vermutlich als Apotropaia. Die Lupa romana als Zeichen staatlicher Stärke mag vergleichbare Wirkung gehabt haben.[172]

Ein weiteres Thema der Urnenreliefs, das von Anfang an in unterschiedlicher Deutlichkeit dargestellt wird, ist das des *Totenhauses* und der Grabes- oder Hadestür.[173] Entweder wird nur durch Eckpilaster auf die Urne als Haus angespielt, oder sie erscheint insgesamt als kleiner Tempel mit Tür und Dachschmuck.[174] In Fällen, in denen ein Paar im Dextrarum-iunctio-Gestus verbunden in der geöffneten Pforte steht, liegt die Deutung als Hades- oder Grabestür, an der Abschied für die Ewigkeit genommen wird, auf der Hand. Diese Bildvorstellung hat Vorläufer in der etruskischen Grabkunst; dort ist die Tür jedoch geschlossen wiedergegeben, Haltung und Nebenpersonen sind variabler als bei den römischen Darstellungen.[175] Die von spitzen Bäumchen flankierte Tür, die einige römische Urnen zeigen,[176] war ebenfalls schon Darstellungsgegenstand spätetruskischer Urnen aus Chiusi,[177] Siena und anderen Orten.[178] Auf den römischen Kästen erinnert das Motiv entweder an die Vorstellung von den Zypressen am Eingang zum Hades oder spiegelt den Brauch wieder, Zypressenzweige vor das Haus des Verstorbenen zu plazieren.[179]

Etwa in neronischer Zeit treten zwei größere Themenkomplexe zum Bestehenden

---

[169] TURCAN a. O. 130.
[170] Vgl. RE III (1899) 358 s. v. Bestattung (A. MAU).
[171] Vgl. M. FASCIATO – M. J. LECLANT, REL 26, 1948, 32 ff.
[172] Vgl. H. BRANDENBURG, JdI 82, 1967, 236; vgl. auch DULIÈRE a. O. (s. oben Anm. 95) 280. 291 ff. (Glückssymbol).
[173] Dazu: B. HAARLØV, The Half-Open Door (1977); G. DAVIES, British Archeological Reports, Suppl. 41 (1) 1978, 203 ff.; M. WAELKENS, Gnomon 51, 1979, 682 ff.
[174] z. B. G. F. GAMURRINI, NSc 1900, 216 mit Abb. (Siena); AMELUNG, Vat.Kat. II 249 Nr. 90 Taf. 15.
[175] Vgl. z. B. G. KÖRTE, I rilievi delle urne etrusche III (1916) 67 Abb. 11. 12 Taf. 57,6; HAARLØV a. O. 104 Nr. 6 Abb. 2; 109 Nr. 36 Abb. 8.
[176] s. Taf. 17. – Bei den römischen Darstellungen sind die Bäumchen zwar mit Lorbeerblättern ausgestattet, die spitze Form unterscheidet sie jedoch von Lorbeerbäumen.
[177] z. B. HAARLØV a. O. 103 Nr. 4 Abb. 1.
[178] Es ist vielleicht kein Zufall, daß eine in der Formensprache stadtrömische Urne mit diesem Motiv bei Chiusi gefunden wurde: G. F. GAMURRINI, NSc 1900, 216 mit Abb.
[179] J. MURR, Die Pflanzenwelt in der griechischen Mythologie (1890) 124 f.; vgl. ALTMANN, Grabaltäre 262.

hinzu: zum einen ist dies die Darstellung des Toten, zum anderen Embleme oder kleine Szenen, die auf Götterkulte hinweisen.

Die *Bilder der Toten* erscheinen mit Vorrang als Miniaturbüsten.[180] Der Begriff Porträt kann dabei nur mit Vorbehalt angewendet werden, da die Köpfchen kaum individuelle Gesichtszüge tragen und ohnehin auf Vorrat gearbeitet waren. Allein Modefrisuren geben ihnen den Anschein von Porträts. Durch die Vorfertigung bedingt, stimmt das Geschlecht des Dargestellten nicht immer mit dem des in der Inschrift genannten Bestatteten überein.[181] Meist werden weibliche Köpfchen in einer von Schwänen oder Delphinen flankierten oder von Eroten getragenen Muschel dargestellt, eine Venusapotheose en miniature also.[182] Männliche Köpfe erscheinen in der Regel in Clipei oder Kränzen, die von Eroten getragen werden oder auch von Adlern umgeben sind.[183] Solche Büstchen findet man bis etwa in die Mitte des 2. Jhs. n. Chr. dargestellt. In selteneren Fällen werden kleine Szenen des Alltaglebens wiedergegeben,[184] oder es wird die Form des zu Mahle liegenden Toten gewählt. Die manchmal am Fußende sitzende Figur oder Kinder, die am Lager stehen, weisen darauf hin, daß die Bildvorlagen für Reliefdarstellungen dieser Art auf Urnen und Grabaltären mit den östlichen Grabreliefs zusammenhängen.[185] Die unterschiedlose Anwendung der Darstellungsweise auf Männer und Frauen scheint dagegen auf italischen Vorstellungen zu beruhen, da der Typus im hellenistischen Osten fast ausschließlich Männern vorbehalten war, die etruskischen Klinendeckel aber zahlreiche gelagerte Frauen zeigen.[186] Die schon genannten Dextrarum-iunctio-Darstellungen weisen ebenfalls Modefrisuren auf und sind daher als Bildnisse der Verstorbenen verstanden worden. Bezeichnenderweise zeigt eine noch in claudisch-neronische Zeit zu datierende Urne in der Galleria Lapidaria des Vatikan eine wirkliche Hochzeitsszene mit Altar und Camillus. Angesichts des eher diesseitig bezogenen Urnendekors im 1. Jh. n. Chr. und der sozialen Herkunft der Bestatteten (s. u.) darf diese Art figürlichen Schmuckes wohl als Statusdarstellung gesehen werden.[187] Erst die späteren Darstellungen mit Paaren in geöffneten Portalen meinen den Abschied von Lebenden und Toten.[188]

---

[180] z. B. Taf. 26. 39.

[181] z. B. AMELUNG, Vat.Kat. I 179 Nr. 20a; CUMONT, Symb.Fun. 162 Taf. 11 (Paris, Cab. Méd.); DE LUCA, Pal. Corsini 119 Nr. 64 Taf. 101.

[182] Zu statuarischen Venus-Apotheosen vgl. H. WREDE, RM 78, 1971, 145. Zum Muschelporträt: H. BRANDENBURG, JdI 82, 1967, 223 ff.

[183] z. B. AMELUNG, Vat.Kat. I 207 Nr. 58; 260 Nr. 129; Paris 1514. – Vgl. R. WINKES, Clipeata imago (1969) 82.

[184] z. B. STUART JONES, Mus. Cap. 140 Nr. 8 Taf. 43; M. E. BABELON, Guide illustré au Cabinet des Médailles (1900) 3 Abb. 2; MUSTILLI 41 Nr. 16 Taf. 30, 115.

[185] z. B. Taf. 40; Neapel o. Nr.: INR 71. 419; DE LUCA, Pal. Corsini 119 Nr. 64 Taf. 101; Rom, NM 121 649: INR 74. 235. – Vgl. HIMMELMANN, Typ. Unt. 19. – Plastische Klinenmonumente und -deckel weisen dagegen Verbindungen zur etruskischen Tradition auf, vgl. H. WREDE, AA 1977, 395 ff.

[186] Ausnahmen: PFUHL – MÖBIUS II 443 Nr. 1844–1848; 487 Nr. 2025–2027; 490 Nr. 2039 (alle aus Rhodos).

[187] L. REEKMANS, BInstHistBelgRom 31, 1958 Taf. 1,2. – Sehr ähnlich, aber mit Portal: Beschreibung der antiken Skulpturen (1891) 436 Nr. 1125 (Berlin, Staatl. Museen). – Vgl. P. ZANKER, JdI 90, 1975, 288 mit Anm. 83.

[188] z. B. Taf. 41; ALTMANN, Grabaltäre 141. 153 Nr. 183 Abb. 126 (Rom, NM); S. 153 Nr. 183 Abb. 125 (Kopenhagen).

Bei der genannten zweiten Themengruppe – *Hinweise auf Kulte* – des späteren 1. Jhs. n. Chr. trifft man einerseits apollinische Motive an, wie Dreifüße an den Ekken, unter der Tabula hockende Greifen, die eine Lyra,[189] einen Kandelaber oder einen Dreifuß flankieren. Diese Symbolik greift vermutlich den in augusteischer Zeit betonten und später gerade von Nero wieder hervorgehobenen Aspekt von Apollo als Heils- und Lichtgott auf.[190] Andererseits erscheinen etwa gleichzeitig dionysische Kultgegenstände wie Pedum, Cista Mystica, Syrinx und Masken in den Girlandenbögen,[191] um die Jahrhundertwende auch kleine Thiasosszenen.[192] Vermutlich werden mit beiden Motivgruppen auf den Urnen erstmals ins Jenseits gerichtete Hoffnungen in zaghafter Weise bildlich formuliert.[193] Während die dionysische Thematik später eine wichtige Rolle auf den Sarkophagen spielt und Träger dieser Hoffnungen bleibt, wird das Apollinische weitgehend aus der Grabkunst verdrängt.[194]

Seit der Mitte des 1. Jhs. n. Chr. erscheinen die ersten *Erotenszenen* auf den Urnen, mit denen ebenfalls Hoffnungen auf ein glückliches Leben nach dem Tode verbunden sein dürften.[195] Seit der Wende zum 2. Jh. n. Chr. kommt der Persephone-Raub zur Darstellung.[196] Dieser Mythos ist die vielleicht konkreteste Metapher für den Tod und die Hoffnung auf dessen Überwindung. Das Bedürfnis nach Einkleidung des Todes in *mythologisches Gewand* und nach der bildlichen Umsetzung von Jenseitsvorstellungen äußerte sich in diesen Formen schon, bevor es in den großformatigen Sarkophagreliefs des 2. Jhs. n. Chr. voll zur Entfaltung kam.[197] Urnen- und Sarkophagreliefs stimmen etwa seit hadrianischer Zeit inhaltlich überein, wobei nun die formale Abhängigkeit der Urnen von den Sarkophagen nicht zu übersehen ist. Kernszenen aus verschiedenen *Sarkophagdekorationen* werden auf den Urnen skulpiert.[198] Auch im 3. Jh. n. Chr. bleibt diese Abhängigkeit bestehen, wie die Bevorzugung von Schlachtdarstellungen,[199] Clementia-[200] und Jagdszenen[201] im späteren 3. Jh. n. Chr. beweisen. Daneben werden aber auch noch die seit dem beginnenden 1. Jh. n. Chr. bekannten vegetabil geprägten Urnendekorationen wiederholt.

---

[189] z. B. Taf. 32. – Ein vielleicht schon tiberisches Beispiel der eine Kithara flankierenden Greifen befindet sich auf dem Eingangsmosaik des Pomponius-Hylas-Grabes: F. B. SEAR, Roman Wall and Vault Mosaics, 19. Ergh. RM (1977) 65 Nr. 25 Taf. A.

[190] Vgl. I. FLAGGE, Untersuchungen zur Bedeutung des Greifen (1975) 73 ff.; HIMMELMANN, Hirten-Genre 122. – Anders: ALTMANN, Grabaltäre 275.

[191] Vgl. Anm. 107.

[192] z. B. SUSINI a. O. (s. oben Anm. 113) 55 Nr. 44 Taf. 18; GEYER a. O. (s. oben Anm. 114) 53 mit Anm. 326.

[193] Vgl. FLAGGE a. O. (s. oben Anm. 190) 77 ff.; GEYER a. O. (s. oben Anm. 114) 54. 162.

[194] Zum Apollinischen auf späten Sarkophagen: H. SICHTERMANN, RM 86, 1979, 351 ff.

[195] z. B. Taf. 23; H. SICHTERMANN, RM 76, 1969, 277 Taf. 97, 1. 2. – Zur Bedeutung von Erotenallegorien vgl. N. HIMMELMANN, MarbWPr 1959, 29 ff. 38 Anm. 54; H. FLIEDNER, Amor und Cupido (1971) 94 ff.

[196] z. B. Taf. 43. 52; ALTMANN, Grabaltäre 107 Nr. 97 Abb. 87 (Perugia).

[197] In der Wandmalerei der römischen Gräber finden sich mythologische Darstellungen wie Persephone-Raub schon seit augusteischer Zeit. – Vgl. Zusammenstellung bei: ANDREAE, Studien 48; H. WREDE, RM 85, 1978, 425 f.

[198] Zusammenstellung bei G. KOCH, AA 1975, 532 ff.

[199] z. B. Taf. 51; vgl. oben Anm. 156.

[200] z. B. Paris 1485.

[201] z. B. Paris 1485 (Rückseite).

Sozialstruktur der Bestatteten

Leider läßt sich bislang keine Sicherheit darüber gewinnen, mit welcher sozialen Schicht die Entstehung der geschmückten Marmorurnen in Verbindung zu bringen ist. Die durchweg qualitätvollen Stücke der ersten Hälfte des 1. Jhs. n. Chr. tragen kaum einmal Inschriften, oft waren solche gar nicht vorgesehen, oder die Tabulae blieben leer. Gerade für diese Urnen fehlen jedoch jegliche Fundangaben. Einen Hinweis gibt einzig das sog. Platorinergrab, in dem in reliefierten Marmorurnen und Alabastergefäßen bestattet wurde.²⁰² Aus den mitgefundenen Inschriften geht der senatorische Rang der Erbauerfamilie hervor.²⁰³ Auch diese Urnen tragen bis auf Ausnahmen keine Inschriften, da ihre Identität im Familiengrab nicht eigens durch eine Tabulainschrift gesichert werden mußte. Die hohe Qualität, die zurückhaltenden Dekorationen und geringe Zahl der frühen Urnen weisen daher in vornehme Kreise der römischen Gesellschaft. Während der Zeit ihrer größten Beliebtheit, in der zweiten Hälfte des 1. Jhs. n. Chr. und der ersten Hälfte des 2. Jhs. n. Chr., wird die Gattung dann ausschließlich von kaiserlichen Sklaven und Freigelassenen, deren Nachkommen, privaten Freigelassenen und Freigeborenen von bescheidenem Wohlstand getragen, wie Inschriften und Fundorte²⁰⁴ zeigen.

Gegen die Mitte des 2. Jhs. n. Chr. nimmt die Zahl der Marmorurnen stark ab, offenbar in Zusammenhang mit der verstärkten Sarkophagbestattung. In den ärmeren Nekropolen wie an der Via Ostiense dagegen wird weiterhin brandbestattet.²⁰⁵ Im späten 2. und 3. Jh. n. Chr. werden auffallend häufig Soldaten und Angehörige der Prätorianergarde in Marmorurnen beigesetzt.

I. 3. KLINENMONUMENTE

H. WREDE, AA 1977, 395 ff. – L. BERCZELLY, ActaAArtHist 8, 1978, 49 ff. – *Nachtrag:* H. WREDE, AA 1981, 86 ff.

Als Klinenmonumente werden Grabdenkmäler bezeichnet, die einen Toten plastisch ausgearbeitet auf einer Matratze lagernd zeigen, die auf einem Unterbau oder einer dünnen Leiste liegen kann. Die Gruppe ist von H. Wrede in einem Überblick behandelt; einige Hinweise gibt L. Berczelly.¹

---

²⁰² s. Taf. 18. 19. 25; R. LANCIANI, NSc 1880, 127 ff. Taf. 4. 5.
²⁰³ Zu den Inschriften s. CIL VI 31761 bis 31768a; W. ECK, Hispania Antiqua 3, 1973, 306 ff.
²⁰⁴ Familien- und Gesindegräber, wie z. B. das der Volusier an der Via Appia (E. GERHARD, Hyperboräisch-römische Studien zur Archäologie [1833] 144 f.; vgl. BENNDORF - SCHÖNE 122),

oder Gräber am Esquilin (z. B. NASH, Rom II 309) und an der Via Ostiense, in der Vatikan-Nekropole und in Ostia. Relativ wenige Urnen sind in den großen Columbarien gefunden worden, vgl. Anm. 37.
²⁰⁵ Vgl. G. LUGLI, NSc 1919, 289 Anm. 1.
¹ Dazu s. auch: CUMONT, Symb. Fun. 388 ff.; H. GABELMANN, BJb 177, 1977, 223; H. BRANDENBURG, JdI 93, 1978, 319 Anm. 82.

Bei den Monumenten handelt es sich aus mehreren Gründen nicht um Sarkophagdeckel: sie sind häufig nicht sehr tief, haben an Kopf- und Fußende nicht dieselbe Tiefe, sind für Sarkophagkästen zu kurz[2] oder haben eine andere ungewöhnliche Zurichtung.[3] Der ursprüngliche Zusammenhang und die Aufstellung sind zwar nur in Ausnahmefällen bekannt, es läßt sich aber erschließen, daß die Klinenmonumente in verschiedener Weise verwandt wurden.[4] Sie konnten in Nischen eingestellt werden, auf einer aufgemauerten Kline oder einem bereits abgedeckten Sarkophag liegen oder als selbständige Monumente in Mausoleen auf ebener Erde stehen; wichtige Hinweise geben die recht häufigen Darstellungen auf Grabaltären oder -reliefs.

Auf der Matratze lagert eine Gestalt, ein Mann oder ein Junge, des öfteren mit nacktem Oberkörper; nach Mitte des 1. Jhs. n. Chr. ist es dann überwiegend eine Frau oder ein Mädchen, für die häufig andere Arten des Lagerns, sogar die des Schlafens, gewählt werden.[5] Seltener sind kleinere Kinder vertreten.[6] Es kann ein Mann die Büste einer Frau[7] oder die Frau die eines Mannes[8] halten. Beiwerk wie Vögel, Hunde, Kinder oder Eroten findet sich bei Frauen und Mädchen, die Männer haben hingegen in der Regel nur ein Trinkgefäß und eine kleine Girlande.[9] Ein Paar gibt es erst auf Monumenten seit dem späteren 2. Jh. n. Chr.[10]

Die Reihe der Klinenmonumente, aus der hier nur einige wenige hervorgehoben werden, beginnt mit einem Exemplar guter Qualität in Rom, NM,[11] das nach der Frisur des Jungen in augusteische Zeit datiert werden kann; es zeigt den Typus schon völlig ausgeprägt. Um die Mitte des 1. Jhs. n. Chr. sind zwei bescheidenere Beispiele in Rom[12] geschaffen worden. In flavischer Zeit dürfte das reichste erhaltene Denkmal entstanden sein, das in Rom, NM,[13] steht und eine hohe Basis mit figürlichen Reliefs hat; eine Besonderheit ist, daß eine weibliche Gestalt am Kopfende sitzt.[14] Schlichtere Beispiele lassen sich anschließen, nämlich Klinen mit Frauen, die nach den erhaltenen Porträtköpfen einzuordnen sind[15] – eine hat sogar nackten Oberkörper[16] –, und ein

---

[2] WREDE a. O. 400.402.404 und passim. BERCZELLY a. O. 49 ff.

[3] WREDE a. O. 412 (Malibu: über das Fußende hinaus verlängerte Standplatte).

[4] WREDE a. O. 399 f. BERCZELLY a. O. 51 ff. Vgl. z. B. G. ANNIBALDI, NSc 1941, 187 ff.

[5] WREDE a. O. 409.423 ff.

[6] Antwerpen 2016: WREDE a. O. 402 Abb. 98.

[7] Rom, NM 125829: HELBIG[4] III 2397 (H. v. HEINTZE); WREDE a. O. 403 ff. Abb. 79–81; hier Taf. 61.

[8] London 2335: WREDE a. O. 405 Abb. 87–89.

[9] WREDE a. O. 409.423 ff.

[10] Rom, Pal. Massimo: WREDE a. O. 422 Abb. 114. – Paris 351: M. COLLIGNON, Les statues funéraires dans l'art grec (1911) 357 Abb. 226.

[11] Rom, NM 61586: HELBIG[4] III 2398 (H. v. HEINTZE); WREDE a. O. 402 Abb. 69/70; hier Taf. 60.

[12] Rom, Pal. Cons. 1999: WREDE a. O. 400 ff. Abb. 73/74. – Rom, NM 114906: WREDE a. O. 399.426 Abb. 75.

[13] Rom, NM 125605: HELBIG[4] III 2165 (B. ANDREAE – E. SIMON); WREDE a. O. 410.412 Abb. 76/77; BERCZELLY a. O. 49 ff.; hier Taf. 62.

[14] HELBIG[4] III 2165 (,erinnert an jene freundlichen Wesen, die in der etruskischen Grabkunst zuweilen die Toten umhegen'); BERCZELLY a. O. 50 (Verwandte des Verstorbenen, vielleicht seine Frau).

[15] Vatikan 878: WREDE a. O. 410 Abb. 92/93. – Ehem. Rom, Gall. Giustiniani: WREDE a. O. 412 Abb. 94. – Ehem. Frascati: WREDE a. O. 412 Abb. 95. – Rom, V. Cini: WREDE a. O. 412 Abb. 96. – Ostia (Nr. ?): WREDE 412 Abb. 97.

[16] Vatikan 878: s. Anm. 15; vgl. das Grabrelief der Ulpia Epigone, Vatikan 9856: CUMONT,

wieder etwas reicheres Stück, das man nach dem Gewandstil derselben Zeit zuweisen kann.[17] In das letzte Viertel des 1. Jhs. n. Chr. dürfte ein Exemplar in Rom, NM,[18] anzusetzen sein, auf dem ein Mann die Büste einer Frau hält. In trajanischer Zeit ist ein Exemplar in London[19] entstanden, das eine Frau mit der Büste des Mannes zeigt, ferner eines in Rom, NM,[20] das eine mit Girlanden geschmückte Basis hat und bei dem die Frisur der Frau reich ausgearbeitet ist. In hadrianische Zeit lassen sich, wiederum nach den Frisuren, das Klinenmonument der Claudia Semne im Vatikan[21] und ein anderes in Malibu[22] datieren. Der Zeit des Antoninus Pius sind, ebenfalls nach den Frisuren zu datieren, zwei Stücke im Vatikan[23] zuzuweisen, ferner das Klinenmonument von Torre Nova in Rom, Palazzo Borghese,[24] das auch eine mit Girlanden geschmückte Basis hat. Exemplare in Indianapolis[25] und Ariccia[26] könnten im dritten Viertel, eines in Rom, Pal. Massimo,[27] im letzten Viertel des 2. Jhs. entstanden sein. Seit Mitte des 2. Jhs. n. Chr. nehmen die Klinenmonumente an Zahl ab; für das 3. Jh. sind nur wenige Beispiele nachgewiesen worden. Im frühen 3. Jh. sind Stücke in Rom, NM,[28] und in Paris[29] geschaffen worden; ein Exemplar in Ostia,[30] das nach seiner Grundrißform auch dieser Gattung zugezählt werden kann, ist in tretrarchische Zeit zu datieren.

Bei einer Gruppe von Stücken ist es fraglich, ob sie Klinenmonumente oder Sarkophagdeckel waren.[31] Keines von ihnen hat den Zusammenhang mit einem Sarkophagkasten bewahrt. Lediglich von einem verschollenen gibt es eine Zeichnung, die einen Deckel mit schlafender Frau mit einem Endymionsarkophag verbindet;[32] der Kasten müßte nach seinem Typus etwa im zweiten Viertel des 3. Jhs. n. Chr. entstanden sein,[33] also in einer Zeit, in der für diese Form des Deckels Parallelen nicht bekannt sind; Kasten und Deckel gehörten also ursprünglich wohl nicht zusammen. So sind auch diese Stücke als Klinenmonumente anzusehen, auch wenn bei dem frühe-

---

Symb. Fun. 400 Taf. 42,2; HELBIG⁴ I 1030 (H. V. HEINTZE).

[17] Rom, NM 39504: WREDE a. O. 412 Abb. 78.

[18] s. oben Anm. 7.

[19] s. oben Anm. 8.

[20] Rom, NM 72879: WREDE a. O. 415 Abb. 106; hier Taf. 64.

[21] Vatikan 3107: H. WREDE, RM 78, 1971, 131 ff. Nr. 8 Taf. 78,2; 79, 1.3; WREDE a. O. 405.412.

[22] Malibu 73. AA. 11: B. B. FREDERICKSEN, The J. Paul Getty Museum (1975) 43, Abb. unten; WREDE 412.426 Anm. 263; 431 Anm. 283.

[23] Vatikan 565: WREDE a. O. 404.412 f. Abb. 100/01. – Vatikan 1365: HELBIG⁴ I 320 (H. V. HEINTZE); WREDE a. O. 413 Abb. 102; hier Taf. 63.

[24] WREDE a. O. 413 ff. Abb. 107; L. QUILICI, Collatia (Forma Italiae I 10, 1974) 646 Nr. 591 Abb. 1408.

[25] Indianapolis 72.148: VERMEULE II 37 Nr. 8548 Abb. 136; G. PUCCI, BullCom 81, 1968/69, 173 ff. Taf. 75; WREDE a. O. 414.

[26] Ariccia, V. Chigi: WREDE a. O. 413 Abb. 99.

[27] WREDE a. O. 422 Abb. 114.

[28] WREDE a. O. 414 Abb. 104.

[29] Paris 351: COLLIGNON a. O. (s. oben Anm. 10) 357 Abb. 226 (von der Via Appia); H. WREDE in: Festschrift G. Kleiner (1976) 159 Taf. 34, 1.

[30] Ostia 158: CALZA, Isola Sacra 205 ff. Abb. 108 ff.; HELBIG⁴ IV 3003 (E. SIMON).

[31] WREDE a. O. 415 ff. Abb. 108–113.

[32] ASR III 1, 86; WREDE a. O. 419 f. Abb. 112/12.

[33] Vgl. etwa ASR III 1, 80.79.77.

sten, einem in Kopenhagen aus trajanischer Zeit, der Skyphos in der linken Hand für 65
Libationen durchbohrt ist.[34]

Die Reihe der Klinenmonumente läßt sich von augusteischer bis in tetrarchische
Zeit verfolgen; ihre größte Verbreitung hatten sie in flavischer Zeit und in der ersten
Hälfte des 2. Jhs. n. Chr.; sie gehen zu einem Zeitpunkt stark zurück, in dem sich die
Bestattung in reliefgeschmückten Sarkophagen in größerem Maße durchsetzt, halten
sich aber in Einzelfällen bis in tetrarchische Zeit.

Es handelt sich um eine für Rom typische Gruppe, für die es in anderen Provinzen
kaum Parallelen gibt.[35] Sie knüpft wohl an etruskische Darstellungen an,[36] bringt aber
doch eine eigene Ausprägung. Verschiedene Inschriften zeigen, daß die Klinenmonumente besonders bei Freigelassenen und beim Bürgertum verbreitet waren, die damit
die Leichenprozessionen des Kaiserhauses und der Nobilität nachahmen konnten.[37]

Wie sich die stadtrömischen Klinenmonumente zu den Klinendeckeln attischer
und kleinasiatischer Sarkophage verhalten, müßte noch im einzelnen untersucht werden;[38] die beiden östlichen Gruppen haben bestimmte Züge, die nur jeweils für sie
charakteristisch sind und die auf den stadtrömischen Klinenmonumenten keine Parallelen haben.

I. 4. DIE SARKOPHAGE DES 2. BIS 4. JHS. N. CHR.

Allgemeines

Ein Wechsel der Bestattungssitten führte in spättrajanisch-frühhadrianischer Zeit,
etwa gegen 120 n. Chr., dazu, daß die Beisetzung der Toten bevorzugt wurde und dafür steinerne Sarkophage verwandt wurden.[1] Diese Sarkophage dürften in vielen Fällen schlicht gewesen sein.[2] Nur aufwendige Beispiele bestanden aus Marmor und waren mit Reliefs versehen. In welchem Verhältnis die schlichten zu den reliefgeschmückten Exemplaren standen, ist nicht bekannt, da in der Regel die einfachen
Stücke nicht beachtet oder gar zerstört worden sind. In den ersten Jahrzehnten nach
dem Wechsel wurde neben der Beisetzung noch weiterhin die Verbrennung geübt,
die dann jedoch in der zweiten Hälfte des 2. Jhs. stark zurücktrat; im 3. Jh. n. Chr. finden sich nur in Ausnahmefällen Aschenurnen.

---

[34] Kopenhagen 777: WREDE a. O. 415 ff. Abb. 108; BERCZELLY a. O. 52.74, Taf. 4c; hier Taf. 65.

[35] Rhodos: G. KONSTANTINOPOULOS, ADelt 22 B 2, 1967, 538 Taf. 395,2; WREDE a. O. 427 Anm. 265. – Alexandria 3897: COLLIGNON a. O. (s. oben Anm. 10) 357f. Abb. 227; CUMONT, Symb. Fun. 417 Anm. 3; SICHTERMANN, Endymion 30 Abb. 11. – Das von WREDE a. O. 427 Anm. 265 genannte Stück in Marathon ist ein attischer Klinendeckel.

[36] WREDE a. O. 395 ff. 426.

[37] WREDE a. O. 404 ff.

[38] WREDE a. O. 427 ff. BERCZELLY a. O. 53 (mit falscher Beurteilung aufgrund unrichtiger Datierung des attischen Erotensarkophages in Ostia in Anm. 4).

[1] Dazu zuletzt mit Angabe der Lit.: H. FRONING, JdI 95, 1980 322 f.; H. HERDEJÜRGEN, JdI 96, 1981, 413 ff. – Hier Kapitel A 6.

[2] z. B. Grab an Via Salaria: J. B. WARD-PERKINS, RendPontAcc 48, 1975/76, 191 (neun Reliefsarkophage und ein schlichter, der nicht erhalten ist).

Pagane Sarkophage wurden in Rom bis in das frühe 4. Jh. n. Chr. in großer Zahl angefertigt. Es lassen sich derzeit sicher 6000 Exemplare zusammenstellen. Um 270 n. Chr. setzen mit einzelnen Beispielen christliche Sarkophage ein.[3] Im frühen 4. Jh., wohl als Folge der Edikte Konstantins 311–13 n. Chr., nahm ihre Zahl plötzlich sehr stark zu.[4] Die Reihe der Exemplare mit paganen mythologischen Themen brach hingegen ab. Es gibt aus dem 4. Jh. n. Chr. allerdings noch Beispiele mit traditionellen Darstellungen, vor allem Jahreszeiten und Jagd; ob sie von Angehörigen der alten heidnischen Religionen oder hingegen von Christen benutzt worden sind, läßt sich im Einzelfall kaum klären. Die genannten Themen konnten zumindest als neutral angesehen und damit auch von Christen verwandt werden.[5] Die Sarkophage mit derartigen Darstellungen nehmen im Laufe des 4. Jhs. n. Chr. stark ab, letzte Exemplare finden sich aber noch in theodosianischer Zeit.

Die Sarkophage der Hauptproduktion stellen eine Reihe von Fragen, die in verschiedenen Kapiteln erörtert werden müssen. Zuerst wird ein Überblick über die Formen und die Technik der Herstellung gegeben. Ausführlich werden die Themen behandelt, die auf den Sarkophagen dargestellt sind. Eine zusammenfassende Erörterung der Fragen der Vorbilder schließt sich an. Dann werden die Grundlagen der Chronologie behandelt und auf die Probleme der Werkstätten hingewiesen. Schließlich wird auf die Verbreitung der stadtrömischen Sarkophage und auf den Import anderer Sarkophage nach Rom und ihre Einflußnahme auf die stadtrömische Produktion eingegangen.

I.4.1. Formen

Sofern man unter der Form eines Sarkophages nur den eigentlichen Behälter versteht, ohne Rücksicht auf seine Verzierung, so gibt es praktisch im Stadtrömischen nur zwei Grundformen: den viereckigen Kasten und die Wanne mit gerundeten Seiten; die wenigen Sonderformen, die daneben zu bemerken sind, haben den Charakter von Ausnahmen, sofern sie nicht überhaupt nur als Unica auftreten, außerdem bestehen zumeist doch Verbindungen zu den beiden genannten Grundformen. Riefel- und Säulensarkophage sind streng genommen nur Kasten- oder Wannensarkophage, die in besonderer Weise verziert sind; da jedoch bei den Säulensarkophagen und den mit ihnen vielfach verwandten Riefelsarkophagen die Verzierung nicht nur wie ein aufgesetzter Schmuck wirkt, sondern die Form des Behälters zumindest für das Auge mitbestimmt, so werden sie hier behandelt, als Grenzfälle, die sowohl unter dem Gesichtspunkt der Form als auch unter dem des Ornamentalen betrachtet werden können.

---

[3] Früheste Beispiele: Rep. I 747.35.46.773. 774.811. – ENGEMANN, Untersuchungen 85 ff.

[4] ENGEMANN a. O. 78 ff.

[5] Vgl. den S. in Osimo: B. BRENK, Spätantike und frühes Christentum (1977) Taf. 74; ASR I 2, 59 Taf. 94, 1 (D. und K. antik miteinander verbunden?).

1. Langseiten

In der Langseite,[1] Frontseite oder Schauseite liegt bei den stadtrömischen Sarkophagen die eigentliche Bedeutung, sie bestimmt den Charakter des gesamten Sarkophages, Nebenseiten, Deckel und Rückseite spielen keine oder nur eine untergeordnete Rolle; zumeist passen sie sich der Langseite an.

Die Langseite ist stets mehr oder weniger verziert (wobei gewiß zu berücksichtigen ist, daß es auch unverzierte Sarkophage gegeben haben mag, die nicht die Zeiten überdauert haben). Zieht diese Verzierung sich gleichmäßig ohne optische Unterbrechung über das gesamte Rechteck der Vorderseite hin, so sprechen wir von Friessarkophagen, insbesondere, wenn es sich um Sarkophage handelt, die figürlich mit einer einzigen Szene oder mit mehreren Szenen in kontinuierlichem Zusammenhang geschmückt sind. Der allergrößte Teil der stadtrömischen Sarkophage, insbesondere die mythologischen einschließlich der dionysischen, der Meerwesen- und der Musensarkophage, gehört zu dieser Gruppe.

In der Gestaltung legt das langgestreckt rechteckige, dabei nicht sehr hohe Format der Verzierung gewisse Beschränkungen auf. Bei figürlichen Darstellungen ist die natürliche Größe der Gestalten kaum je zu erreichen; der Gegenstand muß sich entweder auf eine längere Strecke hin verteilen oder in einzelne Szenen unterteilen lassen. Römisches Kunstempfinden forderte dabei entweder eine gleichmäßige Verteilung der Figuren auf die gesamte Fläche oder eine Ausrichtung auf das Zentrum bei gleichzeitigem Streben nach Symmetrie.[2] Die Ausrichtung auf das Zentrum überwog bald, und sie verdrängte die übrigen Kompositionsschemata, sowohl bei den erzählenden als auch bei den dekorativen Verzierungen. Das gilt für alle Formen, die Kastensarkophage wie auch die Wannensarkophage. Die Mitte wurde durch eine besondere Gruppe oder Einzelgestalt betont, als seitlichen Abschluß brachte man häufig symmetrisch gestaltete Figuren an, die zur dargestellten Handlung gehören können, sich aber auch oft in ornamentaler Weise von ihr abheben.[3]

Eine hiermit zusammenhängende typisch stadtrömische Variante der Friessarkophage stellen die Sarkophage dar, deren Vorderseite eine zentral angebrachte Inschrifttafel, einen Clipeus, einen Kranz, eine Muschel oder eine Büste aufweist, denen sich die übrige, meist symmetrisch aufgeteilte Dekoration unterordnet. Da sich Szenen erzählenden Inhaltes als Nebendekoration für diese Sarkophage wenig eigneten, finden wir vornehmlich repräsentierende Darstellungen neben dem Zentrum, die vor allem ornamental wirken, wie Meerwesen, fliegende oder stehende Eroten oder Niken oder Jahreszeiten, die als Träger des mittleren Motivs agieren.[4] Diese Sar-

---

[1] Streng genommen wäre hier nur der Ausdruck ‚Vorderseite' angebracht, da natürlich auch die Rs. des S. eine Langseite ist. Trotzdem hat sich, wegen der geringen Bedeutung der Rs., die synonyme Verwendung von Ls. und Vs. eingebürgert.

[2] RODENWALDT, Stilwandel 5. P. KRANZ, RM 84, 1977, 358 f.

[3] J. BOVA, BullCom 52, 1924, 150 ff. H. SICHTERMANN, RM 86, 1979, 358 f.

[4] s. die Kapitel I 4.3.4; I 4.3.9.5.

kophage treten bereits im 2. Jh. n. Chr. in der Frühzeit der Sarkophagproduktion auf[5] und gehen letztlich auf die römische Staatskunst zurück;[6] auch auf den Sarkophagen sind mit den Schilden Ehrenschilde gemeint. Daneben spielt auch das römische Streben nach symmetrischer Anordnung der Dekoration und nach Betonung des Zentrums eine Rolle. Auf den Schilden werden erst seit dem Ende des 2. Jhs. n. Chr. Porträts angebracht, einzeln oder, weitaus seltener, zu zweit,[7] und diese auf Langseiten und Deckeln vielfach vertretene Form bleibt, als römische Reaktion auf die frühen klassizistischen Friessarkophage, im ganzen 3. Jh. n. Chr. außerordentlich beliebt.

Je nach Art der Langseitenverzierung werden weiter Girlanden-, Riefel- und Säulensarkophage unterschieden; diese Gruppen erfordern eine gesonderte Behandlung.[8]

Zusammenfassend ist zu sagen, daß es keine Gruppe gibt, die nur einem einzigen kurzen Zeitraum angehörte; alle lassen sich bis in die Spätzeit hinein nachweisen, wenngleich ihr Beginn und ihre Häufigkeit recht verschieden sein können.

2. Nebenseiten. Rückseiten. Innenseiten

Die Nebenseiten der stadtrömischen Sarkophage wurden in sämtlichen Gattungen mit weitaus geringerer künstlerischer und technischer Sorgfalt hergestellt als die Langseiten. In der bildhauerischen Arbeit beschränkte man sich gewöhnlich auf flache, skizzenhafte Ausarbeitung, in der Darstellung auf Nebenszenen des auf der Vorderseite dargestellten Gegenstandes oder auf neutrale, beliebig verwendbare Motive.

Bei den Nebenseiten der mit erzählenden Reliefs geschmückten Sarkophage entwickelte sich eine gewisse Typik. So nehmen sie bei Heraklessarkophagen einige der zwölf Taten auf, bei Persephonesarkophagen das thronende Paar in der Unterwelt, bei Endymionsarkophagen Hirtenszenen, bei Meleagersarkophagen Nebenszenen der Jagd, und ähnlich wird auch bei anderen Sarkophagen, nicht nur bei den mythologischen, verfahren.

Daneben gibt es aber auch bei erzählenden Darstellungen auf der Vorderseite, wenn auch seltener, die konventionellen Motive auf den Nebenseiten, die sich außerdem bei ornamentalen Sarkophagen finden. Unter diesen Motiven stehen die besonders im 2. Jh. n. Chr. beliebten Greifen[1] an erster Stelle, einzeln oder (seltener) antithetisch zu zweit. Beliebt, wenn auch weniger häufig sind Sphingen.[2] In späterer Zeit finden sich Körbe,[3] auch (zumeist in eingeritzten Umrissen) Schilde, Äxte, Speere

---

[5] Zu den Clipeuss.: H. JUCKER, Das Bildnis im Blätterkelch (1961) 42; zum Beginn: K. FITTSCHEN, JdI 85, 1970, 188 Anm. 64.

[6] MATZ a. O. 104, mit Beispielen.

[7] Rom, Villa Celimontana, INR 66.602. Vatikan, K. SCHAUENBURG, AA 1972, 509 Abb. 10.

[8] s. die betreffenden Kapitel.

[1] Die einzelnen Greifen sind immer der Schauseite zugekehrt. Aus den vielen Beispielen seien genannt: McCANN, Metr. Mus. 120 Abb. 153. 154. ARIAS, Camposanto Taf. 7, 12; 9, 15 (antithetisch); 18, 36 (antithetisch); 40, 82; 47, 98; 73, 153; 80, 169. CALZA, Villa Doria Taf. 114, 182c; 124, 203b; 139, 234b; 157, 282.

[2] Diese oft mit einem Widderkopf als Beute zu Füßen. Beispiele: ASR XII 6, 116 Taf. 113. ARIAS, Camposanto Taf. 58, 119. 120. LIPPOLD, Vat.Kat. III 2 171ff. Nr. 28 Taf. 83.

[3] ASR V 3, 130. H. SICHTERMANN in: Eikones. Festschrift H. Jucker (1980) 169 mit Anm. 12 u. 13. CALZA, Villa Doria Taf. 151, 266c.

und Pfeile,⁴ mit oder ohne Ornamenten, gelegentlich Palmetten.⁵ Seltener sind Pegasoi⁶ oder Girlanden mit Gorgoneia.⁷

In vielen Fällen, auch bei aufwendiger gearbeiteten Sarkophagen, bleiben die Nebenseiten glatt und unverziert.

Die Rückseiten stadtrömischer Sarkophage sind generell unverziert; Ausnahmen sind sehr selten. Zu nennen ist ein Endymionsarkophag in New York, der Hirtenszenen auf der Rückseite zeigt,⁸ ein dionysischer Kindersarkophag (Lenos) in Hever Castle mit einer Kelterszene auf der Rückseite⁹ und ein Kindersarkophag mit Mahlszene, dessen Rückseite mit einem Eroten-Thiasos verziert ist.¹⁰ Zweifelhaft ist ein dionysischer Sarkophag im Vatikan, der auf der Rückseite Riefeln und eine von Eroten gehaltene Tabula zeigt.¹¹ Andere Rückseiten stadtrömischer Sarkophage sind mit großer Wahrscheinlichkeit erst in späterer Zeit mit Reliefs versehen worden, wie ein Phaethonsarkophag in Florenz¹² und ein Totenmahlsarkophag im Vatikan.¹³

Das Innere der Sarkophage wurde in den ersten Jahrzehnten der Sarkophagproduktion zumeist sorgfältig geglättet; am Boden blieb eine flache Erhöhung als ‚Kopfkissen' stehen, manchmal noch mit besonderer Vertiefung für den Kopf ausgestattet.¹⁴ Im 3. Jh. n. Chr. wurde die Bearbeitung immer nachlässiger, so daß Fragmente oft schon dadurch zu datieren sind.¹⁵ Nur in seltenen Ausnahmefällen brachte man an den Innenwänden Inschriften oder Reliefs an; ein Sarkophag in Vasto zeigt innen eine längere Inschrift,¹⁶ ein Sarkophag aus Simpelveld im Museum von Leiden ist innen mit Reliefs versehen, die das Innere und Äußere eines römischen Hauses wiedergeben.¹⁷ In beiden Fällen handelt es sich um frühe Sarkophage.

---

⁴ Ein Rundschild mit dahinter gekreuzten Speeren findet sich schon auf den Nss. von Aschenurnen, Beispiele in Rom, NM. Auf Sarkophagen: Rom, S. Saba, INR 65.261. Caglari, Villa Calvi, PESCE, Sardegna Nr. 32 Abb. 70–73, die Nss.: INR 66.2062. Gekreuzte Schilde mit gekreuzten Äxten dahinter: Rom, S. Antonio, INR 62.1047. Vgl. weiter H. SICHTERMANN in: Eikones. Festschrift H. Jucker (1980) 169 mit Anm. 14; 170. ASR XII 6, 147. 150. 152 Taf. 119. ARIAS, Camposanto Taf. 115, 243. G. KOCH, JWaltersArtGal 37, 1978, 79 mit Anm. 16 u. 17.

⁵ P. KRANZ, RM 84, 1977, 374 Anm. 150.

⁶ ARIAS, Camposanto Taf. 9, 16. Repertorium I 305 Nr. 744 Taf. 117. ASR II 87 = G. KOCH, AA 1976, 105 Abb. 11 b. c (nach ASR II).

⁷ LEHMANN, Baltimore Abb. 28. 29. ARIAS, Camposanto Taf. 60, 123. CALZA, Villa Doria Taf. 131, 218 b. c; 132, 223 a. b.

⁸ MCCANN, Metr. Mus. 39 ff. Nr. 4; die Rs.: 42 Abb. 40.

⁹ ASR IV 3, 214. Eine Lenos mit Booten: Rom, Forum, I. JACOPI, BdA 60, 1975, 75 ff.

¹⁰ Rom, NM, CUMONT, Symb. Fun. Taf. 38, s. Kapitel I 4.3.1.6. – Ein Erotens. mit Wettrennen zeigt eine unfertige Rs., LIPPOLD, Vat.Kat. III 2 Nr. 617 Taf. 43.

¹¹ ASR IV 2, 139; F. MATZ scheint die Rs. für gleichzeitig zu halten, doch könnte sie später eingearbeitet sein.

¹² MANSUELLI I 232 f. Nr. 251. Die Rs. zeigt ein Wagenrennen; MANSUELLI hält sie für gleichzeitig mit der Vs.

¹³ HELBIG⁴ I 1014. HIMMELMANN, Typ. Unt. 47 f. Nr. 3 Taf. 26 (Vs.). 27 (Rs.); die Rs. zeigt eine Jagd, ASR I 2, 232.

¹⁴ So schon bei frühen S., s. H. BRANDENBURG, JdI 93, 1978, 282. 284. 285. 301. Anm. 43.

¹⁵ GÜTSCHOW, Prätextat 215 f.

¹⁶ H. BRANDENBURG, JdI 93, 1978, 281 Abb. 1.2; 283 Abb. 3.4.

¹⁷ J. H. HOLVERDA, AA 1933, 56 ff. J. A. RICHMOND, Archaeology and the After-Life in Pagan and Christian Imagery (1950) 19 Taf. 2 B.

3. Deckel

ALTMANN, Architectur (1902) 94 ff. – G. RODENWALDT, JdI 45, 1930, 143 ff. – M. GÜTSCHOW, RM 46, 1931, 100 ff., . – MATZ, MW 11. – T. BRENNECKE, Kopf u. Maske. Untersuchungen zu den Akroteren an Sarkophagdeckeln (Diss. Berlin 1970). – V. M. STROCKA, AA 1971, 62 ff. – R. TURCAN in: Mél. P. BOYANCÉ (Coll. de l'École Française de Rome 22, 1974) 721 ff. – G. KOCH, ASR XII 6 S. 23.

Eine zusammenfassende Behandlung der Sarkophagdeckel wird dadurch erschwert, daß die meisten Sarkophage ohne Deckel erhalten sind und daß es umgekehrt zahlreiche Deckel ohne die dazugehörigen Kästen gibt; entweder zerstörte man, wegen geringen künstlerischen Wertes, die Deckel,[1] oder man trennte Deckel und Kasten, so daß sich Zusammengehörendes später nicht immer erkennen ließ.[2] Es kommt hinzu, daß in den Publikationen gewöhnlich nur die Vorderseite abgebildet wird, seltener die für den Deckel wichtigen Nebenseiten, fast nie eine Aufsicht.

Trotzdem läßt sich sagen, daß die Deckel der stadtrömischen Sarkophage mehr als die Kästen bis zuletzt in ihrer Form eine Erinnerung an die ursprünglich architektonische Form des Sarkophages bewahrt haben.[3] Dazu steht allerdings im Widerspruch, daß die Deckel der frühen, einfachen Sarkophage zumeist bloße Platten sind, die in die ausgefalzten oberen Ränder des Kastens eingelegt wurden.[4] Außerhalb der architektonischen Form halten sich auch die Deckel in Klinenform mit dem oder den gelagerten Verstorbenen;[5] sie entwickelten sich aus den frühen Klinenmonumenten, die ihrerseits wohl schon auf Sarkophage gesetzt wurden,[6] wobei eine – nicht sicher zu belegende – Verbindung zu den Deckeln etruskischer Sarkophage bestanden haben mag.[7]

Die einfachen Platten der frühen Sarkophage verschwanden beim Einsetzen der Produktion reliefverzierter Sarkophage in trajanisch-hadrianischer Zeit; die Klinendeckel hielten sich noch einige Zeit, waren aber wohl nie sehr zahlreich und verschwanden noch vor dem Ende des 2. Jhs. n. Chr. völlig. Sie erscheinen erst im späteren 3. Jh. n. Chr. wieder, wahrscheinlich unter kleinasiatischem Einfluß,[8] und bedecken dann häufig große Prunksarkophage; bekanntestes Beispiel ist der Sarkophag des Kaisers Balbinus.[9] Bei einigen dieser Deckel kann man im Zweifel sein, ob sie zu den

---

[1] z. B. wahrscheinlich beim Endymions. jetzt Kopenhagen, Ny Carlsberg Glyptotek, ASR III 1, 49. POULSEN, Cat. Sculpt. 552 ff. Nr. 784.

[2] Etwa beim Schlachts. Ludovisi, s. G. RODENWALDT, AA 1928, 266 ff. Vgl. auch den D. eines dionysischen S. in der Villa Doria Pamphilj, CALZA, Villa Doria 182 ff. Nr. 209 u. 210 Taf. 126–128, oder den D. des Musens. in New York, C. VERMEULE, European Art and Classical Past (1964) 5 f.

[3] ALTMANN a. O. 21.

[4] Vgl. Kapitel I 1. – Zum Fehlen des Falzes bei den späteren stadtrömischen S.: F. MATZ, ASR IV 1 S. 166.

[5] H. WREDE, AA 1977, 414 ff. H. GABELMANN, BJb 177, 1977, 223 Anm. 106. Vgl. auch TUSA, Sicilia 52 f. Nr. 22 Taf. 33, 52.

[6] s. WREDE a. O. 399.

[7] G. RODENWALDT, RM 38/9, 1923/4, 8. Ders., JdI 45, 1930, 138 f. WREDE a. O. 397 ff.

[8] H. VON SCHOENEBECK, RM 51, 1936, 239. G. RODENWALDT, JdI 51, 1936, 86. 112. Ders., RM 58, 1943, 11 f. WREDE a. O. 422. G. KOCH, in: ASR XII 6 S. 23. Vgl. Kapitel V 3.

[9] Mittleres 3. Jh. n. Chr., s. Kapitel I 4. 3. 3. – Andere Beispiele sind der Phaethons. in der Villa Borghese in Rom, SICHTERMANN-KOCH 61 f., Nr. 66 Taf. 159, der Knaben-Musens. im Vati-

stadtrömischen oder den östlichen zu rechnen sind, da sie wahrscheinlich in Rom oder Italien hergestellt wurden, jedoch rein kleinasiatische Formen zeigen.[10] 213

Neben den Klinendeckeln erscheinen in der Frühzeit der Sarkophagproduktion auch die Dach- oder Giebeldeckel. Sie ahmen ein Satteldach nach, mit zwei vorderen und zwei hinteren Akroteren, wobei die vorderen gewöhnlich als Köpfe oder Masken, die hinteren als Palmetten gebildet sind.[11] Sie haben bereits die später für die römischen Sarkophagdeckel so charakteristische senkrechte schmalrechteckige Platte an 74.76
der Vorderseite zwischen den Akroteren, die zur Aufnahme von Reliefschmuck dien- 77.92
te. Meistens sind sie recht flach (Abb. 1, 1.2).

In mehr oder weniger verkümmerter Form sind diese Dachdeckel auch später noch mehrfach anzutreffen.[12] Gelegentlich ist auf der hinteren Kante dieser flachen Dachdeckel ein Mittelakroter angebracht.[13] Ausnahmsweise können Dachdeckel auch im 2. Jh. n. Chr. noch voll sichtbar gestaltet werden, wie beim Sarkophag in Velletri.[14] Hier wäre auch der Dachdeckel eines um 170 bis 190 n. Chr. zu datierenden Girlandensarkophages aus italischem Marmor in Ostia zu nennen, der zwar stark kleinasiatisch beeinflußt ist, doch sehr wahrscheinlich in Ostia selbst hergestellt wurde.[15] Der Deckel hat die für den Osten charakteristischen Schuppenziegel[16] und am Rand ein vegetabilisches Spiralmuster, vorn Masken als Eckakrotere und ein Palmettenmittelakroter, hinten Palmettenakrotere.

Die Nebenseiten dieser Dachdeckel sind ornamental verziert, etwa mit Gorgonen und Girlanden, wie der Deckel des eben genannten Sarkophages in Ostia, oder auch mit Kränzen;[17] nicht selten ist auch ein vegetabilisches Ornament mit einer Mittelrosette.[18]

kan, ASR V 3, 139; EAA VII 17 Abb. 26, der Prometheuss. im Mus. Cap., SICHTERMANN-KOCH 63f. Nr. 68 Taf. 165, der Meleagers. in Rom, Pal. Cons., ASR XII 6, 67, u. der in Pisa, ASR XII 6, 69; ARIAS, Camposanto 55 f. Taf. 4.5, schließlich ein Hochzeitss. in Ostia, INR 72.2606.

[10] Dazu G. KOCH, ASR XII 6 S. 23.

[11] Zu diesen D.: G. RODENWALDT, JdI 45, 1930, 143f. 145 Abb. 22.23, S. in New York, McCANN, Metr.Mus. 25ff. Nr. 1. – Vgl. auch den D. des frühen Endymions. in Rom, Mus. Cap., SICHTERMANN-KOCH 27 f. Nr. 16; die Nss.: INR 62.813 u. 76.2046, einen D. in Rom, NM, INR 69.2518/9, einen Musens. im Louvre, ASR V 3, 75 Taf. 135, den Leukippidens. in Baltimore, J. B. WARD-PERKINS, RendPontAcc 48, 1975/6, 218 Abb. 22; 226 Abb. 30, den Odysseuss. in Neapel, S. Martino, SICHTERMANN-KOCH Taf. 132, INR 62.868/9. – An der Vorder- u. an der Hinterseite mit Eckköpfen ausgestattet ist der D. des Herakless. in London, Brit. Mus., ASR III 1, 120.

[12] Vgl. ARIAS, Camposanto Taf. 73, 153 u. 88, 186–8, den D. des Alkestiss. im Vatikan, ASR III 1, 26, INR 72.596/7, den des Amazonens. in Rom, Mus.Cap., SICHTERMANN-KOCH Taf. 23.24, den des Aktaions. im Louvre, ASR III 1,1, die D. dionysischer S. im Thermen-Mus., ASR IV 3, 206 u. 209, u. in Baltimore, ASR IV 3, 199.

[13] Girlandens. im Vatikan, HELBIG[4] I 1128. G. RODENWALDT, JdI 45, 1930, 146 Anm. 2; auf der Vs. fehlen hier die Akrotere ganz; S. mit Eroten bei der Weinernte, im Vatikan, Inv. 10435 (Mus.Greg.Prof.).

[14] ANDREAE, Studien Taf. 1–4. EAA VII 27 Abb. 40.

[15] R. CALZA, BdA 39, 1954, 107ff. B. ANDREAE, AA 1957, 286 Abb. 77. BRENNECKE a. O. 25. 200f. Kat.Nr. 33.

[16] Die finden sich allerdings auch schon auf den Deckeln römischer Aschenurnen.

[17] D. des Endymions. in Rom, Mus. Cap., s. Anm. 11.

[18] Beispiel: LEHMANN, Baltimore Abb. 14.15.

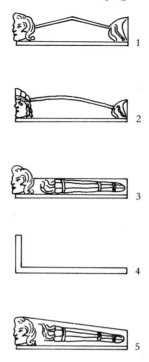

Abb. 1. Deckelformen stadtrömischer Sarkophage
1. Deckel mit Satteldach. – 2. Deckel mit gewölbtem Dach. – 3. Tafeldeckel mit massiver Vorderplatte. – 4. geläufiger Tafeldeckel. – 5. Sonderform

Aus den Giebeldeckeln entwickelte sich bald der Tafeldeckel (Abb. 1, 3.4).[19] Diese Entwicklung wird von M. GÜTSCHOW[20] folgendermaßen charakterisiert: „Immer ... bleibt die Vorderfläche in ganzer Höhe stehen, aber noch nicht als Platte, sondern massiv mit rundem Rücken (bis zu 20 cm dick) und ebenso wie die daran anschließenden Teile der liegenden Platte roh gelassen, ohne Glättung. Die Eckmasken an beiden Enden dieses Rückens greifen mit ihren vollplastisch durchgeführten Gesichtshälften auf beide Seiten über; an den Schmalseiten schließt sich an deren Hinterkopf die Deckelplatte an. Gegen Ende des 2. Jhs. verringert man das Volumen zu den beiden rechtwinklig aneinanderstoßenden schmalen Platten, der liegenden Verschlußplatte und der stehenden Kulissenwand mit Reliefs. Zugleich müssen die Masken ihre Selbständigkeit aufgeben, denn sie werden in das Relief mit einbezogen, meist durch eine schmale Leiste umrahmt. Inschrifttafel und Masken bleiben ein dau-

[19] Zur Bezeichnung: H. VON SCHOENEBECK, Der Mailänder Sarkophag u. seine Nachfolge (1935) 32 f. BRENNECKE a. O. 5. Vgl. auch G. RODENWALDT, JdI 45, 1930, 143. Dieser D. wurde zum beherrschenden Normaldeckel der stadtrömischen S., s. J. B. WARD-PERKINS, RendPontAcc 48, 1975/6, 215 ff., dort Übergangsformen, ebenso TURCAN a. O. 733 ff. Abb. 8.9.11.
[20] RM 46, 1931, 100 f.

ernder Bestandteil des Deckelschmucks, wie sie auch sein frühester waren."[21] Diese Eckköpfe und -masken können niedriger, aber auch höher als der von ihnen flankierte Fries sein, sie liegen zumeist in einer Ebene mit diesem, sind aber manchmal über Eck gedreht.[22] Das Bestreben, einen einheitlichen Fries zu gestalten, macht sich von Anfang an geltend, so daß die Eckakrotere häufig nur wie Bestandteile einer einheitlichen rechteckigen Reliefplatte wirken. Bei dieser Einbeziehung in den Fries[23] wird der alte, selbständige Zustand gelegentlich dadurch angegeben, daß der Zwickel zwischen Maske, Fries und oberer Leiste durchbrochen bleibt.[24]

Über die Eckmasken und Eckköpfe liegt eine zusammenfassende Arbeit vor.[25] Dort werden (unter Heranziehung auch der christlichen Sarkophage) 25 Kopf- und Maskentypen unterschieden (abgesehen von Unterteilungen wie bärtig-unbärtig, mit oder ohne Kopfbedeckung usw.), und zwar im nicht mythologischen Bereich Barbaren und Krieger, im mythologischen u. a. Attis,[26] Dionysos, Eros, Gorgonen, Helios und Selene, Herakles, Ichthyokentauren, Jahreszeiten, Mänaden, Marsyas, Medea, Okeanos, Pan, Satyrn und Windgötter. Nur einmal begegnen Tiere, in Gestalt von Widderköpfen.[27] Die größte Vielfalt findet sich im 3. Jh. n. Chr.,[28] am beliebtesten sind die Ichthyokentauren, die sich auch am längsten halten.[29] Es gibt vollplastische und reliefierte Köpfe,[30] erstere bei Giebeldeckeln, letztere nur bei den (weitaus häufigeren) Tafeldeckeln, die aber auch vor allem vollplastische Köpfe aufweisen.[31] Es läßt sich trotzdem eine Entwicklung zu den reliefierten Köpfen hin feststellen. Gewöhnlich entsprechen die beiden Köpfe oder Masken sich, es gibt aber auch unterschiedliche, wie Helios und Selene, bärtige und unbärtige und dergleichen.[32]

Statt der Akrotere in Kopf- oder Maskenform können auch solche, die mit figürlichen Reliefdarstellungen bedeckt sind,[33] verwendet werden. Es kommt auch vor, daß die vorderen Akrotere als Masken oder Köpfe gebildet sind, während die hinteren reliefverziert sind.[34] Eine Sonderform weist der Deckel des Triptolemossarkophages im Louvre auf, der als Akrotere Löwen und Kantharoi zeigt.[35]

[21] Zur „kulissenhaften Deckelleiste" auch G. RODENWALDT, RM 38/9, 1923/4, 3. Beispiele für diese D. form sind in vielen Publikationen zu finden, so in ASR IV, ASR XII 6, McCann, Metr.Mus. ENGEMANN, Untersuchungen; vgl. auch EAA VII 14 Abb. 16–18; 15 Abb. 20.21. WARD PERKINS a. O. 218 Abb. 23; 221 Abb. 24.25. Zum runden Rücken der vorderen Platte: H. SICHTERMANN, AA 1974, 316. – Vgl. auch M. G. PICOZZI, RendPontAcc 46, 1973/4, 89 ff.
[22] z. B. SICHTERMANN-KOCH Taf. 21, 11; 94, 38.
[23] Beispiele: dionysischer S. im Louvre, ASR IV 3, 222 Taf. 234; dionysischer Erotens. in Rom, NM, ASR V 3, 130; Endymions. im Louvre, ASR III 1, 72, Photo Alinari 22708.
[24] D. des Bellerophons. in Algier, INR 75.406.

[25] BRENNECKE a. O. Vgl. auch H. STEFAŃSKA, EtTrav 5, 1971, 105 ff.
[26] Hierzu TURCAN a. O. 271 ff.
[27] BRENNECKE a. O. Kat.Nr. 251.
[28] Chronologische Übersicht: BRENNECKE a. O. 188.
[29] BRENNECKE a. O. 189.
[30] BRENNECKE a. O. 83.
[31] BRENNECKE a. O. 190.
[32] BRENNECKE a. O. 187 f.
[33] Meleagers. Rom, Galleria Doria, ASR XII 6, 8 Taf. 10.13.82. – D. auf Amazonens. im Vatikan, AMELUNG, Vat.Kat. II 126 Nr. 49a Taf. 13: schlafende Eroten. – D. auf Riefels. mit Herakles in Rom, Mus. Nuovo, McCANN, Metr.Mus. 136 Abb. 173: Eroten.
[34] Amazonens. in Rom, Mus.Cap., SICHTERMANN-KOCH Taf. 23, 11; 24, 11.
[35] F. BARATTE, RA 1974, 282 Abb. 10.

Nicht selten fehlen bei den Deckelplatten die Eckakrotere, so daß ein einheitlicher, langer, rechteckiger Fries entsteht, der gewöhnlich mit Relieffiguren geschmückt ist.[36] Es können dabei aber die Nebenseiten der vorderen Platte akroterartig gebildet und mit Reliefs verziert sein, wie auf einem Erotensarkophag im Vatikan.[37]

Eine Sonderform entsteht, wenn die vordere Platte nicht mehr ein einfaches, langgestrecktes Rechteck ist, sondern durch abwechselnde Rund- oder Spitzbögen unterteilt wird. Diese Form findet sich, wenn auch nicht sehr häufig, im 2. Jh. n. Chr. Beispiele sind der Unterweltsdeckel im Kapitolinischen Museum,[38] der Deckel eines Clipeussarkophages im Thermenmuseum,[39] eines Sarkophages mit dionysischen Eroten im Palazzo Venezia in Rom,[40] ein dionysischer Deckel im Thermenmuseum[41] und der Deckel eines dionysischen Sarkophages in Verona.[42] Im 3. Jh. n. Chr. kann dann die vordere Platte in ‚hybrider' Weise[43] mit zinnenartigen oben abwechselnd rund- oder spitzbogigen aufrecht stehenden Feldern gegliedert werden, wobei die Eckakrotere und die mittlere Inschrifttafel erhalten bleiben; bekannteste Beispiele sind der dionysische Deckel auf dem Endymionsarkophag im Palazzo Borghese in Rom[44] und der Deckel auf einem dionysischen Sarkophag in Hever Castle.[45] ‚Zinnen' mit halbrundem oberem Abschluß zeigt der Deckel des Endymionsarkophages in New York.[46] Vergleichbar ist ein Deckel im Vatikan,[47] der neben der mittleren Inschrifttafel links ein Feld mit der Büste der Frau, rechts mit der des Mannes zeigt, beide durch tiefe Einschnitte von den Eckakroteren getrennt.[48]

Die Nebenseiten der Deckel mit vorderer Platte sind oft vernachlässigt,[49] doch macht sich immer wieder das Bestreben geltend, die Reliefverzierung nicht ganz aufzugeben. Man bediente sich dabei gern solcher Motive, die für ein sehr niedriges Relieffeld geeignet waren, wie vor allem der Fackeln.[50] Es kommen aber auch gegenständliche Motive vor, die sich auf den Hauptschmuck beziehen.[51]

Neben dem Normaldeckel mit vorderer Platte gibt es im 2. und auch noch im 3. Jh. n. Chr. gelegentlich andere Formen, wie die gleichmäßig von hinten nach vorn dicker werdenden Deckel ohne Akrotere; die Oberseite ist geglättet, die gewöhnlich recht schmale vordere Fläche ist mit einfachen Reliefdarstellungen oder bloßen Riefeln ge-

---

[36] G. RODENWALDT, RM 43, 1928, 172 Anm. 6. Ders., JdI 45, 1930, 143 mit Beispielen; s. auch den Girlandens. im Vatikan, HELBIG⁴ I 1128.
[37] LIPPOLD, Vat. Kat. III 2, 65 f. Nr. 609 Taf. 32.
[38] STUART JONES, Mus. Cap. Taf. 78. McCANN, Metr. Mus. 45 Abb. 46.
[39] K. SCHAUENBURG, AA 1975, 286 Abb. 9.
[40] M. BONANNO, Prospettiva 13, 1978, 47 Abb. 7.
[41] ASR IV 4, 331 Taf. 332.
[42] ASR IV 2, 83 Taf. 108.
[43] MATZ, MW 11.
[44] ASR IV 4, 332 Taf. 333.
[45] ASR IV 3, 214 Taf. 223.
[46] McCANN, Metr. Mus. 39 ff. Nr. 4.
[47] AMELUNG, Vat. Kat. II 126 Nr. 49a Taf. 13. INR 72.57.
[48] Zu diesem D. s. auch Anm. 33.
[49] Vgl. ASR V 3, 130.
[50] Beispiele: M. GÜTSCHOW, RM 46, 1931, 99 Abb. 6. PESCE, Sardegna Taf. 105.106. LEHMANN, Baltimore Abb. 28.29. SICHTERMANN-KOCH Taf. 70,31; 71,31; 102,39 (= ASR XII 6,8 Taf. 13); 119,46 (= TURCAN a. O. 731 Abb. 7); 140,53 (= TURCAN a.O. 728 f. Abb. 4.5). Allgemein: BRENNECKE a. O. 26. H. SICHTERMANN in: Eikones. Festschrift H. Jucker (1980) 168 mit Anm. 5.
[51] z. B. SICHTERMANN-KOCH Taf. 128,48, Niobidens. im Vatikan.

schmückt (Abb. 1, 5).⁵² G. RODENWALDT schlug vor, in diesen Deckeln eine Nachbildung des lectus zu sehen.⁵³ Gelegentlich bestehen Verbindungen dieser Deckel zu denen mit Kopfakroteren.⁵⁴

Neben all diesen Formen kann die Dachgiebelform immer wieder hervortreten, wobei es dann zu Mischformen kommt; ein frühes Beispiel ist der Deckel des Giganten-Kentaurensarkophages im Thermenmuseum,⁵⁵ ein spätes derjenige eines christlichen Sarkophages in Mailand.⁵⁶

Außer den bereits genannten Klinendeckeln⁵⁷ treten im späten 3. und im 4. Jh. n. Chr. auch wieder ganze Satteldachdeckel auf,⁵⁸ sowohl auf Riefelsarkophagen⁵⁹ als auch auf Friessarkophagen.⁶⁰ Charakteristisch sind die breiten Masken in den Eckakroteren sowie die meist nur auf der Vorderseite ausgearbeiteten Kalyptera mit Stirnziegeln; häufig erscheint, allein aufragend, in der Mitte der Vorderseite eine Tabula.⁶¹ Statt der Masken können auch Palmetten die Akrotere zieren und statt der langen Dachziegel schuppenartige verwendet werden;⁶² hier sind auch die mit bukolischen Szenen geschmückten Akrotere eines Deckels in S. Callisto in Rom zu nennen.⁶³ Ganz selten wird auch die Dachschräge mit Reliefs verziert, und zwar auf beiden Seiten.⁶⁴

172

Ein Unikum ist der kolossale Deckel auf dem hausförmigen Sarkophag in der Prätextatkatakombe⁶⁵ mit Giebeln an den Langseiten, der trotz östlicher Einzelzüge wohl in Rom gearbeitet sein wird; auch er hat Dachziegel und Kalyptera.

Allgemein gilt, daß Kasten und Deckel oft nicht ganz maßgleich⁶⁶ oder aus verschiedenem Material⁶⁷ sind. Es kam auch vor, daß man Deckel, die ursprünglich für Kastensarkophage gedacht waren, für Wannensarkophage zurechtschnitt;⁶⁸ Deckel

⁵² G. RODENWALDT, JdI 45, 1930, 146 f. Abb. 24 (Riefeln). AMELUNG, Vat. Kat. I 63 ff. Nr. 497 A Taf. 68 (Reliefs).
⁵³ JdI 45, 1930, 146.
⁵⁴ LIPPOLD, Vat. Kat. III 2, 260 f. Nr. 38 Taf. 120, vgl. CUMONT 348 Abb. 77.
⁵⁵ ANDREAE, Studien Taf. 40.
⁵⁶ H. VON SCHOENEBECK, Der Mailänder Sarkophag u. seine Nachfolge (1935) 32 f. Vgl. auch den D. in Ostia, R. CALZA, Mél. Carcopino (1966) 176, INR 79.79–84, vgl. Kapitel I 4.3.1.7.
⁵⁷ s. Anm. 8–10.
⁵⁸ G. RODENWALDT, JdI 45, 1930, 143. 187. J. M. C. TOYNBEE, The Art of the Romans (1965) 98 f. Zu den Unterschieden zu den östlichen S.: GÜTSCHOW, Prätextat 141.
⁵⁹ Beispiele: P. KRANZ, RM 84, 1977, 377 Anm. 164; der dort genannte S. INR 7166/7 = CALZA, Villa Doria 227 Nr. 266 Taf. 151 (der D. stellt eine Verbindung zwischen Klinen- u. Dachdeckel dar, da er auch die liegende Figur des Verstorbenen zeigt); vgl. auch GÜTSCHOW, Prätextat 168 Abb. 37. Rom, NM, HELBIG⁴ III 2117. WILPERT III Taf. 270,3–5. G. GULLINI,

BdA 34, 1949, 56. 60 Anm. 57.
⁶⁰ GÜTSCHOW, Prätextat 141 ff. Taf. 23. SICHTERMANN-KOCH 36 Nr. 30 Taf. 65. ASR XII 6, 151 Taf. 124 (dort fälschlich 1 statt 151). ARIAS, Camposanto Taf. 35, 71. H. BRANDENBURG, JdI 93, 1978, 293 Abb. 18. I. HERKLOTZ, ZKuGesch 43, 1980, 15 f. Abb. 6 (= ASR V 3, 184 Taf. 67).
⁶¹ z. B. ASR V 3, 184 Taf. 67. G. GULLINI, BdA 34, 1949, 56.
⁶² ASR III 2, 165 = INR 64.621.
⁶³ WILPERT I Taf. 85,6–7. GÜTSCHOW, Prätextat 141 f.
⁶⁴ D. in Ostia, INR 69.2254/5.
⁶⁵ GÜTSCHOW, Prätextat 134 ff. Taf. 21.22.
⁶⁶ G. RODENWALDT, AA 1928, 267. M. WEGNER, ASR V 3 S. 72 zu Nr. 184 Taf. 67. HIMMELMANN, Typ. Unt. 15. ASR XII 6, 67. ARIAS, Camposanto 57 f. Taf. 6,10 = ASR III 1, 53.
⁶⁷ LIPPOLD, Vat. Kat. III 2 S. 260 zu Nr. 38 (146). J. B. WARD-PERKINS, RendPontAcc 48, 1975/6, 234. ASR V 3, 139.
⁶⁸ Totenmahls. im Vatikan, HELBIG⁴ I 1014. HIMMELMANN, Typ. Unt. Taf. 26.

und Kasten können auch stilistisch so verschieden sein, daß ihre Zugehörigkeit trotz antiken Befundes zweifelhaft erscheint.[69] Trotzdem zeigt die Tatsache, daß die Reliefverzierungen der Deckel gegenständlich zumeist mit den Darstellungen der Vorderseite zusammenstimmen, daß beide in der Regel nicht unabhängig voneinander gefertigt wurden. Die Deckel mit neutralen, vertauschbaren Motiven sind selten; es finden sich Eroten mit Girlanden,[70] Horen und Eroten,[71] je zwei stiertötende Niken auf beiden Seiten.[72] Nicht selten sind die dekorativ verzierten Deckel mit Tabula oder Porträt in der Mitte.[73] Neben all dem gibt es Sonderbildungen wie den Deckel eines Kindersarkophages im Thermenmuseum, der links und rechts neben der Tabula sechs Masken zeigt.[74] Besonders im 3. Jh. n. Chr. enthalten dann die Deckel oft wichtige, für den Beigesetzten bezeichnende Darstellungen, wie die Deckel der späten Schlachtsarkophage.[75] Es bilden sich sogar kleine Untergruppen heraus wie diejenigen Deckel, die links neben der mittleren Inschrift eine repräsentative Szene mit Öffentlichkeitscharakter aus dem Leben des Beigesetzten zeigen, rechts das Porträt seiner Frau.[76]

Die Normaldeckel, die Klinendeckel sowie die Dachdeckel sind alle rechteckig, eignen sich daher nur für Kastensarkophage. Die Deckel der Wannensarkophage lehnen sich, was Friesverzierung und mittlere Tabula betrifft, gewöhnlich an die viereckigen Deckel an, da sie jedoch die Rundung der Sarkophagwanne mitmachen, verzichten sie auf die Eckakrotere.[77] Im übrigen aber bemühte man sich, die gewöhnlichen Deckel der Wannenform anzupassen, selbst bei Klinendeckeln.[78] Es wurden aber schon in der Antike rechteckige Deckel auf ovale Sarkophage gesetzt.[79]

4. Kastensarkophage

ALTMANN, Architectur (1902) 88. – G. RODENWALDT, RM 38/9, 1923/4, 2 f. 13 f. – GABELMANN, Werkstattgruppen 18 f. – Ders., BJb 177, 1977, 199 ff.

Der stadtrömische Normalsarkophag hat im eigentlichen Sinne keine Grundform. Er „brauchte nur ... aus vier kastenartig zusammengestellten Reliefs zu bestehen und er

---

[69] F. MATZ, Gnomon 17, 1941, 347 f. 350.
[70] Orests. in München, ASR II 167. Endymions. im Vatikan, ASR III 1, 48. MCCANN, Metr. Mus. 37 Abb. 32.33 (D. nicht zugehörig). Vgl. auch ASR III 1, 24 (Alkestis).
[71] Triptolemoss. in Wilton House, ASR III 3, 432.
[72] Leukippidens. in Baltimore, ASR III 2, 182. LEHMANN, Baltimore Abb. 11.
[73] Alkestiss. im Vatikan, ASR III 1, 26. SICHTERMANN-KOCH Taf. 17,8. Endymions. in Kopenhagen, ASR III 1, 49. Neoptolemoss. in Rom, NM, SICHTERMANN-KOCH Taf. 119,46. Marsyass. in Kopenhagen, ASR III 2, 208.

[74] CUMONT Taf. 38; vergleichbar der D. in Cagliari, PESCE, Sardegna Taf. 7, 8 = ASR IV 1, 56.
[75] Vgl. HIMMELMANN, Typ. Unt. 32 Anm. 9.
[76] H. BRANDENBURG, AA 1980, 277. 281 f. Vgl. auch den D. eines S. in Rom, NM, ASR V 3, 130.
[77] z. B. beim bukolischen S. in Rom, NM, GIULIANO, Mus.Naz.Rom. I 1, 312 ff. Nr. 187.
[78] Vgl. den Prometheuss. in Rom, Mus.Cap., SICHTERMANN-KOCH Taf. 165,68.
[79] Riefels. in Rom, NM, G. GULLINI, BdA 34, 1949, 55 f. Abb. 7.9. – Zu später für Wannens. zurechtgeschnittenen D. s. Anm. 68.

wäre fertig, eine Regel, die nur selten durchbrochen wird".[1] „Der vom etruskischen abgeleitete römische Sarkophag unterdrückt und mißachtet den tektonischen Aufbau zugunsten des erzählenden Schmuckes; seine Vorder- und Schauseite wird von einer kulissenhaften Deckelleiste gekrönt, die Nebenseiten sind flacher und geringer ausgeführt, die Rückseite bleibt grundsätzlich ohne Schmuck".[2] So ist die „Frage nach den Grundformen ... an stadtrömischen Sarkophagen überhaupt nur an frühen Stücken zu stellen, die an ihren oberen und unteren Profilen noch eine ‚Grundform' erkennen lassen".[3]

Für diese frühen Sarkophage schlug H. Gabelmann folgende Formbezeichnungen vor: Postamentsarkophage, die an der Basis fallende, am oberen Gesims steigende Profile haben,[4] und profilgerahmte Sarkophage oder Truhensarkophage, deren Flächen von Randleisten gerahmt sind.[5] Beide Formen spielen, bei Berücksichtigung der gesamten Geschichte der stadtrömischen Sarkophage, nur eine geringe Rolle.

Die große Menge dieser Sarkophage kann, ihrer wenig oder gar nicht ausgeprägten Grundform wegen, streng genommen nur nach ihrer Dekoration, d. h. der Dekoration ihrer Langseite unterteilt werden. Sie alle sind – bis auf die Sonderform der Lenoi und Wannensarkophage – ‚Kastensarkophage'. Selbst die frühen ‚Postamentsarkophage' und ‚Truhensarkophage' sind es im Grunde schon, denn sie sind weit mehr Kästen als Postamente oder Truhen.

5. Riefelsarkophage

Die Sarkophage, deren Langseite in der Hauptsache mit den sogenannten Riefeln verziert ist, stellen dadurch, daß sie sich in ihrem übrigen Aufbau vorwiegend architektonischer Elemente wie Säulen und Ädikulen bedienen, ohne Frage eine besondere Sarkophagform dar, die nicht nur als eine Variante im Ornamentalen angesehen werden kann – sofern man sich dessen bewußt ist, daß die stadtrömischen Sarkophage im Grunde alle nur Fassadensarkophage sind, bei denen es eine umgreifende, den gesamten Sarkophagkörper bestimmende Form gar nicht gibt. Neben der Behandlung der Riefelverzierung als Ornament[1] seien daher hier die geläufigsten Formen der Riefelsarkophage zusammengestellt, wie sie seit dem Ende des 2. Jhs. n. Chr. im stadtrömi-

---

[1] ALTMANN a. O. 88.
[2] RODENWALDT a. O. 2 f. Von hier aus ist es zu verstehen, daß man lange nur von ‚Sarkophagreliefs' sprach, nicht von ‚Reliefsarkophagen', s. Kapitel A 2 Anm. 115, und daß diese Sarkophagreliefs jahrhundertelang isoliert bewundert, nachgeahmt und studiert werden konnten.
[3] H. GABELMANN, BJb 177, 1977, 199.
[4] GABELMANN, Werkstattgruppen 18 f. Ders., BJb 177, 1977, 225, im Stadtrömischen bald verschwunden, s. GABELMANN, Werkstattgruppen 19.

[5] H. GABELMANN, BJb 177, 1977, 220 ff., von Altären abgeleitet, wohl in Rom entstanden. – Die von GABELMANN, BJb 177, 1977, 225, als dritte Form genannten architektonischen oder Architektursarkophage sind eine rein oberitalische Form, s. Werkstattgruppen 39 ff.

[1] Hierfür ist Kapitel I 4.3.9.6 zu konsultieren, das sich teilweise mit diesem Kapitel überschneidet.

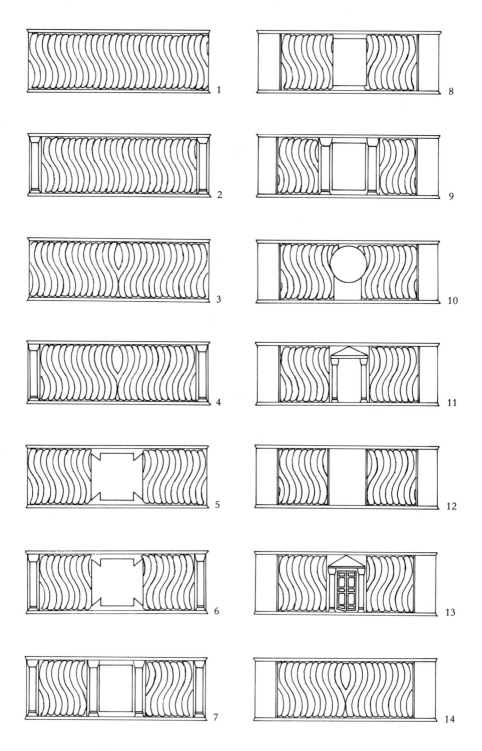

Abb. 2. Formen stadtrömischer Riefelsarkophage s. Aufstellung S. 75.

schen Bereich außerordentlich häufig geworden sind; angegeben wird die Riefelverzierung auf der Langseite:
1. durchlaufend, ohne Begrenzung² (Abb. 2,1)
2. durchlaufend, Eckpilaster oder -säulen³ (Abb. 2,2)
3. antithetisch, ohne Eckbegrenzung⁴ (Abb. 2,3)
4. antithetisch, Eckpilaster oder -säulen⁵ (Abb. 2,4)
5. Mittelmotiv, ohne Eckbegrenzung⁶ (Abb. 2,5)   119
6. Mittelmotiv, Eckpilaster oder -säulen⁷ (Abb. 2,6)
7. Mittelmotiv, von Pilastern oder Säulen gerahmt, Eckpilaster oder -säulen⁸ (Abb. 2,7)
8. Reliefs in Seitenfeldern, Mitte Tabula⁹ (Abb. 2,8)
9. Reliefs in Seitenfeldern, Mitte Tabula, begrenzt von Architektur¹⁰ (Abb. 2,9)
10. Reliefs in Seitenfeldern, Mitte Tondo, meist mit Büste¹¹ (Abb. 2,10)   292
11. Reliefs in Seitenfeldern, Relief in Mittelfeld in architektonischer Rahmung¹² (Abb. 2,11)
12. Reliefs in Seitenfeldern, Relief in Mittelfeld ohne Rahmung¹³ (Abb. 2,12)   290
13. Reliefs in Seitenfeldern, Mitte Grabestür¹⁴ (Abb. 2,13)   291
14. Reliefs in Seitenfeldern, Mitte frei oder kleines Motiv¹⁵ (Abb. 2,14)
15. Sonderformen¹⁶   293

Eine besondere Gruppe bilden die Riefelsarkophage mit Löwen als Verzierung; es lassen sich folgende Varianten unterscheiden:

1 A. Löwenköpfe¹⁷
1 B. Löwenköpfe mit Ringen¹⁸   295
1 C. Löwenköpfe mit Mittelmotiv¹⁹

---

² Beispiele: TUSA, Sicilia Taf. 69, 125; 103, 193. PESCE, Sardegna Taf. 67, 93.
³ Beispiele: TUSA, Sicilia Taf. 118, 220.
⁴ Beispiele: TUSA, Sicilia Taf. 130, 242. PESCE, Sardegna Taf. 59, 74; 64, 88; 67, 92.94.
⁵ Beispiele: TUSA, Sicilia Taf. 57, 104.
⁶ Beispiele: TUSA, Sicilia Taf. 35, 57; 36, 58; 57, 103; 65, 116. PESCE, Sardegna Taf. 66, 91. ARIAS, Camposanto Taf. 46, 94; 120, 253. CALZA, Villa Doria Taf. 158, 284.
⁷ Beispiele: TUSA, Sicilia Taf. 88, 165. CALZA, Villa Doria Taf. 157, 280; 158, 283.285.
⁸ Beispiele: TUSA, Sicilia Taf. 64, 114; 69, 124; 79, 143. ARIAS, Camposanto Taf. 53, 107; 108, 225; 114, 241; 121, 255; 122, 257.
⁹ Beispiel: TUSA, Sicilia Taf. 87, 161.
¹⁰ Beispiel: Rom, Sepolcro dei Scipioni, INR 76.249.
¹¹ Beispiele: TUSA, Sicilia Taf. 77, 139. PESCE, Sardegna Taf. 57, 70; 86, 117; 92, 125. CALZA, Villa Doria Taf. 153, 268.269. ARIAS, Camposanto Taf. 15, 30; 43, 88; 89, 189; 107, 222.

¹² Beispiele: ARIAS, Camposanto Taf. 38, 78; 56, 114; 61, 126; 72, 152; 74, 155. CALZA, Villa Doria Taf. 150, 263.264.
¹³ Beispiele: TUSA, Sicilia Taf. 50, 85. PESCE, Sardegna Taf. 82, 113; 98, 132. ARIAS, Camposanto Taf. 19, 37; 78, 164. CALZA, Villa Doria Taf. 150, 265.
¹⁴ Beispiele: PESCE, Sardegna Taf. 94, 128. ARIAS, Camposanto Taf. 8, 13.
¹⁵ Beispiele: PESCE, Sardegna Taf. 91, 124. ARIAS, Camposanto Taf. 35, 72; 113, 238. CALZA, Villa Doria Taf. 152, 267.
¹⁶ Beispiele: CALZA, Villa Doria Taf. 151, 266 (je eine Aedicula in der Mitte u. an den Seiten). ARIAS, Camposanto Taf. 63, 131 (an den Seiten Büsten im Blätterkelch). Unpubliziert, Rom, Via Cassia 910, INR 80.856/7 (flache Girlanden über Riefeln).
¹⁷ Beispiel: TUSA, Sicilia Taf. 84, 155.
¹⁸ Beispiele: TUSA, Sicilia Taf. 132, 245. ARIAS, Camposanto Taf. 49, 101. CALZA, Villa Doria Taf. 155, 272.273.
¹⁹ Beispiel: CALZA, Villa Doria Taf. 154, 271.

294 2 A. Gruppen mit Löwen oder ganzfigurige Löwen ohne Mittelmotiv[20]
2 B. Dasselbe mit kleinem Mittelmotiv[21]
2 C. Dasselbe mit Büsten als Mittelmotiv[22]
182 2 D. Dasselbe mit Relief als Mittelmotiv.[23]

6. Säulensarkophage

C. R. MOREY, in: Sardis V 1 (1924) 56 ff. – G. RODENWALDT, RM 38/9, 1923/4, 1 ff. – M. LAWRENCE, ArtB 14, 1932, 103 ff. – Dies., AJA 62, 1958, 273 ff. – WIEGARTZ, Säulens. – TURCAN 73 ff. – V. M. STROCKA, AA 1971, 82 ff. – WIEGARTZ, Marmorhandel 345 ff. – N. HIMMELMANN in: Mél. Mansel I (1974) 45 ff. – G. KOCH, ASR XII 6 S. 51 ff. – H. GABELMANN, BJb 177, 1977, 225 f. – P. KRANZ, RM 84, 1977, 349 ff. – Ders., HefteABern 4, 1978, 34 ff.

Säulen- und teilweise auch Riefelsarkophage werden nicht selten als „architektonische Sarkophage" bezeichnet,[1] da außer Säulen auch Pfeiler zur Verwendung gelangen; doch ist dieser Begriff für die stadtrömischen Gruppen wenig geeignet, da der Sarkophag als Ganzes kein architektonisches Gebilde oder dessen konsequente Nachahmung ist.[2]

Die stadtrömischen Säulensarkophage haben mit den entsprechenden Sarkophagen Kleinasiens die Gestaltung der Langseite als Arkadenfront gemeinsam; die Neben- und Rückseiten sind jedoch, stadtrömischem Brauch entsprechend, mit flachen Reliefs oder gar nicht verziert. Neben der Säulenarkade, mit oder ohne einbezogene Mittelädikula, findet sich, im Gegensatz zu den kleinasiatischen Exemplaren, auch die Pfeilerarkade.

Die nahe Verwandtschaft stadtrömischer Säulensarkophage mit den kleinasiatischen hatte zu der Annahme geführt, das Motiv sei von dort her übernommen, und zwar erst zu Beginn des 3. Jhs. n. Chr.[3] Als jedoch rein römische Elemente bei den stadtrömischen Exemplaren immer deutlicher erkannt wurden,[4] begann man, an dieser These zu zweifeln,[5] und als schließlich bei einigen dieser Sarkophage bereits das 2. Jh. n. Chr. als Entstehungszeit wahrscheinlich gemacht werden konnte, außerdem auf frühkaiserzeitlichen Aren und Urnen vergleichbare Motive, d. h. Säulen- und Arkadengliederung, herangezogen wurden, die in einigen frühen Sarkophagen bereits Nachfolge gefunden hatten,[6] ließ sich eine von Kleinasien unabhängige Entstehung der stadtrömischen Säulensarkophage nicht mehr übersehen. Dazu kann man auf die Betonung der Mitte und das Streben nach symmetrischer Gestaltung der Langseiten als einen typisch stadtrömischen Zug verweisen. Es ist auch nicht ausgeschlossen, daß

[20] REINACH, RR III 348,1 = KRAUS, PropKg Abb. 245 a.
[21] Beispiele: TUSA, Sicilia Taf. 53, 92. ARIAS, Camposanto Taf. 55, 112.
[22] Beispiel: ARIAS, Camposanto Taf. 42, 85.
[23] Beispiel: hier Taf. 182.
[1] GABELMANN, Werkstattgruppen 18. Ders., BJb 177, 1977, 225 f.

[2] Das schließt nicht aus, daß auch der stadtrömische Säulens. sich Grabbauten zum Vorbild genommen hat, s. Kranz a. O. 378 ff.
[3] RODENWALDT a. O. 1 ff.
[4] RODENWALDT a. O. 1 ff. M. LAWRENCE, AJA 62, 1958, 273 ff.
[5] TURCAN, 73 ff. KRANZ a. O. 349 ff.
[6] KRANZ a. O. 349 ff.

es Vorformen bereits unter den frühen Sarkophagen augusteischer Zeit gab, die noch an Etruskisches anknüpfen.[7]

Ein – wie in so vielem anderen auch – untypischer Vorläufer der stadtrömischen Säulensarkophage ist der Unterweltssarkophag in Velletri.[8] Er zeigt auf beiden Langseiten eine dreizonige Fassadenarchitektur, bei der auf der Vorderseite als Gebälkträger nicht Säulen, sondern (unten) Atlanten und (oben) Karyatiden fungieren; die Rückseite zeigt das gleiche System, hat jedoch außerdem links und rechts (unten) je einen Pfeiler, (oben) je eine gedrehte ionische Säule. Ebenso sind die Nebenseiten gestaltet, nur daß oben, der Tür wegen, die Karyatiden weggefallen sind. Über dem Gebälk sind auf den Langseiten abwechselnd drei Segmentbögen und zwei dreieckige Giebel angebracht, außerdem an jeder Ecke je ein auf die Nebenseiten umgreifender dreieckiger Giebel. Über den Türen der Nebenseiten befinden sich Segmentbögen.

Das alles hat weder Vorläufer noch eine Nachfolge. Die eigentliche Entwicklung begann in antoninischer Zeit,[9] als sich bestimmte Typen herausbildeten.[10] Diese gegeneinander abzugrenzen, bleibt der vielen Übergänge und Mischformen wegen problematisch und mehr oder weniger willkürlich; als Arbeitsgrundlage sind solche Einteilungen jedoch kaum zu entbehren.

Es lassen sich unterscheiden:
A. Arkadenfront mit fünf Bögen[11] (Abb. 3 A)
B. Fünf Intercolumnien, je zwei Bögen links und rechts, in der Mitte Giebel[12] (Abb. 3 B)
C. Fünf Intercolumnien, Giebel und Bögen wechselnd[13] (Abb. 3 C)
D. Arkadenfront mit vier Bögen[14] (Abb. 3 D)
E. Arkadenfront mit sechs Bögen[15] (Abb. 3 E)
F. Front mit geradem Architrav[16] (Abb. 3 F)

---

[7] KRANZ a. O. 377f.

[8] Genaue Beschreibung bei ANDREAE, Studien 13 ff., über die östlichen und westlichen Züge: G. KOCH, BJb 180, 1980, 102 ff.

[9] KRANZ a. O. 349 ff.

[10] Zu den Typen RODENWALDT a. O. 6ff.; seine Aufstellung wird hier modifiziert und erweitert. GABELMANN, Werkstattgruppen 39 ff., behandelt zwar vornehmlich die oberitalischen Sarkophagtypen, äußert sich aber auch mehrfach zu den stadtrömischen. Zur Typeneinteilung: G. KOCH, ASR XII 6 S. 53 Anm. 47: „Die Scheidung nach Zahl der Arkaden, Art der Stützen und Form der Bögen ist natürlich willkürlich, da die Römer zahlreiche Abwandlungen vornahmen".

[11] RODENWALDT a. O. 22 ff. mit fünf Beispielen, darunter 23 Abb. 10 (S. Pietro bei FERENTILLO, ASR IV 4, 276. KRANZ a. O. 368 ff. Taf. 165,1). Dazu Rom, Pal. Mattei, KRANZ a. O. Taf. 165,2.

[12] RODENWALDT a. O. 24 ff. mit vier Beispielen, darunter Pisa, ARIAS, Camposanto Taf. 51, 105. Dazu Rom, S. Lorenzo in Panisperna, KRANZ a. O. Taf. 157,1. Zürich, Rehalp-Friedhof, KRANZ a. O. Taf. 157,2, weitere Beispiele ebenda Taf. 166,2 u. S. 355 Anm. 44; 379. ASR IV 4, 246 Taf. 261 (dazu KRANZ a. O. 372 Anm. 139). Nach KRANZ a. O. 355 ff. frühester Typ der stadtrömischen Säulens.

[13] VERMEULE I 44 Abb. 14, verschollen. P. KRANZ, Hefte ABern 4, 1978, 34 f.

[14] Tipasa, RODENWALDT a. O. 27. McCann, Metr.Mus. 126 Abb. 160. RODENWALDT a. O. 21 f. ein weiteres Beispiel.

[15] Herakless. in Rom, NM, I. JACOPI, ArchCl 24, 1972, 283 ff. Taf. 73 ff.

[16] Rom, Pal. Mattei, KRANZ a. O. Taf. 166,1, wohl auch ein Hochzeitss. in Rom, Pal. Lazzaroni, INR 70.272.

78　　　　　　　　　　*Stadtrömische Sarkophage*

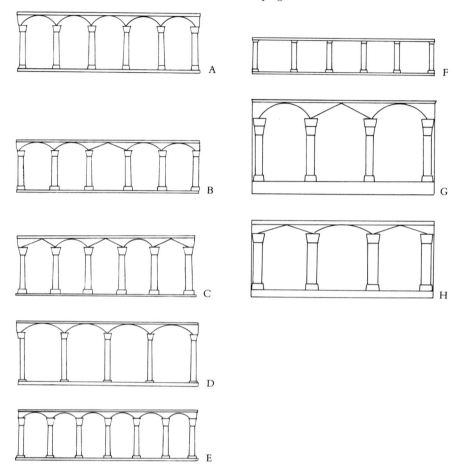

G. Front mit Giebel in der Mitte und seitlich je einem Bogen (sog. Lanuviumtyp)[17] (Abb. 3 G)

H. Front mit Bogen in der Mitte und seitlich je einem Giebel[18] (Abb. 3 H)

I. Tabernakelfront: Tür zwischen zwei selbständig stehenden Aediculae[19] (Abb. 3 I)

K. Wechselnd Bogen, Architrav, Giebel, Architrav, Bogen[20] (Abb. 3 K)

L. Sondergruppe, sog. Cordobatyp: in der Mitte Aedicula mit Giebel, seitlich je ein rechteckiges Bildfeld, außen je eine Säule.[21] (Abb. 3 L)

[17] Rom, NM, RODENWALDT a. O. 19f. Abb. 9. Zum Typ KRANZ a. O. 373: „Freie Weiterbildung kleinasiatischer Vorbilder".

[18] S. mit Eros und Psyche in Rom, S. Agnese, A. ORLANDI, ArchCl 24, 1972, 43 Anm. 46 Taf. 27,2 (mit falscher Ortsangabe).

[19] Florenz, Mus. dell'Opera del Duomo, RODENWALDT a. O. 17 f. Abb. 8; dort 20 f. zwei weitere Beispiele. Dazu Rom, Pal.Cons., McCANN, Metr. Mus. 134 Abb. 172.

[20] Florenz, Mus. dell'Opera del Duomo, RODENWALDT a. O. 11 ff. Abb. 4. EAA VII 25 Abb. 38. INR 75.230–235.

[21] Beispiele: F. MATZ, MM 9, 1968, 300ff. Taf. 99 (Leningrad). 101 (Córdoba).

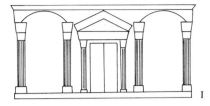 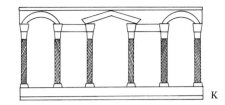

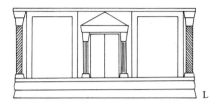

Abb. 3. Typen der stadtrömischen Säulensarkophage.
A. Arkadenfront mit fünf Bögen. – B. Fünfteilige Arkade mit Giebel über der Mittelnische. – C. Fünf Interkolumnien, Giebel und Bogen abwechselnd. – D. Arkadenfront mit vier Bögen. – E. Arkadenfront mit sechs Bögen. – F. Front mit Architrav. – G. Front mit drei Interkolumnien, seitlich Bögen, in der Mitte Giebel; sog. Lanuvium-Typus. – H. Front mit drei Interkolumnien, seitlich Giebel, in der Mitte Bogen. – I. Tür zwischen zwei selbständig stehenden Aediculae; sog. Tabernakel-Typus. – K. Nachbildung des kleinasiatischen ‚Normaltypus'. – L. Cordoba-Typus.

Die Säulen sind, wie bei den Sarkophagen in Kleinasien, zumeist mit gedrehten Kanneluren versehen,[22] seltener gibt es glatte Säulen;[23] die Kapitelle haben eine stadtrömische Sonderform[24] oder sind korinthisch. Nur auf stadtrömischen Sarkophagen erfolgte die Ablösung des korinthischen Kapitells durch das Kompositkapitell,[25] ebenso gibt es nur auf stadtrömischen Sarkophagen statt der Säulenarkade die Pfeilerarkade.[26]

Die figürlichen Darstellungen[27] mußten sich der Säulengliederung anpassen. Mythologische Szenen eigneten sich wenig dazu, bevorzugt wurden Einzelgestalten oder kleinere Figurengruppen, die häufig statuengleich auf Basen gestellt werden.[28] Besonders beliebt ist die dextrarum iunctio, die nur auf stadtrömischen Sarkophagen vorkommt;[29] zu ihr werden andere auf die Hochzeit oder die Beigesetzten zu beziehende Figuren, außen meist die Dioskuren, gesetzt.[30] Gern wurden, seit Beginn der Produktion, auch die Jahreszeiten verwendet, die sich leicht zwischen die Säulen stellen ließen; auch Herakles mit seinen Taten bot sich für die Dekoration an.[31] Einige Male sind die Musen vertreten.[32] Einzelne mythologische Figuren wie Meleager[33] können

[22] Kranz a. O. 365. 370f. Anm. 130.
[23] New York, McCann, Metr. Mus. 132 Nr. 23 Abb. 170.
[24] ‚Tuskanisches Kapitell', Kranz a. O. 356ff.
[25] Ebenda 365f.
[26] Ebenda 367f.
[27] G. Koch, ASR XII 6 S. 51ff.
[28] Kranz a. O. 366.
[29] s. Kapitel I 4.3.1.3.
[30] G. Koch, ASR XII 6 S. 51f.
[31] s. Kapitel I 4.3.8. I 4.3.2.16.
[32] G. Koch, ASR XII 6 S. 52 mit Anm. 20 u. 21.
[33] ASR XII 6, 143 Taf. 123.

in das Zentrum gesetzt werden, mit passenden Nebenfiguren verbunden, es werden aber auch zusammengehörige Gruppen aus bestimmten Sagenkreisen gewählt, wie die mit Eroten kombinierten Szenen aus der Ares-Ikonographie[34] oder Achill auf Skyros.[35] Das Ergebnis ist nicht immer künstlerisch befriedigend.

Erst gegen Ende des 2. Jhs. n. Chr. erfolgte eine Annäherung der stadtrömischen Säulensarkophage an die kleinasiatischen, sowohl in der Gesamtanlage als auch im Einzeldekor.[36] Vielleicht sind im weiteren Verlauf sogar kleinasiatische Bildhauer in Rom tätig gewesen.[37] Ein Beispiel getreuer Nachahmung ist ein Hochzeitssarkophag in Florenz,[38] vielleicht ist auch der Musensarkophag Mattei in Rom hierher zu rechnen.[39]

7. Lenoi. Wannensarkophage

ALTMANN, Architectur (1902) 46 ff. – G. RODENWALDT, CrdA 1, 1935/6, 225 ff. – F. DE RUYT, BInstHistBelgRom 17, 1936, 169 ff. – G. GULLINI, BdA 34, 1949, 55 ff. – U. SCERRATO, ArchCl 4, 1952, 259 ff. – E. R. GOODENOUGH, Jewish Symbols in the Greco-Roman Period VII (1958) 29 ff. (Sark.: 60 ff.). – K. SCHAUENBURG, JdI 81, 1966, 270 ff. – TURCAN 62 ff. – F. MATZ, ASR IV 1, S. 133. 146. 158. 165. 170. – G. BECATTI in: Scavi di Ostia VI (1969) 143 ff. – E. SIMON, JdI 85, 1970, 206 ff. – C. R. CHIARLO, AnnPisa ser. III vol. 4,4, 1974, 1307 ff. – P. KRANZ, BullCom 84, 1974/5, 173 ff. – G. KOCH, ASR XII 6 S. 26 ff. – Ders., AA 1977, 111 ff. – Ders., BJb 177, 1977, 252 f. – C. R. CHIARLO, StClOr 26, 1977, 69 ff.

Die einzige nennenswerte Ausnahme von der ‚Kasten'-Regel der stadtrömischen Sarkophage, die Lenoi und Wannensarkophage, stellen deutlich einen Kompromiß zwischen der Wannenform und der Kastenform mit ihren vernachlässigten Nebenseiten und unbearbeiteten Rückseiten dar. Ihre Form ist einerseits aus den ‚Lenoi', den Keltertrögen,[1] herzuleiten, andererseits aus der Form der eigentlichen Wannen. Die Formen überschneiden sich, auch werden Nebenformen eingeführt, die sich kaum noch auf die genannten Grundformen zurückführen lassen. Die Varianten beginnen schon relativ früh; so lassen sich schon in antoninischer Zeit Sarkophage mit sich nach oben verbreiternden Seitenwänden und solche mit senkrecht nach oben laufenden unterscheiden.[2]

Charakteristischer Schmuck sind bei einem Großteil dieser Sarkophage die an beiden Enden der Langseite angebrachten Löwenköpfe.[3] Sie gehen auf die Ausflußöff-

---

[34] Rom, Pal. Mattei, M. LAWRENCE, AJA 62, 1958 Taf. 74,11. KRANZ a. O. Taf. 165,2.

[35] ASR II 40. AMELUNG, Vat.Kat. I 761 f. Nr. 662 Taf. 82.

[36] G. KOCH, ASR XII 6 S. 52 f. KRANZ a. O. 370 ff. 380.

[37] Zu dieser schwierigen Frage: V. M. STROCKA, AA 1971, 82 ff., allgemein auch WIEGARTZ, Myra 213 f. G KOCH, ASR XII 6 S. 22 ff. Ders., AA 1979, 236 ff.

[38] Mus. dell'Opera del Duomo, G. KOCH, BJb 180, 1980, 99 ff. Abb. 46.

[39] Rom, NM, ASR V 3, 128 Taf. 84. G. KOCH, ASR XII 6 S. 53. KRANZ a. O. 373 mit Anm. 143 u. 144.

[1] Das Wort ist zwar schon von Pherekrates in der 2. Hälfte des 5. Jhs. v. Chr. für ‚Sarkophag' verwendet worden (ALTMANN a. O. 46), hat aber im Lateinischen keine Entsprechung.

[2] G. KOCH, BJb 177, 1977, 252.

[3] RODENWALDT a. O. SCERRATO a. O. H. STEFAŃSKA, EtTrav 6, 1972, 131 ff. I. JACOPI, BdA 60, 1975, 75 ff. B. ANDREAE, ASR I 2 S. 43.

nungen von Keltertrögen zurück, welche, wie schon seit langem in Griechenland alle Arten von Brunnenmündungen und Wasserspeiern, die Form von Löwenköpfen hatten;[4] der ganze Sarkophag erscheint somit in Form und Verzierung als Nachahmung eines Keltertroges.[5] Die sofort einsetzende Verselbständigung der Form zeigt sich darin, daß die Löwenköpfe nicht, wie bei den Keltertrögen, dicht über dem Boden, sondern meist recht hoch angebracht sind. Auch auf andere Weise wird die einfache Imitation verlassen; so findet dadurch, daß den Löwen ein großer Ring in das Maul gegeben wird,[6] eine Annäherung an die Form der Türklopfer statt, wenn nicht mit diesen Ringen die Trageringe für den Kasten gemeint sein sollen.[7] Wie sehr das ornamentale Interesse dabei vorwaltete, ersieht man daraus, daß die Ringe häufig gar nicht mehr durch das Maul geführt werden, sondern nur als flaches Relief auf dem Untergrund erscheinen. Diese Form findet sich, mit verschiedenen Kombinationen, auch auf attischen Sarkophagen und Sarkophagen Kleinasiens der Kaiserzeit.[8]

Bereits am Ende des 2. Jhs. n. Chr. entstanden die Riefelsarkophage in Lenosform mit zwei Löwenköpfen,[9] zumeist mit einem Ring im Maul. Die Löwenköpfe, mit 295 und ohne Ringe, finden sich aber auch auf Lenoi, die mit figürlichen Reliefs geschmückt sind, wie vor allem dionysischen Sarkophagen,[10] im 3. Jh. n. Chr. auch auf mythologischen, auf Jagdsarkophagen und solchen mit Hirtenszenen,[11] auch auf Meerwesensarkophagen.[12] Die Riefelsarkophage entfernen sich im 3. Jh. n. Chr., etwa seit 230, insofern noch weiter von der bloßen Nachahmung von Keltertrögen, als sie die Löwenköpfe mit Leibern ausstatten, die, zumeist in flachem Relief, auf die Nebenseiten übergreifen. Es gibt ruhig daherschreitende Löwen,[13] von Eroten berittene,[14] vor allem aber solche, die eine Beute zerfleischen – Eber, Steinböcke, Hirsche 294 oder Pferde. Hinter der Szene ist oft ein Baum angebracht.[15] Diesen Löwen mit Beute kann dann ein menschlicher Begleiter, der sie leitet, gegeben werden; da die Löwen häufig mit einem Gürtel oder einfachem Geschirr versehen sind, haben wir in ihnen Zirkuslöwen zu erkennen.[16] Diese Begleiter strecken oft einen Arm pathetisch aus, als

[4] GOODENOUGH a. O. 59.
[5] K. SCHEFOLD, RA 1961 II 208. Ders., Röm. Kunst als religiöses Phänomen (1964) 72 f.
[6] GOODENOUGH a. O. 63 ff. G. KOCH, AA 1977, 112 ff.
[7] Über erhaltene Metallköpfe von Löwen von Holzsarkophagen, die teilweise als Zierde, aber auch, mit Ringen, als Träger dienten, s. G. KOCH, AA 1977, 111 ff. 117 ff.; die Köpfe stammen aus Syrien. Über die frühe Verselbständigung des Motivs belehren die Panzer aus dem makedonischen Königsgrab in Vergina, dann auch das pompejanische Gemälde in Neapel, NM, Inv. 9951, INR 79.522. Vgl. auch den Altar in Florenz, Uffizien, RM 84, 1977 Taf. 162,2.
[8] G. KOCH, AA 1977, 111 ff.
[9] Viele unpublizierte Exemplare; in der Photothek des DAI Rom sind etwa 25 Beispiele nachzuweisen; vgl. TUSA, Sicilia Taf. 132,245. ARIAS, Camposanto Taf. 49. Vgl. Kapitel I 4.1.5.
[10] Allgemein WIEGARTZ, Marmorhandel 347. F. MATZ, ASR IV Nr. 35 ff. Taf. 30 ff. H. P. L'ORANGE in: Studia romana in Honorem Petri Krarup septuagenarii (1976) 132 ff.
[11] P. E. ARIAS, Le Arti 2, 1939/40, 24 ff.
[12] ASR V 1, 130. H. SICHTERMANN, AA 1970, 226.228.
[13] Rom, Via della Buffalotta, INR 61.3021-4. Rom, S. Paolo, INR 70.2157/8.
[14] ASR IV 2, 214.
[15] In der Photothek des DAI Rom sind etwa 36 Beispiele nachzuweisen; vgl. TUSA, Sicilia Taf. 53. ARIAS, Camposanto Taf. 55. B. ANDREAE, ASR I 2 S. 38 Anm. 167. Vgl. Kapitel I 4.1.5.
[16] In der Photothek des DAI Rom etwa 20 Beispiele; vgl. C. ROBERT, JHS 20, 1900 Taf. 9. 10 (Cliveden). ARIAS, Camposanto Taf. 11.

Zeichen des Sieges. Daraus kann sich jedoch, über das Ornamentale der Gestik hinweg, eine weitere inhaltliche Variante ergeben, indem der Begleiter des Löwen Flügel erhält, also wohl als Windgott zu verstehen ist.[17]

Die Köpfe dieser Löwen sind nicht selten von großem Ausdruck und künstlerischer Qualität; ganz offensichtlich sind sie als Hauptsache behandelt.[18]

In die Mitte derart verzierter Sarkophage wird oft das Porträt des Verstorbenen gesetzt, es finden sich aber auch andere Motive verschiedenster Art.[19] Die Nebenseiten werden, sofern sie nicht von den Leibern der Löwen eingenommen werden, gewöhnlich vernachlässigt; bevorzugt werden in einfacher Ritztechnik ausgeführte überkreuzte Schilde.[20]

Statt der Löwenköpfe können auch Gorgoneia verwendet werden.[21] Eine Lenos in Montevergine bei Avellino ist rundherum gerieft, die Riefeln treffen sich auf den Nebenseiten, vorn sind zwei Löwenköpfe, hinten zwei Gorgoneia angebracht.[22]

Die Blüte dieser Sarkophagform ist etwa um die Mitte des 3. Jhs. n. Chr. anzusetzen.

Die Verbindung zur Form der Keltertröge wird im 3. Jh. n. Chr. insofern aufgegeben, als die Löwenköpfe ganz verschwinden und die Reliefverzierung gleichmäßig die gesamte Vorderseite überzieht; nur die gerundeten Enden werden beibehalten. Hier spricht man dann besser nicht mehr von Lenoi, sondern von Wannensarkophagen.[23] Solche finden sich mit den verschiedensten Mythen verziert, auch mit Jagdszenen, Eroten, Jahreszeiten und Musen.[24]

8. Sonderformen. Scheinsarkophage

Die oben genannten Regeln für die äußere Form stadtrömischer Sarkophage werden so gut wie nie durchbrochen, so daß von ‚Sonderformen' im Sinne besonderer Gruppen eigentlich nicht gesprochen werden kann. Ein Sarkophag in Hausform, den man hier anführen könnte, ist ein Unikum.[1] Auch nur als Derivation der Kastensarkophage lassen sich die sogenannten Scheinsarkophage verstehen, die streng genommen keine Sarkophage mehr sind. Sie verdanken ihr Entstehen dem Grundprinzip der Fassadenhaftigkeit der stadtrömischen Sarkophage.[2] Dieses führte sehr bald dazu, daß man sich gelegentlich auf die Ausführung der Vorderseite beschränkte, d. h. bloße Platten

---

[17] C. R. CHIARLO, StClOr 26, 1977, 69 ff.
[18] G. RODENWALDT, CrdA 1, 1935/6, 225 ff. EAA VII 30 Abb. 47 (Rom, Mus. Torlonia).
[19] Porträt: ARIAS, Camposanto Taf. 42, 85. Häufig Mandorla mit Gefäß oder Korb, TUSA, Sicilia Taf. 53, 92, oder Eroten, oder Gestalten der Toten, Vatikan, AMELUNG, Vat. Kat. II 58a Taf. 16; statt der Mandorla ein ganzer Pfeiler, ARIAS, Camposanto Taf. 11, oder die Meta Sudans, Vat., HELBIG⁴ I 245.
[20] TUSA, Sicilia Taf. 85, 156.
[21] TUSA, Sicilia Taf. 86.
[22] INR 73.450–456.
[23] HANFMANN I 31.
[24] Beispiele bei G. KOCH, BJb 177, 1977, 252.
[1] GÜTSCHOW, Prätextat 129 ff. Nr. 14 Taf. 21.22, s. Kapitel I 4.1.3; I 4.3.10.
[2] Wenn diese in einer Nische standen, konnte ihre Vs. wie die Verschlußplatte eines Grabes wirken, s. WIEGARTZ, Marmorhandel 360.

schuf, die einen entsprechenden, sarkophagartigen Grabraum vorn abschlossen.³ Ihre Bezeichnung ist schwankend. Je nach Art des von ihnen verschlossenen Grabes nannte man sie ‚Scheinsarkophage', ‚Loculusplatten'⁴ oder ‚Lastrae', wobei aber die Terminologie schon deshalb unsicher bleiben muß, weil in den meisten Fällen nur die Platte, nicht der durch sie verschlossene Raum erhalten geblieben ist.

Man hat diese Platten nicht als Sarkophage gelten lassen wollen,⁵ und, genau genommen, sind sie es auch nicht. Dennoch gehören sie, ihrer Ausführung, ihrem Format und ihrem Zweck entsprechend, zu den Sarkophagen.

Derartige Platten ahmten dann auch wirkliche Sarkophage nach, indem sie die eigentliche Vorderseite scheinbar mit einem Deckel versahen, wodurch der Eindruck einer vollständigen Sarkophagfront entstand. Ein frühes Beispiel, wohl hadrianischer Zeit, ist eine Platte von der Via Appia, jetzt in Berlin, mit dionysischen Darstellungen, die noch in situ als Verschluß eines sarkophagartigen Grabraumes gefunden wurde.⁶ Beispiele solcher ‚Scheinsarkophage', die für das Auge wie ein Kasten mit Deckel wirkten, finden sich bis in die späte Zeit.⁷

Mehr dem Zweck als der äußeren Form nach sind eine von der Regel abweichende Erscheinung auch diejenigen Sarkophage, die nicht unmittelbar den Toten, sondern einen zweiten Sarkophag aufzunehmen bestimmt waren. Ein Beispiel ist der Feldherrensarkophag im Museo Nazionale Romano in Rom.⁸ Einmal wird ein solcher, für ein Ehepaar geschaffener ‚duplex sarcofagus' ausdrücklich genannt; hier handelt es sich um einen inneren Tonsarkophag, den ein äußerer aus Marmor umschloß; dieser war beim Tode der Frau noch nicht fertig, woraufhin sie in dem einfachen Tonsarkophag beigesetzt wurde. Als der Mann starb, bettete man ihn dazu und verwendete den Marmorsarkophag als Umkleidung für den tönernen.⁹

---

³ Beispiele schon aus dem 2. Jh. n. Chr.: K. FITTSCHEN, JdI 85, 1970, 173 ff., u. a. die Platte mit Kleobis und Biton in Venedig, s. Kapitel I 4.3.2.21. Vgl. auch die Platte mit Mahlszene von der Isola Sacra, J. W. CROUS, Die Antike 19, 1943, 58 Abb. 22, eine andere aus Ostia in Rom, NM, JdI 85, 1970, 175 Abb. 2, beide abgeb. bei HIMMELMANN, Typ.Unt. Taf. 24.

⁴ Hierzu GÜTSCHOW, Prätextat 207 ff.

⁵ Hinweise bei FITTSCHEN a. O. 173 f. In das Repertorium sind jedoch „sarkophagähnliche Platten (Scheinsarkophage usw.)" aufgenommen worden, s. Rep. I S. XII.

⁶ Beschreibung der antiken Skulpturen mit Ausschluß der pergamenischen Fundstücke (1891) 337 Nr. 830. F. STUDNICZKA, JdI 34, 1919, 138 Abb. 33. Vgl. auch R. KEKULE VON STRADONITZ, Die griechische Skulptur³ (1922) 285 (nicht ganz zutreffend: Verschlußplatte eines „Grabmals"), Abb. auf S. 286. G. RODENWALDT, RM 43, 1928, 172 f. Taf. 25. Von keinem der Autoren unter die Sarkophage eingereiht, auch von F. MATZ, ASR IV 2 nicht, obwohl er die Platte mehrfach erwähnt und auch abbildet, Beil. 38,1.

⁷ H. BRANDENBURG, AA 1980, 277 mit Anm. 37. SCHUMACHER, Hirt 76 Taf. 17,c; 136 Anm. 105.

⁸ R. PARIBENI, NSc 1928, 350. 351 Abb. 1. L'ORANGE – v. GERKAN Abb. 39.

⁹ WILPERT II S. 4.

9. Fragmente

GÜTSCHOW, Prätextat 41 f. H. SICHTERMANN, AA 1974, 308 ff. mit Lit. B. ANDREAE, ASR I 2 S. 13 Anm. 17.

Hier sei ein Wort zu den Fragmenten gesagt, obwohl ihre Probleme in fast alle Kapitel hineinreichen. Sie werden oft vernachlässigt, und viele Forscher wehren sich dagegen, jedes Bruchstück zu beachten. Oft sind diese Bruchstücke aber von großem und besonderem Wert: fast immer sind sie, im Gegensatz zu den vollständigen Sarkophagen, nicht überarbeitet, daher stilrein, oft bringen sie, trotz ihrer Unvollständigkeit, neue ikonographische Aufschlüsse, oft regen sie die Forschung an, weil sie, durch ihre Unvollständigkeit, Rätsel aufgeben; auf jeden Fall tragen sie, da sie von einem vollständigen Sarkophag stammen und einen solchen repräsentieren, zur statistischen Erfassung der Sarkophage bei. Es ist daher falsch, die Fragmente, da sie ja nur Fragmente seien, zu vernachlässigen, auch, wenn sie unbedeutend erscheinen: ihr Wert kann im Augenblick noch nicht zu ermessen sein.[1]

I.4.2. Technisches

1. Technik der Herstellung

A. L. PIETROGRANDE, NSc 1934, 232 ff. – GÜTSCHOW, Prätextat 213 ff. – C. BLÜMEL, Griechische Bildhauer an der Arbeit[2] (1941) 24 f. – F. MAGI, AJA 66, 1962, 297 ff. – P. THROCKMORTON – J. B. WARD PERKINS, Archaeology 18, 1965, 201 ff. – WIEGARTZ, Marmorhandel 345 ff. – K. FITTSCHEN, Der Meleager Sarkophag (Liebieghaus Monographien 1, 1975) 11. – J. B. WARD-PERKINS, RendPontAcc 48, 1975/6, 191 ff. – M. PFANNER, HefteABern 4, 1978, 30 ff. – *Nachtrag:* K. EICHNER, Die Werkstatt des sog. Dogmatischen Sarkophags. Untersuchungen zur Technik der konstantinischen Sarkophagplastik in Rom (Diss. Heidelberg [1977] 1981).

Die Sarkophage wurden zunächst im Groben in die erwünschte Form gebracht, mit einfachen, mehr oder weniger glatten Flächen, die sogenannten Rohlinge.[1] Die Außenflächen wurden dann weiter geglättet, bis sie die Vorzeichnung für die einzuarbeitende Verzierung aufnehmen konnten. Diese Vorzeichnung erfolgte vielleicht zunächst mit Hilfe zerstäubter Zeichenkohle, die durch entsprechend durchlöchertes Pergament auf die glatte Marmorfläche übertragen wurde, oder durch rot gemalte Umrisse, oder sogleich durch Einritzen oder Einbohren der Umrisse.[2] Geglättete Flächen mit begonnenen Einarbeitungen sind erhalten geblieben.[3] Dieser Zustand, bei

---

[1] G. KOCH, ASR XII 6 S. 4 f.
[1] s. dazu N. ASGARI, AA 1977, 351: „völlig unbearbeiteter Sarkophag", vgl. die Abbildung. Als Werkzeug wurde dabei eine Säge gebraucht, WARD PERKINS a. O. 220. Zur Anfangstechnik vgl. weiter THROCKMORTON – WARD PERKINS a. O. 205. WARD PERKINS a. O. 220 ff.
[2] MAGI a. O. 297 f. WARD PERKINS a. O. 220 f.

[3] D. eines Jagds. in Rom, Museo Nuovo, früher Pal.Cons., STUART JONES, Pal.Cons. 73 f. Nr. 13 Taf. 13. MUSTILLI 159 Nr. 1 Taf. 98,373. Nss. eines dionysischen S. in Baltimore, WARD PERKINS a. O. 221 Abb. 24.25. Ns. eines Endymions, ehem. Rom, Pal. Lazzaroni, ASR III 2, 60, INR 70.274. Ns. eines Endymions. in Rom, Mus. Cap., ASR III 2, 61, INR 62.799.

dem die figürliche Verzierung in der Bosse bereits deutlich sichtbar wurde, konnte beibehalten werden, sofern der Sarkophag als ‚Halbfabrikat' verschickt werden sollte.[4] Man scheint allerdings auch ungeglättete Flächen bearbeitet zu haben oder, was wahrscheinlicher ist, die Glättung mit anschließender Bearbeitung abschnittweise vorgenommen zu haben, wie ein Sarkophag im Garten des Museo Nuovo in Rom zeigt.[5]

Nach der Vorzeichnung wurde mit dem Spitzmeißel die Form im Groben herausgearbeitet, sodann mit dem Flachmeißel und dem Zahneisen unter Vermeidung des Prellens die feinere Arbeit getan.[6] Zu dem Spitzmeißel trat an schwierigen Stellen oder zur Verfeinerung der Bohrer, entweder einfach oder als laufender Bohrer, der von ein oder zwei Personen bedient wurde; er war schon den Griechen bekannt, gelangte dann aber erst bei den Römern zu häufigerer Anwendung, bis er zum stilbildenden Hilfsmittel wurde.[7]

Die abschließende Glättung der Oberfläche erfolgte durch Raspel oder Bimsstein; sorgfältige Politur galt offenbar als besonders qualitätvoll.[8] Deutliche Unterschiede in der Ausführung und im Stil lassen darauf schließen, daß mehrere Bildhauer an ein- und demselben Sarkophag tätig waren.[9]

Mehrere unfertige Sarkophage zeigen deutlich die verschiedenen Arbeitsgänge, so außer den bereits genannten Nebenseiten[10] der Deckel eines Kindersarkophages in Baltimore,[11] ein Deckel mit Delphinen in der Prätextatkatakombe,[12] ein Sarkophag mit Landleben im Vatikan,[13] ein Musensarkophag,[14] die Nebenseite eines Meerwesensarkophages im Louvre,[15] die Nebenseiten eines dionysischen Sarkophages in Teano,[16] ein Endymionsarkophag in Ostia[17] und die Rückseite eines Eroten-Zirkus-Sarkophages im Vatikan.[18] Es konnte vorkommen, daß unfertige Flächen, etwa auf

69

66.67

71

70

---

[4] N. ASGARI, AA 1977, 351: „in Bosse verziert". Zur Terminologie auch WIEGARTZ, Marmorhandel 371.
[5] MUSTILLI 178 Nr. 69 Taf. 114,435. MAGI a. O. 297 Anm. 2. HELBIG⁴ II 1794. Auch die Nss. des Alkestiss. im Vatikan wären hier zu nennen, ASR III 1, 26. SICHTERMANN-KOCH 20 f. Nr. 8; die Nss.: INR 72.596/7.
[6] Dazu BLÜMEL a. O. 22 ff. mit Darlegung des Unterschiedes der griechischen und der späteren Marmorbehandlung: die griechischen Bildhauer verwendeten nur den Spitzmeißel, nicht den Flachmeißel. Vgl. auch ASGARI a. O. 331.336.
[7] Abb. der Werkzeuge bei BLÜMEL a. O. 25 Abb. 17, zum laufenden Bohrer ebenda 34 ff. mit Abb. 27. 28; eine Beschreibung auch bei FITTSCHEN a. O. 11 mit Abb. 7 (Grabplatte in Urbino; hier Taf. 66.67; EAA IV 871 Abb. 1037; der Artikel „Marmorarius" ebenda 870 ff. von I. CALABI LIMENTANI geht auf die Sarkophage nicht ein, ist aber allgemein aufschlußreich). – Über den Bohrer bei S. auch MATZ, MW 12.

WARD PERKINS a. O. 223 f. mit Abb. 27; 232 f. Abb. 39. Allgemein: M. BERGMANN, Marc Aurel (Liebieghaus Monogr. 2, 1978) 4. S. WALKER, AA 1979, 103 ff. (nicht laufender Bohrer, sondern Reihe von Punktbohrungen).
[8] FITTSCHEN a. O. 29 Anm. 43.
[9] FITTSCHEN a. O. 14 mit Anm. 44 auf S. 29.
[10] s. Anm. 3.
[11] WARD PERKINS a. O. 227 ff. mit Abb. 33–35.
[12] GÜTSCHOW, Prätextat 239 Nr. 7 Abb. 43.
[13] EAA VII 17 Abb. 25.
[14] ASR V 3, 131 Taf. 38 c. 48.
[15] ASR V 1 Taf. 39, 132.
[16] M. BONANNO, Prospettiva 13, 1978, 45 Abb. 4.5.
[17] R. CALZA – E. NASH, Ostia (1959) 77 Abb. 109. R. TURCAN in: ANRW II 16,2 S. 1707 Taf. 2,3.
[18] LIPPOLD, Vat.Kat. III 2, 86 ff. Nr. 617 Taf. 43. Weitere unfertige S.: Kopenhagen, POULSEN, Cat.Sculpt. 547 Nr. 779; 548 Nr. 780 a. Rom, S. Agnese, ArchCl 24, 1972 Taf. 27,2 (mit falscher

Nebenseiten, flüchtig geglättet wurden, um sie so wenigstens äußerlich den übrigen Sarkophagseiten anzupassen.[19] Das zeigt, wie man bereit war, auch unfertige Sarkophage in Gebrauch zu nehmen;[20] so kann auch das Fehlen der letzten Vollendung wie ein bewußt verwendetes Stilmittel wirken.[21]

Daß die Rohlinge nicht immer ihrer Grundform entsprechend bearbeitet wurden, zeigt ein Sarkophag in Pisa, der wohl ursprünglich als Wannensarkophag mit zwei Löwenköpfen an der Vorderseite gedacht war; man skulpierte jedoch eine komplizierte Riefel-Vorderseite in die als Rückseite gedachte Seite des Rohlings, wodurch dann die Bossen, die man plangemäß zu Löwenköpfen formte, auf der Rückseite des fertigen Sarkophages erscheinen.[22] Die vorstehenden Hände des Sarkophages von Acilia sind vielleicht aus Bossen ausgearbeitet worden, die ebenfalls für Löwenköpfe gedacht waren.[23]

Außer den nicht immer vollendeten Nebenseiten konnte sogar auch die Rückseite, die ja in der Regel unverziert blieb, in unfertigem Zustand belassen werden; ein Beispiel ist der dionysische Sarkophag Badminton-NewYork.[24]

Die Innenseiten der Sarkophage wurden zu Beginn der Sarkophagproduktion gewöhnlich noch sorgfältig geglättet, bis sie, im 3. Jh. n. Chr., deutlich immer gröbere Meißelhiebe erkennen lassen.[25] Zeichen der Sparsamkeit und des Verfalls ist es auch, daß in späterer Zeit Sarkophage nicht mehr aus einem einzigen Stück gearbeitet, sondern aus einzelnen Teilen zusammengesetzt wurden.[26]

2. Farbigkeit

G. RODENWALDT, JdI 36, 1921, 4 ff. – Ders., AD IV (1929) 61 f. – Ders., AA 1930, 262 ff. – A. L. PIETROGRANDE, BullCom 60, 1932, 207 ff. – GÜTSCHOW, Prätextat 217 ff. – G. RODENWALDT, RM 59, 1944, 198. – M. CAGIANO DE AZEVEDO, BRest 31/2, 1957, 167 ff. – P. REUTERSWÄRD, Studien zur Polychromie der Plastik (1960) 227 ff. – P. PHILIPPOT in: Von Farbe und Farben. A. Knoepfli zum 70. Geburtstag (1980) 279 ff.

Ortsangabe). Rom, NM 876: hier Taf. 72. Rom, Oratorio S. Andrea: hier Taf. 68.

[19] WARD PERKINS a. O. 225.

[20] Vgl. dazu Kapitel C, auch das Mithrasrelief in Rom, Mus.Cap. (STUART JONES, Cons.Pal. 258 Nr. 4 Taf. 100), auf welchem sich unfertige Partien finden, und das trotzdem bemalt worden ist, vgl. M. J. VERMASEREN, Corpus Inscriptionum et Monumentum Religionis Mithriacae I (1956) 159 zu Nr. 350/1 (Abb. 98). Vgl. auch PFANNER a. O. 30 ff.

[21] ‚Kerbstil‘, s. u. a. H. SICHTERMANN, AA 1977, 469 f.; das ist auch bei gebohrten Partien zu beobachten, s. die Säulens. in Casale Marco Simone, INR 72.3689, in Ostia, INR 72.2502-8 und in Rom, Villa Savoia, INR 53.746.

[22] THROCKMORTON – WARD PERKINS a. O. 204 f. mit Abb. ARIAS, Camposanto 113 f. Abb. 114-7, ohne Kenntnis von THROCKMORTON – WARD PERKINS.

[23] THROCKMORTON – WARD PERKINS a. O. 205 f.

[24] MATZ, MW Taf. 1 b u. S. 6. MCCANN, Metr.Mus. 95 Abb. 110.111. Sie sollte kaum mit Reliefs verziert werden, wie MATZ a. O. annimmt.

[25] GÜTSCHOW, Prätextat 215 f. mit Abb. 40,1-6.

[26] GÜTSCHOW, Prätextat 213 f., mit Beispielen. Dies., RM 43, 1928, 273 ff., Achills. in Rom, S. Paolo. Die Zusammenstückung geschah mit Zapfen und Dübellöchern.

Wie die gesamte antike Plastik, so waren auch die römischen Sarkophage bemalt und teilweise vergoldet.[1] Zum größten Teil sind Farben und Gold verschwunden, doch haben sich bei günstig gelagerten Stücken vielfach noch deutliche Spuren erhalten. Schon die frühen Sarkophage waren bemalt;[2] aus dem 2. Jh. n. Chr. sind zu nennen vor allem ein dionysischer Sarkophag in Rom im Pal.Cons.,[3] der Medeasarkophag in Basel[4] und der Feldherrensarkophag im Vatikan,[5] aus dem 3. vor allem der Ludovisische Schlachtsarkophag,[6] der Balbinussarkophag,[7] der Sarkophag des Iulius Achilleus,[8] außerdem mehrere Beispiele in der Prätextatkatakombe in Rom.[9]

225.181

96.78

100.124

Die Technik der Bemalung und Vergoldung hat sich anhand der erhaltenen Beispiele recht gut rekonstruieren lassen. Die Farben wurden mittels heißen Wachses aufgetragen, so daß sie oft in den Marmor eindrangen,[10] die Vergoldung geschah durch dünnes Blattgold, wofür der Marmor besonders präpariert wurde; vielfach hat sich nur der dadurch entstandene dunkelviolette Grund erhalten.[11] Allgemein läßt sich sagen, daß die in der gesamten Antike geübte Gepflogenheit, die Umrißlinien der Figuren auf dem Reliefgrund sowie auch Augenbrauen, Wimpernhaare, Lidränder und den Umriß der Pupille rot auszuführen, auch bei den römischen Sarkophagen vorherrschte,[12] ebenso das Nebeneinander von realistischer und rein koloristischer Bemalung, wobei diese allerdings zu überwiegen scheint.[13] So werden Meereswellen zumeist blau bemalt, die Fische rot,[14] Schafsschwänze und Löwenmähnen gelb und rot nebeneinander,[15] bei Erotenflügeln wechseln rote mit blauen Federn,[16] Kränze und Blätter werden blau bemalt,[17] Löwenmäuler und Blut rot.[18] Die Gewänder er-

---

[1] Zur Fremdheit unserem Geschmack gegenüber: PIETROGRANDE a. O. 210. P. ZANKER in: Le classicisme à Rome (1979) 293 Anm. 1 (zur Vergoldung von Statuen).

[2] Zur Bemalung früher S.: H. BLANCK, RM 73/4, 1966/7, 75 f.

[3] PIETROGRANDE a. O. 177 ff. Taf. 1-3. ASR IV 2, 152 Taf. 168,2. HELBIG⁴ II 1471. Bei PIETROGRANDE a. O. 210 ff. weitere Beispiele. PIETROGRANDE hatte noch mehr Material gesammelt, das er nicht mehr publizierte, s. REUTERSWÄRD a. O. 230 Anm. 250.

[4] M. SCHMIDT, Der Basler Medeasarkophag (o. J.) 44 (Goldspuren).

[5] HELBIG⁴ I 239; die genaue Beschreibung der Farben bei AMELUNG, Vat.Kat. II 100 zu Nr. 39.

[6] HELBIG⁴ III 2354.

[7] GÜTSCHOW, Prätextat 106. REUTERSWÄRD a. O. 233.234 f.

[8] HELBIG⁴ III 2319. GIULIANO, Mus.Naz. Rom. I 1, 321 ff. Nr. 187.

[9] GÜTSCHOW, Prätextat 217 ff. Weitere Beispiele: Dies., RM 43, 1928, 274 Anm. 2; 276. Zu nennen auch ein Girlandens. in Kopenhagen, POULSEN, Cat.Sculpt. 559 f. Nr. 788 a, hier Taf. 277.

[10] GÜTSCHOW, Prätextat 219.

[11] G. RODENWALDT, AD IV (1929) 3 (Schlachts. Ludovisi). GÜTSCHOW, Prätextat 106 (Balbinuss.). HELBIG⁴ III 2316 (S. von Acilia). Zur Technik s. PESCE, Sardegna 58 ff. (zu Nr. 21). M. CAGIANO DE AZEVEDO, BRest 29/30, 1957, 167 ff. Über Zweifel bei der Bestimmung: REUTERSWÄRD a. O. 239. – Zur Vergoldung allgemein: W. EHLICH, Bild und Rahmen im Altertum (1953) 159 ff. Zur Vergoldung von Statuen (Bronze): G. LAHUSEN, RM 85, 1978, 385 ff.

[12] G. RODENWALDT, AA 1930, 262. 265. PIETROGRANDE a. O. 207 f. 211.

[13] Dazu schon F. WINTER, Der Alexandersarkophag aus Sidon (1912) 10 f., dann PIETROGRANDE a. O. 211. 212. Zur Unterscheidung wettrennender Zweigespanne durch Farbe: HELBIG⁴ I S. 393 zu Nr. 497.

[14] GÜTSCHOW, Prätextat 58. 218. A. RUMPF, ASR V 1 S. 34 zu Nr. 85; vgl. GÜTSCHOW, Prätextat 177: blaue Haare des Okeanos, die in Wellen übergehen.

[15] GÜTSCHOW, Prätextat 221.

[16] GÜTSCHOW, Prätextat 222.

[17] REUTERSWÄRD a. O. 232.

[18] G. GULLINI, BdA 34, 1949, 57 f.

scheinen gelb, blau[19] oder rot;[20] es wurden vorwiegend nur die Faltengrade bemalt.[21] Auch Waffen und Geräte erhielten Farben, Schilde konnten blau[22] sein, aber auch gelb,[23] es gibt rote Schiffe mit gelben Segeln.[24] Man bemalte nicht nur plastisch wiedergegebene Objekte, sondern brachte auch Malereien auf glatten Flächen an, wie Haarlocken und dergleichen.[25] Gesichter wie überhaupt nackte Körperteile blieben fast immer unbemalt.[26] Die Farbe erstreckte sich auch auf Ornamente; so wurden auch Riefeln bemalt oder vergoldet.[27]

Eine Entwicklung ist insofern festzustellen, als von der Farbigkeit des 2. Jhs. n. Chr. zu einer stärkeren Bevorzugung des Vergoldens übergegangen wird,[28] wobei es oft auf ein Nebeneinander von Gold und Rot, bei Vernachlässigung anderer Farben, hinauslief.[29] Werke wie der Sarkophag von Acilia[30] und der Balbinussarkophag[31] waren stark vergoldet; auch auf dem späten Ganymedsarkophag in S. Sebastiano fanden sich Spuren der Vergoldung.[32] Vergoldet wurden vor allem die Haare[33] und die Faltenstege der Gewänder.[34]

I.4.3. Themen

Allgemeines

G. RODENWALDT, JdI 51, 1936, 83. – R. TURCAN in: ANRW II 16,2 S. 1727 f.

Eine allgemeine Übersicht über die Thematik der reliefverzierten stadtrömischen Sarkophage müßte zunächst in einer statistischen Aufstellung der Häufigkeit einzelner Themen, sodann in einer Darlegung ihrer Chronologie bestehen; aus beiden ließen sich weitreichende Schlüsse auf Sinn, Bedeutung und Geschichte der römischen Sarkophagkunst ziehen. Leider sind diese Forderungen nicht in befriedigender Weise zu erfüllen: einmal ist das Material noch nicht in genügender Weise aufgearbeitet,

---

[19] GÜTSCHOW, Prätextat 218 f.
[20] Ebenda 67.
[21] PIETROGRANDE a. O. 208.
[22] Feldherrens. Vatikan, REUTERSWÄRD a. O. 231. 236.
[23] REUTERSWÄRD a. O. 237.
[24] M. GÜTSCHOW, RM 43, 1928, 260 f. Taf. 27. REUTERSWÄRD a. O. 241. Allgemein läßt sich sagen, daß als Farben Rot, Blau und Gelb vorherrschten; Grün scheint gar nicht oder nur selten verwendet worden zu sein (GÜTSCHOW, Prätextat 221; vgl. 222 Anm. 3. PIETROGRANDE a. O. 209. Vgl. aber den S. des Iulius Achilleus, s. Anm. 8).
[25] PIETROGRANDE a. O. 209.
[26] Ebenda 209. 214 f.
[27] REUTERSWÄRD a. O. 240 f. CAGIANO DE AZEVEDO a. O. 167 f.
[28] G. RODENWALDT, AD IV (1929) 62. PIETROGRANDE a. O. 212.

[29] PIETROGRANDE a. O. 214.
[30] GIULIANO, Mus.Naz.Rom. 303 zu Nr. 182.
[31] s. Anm. 7.
[32] H. SICHTERMANN, AA 1977, 467.
[33] Musens. Torlonia, G. RODENWALDT, JdI 51, 1936, 101. ASR V 3, 133 (dort die Vergoldung nicht erwähnt).
[34] S. von Acilia, s. Anm. 11; auch der Annonas., HELBIG⁴ III 2122. – Die Wiedergabe der zumeist nur in mehr oder weniger schwachen Resten erhaltenen Farb- oder Goldspuren in den Publikationen ist nicht immer befriedigend, s. die Frontispiz-Tafel bei PESCE, Sardegna; besser ist die Tafel bei S. 34 in EAA VII, ein später S. in Rom, S. Sebastiano. Instruktiv bezüglich des Vergoldens sind die Abb. 2–4 auf S. 281 bei PHILIPPOT a. O. Vgl. auch H. CÜPPERS, TrZ 32, 1969, 269 ff.

zum andern mahnt die Zufälligkeit des Erhaltenen zur Vorsicht. So ist mit Sicherheit anzunehmen, daß ein großer Teil der bescheidener verzierten Sarkophage vernichtet wurde, so daß sich schon daraus ein falsches Bild ergibt. Sodann ist die Erfassung und Publikation des Vorhandenen nur in einer sehr ungleichmäßigen Weise vorgenommen worden. Als Beispiel seien die Jahreszeitensarkophage genannt. G. M. A. Hanfmann, der seine Zusammenfassung dieser Sarkophaggattung zum größten Teil auf veröffentlichte Exemplare stützen mußte, legte in seiner Publikation, die Vollständigkeit erstrebte, etwa 130 einzelne Sarkophage vor.[1] P. Kranz, der die Jahreszeitensarkophage für das Corpus bearbeitet,[2] ist, mit Einbeziehung aller (zum größten Teil unpublizierter) Fragmente auf sechs- bis siebenhundert gekommen. Bei den kürzlich neu herausgegebenen Meleagersarkophagen[3] hat sich das Material gegenüber der alten Ausgabe[4] mehr als verdoppelt. Wenn das auch Extremfälle sein dürften, so sind doch für die anderen noch nicht im Corpus erfaßten oder neubearbeiteten Themen – und das sind sehr viele – ähnliche Ergebnisse zu erwarten. In unserem Zusammenhang ist außerdem zu bedenken, daß im Corpus nicht nur die stadtrömischen Sarkophage vorgelegt werden, daß also diese erst einmal aussortiert werden müßten, um eine genaue Übersicht zu erhalten. Unter diesen Umständen kann eine solche noch nicht gegeben werden. Was sich heute in dieser Hinsicht gewinnen läßt, kann mit Hilfe der einzelnen Kapitel zusammengestellt werden. Hier muß eine kurze Skizze genügen.

Den größten Teil der stadtrömischen Sarkophage bilden die mythologischen.[5] Am zahlreichsten sind unter ihnen die Meleagersarkophage, es folgen Persephone, Endymion, Amazonen, Achill, Herakles, Hippolytos, Orest, Marsyas, Adonis, Phaethon, Odysseus, Medea, Alkestis und die Niobiden; die übrigen mythologischen Themen sind, soweit sich bisher sehen läßt, auf weniger als zehn Sarkophagen oder doch nicht viel mehr vertreten.

Unter den mythologischen Sondergruppen sind mit jeweils rund 400 Exemplaren die dionysischen und die Meerwesensarkophage in etwa gleich großen Gruppen an der Spitze, die Musen erscheinen auf etwa 250 Sarkophagen. Über die Erotensarkophage mit ihren Untergruppen lassen sich noch keine Angaben machen; wenn schon die Jahreszeitensarkophage nach neuester Erfassung auf rund 700 Stück kommen, so sind es bei den Erotensarkophagen sicher etliche mehr.

Unter den Themen aus dem Menschenleben stehen die Jagdsarkophage, von denen kürzlich rund 250 Exemplare vorgelegt werden konnten,[6] an erster Stelle, es dürften die Hochzeitssarkophage mit etwa 90 Exemplaren folgen, dann die rund 20 Schlachtsarkophage. Die übrigen Themen sind auf relativ wenigen Sarkophagen vertreten, wobei jedoch die Bukolik wiederum stärker hervortritt.

[1] HANFMANN I u. II.
[2] ASR V 4.
[3] ASR XII 6.
[4] ASR III 2.
[5] Über die Gründe der Auswahl wird hier nicht gehandelt, dafür sei auf das Kapitel ‚Sinngehalt' verwiesen. Über die Verbindung zum Theater: R. TURCAN, Latomus 27, 1968, 631 f. Anm. 9.
[6] ASR I 2.

Als ganz ungewiß muß zunächst noch die Zahl der Sarkophage mit dekorativem Schmuck angesehen werden, sofern nicht die Seltenheit des Motivs die Feststellung einer relativ begrenzten Anzahl von Exemplaren erlaubt. Eine Gesamtübersicht ist jedoch bei dem heutigen Stande der Publikation nicht möglich.

In der chronologischen Abfolge ist ganz allgemein ein Wandel von der Bevorzugung griechisch-mythologischer Themen[7] zu derjenigen rein römischer, dem Gegenwartsleben zugehöriger Themen zu bemerken, ohne daß die Mythologie jemals ganz verschwunden wäre; sie hält sich bis in die christliche Zeit hinein, in mannigfacher Vermischung mit realistischen Zügen des täglichen Lebens. Eine erste Übersicht über die zeitliche Abfolge der Themen römischer Sarkophage hat G. Rodenwaldt gegeben.[8] Sie sei, als grundlegend, hier wiederholt: „Es gibt Gegenstände, die, wenn auch in schwankender Häufigkeit, vom zweiten Jahrhundert bis in die Spätantike hinein dauern, die tragisch-symbolischen Jagden des Hippolytos, Meleagros und Adonis, die Kämpfe der Amazonen, die Mythen des Endymion und des Phaethon. Andere Sarkophagtypen sind auf kurze Perioden beschränkt, wie die Orestsarkophage und die Medeasarkophage der ersten Hälfte des zweiten Jahrhunderts und die römischen Herkulessarkophage aus der Zeit des Commodus und seiner nächsten Nachfolger. Vielleicht unter dem Einfluß der kriegerischen Ereignisse des ersten Jahrzehnts des Marcus entstehen die römischen Galliersarkophage, im Zusammenhang mit der Triumphalkunst nach seinen letzten Siegen die realistischen römischen Schlachtsarkophage, die zusammen mit dem indischen Triumph des Dionysos ein bevorzugtes Thema der Zeit des Septimius Severus bildeten. Neu erscheint im dritten Jahrhundert die Sage von Mars und Rhea Silvia. Das führende Thema der Zeit von etwa 220 bis 250 ist die Löwenjagd." Diese Übersicht läßt sich dahingehend erweitern, daß zu den auf das 2. Jh. n. Chr. beschränkten, verhältnismäßig kleinen Gruppen auch die Jason-, die Leukippiden- und die Niobidensarkophage zu rechnen sind, außerdem die Sarkophage mit Alkestis und dem Tod und der Heimtragung Meleagers.[9]

I.4.3.1. Menschenleben

1. Schlacht

P. G. HAMBERG, Studies in Roman Imperial Art (1945) 173 ff. – ANDREAE, Schlachtsarkophage (1956). – Ders., RendPontAcc 41, 1968/9, 149. 152 ff. – Ders., Römische Kunst (1973) 249 f. – R. BIANCHI BANDINELLI, Römische Kunst (1975) 139. – TH. SCHÄFER, MEFRA 91, 1979, 355 ff.

Die Sarkophage mit Schlachtdarstellungen, die in den sechziger Jahren des 2. Jhs. n. Chr. aufkommen,[1] dürften mit den Markomannen- und Sarmatenkriegen in Zu-

---

[7] Eine Regel, die jedoch schon zu Beginn der Sarkophagproduktion durch einige Exemplare durchbrochen wurde, z. B. den Aeneass. in Rom, NM, GIULIANO, Mus.Naz.Rom. I 1, 318 ff. Nr. 190.

[8] a. O. 83.

[9] G. KOCH, ASR XII 6 S. 28 ff. 38 ff. 47. TURCAN a. O. 1727.

[1] G. RODENWALDT, JdI 51, 1936, 83. Ders., AA 1938, 387. ANDREAE, Schlachtsarkophage 13.

sammenhang stehen.² Ihre Blütezeit reicht bis etwa 200 n. Chr., im späteren 3. Jh. n. Chr. ist nur noch der allerdings höchst qualitätvolle Große Ludovisische Schlachtsarkophag, dieser „Inbegriff römischer Sarkophagkunst",³ entstanden. Die etwa zwanzig erhaltenen Sarkophage lassen sich in zwei ungefähr gleich umfangreiche Klassen einteilen: die frühere der Kampfgruppensarkophage und die spätere der Massenkampfsarkophage.⁴ Die erste Klasse, die von etwa 170 bis 190 n. Chr. reicht, zeigt auf relativ niedrigem Fries gleichmäßig verteilt und klar überschaubar einzelne Kampfgruppen; vier dieser Sarkophage schließen sich ihrer motivlichen Verwandtschaft wegen zu einer Sondergruppe zusammen: der sogenannte Ammendolasarkophag im Kapitolinischen Museum in Rom,⁵ ein Sarkophag von der Via Tiburtina im Thermenmuseum in Rom,⁶ ein Sarkophag in der Villa Doria Pamphilj in Rom,⁷ sowie der sogenannte Kleine Ludovisische Schlachtsarkophag im Thermenmuseum in Rom.⁸ Verbindungen der einzelnen Kämpfertypen mit der späthellenistischen, besonders pergamenischen Kunst haben ein pergamenisches Gemälde, das des Phyromachos, als Vorbild vermuten lassen;⁹ auf jeden Fall sind mehr oder weniger deutlich Kämpfe mit Galliern dargestellt, wenngleich nicht auszuschließen ist, daß mit den Gegnern Donaugermanen oder Sarmaten gemeint sind. Auch zu Amazonensarkophagen bestehen motivliche Verbindungen. – Von den übrigen Gallierschlachtsarkophagen sind zu nennen ein fragmentierter im Museo Nuovo in Rom,¹⁰ von dem weitere Fragmente in New York im Metropolitan Museum aufbewahrt werden,¹¹ und neuerdings ein Sarkophag in Farfa;¹² auch ein Exemplar in der Badia di Cava kann hinzugerechnet werden.¹³

Der sogenannte Kleine Ludovisische Schlachtsarkophag leitet durch freieres Schalten mit den Typen und der Einführung des Feldherrn im Zentrum bereits zur zweiten Klasse über. In dieser wandten sich die Römer, ihrer eigenen Mentalität folgend, realistischeren Kampfdarstellungen zu, die außerdem auf sehr hohen Reliefs gestaffelt sind und als ein einziger, schwer überschaubarer Massenkampf wirken sollten, der nur durch den in der Mitte reitenden, als Porträt angelegten Feldherrn sein bildmäßiges und ideelles Zentrum erhielt; als seitlicher Abschluß fungieren zumeist, ebenso wie der Feldherr dem eigentlichen Kampfgeschehen enthoben, je ein Paar gefangener Barbaren. Vereinzelt lassen sich bei den Kämpfenden noch die alten Typen wiederer-

---

² B. ANDREAE in: HELBIG⁴ II S. 64.
³ B. ANDREAE in: HELBIG⁴ III S. 282 zu Nr. 2354.
⁴ ANDREAE, Schlachtsarkophage 14 ff. SCHÄFER a. O. 355.369.
⁵ HAMBERG a. O. 173 ff. 181 Taf. 38. ANDREAE, Schlachtsarkophage Taf. 1. Ders., Römische Kunst 249 Abb. 502. HELBIG⁴ II 1215. McCANN, Metr.Mus. 115 Abb. 143.144.
⁶ ANDREAE, Schlachtsarkophage Taf. 2. HELBIG⁴ III 2141.
⁷ ANDREAE, Schlachtsarkophage Taf. 3. CALZA, Villa Doria 232 Taf. 137,1.

⁸ ANDREAE, Schlachtsarkophage Taf. 4. Ders., RendPontAcc 41, 1968/9, 153.155 Abb. 6; 156 f. Ders., Röm. Kunst Abb. 501. HELBIG⁴ III 2356.
⁹ ANDREAE, Schlachtsarkophage 74 ff. Ders., Römische Kunst 249.
¹⁰ HELBIG⁴ II 1739. McCANN, Metr. Mus. 108 f. Abb. 131–135.
¹¹ McCANN, Metr.Mus. 107 ff. Nr. 18 Abb. 129.130.
¹² B. ANDREAE, RendPontAcc 41, 1968/9, 154 Abb. 5. EAA Suppl. 1970, 691 Abb. 697.
¹³ B. ANDREAE, RendPontAcc 41, 1968/9, 154 Abb. 4.

kennen, im Ganzen herrscht jedoch freier Realismus; hier könnte die Triumphmalerei als Vorbild gewirkt haben, unter den Vorläufern ist auch das trajanische Schlachtrelief am Konstantinsbogen in Rom zu nennen. Der Realismus manifestiert sich u. a. in der größeren historischen Treue in den Antiquaria; so zeigt einer der Hauptvertreter dieser Gruppe, der Sarkophag von Portonaccio im Thermenmuseum in Rom, deutlich Germanen und Römer im Kampf,[14] wenngleich die genaue historische Festlegung des spätantoninischen Sarkophages noch nicht gelungen ist.[15] Den um 260 n. Chr. entstandenen Großen Ludovisischen Schlachtsarkophag[16] hat man auf die Kriege gegen die Ostgoten zurückgeführt und im Feldherrn einen der Söhne des Decius, Hostilianus oder Herennius Etruscus, sehen wollen.[17] Beide Sarkophage gleichen sich in der zentralen Heraushebung des Feldherrn, während auf dem Ludovisischen Sarkophag die seitliche Begrenzung durch die Paare gefangener Barbaren fortgefallen ist. Auf einem um 200 n. Chr. zu datierenden Sarkophag im Museum der Villa Borghese ist zwar diese Begrenzung beibehalten, der Feldherr jedoch so wenig hervorgehoben, daß man über seine Identifizierung im Zweifel sein konnte und zwei ‚Hauptpersonen', den Feldherrn und den Sarkophagbesitzer, nebeneinander sehen wollte.[18]

Die Nebenseiten der Schlachtsarkophage zeigen in beiden Klassen in zumeist flacherem Relief allgemeine Kampfszenen,[19] einmal auch eine Opferszene und eine solche mit Nike,[20] die Deckel gefangene Barbaren[21] oder Szenen aus dem Leben des Feldherrn.[22]

2. Jagd

VACCARO MELUCCO (1963/64). – B. ANDREAE, ASR I 2 (1980).

Die stadtrömischen Jagdsarkophage bilden eine große und höchst bedeutende Gruppe, die die Grundlage für die Beurteilung der Sarkophage und ein Gerüst für ihre Chronologie von etwa 220/30 n. Chr. bis in konstantinische Zeit abgibt. Die Sarko-

[14] HAMBERG a. O. 176 ff. Taf. 40. HELBIG[4] III 2126. MATZ, MW 188 ff. ANDREAE, Rend PontAcc 41, 1968/9, 156 ff. 159 Abb. 7. Ders., Römische Kunst 249 f. Abb. 503.

[15] B. ANDREAE, in: HELBIG[4] III S. 20 zu Nr. 2126.

[16] HAMBERG a. O. 181 f. Taf. 44. HELBIG[4] III 2354. B. ANDREAE, RendPontAcc 41, 1968/9, 161 Abb. 8. Ders., Römische Kunst Abb. 144. B. ANDREAE – H. JUNG, AA 1977 Tabelle nach S. 434. K. FITTSCHEN, JdI 94, 1979, 581 ff.

[17] H. VON HEINTZE, RM 64, 1957, 69 ff., dagegen FITTSCHEN a. O. Vgl. auch G. GULLINI, Maestri e botteghe in Roma da Gallieno alla Tetrarchia (1960) 12 ff. J. M. C. TOYNBEE, Roman Art (1965) 102.

[18] SCHÄFER a. O. 362. Weitere Beispiele mit der konventionellen Komposition: SCHÄFER a. O. 373 Abb. 3 CALZA, Villa Doria 233 Taf. 137.138 (Sarkophagplatte in der Villa Doria Pamphilj in Rom). SCHÄFER a. O. 382 Abb. 16 (ehem. Pal. Giustiniani, Rom).

[19] Vgl. SCHÄFER a. O. Abb. 15. Sarkophag Ammendola: INR 35.1975; 35.1978. Kleiner Ludovisischer Schlachtsarkophag: INR'36.255/6.

[20] S. im Museo Nuovo, Rom, HELBIG[4] II 1739, McCANN, Metr.Mus. 109 Abb. 134/5.

[21] S. Ammendola, s. Anm. 5. Gef. Barbaren auch auf der Ns. eines Amazonens. in Warschau, H. STEFAŃSKA, EtTrav 8, 1975, 271.

[22] S. von Portonaccio, s. Anm. 14. Eine solche Szene auch auf dem in Mainz befindlichen D. des großen Ludovisischen S., R. PETERMANN, JbZMusMainz 22, 1975, 218 ff., hier Taf. 77.

phage sind erstmals von G. Rodenwaldt behandelt, dann in kleiner Auswahl von A. Vaccaro Melucco zusammengestellt und von B. Andreae ausführlich und mustergültig bearbeitet und ausgezeichnet dokumentiert worden;[1] da der Band über ein ausführliches Inhaltsverzeichnis und einen umfangreichen Index erschlossen wird, werden hier nur kurze Hinweise gegeben.[2] Die Sarkophage lassen sich in vier Gruppen gliedern: die größte und wichtigste sind die Löwenjagden; ihnen gegenüber treten die Beispiele, bei denen die Eberjagd im Vordergrund steht, stark zurück; eine Reihe von Exemplaren zeigt eine Treibjagd; schließlich sind noch einige Sonderfälle mit nicht kanonischer Jagd zu nennen.

Die *Löwenjagdsarkophage* setzen erst verhältnismäßig spät ein. Sie wurden um 220/30 n. Chr. in stadtrömischen Werkstätten geschaffen, indem die Bildhauer die Figurenfolge der Eberjagd der Hippolytossarkophage als Grundlage wählten, den Eber jedoch durch einen Löwen ersetzten und für die linke Gruppe der Vorderseite eine Variante der Hippolytossarkophage als Vorbild nahmen.[3] Es handelt sich also bei den Löwenjagdsarkophagen um eine kaiserzeitliche Schöpfung. Der Übergang von der noch mythologisch zu verstehenden Eberjagd zur nicht-mythologischen Löwenjagd ist an zwei Sarkophagen zu fassen, die mit geringem zeitlichem Abstand in derselben Werkstatt gearbeitet worden sind, nämlich an dem Venatorsarkophag im Palazzo Lepri-Gallo in Rom[4] aus der Zeit um 220/30 n. Chr. und dem Löwenjagdsarkophag in Barcelona,[5] der um 230 n. Chr. entstanden und damit das früheste Exemplar dieser Gruppe ist. Der Fries ist in zwei Szenen aufgeteilt, und zwar in ein Beisammensein des Ehepaares, dessen Typologie mit Adonis- und vielleicht auch mit Meleagersarkophagen zusammenhängt,[6] und die Jagd, bei der der Reiter von Virtus begleitet wird.

Einen Schritt weiter führt der Sarkophag in Paris[7] aus der Zeit um 230/40 n. Chr., der eine von nun an weitgehend verbindlich werdende Figurenanordnung zeigt; hier ist bei der Jagd ein verwundeter zusammengebrochener Begleiter eingefügt, der von den Adonissarkophagen übernommen wurde, und die Szene links ist zu einem Aufbruch zur Jagd, unter Weglassen der weiblichen Gestalt, umgebildet worden, wobei der für den Mann verwendete Typus ebenfalls mit den Adonissarkophagen zusammenhängt.[8] Dieses Exemplar hat einige, allerdings nur in Fragmenten überkommene Vorläufer, die etwas früher entstanden sind;[9] um 230 n. Chr. wird also die kanonische Form der zweiszenigen Löwenjagdsarkophage geschaffen worden sein. Sie wurde gleich von verschiedenen Werkstätten aufgenommen, wie die erhaltenen Beispiele zeigen.

[1] G. RODENWALDT, JdI 51, 1936, 82 ff. – B. ANDREAE konnte 250 Sarkophage und Fragmente zusammenstellen; dabei sind allerdings einige provinzielle Stücke, z. B. I 2, 11.12. 48.56.211.
[2] Vgl. B. ANDREAE, AA 1971, 119 ff.; ders., Römische Kunst (1973), Kommentar zu Abb. 580 ff.
[3] Vgl. Anm. 2; dazu: ASR I 2, Kapitel 1.1–3.
[4] ASR I 2, 164 Taf. 1,1.
[5] Barcelona 870: ASR I 2, 8 Taf. 1, 2.
[6] ASR XII 6 S. 58 ff.
[7] Paris 1808: ASR I 2, 65 Taf. 1, 3.
[8] ASR I 2, Kapitel 1.3.
[9] ASR I 2, Kapitel 1.4.

Dieser *zweiszenige Typus* erfährt eine großartige Ausgestaltung auf der am Casino dell'Aurora des Palazzo Rospigliosi-Pallavicini in Rom[10] eingemauerten Langseite, die etwa 240/50 n. Chr. anzusetzen ist. Sie stammt aus einer Werkstatt, von der zahlreiche Sarkophage bekannt sind,[11] unter anderem der schon genannte Jagdsarkophag in Barcelona und die etwas jüngere, um 250 n. Chr. entstandene Vorderseite einer Wanne in Rom, Mus. Capitolino,[12] mit mächtigen Löwenköpfen an den Seiten. Über das um 250 n. Chr. zu datierende Stück Mattei II im Palazzo Mattei in Rom[13] läßt sich der zweiszenige Typus bis zu einem Meisterwerk der spätgallienischen Zeit, aus den Jahren um 260/70 n. Chr., in Reims[14] verfolgen; bei diesen beiden Beispielen steht Virtus zwischen dem als Feldherrn gekleideten Sarkophaginhaber und der Jagddarstellung, ist also beiden Szenen zugeordnet.[15] Es folgt ein nur in Fragmenten in München[16] und Chapel Hill[17] erhaltenes Exemplar, das in nachgallienischer Zeit, etwa 270/80 n. Chr., entstanden ist. Die zweiszenigen Jagdsarkophage laufen dann bis in das 4. Jh. n. Chr. hinein weiter.

Um 240 n. Chr. zweigt von den zweiszenigen Exemplaren eine Nebenlinie ab, die etwa 30 Jahre lang zu verfolgen ist und eine Reihe ganz hervorragender Sarkophage hervorgebracht hat.[18] Auf ihnen ist die Aufteilung in zwei Szenen, wie sie durch die zugrundeliegenden mythologischen Sarkophage begründet war, aufgegeben und der Fries zu einer *einszenigen Löwenjagd* zusammengezogen worden. Frühestes Beispiel ist ein Kasten in Kopenhagen,[19] der um 240 n. Chr. entstanden ist. Die beiden Gestalten, die statt der Aufbruchszene eingesetzt worden sind, wurden von Meleagersarkophagen übernommen. Auf dem zeitlich folgenden Exemplar, der Langseite im Pal. Giustiniani in Rom,[20] sind sie zu den Dioskuren umgestaltet worden. Auf dem Sarkophag im Museum der Prätextatkatakombe in Rom[21] der Jahre um 260/70 n. Chr. wird der Fries nun von den beiden Dioskuren gerahmt, die sich in ihrer Haltung entsprechen. Diese Form zeigt auch der späteste der einszenigen Sarkophage, die Langseite Mattei I im Palazzo Mattei in Rom,[22] die in derselben Werkstatt wie der Sarkophag der Prätextatkatakombe gearbeitet worden sein dürfte. Die Eckfiguren sind jedoch nicht als Dioskuren gekennzeichnet. Diese Platte ist Höhe- und zugleich Endpunkt der Entwicklung dieser Sondergruppe. B. Andreae hat vermutet, daß die einszenigen Sarkophage für hochgestellte Persönlichkeiten geschaffen worden seien, die keinen militärischen Rang bekleideten, sondern Zivilbeamte waren; die zweiszenigen Exemplare seien dagegen für hohe Offiziere bestimmt gewesen.[23]

---

[10] ASR I 2, 131 Taf. 12, 1.
[11] B. ANDREAE – H. JUNG, AA 1977, Tabelle n. S. 434 (mit ● gekennzeichnet).
[12] Rom, Mus. Cap. 221: ASR I 2, 104 Taf. 12, 2.
[13] ASR I 2, 128 Taf. 13, 1.
[14] ASR I 2, 75 Taf. 13, 2.
[15] G. RODENWALDT, RM 59, 1944, 193 f.
[16] München 538: ASR I 2, 50 Taf. 34, 1.
[17] Chapel Hill, William Hayes Memorial Art Center 77.66.1: ASR I 2, 23 Taf. 35, 2.
[18] Siehe dazu die aufschlußreiche Falttafel bei B. ANDREAE, Römische Kunst (1973) Abb. 580–594, auf der die wichtigsten Exemplare in gleichem Maßstab wiedergegeben sind, so daß auch die unterschiedlichen Größenverhältnisse deutlich werden.
[19] Kopenhagen 786: ASR I 2, 41 Taf. 22, 1.
[20] ASR I 2, 122 Taf. 22, 2.
[21] ASR I 2, 86 Taf. 23, 1.
[22] ASR I 2, 126 Taf. 23, 2.
[23] ASR I 2, Kapitel 1.4.3 und 2.2.2.

Die *zweiszenigen Sarkophage* lassen sich über die schon genannten Stücke in Reims und München und Exemplare im Coemeterium Maius,[24] in S. Sebastiano[25] und in S. Callisto[26] in Rom, die aus den Jahren um 290/300 n. Chr. stammen, und über das vielleicht aus einer provinziellen Werkstatt kommende Beispiel in Siena[27] und den Kasten in Spoleto[28] von 300/10 n. Chr. bis zu dem Kasten in Sant'Elpidio[29] verfolgen, der als spätester dieser Gruppe in frühkonstantinische Zeit, etwa 310/30 n. Chr., zu datieren ist. Die Figurenfolge ist manchmal durch neue Motive bereichert. Die Stücke stammen aus verschiedenen Werkstätten, einige lassen sich allerdings zusammenschließen.

87

88

Sind aus der gallienischen Zeit nur die großformatigen Kästen bekannt, so wird nun in der nachgallienischen Phase auf das niedrige langgestreckte Format zurückgegriffen, das in der ersten Hälfte des 3. Jhs. n. Chr. üblich war.[30] In verschiedener Art und Weise werden die Darstellungen abgewandelt und, vor allem durch Motive aus den Tierhatzen, den Venationes im Amphitheater, bereichert,[31] um die langgestreckten Friese zu füllen. Es bilden sich verschiedene Gruppen, die allerdings viele Überschneidungen haben und deshalb nicht deutlich getrennt werden können.[32] Die Exemplare sind sehr zahlreich, Löwenjagdsarkophage waren also weit verbreitet. Hervorgehoben seien eine Wanne in Wien,[33] die vielleicht aus der Werkstatt des Sarkophages in Reims stammt, ein Kasten in der Necropoli Vaticana unter St. Peter in Rom[34] und einer in Palermo,[35] alle aus der Zeit um 270 n. Chr., Stücke in Viterbo[36] und Rom, Villa Doria Pamphilj[37] (270/80 n. Chr.), Ostia[38] (280/90 n. Chr.), Pisa[39] und Rom, Via Condotti[40] (290/300 n. Chr.), eine Wanne in Ostia[41] (um 300 n. Chr.) und schließlich Exemplare in Gerona[42] und Béziers[43] aus dem früheren 4. Jh. n. Chr.

86

Die Sarkophage mit einer *Jagd auf einen Eber,* also eine realistische Jagd, sind keine geschlossene, typologisch einheitliche Gruppe, sondern vielfältige, meist bescheidene Einzelstücke, die unterschiedliche Motive aufnehmen, nämlich von Hippolytos-, Adonis-, Meleager- und Löwenjagdsarkophagen.[44] Die Eberjagd ist teilweise mit der Jagd auf Löwen und auf andere Tiere und bei vielen Beispielen auch mit einer Treibjagd verbunden. Hervorgehoben seien ein Exemplar im Palazzo Massimo in Rom,[45]

---

[24] ASR I 2, 78 Taf. 53, 1.
[25] San Sebastiano I: ASR I 2, 149 Taf. 52, 2. – San Sebastiano II: ASR I 2, 150 Taf. 74, 2. – Zu diesen Sarkophagen auch: B. ANDREAE, MarbWPr 1979, 47 ff. Taf. 10 ff.
[26] ASR I 2, 101 Taf. 74, 3.
[27] Siena, Mus. Arch.: ASR I 2, 206 Taf. 54, 1–2.
[28] Spoleto, Piazza del Duomo: ASR I 2, 208 Taf. 54, 3.
[29] Sant'Elpidio a Mare, Collegiata: ASR I 2, 204 Taf. 54, 4.
[30] ASR I 2, Kapitel 3.
[31] ASR I 2, Kapitel 3.2.
[32] ASR I 2 Anm. 322.
[33] Wien I 1133: ASR I 2, 247 Taf. 36, 1.
[34] ASR I 2, 240 Taf. 44, 2.
[35] Palermo, Cattedrale: ASR I 2, 64 Taf. 36, 4.
[36] Viterbo, Piazza del Comune: ASR I 2, 246 Taf. 37, 1.
[37] ASR I 2, 180 Taf. 45, 8.
[38] Ostia 1141: ASR I 2, 60 Taf. 37, 5.
[39] Pisa, Camposanto: ASR I 2, 69 Taf. 55, 1.
[40] ASR I 2, 162 Taf. 80, 1.
[41] Ostia 36231: ASR I 2, 61.
[42] Gerona, San Félix: ASR I 2, 32 Taf. 55, 2.
[43] Béziers, St. Aphrodise: ASR I 2, 19 Taf. 55, 3.
[44] ASR I 2, Kapitel 5.
[45] ASR I 2, 125 Taf. 86, 1.

das um 220/30 n. Chr. geschaffen sein wird und einen singulären Typus vertritt, ein
89 Kasten in Kopenhagen⁴⁶ mit Eberjagd und Treibjagd von etwa 230/40 n. Chr., das
qualitativ hervorragende Stück in Dresden,⁴⁷ aus der Zeit um 240/50 n. Chr., auf dem
eine Eberjagd und eine Löwenjagd verbunden sind, ein Fragment einer Wanne auf
dem Forum Romanum⁴⁸ und eine fragmentierte Langseite in der Villa Medici⁴⁹ in
90 Rom aus dem späten 3. Jh. und schließlich eine Wanne in Florenz⁵⁰ aus dem frühen
4. Jh. n. Chr.

Die Sarkophage, auf denen unter anderen Motiven eine *Treibjagd mit einem Netz*⁵¹
wiedergegeben ist, bilden eine größere, relativ geschlossene Gruppe, der eine Art
‚Grundmuster' zugrunde gelegen hat, das in tetrarchischer Zeit für die Sarkophage geschaffen wurde.⁵² Typologisch und chronologisch fällt nur ein Kasten in Kopenha-
89 gen⁵³ heraus, der um 230/40 n. Chr. entstanden sein dürfte. Die Hauptgruppe, die
durch ihre volkstümlichen Elemente, vor allem die alicula⁵⁴ charakterisiert ist, setzt
um 300 n. Chr. ein. Die Reihe läßt sich von einem Fragment in Avignon⁵⁵ und Kästen
in Déols⁵⁶ und Ferentillo⁵⁷ und dem Fragment eines monumentalen Kastens in Méri-
91 da⁵⁸ (alle etwa 300/10 n. Chr. entstanden) über eine Langseite in Neapel,⁵⁹ einen Kasten in Osimo⁶⁰ (etwa 310/20 n. Chr. oder folgende Jahre) und den Sarkophag Arles
C⁶¹ (etwa 330 n. Chr.) bis hin zu einer fragmentierten Langseite in der Domitillakata-
kombe⁶² (etwa 340/50 n. Chr.), dem Kasten Arles P⁶³ (Mitte des 4. Jhs.) und zu dem
spätesten Sarkophag dieser Gruppe und zugleich dem spätesten Jagdsarkophag über-
92 haupt, einem Exemplar in Rom, Pal. Cons.,⁶⁴ aus der Zeit um 370/80 n. Chr., verfolgen.

Eine Reihe von Sarkophagen zeigt *nicht kanonische Jagden*.⁶⁵ Sie sind über einen
269 großen Zeitraum verteilt. Jagden auf verschiedene Tiere finden sich auf den Deckeln
139 eines Girlandensarkophages und des berühmten Aeneassarkophages in Rom, NM,⁶⁶
die beide in hadrianisch-früh-antoninischer Zeit entstanden sind, ferner den Deckeln
eines mittelantoninischen Beispiels mit fliegenden Eroten in Kopenhagen⁶⁷ und des
171 um 210 n. Chr. entstandenen Hippolytossarkophages im Vatikan⁶⁸ oder auf einem

---

⁴⁶ Kopenhagen 786a: ASR I 2, 42 Taf. 6, 3.
⁴⁷ Dresden 470: ASR I 2, 28 Taf. 6, 4.
⁴⁸ ASR I 2, 103 Taf. 87, 1.
⁴⁹ ASR I 2, 194 Taf. 84, 4.
⁵⁰ Florenz, Baptisterium: ASR I 2, 31 Taf. 86, 2.
⁵¹ ASR I 2, Kapitel 6.
⁵² ASR I 2, Kapitel 6.1 und 6.3.
⁵³ Kopenhagen 786a: ASR I 2, 42 Taf. 6, 3.
⁵⁴ ASR I 2, Anm. 520.
⁵⁵ Avignon, Mus. Calvet: ASR I 2, 5 Taf. 92, 1.
⁵⁶ Déols, St. Étienne: ASR I 2, 27 Taf. 93, 1.
⁵⁷ Ferentillo, S. Pietro in Valle: ASR I 2, 30 Taf. 93,4.
⁵⁸ Mérida, Mus.: ASR I 2, 49 Taf. 107, 5.
⁵⁹ Neapel 6766: ASR I 2, 57 Taf. 93, 5.
⁶⁰ Osimo, Cattedrale: ASR I 2, 59 Taf. 94, 1.
⁶¹ Arles, Mus. Chrét.: ASR I 2, 3 Taf. 94, 4.
⁶² ASR I 2, 85 Taf. 95, 2.
⁶³ Arles, Mus. Pay.: ASR I 2, 4 Taf. 95, 3.
⁶⁴ Rom, Pal. Cons., Museo Nuovo 837: ASR I 2, 112 Taf. 95, 4.
⁶⁵ ASR I 2, Kapitel 1.5 und 4.3.6.
⁶⁶ Girlanden, Rom, NM 441: HELBIG⁴ III 2131 F. – Aeneas, Rom, NM 168186: GIULIANO, Mus.Naz.Rom. I 1, 318 ff. Nr. 190.
⁶⁷ Kopenhagen 789a: Tillaeg til Billedtavler Taf. 13.
⁶⁸ Vatikan 10.399 B: HELBIG⁴ I 1121; SICHTERMANN-KOCH 34 f. Nr. 27 Taf. 58, 1; 59, 2; 60, 1.

fragmentierten Deckel in Malibu.⁶⁹ Ein Kasten in Rom, NM,⁷⁰ ist ein schwer zu beurteilendes Einzelstück; es dürfte wohl um 150 n. Chr. entstanden sein und wäre damit der mit Abstand früheste Jagdsarkophag. Ebenfalls singulär ist ein fragmentierter Kasten in Civitavecchia,⁷¹ der möglicherweise im rechten Teil die Jagd des Iulus-Ascanius auf Hirsche wiedergibt; über eine derartige mythologische Darstellung ist vielleicht die Hirschjagd in das Figurenrepertoire der Jagdsarkophage eingeflossen.⁷² Das Stück dürfte gegen 220 n. Chr. geschaffen worden sein. Nicht kanonisch sind auch die schon genannten Kästen in Kopenhagen,⁷³ Dresden⁷⁴ und Viterbo⁷⁵ und schließlich Stücke in Ajaccio⁷⁶ und ehemals in Rom, Pal. Vaccari-Bacchettini,⁷⁷ die beide aus der Zeit gegen 300 n. Chr. stammen dürften.

Zusammenfassend läßt sich feststellen, daß die Jagdsarkophage eine sehr große Gruppe bilden. Es finden sich viele monumentale und künstlerisch anspruchsvolle Stücke, die zu den Meisterwerken des 3. und 4. Jhs. n. Chr. gehören. Die Gruppe ist vor allem deshalb so bedeutend, da sich die Sarkophage in eine überzeugende Reihe bringen lassen, die eine tragfähige Basis für die Chronologie im 3. und 4. Jh. n. Chr. abgibt. Der Band des Sarkophagcorpus über die Jagdsarkophage von B. Andreae ist somit die Grundlage für jegliche Beschäftigung mit der stadtrömischen Kunst des 3. und 4. Jhs. n. Chr.

3. Hochzeit. Processus consularis

A. ROSSBACH, Römische Hochzeits- u. Ehedenkmäler (1871). – G. RODENWALDT, RM 38/9, 1923/4, 1 ff. – RODENWALDT, Stilwandel. – L. REEKMANS, BInstHistBelgRom 31, 1958, 22 ff. – Ders. in: EAA III (1960) 82 ff. – N. HIMMELMANN in: Festschrift F. Matz (1962) 110 ff. – V. M. STROCKA, JdI 83, 1968, 221 ff. – B. ANDREAE in: Opus Nobile (Festschrift U. Jantzen, 1969) 3 ff. – HIMMELMANN, Typ. Unt. 3 ff. – P. KRANZ, RM 84, 1977, 361 f. – S. WOOD, AJA 82, 1978, 499 ff.

Unter dem Begriff ‚Hochzeitssarkophage' wird gewöhnlich eine Gruppe von Sarkophagen zusammengefaßt, auf welchen die eheliche Zugehörigkeit von Mann und Frau in besonders augenfälliger Weise dargestellt ist;¹ die eigentliche Hochzeitszeremonie bzw. ihre einzelnen Bestandteile sind keineswegs immer der Bildinhalt, auch ist das Ehepaar häufig nicht das einzige oder das zentrale Thema. Erhalten sind etwa 90 Exemplare, zumeist von hoher Qualität, oft auch von überdurchschnittlichem Ausmaß.

Als ihrem Inhalt nach rein römische oder doch italische Werke fußen die Hoch-

---

⁶⁹ Malibu 73.AA.99: ASR I 2, 46 Taf. 75, 3–4.
⁷⁰ Rom, NM 713: ASR I 2, 107 Taf. 75, 5 (mit einer Datierung in das 4. V. des 3. Jhs.).
⁷¹ Civitavecchia, Mus. Naz.: G. KOCH, AA 1974, 620 f. Abb. 8; ASR I 2, 24 Taf. 6, 1.
⁷² ASR I 2, Kapitel 1.5.1.
⁷³ s. oben Anm. 53.

⁷⁴ s. oben Anm. 47.
⁷⁵ s. oben Anm. 36.
⁷⁶ Ajaccio, Mus. Fesch: ASR I 2, 1 Taf. 75, 6.
⁷⁷ Verschollen: ASR I 2, 133 Taf. 88, 1.

¹ G. VON LÜCKEN, Das Altertum 2, 1956, 28 ff. – N. HIMMELMANN in: Festschrift F. Matz (1962) 120. P. KRANZ, RM 84, 1977, 361 f.

zeitsarkophage sehr viel weniger auf griechischen Vorbildern als etwa die mythologischen Sarkophage, wenngleich im Einzelnen sich Ableitungen von griechischen Mustern hie und da nachweisen lassen.² Dafür ist für eine wichtige Einzelheit, die Handreichung des Paares, ein bedeutsamer Vorläufer unter den etruskischen Sarkophagen erhalten.³ Auch ist bemerkenswert, daß die Säulensarkophage mit dieser Szene sämtlich stadtrömisch sind.⁴

Die ‚dextrarum iunctio' des Paares, das Reichen der rechten Hände,⁵ ist gewöhnlich der am meisten kennzeichnende Bestandteil der Darstellungen. Sie kann im Einzelnen variabel gestaltet werden. Die Frau ist fast immer mit über dem Kopf gezogenen Schleier wiedergegeben, der Mann hält oft, als Rotulus, den Ehevertrag in der Linken, zwischen beiden erscheint die sie vereinigende Concordia,⁶ oft auch Hymenäus, klein, geflügelt, mit Fackel, manchmal dieser allein.⁷ Hinter der Braut ist oft eine weibliche Figur wiedergegeben, die man früher als ‚Suada' gedeutet hat, was jedoch unsicher ist. Häufig ist hinter der Szene ein Parapetasma gespannt, manchmal spielt sie vor der Grabestür.⁸ In seltenen Fällen ist zwischen Mann und Frau ein Kasten mit Bücherrollen gestellt.⁹ Gelegentlich werden die Eheleute neben der Handreichungsszene ein zweites Mal in anderem Zusammenhang dargestellt.¹⁰

Die Handreichungsszene findet sich auf sämtlichen Untergruppen der Hochzeitssarkophage, wenn auch in unterschiedlicher Häufigkeit. Als Teil der Hochzeitszeremonie kann sie nur dann angesehen werden, wenn zwischen dem Paar Concordia oder Hymenäus erscheinen und der Mann den Ehevertrag in der Linken hält.¹¹ Sonst drückt sie nur allgemein die Verbundenheit der Gatten aus,¹² manchmal meint sie wohl auch den Abschied beim Tode.¹³

Es sind mehrere Fälle bekannt, wo auf mythologischen Sarkophagen die dextrarum iunctio neben den Hauptbegebenheiten des Mythos dargestellt ist, so auf einem Aressarkophag¹⁴ und einigen Argonautensarkophagen.¹⁵ Die Mythen selbst legen nahe,

---

² ROSSBACH a. O. 4 ff. RODENWALDT a. O. 19.
³ ASR VII 5 Taf. 40. B. M. FELLETTI MAJ, La tradizione italica nell'arte romana I (1977) 88 Abb. 4, a.b.c. McCANN, Metr.Mus. 127 Abb. 163.
⁴ RODENWALDT a. O. 10 ff.
⁵ L. REEKMANS, BInstHistBelgRom 31, 1958, 22 ff. Ders. in: EAA III (1960) 82 ff. HIMMELMANN, Typ. Unt. 8 f. – Monumente s. HELBIG⁴ IV S. 594 s. v. dextrarum iunctio; dazu die Nr. 2150. 2296. 3288. P. KRANZ, RM 84, 1977, 361 f. (schon auf Urnen u. Grabaltären). G. RODENWALDT, AA 1931, 324 Anm. 3. Ders., JdI 51, 1936, 109 f. G. DALTROP in: Eikones. Festschrift H. Jucker (1980) 87.
⁶ Früher Juno Pronuba genannt, dazu RODENWALDT, Stilwandel 15 f. N. HIMMELMANN in: Festschrift F. Matz (1962) 114 Anm. 24. B. ANDREAE in: HELBIG⁴ III S. 10. L. REEKMANS in: EAA III 83 f. HIMMELMANN, Typ. Unt. 7.42.

⁷ P. KRANZ, RM 84, 1977, 361 f. Anm. 77. Gelegentlich wird Hymenaios durch andere Puttengestalten, u. a. Jahreszeiten, ersetzt, s. KRANZ a. O. 361 f. Taf. 164, 1 (Platte von der Isola Sacra).
⁸ KRANZ a. O. 361.
⁹ Pisa, s. Anm. 71. Rom, S. Saba, s. Anm. 90.
¹⁰ s. Anm. 51. 71. 92. HIMMELMANN, Hirten-Genre 145 f.
¹¹ B. ANDREAE, MarbWPr 1979, 62.
¹² ROSSBACH a. O. 12. RODENWALDT, Stilwandel 16. B. ANDREAE in: HELBIG⁴ III S. 10 zu Nr. 2122. L. REEKMANS in: EAA III 83.
¹³ So schon ROSSBACH a. O. 12. Vgl. die ähnliche Sinngebung auf griechischen Grabreliefs, B. SCHMALTZ, MarbWPr 1979, 13 ff.
¹⁴ Grottaferrata, SICHTERMANN-KOCH 24 Nr. 13 Taf. 26, 1.
¹⁵ Rom, Prätextat-Katakombe, SICHTERMANN-KOCH 36 f. Nr. 31 Taf. 71, 1; 74, 2.

hier in dem Paare die betreffenden Heroen oder Götter zu sehen, doch schafft der römische Bildtypus andererseits auch wieder eine Verbindung zu den Hochzeitsszenen, die Sterbliche zeigen. Ein weiterer Sarkophag kann hier angereiht werden, der in der Szenenfolge große Ähnlichkeit mit einer weiter unten zu besprechenden nichtmythologischen Sondergruppe von Hochzeitssarkophagen hat,[16] selbst aber mythologisch zu deuten ist;[17] es handelt sich jedoch hier um mythische Begebenheiten aus der Frühgeschichte Roms, nicht um rein griechische Mythen.

Als zweite Szene, die den tatsächlichen Hochzeitsbräuchen der Römer entspricht, ist das Sacrificium nuptiale auf den Sarkophagen zu finden.[18] Alle übrigen Riten und Bräuche wurden nicht dargestellt, dafür Begebenheiten aus dem Leben und dem Beruf des Beigesetzten, von der Geburt über Magistratshandlungen, Feldzügen und Jagden bis zum Tode.

Es lassen sich Friessarkophage, Säulen- und Riefelsarkophage unterscheiden. Die erste Gruppe ist nicht sehr groß.

Ein früher, in der Figurenfolge bisher vereinzelter *Friessarkophag* wohl aus dem dritten Viertel des 2. Jhs. n. Chr., zeigt rechts die dextrarum iunctio mit Concordia und die die Braut geleitende Venus, danach Amor (oder Hymenäus) mit der Fackel, ihm folgend den Hochzeitszug mit dem Opferpersonal und dem Opferstier.[19]

In antoninische und die ihr unmittelbar folgende Zeit[20] ist eine Gruppe von Sarkophagen zu datieren, welche enge Verwandtschaft mit den Feldherrensarkophagen hat. Sie wird durch Sarkophage in Frascati, Los Angeles, Florenz, Mantua, Poggio a Cajano sowie durch Fragmente in London und in der Villa Wolkonsky in Rom repräsentiert.[21] Typologisch gehört ihr auch der bereits genannte Sarkophag mit mythologi-   93.94

---

[16] G. Koch, AA 1979, 236. N. Himmelmann, Winckelmanns Hermeneutik (AbhMainz 1971, 12) 21 f. D. im Vatikan, ASR II 194. Kaschnitz 473 Taf. 81. M. Schmidt, Der Basler Medeasarkophag (o. J.) 25 mit Anm. 35. Paris, Louvre, ASR II 189, rechts dextrarum iunctio. Vgl. auch ASR II 192a (ehem. Villa Ludovisi, Rom), dextrarum iunctio ohne Begleitfiguren. Auf ASR II 190 (Turin, jetzt größtenteils zerstört) ist rechts die Hochzeit nicht mit der dextrarum iunctio, sondern mit dem Opfer dargestellt. – Auch in der Szene der Medeasarkophage mit den gabenbringenden Kindern sind ältere Züge der Vita comunis erhalten, vgl. E. Künzl, BJb 169, 1969, 342 ff. Den Peleus-Thetis-Sarkophag in der Villa Albani hat schon C. Robert mit der Vita comunis in Zusammenhang gebracht, ASR II 1.

[17] s. Anm. 52 ff.

[18] Rom, Pal. Borghese, G. E. Rizzo, RM 21, 1906, 289 ff. Abb. 1–3 Taf. 13.

[19] Rossbach a. O. 4. Beispiele im Folgenden, vgl. besonders Anm. 37. 50. 74.

[20] Vatikan, Helbig⁴ I 72. Brilliant a. O. 159 Abb. 3.137. M. Horster, AA 1975, 409 f. Abb. 8b (Vs.) u. 9b (l. Ns.). – Zu Eros bei Hochzeitsszenen: R. Stuveras, Le putto dans l'art romain (Coll. Latomus 99, 1969) 119 f.

[20] Rodenwaldt, Stilwandel 17.

[21] Liste von 7 Stücken bei P. Barrera, StRom 2, 1914, 98 ff. Vgl. Rodenwaldt, Stilwandel 4 mit Anm. 1. I. Scott Ryberg, Rites of the State Religion in Roman Art (MemAmAc 22, 1955, 165). Brilliant a. O. 157 ff. A. Geyer, JdI 93, 1978, 369 ff. K. Fittschen, JdI 94, 1979, 592. T. Hölscher, JdI 95, 1980, 288 ff. 1) Frascati: Brilliant a. O. 159 Abb. 3. 136. G. Koch, AA 1979, 242. Himmelmann, Typ. Unt. 8 Taf. 6. Hölscher a. O. 288 Abb. 21. Hier Taf. 94. 2) Florenz: Mansuelli I 235 f. Nr. 253 Abb. 253a–c. Festschrift F. Matz (1962) Taf. 36, 1. H.-J. Marrou, Mousikos Aner (1964) 39 f. Nr. 12. M. Horster, AA 1975, 411 Abb. 10b. Hölscher a. O. 289 Abb. 22. 3) Mantua: Kraus, PropKg II Abb. 229 (Det.). Brilliant a. O. 158 Abb. 3.134. Horster a. O. 412 Abb. 11b. McCann, Metr. Mus. 125 Abb. 158. Hölscher a. O. 289 Abb. 23. Hier Taf. 93. 4) Poggio a Cajano: Rossbach a. O. 147 ff. Dütschke II 401.

schen Szenen aus der Frühgeschichte Roms zu.[22] Auf der Langseite dieser Sarkophage sind links eine kriegerische[23] oder eine Jagdszene[24] oder nur Victoria oder Virtus[25] dargestellt, daneben um Gnade flehende, besiegte Barbaren vor dem stehenden oder sitzenden Feldherrn, dann folgt ein Stieropfer,[26] schließlich als rechter Abschluß die dextrarum iunctio mit Concordia, Hymenäus und begleitenden Figuren. In allen Szenen erscheint, am Porträtkopf kenntlich, der Beigesetzte. Auf den Nebenseiten sind ergänzende Szenen angebracht, das Strafgericht des Feldherrn,[27] seine Bewaffnung,[28] Gladiatorenkämpfe (?),[29] weibliche, zur Hochzeitsszene gehörige Gestalten (die Grazien?),[30] der herbeigeführte Opferstier,[31] ein neugeborenes Kind mit Mutter, Amme, anderen Verwandten sowie den Parzen,[32] der Verstorbene auf dem Totenbett.[33] Von den Deckeln ist nur derjenige des Sarkophages in Mantua erhalten;[34] er zeigt, zwischen Eckmasken, links Helios, rechts Selene, in der Mitte, flankiert von den Dioskuren, die Kapitolinische Trias mit Salus oder Fortuna.[35]

Bei dem Beigesetzten muß es sich in allen Fällen um einen hochgestellten Feldherrn handeln; gezeigt werden sollen jedoch nicht nur äußerlich Begebenheiten aus seinem Leben, sondern diese als Sinnbilder der vier römischen Kardinaltugenden, der Virtus, Clementia, Pietas und Concordia, zu denen sich die Justitia gesellen kann.[36]

Dieser Gruppe mit den römischen Tugenden lassen sich verwandte Sarkophage mit ähnlichen Szenen an die Seite stellen. Auf einem wohl antoninischen Sarkophag in Leningrad,[37] dem sich ein anderer, schlecht erhaltener im Vatikan[38] zuordnen läßt, ist die dextrarum iunctio durch das gemeinsame Opfer der Eheleute ersetzt und in die Mitte der Langseite gesetzt, einer „der frühesten Triumphe der Zentralkomposition in der Sarkophagplastik".[39] Auch hier steht Concordia zwischen dem Paar, vor ihr brennt

---

INR 56.1389. K. FITTSCHEN, JdI 94, 1979, 592 Anm. 57. 5) London: G. VON LÜCKEN, Das Altertum 2, 1956, 34 ff. Abb. auf S. 35. 6) Los Angeles (früher Rom, Villa Bonaparte): BARRERA a. O. 103 ff. Nr. 5 Taf. 8, 2. E. Feinblatt, BdA 37, 1952, 193 ff. Abb. 1.5.6.7.9.11. E. P. LOEFFLER, ArtB 39, 1957, 1 ff. 7) Ehem. Florenz, Pal. Rinuccini: ASR III 2, 278. BARRERA a. O. 105 ff. Nr. 6 (mit Lit.). M. HORSTER, AA 1975, 413 f. Abb. 12 a. 12 b. 8) Rom, Villa Wolkonsky: BARRERA a. O. 107 f. Taf. 5.

[22] s. Anm. 17.
[23] Frascati, s. Anm. 21.
[24] Florenz, s. Anm. 21.
[25] Mantua, Poggio a Cajano, s. Anm. 21.
[26] Wobei das Stieropfer vor Antritt eines Imperiums auf dem Kapitol gemeint sein kann, s. RODENWALDT, Stilwandel 9.
[27] Frascati, s. Anm. 21.
[28] Florenz, s. Anm. 21.
[29] Poggio a Cajano, s. Anm. 21 (l. Ns.).
[30] Frascati, Mantua, s. Anm. 21.

[31] Mantua, s. Anm. 21.
[32] Florenz, Los Angeles, s. Anm. 21.
[33] Poggio a Cajano, s. Anm. 21.
[34] A. LEVI, Sculture greche e romane del Pal. Ducale di Mantova (1931) 88 Nr. 186 Taf. 100. ROSSBACH a. O. 78 ff. 117 f. A. M. COLINI, BullCom 53, 1925, 188. RODENWALDT, Stilwandel 9. T. BRENNECKE, Kopf und Maske (1970) 39 f. H. SICHTERMANN, AA 1974, 316 f.
[35] Der Deckel des Schlachts. von Portonaccio in Rom, NM, s. Kapitel I 4.3.1.1, zeigt eine dieser S.-Gruppe verwandte Szenenfolge: Geburt, Frauengemach, dextrarum iunctio, gnadeflehende Barbaren vor dem Feldherrn.
[36] Ns. des S. in Frascati, s. Anm. 21.
[37] SAVERKINA, Ermitage 38 ff. Nr. 14 Taf. 28–37. HORSTER a. O. 423 Abb. 18. K. FITTSCHEN, JdI 94, 1979, 592 Anm. 57.
[38] ROSSBACH a. O. 105 ff. AMELUNG, Vat.Kat. II 290 ff. Nr. 102 n Taf. 27. Festschrift F. Matz (1962) Taf. 36, 2 (Vs.).
[39] RODENWALDT, Stilwandel 5.

auf einem Dreifuß oder einem Altar das Opferfeuer. Hinter dem Bräutigam steht eine ihn bekränzende Victoria, es folgen Mitglieder des Opferpersonals mit dem Stier; hinter der Braut, auf der linken Seite der Langseite, erscheinen Venus mit Amor, Hymenäus und die drei Grazien. Auf der linken Nebenseite des Sarkophages im Vatikan[40] ist die dextrarum iunctio, ohne Concordia und Hymenäus, dargestellt, auf der rechten[41] der Beigesetzte zu Pferd, geleitet von einem Knappen; auf dem Sarkophag in Leningrad zeigen die rechte Nebenseite eine Eberjagd und die linke eine Hirtenszene. Der Deckel dieses Sarkophages hat zwischen Helios und Selene mit ihren Gespannen die Kapitolinische Trias, neben ihr die drei Parzen.[42]

Diesen beiden Sarkophagen ist ein weiterer in S. Lorenzo in Rom verwandt, der wohl in das späte 2. Jh. n. Chr. gehört;[43] er hat zwar noch die dextrarum iunctio rechts auf der Langseite, doch in der Mitte in betont zentraler Komposition ein Opfer bzw. die Vorbereitung hierzu. Allerdings nimmt am Opfer nur der Mann teil, welcher, mit verhülltem Hinterhaupt, einem Rotulus in der Linken und einer (jetzt weggebrochenen) Patera in der Rechten auf der rechten Seite steht; vor ihm stehen zwei jugendliche Opferdiener, hinter diesen erhebt sich, auf vier Säulen, eine Inschrifttafel, vor ihnen steht ein Korb mit Blumen und der von einem Diener herbeigeführte Opferstier. Von links schreiten Venus mit einer Taube, die Frühlingshore mit einer Girlande und eine jugendliche männliche Gestalt mit einem Volumen in der Linken (ein Genius?) auf die Mitte zu, ganz links wird die Langseite von der stehenden Fortuna mit dem Füllhorn abgeschlossen. Auf der rechten Nebenseite sind nebeneinander die drei Grazien dargestellt, auf der linken führt ein Opferdiener ein Schwein herbei, gefolgt von der Frühlingshore mit Girlande und einem Jüngling mit verschiedenen Gaben auf einer Schale. Der Deckel[44] zeigt links Helios, rechts Selene, dann jeweils einen der Dioskuren neben dem Pferd, in der Mitte Pluto mit dem Hund, rechts von ihm Persephone, links eine nicht sicher zu deutende weibliche Gestalt neben einem gefüllten Korb und einer Taube (die Herbsthore? Demeter?). Eine Ähnlichkeit mit den Deckeln des Hochzeitssarkophages in Mantua und im Vatikan ist nicht zu verkennen,[45] doch lehrt der Deckel in S. Lorenzo, daß die Kapitolinische Trias nicht kanonisch war.

Einen Rückgriff auf die friesartige Anordnung der Figuren auf der Langseite stellt der 238 n. Chr. zu datierende Sarkophag des Kaisers Balbinus[46] dar, nachdem schon längst die Säulensarkophage in überwiegenden Gebrauch gekommen waren. Die Szenenfolge ist konventionell: rechts die dextrarum iunctio in hergebrachter Form, in

---

[40] INR 32.320.
[41] INR 32.319.
[42] Vgl. die D. des S. in Mantua, Anm. 21, u. in Rom, S. Lorenzo, Anm. 43.
[43] G. RODENWALDT, Die Kunst der Antike (PropKg, 1927) Taf. 613. EAA III 83 Abb. 111 (ohne D.). N. HIMMELMANN in: Festschrift F. Matz (1962) 120 Anm. 54. K. FITTSCHEN, AA 1971, 117 ff. McCANN, Metr.Mus. 125 Abb. 159.

[44] HORSTER a. O. 404 Abb. 2.
[45] s. Anm. 34. 44.
[46] Rom, Prätextat-Katakombe. GÜTSCHOW, Prätextat 77 ff. Taf. 10–17 (Nss. Taf. 15, 2.3). N. HIMMELMANN in: Festschrift F. Matz (1962) 120 Taf. 37, 2 (ohne Kopf des Balbinus). H. JUCKER, AA 1966, 501 ff. B. ANDREAE, Röm. 105 Abb. 127. B. ANDREAE, ASR I 2 S. 28 ff., zweifelnd.

der Mitte das gemeinsame Opfer im Beisein von Mars, Victoria und Virtus, links Fortuna. Auch die Nebenseiten folgen der Tradition: links die drei Grazien, rechts tanzende Gestalten.[47] Nur der Deckel ist, jedenfalls innerhalb der Hochzeitssarkophage, eigenständig: er hat Klinenform und zeigt, liegend ausgestreckt, noch einmal das kaiserliche Paar.

Ein Friessarkophag mit dextrarum iunctio in der Mitte und begleitenden Figuren links und rechts befindet sich im Palazzo Comunale in Orvieto.[48] Auch auf einem späteren, um 270 oder 280 n. Chr. anzusetzenden Sarkophag wird die dextrarum iunctio in die Mitte gesetzt, die Frau ist, obwohl Concordia zwischen ihr und dem Mann steht, unverschleiert als Matrone gebildet, zwischen den Ehegatten steht ein brennender Focus, links und rechts erscheinen Personifikationen, die sich auf den Beruf des Mannes, eines Beamten der Annona, beziehen.[49] Hier läßt sich ein Sarkophag anschließen, der wohl schon an die Wende zum 4. Jh. n. Chr. gehört.[50] Auch er zeigt das Ehepaar in der Mitte, nicht in der dextrarum iunctio, doch mit einem kleinen Camillus zwischen sich, links die Frau noch einmal als Orans, rechts den Mann in der Beamtentoga; eine Besonderheit sind die bukolischen Elemente bei den Seitenfiguren. Der Sarkophag hat Wannenform; beutezerreißende Löwen schmücken die Seiten.

Der späteste Friessarkophag mit Hochzeitsszenen dürfte derjenige in der Krypta des Domes von Palermo[51] sein, auf dem zwischen dem Ehepaar in der Mitte Concordia steht, das Paar sich aber nicht die Hände reicht. Links sitzt noch einmal die musizierende Frau, rechts der lesende Mann, Musen und andere begleitende Figuren erscheinen im Hintergrund und an den Enden der Vorderseite. Der Sarkophag wird von M. Wegner in die 2. Hälfte des 4. Jhs. n. Chr. datiert.

Auf einer Gruppe von Sarkophagen, die nur wenige, aber bedeutende Stücke umfaßt, sind Ehepaare neben anderen Gestalten dargestellt, welche ihrer Tracht und ihrer Gestik wegen als Teilnehmer an einer oder mehreren amtlichen Handlungen gedeutet werden können. Die markantesten Vertreter dieser Gruppe sind der sogenannte Brüdersarkophag in Neapel,[52] ein Sarkophag aus Acilia im Thermenmuseum in Rom[53]

---

[47] Vgl. N. HIMMELMANN in: Festschrift F. Matz (1962) 115 mit Anm. 26.

[48] U. TARCHI, L'arte nell'Umbria e nella Sabina I (1936) Taf. 240, 1. INR 71.986. Vgl. auch das Frgt. in Rom, Museo Nuovo, HELBIG⁴ II 1797 mit Lit.

[49] Rom, NM 40799: HELBIG⁴ III 2122. B. ANDREAE, Röm. Kunst (1973) Abb. 596.

[50] Ince Blundell Hall, HIMMELMANN, Hirten-Genre 145 f. Taf. 64.65.

[51] TUSA, Sicilia Nr. 55 Abb. 127–129. ASR V 3, 69 Taf. 128 b; zur dort angeg. Lit.: L. REEKMANS, BInstHistBelgRom 31, 1958, 44 Anm. 2. In ASR V 3 S. 34 wird fälschlich von „dextrarum iunctio" gesprochen.

[52] N. HIMMELMANN in: Festschrift F. Matz (1962) Taf. 31 (Nss.). V. M. STROCKA, JdI 83, 1968, 231 Anm. 20. E. SIMON, JdI 85, 1970, 214. B. ANDREAE, Röm. Kunst (1973) Abb. 142. EAA Suppl. 1970, 697 Abb. 702; 698 Abb. 703 (Det.). HIMMELMANN, Typ.Unt. 5.6 Taf. 3. A. GEYER, JdI 93, 1978, 369 ff. K. FITTSCHEN, JdI 94, 1979, 589 ff.

[53] J. B. WARD PERKINS, Archaeology 18, 1965, 205 ff. HELBIG⁴ III 2316. B. ANDREAE in: Opus Nobile. Festschrift U. Jantzen (1969) 3 ff. Ders., Röm. Kunst (1973) Abb. 143. 598. H. KUNKEL, Der röm. Genius (20. Ergh. RM, 1974) 82 Nr. 513 Taf. 26, 2 (Det.). K. FITTSCHEN, JdI 94, 1979, 584 f. GIULIANO, Mus. Naz.Rom. I 1, 298 ff. Nr. 182.

und ein Sarkophag im Museo Torlonia;[54] einige Fragmente von Deckeln kommen hinzu,[55] ebenso finden sich Einzelszenen in den Intercolumnien von Säulensarkophagen.[56] Alle Stücke sind um 250 n. Chr. oder in den Jahrzehnten danach entstanden. Die absolut sichere Deutung der Darstellungen wird durch einige Inkonsequenzen erschwert, auch durch den trümmerhaften Zustand eines der Hauptvertreter, des Sarkophages aus Acilia. Zunächst darf aber an den bisher erarbeiteten Forschungsergebnissen festgehalten werden.

Daß auf diesen Sarkophagen außer der Eheszene und anderen Szenen der *Processus consularis,* der feierliche Aufbruch des neu gewählten Konsuls zum Gang auf das Kapitol, dargestellt ist, wurde zuerst auf dem Sarkophag in Neapel erkannt.[57] Die Szene befindet sich hier links, während rechts die dextrarum iunctio erscheint; in der Mitte ist der Beigesetzte einmal als Philosoph, einmal erneut als Magistrat dargestellt.[58] Auf den nur teilweise erhaltenen Nebenseiten sind links wohl die drei Grazien, rechts tanzende Hochzeitsteilnehmer zu ergänzen.[59] Bei dem Sarkophag aus Acilia hat der Umstand, daß sich unter den Dargestellten eine Figur mit Knabenporträt befindet, bei der Deutung zunächst in die Irre geführt.[60] Erst die Erkenntnis, daß dieses Porträt ursprünglich nicht als Knabenporträt vorgesehen war, sondern erst später zu einem solchen ausgearbeitet wurde, führte auf die richtige Spur: daß hier, ähnlich wie auf den Feldherrensarkophagen, Szenen aus dem Leben eines hochgestellten Römers dargestellt waren, rechts die Hochzeit, links der Processus consularis, wobei der Genius Senatus selbst das Zeichen zum Aufbruch gibt.[61] Der Sarkophag im Museo Torlonia,[62] der nicht weniger schlecht erhalten ist, läßt noch erkennen, daß auch hier, in ähnlicher Anordnung wie auf dem Sarkophag von Acilia, links der Aufbruch zum Processus consularis, in der Mitte das Ehepaar, dahinter Venus (?) dargestellt waren. Hier ist es allerdings nicht der Genius Senatus, der den Weg weist, sondern ein Mann mit Porträtkopf, vielleicht ein Ritter.[63].

Die umfangreiche Gruppe der architektonischen[64] Hochzeitssarkophage setzt am Ende des 2. Jhs. n. Chr. ein[65] und umfaßt Säulen- und Riefelsarkophage. Sie erstreckt sich zeitlich auf das gesamte 3. Jh. n. Chr., ihre Blütezeit hat sie in den Jahrzehnten von 220 bis 240 n. Chr.[66]

---

[54] Das Altertum 2, 1956 Abb. auf S. 32 (l. Ns.). B. ANDREAE in: Opus Nobile (Festschrift U. Jantzen, 1969) 7 ff. Taf. 1, 1. EAA Suppl. 1970, 694 Abb. 701. HIMMELMANN, Typ.Unt. 6 Taf. 10. B. ANDREAE, Röm. Kunst (1973) Abb. 597.

[55] N. HIMMELMANN in: Festschrift F. Matz (1962) Taf. 33. Ders., Typ.Unt. Taf. 2.4.5.

[56] HIMMELMANN, Typ.Unt. Taf. 7.8.9; ebenda 5 f. über die Inkonsequenzen, die die Deutung erschweren.

[57] N. HIMMELMANN in: Festschrift F. Matz (1962) 113 ff. Vgl. B. ANDREAE, Röm. Kunst (1973) 318.

[58] HIMMELMANN, Typ.Unt. 6, mit Anführung verwandter Szenen, u. a. auf einem Frgt. im Vatikan, ebenda Taf. 4 a; hier Taf. 104.

[59] Vgl. den Balbinus-S., Anm. 46.

[60] R. BIANCHI BANDINELLI, BdA 39, 1954, 200 ff.

[61] s. Anm. 63.

[62] s. Anm. 54.

[63] B. ANDREAE in: Opus Nobile (Festschrift U. Jantzen, 1969) 9 f.

[64] Zu diesem Begriff s. Kapitel I 4.1.5; I 4.1.6.

[65] RODENWALDT, Stilwandel 17. N. HIMMELMANN in: Festschrift F. Matz (1962) 120.

[66] N. HIMMELMANN in: Festschrift F. Matz (1962) 120.

98.99   Die *Säulensarkophage*[67] machen von der allgemeinen Regel, gedreht kannelierte Säulen und korinthische Kapitelle mit ihren Varianten zu verwenden, keine Ausnahme. Sie setzen bei ungerader Arkadenzahl die dextrarum iunctio regelmäßig in die Mitte, wobei die betreffende Arkade gewöhnlich mit einem dreieckigen Giebel versehen wird, während in den seitlichen Interkolumnien zumeist die Dioskuren erscheinen[68] oder Einzelszenen aus dem Processus consularis,[69] die es auf den Friessarkophagen nicht gibt; sie sind von den östlichen Vorbildern römischer Säulensarkophage übernommen.[70] Sind mehr als drei Arkaden vorhanden, so werden außen zumeist die Dioskuren beibehalten, während in die übrigen Interkolumnien oft noch einmal Mann und Frau gesetzt werden.[71] Auch auf Sarkophagen mit vier Arkaden erscheinen außen die Dioskuren, in den zwei mittleren das Ehepaar, die dextrarum iunctio entweder rechts[72] oder links,[73] im anderen Interkolumnium gewöhnlich das gemeinsame Opfer. Dieses kann auch auf die beiden mittleren Interkolumnien verteilt werden, wobei Mann und Frau je ein Interkolumnium einnehmen und die Szene über die mittlere Säule hinübergreift,[74] während außen wiederum die Dioskuren dargestellt sind. Meist handelt es sich bei den einzelnen Szenen um Exzerpte aus den Figurenfolgen der Friessarkophage. Von diesen werden auch gewöhnlich die Darstellungen der Nebenseiten[75] übernommen: gnadeflehende Barbaren,[76] herbeigeführte Opferstiere[77] oder Opferdiener.[78] Auch Bigen und Quadrigen kommen vor.[79] Es finden sich jedoch auch neutrale Verzierungen auf den Nebenseiten wie Girlanden mit Gorgoneia.[80] Auch die Deckel, die mit Jagd- und ländlichen Szenen verziert sein können,[81] zeigen Verwandtschaft mit den Friessarkophagen.

Eine Vermischung mit anderen Gruppen von Säulensarkophagen läßt sich nur dort

[67] Vgl. G. RODENWALDT, RM 38/9, 1923/4, 10ff.

[68] Allgemein: G. RODENWALDT, JdI 51, 1936, 86. G. KOCH, ASR XII 6 S. 52. 56 mit Anm. 13. S. in Rom, NM, RM 38/9, 1923/4, 20 Abb. 9. Festschrift F. Matz (1962) Taf. 37, 1. Das Altertum 2, 1956 Abb. auf S. 37.

[69] Portogruaro, Mus., G. BRUSIN – P. L. ZOVATTO, Monumenti romani e cristiani di Julia Concordia (1960) 46ff. Abb. 58.59. INR 37.641. Ostia, vor dem Mus., P. PENSABENE, DArch 6, 1972, 340 Abb. 16. G. KOCH, AA 1979, 237. Rom, Villa Savoia, EA 2100. Repertorium I Nr. 918. H. KUNKEL, Der röm. Genius (20. Ergh. G. KOCH, AA 1979, 234 Anm. 27; 237. Zu vergl. ein S. in Lanuvio, bei dem in der Mitte die Grabestür erscheint, B. HAARLØV, The Half-Open Door (1977) Abb. 41.

[70] N. HIMMELMANN in: Festschrift F. Matz (1962) 120 mit Anm. 58.

[71] Pisa, G. RODENWALDT, RM 38/9, 1923/4, 14f. Abb. 5.6. ARIAS, Camposanto Taf. 82, 172–174. P. KRANZ, RM 84, 1977, 373

Anm. 145; hier ein Rundbogen über der Mittelädikula. – Florenz, Mus. dell'Opera, G. RODENWALDT, RM 38/9, 1923/4, 12f. Abb. 3.4. Hier Taf. 99. INR 75.230. Zu vgl. ein S. ohne dextrarum iunctio im Vatikan, HELBIG⁴ I 248.

[72] Arles, Mus. d'Art Chrét., INR 60.1709. Tipasa, McCANN, Metr.Mus. 126 Abb. 160.

[73] Rom, NM, HIMMELMANN, Typ.Unt. Taf. 8.

[74] S. in der Villa Albani in Rom, G. RODENWALDT, RM 38/9, 1923/4, 21f. INR 31.81.

[75] Diese sind, wie immer bei stadtrömischen S., nicht mehr als Säulendekoration gestaltet, sondern als flaches Relief.

[76] Florenz, l. Ns., s. Anm. 71.

[77] Florenz, r. Ns., s. Anm. 71. Pisa, l. Ns., s. Anm. 71. Tipasa, beide Nss., INR 75.480/1.

[78] Pisa, r. Ns., s. Anm. 71.

[79] Rom, NM, s. Anm. 68. INR 64.845/6.

[80] Rom, Villa Savoia, s. Anm. 69.

[81] Rom, NM, HIMMELMANN, Typ.Unt. Taf. 8.

feststellen, wo neben die mittlere dextrarum iunctio die vier Jahreszeiten gestellt sind.[82] Hier läßt sich auch ein Sarkophag in Tunis im Bardomuseum anführen, auf welchem die Langseite von zwei Pfeilern gerahmt ist, die Zwischensäulen und Arkaden jedoch weggefallen sind.[83]

Nicht so sicher ist die Verbindung mit den Musen. Die Platte im Palazzo Giustiniani mit dextrarum iunctio in der Mitte und Musen (?) in einigen der Seiten-Aediculae[84] ist zweifelhaft in ihrer Ergänzung und Zusammensetzung, doch zeigt das späte Stück in Palermo,[85] daß eine Verbindung generell nicht ausgeschlossen war.

Säulensarkophage, die das Ehepaar zeigen, jedoch nicht die dextrarum iunctio, sind kaum als Hochzeitssarkophage anzusehen, auch wenn sich andere Szenen dieser Sarkophagklasse auf ihnen vorfinden; genannt sei ein Sarkophag mit betendem und opferndem Ehepaar im Vatikan.[86]

Auch die den Säulensarkophagen zeitlich mehr oder weniger parallel gehenden *Riefelsarkophage* haben die dextrarum iunctio im Mittelfeld, zumeist in einer von Pfeilern gebildeten Ädikula mit halbrundem Giebel.[87] Aber auch der dreieckige Giebel findet sich,[88] ebenso können die Pfeiler gelegentlich durch Säulen ersetzt werden.[89] Es kommt aber auch das durch keinerlei architektonische Umrahmung ausgezeichnete Mittelfeld vor.[90] Auf den Seitenfeldern sind die Dioskuren wesentlich seltener vertreten als auf den Säulensarkophagen,[91] häufiger sind die Verstorbenen selbst noch einmal, einzeln, dargestellt,[92] auch das Opfer kann dabei angedeutet werden.[93] Daneben tauchen konventionelle Figuren wie die bekannten Trauergenien[94] auf, gelegentlich auch mythologische Gestalten wie Narkissos.[95]

Die Nebenseiten scheinen sich weit mehr den allgemeinen Regeln der Riefelsarkophage als denen der Hochzeitssarkophage zu fügen; so finden wir die wohlbekannten Greifen,[96] die auch auf zahlreichen anderen Riefelsarkophagen vorkommen.

Mit den architektonischen Sarkophagen sind gewisse Mischbildungen verwandt,

---

[82] Pisa, ARIAS, Camposanto Taf. 51, 105. HANFMANN II Kat. Nr. 486 Abb. 57. G. RODENWALDT, RM 38/9, 1923/4, 24f. Nr. 1. Auf den Nss. Panther, die eine Vordertatze auf ein Gefäß legen, ARIAS, Camposanto Taf. 52.

[83] HANFMANN II Kat. Nr. 506. H. FOURNET-PILIPENKO, Karthago 11, 1961/2, 137f. Nr. 137 Taf. 8.9. INR 61.650.

[84] ASR V 3, 166. M. HORSTER, AA 1975, 415 Abb. 13b.

[85] s. Anm. 51.

[86] TH. KLAUSER, JbAChr 2, 1959, 128f. Taf. 13. HELBIG⁴ I 248. H. KUNKEL, Der röm. Genius (20. Ergh. RM, 1974) 82 Nr. S 14.

[87] Rom, S. Giovanni, Kreuzgang, MATZ-DUHN 3102, INR 74.759. Rom, S. Cecilia, INR 32.168. Sutri, Municipio, INR 31.564. Vicovaro, INR 67.2209. Rignano, INR 79.1464. Rom, Villa Doria Pamphilj, CALZA, Villa Doria Taf. 200, 364.

[88] Pisa, ARIAS, Camposanto Taf. 53, 107.

[89] Vatikan, SICHTERMANN-KOCH Taf. 118, 45.

[90] Rom, S. Saba, ROSSBACH a. O. 171 ff. INR 65.262.

[91] Beispiel: Sutri, Municipio, INR 31.564.

[92] Rom, S. Saba, INR 65.262. Auch die S., auf denen dann das Mittelfeld ein eigenes Thema hat, werden gewöhnlich noch den Hochzeitss. zugerechnet, z. B. der S. mit den 3 Grazien in Rom, NM, HELBIG⁴ III 2117.

[93] Rignano, INR 79.1464.

[94] Rom, S. Cecilia, INR 32.168.

[95] Vatikan, SICHTERMANN-KOCH 47f. Nr. 45 Taf. 118, 1.

[96] Sutri, Municipio, INR 31.565. Rignano, INR 79.1463.

wie etwa ein Sarkophag in Ostia;[97] hier erinnert nur noch die Mittelädikula an die Verzierung der Riefelsarkophage, an die Stelle der geriefelten Seitenfelder sind Eroten mit Girlanden und Masken getreten.

Nachklänge der römischen Hochzeitssarkophage finden sich bis in die christliche Zeit hinein, besonders zäh hielt sich die Szene der dextrarum iunctio.[98]

4. Feldherren

B. ANDREAE in: Helbig[4] I S. 183 f. – R. BRILLIANT, Gesture and Rank in Roman Art (1963) 160. – TH. SCHÄFER, MEFRA 91, 1979, 364 ff.

Die Szene der ‚Clementia', die Begnadigung von Barbaren durch einen römischen Feldherrn, die sich mit anderen Szenen auf Hochzeitssarkophagen findet,[1] kann auch die gesamte Langseite beherrschen. Der einstmals berühmte Vertreter dieser ‚Feldherrnsarkophage', ein Kasten im Thermenmuseum in Rom, ist allerdings – obwohl eine doppelte Sinngebung nicht ausgeschlossen erscheint – inzwischen mythologisch, als Neoptolemossarkophag, interpretiert worden.[2] Eindeutiger Vertreter dieser Gattung ist danach nur ein Sarkophag im Vatikan, auf dem die gesamte Vorderseite von der Begnadigungsszene eingenommen wird.[3] Rechts sitzt der Feldherr, hinter ihm steht Victoria mit Kranz und Palme, die übrige Fläche wird von herbeigeführten gefangenen Barbaren, wohl Donausarmaten, eingenommen; links und rechts schließen Tropaia die Szene ab. Auf den Nebenseiten ist der Transport von Gefangenen dargestellt. Zu datieren ist der Sarkophag etwa zwischen 180 und 190 n. Chr. Zu einem ähnlichen Sarkophag hat vielleicht ein Fragment im Palazzo Rondanini in Rom gehört.[4] Auf einem Deckel, von dem sich ein Fragment im Palazzo Mattei in Rom befindet,[5] war vielleicht ebenfalls nur die Begnadigung dargestellt; hier sitzt allerdings der Feldherr links, und um Gnade fleht eine ganze Familie.

Eine genauere Untersuchung verdiente ein Feldherrnsarkophag (?) an der Außenfront des Palazzo Rospigliosi in Zagarolo bei Rom,[6] auf welchem dem in der Mitte stehenden Feldherrn ein Helm überreicht wird, während sich ihm Reiter von links und rechts nähern. Das sehr hoch angebrachte Stück ist schwer zu beurteilen.

Nicht im strengen Sinne als Feldherrnsarkophag zu bezeichnen ist ein Kasten im Thermenmuseum in Rom mit ähnlicher Komposition,[7] sowohl seiner Form nach – er

---

[97] Ostia, Mus., MCCANN, Metr.Mus. 126 Abb. 161.162.

[98] G. BOVINI, BullCom 72, 1946-8, 103 ff. Zu den Säulens. s. den in Anm. 72 erwähnten S. in Arles, dessen christliche Ns. bei WILPERT II Taf. 236, 11 abgebildet ist, u. den S. in Villa Savoia, s. Anm. 69; zu Riefels.: Repertorium I 71 Nr. 86 Taf. 25, 86.

[1] s. Kapitel I 4.3.1.3.

[2] s. Kapitel I 4.3.2.28.

[3] HELBIG[4] I 239. BRILLIANT a.O. 160 Abb. 3.140. RendPontAcc 41, 1968/9, 151 Abb. 2. GUERRINI, Pal. Mattei Taf. 63 b. B. ANDREAE, Römische Kunst (1973) Abb. 500.

[4] SALERNO-PARIBENI 259 Nr. 85 Abb. 139.

[5] GUERRINI, Pal. Mattei 66 ff. Taf. 64 a.

[6] SCHÄFER a.O. 364 Anm. 40; 376 Abb. 9.

[7] R. PARIBENI, NSc 1928, 350 ff. L'ORANGE-V. GERKAN 208.210 Abb. 39.

ist kein eigentlicher Sarkophag, sondern nur der Schutz eines solchen – als auch der Darstellung nach: zwar wird auch hier die Vorderseite von Tropaia begrenzt, auch werden Streitrosse (?) von links und rechts herbeigeführt, doch tragen die die mittlere Figur flankierenden Männer (Statores?) ihre Schwerter in der Scheide, und die mittlere Figur, ein bärtiger Alter mit Porträtkopf, trägt die Toga und hält in der Linken einen Rotulus; am Boden steht ein Kasten mit weiteren Rotuli. Hier scheint ein Feldherr in seinen späteren Lebensjahren sich dem Studium gewidmet zu haben, ohne seine Vergangenheit zu vergessen. Der Sarkophag ist etwa um 270 bis 280 n. Chr. zu datieren.

5. Lebenslauf eines Kindes

K. Wernicke, AZ 43, 1885, 209 ff. – H.-I. Marrou, Mousikos Aner (1938). – A. Borghini, Prospettiva 22, 1980, 2 ff.

Eine kleine Gruppe von Sarkophagen, die nach der Größe für ein Kind bestimmt waren, bringt Episoden aus dem Leben eines Kindes; die meisten Stücke gehören eng zusammen, haben aber verschiedene Auswahl und immer wieder unterschiedliche Anordnung der einzelnen Szenen. Sie sind von K. Wernicke und H.-I. Marrou behandelt und werden unten in einer Liste zusammengestellt.

Das Kind beim Bad (2.3.7.9.10), Mutter oder Amme oder beide mit dem Kind (8.9.10.12), einige Male im Beisein der Moiren oder anderer Gestalten, begegnen recht häufig[1] und sind auch auf Nebenseiten der Feldherrensarkophage in Florenz und Los Angeles[2] und auf dem Deckel des Schlachtsarkophages von Portonaccio[3] übernommen worden; der Rest einer derartigen Szene ist auf einer fragmentierten Nebenseite in Richmond erhalten.[4] Recht selten findet sich die Mutter oder die Amme, die das Kind stillt (4.8.9), ferner der Vater, dem das Kind gebracht wird (11) oder der es auf dem Arm hat (4). Einige Male ist das Kind beim Spiel gezeigt, und zwar bei einer Fahrt auf einem Wagen,[5] der von einem Widder oder einem Ziegenbock gezogen wird (4.5.10), und einmal in einem auf Rädern fahrenden Gestell (11). In der Regel ist eine Szene vorhanden, in der das Kind vor einem Lehrer steht und aus einer Rolle vorliest oder vorträgt (1.2.3.4.7.8.12);[6] sie begegnet auch auf der Nebenseite des Feldherrnsarkophages in Florenz;[7] auf dem Deckel des Schlachtsarkophages von Por-

---

[1] Zu der Szene: O. Brendel, RM 51, 1936, 92 ff.; G. Becatti, BdA 36, 1951, 4 ff.; K. Fittschen, JdI 85, 1970, 187; L. Berczelly, ActaAArtHist 8, 1978, 53 ff.

[2] Florenz, Uff. 82: Brendel a.O. 91 Abb. 18; Marrou a.O. 39 f. Nr. 12; Becatti a.O. 4 Abb. 4; E. Feinblatt, BdA 37, 1952, 199 Abb. 10; Mansuelli I 235 f. Nr. 253 Abb. 253 c; Berczelly a.O. 61 f. Taf. 7 d. – Los Angeles: Feinblatt a.O. 199 Abb. 9.

[3] Rom, NM 112327: Marrou 40 ff. Nr. 13; Helbig[4] III 2126; Berczelly a.O. 61 f. Taf. 7 c.

[4] Richmond 60 – 6: unpubl.

[5] Zu S. mit Wagenfahrt: Weber, Wagenfahrt 44 ff. 117 ff.

[6] Marrou a.O. 27 ff.; vgl. auch 33 f. Nr. 9. – Vgl. das Stück Marrou a.O. 33 Nr. 7 in Verona: S. Maffeius, Museum Veronense (1749) 126 Abb. 2 (wohl Ns. eines Sarkophages).

[7] s. oben Anm. 2.

tonaccio⁸ und auf der fragmentierten Nebenseite in Richmond⁹ handelt es sich um ein Mädchen, das vor einer Frau steht; die Darstellung der Vorderseite ist bei dem letzteren Stück nicht bekannt, um einen Feldherrnsarkophag wie in Florenz und Los Angeles kann es sich nicht handeln. Auf einem Exemplar lehrt das Kind und ist von Musen umgeben (5).¹⁰ Ein Klinenmahl ist nur einmal (5), die Beweinung des toten Kindes dagegen häufiger wiedergegeben (1.2.3.7); schließlich findet sich auf einigen Beispielen die Apotheose (7.8.12).¹¹

Auf einem singulären Sarkophag in Rom, NM (6), ist der Lebenslauf in Form einer Reise geschildert; rechts und links fährt das Kind mit den Eltern auf einem Wagen, und zwar rechts am Beginn und links am Ende des kurzen Lebens; in der Mitte lernt es mit einem Roller gehen und spielt mit einer Gans.

Dieses Exemplar ist einer der frühesten Sarkophage des 2. Jhs. n. Chr.; nach den Frisuren stammt es aus trajanischer Zeit. Die anderen Stücke setzen in antoninischer Zeit ein, für die Darstellungen des familiären Lebens typisch zu sein scheinen; das ist auch an den Feldherrnsarkophagen oder einem Einzelstück wie der Platte mit Kleobis und Biton in Venedig zu sehen.¹² Frühestes Exemplar ist der Kasten des M. Cornelius Statius in Paris (4), bei dem der Vater die Frisur der Zeit des Antoninus Pius trägt. Andere Stücke dürften ins letzte Viertel des 2. Jhs. n. Chr. gehören (3.7.8.9.10.12); der fragmentierte Kasten in Ostia (2) ist ein künstlerisch anspruchsloses, wohl lokales Werk mittelantoninischer Zeit. Aus dieser Gruppe fällt lediglich ein Kasten in Paris heraus (5), der aus dem späten 3. Jh. n. Chr. stammen dürfte.¹³

Vorbilder für die Folge sind nicht bekannt, die einzelnen Szenen sind vielmehr von römischen Künstlern für die Sarkophage nach verschiedenen Vorlagen umgestaltet¹⁴ und in jeweils anderer Weise zu Friesen zusammengesetzt worden. Ein Klinenmonument aus dem späten 1. Jh. n. Chr. in Rom hat eine erweiterte Folge von Darstellungen, die teilweise an die der Sarkophage anklingen.¹⁵

---

⁸ s. oben Anm. 3.
⁹ s. oben Anm. 4.
¹⁰ Vgl. die Musensarkophage ASR V 3, 167 Taf. 54a; 139 Taf. 59; 196 Taf. 72. – MARROU a.O. 46ff.
¹¹ Zur Szene: K. FITTSCHEN, JdI 85, 1970, 184; WEBER, Wagenfahrt 136f.
¹² FITTSCHEN a.O. 184ff.
¹³ HIMMELMANN, Typ. Unt. 19.

¹⁴ Darstellungen der Geburt des Dionysos waren z. B. möglicherweise Vorlagen der Badeszene und der Szene mit Mutter, Amme und Kind: BECATTI a.O. (s. oben Anm. 1) 1ff.; F. MATZ, ASR IV 3 S. 345ff.; BERCZELLY a.O. (s. oben Anm. 1) 53ff.
¹⁵ Rom, NM 125 605: HELBIG⁴ III 2165 (B. ANDREAE – E. SIMON); H. WREDE, AA 1977, 410 Abb. 76/77; BERCZELLY a.O. 49ff.

Liste der Sarkophage mit Lebenslauf eines Kindes[16]

1.	LOWTHER CASTLE (noch dort?)	MARROU a.O. 33 Nr. 6 (bei C. C. VERMEULE, AJA 59, 1955, 141f. nicht aufgeführt).
2.	OSTIA 1170	M. GUARDUCCI, BullCom 53, 1926, 156ff., Abb. auf S. 156; L. BERCZELLY, ActaAArtHist 8, 1978, 56f. 66ff. Taf. 5c.d.; INR 69.2831.
3.	PARIS 319	MARROU a.O. 32 Nr. 5; K. SCHAUENBURG, JdI 81, 1966, 288 Abb. 27/28; BERCZELLY a.O. 61 Taf. 7e.
4.	PARIS 659	MARROU a.O. 29f. Nr. 2; CUMONT, Symb. Fun. Taf. 36, 1; K. FITTSCHEN, JdI 85, 1970, 186 Abb. 14; BERCZELLY a.O. 61 Taf. 7b; hier Taf. 114.
5.	PARIS 1520	MARROU a.O. 50f. Nr. 19; CUMONT, Symb. Fun. Taf. 36, 2; ASR V 3, 77 Taf. 145b; HIMMELMANN, Typ. Unt. 19f. 51 Nr. 20 Taf. 42a; WEBER, Wagenfahrt 135f. Taf. 24, 2; hier Taf. 116.
6.	ROM, NM 65199	HELBIG[4] III 2394; N. HIMMELMANN, AnnPisa 4, 1974, 146; WEBER, Wagenfahrt 127f. Taf. 24, 1; hier Taf. 113.
7.	ROM, MUS. TORLONIA 414	MARROU a.O. 31f. Nr. 4; CUMONT, Symb. Fun. Taf. 27, 2; ASR V 3, 132 Taf. 146b; K. FITTSCHEN, JdI 85, 1970, 186 Abb. 13; HIMMELMANN, Typ. Unt. Taf. 42b; BORGHINI a.O. 2ff. Abb. 2–6; hier Taf. 115.
8.	ROM, VILLA DORIA PAMPHILJ	MARROU a.O. 30f. Nr. 3; CUMONT, Symb. Fun. Taf. 27, 1; CALZA, V. Doria 241f. Nr. 291 Taf. 160; BORGHINI a.O. 2ff. Abb. 1.
9.	VATIKAN 1873	AMELUNG, Vat. Kat. II 177f. Nr. 69c Taf. 11.
10.	VATIKAN 1632	AMELUNG, Vat. Kat. I 591 Nr. 424 Ka. Taf. 61; F. J. DÖLGER, Ichthys IV (1927) Taf. 253; E. FEINBLATT, BdA 37, 1952, 202 Abb. 15; WEBER, Wagenfahrt 136 Taf. 31, 1.
11.	ZAGREB	A. v. DOMASZEWSKI, AEM 5, 1881, 171 Nr. 41; J. BRUNŠMID, VjesAMuzZagreb N. S. 8, 1905, 86 Nr. 158.
12.	VERSCHOLLEN, ehem. Kunsthandel Rom	Unpubl.; INR 43.19.

6. Mahl. Toter auf der Kline

K. SCHAUENBURG, JdI 81, 1966, 261ff. – N. HIMMELMANN, Typ. Unt. (1973). – E. E. SCHMIDT in: Mél. A. M. Mansel (1974) 589ff. – *Nachträge:* E. JASTRZEBOWSKA, Recherches Augustiennes 14, 1979, 3ff. – Dies., Untersuchungen zum christlichen Totenmahl aufgrund der Monumente des 3. und 4. Jhs. unter der Basilika des Hl. Sebastian in Rom (1981). – H. WREDE, AA 1981, 86ff.

Darstellungen mit einem Mahl und mit einem Toten auf der Kline werden hier zusammengefaßt, da sich verschiedene Überschneidungen ergeben. Das Mahl kann an einem Tisch, einem Stibadium, einem Sigma oder auf einer Kline stattfinden. Die Exemplare mit Sigma[1] und die mit Kline[2] sind von N. Himmelmann in Listen erfaßt

---

[16] Nicht aufgenommen sind die Fragmente Verona (s. oben Anm. 6) und Rom, V. Borghese (Abbildung nicht nachzuweisen), MARROU a.O. 33 Nr. 7 und 8.

[1] HIMMELMANN a.O. 57ff. – Ferentillo, S. Pietro: U. TARCHI, L'arte nell'Umbria e nella Sabina I (1936) Taf. 234, 3; HIMMELMANN a.O. 65 Nr. 54; ASR I 2, 29 Taf. 93, 3. – Berlin 696, London 2212 und Rom, Via del Corso: G. KOCH, AA 1975, 542 Abb. 24–26. – Mentana: INR 73.39. – Honolulu 3731.1: unpubl.

[2] HIMMELMANN a.O. 47ff. – Split D 446: N. CAMBI, AA 1977, 450f. Nr. 5 Abb. 126–128. – Split D 449: CAMBI a.O. 451 Nr. 6 Abb. 129/

und kurz besprochen worden; E. E. Schmidt hat einige Beispiele mit Klinenmahl und K. Schauenburg verschiedene mit Toten auf der Kline behandelt. Eine umfassende Bearbeitung der Gruppen steht noch aus.

Das *Mahl an einem Tisch* ist wohl nur auf einem Deckel im Vatikan[3] belegt, auf dem sich verschiedene Mahlszenen finden. Das *Mahl am Stibadium,* einer länglichen Polsterbank,[4] das im Freien stattfindet, ist auf relativ frühen Deckeln mit dem Mahl nach der kalydonischen Jagd,[5] auf Deckeln mit dionysischem Gelage[6] und auf einem Kasten mit dionysischen Szenen[7] dargestellt. In anderem Zusammenhang ist es vielleicht auf drei Kästen belegt, die aber so fragmentiert sind, daß sie sich nicht mit Sicherheit rekonstruieren lassen.[8] Das *Mahl am Sigma,* einem gebogenen Polster,[9] ist bei den Sarkophagen zuerst bei Deckeln mit dem kalydonischen Jagdmahl überliefert.[10] Im späten 3. und frühen 4. Jh. n. Chr. trägt eine größere Anzahl von Deckeln – Kästen mit der Szene sind nicht bekannt – eine derartige Darstellung, die nicht mythologisch verstanden werden kann, wenn Atalante und Dioskuren fehlen. Auch wenn schon frühere Wiedergaben des Mahles am Sigma bekannt sind,[11] dürfte Vorlage für diese Deckel das kalydonische Jagdmahl gewesen sein; denn es findet sich bei ihm häufig eine vergleichbare Figurenanordnung, mit einem Herd am linken Rand, an dem sich ein Mann zu schaffen macht, einem weiteren Mann mit Amphora, einem servierenden Diener und einem in Vorderansicht links und einem in Rückansicht rechts am Sigma liegenden Mann. Wie Bäume angeben, handelt es sich um ein Mahl im Freien; Vorhänge können im Hintergrund gespannt sein. Einzelne Gestalten werden gewöhnlich nicht durch ein Porträt hervorgehoben.[12] Das Mahl am Sigma begegnet gelegentlich in christlichem Zusammenhang, nämlich auf Deckeln als Entsprechung zu christlichen Szenen.[13] Die Exemplare mit Sigma wurden vor allem in dem kurzen Zeitraum vom späten 3. bis ins frühe 4. Jh. n. Chr. geschaffen und zeigen den ‚pointillistischen' Stil; eines könnte aus konstantinischer Zeit,[14] ein anderes vielleicht aus der zweiten Hälfte des 4. Jhs. stammen.[15]

30 (vgl. a. O. S. 459 die Bemerkung von N. HIMMELMANN). – Anacapri: A. ANDRÉN, OpRom 5, 1965, 138f. Nr. 32 Taf. 18. – Rom, Prätextat: HIMMELMANN a. O. 51 Nr. 21 Taf. 38; P. BOZZINI, RendPontAcc 48, 1975/76, 325ff. Abb. 2.5ff., (ausführliche Behandlung des Stückes; Nachträge zu HIMMELMANN). – Casale di S. Palomba bei Rom: G. M. DE ROSSI, Apiolae (Forma Italiae I 9, 1970) 100ff. Nr. 218 Abb. 189ff.

[3] Vatikan 2165: F. J. DÖLGER, Ichthys IV (1927) Taf. 250,1.

[4] Zum Stibadium: RE III A 2481ff. s. v. stibadium. stibas (F. POLAND); ASR IV 3, S. 329; ASR XII 6 S. 48ff.

[5] z. B. ASR XII 6, 7.73.81.128.130 Taf. 114ff.

[6] ASR IV 3, 180ff. Taf. 204ff.

[7] Rom, V. Doria Pamphilj: ASR IV 3, 194 Taf. 204, 2; CALZA, Villa Doria 175f. Nr. 203 Taf. 124.

[8] HIMMELMANN a. O. 20.24.27f. 52f. Nr. 25–27 Taf. 40/41 (Rom, NM 113065; Rom, Pal. Cons. 2072; Tunis C 968).

[9] Zum Sigma: RE II A 2323f. s. v. sigma (G. RODENWALDT); ASR XII 6 S. 48ff.

[10] z. B. ASR XII 6, 129.132 Taf. 115.

[11] HIMMELMANN a. O. 25 Anm. 77 (mit Lit.).

[12] HIMMELMANN a. O. 25. – Jedoch z. B. HIMMELMANN a. O. Taf. 45c; 48a; ASR XII 6, 136 Taf. 188c.

[13] Rep. I 150. 591a. 778. 893. 942. HIMMELMANN a. O. 26.

[14] HIMMELMANN a. O. 28 Anm. 101; 62 Nr. 29 Taf. 49a (unten).

[15] HIMMELMANN a. O. 28 Anm. 101; 66 Nr. 56 Taf. 49b.

Ein *Mahl auf der Kline* ist auf zwei frühen Einzelstücken, nämlich Loculusplatten aus Ostia, wiedergegeben. Bei dem einen[16] lagern ein Mann und eine Frau auf einer 107 Kline, von links und rechts treten Frauen mit Körben heran, seitlich stehen Eroten. Etwas deutlicher wird auf der zweiten, etwas jüngeren Lastra[17] das Mahl hervorgehoben; hier liegt auf der Kline neben dem Mann eine schlafende Gestalt, außerdem sitzt eine Frau am Fußende; ferner kommt ein Eros mit Girlande herbei; links sind eine Gottheit mit Ähren, rechts Hermes und an den Seiten trauernde, auf ihre Fackeln gestützte Eroten vorhanden. Beide Exemplare dürften aus mittelantoninischer Zeit stammen. Etwa gleichzeitig sind zwei Girlandensarkophage, die an der Stelle des mittleren Girlandenbogens eine Tote auf der Kline zeigen.[18]

Die eine Lastra weist mit dem Tisch, der Korbflasche und dem Eros mit Girlande auf die im 3. Jh. n. Chr. einsetzende, eng geschlossene Gruppe der Klinen-Mahl-Sarkophage voraus. Diese beginnt mit einem Exemplar in London[19] (um 220 n. Chr.), 108 bei dem Eroten und Psychen wiedergegeben sind; auf der Kline liegt ein Paar, links sitzt eine ‚Muse' auf einem geflochtenen Sessel, rechts ist ‚Apollo' abgebildet; weitere Gestalten rahmen die Szene. Etwa in gallienischer Zeit läßt sich eine Komposition fassen, in der die früheren Darstellungen ausgestaltet worden sind; sie wird durch einen Sarkophag und eine Reihe von Fragmenten von Kästen oder Wannen gesichert.[20] Der 109 Sarkophag des P. Caecilius Vallianus im Vatikan[21] gibt eine gute Vorstellung; er bringt allerdings nur eine Figur auf der Kline, häufiger sind zwei.[22] Charakteristisch sind die Girlanden tragenden Eroten, die musizierende Frau auf dem geflochtenen Sessel und die Männer mit den Speisen.[23] Die Reihe der Exemplare könnte mit einem Fragment in Berlin beginnen,[24] das von einem großformatigen Kasten stammt und in gallienische Zeit gehören dürfte; zeitlich anschließen lassen sich Fragmente in Sassari[25] und nochmals Berlin,[26] ferner die Wanne im Vatikan,[27] die etwa 270/80 n. Chr.

---

[16] Rom, NM 115174: R. CALZA, Scavi di Ostia. I Ritratti I (1964) 100 Nr. 164 Taf. 97; HELBIG[4] III 2139; K. FITTSCHEN, JdI 85, 1970, 174f. Abb. 2; HIMMELMANN a.O. 18 f. Taf. 24a. – Vgl. das Relief Vatikan: R. CALZA, Scavi di Ostia. I Ritratti II (1978) 41 Nr. 50.

[17] Ostia 1333: CALZA, Isola Sacra 200ff. Nr. 9 Abb. 104ff.; G. M. A. RICHTER, The Furniture of the Greeks, Etruscans and Romans (1966) 109 Abb. 552; SICHTERMANN, Endymion 31 f. Abb. 18; HIMMELMANN a.O. 18 f., Taf. 24 b; R. CALZA, Scavi di Ostia. I Ritratti II (1978) 41 f. Nr. 51 Taf. 37.

[18] Rom, Pal. Rospigliosi: HIMMELMANN a.O. 18; N. HIMMELMANN in: Mél. A. M. Mansel (1974) 45 mit Anm. 1. – Verschollen, ehem. Kunsthandel Rom: Catalogo dei pregevoli oggetti d'arte antichi e moderni di Sign. A. Jandolo (Vendite 4.–12. 3. 1912) 4 Nr. 44 Taf. 7. – *Nachtrag:* Die genannten Stücke sind identisch: H. WREDE, AA 1981, 96ff. Abb. 12–15.

[19] London 2320: HIMMELMANN, Typ. Unt. 19.47 Nr. 1 Taf. 25; SCHMIDT a.O. 601 ff. Taf. 190ff. (mit viel zu später Datierung in tetrarchische Zeit).

[20] HIMMELMANN a.O. 47ff. Nr. 1 – 10.17.18.32.33.35.36.38.

[21] Vatikan 9538/39: HELBIG[4] I 1014; HIMMELMANN a.O. 17.47f. Nr. 3 Taf. 26ff. – Ursprünglich für eine Frau bestimmt? Deckel ursprünglich nicht zugehörig, sondern für Kasten vorgesehen; auf Rückseite Jagd: ASR I 2, 232 Taf. 41, 2–3.

[22] Eine Figur z. B. auf dem verschollenen Frgt. HIMMELMANN a.O. 49 Nr. 8; VERMEULE II 32 Nr. 8489 Abb. 103.

[23] HIMMELMANN a.O. 20 Anm. 39.

[24] Berlin, Frühchristl.-byz. Slg. 2786: HIMMELMANN a.O. 54 Nr. 38.

[25] Sassari o. Nr.: HIMMELMANN a.O. 19.48 Nr. 5 Taf. 30; SCHMIDT a.O. 595 ff. 604 Taf. 187 b.

anzusetzen ist. Aus dieser Zeit könnte ein weiteres Fragment in Berlin[28] stammen, das zu einem monumentalen Kasten gehört haben muß. Die Gruppe schließt sich zeitlich eng zusammen, wesentlich spätere Exemplare scheint es nicht zu geben. In einem Fall ist die Szene durch die von rechts herbeikommende Gestalt des Oineus als kalydonisches Jagdmahl bestimmt.[29] Nicht zu beurteilen ist ein stark verwitterter Kasten in Rom,[30] der wegen des Formats und der anderen Füllung der Fläche möglicherweise vor den eben aufgeführten Stücken anzusetzen ist. Auf einem Sarkophag des späten 3. Jhs. in Paris[31] ist ein verkürztes Klinen-Mahl mit dem Lebenslauf eines Kindes verbunden. Im späteren 3. Jh. wird die Szene dann auf Deckel übertragen, vereinfacht und recht häufig verwendet;[32] die Beispiele scheinen im frühen 4. Jh. auszusetzen;[33] das Thema wird dann noch einmal auf dem Sarkophag des Iunius Bassus bald nach der Mitte des 4. Jhs. n. Chr. wieder aufgenommen.[34] Hervorzuheben ist, daß auf Kästen und Deckeln die auf der Kline lagernden Figuren verschiedentlich Porträtköpfe haben oder erhalten sollten.[35]

Genaue Vorbilder für das Klinen-Mahl auf den stadtrömischen Sarkophagen sind nicht zu benennen; Beziehungen zu den sehr seltenen Darstellungen in anderen Provinzen sind nicht vorhanden, ebenfalls nicht zu den Deckeln in Klinenform, auf denen ein Ehepaar lagert. Es gibt aber eine große Gruppe stadtrömischer Grabreliefs, Grabaltäre und Aschenurnen mit Klinendarstellungen, die den Sarkophagen zeitlich vorausgehen.[36] Sie haben die Vorlagen für die frühen Darstellungen auf den Sarkophagen abgegeben; die erweiterte und bereicherte Fassung ist dann für die gallienischen Sarkophage geschaffen worden.

Eine kleine Gruppe von Sarkophagen, die wegen ihrer Größe für ein Kind bestimmt waren, zeigt eine *Gestalt auf einer Kline,* von mehreren Stehenden und Sitzenden betrauert, also eine *Prothesis* oder *conclamatio;* die Gestalt auf der Kline hat dabei eine unterschiedliche Haltung. Exemplare mittelantoninischer Zeit in Florenz, Grottaferrata, Kopenhagen, London, Paris und ein verschollenes Beispiel schließen sich eng zusammen;[37] einige davon dürften aus derselben Werkstatt kommen. Ein stark

---

[26] Berlin, Klein Glienicke: HIMMELMANN a. O. 50 Nr. 17; SCHMIDT a. O. 589 ff. Taf. 183 a; GOETHERT, Klein Glienicke 41 Nr. 196 Taf. 71, 2.

[27] s. oben Anm. 21.

[28] Berlin, Frühchristl.-byz. Slg. 3061: HIMMELMANN a. O. 54 Nr. 36.

[29] Verschollen: ASR XII 6, 139 Taf. 116 e.

[30] Rom, Ospedale del Laterano: HIMMELMANN a. O. 48 Nr. 4 Taf. 32; SCHMIDT a. O. 600 Taf. 189 a.

[31] Paris 1520: ASR V 3, 77 Taf. 145 b; HIMMELMANN a. O. 19 f. 51 Nr. 20 Taf. 42 a; WEBER, Wagenfahrt 135 Taf. 24, 2.

[32] HIMMELMANN a. O. 49 ff. Nr. 11 – 16.19. 21. – 24. 28 (provinziell). 31. 34. 37. 39 – 41 (?).

[33] HIMMELMANN a. O. 26.

[34] HIMMELMANN a. O. 17 ff. Taf. 20.22; nach G. DALTROP (s. B. ANDREAE, ASR I 2 Anm. 559) paßt Bruch an Bruch das Frgt. HIMMELMANN a. O. 50 Nr. 15 Taf. 31.

[35] HIMMELMANN a. O. 20.

[36] HIMMELMANN 17 f. mit Anm. 23.24; 23 f.

[37] Florenz 381: MANSUELLI I 228 f. Nr. 245 Abb. 245. – Florenz 442: Mausuelli I 241 Nr. 264 Abb. 264. – Grottaferrata: INR 79.3442. – Kopenhagen, NM 2226: SCHAUENBURG a. O. 285 Anm. 72, Abb. 30. – London 2315: SCHAUENBURG a. O. 285 Anm. 72, Abb. 29; R. TURCAN in: Mél. P. Boyancé (1974) 740 f. Abb. 12/13. – Paris, Musée Cluny 18838: ESPÉRANDIEU IV 241 f. Nr. 3170; REINACH, RR II 240, 5; J. M. C. TOYNBEE, Death and Burial in the Roman World (1971) 44 Abb. 10; P. M. DUVAL,

beschädigter Kasten in Albano,[38] der eine ungewöhnlich langgestreckte Kline und darauf wohl einen eingewickelten Toten und an den Seiten Eroten mit Girlanden zeigt, ist ein Einzelstück, ebenfalls aus mittelantoninischer Zeit. Zwei weitere Einzelstücke derselben Phase, die aus Ostia kommen, sind schon genannt.[39] Wannenförmige Sarkophage in Rom[40] (etwa von 210/20 n. Chr.) und Stuttgart[41] (etwa 220 n. Chr.) 111.112 haben eine Figurenfolge, die den mittelantoninischen Exemplaren gegenüber stark erweitert ist; der in Rom trägt sogar auf der Rückseite Reliefs, und zwar einen Erotenthiasos. Bei zwei Sarkophagen mit Lebenslauf in Rom[42] und Paris[43] ist als mittlere 115 Szene die Beweinung des auf einer Kline liegenden Toten eingefügt; die Zeitstellung dieser beiden Stücke ist schlecht zu beurteilen, sie stammen möglicherweise aus dem späten 2. Jh. n. Chr. In einem Fall ist auf dem Deckel eines Meerwesensarkophages mittelantoninischer Zeit ein Toter auf einer Kline wiedergegeben, die von zwei fliegenden Eroten gehalten wird.[44]

Genaue Vorbilder für die Darstellung lassen sich nicht nennen. Es gibt einige Urnen mit einer Conclamatio; sie gehen aber den Sarkophagen zeitlich nicht voran, sondern hängen eher von ihnen ab; zu nennen sind eine Urne in Rom, NM,[45] deren Deckel die Form eines Sarkophagdeckels hat, eine runde Urne in Rom, Galleria Doria,[46] oder ein verschollenes Stück,[47] bei dem der Tote durch eine Tabula ersetzt ist.

Zusammenfassend läßt sich feststellen, daß Mahlszenen und die Conclamatio nur selten auf Sarkophagen vorkommen. Das ist besonders beim Mahl auffällig, da es recht häufig auf kaiserzeitlichen Grabstelen und -altären begegnet.[48] Nur eine Gruppe unter den hier behandelten Sarkophagen, nämlich die mit Klinenmahl, hat eine etwas aufwendigere Ausprägung gefunden.

Resumée du Paris antique (1972) 80f. Abb. 37; 89; G. KOCH, BJb 177, 1977, 260. – Verschollen: VERMEULE II 30 Nr. 8472 Abb. 96; 33 Nr. 8505 Abb. 108. – Ein Frgt. in Lowther Castle ist bisher wohl nicht publ.: H. MARROU, Mousikos Aner (1938) 33 Nr. 6. – Vgl. ein Stück, dessen Aufbewahrungsort sich bisher nicht nachweisen ließ: S. MAFFEIUS, Museum Veronense (1749) Taf. u. S. 420 (unten), in der Mitte Tondo auf einem Blätterkelch, rechts Kline mit Totem, betrauert von zwei Gestalten.

[38] Albano: E. TORTORICI, Castra Albana (Forma Italiae I 11, 1975, 173 Nr. 86 Abb. 329 (r. Ns.); INR 76.511–515.

[39] s. oben Anm. 16 und 17.

[40] Rom, NM 535: CUMONT, Symb. Fun. Taf. 38; ASR V 3, 126 Taf. 146a; SCHAUENBURG a.O., 268 Nr. 8 (mit Lit. in Anm. 29); 283 Abb. 18; C. DULIÈRE, Lupa romana (1979) 50f. Nr. 129 Abb. 308.

[41] Stuttgart: SCHAUENBURG a.O. 268ff. Abb. 19ff.; DULIÈRE a.O. 51 Nr. 130 Abb. 309.

[42] Rom, Mus. Torlonia 414: ASR V 3, 132 Taf. 146b; K. FITTSCHEN, JdI 85, 1970, 186 Abb. 13; HIMMELMANN a.O. 26f. Taf. 42. – Vgl. den Kasten in Ostia 1170: M. GUARDUCCI, BullCom 53, 1926, 156ff.

[43] Paris 319: SCHAUENBURG a.O. 282f. Abb. 28.

[44] Vatikan: ASR V 1, 13 Taf. 4.

[45] Rom, NM 34048: E. PARIBENI, Le Terme di Diocleziano e il Museo Nazionale Romano² (1932) 69 Nr. 69; T. KLAUSER, Die Cathedra im Totenkult der heidnischen und christlichen Antike² (1971) Taf. 1; INR 74.236.

[46] Rom, Galleria Doria: CALZA, Villa Doria 124f. Nr. 146 Taf. 97.

[47] VERMEULE I 11 Nr. 33 Abb. 20.

[48] HIMMELMANN a.O. 17f. 23f.

7. Wagenfahrt. Aufzüge. Amtshandlungen. Opfer

WILPERT I 25 ff. Taf. 21–24, 6. – O. BRENDEL, RM 45, 1930, 196 ff. – B. ANDREAE in: HELBIG⁴ III S. 30 zu Nr. 2131. – F. MATZ, ASR IV 3 S. 412 f. – HIMMELMANN, Typ. Unt. 29 ff. Taf. 50–55. – W. WEBER, Wagenfahrt (1978). – H. BRANDENBURG, AA 1980, 280 ff.

113 Als ein untypischer Vorläufer der im 3. und 4. Jh. n. Chr. häufiger auftretenden Wagenfahrten auf Sarkophagen kann ein Kindersarkophag aus dem 2. Jh. n. Chr. im Museo Nazionale Romano in Rom angesehen werden, auf welchem zweimal die Eltern mit ihrem Kind im Wagen dargestellt sind, einmal in der Realität, einmal symbolisch als Fahrt ins Jenseits.[1] Die Wagenfahrten auf späteren Sarkophagen haben vorwiegend realistisch-repräsentativen Charakter und sollen die Ehrung des Beigesetzten veranschaulichen.

Auf über 20 Deckeln und Lokulusplatten des späten 3. und des 4. Jhs. n. Chr. ist in verwandter Typik eine Wagenfahrt dargestellt, die bisher verschieden gedeutet wurde.[2] In einem vierrädrigen Sesselwagen fahren zwei Reisende auf einer von Bauten, zumeist Grabbauten, umgebenen Straße, also außerhalb der Stadt. Die Richtung kann nach links und auch nach rechts gehen. Dem Wagen voraus laufen jugendliche Cursores oder Viatores,[3] einige Male reitet ein Mann im Dienstkostüm vor den Reisenden her, sich nach ihnen umsehend. Die vordere Figur der im Wagen Sitzenden blickt geradeaus, die andere wendet sich ihr wie sprechend zu, beide halten zumeist Buchrollen und sind gewöhnlich durch die Tracht unterschieden. Sie haben Porträtköpfe. In der Mehrzahl sind es Männer, doch gibt es auch Mann und Frau, einmal auch zwei Frauen.[4] Es können auch Kinder die Rolle der Reisenden übernehmen; dann wird der Wagen von Ziegenböcken oder Schafen gezogen.[5] Kombiniert wird die Wagenfahrt mit Mahlszenen oder mit der Heimkehr von der Jagd.

J. Wilpert deutete die Szene als Bekehrung des Kämmerers der Königin Kandake durch den Apostel Philippus,[6] was sich nicht halten läßt; auch die Interpretation als ‚Todesfahrt‘ oder ‚Jenseitsreise‘ ist kaum evident zu machen, eher handelt es sich um eine retrospektive Darstellung,[7] wohl nicht oder nicht nur als Genreszene gemeint, sondern vielleicht als Allegorie des ‚cursus vitae‘.[8] Stärker im Vordergrund stand aber wohl der repräsentative Charakter der Darstellung, die Heraushebung des Verstorbenen als öffentlich zu achtende und zu verehrende Person.

Dieser von W. Weber „typisch" genannten Wagenfahrt lassen sich andere zur Seite stellen, die individuell gestaltet sind. Auf einem Deckelfragment in Aquileia[9] blicken

---

[1] WEBER a. O. 127 f. Taf. 24, 1. Dieser S. kann ebensogut unter die S. mit ‚Lebenslauf eines Kindes‘ gerechnet werden, s. Kapitel I 4.3.1.5, Liste der S. Nr. 6.

[2] Für die einzelnen Monumente sei auf WEBERS Katalog a. O. 15 ff. und die Tafeln verwiesen.

[3] Vgl. dazu ein unpubliziertes Frgt. in Rom, NM, INR 73.1791, HIMMELMANN, Typ. Unt. 43.

[4] D.-Frgt. in Stockholm, WEBER a. O. Taf. 11. HIMMELMANN, Typ. Unt. 31 ff. Taf. 50.

[5] WEBER a. O. 47 Taf. 12, 1; 13, 1.

[6] Zu den Deutungen: WEBER a. O. 11. 67 ff.

[7] WEBER a. O. 124.

[8] WEBER a. O. 125.

[9] SCRINARI, Mus. Arch. 196 Nr. 614. HIMMELMANN, Typ. Unt. 38 f. Taf. 58. WEBER a. O. 62 f. Taf. 18, 1. BRANDENBURG a. O. 284.

beide Reisenden geradeaus, wie auch auf einem Fragment im Louvre.¹⁰ Auf dem Fragment in Aquileia ist die Pompa eines Magistraten dargestellt,¹¹ also auch hier eine Szene der öffentlichen Ehrung des Verstorbenen. Das gleiche gilt für einen Deckel in Ostia:¹² links ist ein Magistrat mit Begleitperson im Wagen fahrend wiedergegeben, vor dem Wagen ein Reiter und zwei Cursores, rechts eine Szene, die wahrscheinlich im Gericht spielt, mit demselben Mann und seinem wartenden Wagen. Dieser Deckel gehört, wie das Fragment in Aquileia, bereits in das 4. Jh. n. Chr.

Die Deckel mit der Wagenfahrt von Beamten und Magistratspersonen bilden nur einen Teil einer größeren Gruppe von Deckeln des späteren 3. und des 4. Jhs. n. Chr., auf welchen Szenen erscheinen, die ganz allgemein eine „ehrenvolle und angesehene öffentliche Tätigkeit" zum Inhalt haben.¹³ Dem Deckel in Ostia läßt sich hierin ein solcher in S. Lorenzo in Rom anschließen, der links von der mittleren Tabula einen von einer Elefantenquadriga gezogenen Wagen, vor ihm zwei Togati, zeigt, rechts die auf Fercula getragenen Statuen von Kybele und Victoria.¹⁴ Es handelt sich um eine Zirkuspompa, die insofern hier nicht genau zu interpretieren ist, als die im Wagen transportierte Person (oder ein Götterbild?) nicht mehr erhalten ist; auf jeden Fall gilt sie der öffentlichen Ehrung des Beigesetzten.

In den gleichen Bereich gehört ein Deckel in Neapel¹⁵ mit einem Rennfahrer (?), der auf einem Ferculum getragen wird.

Einige dieser Deckel bilden eine Sondergruppe; sie zeigen links neben der mittleren Tabula eine Szene, die der öffentlichen Ehrung des (männlichen) Beigesetzten gilt, rechts die Porträtbüste seiner Frau.¹⁶ Bekannt sind bisher der Deckel des großen Ludovisischen Schlachtsarkophages in Mainz¹⁷ sowie ein Deckel aus dem Ende des 3. Jhs. n. Chr. in der Prätextatkatakombe in Rom.¹⁸ Die linke Szene dieses Deckels stellt den Verstorbenen als Lupercus¹⁹ beim Auspeitschen einer Frau dar.²⁰

Zu den realistischen Darstellungen römischer Gebräuche gehören auch diejenigen von Opferhandlungen. Hier findet allerdings eine Überlagerung mit der Welt des vom griechischen Mythos beeinflußten Klassizismus statt. Da jedoch im Ganzen nur wenige Sarkophage mit Opferszenen erhalten sind, seien diese hier, trotz aller Divergenzen, zusammengefaßt.

---

¹⁰ WEBER a.O. 64 Taf. 18, 2.
¹¹ WEBER a.O. 63f. Vgl. SCRINARI a.O. 196.
¹² J. WILPERT, RendPontAcc 3, 1925 Taf. 4, 2. R. CALZA in: Mél. Carcopino (1966) 175ff. 190 Abb. 1–3; 191 Abb. 4.6. WEBER a.O. 63f. Taf. 19. 20. BRANDENBURG a.O. 284. INR 79. 79–84.
¹³ BRANDENBURG a O. 283.
¹⁴ HIMMELMANN, Typ. Unt. 22. 37ff. Taf. 56b. 57. BRANDENBURG a.O. 282. 284. INR 73. 2422–4.
¹⁵ Ehem. Pozzuoli, HIMMELMANN, Typ. Unt. 39 Taf. 60. Ob es sich um einen S.-D. handelt, ist nicht ganz sicher, doch sehr wahrscheinlich; der stadtrömische Charakter ist allerdings zweifelhaft.
¹⁶ BRANDENBURG a.O. 280ff.
¹⁷ s. Kapitel I 4.3.1.1.
¹⁸ H. FUHRMANN in: GÜTSCHOW, Prätextat 153ff. Repertorium I Nr. 558. BRANDENBURG a.O. 271ff.
¹⁹ s. dazu BRANDENBURG a.O. 281.
²⁰ D. mit weiblichem Brustbild neben der Tabula können auch mit anderen Darstellungen verbunden sein, s. den D. mit Kindern als Musen in Rom, NM, ASR V 3, 130, gesamt: INR 68.3605.

Im Zusammenhang mit der dionysischen Welt stehen die Szenen auf Girlandensarkophagen des 2. Jhs. n. Chr., die Ferkel- und Bocksopfer an Dionysos zeigen.[21] In den gleichen Bereich und in dieselbe Zeit gehört eine singuläre Vorderseite in der Villa Medici in Rom, die links in ausführlicher Darstellung die Einweihung einer Frau in einem dionysischen Bezirk wiedergibt, rechts die Auffindung Ariadnes durch Dionysos.[22] Eine dionysische Einweihungsszene von Frauen zeigt auch eine Vorderseite, ebenfalls in der Villa Medici in Rom, und zwar auf der linken Hälfte: hier sind Frauen, von Knaben und Mädchen assistiert, bei unblutigen Opfern beschäftigt; rechts wird von Männern ein Bock geopfert, alles in reich mit Bäumen bestandenem Gelände.[23] Dieser Sarkophag ist wohl schon im 3. Jh. n. Chr. entstanden.

Ein Sarkophag in der Badia di Cava, auch er aus dem 3. Jh. n. Chr., zeigt ganz links das Aufspannen eines Parapetasmas, weiter ein Tieropfer, in der Mitte einen Brunnen, sodann das Anheizen eines Kessels, schließlich, rechts, ein Mahl.[24] Verwandt sind diesem Sarkophag Fragmente in der Villa Medici in Rom,[25] welche den das Tier ausweidenden Mann, den das Feuer unter dem Kessel Schürenden, den Flöteblasenden rechts und links den das Parapetasma Aufspannenden zeigen. Auch diese Fragmente gehören in das 3. Jh. n. Chr.

Das eigentlich römische Opfer, bei dem ein Stier geopfert wird,[26] scheint auf Sarkophagen nie als Hauptmotiv verwendet worden zu sein, wir sehen es nur in Nebenszenen. So schon, neben vielen anderen Darstellungen, auf dem hadrianisch-frühantoninischen Sarkophag von Velletri,[27] dann auf der linken Seite des Deckels eines Sarkophages mit Kindern in der Palästra.[28] Auch auf Hochzeitssarkophagen sind derartige Opferszenen neben andere gesetzt, ohne je den Hauptinhalt zu bilden.[29] Nur das eigentliche Sacrificium nuptiale, das eine besondere Form des Opfers darstellt, kann in die Mitte der Vorderseite rücken.[30]

8. Bukolik. Landleben

WILPERT I Taf. 46 ff. – GERKE 33 ff. 70 ff. 103 ff. – T. KLAUSER, JbAChr 1, 1958, 37 ff. – J. BAYET, MEFRA 74, 1962, 171 ff. (dazu N. HIMMELMANN, RhM 115, 1972, 344). – N. HIMMELMANN, RhM 115, 1972, 342 ff. – Ders., Habis 5, 1974, 141 ff. – Ders., AnnPisa ser. III vol. IV 1, 1974, 156 ff. – Ders., AA 1977, 459 ff. – SCHUMACHER, Hirt. – R. KETTEMANN, Bukolik u. Georgik. Studien zu ihrer Affinität bei Vergil u. später. Heidelberger Forschungen 19 (1977) (zur bild. Kunst nur 115 Anm. 63; 133 ff.: umfangreiches Lit.Verz.). – M. SAPELLI in: GIULIANO, Mus.Naz.Rom. I 1, 312 ff. 328 f. – H. VON HESBERG, RM 86, 1979, 297 ff., bes. 309 ff. – HIMMELMANN, Hirten-Genre 124 ff.

[21] Zwei Girlanden-S., Rom, NM, HELBIG⁴ III 2131 E. F. MATZ, ASR IV 3 S. 412 f. Beil. 104. Rom, Villa Doria Pamphilj, CALZA, Villa Doria 190 Nr. 219 Taf. 132.
[22] MATZ-DUHN 2347. CAGIANO, V. Medici 71 ff. Nr. 58 Taf. 30, 47. ASR IV 3, 210.
[23] MATZ-DUHN 2348. CAGIANO, V. Medici 76 Nr. 65 Taf. 30, 48.
[24] CAGIANO, V. Medici 70. INR 67.591/2.
[25] MATZ-DUHN 2349. CAGIANO, V. Medici 69 f. Nr. 55 Taf. 29, 44.
[26] Vgl. ANDREAE, Studien 65 mit Anm. 352.353.354.
[27] ANDREAE, Studien 65 Taf. 29, 1.
[28] Mailand, Slg. Torno, s. Kapitel I 4.3.7.1.
[29] s. Kapitel I 4.3.1.3.
[30] s. Kapitel I 4.3.1.3.

Bukolische und ländliche Darstellungen finden sich auf Sarkophagen zunächst nur im Zusammenhang mit mythologischen Szenen wie dem schlafenden Endymion,[1] dem Raub der Persephone[2] und der Tötung der Niobiden;[3] bei den Endymionsarkophagen sind es bereits frühe Exemplare, die Hirtenszenen zeigen.[4] Zwischen verschiedenen mythologischen Szenen finden wir Bukolisches auch auf dem hadrianisch-frühantoninischen Sarkophag von Velletri,[5] hier auch schon den Schaftträger oder ‚Guten Hirten'.[6] Eine direkte Verbindung zu den mythologischen Szenen ist hier nicht herzustellen, die Bukolik tritt als selbständiger Inhalt auf.

Unter den nicht-mythologischen Sarkophagen ist ein frühes Beispiel der Hochzeitssarkophag Monticelli in Leningrad,[7] der auf den Nebenseiten einen Hirten und einen Jäger zeigt.[8] Auch noch im 2. Jh. n. Chr. wird auf einem Clipeussarkophag der Bukolik die linke Hälfte der Vorderseite eingeräumt, während auf der rechten acht Musen dargestellt sind, zu denen die weibliche Porträtbüste in der Mitte als neunte zu zählen ist.[9] Auch hier ist auf der bukolischen Seite der ‚Gute Hirt' zu sehen. Dieser spielt vom 3. Jh. n. Chr. an eine immer größere Rolle in der Sarkophagkunst. Die frühen Beispiele zeigen, daß eine ursprünglich christliche Sinngebung auszuschließen ist; sie ist auch später nur selten eindeutig zu erweisen.[10]

Die akzidentellen bukolischen Szenen werden etwa seit 200 n. Chr. weiter ausgestaltet, so auf den Endymionsarkophagen. Die ganz mit einer Weideszene bedeckte Rückseite eines Endymionsarkophages in New York[11] ist allerdings eine Ausnahme, doch könnte ein mit Hirtenszenen geschmückter Deckel zu einem Endymionsarko-

---

[1] Beispiele: SICHTERMANN-KOCH Taf. 33. 35,2. 39. 41, 2. 43, 1.

[2] Ns. eines S. in Barcelona, GARCÍA Y BELLIDO Taf. 176. SCHUMACHER, Hirt Taf. 4 g. HIMMELMANN, Hirten-Genre 125. Verwandt, obwohl nicht eigentlich bukolisch, ist auch die Ns. des Persephones. in der Villa Giulia in Rom, G. KOCH, AA 1979, 231 Abb. 6.

[3] SICHTERMANN-KOCH Taf. 128, 1, Nss. eines S. im Vatikan. SCHUMACHER, Hirt Taf. 39 b. HIMMELMANN, Hirten-Genre 125.

[4] SICHTERMANN-KOCH Taf. 33. McCANN, Metr.Mus. 34 Nr. 3. Vgl. GERKE 12 Anm. 3. SCHUMACHER, Hirt (s. Register s. v. Endymion). N. HIMMELMANN, BJb 179, 1979, 792. Ders., Hirten-Genre 125.

[5] ANDREAE, Studien 65 f. Taf. 9. 10. 29, 2. HIMMELMANN, AnnPisa a.O. 163. Ders., Hirten-Genre 125 f.

[6] ANDREAE, Studien Taf. 9. SCHUMACHER, Hirt 21 ff. Taf. 4 b.

[7] s. Kapitel I 4.3.1.3.

[8] SCHUMACHER, Hirt 156 Taf. 39 d (Zeichnung). N. HIMMELMANN, BJb 179, 1979, 794. Ders., Hirten-Genre 125 Taf. 55 (Detail mit Hirten).

[9] HIMMELMANN, AnnPisa a.O. 156 f. Taf. 9–11. ARIAS, Camposanto 53 f. Taf. 2. SCHUMACHER, Hirt Taf. 31 a. N. HIMMELMANN, BJb 179, 1979, 793 f. Ders., Hirten-Genre Taf. 56. 57. Zu Philosophen u. Hirten: N. HIMMELMANN, AA 1977, 460 f.

[10] T. KLAUSER, JbACHr 1, 1958, 37 ff. Kat. 46 ff. Trotzdem wurden im Repertorium I sämtliche S. mit dem ‚Guten Hirten' aufgenommen, s. S. XIII; dazu N. HIMMELMANN, RhM 115, 1972, 344 Anm. 6; ebenda 356 Anm. 42 gegen KLAUSERS Deutung als Verkörperung der Philanthropie, s. auch E. SIMON, JdI 85, 1970, 209. Vgl. weiter SCHUMACHER, Hirt, passim. N. HIMMELMANN, BJb 179, 1979, 788. M. SAPELLI in: Giuliano, Mus.Naz.Rom. I 1, 328 f. HIMMELMANN, Hirten-Genre 138 ff. Hier ist auch an die Jahreszeitens. zu erinnern, auf denen der Winter als ‚Guter Hirt' mit einem Zicklein wiedergegeben ist, womit nur ein Opfertier gemeint sein kann, wie auch sonst bei vergleichbaren Darstellungen, s. HIMMELMANN, AnnPisa a.O. 163 f. Ders., Hirten-Genre 126 ff.

[11] EAA VII 15 Abb. 19. McCANN, Metr.Mus. 42 Abb. 40.

phag gehört haben.¹² Weitere Deckel oder Deckelfragmente mit bukolischen Szenen sind in S. Callisto,¹³ im Palazzo Corsini,¹⁴ in der Villa Doria Pamphilj,¹⁵ im Palazzo Corsetti,¹⁶ in Perugia,¹⁷ Berlin,¹⁸ Pisa¹⁹ und Rom, NM,²⁰ erhalten. Sofern die Kästen dazu erhalten sind, haben diese oft nichts mit Bukolik zu tun; so sitzt in der Prätextatkatakombe ein Deckel mit Hirtenszenen auf einem Riefelsarkophag mit Eros und Psyche.²¹ In diesen Szenen finden sich außer dem Schaftträger ruhende, stehend aufgestützte und melkende Hirten, häufig werden Ziegen dargestellt, die von Laubbäumen fressen, neben Schafen, Rindern und (seltener) Pferden fehlen die Hunde nicht. Oft sind kleinere Gebäude in die Landschaft gesetzt, besonders häufig ist eine (vom Wind?) oben leicht gebogene Schilf- oder Strohhütte wiedergegeben.²² Die Szenerie wird, dem Stilempfinden des 3. Jhs. n. Chr. gemäß, gern gestaffelt. Die Darstellungen sind realistisch, bestimmte Vorbilder lassen sich nicht erkennen. Auf den ganz mit bukolischen Szenen bedeckten Langseiten kann die Staffelung verdreifacht werden,²³ gelegentlich wird der Schaftträger in die Mitte gesetzt.²⁴ Von mehr oder weniger unbestimmbaren Fragmenten mit bukolischen Szenen seien genannt solche in S. Callisto,²⁵ S. Paolo,²⁶ Palazzo Primoli,²⁷ Palazzo Corsetti²⁸ und Lyon.²⁹

Bukolische Szenen wie ein sitzender Hirt sind auch auf Riefelsarkophagen unter dem zentralen Clipeus zu bemerken,³⁰ häufig werden Hirten als Eckfiguren verwendet³¹ oder Hirtenszenen auf die Nebenseiten gesetzt.³²

Alle diese Beispiele gehören mehr oder weniger den letzten Jahrzehnten des 3. Jhs. n. Chr. an. Nach dem vereinzelten Vorkommen bukolischer Themen im 2. Jh. n. Chr. setzen diese im 3. Jh. zunächst aus, um seit etwa 270 n. Chr. eine große Verbreitung

¹² Rom, Mus. Nuovo, MUSTILLI 183 Nr. 90 Taf. 120, 466, von MUSTILLI in die 1. Hälfte des 3. Jhs. n. Chr. datiert. Vgl. HIMMELMANN, AnnPisa a.O. 162. MCCANN, Metr.Mus. 42 Anm. 6. SCHUMACHER, Hirt Taf. 34 a. Vergleichbare Beispiele sind allerdings nicht erhalten.
¹³ WILPERT I Taf. 85, 6–7.
¹⁴ DE LUCA, Pal. Corsini 115 f. Nr. 61 Taf. 97.
¹⁵ CALZA, Villa Doria Taf. 163, 303.
¹⁶ SCHUMACHER, Hirt Taf. 18 e.
¹⁷ INR 75.1759.
¹⁸ SCHUMACHER, Hirt Taf. 34 c.
¹⁹ ARIAS, Camposanto Taf. 64, 135; 110, 232.
²⁰ INR 6370. Alinari 28329.
²¹ GÜTSCHOW, Prätextat 128 f. Nr. 12 Taf. 18, 2.
²² Dazu GERKE 15 mit Anm. 8.
²³ S. des Iulius Achilleus, Rom, NM, F. MATZ, Gnomon 17, 1941, 351 f. GIULIANO, Mus. Naz.Rom. I 1, 312 ff. Nr. 187. SCHUMACHER, Hirt Taf. 15 a. HIMMELMANN, Hirten-Genre 134. Hier Taf. 124. – Platte in der Villa Doria Pamphilj, Rep. I 950. CALZA, Villa Doria 253 f. Taf. 167, 313. SCHUMACHER, Hirt Taf. 34 e. HIMMELMANN, Hirten-Genre 134 Taf. 60. Hier Taf. 126.
²⁴ Villa Doria Pamphilj, s. Anm. 23. – S. von der Isola Sacra, Rep. I 1038. HIMMELMANN, AnnPisa a.O. 164 Taf. 14, 2, wohl schon in konstantinische Zeit gehörig. Hier Taf. 127.
²⁵ WILPERT I Taf. 48, 3.
²⁶ INR 76.1007.
²⁷ INR 74.2845.
²⁸ MATZ-DUHN 2931, s. Rep. I 941.
²⁹ Foto Marburg 43402.
³⁰ Pisa, ARIAS, Camposanto Taf. 89, 189. 190. Olbia, PESCE, Sardegna Taf. 107, 141. Lucca, Pal. Pfanner, C. R. CHIARLO, AnnPisa ser. 3 vol. IV 4, 1974, 1339 Taf. 124, 1. Florenz, Giardino Boboli, INR 78.2191; 2193. Rom, Pal.Cons., STUART JONES, Pal.Cons. Taf. 11. Früher Velletri, INR 38.1298. Rom, Ospedale S. Giovanni, INR 71.264. Rom, S. Maria in Domnica, INR 66.618.
³¹ WILPERT I Taf. 69. 70. RömQSchr 59, 1964 Taf. 4, vgl. T. KLAUSER, JbAChr 7, 1964, 67 ff.
³² Rom, NM, WILPERT III Taf. 270, 3–5. HELBIG⁴ III 2117.

zu erlangen; aus diesem Zeitraum sind etwa 400 Sarkophage mit bukolischen Darstellungen nachweisbar.³³ Zu ihnen gehören nun auch mehr und mehr christliche Sarkophage, doch sind christliche Tendenzen an dem Aufschwung des Themas kaum beteiligt, auch läßt sich ein deutlicher Unterschied in der Sinngebung nicht feststellen.³⁴

120
123.125

Verwandt mit bukolischen Darstellungen sind solche aus dem ländlichen Leben allgemein, wenngleich diese gewöhnlich Menschen bei der Arbeit zeigen, während das beschaulichere Hirtendasein mehr Raum für die Wiedergabe ruhender und sogar schlafender Gestalten bot. Das mag auf die Sinngebung nicht ohne Einfluß geblieben sein; trotzdem ist die Entwicklung beider Themenkreise weitgehend parallel.

Wie die bukolischen Szenen, so erscheinen auch Bilder aus dem Landleben zunächst als Nebenwerk auf mythologischen Sarkophagen. Auf den Nebenseiten des Triptolemossarkophages im Louvre³⁵ etwa wird das Pflügen des Feldes und das Ernten von Getreide dargestellt, hier in deutlichem Zusammenhang mit dem Thema der Vorderseite. Pflügen und Ernten sind auch auf einem Deckelfragment in Benevent³⁶ vereinigt; vielleicht hat auch hier eine Beziehung zu der Darstellung des Kastens bestanden. Auf dem linken Ende der Vorderseite eines Persephonesarkophages in Mazzara³⁷ sind, gestaffelt, oben ein Pflüger mit Ochsengespann, unten ein Sämann dargestellt, wobei an der Verbindung zur Hauptszene nicht zu zweifeln ist.

In den mythologischen Bereich gehören auch die Szenen mit Traubenernte, die gewöhnlich mit dem Hauptthema des Sarkophages, einem dionysischen, in Zusammenhang stehen.³⁸ Zudem sind es meist Eroten, die bei dieser Tätigkeit dargestellt werden, wodurch auf anderem Wege eine Verbindung zur Mythologie hergestellt wird.³⁹ Auch ländliche Opfer reichen in die Sphäre des Religiösen, das heißt des Mythologischen, hinein⁴⁰ und haben so Verbindungen zu den übrigen Opferszenen.⁴¹

Doch auch unabhängig von mythologischen Zusammenhängen entfalten sich – meist nur als Nebenwerk auf Deckeln – ländliche Szenen.⁴² Nicht selten erscheint z. B. neben der Traubenernte der Abtransport der Trauben auf den von Ochsen gezogenen ,plaustra', den ländlichen Wagen mit Scheiben-, nicht Speichenrädern.⁴³ Ist

---

³³ HIMMELMANN, Hirten-Genre 129.
³⁴ HIMMELMANN, Hirten-Genre 131. Auch die Tatsache, daß Orpheus im späten 3. Jh. n. Chr. von Weidetieren umgeben sein kann, ist nicht auf christlichen Einfluß zurückzuführen, HIMMELMANN, AnnPisa a.O. 170f. Ders., Hirten-Genre 150f. Zu nennen sind auch die bukolischen S. im Vatikan, Rep. I 66, u. in Rom, Pal. Niccolini, Rep. I 988; hier Taf. 123 und 125.
³⁵ F. BARATTE, RA 1974, 279f. Abb. 6.7.
³⁶ INR 68.414.
³⁷ C. ROBERT, ASR III 3 S. 477 zu Nr. 391.
³⁸ z. B. ASR IV 3 Taf. 202, 178; 220, 209. Zu Dionysischem u. ländlichen Szenen: A. GEYER, Das Problem des Realitätsbezuges in der dionys. Bildkunst d. Kaiserzeit (1977) 19ff.
³⁹ s. Kapitel I 4.3.7.1.

⁴⁰ Von F. MATZ in ASR IV 3 S. 412f. wohl erwähnt, doch nicht unter die dionys. S. aufgenommen.
⁴¹ s. Kapitel I 4.3.1.7.
⁴² Von den zahlreichen, zumeist unpublizierten Fragmenten können im folgenden nur einige Beispiele gegeben werden.
⁴³ HIMMELMANN, Typ.Unt. 9ff., dazu ein Beispiel auf Taf. 16.17, Deckel in Paris, Louvre, gesamt: Foto Marburg 180 366; vgl. auch den D. im Pal. Corsini, DE LUCA, Pal. Corsini 114f. Nr. 60 Taf. 95. 96, weiter ein Frgt. im Louvre, Cat.somm. 122 Nr. 1600, Foto Marburg 162 838, ein Frgt. in Perugia, INR 75.1763, ein weiteres ehem. Mus. Kircheriano, MATZ-DUHN 2862, Alinari 28 326, Frgt.e in Neapel, NM, INR 71.433/4, ein D. im Vatikan, AMELUNG, Vat.

hier noch ein Zusammenhang mit Dionysischem erkennbar, so kann dieser auch fehlen, so, wenn andere Gegenstände auf den Plaustra transportiert werden, wie erlegtes Wild,[44] Garben[45] oder Gefäße.[46] Eine Vertiefung der Sinngebung liegt vor, wenn das Thema der Ernte mit dem Philosophenthema verbunden wird,[47] in Parallele zur Bukolik. Wie variabel die Bedeutung derartiger ländlicher Szenen sein konnte, zeigt sich auch darin, daß der Inhalt der Darstellung der Vorderseite ein ganz anderer sein kann als derjenige des ländlichen Deckels, wie bei dem Riefelsarkophag mit dem ausruhenden Herakles in der Mitte[48] oder dem Sarkophag von Acilia mit Processus consularis.[49] Es finden sich daneben auch isolierte Szenen mit Plaustrum, etwa unter dem zentralen Clipeus auf Riefelsarkophagen.[50] An der gleichen Stelle kann auch das Pflügen dargestellt sein.[51]

Ländliche Szenen als Hauptthema der Vorderseite sind, wie die bukolischen, selten; zu nennen ist hier ein Sarkophag im Vatikan, der in zweizoniger Darstellung eine ganze Kombination ländlicher Tätigkeiten bietet, vom Anbau der Feldfrüchte über die Ernte und das Einfahren bis zum Mahlen und Backen.[52] Auf Fragmenten im Museo Nazionale in Rom, die wohl zu einer Vorderseite gehören, sind links neben einer quadratischen Tabula bukolische Szenen, rechts der Transport eines Gefäßes auf einem von Ochsen gezogenen Plaustrum zu sehen, vor dem der Besitzer einherschreitet.[53]

In den Bereich ländlicher Tätigkeiten[54] darf auch die Verfertigung von Girlanden gerechnet werden. Bisher ist nur ein Sarkophag bekannt, auf dessen Vorderseite sie das Hauptthema bildet, sonst erscheint sie neben anderen Szenen.[55]

Die Deckel mit Ernte- und Plaustrum-Szenen sind vor dem 3. Jh. n. Chr. nicht nachzuweisen, auch die Riefelsarkophage gehören in dieses Jahrhundert; andere ländliche Darstellungen, wie die der Nebenseiten des Triptolemossarkophages im Louvre sowie des Sarkophages in Badia di Cava, stammen aus dem 2. Jh. n. Chr.

Kat. II 733 f. Nr. 12 Taf. 83, vielleicht auch ein Frgt. in der Villa Doria Pamphilj, CALZA, Villa Doria Taf. 163, 303.
[44] ARIAS, Camposanto Taf. 110, 232.
[45] Vatikan, WILPERT I Taf. 47, 1.
[46] Rom, Pal.Cons., SICHTERMANN-KOCH Taf. 50, 25 (hier Pferdewagen mit Speichenrädern).
[47] HIMMELMANN, AnnPisa a.O. 173. GERKE Taf. 38, 3.
[48] Rom, Pal.Cons., s. Anm. 46.
[49] HIMMELMANN, Typ.Unt. 9f. Taf. 14. 15.
[50] Terni, Bibl., INR 71.1554-7.
[51] Cefalù, TUSA, Sicilia 61 ff. Nr. 28 Taf. 36, 58/9.
[52] Vielleicht als S. eines Bäckers zu verstehen,

s. Kapitel I 4.3.1.9. G. RODENWALDT, JdI 55, 1940, 30 Abb. 12; 35 f. HELBIG⁴ I 1142.
[53] Inv. 108438.
[54] Oder zu den Berufen, s. Kapitel I 4.3.1.9.
[55] SICHTERMANN, Endymion 27 Abb. 14. B. ANDREAE, Gnomon 40, 1968, 821. INR 65. 2201-4 (Florenz). Vgl. den S. in Agrigent, TUSA, Sicilia 27 ff. Nr. 2 Taf. 10. 11 (vgl. auch S. 218), die Szene hier unter dem Clipeus. Frgt.e in Rom, Pal. Rondanini, SALERNO-PARIBENI Nr. 104. SCHUMACHER, Hirt Taf. 3 b. Tre Fontane, INR 68.1174/5. In Spanien: H. SICHTERMANN, AA 1954, 382 Abb. 55. Der D. des Endymions. im Louvre, ASR III 1, 72. – Vgl. auch ANDREAE, Studien 145 Anm. 90.

9. Berufe

Szenen aus Berufen sind auf Sarkophagen nur äußerst selten dargestellt. Von dem einzigen bekannten monumentalen Exemplar stammt ein Fragment im Vatikan,[1] auf dem zwei Mühlen – links ist wohl noch eine dritte zu ergänzen – wiedergegeben sind; dieses im 3. Jh. n. Chr. entstandene Stück hat einen Vorläufer in einem Behälter für tönerne Aschengefäße, ebenfalls im Vatikan,[2] der links neben einer Inschrifttafel eine Mühle und rechts Gefäße und Geräte zeigt, die mit der Mehlverarbeitung oder dem Mehlhandel zu tun haben. Eine Mühle findet sich ferner auf der linken Nebenseite eines Riefelsarkophages etwa des zweiten Viertels des 3. Jhs. n. Chr. in Rom, Villa Medici;[3] auf der rechten Nebenseite ist ein Bäcker an einem Ofen, unter dem Tondo der Vorderseite sind zwei Männer an einem großen Bottich, in den der rechte einen Kornsack entleert, abgebildet. Eine Mühle, ein Mann, der einen Sack leert, und ein weiterer arbeitender Mann sind auf einem Fragment in Rom, Sepolcro dei Scipioni,[4] dargestellt, das zu einem Deckel eines Sarkophages der tetrarchischen Zeit gehören dürfte. Auf einem Sarkophag im Vatikan[5] mit abbozziertem Relief ist in zwei Streifen übereinander die Gewinnung und die Verarbeitung des Getreides vom Pflügen bis hin zum Mahlen und Backen des Brotes wiedergegeben; in der Mitte nimmt ein Mann die volle Höhe des Kastens ein, der Verstorbene, den man vielleicht als Bäcker ansehen darf; das Stück, für das Parallelen nicht bekannt sind, stammt aus tetrarchischer Zeit. Ein Fragment mit einer Ölpresse ist verschollen.[6] 71

Ein singulärer Kasten in Rom, NM,[7] zeigt links einen Schuhmacher und einen Seiler und rechts zwei musizierende und tanzende Männer, vielleicht dieselben wie links;[8] das Stück ist schlecht zu beurteilen, gehört aber vielleicht noch in das frühere 2. Jh. n. Chr. Eine Schmiede ist wohl in der oberen, dem Deckelfries entsprechenden Zone einer Lastra in Ostia[9] abgebildet. Auf einem Fragment im Vatikan[10] stellen unter dem Tondo Handwerker einen Tischfuß her. Eine Platte in Urbino, die für einen Eutropos bestimmt war und aus Rom stammt, zeigt die Herstellung eines Sarkophages.[11] Verkaufsszenen finden sich auf dem Deckel im Vatikan[12] mit der Inschrift des 117

66.67

109

---

[1] Vatikan 1370: AMELUNG, Vat. Kat. I 637f. Nr. 497 Taf. 68; HELBIG⁴ I 321.

[2] Vatikan 1345: AMELUNG a. O. 778 Nr. 685 Taf. 84; HELBIG⁴ I 316.

[3] CAGIANO, V. Medici 87 Nr. 126 Taf. 39; 72; VERMEULE II 36 Nr. 8536–8538 Abb. 128/29; Nss.: INR 6861/62.

[4] Ehem. Rom, Vigna Sassi, jetzt im Bezirk des Sepolcro dei Scipioni: MATZ-DUHN II 2863; H. BLÜMNER, AZ 35, 1877, 54f. Taf. 7, 2; REINACH, RR III 235, 1; INR 76.257.

[5] Vatikan 10536: GERKE Taf. 7.8, 2; HELBIG⁴ I 1142.

[6] Ehem. Rom, Studio Altini: MATZ-DUHN II 2865.

[7] Rom, NM 184: R. CALZA – E. NASH, Ostia (1959) Abb. 106; G. M. A. RICHTER, The Furniture of the Greeks, Etruscans and Romans (1966) Abb. 585; HELBIG⁴ III 2393.

[8] HELBIG⁴ III 2393 (B. ANDREAE).

[9] Ostia (Nr. ?): unpubl. (?); INR 31.244.

[10] Vatikan 3262: AMELUNG, Vat.Kat. I 864 Nr. 162 Taf. 107; H. GUMMERUS, JdI 28, 1913, 120 Nr. 34; REINACH, RR III 405, 2; INR 80. 1705.

[11] Urbino, Pal. Ducale: G. M. GABRIELLI, I sarcofagi paleocristiani e altomedioevali delle Marche (1961) 144ff. Abb. 60; EAA IV (1961) 871 Abb. 1037; K. FITTSCHEN, Der Meleager Sarkophag (Liebieghaus Monographie 1, 1975) 11 Abb. 7.

[12] Vatikan 9538/39: HELBIG⁴ I 1014; SICH-

P. Caecilius Vallianus, der auf den ursprünglich nicht zugehörigen wannenförmigen Sarkophag mit Totenmahl gelegt ist. Eine Wechselstube dürfte, unterhalb des Tondos, auf einem Riefelsarkophag in Rom, Palazzo Salviati,[13] und auf der einen Nebenseite des Endymionsarkophages in Rom, NM,[14] wiedergegeben sein. Schließlich sind noch ein wannenförmiger Sarkophag in Ostia,[15] der links eine Schiffahrt und rechts eine Szene in einem Gasthaus trägt, und ein Riefelsarkophag in New York[16] zu nennen, der in dem figürlichen Feld in der Mitte einen Arzt an seinem Schrank zeigt; beide dürften in tetrarchischer Zeit entstanden sein. Darstellungen von Fischern sind nicht als Berufsangaben anzusehen;[17] eine Ausnahme ist vielleicht ein Fragment in Cagliari,[18] auf dem ein Fischer beim Einholen des Netzes abgebildet ist.

Frauen, die Blumengirlanden flechten,[19] gehören nur bedingt in den Kreis der Berufsdarstellungen, ebenfalls ein Sarkophag eines Rennstallbesitzers in Wien[20] und ein einzigartiger Kasten in Rom, Museum der Prätextat-Katakombe,[21] der ein Haus wiedergibt und vielleicht für einen Architekten oder Baumeister bestimmt war.

Im Gegensatz zu den Berufsdarstellungen auf kaiserzeitlichen Reliefs, auch solchen aus sepulkralem Zusammenhang,[22] sind Sarkophage mit diesen Themen sehr selten; sie sind zeitlich verstreut und typologisch vielfältig; häufiger kopierte Vorbilder hat es nicht gegeben; es sind vielmehr wohl Auftragsarbeiten, die vielleicht teilweise – bei den Nebenseiten (?) – erst nachträglich ausgeführt worden sind.

10. Schauspieler

Auf einer sehr kleinen Zahl von Monumenten sind Schauspieler in szenischer Handlung wiedergegeben. Es handelt sich um zwei Fragmente einer hohen Deckelleiste in Paris,[1] zwei nur in Zeichnung vorliegende Fragmente eines weiteren Deckels,[2] ein

---

TERMANN, Endymion 26 Abb. 13; HIMMELMANN, Typ. Unt. 19 Taf. 26; ASR I 2, 232 Taf. 41, 2–3.

[13] MATZ-DUHN II 2621; E. POGNON, Esthétique de la pensée. Rome II. Le temps de Cicéron (1965) 16 Abb. 20; SICHTERMANN, Endymion 94; INR 4657; 71.1021; 71.1023.

[14] Rom, NM, o. Nr.: SICHTERMANN, Endymion 92 Abb. 57.

[15] Ostia 1340: CALZA, Isola Sacra 203 ff. (1959) Abb. 114; R. MEIGGS, Roman Ostia (1960) Taf. 26 b; N. B. KAMPEN, BABesch 52/53, 1977/78, 221 ff. Abb. 1; F. PASINI, Ostia Antica (1978) Abb. 8.

[16] New York 48.76.1: McCANN, Metr.Mus. 138 ff. Nr. 24 Abb. 174/75; Age of Spirituality. Catalogue of the Exhibition at The Metropolitan Museum of Art 1977/78 (1979) 279 f. Nr. 256.

[17] z. B. Rep. I 747.777.955. – WILPERT I Taf. 4, 1.

[18] Cagliari 6144: PESCE, Sardegna 51 f. Nr. 19 Abb. 40.

[19] z. B. Agrigento, Cattedrale: TUSA, Sicilia 27 ff. Nr. 2 Abb. 15 f. – Florenz, Bapt.: SICHTERMANN, Endymion 27 Abb. 14; 62 f. (stadtröm.?). – Rom, Pal. Rondanini: SCHUMACHER, Hirt 42 Taf. 3 b.

[20] Wien I 1127: G. Q. GIGLIOLI in: Anthemon. Scritti in onore di C. Anti (1955) 177 ff. Taf. 16.

[21] GÜTSCHOW, Prätextat 129 ff. Nr. 14 Taf. 21/22.

[22] z. B. Grabmal des Eurysaces: KRAUS, PropKg Taf. 186 a. – Gräber der Isola Sacra: CALZA, Isola Sacra 247 ff.; HELBIG⁴ IV 3004 (mit Lit.). – Vgl. auch z. B. HELBIG⁴ IV Index S. 587 ‚Berufe'.

[1] Paris 3192.3193: Cat.somm. 950; Foto Marburg 185475/76.

[2] Verschollen: VERMEULE II 26 Nr. 8403 Abb. 79.

wohl in einer lokalen Werkstatt entstandenes Deckelfragment in Neapel³ und ein nur in Beschreibung vorliegendes Stück.⁴ Der Zusammenhang ist auf allen diesen Exemplaren nicht deutlich. Auf einem wannenförmigen Sarkophag in Ince Blundell Hall⁵ stehen Schauspieler und Musikanten zwischen Halbsäulen; das mittlere Interkolumnium wird von einem Grabesportal eingenommen; bei diesem Beispiel, das völlig aus der übrigen Produktion herausfällt, müßte überprüft werden, ob es überhaupt antik ist oder was daran überarbeitet ist.

Anspielungen auf das Schauspiel finden sich noch bei manchen Eckmasken an Deckeln,⁶ bei Masken als Füllung von Girlandenbögen⁷ und bei Masken, die auf Riefelsarkophagen unter den Tondi angeordnet sein können.⁸

In sepulkralem Zusammenhang begegnen in der Kaiserzeit verschiedentlich Schauspielszenen, wie eine Grabädikula in Rom, NM,⁹ oder ein Grabrelief in Rom, Pal. Cons.,¹⁰ zeigen mögen. Auf Sarkophagen sind derartige Darstellungen aber nur in Ausnahmefällen übernommen worden.

11. Wagenrennen. Wettkämpfe

Wagenrennen: G. RODENWALDT, JdI 55, 1940, 22 ff. – LIPPOLD, Vat.Kat. III2 S. 66 (mit Lit.). – M. LAWRENCE in: Atti del 2. Convegno di Studi Umbri (1965) 119ff.
Wettkämpfe: P. G. H. SCHWEEN, Die Epistaten des Agons und der Palästra in Literatur und Kunst (1911) 98 ff. – F. CASTAGNOLI, BullCom 71, 1943/5, 20ff. – CUMONT, Symb.Fun. 469ff. – B. ANDREAE in: HELBIG⁴ I zu Nr. 1019.

Im Gegensatz zu den zahlreichen Sarkophagen mit Eroten beim *Wagenrennen* sind diejenigen, die solche Rennen realistisch wiedergeben, nur in kleiner Zahl erhalten, auch beginnen sie nicht vor dem 3. Jh. n. Chr. Sie schließen sich im Gegenständlichen teilweise an die Erotensarkophage an, wie ein Kasten im Vatikan¹ lehrt; später wird die Szenerie durch Gebäude und Statuen bereichert, wie zwei zusammengehörige Fragmente einer Vorderseite in Berlin und im Vatikan² zeigen, außerdem eine Sarko-

---

³ Neapel 6730: ASR V 3 S. 30f.; K. SCHEFOLD, MEFRA 88, 1976, 763 Abb. 2.
⁴ Ehem. Rom, Pal. Castellani: MATZ-DUHN II 3373.
⁵ ASHMOLE, Ince Blundell 89 Nr. 232 Taf. 50 (noch in Ince Blundell Hall?).
⁶ T. BRENNECKE, Kopf und Maske. Untersuchungen zu den Akroteren an Sarkophagdeckeln (1970) 166ff.
⁷ z. B. HONROTH, Girlanden Taf. 11, 2; 12, 1; K. SCHAUENBURG, GettyMusJ 2, 1975, 61 ff. Abb. 5; CALZA, Villa Doria 191f. Nr. 221 Taf. 133, 1.
⁸ z. B. SCHAUENBURG a. O. 62 Abb. 6 (weitere Stücke a.O. Anm. 17 genannt); V. S. M. SCRINARI, BdA 57, 1972 Abb. 1 n. S. 70; CALZA, Villa Doria 231 Nr. 271 Taf. 154.

⁹ Rom, NM (Nr. ?): M. BIEBER, Die Denkmäler zum Theaterwesen im Altertum (1920) 111 f. Nr. 46 Abb. 109 Taf. 56.
¹⁰ Rom, Pal. Cons. 3333: CALZA, Villa Doria 115 ff. Nr. 137 Taf. 89.
¹ AMELUNG, Vat.Kat. I 2, 181 ff. Nr. 21 Taf. 24. RODENWALDT a.O. 22f., jetzt in der Sala della Biga, LIPPOLD, Vat.Kat. III 2 Taf. 35 (S. 66 zu Nr. 609 ist die Nr. des S. in London fälschlich mit 2378 statt 2318 angegeben).
² Beschreibung der antiken Skulpturen mit Ausschluß der Pergamenischen Fundstücke (1891) 393f. Nr. 968. LAWRENCE a.O. Taf. 22. AMELUNG, Vat.Kat. III 1, 128ff. Nr. 546a Taf. 48, vgl. RODENWALDT a.O. 23 Anm. 2. LAWRENCE a.O. Taf. 21. E. BUCHNER, RM 83, 1976, 330f. Taf. 112, 1. Zu vergl. ist auch ein „der Sarko-

phagplatte in London.³ Einfacher gibt sich wieder der Sarkophag in der Kirche S. Maria della Libera in Aquino.⁴ Hier verdient Erwähnung auch die Rückseite des Phaethonsarkophages in den Uffizien in Florenz,⁵ die nachträglich, in flachem Relief, mit einer ebenfalls einfachen Darstellung eines Wagenrennens im Zirkus verziert wurde; von Interesse sind die beigefügten Namen der Hauptpferde und der Lenker. Von einem Sarkophag mit Wagenrennen könnte auch ein Fragment im Palazzo Mattei⁶ in Rom stammen. Auf einem Fragment in der Villa Albani⁷ ist ein Wagenlenker mit seinem Viergespann dargestellt, neben ihm zwei Eroten mit seinem Helm.

Wie die Wagenrennen, so sind auch die *Wettkämpfe in der Palästra* häufiger mit Eroten und Kindern als mit Erwachsenen dargestellt. Ein vollständig erhaltener Kasten im Vatikan,⁸ ein Kindersarkophag aus dem Ende des 2. Jhs. n. Chr., zeigt links und rechts Siegerehrungen, dazwischen Ringkampf, Pankratium und einen besiegten Faustkämpfer, alles Erwachsene. Siegerehrung und Pankratiasten sind auch auf zwei Fragmenten erhalten,⁹ auf einem weiteren Fragment ebenfalls Siegerehrung mit Faustkämpfern.¹⁰ Wettläufer sind auf einem unpublizierten Fragment in Ostia, wohl von einer Nebenseite, dargestellt, ebenso auf einem nur in einer Zeichnung veröffentlichten Fragment¹¹ in Rom; verschollen ist das vielleicht zugehörige Fragment mit Läufern am Start.¹²

12. Schiffahrt

G. STUHLFAUTH, RM 53, 1938, 139ff. – CALZA, Isola Sacra 203 f. – M. LAWRENCE, AJA 66, 1962, 289ff. – ANDREAE, Studien 135 ff. – L. CASSON, Ships and Seamanship in the Ancient World (1971).

Sarkophage mit fahrenden Schiffen sind wenige erhalten; sie sind ganz untypisch, zumeist sehr realistisch und stammen aus dem 3. Jh. n. Chr. In der Szenerie haben Erotensarkophage mit Schiffen Berührungspunkte mit dieser Gruppe, und es gibt Fälle, in welchen es fraglich ist, ob Knaben (flügellose Eroten), d. h. mythische Gestalten, oder

phagkunst stilverwandtes" Grabrelief in Foligno, RODENWALDT a.O. 23 f. 27 Abb. 9. LAWRENCE a. O. 119ff. BUCHNER a. O. Taf. 112, 2.

³ SMITH, Cat. Sculpt. III 328f. Nr. 2318 Abb. 46.

⁴ M. CAGIANO DE AZEVEDO, Aquinum (1949) 69; als Material wird dort Alabaster angegeben, als Datum das Ende des 2. Jhs. n. Chr. vorgeschlagen, was wohl zu früh ist. LAWRENCE a.O. Taf. 19. Vgl. Kapitel II 1.

⁵ ASR III 3, 342. MANSUELLI I Nr. 251, dort ins 2. Jh. n. Chr. datiert. LAWRENCE a.O. Taf. 20.

⁶ MATZ-DUHN 2246. GUERRINI, Pal. Mattei 14 Taf. 26, b. INR 65.1445.

⁷ EA 4019. HIMMELMANN, Typ.Unt. 40 (ebenda Anm. 22 zu einem Frgt. in Rom, NM). T. SCHÄFER, MEFRA 91, 1979, 379 Abb. 12.

⁸ Mus. Greg.Profano, CASTAGNOLI a.O. 22 Abb. 16. CUMONT, Symb.Fun. 469 Abb. 100. HELBIG⁴ I 1019 (die dort genannten weiteren Beispiele sind zumeist Erotens., vgl. CASTAGNOLI a.O.). INR 80.1697–1701.

⁹ Vatikan, AMELUNG, Vat.Kat. II 588f. Nr. 393a Taf. 53 (dort falsche Nr.). CASTAGNOLI a.O. 23 Abb. 21. Rom, Mus. Torlonia, Mus. Torlonia Taf. 123. INR 36.98.

¹⁰ Paris, Louvre. SCHWEEN a.O. 99. J. CHARBONNEAUX, Louvre 260 Nr. 1571. Foto Marburg 162994.

¹¹ SCHWEEN a.O. 99. O. KERN, RM 5, 1890, 153. 154ff. Taf. 7. INR 80.1767. In der Via della Scala 28 an der Außenwand.

¹² KERN a.O. 154ff. Taf. 7; vgl. das Relief ebenda 156 Abb.

Erwachsene, d. h. realistische Figuren, auf den Schiffen dargestellt sind, wie auf einem
Sarkophag in Kopenhagen, der außer Uferbauten und einem Leuchtturm drei Schiffe 133
und einen ins Wasser gefallenen Seemann zeigt.¹ Auch die nicht zu den Erotensarkophagen zu rechnenden Schiffahrtssarkophage zeigen gelegentlich Verbindungen zur
Mythologie, so die große Platte im Vatikan,² die eine große Hafenstadt mit vielen 135
Gebäuden, zwei größeren Schiffen und mehreren kleinen Booten zeigt, dazu Ortsgottheiten und, im Zentrum, Dionysos und Ariadne.³ Auch der Sarkophag im Giardino Colonna in Rom, der ganz realistisch ein großes Segelschiff zeigt, rechts davon auf 134
dem Lande einen Mann im Wagen, hat links und rechts lagernde weibliche Gestalten,
also wohl Personifikationen; die Nebenseiten weisen links einen Leuchtturm, rechts
eine Zielsäule auf.⁴ Ganz realistisch ist ein Sarkophag von der Isola Sacra in Ostia, auf
dessen Langseite links ein von einer Barke in den Hafen geleitetes Schiff und ein 132
Leuchtturm – vielleicht der von Ostia – dargestellt sind, rechts eine Szene in einer
Osterie.⁵ Alle genannten Sarkophage stammen aus dem 3. Jh. n. Chr.

Auf einem singulären Deckelfragment in der Villa Medici in Rom, das wohl ebenfalls in das 3. Jh. n. Chr. gehört,⁶ ist auf der einen Seite ein Segelschiff mit drei Lö-
wenkäfigen wiedergegeben, auf der anderen ein berittener Jäger, der, vor Löwen flie-
hend, über eine Planke ein Schiff erreicht.⁷

Auch ein Fragment in der Prätextatkatakombe in Rom mit zwei Segelschiffen,
zwischen ihnen ein Leuchtturm (von Ostia?), ist in das 3. Jh. n. Chr. zu datieren;⁸ die
Schiffe sind mit Amphoren beladen, die Besatzung ist nicht dargestellt. Die gleichen
Gefäße befördert auch ein Schiff auf einem Fragment in der Villa Wolkonsky in
Rom;⁹ hier ist der Steuermann teilweise erhalten.

Zusammenfassend läßt sich sagen, daß Schiffe und Schiffahrt als Hauptthema auf
Sarkophagen so gut wie gar nicht vorkommen, daß sie in realistischen Szenen verschiedenster Art erscheinen, wenn auch gelegentlich mit der Mythologie verbunden,
und daß sie in die Zeit des dem täglichen Leben zugewandten 3. Jhs. n. Chr. gehören.

---

¹ POULSEN, Cat. Sculpt. 558 f. Nr. 787. M.
LAWRENCE, AJA 66, 1962, 289 f. Taf. 77, 1. CAS-
SON a. O. Abb. 147. Zum Thema vgl. ein Frgt. in
London, SMITH, Cat. Sculpt. III 320 Nr. 2308
Taf. 28: Fischer mit Ertrunkenem.

² ANDREAE, Studien 153 ff. Taf. 75.80. HEL-
BIG⁴ I 232.

³ Die Deutung nicht ganz sicher, ebensowenig, ob der Schiffsherr links Odysseus und die
Insassen der Boote Eroten und Psychen sind;
daß Porto mit der Stadt gemeint sei, ist unwahrscheinlich, s. STUHLFAUTH a. O. 144 f. ANDREAE,
Studien 156 Anm. 142.

⁴ MATZ-DUHN 2867. STUHLFAUTH a. O.
149 f. INR 33.1721/2; 78.562-6; 79.928/9.

⁵ STUHLFAUTH a.O. 148 f. CALZA a.O. 203 f.
Abb. 107. J. W. CROUS, Die Antike 19, 1943, 59
Abb. 23. (Zum Leuchtturm von Ostia auf S.
auch: LAWRENCE a.O. 289 f.). N. B. KAMPEN,
BABesch 52/3, 1977/8, 221 ff.

⁶ CAGIANO, V. Medici 73 Nr. 61 Taf. 31.
J. AYMARD, MEFRA 67, 1955, 181 ff.

⁷ Vergleichbar der D. des Aeneass., GIULIA-
NO, Mus.Naz.Rom. I 1, 318 ff. Nr. 190, 2. Jh.
n. Chr. Weitere Hinweise bei AYMARD a.O. –
Nachtrag: J. DECKERS – P. NOELKE, Die römische Grabkammer in Köln-Weiden (1980) 14 f.

⁸ CASSON a.O. Abb. 148.

⁹ MATZ-DUHN 3600. CASSON a.O. Abb. 155.

13. Sonstiges

Sehr wenige Sarkophage haben weitere Darstellungen aus dem Menschenleben. Eine fragmentierte Platte, die wahrscheinlich die vordere Leiste eines Deckels gewesen ist, in Rom, Museum der Prätextatkatakombe,[1] zeigt im linken Teil eine Auspeitschung; sie kann als Wiedergabe einer römischen Lupercalienfeier bezeichnet werden;[2] das Stück, für das unter den Sarkophagen keine Parallele bekannt ist, dürfte Ende des 3. Jhs. n. Chr. entstanden sein; die Inschrift für Elia Afanacia ist später eingetragen worden.[3] Ein Fragment in London[4] mit Fischern, die einen Toten im Netz haben, wird von der Vorderseite eines mittelantoninischen Sarkophages stammen; Entsprechungen sind nicht erhalten.[5] Eine Vorderseite in Arezzo,[6] die in mittelantoninischer Zeit gearbeitet worden ist, hat eine sehr verwaschene Oberfläche; es sind mehrere stehende Figuren, Männer, Frauen und ein Kind mit einer Puppe, und im rechten Teil eine Frisierszene erhalten; der Zusammenhang wird aber nicht deutlich, und Parallelen sind nicht nachgewiesen. Ebenfalls ein Einzelstück ist ein Kasten mittelantoninischer Zeit in Wien,[7] der auf der Vorderseite vier Männer, die Pferde am Zügel führen, und auf den Nebenseiten jeweils ein Pferd zeigt; es könnte sich um den Sarkophag eines Rennstallbesitzers handeln. Schließlich ist noch ein Kasten in Paris[8] anzuführen, der in der Mitte einen Reiter,[9] begleitet von zwei Männern, und links und rechts jeweils zwei Eroten, die einen großen Lorbeerkranz halten, trägt; Vergleiche sind auf stadtrömischen Sarkophagen nicht vorhanden;[10] das Stück, das auch in seiner handwerklichen Ausführung aus dem Rahmen der stadtrömischen Sarkophage fällt, ist wohl in einer frühen Phase, vielleicht der späthadrianisch-frühantoninischen Zeit, entstanden.

---

[1] Rep. I 558 (mit älterer Lit.).

[2] W. N. Schumacher, JbAChr 11/12, 1968/69, 65 ff.; ders., Actas del VII Congreso Internacional de Arqueologia Christiana, Barcelona 1969 (Studi di Antichità Christiana 30, 1972) 477 ff.; H. Stern, ebendort 511 ff. – Vgl. hier Kapitel I 4.3.1.7.

[3] W. N. Schumacher, JbAChr 11/12, 1968/69, 74 mit Anm. 63. – H. Solin – H. Brandenburg, AA 1980, 271 (zur Datierung der Benutzungsphasen und Bedeutung der Darstellung).

[4] London 2308: Smith, Cat. Sculpt. III 320f. Nr. 2308 Taf. 28. – G. Becatti, BullCom 67, 1939, 52f. Abb. 6. – Vgl. hier Kapitel I 4.3.1.12.

[5] Smith a. O. verweist auf Anthologia Palatina VII 276.

[6] Arezzo (Nr. ?): unpubl. (?); Photographie im DAI in Rom; Detail: Alinari 38 336.

[7] Wien I 1127: G. Q. Giglioli in: Anthemon. Scritti in onore di C. Anti (1955) 177 ff. Taf. 16.

[8] Paris 1498: Charbonneaux, Louvre 233; F. Rebecchi, Felix Ravenna 107/08, 1974, 65f. mit Abb. 11; H. Gabelmann, JdI 92, 1977, 346 Abb. 12; 371 Nr. 9.

[9] Zur Tracht des Reiters: Gabelmann a. O. 322 ff.

[10] Ein Reiter in vergleichbarer Tracht begegnet vereinzelt auf stadtrömischen, häufiger auf oberitalischen Sarkophagen, die Zusammenstellung mit den Eroten ist singulär; Gabelmann a. O. 348 ff. Abb. 14 ff.

I. 4.3.2. Mythologische Themen

1. Achill

C. ROBERT, ASR II 27–45. 57–61. Nachträge III 3 S. 546 ff. – F. BARATTE, MEFRA 86, 1974, 773 ff. – D. KEMP-LINDEMANN, Darstellungen des Achilleus in griechischer und römischer Kunst (Archäologische Studien 3, 1975). – H. STERN, Les mosaiques des maisons d'Achille et de Cassiopée a Palmyre (1977) 15 ff.

Eine ganze Reihe von Sarkophagen zeigt verschiedene Darstellungen aus dem Leben von Achill, nämlich unter anderem Achill mit Chiron, die Entdeckung Achills unter den Töchtern des Lykomedes, die Bewaffnung Achills, die Schleifung Hektors und schließlich Priamos vor Achill. Sie sind von C. Robert zusammengestellt, seitdem aber nicht mehr zusammenfassend behandelt worden;[1] F. Baratte hat einen wichtigen Sarkophag mit Achill auf Skyros publiziert.

Ein Sonderfall, und zwar unter allen stadtrömischen Sarkophagen, ist die kleine Wanne in Rom, S. Paolo fuori le mura,[2] die die *Begrüßung Achills durch Peleus* zeigt. 140 Eine Parallele für die Darstellung bietet die Tensa Capitolina.[3] Die Argo ist am Pelion vorbeigekommen, und der Kentaur Chiron, der auf die rechte Nebenseite umgreift, führt den kleinen Achill dessen Vater Peleus vor, der ihm als erster vom Schiff aus die Arme entgegenstreckt.[4] Bei den Gestalten an der linken Rundung dürfte es sich um Achill und Chiron handeln. Das Werk ist ein Vertreter des ‚pointillistischen' Stils der Zeit um 300 n. Chr.; Stücke, die sich derselben Werkstatt zuweisen lassen, sind nicht bekannt.[5]

Die *Unterweisung Achills im Saitenspiel* ist, dekorativ verdoppelt, an den Seiten eines Kastens in Rom, NM,[6] wiedergegeben, dessen Mitte von fliegenden Eroten, die einen Tondo halten, eingenommen wird. Für diese Gruppe gab es ein berühmtes rundplastisches Vorbild, das in der Saepta Iulia aufgestellt gewesen sein wird.[7] Der Kasten ist im frühen 2. Viertel des 3. Jhs. n. Chr. entstanden.[8] Auf der Nebenseite eines Kastens in Genua findet sich nur Chiron mit einer Lyra.[9]

---

[1] Zu Achill: BROMMER, Denkmälerlisten II 65 ff. – Es sind etwa 35 stadtrömische Sarkophage und Fragmente nachzuweisen.

[2] M. GÜTSCHOW, RM 43, 1928, 256 ff. Taf. 27; R. TURCAN in: Mél. J. Carcopino (1966) 927 ff. Abb. 1–3; TURCAN 87 Anm. 1; 90 Anm. 4; 269 Anm. 6; 506 f.; F. MATZ, ASR IV 1 S. 79 f.; KEMP-LINDEMANN a. O. 35 ff.

[3] GÜTSCHOW a. O. 263 Abb. 4; R. TURCAN in: Mél. J. Carcopino (1966) 929 Abb. 5; HELBIG⁴ II 1546 (E. SIMON).

[4] Vgl. Apoll. Rhod. I 553 ff.

[5] Der sog. Fortunatisarkophag Rom, NM 535 (K. SCHAUENBURG, JdI 81, 1966, 268 Nr. 8 Abb. 18 mit weiterer Lit.), den TURCAN 269 Anm. 6 und 506 Anm. 12 derselben Werkstatt zuweist, ist stilistisch völlig anders und viel früher entstanden; s. dazu F. MATZ, ASR IV 1 S. 79 f.

[6] Rom, NM 124735: G. GULLINI, BdA 34, 1949, 51 ff. Abb. 3/4; H. SICHTERMANN, RM 64, 1957, 100 Taf. 15; H. BRANDENBURG, JdI 82, 1967, 225 Abb. 12; HELBIG⁴ III 2385.

[7] SICHTERMANN a. O. 98 ff.; KEMP-LINDEMANN a. O. 18 ff.

[8] B. ANDREAE in HELBIG⁴ III 2385 verweist auf Alexander Severus als Parallele für das Porträt des Mannes im Tondo. – Zum Typus des S.: SICHTERMANN a. O. 100 mit Anm. 10.

[9] ASR III 3 S. 549 Abb. 33'a; zum S. siehe unten Anm. 18.

Eine größere Anzahl von Sarkophagen bringt die *Entdeckung Achills unter den Töchtern des Lykomedes*.[10] Frühestes Beispiel ist ein hervorragend gearbeiteter Sarkophag in Cambridge,[11] der aus der Zeit um 150 n. Chr. stammt. Er zeigt einen langgestreckten Fries, der in drei Teile untergliedert ist. Deianeira ist links von Achill zu Boden gesunken; links von ihr finden sich eine Gruppe von drei stehenden und einer sitzenden Frau und der König Lykomedes, rechts ein davoneilendes Mädchen, von hinten gesehen, ein Sessel und dann die Gruppe von Odysseus, dem Bläser und Diomedes. Es handelt sich wohl um eine mittelantoninische Komposition; sie verwendet frühere Vorbilder, wie sie durch eine große Anzahl von Darstellungen, vor allem in der Wandmalerei, belegt sind.[12] Auf dieselbe Komposition geht eine verschollene Vorderseite[13] zurück, die sicher später entstanden ist, sich aber nicht genauer festlegen läßt. Der Fries ist etwas stärker zusammengezogen, die Figuren sind gelängt und heftiger bewegt; verschiedene Einzelheiten sind abgewandelt.

In der späteren mittelantoninischen Phase ist eine Umgestaltung der Darstellung vorgenommen worden; der Fries wurde gestrafft, die sitzenden Gestalten weggelassen und ebenfalls Lykomedes ausgeschieden. Die Szene ist jetzt auf den in der Mitte betont hervorgehobenen Achill, der in weitem Schritt nach rechts stürmt[14] und einen Halt in der rechts zu seinen Füßen zusammengesunkenen Deianeira findet, die Gruppe der drei Griechen rechts und unterschiedlich viele, in immer wieder anderer Weise bewegte Mädchen beschränkt; damit ist eine Zentralisierung erreicht worden. Eines der frühesten Beispiele ist ein Fragment in Paris,[15] das aus der Zeit um 170 n. Chr. stammt. Vollständig erhalten ist der etwas später, um 180/90 n. Chr., geschaffene Kasten in Rom, NM.[16] In etwa dieselbe Zeit, gegen oder um 200 n. Chr., können Fragmente in Ostia, Terracina und im Vatikan,[17] ein Kasten in Genua,[18] eine Langseite in Rom, Villa Doria Pamphilj,[19] sowie vielleicht auch ein stark übergangenes Fragment in London[20] gehören. Ein prachtvoller und gut erhaltener Sarkophag in Paris[21] ist um

---

[10] BROMMER, Denkmälerlisten II 80 ff.

[11] Cambridge GR 45.1850: ASR II 27; L. BUDDE – R. NICHOLLS, A Catalogue of the Greek and Roman Sculpture in the Fitzwilliam Museum Cambridge (1964) 102 f. Nr. 162 Taf. 56; TURCAN 85; T. BRENNECKE, Kopf und Maske. Untersuchungen zu den Akroteren an Sarkophagdeckeln (1970) 128 f.

[12] F. MATZ, AA 1944/45, 107; LIPPOLD, Gemäldekopien 72 ff.; K. SCHEFOLD, Pompejanische Malerei (1952) 194 (zu S. 153); ders., La peinture pompéienne (1972) 253; KEMP-LINDEMANN a. O. 44 ff.

[13] ASR II 28; VERMEULE I 9 Nr. 12 Abb. 12; ANDREAE, Studien 111; G. KOCH, AA 1976, 102 f. Nr. 1 Abb. 1.

[14] Eine Ausnahme bietet lediglich ein verschollenes Fragment: ASR II 31; G. KOCH, AA 1976, 103 Nr. 2 Abb. 2.

[15] Paris 1368: ASR II 30; III 3 S. 547; BARATTE a. O. 784 f. Abb. 6.

[16] Rom, NM 115 173: HELBIG⁴ III 2149; SICHTERMANN-KOCH 16 Nr. 2 Taf. 2, 1; 4; B. ANDREAE – H. JUNG, AA 1977, Tabelle n. S. 434: 180/90 n. Chr.

[17] Ostia 2: D. VAGLIERI, NSc 1910, 17 f. Abb. 4/5; ASR III 3 S. 547 Nr. 29¹; INR 79. 110–112. – Terracina: ASR II 36¹. 36¹ᵃ; J. LUGLI, Anxur – Terracina (Forma Italiae I 1, 1926) 120 Nr. 25; ders., Guida del Museo Civico (1940) 10 f. Nr. 11/12. – Vatikan: ASR II 35; KASCHNITZ 216 Nr. 477 Taf. 86.

[18] Genua, Pal. Doria: ASR III 3 S. 548 f. Nr. 33¹; C. DUFOUR BOZZO, Sarcofagi romani a Genova (1967) 57 f. Nr. 34 Taf. 22; INR 77. 423–429.

[19] ASR II 33; CALZA, Villa Doria 142 f. Nr. 169 Taf. 107.

[20] London 2297: ASR II 37; III 3 S. 549; SMITH, Cat. Sculpt. III 300 f. Nr. 2297.

220/30 n. Chr. entstanden; Fragmente in Rom, Villa Giustiniani,²² lassen sich anschließen; die Langseite in Woburn Abbey²³ ist in gallienischer Zeit gearbeitet worden, ebenfalls ein Fragment in Rom, Villa Doria Pamphilj;²⁴ am Schluß der Reihe steht eine stark überarbeitete und ergänzte Langseite im Vatikan,²⁵ die vielleicht um 270/80 n. Chr. geschaffen worden ist.

Einige Fragmente sind nicht zu beurteilen.²⁶ Ein Sonderfall ist die spätantoninische Langseite in Alupka,²⁷ bei der Achill von einer Kline aufspringt.

Anzuführen ist noch ein Fragment im Vatikan,²⁸ das das rechte Interkolumnium eines Säulensarkophages²⁹ mit der Gruppe von Achill und Deianeira bewahrt; da Parallelen fehlen, bleibt unklar, wie die gesamte Vorderseite zu ergänzen ist; das Stück ist in spätantoninischer Zeit entstanden.

Nebenseiten sind nur selten erhalten und haben verschiedenartige Darstellungen. Auf dem Kasten in Genua³⁰ finden sich links Thetis, die Achill in den Styx hält, und rechts Chiron mit Lyra; auf dem Sarkophag in Cambridge³¹ ist links Achill im Kampf gegen Hektor, rechts gegen Penthesileia dargestellt. Der Sarkophag in Paris³² zeigt links den sitzenden Achill und Deianeira, rechts einen schreitenden Mann. Auf dem Fragment in Ostia³³ schließlich ist das Heck eines Schiffes erhalten. Eine verbindliche Vorlage hat es also für die Nebenseiten nicht gegeben. Anschließen läßt sich die Nebenseite eines Ilioupersissarkophages in Mantua mit Achill und Troilos.³⁴

Ein *Deckel* in Rom, Mus. Capitolino,³⁵ zeigt drei sonst kaum begegnende Szenen,

---

²¹ Paris 3570: BARATTE a.O. 773 ff. ANDREAE-JUNG a.O. (s. oben Anm. 16): 220/30 n. Chr.

²² ASR II 38; INR 68. 5201; 71. 106.

²³ Woburn Abbey 71: ASR II 34; III 3 S. 549; H. KENNER, ÖJh 35, 1943, 51 f. Abb. 26; VERMEULE II 21 Nr. 8334; 66 Nr. 8068; BARATTE a.O. 774. 785 ff. 796 f. Abb. 7. 13; ANDREAE-JUNG a.O. (s. oben Anm. 16): 250/60 n. Chr.; MCCANN, Metr. Mus. 68 Abb. 73.

²⁴ BARATTE a.O. 808 Abb. 26; CALZA, Villa Doria 143 Nr. 170 Taf. 107.

²⁵ Vatikan: ASR II 39; III 3 S. 549; AMELUNG, Vat. Kat. II 310 ff. Nr. 102i Taf. 24; BARATTE a.O. 793 ff. 796 f. Abb. 11. 14; ANDREAE-JUNG a.O.: 290/300 n. Chr.

²⁶ Verschollen: ASR II 30¹; G. KOCH, AA 1976, 103 Nr. 3 Abb. 3. – Verschollen, ehem. Villa Carpegna: s. oben Anm. 14. – Verschollen: ASR III 3 S. 546 Nr. 25¹. – Verschollen: Sotheby, Sale 27. 3. 1972 Nr. 183. 184 Taf. 17. – New York, Metr. Mus. 18.145.41: ASR II 36; MCCANN, Metr. Mus. 67 ff. Nr. 9 Abb. 72. – New York, Pierpont Morgan Library (?): C. VERMEULE in: Festschrift F. Matz (1962) 103 f.; erwähnt auch bei VERMEULE I 9 Nr. 12 (Oktober 1977 vom Verf. nicht aufgefunden).

²⁷ ASR II 29; III 3 S. 547 mit Abb. 29".

²⁸ Vatikan 1257: ASR II 40; AMELUNG, Vat. Kat. I 761 f. Nr. 662 Taf. 82; G. RODENWALDT, RM 38/39, 1923/24, 23 Nr. 3; ASR XII 6 S. 52; INR 76. 599.

²⁹ Da die Zwickel verschiedenen Schmuck zeigen, kann es sich nicht um das Mittelfeld eines Riefelsarkophages handeln.

³⁰ s. oben Anm. 18. – Zur Feiung Achills: KEMP-LINDEMANN a.O. 3 ff. – Vgl. das Frgt. MATZ-DUHN II 3344 (jetzt Manziana, Villa Tittoni, INR 76. 470).

³¹ ASR II 27a und b; BUDDE-NICHOLLS a.O. (s. oben Anm. 11) Taf. 56 b. d.

³² BARATTE a.O. 779 f. Abb. 2 f.

³³ ASR III 3 S. 547 f. Abb. 29¹a; s. oben Anm. 17.

³⁴ Mantua: ASR II 63 a; SICHTERMANN-KOCH 37 f. Nr. 32 Taf. 73, 1.

³⁵ Rom, Mus. Cap. 1959: ASR II 43; VERMEULE I 9 Nr. 4 Abb. 5; HELBIG⁴ II 1418; SICHTERMANN-KOCH 17 f. Nr. 4 Taf. 9; K. SCHEFOLD, MEFRA 88, 1976, 777 Abb. 12. – Vgl. A. SADURSKA in: Mél. K. Michałowski (1966) 653 ff. Abb. 1a.

Thetis vor Hephaistos, die *Anfertigung der neuen Waffen* und das *Anlegen dieser Waffen.* Das Stück, das zu einem Kasten mit anderen Darstellungen aus der Sage von Achill gehören dürfte, ist in mittelantoninischer Zeit, um 160/70 n. Chr., entstanden.

Ein Exemplar fällt völlig aus dem Rahmen der stadtrömischen Achillsarkophage heraus;[36] es zeigt auf dem Kasten die *Rüstung Achills,* eine *Abschirrung von Pferden* und *Achill beim toten Patroklos* und auf dem Deckel die *Schleifung Hektors* sowie eine weitere Szene.[37] Vorlagen für die einzelnen Darstellungen des Kastens sind bei attischen Sarkophagen bekannt, nicht jedoch eine vergleichbare Anordnung der Szenen.[38] Es handelt sich um eine einzigartige stadtrömische Schöpfung mittelantoninischer Zeit, auf der verschiedene attische Vorbilder in neuartiger Weise zusammengesetzt worden sind; Parallelen dafür sind nicht vorhanden.

Die *Schleifung Hektors* ist auch noch auf einem verschollenen Kasten abgebildet;[39] sie wird gerahmt von dem Zweikampf zwischen Achill und Hektor links und der sitzenden Andromache rechts. Dieselbe, wohl mittelantoninische Komposition in kontinuierender Darstellungsweise wird von einem kleinasiatischen Friessarkophag in Providence[40] wiedergegeben, wohl als Kopie einer stadtrömischen Vorlage.[41] Das Fragment eines ähnlichen – aber stadtrömischen – Sarkophages ist in Rom[42] erhalten, ein weiteres, das vielleicht nur die Schleifung brachte, in Liverpool.[43]

Schließlich sind noch einige Stücke zu nennen, die *Priamos vor Achill* zeigen. Es handelt sich um zwei zusammengehörende Deckelfragmente mittelantoninischer Zeit in Ostia und in Rom, NM,[44] um drei verschollene, vielleicht ehemals zu einem einzigen Deckel gehörende Fragmente derselben Zeit[45] und ein weiteres Deckelfragment.[46] Charakteristisch ist, daß Achill am linken Rand sitzt, Priamos sich von rechts nähert und der Leichnam Hektors herbeigetragen wird. Im 1. Viertel des 3. Jhs. n. Chr. ist die Darstellung, durch viele Beifiguren bereichert, auf eine Langseite übernommen worden, die sich in Paris[47] befindet. Ein Fragment in Rom,[48] das einen

[36] Kunsthandel (1977–1981): unpubl. – *Nachtrag:* jetzt Berlin, Antikenmuseum; vgl. G. Koch, JbBerlMus 1983.

[37] Die Szene ist auf der Abbildung nicht genau zu erkennen. – *Nachtrag:* es dürfte sich um die Waschung von Hektors Leichnam handeln.

[38] Attische Parallelen für Rüstung: Ioannina 6176; unpubl. – Abschirrung: z. B. Giuliano-Palma Taf. 22, 55. – Trauernder: Rom, Mus. der Prätextatkatakombe, Giuliano-Palma Taf. 54, 133. – Achill und Patroklos: z. B. Giuliano-Palma Taf. 22, 54. – Das Stück verdient eine ausführliche Untersuchung.

[39] ASR II 45. – Vgl. den Deckel des Anm. 36 genannten S. – Zur Schleifung: Kemp-Lindemann a. O. 172 ff.

[40] Wiegartz, Säulens. 178 Nr. 16.

[41] G. Koch, AA 1974, 307 f. Anm. 74.

[42] Rom, Mus. Cap. 1480: ASR II S. 221 Nr. 45¹; INR 225; 75. 1311.

[43] Liverpool 53.115.12: ASR II 44; III 3 S. 549; Ashmole, Ince Blundell 103 Nr. 279 Taf. 47. – Vgl. ASR II 64 (Oxford).

[44] Ostia (Nr. ?) und Rom, NM 52 171: ASR II 58; III 3 S. 550 f.; A. Schober, ÖJh 23, 1926, 62 ff. Abb. 23; 116; INR 7332 (Ostia); 70. 1609 (Rom, NM).

[45] Ehem. Rom, P. Hartwig: ASR III 3 S. 551 Nr. 58¹; Schober a. O. 116; G. Koch, AA 1976, 103 Nr. 7 Abb. 7. – Ehem. Wien, Kunsthandel: Schober a. O. 64 ff. 116 Taf. 2; Koch a. O. 103 Nr. 8 Abb. 8. – Ehem, Rom, Slg. Stettiner: Koch a. O. 103 Nr. 6 Abb. 6; INR 29. 345. – Vgl. auch das überarbeitete Frgt. London 2217: Smith, Cat. Sculpt. III 271 f. Nr. 2217; Reinach, RR II 457, 4.

[46] Kunsthandel: Sotheby, Sale 28. 6. 1965, 62 Nr. 147.

[47] Paris 353: ASR II 57; Schober a. O. 65 f.; Charbonneaux, Louvre 246.

Mann mit phrygischer Mütze und einem Gefäß auf der Schulter zeigt, könnte zu einem vergleichbaren Sarkophag, und zwar vielleicht zur linken Nebenseite, gehören. Die Gruppe von Achill und Priamos geht auf frühere Vorlagen zurück;[49] der getragene Hektor und die zu ihm herstürzenden Frauen könnten mit den Meleagersarkophagen zusammenhängen.[50]

Zusammenfassend läßt sich feststellen, daß nur die Entdeckung Achills auf Skyros über einen längeren Zeitraum für die Sarkophage verwandt worden ist, nämlich von mittelantoninischer Zeit bis ins spätere 3. Jh. n. Chr.; die Reihe ist aber nicht sehr dicht; die Darstellungen sind verhältnismäßig geschlossen. Andere Szenen sind recht selten und zeitlich begrenzt, typologisch aber sehr vielfältig.

2. Adonis

C. ROBERT, ASR III 1, 3–21. Nachträge III 3 S. 563 f. – G. v. LÜCKEN, WissZJena 14, 1965, 75 ff. – W. ATALLAH, Adonis dans la littérature et l'art grecs (1966). – W. RICHTER, WissZRostock 17, 1968 (= Festschrift G. von Lücken) 747 ff. Taf. 31 ff.

Die Adonissarkophage bilden eine recht einheitliche Gruppe von etwa 25 Exemplaren; sie sind von C. Robert zusammengestellt worden; einen wichtigen Neufund haben G. v. Lücken und W. Richter publiziert.

Die Sarkophage setzen in mittelantoninischer Zeit mit einer übersichtlichen, dreigeteilten, für diese Zeit charakteristischen Komposition ein; sie zeigen rechts den Abschied des Adonis von Aphrodite, in der Mitte die verhängnisvolle Jagd und links den verwundeten Adonis und Aphrodite. Diesen Archetypus überliefern, immer mit gewissen Abwandlungen, mehrere Sarkophage der Zeit um 160/70 n. Chr., nämlich die Exemplare in Paris,[1] Rom, Villa Doria Pamphilj[2] und Pal. Rospigliosi,[3] und Rostock;[4] hinzu kommt eine Reihe von Fragmenten in Köln, Paris und Rom.[5]

Auf verschiedenen, etwas späteren Beispielen, bemühte man sich, den Fries zusammenzuziehen. Auf einem Kasten im Vatikan[6] ist die rechte Szene weggelassen und die linke durch ein Motiv von den Hippolytossarkophagen erweitert. Eine Langseite in

---

[48] Rom, Norwegisches Institut: INR 70. 1035/36.
[49] SCHOBER a.O. 66 ff.; LIPPOLD, Gemäldekopien 25 f.; KEMP-LINDEMANN a.O. 180 ff.; K. SCHEFOLD, MEFRA 88, 1976, 788 (zu den att. S.).
[50] ASR XII 6 S. 32 Anm. 10; 35.
[1] Paris 347: ASR II 1, 4; v. LÜCKEN a.O. 76 Abb. 2. 5; ATALLAH a.O. 80 Abb. 14; RICHTER a.O. Taf. 31, 2.
[2] ASR II 1, 5; v. LÜCKEN a.O. 77 Abb. 7; CALZA, Villa Doria 143 f. Nr. 171 Taf. 108.
[3] ASR III 1, 3.
[4] v. LÜCKEN a.O. 75 ff. Abb. 3.6; RICHTER a.O. 747 ff. Taf. 31,1; 32–36.
[5] Köln: Antiken aus Rheinischem Privatbesitz (1973) 232 Nr. 374 Taf. 171. – Paris 51: ASR III 1, 11; CHARBONNEAUX, Louvre 254. – Rom, Galleria Borghese: ASR III 1, 9; H. SICHTERMANN, AA 1974, 323 Abb. 19; INR 70. 2034. – Rom, Pal. Antonelli: INR 1930.698. – Rom, Vigna Codini: ASR III 1, 7. – Rom, ehem. Vigna Guidi: ASR III 1, 6; G. KOCH, AA 1976, 104 Nr. 9 Abb. 9. – Rom, Villa Medici: ASR III 1, 10; CAGIANO, V. Medici 50 Nr. 26; INR 70.1371. – Fraglich ist, ob das Frgt. ASR III 1, 8 ehem. Rom, Villa Wolkonsky, zu dieser Gruppe gehört.
[6] Vatikan 9245: ASR III 1, 12; AMELUNG, Vat. Kat. I 166 f. Nr. 5; G. RIZZO, BollStMedit 1, 5, 1930, 11 Taf. 3, 5; VERMEULE I 17 Nr. 77; ATALLAH a.O. 80 Abb. 13; INR 71. 1716–1720.

der Villa Giustiniani in Rom[7] bringt im linken Teil den Abschied des Adonis, der an die Gruppierung von Phaidra und Hippolytos angeglichen ist; im rechten Teil stürzt Aphrodite zum verwundeten Adonis. Ein Fragment in Manziana[8] ist anzuschließen. Die genannten Beispiele dürften in die Zeit um 170/80 n. Chr. gehören. Einen Schritt weiter führt die prachtvolle Vorderseite in Mantua,[9] die im kleineren linken Teil den verwundeten Adonis mit Aphrodite, im größeren rechten eine dramatisch gestaltete Jagd zeigt; wegen der Längung der Figuren und der Höhenstaffelung wird man das Stück um 180/190 n. Chr. ansetzen können. Auf einem stark beschädigten Kasten der Zeit gegen 200 n. Chr. in Blera[10] findet sich links der Abschied des Adonis, wiederum in der Anordnung von Hippolytos und Phaidra, und rechts die beieinander sitzenden Aphrodite und Adonis, die dem Archetypus angehören. Ein Fragment im Vatikan[11] zeigte wahrscheinlich die gleiche Szenenfolge, ist aber wohl schon im frühen 3. Jh. entstanden.

Die reichste Ausgestaltung mit fünf Szenen mit dünnen, stark gelängten und gestaffelten und dicht aneinandergeschobenen Figuren zeigt eine fragmentierte Langseite im Pal. Rospigliosi in Rom,[12] die in der Mitte in den oberen Teilen ergänzt ist. Zwischen dem Abschied und der Jagd ist breit der Auszug eingeschoben, und die Jagd wird eingerahmt von kleinen Nebenszenen; links wird Adonis von einem Helfer verbunden, rechts kümmert sich Aphrodite um ihn. Das Stück ist um 200 n. Chr. geschaffen worden. Eine Parallele für die rechte Gruppe bietet ein Fragment im Vatikan.[13]

142 Um 220/30 n. Chr. ist ein Sarkophag im Vatikan[14] entstanden, der die einzelnen Szenen in wieder anderer Anordnung und neuer Klärung und Betonung bringt. Adonis und Aphrodite, mit den Porträtköpfen eines Paares versehen, thronen hervorgehoben in der Mitte; nur der kleinere bärtige Diener und der Eros erinnern daran, daß Adonis verwundet ist. Der Abschied und die Jagd rahmen das Bild. Die Vorderseite dürfte auf besondere Bestellung für ein Ehepaar umgestaltet worden sein, das einen

[7] ASR III 1, 13; P. WILLIAMS LEHMANN, Roman Wall Paintings from Boscoreale in the Metropolitan Museum of Art (1953) 45 Abb. 31; R. STUVERAS, Le putto dans l'art romain (1969) Taf. 26, 61; INR 68. 5200.

[8] Manziana, Villa G. Tittoni: INR 76. 492.

[9] Mantua: ASR III 1, 20; A. LEVI, Sculture greche e romane del Palazzo Ducale di Mantova (1931) 91f. Nr. 190 Taf. 102b; 105/06; A. SCHMITT, MüJb 11, 1960, 122 Nr. 7 Abb. 48. 50. 54–56; TURCAN s. Index 639; SICHTERMANN-KOCH 19 Nr. 6 Taf. 10, 1; 11; B. ANDREAE – H. JUNG, AA 1977, Tabelle n. S. 434: 180/90 n. Chr.; C. LLOYD, GazBA 91, 1978, 121 Abb. 2.

[10] Blera, Kirche: ASR III 1, 14; ANDREAE-JUNG a.O.: 200/10 n. Chr.; B. ANDREAE, Römische Kunst (1973) 313. 488 Abb. 582; INR 69. 984–989.

[11] Vatikan: ASR III 1, 16.

[12] ASR III 1, 15; ANDREAE-JUNG a.O.: 190/200 n. Chr.; INR 1938. 798.

[13] Vatikan 1545: ASR III 1, 17; ATALLAH a.O. 82 Abb. 17; INR 71.1733/34.

[14] Vatikan 10409: ASR III 1, 21; WILLIAMS LEHMANN a.O. (s. oben Anm. 7) 43 Abb. 30; MATZ, MW 154f. 168 Taf. 29a; 30a; TURCAN s. Index 645 (190–200 n. Chr.); HELBIG[4] I 1120; KRAUS, PropKg Taf. 240; B. ANDREAE, JbAChr 13, 1970, 85; E. RESCHKE in: Festschrift F. Altheim II (1970) 66ff. (mit verfehlter Datierung und Identifizierung); SICHTERMANN-KOCH 19f. Nr. 7 Taf. 10, 2; 12–15; ANDREAE-JUNG a.O.: 220/30 n. Chr.; H. JUNG, JdI 93, 1978, 355ff. Abb. 16; K. FITTSCHEN, JdI 94, 1979, 578ff.

hervorgehobenen Platz bekommen wollte. Der Kasten – der Deckel ist mitgefunden, aber wohl nicht für ihn hergestellt worden – ist wegen der Porträtköpfe, die sich gut datieren lassen, ein besonders wichtiges Stück im frühen 3. Jh. n. Chr. Ein etwas früher entstandener Hippolytossarkophag, ebenfalls im Vatikan,[15] stammt aus demselben Grabgebäude; beide können vielleicht derselben Werkstatt zugeschrieben werden.[16]

Nach einer großen Pause folgt dann noch ein Adonissarkophag, ebenfalls im Vatikan,[17] der aus der Zeit nach 300 n. Chr. stammt und wohl der großen, östlich beeinflußten Werkstatt zugewiesen werden darf; typologisch bringt er nichts Neues. Eine Reihe von Fragmenten ist nicht genauer einzuordnen.[18]

Nebenseiten sind nur selten erhalten; sie zeigen Jagddiener,[19] Eroten[20] oder Greifen.[21] Hervorzuheben ist der Kasten in Rostock, der als einziger Darstellungen hat, die mit der Sage von Adonis zusammenhängen; W. Richter hat auf der rechten Nebenseite den Schiedsspruch des Zeus im Streit der Göttinnen Persephone und Aphrodite um den kleinen Adonis erkannt[22] und für die linke Nebenseite die Fahrt des Verunglückten in die Unterwelt vorgeschlagen;[23] in der linken Gestalt sieht er Adonis, in der rechten Charon; da Parallelen fehlen, ist diese Benennung nicht sicher.[24]

In einem Fall ist die Jagd des Adonis, bereichert durch die Dioskuren, auf einen Sarkophag mit Szenen aus dem Menschenleben übertragen.[25]

Für die Gruppe von Aphrodite und Adonis gibt es eine Fülle von Parallelen in der pompeianischen Wandmalerei; eine vergleichbare Zuordnung von Mann und Frau ist schon seit dem späten 4. Jh. v. Chr. belegt;[26] ein früheres gemeinsames Vorbild ist also anzunehmen. Für die Anordnung von Adonis und Aphrodite beim Abschied läßt sich ein pompeianisches Gemälde heranziehen, dessen Gestalten allerdings nicht sicher zu benennen sind;[27] eine ältere Vorlage ist also auch für diese Szene wahrscheinlich. Für die Jagd lassen sich Parallelen nicht nennen. Ein Künstler der mittelantoninischen Zeit hat die drei Szenen zu einem Fries für die Sarkophage zusammengesetzt.

---

[15] Vatikan 10400: ASR III 2, 167; HELBIG⁴ I 1121; SICHTERMANN-KOCH 34f. Nr. 27 Taf. 58. 59, 2; 60/61.

[16] Zur Werkstatt: MATZ, MW 168; ANDREAE-JUNG a.O. (mit □ gekennzeichnet); G. KOCH, GettyMusJ 8, 1980, 138f.

[17] Vatikan 9559: ASR III 1, 19; TURCAN 343 ff. 362 (VI 1) Taf. 60a; HELBIG⁴ I 1003; ASR XII 6 S. 21 Anm. 19; 23 Anm. 42; H. BRANDENBURG, RM 86, 1979, 453 f. Taf. 138, 1.

[18] Berkeley, Lowie Mus. 8-4279: unpubl. – Berlin, Klein Glienicke: GOETHERT, Klein Glienicke 19 Nr. 95 Taf. 39. – Verschollen, Gemälde in Mantua, Pal. d'Arco: T. BUDDENSIEG – G. SCHWEICKHARDT, ZKuGesch 33, 1970, 33 Abb. 20. – Verschollen: P. PRAY BOBER, Drawings after the Antique by Amico Aspertini (1957) 35 Anm. 2. – Das Frgt. ASR III 1, 18, Hever Castle (D. STRONG, The Connoisseur, April 1965, 215f. Nr. 2 Abb. 12) ist, wie schon C. ROBERT a.O. S. 19 festgestellt hat, auszuscheiden.

[19] ASR III 1, 17. 21.

[20] ASR III 1, 14.

[21] ASR III 1, 6. 12.

[22] RICHTER a.O. 750 ff. Taf. 32.

[23] RICHTER a.O. 750. 755 f. Taf. 36.

[24] Zu den Charon-Darstellungen: ANDREAE, Studien 57f.

[25] Florenz, V. Rinucci: VERMEULE I 15 Nr. 90 Abb. 36; M. HORSTER, AA 1975, 414 Abb. 12b.

[26] REINACH, RP 64/65; v. LÜCKEN a.O. 75 ff. Abb. 1 (mit Lit. in Anm. 7); WILLIAMS LEHMANN a.O. (s. oben Anm. 7) 38 ff. – ATALLAH a.O. 83 Abb. 18 f. – BROMMER, Denkmälerlisten III 2 ff.

[27] REINACH, RP 55, 1; v. LÜCKEN a.O. 76 Abb. 4.

3. Aeneas

Die Sarkophage mit Darstellungen aus der Sage von Aeneas[1] bilden eine sehr kleine Gruppe, sind aber typologisch vielfältig. In späthadrianisch-frühantoninischer Zeit ist der prachtvolle Sarkophag entstanden, der in Grottarossa gefunden wurde und nun in Rom, NM, aufbewahrt wird;[2] Parallelen für ihn sind nicht bekannt. Die Darstellung illustriert Vergil, Aeneis IV 130–159. Die Vorderseite ist in drei Szenen geteilt, die Versammlung von Dido und Aeneas und Begleitern vor der Jagd, den Aufbruch zur Jagd und die Jagd. Auf der linken Nebenseite finden sich Libya, ein Ortsgott und eine stehende weibliche Gestalt,[3] auf der rechten die Jagd des Iulus, auf der Deckelleiste weitere Jagdszenen.

Eine in den Kreis der Aeneassage gehörende Jagd auf Hirsche und eine Versammlung sind vielleicht auf einem fragmentierten Kasten in Civitavecchia[4] wiedergegeben, der um 220 n. Chr. entstanden ist; doch ist der linke Teil zu beschädigt, und es sind keine Parallelen vorhanden, so daß die Einordnung unsicher bleibt.

Für die mittelantoninische Zeit ist eine weitere Komposition durch einen stark fragmentierten Kasten in Rom, Pal. Borghese,[5] ein Fragment in Cantalupe[6] und eine Teilkopie der Renaissance in Florenz,[7] die ein jetzt verlorenes, weiteres antikes Exemplar wiedergibt, belegt. Im linken Teil ist das Opfer der laurentischen Sau durch Aeneas im Beisein von Virtus dargestellt, im rechten die Hochzeit von Aeneas und Lavinia und eine wohl männliche Personifikation, vielleicht Honos;[8] der Deckel zeigte Reiterkämpfe. Komposition und Stil sind mittelantoninisch; Vorlagen sind nicht bekannt; es handelt sich um ein römisches Werk mit typisch römischer Opferszene und ebenfalls typisch römischer dextrarum iunctio.

---

[1] Zu Aeneas: BROMMER, Denkmälerlisten III 20 ff.; P. NOELKE, Germania 54, 1976, 409 ff., bes. 424 ff. – Es sind nur etwa fünf stadtrömische Sarkophage und Fragmente bekannt; ein Frgt. in Wien (H. KENNER, ÖJh 46, 1961–63, 44 ff. Abb. 24) könnte von einem kleinasiatischen S. stammen.

[2] Rom, NM 168186: 1964 an der Via Cassia bei der Abzweigung nach Grottarossa gefunden, u. z. mit dem mumifizierten Leichnam eines etwa 7 Jahre alten Mädchens; HELBIG[4] III 2162 (mit ausführlicher Beschreibung); GIULIANO, Mus.Naz.Rom. I 1, 318 ff. Nr. 190 (M. Sapelli).

[3] Zur Benennung: HELBIG[4] III 2162 (Fama); GIULIANO a.O. 322 (Venus).

[4] Civitavecchia: G. KOCH, AA 1974, 620 f. Abb. 8; B. ANDREAE – H. JUNG, AA 1977, Tabelle n. S. 434: 220/30 n. Chr.; ASR I 2, 24 Taf. 6, 1 und Kapitel 1. 5. 1 (Jagd des Iulus-Ascanius? Vgl. auch Aeneis IV 483 ff.).

[5] G. E. RIZZO, NSc 1905, 432 f.; ders., RM 21, 1906, 289 ff. Taf. 13; P. BIEŃKOWSKI, Eos 13, 1907, 198 ff. Taf. 1a; ASR III 3 S. 564 ff. Nr. 212; J. SIEVEKING, RM 32, 1917, 168 ff.; G. Q. GIGLIOLI, BullCom 67, 1939, 109 ff. Abb. 2; K. FITTSCHEN, RM 76, 1969, 332 f. Taf. 106, 2; L. QUILICI, Collatia (Forma Italiae I 10, 1974) 647 Abb. 1411; C. DULIÈRE, Lupa romana (1979) 48 Nr. 124 Abb. 100.

[6] Cantalupe in Sabina, Pal. Camuccini (Gipsabguß im Museo della Civiltà Romana): MATZ-DUHN II 2244; BIEŃKOWSKI a.O. Taf. 1b; GIGLIOLI a.O. 109 ff. mit Taf.; FITTSCHEN a.O. 332 Anm. 14.

[7] Florenz, Uff. (Nr. ?): EA 236; ASR III 3 S. 566 mit Abb.; BIEŃKOWSKI a.O. Taf. 1c; A. L. FROTHINGHAM, AJA 13, 1909, 39 ff. Abb. 1; GIGLIOLI a.O. 110 ff. Abb. 1; DULIÈRE a.O. 48 Abb. 101.

[8] G. E. RIZZO, RM 21, 1906, 297 f.; J. SIEVEKING, RM 32, 1917, 168 ff.; C. ROBERT, ASR III 3 S. 567.

4. Aktaion

Aktaion begegnet auf Sarkophagen überaus selten, im Gegensatz zu den zahlreichen Darstellungen auf anderen Denkmälergattungen.[1] Ein mittelantoninisches Fragment im Vatikan[2] zeigt einen Ausschnitt aus einem Friessarkophag; über die Komposition der gesamten Langseite ist eine Vorstellung nicht zu gewinnen. Ein Fragment in Ostia[3] stammt wegen des flachen Reliefs und der flüchtigen Arbeit von einer Nebenseite.

Ein hervorragendes Werk ist der berühmte Girlandensarkophag in Paris,[4] der wohl in hadrianischer Zeit, um 120/30 n. Chr., entstanden ist. Sockel und obere Leiste sind mit Ornamentzonen geschmückt, die in der Tradition der stadtrömischen Urnen und Grabaltäre stehen.[5] Ungewöhnlicherweise tragen drei Frauen[6] – ohne Flügel – auf der Vorderseite die beiden Bögen, die aus dicken Fruchtgirlanden bestehen; auf den Nebenseiten sind es Lorbeerblattgirlanden, die an den Ecken zur Rückseite von Greifen gehalten werden. In die Girlandenbögen sind figürliche Szenen gesetzt, nämlich die Belauschung der badenden Artemis und der Tod des Aktaion auf der Vorderseite, die Auffindung der Leiche auf der rechten und Diener mit Hunden, wohl nach dem Tod des Aktaion,[7] auf der linken Nebenseite. Der Deckelfries trägt einen Zug von Meerwesen. Über die Vorbilder sind wir in diesem Fall recht gut unterrichtet. Der Tod des Aktaion hat eine sehr lange Bildtradition,[8] die Landschaftsszenerie spricht aber für eine spätere Neufassung; das belauschte Bad der Artemis[9] und die Szene der linken Nebenseite,[10] die ursprünglich nicht mit der Aktaionsage zusammenhing, gehen, vielleicht über Zwischenstufen,[11] auf hellenistische Schöpfungen zurück. Die Auffindung der Leiche des Aktaion ist sonst nicht bekannt, fügt sich aber diesem Kreise ein.

Das Besondere an dem Sarkophag ist, daß er aus der frühen Experimentierphase der stadtrömischen Sarkophage stammt, als das Bildrepertoire noch nicht ausgeprägt war und die Bildhauer unbefangen auf frühere Vorlagen zurückgriffen.[12]

---

[1] Zu Aktaion: BROMMER, Denkmälerlisten III 28 ff. – Es sind nur ein Sarkophag und zwei Fragmente bekannt; das Frgt. ASR III 1, 2² ist bisher nicht nachzuweisen.

[2] Vatikan 1711: ASR III 1, 2; INR 71. 1737.

[3] Ostia 10.323: ASR III 1, 2¹; INR 79. 114.

[4] Paris 459: ASR III 1, 1; G. RODENWALDT, 83. BWPr (1925) 31 Anm. 41; TOYNBEE 213 Taf. 48, 1; EAA VII (1966) 14 Abb. 16; TURCAN s. Index S. 642; KRAUS, PropKg Taf. 214; R. TURCAN, JbAChr 14, 1971, 132 Taf. 25 c; R. BIANCHI BANDINELLI, Rom. Das Zentrum der Macht (1970) 275 Abb. 310; ders., Rom. Das Ende der Antike (1971) 338 Abb. 319; HONROTH, Girlanden 43 Anm. 161; 47 ff.; 86 Nr. 88; N. HIMMELMANN, AnnPisa 4, 1, 1974, 142 Taf. 1, 2; L. QUILICI, Collatia (Forma Italiae I 10, 1974) 703 Abb. 1572; P. BLOME, AntK 20, 1977, 43 ff. Taf. 11. 12, 1.

[5] HIMMELMANN, Megiste 19; anders: HONROTH, Girlanden 49.

[6] Dafür gibt es keine Parallele; auch drei Niken begegnen auf stadtrömischen Girlandens. selten: TURCAN 135 mit Anm. 6; ders., JbAChr 14, 1971, 132 (Rom, V. Borghese, Viale Goethe); zu den Girlandens. s. Kapitel I 4.3.9.1.

[7] C. ROBERT, ASR III 1 S. 5. BLOME a. O. (s. oben Anm. 4) 46 f.

[8] BROMMER, Vasenlisten³ 473 ff.; ders., Denkmälerlisten III 28 ff. (mit älterer Lit); BLOME a. O. 45.

[9] BLOME a. O. 43 ff.

[10] F. MATZ, ASR IV 3 S. 412. BLOME a. O. 46 f. mit Taf. 12, 1. 2.

[11] BLOME a. O. 45 ff. 49 ff.

[12] BLOME a. O. 45.

5. Alkestis

C. ROBERT, ASR III 1, 22–32. Nachträge III 3 S. 567. – ANDREAE, Studien 33 ff. – G. Q. GIGLIOLI, ArchCl 5, 1953, 222 ff. – S. WOOD, AJA 82, 1978, 499 ff. – P. BLOME, RM 85, 1978, 435 ff.

Die Alkestissarkophage bilden eine kleine geschlossene, auf eine enge Zeitspanne begrenzte Gruppe von etwa zehn Exemplaren. Den von C. Robert zusammengestellten Stücken hat G. Q. Giglioli einen wichtigen Neufund angefügt; B. Andreae hat die Gruppe im Zusammenhang mit dem Säulensarkophag von Velletri behandelt; um verschiedene Probleme haben sich S. Wood und P. Blome bemüht.

Bei der Darstellung handelt es sich um eine mittelantoninische Schöpfung, die drei Szenen auf der Vorderseite hatte: das Gespräch Admets mit seinen Eltern, die sterbende Alkestis auf der Kline und den Abschied des Herakles.[1] Ein verschollener Kasten, ehemals in Cannes,[2] und eine fragmentierte Vorderseite in Rom, Villa Albani,[3] bringen diese Anordnung. Auf den Nebenseiten könnten, wie es der verschollene Kasten zeigt, Alkestis vor Hades und Persephone und die Rückführung der Alkestis durch Herakles dargestellt gewesen sein.[4] Auf einem Sarkophag in St. Aignan[5] ist der linke Teil verändert; auf einer Vorderseite in Genua[6] ist die linke Szene durch die Rückführung der Akestis ersetzt. Am stärksten ist die Abfolge auf dem berühmten Sarkophag des C. Iunius Euhodus und der Metilia Acte im Vatikan[7] umgestaltet, auf dem die sterbende Alkestis ganz betont in die Mitte gerückt und weniger leidend wiedergegeben ist, Admet – statt des Vaters – von links zu ihr tritt, links Admet wohl noch zweimal vorkommt, Apollo eingesetzt ist, sich rechts am Rande Hades und Persephone finden und die Szene daneben wohl als Rückführung der Alkestis durch Herakles und gleichzeitig als die Verabschiedung des Helden anzusehen ist.[8] Das Exemplar ist ein Eckstein für die Sarkophagchronologie des 2. Jhs. n. Chr., da die Inschrift eine Datierung in das Jahrzehnt 160–170 n. Chr. ermöglicht[9] und die Porträtköpfe in dieselbe Zeit weisen.[10]

[1] Zur Problematik dieser Szene: ASR III 1 S. 27 f.

[2] Ehem. Cannes, V. Faustina (R. TURCAN teilte mit, daß über den Verbleib der Antiken der Villa Faustina nichts bekannt ist): ASR III 1, 22; GIGLIOLI a. O. 223 Taf. 107, 1; G. KOCH, AA 1976, 104 Nr. 10 Abb. 10; BLOME a. O. 436 ff. Taf. 142, 1.

[3] Rom, Villa Albani 140: ASR III 1, 23; GIGLIOLI a. O. 223 Taf. 107, 2; ANDREAE, Studien 36 Nr. 10; HELBIG⁴ IV 3293; SICHTERMANN-KOCH 21 f. Nr. 9 Taf. 17, 1; WOOD a. O. 503 Abb. 2; BLOME a. O. 436 ff. Taf. 142, 2.

[4] ASR III 1 S. 28 mit Abb. – Weitere Nss. mit figürlichen Szenen sind bei den Alkestiss. nicht erhalten. – Vgl. Messina A 246: TUSA, Sicilia 38 ff. Nr. 37 Abb. 90/91; B. ANDREAE, Gnomon 40, 1968, 822.

[5] ASR III 1, 24; BLOME a. O. 435 ff. Abb. 1.

[6] Genua, S. Maria delle Vigne: GIGLIOLI a. O. 222 Taf. 106, 1.2; C. DUFOUR BOZZO, Sarcofagi romani a Genova (1967) 48 ff. Nr. 25 Taf. 12/13; BLOME a. O. 436 ff. Taf. 143, 1; 144/45; 146, 1.

[7] Vatikan 1195: ASR III 1, 26; TOYNBEE 198 Taf. 42, 1; HELBIG⁴ I 291; Nachtrag IV S. 384; TURCAN s. Index 653; R. BIANCHI BANDINELLI, Rom. Das Zentrum der Macht (1970) 302 Abb. 342; 18/19; D. STRONG, Roman Art (1976) 108 Abb. 130; WOOD a. O. 499 ff. Abb. 1; BLOME a. O. 436 ff., bes. 441 ff. Taf. 143, 2; R. CALZA, Scavi di Ostia. I Ritratti II (1978) 27 ff. Nr. 31 Taf. 23.

[8] Zu den Szenen vgl. BLOME a. O. 442 ff.

[9] Zur Inschrift: ASR III 1 S. 32 f.; TURCAN 44 ff.; BLOME a. O. 441 Anm. 17.

[10] M. WEGNER, AA 1938, 324 ff. Abb. 24–28.

Einige Fragmente lassen sich anschließen,[11] die allerdings keine neuen Gesichtspunkte ergeben. Auf einem Deckel in Florenz, Pal. Rinuccini,[12] sind verschiedene, sonst nicht belegte Szenen wiedergegeben. Für ein kleines Deckelfragment in Rom, NM,[13] ist die Zugehörigkeit zu einem Alkestissarkophag vorgeschlagen worden. Ein anderer Deckel in Rom, NM,[14] ist ebenfalls, allerdings ohne weitere Ausführungen, auf den Alkestismythos bezogen worden; doch ist die Oberfläche stark beschädigt und die Darstellung singulär, so daß die Szenen nicht zu benennen sind. Die Hinabführung der Alkestis durch Hermes in die Unterwelt findet sich auf der linken Nebenseite eines Persephonesarkophages in Florenz,[15] der fragmentierten Nebenseite eines Fragmentes in Rom, Pal. Poli,[16] und einer Nebenseite in Catania,[17] die allerdings wohl eine lokale Kopie nach einem stadtrömischen Vorbild ist. Die Rückführung der Alkestis durch Herakles ist auf dem Säulensarkophag von Velletri[18] und auf der rechten Nebenseite des genannten Persephonesarkophages in Florenz[19] dargestellt.

Die Sarkophage sind in den Jahrzehnten zwischen 160 und 180/90 n. Chr. entstanden; relativ früh dürften die im Vatikan, in St. Aignan und ehemals in Cannes sein, etwas später der in der Villa Albani und wohl am spätesten der in Genua. Nur das jetzt verschollene Fragment, das ehemals in der Villa Doria Pamphilj in Rom[20] war, zeigt den Beginn einer Staffelung der Figuren, die auf den einsetzenden ‚Stilwandel‘ hinweist. Lediglich das eine der beiden Fragmente im Pal. Poli in Rom[21] ist möglicherweise später zu datieren; die scharfen Bohrungen, der gesuchte Gegensatz von Gesichtern und Haaren sowie die Art der Wiedergabe der Brauen erinnern an Werke der gallienischen Zeit.[22]

---

[11] Paris 1456: ASR III 1, 25 – ehem. Rom, Villa Doria: ASR III 1, 27; GIGLIOLI a.O. 223 Taf. 106, 3; CALZA, Villa Doria 145 Nr. 172 Taf. 108. – ehem. Florenz, Pal. Antinori: ASR III 1, 28 – ehem. (?) Rom, Pal. Merolli: ASR III 1, 29 – Göttingen und verschollen: ASR III 1, 31; G. KOCH, AA 1974, 294 ff. Nr. 2 Abb. 3–5. – Rom, Pal. Poli: ASR III 1, 30; GERKE 17. 90 Anm. 2; 123 Anm. 1; INR 29.21 – Rom, Pal. Poli: G. TRAVERSARI, RM 75, 1968, 161 Taf. 58, 1; G. KOCH, AA 1974, 297 Abb. 6; ASR XII 6 S. 125 – Auszuscheiden hat das Frgt. in der Villa Albani, ASR III 1, 31¹, das nicht von einem Sarkophag stammt: EA 3631; HELBIG⁴ IV 3320 (W. FUCHS).

[12] ASR III 1, 32; WOOD a.O. 509 Abb. 7; G. CAPECCHI u.a., Palazzo Peruzzi, Palazzo Rinuccini (1980) 93 f. Nr. 61 Taf. 24, 2.

[13] Rom, NM (Nr. ?): H. SICHTERMANN, AA 1974, 309 f. Nr. 2 Abb. 2. – Zum thronenden Paar: ANDREAE, Studien 26 ff.

[14] Rom, NM 113 195: R. PARIBENI, Le Terme di Diocleziano e il Museo Nazionale Romano² (1932) 343 f. Nr. 7; CALZA, Villa Doria 145 Anm. 5; G. M. DE ROSSI, Bovillae (Forma Italiae I 15, 1979) 283 f. Nr. 272 Abb. 479/80; INR 70. 1587–1595.

[15] Florenz, Uff. 86: ASR III 3, 372; MANSUELLI I 238 f. Nr. 257 Abb. 257; SICHTERMANN-KOCH 57 Nr. 60 Taf. 147, 3.

[16] ASR III 1, 30a.

[17] Catania 850: TUSA, Sicilia 55 f. Nr. 25 Taf. 34, 55. – Ebenfalls nicht stadtröm. ist das Frgt. Aquileia R. C. 21: SCRINARI, Mus. Arch. 152 Nr. 453.

[18] ANDREAE, Studien 33 ff. Taf. 8.

[19] SICHTERMANN-KOCH Taf. 147, 2.

[20] s. oben Anm. 11.

[21] ASR III 1, 30; GERKE: 17. 90 Anm. 2; 123 Anm. 1 Taf. 65, 1; INR 29, 21.

[22] Das Frgt. ist derzeit übertüncht, so daß Einzelheiten nicht zu erkennen sind; die Datierung in gallienische Zeit, die hier mit Vorbehalt gemacht wird, wird auch von GERKE (s. oben Anm. 21) vertreten.

Vorlagen lassen sich weder für den Tod der Alkestis nachweisen noch für die Unterredung von Admet mit seinen Eltern, die Verabschiedung des Herakles und die Szene, in der Alkestis vor den Herrschern der Unterwelt steht. Lediglich die Rückführung der Alkestis durch Herakles hat eine reiche Überlieferung.[23] Es ist bisher noch nicht untersucht worden, ob die anderen Darstellungen von dem Künstler, der den Archetypus der Sarkophage geschaffen hat, völlig frei entworfen worden sind oder ob er vorhandene Vorbilder umgeändert hat.

6. Amazonen

C. ROBERT, ASR II 75–82. 85–96. 98–106. 111. 112. 132–137. III 3 S. 552 ff. – R. REDLICH, Die Amazonensarkophage des 2. und 3. Jhs. n. Chr. (1942); dazu: F. MATZ, Gnomon 21, 1949, 246 ff. – B. ANDREAE, RM 63, 1956, 32 ff.

Die stadtrömischen Amazonensarkophage bilden eine nicht sehr große Gruppe von etwa 60 Sarkophagen und Fragmenten.[1] Sie sind von C. Robert zusammengestellt und von R. Redlich kunstgeschichtlich geordnet worden. B. Andreae hat versucht, die den Sarkophagen zugrunde liegende Vorlage zu rekonstruieren. Wesentliche Neufunde, die das Bild in irgendeiner Weise bereichern, hat es seit C. Robert nicht gegeben.

Bei den meisten der frühen Beispiele handelt es sich um einen Kampf zwischen Griechen und Amazonen, der nicht weiter charakterisiert ist; einige Exemplare geben die troische Amazonomachie wieder;[2] bei den späteren Stücken werden Achill und Penthesilea in die Mitte gesetzt. Selten ist die Ankunft der Amazonen in Troja dargestellt.

Die Sarkophage mit *Amazonenkampf* setzen 140/50 n. Chr., also noch in der frühantoninischen Phase, ein, wie an dem prachtvoll gearbeiteten Stück in Rom, Mus. Capitolino,[3] zu sehen ist. Die mittelantoninische Zeit wird durch Fragmente in Ostia[4] und Paris,[5] eine Langseite in Mantua[6] und einen Kasten in San Simeon[7] vertreten, die ebenfalls ein sehr dichtes Kampfgetümmel mit vielen Gruppen zeigen. Verschiedene weitere Fragmente sind anzuschließen.[8] Dagegen setzt sich ein derselben Zeit ange-

[23] BROMMER, Denkmälerlisten I 16 ff. M. DUNAND, BMusBeyr 18, 1965, 22 ff. Taf. 12.
[1] Von den bei C. ROBERT genannten Stücken sind auszuscheiden: 83 (Liverpool; GIULIANO, Commercio 65 Nr. 410; attisch); 84 (Sorrent; campanisch); 97 (Annaba; in Nordafrika entstanden).
[2] ASR II 76. 105. – Zum Problem: C. ROBERT, ASR II S. 76 f.
[3] Rom, Mus. Cap. 726: ASR II 77; HELBIG[4] II 1228; L. QUILICI, Collatia (Forma Italiae I 10, 1974) 138 Nr. 47 Abb. 227; SICHTERMANN-KOCH 22 Nr. 11 Taf. 21, 1; 22–25.

[4] Ostia 893: REDLICH 55 f.; INR 79.59 (Vs.). 79.57 (Ns.).
[5] Paris 262. 273: ASR II 134; REDLICH 47 f.; CHARBONNEAUX, Louvre 248.
[6] Mantua: ASR II 75; REDLICH 18 f.; A. LEVI, Sculture greche e romane del Palazzo Ducale di Mantova (1931) 95 f. Nr. 193 Taf. 113, 1; 114/15.
[7] San Simeon: ASR II 112; REDLICH 28 ff.; VERMEULE II 21 Nr. 8335 Abb. 54.
[8] Oxford: MICHAELIS 568 Nr. 112; ASR II 136; GIULIANO, Commercio 65 Nr. 414 (nicht attisch). – Padua 66: ASR II 135; REDLICH 32;

hörender Kasten in Toronto[9] ab, der weit auseinandergezogene Kämpfende, und zwar teilweise in sonst nicht begegnenden Typen, bringt. Einen Schritt weiter führt ein auseinandergenommener Kasten in Rom, Pal. Cons.,[10] der zwar vergleichbare Kampfgruppen wie die früheren Beispiele trägt, bei dem jedoch die Bewegungen heftiger geworden und die Gewänder weiter aufgerissen sind. Ein stark ergänzter Kasten im Vatikan[11] hat in der Staffelung der Figuren und, soweit trotz der Ergänzungen zu erkennen, den sehr kleinteilig aufgelösten Gewändern Anzeichen des Stilwandels; er dürfte wohl schon im späteren 2. Jh. n. Chr. entstanden sein.[12]

Bei allen bisher aufgeführten Sarkophagen läuft der Fries ohne Betonung der Mitte durch; eine Gruppe, die als Achill und Penthesilea bezeichnet werden kann, ist nicht hervorgehoben. Im Verlauf des ‚Stilwandels' wird nun eine Zentralisierung vorgenommen und die Gruppe der beiden Hauptkämpfer in die Mitte gesetzt. Zuerst ist es, wie ein Kasten in Mazzara[13] und ein verschollenes Exemplar[14] kurz vor 200 n. Chr. 148 zeigen, Achill, der Penthesileia erschlägt, dann bei einer Reihe von Beispielen der Held, der die verwundete Amazonenkönigin hält. Die Reihe führt von Exemplaren in Paris[15] und Rom, Villa Doria[16] und Palazzo Borghese,[17] die im frühen 3. Jh. n. Chr. entstanden sind, über eine Langseite im Vatikan[18] von etwa 220/30 n. Chr. bis zu Stücken im Vatikan[19] und im Antiquario Comunale in Rom,[20] die beide wichtig sind, 149 da sie wegen ihrer Porträtköpfe und des Werkstattzusammenhanges etwa 230/40 n. Chr. datiert werden können; eine Langseite im Pal. Rospigliosi in Rom[21] dürfte derselben Werkstatt zuzuschreiben und etwa 240/50 n. Chr. anzusetzen sein; ein großes verschollenes Fragment[22] ist vielleicht anzuschließen. Eine fragmentierte Langseite in Benevent[23] ist stark beschädigt, so daß nicht festzustellen ist, ob sie in Rom

F. GHEDINI, Sculture greche e romane del Museo Civico di Padova (1980) 161 ff. Nr. 71. – Vatikan 1737. 1735 und verschollen: ASR II 79; REDLICH 44 f.; ANDREAE a. O. 34 Nr. 2. – Berlin (Nr. ?) und Rom, DAI: ASR II 76; REDLICH 15 ff. Taf. 1, 2–3; das Frgt. in Rom: INR 70. 1751.
[9] Toronto 947. 26: ASR II 105; REDLICH 68 ff.; C. VERMEULE in: Festschrift F. Matz (1962) 107 Nr. 2.
[10] Rom, Pal. Cons. 1026: ASR II 111; REDLICH 30 f.; HELBIG[4] II 1478.
[11] Vatikan 896: ASR II 80; REDLICH 42 ff. Taf. 3, 1; ANDREAE a. O. 32 ff. Taf. 12; HELBIG[4] I 217.
[12] ANDREAE a. O. 34 f. Anm. 5 und HELBIG[4] 217 schlägt eine Datierung um 160/70 n. Chr. vor.
[13] Mazzara: ASR II 86; REDLICH 60 ff. Taf. 4, 1; ANDREAE a. O. 35 Nr. 10; TUSA, Sicilia 64 ff. Nr. 29 Abb. 62–65; B. ANDREAE – H. JUNG, AA 1977, Tabelle n. S. 434.
[14] Verschollen: ASR II 87; REDLICH 62 ff.; ANDREAE a. O. 35 Nr. 11; G. KOCH, AA 1976, 106 Abb. 11.

[15] Paris 1052: ASR II 90; REDLICH 77 ff. CHARBONNEAUX, Louvre 248; ANDREAE-JUNG a. O. Tabelle n. S. 434.
[16] Rom, Villa Doria: ASR II 89; REDLICH 79 ff. Taf. 5, 1; ANDREAE-JUNG a. O.; CALZA, Villa Doria 141 f. Nr. 168 Taf. 107.
[17] Rom, Pal. Borghese: ASR II 88; REDLICH 81 ff.
[18] Vatikan 900: ASR II 94; REDLICH 99 ff.; ANDREAE-JUNG a. O.
[19] Vatikan 933: ASR II 92; REDLICH 86 f.; SICHTERMANN-KOCH 23 f. Nr. 12 Taf. 26, 2; 27/28; ASR XII 6 S. 15. 61; ANDREAE-JUNG a. O.; H. JUNG, JdI 93, 1978, 363 ff. Abb. 20.
[20] Rom, Antiqu. Comunale: ASR II 99; REDLICH 95 f. Taf. 9, 1; ASR XII 6 S. 15. 61; ANDREAE-JUNG a. O.
[21] Rom, Pal. Rosp.: ASR II 96; REDLICH 87 ff.; ANDREAE-JUNG a. O.
[22] ASR II 98; REDLICH 103 ff.; G. KOCH, AA 1976, 106 Nr. 14 Abb. 13; ANDREAE-JUNG a. O.
[23] Benevent 610: ASR II 95; REDLICH 84 f. Taf. 6; RESCHKE 383 Nr. 1; ASR XII 6 S. 60; ANDREAE-JUNG a. O.

oder in Campanien gearbeitet worden ist. Bei diesen Exemplaren nimmt die Gruppe von Achill und Penthesileia in großem Maßstab die Mitte ein; unter den kleineren Kriegern ragen einige heraus, und hervorgehobene Amazonen bilden den seitlichen Abschluß. Ein Kasten in Annaba[24] ist sicher eine provinzielle Schöpfung; er zeigt das stadtrömische Schema, weist aber attisierenden Stil auf. Die Reihe der stadtrömischen Amazonensarkophage endet also noch vor Gallienus. Aus der Spätzeit, nämlich dem späten 3. Jh. n. Chr., gibt es dann noch ein Einzelstück in London,[25] das eine völlig neuartige Komposition bringt; es dürfte in der großen Werkstatt geschaffen worden sein, die maßgeblich von Bildhauern bestimmt worden ist, die aus dem Osten zugewandert sind; sie haben, wie bei vielen anderen Themen, auch für die Amazonenschlacht einen neuen Entwurf geliefert. Derselben Werkstatt dürfte ein Fragment in Rom, Villa Medici,[26] zuzuweisen sein; es hat eine andere Figurenfolge, die sich jedoch nicht rekonstruieren läßt; es ist nur deutlich, daß auch für dieses Stück ein neuer Entwurf vorgelegen hat. Ein Sonderfall ist die fragmentierte Platte in Rom, S. Lorenzo,[27] die vielleicht eine Loculusplatte war und ebenfalls in tetrarchischer Zeit entstanden sein dürfte, aber anderen Stil hat.

Auf den *Nebenseiten* sind in der Regel weitere Kampfszenen, einmal eine Unterwerfung von Amazonen[28] und ein anderes Mal die Begrüßung der Penthesilea durch Priamos[29] dargestellt. Auf den Deckeln, die selten erhalten sind, finden sich trauernde unterworfene Amazonen;[30] zu den Sarkophagen mit Amazonenkampf dürften auch Deckel gehören, die die Ankunft der Amazonen in Troja zeigen.

Die einzelnen verwandten Kampfgruppen sind teilweise in der griechischen und römischen Kunst weit verbreitet.[31] Es ist ein Problem, ob für die Sarkophage eine geschlossene Komposition, etwa, wie vorgeschlagen worden ist, ein pergamenisches Gemälde[32] als Entsprechung zu einem Gemälde mit Gallierschlacht, Vorbild gewesen ist, oder ob die Gruppenschemata für die Sarkophage in neuer Weise frei zusammengesetzt worden sind; erst eine Untersuchung der gesamten Gruppe könnte größere Klarheit schaffen.

Eine kleine Gruppe, die aus einer Langseite in Palermo, einem Deckel in der Galleria Borghese in Rom und einigen Deckelfragmenten besteht, zeigt die *Ankunft der Amazonen in Troja* nach dem Tod Hektors, wie sie in der Aithiopis geschildert worden

---

[24] Annaba: ASR II 97; REDLICH 97 f. Taf. 5, 2; ANDREAE-JUNG a. O.

[25] London 1947.7–14.7: ASR II 104; G. RODENWALDT, JdI 55, 1940, 53 Abb. 13; REDLICH 107 ff. Taf. 9, 2; WIEGARTZ, Säulens. 54 f.; B. BRENK, IstMitt 18, 1968, 256; H. P. LAUBSCHER, Der Reliefschmuck des Galeriusbogens in Thessaloniki (AF 1, 1975) 134 f.; ASR XII 6 S. 23 Anm. 42; ANDREAE-JUNG a. O.

[26] Rom, Villa Medici: ASR II 103; REDLICH 105 ff.; CAGIANO, V. Medici 67 f. Nr. 52 Taf. 28, 42; ASR XII 6 S. 23 Anm. 42.

[27] Rom, S. Lorenzo: ASR II 106; REDLICH 71 f. 125; INR 73. 2411.

[28] Frankfurt: ASR II 91; F. ECKSTEIN – H. BECK, Antike Plastik im Liebieghaus (1973) Nr. 69; P. C. BOL, Liebieghaus – Museum alter Plastik. Führer durch die Sammlungen. Antike Kunst (1980) 177 ff. Abb. 254.

[29] ASR II 76 a.

[30] ASR II 77. 78. Frgt. im Vatikan, ehem. Lateran (Nr. ?).

[31] Vgl. dazu: E. BIELEFELD, Amazonomachia (Hallische Monographien 21, 1951).

[32] ANDREAE a. O. 32 ff.

ist.³³ Verschiedene Szenen sind überliefert: Andromache mit Astyanax, Andromache mit der Urne, die Hektors Asche enthält, auf dem Schoß und Paris, die Ankunft der Amazonen und ihre Begrüßung durch Priamos und die Rüstung der Amazonen. Diese Fülle von Darstellungen ist wohl für einen Deckelfries geschaffen worden, der zu einem Sarkophag mit der Amazonenschlacht gehörte, und nur einmal auf einen Kasten übertragen worden ist. Die Beispiele schließen sich chronologisch eng zusammen und gehören in die mittelantoninische Zeit. Es ist möglich, daß die einzelnen Szenen auf frühere Vorbilder zurückgehen, doch fehlt darüber noch eine genaue Untersuchung.³⁴

7. Apollon

C. ROBERT, ASR III 1,33–33'; Nachträge III 3 S. 567. – H. SICHTERMANN, JdI 83, 1968, 207 ff.

Apollon begegnet auf Sarkophagen als Begleiter der Musen, in der Marsyassage und als Töter der Niobiden;¹ selbständig tritt er, zusammen mit seiner Schwester Artemis, in der Geburtsgeschichte auf. Die literarische Überlieferung ist im Homerischen Apollon-Hymnus, im Delos-Hymnus des Kallimachos und in den Fabeln Hygins enthalten, die bildliche schließt sich ihr eng an. Die Geschichte findet sich auf drei Deckeln: einem in Rom im Museo della Villa Borghese,² einem nur fragmentiert erhaltenen im Studio Canova in Rom³ und einem im School of Design Museum in Providence,⁴ der auf einem Niobidensarkophag sitzt; es ist anzunehmen, daß auch die beiden anderen Deckel einst zu Niobidensarkophagen gehörten. Die Deckel sind keine Repliken, zeigen jedoch in einzelnen Szenen Übereinstimmungen. Auf den beiden relativ vollständig erhaltenen Deckeln ist links die von Poseidon oder Okeanos nach Delos getragene Leto dargestellt, in der Mitte die Präsentierung der neugeborenen Zwillinge vor Zeus und anderen Göttern; auf dem Deckel in Providence folgt rechts die Darstellung der umherirrenden Leto, auf dem Deckel Borghese die Szene der bei Göttinnen Hilfe suchenden Iris. Alle Deckel gehören, wie die Niobidensarkophage, ins späte 2. Jh. n. Chr.

---

³³ Palermo: SICHTERMANN-KOCH 22 Nr. 10 Taf. 20. 21, 1; K. SCHEFOLD, MEFRA 88, 1976, 784 Abb. 25. – Rom, Gall. Borghese: ASR II 59; HELBIG⁴ II 1961; SCHEFOLD a. O. 783 ff. Abb. 20 bis 24. – Berlin, Klein Glienicke: GOETHERT, Klein Glienicke 19 Nr. 96 Taf. 39. – Leningrad A 543 und A 930: ASR II 60; SAVERKINA, Ermitage 32 f. Nr. 9. 10 Taf. 21. – Rom, NM 56 331: ASR II 61; INR 73. 807. – Rom, Belg. Akademie, ehem. Slg. Cumont: F. MISSIONER, MEFRA 49, 1932, 111 ff. Taf. 1, 1; G. KOCH, AA 1976, 107 Nr. 17 Abb. 18.

³⁴ K. SCHEFOLD, MEFRA 88, 1976, 785.
¹ s. die entsprechenden Kapitel.
² ASR III 1, 33. SICHTERMANN a. O. 209 ff. Abb. 16.
³ ASR III 1, 33'. SICHTERMANN a. O. 209 Anm. 88 mit Lit.
⁴ SICHTERMANN a. O. 182 ff. Abb. 1–3. Cat. of the Class. Coll., B. SISMONDO RIDGWAY, Classical Sculpture (1972) 99 ff. Nr. 39.

8. Ares und Aphrodite

C. ROBERT, ASR III 2, 193–195. – E. E. SCHMIDT, AntPl. 8, 1968, 85 ff. – T. HÖLSCHER, AntPl 10, 1970, 75.

Drei Sarkophage zeigen das von Hephaist und den übrigen Göttern ertappte Liebespaar; sie befinden sich in der Kathedrale von Amalfi,[1] im Palazzo Albani in Rom[2] und in der Abbazia in Grottaferrata.[3] Elf Sarkophage haben als Dekor das stehende Götterpaar in der bekannten Gruppierung. Die erstgenannten drei Sarkophage weichen in der Komposition stark voneinander ab; auf dem Sarkophag in Amalfi nähert sich Ares der am Boden liegenden Aphrodite, auf dem im Palazzo Albani sitzen beide Götter nebeneinander, auf dem in Grottaferrata sitzen sie auf einem Ruhebett, während Hephaist den Vorhang hinter ihnen hochhebt; auf allen Sarkophagen sind mehrere Götter zugegen, auf dem in Grottaferrata ist links die Vermählung von Hephaist und Aphrodite dargestellt. Alle drei Sarkophage gehören in die 2. Hälfte des 2. Jhs. n. Chr. Von den übrigen elf Sarkophagen zeigen neun die Gruppe als Mittelfeld von Riefelsarkophagen,[4] einer, im Palazzo Mattei in Rom befindlich, bringt sie im mittleren Interkolumnium eines Säulensarkophages, der u. a. auch Mars und Rhea Silvia zeigt,[5] ein anderer, im Palazzo Braschi in Rom, als Gegenstück zur Gruppe von Dionysos mit einem Satyr, zu beiden Seiten eines liegenden ‚Endymion'.[6] Auf den Riefelsarkophagen sind dreimal die Dioskuren auf den Seitenfeldern dargestellt,[7] zweimal Eroten.[8] – Die zehn Sarkophage mit dieser Gruppe sind um 200 n. Chr. und später zu datieren, derjenige im Palazzo Braschi ist wohl schon gegen 250 n. Chr. geschaffen worden.

[1] ASR III 2, 193. R. TURCAN, in: ANRW II 16, 2 (1978) 1714 f. Taf. 3, 4.
[2] ASR III 2, 194. Das Original ist verschollen, im Pal. befindet sich ein Abguß, INR 68.3737.
[3] ASR III 2, 195. SICHTERMANN-KOCH 24 Nr. 13.
[4] Drei sind nur in Stichen bzw. Zeichnungen überliefert, C. C. VERMEULE III, The Dal Pozzo-Albani Drawings of Class. Ant. in the Royal Library at Windsor Castle (1966) 95 Abb. 43 Nr. 8307 u. 129 Abb. 140 Nr. 8571. L. CANINA, Gli edifizj di Roma antica IV (1851) Taf. 290, 3. Erhalten sind, wenn auch zumeist fragmentiert: 1) Rom, Villa Albani, Alinari 27 556. 2) Rom, Villa Giustiniani Massimo, REINACH, RR III 250, 1. INR 71. 118. 3) Rom, Villa Doria Pamphilj, CALZA, Villa Doria 224 f. Nr. 263. 4) Pisa, ARIAS, Camposanto 119 Taf. 61, 126/7. 5) München, Künstlerhaus, Die Kunstslg. Baron Heyl II (1930) Taf. 14, 33. INR 79. 1555–9. 6) Unbekannten Verbleibs, von der Via Salaria. NSc 1908, 460 Abb. 1. E. E. SCHMIDT in: Antike Plastik VIII (1968) 88 Anm. 40. – Ein wahrscheinlich modernes Exemplar befindet sich im Pal. Colonna in Rom, MATZ-DUHN II 2233. NSc 1908, 460 Anm. 4. – Hier ist auch ein Riefels. mit Ares u. Roma zu nennen, Rom, S. Saba, K. SCHAUENBURG, Städel-Jb. N. F. 1, 1967, 61 Anm. 41. INR 65. 254–6. – In ungewöhnlicher Gruppierung erscheinen Ares u. Aphrodite auf einem Friess. in Poggio a Caiano, DÜTSCHKE II Nr. 402, INR 56. 1390.
[5] P. KRANZ, RM 84, 1977 Taf. 165, 2.
[6] SICHTERMANN, Endymion 7 ff. ASR IV 4, 340.
[7] Einer der durch Dal Pozzo überlieferten S., VERMEULE a. O. Nr. 8307, u. die S. in Pisa u. München, s. Anm. 5.
[8] Der S. in der Villa Doria Pamphilj in Rom, s. Anm. 5 Nr. 3, u. der S. von der Via Salaria, s. Anm. 5 Nr. 6.

9. Bellerophon

C. ROBERT, ASR III 1, 34; Nachträge III 3 S. 567. – ST. HILLER, Bellerophon. Ein griechischer Mythos in der röm. Kunst (1970) 51 ff. 105 ff.

Gegenüber etwa zehn attischen und kleinasiatischen Sarkophagen mit der Bellerophonsage sind nur vier stadtrömische erhalten, darunter zwei Fragmente, von denen das eine zweifelhaft ist. Eine Langseite befindet sich an der Außenfront des Casinos der Villa Doria Pamphilj in Rom,[1] ein vollständiger, qualitätvoller, großer Kasten mit Deckel im Museum von Algier,[2] ein Fragment in S. Sebastiano in Rom[3] und eines im Museo Civico in Catania.[4] Die beiden erstgenannten Sarkophage zeigen auf der Vorderseite rechts den Abschied Bellerophons von Proitos und Stheneboia, links einmal die Tötung der Chimaira (Villa Doria Pamphilj), einmal die bereits erlegte Chimaira (Algier); der Abschied und die erlegte Chimaira werden auf dem Deckel des Sarkophages in Algier wiederholt, dessen Nebenseiten sind mit Jägern verziert.[5] Die Nebenseiten des Sarkophages in der Villa Doria Pamphilj sind nur durch eine Zeichnung des Dal Pozzo bekannt;[6] auf der linken war ein Jagddiener dargestellt, auf der rechten Bellerophon, die Stheneboia abweisend. Von den Fragmenten läßt das in S. Sebastiano Virtus mit dem Pegasus erkennen, das andere Bellerophon, den Pegasus tränkend. Alle Sarkophage gehören in das 3. Jh. n. Chr., der in Algier in dessen 2. Hälfte.[7]

10. Daidalos

C. ROBERT, ASR III 1, 35; Nachträge III 3 S. 568.

Aus der Sage von Daidalos ist auf stadtrömischen Sarkophagen nur die Anfertigung der hölzernen Kuh für Pasiphae dargestellt, und zwar auf einem Sarkophag im Louvre.[1] Er zeigt links die mit Daidalos verhandelnde Pasiphae, in der Mitte (teilweise unrichtig ergänzt) den Künstler bei der Arbeit, rechts die zur fertigen Kuh schreitende Pasiphae. Auf der rechten Nebenseite (im Museo della Villa Borghese in Rom befindlich[2]) ist Minos beim Opfer, auf der linken sind seine drei Söhne dargestellt. Der Sarkophag ist wohl noch vor 150 n. Chr. gearbeitet.

---

[1] ASR III 1, 34. SICHTERMANN-KOCH 25 f. Nr. 14. CALZA, Villa Doria 149 f. Nr. 178.

[2] J. AYMARD, MEFRA 52, 1935, 143 ff. Taf. 1–3. HILLER a. O. 51 ff. 106 Nr. 13 Abb. 20 (Vs.).

[3] H. BRANDENBURG, JbACHr 14, 1971, 168. INR 76. 78/9.

[4] TUSA, Sicilia 57 f. Nr. 26, zweifelhaft, ob von S. stammend.

[5] INR 75. 426–9.

[6] ASR III 1 Taf. 9.

[7] K. FITTSCHEN, Der Meleager Sarkophag (Liebieghaus Monographie 1, 1975) 14 (gegen 260 n. Chr.). B. ANDREAE – H. JUNG, AA 1977 Tabelle nach S. 434 (260/70 n. Chr.).

[1] ASR III 1, 35. TURCAN 174. 357. – ASR III 1, 36 gehört zum Iphigenie-Mythos, 37 ist nicht stadtrömisch, 38 kein Sarkophag, s. SICHTERMANN-KOCH 27 zu Nr. 15.

[2] HELBIG[4] II 1955.

11. Dioskuren

CUMONT, Symb. Fun. 35 ff.

Die neu geborenen Dioskuren sind auf einem Sarkophag mit der Geschichte der Leda zu sehen,[1] als Entführer der Töchter des Leukippos erscheinen sie auf den Leukippidensarkophagen.[2] Sonst nehmen sie teil am Geschehen der Achill-,[3] der Phaethon-[4] und der Prometheussage.[5] In mehr repräsentativer Weise werden sie oft als seitliche Begrenzungen von Hochzeitssarkophagen verwendet,[6] und zwar, im Gegensatz zu den kleinasiatischen Sarkophagen, neben aufsteigenden Pferden.[7] Sie erscheinen auch mit anderen Göttern gruppiert.[8] Auf Riefelsarkophagen mit Ares und Aphrodite können sie die Eckfelder füllen,[9] was eine Verbindung zu den Hochzeitssarkophagen schafft. Wir sehen sie auch an den Enden der Vorderseite von Jagdsarkophagen.[10] Zu erkennen sind sie an ihren spitzen Hüten, zumeist führen sie auch ihre Pferde mit sich.

12. Endymion

C. ROBERT, ASR III 1, 39–92; Nachträge III 3 S. 568 f. – SICHTERMANN, Endymion. – K. FITTSCHEN, JdI 85, 1970, 188 Anm. 64; 191. – SICHTERMANN-KOCH 27 ff. Nr. 16–19. – G. KOCH, BJb 177, 1977, 245 ff. – Ders., GettyMusJ 8, 1980, 129 ff.

Mit rund 120 fast nur stadtrömischen Exemplaren bilden die Endymionsarkophage eine der umfangreichsten Gruppen innerhalb der mythologischen Sarkophage; außerdem gehören sie zu denen, welche die Entwicklung der Sarkophagkunst vom Beginn bis in die Spätzeit mitmachen. Die ikonographischen Veränderungen entsprechen dabei weitgehend den stilistischen, wobei sich, wie gewöhnlich, Einzelelemente verselbständigen können. Außerdem gibt es einige wenige Stücke mit größeren Varianten in der Komposition, schließlich auch singuläre Stücke. Den Kern der Darstellung bildet jedoch ohne Ausnahme der Besuch der mit ihrem Wagen herbeigekommenen Selene bei dem schlafenden Endymion. Eine frühe Gruppe, die schon in hadrianischer Zeit einsetzt und 19 Exemplare umfaßt, zeigt dieses Geschehen in der Richtung von rechts nach links, wobei Endymion am linken Ende der Szene schlafend im Schoß des Hypnos liegt, welcher bärtig gebildet ist;[1] nur auf einem Exemplar liegt Endymion, wie auf den späteren Stücken, auf dem Boden.[2] Das Gespann der Se-

---

[1] In Aix, s. Kapitel I 4.3.2.22.
[2] CUMONT, Symb. Fun. 99 ff. SICHTERMANN-KOCH 39 Nr. 34; s. Kapitel I 4.3.2.23.
[3] Achill auf Skyros, s. Kapitel I 4.3.2.1.
[4] CUMONT a. O. 74 ff., s. Kapitel I 4.3.2.40.
[5] ASR III 3, 356. 357. CUMONT, Symb. Fun. 81 ff. H. SICHTERMANN, RM 77, 1970, 112 Taf. 52, 2.
[6] s. Kapitel I 4.3.1.3.
[7] G. KOCH in: ASR XII 6 S. 51 mit Anm. 6.
[8] Beispiele: CUMONT, Symb. Fun. 80 ff.
[9] s. Kapitel I 4.3.2.8 Anm. 4 u. 7.
[10] B. ANDREAE in: ASR I 2 S. 56 ff. 136.

[1] ASR III 1, 39–49. SICHTERMANN-KOCH 27 f. Nr. 16; 28 Nr. 17.
[2] ASR III 1, 49. CUMONT, Symb. Fun. Taf. 23,2. G. KOCH, BJb 177, 1977, 253 Abb. 9.

lene wird von der ruhig stehenden Aura gehütet, Eroten geleiten die absteigende oder bereits schreitende Selene, einer von ihnen beleuchtet gewöhnlich den Schläfer oder enthüllt ihn. Ortsgötter fehlen bei dieser Klasse, doch erscheint später ein Hirt, der anfangs auf den Nebenseiten angebracht ist. An den Enden der Langseite stehen regelmäßig schlafende Eroten, auf die umgekehrte Fackel gestützt. Diese sind auch noch auf einigen Exemplaren der späteren, zweiten Klasse zu bemerken, in welcher Endymion am rechten Ende der Szenerie liegt, die Richtung also umgekehrt ist. Diese Richtung, von links nach rechts, wird nun bis zum Ende der Entwicklung beibehalten, mit einer einzigen Ausnahme.[3] Endymion liegt nicht mehr im Schoße des Hypnos, sondern auf dem Boden, während der Schlafgott hinter ihm steht, fast stets halb vom Gelände verdeckt. Hypnos kann nun auch unbärtig erscheinen; gewöhnlich gießt er aus einem Horn Mohnsaft auf den Schläfer. Die einszenigen Sarkophage dieser Klasse beginnen im mittleren 2. Jh. n. Chr. und lösen allmählich die erste Klasse ab; sie sind jedoch nur mit fünf oder sechs Exemplaren vertreten,[4] um sehr bald von zweiszenigen Sarkophagen überflügelt zu werden, die die wegfahrende Selene, die sonst auf einer der Nebenseiten dargestellt werden konnte, neben die den Schläfer besuchende stellen, und zwar auf acht Exemplaren rechts,[5] auf 15 links von ihr,[6] wobei im ersten Fall Selene sich in die ihrer Ankunft entgegengesetzte Richtung fortbewegt. Aura ist jetzt häufig stärker bewegt, entsprechend den Pferden des Gespannes. Lokalgottheiten und Hirten sind an verschiedenen Stellen in die Szenerie gesetzt. Diese Sarkophage reichen bis in das 3. Jh. n. Chr. hinein. In diesem herrschen dann jedoch wieder einszenige Sarkophage vor, die, in der Richtung von links nach rechts, nur die ankommende Selene und den schlafenden Endymion zeigen, mehr und mehr mit Hirtenszenen oder mit den Jahreszeiten und dem nahenden Helios und der scheidenden Selene als Pendents bereichert.[7] Der Schlafgott tritt bei dieser Klasse zumeist von vorn, mit Mohnstengel und Schlafhorn, an Endymion heran; Aura ist pathetisch bewegt. Mit der Figurenzahl wächst die Höhe des Reliefs, hierin den anderen Prunksarkophagen des 3. Jhs. n. Chr. entsprechend. Auch sind nun Porträtzüge bei Selene, seltener bei Endymion zu bemerken. Zu dieser Klasse gehört ein Wannensarkophag.[8] – Auf drei Sarkophagen mit Porträtclipeus und Jahreszeiten ist unter den Clipeus in kleinem Maßstab die Gruppe von Selene und Endymion, in der Richtung von links nach rechts, gesetzt; sie gehören dem späten 3. Jh. n. Chr. an.[9] – Innerhalb der

160

156

157

158
161

159

---

[3] Genua, Pal. Doria, TURCAN Taf. 43 b.
[4] ASR III 1, 50–54. – Bei der Übersicht über die folgenden Klassen ist zu berücksichtigen, daß bei etwa 16 Fragmenten eine Entscheidung darüber, ob sie zur zweiten oder dritten Klasse zu rechnen sind, kaum oder gar nicht möglich ist.
[5] ASR III 1, 55–60², dazu ein S. in Arles, G. KOCH, BJb 177, 1977, 245ff. u. in Malibu, G. KOCH, GettyMusJ 8, 1980, 129ff.
[6] ASR III 1, 61–71; 68 ist nicht von einem Endymions., s. F. MATZ, ASR IV 4 S. 498 Nr. 365.
[7] ASR III 1, 71'–92 (Nr. 73/4: Frascati, Villa Aldobrandini, INR 77. 189–196. Nr. 92 ist kein Endymions., s. F. MATZ, ASR IV 3 S. 404). SICHTERMANN-KOCH 28 f. Nr. 18; 29 f. Nr. 19.
[8] ASR III 1, 83. MCCANN, Metr.Mus. 39 ff. Nr. 4. Ein weiterer geriefelter Wannens. ist nicht mehr sicher zu bestimmen, ASR III 1, 91.
[9] Rom, Villa Doria Pamphilj, CALZA, Villa Doria 219 f. Nr. 257. Sassari, Mus. Naz., PESCE,

gesamten Gruppe der Endymionsarkophage zeigen bedeutendere Abweichungen nur ein Stück der zweiten Klasse, auf welchem Endymion halb aufrecht die Mitte der Komposition einnimmt,[10] und ein später Sarkophag, der Selene bräutlich verschleiert und in ihrem von Rindern gezogenen Wagen vorführt,[11] wie er sonst nur bei der wegfahrenden Selene auf Nebenseiten erscheint. Den wachen Endymion sehen wir[12] nur auf dem Deckel eines Wannensarkophages.[13]

Auf den (nicht häufig erhaltenen) Nebenseiten sind bei den frühen Exemplaren neben stehenden, sitzenden oder liegenden Hirten mehrfach Greifen vertreten, bald erscheint auch, als Pendent zu den Hirten, die wegfahrende Selene, manchmal auf von Rindern gezogenem Wagen. Einmal ist Okeanos dargestellt.[14] Auf den (ebenfalls selten erhaltenen) Deckeln sind liegende Horen,[15] Eroten mit Girlanden,[16] fliegende Niken mit Tabula,[17] Szenen aus dem Parisurteil[18] sowie die Anfertigung von Girlanden[19] dargestellt. Die Rückseite hat nur ein Sarkophag verziert, und zwar mit einer Hirtenszene.[20]

13. Ganymed

K. Schauenburg, AA 1972, 501 ff. – J. Engemann in: RAC VIII (1972) 1035 ff. – Engemann, Untersuchungen 15 ff. – Sichtermann-Koch 30 Nr. 20. – H. Sichtermann, AA 1977, 462 ff.

Da sich Szenen der Ganymedsage wegen ihrer beschränkten Personenzahl nicht zur Füllung einer ganzen Langseite eigneten, wurden sie nur als zusätzliche Verzierung verwendet, entweder, in kleinem Maßstab, unter zentralen Clipei, oder im Mittelfeld von Riefelsarkophagen.[1] Unter den Clipei gelangte dabei die Ergreifung des auf ein Knie gesunkenen Ganymed durch den Adler zur Darstellung. Es sind vier Beispiele erhalten,[2] auf recht unterschiedlichen Sarkophagen: einmal halten stehende Niken

Sardegna 93 f. Nr. 52. Gerona, Schumacher, Hirt Taf. 19, b.
[10] ASR III 1, 55. Sehr aufrecht auch der Endymion des S. in Arles, G. Koch, BJb 177, 1977, 246.
[11] Rom, S. Sebastiano, ASR III 1, 81. Cumont, Symb. Fun. 247.
[12] Außer auf dem Frgt. ASR III 1, 89, trotz östlicher Formen vielleicht stadtrömisch.
[13] ASR III 1, 83. McCann, Metr.Mus. 39 ff. Nr. 4. – Der singuläre S. im Pal. Braschi in Rom, der den Beigesetzten mit offenen Augen in der Pose des liegenden Endymion auf der Ls. zeigt (Sichtermann, Endymion 7 ff. Abb. 1.3–7. ASR IV 4, 340), ist im strengen Sinne kein Endymions.; der S. in London aus der Slg. Richmond, ASR III 1, 92, Sichtermann, Endymion 68 ff. ist ein umgearbeiteter Ariadnes., s. F. Matz, ASR IV 3 S. 404.

[14] ASR III 1, 77. Sichtermann-Koch 28 f. Nr. 18.
[15] ASR III 1, 47'.
[16] ASR III 1, 48. McCann, Metr.Mus. 37 Abb. 32; der D. ist allerdings wohl nicht sicher zugehörig.
[17] ASR III 1, 49. Cumont, Symb. Fun. Taf. 23,2.
[18] ASR III 1, 72 u. wohl auch 83, McCann, Metr.Mus. 39 ff. Nr. 4.
[19] ASR III 1, 72.
[20] ASR III 1, 83. McCann, Metr.Mus. 39 ff. Nr. 4.
[1] In Girlandenbögen oder auf Nss. ist Ganymed auf stadtrömischen S. nicht dargestellt worden.
[2] Genannt bei Schauenburg a. O. 505 ff. Das Relief in Florenz, das gelegentlich als S.-Relief bezeichnet wird, ist kein solches, Sichtermann a. O. 468 Anm. 414.

den Clipeus, einmal stehende Eroten (oder Jahreszeiten), zweimal fliegende Eroten. Neben dem Clipeus sind zweimal Jahreszeiten dargestellt, einmal die Gruppe von Eros und Psyche, zweimal Okeanos und Gea. Die Porträts in den Clipei sind – soweit erhalten – männlich. Die Sarkophage gehören dem 3. Jh. n. Chr. an, wohl erst der 2. Hälfte.

Riefelsarkophage mit Ganymed kennen wir zwei, im Mittelfeld erscheint beide 162 Male der den Adler tränkende, stehende Ganymed, einmal neben einer Ortsnymphe,[3] einmal neben einem Flußgott.[4] Auf den Seitenfeldern sind einmal Eroten mit erhobenen Fackeln wiedergegeben, einmal je die Figur des Narkissos und des die kleine Psyche brennenden Eros. Dieser letzte Sarkophag ist wohl schon am Ende des 3. Jhs. n. Chr. entstanden, der andere etwa um 200 n. Chr.

14. Giganten

C. ROBERT, ASR III 1, 93–97; Nachträge III 3 S. 569 f. – SICHTERMANN-KOCH 30 f. Nr. 21.

Unter den Sarkophagen mit dem Kampf der Götter gegen die Giganten ragt der qualitätvolle Kasten aus dem späten 2. Jh. n. Chr. im Vatikan[1] hervor; zwei Fragmente 163 kommen hinzu, von denen das eine unsicher ist,[2] außerdem der Deckel eines ungewöhnlichen, wenig qualitätvollen Kastens mit Kentauromachie auf der Langseite im Thermenmuseum in Rom.[3] Zu nennen sind auch die Giganten in den Giebeln auf den Nebenseiten des Unterweltssarkophages in Velletri.[4] Im einzelnen variieren die Kampfdarstellungen recht stark, ein Prototyp läßt sich nicht feststellen. Als Entstehungszeit ist für alle genannten Beispiele das 2. Jh. n. Chr. anzunehmen.

15. Grazien

G. RODENWALDT, JRS 28, 1938, 60 ff. – A. BALIL, AEsp 31, 1958, 63 ff. – A. ORLANDI, ArchCl 24, 1972, 32 ff.

Erhalten sind, teilweise nur in Fragmenten, 24 Sarkophage: vier Friessarkophage, 164 17 Riefelsarkophage, zwei Säulensarkophage sowie ein unbestimmbares Fragment.[1] Auf allen nehmen die Grazien in Gestalt der bekannten hellenistischen Gruppe die

---

[3] Rom, Vatikan, SICHTERMANN-KOCH 30 Nr. 20.
[4] Rom, S. Sebastiano, SICHTERMANN a.O. 462 ff.
[1] SICHTERMANN-KOCH 30 f. Nr. 21.
[2] ASR III 1, 95. 96; bei 96 ist fraglich, ob es von einem S. stammt.
[3] HELBIG[4] III 2376.
[4] ANDREAE, Studien Taf. 13. 22. M. LAWRENCE, AJA 69, 1965, 220.

[1] Eine erste Liste bei RODENWALDT a.O. 60 ff., eine vervollständigte bei BALIL a.O. 63 ff.; aus dieser Liste ist Nr. 32 (jetzt Rom, Mus. Cap., Mag.) als nicht zu einem S. gehörig zu streichen, vgl. H. SICHTERMANN in: Scritti in onore di A. Adriani (im Druck). Der S. in Ostia, BALIL a.O. Nr. 39, ist wahrscheinlich identisch mit Nr. 38, in Ostia ist jedenfalls ein zweiter Riefels. mit den Grazien nicht vorhanden.

Mitte ein; die Attribute variieren, die seitlichen Gefäße sind die Regel. Auf den Friessarkophagen[2] sind sie mit Eroten und Psychen vereinigt, auf den Riefelsarkophagen[3] erscheinen als Seitenfiguren Eroten, Jahreszeiten, Niken, Löwen, Narkissos oder die Beigesetzten, auf einem der Riefelsarkophage ist die Gruppe auf eine Säule gesetzt,[4] auf einem anderen ist sie klein unter dem mittleren Clipeus mit weiblichem Porträt angebracht,[5] auf beiden Säulensarkophagen[6] sind links und rechts die Jahreszeiten dargestellt; das unbestimmbare Fragment[7] zeigt eine kleine Graziengruppe, wohl unter einem Clipeus. Fast alle Sarkophage gehören schon dem 3. Jh. n. Chr. an, die Friessarkophage sind früher anzusetzen.

16. Herakles

C. ROBERT, ASR III 1, 101–143. – ANDREAE, Studien 49 ff. – E. DE WAELE in: Traveaux de la Faculté de Philos. et Lettres de l'Univ. Cath. de Louvain 1, Sect. d'Archéol. 1 (1970). – SICHTERMANN-KOCH Nr. 22–25. – I. JACOPI, ArchCl 24, 1974, 283 ff.

Es sind etwa 40 stadtrömische Sarkophage bekannt,[1] davon rund 36 Friessarkophage mit den Zwölf Taten.[2] Diese zeigen etwa zur Hälfte die Taten auf Kasten und Deckel verteilt, gelegentlich unter Hinzufügung anderer Taten, zur Hälfte auf der Langseite und den Nebenseiten. Bei der ersten Gruppe, die die frühere ist, lassen sich starke Variationen in der Reihenfolge und Verteilung bemerken, während die zweite Gruppe, mit seltenen Abwandlungen, die zehn früheren Taten auf der Langseite und die beiden späteren auf den Nebenseiten anbringt; die Reihenfolge ist dabei fast immer, von links nach rechts, Löwe, Hydra, Eber, Hirsch, Stymphaliden, Amazonen, Augiasstall, Stier, Rosse und Geryones auf der Langseite, Kerberos auf der rechten und die Hesperiden auf der linken Nebenseite.

Bei den wenigen Säulensarkophagen[3] ist auf der Vorderseite dieselbe Reihenfolge eingehalten wie bei den Friessarkophagen und den zahlreichen kleinasiatischen Säulensarkophagen: von links nach rechts Löwe, Hydra, Eber, Hirsch und Stymphaliden;

---

[2] ORLANDI a. O. 32 ff.
[3] Zu den bei BALIL a.O. aufgezählten S. kommt ein weiterer in Brocklesby Park, Teil des Monumentes für Kapitän Cook (unpubl.); zu BALIL Nr. 39 s. Anm. 1.
[4] RODENWALDT a.O. Nr. 5. BALIL a.O. Nr. 37. WILPERT III Taf. 270, 3–5.
[5] RODENWALDT a.O. Nr. 4. BALIL a.O. Nr. 25.
[6] Tunis, Bardo Mus.: WILPERT III Taf. 290, 4. 5. M. LAWRENCE, AJA 62, 1958, 282 Taf. 75, 13. SCHUMACHER, Hirt 31 Taf. 4 f. – Marco Simone: P. KRANZ, RM 84, 1977 Taf. 166, 2.
[7] BALIL a.O. Nr. 29. ORLANDI a.O. 34 Anm. 11. – Zu der Graziengruppe vgl. auch A. BALIL, AEsp 35, 1962, 100 f.
[1] Dabei sind nicht wenige meist unpublizierte Frgt.e, z. T. mehr oder weniger zweifelhafter Deutung, nicht berücksichtigt.
[2] C. ROBERT, ASR III 1, 101–125; unter diesen Nr. sind einige zweifelhaft, so Frgt. 121: vielleicht nicht von S.; Frgt. 122 sicher nicht von S.; 123 u. 124 wohl nicht stadtrömisch; 125 kein S. – Vgl. auch ein Frgt. in Genua, Mus. Arch., Herakles mit Hindin, C. DUFOUR-BOZZO, Sarcofagi romani a Genova (1965) Taf. 10, 20, INR 68. 1395, u. ein Frgt. in Rom, NM, DE WAELE a.O. 34 Nr. 22 Abb. 5; das Frgt. im selben Museum, DE WAELE a.O. 34 Nr. 23 Abb. 6 stammt von einem Deckel.
[3] ASR III 1, 128 (Pfeilerarkade). 129 (Säulenarkade) u. Rom, NM, JACOPI a.O. 283 ff. Taf. 73–80 (Pfeilerarkade).

auf dem Sarkophag im Museo Nazionale in Rom, dem einzigen vollständig erhaltenen, ist im sechsten Intercolumnium rechts noch Herakles mit einer toten Amazone hinzugefügt, auf der linken Nebenseite sehen wir Herakles mit dem Kerberos, auf der rechten Herakles neben dem Hesperidenbaum, also den Friessarkophagen ungefähr entsprechend.

Hier wäre auch, obwohl im eigentlichen Sinne kein Säulensarkophag und seiner vielen anderen Darstellungen wegen auch kein Heraklessarkophag, der Sarkophag in Velletri zu nennen, der ebenfalls die Zwölf Taten zeigt.[4]

Riefelsarkophage sind nur zwei erhalten, einer mit dem ausruhenden Herakles in der Mitte,[5] der zweite mit Herakles und Kerberos.[6]

Sarkophage mit Kämpfen gegen die Kentauren, an denen Herakles teilnimmt, sind nur drei bekannt, heute alle verschollen.[7]

Von den übrigen Taten findet sich Hesione auf einem (verschollenen und zweifelhaften) Fragment,[8] Antaios auf einem Deckelfragment im Museo Nazionale Romano,[9] Hylas auf einer Langseite im Palazzo Mattei in Rom,[10] schließlich Herakles bei einem Gelage mit Göttern.[11] Der ausruhende Herakles, als Statue in einer Ädikula, neben einem Opfer an Poseidon, erscheint auf einem Fragment im Museo Capitolino.[12] Eine Platte mit dem gelagerten Herakles zwischen fliegenden Niken[13] bedürfte einer genauen Untersuchung hinsichtlich ihrer Homogenität.[14]

Die Vorbilder der einzelnen Szenen, insbesondere die der Zwölf Taten, sind zumeist in der hellenistischen Kunst, vor allem der Lysipps, zu suchen.

Zeitlich reichen die Heraklessarkophage von der zweiten Hälfte des 2. Jhs. n. Chr. bis in das 3.; einer der spätesten dürfte der Riefelsarkophag mit ausruhendem Herakles im Konservatoren-Palast sein, der schon in die zweite Hälfte des 3. Jhs. n. Chr. gehört.

[4] ANDREAE, Studien 50 f.
[5] SICHTERMANN-KOCH Nr. 25, Rom, Pal. Cons.
[6] MUSTILLI 99 Nr. 6 Taf. 58, 234, Rom, Museo Nuovo.
[7] ASR III 1, 133. 135. 136.
[8] ASR III 1, 137[1].
[9] ASR III 1, 138, INR 70. 906.
[10] ASR III 1, 139. SICHTERMANN, Endymion 17 Abb. 9. ENGEMANN, Untersuchungen 31 Taf. 11 c.
[11] ASR III 1, 140, INR. 72. 2960, in der Bestimmung u. Deutung zweifelhaft.
[12] Wohl aus Ostia, C. PIETRANGELI, Capitolium 29, 1954, 163 mit Abb. FA 10, 1955, 23 Abb. 11. INR 75. 1320.
[13] Rom, Villa Doria Pamphilj, ASR III 1, 142. CALZA, Villa Doria 155 f. Nr. 183 Taf. 115.
[14] Daß Herakles auch auf dionysischen S. u. in anderen mythologischen Szenen wie Persephone u. Alkestis erscheint, sei hier nur kurz erwähnt, s. die entsprechenden Kapitel.

17. Hippolytos

C. ROBERT, ASR III 2, 157–159. 161–179. III 3 S. 571 f. – M. LAWRENCE in: In Memoriam O. J. Brendel (1976) 173 ff. Taf. 42–44.

Die Hippolytossarkophage sind von C. Robert zusammengestellt worden; M. Lawrence hat ein Exemplar nachgetragen; inzwischen sind etwa 40 stadtrömische Beispiele bekannt. Es lassen sich zwei Gruppen scheiden: eine Hauptgruppe und eine Gruppe um die Sarkophage in Paris, Rom, NM, und Split; daneben gibt es verschiedene Einzelstücke.

Bei der *Hauptgruppe*[1] wird der Fries durch einen Torbogen in ungefähr zwei gleichlange Teile gegliedert. In der Innenraumszene links sind die sitzende Phaidra mit Dienerinnen und der Antrag der Amme an den zur Jagd aufbrechenden Hippolytos zu einem geschlossenen Bild zusammengezogen. Einzelheiten variieren auf den Sarkophagen, nämlich die Haltung von Phaidra und Hippolytos und Bewegung und Zahl der anderen Figuren; in einem Fall ist sogar eine Virtus eingefügt.[2] Im rechten Teil jagt Hippolytos zu Pferde einen Eber; er wird in der Regel von einem berittenen und einem weiteren Jäger begleitet; Virtus neben ihm fehlt nur auf der Vorderseite in Paris.[3] Charakteristisch für die Hippolytossarkophage ist, daß – bis auf den Kasten in Lucca[4] – nur der Vorderkörper des Ebers wiedergegeben ist; der Abschluß am rechten Rand wird von einem Baum oder auch dem Höhlenrand gebildet.

Vorbilder für die linke Szene sind vielfach bekannt. Darstellungen der liebeskranken Phaidra, begleitet von Dienerinnen und Amme, sind weit verbreitet;[5] die Zusammenstellung mit Hippolytos und dem Aufbruch zur Jagd ist ebenfalls belegt.[6] Auf den Sarkophagen sind diese Gestalten zusammengedrängt, und es ist rechts in kontinuierender Darstellungsweise eine weitere Szene angefügt, die Jagd, für die sich Vorbilder nicht nennen lassen; es handelt sich also um eine kaiserzeitliche, für die Sarkophage geschaffene Komposition.

Älteste Beispiele sind die fragmentierte Vorderseite in der Villa Albani in Rom[7] und der Kasten in Pisa.[8] Beide zeigen, allerdings in unterschiedlicher Weise, Anzei-

---

[1] ASR III 2, 164. 166–168. 170–172. 174. – Dazu die unten Anm. 4. 15. 18–21 genannten Stücke. Weitere Neufunde: Leningrad A 813: SAVERKINA, Ermitage 46 f. Nr. 20 Taf. 48. – Rom, Pal. Lazzaroni: INR 69. 3082/83. – Rom, Via Ardeatina: G. M. DE ROSSI, Tellenae (Forma Italiae I 4, 1967) 150 Nr. 134, 7 Abb. 357. – Lyon: ESPÉRANDIEU III 13 f. Nr. 1747. – Fälschungen in Connecticut (LAWRENCE a. O. 173 Anm. 3) und Rom, Tiberinsel, Frate Benefratelli (INR 74. 1649), beide nach dem S. im Vatikan, unten Anm. 11, gearbeitet.

[2] ASR III 2, 166; s. unten Anm. 16.

[3] Paris 1029: ASR III 2, 170; s. unten Anm. 9.

[4] Lucca, Pal. Mazzarosa: E. LAZZARESCHI, Lucca (Italia Artistica 104, 1931) 22; INR 65. 2240–2244.

[5] G. LIPPOLD, RM 60/61, 1953/54, 130 ff. A. IPPEL, BABesch 29, 1954, 20 Abb. 1. P. DEVAMBEZ, BCH 79, 1955, 121 ff. REINACH, RP 209, 2–5; 210, 1–5. BROMMER, Denkmälerlisten III 160 ff. 406. K. SCHEFOLD, MEFRA 88, 1976, 770 f.

[6] LAWRENCE a. O. 175 Taf. 44 a. REINACH, RP 210, 1. 3.

[7] ASR III 2, 168; HELBIG⁴ IV 3294; B. ANDREAE – H. JUNG, AA 1977, Tabelle n. S. 434: 190/200 n. Chr.; INR 54. 436.

[8] Pisa, Camposanto: ASR III 2, 164; SICHTERMANN-KOCH 33 f. Nr. 26 Taf. 55, 2; 56. 57;

chen des ‚Stilwandels'; sie dürften um 180/90 n. Chr. entstanden sein. Eine Stufe weiter führt die stark fragmentierte Platte in Paris,⁹ die mit ihrem hohen Format, ihren kleinteiligen, in die Länge gezogenen und gestaffelten Gestalten und dem Figurenreichtum alle Charakteristika des ‚Stilwandels' hat, also wohl in die Jahre 190–200 n. Chr. zu datieren ist. Einer bestimmten Werkstatt läßt sie sich bisher nicht zuordnen. Vielleicht kann man das Fragment in Catania¹⁰ zeitlich anschließen, das sehr hoch gestaffelte Gestalten zeigt.

Der Sarkophag im Vatikan, ehemals Lateran,¹¹ ist mit seinem niedrigen Format und den sehr kleinteiligen und erstarrten Falten ein Vertreter der Jahre um 210 n. Chr.; er ist zusammen mit einem Adonissarkophag gefunden worden,¹² der durch seine Porträtköpfe um 220 n. Chr. zu datieren ist; der Hippolytossarkophag dürfte als früheres Werk aus derselben Werkstatt stammen.¹³ Etwa zur gleichen Zeit wird der sehr beschädigte Kasten in Lucca¹⁴ entstanden sein. Anschließen läßt sich der Kasten in Rom, San Clemente,¹⁵ der gleiche Stilmerkmale zeigt. Der ungewöhnlich langgestreckte – jetzt zerstörte – Kasten der Villa Doria Pamphilj in Rom¹⁶ scheint wegen der Zerfurchung der Gewänder und Haare und Aufbohrung der Gesichter später zu sein; noch später sind der Kasten in Florenz,¹⁷ ein Fragment in Mailand¹⁸ und das Fragment in Berlin¹⁹ entstanden, und zwar wohl schon in den Jahren 230/40 n. Chr. Das Ende der Reihe könnte ein Fragment in Ostia²⁰ um 240 n. Chr. bilden. Ein Fragment in Innsbruck²¹ zeigt Kinder als Darsteller; es dürfte im 2. Viertel des 3. Jhs. entstanden sein. Exemplare in Benevent, Capua und Neapel²² sind lokale Kopien nach stadtrömischen Sarkophagen.

Über die Nebenseiten läßt sich wenig aussagen; es sind ein Opfer des Hippolytos an Artemis und Jagdbegleiter wiedergegeben.

LAWRENCE a.O. 175 ff. Taf. 43 c; K. SCHEFOLD, MEFRA 88, 1976, 769 ff. Abb. 4; ANDREAE-JUNG a.O.: 190/200; H. JUNG, AA 1977, 437 f. Abb. 116; ARIAS, Camposanto 135 ff. Taf. 76/77; H. JUNG, JdI 93, 1978, 341 mit Anm. 34.

⁹ Paris 1029: ASR III 2, 170; G. LIPPOLD, RM 60/61, 1953/54, 130 Taf. 55, 1; TURCAN 212 ff. 359 (III 6); ANDREAE-JUNG a.O.: 200/10; H. JUNG, JdI 93, 1978, 341 f. Abb. 8.

¹⁰ ASR III 2, 164¹; TUSA, Sicilia 53 f. Nr. 23 Taf. 33, 53.

¹¹ Vatikan 10400: ASR III 2, 167; HELBIG⁴ I 1121; SICHTERMANN-KOCH 34 f. Nr. 27 Taf. 58; 59, 2; 60; 61; LAWRENCE a.O. 174 ff. 178 mit Anm. 33 Taf. 43 a; ANDREAE-JUNG a.O.: 210/20; H. JUNG, JdI 93, 1978, 342 f. mit Anm. 36.

¹² Vatikan 10409: ASR III 1, 21; HELBIG⁴ I 1120; SICHTERMANN-KOCH 19 f. Nr. 7 Taf. 10, 2; 12–15.

¹³ G. KOCH, GettyMusJ 8, 1980, 138 f.

¹⁴ s. oben Anm. 4.

¹⁵ LAWRENCE a.O. 173 ff. Taf. 42. 44 c–d; ANDREAE-JUNG a.O.: 230/40.

¹⁶ ASR III 2, 166; SICHTERMANN-KOCH 35 Nr. 28 Taf. 55, 1; LAWRENCE a.O. 174 ff.; ANDREAE-JUNG a.O.: 230/40; CALZA, Villa Doria 154 f. Nr. 182 Taf. 114.

¹⁷ Florenz, Uff. 98: ASR III 2, 171; MANSUELLI I 237 f. Nr. 255 Abb. 255; SICHTERMANN-KOCH 35 f. Nr. 29 Taf. 59,1; 62–64; LAWRENCE a.O. 174 ff. Taf. 43 b.; ANDREAE-JUNG a.O.: 220/30.

¹⁸ Mailand, Mus. Civ.: E. A. ARSLAN, Le civiche raccolte archeologiche di Milano (1979) 185 Nr. 185.

¹⁹ GOETHERT, Klein Glienicke 23 f. Nr. 112 Taf. 38, 3; 43, 1; 44.

²⁰ Ostia 1595: unpubl.; INR 79. 106.

²¹ Innsbruck, Tiroler Landesmus. 8642: E. WALDE-PSENNER, Veröffentlichungen des Museums Ferdinandeum 58, 1979, 131 ff. Abb. 2.

²² ASR III 2, 165. 169. 173.

Nach einer größeren Pause setzt dann um 280/90 n. Chr. eine *neue Gruppe*[23] ein, die sich um eine streng gebaute symmetrische Komposition bemüht. Sie wurde in einer Werkstatt geschaffen, die maßgeblich von Bildhauern geprägt worden ist, die aus Griechenland und Kleinasien eingewandert sind.[24] Links werden Phaidra, die Amme und Hippolytos mit Beifiguren in der bekannten Anordnung wiedergegeben, rechts die Botschaft vom Tode des Hippolytos und wohl auch der Phaidra[25] an Theseus. Es ist also eine Rahmung durch ein ‚lykisches Motiv‘ vorgenommen worden.[26] Das früheste Stück, vielleicht um 280/90 n. Chr. entstanden, ist der fragmentierte Sarkophag in Tyros,[27] bei dem sich kleinasiatische Züge im Stil der Gewänder und Gesichter und vor allem im Sockelfries äußern. Beim Kasten in Paris[28] weisen der Stil von Gewändern und Gesichtern auf Athen, ebenfalls das Motiv der Rückseite, antithetische Löwen.[29] Der Sarkophag in Rom, NM,[30] steht wieder der kleinasiatischen Richtung näher. Beide sind vielleicht um 290–300 n. Chr. entstanden. Fragmente in Ostia und Rom, NM,[31] lassen sich anschließen. Der Sarkophag in Split[32] wird schon nach 300 n. Chr. gearbeitet worden sein, ebenfalls das sehr grobe Fragment in Paris.[33] Die Werkstatt, zu der eine größere Zahl anderer Sarkophage – z. B. mit Amazonen, Meleager, Phaethon, Musen, dionysischen Darstellungen – gehören dürfte,[34] leitet dann über zu den christlichen Friessarkophagen.

Als *Einzelstück* ist der etwa 220/30 n. Chr. entstandene sog. Venatorsarkophag des Palazzo Lepri-Gallo in Rom[35] zu nennen, der im rechten Teil die Eberjagd zeigt, die von den Hippolytossarkophagen abhängt, links jedoch ein Beisammensein einer Frau und eines Mannes, das auf Atalante und Meleager zurückzugehen scheint;[36] das Gewand beim Mann ist nachträglich umgearbeitet.[37] Ein Fragment in Rom, NM,[38] ist

---

[23] ASR III 2, 161. 162. 163. 176. Dazu die Anm. 27. 30. 31. genannten Stücke. – Zur Gruppe: G. KOCH in: Disputationes Salonitanae 2, 1979 (im Druck).

[24] ASR XII 6 S. 22 ff.

[25] Zur Problematik dieser Szene: C. ROBERT, ASR III 2 S. 199 f.

[26] G. RODENWALDT, JdI 55, 1940, 44 ff., bes. 50 ff.

[27] Tyros, Grabungen: unpubl.; ASR XII 6 S. 23 Anm. 41; ANDREAE-JUNG a. O.: 280/90.

[28] Paris 2294: ASR III 2, 161; G. RODENWALDT, JdI 55, 1940, 53 Abb. 10; H. WIEGARTZ, AA 1971, 100 Anm. 56; ASR XII 6 S. 23; ANDREAE-JUNG a. O.: 290/300.

[29] RODENWALDT a. O. 52 f. Abb. 11. F. WILLEMSEN, Die Löwenkopf-Wasserspeier vom Dach des Zeustempels, OF 4, 1959 Taf. 116, 1.

[30] Rom, NM 112 444: HELBIG⁴ III 2119; SICHTERMANN-KOCH 36 Nr. 30 Taf. 65–69; K. SCHEFOLD, MEFRA 88, 1976, 771; ANDREAE-JUNG a. O.: 290/300.

[31] Ostia 1537: unpubl.; INR 79. 108/09. – Rom, NM, früher Grabmal der Cecilia Metella: unpubl. – Rom, NM (Aula VI): unpubl; INR 74. 227/28. – Rom, Umgebung: D. M. DE ROSSI, Bovillae (Forma Italiae I 15, 1979) 353 Nr. 396 Abb. 602.

[32] Split D 29: ASR III 2, 163; RESCHKE, 391 Nr. 33; J. J. WILKES, Dalmatia (1969) Taf. 53; H. WIEGARTZ, AA 1971, 100 Anm. 58; ANDREAE-JUNG a. O.: 290/300; B. BRENK, Spätantike und frühes Christentum (1977) Taf. 376; N. CAMBI, AA 1977, 453 f. Nr. 9; 458; G. KOCH in: Disputationes Salonitanae 2, 1979 (im Druck).

[33] Paris 1642: ASR III 2, 176; RESCHKE 390 Nr. 29; ANDREAE-JUNG a. O.: nach 300.

[34] ASR XII 6 S. 22 ff. G. KOCH, AA 1979, 236 ff.

[35] Rom, Pal. Lepri-Gallo, Via della Croce: ASR III 2, 179; LAWRENCE a. O. 176 Taf. 44 b; ANDREAE-JUNG a. O.: 220/30; H. JUNG, JdI 93, 1978, 343 ff. Abb. 9–11; ASR I 2, 164 Taf. 1, 1 und Kapitel 1. 1; H. WREDE, AA 1981, 121 f. Abb. 33.

[36] ASR XII 6 S. 59.

[37] Am Gewandzipfel zu erkennen, den der

anzuschließen. Diese Stücke leiten über zu den frühen Löwenjagdsarkophagen;[39] das Exemplar in Barcelona[40] hat links dieselbe Figurenanordnung.

Ein Fragment im Studio Canova in Rom[41] zeigt die liebeskranke Phaidra in Vorderansicht, einer Haltung, die sonst nicht begegnet. Ein Fragment in Neapel[42] mit Aphrodite und Eros ist von C. Robert auf einen Deckel eines Hippolytossarkophages bezogen worden. Ein verschollenes Stück ist nicht mehr zu beurteilen.[43]

Bisher kaum zugänglich ist ein auf die Hippolytossage bezogener, stark beschädigter Kasten in Bourgneuf-Val-d'Or[44] mit sonst nicht begegnender Darstellung; im linken Teil könnte es sich um Phaidra und Hippolytos handeln, die mittlere – Botschaft an Theseus? – und rechte Szene bleiben unklar.

Die Vorderseite in der Villa Albani in Rom – aus der Zeit nach 300 n. Chr. und wohl zur großen spätantiken Werkstatt gehörend – scheint auf attische Vorbilder zurückzugehen,[45] der Stil ist jedoch nicht attisch. Ein Beisammensein von Hippolytos und Gefährten mit ihren Pferden, also einen Augenblick vor dem Aufbruch zur Jagd, zeigen auch Fragmente in Rom, S. Callisto,[46] und im Vatikan;[47] es wäre möglich, daß auch in diesen Fällen ein Einfluß von attischen Sarkophagen anzunehmen ist.

Die Hippolytossarkophage setzen also mit ihrer Hauptgruppe um 180/90 n. Chr. ein und lassen sich bis etwa 230/40 n. Chr. verfolgen. In der großen östlich beeinflußten, spätantiken Werkstatt wurde um 280/90 n. Chr. eine neue Komposition geschaffen und danach eine ganze Reihe von Sarkophagen gearbeitet. Verschiedene Einzelstücke ergänzen das Bild.

18. Jason

C. Robert, ASR II 188–192; Nachträge ASR III 3 S. 561. – M. Schmidt, Der Basler Medeasarkophag (o. J.) 7 ff.

Die Erlebnisse des Jason, oft verbunden mit anderen Begebenheiten der Argonautensage, auf fünf Langseiten,[1] zwei wohl zusammengehörigen Nebenseiten[2] und dem Deckel eines Medeasarkophages[3] dargestellt. Es werden einzelne Szenen, vor-

Mann mit der r. Hand faßt; urspr. war wohl ein Gewand vorhanden wie auf dem Frgt. in Rom, NM: s. Anm. 38.

[38] Rom, NM 1044: ASR III 2, 179[1]; Andreae-Jung a. O.: 210/20 n. Chr.; INR 70. 907.

[39] B. Andreae, AA 1971, 120; ders., Römische Kunst (1973), Kommentar zu Abb. 580 ff.; ders., ASR I 2, Kapitel 1.

[40] Barcelona 870: ASR I 2, 8 Taf. 1, 2.

[41] ASR III 2, 158; C. van de Velde, Master Drawings 7, 1969, 274 f. Abb. 17; INR 31. 42.

[42] Neapel (Nr. ?): ASR III 2, 180; INR 71. 435.

[43] ASR III 2, 177.

[44] Espérandieu IX 88 Nr. 6686; X 193 f. Nr. 7561. E. Michon, BAntFr 1927, 175 ff.

[45] ASR III 2, 159; L'Orange- v. Gerkan 216 Anm. 1; 222 Nr. 5 Abb. 61; Reschke 391 Nr. 32; Helbig[4] IV 3360; Andreae-Jung a. O.: nach 300 n. Chr.

[46] ASR III 2, 157a; INR 70. 322. – Das wohl dazugehörende Frgt. 157 ist verschollen.

[47] Vatikan 2077: ASR III 2, 157[1]; Amelung, Vat. Kat. I 519 Nr. 316 Taf. 54; INR 71. 1094.

[1] ASR II 188–191 (Wien, Louvre, Turin, verschollen), dazu ein S. im Mus. der Prätextatkatakombe, Sichtermann-Koch 36 f. Nr. 31.

[2] ASR II 192 u. 192a, ehem. Rom, Villa Ludovisi, 192 jetzt in Rom, NM, Mag., INR 80. 2730, s. auch ASR III 3 S. 561.

[3] Im Basler Antikenmuseum, Schmidt a. O. 7 ff. Taf. 2–7.

nehmlich aus den Abenteuern Jasons in Kolchis, verwendet, die jeweils große Verwandtschaft zeigen; Vorbild waren vielleicht Buchillustrationen, etwa zu Apollonios Rhodios. Die Reihenfolge der Szenen wechselt. Auf keiner der Langseiten fehlt die Bezwingung der beiden Stiere durch Jason vor dem sitzenden König Aietes, auch auf dem Deckel des Medeasarkophages erscheint sie,[4] ebenso zeigen alle Langseiten den Raub des Goldenen Vlieses;[5] beide Szenen sind auch auf Nebenseiten angebracht; einmal auf solchen eines Medeasarkophages,[6] einmal auf zwei vereinzelten Nebenseiten, die vielleicht auch zu einem Medeasarkophag gehört haben.[7] Auf drei Langseiten[8] ist am rechten Bildrand die Vermählung Jasons und Medeas wiedergegeben, zweimal steht Medea mit dem Schwert und ihren beiden Kindern links von dieser Szene;[9] zieht man sie zu dieser, dann kann mit der Braut nur Kreusa gemeint sein. Auf einer der Nebenseiten[10] reichen Jason und Medea sich die Hände, auch dies eine Anspielung auf ihre Hochzeit. Auf dem mehrfach genannten Deckel ist, nur teilweise erhalten, die Begegnung des im Wagen stehenden Aietes (?) mit Jason dargestellt (Jason ist nicht mehr erhalten); vielleicht sind in den auf drei Langseiten links neben der Bändigung der Stiere erhaltenen zwei männlichen Gestalten[11] Jason und ein Begleiter zu sehen und als Abkürzung der Begegnung mit Pelias (oder Aietes) zu deuten. Pelias mit seinen Töchtern erscheint auf einer Nebenseite, auf der anderen der nach der Ermordung seiner Kinder aus dem Palast fliehende Jason.[12]

Alle Sarkophage sind in der zweiten Hälfte des 2. Jhs. n. Chr. entstanden.

19. Iliupersis

C. ROBERT, ASR II 63–67; Nachtrag III 3 S. 552. – SICHTERMANN-KOCH 37f. Nr. 32.

Erhalten ist nur ein vollständiger Sarkophag, in Mantua, es fehlt allerdings der Deckel.[1] Auf der Langseite ist ganz rechts die Tötung des Priamos dargestellt, daneben zwei Griechen, die der Andromache den Astyanax entreißen wollen, weiterhin verschiedene Kampfszenen. Die linke Nebenseite zeigt die Tötung des Troilos durch Achill, die rechte trauernde Frauen, wohl Andromache, Hekuba und zwei Fürstinnen. Auf einem Deckel in Oxford[2] ist links die Einführung des hölzernen Pferdes in Troja zu sehen, danach die Ermordung der zechenden Trojaner durch Griechen, rechts die Schleifung Hektors. Ein Deckelfragment aus Karthago[3] mit eben dieser Szene könnte

---

[4] Die Bezwingung der Stiere ist auch auf Medeasarkophagen dargestellt, s. diese.

[5] ASR II 191, ein verschollenes, zweifelhaftes Frgt.; erhalten ist nur die Bezwingung der Stiere, doch ist wohl auch die Erringung des Vlieses dargestellt gewesen.

[6] Neapel, NM, INR 62. 841/2, vgl. SCHMIDT a. O. 45 Anm. 4.

[7] ASR II 192 u. 192a, s. Anm. 2.

[8] ASR II 188. 190 u. Prätextatkatakombe, s. Anm. 1.

[9] ASR II 190 u. Prätextatkatakombe, s. Anm. 1.

[10] ASR II 192a.

[11] ASR II 188. 190 u. Prätextatkatakombe, s. Anm. 1.

[12] Zum S. in der Prätextatkatakombe gehörig, s. Anm. 1.

[1] ASR II 63. SICHTERMANN-KOCH 37f. Nr. 32.

[2] ASR II 64.

[3] Unpubliziert.

zu einem ähnlichen Deckel gehört haben, ebenso ein Deckelfragment mit hölzernem Pferd in Berlin[4] und ein ebensolches verschollenes.[5] Ein Fragment im Palazzo Mattei in Rom[6] zeigt die Ermordung des Priamos; es stammt wohl von einer Nebenseite. Keiner der genannten Sarkophage ist über das 2. Jh. n. Chr. hinaus zu datieren.

20. Kentauren

C. ROBERT, ASR III 1, 132–136; Nachträge III 3 S. 571. – G. RODENWALDT, RM 58, 1943, 8. – F. MATZ, ASR IV 4 S. 491 zu Nr. 336.

Kentauren sind auf Sarkophagen häufig zu bemerken, so in dekorativem Schema,[1] im dionysischen Bereich[2] oder auf Heraklessarkophagen.[3] Ihre Verbindung mit der musischen Welt zeigt sich in dionysischer Umgebung und in der Achillsage;[4] stärker tritt auf den Sarkophagen ihre wilde, kämpferische Natur hervor, so auf drei Fragmenten eines Sarkophages, der sie mit Satyrn und Panthern kämpfend zeigt.[5] Kämpfend erscheinen sie auch auf den Sarkophagen, die sie mit Herakles in Verbindung bringen, ebenso auf den wenigen, die sie im Kampf mit Menschen ohne Herakles zeigen. Wie wenig dabei an bestimmte Sagen gedacht wurde, zeigt die Tatsache, daß die kämpfenden Gruppen (Kentauren gegen Menschen) häufig in den gleichen Schemata, doch mit verschiedenen Attributen gegeben wurden. So zeigt der einzige einwandfrei stadtrömische Kentaurensarkophag, in Ostia gefunden,[6] als zentrale Gruppe zwei gegen einen Kentauren kämpfende Männer, wie sie ganz gleich auch auf Heraklessarkophagen erscheinen, so auf der Nebenseite eines Sarkophages im Vatikan[7] und einem verschollenen Sarkophag;[8] auf diesem ist der rechte Angreifer als Herakles gekennzeichnet. Eine andere Kämpfergruppe dieses Sarkophages findet sich ebenfalls auf dem Sarkophag in Ostia. Dieser mag den Kampf der Kentauren mit den Lapithen meinen, die mittleren Kämpfer könnten Theseus und Nestor sein.[9] Die Motive gehen teilweise auf klassische Vorbilder zurück, deutlich sind Verbindungen bis zur Parthenonkunst zu bemerken. Der Sarkophag in Ostia, ein qualitätvolles Stück, zeigt auf der rechten Nebenseite einen jugendlichen Kentauren mit Velificatio, auf der linken einen ebensolchen, der ein Löwenfell hinter sich ausspannt. Der Sarkophag ist um die Mitte des 2. Jhs. n. Chr. entstanden.

174

[4] ASR II 65.
[5] ASR II 66.
[6] ASR II 67. INR 72. 2959.
[1] s. Kapitel I 4.3.9.4.
[2] s. Kapitel I 4.3.3.
[3] s. Kapitel I 4.3.2.16.
[4] s. Kapitel I 4.3.2.1.
[5] Cagliari, Mus. Arch. Naz., PESCE, Sardegna 44 ff. Nr. 15. ASR IV 4, 336, s. auch Kapitel I 4.3.3.
[6] M. FLORIANI SQUARCIAPINO, BdA 53, 1968, 35 f. Abb. 5 (Vs.). R. CALZA in: Museo Ostiense. Nuove immissioni (1971) 21 f. Taf. 4 (Det. d. Vs.). W. VON SYDOW, AA 1976, 396 Abb. 43 (Vs.). – Zu ASR III 1, 135 jetzt: G. CAPECCHI u.a., Palazzo Peruzzi, Palazzo Rinuccini (1980) 29 ff. Nr. 10 Taf. 6, 1–3.

[7] SICHTERMANN-KOCH 38 f. Nr. 33, nicht stadtrömisch, vgl. G. KOCH, BJb 180, 1980, 88 ff. – Hier auch Kapitel V 4.12.
[8] ASR III 1, 133; s. auch C. DE FABRICZY, L'Arte 8, 1905, 409. 412 Nr. 31.
[9] CALZA a. O. 22.

Ein singuläres Stück ist der qualitativ nicht sehr hochstehende Sarkophag im Thermenmuseum in Rom, der auf dem Deckel Gigantenkämpfe, auf der Langseite und den Nebenseiten kämpfende Kentauren zeigt.[10] Herakles fehlt unter den Gegnern, es ist also auch hier wohl der thessalische Kampf gegen die Lapithen gemeint. In den Motiven, etwa in der ‚Beissergruppe‘, finden sich Anklänge an klassische Vorbilder, doch sind sie freier variiert. Der Sarkophag dürfte frühantoninisch sein.[11]

21. Kleobis und Biton

C. ROBERT, ASR III 3, 438; Nachträge III 3 S. 576. – K. FITTSCHEN, JdI 85, 1970, 171 ff.

Nur bedingt unter die mythologischen Sarkophage gehört die einzige, noch dazu auf einer Platte,[1] nicht einem vollständigen Kasten erhaltene Darstellung der Geschichte der beiden Söhne der argivischen Herapriesterin. Dadurch, daß beiden Söhnen sowie der Mutter Porträtzüge gegeben wurden, ist die Geschichte zudem in eine römische Sphäre übertragen. Wiedergegeben sind vier Szenen: links die Priesterin, im Wagen stehend, gezogen von zwei Rindern, denen die beiden – noch sehr kleinen – Söhne beim Ziehen helfen; es folgt das Gebet der Priesterin vor dem Heratempel, bei welchem die beiden Söhne bereits schlafend am Boden liegen, sodann deren Apotheose: sie halten die Zügel eines Gespannes, das eine Göttin im Wagen nach oben zieht; die rechts das Ganze abschließende Szene, die sitzende Mutter, die die beiden Söhne zu sich heranzieht, ist zeitlich als Beginn der Szenenfolge anzusehen oder als vor dem Gebet spielend, sie kann auch zeitlos als Bild der Zugehörigkeit von Mutter und Söhnen gemeint sein. – Die Frisur der Mutter ist die der Faustina Minor, die Platte ist also um 160/70 n. Chr. entstanden.

22. Leda

C. ROBERT, ASR II 2–9; Nachträge III 3 S. 545 f.

In ausführlicher Form ist die Sage von Leda nur auf einer in Aix befindlichen Platte dargestellt:[1] links die nackte, stehende Leda, von ihrem Obergewand bogenförmig umflattert, den von links oben herbeifliegenden Schwan zu sich heranziehend; der Szene schaut der links unten liegende Flußgott Eurotas zu. In der Mitte sitzt die bekleidete Leda auf einer Kline, zu ihren Füßen sind aus dem geborstenen Ei die kleinen Dioskuren und Helena geschlüpft, links steht Tyndareus, hinter der Kline Juno, am

---

[10] ANDREAE, Studien 68 Anm. 370 Taf. 40. HELBIG⁴ III 2376.

[11] Der Kentaurens. in Catania, TUSA, Sicilia 45 ff. Nr. 12 ist nicht antik, s. B. ANDREAE, Gnomon 40, 1968, 821 f., ebenfalls der S. in Dayton, Ohio, INR 72. 1059. Nicht antik auch ein S.,

ehem. Kunsthandel, INR 40. 185–187 u. ein Frgt. INR 72. 1058.

[1] Es handelt sich nicht um eine abgetrennte Langseite, sondern um eine Verschlußplatte, s. Kapitel I 4.1.8.

[1] ASR II 2. ESPÉRANDIEU I 96.

Kopfende die Amme der Leda, von rechts kommt ihr Vater Thestius herbei. Die Platte ist rechts abgebrochen.

Von einem Riefelsarkophag ist nur der Reliefteil unter dem Clipeus erhalten,[2] der die nackte, am Boden sitzende Leda zeigt, wie sie mit der Linken den Schwan in ihrem Schoß umarmt. Mit diesem Sarkophag ist ein weiterer Riefelsarkophag verwandt, der ebenfalls unter dem mittleren Clipeus die sitzende nackte Leda mit dem Schwan zeigt.[3] Ein Riefelsarkophag in Messina[4] hat im Mittelfeld vor einem Parapetasma die fast nackte Leda, die die Rechte gegen den von links herbeischreitenden Schwan ausstreckt. Der Sarkophag gehört, wie der Sarkophag im Konservatorenpalast und das Fragment im Palazzo Corsetti, in das 3. Jh. n. Chr.,[5] während der Sarkophag in Aix noch im 2. Jh. n. Chr. entstanden ist.

23. Leukippiden

C. ROBERT, ASR III 2, 180–186; Nachträge III 3 S. 560. – LEHMANN, Baltimore 16 f. – SICHTERMANN-KOCH 39 Nr. 34. – Zur Chronologie: K. FITTSCHEN, JdI 85, 1970, 191 f.

Bisher sind zehn Sarkophage mit diesem Thema bekannt,[1] davon drei vollständige Kästen,[2] eine Langseite,[3] fünf Fragmente von Langseiten[4] sowie Fragmente zweier zusammengehöriger Nebenseiten.[5] Die Anordnung der Figuren stimmt auf allen Sarkophagen weitgehend überein: in der Mitte eine fliehende Gefährtin der Geraubten, links und rechts von ihr die Dioskuren mit den geraubten Mädchen im Arm, von links und rechts zur Mitte vorstürmend, rechts eine weitere Gefährtin, die von der einen Geraubten am Gewand oder am Arm gefaßt wird, rechts von ihr ein fliehender Krieger, dem ganz links die Gruppe zweier sich hart bekämpfender Krieger entspricht; einer von ihnen tritt also für die Dioskuren ein, während der andere zu König Leukippos gehört, wie auch der Enteilende rechts. Im Hintergrund können eine oder zwei weitere Gefährtinnen der Geraubten angebracht werden.[6] Die einheitliche Komposition mag auf ein hellenistisches Vorbild zurückgehen.

Die Ecken der Langseite werden regelmäßig durch stehende Horen gebildet. Zwei der vollständigen Kästen zeigen auf den Nebenseiten die Vermählung der Dioskuren

[2] ASR II 6. INR 66. 2797, im Palazzo Corsetti in Rom. Der S. stammt aus dem Columbarium der Livia; zu diesem zuletzt H. KAMMERER-GROTHAUS, MEFRA 91, 1979, 321 ff.
[3] Rom, Mus. Cap., Galleria della Congiunzione. INR 80. 633–636. – Die übrigen Nr. in ASR II sind entweder nicht stadtrömisch oder unsicher in der Deutung. Vgl. auch TH. KLAUSER, JbACHr 1, 1958, 42.
[4] TUSA, Sicilia 86 f. Nr. 36. B. ANDREAE, Gnomon 40, 1968, 822.

[5] ANDREAE a.O.: 2. Viertel. Der S. im Mus. Cap. dürfte der späteste sein.
[1] Zu den in ASR III 2 verzeichneten Exemplaren sind bisher keine weiteren hinzugekommen.
[2] ASR III 2, 180–182. 180: SICHTERMANN-KOCH 39 Nr. 34. 182: LEHMANN, Baltimore 16 f.
[3] ASR III 2, 184. INR 68. 5199.
[4] ASR III 2, 183. 183a. 183b. 184'. 185. – 183a: INR 37. 1157.
[5] ASR III 2, 186. INR 73. 1592/3.
[6] ASR III 2, 181 u. 184.

mit den Leukippiden,[7] einer jeweils einen der auf einer Quadriga durch ein Tor mit seiner Beute davonsprengenden Dioskuren,[8] wie auch die beiden Nebenseitenfragmente.[9] Der nur auf einem der Kästen erhaltene Deckel ist mit zwei Paaren von stiertötenden Niken verziert, an den Ecken mit Masken von Windgöttern.[10] Sämtliche Sarkophage gehören in die Jahrzehnte um die Mitte des 2. Jhs. n. Chr.

24. Marsyas

C. ROBERT, ASR III 2, 196–215; Nachträge III 3 S. 572f. – M. WEGNER, ASR V 3 S. 113 ff. – SICHTERMANN-KOCH 39 ff. Nr. 35.36.

Von den etwa 30 Sarkophagen mit Marsyasszenen sind zwei Girlandensarkophage,[1] die übrigen Friessarkophage; auf sechs Exemplaren trägt nur eine der Nebenseiten[2] Szenen aus dieser Sage, zumeist handelt es sich dabei um Musensarkophage. In Einzelszenen werden vorwiegend dargestellt die vor einem Wasserlauf flöteblasende Athena, das Schiedsgericht der Musen über Apoll und Marsyas und die Bestrafung des Marsyas; nur gelegentlich erscheinen Nebenepisoden.

Auf den – zeitlich frühesten – Girlandensarkophagen[3] sehen wir in den drei Girlandenbögen die flötespielende Athena, die Bestrafung des Marsyas sowie den zuschauenden Apoll;[4] die Friessarkophage zeigen zum größten Teil drei Szenen: außer der spielenden Athena links und dem hängenden Marsyas rechts in der Mitte den Wettkampf von Apoll und Marsyas im Beisein von Athena, Dionysos, Kybele und mehreren Musen, auch Hermes und Artemis.[5] Sie reichen vom 2. bis in die 1. Hälfte des 3. Jhs. n. Chr. hinein.[6] Nur ein (verschollener) Sarkophag[7] hat statt des Wettkampfes das Urteil der Musen als Mittelszene. Drei Sarkophage haben nur zwei Szenen, den Wettstreit und die Bestrafung des Marsyas.[8] Ein Sarkophag mit Clipeus in der Mitte[9] verteilt „aphoristisch" (Wegner) Figuren aus dem Wettkampf auf beide Seiten neben dem Clipeus.

[7] ASR III 2, 180. 181. SICHTERMANN-KOCH Taf. 81.
[8] ASR III 2, 182. LEHMANN, Baltimore Abb. 14.15.
[9] ASR III 2, 186. 186a, INR 73. 1592/3.
[10] ASR III 2, 182. LEHMANN, Baltimore Abb. 11.
[1] ASR III 2, 196 = INR 74. 1023–1028. ASR III 2, 197 = INR 71. 1736.
[2] Eine, jedoch fragliche, Ausnahme: ASR III 2, 213.
[3] Von einem, ASR III 2, 197, ist nur ein Frgt. erhalten.
[4] Rom, Pal. Barberini, ASR III 2, 196, s. Anm. 1.
[5] ASR III 2, 200–208; 201 jetzt Hever Castle, INR 78. 2090–2092; ASR III 2, 202 = INR 72. 2961; ASR III 2, 204 jetzt Vatikan, Mus. Greg. Prof., INR 71. 1744. Dazu kommt jetzt ein fragmentierter S. in Rom, NM, INR 63. 861/2, zugehörig die Frgt.e in New York, McCANN, Metr. Mus. 79 ff. Nr. 13 u. weitere Frgt.e in Oslo, vgl. G. MANCINI, NSc 1913, 117 f.; A. BARTOLI, BdA 38, 1953, 1 f. Abb. 1; L. BERCZELLY, Kunst og Kultur 56, 1973, 31. 37. 39.
[6] ASR III 2, 207. SICHTERMANN-KOCH 40 f. Nr. 36, S. in der Galleria Doria, Rom.
[7] ASR III 2, 200. ASR V 3 S. 113.
[8] ASR III 2, 198 (Paris, Louvre) u. 199 (verschollen), dazu S. im Mus. Nuovo in Rom, SICHTERMANN-KOCH 39 f. Nr. 35.
[9] ASR III 2, 209. ASR V 3 S. 115 Taf. 140c. 148. ASR IV 1 S. 70.

Die Komposition der einzelnen Szenen sowie der dreiszenigen Sarkophage ist zwar im Ganzen recht ähnlich, doch sind die Unterschiede im Einzelnen doch zu groß, um ein Urbild feststellen zu können. Die Bestrafungsszene weist auf die bekannte plastische Gruppe,[10] für Athena und Apoll werden vorwiegend eigenständige Typen verwandt, die auch isoliert auf Sarkophagen erscheinen können.[11]

Die Deckel sind nur auf zwei Sarkophagen erhalten; der eine[12] weist links vom mittleren Porträt Apoll und eine Muse auf, rechts Artemis und eine andere Muse, der andere[13] ornamental angeordnete Greifen, Dreifüße, Leiern, eine Fackel und einen Köcher mit Bogen. Ein weiterer vereinzelter Deckel mit Weisen und Musen könnte zu einem Marsyassarkophag gehört haben.[14]

Die Nebenseiten zeigen zumeist Nebenszenen der Sage oder zum musischen Bereich Gehöriges: Apoll mit Leto und Apoll von Nike bekränzt,[15] Apoll mit einer Muse und sitzendem Philosophen,[16] Athena beim Flötenspiel und die Bestrafung des Marsyas[17] sowie Marsyas vor Athena und Marsyas, der die Flöten findet;[18] ein Sarkophag hat Greifen,[19] der Girlandensarkophag Gorgoneia.[20]

25. Medea

C. ROBERT, ASR II 193–203; Nachträge ASR III 3 S. 560ff. – E. KÜNZL, BJb 169, 1969, 321ff., bes. 380ff. – K. FITTSCHEN, JdI 85, 1970, 189. – M. SCHMIDT, Der Basler Medeasarkophag (o. J.). – SICHTERMANN-KOCH 41 f. Nr. 37.38. – H. FRONING, JdI 95, 1980, 330f.

Die etwa 16 erhaltenen Sarkophage[1] bilden sowohl inhaltlich als auch zeitlich eine geschlossene Gruppe. Keiner geht über das 2. Jh. n. Chr. hinaus, und in der Komposition folgen sie alle demselben Schema; ebenso stimmen die Einzelszenen weitgehend überein; nur die Nebenseiten weichen voneinander ab. Auch der in seiner Qualität überragende Sarkophag in Basel[2] folgt dieser Regel.

Auf der Langseite erscheinen vier Szenen: links die Überreichung der Brautgeschenke an Kreusa, dann der Tod der Kreusa, es folgt Medea vor dem Mord an ihren Kindern; rechts ist sie, mit den Leichen ihrer Kinder davonfahrend, dargestellt. Alle 180.181

---

[10] W. FUCHS, Die Skulptur der Griechen (1969) 372f. Abb. 413.
[11] H. SICHTERMANN, RM 86, 1979, 351ff. Taf. 94–101.
[12] ASR III 2, 208. ASR V 3 S. 20.
[13] SICHTERMANN-KOCH 39f. Nr. 35.
[14] ASR V 3, 145.
[15] ASR III 2, 198.
[16] ASR III 2, 201. ASR V 3 S. 114.
[17] ASR III 2, 207. ASR V 3 S. 114; Lenos, die Nss. gehen in die Ls. über.
[18] SICHTERMANN-KOCH 39f. Nr. 35.
[19] ASR III 2, 209. ASR V 3 S. 115.
[20] ASR III 2, 196.
[1] Zu den in ASR II a.O. aufgeführten Stücken kommen hinzu: ein K. im Antikenmuseum von Basel, SCHMIDT a.O., ein Frgt. in Schweizer Kunsthandel, SCHMIDT a.O. Taf. 12, u. ein K. im Neapler NM, SCHMIDT a.O. 45 Anm. 4, INR 62. 840–2. – Das bei ROBERT, ASR II unter 201[1] genannte Frgt. scheint identisch zu sein mit ASR II 202, jetzt Rom, Mus. Cap., Mag., INR 75. 1302. – ASR II 193 = INR 65. 34, H. SICHTERMANN, AA 1970, 217. – ASR II 198 = INR 74. 693 (bei SCHMIDT a.O. 45 Anm. 4 Taf. 20, 1 irrig als Nachtrag zu ASR gegeben). – ASR II 199 = INR 61. 252–5, jetzt Ancona, Mus. – ASR II 201 jetzt Rom, NM, INR 69. 2502–05.
[2] SCHMIDT a.O. passim. B. ANDREAE, Röm. Kunst (1973) Abb. 115.

Szenen stimmen im Aufbau und in den Figurentypen im Wesentlichen überein. Auf der linken Szene mit der Überreichung der Brautgeschenke an Kreusa steht Jason links,[3] rechts sitzt Medea, zwischen beiden stehen ein Brautführer und die Amme der Medea (auf dem Sarkophag in Neapel ist sie weggefallen, auf dem in Basel sind mehrere andere Figuren zugegen), vor ihnen stehen die Knaben mit den unheilvollen Geschenken, dem Kranz und dem Peplos, der manchmal durch ein Tuch mit Blumen ersetzt werden kann.[4] Auf der folgenden Szene stehen links Jason, neben ihm der Speerträger des Kreon (auf dem Neapler und dem Basler Sarkophag sind beide weggefallen), sodann der entsetzte Kreon, rechts die sich aufbäumende, sterbende Kreusa, zumeist mit Flammen im Haar (auf dem Basler Sarkophag sind im Hintergrund mehrere gestikulierende Figuren angebracht), auf dem Podium des Bettes zusammengesunken. In der anschließenden Szene steht Medea mit dem Schwert in der Hand neben ihren in der Palästra spielenden Knaben; einer springt über eine Walze, oft mit einem Ball in der Hand; der Ort kann durch eine Herme gekennzeichnet sein. Rechts fährt die Mörderin auf einem von geflügelten Schlangen gezogenen Wagen davon; aus dem Wagen hängt gewöhnlich ein Bein des einen getöteten Kindes heraus, am Boden liegt die Schwertscheide.

Ein Deckel[5] hat außer diesen vier Szenen links die Vermählung Jasons und Medeas im üblichen Schema; er wird zu einem Jason-Sarkophag gehört haben.[6]

Die Zusammenstellung der einzelnen Szenen auf den Langseiten wie auf dem Deckel ist, wie auch in anderen vergleichbaren Fällen, mit großer Wahrscheinlichkeit den Sarkophagkünstlern selbst zuzuschreiben. Im Einzelnen liegen sowohl den Szenen als auch den einzelnen Figurentypen ältere Vorbilder zugrunde, die auf hellenistische Erfindungen zurückgehen dürften. Nur im Falle der Überbringung der Geschenke besitzen wir ein Zeugnis aus der Zeit vor der Sarkophagproduktion: auf einem Silberbecher augusteischer Zeit[7] erscheinen replikengleich im Relief einzelne Gestalten dieser Szene. Die ikonographische Abhängigkeit dieser Monumente ist fraglich;[8] analog der Hochzeit von Jason und Medea wird man dazu neigen, auf den Sarkophagen die mythologische Verwendung von ursprünglich nicht mythologischen Szenen – wie sie so noch auf dem Silberbecher zu deuten sind – zu sehen.[9]

Die Nebenseiten der Medeasarkophage weisen Szenen aus demselben Mythenzyklus auf: die Bändigung der Stiere,[10] die Erringung des Vlieses,[11] die Begegnung Medeas mit Jason,[12] Jason mit einem der Argonauten;[13] aber auch neutrale Darstellungen wie Greifen[14] oder Sphingen[15] sind vertreten.

---

[3] Ein Frgt. im Kunsthandel zeigt ganz links eine Frau – Medea? SCHMIDT a. O. Taf. 12.
[4] Dazu SCHMIDT a. O. 18 ff.
[5] ASR II 194.
[6] s. das entsprechende Kapitel.
[7] E. KÜNZL, BJb 169, 1969, 338 ff.
[8] FRONING a. O. 330 f. neigt dazu, eine direkte Abhängigkeit der S. zu sehen.
[9] So schon ROBERT in: ASR II S. 207. Ein Stemma für die Abhängigkeiten gibt KÜNZL a. O. 389.
[10] ASR II 200, Neapel, NM, s. Anm. 1.
[11] Vgl. ASR II 192. Neapel, NM, s. Anm. 1.
[12] ASR II 192 a.
[13] ASR III 199¹ (Nachtrag in ASR III 3 S. 561 f.) = SICHTERMANN-KOCH 42 Nr. 38. ASR II 200.
[14] ASR II 199.
[15] SCHMIDT a. O. Taf. 24. 25, der Basler S.

Deckel sind nur zwei erhalten; einer führt in der bekannten Szenerie Jasons Abenteuer in Kolchis vor,[16] der andere ist mit liegenden Horen und Jahreszeiten verziert.[17]

26. Meleager

C. ROBERT, ASR III 2, 221–311; III 3 S. 573–576. – G. KOCH, ASR XII 6; dazu vor allem: C. GASPARRI, Prospettiva 11, 1977, 67 ff.; G. M. A. HANFMANN, ArtB 60, 1978, 354 f.; K. SCHAUENBURG, Gymnasium 85, 1978, 267 ff.; R. TURCAN, RA 1978, 141 ff.; H. GABELMANN, BJb 179, 1979, 786 ff. – G. KOCH, AA 1974, 614 ff.; ders., AA 1975, 530 ff. (Nachträge zu ASR XII 6); ders., AntK 18, 1975, 36 ff.; ders., AW 1975, Heft 4, 41 ff. – K. FITTSCHEN, Der Meleager Sarkophag (Liebieghaus Monographie 1, 1975).

Meleagersarkophage sind ungewöhnlich zahlreich erhalten; fast 200 stadtrömische Exemplare sind bekannt. Sie zeigen nicht nur eine, sondern verschiedene Szenen aus der Sage: die Jagdvorbereitung und Jagd, das Mahl nach der Jagd, den Tod des Helden, nachdem seine Mutter das Holzscheit verbrannt hat, und, nach einer anderen Sagenversion, die Heimtragung des verwundeten oder getöteten Meleager aus der Schlacht; außerdem gibt es Säulen- und Riefelsarkophage.

Besonders beliebt war die *Jagd*.[1] Der Archetypus der *Hauptgruppe* ist in mittelantoninischer Zeit entstanden. Es handelt sich um einen langgestreckten Fries mit zwei Szenen. Links ist die Diskussion um die Teilnahme Atalantes an der Jagd mit den nebeneinander aufgereihten Gestalten von Oineus, Meleager und Atalante und möglicherweise noch anderen Figuren wiedergegeben. Die Szene ist schlecht überliefert, da sie meist verkürzt worden ist.[2] Eine Vorstellung geben der Kasten in Rom, Mus. Cap.,[3] und ein Fragment in Paris.[4] In der größeren rechten Szene finden sich Orcus,[5] die Dioskuren, Meleager, Atalante, der Eber, der mit dem Vorderkörper aus einer Höhle herauskommt, ein oder zwei Jäger über der Höhle, ein zusammengebrochener Verwundeter, ein Jäger in Rückansicht und schließlich als Begrenzung am Rande ein weiterer Verwundeter. Die Jäger kann man kaum benennen.[6] Diese Figurenfolge ist auf einer Reihe von Sarkophagen wiedergegeben, nämlich auf dem schon genannten im Museo Capitolino,[7] auf einem in Rom, Pal. Cons.,[8] einem in Frascati[9] und der

---

[16] Der Basler S., vgl. Kapitel I 4.3.2.18.
[17] ASR II 199[1], s. Anm. 13.
[1] ASR XII 6, 1–72. 189–193. 202 Taf. 1–55; G. KOCH, AA 1975, 530 ff. – Dazu: C. C. VERMEULE u.a., Sculpture in the Isabella Stewart Gardner Museum (1977) 51 Nr. 72. – Bei dem Frgt. CALZA, Villa Doria 158 f. Nr. 188 Taf. 116, spricht nichts dafür, daß es von einem Meleagersarkophag stammt.
[2] ASR XII 6 S. 8.
[3] Rom, Mus. Cap. (Nr. ?): ASR XII 6, 1 Taf. 1 a; 2 a; SICHTERMANN-KOCH 44 Nr. 40 Taf. 103, 1.

[4] Paris 958: ASR XII 6, 2 Taf. 2 b.
[5] Zur Problematik der Benennung: C. ROBERT, ASR III 2 S. 273 ff.; ASR XII 6 S. 8.
[6] ASR III 2 S. 270 f.
[7] s. oben Anm. 3.
[8] Rom, Pal. Cons. 3319: ASR XII 6, 6 Taf. 3 e; CALZA, Villa Doria 160 Nr. 190 Taf. 118 b.
[9] ASR XII 6, 7 Taf. 4; P. KRANZ, BullCom 84, 1974/75 (1977) 178 Anm. 2 f. („offensichtlich eine moderne Fälschung"; Begründung fehlt).

Vorderseite in Woburn Abbey.[10] Schon in mittelantoninischer Zeit und dann verstärkt im späten 2. Jh. n. Chr. werden die Gestalten stärker bewegt und weiter zusammengeschoben, und die linke Szene wird in immer wieder anderer Weise verkürzt und mit der rechten verschmolzen. Es besteht die Tendenz, die Darstellung zu zentralisieren und Meleager in die Mitte des Frieses zu setzen. Außerdem werden die Figuren verschiedene Male gestaffelt. Charakteristische Vertreter sind die Sarkophage in Rom, Pal. Doria,[11] Mus. Cap.[12] und Istituto Nazionale delle Assicurazioni,[13] und die Fragmente in Ostia.[14] Auch Atalante, die ursprünglich in der linken Szene steht, wird in Bewegung gesetzt, erhält den Typus der Artemis von Versailles und wird zur Artemis umgedeutet.[15]

Im frühen 3. Jh. n. Chr. gibt es weitere verschiedenartige Versuche, die Figurenfolge zusammenzuziehen und die Gestalten zu beleben, wie Stücke in Broadlands,[16] Florenz[17] oder im Vatikan[18] zeigen können. Mit dem Sarkophag in Pisa[19] ist dann im 2. Viertel des 3. Jhs. n. Chr. eine Komposition erreicht, bei der die Mitte durch eine V-Form von einem Dioskuren und Meleager betont ist, die Seiten von sich entsprechenden Figuren gerahmt sind und wenige, großformatige Gestalten den Fries füllen. Der stark fragmentierte Kasten in Medinat-al-Zahara[20] führt zum krönenden Abschluß der Entwicklung, dem ebenfalls fragmentierten Exemplar in Frankfurt,[21] einem Meisterwerk der frühen gallienischen Zeit.

In tetrarchischer Zeit gab es zwei *neue Typen* für die kalydonische Jagd. Der eine ist nur durch die Wanne in Würzburg, aus der Sammlung Ludwig, vertreten,[22] der andere durch eine kleine Gruppe, die sich zum Sarkophag im Konservatorenpalast in Rom

---

[10] Woburn Abbey 24: ASR XII 6, 10 Taf. 14 a. b.

[11] ASR XII 6, 8 Taf. 10; SICHTERMANN-KOCH 42 ff. Nr. 39 Taf. 95–102; KRANZ a. O. 178 Anm. 3; K. SCHEFOLD, MEFRA 88, 1976, 780 f. Abb. 17; CALZA, Villa Doria 159 f. Nr. 189 Taf. 117/18.

[12] Rom, Mus. Cap. 822: ASR XII 6, 12 Taf. 16 b.

[13] ASR XII 6, 11 Taf. 16 a.

[14] Ostia 18.621: ASR XII 6, 32 Taf. 8/9.

[15] ASR XII 6 S. 9. 12.

[16] ASR XII 6, 17 Taf. 24 a; R. TURCAN, RA 1978, 144 (mit Datierung in die Zeit des Commodus).

[17] Florenz, Uff. 135: ASR XII 6, 21 Taf. 25 a.

[18] Vatikan 10 404: ASR XII 6, 19 Taf. 24 b.

[19] ASR XII 6, 27 Taf. 38 a; SICHTERMANN-KOCH 44 Nr. 41 Taf. 103, 2; 104–106; ARIAS, Camposanto 150 f. Taf. 91.

[20] ASR XII 6, 29 Taf. 38 c. d.

[21] Frankfurt 1528: B. ANDREAE u.a., JdI 87, 1972, 388 ff.; ASR XII 6, 30 Taf. 44 b; 45–51; K. FITTSCHEN, Der Meleager Sarkophag (Liebieghaus Monographie 1, 1975) – spricht sich gegen die Zugehörigkeit des Frgt.es, ehem. Kassel (ASR XII 6 Taf. 45), aus; die a.O. 9 Abb. 5 vorgeschlagene Rekonstruktion überzeugt jedoch nicht, da auf die Bruchspuren – doch wohl Fingeransätze – an der r. Hüfte von Meleager keine Rücksicht genommen wird; bei der Rekonstruktion von B. ANDREAE (ASR XII 6 Taf. 44 c) ist die Zuordnung von Meleager und einem Dioskuren in dieser Form sonst nicht belegt; es müßte versucht werden, eine Ergänzung der Frgt.e in Frankfurt nach dem Sarkophag in Pisa (ASR XII 6, 27 Taf. 38 a) vorzunehmen. – Weitere Lit.: B. ANDREAE – H. JUNG, AA 1977, Tabelle n. S. 434: 250/60 n. Chr.; P. C. BOL, Antike Kunst. Liebieghaus – Museum alter Plastik (1980) 174 ff. Abb. 250–52 Taf. 6. – Der Porträtkopf ist etwa 270/80 n. Chr. ausgearbeitet worden: H. v. HEINTZE, RM 66, 1959, 184 Nr. 26; 186 Taf. 52, 3–4.

[22] ASR XII 6, 72 Taf. 64–67; G. KOCH, AA 1974, 614 ff.; E. SIMON u.a., Führer durch die Antikenabteilung des Martin von Wagner Museums der Universität Würzburg (1975) 256 ff. Nr. Z 756.

stellt.²³ Charakteristisch für den zweiten Typus ist, daß die Jäger möglichst symmetrisch angeordnet sind und Meleager ganz betont in die Mitte gesetzt ist; die Zentralisierungstendenzen der Hauptgruppe sind also verstärkt. Nur auf der Vorderseite in Woburn Abbey²⁴ ist eine andere Szene eingefügt und die ursprüngliche Komposition stark verändert.

Möglicherweise gab es noch eine weitere Gruppe von Sarkophagen mit der kalydonischen Jagd, die im linken Teil ein Beisammensein von Atalante und Meleager und im rechten die Jagd zeigte; von ihr gibt es nur Nachklänge auf dem Riefelsarkophag in Wilton House, den campanischen Sarkophagen in Salerno und Cava dei Tirreni und zwei Hippolytossarkophagen.²⁵

Eine geschlossene Vorlage für den Archetypus der Hauptgruppe läßt sich nicht nennen; einzelne Figuren gehen aber auf frühere Vorbilder zurück.²⁶ Es handelt sich also um eine römische Zusammenstellung der mittelantoninischen Zeit, die schon bald mehreren Abänderungen unterworfen wurde. Der Sarkophag in Würzburg hängt von den attischen Meleagersarkophagen der Gruppe III ab,²⁷ während der Archetypus der Gruppe um den Sarkophag im Konservatorenpalast mit Hilfe östlicher Typen in einer tetrarchischen Werkstatt in Rom geschaffen worden ist.²⁸ Die Gruppierung von Meleager und Atalante auf dem Sarkophag in Wilton House und verwandten Stücken ist von Hippolytos- und Adonissarkophagen abgeleitet.²⁹

Auf einer Reihe von Deckeln und vereinzelt auf Kästen sind das *Mahl nach der Jagd* und seine Vorbereitung wiedergegeben;³⁰ diese Szenen sind aus der literarischen Überlieferung nicht bekannt. Da es auch andere Mahldarstellungen gibt, müssen Atalante oder die Dioskuren erhalten sein, damit eine Szene als kalydonisches Jagdmahl bezeichnet werden kann.³¹ In der Regel findet sich am linken Rand ein Herd, vor dem ein Diener ein Feuer schürt; ein anderer Diener kann Wein aus einer Amphora in einen Kessel schütten; gelegentlich wird auch der Eber zerlegt. Im rechten Teil lagern an einem langgestreckten oder auch sigmaförmigen Polster die Teilnehmer am Mahl. Bisweilen sind weitere Gruppen eingefügt. Die ursprünglich friesartig, ohne Unterbrechung durchlaufende Szene, für die Beispiele in Istanbul, Basel oder Rom, S. Cecilia,³² vorhanden sind, wird schon in mittelantoninischer Zeit durch eine Tabula in

186.187

---

²³ Rom, Pal. Cons. 917; Tebessa; Pisa; Anzio; Woburn Abbey 59: ASR XII 6, 67–71 Taf. 56–63; zu dem Stück in Pisa auch: ARIAS, Camposanto 55 f. Taf. 4/5.
²⁴ ASR XII 6, 71 Taf. 63.
²⁵ Wilton House: ASR XII 6, 147 Taf. 120 d; 122 b. – Salerno und Cava dei Tirreni: a.O. 151. 152 Taf. 124 b. c. – Hippolytoss.: ASR III 2, 179. 179¹. – Ferner Löwenjagd Barcelona 870: ASR I 2, 8 Taf. 1, 2.
²⁶ ASR XII 6 S. 11 ff.
²⁷ G. KOCH, AA 1974, 623 ff.; ASR XII 6 S. 26 ff.
²⁸ ASR XII 6 S. 19 ff. – Zur Werkstatt auch: G. KOCH, AA 1979, 236 ff.

²⁹ ASR XII 6 S. 58 f.
³⁰ ASR XII 6 S. 48 ff. Taf. 114–118; G. KOCH, AA 1975, 542 Abb. 21. 23–26. – Das Frgt. ASR XII 6, 142 wurde im Jahre 1975 von H. SICHTERMANN wiedergefunden: INR 75. 2397. – Das Frgt. a.O. 136 Taf. 118 c ist jetzt in Toronto (Inv. 959. 17. 25 a. b), u.z. mit einem oben l. anpassenden weiteren Frgt. – Dazu: Frgt. in Baltimore, Johns Hopkins Univ., Archaeol. Coll. 192, mit Resten von drei Zechern, darunter einem Dioskuren und dem Bärtigen in Rückansicht; unpubl.
³¹ ASR XII 6 S. 48; G. KOCH, AA 1975, 542.
³² Istanbul 2100: ASR XII 6, 81 Taf. 114 a; 116 a–c. – Basel Slg. Züst 434: ASR XII 6, 73

zwei Bilder geteilt, wie Exemplare in Ostia und Frascati zeigen.³³ In einem Fall ist in der Mitte eine Büste, hinter der von Eroten eine Girlande gehalten wird.³⁴ Deckel mit Mahl sind bis in das späte 3. Jh. n. Chr. belegt.³⁵ Ein Fragment gehört zu einem Kasten, auf dem zumindest die Vorbereitung des Mahles dargestellt war; bei zwei verschollenen Fragmenten ist erwogen worden, ob sie auch zu Kästen gehören können.³⁶

Die Sarkophage mit der *Heimtragung Meleagers* aus dem Kampf³⁷ gehen auf eine Vorlage zurück, die in frühantoninischer Zeit für die Sarkophage geschaffen worden ist.³⁸ Sie wird von der Vorderseite in Houston³⁹ recht getreu wiedergegeben, allerdings schon in mittelantoninischer Erstarrung; eine Vorstellung kann auch der Kindersarkophag in Basel⁴⁰ geben. Es handelt sich um einen durchlaufenden Fries, bei dem die einzelnen Gruppen eng miteinander verbunden waren. Die Komposition ist in reichem Maße in mittelantoninischer Zeit belegt, sie geht aber schon in frühantoninische Zeit zurück, wie der Sarkophag in Istanbul⁴¹ zeigt. Im linken Teil ist allerdings bei diesem Exemplar die Gruppe von Apollo und Meleager eingeschoben, und dadurch ist die Anordnung der Pferde des Streitwagens durcheinandergeraten; auch der Selbstmord der Althaia und die rahmenden Dioskuren gehören nicht zum ursprünglichen Entwurf.⁴² Auf verschiedenen Deckeln mußte die Figurenfolge erweitert werden, um den längeren Fries zu füllen;⁴³ dafür sind der Sarkophag in Rom, Pal. Doria,⁴⁴ oder der verschollene Deckel, der ehemals im Pal. Sciarra in Rom⁴⁵ war, Beispiele. In einigen Fällen wird die Szene von Kindern oder Eroten wiedergegeben;⁴⁶ Parallelen sind dafür auf anderen Sarkophagen nicht in gleicher Zahl erhalten.

Die Darstellungen auf den Nebenseiten lassen sich für den ursprünglichen Entwurf nicht rekonstruieren; es kommen der Kampf Meleagers gegen die Kureten, die Tötung Meleagers durch Apollo, der Selbstmord Althaias und Trauernde am Grabe in Frage.⁴⁷

Taf. 114b; 117; G. Koch, AntK 18, 1975, 36ff. – Rom, S. Cecilia: ASR XII 6, 128 Taf. 114c.

³³ Ostia, Uff. Comb. 5 (1963 gestohlen): ASR XII 6, 130 Taf. 114f.; G. Koch, AA 1975, 542 Abb. 23a. b. – Frascati: ASR XII 6, 7 Taf. 114e; 118a.b; s. oben Anm. 9.

³⁴ Rom, Studio Canova: ASR XII 6, 132 Taf. 115a–c.

³⁵ R. Turcan, RA 1978, 144 (zur Datierung von Nr. 137, Saint-Germain).

³⁶ Rom, Villa Wolkonsky: ASR XII 6, 142; INR 75. 2397. – Verschollen: ASR XII 6, 138. 139 Taf. 116d–e.

³⁷ ASR XII 6, 73–111. 194. 195. 201 Taf. 68–94; G. Koch, AA 1975, 538ff. Abb. 12–19. – Dazu: Houston 76. 228; Vs., vollständige Abfolge; mittelantoninisch, Kopf des Wagenlenkers im frühen 3. Jh. n. Chr. zu Porträtkopf ausgearbeitet. – Kunsthandel: D.-Frgt., mit Althaia und Thestios und anderen Figuren; INR 78. 870. – Mailand, Slg. Torno: D. Frgt. mit Oineus,

Althaia u.a.; Torbogen l. wohl ergänzt; INR 75. 905. – Vielleicht zugehörig ein Frgt. in Berlin, Beschreibung der antiken Skulpturen (1891) 391 Nr. 962.

³⁸ ASR XII 6 S. 30ff.

³⁹ s. oben Anm. 37.

⁴⁰ Basel, Slg. Züst 434: ASR XII 6, 73 Taf. 74a; G. Koch, AntK 18, 1975, 36ff. Taf. 14, 1.

⁴¹ Istanbul 2100: ASR XII 6, 81 Taf. 68ff.

⁴² ASR XII 6 S. 30. K. Schauenburg, Gymnasium 85, 1978, 268.

⁴³ ASR XII 6 S. 33. – Anders zu Deckeln allgemein: K. Schefold, MEFRA 88, 1976, 774.

⁴⁴ ASR XII 6, 8 Taf. 82f.; Sichtermann-Koch Taf. 100f.; Schefold a. O. 781.

⁴⁵ ASR XII 6, 80 Taf. 84.

⁴⁶ ASR XII 6, 73–77 Taf. 74. 78e; G. Koch, AntK 18, 1975, 33f.; K. Schauenburg, AW 7, 1976, Heft 4, 33f.; ders., Gymnasium 85, 1978, 268.

⁴⁷ ASR XII 6 S. 31f.

In mittelantoninischer Zeit erstarren die Bewegungen, wie man an den genannten Beispielen in Houston und Basel und auch an anderen sehen kann.[48] In der späteren mittelantoninischen Phase werden die Gruppen durch Beifiguren bereichert, wie Fragmente in New York und im Vatikan zeigen.[49] Drei Beispiele spätantoninischer Zeit bringen die erweiterte Figurenfolge des Sarkophages in Istanbul;[50] der Kasten in Perugia[51] ist mit der Staffelung der Gestalten, ihrer unterschiedlichen Größe, ihrer Längung und ihren eckigen Bewegungen sowie den stark aufgerissenen Haaren und Gewändern ein typischer Vertreter der Zeit gegen 200 n. Chr. Aus dem 3. Jh. n. Chr. lassen sich nur Deckelfragmente in Arezzo und Halle nachweisen.[52]

188

Eine geschlossene Vorlage für den Archetypus ist nicht bekannt; der entwerfende Künstler hat vielmehr verschiedene Figuren und Gruppen zu einem durchlaufenden Fries zusammengefügt, wie er für die frühantoninische Zeit charakteristisch ist.[53]

Der *Tod Meleagers* ist nur auf einer kleinen, eng zusammenhängenden Gruppe wiedergegeben.[54] Es finden sich auf den Beispielen die gleichen Szenen, aber ihre Anordnung ist immer wieder abgewandelt. Der Archetypus[55] hatte wahrscheinlich in der Mitte den toten Meleager auf der Kline, links Althaia mit dem Holzscheit und rechts die Tötung der Thestiaden. Beste Vorstellung von der Szenen- und Figurenfolge gibt der prunkvolle Sarkophag in Paris,[56] auf dem allerdings die Gestalten stärker bewegt, ineinandergeschoben und in die Länge gestreckt sind. Die Eigenarten der trockenen mittelantoninischen Komposition wird man sich nach dem Kasten in Ostia[57] verdeutlichen können, auf dem allerdings das linke Bild ausgetauscht ist. Die Vorderseiten in Rom, Mus. Cap.,[58] und in Mailand, Sammlung Torno, zu der Nebenseiten in Florenz[59] gehören, stammen noch aus mittelantoninischer Zeit; die Vorderseite in Wilton House[60] und der Kasten in Paris[61] dürften im Übergang von der mittelantoninischen zur spätantoninischen Phase entstanden sein. Ein einziges Beispiel ist erst im

183

---

[48] s. oben Anm. 37 und 40.
[49] New York 20. 187: ASR XII 6, 93 Taf. 85 a. b; McCann, Metr. Mus. 61 ff. Nr. 8 Abb. 64. – Vatikan 1224: ASR XII 6, 98 Taf. 86; McCann a. O. 64 Abb. 67.
[50] ASR XII 6, 82. 83. 84 Taf. 88 b; 89 a. b.
[51] ASR XII 6, 83 Taf. 89 b; Sichtermann-Koch 46 Nr. 43 Taf. 112, 2; 114–116; K. Schefold, MEFRA 88, 1976, 782 Abb. 18; R. Turcan, RA 1978, 144.
[52] ASR XII 6, 102 Taf. 94 a; 103 Taf. 88 c; Turcan a. O. 144 (zu Halle).
[53] ASR XII 6 S. 31.
[54] ASR XII 6, 112–126. 196. 197 Taf. 95–113; G. Koch, AA 1975, 540 f. Abb. 20. 22. – Dazu: T. Buddensieg, JbBerlMus 5, 1963, 147 Anm. 71; ders. und G. Schweickhardt, ZKuGesch 33, 1970, 29 Abb. 14; 33 Abb. 20 (Gemälde in Mantua, Pal. d'Arco, wohl nicht mit einem der erhaltenen S. identisch).
[55] ASR XII 6 S. 39 ff.
[56] ASR XII 6, 116 Taf. 103 b; s. unten Anm. 61.
[57] Ostia 101: ASR XII 6, 112 Taf. 96 a; Sichtermann-Koch 47 Nr. 44 Taf. 112, 1; 113; K. Schefold, MEFRA 88, 1976, 781 f.
[58] Rom, Mus. Cap. 623: ASR XII 6, 120 Taf. 96 c; P. Kranz, BullCom 84, 1974/75 (1977) 178 Anm. 3 (hält das Stück für Fälschung wie B. Andreae in Helbig[4] II 1380, übersieht aber Nachtrag in Helbig[4] IV S. 397 und gibt keine Begründung).
[59] ASR XII 6, 117 und 118 Taf. 102; neue Aufnahmen der Ls. in Mailand: INR 75. 891–894.
[60] ASR XII 6, 122 Taf. 103 a.
[61] Paris 539: ASR XII 6, 116 Taf. 103 b; 106–111. 113 a. b.; Kranz a. O. 178 (beanstandet die zu späte Datierung in ASR – 180/90 n. Chr. – und setzt ihn dagegen in die späten 70er Jahre des 2. Jhs.; in der Datierungstabelle in ASR S. 81 etwas zu tief gerückt, in Text und Katalog 180/90 n. Chr. datiert).

3. Jh. n. Chr. gearbeitet worden, und zwar in den Jahren um 230 n. Chr., nämlich die Vorderseite in Castel Gandolfo,[62] die in ihrer Figurenanordnung dem Exemplar in Wilton House folgt.

Auf einer der Nebenseiten werden die trauernden Meleagriden am Grabe ihres Bruders dargestellt gewesen sein;[63] für die andere Nebenseite ist die Szene nicht belegt.

Der Archetypus geht nicht auf eine geschlossene frühere Vorlage zurück; es läßt sich vielmehr zeigen, daß der Künstler Figuren und kleine Gruppen aus ganz verschiedenartigen Zusammenhängen genommen und sie zu einer neuen typisch mittelantoninischen Komposition zusammengesetzt hat.[64]

Ein verschollener *Säulensarkophag,* von dem ein Fragment in Berlin aufbewahrt wird,[65] zeigt im mittleren Interkolumnium den stehenden Meleager im Typus des sogenannten Meleager des Skopas, rechts Artemis, links zwei aus dem Zusammenhang der Jagdsarkophage herausgerissene Gestalten, nämlich Oineus und einen weiteren Mann, und in den Seitenfeldern die Dioskuren mit steigenden Pferden. Auf einem fragmentierten Säulensarkophag in Albano[66] könnten Meleager und Atalante dargestellt sein. Beide Stücke stammen aus dem späteren 2. Jh. n. Chr.

Die vier erhaltenen *Riefelsarkophage* mit Meleagermotiven[67] haben verschiedene, aus dem Zusammenhang von Friessarkophagen genommene Typen; bei dem Stück in Rom, NM,[68] sind es Atalante und der Verwundete, die von einem Jagdsarkophag stammen, auf dem Exemplar in Genua,[69] an das man vielleicht ein Fragment in Moskau[70] anschließen kann, Oineus, der aus einem Heimtragungssarkophag übertragen worden ist. Der sogenannte Meleager des Skopas findet sich auf dem Kasten in Genua; ein anderer Typus[71] ist für Meleager auf den Sarkophagen in Rom, NM und S. Pietro,[72] verwandt worden. Auf dem Stück in Wilton House[73] sind im Mittelfeld Meleager und Atalante beim Opfer und in den Seitenfeldern die Dioskuren zu sehen. Das Exemplar in Rom, NM, gehört zu den frühesten Riefelsarkophagen.[74] Die Stücke in Genua und Rom, S. Pietro, werden um 180/90 n. Chr., das in Wilton House im 2. Viertel des 3. Jhs. n. Chr. entstanden sein.[75]

---

[62] ASR XII 6, 121 Taf. 96 d.
[63] ASR XII S. 41.
[64] ASR XII S. 42 ff.
[65] ASR XII 6, 143 Taf. 123 a. b (das Frgt. ist in Berlin, Klein Glienicke).
[66] Albano, Chiesa della Rotonda: E. TORTORICI, Castra Albana (Forma Italiae I 11, 1975) 162 f. Nr. 29 Abb. 300.
[67] ASR XII 6, 144–147 Taf. 120; dazu die Frgte 148. 149. 199.
[68] Rom, NM 56138: ASR XII 6, 144 Taf. 120 a; 123 c. d.
[69] Genua-Corigliano, S. Andrea: ASR XII 6, 145 Taf. 120 b.

[70] Moskau, Puschkin Mus. II 1 a, 900: N. N. BRITOVA, Antičnoe iskusstvo. Muzei A. S. Puschkin. Katalog (1963) 44; Iskusstvo Visantii v Sobranijach SSSR I (1977) 42 Nr. 18 mit Abb.
[71] ASR XII 6 S. 54.
[72] ASR XII 6, 144. 146 Taf. 122 a; 121.
[73] ASR XII 6, 147 Taf. 120 d; 122 b.
[74] ASR XII 6 S., 57; R. TURCAN, RA 1978, 144 f.
[75] ASR XII 6 S. 57; das Stück in S. Pietro ist wichtig wegen der mitgefundenen Münzen.

27. Narkissos

P. Zanker, BJb 166, 1966, 164f. – Sichtermann-Koch 47f. Nr. 45. H. Sichtermann, AA 1977, 468f.

Narkissos in seiner bekannten statuarischen Erscheinung,[1] mit den über das Haupt gelegten Armen und dem auf das Spiegelbild weisenden Eros neben ihm, begegnet ausschließlich als Eckfigur auf Riefelsarkophagen. Erhalten sind vier Exemplare,[2] dazu kommt ein verschollener Sarkophag.[3] Zweimal ist Narkissos symmetrisch verdoppelt auf beiden Enden der Langseite dargestellt,[4] zweimal als Gegenstück zu Eros, der die Psyche brennt,[5] einmal zu Eros allein. In den Mittelfeldern der betreffenden Riefelsarkophage erscheinen eine Hochzeitsszene, die Graziengruppe, Ganymed und der Adler, ein Togatus, ein Clipeus mit bärtigem Porträt. Die Sarkophage gehören an das Ende des 2. oder den Anfang des 3. Jhs. n. Chr.

28. Neoptolemos

B. Andreae, Helbig[4] III S. 43ff. – Ders., RendPontAcc 41, 1968/9, 148ff. – Sichtermann-Koch 48f.

Die Bestrafung gefangener Trojaner vor dem Sohn Achills, Neoptolemos, ist auf einem einzigen Sarkophag wiedergegeben,[1] dessen Szenerie auch den Darstellungen der Unterwerfung besiegter Barbaren vor einem römischen Feldherrn zum Vorbild gedient hat.[2] Auch der Neoptolemos-Sarkophag selbst zeigt schon römische Zutaten wie die drei Tropaia, die an beiden Enden und in der Mitte der Vorderseite erscheinen, seine mythologische Deutung ist also nur bedingt richtig,[3] obwohl die durch das Relief eines Silberbechers überlieferte Komposition[4] ursprünglich sicher mythologisch gemeint ist. Rechts sitzt der jugendliche Neoptolemos, ihm wird ein zur Tötung bestimmter Trojaner vorgeführt, links davon, in der Mitte der Langseite, schmückt ein Soldat ein Tropaion, auf der linken Seite der Langseite sind weitere gefangene Trojaner, darunter eine Frau mit Kind, dargestellt. Die linke Nebenseite zeigt als neutrale Verzierung einen über Waffen galoppierenden Pegasos, die rechte einen Krieger,

95

96

---

[1] Über den Typus: G. Traversari, Sculture del V°–IV° secolo A. C. del Mus. Archeol. di Venezia (1973) 156f. zu Nr. 68.
[2] Vatikan, Potsdam, Rom, NM, Lit. bei Sichtermann-Koch 48 zu Nr. 45. Dazu Rom, S. Sebastiano, Sichtermann a. O. 468f.
[3] J. Schmidt, BdI 1879, 163, ehem. Volterra.
[4] Vatikan, Potsdam.
[5] S. Sebastiano u. wohl auch der verschollene S.
[6] Rom, NM.

[1] Rom, NM, B. Andreae, RendPontAcc 41, 1968/9, 150 Abb. 1. Sichtermann-Koch 48f. Nr. 46. B. Andreae, Röm. Kunst (1973) Abb. 499.
[2] Vgl. B. Andreae, Helbig[4] I S. 184 zu Nr. 239 u. III S. 45 zu Nr. 2144.
[3] Vgl. R. Turcan in: Mél. P. Boyancé (= Coll. de l'École Fr. de Rome 22, 1974) 728 Anm. 8.
[4] A. Adriani, RM 67, 1960, 112ff. Taf. 34.35. Helbig[4] III S. 44 mit Abb.

der einem toten Gegner Speer und Pfeil aus dem Körper zieht.[5] Auf dem Deckel erscheinen links und rechts je zwei gefesselte, am Boden sitzende Trojaner, in der Mitte halten zwei fliegende Niken in einem Kranz das Porträt des Beigesetzten.

Der Sarkophag gehört in die zweite Hälfte des 2. Jhs. n. Chr., vielleicht ist er auf die Partherkriege von 162 n. Chr. zu beziehen.

29. Nike

Die Siegesgöttin hat in mythologischen Handlungen nie eine große Rolle gespielt, ist daher auch auf mythologischen Sarkophagen kaum vertreten. Weit mehr ‚Personifikation' als die anderen Götter übt sie ihre sinnbildliche Funktion zumeist in rein repräsentativem Zusammenhang aus, der künstlerisch gesehen zum Dekorativen gehört: als Eckfigur auf Langseiten, als stehende oder fliegende Trägerin von Inschrifttafeln und Porträts auf Deckeln und Langseiten.[1] Gelegentlich erscheint sie – im Grunde auch nur als Sinnbild – bei mythologischen Begebenheiten, so als Zeichen des Sieges der Liebe bei Rhea Silvia[2] oder Persephone.[3]

Kaum etwas anderes als ein Sinnbild ist sie auch da, wo sie allein, in gewisser Weise sogar handelnd, auftritt: beim Beschreiben eines Schildes. Obwohl die Tatsache, daß sie regelmäßig in einem bekannten Typus wiedergegeben wird,[4] ihre ‚Handlung' doch wieder zum Sinnbild erstarren läßt, mag sie hier noch am ehesten den rein dekorativen Bereich verlassen; die entsprechenden Darstellungen seien daher an dieser Stelle verzeichnet.

Es sind acht Sarkophage zu nennen, alles Riefelsarkophage.[5] Zwei setzen sie in das Mittelfeld, beide Male mit auf einen Pfeiler gestütztem Schild, als Eckfiguren werden Eroten[6] oder Jahreszeiten[7] verwendet. Ihrerseits tritt sie, verdoppelt, als Seitenfigur auf einem Sarkophag auf, dessen Mitte von den Drei Grazien eingenommen wird.[8] Auf eine Säule gesetzt, erscheint sie in der Mitte eines Sarkophages, dessen Enden von Mann und Frau eingenommen werden,[9] drei Sarkophage haben sie in der Mandorla, links und rechts sehen wir wieder Mann und Frau,[10] Gute Hirten[11] oder Löwen.[12]

Keiner dieser Sarkophage ist vor dem 3. Jh. n. Chr. entstanden.

[5] Das Herausziehen von Speeren, Pfeilen und Nägeln aus dem Körper ist in der Antike mehrfach überliefert, vgl. etwa Cicero, De fin. II 30, 97. Lucan, Bellum civ. VI 231 f. 255 f. Auch bei Homer findet sich das Motiv: Achill zieht dem toten Hektor den Speer aus dem Leib, Ilias 22, 367 ff. (Hinweis von H. JUNG), doch ist diese Szene auf der Ns. des Neoptolemoss. kaum gemeint.

[1] s. Kapitel I 4.3.9.5.
[2] Rom, Pal. Mattei, ASR III 2, 190. GUERRINI, Pal. Mattei Taf. 17.
[3] Rom, Mus. Cap., ASR III 3, 392. SICHTERMANN-KOCH 57 f. Nr. 61.
[4] Zu diesem: T. HÖLSCHER, Victoria Romana (1967) 122 ff. Ders. in: AntPl X (1970) 67 ff. H. P. LAUBSCHER, JdI 89, 1974, 254 f.
[5] Eine Zusammenstellung fehlt noch.
[6] Pisa, ARIAS, Camposanto 68 f. Taf. 19, 37.38.
[7] Vatikan, AMELUNG, Vat. Kat. I 282 Nr. 159 Taf. 29.
[8] Albano, Mus. Albano, A. ORLANDI, ArchCl 24, 1972, 34 Anm. 8. INR 76.171-74.
[9] Rom, S. Callisto, WILPERT I Taf. 48,4.
[10] Rom, Mus. Cap., STUART JONES, Mus. Cap. 23 Nr. 18 Taf. 1. WILPERT III Taf. 270,1.
[11] Narbonne, J. JANNORAY, Gallia 6, 1948, 201 f. Abb. 3.
[12] Rom, Pal. Barberini, ALTMANN, Architektur 46 Abb. 15.

30. Niobiden

C. Robert, ASR III 3, 312–321; Nachträge III 3 S. 576. – H. Sichtermann, JdI 83, 1968, 180ff. – Sichtermann-Koch 49f.

Es sind elf stadtrömische Sarkophage bekannt, darunter ein unsicheres Exemplar.¹ Ihre Darstellungen zerfallen in zwei Klassen. Die eine, zeitlich frühere, zeigt die schießenden Götter Apoll und Artemis an den Enden der Langseite, zwischen ihnen, mit Ammen und Pädagogen, die sterbenden Opfer; auf den Deckeln sind die toten Niobiden wiedergegeben. Erhalten sind drei Sarkophage.² Die zweite Klasse, vertreten mit sieben Exemplaren, hat statt der Götter die Eltern der Niobiden an den Enden der Langseite und zeigt die Söhne zu Pferde.³ In der Komposition sind zwei Varianten zu unterscheiden.⁴ Bei dieser Klasse sind die tötenden Götter auf die Enden der Deckel versetzt, wie zwei erhaltene Exemplare erweisen.⁵ Einer dieser Deckel zeigt außerdem Szenen aus der Geburtsgeschichte des Apoll;⁶ ein weiterer Deckel mit derartigen Szenen⁷ mag ebenfalls zu einem Niobidensarkophag gehört haben.

191
189
190

Auf Langseiten und Deckeln sind Typen verschiedener Herkunft zu neuen Kompositionen zusammengestellt worden, die für die Sarkophagwerkstätten geschaffen wurden. Alle Sarkophage stammen aus dem 2. Jh. n. Chr.⁸

31. Odysseus

C. Robert, ASR II 138–153; Nachträge III 3 S. 554ff. – Th. Klauser, JbAChr 6, 1963, 71ff. – R. Turcan, JbAChr 22, 1979, 161ff.

Szenen aus der Odyssee lassen sich bisher auf wenig über dreißig Sarkophagen nachweisen, sie sind typologisch nicht zusammenzuschließen und bilden heterogene Gruppen mit eigenen ikonographischen und chronologischen Problemen.

Am häufigsten ist die Vorbeifahrt des Schiffes bei den Sirenen dargestellt, und zwar 16 Mal auf Deckeln¹ und einmal auf den Nebenseiten eines Musensarkophages.² Auf den Deckeln ist dieser Szene mehrmals eine Philosophenversammlung gegenübergestellt; sie sind alle um 250 n. Chr. und bald danach zu datieren.

---

¹ ASR III 3, 312–321; unsicher ist 321. Dazu ein S. in Providence, H. Sichtermann, JdI 83, 1968, 180ff., s. Anm. 3. Vgl. weiter A. Herrmann, AntK 18, 1975, 89ff.

² ASR III 3, 312–314. Sichtermann-Koch 49 Nr. 47.

³ ASR III 3, 315–320. Sichtermann-Koch 49 Nr. 48. Dazu ein S. in Providence, Sichtermann a.O. 180ff. M. Osterstrom Renger, AJA 73, 1969, 179ff. Cat. of the Classical Coll. B. Sismondo Ridgway, Classical Sculpture (1972) 99ff. Nr. 39.

⁴ Dazu Sichtermann a.O. 180ff.

⁵ Vatikan, ASR III 3, 315. Sichtermann-Koch 49f. Nr. 48. Providence, Sichtermann a.O. 180ff.

⁶ Providence, Sichtermann a.O. 207ff.

⁷ ASR III 1, 33. Sichtermann a.O. 200 Abb. 16; s. Kapitel I 4. 3. 2. 7.

⁸ Zur Chronologie: K. Fittschen, JdI 85, 1970, 191.

¹ Klauser a.O. mit Liste.

² ASR V 3, 219.

Der Raub des Palladion³ ist auf einem (verschollenen) Girlandensarkophag, der auch andere Szenen der Odyssee aufwies,⁴ auf der linken Nebenseite dargestellt; Polyphem erscheint dreimal,⁵ ebenfalls dreimal Szenen aus der Heimkehr.⁶ Die Abholung des Philoktet ist, in zwei Szenen, auf der Langseite des genannten Girlandensarkophages⁷ vertreten.

32. Oidipus

C. ROBERT, ASR II 182.183; Nachträge III 3 S. 560. – K. SCHEFOLD, Röm. Kunst als religiöses Phänomen (1964) 65 f. – SICHTERMANN-KOCH 51 f.

Die Gestalt des Oidipus und seine Mythen erscheinen auf nur zwei stadtrömischen Sarkophagen, einem Girlandensarkophag und einem Deckel. Der Girlandensarkophag¹ zeigt im linken Girlandenbogen Oidipus mit zwei Begleitern vor der Sphinx (im rechten ist Polyphem und Galateia dargestellt), der Deckel, auf einem Adonissarkophag sitzend,² reiht sieben Szenen aus dem Leben des Oidipus aneinander: von links nach rechts Laios' Opfer an Apoll, der sorgenvoll sitzende Laios, die Aussetzung des Oidipus und dessen Aufbruch, dann von rechts nach links die Tötung des Laios, Oidipus vor der Sphinx und die Erkennung des Oidipus durch den Hirten. Der Girlandensarkophag ist am Ende des 2. Jhs. n. Chr. entstanden, der Deckel um 220 n. Chr.

33. Orest

C. ROBERT, ASR II 154–180; Nachträge III 3 S. 559 f. – G. HAFNER, Iudicium Orestis. 113. BWPr (1958). – H. SICHTERMANN, RM 78, 1971, 181 ff. – MCCANN, Metr. Mus. 53 ff. – M. C. PARRA, Prospettiva 13, 1978, 52 ff.

Die Szenen aus der Orestie auf Sarkophagen lassen sich in zwei Gruppen teilen: die erste umfaßt die Ermordung des Aigisth und der Klytaimestra durch Orest, die zweite enthält verschiedene Szenen aus der Begegnung von Orest und Iphigenie. Die einzelnen Darstellungen stimmen zumeist weitgehend überein, doch werden sie in unterschiedlicher Weise kombiniert und auf Langseiten, Nebenseiten und Deckel verteilt.

³ H. P. LAUBSCHER, JdI 89, 1974, 256 ff.
⁴ ASR II 139.
⁵ ASR II 147-9, das sind eine Ns. im Mus. von Catania, B. CONTICELLO – B. ANDREAE, Die Skulpturen von Sperlonga, AntPl XIV (1974) Taf. 59 a. INR 71.794-7, u. zwei Frgt.e in Neapel, SICHTERMANN-KOCH 50 Nr. 50.
⁶ Neapel, S. Martino, ASR II 150. SICHTERMANN-KOCH 51 Nr. 51, Rom, Mus. Barracco, REINACH, RR III 161,3. INR 61.1678–1682, u. die r. Ns. des Girlandens. ASR II 139.
⁷ ASR II 139.
¹ Rom, Pal. Mattei. ASR II 182. GUERRINI, Pal. Mattei 6. INR 72.2963-5.
² Rom, Vatikan. ASR II 183. SCHEFOLD a.O. 65 f. Taf. 10 b. SICHTERMANN-KOCH 51 f. Nr. 52. – Der Adoniss.: ASR III 1,21. SICHTERMANN-KOCH 19 f. Nr. 7.

Stadtrömische Sarkophage der ersten Gruppe sind 19 erhalten.[1] Einer zeigt, in zwei Szenen, die eigentliche Ermordung,[2] alle übrigen, mit leichten Varianten, in der Mitte Orest, nach dem Mord die Furien erblickend, links das Grab des Agamemnon, rechts Orest in Delphi über die Furien hinwegschreitend, in genauer Entsprechung zur Orestie des Aischylos; auf den Nebenseiten erscheint einige Male die Freisprechung des Orest auf dem Areopag[3] oder eine andere Szene der Orestie.

Auf drei Deckeln, von denen zwei auf Sarkophagen mit der Ermordung des Aigisth sitzen, während der dritte ohne Kasten erhalten ist, sind Szenen aus der Iphigeniensage dargestellt. Der am vollständigsten erhaltene[4] zeigt links die Erkennung der Geschwister Orest und Iphigenie, in der Mitte den Gang zum Meer mit dem Artemisbild und rechts den Kampf um dieses Bild am Schiff, der Deckel ohne Kasten[5] hat als Mittelszene statt des Ganges zum Meer den nach seinem Wahnsinnsanfall erschöpft zusammengesunkenen Orest, bei dem dritten Deckel[6] ist nur die rechte Szene, der Kampf am Schiff, erhalten. Dieselben Szenen finden sich bei 23 Sarkophagen auf der Langseite, ebenfalls verschieden miteinander kombiniert.[7] Entweder wird der durch Wahnsinn erschöpfte Orest in die Mitte gesetzt, links flankiert von der Vorführung der von einem Skythen bewachten Freunde Orest und Pylades vor Iphigenie, rechts vom Kampf am Meer,[8] oder in der Mitte erscheint die Vorführung der Gefangenen vor Iphigenie, verbunden mit der Wiedererkennung der Geschwister links und dem Kampf am Schiff rechts,[9] oder die Mitte wird vom Abschied der beiden Freunde eingenommen, gerahmt links von der Wiedererkennung der Geschwister, rechts von der Vorführung der gefangenen Freunde vor Thoas.[10] Die einzelnen Szenen entsprechen der Taurischen Iphigenie des Euripides; ihrer bildlichen Gestaltung auf den Sarkophagen liegen vielleicht Buchillustrationen zugrunde, die aber ihrerseits auf klassische Vorbilder zurückzuführen wären.

Alle Orestsarkophage gehören dem 2. Jh. n. Chr. an.

---

[1] ASR II 154–166, dazu mehrere neue Stücke, z. B. New York, McCann, Metr. Mus. 53 ff. Nr. 7 Abb. 55–57. Klein Glienicke, Goethert, Klein Glienicke 29 f. Nr. 139 Taf. 54.55; 30 Nr. 140 Taf. 55. Cleveland, McCann, Metr. Mus. 57 Abb. 60.

[2] Leningrad, Ermitage, ASR II 154. Sichtermann a.O. 189 Taf. 94,1. Saverkina, Ermitage 35 ff. Nr. 13 Taf. 25–27.

[3] Hafner a.O. 15 Abb. 7 = ASR II 157. Hafner geht besonders auf die Frage des Vorbildes ein u. rekonstruiert ein klassisches Gemälde, a.O. 20 Abb. 11.

[4] ASR II 155. Sichtermann-Koch 52 f. Nr. 53, Vatikan.

[5] Rom, NM, Sichtermann-Koch 53 f. Nr. 54.

[6] New York, McCann, Metr. Mus. 54 Abb. 55 (Nr. 7).

[7] ASR II 167–180. Zu 180 jetzt: Guerrini, Pal. Mattei 69 f. Taf. 67 a; zu 170: Saverkina, Ermitage 31 f. Nr. 8 Taf. 20.

[8] ASR II 167–170.

[9] ASR II 172–176.

[10] ASR II 177–180.

34. Orpheus

F. M. SCHOELLER, Darstellungen des Orpheus in der Antike (1969). – H. STERN, CArch 23, 1974, 1 ff. – SICHTERMANN-KOCH 54.

182 Bekannt sind zehn Riefelsarkophage, auf welchen Orpheus die Mitte einnimmt,[1] in Gesellschaft von Tieren die Leier spielend, gewöhnlich sitzend, nur einmal in beschwingter Haltung stehend;[2] die seitlichen Felder werden von den Verstorbenen (Mann und Frau), Jahreszeiten, einem Fischer, dem Guten Hirten oder beutezerreißenden Löwen eingenommen. Alle Sarkophage gehören an das Ende des 3. Jhs. n. Chr. oder in das 4., zwei sind sicher als christlich anzusehen, wahrscheinlich ist christliche Verwendung auch bei anderen anzunehmen.[3] Einige stammen aus einer ostiensischen Werkstatt.

Auf der Nebenseite eines Musensarkophages[4] kann ein sitzender Leierspieler mit phrygischer Mütze, neben ihm ein Greif, wohl auch als Orpheus benannt werden; vor ihm stehen zwei Dichter.

35. Parisurteil

C. ROBERT, ASR II 10–19; Nachträge III 3 S. 546. – LIPPOLD, Gemäldekopien 42. – C. CLAIRMONT, Das Parisurteil in der antiken Kunst (1952).

Das Parisurteil erscheint auf 13 Sarkophagen.[1] Am bedeutendsten ist eine nahezu
197 vollständig erhaltene Platte,[2] die links das Urteil, rechts die zum Olymp enteilenden Götter, in der Mitte den nach Troja aufbrechenden Paris zeigt. Von dieser Komposition sind, wenn auch nur in Fragmenten und mit Abänderungen, sechs Repliken[3] erhalten. Ein Sarkophag zeigt, auf die gesamte Langseite verteilt, nur das Urteil,[4] ebenso,
196 wenn auch abweichend in der Verteilung der Figuren, eine Platte.[5] Die Sarkophage gehören alle dem späteren 2. Jh. n. Chr. an.

[1] Ein Beispiel: Porto Torres, SICHTERMANN-KOCH 54 Nr. 55. Zusammenstellungen bei SCHOELLER a. O. u. STERN a. O.
[2] Boston, Mus. of Fine Arts, M. B. COMSTOCK – C. C. VERMEULE, Sculpture in Stone. The Greek, Roman and Etruscan Collections of the Mus. of Fine Arts Boston (1976) 159 Nr. 251 Abb. 251.
[3] H. BRANDENBURG, Rep. I S. 429 f. zu Nr. 1022.
[4] ASR V 3, 184.
[1] ASR II 10–18; 19 stammt nicht von einem S. Dazu: Klein Glienicke, GOETHERT, Klein Glienicke 30 Nr. 141 Taf. 55. Anacapri, Villa S. Michele, A. ANDRÉN, OpRom 5, 1965, 137 Nr. 29 Taf. 17. Toronto, ehem. Slg. L. Curtius, INR 35.2073. Rom, NM, SICHTERMANN-KOCH 54 f. Nr. 56 (von C. ROBERT und anderen nicht als S.-Platte angesehen, s. ASR II S. 17).
[2] Rom, Villa Medici. ASR II 11. K. SCHEFOLD, Röm. Kunst als relig. Phänomen (1964) 70. M. LAWRENCE, AJA 69, 1965, 212 f. Taf. 50, 15. MCCANN, Metr. Mus. 45 Abb. 45.
[3] ASR II 12–15, Klein Glienicke u. Anacapri, s. Anm. 1.
[4] Rom, Villa Doria Pamphilj. ASR II 10. CALZA, Villa Doria 164 f. Nr. 194 Taf. 119.
[5] Rom, NM, s. Anm. 1.

Das Urteil ist auch auf zwei Deckeln[6] dargestellt, einer[7] gehört zu einem Endymi- 158
onsarkophag. Vergleichbar ist der Deckel eines anderen Endymisionsarkophages,[8] der
in Einzelfeldern Anspielungen auf das Parisurteil zeigt.

36. Peleus und Thetis

C. ROBERT, ASR II 1; Nachträge III 3 S. 545. – B. ANDREAE in: HELBIG[4] IV S. 261 ff.

Nur ein Sarkophag wurde bisher auf den Mythos von der Hochzeit des Peleus und der 198
Thetis gedeutet, ein hadrianisch-klassizistischer in der Villa Albani.[1] In dem auf der
Langseite rechts dargestellten sitzenden Paar erkannte man bisher allgemein die
Brautleute Peleus und Thetis, denen Hephaist Schwert und Schild (für den zu erwar-
tenden Sohn Achill) überbringt, gefolgt von den vier Jahreszeitenhoren mit den ihnen zukommenden Gaben; die zwei anschließend folgenden männlichen Figuren,
ein Knabe mit gesenkter Fackel und ein Jüngling mit einem Gefäß, beide bekleidet,
sind noch nicht einmütig gedeutet, ebensowenig die ganz links erscheinende, dia-
demgeschmückte weibliche Figur mit einem Blütengewinde in der Hand, die von einem kleinen Eros aus dem Geschehen nach links herausgeschoben zu werden
scheint.[2] Einer neuen Deutung von F. Müller zufolge[3] ist rechts nicht Peleus, sondern
Achill zu erkennen,[4] was auch die Erklärung der übrigen Gestalten beeinflußt. – Die
Darstellungen des Deckels – Meerwesen zuseiten einer Okeanosmaske – und der
Nebenseiten – links ein delphinreitender Eros, rechts ein Meerdrachen vor Poseidon
– weisen auf das Meer, also das Element der Thetis; sie tragen damit nur allgemein zur
Deutung der Langseite bei. Die ikonographische Unsicherheit mag damit zusammen-
hängen, daß in dieser frühen Epoche der Sarkophagkunst noch mit verschiedenen
Bildelementen experimentiert wurde, ohne daß daraus etwas Ganzes entstand. Die
Herkunft einzelner Figurentypen aus der neuattischen Kunst und die allgemeine Stil-
verwandtschaft mit dieser sind nicht zu übersehen.

[6] ASR II 16.17, beide Paris, Louvre.
[7] ASR II 16, der S.: ASR III 1,72, etwa 220–240 n. Chr. zu datieren.
[8] New York. ASR III 3,83. MCCANN, Metr. Mus. 39 ff. Nr. 4.
[1] ASR II 1. K. SCHEFOLD, Röm. Kunst als religiöses Phänomen (1964) 63 f. Taf. 10a. SICHTERMANN, Endymion 100 ff. (von der dort vertretenen Auffassung, der S. sei eine Fälschung, bin ich inzwischen abgekommen). HELBIG[4] IV 3291.

[2] Juno pronuba: C. ROBERT, ASR II S. 4. Göttin der Jungfräulichkeit: E. SIMON, RM 60/1, 1953/4, 211 ff. Aphrodite: G. BENDINELLI, RM 64, 1957, 93 ff. Thetis: SCHEFOLD a.O. 63 f.
[3] Noch ungedruckt, mir dank freundlicher mündlicher Mitteilung bekannt.
[4] Eine Andeutung schon bei C. ROBERT, ASR II S. 6.

37. Pelops

C. ROBERT, ASR III 3, 323–327. 329.

Die Sarkophage mit der Wettfahrt zwischen Pelops und Oinomaos bilden nur eine kleine Gruppe von acht Exemplaren und Fragmenten. Am Anfang steht der Kindersarkophag im Vatikan,[1] auf dem die Figuren ungewöhnlich weit auseinander gezogen sind und viel Reliefgrund frei bleibt; er ist möglicherweise in späthadrianischer Zeit entstanden.[2] In die mittelantoninische Phase gehört ein Deckel in Rom, NM,[3] bei dem, wie es für Deckel üblich ist, zur Füllung des langen Frieses weitere Gestalten und Versatzstücke eingefügt sind; darunter ist eine Frauengruppe, die mit den Meleagersarkophagen zusammenhängt.[4] Diese beiden Stücke könnten auf eine gemeinsame Vorlage zurückgehen, die nur die Wettfahrt, verbunden mit dem Tod des Oinomaos, und trauernde Frauen zeigte; man hat einen klassischen Fries vermutet,[5] doch reicht die Überlieferung für eine genauere Bestimmung nicht aus. Die Entführung der Hippodameia durch Pelops, die auf früheren Darstellungen mehrfach vorkommt, ist auf den stadtrömischen Sarkophagen nicht wiedergegeben.

Eine sich eng zusammenschließende Gruppe zeigt mehrere Szenen, nämlich die Ankunft des Pelops am Tor, an dem die Köpfe früherer Freier angebracht sind, Pelops vor Oinomaos, die Wettfahrt mit dem Tod des Oinomaos und die Verbindung von Pelops und Hippodameia. Das früheste Stück könnte der Kasten in Tipasa[6] sein, bei dem die Hochzeit fehlt. Nach seinem niedrigen Format, den aufgereihten Gestalten und den kleinteiligen, aber wie erstarrten Falten wird man ihn vielleicht noch in das erste Viertel des 3. Jhs. (220/30 n. Chr.) datieren können.[7] Die Vorderseite eines wannenförmigen Sarkophages in Paris,[8] der Kasten in der Villa Albani in Rom[9] und das Fragment des Palazzo Massimo in Rom[10] dürften im 2. Viertel des 3. Jhs. entstanden sein. Das großartigste Beispiel ist die Vorderseite in Brüssel,[11] die viele ungewöhnliche Züge hat;[12] sie gehört als spätestes Beispiel vielleicht auch in diese Zeitspanne.[13]

[1] Vatikan 2341: ASR III 3, 323; LIPPOLD, Vat. Kat. III 2, 96 ff. Nr. 621 Taf. 47; HELBIG[4] I 506.

[2] B. ANDREAE in: HELBIG[4] I 506 setzt ihn in mittelantoninische Zeit; trotz der neuzeitlichen Glättung könnte man erwägen, ob nicht eine frühere Datierung möglich ist; zu vgl. ist der S. der Gerontia in Rom, Mus. Cap. 325: SICHTERMANN-KOCH 27 f. Nr. 16 Taf. 35, 1.

[3] Rom, NM 108407: HELBIG[4] III 2136; L. QUILICI, Collatia (Forma Italiae I 10, 1974) 369 Abb. 782; K. SCHEFOLD, MEFRA 88, 1976, 793 Abb. 28–30.

[4] ASR XII 6 S. 35.

[5] A. v. SALIS, Antike und Renaissance (1947) 102 ff.; K. WEITZMANN, Greek Mythology in Byzantine Art (1951) 13; B. ANDREAE in: HELBIG[4] I 506; SCHEFOLD a. O. 793 f.

[6] ASR III 3, 324; G. CULTRERA, Ausonia 7, 1912, 126 Abb. 3.

[7] B. ANDREAE – H. JUNG, AA 1977, Tabelle n. S. 434: 230/40 n. Chr.

[8] Paris 974: ASR III 3, 327; CHARBONNEAUX, Louvre 244 f.; ANDREAE – JUNG a. O.: 230/40 n. Chr.; v. SALIS a. O. 102 f. Abb. 16/17.

[9] ASR III 3, 325; HELBIG[4] IV 3319; SICHTERMANN-KOCH 55 f. Nr. 57 Taf. 144,2; ANDREAE-JUNG a. O.: 240/50 n. Chr.

[10] ASR III 3, 326; INR 31.236; 60.352; ANDREAE-JUNG a. O.: 240/50 n. Chr.

[11] Brüssel A 9167: ASR III 3, 329; F. CUMONT, Catalogue des sculptures et inscriptions antiques des Musées Royaux du Cinquantenaire[2] (1913) 110 ff. Nr. 86.

[12] ASR III 3 S. 399 f.

Ein Fragment in Anacapri[14] dürfte in nachgallienische Zeit, in die Jahre 270/80 n. Chr., gehören. Die Vorderseite in Neapel[15] ist eine lokale campanische Arbeit.[16]

Diesen Sarkophagen scheint eine gemeinsame Vorlage, eine römische, für die Sarkophage geschaffene Komposition, zugrunde gelegen zu haben.[17] Die Szene der dextrarum iunctio ist von römischen Hochzeitssarkophagen übernommen worden; für die Ankunft des Pelops beim Palast des Oinomaos sind griechische Vorbilder bisher nicht bekannt, aber wohl möglich; für die Szene von Pelops vor Oinomaos gibt es eine Parallele auf einer unteritalischen Situla,[18] eine ältere Vorlage ist also anzunehmen.

Bei den Pelopssarkophagen steht also den zwei frühen Beispielen eine kleine Gruppe aus dem 3. Jh. gegenüber, die auf einen neuen Entwurf zurückgeht, der vor dem frühen 3. Jh. n. Chr. nicht belegt ist.

38. Persephone

C. ROBERT, ASR III 3, 358–421. Nachtrag S. 576. – G. KOCH, JWaltersArtGal 37, 1978, 74 ff. (= KOCH I). – Ders., AA 1979, 228 ff. (= KOCH II).

Sarkophage, die den Raub der Persephone durch Hades zeigen, sind sehr zahlreich erhalten und verhältnismäßig einheitlich; etwa 90 fragmentierte oder vollständige Exemplare sind bekannt. Sie sind von C. Robert zusammengestellt worden; seitdem ist das Material nicht mehr gesichtet worden, es gibt lediglich verschiedene kurze Nachträge.

Es lassen sich verschiedene Gruppen bilden. Am Anfang der Reihe steht das Fragment eines *Girlandensarkophages* in Venedig,[1] das aus hadrianischer Zeit, etwa den Jahren 120/30 n. Chr., stammt; es handelt sich um den rechten Girlandenbogen mit einer kleinen eingesetzten Szene, die Hades, Persephone, das Gespann und Hermes wiedergibt. Das Werk ist ein Einzelstück und am Beginn der sich im 2. Jh. n. Chr. ausbreitenden Sarkophagproduktion entstanden; vergleichen lassen sich andere Girlandensarkophage mit kleinen figürlichen Szenen in den Bögen.

In späthadrianisch-frühantoninischer Zeit ist für die Persephonesarkophage ein neuer Typus, der *Haupttypus*, geschaffen worden, der auf vielen Exemplaren belegt

[13] ANDREAE-JUNG a.O.: 220/30 n. Chr.
[14] Anacapri, Villa San Michele: A. ANDRÉN, OpRom 5, 1965, 137f. Nr. 30 Taf. 17; ANDREAE-JUNG a.O.: 270/80 n. Chr.; INR 73.500/501.
[15] Neapel 6711: ASR III 3, 328; SICHTERMANN-KOCH 56 Nr. 58 Taf. 144,1; 145; 146; ANDREAE-JUNG a.O.: 280/90 n. Chr.
[16] ASR XII 6 S. 60f.
[17] Vgl. B. CÄMMERER, Beiträge zur Beurteilung der Glaubwürdigkeit der Gemäldebeschreibungen des älteren Philostrat (Diss. phil. Freiburg 1967) 26 ff.
[18] L. SÉCHAN, Études sur la tragédie grecque (1926) 450f. Abb. 126.
[1] Venedig, Mus. Arch. 167: ASR III 3, 358; TOYNBEE 210.214 Taf. 46,1; LIPPOLD, Gemäldekopien 75.113 Taf. 12,62; MATZ, MW 47 Taf. 7c; G. TRAVERSARI, Memorie della Accademia Patavina 77, 1964/65, 188 Abb. 1; HONROTH, Girlanden 84 Nr. 80. – Zu den Girlandens. s. Kapitel I 4.3.9.1.

ist.[2] Er zeigt eine einzige Szene auf der Vorderseite mit Demeter, die auf einem von Schlangen gezogenen Wagen steht, Aphrodite, einer Gespielin der Persephone, Athena und Hades mit Persephone auf dem Wagen, dessen Gespann von Hermes geführt wird. Diese Anordnung ist nur auf einer fragmentierten Vorderseite in Paris[3] stärker abgewandelt worden, wo zwischen Demeter und Aphrodite eine Gruppe eingefügt ist, die von C. Robert als ‚Eleusis' und Hekate benannt worden ist.[4] Auf einer Vorderseite in Rom, Villa Giustiniani,[5] fehlt Aphrodite, und es ist noch eine weitere Gespielin eingefügt. Die Reihe der Beispiele scheint mit einem fragmentierten, außerordentlich qualitätvollen Kasten in Rom, Museo Nazionale di Villa Giulia,[6] zu beginnen, der um 140 n. Chr. entstanden sein mag; ihm ist vielleicht ein jetzt verschollenes Fragment zuzurechnen.[7] Wohl noch vor 150 n. Chr. ist die Vorderseite gearbeitet, die auf Rom, Villa Giustiniani, und den Vatikan[8] verteilt ist. In mittelantoninischer Zeit dürften die Exemplare in Rom, Pal. Barberini,[9] Manziana,[10] Rom, NM,[11] London/ Cambridge,[12] Rom, Pal. Rospigliosi,[13] Leningrad[14] und Rom, Villa Doria Pamphilj,[15] entstanden sein; relativ spät in dieser Phase sind Stücke in Florenz,[16] Paris[17] und Rom, Villa Giustiniani.[18] Einige Fragmente[19] und verschollene Stücke[20] lassen sich anschließen. Hervorzuheben ist ein Fragment in Ostia,[21] das von einem aus Platten zu-

[2] ASR III 3, 359–377.
[3] Paris 409: ASR III 3, 359.
[4] ASR III 3 S. 459.
[5] ASR III 3, 377; F. CHAPOUTIER, Syria 31, 1954, 187 Abb. 7 c.
[6] KOCH II a.O. 228 ff. Abb. 1.3.4.6.
[7] G. KOCH, AA 1976, 108 Nr. 22 Abb. 15; KOCH II a.O. 230 Abb. 5.
[8] Vatikan 741: ASR III 3, 362 a; AMELUNG, Vat. Kat. II 417 Nr. 252 Taf. 46; HELBIG[4] I 119. – Rom, Villa Giustiniani: ASR III 3, 362; KOCH II a.O. 232 Abb. 7.
[9] Jetzt wieder Rom, Pal. Barberini: ASR III 3, 373; F. CHAPOUTIER, Syria 31, 1954, 187 Abb. 7 b; G. KOCH, AA 1976, 19 Abb. 20; GazBA 91, 1978, Suppl. 25 Nr. 350 (mit Abb.).
[10] ASR III 3, 366; INR 76.494.
[11] Rom, NM 654: ASR III 3, 360 a; LIPPOLD, Gemäldekopien 103; INR 63.870. Dazu gehörend 360 b: H. SICHTERMANN, AA 1974, 313 f. Nr. 7 Abb. 7. – Rom, NM (Nr. ?): SICHTERMANN-KOCH 56 f. Nr. 59 Taf. 147,1.
[12] London, privat, und Cambridge, Fogg Art Mus. 1971.9: G. KOCH, AA 1976, 108 Nr. 21 Abb. 22 a und b.
[13] ASR III 3, 363; KOCH II a.O. 229 Abb. 2; s. unten Anm. 20.
[14] Leningrad A 184: ASR III 3, 361; H. DEMISCH, Die Sphinx (1977) 109 Abb. 308; SAVERKINA, Ermitage 34 Nr. 11 Taf. 22/23.
[15] ASR III 3, 376; CALZA, Villa Doria 168 f. Nr. 196 Taf. 121.
[16] Florenz, Uff. 86: ASR III 3, 372; MANSUELLI I 238 f. Nr. 257 Abb. 257; F. CHAPOUTIER, Syria 31, 1954, 187 Abb. 7 a; SICHTERMANN-KOCH 57 Nr. 60 Taf. 147,2.3; 148,2; 149. 150.151,1; KOCH I a.O. 80 Abb. 4.
[17] s. oben Anm. 3.
[18] s. oben Anm. 5.
[19] Verschollen: ASR III 3, 364; G. KOCH, AA 1976, 107 f. Nr. 18 Abb. 19. – Verschollen: H. SICHTERMANN, AA 1974, 311 ff. Nr. 6 Abb. 6; G. KOCH, AA 1976, 110 Nr. 25 Abb. 25. – Rom, Abbazia Tre Fontane: INR 68.1195. – Vatikan: ASR III 3, 370; AMELUNG, Vat. Kat. II 524 Nr. 323 Taf. 54; INR 76.593. – Verschollen: ASR III 3, 369.375. – Liverpool: ASR III 3, 368; ASHMOLE, Ince Blundell 104 Nr. 281 Taf. 49.
[20] Weltkunst 38, 1968, Nr. 12 (15. Juni) 593, Anzeige der Firma HEIM (Gemälde von J. Lemaire mit Persephonesarkophag; wohl identisch mit ASR III 3, 363, s. oben Anm. 13). – T. BUDDENSIEG – G. SCHWEICKHART, ZKuGesch 33, 1970, 29 Abb. 14 (Gemälde in Mantua, Pal. d'Arco).
[21] Ostia 1101: R. CALZA, Scavi di Ostia. I Ritratti I (1964) 98 f. Nr. 160 Taf. 94; HELBIG[4] IV 3120; K. FITTSCHEN, Der Meleager Sarkophag (Liebieghaus Monographie 1, 1975) 30 Anm. 62; C. GASPARRI, Prospettiva 11, 1977, 70 Abb. 4; H. WREDE, RM 85, 1978, 426; P. BLOME, RM 85, 1978, 453 ff., Taf. 146,2.

sammengesetzten Sarkophag oder einer Loculusverschlußplatte stammen wird.[22] Es zeigt noch die zur Zeit der Faustina d. Ält. übliche Frisur, ist aber nach seinem Stil doch wohl später, in mittelantoninischer Zeit, ausgeführt. Der Säulensarkophag von Velletri bringt den Raub der Persephone sehr ausführlich, aber nicht in dem üblichen Schema.[23] Der Kasten in Amalfi[24] dürfte eine provinzielle Arbeit sein.

In spätantoninischer Zeit wurde die Komposition in ihren Grundzügen beibehalten, aber erweitert, die Szene der Überraschung der Persephone durch Hades wurde eingefügt, weitere Personifikationen konnten hinzukommen, das Schlangengespann der Demeter wurde meist durch ein Pferdegespann ersetzt und die Figuren wurden gelängt, in die Höhe gestaffelt und heftiger belebt. Lediglich bei drei späteren Beispielen wurde das Schlangengespann beibehalten.[25] Charakteristische Vertreter der spätantoninischen Zeit, der Jahre um 190 bis 200 n. Chr., sind die Vorderseiten in Florenz,[26] und Rom, Pal. Mattei,[27] ein Fragment in Rom, NM,[28] und ein Kasten in Pisa,[29] ferner wohl ein Fragment in Wien.[30]

Im frühen 3. Jh. sind die Kästen wieder niedriger und die Bewegungen und Falten erstarrt. Die Vorderseite in Baltimore[31] wird in diese Zeit gehören; vielleicht um 220 n. Chr. folgt ein Fragment in Karlsruhe,[32] wenig später eine Vorderseite in London[33] und der Kasten in Aachen.[34] Die Vorderseite in Gerona[35] dürfte schon aus den Jahren um 230 n. Chr. stammen, Kästen in Messina,[36] ein Fragment in Genua,[37] die Vorderseite in Rom, Pal. Giustiniani,[38] und der in manchen Einzelheiten von den übrigen Stücken abweichende Kasten in Rom, Mus, Cap.,[39] sind um 230/40 n. Chr. entstanden. In die gallienische Zeit läßt sich vorläufig nur ein Fragment in Rom, S. Cosima-

204

205

---

[22] HELBIG[4] IV 3120.
[23] ANDREAE, Studien 45 ff. Taf. 1.24 ff.
[24] ASR III 3, 374.
[25] ASR III 3, 378.390.392.
[26] Florenz, Mus. Arch. 34: ASR III 3, 402; K. GSCHWANTLER in: Festschrift E. Diez (1978) 70 Taf. 25; KOCH II a. O. 240 Abb. 13.
[27] ASR III 3, 397; GSCHWANTLER a.O. 70 Taf. 24.
[28] Rom, NM 115224 (oder 115824 oder 115924): INR 72.3778.
[29] ASR III 3, 409; ARIAS, Camposanto 103 f. Taf. 44 f.
[30] Wien I 884: GSCHWANTLER a.O. (s. oben Anm. 26) 67 ff. Taf. 23.
[31] Baltimore 23.219: ASR III 3, 405; KOCH I a. O. 74 ff. Abb. 1–3.
[32] Karlsruhe 60/49: J. THIMME, AA 1960, 54 ff. Abb. 10; C. VERMEULE, European Art and Classical Past (1964) 99 Abb. 82; O. C. A. ZUR NEDDEN, AW 3, 1972, Heft 4,40 Abb. 5; Badisches Landesmuseum Karlsruhe. Bildkatalog (1976) Taf. 99.

[33] London, Soane's Mus.: ASR III 3, 394; VERMEULE I 15 Nr. 92 Abb. 37.
[34] Aachen, Münster: ASR III 3, 378; F. CHAPOUTIER, Syria 31, 1954, 187 Abb. 7 d; E. GRIMME, Der Aachener Domschatz (Aachener Kunstblätter 42, 2. Aufl., 1973) 8 Nr. 3 Taf. 3/4.
[35] Gerona, San Félix: ASR III 3, 405[1]; GARCÍA Y BELLIDO 220 ff. Nr. 251 Taf. 181–183.
[36] Messina A 224: ASR III 3, 399; TUSA, Sicilia 83 ff. Nr. 35 Abb. 81–84; B. ANDREAE-H. JUNG, AA 1977, Tabelle n. S. 434: 230/40 n. Chr.
[37] Genua, Soprintendenza: A. FROVA in: Oblatio. Raccolta di Studi in Onore di A. Calderini (1971) 387 ff. Abb. 1–3.
[38] ASR III 3, 390; ANDREAE-JUNG a.O.: 230/40 n. Chr.
[39] Rom, Mus. Cap. 249: ASR III 3, 392; HELBIG[4] II 1233; SICHTERMANN-KOCH 57 f. Nr. 61 Taf. 148,1; 151,2.3; 152–154; ANDREAE-JUNG a.O.: 230/40 n. Chr.; H. WREDE, RM 85, 1978, 426 Taf. 139,2; P. BLOME, RM 85, 1978, 450 ff. Taf. 147,2; KOCH I a. O. 81 Abb. 5.

to,⁴⁰ ansetzen, und zwar wohl in die Zeit um 260 n. Chr.; es ist vielleicht der großen Werkstatt von Prunksarkophagen der gallienischen Zeit zuzuweisen.⁴¹

Einige Sarkophage bringen als *Abwandlung,* daß Hades auf ihnen in Rückansicht wiedergegeben ist. Wohl noch in die Zeit gegen 200 n. Chr. gehören die Langseite in Rom, Villa Albani,⁴² und ein verschollenes großes Fragment;⁴³ auf ihnen ist auch Aphrodite in Rückansicht abgebildet und die Überraschungsszene fehlt noch. In das frühe 3. Jh., vielleicht in die Zeit um 220/30 n. Chr., gehören die Stücke in Rom, Pal. Mattei⁴⁴ und Barberini,⁴⁵ und in Barcelona.⁴⁶

Eine Reihe weiterer Fragmente läßt sich in die erste Hälfte des 3. Jhs. datieren.⁴⁷ Auffallend ist, daß sich viele provinzielle Kopien, vor allem in Unteritalien und Sizilien,⁴⁸ aber auch in Spanien,⁴⁹ finden.

In der Zeit um 300 n. Chr. ist das Thema des Raubes der Persephone in einem *neuen Typus* auf einem großen Sarkophag in Askalon⁵⁰ wieder aufgenommen worden. Nach der übersichtlichen, auf wenige Figuren beschränkten Komposition, der Form des Klinendeckels, dem Schmuck der Rückseite und auch dem Stil handelt es sich um ein Werk, das in der großen Werkstatt tetrarchischer Zeit gearbeitet worden ist, die von Bildhauern aus Kleinasien und Athen wesentlich beeinflußt wurde;⁵¹ es ist in einer Zeit nach Palästina exportiert worden, in der die attischen Prunksarkophage nicht mehr hergestellt wurden.⁵²

Auf einigen wenigen Exemplaren ist die *Bewegungsrichtung geändert,* das Gespann des Hades ist nach links gerichtet.⁵³ Die Stücke, die sich im Vatikan,⁵⁴ Mailand,⁵⁵ Rom, Villa Medici,⁵⁶ und Wien⁵⁷ befinden, scheinen aus dem frühen 3. Jh. n. Chr. zu

---

⁴⁰ SICHTERMANN-KOCH 58 f. Nr. 62 Taf. 155; ANDREAE-JUNG a. O.: 260/70 n. Chr.

⁴¹ K. FITTSCHEN, Der Meleager Sarkophag (Liebieghaus Monographie 1, 1975) 28 f. Anm. 41.; H. JUNG, AA 1977, 436 ff.

⁴² Rom, Villa Albani 139: ASR III 3, 410; HELBIG⁴ IV 3295.

⁴³ G. KOCH, AA 1976, 110 Nr. 23 Abb. 23; wohl ehem. Slg. Lansdowne: Catalogue of the Collection of Ancient Marbles, The Marquess of Lansdowne, Auction Christie 5. 3. 1930, 46 Nr. 66; ASR III 3, 411¹.

⁴⁴ ASR III 3, 412; INR 72.2958.

⁴⁵ Jetzt wieder in Rom, Pal. Barberini: ASR III 3, 413; G. KOCH, AA 1976,108, Nr. 20 Abb. 21; GazBA 91, 1978, Suppl. 25 Nr. 350.

⁴⁶ Barcelona, Arch. Mus. o. Nr.: ASR III 3, 415; GARCÍA Y BELLIDO 217 ff. Nr. 250 Taf. 176–180.

⁴⁷ ASR III 3, 388.395. 400.401. 407.408. – H. SICHTERMANN, AA 1974, 314 ff. Nr. 8–10 Abb. 8–10. – H. HOFFMANN, Ten Centuries that Shaped the West (1971) 102 Nr. 30. – Rom, Mus. Cap. 1414: INR 75. 1299. – Rom, Mus. Cap. 1475: INR 75.1301. – G. PELLICCIONI, Le nuove scoperte sulle origini del Battistero Lateranense, MemPontAcc 12,1, 1973, 110 Abb. 165. – Rom, Catacombe S. Panfilo: GÜTSCHOW, Prätextat 37 Anm. 6; E. KITZINGER, JbACHr 11/12, 1968/69, 195 (wohl ganzer Kasten).

⁴⁸ ASR III 3, 387.391.393.406 u. a.

⁴⁹ ASR III 3, 389.

⁵⁰ M. AVI-YONAH, Atiqot, English Series 11, 1976, 72 ff. Taf. 16; ASR XII 6 S. 23 Anm. 41; B. ANDREAE-H. JUNG, AA 1977, Tabelle n. S. 434: 290/300 n. Chr.; KOCH II a. O. 233 ff. Abb. 8–11.

⁵¹ ASR XII 6 S. 22 ff. (weitere Lit. ebenda 24 Anm. 58). KOCH II a.O. 236 ff.

⁵² G. KOCH, BJb 177, 1977, 266 f. KOCH II a.O. 238.

⁵³ ASR III 3, 379–386.

⁵⁴ Vatikan: ASR III 3, 382; LIPPOLD, Vat. Kat. III 1, 92 ff. Nr. 529 Taf. 30.

⁵⁵ Mailand, Slg. Torno: ASR III 3, 379; INR 75.901–904.

⁵⁶ ASR III 3, 383; CAGIANO, V. Medici 52 Nr. 33 Taf. 22, 31; VERMEULE I 9 f. Nr. 15.

⁵⁷ Wien I 1126: ASR III 3, 384; RESCHKE 409 Nr. 97; K. GSCHWANTLER in: Festschrift E. Diez

stammen. Diese Bewegungsrichtung findet sich auch auf vielen anderen Darstellungen.

Als Szenen auf den *Nebenseiten* lassen sich für den Archetypus wohl eine Gruppe von Flußgott und Nymphen[58] und die Rückforderung der Persephone[59] sichern. Der mittelantoninische Kasten in Florenz zeigt Hermes und Alkestis sowie Herakles mit Alkestis.[60] Bei den späteren Sarkophagen finden sich manchmal Gespielinnen der Persephone auf der einen[61] und Persephone vor Hades auf der anderen Nebenseite.[62] In einem Fall ist der Nachen des Charon wiedergegeben.[63] Eine Ausnahme ist die Hirtenszene auf dem Kasten in Barcelona.[64] Verschiedene Male begegnen Greifen oder Sphingen.[65]

Es sind zahlreiche ältere – und auch gleichzeitige – Darstellungen des Raubes der Persephone durch Hades überliefert, vor allem als Malereien, Mosaiken, auf Tongefäßen oder Münzen.[66] Besonders wichtig ist ein Elfenbein aus Pompeji,[67] auf dem schon eine Figurenfolge belegt ist, wie sie dann von den Friessarkophagen ausgestaltet worden ist; auf den Sarkophagen hat lediglich links die ihre Tochter suchende Demeter einen Schlangenwagen bekommen, und die Figuren sind enger aneinandergefügt. Höchst bedeutend ist das Gemälde im neugefundenen Grab in Bergina (Vergina), das vielleicht ein Licht werfen wird auf das literarisch bekannte Werk des Nikomachos.[68] Bei den Persephonesarkophagen läßt sich also eine frühere Vorlage fassen, die schon einen Großteil des Frieses der Sarkophage umfaßte.

(1978) 67 Taf. 22. – Das Frgt. ASR III 3, 380: G. Koch, AA 1976, 110 Nr. 24 Abb. 24.
[58] ASR III 3, 363 a. 364 a. Rom, Villa Giulia: Koch II a. O. 231 Abb. 6.
[59] ASR III 3, 363 b. 365.
[60] Florenz, Uff. 86: ASR III 3, 372 a.b.; Sichtermann-Koch Taf. 147,2.3.
[61] ASR III 3, 378 a. 392 a. 409 b. 413 a. 418. 419.
[62] ASR III 3, 392 b. 409 a. 413 b. 415 b. 418 a. 419 a.
[63] Rom, S. Cosimato: Sichtermann-Koch Taf. 155,2.
[64] ASR III 3, 415 a; s. oben Anm. 46.
[65] ASR III 3, 360. 361. 384.
[66] ASR III 3, S. 453 ff.. Andreae, Studien 48. Dazu z. B.: H. Cassimatis, RDAC 1976, 178 ff.

Taf. 13, 2-4. – H. Wrede, RM 85, 1978, 425 Taf. 139,1. – A. Hekler, ÖJh 15, 1912, 184 f. Abb. 123 f. – EA 1327. – Grabaltäre in Hever Castle, Ostia, Perugia, Rom, NM und S. Paolo f. l. m.
[67] Neapel (Nr. ?): ASR III 3 S. 454; G. Calza, Dedalo 2, 1921, 355 (mit Abb.); V. Spinazzola, Le arti decorative in Pompei (1928) Taf. 224 a; P. Williams Lehmann, Roman Wall Paintings from Boscoreale in the Metropolitan Museum of Art (1953) 57 f. Abb. 39.
[68] M. Andronikos, AAA 10, 1977, 8 ff. Abb. 4/5; ders., Archeologia Paris 125, Dez. 1978, 23; G. Touchais, BCH 102, 1978, 708 Abb. 147. – Zu Nikomachos: Lippold, Gemäldekopien 102 ff. – Allgemein zum Vorbild: K. Schefold, MEFRA 88, 1976, 768.

39. Perseus

C. ROBERT, ASR III 3, 330–331. – K. SCHAUENBURG, Perseus in der Kunst des Altertums (1960) 70.

Darstellungen aus der Sage von Perseus und Andromeda begegnen überaus selten auf Sarkophagen.[1] Ein kleines Fragment in Rom, Mus. Cap.,[2] könnte von einem Deckel oder einem niedrigen Kasten stammen; erhalten sind die auf Perseus zuschreitende Andromeda, der rechte Arm von Perseus und Kopf und Vorderbeine des Ketos. Wie schon C. Robert bemerkt hat,[3] kann man sich nicht vorstellen, wie der ganze Fries gefüllt war; zu einem Riefelsarkophag wird das Fragment aber wegen der zu ergänzenden Länge kaum gehört haben.

Die eigenartige Platte in Rom, Palazzo Mattei,[4] wird, wie C. Robert erwogen hat,[5] kaum zu einem Sarkophag gehören, da es für die Form mit der großen Einlassung oben im mittleren Teil keine Parallele gibt; zudem ist bisher nicht geklärt, was an dem Stück antik ist und aus wievielen Teilen es zusammengesetzt ist.

Singulär unter den kaiserzeitlichen Sarkophagen ist der prachtvolle Kasten in Florenz, Museo Bardini,[6] ein Riefelsarkophag mit senkrechten Kannelluren; er zeigt in den Seitenfeldern auf Postamenten Perseus und Athena und im mittleren ein gewaltiges Medusenhaupt, dessen Flügel sich teilweise über die beiden Riefelfelder legen; das Stück ist am Ende des 2. Jhs. n. Chr. entstanden.

40. Phaethon

C. ROBERT, ASR III 3, 332–342. 344–349. – N. HIMMELMANN in: Festschrift F. Brommer (1977) 179 f. Taf. 49/50. – G. KOCH, AA 1979, 238 ff.

Nur eine kleine Zahl von etwa 20 Sarkophagen und Fragmenten ist mit Darstellungen aus der Sage von Phaethon, dem Sohn des Helios, geschmückt; sie sind aber typologisch sehr vielfältig und verteilen sich über einen großen Zeitraum. Den von C. Robert zusammengestellten Stücken sind nur wenige Neufunde hinzugefügt worden. Es lassen sich zwei Gruppen scheiden.

Die *Gruppe I* wird durch den Kasten in Liverpool[1] vertreten, der etwa 190/200

---

[1] BROMMER, Denkmälerlisten III 381. SCHAUENBURG a.O. 70. – Das Frgt. ASR III 3, 330 ist verschollen; das Frgt. Arezzo 20507 (SCHAUENBURG a.O. 70 Taf. 27,2) dürfte zu einer kleinasiatischen Ostothek gehören. – An stadtrömischen Exemplaren sind nur ein Fragment und ein Kasten zu nennen.

[2] Rom, Mus. Cap. 2681: ASR III 3, 330¹; INR 75.1312.

[3] ASR III 3 S. 401.

[4] ASR III 3, 330; VERMEULE II 19 Nr. 8309 Abb. 45; H. BRANDENBURG, JdI 82, 1967, 215 Abb. 7; H. SICHTERMANN, AA 1970, 230.

[5] a.O. S. 401.

[6] Florenz, Mus. Bardini 80: ASR III 3, 331; S. NOCENTINI, Sculture greche, etrusche e romane del Museo Bardini in Firenze (1965) 15 ff. Nr. 33 Taf. 4/5; SICHTERMANN-KOCH 59 Nr. 63 Taf. 156. 157,1.

[1] Liverpool: ASR III 3, 332; ASHMOLE, Ince Blundell 86f. Nr. 221 Taf. 48; 98 Nr. 264/65 Taf. 47; B. ANDREAE-H. JUNG, AA 1977, Tabelle n. S. 434: 190/200 n. Chr. – Ein etwas früheres Exemplar (um 180 n. Chr.) desselben Typus befindet sich in Privatbesitz in Japan (Hinweis E. Simon). – *Nachtrag:* Das Stück befindet

n. Chr. entstanden ist. Er zeigt die Bitte des – jetzt verlorenen – Phaethon vor dem thronenden Helios, links vier Jahreszeitenhoren, rechts die vier Windgötter, die die Pferde und den Wagen für Phaethon herbeibringen, und auf den Nebenseiten zwei weitere Männer mit Pferden, wohl ebenfalls Windgötter. Es lassen sich ein Deckelfragment mittelantoninischer Zeit im Vatikan[2] und ein Fragment in Privatbesitz[3] anschließen, auf denen Kinder die Szene spielen. Ein Fragment in Paris,[4] das wohl von der vorderen Leiste eines Deckels stammt, zeigt zwei der Windgötter mit drei Pferden; links schloß eine Tabula an, die die Mitte des Deckels gebildet hat.

Die Darstellung der Vorderseite in Liverpool geht auf eine ältere Vorlage zurück, wie Malereien der Domus Aurea[5] und ein Relief in Dieburg[6] zeigen. Die Zeitstellung dieser Vorlage ist nicht geklärt, sie stammt vielleicht erst aus der früheren Kaiserzeit.[7] Auf dem Sarkophag sind, anders als auf der Vorlage, die Horen auf der einen und die Windgötter auf der anderen Seite des thronenden Helios angeordnet, und die Palastarchitektur ist durch ein am Hintergrund aufgespanntes Parapetasma ersetzt. Die Leistung des Sarkophagbildhauers bzw. des Entwerfers der Vorlage für die Sarkophage wird in diesem Fall einmal deutlich; er hat die bekannten Figurentypen frei verwandt, neu zusammengesetzt, eine ungefähr symmetrische Anordnung mit Betonung der Mitte gebildet und so einen langgestreckten, für die Sarkophage geeigneten Fries geschaffen.

In der *Gruppe II* lassen sich die Sarkophage zusammenfassen, auf denen der Sturz des Phaethon wiedergegeben ist; bei den Nebenszenen gibt es Unterschiede, die aber nicht für eine weitere Unterteilung der Gruppe ausreichen. Der aus mittelantoninischer Zeit stammende Kasten in den Uffizien in Florenz[8] – dessen Rückseite später mit Relief versehen wurde[9] – zeigt das auseinanderstiebende Gespann mit den vier Pferden und den kopfüber herabstürzenden Phaethon als Mittelgruppe, links die Heliaden und rechts zwei sich begrüßende Männer, vielleicht Helios und seinen Sohn Phaethon.[10] Der sonst übliche Pädagoge und Kyknos fehlen auf diesem Sarkophag. Es

---

sich im Kurashiki Museum, Präfektur Okayama/Japan; dazu demnächst E. SIMON, AA.

[2] Vatikan 1965: ASR III 3, 334; AMELUNG, Vat. Kat. I 394 f. Nr. 130 Taf. 42; INR 71.1738.

[3] Antik kunst i dansk privateje. Udstilling i Ny Carlsberg Glyptotek (16. 5.–31. 8. 1974) Nr. 316 mit Abb.

[4] Paris 1495: ASR III 3 S. 415 mit Abb. (es handelt sich nicht um eine Urne, sondern wegen der glatt gesägten Rs. um eine Deckelleiste).

[5] ASR III 3 S. 405 ff. F. MATZ, Bemerkungen zur römischen Komposition (Abh Mainz 1952, 8) 3 ff.

[6] Dieburg, Kreismuseum: F. BEHN, Das Mithrasheiligtum zu Dieburg (RömGermF 1, 1928) 16 ff. Taf. 2; E. ESPÉRANDIEU, Recueil général des bas-reliefs, statues et bustes de la Germanie Romaine (1931) 163 ff. Nr. 243; H. SCHOPPA, Die Kunst der Römerzeit in Gallien, Germanien und Britannien (1957) Taf. 89; M. J. VERMASEREN, Corpus Inscriptionum et Monumentorum Religionis Mithriacae II (1960) 104 ff. Nr. 1247 Abb. 324; Römer am Rhein (Köln 15. 4.–31. 7. 1967) 169 f. Nr. A 123 Taf. 44.

[7] ASHMOLE, Ince Blundell 87. HANFMANN I 130.137. MATZ a. O. 3 ff.

[8] Florenz, Uff. 181: ASR III 3, 342; MANSUELLI I 232 f. Nr. 251 Abb. 251; SICHTERMANN-KOCH 59 f. Nr. 64 Taf. 157,2; 158.

[9] C. ROBERT, ASR III 3 S. 424. MANSUELLI I 233 Abb. 251 c.

[10] C. ROBERT a. O. S. 423 f. denkt an die Botschaft von Hermes an Helios; der Stab in der l. Hand des r. Mannes ist aber so beschädigt, daß nicht zu erkennen ist, daß es sich um ein Kerykeion handelt; zudem scheint Helios dem Mann die l. Hand auf die Schulter zu legen

handelt sich um eine übersichtliche, typisch mittelantoninische Komposition. Auf einem Fragment in Ostia[11] ist die Szene bereichert, die Figuren sind bewegt und gestaffelt; in der Art, die Gewänder und Haare aufzubohren, zeichnet sich der kommende ‚Stilwandel' ab; das Stück ist um 180/90 n. Chr. entstanden. Auf einem stark beschädigten Kasten in Florenz, Museo dell'Opera del Duomo,[12] sind viele andere Figuren, darunter eine Fülle von Ortsgottheiten, eingefügt, die Gestalten sind in die Höhe gestaffelt, kleine Szenen links und rechts eingefügt, die Personen sind stark bewegt und die Gewänder aufgerissen; es handelt sich um ein Beispiel, das alle Kennzeichen des ‚Stilwandels' trägt und um 190–200 n. Chr. zu datieren ist. Anschließen lassen sich ein stark fragmentierter Kasten in Ostia,[13] wohl aus dem ersten Viertel des 3. Jhs., sowie Fragmente in Leningrad[14] und Verona,[15] die vielleicht im 2. Viertel des 3. Jhs. entstanden sind, ferner ein verschollenes Fragment.[16] Ein Kasten in Kopenhagen,[17] der eine für Sarkophage sehr ungewöhnliche handwerkliche Ausführung hat,[18] ist zeitlich schlecht einzuordnen; er stammt vielleicht erst aus dem späten 3. Jh. n. Chr. Außer der Hauptszene mit der charakteristischen Figurenanordnung zeigt er links Helios und Phaethon, ferner die Windgötter mit Pferden und die Jahreszeitenhoren, rechts die Botschaft an Helios.

Während diese Stücke die mittelantoninische Komposition in verschiedener Weise bereichern und sich für sie kein neuer Entwurf fassen läßt, scheinen ein Sarkophag und eine Vorderseite in Rom, Villa Borghese,[19] eine Vorderseite in Paris[20] und ein Fragment in Benevent[21] auf eine neue Vorlage zurückzugehen, die in tetrarchischer Zeit geschaffen worden ist. Auf ihr ist die Gruppe des stürzenden Phaethon mit dem Gespann durch zahlreiche Figuren erweitert und links oben sind Phaethon und Helios eingefügt; die einzelnen Figuren und Gruppen sind zwar auch schon auf früheren Sarkophagen nachzuweisen, sie sind aber erst für die genannten Sarkophage in dieser Weise zusammengestellt worden. Die angeführten Sarkophage und wohl ein Frag-

(nach ROBERT stützt er sie auf ein ‚großes Szepter').
[11] Ostia (Nr. ?): HIMMELMANN a. O. 179f. Taf. 49,1.
[12] KOCH a. O. 238 ff. Abb. 12.14.
[13] Ostia (Nr. ?): ASR III 3, 345¹; ANDREAE-JUNG a. O. (s. oben Anm. 1): 200/10 n. Chr.; INR 79.85–89.
[14] Leningrad A 985: ASR III 3, 344; ANDREAE-JUNG a. O.: 220/30 n. Chr.; SAVERKINA, Ermitage 45 f. Nr. 19 Taf. 44–47.
[15] Verona: ASR III 3, 345; I. JUCKER, Der Gestus des Aposkopein (1956) 60 Abb. 19/20; HIMMELMANN a. O. 180 Taf. 50,2; ANDREAE-JUNG a. O.: 290/300 n. Chr. (diese Datierung wohl vorzuziehen).
[16] CUMONT, Symb. Fun. 64 f. Anm. 1 Abb. 5 – Vgl. ferner KOCH a. O. 238 Anm. 48.
[17] Kopenhagen 783: ASR III 3, 336; POULSEN, Cat. Sculpt. 551 f. Nr. 783; Billedtavler Taf. 67; CUMONT, Symb. Fun. 74 Taf. 2,1 HANFMANN Cat. Nr. 17 Abb. 104; ANDREAE-JUNG a. O.: 290/300 n. Chr.
[18] Wurde angeblich 1831 bei Ausgrabungen in Ostia gefunden, ist also wohl als antik anzusehen.
[19] ASR III 3, 338; RESCHKE 405 Nr. 87; SICHTERMANN-KOCH 61 f. Nr. 66 Taf. 159–161; HIMMELMANN a. O. 179 Taf. 50,1; ANDREAE-JUNG a. O.: nach 300 n. Chr. – ASR III 3, 340; RESCHKE 406 Nr. 88; ANDREAE-JUNG a. O.: nach 300 n. Chr.; INR 77.285–291.
[20] Paris 1017: ASR III 3, 337; VERMEULE I 14 Nr. 74 Abb. 32; R. BIANCHI BANDINELLI, Rom. Das Ende der Antike (1971) 54 Abb. 47; ANDREAE-JUNG a. O.: 290/300 n. Chr.
[21] Benevent 585: ASR III 3, 341; U. SCERRATO, ArchCl 5, 1953, 96 f. Taf. 48; ANDREAE-JUNG a. O.: nach 300 n. Chr.; INR 68.423.

ment in Rom, Villa Wolkonsky,[22] das eine veränderte Darstellung zeigt, stammen aus der großen Werkstatt tetrarchischer Zeit, die stark unter östlichem Einfluß steht.[23]

Ein Kasten in Nepi[24] ist nach der handwerklichen Ausführung nicht stadtrömisch, sondern eine lokale Arbeit.

Hinter der Szene von Helios und Phaethon mag die ältere Vorlage stehen, die auch von dem Sarkophag der Gruppe I übernommen worden ist. Die auseinanderstrebenden Pferde und der stürzende Phaethon werden ebenfalls auf ein früheres Vorbild zurückgehen, wie ein arretinischer Becher zeigen kann;[25] der berühmte Sardonyx in Florenz ist als neuzeitliche Arbeit erwiesen, der nach dem Sarkophag in den Uffizien in Florenz geschaffen worden sein wird.[26] Eine Vorstellung von der früheren Komposition kann man nicht gewinnen.[27]

Während die Stücke der Gruppe I auf eine kleine Spanne beschränkt sind, etwa auf die Jahre 160/70 bis 190/200 n. Chr., ziehen sich die Beispiele der Gruppe II über einen langen Zeitraum hin; die Reihe führt vom Kasten in Florenz aus mittelantoninischer Zeit zu dem wohl tetrarchischen Kasten in Kopenhagen und der ebenfalls tetrarchischen Gruppe der Stücke in der Villa Borghese, in Paris und Benevent.

41. Prometheus

C. ROBERT, ASR III 3, 351–357; Nachträge III 3 S. 576. – O. RAGGIO, JWCI 21, 1958, 44 ff. – A. J. FESTUGIÈRE, Hermetisme et mystique paienne (1967) 313 ff. – R. TURCAN, Latomus 27, 1968, 630 ff. – H. SICHTERMANN, RM 77, 1970, 111 ff. – *Nachtrag:* H. KAISER-MINN, Die Erschaffung des Menschen auf den spätantiken Monumenten des 3. und 4. Jahrhunderts (6. Erg. Bd. JbAChr, 1981); zu den Prometheuss. bes. 32 ff. mit Taf. 20 – 26.

Zu neun sicheren Exemplaren[1] kommen zwei fragliche.[2] Auf den sicheren ist regelmäßig – soweit nachprüfbar – der sitzende Prometheus beim Erschaffen des Menschen dargestellt, zumeist mit der assistierenden Athena; sonst finden sich Parzen,

---

[22] ASR III 3, 349; INR 73.1603/04.
[23] GERKE 21 ff. F. MATZ, ASR IV 2 S. 279 f. G. KOCH, ASR XII 6 S. 22 ff. (mit weiterer Lit. S. 24 Anm. 58).
[24] ASR III 3, 343; SICHTERMANN-KOCH 60 f. Nr. 65 Taf. 163,1; HIMMELMANN a. O. 180 Taf. 49,2.
[25] ASR III 3 S. 408 mit Abb. G. H. CHASE, BMusFA 45, 1947, 41 Abb. 6/7.
[26] ASR III 3 S. 408 f. mit Abb. L. CURTIUS, AA 1944/45, 12 ff. Taf. 17,4.
[27] Vgl. LIPPOLD, Gemäldekopien 102 Anm. 3. BROMMER, Denkmälerlisten III 404 f. K. SCHEFOLD, MEFRA 88, 1976, 789. B. CÄMMERER, Beiträge zur Beurteilung der Glaubwürdigkeit der Gemäldebeschreibungen des älteren Philostrat (Diss. phil. Freiburg 1967) 79 f.
[1] ASR III 3, 351–357. – 351: RAGGIO a. O. Taf. 4 e. FESTUGIÈRE a. O. Taf. 7. J. ENGEMANN, JbAChr 19, 1976, 162 f. Taf. 20 a. – 352: A. BLANCO, Catalogo de la escultura (Mus. del Prado) 89 Nr. 140-E Taf. 56. – 354: RAGGIO a. O. Taf. 4 d. FESTUGIÈRE a. O. Taf. 5. SICHTERMANN a. O. Taf. 54,1. – 355: RAGGIO a. O. Taf. 5 a.b.d. FESTUGIÈRE a. O. Taf. 6. SICHTERMANN-KOCH 63 f. Nr. 68. – 356: RAGGIO a. O. Taf. 4 f. FESTUGIÈRE a. O. Taf. 8. TURCAN a. O. Taf. 21. H. KÄHLER, Rom u. seine Welt (1960) Taf. 223. – 357: SICHTERMANN-KOCH 62 f. Nr. 67. – Dazu: Mentana, Slg. Zeri, SICHTERMANN a. O. Taf. 52,2. – Unbek. Ort: G. KOCH, AA 1979, 243 ff. Abb. 15.
[2] Paris, Louvre, Cat. somm. 445; RAGGIO a. O. Taf. 6,5 (Prometheus u. Athena). Ince Blundell Hall 282, REINACH, RR 453,2; ASHMOLE, Ince Blundell 104 Nr. 282 Taf. 44 (Prometheus u. die Nymphen).

Hermes Psychopompos und andere Götter wie Poseidon. Die Komposition ist variabel, Vorbilder hat es allenfalls für Einzelszenen wie die mit Prometheus und Athena³ gegeben. Auf dem größten und figurenreichsten Sarkophag⁴ ist in einer singulären Szene der ‚Verkauf' einer Seele wiedergegeben: Hermes und Hades strecken ihre Hände nach einem von Hera gereichten Geldbeutel aus. Zweimal ist die Schmiede des Prometheus mit dargestellt,⁵ einmal, auf einer Nebenseite, der an den Kaukasus Geschmiedete und Herakles, auf der anderen Nebenseite Adam und Eva.⁶

Zeitlich reichen die Sarkophage vom späten 2. Jh. n. Chr. bis in das 3.; der späteste⁷ ist wohl am Anfang des 4. entstanden.

42. Protesilaos

C. ROBERT, ASR III 3, 422.423; Nachtrag III 3 S. 576. – ANDREAE, Studien 36 ff. – SICHTERMANN-KOCH 64 ff.

Nur auf zwei Sarkophagen¹ bildet die Sage das Hauptthema; sie füllt hier sowohl die Langseite als auch die Nebenseiten. Der eine² zeigt in acht Szenen die Sage vom Abschied der Ehegatten bis zur Rückkehr in den Hades, auf einer der Nebenseiten Büßer im Hades, der andere auf der Langseite das Wiedersehen der Gatten, auf der linken Nebenseite den die Unterweltsgötter bittenden Protesilaos, auf der rechten den Abschied von Laodameia. Beide Sarkophage sind um 160–170 n. Chr. entstanden.

Auf dem Unterweltssarkophag von Velletri³ ist der von Hermes zu Laodameia geführte Protesilaos dargestellt.⁴

43. Rhea Silvia

C. ROBERT, ASR III 2, 188–192¹; Nachtrag III 3 S. 572. – SICHTERMANN-KOCH 66 f.

Die Auffindung der schlafenden Rhea Silvia durch Mars ist auf nur wenigen Sarkophagen dargestellt worden. Drei von ihnen befinden sich im Palazzo Mattei in Rom; auf zweien ist auf der Langseite im Zentrum der von links auf die schlafend am Boden liegende Rhea Silvia zuschreitende Mars, von Eros geleitet, dargestellt, im Beisein des Vulkan und der rechts vor einem Tempel sitzenden Venus sowie anderer Götter.¹ Von dem größeren der beiden Sarkophage, auf welchem Mars und Rhea Porträtköpfe

---

³ Dazu M. FLORIANI SQUARCIAPINO, BullCom 75, 1953/5, 112.
⁴ ASR III 3, 357, s. Anm. 1.
⁵ ASR III 3, 351.355, s. Anm. 1.
⁶ ASR III 3, 355, s. Anm. 1.
⁷ ASR III 3, 355, s. Anm. 1.
¹ ASR III 3, 422, SICHTERMANN-KOCH 65 f. Nr. 70 (Neapel, S. Chiara). ASR III 3, 423, SICHTERMANN-KOCH 64 f. Nr. 69 (Vatikan).

² ASR III 3, 423, s. Anm. 1.
³ s. Kapitel I 4.3.2.49.
⁴ ANDREAE, Studien Taf. 10.11.
¹ 1: ASR III 2, 188. SICHTERMANN-KOCH 66 f. Nr. 71. GUERRINI, Pal. Mattei 3 Anm. 3; 8; 16 f.
– 2: ASR III 2, 190. GUERRINI, Pal. Mattei Taf. 17. L. GUERRINI, ArchCl 25/6, 1973/4, 309 Taf. 59.60,2. MCCANN, Metr. Mus. 75 Abb. 82.

haben, sind die Nebenseiten erhalten;[2] die linke zeigt Rhea Silvia, wie sie zum Tiber geführt wird, die rechte die Auffindung der Wölfin mit Romulus und Remus durch zwei Hirten. Dieser Sarkophag ist in die spätere erste Hälfte des 3. Jhs. zu datieren, der andere noch an das Ende des 2. Jhs. n. Chr. Zeitlich näher dem erstgenannten Sarkophag steht das rechte Eckfragment einer Langseite mit Resten der sitzenden Venus,[3] wohl auch ein Fragment in der Prätextatkatakombe, das nur noch Mars und Hypnos zeigt.[4]

Nur Mars und Rhea mit einem Eros erscheinen in einem der rechten Intercolumnien des dritten Sarkophages im Palazzo Mattei, eines Säulensarkophages;[5] im mittleren Intercolumnium sind Mars und Venus dargestellt. Der Sarkophag wird um 200 n. Chr. entstanden sein.

Auf einem singulären Sarkophag[6] sind auf der Langseite links die Auffindung der Rhea Silvia, rechts Selene und Endymion wiedergegeben. Mars und Rhea sind im üblichen Schema gegeben, Eroten enthüllen Rhea, über die Hypnos Mohnsaft ausgießt, links unten erscheint der Flußgott Tiber, über ihm ist Venus mit Hercules zu sehen. Mars und Rhea haben Porträtköpfe aus der Zeit um 250 n. Chr.

44. Romulus und Remus

K. SCHAUENBURG, JdI 81, 1966, 261 ff. – K. SCHEFOLD in: Provincialia. Festschrift R. Laur Belart (1968) 428 ff. – K. SCHAUENBURG, AA 1969, 108 ff. – C. DULIÈRE, Lupa Romana. Recherches d'iconographie et essai d'interprétation (1979).

Die Wölfin mit den Zwillingen Romulus und Remus eignete sich nicht zur Füllung einer großen Fläche, sie erscheint daher auf Sarkophagen immer nur emblemartig als Addendum; wird sie jedoch in mythologische Zusammenhänge gestellt, dann immer in solche, die ihr sinngemäß entsprechen. Auf den übrigen Sarkophagen muß ihre Bedeutung eine symbolische sein.

Sie ist auf 12 Sarkophagen vertreten,[1] einmal (auf einem Deckelfragment) nur mit einem Kind, also fraglich in der Deutung (D. 134 b). Zweimal ist sie, mit den sie auffindenden Hirten, also deutlich als Teil eines mythologischen Geschehens, auf den Nebenseiten von Sarkophagen dargestellt, die auf der Langseite Mars und Venus (D. 126) bzw. Rhea Silvia (D. 125) zeigen, zweimal unter dem linken Löwenkopf auf Lenoi, die Szenen aus dem Leben eines Knaben und dessen Tod darstellen (D. 129.130), zweimal unter Clipei mit männlichem oder weiblichem Porträt, vereint

---

[2] Vatikan, ASR III 2, 188. SICHTERMANN-KOCH Taf. 175.

[3] New York, MCCANN, Metr. Mus. 74 Nr. 11 Abb. 81.

[4] INR 74.681.

[5] ASR III 2, 192. GUERRINI, Pal. Mattei 6. A. ORLANDI, ArchCl 24, 1972, 43 Taf. 27, 1. P. KRANZ, RM 84, 1977, 367.377 Taf. 165,2.

[6] ASR III 1, 88 = III 2, 191, Vatikan. HELBIG[4] I 1005. INR 74.535–543.

[1] Diese sind bei K. SCHAUENBURG, JdI 81, 1966, 261 ff. verzeichnet, eine erweiterte Liste mit Abbildungen gibt DULIÈRE a. O. II 48 ff.; im folgenden werden ihre Nummern mit ‚D.' zitiert.

mit Jahreszeiten (D. 133) oder Eros und Psyche (D. 132), viermal als Relief auf einem
Schild, darunter zweimal in einer Eroten-Waffenschmiede (D. 127.128),[2] einmal,
von Kentauren gehalten, in dionysischer Umgebung (D. 131), einmal im Aeneas-
Mythos (D. 124), schließlich einmal unter der mittleren Tabula eines Riefelsarkophages (D. 134).

Die Sarkophage reichen vom Ende des 2. bis in die erste Hälfte des 3. Jhs. n. Chr.

45. Raub der Sabinerinnen

C. ROBERT, ASR III 3, 437. K. FITTSCHEN, RM 76, 1969, 329 ff.

Der Raub der Sabinerinnen ist bisher nur auf einem einzigen Sarkophag[1] nachgewiesen, der sich in der Art, römische Themen (als Tugenden) wiederzugeben, neben die
Hochzeitssarkophage mit Feldherren und Opfer[2] stellt. Die (unvollständig erhaltene,
aber nach einer Zeichnung im Codex Tophamianus zu rekonstruierende) Langseite
zeigt links die Entführung der Sabinerinnen, rechts die Schlacht zwischen Sabinern
und Römern, in der Mitte das Opfer des Romulus an Mars. Entstanden ist der Sarkophag um 170 n. Chr.

46. Kampf der Sieben gegen Theben

C. ROBERT, ASR II 184–186, Nachträge III 3 S. 560. – SICHTERMANN-KOCH 67 f. – I. KRAUSKOPF, Der
thebanische Sagenkreis u. andere griech. Sagen in der etruskischen Kunst (1974) 58 ff.

Eine vollständig erhaltene Langseite[1] zeigt in fünf Szenen von links nach rechts den
Ablauf der Ereignisse: zuerst den Versuch Jokastes, ihre Söhne Eteokles und Polyneikes zu versöhnen, dann den die Sturmleiter besteigenden Kapaneus, den Sturz des
Amphiaraos mit seinem Gespann (über ihm liegen drei tote Fürsten), den Zweikampf
zwischen Eteokles und Polyneikes und die Wegtragung des toten Polyneikes durch
Antigone und Argia. Von diesem aus dem Ende des 2. Jhs. n. Chr. stammenden Sarkophag sind durch Fragmente zwei Repliken bekannt.[2]

---

[2] D. 128 ist nicht, wie bei DULIÈRE a.O. II 50 angegeben, verschollen, sondern befindet sich an der Außenwand der Villa Giustiniani Massimo in Rom, s. H. SICHTERMANN, JdI 83, 1968, 196 Anm. 34. INR 71.113/4.
[1] Rom, NM (früher Villa Mattei). ASR III 3, 437 (unter ‚Ungedeutet'). FITTSCHEN a.O. Taf. 106, 1; 108. HELBIG[4] III 2147.

[2] s. Kapitel I 4.3.1.3.
[1] Rom, Villa Doria Pamphilj. ASR II 184 mit Nachtrag III 3 S. 560. SICHTERMANN-KOCH 67 f. Nr. 73. KRAUSKOPF a.O. Taf. 23, 3. CALZA, Villa Doria 169 f. Nr. 197.
[2] Rom, Villa Wolkonsky, ASR II 185. Ostia, Mus., ASR II 186, INR 79.103/4.

47. Theseus

C. ROBERT, ASR III 3,425.430.431; Nachträge III 3 S. 576.

Die Taten des Theseus sind auf stadtrömischen Sarkophagen selten, in ihrer Darstellung ist keine Typik entwickelt worden. Zu nennen ist ein wohl hadrianischer Girlandensarkophag in New York,[1] in dessen Girlandenbögen links Theseus und Ariadne 219 vor der Tür des Labyrinths, in der Mitte die Tötung des Minotauros durch Theseus und rechts der die Ariadne verlassende Theseus angebracht sind; die linke Nebenseite zeigt eine jugendliche Dionysosbüste, die rechte eine komische Maske, der Deckel Eroten-Jahreszeiten beim Wagenrennen,[2] an den Nebenseiten je eine Blattmaske. Ein Sarkophag in Cliveden, den Porträts nach etwa 240–250 n. Chr. zu datieren,[3] 220 bringt auf der Langseite links den Abschied des Theseus von Minos, wobei Theseus als römischer Jäger mit Pferd erscheint, im Beisein von Aphrodite, Eros, Athena, Virtus und Honos, ganz rechts, auf die rechte Nebenseite übergreifend, die Szene unmittelbar nach der Tötung des Minotauros (durch falsche Ergänzungen teilweise entstellt[4]), d. h. Theseus mit Hermes, Daidalos mit Ariadne neben der Leiche des Minotauros, links daneben den die schlafende Ariadne verlassenden Theseus. Theseus (in allen Szenen) und Ariadne haben Porträtköpfe. Die linke Nebenseite zeigt zwei Trabanten des Theseus. Ein verschollenes Fragment, ehemals im Palazzo Castellani in Rom,[5] mit dem am Boden liegenden Minotauros könnte zu einem ähnlichen Sarkophag gehört haben.

48. Triptolemos

C. ROBERT, ASR III 3, 432; Nachtrag III 3 S. 576. – F. BARATTE, RA 1974, 271 ff.

Triptolemos erscheint auf zwei sehr ähnlichen und auch mehr oder weniger gleichzeitigen Sarkophagen, in Wilton House[1] und im Louvre.[2] Links sehen wir, auf beiden 210 Sarkophagen, im Typus der fahrenden Selene, die zur Erde zurückkehrende Kore, deren Gespann von einer weiblichen, geflügelten Gestalt gehalten wird,[3] in der Mitte sind, wiederum auf beiden Sarkophagen, die nach rechts gewandte thronende Demeter, links von ihr der stehende Dionysos, rechts Kore dargestellt; auf dem Sarkophag

---

[1] ASR III 3, 425. MCCANN, Metr. Mus. 25 ff. Nr. 1 Abb. 11. 15–20.
[2] s. Kapitel I 4.3.7.1.
[3] ASR III 3, 430. RESCHKE 411 Nr. 99. H. JUNG, AA 1977, 439f. Abb. 117 (Det.). MCCANN, Metr. Mus. 106 Abb. 128. H. OEHLER, Foto u. Skulptur. Röm. Antiken in englischen Schlössern (1980) 63 Nr. 42 Taf. 66.
[4] s. ASR III 3 Taf. 135 Abb. 430 ohne Ergänzungen.

[5] ASR III 3, 431.
[1] ASR III 3, 432. BARATTE a.O. 271 ff. Abb. 2. P. KRANZ, BullCom 84, 1974/5, 178 Anm. 3; 193 Anm. 4.
[2] K. FITTSCHEN, JdI 85, 1970, 190 Abb. 15; 192. BARATTE a.O. 271 ff. Abb. 1. 3–11. P. KRANZ, BullCom 84, 1974/5, 192 Anm. 4.9; 193 Anm. 4.
[3] Dazu C. ROBERT, ASR III 3 S. 512. BARATTE a.O. 275.

im Louvre überreicht diese der Demeter Ähren, auf dem Sarkophag in Wilton House gibt sie ihr die Hand, während eine weibliche (bisher ungedeutete) Gestalt im Hintergrund zwischen beiden die Ähren hinzugibt. Wiederum auf beiden Sarkophagen erscheint neben Kore eine männliche Gestalt (Eubuleus?), rechts schließt sich, abfahrbereit auf dem Schlangenwagen stehend, Triptolemos an, der das aus seinem Gewandbausch genommene Korn mit der Rechten ausstreut. Der rechte Teil der Langseite wird von einer Gruppe von drei (Louvre) oder vier (Wilton House) erwachsenen Personen mit einem kleinen Knaben eingenommen; drei davon sind wohl Demeter und Kore mit Triptolemos in der Mitte, der Knabe und die vierte (weibliche) Gestalt auf dem Sarkophag im Louvre sind bisher noch nicht befriedigend gedeutet.[4] – Auf den Nebenseiten des Sarkophages im Louvre ist rechts ein Pflügender dargestellt, links zwei Männer beim Dreschen, auf dem Deckel ein Bankett, in dessen Mitte vielleicht die Verstorbene zu erkennen ist, auf seinen Nebenseiten je ein Panther vor einem liegenden Kantharos; die Akrotere werden von je einem Löwen gebildet, der einen Kantharos umschlingt. Auf den Nebenseiten des Sarkophages in Wilton House sind je zwei antithetische, neben einem Dreifuß sitzende Adlergreife dargestellt, auf der Vorderseite des Deckels liegende Jahreszeiten mit Eroten, auf seinen Nebenseiten waagerechte Fackeln.

Beide Sarkophage sind in den Jahrzehnten 150–170 n. Chr. entstanden, der in Wilton House dürfte der spätere sein.[5]

49. Unterwelt

ANDREAE, Studien 26 ff. 33. 56 ff. 80. 86. 142. 164. – C. GASPARRI, RendLinc 27, 1973, 15 ff. – E. KEULS, The Watercarriers in Hades: A Study of Katharsis through Toil in Classical Antiquity (1974).

Szenen in der Unterwelt finden sich auf Sarkophagen, deren mythologische Thematik mit ihr verbunden ist. So erscheint das Paar von Hades und Persephone auf Nebenseiten von Persephonesarkophagen und auf der Nebenseite eines Protesilaossarkophages,[1] auf einem anderen Protesilaossarkophag zeigt die eine der Nebenseiten Sisyphos, Ixion und Tantalos,[2] auf einem Prometheussarkophag[3] ist auf der Langseite links der Eingang zur Unterwelt dargestellt. Zu nennen wären hier auch die Sarkophage, welche Herakles mit Kerberos zeigen,[4] also die mit den Zwölf Taten, oder Herakles mit Alkestis,[5] Charon[6] oder den Danaiden.[7]

[4] C. ROBERT, ASR III 3 S. 511 f. BARATTE a. O. 278.
[5] K. FITTSCHEN, JdI 85, 1970, 192.
[1] Die Beispiele mit Lit. bei ANDREAE, Studien 26 ff.; s. auch die entsprechenden Kapitel.
[2] ANDREAE, Studien Taf. 30, 3. SICHTERMANN-KOCH Taf. 169, 2. Dazu kommt eine S.-Ecke im Mag. des Vatikan, ANDREAE, Studien 58 Anm. 292; s. Kapitel I 4.3.2.42. – Vgl. auch E. SI-

MON, ÖJh 42, 1955, 5 ff. A. M. MANSEL, Anatolia 2, 1957, 79 ff.
[3] ASR III 3, 357. SICHTERMANN-KOCH 62 f. Nr. 67 Taf. 162, 1.
[4] s. Kapitel I 4.3.2.16, dazu auch ein Persephones., ASR III 3, 392, SICHTERMANN-KOCH 57 f. Nr. 61.
[5] Beispiele bei ANDREAE, Studien 36.
[6] ANDREAE, Studien 57; vgl. jetzt SICHTER-

Nicht zahlreich und außerhalb jeder Typologie sind die Sarkophage, die die Unterwelt als Hauptthema haben. Schon einer der frühesten reliefverzierten römischen Sarkophage, in Rom in der Villa Giulia befindlich, ist mit Szenen der Unterwelt geschmückt:[8] unter sieben Rundbögen sind, von links nach rechts, wiedergegeben: die Danaiden, Oknos und die Eselin (unter zwei Bögen), Kerberos, Kairos mit Schmetterling, Chronos und Aion (?), zwischen den Bögen sechs Totenschädel und zwei Schmetterlinge, auf der rechten Nebenseite eine bärtige, geflügelte Maske. Der Sarkophag ist im frühen 1. Jh. n. Chr. entstanden. Auf einem Deckel, der jetzt auf einem Endymionsarkophag liegt,[9] sind im mittleren Giebelfeld das thronende Paar Hades und Persephone mit Kerberos und Eros dargestellt, in kleineren Giebeln links eine Verstorbene, rechts Hermes, ganz links die Moiren mit einem sie anflehenden Ehepaar, rechts dasselbe Ehepaar auf einem Ruhebett sitzend. Auch dieser Deckel ist innerhalb der Sarkophagproduktion als früh zu bezeichnen: er gehört noch in die erste Hälfte des 2. Jhs. n. Chr. Hadrianisch oder frühantoninisch ist auch der große, figurenreiche, auf allen vier Seiten mit Reliefs verzierte Sarkophag in Velletri,[10] dessen Thematik überwiegend von Gestalten und Szenen der Unterwelt bestimmt wird. In der Mitte der Hauptseite sitzen Hades und Persephone, neben ihnen stehen Zeus und Poseidon, es schließen sich rechts Herakles und Alkestis, links Protesilaos und Laodameia an; den Abschluß des Frieses bilden links und rechts Hirten. Im Fries darunter ist, in figurenreicher Abfolge, der Raub der Persephone dargestellt. Die Rückseite des Sarkophages zeigt im Hauptfries sieben der zwölf Taten des Herakles; Löwe und Hydra sind auf der rechten Nebenseite angebracht, zu seiten der Hadestür, vor der geopfert wird, Geryoneus, Kerberos und die Hesperiden auf der linken. Im unteren Fries der Rückseite finden wir Szenen in der Unterwelt: Charon, Sisyphos, Tantalos und die Danaiden; die Szene ganz links, zwei Mädchen unter einem Baum, könnte das Elysium meinen. Auf den unteren Friesen der Nebenseiten sind rechts Opfer-, links Hirtenszenen wiedergegeben. Ein weiterer Sarkophag,[11] dessen Langseite von Szenen der Unterwelt eingenommen wird, ist verschollen, mag aber auch früh zu datieren sein; er befand sich früher in den Vatikanischen Gärten und ist durch Renaissancezeichnungen bekannt. Wir sehen Protesilaos und Laodameia, Herakles mit dem Kerberos und den Danaiden, daneben Odysseus und die Sirenen sowie einen Satyr mit zwei Mänaden.

Daß die Sarkophage mit Unterweltsszenen früh sind, ist auffallend. Es scheint sich hier Italisch-Römisches zu zeigen gegenüber dem gräzisierend Klassizistischen der späteren Zeit.

MANN-KOCH Taf. 140, 2 (l. Ns. des Orests. im Vatikan).

[7] ANDREAE, Studien 61.

[8] GASPARRI a.O. 1 ff. Taf. 1–4. KEULS a.O. 123f. Taf. 20 (Det.). H. BRANDENBURG, JdI 93, 1978, 282 Anm. 17; 318.

[9] HELBIG⁴ II S. 214 zu Nr. 1406. McCANN, Metr. Mus. 45 Abb. 46.

[10] ANDREAE, STUDIEN 11 ff. Taf. 1–29. Ders., Röm. Kunst (1973) Abb. 450–452. KEULS a.O. 129 ff. Taf. 23–27. K. SCHEFOLD, MEFRA 88, 1976, 767 f.

[11] ASR II 140 (auf Taf. 52 die drei Zeichnungen). ANDREAE, Studien 36 mit Anm. 191 (Lit.); 61 Taf. 35, 1. ASR IV 1 S. 88 (vgl. auch S. 28.41).

50. Ungedeutet

C. ROBERT, ASR III 3, 433–473; Nachträge III 3 S. 576.

Von den 44 von C. Robert verzeichneten ungedeuteten Sarkophagen sind 14 attisch und zwei kleinasiatisch; einige von ihnen sind inzwischen gedeutet worden,[1] und auch bei den stadtrömischen hat man Fortschritte erzielt. So ist Roberts Nr. 437 inzwischen als Raub der Sabinerinnen erkannt worden,[2] und bei Nr. 438 hat man die alte Deutung auf Kleobis und Biton wieder aufgenommen.[3] Bei den verbleibenden Stücken handelt es sich zumeist um Fragmente, die zu wenig bieten, um sicher gedeutet zu werden. Zu Roberts Nr. 445 wurde als Deutung der Raub der Persephone vorgeschlagen,[4] bei Nr. 446 dachte man an Dionysisches.[5] Ein Stück ist wegen der allein vorhandenen Zeichnung zweifelhaft.[6] Nach wie vor problematisch bleiben die Nr. 436, deren von Winckelmann vorgebrachte Deutung auf den Mythos von Alope von C. Robert abgelehnt, von K. Schefold und R. Turcan jedoch wieder aufgenommen wurde,[7] die Nr. 439 mit einer Sterbeszene,[8] und die Nummern 441 und 442, die replikengleich einen Zweikampf in Zweigespannen zeigen.

Unter den etwa zehn neu zu Robert hinzugekommenen ungedeuteten Sarkophagen ragt ein Fragment im Nationalmuseum in Rom[9] heraus, das Frauen bei einer Zeremonie zeigt (um 180 n. Chr. zu datieren), eine Platte in Rom in der Via dell'Umiltà, für welche als Deutung der Orest-Mythos vorgeschlagen wurde,[10] sowie ein Girlandensarkophag in Hever Castle.[11]

Die Undeutbarkeit entspringt daraus, daß sich für die Darstellungen weder in der Bildkunst Vergleichbares findet, noch die Literatur Handhaben zur Deutung bietet.

---

[1] s. die entsprechenden Kapitel.
[2] s. Kapitel I 4.3.2.45.
[3] s. Kapitel I 4.3.2.21.
[4] H. SICHTERMANN, AA 1974, 315f. Abb. 11.
[5] ASR IV 1 S. 347f. zu Nr. 195.
[6] ASR III 3, 440.
[7] Rom, Villa Doria Pamphilj (aus der Mitte des 2. Jhs. n. Chr.), C. ROBERT, Archäologische Hermeneutik (1918) 397f. K. SCHEFOLD, RA 1961 II 198ff. Abb. 5. CALZA, Villa Doria 170f. Nr. 198 (unsichere Deutung). R. TURCAN in: ANRW II 16, 2 (1978) 1720. 1722. 1724. 1730.
[8] Jetzt Rom, NM, INR 74. 2618–24, vgl. ASR XII 6 S. 35 Anm. 29.

[9] HELBIG⁴ III 2138, INR 74. 2630–32.
[10] H. SICHTERMANN, RM 78, 1971, 181ff. Taf. 94–97. M. I. DAVIES, Opuscula Romana 9, 1973, 117 Anm. 1. R. TURCAN in: ANRW II 16, 2 (1978) 1721 Anm. 146. McCANN, Metr. Mus. 57 Anm. 19. C. VOGELPOHL, JdI 95, 1980, 220f. Abb. 10 (Det.).
[11] H. OEHLER, Foto u. Skulptur. Röm. Antiken in engl. Schlössern (1980) 66 Nr. 49 Taf. 65 a. INR 78. 2057–61. G. KOCH, ASR XII 6 S. 118 Anm. 5 mit Nennung ähnlicher Darstellungen.

I. 4.3.3. Dionysische Themen

TURCAN (1965). – F. MATZ, ASR IV 1–4. – A. GEYER, Das Problem des Realitätsbezuges in der dionysischen Bildkunst der Kaiserzeit (1977) 42 ff. – M. BONANNO, Prospettiva 13, 1978, 43 ff.

Die dionysischen Sarkophage werden durch das Auftreten des Gottes Dionysos in zentraler Bedeutung, mit seinem Gefolge und in seinen Mythen, selten auch durch sein Gefolge allein, charakterisiert. Überschneidungen mit anderen Sarkophaggruppen ergeben sich bei den Sarkophagen mit dionysischen Eroten, die, da der Gott hier fehlt, den Erotensarkophagen zuzurechnen sind, und bei den Jahreszeitensarkophagen, die nur dann zu den dionysischen gezählt werden können, wenn der Gott auf ihnen erscheint.[1]

F. Matz hat in den vier Bänden des Corpus, die die dionysischen Sarkophage präsentieren, rund 400 einzelne dieser Sarkophage vorgelegt, einschließlich der Fragmente.[2] Zählt man einige neu hinzugekommene Stücke dazu[3] sowie weitere von Matz nicht berücksichtigte Fragmente, so ergibt sich eine Zahl von 420 bis 430 Sarkophagen. Der überwiegende Teil ist stadtrömisch, attisch sind nur etwa 30, kleinasiatisch zwei, dazu kommen einige wenige provinzielle Stücke. Wie auch bei anderen Gattungen herrschen die Kastensarkophage vor, die mit etwa 350 Exemplaren vertreten sind; Wannensarkophage sind rund 50 zu zählen, davon ein Riefelsarkophag[4] und 46 mit Löwen- oder Gorgonenköpfen an der Langseite. Unter den Kastensarkophagen gibt es 43 Riefelsarkophage, 15 Clipeussarkophage, neun Girlandensarkophage und sieben Säulen- bzw. Arkadensarkophage.

Die dionysischen Sarkophage tauchen schon innerhalb der Frühzeit der Sarkophagherstellung auf, einige dürften zu den ersten kaiserzeitlichen Sarkophagen überhaupt gehören.[5] So erklärt sich auch die anfänglich vorherrschende Verwendung neuattischer Figurentypen, die zwar später zurücktritt, in einzelnen Exemplaren jedoch bis in das späte 2. und sogar in das 3. Jh. n. Chr. zu verfolgen ist.[6] Die Blütezeit der dionysischen Sarkophage sind die Jahrzehnte um 200 n. Chr., gegen 300 verebbt die Herstellung.

Bei der Ordnung empfiehlt sich das inhaltliche Prinzip, wie es schon C. Robert ausgearbeitet hat, von dem es, in vereinfachter Form, von F. Matz übernommen wurde;[7] lediglich die Girlandensarkophage und die Wannensarkophage mit Maskenpaar

---

[1] ASR IV 4 S. 439. H. SICHTERMANN in: Mél. Mansel I (1974) 312 Nr. 26.

[2] ASR IV 1–4.

[3] H. SICHTERMANN, RM 86, 1979, 351 Anm. 4. BONANNO a.O. 43 ff. G. BEJOR, AA 1979, 246 ff.

[4] SICHTERMANN a.O. 351 ff.

[5] ASR IV 1 S. 85.

[6] ASR IV 1, 127.146.161.

[7] ASR IV 1 S. XVIII. – Bei der folgenden ikonographischen Übersicht, die sich an Matz anschließt, wurde darauf verzichtet, zu jeder Gruppe oder jedem einzelnen Sarkophag das ASR-Zitat anzugeben; sie sind dort mit Hilfe des Inhaltsverzeichnisses u. der Register leicht zu finden. – Das Buch von TURCAN, das keine systematische Übersicht über die Darstellungen der dionysischen Sarkophage gibt, kann hier unberücksichtigt bleiben, so wichtig es für Datierungsfragen u. die Interpretation ist. Zum Buch von TURCAN: F. MATZ, ASR IV 4 S. 505, zum Unterschied beider Methoden: C. PANELLA in:

rechtfertigen, trotz gelegentlicher inhaltlicher Überschneidungen mit anderen Gruppen, eine gesonderte Behandlung, ebenso die Deckel. Überschneidungen ergeben sich weiter nicht nur durch die in verschiedenem Zusammenhang vorkommende Verwendung der oben genannten Einzelmotive, sondern auch durch das Ineinander verschiedener Szenen auf Langseiten, Nebenseiten, Rückseiten und Deckeln. Auch der Sache nach ergeben sich fließende Grenzen, so bei den Umzügen mit Dionysos auf dem Elefantenwagen, die, obwohl einige Male afrikanische Elefanten dargestellt sind, zumeist deutlich auf den indischen Feldzug zu beziehen sind, so daß sie mit den diesbezüglichen Mythen verbunden werden können.

Die *Girlandensarkophage* zeigen in den Girlandenbögen Hermaphroditen, den trunkenen Herakles, Satyrn und Pan, auf späteren Exemplaren auch Dionysos. Sie beginnen um 140 n. Chr.

Die zahlreiche Klasse der *Wannensarkophage* mit Maskenpaar zeigt, der Herkunft dieser Gattung von den Keltergefäßen entsprechend, Löwenköpfe an beiden Enden der Langseite; nur zweimal werden Gorgoneia verwandt, auf zwei weiteren Sarkophagen finden sich auf der Vorderseite Löwenköpfe, auf der Rückseite Gorgoneia. Sie zeigen Dionysos und Ariadne im Typus der ‚Pyramidengruppe', außerdem den stehenden Dionysos – einige Male bei der Auffindung der Ariadne – und den auf einem Tiger bzw. auf einem von Tigern oder Kentauren gezogenen Wagen sitzenden Dionysos. Auch sie beginnen, mit einem singulären Exemplar, welches den Thiasos ohne den Gott zeigt,[8] um 140 n. Chr. und reichen bis in spätseverische Zeit; einzelne Exemplare könnten erst am Ende des 3. Jhs. n. Chr. entstanden sein.

Bei den übrigen Sarkophagen lassen sich, rein nach Darstellungsinhalten geordnet, *drei Hauptgruppen* unterscheiden: *Kulte und Feste, Mythen* und *Repräsentationsbilder*. Die Form ist hier zumeist die des einfachen Kastens, gelegentlich mit abgerundeten Ecken; die Riefel- und die Säulen- bzw. Arkadensarkophage lassen sich mit ihren Darstellungen der Klasse der Repräsentationsbilder zuordnen. Eine besondere, nach der Form zu beurteilende Gruppe bilden dann wieder die Deckel.

221.223 In der *ersten Hauptgruppe* ist dreimal der Thiasos ohne den Gott vertreten und drei-
230 mal die ‚Pyramidengruppe' von Dionysos und Ariadne, welche dem Zweikampf von Pan und Eros bzw. Pan und einem Bock zusehen; hierzu müssen zwei Wannensarkophage mit demselben Thema (Eros und Pan) gerechnet werden.[9] Am häufigsten – auf etwa 126 Exemplaren – ist der dionysische Umzug dargestellt, hier wieder in erster
224-227 Linie an erster Stelle derjenige mit dem auf einem Kentaurenwagen stehenden Dionysos (etwa 25 Exemplare). Auf einem von Tigern bzw. Elefanten gezogenen Wagen ist er nur je 13mal vertreten, je 20mal liegt er allein auf einem Tiger- bzw. Kentaurenwagen, etwa 20mal mit Ariadne zusammen. Seltener sitzt der Gott auf einem Tiger, ebenso ist er nicht häufig stehend vom Thiasos umgeben. Zwei Exemplare geben die

EAA Suppl. 1970 (1973) 694. – Der Kinders. (ASR IV 3 Beil. 106, 2) mit Pentheus befindet sich jetzt in Warschau: A. WITZ, EtTrav 5, 1971, 125 ff.

[8] ASR IV 1, 35.
[9] ASR IV 1, 36.41.

dionysische Nachtfeier, die Pannychis, wieder, davon das eine mit derb erotischen 222
Gruppen. Nur je ein Exemplar zeigt eine Kentaurenfamilie und eine Weinlese.¹⁰ An- 233
schließen lassen sich hier etwa 17 Deckel und ein Kasten mit dionysischem Gelage;
dieses eignete sich wenig zur Füllung einer Langseite, erscheint daher in der Regel auf
Deckeln.

Die Entstehungszeit dieser Sarkophage mit Kulten und Festen ist vornehmlich das
1. Viertel des 3. Jhs. n. Chr., ein größerer Teil ist jedoch schon in der 2. Hälfte des
2. Jhs. n. Chr. entstanden; nur wenige Exemplare reichen in die 2. Hälfte des 3. Jhs.
n. Chr.

Unter den *dionysischen Mythen* ist am zahlreichsten die *Auffindung der Ariadne durch* 228.229
Dionysos vertreten, etwa 23mal, und zwar annähernd zur Hälfte ohne, zur Hälfte mit 235
dem Kentaurenwagen; dazu sind neun Wannensarkophage mit Maskenpaar zu rechnen. Dreizehnmal finden sich Szenen aus der *Geburts- und Kindheitsgeschichte des Dionysos,* darunter fünfmal auf Deckeln und mehrmals auf Kindersarkophagen; dazu 231
kommt ein Girlandensarkophag. Dargestellt sind der Tod Semeles, die Schenkelgeburt des Dionysos und Dionysos bei den Nymphen von Nysa, diese Szenen entweder einzeln oder vereinigt; die Korybantenszene ist nur einmal vertreten. Aus der
Kindheit des Gottes sehen wir sein Bad, seine Investitur und seinen Ritt auf einem
Widder, daneben andere Szenen, wie die Aufstellung eines bärtigen Kultbildes, den
durstigen Silen, Satyrn und Nymphen sowie die Züchtigung eines Satyrs durch Silen.
Entstanden sind diese Sarkophage vornehmlich in den letzten Jahrzehnten des 2. Jhs.
n. Chr. – Die *Zerreißung des Pentheus* durch die Mänaden ist auf sechs stadtrömischen
Sarkophagen und zwei Deckeln vorhanden, dazu kommt ein Kindersarkophag, auf
welchem Kinder den Mythos spielerisch wiedergeben. Auch diese Sarkophage gehören in die 2. Hälfte des 2. Jhs. n. Chr. – Der im Wahnsinn *seinen Sohn mit dem Beil tötende Lykurg* ist auf drei Sarkophagen dargestellt, auch sie aus dem gleichen Zeitraum.
– Aus dem *Zug des Dionysos nach Indien* ist auf fünf Sarkophagen die Schlacht und auf
zweien der Sieg dargestellt; ein weiteres Stück zeigt sowohl die Schlacht als auch den
Sieg. Auf einem der Sarkophage ist außerdem durch Übernahme einer Szene des
Umzuges mit dem Elefantenwagen eine Verbindung zu dieser Klasse der Sarkophage
hergestellt. Nur drei Sarkophage zeigen durch Ähnlichkeit der Komposition, daß sie
auf dasselbe Vorbild zurückgehen, das in der Sarkophagkunst selbst entstanden zu
sein scheint. Typologische Verbindungen lassen sich auch mit den Amazonensarkophagen feststellen. Die Darstellungen des Sieges, insbesondere die Szene der Begnadigung des Inderfürsten durch Dionysos, hängt mit der römischen Triumphalkunst
zusammen.¹¹ Alle Sarkophage sind relativ früh, etwa in den Jahrzehnten 160 bis 180
n. Chr., entstanden. – Außer den genannten Szenen finden sich vereinzelt, in verschiedener Umgebung, noch das Hahnenopfer,¹² der trunkene Herakles, eine Dorn-

---

¹⁰ Dionysos inmitten der Weinlese auf drei S., nicht bei F. Matz, ASR IV: Bonanno a.O. 43 ff.

¹¹ Guerrini, Pal. Mattei 65 ff. Taf. 62,a.

¹² Dazu jetzt I. Jucker, AA 1980, 440 ff., zu S.: 469, mit Anführung eines weiteren Exemplares.

ausziehergruppe und Kelterszenen, aus anderen Sagenbereichen Orpheus und Marsyas mit Olympos. Auf den Nebenseiten erscheinen zumeist Gestalten des dionysischen Gefolges, seltener Sphingen und Greifen.

Unter den handlungslosen *Repräsentationsbildern*, die die dritte Hauptgruppe bilden, setzen 15 Sarkophage den Gott als mittlere Figur zwischen die Jahreszeiten,[13] auf 12 Exemplaren stehend, auf zweien als Tigerreiter, auf einem thronend; der Gott hat zumeist spendende Haltung. Die Reihenfolge der Jahreszeiten von links nach rechts ist: Winter, Frühling, Sommer, Herbst; ein Sarkophag hat zu beiden Seiten des Gottes je vier Jahreszeiten, ein anderer je drei, auf einem dritten kommen zu den vier Jahreszeiten der Vorderseite vier weitere, auf die Nebenseiten verteilt, hinzu, auf einem Kindersarkophag erscheint links neben den Jahreszeiten ein tanzendes Paar. Ein Sarkophag setzt den Gott – hier thronend – und die Jahreszeiten unter Pilaster-, ein anderer unter Säulenarkaden, beide sind also auch zu der Gruppe der Säulensarkophage zu rechnen. – Die beiden zuletzt genannten Sarkophage gehören wohl noch in das Ende des 2. Jhs. n. Chr., alle übrigen sind in der 1. Hälfte des 3. Jhs. n. Chr. entstanden bis auf die beiden zuerst genannten unkanonischen Stücke mit mehr als vier Jahreszeiten, die schon dem 4. Jh. n. Chr. angehören; der Kindersarkophag mit tanzendem Paar könnte um 300 n. Chr. entstanden sein. – Auf den dionysischen Clipeussarkophagen befindet sich links und rechts vom Clipeus gewöhnlich je ein Kentaurenwagen, die Kentauren halten auch zumeist den Clipeus. Links steht in der Biga Dionysos, rechts Semele, zweimal ist Herakles hinzugesellt, einmal liegt Dionysos. Auf sechs Sarkophagen halten Niken den Clipeus, auf zweien Satyrn. Der Clipeus ist entweder leer oder trägt eine Inschrift (sechs Exemplare), einmal ein Gorgoneion, siebenmal Porträtbüsten. Unter dem Clipeus befindet sich entweder eine stützende Palme mit sitzenden Gefangenen an den Seiten (vier Exemplare, dazu eines nur mit Gefangenen) oder Einzelszenen wie die Dornausziehergruppe, der Kampf zwischen Eros und Pan, Pan und ein Bock, Satyrn und Pan, ein Hahnenkampf, zwei Panther oder Masken. Am frühesten sind die Sarkophage mit der Palme, die auch auf einen einzigen Archetypus zurückgehen; sie gehören noch in die Jahrzehnte 160 bis 180 n. Chr. Die Sarkophage mit den Porträtbüsten sind in das 3. Jh. n. Chr. zu datieren. – Dionysische Säulensarkophage gibt es nur fünf,[14] zu denen zwei schon bei den Jahreszeitensarkophagen genannte kommen. Alle zeigen, einschließlich der Jahreszeitensarkophage, Dionysos im mittleren Intercolumnium, sei es allein, sei es (häufiger) mit einem ihn stützenden Satyr. In den übrigen Intercolumnien sind, außer den bereits erwähnten Jahreszeiten, Satyrn, Mänaden (einzeln oder paarweise), Silen und Pan angebracht. Verwendet wurden neuattische oder in der stadtrömischen Kunst sonst bekannte Typen. Die gliedernden Säulen sind tordiert und tragen korinthische Kapitelle, die zweimal vorhandenen Pilaster haben gerade, unten gefüllte Kanneluren und ebenfalls

---

[13] Zu den ASR IV 4, 246–259 aufgeführten Stücken kommt ein weiteres, H. SICHTERMANN in: Mél. Mansel I (1974) 312 Nr. 26.

[14] Ein in ASR nicht berücksichtigtes Frgt.: H. SICHTERMANN, AA 1974, 317 Abb. 13.

korinthische Kapitele; zwischen den Arkaden herrschen über den Säulen Masken vor. Zu datieren sind die Sarkophage in die letzten Jahrzehnte des 2. Jhs. n. Chr., einzelne vielleicht schon in den Anfang des 3. – Auch auf den Riefelsarkophagen mit dionysischen Figuren ist fast regelmäßig der Gott in die Mitte gestellt, zweimal allein, zumeist von einem Satyr gestützt, häufig auch von anderen Figuren begleitet; nur einmal nimmt die Gruppe von Eros und Psyche die Mitte ein, auf einem anderen Sarkophag ist die Mitte leer.[15] In den Seitenfeldern herrschen einzelne Satyrn und Mänaden vor, wobei besonders der kindertragende Satyr beliebt ist, einmal sind Eroten wiedergegeben. Die Regel sind rechteckige Kästen, abgerundete Enden finden sich nur einmal;[16] auf diesem Exemplar, das auch sonst einen eigenständigen Eindruck macht, sind Elefanten auf den Nebenseiten dargestellt. – Vielleicht ist der eine oder andere Sarkophag noch am Ende des 2. Jhs. n. Chr. entstanden, die Mehrzahl gehört in das 3., zumeist in die 1. Hälfte.

I. 4.3.4. Meerwesen

A. RUMPF, ASR V 1 (1939). – H. G. OEHLER, AA 1958, 63 ff. – H. BRANDENBURG, JdI 82, 1967, 195 ff. – H. SICHTERMANN, AA 1970, 214 ff. – Ders., JdI 85, 1970, 224 ff. – ENGEMANN, Untersuchungen (1973) 60 ff. – H. WREDE in: Festschrift G. Kleiner (1976) 147 ff.

Die Meerwesensarkophage zeigen in großer Vielfalt die Bewohner des Meeres wie Fische und Delphine, vorwiegend jedoch Mischbildungen und Fabelwesen, d. h. Seekentauren (Ichthyokentauren), Hippokampen, Seepanther, Seestiere, Tritonen, die Skylla, Ketoi und Okeanos (als Maske); in ganzer Menschengestalt erscheinen nur, mit all diesen Wesen vereint, Nereiden und Eroten,[1] mitunter auch dionysische Trabanten, sehr selten Poseidon und Aphrodite.[2] Musikinstrumente werden gehalten, von den Nereiden auch weibliche Utensilien wie Spiegel und Kästchen, es finden sich reale Hinweise auf das Meeresleben wie Angeln und Fischen[3] oder gelegentlich ein Leuchtturm.[4] Kampfszenen wie die schlagende Skylla sind nicht ernsthaft gemeint.[5] Bis auf die Darstellung der Nereiden mit den Waffen des Achill und der Geburt der Aphrodite fehlen direkte Bezüge zur Mythologie, wiedergegeben ist zumeist ein ruhiges Dahinziehen über das Meer, der ‚Meerthiasos', wenn er auch gewöhnlich in symmetrisch-dekorativer Form dieses Dahinziehen mehr repräsentiert als darstellt.[6] Das Meer ist gewöhnlich durch Angabe der Wellen dargestellt.[7]
Den 326 von A. Rumpf verzeichneten Exemplaren konnten inzwischen rund 100

---

[15] Vielleicht nicht ursprünglich.
[16] H. SICHTERMANN, RM 86, 1979, 351 ff. Taf. 91.92.
[1] Zu den Eroten s. R. STUVERAS, Le putto dans l'art romain (Coll. Latomus 99, 1969) 153 ff.
[2] Nachweise s. weiter unten. Generell sei auf ASR V 1 mit seinen Registern verwiesen.

[3] z. B. ASR V 1, 85. 97.
[4] ASR V 1, 28.
[5] ASR V 1, 72. 74. 79 (= H. SICHTERMANN, AA 1970, 217 Nr. 2). 93. 123. 185.
[6] Dazu H. SICHTERMANN, JdI 85, 1970, 226 ff. WREDE a. O. 153.
[7] ASR V 1 S. 126 ff.

neue hinzugefügt werden.⁸ Am Beginn, in spättrajanischer Zeit, stehen Girlandensarkophage mit zwei oder drei Festons, in denen Meerwesen dargestellt sind (es sind etwa 22 erhalten), bald setzen auch die Sarkophage mit ‚Meerthiasos' ein, zunächst ohne Mittelmotiv, dann jedoch mit bewußter Betonung der Mitte durch Anbringung eines Gorgoneions, eines Delphins oder sogar eines Baumes.⁹ Diese vereinzelten Experimente machen dann der zentralen Verwendung einer – kleinen oder großen – Okeanosmaske Platz, die auf etwa 26 Sarkophagen erscheint; sie beginnen wohl schon vor der Mitte des 2. Jhs. n. Chr. und reichen bis etwa 190 n. Chr. Bald nach der Mitte des 2. Jhs. n. Chr. setzen dann auch die Thiasossarkophage mit zentralem Schild ein, zu denen dann auch solche mit viereckiger Tafel treten; sie reichen in einzelnen Exemplaren bis ins 4. Jh. n. Chr. hinein. Erhalten sind 15 derartige Sarkophage. Nereiden mit den Waffen des Achill und Meerwesen mit Götterattributen – nur je zwei sind nachzuweisen – bleiben ein kurzes Intermezzo um die Mitte des 2. Jhs. n. Chr. In der 2. Hälfte des 2. Jhs. n. Chr. wird auf einigen Sarkophagen Poseidon in den Thiasos eingeführt,¹⁰ gegen Ende des Jhs. auch Aphrodite in der Muschel.¹¹ Hier taucht dann, bei Aphrodite, auch das Porträt auf,¹² welches bald, als zentrales Motiv im Clipeus oder in der Muschel, alle anderen Mittelmotive verdrängt und vom 3. Jh. n. Chr. an herrschend wird; im ganzen sind 40 derartige Sarkophage erhalten, davon 26 allein mit Muschelporträt.

Die Deckel zeigen in den weitaus meisten Fällen ebenfalls Meerwesen oder Eroten auf Meeresbewohnern, auch sie zentral zur Mitte gewandt, wo sich gewöhnlich eine Tafel befindet. Neben vielen nicht sicher zu bestimmenden Fragmenten sind etwa 50 solcher Deckel nachzuweisen. Eine eigene Klasse, die besonders im 4. Jh. n. Chr. beliebt war und auch bei christlichen Sarkophagen vorkommt, bilden die Deckel mit gegenständig schwimmenden Delphinen; sie liegen häufig auf Riefelsarkophagen, die ihrerseits nicht mit Meerwesen verziert sind.¹³ Deckel auf Meerwesensarkophagen ohne verwandte Darstellungen sind selten; ein frühes Exemplar zeigt die Tote auf der Kline liegend,¹⁴ ein spätes links eine Mahlszene, rechts Knaben beim Faustkampf.¹⁵ Als Eckmasken werden bei den Deckeln mit Meerwesen wiederum Köpfe von Meerwesen verwendet.¹⁶ Derartige Deckel finden sich auch auf anderen Sarkophagen, nicht nur auf Riefelsarkophagen,¹⁷ sondern auch auf solchen mit Girlanden¹⁸ und auf mythologischen.¹⁹

⁸ s. die Angaben bei H. SICHTERMANN, AA 1970, 214ff. u. WREDE a. O. 175 ff.
⁹ ASR V 1, 122.
¹⁰ Vgl. außer ASR V 1, 116–118 GOETHERT, Klein Glienicke Nr. 114.
¹¹ ASR V 1, 91–95.
¹² ASR V 1, 92, wohl auch 93.
¹³ ASR V 1, 225–235. ASR V 3, 220. Rep. I 87. 128. 129. 140. 223. 301. 326. 471. 476. 564. 614. 683. 769.
¹⁴ ASR V 1, 13.
¹⁵ ASR V 1, 61. Rep. I Nr. 557.

¹⁶ z. B. ASR V 1, 324. 325. GOETHERT, Klein Glienicke Nr. 124–128. T. BRENNECKE, Kopf und Maske (1970) 83 ff.
¹⁷ s. Anm. 13. Dazu ASR V 1, 209. 210. 212. ASR V 3, 111. 129. MCCANN, Metr. Mus. 132 Abb. 168 (Rom, NM). Rom, Mus. Cap., INR 80. 629.
¹⁸ z. B. TOYNBEE Taf. 48, 2 (Neapel, NM).
¹⁹ Endymion: Rom, Mus. Cap., ASR III 1, 40. SICHTERMANN-KOCH 27 f. Nr. 16 Taf. 35, 1. Peleus-Thetis: Rom, Villa Albani, ASR II 1. TOYNBEE Taf. 39, 2. HELBIG⁴ IV 3291. Aktaion:

Die Nebenseiten der Meerwesensarkophage sind in den weitaus meisten Fällen ebenfalls mit Meerwesen verziert; Girlanden[20] oder Greifen[21] allein sind sehr selten. Dafür finden sich Meerwesen auch auf Nebenseiten von Sarkophagen, die auf der Vorderseite abweichende Themen haben.[22]

Die gewöhnliche Form ist der viereckige Kasten; Lenoi mit Löwenköpfen sind nur zwei nachzuweisen,[23] auf Riefelsarkophagen kommen Meerwesen – außer auf den Deckeln – nur einmal vor.[24]

I. 4.3.5. Musen

M. WEGNER, ASR V 3 (1966); dazu: H. GABELMANN, BJb 168, 1968, 533 ff.; C. PANELLA, ArchCl 20, 1968, 327 ff.; L. PADUANO FAEDO, StClOr 19/20, 1970/71, 442 ff.; K. FITTSCHEN, Gnomon 44, 1972, 486 ff.

Sarkophage mit Darstellungen von Musen sind überaus zahlreich erhalten; es sind über 200 stadtrömische Exemplare von M. Wegner zusammengestellt und ausführlich behandelt worden. Nachträge bringen K. Fittschen[1] und L. Paduano Faedo.[2] Inzwischen ist noch eine Reihe weiterer Stücke bekannt geworden; typologisch geben sie aber kaum etwas Neues, so daß hier nur einige von ihnen angeführt werden. Sehr wichtig ist die Besprechung des Werkes von M. Wegner durch K. Fittschen, der vor allem die Chronologie des 3. Jhs. n. Chr. klärt.[3] Für die Benennung der Musen hat M. Wegner einleuchtende Vorschläge gemacht;[4] es bleiben jedoch noch offene Fragen. M. Wegner hat auch die großplastischen Vorbilder und Parallelen behandelt.[5]

Musen finden sich auf Fries-, Säulen- und Riefelsarkophagen. Bei den *Friessarkophagen* sind die neun Musen in der Regel auf der Vorderseite wiedergegeben; sie stehen nebeneinander, drehen und wenden sich; nur auf zwei frühen Sarkophagen begegnen sitzende Musen.[6] Zu den Musen können Apollo und auch Athena, in einem Fall sogar Hermes[7] hinzukommen; gelegentlich werden der oder die Sarkophaginhaber eingefügt.[8] Die Anordnung der Musen ist unterschiedlich; auf sie wird hier nicht weiter eingegangen; es werden nur stärkere Veränderungen der Komposition hervorgehoben, die sich allerdings, im Verhältnis zu anderen Sarkophagen, nur in beschränktem Maße zeigen.

Paris, Louvre, ASR III 1, 1. KRAUS, PropKg Abb. 214.
[20] ASR V 1, 13.
[21] ASR V 1, 14. OEHLER a. O. 63 ff.
[22] z. B. H. SICHTERMANN, AA 1970, 236 ff. Nr. 12.
[23] ASR V 1, 130. H. SICHTERMANN, AA 1970, 226 ff. Nr. 5.
[24] H. SICHTERMANN, AA 1970, 228 ff. Nr. 6.
[1] FITTSCHEN a. O. 496 f.
[2] PADUANO FAEDO a. O. 442 ff.

[3] FITTSCHEN a. O. 489 ff. 500 ff.
[4] ASR V 3 S. 93 ff. – C. PANELLA, Iconografia delle muse sui sarcofagi romani (Studi Miscellanei 12, 1966/67) 11 ff. – H. SCHÖNDORF, AA 1980, 136 ff.
[5] ASR V 3 S. 117 ff.
[6] Leningrad A 272: ASR V 3, 38 Taf. 2 b. – Ostia Antica, Castello: INR 69. 860; 71. 289.
[7] ASR V 3, 36 Taf. 31 b.
[8] z. B. ASR V 3, 36 Taf. 31 b; 183 Taf. 36 a; 170 Taf. 37 a; 167 Taf. 54 a; 165 Taf. 54 b.

Die späthadrianisch-frühantoninische Phase wird durch eine Vorderseite in Rom, Villa Medici,⁹ einen verschollenen Sarkophag¹⁰ und eine stark ergänzte Vorderseite in Leningrad¹¹ vertreten, ferner durch ein Fragment in Ostia.¹² Es handelt sich um ‚Baumsarkophage' mit locker gereihten Figuren.

In mittelantoninischer Zeit treten die Gestalten im Relief weiter vor und werden isoliert. Ein hervorragendes Beispiel ist der Sarkophag in Paris.¹³ Auf einem wichtigen Neufund, einem Sarkophag in Civita Castellana,¹⁴ sind die Gewandmotive vereinfacht; das Stück hat seine Bedeutung, da der eine Musenkopf, wohl nachträglich, als Knabenkopf ausgearbeitet wurde.¹⁵ Bei dem Kasten in Kansas City¹⁶ sind die Gewänder stärker gefaltet, aber in typisch mittelantoninischer Weise verhärtet; es ist der früheste Sarkophag, auf dem Apollo auf der Vorderseite unter den Musen wiedergegeben ist. Ein stark beschädigter Kasten in Florenz¹⁷ dürfte auch noch in diese Phase gehören und ebenso wie eine verschollene Langseite, ehem. Rom, Slg. Woodyat,¹⁸ auf der auch Athena eingefügt ist, um 170/180 n. Chr. entstanden sein.¹⁹

Als Nebenseitendarstellungen finden sich Apollo und Marsyas,²⁰ die Schindung des Marsyas,²¹ Apollo mit Kithara,²² Dichter und Muse,²³ Meerwesen²⁴ und Greifen.²⁵

Dem letzten Viertel des 2. Jhs. lassen sich Stücke in Berlin,²⁶ München,²⁷ Malibu,²⁸ Rom, S. Crisogono,²⁹ und die über sie in der Qualität hinausragende Langseite in Wien³⁰ und das Fragment in Paris³¹ zuweisen. Der ungewöhnliche Kasten in Pisa,³² der auf der Vorderseite im linken Teil einen Hirten mit Herde, im rechten acht Frauengestalten, wohl Musen, und in einem Tondo in der Mitte die Verstorbene als neunte Muse zeigt, kann angeschlossen werden. Beispiele, die sich den Meisterleistungen der spätantoninischen Zeit – z. B. dem Schlachtsarkophag von Portonaccio – zur Seite

---

⁹ ASR V 3, 214 Taf. 1.

¹⁰ Ehem. Rom, Vigna Pacca: ASR V 3, 218 Taf. 2a.

¹¹ Leningrad A 272: ASR V 3, 38 Taf. 2b; SAVERKINA, Ermitage 31 Nr. 7 Taf. 18/19.

¹² s. oben Anm. 6. – Zum Musenrelief Chigi, Siena, Arch. Mus.: ASR V 3, 222; FITTSCHEN a. O. 495; A. TALOCCHINI, BdA 57, 1972, 256f. Abb. 17 (antik, kein Sarkophag).

¹³ Paris 475: ASR V 3, 75 Taf. 3.

¹⁴ Civita Castellana, Forte Sangallo 59646: M. MORETTI, Nuove scoperte e acquisizioni nell'Etruria meridionale (1975) 259ff. Nr. 8 Taf. 79–82.

¹⁵ MORETTI a. O. Taf. 80 – Zu den Porträts auf Musensarkophagen: ASR V 3 S. 128ff.; FITTSCHEN a. O. 498f.; ENGEMANN, Untersuchungen 31ff.; K. SCHAUENBURG in: Eikones. Festschrift H. Jucker (1980) 154f.

¹⁶ Kansas City 33–38: ASR V 3, 34 Taf. 150a (neuzeitlich); H. GABELMANN, BJb 168, 1968, 540; FITTSCHEN a. O. 489 (richtige Beurteilung).

¹⁷ Florenz, Uff. 129: ASR V 3, 28 Taf. 4a.

¹⁸ ASR V 3, 179 Taf. 8b.

¹⁹ FITTSCHEN a. O. 494.

²⁰ ASR V 3, 218 Taf. 2a (r. Ns.).

²¹ ASR V 3, 218 Taf. 2a (l. Ns.).

²² Civita Castellana: s. oben Anm. 14.

²³ ASR V 3, 75 Taf. 135.

²⁴ Kansas City: s. oben Anm. 16.

²⁵ ASR V 3, 28 Taf. 140a. b –. Civita Castellana: s. oben Anm. 14.

²⁶ Berlin 844: ASR V 3, 16 Taf. 22.

²⁷ München 326: ASR V 3, 55 Taf. 25.

²⁸ Malibu 73.AA.2: unpubl.

²⁹ ASR V 3, 180 Taf. 21.

³⁰ Wien I 171: ASR V 3, 228 Taf. 11f.

³¹ Paris 465: ASR V 3, 74 Taf. 7b.

³² Pisa, Camposanto: ENGEMANN, Untersuchungen 32 Anm. 153 Taf. 14a; N. HIMMELMANN, AnnPisa 4, 1974, 156f. Taf. 9–11; ARIAS, Camposanto 53 f. Taf. 2; HIMMELMANN, Hirten-Genre 125 Taf. 56/57.

stellen lassen, sind bei den Musensarkophagen mit ihren statuarischen Typen nicht bekannt.

Die erste Hälfte des 3. Jhs. n. Chr. läßt sich, vor allem nach den Vorschlägen von K. Fittschen,[33] gut überblicken, wenn auch eine Festlegung einzelner Stücke auf ein Jahrzehnt in manchen Fällen nicht möglich ist, unter anderem, da von vielen Sarkophagen ausreichende Aufnahmen fehlen. Die Musen erhalten jetzt ihren Federschmuck, den sie von den Sirenen errungen haben.[34] In das erste Viertel des 3. Jhs. scheinen der schlecht erhaltene Kasten in Rom, Pal. Cons.,[35] und die stark ergänzte Vorderseite in London[36] zu gehören. Einen Schritt weiter führt der Kasten in New York, der eine aus dem Rahmen fallende Darstellung trägt, den Wettkampf der Musen und Sirenen im Beisein der kapitolinischen Trias.[37] In das 2. Viertel des 3. Jhs. läßt sich eine größere Zahl an Exemplaren ansetzen. Relativ früh sind verschiedene Stücke in Rom[38] und eine Langseite in Leningrad.[39] Es folgen Beispiele in Rom, Villa Medici,[40] San Simeon[41] und eines, das ehemals in Rom, Slg. Scalambrini,[42] war; diese drei sind von K. Fittschen überzeugend einer Werkstatt zugewiesen worden.[43] Die bescheidenen Exemplare in Rom, Pal. Rospigliosi,[44] und Kunsthandel, ehemals Slg. Lansdowne,[45] lassen sich wohl anschließen. In die spätere Phase desselben Jahrhundertviertels gehören die Stücke in Agliè,[46] Castellamare di Stabia[47] und Rom, S. Maria del Priorato,[48] die in einer gewissen Monumentalisierung und in einer Schönlinigkeit der Falten auf die gallienische Zeit vorausweisen. Anschließen läßt sich vielleicht ein Fragment in Paris,[49] das zu einer Gruppe gehört, die einen neuen Zug in die Komposition bringt, nämlich das auf die Seiten verteilte, sitzende Paar.

In der frühen gallienischen Zeit folgen ein Kasten in Palermo[50] mit derselben Figu-

262

263

---

[33] FITTSCHEN a.O. 500 f. (die Vorschläge von F. werden hier nicht für alle Sarkophage zitiert) – Vgl. auch B. ANDREAE – H. JUNG, AA 1977, Tabelle n. S. 434.

[34] ASR V 3 S. 116. GABELMANN, Werkstattgruppen 29 f.

[35] Rom, Pal. Cons. 1082: ASR V 3, 125 Taf. 26 a; HELBIG⁴ II, 1446; FITTSCHEN a.O. 492. 501 f.

[36] London 2306: ASR V 3, 43 Taf. 28.

[37] New York 10. 104: ASR V 3, 61 Taf. 32; KRAUS, PropKg Taf. 246 a; FITTSCHEN a.O. 490. 502; MCCANN, Metr. Mus. 46 ff. Nr. 5 Abb. 48. – Zum Wettkampf: ASR V 3 S. 115 f.

[38] Rom, Villa Giustiniani: ASR V 3, 212 Taf. 53 a. – Pal. Mattei: ASR V 3, 167 Taf. 54 a. – Vatikan: ASR V 3, 137 Taf. 37 b. – Pal. Giustiniani: ASR V 3, 165 Taf. 54 b. – Villa Borghese: ASR V 3, 205 Taf. 27 b. c. – Zu diesen S. auch FITTSCHEN a.O. 494. 501.

[39] Leningrad A 185: ASR V 3, 37 Taf. 53 b; SAVERKINA, Ermitage 49 f. Nr. 23 Taf. 51/52.

[40] ASR V 3, 215 Taf. 27 a.

[41] ASR V 3, 219 Taf. 31; FITTSCHEN a.O. 494 f. 497. 502; ENGEMANN, Untersuchungen 32 Taf. 12 a; MCCANN, Metr. Mus. 48 Abb. 50.

[42] Catalogo della Collezione Scalambrini di Roma, Vendite 20.–22.2., 1.–3.3., 5.3.1888 (Rom) 137 Nr. 1399 Taf. 9; FITTSCHEN a.O. 496 f. Nr. m.

[43] FITTSCHEN a.O. 497. 502. – MCCANN, Metr. Mus. 49 f. schließt, in Übereinstimmung mit D. v. Bothmer, den Sirenensarkophag in New York mit dem Musensarkophag San Simeon zusammen.

[44] ASR V 3, 170 Taf. 37 a; ENGEMANN, Untersuchungen 32 Taf. 12 b.

[45] ASR V 3, 36 Taf. 31 b; Art at Auction. The year at Sotheby Parke Bernet 1972/73 (1973) 233; INR 74. 268–278.

[46] ASR V 3, 2 Taf. 35.

[47] ASR V 3, 24 Taf. 36 b.

[48] ASR V 3, 183 Taf. 36 a.

[49] Paris 29: ASR V 3, 73 Taf. 65 a.

[50] ASR V 3, 68 Taf. 66; FITTSCHEN a.O. 490. 503.

renanordnung, ferner Fragmente des üblichen Typus in Arles[51] und Montpellier.[52] Der Sarkophag des L. Pullius Peregrinus in Rom, Mus. Torlonia,[53] ist vielleicht auch schon in dieser Phase entstanden; er bringt eine typologische Besonderheit, nämlich den Mann als siebten der Weisen und die Frau als neunte der Musen. In die spätere gallienische Phase, in die Jahre 260/70 n. Chr., dürfte die Vorderseite gehören, die auf Woburn Abbey[54] und Rom, Villa Doria Pamphilj,[55] aufgeteilt ist, ferner die ganz hervorragenden Fragmente eines großformatigen Kastens in Malibu,[56] der das an den Seiten sitzende Paar zeigte. Die – in vielem ergänzte – Langseite im Vatikan[57] desselben Typus weist nach den Verhärtungen in den Falten schon in die nachgallienische Phase; sie könnte um 270 n. Chr. gearbeitet worden sein.

Das Stück in Rom, S. Paolo,[58] dessen Vorderseite sehr stark verwittert ist, führt dann in das Jahrzehnt 270/80 n. Chr. Ebenfalls in nachgallienischer Zeit sind der Kindersarkophag im Vatikan,[59] ein ihm anzuschließendes Fragment in S. Cosimato in Rom[60] und der sogenannte Plotinsarkophag im Vatikan[61] entstanden, die in der Mitte des Frieses sitzende Gestalten in Vorderansicht haben, ein Motiv, das schon auf einem früheren Stück in Rom, Pal. Mattei,[62] begegnet. Beim ‚Plotinsarkophag' ist nur eine Andeutung auf die Musen vorhanden, er gehört in den Kreis der Philosophensarkophage.

In die tetrarchische Zeit führen das Fragment in der Via Veneto[63] und der Kasten im Pal. Farnese[64] in Rom, ferner die Stücke in Verona,[65] Rom, S. Saba,[66] Murcia[67] und Tebessa,[68] schließlich die Exemplare in Rom, Piazza Margana[69] und Villa Doria Pamphilj.[70] Ebenfalls tetrarchisch sind die Stücke in Tunis[71] und Rom, Pal. Cardelli,[72] die

---

[51] Arles P 466: ASR V 3, 12 Taf. 38a. b; FITTSCHEN a. O. 503; G. KOCH, BJb 177, 1977, 259.

[52] ASR V 3, 54 Taf. 73 b; FITTSCHEN a. O. 503; KOCH a. O. 260.

[53] Rom, Mus. Torlonia 424: ASR V 3, 133 Taf. 60; FITTSCHEN a. O. 492f. 503; ENGEMANN, Untersuchungen 32 Taf. 13; B. ANDREAE, Römische Kunst (1973) Abb. 599; McCANN, Metr. Mus. 49 Abb. 51.

[54] Woburn Abbey 122: ASR V 3, 231 Taf. 33 b; FITTSCHEN a. O. 496. 503.

[55] ASR V 3, 208 Taf. 33 a; CALZA, Villa Doria 243 Nr. 293 Taf. 161.

[56] Malibu 72.AA.90: C. VERMEULE – N. NEUERBURG, Catalogue of the Ancient Art in the J. Paul Getty Museum (1973) 40f. Nr. 90; K. FITTSCHEN, Der Meleager Sarkophag (Liebieghaus Monographie 1, 1975) 29 Anm. 41 Nr. y; B. B. FREDERICKSEN, The J. Paul Getty Museum (1975) 65.

[57] Vatikan: ASR V 3, 138 Taf. 68; VERMEULE II 48 Nr. 8708 Abb. 204; FITTSCHEN a.O. 494.

[58] ASR V 3, 184 Taf. 67; FITTSCHEN a.O. 503 f.

[59] Vatikan 2422: ASR V 3, 139 Taf. 59; HELBIG[4] I 514; FITTSCHEN a. O. 488. 494. 504.

[60] H. SICHTERMANN, AA 1974, 318f. Nr. 15 Abb. 15.

[61] Vatikan 9504: ASR V 3, 116 Taf. 71; HELBIG[4] I 1015. IV S. 391; E. SIMON, JdI 85, 1970, 209ff. Abb. 15–17; FITTSCHEN a.O. 487. 491f. 504; B. ANDREAE, Römische Kunst (1973) Abb. 600.

[62] ASR V 3, 167 Taf. 54a; ebenfalls auf 165 Taf. 54b.

[63] ASR V 3, 196 Taf. 72; FITTSCHEN a.O. 504.

[64] ASR V 3, 164 Taf. 103.

[65] ASR V 3, 227 Taf. 127b.

[66] ASR V 3, 188 Taf. 104b.

[67] ASR V 3, 57 Taf. 104a; G. KOCH, BJb 177, 1977, 262.

[68] ASR V 3, 224 Taf. 126a; KOCH a.O. 264.

[69] ASR V 3, 176 Taf. 125a.

[70] ASR V 3, 210 Taf. 125b; CALZA, Villa Doria 242f. Nr. 292 Taf. 160.

[71] Tunis C 1113: ASR V 3, 225 Taf. 102a; H. FOURNET-PILIPENKO, Karthago 11, 1961/62, 143ff. Nr. 145 Taf. 2; KOCH a.O. (s. oben Anm. 67) 265.

sich mit dem Musensarkophag Mattei[73] und anderen zu einer Werkstatt zusammenschließen.[74]

Als Darstellungen der Nebenseiten begegnen Apollo und Marsyas,[75] Athena und Apollo,[76] Philosophen, teilweise mit Musen,[77] in einem Fall Wein kelternde Männer,[78] schließlich Greifen.[79]

Die *Säulensarkophage*[80] sind nicht sehr zahlreich und stammen aus verschiedenen Zeiten. Relativ früh dürfte ein verschollenes, nur in Zeichnung vorliegendes Stück[81] sein, das einen Wechsel von Giebeln und Arkaden zeigt; als Datierung sei das späte 2. Jh. n. Chr. vorgeschlagen. Völlig aus dem Rahmen der stadtrömischen Säulensarkophage fällt das Exemplar in Rom, Pal. Senatorio,[82] das auch im späten 2. Jh. entstanden sein dürfte. Etwa in das Jahrzehnt 230/40 n. Chr. gehören nach den Porträts eine Vorder- und die zugehörigen Nebenseiten im Vatikan.[83] In gallienischer Zeit, um 250/60 n. Chr., ist eine andere Langseite im Vatikan[84] geschaffen worden, die in der Mitte ein Grabesportal und an den Seiten Säulen zeigt. Ein verschollenes, nur in Zeichnung vorliegendes Exemplar,[85] kann typologisch angeschlossen werden.

Eine Gruppe von großformatigen Sarkophagen mit Bogenarkaden schließt sich eng zusammen; sie übernimmt die Tradition der Prunksarkophage und führt sie bis in tetrarchische Zeit weiter; bekanntestes Beispiel ist der Musensarkophag Mattei in Rom, NM.[86] Die Stücke stammen aus einer Werkstatt, die von Künstlern bestimmt wurde, die aus Kleinasien und auch Griechenland eingewandert waren, als die dortigen Werkstätten die Produktion an reliefgeschmückten Sarkophagen einstellten.[87] Relativ am frühesten in dieser Gruppe dürfte der Musensarkophag Mattei sein; er mag 280/90 n. Chr. zu datieren sein. Eine etwas spätere Stufe vertritt die Langseite in London;[88] der fragmentierte Kasten in Rom, Priscilla Katakombe,[89] könnte schon nach

266

---

[72] ASR V 3, 161 Taf. 102 b.

[73] ASR V 3, 128 Taf. 84; s. unten Anm. 86.

[74] ASR XII 6 S. 22 ff.; G. KOCH, AA 1979, 236 ff.

[75] ASR V 3, 184 Taf. 136.

[76] ASR V 3, 224; REINACH, RR II 4, 3–4.

[77] ASR V 3 Taf. 137/38. 139 a; nur Musen: ASR V 3, 136 Taf. 55 b. c.

[78] ASR V 3, 133 (nicht abgebildet und beschrieben); HIMMELMANN, Typ. Unt. 10 Taf. 18 (l. Ns.); INR 36. 75/76.

[79] ASR V 3, 180 Taf. 140 d.

[80] ASR V 3 S. 132 f. 142 ff. 159 f.

[81] ASR V 3, 232; VERMEULE I 9 Nr. 14 Abb. 14; P. KRANZ, RM 84, 1977, 371 Anm. 130; ders., Hefte ABern 4, 1978, 35.

[82] ASR V 3, 174, Taf. 20; P. KRANZ, RM 84, 1977, 375 Anm. 152.

[83] Vatikan 871: ASR V 3, 135. 136 Taf. 55; HELBIG[4] I 218; FITTSCHEN a. O. 493 f. 503.

[84] Vatikan 914: ASR V 3, 134 Taf. 56; FITTSCHEN a. O. 493.

[85] VERMEULE II 48 Nr. 8702 Abb. 198; FITTSCHEN a. O. 496 Nr. k. – Das Frgt. in Florenz, Pal. Riccardi, FITTSCHEN a. O. 496 Nr. d, ist unpubliziert.

[86] Rom, NM 80711: ASR V 3, 128 Taf. 84. 87–89; WIEGARTZ, Säulens. 18 ff.; B. BRENK in: Kolloquium über spätantike und frühmittelalterliche Skulptur II (1970) 46 Taf. 37, 1; HELBIG[4] III 2123; V. M. STROCKA, AA 1971, 82 ff. Abb. 23 ff.; H. WIEGARTZ, AA 1971, 98 ff.; FITTSCHEN a. O. 492; WIEGARTZ, Myra 213 f.; ASR XII 6 S. 23 Anm. 41.

[87] ASR XII 6 S. 22 ff.; G. KOCH, AA 1979, 236 ff. (mit älterer Lit.).

[88] London 2305: ASR V 3, 42 Taf. 101 a; WIEGARTZ, Säulens. 20 f. Taf. 3 c; V. M. STROCKA, AA 1971, 82 f. Anm. 78; H. WIEGARTZ, AA 1971, 100; FITTSCHEN a. O. 490.

[89] ASR V 3, 110 Taf. 101 b; WIEGARTZ, Säulens. 20 ff.; STROCKA a. O. 86.

300 n. Chr. entstanden sein. Eine Reihe von Fragmenten[90] zeigt, daß diese Gruppe recht zahlreich gewesen sein wird.

Der Musensarkophag mit Klinendeckel in Pisa[91] dürfte wohl in Kleinasien, und zwar in Aphrodisias, und nicht in Rom gearbeitet worden sein.[92]

Riefelsarkophage mit Musen bilden eine recht große Gruppe;[93] sie gehören nicht zu den frühen Beispielen dieser dekorativen Sarkophage, sondern setzen erst im 3. Jh. n. Chr. ein. Eine ganze Reihe zeigt die auch sonst weit verbreitete Gliederung in fünf Felder, bei der figürliche Szenen in der Mitte und an den Seiten sind.[94] Sie reichen vom ersten Viertel des 3. Jhs. bis in die Zeit um 300 n. Chr. Ein spätes Exemplar in Rom[95] hat senkrechte Riefel und nur ein Feld in der Mitte. Einige Stücke, die meist abgerundete Ecken haben, tragen nur an den Seiten Reliefszenen,[96] während in der Mitte eine Mandorla oder auch eine Säule[97] sein kann. Relativ früh – 1. Viertel 3. Jh. – dürfte das Exemplar in Rom, Villa Doria Pamphilj,[98] sein, während der Kasten in Rom, Pal. Corsini,[99] um 300 n. Chr. entstanden ist. In einem Fall finden sich Philosoph und Muse unter einem Tondo mit Bildnis,[100] in einem anderen hat die für ein Porträt vorgesehene weibliche Büste im Tondo eine Feder, ist also als Muse gekennzeichnet,[101] in einem weiteren schließlich sind Dichter und Muse in der Mandorla eines Riefelsarkophages wiedergegeben.[102] Auf einem – allerdings von M. Wegner für nicht antik erklärten – Kasten in Kopenhagen[103] stehen Musen in den Seitenfeldern; in der Mitte ist ein Tondo.

Ein aus Platten zusammengesetzter Kasten aus der Zeit gegen 300 n. Chr. in Rom,

---

[90] Rom, Tre Fontane: ASR V 3, 191; STROKKA a.O. 82f. Anm. 78; H. WIEGARTZ, AA 1971, 99 Abb. 7/8. – Rom. Slg. Schneider: ASR V 3, 178 Taf. 90b; STROCKA a.O. 82ff. – Berlin, Frühchristl.-byz. Slg. 6685: ASR V 3, 17 Taf. 90a; WIEGARTZ, Säulens. 153 (Berlin A); STROCKA a.O. 83ff.; FITTSCHEN a.O. 489. – Sorrent, Mus. Correale 40: STROCKA a.O. 82ff. Abb. 21; H. WIEGARTZ, AA 1971, 99f.; FITTSCHEN a.O. 496 Nr. j. – Haifa 2070: unpubl. – Rom, Kunsthandel: INR 71. 1125. – Constantza 20617: Z. COVACEF, Pontica 7, 1974, 303ff. Abb. 6/7 (stadtröm.?).

[91] Pisa, Camposanto: ASR V 3, 78 Taf. 95–98. 100b; ARIAS, Camposanto 152ff. Taf. 94/95.

[92] ASR V 3 S. 39. 142. 146. – WIEGARTZ, Säulens. 167; ders., AA 1971, 93; V. M. STROCKA, AA 1971, 78ff. Anm. 59; H. GABELMANN, BJb 168, 1968, 538; FITTSCHEN a.O. 491; ENGEMANN, Untersuchungen 32 Anm. 153; 33ff. Taf. 15. – Zur Gruppe von Aphrodisias s. hier Kapitel V 4.4.

[93] ASR V 3 S. 133 ff.; FITTSCHEN a.O. 499.

[94] ASR V 3 Taf. 75. 76. 119a. 120. – L. FAEDO, Prospettiva 12, 1978, 43ff. Abb. 1–4.

[95] Vatikan 9516: ASR V 3, 115 Taf. 119b.

[96] ASR V 3 Taf. 109–111. 112a. – Dazu, in anderem Typus, Rom, Palazzo Nuovo della Propaganda: WILPERT II Taf. 263, 5; VERMEULE II 36 Nr. 8535 A Abb. 125.

[97] Rom, Pal. Borghese: ASR V 3, 160 Taf. 111a.

[98] ASR V 3, 211 Taf. 109a; CALZA, Villa Doria 227 f. Nr. 267 Taf. 152.

[99] ASR V 3, 162 Taf. 110b; DE LUCA, Pal. Corsini 111 ff. Nr. 59 Taf. 94.

[100] Rom, S. Paolo: ASR V 3, 187 Taf. 119c.

[101] Rom, Villa Doria Pamphilj: FITTSCHEN a.O. 496 Nr. g; CALZA, Villa Doria 229 Nr. 268 Taf. 153.

[102] Rom, Antiquario Comunale: FITTSCHEN a.O. 496 Nr. e; INR 40.237/38.

[103] Kopenhagen 779: ASR V 3, 35 Taf. 151a. b; H. GABELMANN, BJb 168, 1968, 539f.; FITTSCHEN a.O. 489f. – Typologisch scheint der AA 1941, 540, genannte K. (FITTSCHEN a.O. 496 Nr. f) vergleichbar zu sein, der in der Mitte einen lesenden Philosophen zeigt.

S. Lorenzo,[104] fällt völlig aus den übrigen stadtrömischen Sarkophagen heraus; er zeigt in den Seitenfeldern je einen Hirten mit einem Tier auf den Schultern, in der Mitte einen Mann mit abbozziertem Kopf zwischen zwei Musen und in den zwei Feldern dazwischen Tabulae mit geschweiften Ansae oben und unten.

I. 4.3.6. Philosophen. Weise. Dichter

H.-I. Marrou, Mousikos Aner (1938). – M. Wegner, ASR V 3 (1966).

Männer mit einer Buchrolle in der Hand, einem Rollenbündel oder einer Capsa zu Füßen oder in griechischer Philosophentracht kommen häufig auf Sarkophagen vor; sie sind als Philosophen, Weise oder Dichter, also als ‚mousikos aner' zu bezeichnen. Auch Damen mit Buchrolle oder Rollenbündel sind recht zahlreich vertreten. Diese Gestalten haben eine ähnliche Bedeutung wie die Musen und sind auch auf den Musensarkophagen verbreitet, so daß eine klare Trennung kaum möglich ist;[1] deshalb sollen sie hier an die Musen angeschlossen werden. Die Sarkophage mit Musen und Philosophen hat M. Wegner großteils zusammengestellt; für die mit ‚mousikos aner' hat H.-I. Marrou eine Interpretation und eine Materialsammlung vorgelegt, die inzwischen allerdings erweitert werden könnte.

Bei den Musensarkophagen finden sich ‚Philosophen' mehrfach auf den Nebenseiten,[2] und zwar von mittelantoninischer[3] bis in tetrarchische[4] Zeit. Allein überlieferte Nebenseiten mit ‚Philosophen' könnten also von Musensarkophagen stammen.[5] Die oder der stehende oder sitzende Verstorbene, mit einem Porträtkopf, wird auf der Vorderseite von Friessarkophagen inmitten der Musen auf einer Reihe von Beispielen abgebildet,[6] und zwar von etwa 220 n. Chr.[7] bis in tetrarchische Zeit.[8] Eine kleine, eng zusammengehörende Gruppe von Friessarkophagen[9] zeigt unter den Musen links die musizierende Verstorbene und rechts den Verstorbenen mit Buchrolle, beide zur Mitte hin gerichtet sitzend; die Exemplare beginnen um die Mitte des 3. Jhs. n. Chr. und erstrecken sich über die gallienische Zeit hinaus; ein später Ausläufer, auf dem die Figurenfolge verändert ist, könnte um 300 n. Chr. entstanden sein.[10] In entsprechender Weise sind Mann und Frau auf einigen Säulensarkophagen einander gegenüber gesetzt;[11] auf einem anderen Säulensarkophag stehen die Verstorbenen in den Fel-

---

[104] Rep. I 696; N. Himmelmann, AnnPisa 4, 1974, 157 Taf. 14, 1.

[1] K. Fittschen, Gnomon 44, 1972, 487f.

[2] z. B. ASR V 3 Taf. 135. 137. 138. 139a.

[3] Paris 475: ASR V 3, 75 Taf. 135.

[4] Rom, Pal. Farnese: ASR V 3, 164 Taf. 138f.

[5] Vatikan 1256. 1258: Amelung, Vat. Kat. I 761ff. Nr. 661. 663 Taf. 82.

[6] z. B. ASR V 3, 36 Taf. 31b; 170 Taf. 37a; 167 Taf. 54a; 165 (l. Teil) Taf. 54b; 139 Taf. 59; 196 Taf. 72; 176 Taf. 125a; 224 Taf. 126a (stadtröm.?); 227 Taf. 127b; 232. – Vgl. auch Paris 1520: ASR V 3, 77 Taf. 145b; Himmelmann, Typ. Unt. Taf. 42a.

[7] Kunsthandel: ASR V 3, 36 Taf. 31b.

[8] Rom, Via Veneto: ASR V 3, 196 Taf. 72.

[9] ASR V 3, 73 Taf. 65a; 40 Taf. 65b; 68 Taf. 66; 184 Taf. 67; 138 Taf. 68.

[10] Rom, S. Saba: ASR V 3, 188 Taf. 104b.

[11] Vatikan 871 (l. urspr. Frau vorgesehen, jetzt auch Bärtiger): ASR V 3, 135 Taf. 55a; Helbig[4] I 218. – Vatikan 914: ASR V 3, 134 Taf. 56.

dern links und rechts.¹² Zu nennen ist noch ein singulärer Säulensarkophag,¹³ auf dem in den seitlichen Interkolumnien je ein ‚Philosoph' steht, während die mittleren fünf von Musen eingenommen werden.

Zahlreich sind ‚Philosophen' und ‚Dichterinnen' auf Riefelsarkophagen, die verschiedene Gliederung zeigen und vom früheren 3. bis ins frühe 4. Jh. n. Chr. reichen. Eine größere Gruppe bringt im Mittelfeld ein Beisammensein eines sitzenden Mannes und einer stehenden Frau,¹⁴ gelegentlich mit weiteren Begleitfiguren; in den Seitenfeldern können nochmals eine Frau und ein Mann dargestellt sein.¹⁵ Ein Exemplar gibt die Gruppe unter dem Mitteltondo.¹⁶ Auf zwei Sarkophagen steht die Frau, begleitet von Musen, im Mittelfeld.¹⁷ Auf anderen Stücken sitzt links die musizierende Verstorbene und rechts der Verstorbene mit Buchrolle.¹⁸ Bei einem Beispiel, auf dem die Dame auch eine Buchrolle hat, ist ein Mittelfeld vorhanden, in dem ein Hirte steht.¹⁹ Auf einem weiteren Kasten stehen links der Mann und rechts die Frau – als Muse – und in der Mitte findet sich ein Tondo mit den Brustbildern der beiden.²⁰ Als Sonderfall ist noch ein Fragment anzuführen, bei dem eine Muse und ein Philosoph auf der Tür eines Grabesportals abgebildet sind.²¹

Von diesem vielfältigen, aber recht bescheidenen Material heben sich nur zwei Exemplare ab: Das erste ist der frühgallienische Sarkophag des L. Pullius Peregrinus in Rom, Museo Torlonia,²² der im Vordergrund die sieben Weisen und weiter zurückgedrängt die neun Musen zeigt; für das Ehepaar, für das der Sarkophag gedacht war, ist in der Mitte die Gruppierung von sitzendem ‚Weisen' und stehender ‚Muse' vorgesehen. Das zweite ist das großformatige Fragment des etwa 280 n. Chr. entstandenen sogenannten Plotinsarkophages im Vatikan,²³ auf dem in der Mitte ein ‚Philosoph' mit Buchrolle und dem Porträt des Verstorbenen und seitlich zwei Frauen, ebenfalls mit Porträts, und ‚Weise' wiedergegeben sind. Diese beiden Exemplare haben keine eigene Tradition des Philosophensarkophages begründet, es handelt sich vielmehr um Einzelstücke.

Die Philosophensarkophage, auf denen Musen nicht vorkommen, bilden ebenfalls ein sehr vielfältiges, meist aber recht bescheidenes Material. Als großartigstes Beispiel

---

¹² Verschollen: VERMEULE II 48 Nr. 8702 Abb. 198.

¹³ Rom, Pal. Senatorio: ASR V 3, 174 Taf. 20.

¹⁴ z. B. ASR V 3 Taf. 75. 76. 78a. 79a. 119a.b; 120c. 122b. 123b. 124b. – Massa: L. FAEDO, Prospettiva 12, 1978, 43 ff. Abb. 1 ff. – Rom, Pal. Rondanini: Rep. I 994. – Florenz, Pal. de'Mozzi: M. MARTELLI, BdA 64, 1979, 39 f. Abb. 8.

¹⁵ z. B. ASR V 3 Taf. 75. 76. Massa (s. vorige Anm.).

¹⁶ Rom, S. Paolo: ASR V 3, 187 Taf. 119c.

¹⁷ Sesto Fiorentino: ASR V 3, 220 Taf. 120a. – Palermo: ASR V 3, 70 Taf. 120b.

¹⁸ ASR V 3, 48 Taf. 109b; 193 Taf. 110a; 162 Taf. 110b; 160 Taf. 111a; 47 Taf. 111b; 25 Taf. 112a. b.

¹⁹ Rom, Pal. Cons. 1329: Rep. I 817.

²⁰ Rom, Palazzo Nuovo della Propaganda: WILPERT II Taf. 263, 5; VERMEULE II 36 Nr. 8535 A Abb. 125.

²¹ Rom, Mus. Cap. 1990: INR 75. 1327.

²² Rom, Mus. Torlonia 424: ASR V 3, 133 Taf. 60; K. FITTSCHEN, Gnomon 44, 1972, 492 f. 503.

²³ Vatikan 9504: ASR V 3, 116 Taf. 71; HELBIG⁴ I 1015; K. FITTSCHEN, Gnomon 44, 1972, 487. 491 f. 504; ders., JdI 94, 1979, 585 ff.

ist der gerade genannte ‚Plotin'-Sarkophag anzuführen. Ob ein Fragment in Catania[24] von einem Sarkophag stammt und in diesen Zusammenhang gehört, ist noch nicht geklärt. Ein Fragment mit drei ‚Weisen' in Rom, Galleria Borghese,[25] könnte Teil eines Hochzeitssarkophages sein.[26] Wie ein großes Fragment im Vatikan[27] zu ergänzen ist, ist kaum zu entscheiden. Eine fragmentierte Langseite in Sorrent,[28] auf der ursprünglich die sieben Weisen dargestellt waren, ist zwar eine lokale Arbeit, geht aber vielleicht auf eine stadtrömische Vorlage zurück, von der sonst allerdings kein Nachklang erhalten ist. Auf Sarkophagen im Vatikan[29] und in Ravenna[30] finden sich ‚Philosophen' in bukolischer, auf dem in S. Maria Antiqua in Rom[31] in christlicher Umgebung. Ferner ist noch auf die unübersehbar vielen Friese von Kästen und Deckeln und auf Säulen- und Riefelsarkophage hinzuweisen, auf denen die oder der ‚Gebildete' oder beide in verschiedenartigem Zusammenhang erscheinen.[32] Auch auf einigen Deckeln sind ‚Philosophen' dargestellt;[33] hervorzuheben ist der Deckel eines Riefelsarkophages in Cagliari[34] mit den sieben Weisen, der möglicherweise aber nicht stadtrömisch ist.

123

Gelegentlich begegnen ‚Philosophen' auf Nebenseiten, so auf der einen des Hippolytossarkophages in Split[35] oder beiden des Prometheussarkophages in Paris[36] oder ebenfalls auf beiden eines Riefelsarkophages in Genzano.[37]

Überaus zahlreich sind die Darstellungen von gebildeten Männern und Frauen auf Deckeln, und zwar als Brustbilder in Tondi oder vor einem Parapetasma,[38] und auf Riefelsarkophagen verschiedener Gliederung; sie können auf den Kästen als Brustbilder in Tondi[39] oder ganzfigurig in den Mittel-[40] oder Seitenfeldern[41] wiedergegeben

---

[24] Catania (wo?): EA 764; nicht bei TUSA, Sicilia.

[25] Rom, Gall. Borghese CIIC: R. CALZA, Galleria Borghese. Collezione degli oggetti antichi (Catalogo del Gabinetto Fotografico Nazionale 4, 1957) 18 Nr. 215/16; INR 35. 368.

[26] z. B. HIMMELMANN, Typ. Unt. Taf. 10.

[27] Vatikan 9523: VACCARO MELUCCO 22 Nr. 12 Abb. 28/29; HELBIG⁴ I 1015; ASR I 2, 231.

[28] Sorrent: P. MINGAZZINI – F. PFISTER, Surrentum (Forma Italiae I 2, 1946) 183 f. Nr. 26 Taf. 34, 113; INR 65. 1238.

[29] Vatikan (Lat. 181): Rep. I 66; SCHUMACHER, Hirt 121 ff. Taf. 26 a. b; Age of Spirituality. Catalogue of the Exhibition at The Metropolitan Museum of Art 1977/78 (1979) 518 f. Nr. 462.

[30] Ravenna, Mus. Naz.: SCHUMACHER, Hirt 113 Taf. 32 a; HIMMELMANN, Hirten-Genre 133 Taf. 67.

[31] Rom, S. Maria Antiqua: Rep. I 747; SCHUMACHER, Hirt 125 ff. Taf. 27 a; HIMMELMANN, Hirten-Genre 133 f. Taf. 66. – Vgl. auch z. B. Rep. I 811.

[32] z. B. Rep. I 2. 32. 151. 765. 769. 918. 961. 988. – HIMMELMANN, Typ. Unt. Taf. 3. 7. 9. – Berlin 2234: O. WULFF, Königliche Museen zu Berlin. Altchristliche und mittelalterliche byzantinische und italische Bildwerke II² (1911), 2. Nachtrag 1 f.; GERKE Taf. 38, 3.

[33] z. B. Rom, NM 113 227: HELBIG⁴ III 2135. – ehem. Kunsthandel: INR 38. 656. – Verschollen: VERMEULE I 9 Nr. 13 Abb. 13. – Ehem. Kunsthandel: Collection de la vente de l'ancienne collection Woodyat (15.–19. 4. 1912) 42 Nr. 300 Taf. 18.

[34] Cagliari, Cattedrale: PESCE, Sardegna 74 ff. Nr. 31 Abb. 64 ff.

[35] Split 29 D: ASR III 2 S. 202 Abb. 163 a.

[36] Paris 339: ASR III 3, 356.

[37] Genzano, Villa Riva: B. HAARLØV, The Half-Open Door (1977) 144 f. Nr. 22 Abb. 52 (Nss.: INR 68. 4097; 4099).

[38] z. B. WILPERT III Taf. 277, 1. – Rep. I 593. 823. 957.

[39] z. B. WILPERT III Taf. 267, 2.4. – Rep. I 778. 947. 962. 985. 1003. – SCHUMACHER, Hirt Taf. 38 c.

[40] z. B. WILPERT I Taf. 5, 2; 7, 1; 147, 3. –

sein; die übrigen Felder sind mit unterschiedlichen anderen Gestalten oder einer Grabestür gefüllt. Die Kleidung ist verschiedenartig, die Männer tragen eine Toga[42] oder ein Himation,[43] gelegentlich ist sogar nach Philosophensitte der Oberkörper frei gelassen.[44] Die Beispiele lassen sich vom früheren 3. Jh. bis hin zu den christlichen Sarkophagen verfolgen.

Zusammenfassend läßt sich feststellen, daß ,Philosophen', ,Weise', ,Dichter' und ,gebildete' Damen sehr häufig auf den Sarkophagen vorkommen. Es ist für sie allerdings kein eigener Typus ausgebildet worden wie z. B. für die Musen; sie finden sich vielmehr in verschiedenartiger Weise, und zwar vor allem auf Musensarkophagen und auf anderen Riefelsarkophagen. Nur wenige Beispiele ragen heraus, nämlich der Weisensarkophag Torlonia und der ,Plotin'-Sarkophag.

I. 4.3.7. Eroten

1. Erotenspiele

MATZ, MW 45 ff. – R. STUVERAS, Le putto dans l'art romain (Coll. Latomus XCIX 1969). – K. SCHAUENBURG, AW 7, 1976 H. 3,39 ff. H. 4,28 ff.

Man hat sich daran gewöhnt, die zahlreichen Knaben im Alter von etwa vier bis vierzehn Jahren, die in vielerlei Tätigkeiten auf unzähligen Sarkophagen dargestellt sind, ,Eroten' zu nennen, obwohl sie oft auch flügellos erscheinen und ihre Zugehörigkeit zur ,erotischen' Sphäre keineswegs immer gegeben ist. Die früher nicht selten verwendete Bezeichnung ,Genien' wäre nur dort angebracht, wo diese Zugehörigkeit deutlich nicht besteht, und sie wird auch, besonders, wenn man die kleinen, babyhaften Putten von den größeren, schlanken Knaben unterscheiden will, auch heute noch für letztere angewandt.[1] Doch ist es schwer, hier eine Trennungslinie zu ziehen, und da wohl schon in der römischen Antike die Grenzen in der Bedeutung fließend waren, ist es besser, durchweg bei der Bezeichnung ,Eroten' zu bleiben.

Daß es immer Knaben sind, wurde bereits gesagt. In den nicht sehr zahlreichen Fällen, in denen sie mit Mädchen zusammen auftreten, sind diese immer durch Schmetterlingsflügel als Psychen gekennzeichnet, bestätigen also die Benennung der Knaben als Eroten. Sterbliche Mädchen sind eindeutig auf Sarkophagen nicht zu erkennen.[2]

WILPERT III Taf. 277, 4. – AMELUNG, Vat. Kat. I 868f. Nr. 175 Taf. 109. – GERKE Taf. 61, 1. – Rep. I 74. 396. 564. 837. 912. 955. 1004. – C. DUFOUR BOZZO, Sarcofagi romani a Genova (1967) 40 Nr. 15 Taf. 8.

[41] z. B. WILPERT I Taf. 7, 1; II Taf. 257, 7; III Taf. 270, 1.5; 277, 4; 300, 5. – SCHUMACHER, Hirt Taf. 28 b. 38 c. – Genzano: HAARLØV a. O. (s. oben Anm. 37) Abb. 52 a. – Pisa: HAARLØV a.O. Abb. 55. – Porto Torres: HAARLØV a.O. Abb. 59 a.

[42] z. B. WILPERT I Taf. 5, 7; II Taf. 257, 7; III Taf. 270, 1.5. – Genzano, Pisa: s. Anm. 41.
[43] z. B. WILPERT I Taf. 7, 1; II Taf. 268, 5. – Porto Torres: s. Anm. 41.
[44] z. B. WILPERT I Taf. 5, 7; 7, 1; III Taf. 277, 4; 300, 5. – Rep. I 744. 912. 955. – SCHUMACHER, Hirt Taf. 28 b; 38 c.
[1] P. KRANZ, Hefte ABern 3, 1977, 47.
[2] Vgl. jedoch den in Anm. 65 genannten S.

Die Eroten spielen teils nur eine untergeordnete Rolle innerhalb der Gesamtverzierung des Sarkophages, teils bilden sie jedoch den Hauptgegenstand der Darstellung. Von ‚Erotensarkophagen' dürfte nur im letzten Falle gesprochen werden, wobei Beflügelung oder Flügellosigkeit kein Kriterium wäre:[3] es gibt die gleichen Darstellungen sowohl in der einen als auch in der anderen Art. Unter diesem Gesichtspunkt könnten bereits die meisten Girlandensarkophage hier genannt werden, da Träger der Girlanden[4] gewöhnlich Eroten sind; doch geben für das Gesamtbild die Girlanden und nicht die Eroten den Ausschlag, weshalb diese Gruppe gesondert zu behandeln ist. Ebenso könnten die Sarkophage mit fliegenden oder stehenden Eroten, die einen Clipeus oder einen Kranz halten oder sonst ein mittleres Motiv rahmen, als Erotensarkophage bezeichnet werden, wenn sie sich nicht einerseits mit anderen Sarkophagklassen wie den mythologischen überschnitten, andererseits in den Sarkophagen mit fliegenden oder stehenden Niken in der gleichen Funktion eine enge Parallele hätten, die es nahelegt, beide Sarkophagformen unter dem Oberbegriff der dekorativ verzierten Sarkophage zusammenzufassen. Gleicherweise könnten auch die Sarkophage, deren Langseitenenden Eroten zeigen, in den Fällen den Erotensarkophagen zugerechnet werden, in welchen sie den einzigen oder den hervorragenden Schmuck der Vorderseite bilden, wie etwa auf Riefelsarkophagen ohne bedeutsame Mitte. Aber auch hier empfiehlt die Verwandtschaft mit anderen Sarkophagen, die den gleichen Aufbau der Langseitenverzierung aufweisen, statt der Eroten jedoch andere Gestalten zeigen, eine Zuordnung zur Klasse der dekorativen Sarkophage. Das schließt nicht aus, daß sie, wie die vorher genannten Girlanden- und Clipeussarkophage, bei der Behandlung der Erotensarkophage mit zu berücksichtigen sind.

So verdient in diesem Zusammenhang der unzähligemal auf Sarkophagen verschiedenster Klassen auftretende ‚Trauergenius', der auf die umgekehrte Fackel gestützte, schlafende oder trauernde Eros, ein Wort.[5] Er ist hellenistischer Herkunft,[6] wie die meisten Eroten auf Sarkophagen, ist schon auf frühen Exemplaren zu bemerken[7] und hält sich bis in frühchristliche Zeit.[8] Zumeist wird er als isolierte Figur behandelt, in äußerlich dekorativer Form; die Fälle seiner Einbeziehung in einen größeren Zusammenhang sind sehr selten, etwa auf den Prometheussarkophagen, wo er neben dem am Boden liegenden Leichnam stehen kann.[9] – Diesem ‚Trauergenius' verwandt sind schlafende Eroten in anderen Posen;[10] sie warnen davor, eine zu präzise Bedeutung in all diesen Figuren zu suchen.

Auch als rahmende Eckfiguren nehmen die Eroten vielfach ganz verschiedene

---

[3] Dazu zahlreiche Äußerungen, s. MATZ, MW 45.84. STUVERAS a. O. 168 ff.

[4] Zu diesen MATZ, MW 48 ff.

[5] SCHUMACHER, Hirt 76 ff. K. SCHAUENBURG in: Eikones. Festschrift H. Jucker (1980) 167 mit Anm. 67.

[6] STUVERAS a. O. 33 ff. 37. Vgl. WINTER, Typen II 31 Abb. 71.

[7] z. B. auf frühen Endymions., s. Kapitel I 4.3.2.12.

[8] Rep. I 259 Nr. 646 Taf. 97 (in Mandorla).

[9] Rom, Mus. Cap. ASR III 3, 355. SICHTERMANN-KOCH 63 f. Nr. 68.

[10] s. SCHAUENBURG a. O. (s. oben Anm. 5) 156 ff. (über sitzende, stehende, liegende und schlafende Eroten).

Stellungen ein: sie halten die Fackel senkrecht empor oder quer über die Brust, sie schreiten weit aus oder sitzen auf einer Erderhöhung oder einer Höhle.[11]

Von ihrem Auftreten in mythologischen Szenen wie bei dem Besuch Selenes bei Endymion, der Auffindung Ariadnes durch Dionysos oder Rhea Silvias durch Mars, bei der Entführung der Persephone, bei der Heimtragung Meleagers, bei Phaedra und Hippolytos, dann auch im dionysischen und im Meerthiasos ist hier nur zu sprechen, um auf ihre vorwiegend eben doch ‚erotische' Bedeutung zu verweisen, der gegenüber ihre anders geartete Rolle, etwa auf Prometheussarkophagen, wenig ins Gewicht fällt.

Von all diesen Sarkophagen sind diejenigen zu trennen, auf welchen die Eroten weder dekorativ verwendet werden noch eine Rolle in einem übergeordneten Geschehen spielen, sondern beherrschend den Hauptinhalt des Reliefs der Sarkophagvorderseite bilden. Nur sie verdienen die Bezeichnung ‚Erotensarkophage'.

Sie lassen sich in sieben einzelne Gruppen aufteilen: die dionysischen,[12] die (mit ihnen zusammenhängenden) mit Weinlese, die mit Waffenschmiede, Schiffahrt, Wettfahrt, Jagd, Opfer, Kinderspielen. Eine Sondergruppe stellen die Jahreszeitensarkophage dar, die, obwohl auf ihnen die Jahreszeiten fast ausschließlich von ‚Eroten' verkörpert werden, nicht mehr Erotensarkophage im strengen Sinne des Wortes sind; ebenso sind die Sarkophage mit Eros und Psyche ihrer Eigengesetzlichkeit wegen in einer Sondergruppe zusammenzufassen.

Die meisten der hier zu betrachtenden Sarkophage sind für Kinder hergestellt worden, doch gilt das nicht als allgemeine Regel.[13] Kunstgeschichtlich gesehen, ergeben sich bei den Erotensarkophagen besonders viele Berührungspunkte mit den attischen Sarkophagen, doch sind gerade sie geeignet, die Unterschiede erkennen zu lassen.

Das gilt schon für die erste der genannten Gruppen, die *dionysische*. Hier fällt die hohe Zahl der attischen Exemplare auf, doch unterscheiden sich diese grundsätzlich von den stadtrömischen.[14] Diese sind den attischen an Zahl überlegen. Sie zeigen einen Fries mit trunkenen, tanzenden, musizierenden Eroten, mit und ohne Flügel; bezeichnend ist die Gruppe des von einem Gefährten gestützten Berauschten, meist im Zentrum angebracht, hin und wieder verdoppelt. Als Musikinstrumente bemerken wir Kimbal, Kithara, Doppelflöte und Syrinx. Manchmal tummeln sich kleine Mädchen als ‚Mänaden' zwischen den Knaben, hie und da erscheint auch Pan, seltener sehen wir Panther.[15] Als besondere Einzelmotive sind zu nennen die Putten, die sich an

---

[11] Beispiele s. SCHAUENBURG a. O. (Anm. 10).
[12] Sofern Dionysos nicht mit dargestellt ist, s. ASR IV 4 S. 439.
[13] G. RODENWALDT, JHS 53, 1933, 181 ff. STUVERAS a. O. 42. SCHAUENBURG a. O. (Anm. 5) 156 ff.
[14] STUVERAS a. O. 41 ff. 55 ff. G. KOCH, BJb 180, 1980, 75 ff.

[15] Beispiele: Pisa, ARIAS, Camposanto Taf. 110, 230; 114, 240. Cagliari, Mus. Arch. Naz., PESCE, Sardegna Taf. 7–10. Cagliari, Kathedrale, PESCE, Sardegna Taf. 46.47. Foligno, Mus. Arch., SICHTERMANN, Endymion 40 Abb. 26 (mit Löwenprotomen). C. FOURNET PILIPENKO, Karthago 11, 1961/2, 122 ff. Nr. 103 Taf. 16, 103. Florenz, Uffizien, MANSUELLI I 242. 247. Ostia, Mus., TOYNBEE Taf. 54,5.

und auf großen Gefäßen zu schaffen machen, und der Kleine, der mit einer riesigen Maske einen Gefährten erschreckt.[16] Die Nebenseiten zeigen gewöhnlich Szenen oder Figuren, die der Langseite entsprechen,[17] öfter auch opfernde Eroten;[18] es findet sich auch der ‚Schellenmann'.[19]

Weniger zahlreich sind die Sarkophage mit *Weinlese*.[20] Sie sind in ihren Darstellungen nicht so voneinander abhängig wie die dionysischen Erotensarkophage, doch zeigen sie fast immer die für die Weinlese notwendigen Utensilien wie Leitern, Körbe und andere Gefäße. Gewöhnlich ist die Lese mit dem Keltern der Trauben verbunden.[21] Nicht selten sind Deckel mit derartigen Szenen verziert.[22] Häufig finden sich kelternde Eroten unter den Clipei auf Clipeussarkophagen.[23]   251.252 120 285

Anzuschließen sind hier die Sarkophage, die Eroten beim *Ernten von anderen Früchten* zeigen, hin und wieder kombiniert mit dionysischen Szenen.[24] Eroten bei der Ölbereitung sind auf einem Sarkophag im Palazzo Rondanini[25] dargestellt.

Die *Waffenschmiede* ist, wie Schiffahrt, Wettfahrt, Jagd und Spiel, nur auf stadtrömischen Sarkophagen vertreten. In der Mitte ist gewöhnlich ein dem Beschauer zugekehrter Schild angebracht, von Eroten gehalten oder auf ein Podest gestellt, oft mit einem Gorgoneion als Zeichen; links davon betätigen sich mehrfach Eroten an einem Amboß als Schmiede, rechts werden Waffen, ein Helm, eine Rüstung, gehalten.[26] Auch das bloße Tragen von Waffen wird dargestellt.[27] Deckel und Nebenseiten können ebenfalls mit Waffen und Eroten verziert sein.[28]   250

Zahlreicher als die relativ seltenen Sarkophage mit der Waffenschmiede sind die mit *zu Schiff oder im Boot fahrenden Eroten*.[29] Verhältnismäßig selten bedecken derartige Szenen jedoch die ganze Langseite, wobei dann mehrere Schiffe an der Fahrt teil-   249

---

[16] Rom, Pal. Mattei, REINACH, RR III 295, 3. INR 65. 1441. MATZ, MW 73 f. mit weiteren Beispielen.
[17] z. B. Florenz, Uffizien, MANSUELLI I 247. Foligno, s. Anm. 15.
[18] Cagliari, Kathedrale, s. Anm. 15.
[19] Cagliari, Mus. Arch. Naz., s. Anm. 15.
[20] STUVERAS a. O. 55. 60. M. BONANNO, Prospettiva 13, 1978, 43 ff. 48 f. Anm. 19–30 (Beispiele).
[21] z. B. Rom, Pal. Rondanini, SALERNO-PARIBENI Nr. 68 Abb. 145. Messina, TUSA, Sicilia Nr. 32 Taf. 45. Rom, Pal. Corsini, DE LUCA, Pal. Corsini 114 f. Nr. 60 Taf. 95.96. Vatikan, K. SCHAUENBURG, JdI 81, 1966, 287 Abb. 26.
[22] z. B. Porto Torres, S. Gavino, PESCE, Sardegna Nr. 59 Abb. 121/2; auf der anderen Seite ist ein Bankett dargestellt. Rom, Pal. Cons., STUART JONES, Pal. Cons. Taf. 26. Rom, Mus. Cap., STUART JONES, Mus. Cap. Taf. 83.
[23] Rom, Pal. Farnese, INR 35. 591. Rom, Via dei Portoghesi, INR 60. 733/4. Rom, Kolosseum, INR 78. 1455/6. Vatikan, K. SCHAUENBURG, JdI 81, 1966, 286 Abb. 25.

[24] z. B. Pisa, ARIAS, Camposanto Taf. 110, 230.
[25] SALERNO-PARIBENI 242 f. Nr. 69 Abb. 146.
[26] z. B. Rom, Villa Doria Pamphilj, K. SCHAUENBURG, JdI 81, 1966, 284 Abb. 24, CALZA, Villa Doria Taf. 140, 236. Rom, NM, Inv. 175, INR 63. 843. Marseille, K. SCHAUENBURG, JdI 81, 1966, 276 Abb. 14. Rom, S. Saba, K. SCHAUENBURG, AW 7, 1976 H. 3, 42 Abb. 5.
[27] Rom, Pal. Cons., STUVERAS a. O. Taf. 42, 96, STUART JONES, Pal. Cons. Taf. 34. Florenz, Uffizien, MANSUELLI I 238. Rom, Casino Massimo, MATZ-DUHN 2824, INR 71. 113.
[28] Ns.: Rom, NM, INR 63. 845/6, s. Anm. 26. D.: ALTMANN, Architektur 97 Abb. 30.
[29] C. L. VISCONTI, BullCom 1, 1872, 255 ff. mit Taf. 3 u. 4. Ders., BullCom 9, 1881, 48 ff. STUVERAS a. O. 162 ff. 211. ANDREAE, Studien 135 ff.; 135 Anm. 27: 24 Beispiele genannt. H. SICHTERMANN, RM 86, 1979, 359 mit Anm. 67. Vgl. auch M. LAWRENCE, AJA 66, 1962, 289 ff.

nehmen.³⁰ Die Eroten können musizierend dargestellt werden, auch mit Psychen vereint,³¹ oft sehen wir sie jedoch beim Fischen mit Netzen. Diese Szenen erscheinen auch unter Clipei,³² ebenso sind bootfahrende und fischende Eroten auf Meerwesensarkophagen vertreten,³³ zu schweigen von den zahlreichen auf Fischen und Meerwesen reitenden Eroten.

245 Noch zahlreicher sind die Sarkophage mit *Zirkusrennen*.³⁴ Dargestellt ist gewöhnlich die gesamte Rennbahn, die in der Mitte sich hinziehende Spina mit dem Obelisken im Zentrum und den aus drei Säulen gebildeten Wendemarken, Metae, an den Enden, dazwischen die Ovaria, Gestelle, auf denen je sieben Eier oder Delphine liegen, an deren Stellung der Ablauf des Rennens zu erkennen ist. Meist sind vier Zweigespanne am Rennen beteiligt, seltener Viergespanne;³⁵ eines der Gespanne, das zweite oder dritte, stürzt gewöhnlich. Zwischen den Gespannen, nicht selten von ihnen umgeworfen, bewegen sich die Sparsores, die aus ihren Körben Sand auf die Rennbahn zu streuen haben; außerdem bemerken wir die Jubilatores, einzeln reitende Eroten, die die Rennenden durch Zurufe anfeuern. Auch auf den Nebenseiten können diese einzelnen Reiter erscheinen. Gewöhnlich handelt es sich bei den Teilnehmern um nackte, geflügelte Eroten, es werden aber auch bekleidete Kinder mit Sturzhelm, in naturgetreuer Wiedergabe wirklicher Rennfahrer, dargestellt.³⁶ Außer dem eigentlichen Rennen kann auch das Spiel der ‚Desultores‘ auf den Sarkophagen erscheinen, Reiter mit einem Nebenpferd, auf welches sie während des Galopps hinüberspringen, so auf dem Deckel eines Sarkophages mit Zirkusrennen.³⁷ Sonst sind auf den Deckeln ausgespannte Rennwagen dargestellt oder ein siegreicher Rennfahrer,³⁸ auf den Nebenseiten entsprechende Szenen, einmal auch ein Pferd neben einer

---

³⁰ Beispiele bei VISCONTI a. O. 255 ff. Vgl. auch Rom, NM, HELBIG⁴ III 2121, INR 63. 532. Verschollen, RM 53, 1938 Taf. 31, 1. M. LAWRENCE, AJA 66, 1962, 290 f. Taf. 77, 2. Frgt. im Vatikan: ebenda 291 Taf. 77, 3. Vatikan: ANDREAE, Studien Taf. 73. Ferentillo: INR 79. 1548.
³¹ s. die S. in Rom, NM u. Ferentillo, Anm. 30.
³² Capua, Mus. Campano, INR 71. 1670; 64. 1873. Vatikan, H. SICHTERMANN, RM 86, 1979 Taf. 95, 1. Rom, beim Kolosseum, INR 67. 2090. Rom, S. Maria Antiqua, WILPERT III Taf. 296, 4. Pisa, ARIAS, Camposanto Taf. 84, 178. Paris, Louvre, Cat. somm. 122 Nr. 1627, Foto Marburg 180414/5.
³³ ASR V 1 Taf. 6, 61; 19, 76; 26, 87; 29, 84; 30, 85; 34, 97. TUSA, Sicilia 132 ff. Nr. 61 Taf. 76, 138.
³⁴ CUMONT, Symb. Fun. 461 ff. STUVERAS a. O. 58 ff. 98 f. C. BELTING-IHM, JbZMusMainz 8, 1961, 195 ff. M. LAWRENCE in: Atti del 2 Convegno di Studi Umbri (1965) 119 ff., M. TURCAN-DELÉANI, MEFRA 76, 1964, 43 ff.

³⁵ CALZA, Villa Doria 207 f. Nr. 239 Taf. 141.
³⁶ Beispiele: Vatikan, HELBIG⁴ I 497 (5 S.), CUMONT, Symb. Fun. 348 Abb. 77. LAWRENCE a. O. Taf. 15. Neapel, NM, LAWRENCE a. O. Taf. 16. KRAUS, PropKg Taf. 225 b. Pisa, ARIAS, Camposanto Taf. 64, 134; 112, 236. Palermo, Monreale, TUSA, Sicilia 92 Nr. 39 Taf. 54, 96. STUVERAS a. O. Taf. 45, 102. Florenz, Uffizien, MANSUELLI I 239. Vatikan, LIPPOLD, Vat. Kat. III 2, 260 f. Nr. 38 Taf. 120. Vatikan, AMELUNG, Vat. Kat. I Taf. 65. CUMONT, Symb. Fun. 461 Abb. 97. Mainz, BELTING-IHM a. O. (205 f. eine Liste von 19 Exemplaren). Foligno, LAWRENCE a. O. Taf. 18. TURCAN-DELÉANI a. O. 43 ff. (28 Beispiele). K. SCHAUENBURG, AW 7, 1976 H. 3, 41 Abb. 4 (Warschau).
³⁷ Vatikan, HELBIG⁴ I 609. Vgl. auch den D. eines S. mit Eroten in der Palästra, Mailand, Slg. Torno, NSc 1922, 437 f. Abb. 5. INR 75. 906.
³⁸ Lausanne, CUMONT, Symb. Fun. 463 Abb. 98, dazu eine wohl moderne ‚Replik‘ im Pal. Rondanini in Rom, INR 68. 5206, nicht bei SALERNO-PARIBENI. Vgl. auch BELTING-IHM a. O. 200 Taf. 76, 4 (Lausanne).

Siegespalme.³⁹ Seltener sind Sarkophage, auf denen statt der Pferde andere Tiere wie Löwen, Panther, Hirsche oder Eber zum Rennen verwendet werden.⁴⁰ Auf einem Sarkophag in London sieht man links vier ‚Carceres' mit halb geöffneten Türen, rechts einen Eros in einem von Jagdhunden gezogenen Wagen.⁴¹ Gewöhnlich beherrschen die Zirkusszenen den gesamten Sarkophag; eine Kombination mit Traubenernte und verwandten Szenen ist eine Ausnahme.⁴² Sarkophage mit Eroten beim Zirkusrennen sind nur als Kindersarkophage erhalten.⁴³

Zahlreich sind auch die Sarkophage mit *jagenden Eroten*.⁴⁴ Es werden Eber, Löwen und Hirsche gejagt, beritten oder zu Fuß, mit und ohne Netz.⁴⁵ Auch auf Deckeln finden sich jagende Eroten.⁴⁶ Vielleicht zu den Jagdsarkophagen zu rechnen ist auch eine Langseite in der Villa Doria Pamphilj, auf welcher mehrere Eroten beschäftigt sind, einen am Boden liegenden Löwen zu fesseln.⁴⁷ Ein Unikum stellt bisher die Szene auf einem Deckel eines Clipeussarkophages dar, wo Eroten einen Hasen aus einem Kasten lassen, um ihn zu jagen (?).⁴⁸

Nicht häufig werden *Eroten beim Opfer* dargestellt. Ein Sarkophag im Thermenmuseum⁴⁹ zeigt in der Mitte einen Clipeus mit männlichem Porträt, gehalten von stehenden Niken, rechts opfernde Eroten um einen Dreifuß (Focus), links ebensolche Eroten um einen Altar; der Deckel hat jagende Eroten als Schmuck. Ähnlich ist ein Sarkophag in der Kathedrale von Palermo,⁵⁰ zu vergleichen auch ein weiterer im Louvre,⁵¹ eine Platte in S. Rufino in Assisi⁵² und ein Sarkophag im Vatikan.⁵³ Es kommen aber auch abweichende Szenen vor, wie das Heranführen eines Bockes zum Opfer.⁵⁴ Auch auf dionysischen Erotensarkophagen finden sich opfernde Eroten auf der Langseite.⁵⁵

---

³⁹ Vatikan, HELBIG⁴ I 497 Nr. 609, INR 39. 796. Außerdem auf Ns.: einzelne reitende oder fahrende Eroten, Florenz, Uffizien, MANSUELLI I 239, oder neutraler Schmuck wie Greifen, Pisa, ARIAS, Camposanto Taf. 112, 236/7.

⁴⁰ D. in Rom, Pal. Volpi, INR 69. 554; 559; 563. D.-Frgt. Perugia, Mus., INR 75. 1761. D. eines bukol. S. in Rom, NM, GIULIANO, Mus. Naz. Rom. I 1, 312f. Nr. 187. D. des Theseuss. in New York, MCCANN, Metr. Mus. 25 ff. Nr. 1 Abb. 11 u. 20. D. eines Girlandens. im Vatikan, ebenda 25 Abb. 13 = HELBIG⁴ I 1128 = TOYNBEE Taf. 43,1. D. eines S. der Slg. Torno in Mailand, F. CASTAGNOLI, BullCom 71, 1943–45, 22 Abb. 18 (vgl. hier Anm. 37). Frgt. Paris, Louvre, Cat. somm. 122 Nr. 1577, Foto Marburg 162966.

⁴¹ SMITH, Cat. Sculpt. III 328 ff. Nr. 2319 Abb. 47.

⁴² Rom, Pal. Corsini, DE LUCA, Pal. Corsini 114f. Nr. 60 Taf. 95.

⁴³ Vgl. Anm. 13.

⁴⁴ STUVERAS a.O. 103. Nach neuester Zählung: 65 Exemplare, ASR I 2 S. 17 Anm. 24.

⁴⁵ Vollständ. Beispiel mit Jagd auf verschiedene Tiere: Vatikan, AMELUNG, Vat. Kat. II 129f. Nr. 52 A Taf. 14 = E. SIMON, JdI 85, 1970, 221 Abb. 23; hier nur der eberjagende Putto beflügelt. Etwa Mitte des 3. Jhs. n. Chr.

⁴⁶ Meleagers. Rom, Mus. Cap., ASR XII 6, 12. Jagds. in Ostia, ArchCl 28, 1976 Taf. 57, 2. Florenz, Uffizien, MANSUELLI I 240.

⁴⁷ CALZA, Villa Doria Taf. 140, 238.

⁴⁸ GIULIANO, Mus. Naz. Rom. I 1 328 zu Nr. 193.

⁴⁹ NSc 1904, 47 Abb. 1. HELBIG⁴ III 2133. INR 36.238.

⁵⁰ TUSA, Sicilia Nr. 52 Taf. 67, 121.

⁵¹ Foto Marburg 180407.

⁵² INR 72. 291/2.

⁵³ BENNDORF-SCHÖNE 277 ff. Nr. 404.

⁵⁴ Rom, NM, INR 75. 1386: Clipeus, links Bock, rechts Opfer an Altar, Nss. Greifen. K. SCHAUENBURG, AW 7, 1976 H. 3, 40 Abb. 2.

⁵⁵ Foligno, s. Anm. 15. Cagliari, Kathedrale, PESCE, Sardegna Nr. 28.

246 Zahlreicher sind wiederum die Sarkophage, welche *Eroten beim Spiel* zeigen.⁵⁶ Außer den sportlichen Wettkämpfen wie Ringen, Boxen und Diskuswerfen, bei denen die Schiedsrichter mit Palmenwedeln oder der Siegespalme nicht fehlen,⁵⁷ sehen wir das Rollen radartiger Scheiben⁵⁸ und Hahnenkämpfe.⁵⁹ Auf den Nebenseiten können zugehörige Darstellungen zu sehen sein,⁶⁰ auch ein Sieger neben einem Tisch;⁶¹ diese Szene ist auch auf Deckeln zu finden,⁶² ebenso Vorbereitungen zum
272 Opfer.⁶³ Es finden sich auch Girlandensarkophage mit derartigen Spielszenen in den Girlandenbögen.⁶⁴ Ein Sarkophag mit Knaben und Mädchen zeigt ein kompliziertes Spiel mit Nüssen.⁶⁵

Sind schon die meisten dieser Sarkophage wie die mit Wettrennen, Jagd, Schifffahrt und Waffenschmiede, wohl auch die mit dionysischem Thiasos, als kindlichspielerische Imitation der Tätigkeit Erwachsener aufzufassen, so gibt es derartige Imitationen noch deutlicher in anderen Bereichen. So können Kinder oder Eroten den
187 Meleager-⁶⁶ oder den Phaethonmythos⁶⁷ ‚spielen‘, andere Sarkophage zeigen sie als Musen verkleidet.⁶⁸

Ist die Welt der Eroten in all ihren Bereichen als solche ganz und gar hellenistisch, so sind es erst recht die einzelnen Motive und Szenen.⁶⁹ Besonders die typologisch verwandten Untergruppen, wie die Eroten beim Wagenrennen, bei der Jagd oder als Waffenschmiede, haben sehr wahrscheinlich hellenistische Vorbilder, ohne daß diese sich allerdings genauer bestimmen ließen. Charakteristisch für diese inhaltliche Sphä-

⁵⁶ STUVERAS a. O. 123 ff. Zu Eroten in der Palästra (attisch u. stadtröm.) G. KOCH, BJb 180, 1980, 68, zu Nachahmungen ebenda 67 ff.

⁵⁷ P. G. H. SCHWEEN, Die Epistaten des Agons u. der Palästra in Lit. u. Kunst (Diss. Kiel 1911) 99 ff. STUVERAS a. O. 99 f. Taf. 15,35 (Vatikan), vgl. F. CASTAGNOLI, BullCom 71, 1943/5, 22 Abb. 19. KASCHNITZ Taf. 83, 490. H. SICHTERMANN, AA 1974, 319 ff. mit Beispielen; vgl. auch den S. in Trapani, S. Nicola, TUSA, Sicilia 197 f. Nr. 98 Taf. 129, 239. 240; 130, 241. Mailand, Slg. Torno, G. BENDINELLI, NSc 1922, 437 f. Abb. 5. F. CASTAGNOLI, BullCom 71, 1943/5, 22 Abb. 18. CUMONT, Symb. Fun. 470 Taf. 46,3. T. BRENNECKE, Kopf und Maske (1970) 77. INR 75. 906 (hier Knaben u. Mädchen in der Palästra dargestellt). Florenz, Uffizien, MANSUELLI I 242. Paris, Louvre, CASTAGNOLI a. O. 22 Abb. 17. CHARBONNEAUX, Louvre 251 Nr. 329. CUMONT, Symb. Fun. Taf. 46,2. Berlin, D., CASTAGNOLI a. O. 23 Abb. 20. Kgl. Museen zu Berlin. Beschreibung d. antiken Skulpturen mit Ausnahme der Pergamenischen Fundstücke (1891) 351 Nr. 876; vgl. ebenda den D. 348 Nr. 870. Acerenza: G. ALVINO, ArchCl 28, 1976, 257 ff.

⁵⁸ Rom, NM, D., Rep. I Nr. 766. H. SICHTERMANN, RM 76, 1969, 293 Taf. 94,1. Rom, NM, D. auf Clipeuss., GIULIANO, Mus. Naz. Rom. I 1, 328 f. Nr. 193. SCHUMACHER, Hirt Taf. 19 a. Cesano, Kirche, INR 70.1042.

⁵⁹ Ostia, Mus., R. CALZA, BdA 39, 1954, 107 ff. Abb. 1; ebenda 110 f. über Hahnenkämpfe allgemein.

⁶⁰ Florenz, Uffizien, MANSUELLI I 242.

⁶¹ Mailand, Slg. Torno, NSc 1922, 437 f. Abb. 5.

⁶² Rom, NM, INR 75. 1390–2.

⁶³ D. in Berlin, F. CASTAGNOLI, BullCom 71, 1943/5, 23 Abb. 20. D. des S. der Slg. Torno, s. Anm. 57 u. 61.

⁶⁴ Isola Sacra, CALZA, Isola Sacra 190 f. Abb. 94. 95.

⁶⁵ Vatikan, AMELUNG, Vat. Kat. I 638 f. Nr. 497 A Taf. 68.

⁶⁶ ASR XII 6, 64. 72–77.

⁶⁷ s. Kapitel I 4.3.2.40.

⁶⁸ Dazu H. SICHTERMANN, AA 1974, 318 ff. Zu den dort genannten Beispielen könnte auch der D. eines S. aus dem späten 3. Jh. n. Chr. in Rom, NM, gestellt werden, ASR V 3, 130. – Eros als trunkener Herakles: Vatikan, K. SCHAUENBURG, AW 7, 1976 H. 3,43 Abb. 7. Eroten mit Götterattributen: Rom, Mus. Cap., ebenda H. 4,35 Abb. 34.

⁶⁹ MATZ, MW 4 ff.

re ist ja gerade das Verwenden einzelner Motive, ihre Vermischung und Kombination.

Zur chronologischen Verteilung läßt sich sagen, daß die Erotensarkophage bereits unter Hadrian beginnen und bis in tetrarchische Zeit zu verfolgen sind. Das gilt natürlich besonders für die großen Gruppen wie die Sarkophage mit Zirkusrennen; aber auch die übrigen sind mehr oder weniger vom 2. bis in das späte 3. Jh. n. Chr. vertreten.[70]

2. Eros und Psyche

H. P. L'ORANGE, ActaAArtHist 1, 1962, 41 ff. – H. VON STEUBEN in: HELBIG[4] II 238 f. Nr. 1434 (Gruppe in Rom, Mus. Cap.). – Amor und Psyche. Hrsg. von G. BINDER u. R. MERKELBACH (1968. Slg. älterer Aufsätze). – K. SCHAUENBURG, AA 1975, 281 ff. – C. C. SCHLAM, Cupid and Psyche. Apuleius and the Monuments (1976). – D. FEHLING, Amor und Psyche. AbhMainz 1977, 9 (enthält nichts über die bildende Kunst, jedoch auf S. 104 ff. ein umfangreiches Literaturverzeichnis).

Von einer eigenen Klasse, die als ‚Eros und Psyche'-Sarkophage zu bezeichnen wäre, ließe sich allenfalls bei denjenigen Riefelsarkophagen sprechen, welche die bekannte Gruppe der sich Umarmenden und Küssenden im Mittelfeld aufweisen; doch führt diese Gruppe auch dort, wo sie in anderem Zusammenhang, in zumeist untergeordneter Funktion, auftritt, ein gewisses Eigenleben, so daß sie auch aus diesem Grunde eine selbständige Behandlung verdient. Das zieht dann eine Berücksichtigung all solcher Sarkophage nach sich, die Eroten und Psychen in anderen Darstellungen als der der hellenistischen Umarmungsgruppe bieten.

Betrachtet seien zunächst die Sarkophage mit der Umarmungsgruppe. Wiedergegeben wird diese fast ausschließlich in folgender Haltung:[1] Eros legt seine Hand an die Wange Psyches, diese berührt seinen Bauch; die beiden hinteren Arme sind gewöhnlich unsichtbar. In der Anordnung lassen sich folgende Regeln feststellen: Eros steht, wenn die Gruppe einzeln auftritt, links,[2] wenn sie verdoppelt erscheint, nimmt er den äußeren Platz ein.[3] Er ist nackt, Psyche ganz oder halb bekleidet. Köcher und Bogen des Eros stehen häufig neben den beiden am Boden,[4] manchmal sind sie an einem Baum aufgehängt.[5] Ausnahmen von der Position der Gruppe sind sehr selten; nur einmal sind Eros und Psyche in einer genauen Reliefkopie der plastischen Gruppe im Kapitolinischen Museum in Rom wiedergegeben: auf einem Riefelsarkophag in Cliveden;[6] ungewöhnlich ist die Gruppierung auch auf einem Sarkophag in Palermo,

---

[70] Als frühes Beispiel sei ein S. in Berlin genannt, G. BRUNS, AA 1948/9, 97 ff., als spätes ein S. in Rom, NM, GIULIANO, Mus. Naz. Rom. I 1 327 ff. Nr. 193. Eroten finden sich auch noch auf christlichen S., s. diese.

[1] Zum Typ: G. LIPPOLD in: HdArch III (1950) 313.

[2] Ferentillo, INR 74. 1430/1.

[3] AA 1975, 283 Abb. 2 (Rom, NM). 3 (Vatikan). SCHLAM a. O. Taf. 12, 1 (Genua, S. Lorenzo). McCANN, Metr. Mus. 118 Nr. 19 Abb. 149 (New York).

[4] Ferentillo, s. Anm. 2.

[5] Neapel, NM, INR 65. 1285.

[6] C. ROBERT, JHS 20, 1900, 98 Taf. 11. 12. A. ORLANDI, ArchCl 24, 1972, 40. 41 Anm. 39; eine Ausnahme, die Bedenken erregen könnte.

wo die Umarmung weggefallen ist.[7] In den Einzelheiten sind Abweichungen jedoch häufig. So kann Eros seine Hand auf den Bauch Psyches legen,[8] er kann auch rechts stehen,[9] bei Verdoppelung wird auch Psyche gelegentlich nach außen versetzt,[10] oder die genaue Spiegelbildlichkeit wird vernachlässigt.[11]

Riefelsarkophage mit der Gruppe im Mittelfeld gibt es etwa zehn bis zwanzig.[12] Eros und Psyche sind häufig statuenhaft auf eine Basis gestellt,[13] sie stehen auch oft in einer Ädikula.[14] Auch in der Mandorla von Riefelsarkophagen erscheinen sie,[15] einmal sind sie auf das Kapitell einer mittleren Säule gestellt.[16] Die Eckfiguren sind meist Eroten oder die Verstorbenen,[17] einmal auch ein Satyr und eine Mänade.[18]

Seltener wird die Gruppe als linker und rechter Abschluß von Riefelsarkophagen verwendet, in spiegelbildlichem Sinne verdoppelt.[19]

Die Nebenseiten der Riefelsarkophage sind meist konventionell behandelt, z. B. finden sich die oft vorkommenden Schilde und Speere.[20]

Mit den Riefelsarkophagen, welche die Gruppe als linken und rechten Abschluß der Vorderseite zeigen, sind andere Sarkophage verwandt, die sie ebenfalls an die Enden der Vorderseite setzen. Am häufigsten findet sie sich auf Clipeussarkophagen mit fliegenden, seltener stehenden Eroten oder Niken als Clipeusträgern.[21] Stehen die Clipeusträger, so werden andere Figuren hinzugenommen, wie Jahreszeiten[22] oder andere Eroten.[23] Die Gruppe von Eros und Psyche kann dann auch von den Enden der Vorderseite weg mehr zur Mitte rücken.[24] Unter dem Clipeus finden sich die verschiedensten Figuren, außer den auch sonst häufigen Okeanos und Tellus[25] gibt es Hahnenkämpfe,[26] mythologische Szenen wie Ganymed mit dem Adler,[27] Masken,[28]

---

[7] Mus. Naz., TUSA, Sicilia 144ff. Nr. 67 Taf. 82–84.

[8] Rom, S. Agnese, ActaAArtHist 1, 1962 Taf. 62. McCANN, Metr. Mus. 119 Abb. 150. Frgt. in Perugia, Mus. Arch., Nr. 484.

[9] ARIAS, Camposanto Taf. 38, 78, 79.

[10] PESCE, Sardegna Nr. 29 (Cagliari, Kathedrale). INR 71. 1070 (Ostia, Scavi). INR 65. 1285 (Neapel, NM). AA 1975, 283 Abb. 1 (Wien). 4 (Wien).

[11] INR 74. 798 (Massa Marittima, Dom).

[12] Beispiele: SCHLAM a.O. 58 Anm. 185. CALZA, Villa Doria Taf. 150, 264. Vgl. Anm. 2 (Ferentillo).

[13] Vatikan, ASR IV 4 Taf. 328, 314. Rom, Pal. Corsetti, INR 67. 80, MATZ-DUHN 2819. Vgl. Anm. 2 (Ferentillo).

[14] Beispiele bei ORLANDI a.O. 41 Anm. 39.

[15] Rom, Via Condotti, P. PIACENTINI, ArchCl 13, 1961 Taf. 35.

[16] Ariccia, Pal. Chigi, INR 74. 334.

[17] Pisa, s. Anm. 9.

[18] Vatikan, ASR IV 4 Taf. 328, 314.

[19] z. B. Rom, S. Maria in Domnica, INR 66. 615. In der Mandorla ein Faß.

[20] Gaeta, INR 65. 1321. Neapel, NM, INR 65. 1287.

[21] Beispiele für fliegende Eroten und Niken: ORLANDI a.O. 40 Anm. 36, für stehende: ebenda 41 Anm. 38. Im Einzelnen: Eroten: McCANN, Metr. Mus. 118f. Abb. 149 (New York). 150 (Rom, S. Agnese). SCHLAM a.O. 26 Taf. 12, 1 (Genua); 12, 2 (Oxford). L'ORANGE a.O. Taf. 5, a (Turin). ARIAS, Camposanto Taf. 80, 168. – Niken: PESCE, Sardegna 29 Taf. 48, 61 (Cagliari). RM 76, 1969 Taf. 91, 2 (Ostia). TUSA, Sicilia 144f. Nr. 67 Taf. 82, 150.152 (Palermo, NM).

[22] Rom, Pal. Corsini, INR 74. 731.

[23] Lateran, Chiostro, INR 32. 374.

[24] Rom, Pal. Corsini, s. Anm. 22. Weitere Beispiele: H. SICHTERMANN, RM 76, 1969, 271 Abb. 1 (ehem. Rom, Pal. Giustiniani). 91, 1 (Rom, Kunsthandel). 91, 2 (Ostia). SCHLAM a.O. Taf. 12, 2 (Oxford). ARIAS, Camposanto Taf. 70, 147. CALZA, Villa Doria 148, 258a.

[25] SCHLAM a.O. Taf. 12, 1 (Genua). Cagliari, Kathedrale, s. Anm. 10.

[26] AA 1972, 510 Abb. 12 = CALZA, Villa Doria Taf. 148, 258a. TUSA, Sicilia 144f. Nr. 67 Taf. 82, 150 (Palermo, NM). 29ff. Nr. 3 Taf. 13,

Körbe,²⁹ dionysische Szenen,³⁰ die schlafende Ariadne mit Eros,³¹ eine Okeanosmaske,³² Eroten um einen Korb,³³ Eros und Pan (?).³⁴ Die Nebenseiten dieser Gruppe sind ebenfalls konventionell.³⁵

Auf Säulensarkophagen sind Eros und Psyche selten anzutreffen. Zu nennen ist ein Sarkophag im Palazzo Mattei in Rom, der die Gruppe neben Ares und Aphrodite, Mars und Rhea Silvia und anderen Gruppen zeigt.³⁶ Ein singuläres Stück befindet sich in S. Agnese in Rom.³⁷

Auf einigen wenigen Friessarkophagen wird die Gruppe mit anderen Gestalten aus der erotischen Welt, auch mit den drei Grazien, in loser Anordnung zusammengestellt.³⁸ In kleinem Maßstab wird sie auch auf mythologischen Sarkophagen ‚zitiert‘, so auf Endymion-³⁹ und Hippolytossarkophagen.⁴⁰ Sie erscheint auch auf Prometheussarkophagen,⁴¹ wo daneben die gesamte Erschaffungsgeschichte des Menschen mit Psyche als wirklicher Seele, die von Hermes herbeigebracht oder hinweggeführt wird, wiedergegeben ist.⁴² Auch auf christlichen Sarkophagen ist die Gruppe vorhanden, mit Szenen der christlichen Ikonographie wie der Jonasgeschichte oder dem Guten Hirten verbunden.⁴³

So findet sie sich von frühen Sarkophagen bis in die Spätzeit hinein. Für ihr Auftreten in der Sepulkralkunst bereits vor den Sarkophagen sprechen mehrere Aschenurnen und Altäre.⁴⁴

Eros und Psyche treiben auch außerhalb der Umarmungsgruppe ihr Wesen auf stadtrömischen Sarkophagen. Einige Beispiele seien dazu genannt.

Verwandt mit der zitathaften Anführung der hellenistischen Gruppe ist die Darstellung des schlafenden Paares von Eros und Psyche neben der schlafenden Ariadne

---

¹⁹ (Agrigento, Mus. Civ.) Rom, Ospedale di S. Spirito, INR 74. 1078.

²⁷ AA 1972, 504 Abb. 4 = ARIAS, Camposanto 141 Nr. C 12 est Taf. 80, 168.

²⁸ PESCE, Sardegna Nr. 29 Taf. 48, 61; 49, 62 (Cagliari, Kathedrale).

²⁹ Massa Marittima, Dom, INR 74. 798. Rom, S. Paolo, INR 76. 1010.

³⁰ TUSA, Sicilia Taf. 13, 19 (Agrigento, Mus. Civ., mit Hahnenkampf verbunden, s. Anm. 26).

³¹ DE LUCA, Pal. Corsini 105 ff. Nr. 56 Taf. 88. 89.

³² Rom, Ospedale di S. Spirito, INR 74. 1080.

³³ Lateran, Chiostro, INR 32. 374.

³⁴ ARIAS, Camposanto 131 Taf. 70, 147.

³⁵ Greifen: Rom, Pal. Corsini, s. Anm. 22. INR 74. 735/6. Rom, Ospedale di S. Spirito, INR 74. 1082/3. Massa Marittima, Dom, INR 74. 802. ARIAS, Camposanto Taf. 80, 169. – Jahreszeiten: TUSA, Sicilia Taf. 15, 22. 23. (Agrigento, Mus. Civ.).

³⁶ ASR III 2, 192. ArchCl 24, 1972 Taf. 27, 1. P. KRANZ, RM 84, 1977, 367. 377 Taf. 165, 2.

³⁷ A. ORLANDI, ArchCl 24, 1972, 43 Anm. 46 Taf. 27,2, mit falscher Ortsangabe.

³⁸ ORLANDI, a. O. 32 ff.

³⁹ New York, SCHLAM a.O. 27 Taf. 13. MCCANN, Metr. Mus. 39 ff. Nr. 4 Abb. 35 ff.

⁴⁰ ASR III 2, 166 = SICHTERMANN-KOCH Taf. 55, 1 = CALZA, Villa Doria Taf. 114, 182a. ASR III 2, 167 = SICHTERMANN-KOCH Taf. 59, 2 (Vatikan). ASR III 2, 168 (Rom, Villa Albani).

⁴¹ Rom, Mus. Cap., SICHTERMANN-KOCH Taf. 165. Paris, Louvre, H. SICHTERMANN, RM 77, 1970 Taf. 53, 1.

⁴² SICHTERMANN a.O. 110 ff. Taf. 53– 55. SCHLAM a.O. 7. 27. SICHTERMANN-KOCH 62 ff.

⁴³ ORLANDI a.O. 41 Anm. 40. SCHLAM a.O. 29. 54 Anm. 194 (Beispiele). Rep. I 71 f. Nr. 86 Taf. 25, 86.

⁴⁴ SCHLAM a.O. 25. 52 Anm. 168 mit sieben Beispielen.

auf dionysischen Sarkophagen;[45] sinniger ist es, wenn Psyche allein schlafend bei Ariadne wiedergegeben ist.[46] Aber auch in den Mythos selbst greifen Eros und Psyche ein: auf einigen Meleagersarkophagen wird der Meleagermythos von Eroten ‚gespielt‘, wobei Atalante oder Altheia als Psyche auftreten.[47] Das gemeinschaftliche Agieren von Eroten und Psychen, bekannt aus der pompejanischen Wandmalerei, findet sich auf dionysischen Sarkophagen. Auf dem Deckel eines Sarkophages im Museo Nazionale in Rom fliegen sie von links und rechts zu dem liegenden Paar von Dionysos und Ariadne,[48] auf dionysischen Erotensarkophagen mischen sich gelegentlich Psychen unter die Eroten,[49] einmal ist die Umarmungsgruppe in die Mitte eines Thiasos gesetzt.[50] Auch zu den Jahreszeiten bestehen Verbindungen: auf einem Sarkophag werden Herbst und Sommer von Psychen, Frühling und Winter von Eroten verkörpert.[51] Weniger mythologisch im engeren Wortsinn ist die auf einer Kline schlafende Psyche, die von Eroten gehalten wird.[52]

Auch als Girlandenträger sehen wir, neben Eroten, gelegentlich Psychen.[53] Mit einem Bogen in der Hand fliegt Psyche neben dem Porträt der Verstorbenen.[54] Weiter können fischende Eroten in ihren Booten von Psychen begleitet sein, entweder auf der gesamten Vorderseite[55] oder, in Einzelszene, unter dem Clipeus auf Clipeussarkophagen.[56] Dann sehen wir Eros und Psyche auch beim Bankett, vielleicht als Hochzeit der beiden aufzufassen, so auf einem Sarkophag in London.[57] Auf einem Riefelsarkophag im Palazzo Venezia in Rom schließt links die sitzende, leierspielende Psyche die Vorderseite ab; ihr entspricht rechts ein sitzender, sich auf die Fackel lehnender Eros.[58] Auf einem geriefelten Kindersarkophag sitzt links Psyche mit einer Taube, rechts ist Eros als ‚Trauergenius‘ dargestellt.[59]

---

[45] Oslo, ASR IV 1, 46 A Taf. 53, 1. Verschollen, ASR IV 3, 219 Taf. 235, 2.
[46] Rom, Casino Rospigliosi, SCHLAM a. O. 22 Taf. 9 ASR IV 1, 59 Taf. 69, 1.
[47] ASR XII 6, 72.74.75.76.
[48] SCHLAM a. O. 22. ASR IV 1, 76 Taf. 89.
[49] Beispiele bei TURCAN 577 ff. PESCE, Sardegna 68 ff. Nr. 28 Taf. 46/7 (Cagliari, Kathedrale). SICHTERMANN, Endymion 40 Abb. 26 (Foligno, Mus. Arch., auf l. Ns.). TUSA, Sicilia 194 ff. Nr. 96 Taf. 126–128 Abb. 234–237 (Taormina, Mus. del Teatro). Vgl. SCHLAM a. O. 28. 53 Anm. 187; 54 Anm. 190 Taf. 14, 1 (Cagliari). 2 (Rom, NM).
[50] AMELUNG, Vat. Kat. I 480 Nr. 251 Taf. 56.
[51] Rom, Pal. Cons., HANFMANN 169 Nr. 372 Abb. 30.
[52] H. P. L'ORANGE, ActaAArtHist 1, 1962 Taf. 6, b. ASR V 1, 13. SCHLAM a. O. 26 Taf. 11, 1.
[53] SCHLAM a. O. 26 f. AMELUNG, Vat. Kat. I Taf. 97.
[54] Frgt. in Rom, Domitillakatakombe, INR 72. 3289. K. SCHAUENBURG in: Eikones. Festschrift H. Jucker (1980) 157 Anm. 71.

[55] Rom, Forum Rom. I. JACOPI, BdA 60, 1975 ff. Schlam a. O. 28. TURCAN 587. Vatikan, H. BRANDENBURG, JdI 82, 1967, 198 Abb. 2. SCHLAM a. O. 28 Taf. 15 (mit Hafenszene). Ehem. Rom, Pal. Vaccari, R. REITZENSTEIN in: Amor und Psyche (1968) 250 Taf. 3, 13 (mit Hafenszene).
[56] TURCAN 563. SCHLAM a. O. 28 f. 54 Anm. 193.
[57] London, Brit. Mus., SCHLAM a. O. 22 Taf. 10,2. HIMMELMANN, Typ. Unt. 47 Nr. 1 (mit Lit.) Taf. 25. E. SCHMIDT in: Mél. Mansel I (1974) 601 f. Taf. 190 – 193. Vgl. auch den Deckel in Rom, S. Agnese, SCHLAM a. O. Taf. 22 Taf. 10,1. u. den S. in Karlsruhe, J. THIMME, JbKuSammlBadWürt 7, 1970, 129 Abb. 11, Badisches Landesmuseum Karlsruhe, Bildkatalog (1976) Taf. 103.
[58] INR 71. 231.
[59] GÜTSCHOW, Prätextat 157 f. Nr. 4 Abb. 33. 34 (Vatikan).

Die von Eros gequälte Psyche findet sich nur selten auf Sarkophagen. Auf zweien erscheint die hoch aufgerichtete Figur des Eros, der die klein zu seinen Füßen kauernde Psyche mit der Fackel brennt.[60] Verwandt ist die Darstellung im rechten Intercolumnium auf einem Sarkophag in S. Agnese in Rom.[61] In diesen Zusammenhang gehört auch der einen Schmetterling über ein Feuer haltende Eros, der sich auf vier Sarkophagen findet,[62] vergleichbar die einen Schmetterling verbrennende Psyche auf der Nebenseite eines ravennatischen Sarkophages.[63] Ein etwas zweifelhaftes Fragment im Palazzo Corsetti in Rom[64] zeigt Psyche, die den auf die Knie gesunkenen Eros mit einer Fackel brennt.

Vielleicht sind mit der Gruppe eines clipeushaltenden Eros, über dessen Rücken eine weibliche Gestalt erscheint, zu der Eros sich umwendet, ebenfalls Eros und Psyche gemeint;[65] die Schmetterlingsflügel fehlen allerdings.[66]

I. 4.3.8. Jahreszeiten

G. M. A. HANFMANN, The Season Sarcophagus in Dumbarton Oaks (Dumbarton Oaks Studies II 1951). – MATZ, MW. – B. ANDREAE in: Helbig[4] II S. 273 ff. zu Nr. 1451. – E. SIMON, Der Vierjahreszeitenaltar in Würzburg (1967). – H. SICHTERMANN in: Mél. Mansel I (1974) 303 ff. – N. HIMMELMANN, AnnPisa ser. 3 vol. 1, 1974, 163 f. – A. EBERLE, Hefte A Bern 2, 1976, 10 ff. – P. KRANZ, Hefte A Bern 3, 1977, 43 ff. – Ders., RM 84, 1977, 349 ff. – Ders., Hefte A Bern 4, 1978, 34 ff.

Jahreszeiten auf Sarkophagen treten fast nie ohne andere Motive auf; es gibt daher kaum einen Sarkophag mit der Darstellung von Jahreszeiten, der nicht irgend einer anderen ikonographischen Klasse zugeordnet werden könnte, sei es einer mythologischen, der dionysischen, derjenigen der Erotensarkophage, der Hochzeitssarkophage oder der dekorativen. Dennoch ist zwischen solchen Sarkophagen zu unterscheiden, welche die Jahreszeiten in kompositionell und inhaltlich untergeordneter Funktion verwenden – hier oft nur in der Zweizahl – und solchen, die sie, in vollständiger Viererzahl, die Vorderseite beherrschen lassen. Nur diese verdienen eigentlich die Bezeichnung ‚Jahreszeitensarkophage'.[1] Auch sie haben zwar fast ausnahmslos ein zentrales Motiv, welches einer anderen inhaltlichen Sphäre angehört, können daher

---

[60] Pittsburgh, H. SICHTERMANN, RM 76, 1969, 271 ff. Taf. 89,2. Rom, S. Sebastiano, H. SICHTERMANN, AA 1977, 462 ff. 468 ff. Abb. 144–146; 470 Anm. 425. Wohl auch auf einem verschollenen S., J. SCHMIDT, BdI 1879, 163.
[61] ArchCl 24, 1972 Taf. 27,2, vgl. Anm. 37. Noch ungedeutet ist die mittlere Szene dieses S.
[62] H. SICHTERMANN, RM 76, 1969, 266 ff. Taf. 89–91.
[63] Ebenda Taf. 94,2. ASR VIII 2, 21 Kat. A 5 Taf. 4,2.
[64] MATZ-DUHN 2814. INR 67.731.
[65] s. L'ORANGE a. O.

[66] Zu den Schmetterlingsflügeln s. H. SICHTERMANN in: Opuscula Carolo Kérenyi Dedicata. Acta Universitatis Stockholmiensis. Stockholm Studies in Classical Archaeology V (1968) 49 ff. Sie werden in recht verschiedenen Situationen weiblichen Wesen verliehen (zu männlichen s. H. SICHTERMANN, RM 76, 1969, 300 f. Taf. 95, 2), auch auf S., was hier nicht im Einzelnen untersucht werden kann, zumal vieles unpubliziert ist, wie etwa ein Frgt. im Magazin des Museums von Ostia mit einer wie eine Hore gelagerten Figur, die mit Schmetterlingsflügeln versehen ist.

[1] HANFMANN I 16. MATZ, MW 36.

ebenfalls einer anderen Klasse zugeordnet werden, sie werden jedoch im Erscheinungsbild von den Jahreszeiten beherrscht und unterliegen in dieser Beziehung eigenen Entwicklungsgesetzen.

An der allgemeinen Ikonographie der Jahreszeiten nehmen die Sarkophage insofern teil, als sie den Unterschied zwischen den weiblichen ‚Horai' und den männlichen, knaben- oder jünglingshaften Jahreszeitengenien, der in der bildenden Kunst eine große Rolle spielt, durchaus kennen, wobei ihnen bei der Ausgestaltung der letztgenannten Form sogar eine bedeutsame Rolle zufällt. Nur diese dominiert dann auch auf den eigentlichen Jahreszeitensarkophagen.

Die weiblichen Horai sind dagegen vorwiegend als Nebenfiguren oder in dekorativ-untergeordneter Rolle auf Sarkophagen vertreten. Sie erscheinen auf Deckeln lässig am Boden liegend, während kleine Eroten ihnen verschieden gefüllte Körbe überreichen.[2] Diese Deckel können auf ganz verschiedenen Kästen liegen, ohne daß eine inhaltliche Verbindung gegeben erscheint, so z. B. auf einem Medeasarkophag[3] oder einem mit dem Orestmythos.[4] Als Nebenfiguren sind sie auf Endymion-,[5] Phaethon-[6] und Persephonesarkophagen[7] anzutreffen, auf dem Thetissarkophag in der Villa Albani nehmen sie, als Überbringer von Gaben, sogar einen nicht unbedeutenden Platz ein.[8] Das geschieht schon am Beginn der Sarkophagkunst, ebenso wie die Deckel mit den liegenden Horai recht früh sind. Die Horen auf mythologischen Sarkophagen finden sich dann allerdings auch noch auf späteren Stücken.[9]

Zu einer gewissen Typik haben es nur die liegenden Horen auf Deckeln gebracht; die Horen auf mythologischen Sarkophagen blieben, abgesehen von der relativen Seltenheit ihres Auftretens, stets mehr oder weniger individuelle Erscheinungen.

Der Wechsel von der weiblichen zu der männlichen Form ist nicht, wie hie und da geglaubt wurde, erst in römischer Zeit oder gar auf den Sarkophagen selbst erfolgt,[10] sondern schon im Hellenismus.[11] Trotzdem gibt es Übergangserscheinungen auch auf den Sarkophagen. So sind die auf Deckeln dargestellten liegenden Putti[12] mit Körben den liegenden Horai durchaus verwandt, und auch sie gehören zumeist in die Frühzeit der Sarkophagproduktion, ebenso haben sie, wie die Horai, selten eine direkte inhaltliche Beziehung zur Dekoration des Kastens.

Diesen noch recht versteckten Anspielungen auf die Jahreszeitendarstellung lassen sich andere anschließen. Da auf einigen Meerwesensarkophagen die Reittiere von Nereiden oder Eroten in derselben Weise unterschieden sind wie diejenigen von

---

[2] HANFMANN II 170f. SICHTERMANN a.O. 306f.
[3] HANFMANN II 170f. Nr. 386.
[4] Ebenda Nr. 385.
[5] HANFMANN I 259. II 191 Nr. A – 46.
[6] HANFMANN I 225f. 259. II 136f. Nr. 17. 20–22; 173 Nr. 433. 434.
[7] HANFMANN I 259. II 145 Nr. 114.
[8] HELBIG⁴ IV 261ff. Nr. 3291.

[9] z. B. HANFMANN II 170f. Nr. 389. 396. 411b. 411c, 3. Jh. n. Chr.
[10] HANFMANN I 17. 21; die Bemerkung „The funeral iconography of the boy Seasons ... is indubitably Roman", S. 71, mag allerdings zutreffen.
[11] Überzeugend nachgewiesen von MATZ, MW 31ff. und ASR IV 4, S. 440.
[12] HANFMANN II 171f. Nr. 413–423 b. SICHTERMANN a.O. 307f.

Jahreszeiten auf anderen Monumenten,[13] und zwar als Panther, Greif, Widder und Löwe oder Hippokamp, Panther, Hirsch und Greif,[14] liegt es nahe, hier eine ähnliche Anspielung zu sehen.[15] Vielleicht als Jahreszeiten gemeint sind die wagenfahrenden Eroten auf dem Deckel eines späthadrianischen Girlandensarkophages in New York.[16] Auch der (verschollene) Deckel des Sarkophages mit Krateren im Palazzo Corsini in Rom, der vielleicht noch früher zu datieren ist, war ähnlich verziert.[17] Daß eine solche Ikonographie jedoch keine Erscheinung nur der frühen Sarkophagproduktion war, lehrt der Deckel des Sarkophages des Julius Achilleus im Museo Nazionale Romano,[18] der ebensolche unterschiedlichen Rennfahrgespanne zeigt.

In ähnlich allgemeiner Verbindung mit der Welt der Jahreszeiten stehen die Girlandensarkophage, welche die Girlanden jahreszeitlich unterscheiden,[19] als Blüten-, Ähren- oder Lorbeergirlanden. Die Eroten, welche diese Girlanden tragen, sind zwar ihrerseits fast nie unterschieden, können aber vielleicht doch als Verkörperung der Jahreszeiten angesehen werden. Ein besonders gutes Beispiel hierfür ist der eben genannte Sarkophag in New York.[20] Als Jahreszeiten gekennzeichnete Eroten tragen Girlanden auf einem Sarkophag in Cagliari.[21]

In ähnlicher Weise wie durch verschiedene Girlanden können die Jahreszeiten auch durch verschieden gefüllte Kratere oder Körbe veranschaulicht werden.[22] Über die Füllung machen sich gewöhnlich je zwei Vögel her. Der Inhalt der Kratere versinnbildlicht jeweils eine Jahreszeit: Weintrauben den Herbst, Kornähren den Sommer,[23] wozu Tiere neben den Krateren kommen.[24] In einem Fall sind neben den Krateren die betreffenden Jahreszeiten in der bekannten Form als Genien wiedergegeben,[25] weshalb dieser Sarkophag bereits in die Klasse der eigentlichen Jahreszeitensarkophage gehört. Vielleicht waren die Jahreszeiten (oder andere Hinweise auf sie) auch auf einem leider nur in wenigen Fragmenten erhaltenen Säulensarkophag[26] mit Jahreszeitenkrateren vorhanden. Auch auf Deckeln von Jahreszeitensarkophagen können entsprechend gefüllte Gefäße wiedergegeben werden; ein Sarkophag in Tunis zeigt auf seinem Deckel zwar nicht Kratere, aber Körbe als Sinnbilder der Jahreszeiten.[27]

[13] HANFMANN II Kat. Nr. 105; zu reitenden Jahreszeiten vgl. ebenda 161 Nr. 295–298. 300.
[14] HANFMANN II Kat. Nr. 106–110 u. 305. 306.
[15] ASR V 1, 32–36.
[16] ASR III 3, 425. MCCANN, Metr. Mus. 25 ff. Nr. 1 Abb. 11. 20. Skeptisch: K. SCHAUENBURG, Gymnasium 87, 1980, 227 ff.
[17] ASR III 3 S. 503 ff., Abb. auf S. 504. DE LUCA, Pal. Corsini 100 ff. Nr. 55 Taf. 86.
[18] HELBIG⁴ III 2319. GIULIANO, Mus. Naz. Rom. I 1, 312 ff. Nr. 187; s. auch Kapitel I 4.3.1.8.
[19] z. B. HANFMANN II 160 Nr. 290. 291. 292.
[20] s. Anm. 16.

[21] PESCE, Sardegna 34 f. Nr. 4 Taf. 18, 21.
[22] HANFMANN II Kat. Nr. 435. Abb. 39–41, Buffalo. DE LUCA, Pal. Corsini 100 ff. Nr. 55 Taf. 86. 87. P. KRANZ, Hefte A Bern 3, 1977, 43 ff. H. BRANDENBURG, JdI 93, 1978, 312 Anm. 64.
[23] KRANZ a.O. (Anm. 22) 43.
[24] DE LUCA, Pal. Corsini a.O. (s. Anm. 22).
[25] HANFMANN II Kat. Nr. 435 Abb. 39–41.
[26] EBERLE a.O. KRANZ a.O. (Anm. 22).
[27] H. FOURNET-PILIPENKO, Karthago 11, 1961/2, 92 ff. Nr. 22 Taf. 6, 22. AJA 62, 1958 Taf. 76.

All diese Bildungen spielen auf den Sarkophagen eine untergeordnete Rolle. Erst die Einführung der männlichen, durch Attribute gekennzeichneten, meist ruhig stehenden, gelegentlich aber auch schreitenden oder laufenden, jugendlichen Jahreszeiten ließ das Thema klassenbestimmend werden. Sie treten bereits im 2. Jh. n. Chr. auf, zunächst als puttenhafte Eroten gebildet, später dann als größere, schlanke ‚Genien'.[28] Die Entwicklung der Sarkophagform zur Höhe hin mag dabei eine Rolle gespielt haben,[29] doch sicher nicht die ausschlaggebende. Es ist bezeichnend, daß weibliche Horai in dieser aufrecht-stehenden Form außerordentlich selten verwendet wurden: einem Exemplar in Genua[30] läßt sich nur noch ein Fragment in der Villa Albani anfügen.[31] Andererseits sind die stehenden männlichen Jahreszeiten auch kaum auf die puttenhaften Eroten zurückzuführen, welche den liegenden Horai Gaben darreichen, oder auch auf diejenigen, die jahreszeitlich unterschiedene Girlanden halten,[32] wenngleich zumindest eine Beeinflussung nicht ganz ausgeschlossen erscheint.[33] Daß die vier stehenden knabenhaften Jahreszeiten bereits vor den kleinen Eroten und auch vor ihrem Siegeszug in der Sarkophagplastik ausgebildet waren, zeigt ein Altar in Würzburg, der eher claudisch als hadrianisch zu datieren ist.[34] Daß er seinerseits auf hellenistische Vorbilder zurückgeht, ist aus formalen und inhaltlichen Gründen anzunehmen.[35] Wahrscheinlich steht am Anfang ein Statuenzyklus; noch auf den Sarkophagen sind gelegentlich die Jahreszeiten statuengleich auf Postamente gesetzt.[36]

Die einzelnen Jahreszeiten sind in ihrer körperlichen Erscheinung immer völlig gleich, wie Vierlinge, gestaltet, auch die Bekleidung ist die gleiche, eine hinter dem nackten Körper herabhängende Chlamys. Nur der Winter erscheint daneben in der Regel ganz bekleidet, zumeist in asiatischem Kostüm. Kenntlich sind die Jahreszeiten an ihren Attributen, obgleich diese nicht streng kanonisch festgelegt sind.[37] Der Winter trägt gewöhnlich in der Rechten einen Schilfstengel, in der Linken zwei erlegte Enten, der Frühling Blütengewinde und einen Korb mit Blumen, der Sommer eine Sichel und Ähren in der Hand oder im Korb, der Herbst Weintrauben (im Korb) und erlegte Hasen. Werden nur zwei Jahreszeiten dargestellt, so können die Attribute beidemale gleich sein, oft sind es nur Körbe.

Die eigentlichen Jahreszeitensarkophage, also die mit vier – immer männlich gebildeten – Jahreszeiten auf der Vorderseite, gliedern sich in architektonische (Säulen- bzw. Arkaden-) Sarkophage und Friessarkophage. Die architektonischen,[38] von denen wenig über 10 Exemplare erhalten sind, stehen am Anfang der Reihe; der Säulensar-

---

[28] KRANZ a.O. (Anm. 22) 47. Über die Schwierigkeiten bei der Deutung HANFMANN II 11 Anm. 68; 12 Anm. 70; 159.
[29] MATZ, MW 39.
[30] MATZ, MW 41 Taf. 5, a. b.
[31] KRANZ a.O. (Anm. 22) 49 Anm. 35.
[32] s. Anm. 2. 20.
[33] Zum Aufkommen der beflügelten Putti als Jahreszeiten vgl. den D. des Theseus-Girlandens. in New York, McCANN, Metr. Mus. 25 ff.

Nr. 1 Abb. 11, dazu HANFMANN II Kat. Nr. 290. R. STUVERAS, Le putto dans l'art romain (Coll. Latomus 99, 1969) 60.
[34] SIMON a.O. F. MATZ, ASR IV 4 S. 440.
[35] MATZ, MW 78. Ders., ASR IV 4 S. 440.
[36] z. B. MATZ, MW Taf. 5 c.
[37] Zur Unsicherheit der Bestimmung: HANFMANN II 11 Anm. 68; 159.
[38] s. HANFMANN II Kat. Nr. 486–490. 503. 504. 505. A 1. A 2.

kophag in S. Lorenzo in Panisperna in Rom ist wohl schon in mittelantoninische Zeit zu datieren,[39] der Sarkophag im Palazzo Savoia in Rom gegen Ende des 2. Jhs. n. Chr.[40] Alle architektonischen Sarkophage[41] zeigen die kanonische Folge der Jahreszeiten: von links nach rechts Winter, Frühling, Sommer, Herbst, getrennt durch ein anderes Motiv im mittleren Intercolumnium. Dieses kann Dionysos sein,[42] Aphrodite mit Porträtkopf,[43] die Grabestür[44] oder die drei Grazien.[45] Auf der Grabestür erscheinen dann nochmals die vier Jahreszeiten.[46] Anspielungen auf jahreszeitliche Unterschiede kann es auch bei den anderen Figuren wie etwa Satyrn geben.[47]

Keiner der architektonischen Säulensarkophage ist kleinasiatisch, sie sind ihrem Ursprung nach stadtrömisch;[48] die indirekte Beeinflussung durch kleinasiatische Säulensarkophage ist jedoch wahrscheinlich.[49] Bei einer Gruppe könnte nordafrikanische Imitation vermutet werden.[50]

Auf den – weit zahlreicheren – Friessarkophagen ist zumeist die gleiche Reihenfolge der Jahreszeiten gewahrt. Auch hier wird zwischen Winter und Frühling einerseits und Sommer und Herbst andererseits ein Mittelmotiv gesetzt. Dieses ist in den meisten Fällen das Porträt des Verstorbenen, gewöhnlich als Clipeusbüste,[51] aber auch als ganze Figur,[52] gehalten oder flankiert von stehenden Eroten oder Niken.[53] Unter dem Clipeus sind häufig Okeanos und Tellus wiedergegeben,[54] gelegentlich auch mythologische Szenen, wie Endymion und Selene[55] oder der Raub des Ganymed,[56] oder ein Hahnenkampf,[57] häufiger erntende oder kelternde Eroten,[58] einige Male pflügende Bauern,[59] vereinzelt Girlandenbinderinnen,[60] Körbe[61] oder Masken,[62] auch Sphin-

---

[39] P. KRANZ, RM 84, 1977, 351 ff. Ebenda 363 zum stadtrömischen Ursprung der Säulens. mit Jahreszeiten u. deren Typen.
[40] MATZ, MW 44.
[41] HANFMANN I 17 f. 24. 56; dazu SICHTERMANN a.O. 306.
[42] MATZ, ASR IV 4, 246, mit allerdings umstrittener Interpretation, s. SIMON a.O. 18 ff. ASR IV 4, 247.
[43] RM 84, 1977 Taf. 157,2 (Zürich).
[44] RM 84, 1977 Taf. 157,1 (Rom, S. Lorenzo in Panisperna). HANFMANN II Kat. Nr. 336 Abb. 33 (Rom, Pal. Cons.); s. auch H. WREDE, RM 85, 1978, 423 mit Taf. 139,3.
[45] AJA 62, 1958 Taf. 75, 13 = HANFMANN II Kat. Nr. 504. RM 84, 1977 Taf. 166,2 = HANFMANN II Kat. Nr. 505.
[46] HANFMANN II 165 Nr. 336 Abb. 33 (Rom, Pal. Cons.). Vgl. auch HANFMANN II 163 Nr. 316 (Pisa).
[47] HANFMANN II 152 Nr. 177.
[48] WIEGARTZ, Säulens. 20 Anm. 32. P. KRANZ, RM 84, 1977, 351 ff.
[49] MATZ, ASR IV 4 S. 441.
[50] HANFMANN II 181 Nr. 504–511.
[51] HANFMANN II Kat. Nr. 464 Abb. 37; 467 Abb. 42; 469 Abb. 46; 471 Abb. 47; 475 Abb. 52; 480a Abb. 52 a/b; 482 Abb. 35; 528 Abb. 31.
[52] HANFMANN II Kat. Nr. 474 Abb. 43.
[53] Eroten: PESCE, Sardegna 66ff. Nr. 27 Taf. 44.45 (Cagliari, Kathedrale). – Niken: Beispiele bei K. SCHAUENBURG, AA 1972, 502 Anm. 9. PESCE, Sardegna 19ff. Nr. 1 Taf. 1–3 (Cagliari, Mus. Arch. Naz.).
[54] SCHAUENBURG a.O. 502 Anm. 10–13.
[55] HANFMANN II Kat. Nr. 492 Abb. 59; 492a Abb. 67. SCHUMACHER, Hirt Taf. 19b. HANFMANN II Kat. Nr. 496 Abb. 68. PESCE, Sardegna 93f. Nr. 52 Taf. 72. CALZA, Villa Doria Taf. 147 Nr. 257.
[56] SCHAUENBURG a.O. 503 Abb. 2; 505 Abb. 6.
[57] HANFMANN II Kat. Nr. 471a. 499. Neapel, Dom, INR 66. 1862.
[58] HANFMANN II Kat. Nr. 475 Abb. 52; 480a Abb. 52 a/b; 495 Abb. 66; 498. PESCE, Sardegna 19ff. Nr. 1 Taf. 1. GUERRINI, Pal. Mattei Taf. 58.
[59] HANFMANN II Kat. Nr. 477. 480, auch 464 = ARIAS, Camposanto Taf. 1, 1.
[60] TUSA, Sicilia 27 ff. Nr. 2 Taf. 10.
[61] Rom, Villa Wolkonsky, INR 73. 1605.

gen.⁶³ Zwölf Exemplare zeigen in der Mitte Dionysos,⁶⁴ zumeist spendend. Eine Ausnahme bildet ein Sarkophag im Konservatorenpalast in Rom, der nur die Jahreszeiten ohne Mittelmotiv zeigt;⁶⁵ er fällt auch insofern aus der Reihe, als er den Herbst und den Sommer weiblich, mit Schmetterlingsflügeln als Psychen, darstellt, dazu nicht in stehender, sondern in beschwingt-sitzender oder schreitend-fliegender Bewegung.⁶⁶

Die Friessarkophage beginnen im 2. oder 3. Jahrzehnt des 3.Jhs. n. Chr. Als frühes Beispiel kann der Sarkophag in Kassel gelten,⁶⁷ dem derjenige aus Badminton, jetzt New York, folgt.⁶⁸ Ihre Blütezeit haben sie im 3. Jh. n. Chr. und reichen noch in tetrarchische und konstantinische Zeit hinein.⁶⁹ Jahreszeiten finden sich auch noch auf christlichen Sarkophagen.⁷⁰

Ist die Zahl von vier Jahreszeiten bei den Säulen- und auch den Friessarkophagen als kanonisch anzusehen, so finden sich gelegentlich auch sechs und sogar acht Jahreszeiten;⁷¹ weit häufiger ist jedoch die Zahl auf zwei reduziert, so auf den Exemplaren, welche zwei symmetrisch fliegende oder (seltener) stehende Eroten oder Niken mit Mittelmotiv – meist einem Porträt – und außerdem je eine Eckfigur an den Seiten auf der Vorderseite zeigen.⁷² Die dem Mittelmotiv zugekehrten, meist den Clipeus haltenden Eroten als die zwei anderen Jahreszeiten anzusprechen, wozu Hanfmann neigt,⁷³ geht nicht an: sie sind meist viel größer als die Eckfiguren, zeigen keinerlei Attribute und unterscheiden sich in nichts von ihren zahlreichen Verwandten auf Clipeussarkophagen ohne Jahreszeiten;⁷⁴ auch gibt es Friessarkophage, die sie nicht zwischen zwei, sondern allen vier Jahreszeiten zeigen.⁷⁵

Auch auf Deckeln erscheinen zwei stehende Jahreszeiten, welche eine Inschrift halten oder ein Porträt flankieren;⁷⁶ diese Deckel gehören vornehmlich dem 3. Jh. n. Chr. an.

Die Riefelsarkophage bieten ebenfalls mit ihren üblichen Eckfiguren an beiden Seiten Platz nur für zwei Jahreszeiten; diese sind oft deutlich durch ihre Attribute zu bestimmen, oft fehlen jedoch auch eindeutige Hinweise, oder beide Gestalten sind gleich. Die bisher gesammelte Anzahl von etwa zwanzig Exemplaren⁷⁷ dürfte durch unpublizierte Fragmente erheblich überschritten werden. Als Mittelmotiv sehen wir zumeist den oder die Verstorbene,⁷⁸ einmal auch die drei Grazien.⁷⁹ Unter dem Cli-

---

⁶² PESCE, Sardegna 66ff. Nr. 27 Taf. 44.45. Camaiore Pieve, INR 74. 872.
⁶³ HANFMANN II Kat. Nr. 491 Abb. 60.
⁶⁴ ASR IV 4, 248–259.
⁶⁵ HANFMANN II Kat. Nr. 372 Abb. 30.
⁶⁶ Zu diesem Motiv: H. SICHTERMANN, RM 86, 1979, 358 ff.
⁶⁷ ASR IV 4, 259.
⁶⁸ MATZ, MW. ASR IV 4, 258. MCCANN, Metr. Mus. 94 ff. Nr. 17.
⁶⁹ ASR IV 4, 251. 256.
⁷⁰ HANFMANN I 56. Rep. I Taf. 11,32 (Vatikan).
⁷¹ ASR IV 4, 256. 257. Vgl. T. KLAUSER, JbAChr 1, 1958, 43 f.

⁷² s. HANFMANN II 12 Anm. 70 u. die Kat. Nr. 453. 455. 470. 471. 471 a.
⁷³ HANFMANN I 27, dazu SICHTERMANN a.O. 306.
⁷⁴ Eine Ausnahme HANFMANN II Kat. Nr. 435 Abb. 39.
⁷⁵ z. B. HANFMANN II Kat. Nr. 467 Abb. 42.
⁷⁶ HANFMANN II Kat. Nr. 518–526.
⁷⁷ HANFMANN II Kat. Nr. 316. 512–517b. SICHTERMANN a.O. 314 ff. Nr. 33–41.
⁷⁸ HANFMANN II Kat. Nr. 514 Abb. 64. SICHTERMANN a.O. 314 ff. Nr. 33–41. PESCE, Sardegna 106 ff. Nr. 61 Taf. 92.93.
⁷⁹ HANFMANN II Kat. Nr. A 11.

peus sind die auch sonst üblichen Verzierungen angebracht, es finden sich Masken,[80] Füllhörner[81] und Hahnenkämpfe.[82] Ihre Blütezeit haben diese Sarkophage, wie die übrigen Riefelsarkophage, im 3. Jh. n. Chr.

Die Deckel sind bei allen Gattungen mit ihrem Thema dem Kasten angepaßt. So finden sich auf Deckeln von Friessarkophagen Körbe,[83] Eroten bei der Weinernte[84] oder sitzende Jahreszeitengenien,[85] auf Deckeln von Riefelsarkophagen ebenfalls Ernte und Weinkelterei.[86]

Die Nebenseiten zeigen bei den Friessarkophagen nicht selten beutezerreißende Löwen[87] oder Körbe.[88] Bei den Riefelsarkophagen sind die Nebenseiten gewöhnlich konventionell mit Greifen verziert.[89]

I. 4.3.9. Dekorativer Schmuck

1. Girlanden

HONROTH, Girlanden (1971; hier abgekürzt: HONROTH), dazu: P. KRANZ, Gnomon 47, 1975, 77 ff.; W. H. GROSS, Gymnasium 83, 1976, 83 ff. – H. SICHTERMANN, AA 1970, 218 ff. – K. SCHAUENBURG, Getty MusJ 2, 1975, 61 ff.

Die stadtrömischen Girlandensarkophage des 2. und 3. Jhs. n. Chr. bilden eine sehr große Gruppe; sie sind noch nicht zusammengestellt und behandelt worden. Von den an die 200 Exemplaren, die sich derzeit nennen lassen, hat M. Honroth 33 Stück im Rahmen ihrer Arbeit über die stadtrömischen Girlanden in einer Liste verzeichnet und einige weitere noch im Text berücksichtigt. Wichtiges Material haben H. Sichtermann und K. Schauenburg[1] aufgeführt. Die Sarkophage werden unten in Auswahl in einer Liste zusammengestellt, und danach werden im folgenden jeweils einzelne Beispiele genannt.[2]

267–277

---

[80] Rom, Verano, INR 61. 139. Rom, Domitilla-Katakombe, INR 72. 3287. V. S. M. SCRINARI, BdA 57, 1972, 65 ff.

[81] PESCE, Sardegna 106 ff. Nr. 61 Taf. 92. Paris, Louvre, Foto Marburg 162 993. Rom, Prätextat-Katakombe, INR 72. 3613. Rom, Collegio Romano, INR 71. 982.

[82] HANFMANN II Kat. Nr. A 27 = INR 70. 2159. NSc 1923, 14 ff. Abb. 3.

[83] s. Anm. 27.

[84] Camaiore Pieve, INR 74. 876. HANFMANN II Kat. Nr. 492 (Weinkelterei).

[85] HANFMANN II Kat. Nr. 413.

[86] NSc 1923, 14 ff. Abb. 3.

[87] Frascati, Vescovado, INR 73. 56. AA 1972, 505 Abb. 6. TUSA, Sicilia 27 ff. Nr. 2 Taf. 10. HANFMANN II Kat. Nr. 474. Anzio, Parco Comunale, INR 69. 631. Löwen allein: HANFMANN II Kat. Nr. 372.

[88] Rom, Domitilla Katakombe, INR 72. 3275.

[89] V. S. M. SCRINARI, BdA 57, 1972, 65 ff. Rom, Prätextat-Katakombe, INR 72. 3618.

[1] SCHAUENBURG a. O. 63: „Das außerordentlich reiche Material der Girlandensarkophage ist bisher noch in keiner Form geordnet, nur weniges publiziert".

[2] Die Bemerkungen bleiben vorläufig, da von dem Material vieles nur unzureichend zugänglich ist. Viele Stücke, die MATZ-DUHN II 2402–2445 verzeichnen, liegen bisher nicht in Abbildungen vor und werden deshalb hier nur in Auswahl mit aufgeführt. – Die Liste erstrebt keine Vollständigkeit, die Literaturangaben sind kurz gehalten, und im Text werden nur ausgewählte Beispiele genannt.

In der Regel handelt es sich um Kästen; nur selten sind die Seiten mehr oder weniger stark gerundet (8. 82. 125); eine Wannenform ist nur vereinzelt anzutreffen (4. 105. 130). In einem Fall finden sich auf den Rundungen Riefel, die durch Löwenköpfe von der Vorderseite abgesetzt werden (50); auf anderen Beispielen sind Löwen oder Löwenkampfgruppen auf den Seiten wiedergegeben (103). Bei einem Stück mit gerundeten Seiten sind auch auf der Rückseite Girlanden vorhanden (20). Bei den Kästen können Vorder- und Nebenseiten mit Girlandenschmuck versehen sein; in einigen Fällen beschränkt er sich auf die Vorderseite, während die Nebenseiten Greifen (5. 57), Meerwesen (52. 58), figürlichen (73), anderen (18. 32) oder auch gar keinen Schmuck tragen. Verschiedene Beispiele haben nur auf den Nebenseiten Girlanden, auf der Vorderseite hingegen verschiedenartigen Schmuck.[3] Bei einem Girlandensarkophag werden die Ecken der Vorderseite durch Pilaster betont (39).

Die *Anzahl der Girlandenbögen* ist unterschiedlich. Bei der überwiegenden Zahl der Sarkophage finden sich zwei, seltener drei Bögen (5. 22. 24. 46. 49. 62. 63. 83). Als Ausnahmen sind drei Beispiele mit einem (32. 33. 50) und eines mit vier (78) Schwüngen zu nennen. Die Folge der Girlanden wird gelegentlich in der Mitte unterbrochen, und zwar durch eine Tabula ansata (18. 29. 61. 113) oder eine rechteckige Tabula (139), einen Tondo mit Porträt (38. 44. 71. 103. 117) oder mit Inschrift (134),[4] eine kleine figürliche Szene (81. 101. 126), eine Ädikula, in der Gestalten stehen (27), eine Büste (51. 64. 107. 118)[5] oder eine stehende Figur (98); auf einem Exemplar nimmt die Tabula ansata einen Großteil der Front ein und die beiden Girlandenschwünge sind an die Seiten gedrängt (111).

Es handelt sich um Fruchtgirlanden oder, etwas seltener, um Lorbeerblattgirlanden; bei manchen Sarkophagen finden sich auf der Vorderseite Früchte und auf den Nebenseiten Lorbeerblätter (3. 28. 36. 43. 113); Eichenblätter (24), Blüten (24) oder Ähren (52) kommen nur als Ausnahmen vor. Verschiedentlich wechselt die Art der Girlanden auf einer Langseite (52. 83); ganz ungewöhnlich ist der Theseussarkophag in New York (24), bei dem alle fünf Girlandenschwünge der Vorder- und Nebenseiten unterschiedlich gestaltet und bei dem verschiedenartige Materialien für die Girlanden verwandt worden sind, nämlich Narzissen, Glockenblumen, Ähren, Weintrauben, Granatäpfel, Quitten und Oliven-, Lorbeer- und Eichenblätter, jeweils mit Früchten. In vergleichbarer Weise variiert das Material beim Marsyassarkophag in Rom, Pal. Barberini (83). In der Regel sind Manschetten und ein oder auch mehrere große Deckblätter, die von ihnen ausgehen, vorhanden. Die einzelnen Schwünge der Fruchtgirlanden sind gegenläufig geflochten und verdicken sich meist zur Mitte hin, die gewöhnlich durch Blüten, Trauben oder andere Motive betont wird (2. 28. 43. 97); nur in Ausnahmefällen laufen die Girlanden wulstartig durch (83). Sehr selten

---

[3] z. B. Rom, Pal. Corsini: DE LUCA, Corsini 100ff. Nr. 55 Taf. 87,3. – Lucca: ASR IV 2, 90 Taf. 115. – Baltimore: LEHMANN, Baltimore Abb. 28/29.

[4] Vgl. Kasten Vatikan 20.296: AMELUNG, Vat. Kat. I 881 Nr. 217 Taf. 113; G. RODENWALDT, AA 1938, 403 Anm. 2; nicht stadtrömisch, sondern provinziell, vielleicht campanisch.

[5] vgl. MATZ-DUHN II 2405 (ehem. V. Borghese).

sind bei den stadtrömischen Girlanden am untersten Punkt Trauben angehängt (130), wie sie bei den kleinasiatischen Sarkophagen die Regel sind.[6] Auch die Lorbeerblattgirlanden sind gegenläufig geflochten, und ihre Mitte wird leicht betont. Die Girlanden sind um Bänder geflochten, die von den Trägern gehalten werden; wohl nur in einem Fall haben die Eroten einen von links nach rechts durchlaufenden Wulst auf den Schultern (83). Diese Bänder sind bei den Trägern zusammengebunden, und ihre Enden wehen häufig zu den Seiten nach oben und unten. Bei den Lorbeerblattgirlanden (17. 43), selten auch bei anderen (83), sind Bänder um die Schwünge gewickelt.

Die *Träger der Girlanden* sind verschiedenartig. Auf den Langseiten sind es in den meisten Fällen Putten oder Eroten,[7] die in unterschiedlicher Weise stehen oder schreiten können;[8] besonders die mittleren wenden und drehen sich unterschiedlich. Auf einem Sarkophag schweben die Eroten (130);[9] auf einem anderen sind sie besonders stark bewegt (93). In der Regel sind die Putten oder Eroten nackt, vereinzelt haben sie eine Chlamys (8. 44. 45) oder eine kurze Tunica und außerdem vielleicht noch Chlamys (15. 50. 64. 82. 98). Auf einigen Exemplaren halten die Eroten ein Tier, beispielsweise einen kleinen Panther (2. 13. 70. 90. 106), ein Lagobolon (35. 70) oder Körbe mit Früchten (82). Es finden sich auch andere Träger der Girlanden: Frauen (43), Niken (85),[10] Satyrn (102. 105),[11] Hermen (134), zwei Niken und in der Mitte ein Satyr (47), zwei Eroten und ein Satyr (80), zwei Bäume, neben denen Körbe stehen, und in der Mitte ein Putto (55), zwei Eroten und in der Mitte ein Kandelaber (110), ein Ständer (14?) oder ein großes Gefäß (26. 88),[12] in der Mitte ein Eros und links Tellus und rechts Oceanus, die Fackeln halten, an denen die Girlanden befestigt sind (125), in der Mitte ein Gefäß und seitlich Fackeln (137),[13] in der Mitte, neben der Büste, Fackeln und seitlich Eroten (108), aus Akanthuskelchen wachsende Eroten an den Seiten und in der Mitte Eroten (44) oder Bäume (126) oder seitlich Eroten und in der Mitte ein aus einem mit Akanthus versehenen Hermenschaft wachsender Eros (17), ferner Fackeln (65. 113), eine Psyche (66), ein kleines Gefäß (108) oder Adler (33);[14] in einem Fall hängen die Girlanden an Balustern und Bukranien (139).

Ähnlich vielfältig sind die Träger auf den Nebenseiten: Eroten, Greifen (10. 16. 43), Delphine (42. 46. 55. 68. 136), Stierschädel (3. 122), Gefäße (85), Fackeln (113), Löwengreifen- und Ziegenkopf (28), Widderköpfe (95), in einem Fall vielleicht eine Phiale (11).

---

[6] G. RODENWALDT, AA 1938, 400ff. GABELMANN, Werkstattgruppen 128 (mit Lit.).

[7] Manchmal am selben Stück unterschiedlich; zu Putten bzw. Eroten: MATZ, MW 45 f.; N. HIMMELMANN, MarbWPr 1959, 29 ff.

[8] Versuch einer Typologie bei MATZ, MW 48 ff.; dazu SCHAUENBURG a. O. 61 Anm. 6.

[9] MATZ, MW 50, Motiv 4; die Zahl der östlichen Stücke ließe sich vermehren.

[10] vgl. MATZ-DUHN II 2444 (ehem. V. Casali).

[11] vgl. MATZ-DUHN II 2440 (ehem. Studio Altini).

[12] vgl. MATZ-DUHN II 2415 (Quirinal, noch dort?); 2413 (ehem. Studio Carimini; ASR IV 1, 33).

[13] Bei dem verschollenen Exemplar (Nr. 137) sind allerdings die seitlichen Träger auf der Abbildung nicht genau zu erkennen.

[14] vgl. MATZ-DUHN II 2417 (ehem. V. Codini; an Seiten Adler, in Mitte Eros).

Die *Girlandenbögen* sind nur selten leer (9. 19. 36). Die *Füllungen* sind recht abwechslungsreich: frontal blickende Gorgoköpfe (25. 29. 34. 59. 73. 80. 84) oder selten bärtige Götterköpfe (12. 113) oder ein Ammonskopf (113), Köpfe von Gestalten aus dem dionysischen Gefolge, also von Mänaden, Pan, alten und jungen Satyrn, die einzeln (18. 21. 36. 88. 107), zu zweit, sich anblickend (17. 42. 46. 69. 81. 106. 134), oder zu zweit, jeweils in dieselbe Richtung gewandt (57), oder jeweils zu zweit, alle in dieselbe Richtung blickend (39), begegnen; die Köpfe sind entweder im Profil wiedergegeben oder mehr oder weniger stark herausgedreht. Ferner finden sich tragische und komische Masken, deren Anordnung in gleicher Weise wie die der Köpfe wechseln kann: eine (5), zwei, sich anblickend (2. 15. 44. 52. 93. 110), zwei, parallel zueinander nach innen blickend (6. 57); auch die Masken sind manchmal aus dem Profil herausgedreht (2. 52). Bei einem Beispiel sind je ein Eros und eine Maske (56), bei einem anderen eine Tabula (32), bei einem weiteren eine Tabula ansata im ursprünglichen mittleren und ein Kranz im seitlichen Bogen dargestellt (108); schließlich begegnen ein Gefäß mit antithetischen Vögeln (50), Phialen (123)[15] und Tierkampfgruppen (116). Bei einigen Sarkophagen sind Büsten in die Bögen gesetzt, und zwar in einem Fall eine weibliche Büste in den mittleren von drei Bögen (5) und bei anderen Beispielen die Büsten eines Mannes und einer Frau in die beiden vorhandenen Bögen (4. 82. 105. 130).[16]

Viele Beispiele haben kleine figürliche Szenen in den Lünetten, und zwar bukolische (55. 91. 129) oder dionysische[17] (72. 126) Darstellungen, Eroten (28. 31. 45), Meerwesen[18] (3. 23. 30. 90. 100. 112. 136. 137. 138) und verschiedene Mythen: Aktaion (43), Marsyas (77. 83), Medea (121), Odysseus (122), Oidipous (97), Persephone (119), Theseus (24) und schließlich einige noch nicht gedeutete Szenen (10. 87. 115. 132). Verschiedentlich kommt es zu einem Wechsel in den Bögen auf einer Langseite: außen sind Gorgoköpfe und in der Mitte Meerwesen (90), außen Meerwesen und in der Mitte dionysische Köpfe (100) oder außen Köpfe und in der Mitte eine dionysische Darstellung (22). Gelegentlich sind die figürlichen Szenen auf die Vorderseite beschränkt, während sich auf den Nebenseiten Köpfe oder andere Motive finden (24. 28. 47).

Der unter den Girlandenschwüngen frei bleibende Raum wird manchmal mit Vögeln, die an Trauben oder Früchten picken, Hasen, die von Trauben fressen, Panthern und anderen Tieren, Eroten oder Putten mit Tieren, umgefallenen Gefäßen, aus denen Früchte herausgefallen sind, und anderen Motiven gefüllt (8. 15. 20. 28. 45. 50. 56. 82. 88. 94. 98. 102. 104. 105. 108. 137).

---

[15] vgl. auch Ostia Antica: H. BRANDENBURG, JdI 93, 1978, 307f. Abb. 36/37 (frühkaiserzeitl.); MATZ-DUHN II 2418 (Pal. del Monte Citorio; noch dort?).

[16] vgl. den Sarkophag Neapel 6604/05 aus Pozzuoli; er wurde in einer campanischen Werkstatt gearbeitet, wie der Stil und die Darstellungen der Nebenseiten zeigen: HONROTH 90f. Nr. 115 (vgl. a.O. 63); vgl. Kapitel II 3.

[17] ASR IV 1, 26–34; hier nicht mit aufgezählt, aber in der Liste erfaßt.

[18] ASR V 1, 1–16; dazu, außer den in der Liste genannten Stücken, z.B. MATZ-DUHN II 2428–2430.

Girlanden finden sich auch auf den Leisten einer Reihe von *Deckeln*.[19] Sie haben eine nicht so große Variationsbreite wie bei den Kästen. Im Unterschied zu den Kästen sind die Eroten gern schwebend oder fliegend wiedergegeben. Auf einem besonders reichen Exemplar[20] ist das Material der Girlanden abgewechselt, und in den Bögen sind verschiedene Gegenstände, nämlich Masken, ein Musikinstrument und ein Gorgokopf, dargestellt. Bei dem Sarkophag von Velletri,[21] der völlig aus der stadtrömischen Produktion herausfällt, werden auf dem dachförmigen Deckel von Eroten Girlanden gehalten, die größtenteils rundplastisch gearbeitet sind; Parallelen finden sich im Osten, beispielsweise bei einem attischen Deckel in Korinth.[22]

Neben den kanonischen Beispielen gibt es einige *Sonderfälle*.[23] Auf einer Lastra in Ostia (27) sind in der Mitte, wie bei einem Riefelsarkophag, eine Ädikula und seitlich Eroten mit den Girlanden wiedergegeben. Bei einem Kasten in Rom, Via Poli (111), wird die Vorderseite großenteils von einer Tabula ansata eingenommen, und an den Seiten sind in kleinen Flächen Girlanden aufgehängt. Bei einem Beispiel in Rom, Villa Medici (99), sind vier Pilaster vorhanden, an denen die Girlandenbögen hängen; in den seitlichen Schwüngen sind Gorgoköpfe, im mittleren eine Tabula ansata. Ein Sarkophag in Rom, NM (60), zeigt Riefel und darauf zwei Halbsäulen und zwei Pilaster, an denen Girlanden hängen; in ihre Bögen sind Blüten gesetzt. Bei einem weiteren Kasten (109) schließlich sind auf die Riefel zwei sehr flache Girlandenschwünge aufgelegt, die in der Mitte von einer Fackel gehalten werden.

Bei einem anderen ‚Sonderfall' mit Eroten, Tritonen, Tondi und einer Girlande in Rom, Pal. Mattei,[24] handelt es sich um eine neuzeitliche Arbeit, bei Kästen in Kopenhagen,[25] im Kunsthandel[26] und in Warschau[27] um Fälschungen.

Schon dieser kurze Überblick zeigt, daß die große Zahl der Girlandensarkophage sehr viel abwechslungsreicher ist, als es zunächst den Anschein hat. *Vorbilder* für die meisten der Motive finden sich auf Grabaltären und Graburnen; es fällt dabei auf, daß bei den Sarkophagen von dem großen Reichtum der Formen, der sich auf den früheren Monumenten findet, nur eine Auswahl berücksichtigt wird. Auch die Ornamentzonen, die gelegentlich vorkommen, haben ihre Parallelen bei den Urnen und

---

[19] HONROTH 37 f. Anm. 131; 60. – Siehe hier auch Nr. 21.

[20] Rom (Nähe), Casale S. Giacinta: G. M. DE ROSSI, Tellenae (Forma Italiae I 4, 1967) 98 f. Nr. 56, 2 Abb. 220–223.

[21] Velletri, Mus. Civ.: ANDREAE, Studien Taf. 1–4; KRAUS, PropKg Taf. 215.

[22] Korinth o. Nr.: E. DEILAKE, ADelt 24 B 1, 1969, 102 Taf. 79,3.

[23] vgl. MATZ-DUHN II 2402 (ehem. Rom, Piazza Pollarola 43; Okt. 1976 vom Verf. nicht gefunden) mit Pilastern an den Ecken und drei Bukranien in der Mitte, eine Form, die bei den stadtröm. Exemplaren sonst nicht begegnet; dazu G. RODENWALDT, AA 1938, 403 Anm. 2.

[24] Rom, Pal. Mattei: MATZ-DUHN II 2439; K. SCHAUENBURG, JdI 81, 1966, 299 Anm. 125 Abb. 40; H. SICHTERMANN, AA 1970, 230 Anm. 60; L. GUERRINI, ArchCl 25/26, 1973/74, 306 ff. Taf. 60,1.

[25] Kopenhagen 793a: POULSEN, Cat. Sculpt. 567 Nr. 793a (Tillaeg til Billedtavler Taf. 14, Nr. 792a).

[26] Sotheby, Sale 13. 7. 1970, 102 Nr. 177.

[27] Warschau 199385: A. SADURSKA, Archeologia Warszawa 6, 1954, 177 ff. Abb. 1–5. 7; K. MICHAŁOWSKI, Sztuba Starozytna. Muzeum Narodowe w Warszawie (1955) 129 Abb. 32; K. SCHAUENBURG, AA 1975 289 Abb. 15. 17; ders., GettyMusJ 2, 1975, 62. – Warschau 198386: MICHAŁOWSKI a. O. 130 Abb. 75.

Altären.²⁸ Bei einigen Motiven wäre es jedoch möglich, daß sie von östlichen Sarkophagen beeinflußt wurden. Das könnte für die Büsten zutreffen, die in die Girlandenbögen gesetzt werden;²⁹ sie finden sich bei kleinasiatischen Girlandensarkophagen und bei einer kleinen Gruppe von stadtrömischen Exemplaren; bei einem von ihnen (130) hängen Trauben an den Girlanden, die typisch sind für kleinasiatische Sarkophage;³⁰ bei einem anderen Beispiel (105) sind die Trauben auch vorhanden, allerdings weiter in die Girlanden hineingezogen. Auf kleinasiatische Beeinflussung darf man vielleicht auch die Tabula ansata zurückführen, die von zwei Eroten gehalten wird (113);³¹ bei diesem Exemplar kommt hinzu, daß auch der Deckel östliche, allerdings attische, Form zeigt. Möglicherweise sind auch die Tabulae ansatae auf einigen anderen Sarkophagen (18. 29. 61) in gleicher Weise zu erklären. Östliche Züge hat schließlich ein Fragment mit ursprünglich drei Girlandenschwüngen und einer Tabula ansata im mittleren (108).³² Ein Problemstück ist ein Girlandensarkophag in Boston, der unter starkem kleinasiatischem Einfluß in Rom oder vielleicht doch in Kleinasien, und zwar nicht in der Hauptwerkstatt der kleinasiatischen Girlandensarkophage, sondern in einer provinziellen Werkstatt, entstanden sein kann.³³ Das Verhältnis zwischen West und Ost müßte ausführlich untersucht werden, wobei sich vielleicht auch klären läßt, ob noch einige andere Eigenheiten wie die figürlichen Darstellungen in der Mitte,³⁴ die Porträttondi oder die Büsten mit dem Osten verbunden werden können. Die überwiegende Menge der stadtrömischen Girlandensarkophage ist jedoch eigenständig; die angeführten Beeinflussungen betreffen nur eine sehr kleine Zahl. Es spricht nichts dafür, daß die stadtrömische Produktion an Girlandensarkophagen von östlichen Beispielen angeregt worden ist; die attischen Exemplare setzen sogar erst wesentlich später ein als die stadtrömischen.³⁵ Daß aber eine Motivwanderung von Ost nach West denkbar ist, kann eine Reihe von kleinasiatischen Girlandensarkophagen, dabei sogar sehr einfachen Stücken, belegen, die in oder bei Rom gefunden worden sind,³⁶ also die Hochschätzung dieser Formen in Rom zeigt. Stadtrömische Girlandensarkophage sind im Osten nicht gefunden worden, und sie haben nur in Ausnahmefällen in den Osten ausgestrahlt; es lassen sich nur Exemplare in Sidon³⁷ und in Chersonnesos³⁸ nennen, die Köpfe von Gestalten

---

[28] Anders: G. RODENWALDT, RM 58, 1943, 11; HONROTH 48 f.

[29] G. RODENWALDT, AA 1938, 405; ders., RM 58, 1943, 11. HONROTH 63 f. – Vgl. jedoch z. B. K. SCHAUENBURG, GettyMusJ 2, 1975, 70 Abb. 10 (Urne in Cleveland).

[30] s. oben Anm. 6.

[31] z. B. MAMA VIII (1962) Nr. 553. 565. 566. 574. 575. 594. 609.

[32] z. B. N. ASGARI, AA 1977, 330 Abb. 1; 342 Abb. 28; 350 Abb. 43; 351 Abb. 45.

[33] Boston, Isabella Stewart Gardner Mus: HONROTH 60; TURCAN 69 Anm. 2; C. C. VERMEULE u. a., Sculpture in the Isabella Stewart Gardner Museum (1977) 46 f. Nr. 63.

[34] vgl. Konya 1343: WIEGARTZ, Säulens. 179 Nr. 41; HIMMELMANN, Megiste 19 f.; G. KOCH, Gnomon 45, 1973, 316.

[35] F. MATZ, ASR IV, 1 S. 88 f. N. HIMMELMANN, AnnPisa 4, 1974, 139 ff.

[36] z. B. WIEGARTZ, Säulens. 177 Nr. 5.6. N. ASGARI, AA 1977, 371 f. (Pisa, Rom). D. MONNA – P. PENSABENE, Marmi dell'Asia Minore (1977) Abb. 66.

[37] Beirut (Nr.?): M. MEURDRAC – L. ALBANÈSE, BMusBeyr 3, 1939, 37 ff. Taf. 4 a.b.

[38] Sevastopol 2/35678: G. SOKOLOV, Antique Art on the Northern Black Sea Coast (1974) 164 f. Nr. 179.

aus dem dionysischen Gefolge im Profil in den Bögen zeigen, ein Motiv, das östlichen Sarkophagen fremd ist. Figürliche Szenen begegnen in Kleinasien weit verteilt bei vielen lokalen Gruppen; auch da müßte noch untersucht werden, ob die Einfügung dieser Bilder bei allen diesen Stücken von Rom abhängt oder ob sie unabhängig von Rom vorgenommen wurde.[39]

Über die Frage, wann die einzelnen Sarkophage zu datieren sind, ist eine Übereinstimmung noch nicht erzielt worden.[40] Erst eine Bearbeitung der gesamten Gruppe könnte eine relative *Chronologie* erstellen, und erst dann ließen sich einzelne Stücke an datierbare andere Werke anschließen; dabei müßte jeweils die unterschiedliche Größe, Bestimmung und Qualität berücksichtigt werden. Besonders wichtig wird es sein, Werkstattzusammenhänge zu klären. Vorläufig müssen die Vorschläge zur Datierung unverbindlich bleiben.

Girlandensarkophage gehören zu den frühesten Exemplaren nach Beginn der umfangreicheren Produktion im frühen 2. Jh. n. Chr. Für zwei der frühen Exemplare gibt es Datierungshinweise, die allerdings für eine absolute Festlegung auch nicht ausreichen: das eine, in Pisa (47), war für den consul suffectus von 87 n. Chr., C. Bellicus Natalis Tebanianus, bestimmt; das andere, im Vatikan (80), ist in einem Grab gefunden worden, das Ziegel mit Stempeln der Jahre 132 und 134 n. Chr. hat. Beim ersten Stück ist aber nicht bekannt, wann der Beigesetzte gestorben ist, und beim zweiten könnte der Sarkophag auch vorher oder auch später hergestellt worden sein.[41] Einen weiteren Hinweis geben Fragmente von der Basilica Ulpia von 112 n. Chr.[42] und vom Tempel der Venus Genetrix, der 113 n. Chr. geweiht wurde,[43] und ein Fragment, das mit dem Mausoleum Hadrians verbunden wird und um 139 n. Chr. zu datieren ist.[44] Ob allerdings Girlandensarkophage noch aus trajanischer Zeit erhalten sind, ist bisher nicht geklärt.

Zu den frühesten Exemplaren dürften das Fragment mit Persephone in Venedig (119), der Aktaionsarkophag in Paris (43), das Fragment mit Masken in Berlin (2), die Nebenseite mit Gorgokopf in Palermo (40), Fragmente mit Meerwesen in Mainz (16) und im Vatikan (74. 75) und die in drei Teilen überlieferte Langseite in der Galleria Borghese (63) gehören. Es folgen, ebenfalls noch in hadrianisch-frühantoninischer Zeit, die aus einer Werkstatt stammenden Exemplare im Vatikan (80) und in Pisa (7), der Sarkophag mit Löwenjagd auf dem Deckel in Rom, NM (52), ein auseinandergenommener Meerwesensarkophag in der Galleria Borghese (62), einer in Boston (3) und ein verschollener Kasten (136), der Theseussarkophag in New York (24), Exemplare mit bukolischen Szenen in den Lünetten (55. 129), Stücke mit dionysischen (22.

---

[39] HIMMELMANN, Megiste 18 ff. G. KOCH, Gnomon 45, 1973, 316.

[40] vgl. die teilweise sehr unterschiedlichen Vorschläge: TOYNBEE 202 ff.; MATZ, MW 45 ff.; ders., ASR IV 1 S. 121 ff.; TURCAN 123 ff. 356; HONROTH a. O. 37 ff.; N. HIMMELMANN, AnnPisa 4, 1974, 139 ff.; P. KRANZ, Gnomon 47, 1975, 80 ff.; W. H. GROSS, Gymnasium 83, 1976, 83 ff.

[41] MATZ, MW 47 f. HELBIG⁴ I 1128.

[42] KRAUS, PropKg Taf. 207. HONROTH 37 ff.

[43] MATZ, MW 46 ff. Taf. 7 b. KRAUS, PropKg Taf. 202. HONROTH 39 f. 83 Nr. 73.

[44] HONROTH 88 Nr. 101.

49. 127) und mythologischen Darstellungen (10. 13. 97. 121), ein Stück mit Köpfen in den Bögen in Paris (42) und wohl auch der etwas aus dem Rahmen fallende Sarkophag mit Eroten beim Hahnenkampf in Ostia (28).

In mittelantoninische Zeit, also in die Jahre zwischen 150 und 170/80 n. Chr., seien vorschlagsweise angesetzt: der großartige Kasten in S. Maria Antiqua in Rom (106) und weitere Beispiele mit Köpfen oder Masken in den Lünetten (35. 57. 70), der Marsyassarkophag im Palazzo Barberini (83), Exemplare mit Eroten (31), Meerwesen (67. 68), zwei bescheidene Exemplare in Ostia und Manziana (19. 36); in dieser Zeit ist wohl auch der Kasten in Cliveden (5) entstanden, der im mittleren Girlandenbogen eine Büste zeigt, ein Motiv, das jetzt erstmals auftritt. Ferner könnten drei Beispiele mit Tabula ansata in der Mitte (18. 29. 113) und eines mit einer Kline mit Frau in der Mitte (101) in diese Phase zu datieren sein. In ihrer Spätzeit sind weitere Exemplare mit Gorgoköpfen (34. 84), dionysischen Köpfen oder Masken (14. 21. 37. 69. 93. 96. 114), Meerwesen (30. 48. 54. 90) geschaffen worden, ferner der erste Sarkophag, der in der Mitte einen Bildnistondo zeigt (117), und weitere Beispiele, bei denen eine figürliche Szene die Folge unterbricht (27. 81. 126). In die spätantoninische Zeit, das letzte Viertel des 2. Jhs. n. Chr., weisen der Kasten mit Niken in der Villa Borghese (85), ein Kasten mit dionysischen Szenen in den Lünetten im Vatikan (72) und eine Reihe weiterer Beispiele, meist minderer Qualität (17. 25. 58. 73. 88. 92); heraus ragt nur der Kasten in Orvieto (26), der ein Gefäß als mittleren Träger hat.

In das frühere 3. Jh. n. Chr. könnte eine Reihe bescheidener Exemplare zu datieren sein (8. 102. 104. 107. 110. 137), unter denen sich eines in Rom, NM (56), heraushebt. Auch noch im ersten Viertel des 3. Jhs. wird die Wanne in S. Maria in Aracoeli (105) entstanden sein, die hervorragende Arbeit zeigt. Wenig später, vielleicht schon zu Beginn des zweiten Viertels des 3. Jhs., ist die Wanne in Cava dei Tirreni (4) gearbeitet; ob sich die verschollene Wanne, die sich früher im Palazzo Raggi befand (130), anschließen läßt, ist unsicher. Die Kästen in Prag (51) und in Rom, Museo Torlonia (64), die in der Mitte eine Büste tragen, sind vielleicht auch in diesem Zeitraum geschaffen worden. Späte Nachläufer, wohl schon aus tetrarchischer Zeit, sind bescheidene Werke (20. 45. 50); nur ein Exemplar in der Villa Albani (82) ragt heraus, ein Stück in Kopenhagen (15), das Reste der Bemalung erhalten hat, ist vielleicht der späteste erhaltene Girlandensarkophag und um 300 n. Chr. anzusetzen.

Zusammenfassend läßt sich feststellen, daß die Girlandensarkophage eine sehr große Gruppe bilden; sie sieht relativ einheitlich aus, bietet aber doch so viele Variationen, daß jedes einzelne Stück seine Besonderheiten hat. Die Girlandensarkophage setzten vielleicht schon in trajanischer, zumindest aber in hadrianischer Zeit ein und haben gleich eine große Vielfalt der Formen und Masken, Köpfe, Gorgonenhäupter und kleine figürliche Szenen in den Lünetten. Reichste Verbreitung bei teilweise hervorragender Qualität und mit einem großen Erfindungsreichtum hat die Gruppe bis um die Mitte des 2. Jhs. n. Chr.; später wird sie zunehmend von den figürlichen Sarkophagen zurückgedrängt, die sich seit späthadrianisch-frühantoninischer Zeit zu verbreiten beginnen. Die Girlandensarkophage der zweiten Hälfte des 2. Jhs. haben meist mäßige Qualität, im frühen 3. Jh. n. Chr. scheint sie noch weiter zu sinken. Es wurden einige Experimente gemacht, die Girlandensarkophage so umzugestalten, daß sie die Bedürfnisse der Zeit befriedigen konnten; man gab ihnen eine betonte Mitte oder fügte Büsten ein, so daß die Beigesetzten im Porträt erscheinen konnten. In der Zeit des spätantoninischen Stilwandels war die Girlandendekoration aber unmodern, da sie es nicht erlaubte, die künstlerischen Bestrebungen der Zeit auszudrükken. Dementsprechend nahm die Zahl weiter ab. Im 3. Jh. n. Chr. gab es Versuche, die Girlandensarkophage wiederzubeleben, wie einige wenige große Exemplare zeigen, sie scheinen aber dennoch vor Gallienus auszusetzen; in tetrarchischer Zeit haben sie noch einige späte Nachläufer, die verschiedene Formen wieder aufnehmen und nichts Eigenes oder Neues bringen. Die große Blüte der Girlandensarkophage war also in hadrianisch-frühantoninischer Zeit, die entscheidend durch diese Gruppe geprägt wurde.

Liste der stadtrömischen Girlandensarkophage

1. AIX	ESPÉRANDIEU I 81 Nr. 103; ASR V 1, 15 Abb. 12 S. 6.
2. BERLIN Sk 857	HONROTH 87 Nr. 97.
3. BOSTON 62.1187	M. B. COMSTOCK – C. C. VERMEULE, Sculpture in Stone. The Greek, Roman and Etruscan Collections of the Museum of Fine Arts Boston (1976) 155 f. Nr. 245.
4. CAVA DEI TIRRENI, Badia della S. Trinità	TURCAN s. Index 637; SICHTERMANN, Endymion 21 Anm. 17; SCHAUENBURG a. O. 61; INR 65.1339 – 1343; hier Taf. 274.
5. CLIVEDEN	TOYNBEE 209. 224 Taf. 45,3; MATZ, MW Taf. 8 a; HONROTH 89 Nr. 106; H. OEHLER, Foto und Skulptur. Römische Antiken in englischen Schlössern (1980) 63 f. Nr. 43 Taf. 64 b.
6. FLORENZ, Uff. 435	MANSUELLI I 249 Nr. 296 Abb. 296.
7. FLORENZ, Uff. 464	MANSUELLI I 249 Nr. 297 Abb. 297.
8. GENF 19024	SCHAUENBURG a. O. 62. Abb. 3.
9. GROTTAFERRATA	INR 79.3441.
10. HEVER CASTLE	D. STRONG, The Connoisseur, April 1965, 224 Nr. 11 Abb. 21/22; OEHLER a. O. (s. oben Nr. 5) 66 Nr. 49 Taf. 65 a; INR 78.2057 – 2061; hier Taf. 271.
11. INCE BLUNDELL HALL	ASHMOLE, Ince Blundell 86 Nr. 220 Taf. 46.
12. INCE BLUNDELL HALL	ASHMOLE a. O. 100 Nr. 269 Taf. 46.
13. INCE BLUNDELL HALL	ASHMOLE a. O. 102 Nr. 275 Taf. 47; ASR IV 1, 28 Taf. 29; TURCAN Taf. 3, 2.
14. INCE BLUNDELL HALL	ASHMOLE a. O. 103 Nr. 278 Taf. 47.
15. KOPENHAGEN 788 a	POULSEN, Cat. Sculpt. 559 ff. Nr. 788 a; hier Taf. 277.
16. MAINZ	ASR V 1, 4 Taf. 2.
17. MALIBU 72.AA.158	SCHAUENBURG a. O. 61 ff. Abb. 1.
18. MALIBU 77.AA.66	unpubl.
19. MANZIANA, Villa G. Tittoni	INR 76.505.
20. MIAMI	C. VERMEULE in: Festschrift F. Matz (1962) 103 Nr. 2; TURCAN 287 Anm. 1.
21. MÜNCHEN, Bernheimer	Sammlung antiker Kunst aus dem Nachlaß M. von Heyl (Helbig, München 1930) 5 Nr. 32; INR 79.1783.
22. NEAPEL 6677	ASR IV 1, 27 Taf. 28, 2; HONROTH 84 Nr. 82 Taf. 8,2.
23. NEW HAVEN 1945.146	VERMEULE a. O. (s. oben Nr. 20) 103 Nr. 1.

24. NEW YORK 90.12	M. ANDREUSSI, Vicus Matrini (Forma Italiae VII 4, 1970) 62 f. Abb. 107; HONROTH 89 Nr. 105; MCCANN, Metr. Mus. 25 ff. Nr. 1 Abb. 11. 15–20; hier Taf. 219.
25. OLBIA, S. Simplicio	PESCE, Sardegna 113 ff. Nr. 64 Abb. 137 ff.
26 ORVIETO, Mus. dell' Opera	L. FUMI, Orvieto (Italia Artistica o. J.) 25 Nr. 83 mit Abb.; SICHTERMANN a. O. 231; INR 69.2446–2449; hier Taf. 273.
27. OSTIA 1338	HONROTH 90 Nr. 113; P. KRANZ, RM 84, 1977, 362. 364 Taf. 164, 1; R. CALZA, Scavi di Ostia IX. I Ritratti II (1978) 38 f. Nr. 45 Taf. 34.
28. OSTIA (Nr.?)	R. CALZA, BdA 39, 1954, 107 ff.; B. ANDREAE, AA 1957, 286 Abb. 77; HONROTH 88 Nr. 102; N. HIMMELMANN, AnnPisa 4, 1974, 143 Taf. 3; INR 79.3584–3591.
29. OSTIA 1139	D. VAGLIERI, NSc 1910, 98 f. Abb. 5; R. TURCAN in: Mél. P. Boyancé (1974) 726 Abb. 2; HONROTH 89 Nr. 108 Taf. 10, 2.
30. OSTIA 113	HONROTH 84 Nr. 81 Taf. 7, 2.
31. OSTIA, Isola Sacra	HONROTH 87 Nr. 95; hier Taf. 272.
32. OSTIA, Isola Sacra	G. RICCI, NSc 1939, 67 Abb. 10; INR 69.770/71.
33. OSTIA (Nr.?)	INR 33.872.
34. OSTIA, Isola Sacra 1323	HONROTH 87 Nr. 96 Taf. 8, 1.
35. OSTIA, Isola Sacra 1327	CALZA, Isola Sacra 192 ff. Nr. 2 Abb. 96; INR 69.738.
36. OSTIA, Isola Sacra 1395	CALZA, Isola Sacra 194 f. Nr. 4 Abb. 98; HONROTH 87 Nr. 98.
37. OSTIA (Nr.?)	G. CALZA, NSc 1928, 168 f. Nr. 6 Abb. 27.
38. OSTIA (Nr.?)	Frgt., Lorbeergirlande, r. Fackel, r. davon Tondo mit Jünglingsbüste, darunter Tabula; im Bogen ein Kopf, n. r. gewandt; unpubl.
39. OTRICOLI, Collegiata	C. PIETRANGELI, Otricoli (1978) 150 Nr. 28 Abb. 157; INR 69.2771–2773.
40. PALERMO 989	TUSA, Sicilia 157 ff. Nr. 75 Abb. 183; INR 71.651.
41. PARIS 306	ASR V 1, 12 Taf. 11; HONROTH 87 f. Nr. 99.
42. PARIS 451	PESCE, Sardegna 120 f. Nr. 71 Abb. 147 ff.; CHARBONNEAUX, Louvre 220 Nr. 451.
43. PARIS 654	ASR III 1, 1; HONROTH 86 Nr. 88; KRAUS, PropKg Taf. 214; N. HIMMELMANN, AnnPisa 4, 1974, 142 ff. Taf. 1. 2; hier Taf. 267.
44. PARIS 1536	CHARBONNEAUX, Louvre 238 Nr. 1536; TURCAN 287 Anm. 1.
45. PARIS 3401	HONROTH 91 Nr. 120 Taf. 12, 3.
46. ehem. PAWLOWSK	J. M. C. TOYNBEE, JRS 17, 1927, 14 ff. Taf. 1 ff.; HONROTH 86 f. Nr. 92.
47. PISA	ASR IV 1, 26 Taf. 28, 1; 80,1; HONROTH 84 Nr. 79 Taf. 7, 3; N. HIMMELMANN, AnnPisa 4, 1974, 142 ff. Taf. 4; ARIAS, Camposanto 117 f. Taf. 59, 122; 60.
48. PISA	ASR V 1, 6 Taf. 43; ARIAS a. O. 101 Taf. 41.
49. PISA	ASR IV 1, 29 Taf. 80, 2; ARIAS a. O. 70 Taf. 21, 42.
50. PISA	ARIAS a. O., 111 f. Taf. 54, 1.
51. PRAG, Bibl. Strahov	Antické umění (Prag 1979) 73 Nr. 282 Taf. 48; J. BOUZEK u. a., Classical Sculpture in Czechoslovak Collections (Sbornik Nat. Mus. Prag A 23, 1979, Nr. 4) 192 Nr. M 45; 208.
52. ROM, NM 441	HONROTH 84 f. Nr. 83; HELBIG[4] III 2131 F; SICHTERMANN a. O. 236 f. Nr. 12 Abb. 32/33; J. B. WARD-PERKINS, RendPontAcc 48, 1975/76, 195 Nr. 2 Abb. 2; MCCANN, Metr. Mus. 25 Abb. 12; hier Taf. 269.
53. ROM, NM 738	G. KOCH, BJb 180, 1980, 98 f. Abb. 44/45.
54. ROM, NM 75251	ASR V 1, 16 Taf. 3; HONROTH 62 Anm. 227; HELBIG[4] III 2131 D.

55. Rom, NM 106429	Honroth 86 Nr. 91; Helbig⁴ III 2131 E; ASR IV 3 Beil. 104,1; 105.
56. Rom, NM 121555	Honroth 90 Nr. 114 Taf. 11, 2; Helbig⁴ III 2131 C.
57. Rom, NM 121657	Honroth 89 Nr. 107; Schauenburg a.O. 62 Abb. 5.
58. Rom, NM 124706	Honroth 91 Nr. 119 Taf. 12, 2; Helbig⁴ III 2131 B; Sichtermann a.O. 238 f. Nr. 14.
59. Rom, NM 125569	B. M. Felletti Maj, NSc 1950, 82 Abb. 1.
60. Rom, NM 135943	V. S. M. Scrinari, BdA 57, 1972, 67 Abb. 10.
61. Rom, NM (Nr.?)	Honroth 62 Anm. 227.
62. Rom, Gall. Borghese	ASR V 1, 1 Taf. 1.
63. Rom, Gall. Borghese	ASR V 1, 10 Taf. 3.
64. Rom, Mus. Torlonia 458	H. Jucker, Das Bildnis im Blätterkelch (1961) 37 f. Nr. S 9 Taf. 7; Honroth 91 Nr. 117; hier Taf. 275.
65. Rom, Palatin	Frgt., Wanne, zwei Bögen, Mitte Fackel; INR 33.865.
66. Rom, Vat.	Amelung, Vat. Kat. I 842 Nr. 77 Taf. 97.
67. Rom, Vat.	ASR V 1, 14 Taf. 4.
68. Rom, Vat.	ASR V 1, 13 Taf. 4; H. P. L'Orange, Likeness and Icon (1973) 260 Abb. 12.
69. Rom, Vat. (468?)	Honroth 85 Nr. 84; Sichtermann a.O. 226 Abb. 18; INR 80.1691 – 1693.
70. Rom, Vat.	Amelung, Vat. Kat. I 279 Nr. 150 Taf. 26; Schauenburg a.O. 62. Abb. 4.
71. Rom, Vat.	Kaschnitz 236 Nr. 556 Taf. 85.
72. Rom, Vat.	Amelung, Vat. Kat. II 299 f. Nr. 102 w Taf. 24.
73. Rom, Vat.	Amelung, Vat. Kat. I 858 Nr. 142 Taf. 105.
74. Rom, Vat. 1445	ASR V 1, 3 Taf. 2.
75. Rom, Vat. 1447	ASR V 1, 2 Taf. 2.
76. Rom, Vat. 1449	Amelung, Vat. Kat. I 656 f. Nr. 521 Taf. 70; INR 80.1575.
77. Rom, Vat. 1608	ASR III 2, 197 Abb. S. 246.
78. Rom, Vat. 9874	Schauenburg a.O. 62 Anm. 12; INR 80.1688 – 1690.
79. Rom, Vat. 10062	Frgt., flache Lorbeerblattgirlanden; r. Fackel, l. wohl urspr. Ständer; unpubl.; INR 80.1694.
80. Rom, Vat. 10443	Honroth 84 Nr. 78; Helbig⁴ I 1128; N. Himmelmann, Ann Pisa 4, 1974, 142 f. Taf. 3; McCann, Metr. Mus. 25 Abb. 13; INR 80.1666 – 1673; hier Taf. 268.
81. Rom, V. Albani	Honroth 87 Nr. 94 Taf. 10,1; A. Orlandi, ArchCl 24, 1972, 42 Taf. 26, 2.
82. Rom, V. Albani	Honroth 91 f. Nr. 121 Taf. 13; hier Taf. 276.
83. Rom, Pal. Barberini	ASR III 2, 196; Honroth 88 f. Nr. 104; INR 74.1023 – 1028.
84. Rom, Casina d. Cardinale Bessarione	K., zwei Bögen, von Eroten getragen; in Bögen Gorgoköpfe; INR 76.274 – 277.
85. Rom, V. Borghese, Viale Goethe	P. della Pergola, Villa Borghese (1964) Taf. 75 b; R. Turcan, JbAChr 14, 1971, 132; INR 77.86 – 92.
86. Rom, V. Borghese	Matz-Duhn II 2294; Turcans. Index; INR 33.877.
87. Rom, Pal. Corsetti	ASR III 3, 462; INR 67.2093.
88. Rom, Pal. Corsetti	Sichtermann a.O. 234 Abb. 26.
89. Rom, Pal. Corsetti	Sichtermann a.O. 235 Anm. 82; INR 60.928.
90. Rom, V. Doria	ASR V 1, 9 Abb. 8 S. 4; Sichtermann a. O. 218 ff. Nr. 3 Abb. 7. 9/10; Calza, Villa Doria 188 f. Nr. 218 Taf. 131.
91. Rom, V. Doria	Calza a.O. 189 f. Nr. 219 Taf. 132.
92. Rom, V. Doria	Calza a.O. 190 Nr. 220 Taf. 132.
93. Rom, V. Doria	Calza a.O. 191 f. Nr. 221 Taf. 133.
94. Rom, V. Doria	Calza a.O. 192 f. Nr. 222 Taf. 133.
95. Rom, V. Doria	Calza a.O. 193 Nr. 223 Taf. 132.

96. ROM, V. MADAMA	L. GUERRINI, Marmi antichi nei disegni di Pier Leone Ghezzi (1971) 119 (zu Nr. 116) Taf. 77,2.
97. ROM, PAL. MATTEI	ASR II 182; VERMEULE I 15 Nr. 93 Abb. 38; INR 72.2963 – 2965.
98. ROM, PAL. MATTEI	MATZ-DUHN II 2438.
99. ROM, V. MEDICI	CAGIANO, V. Medici 81 Nr. 86 Taf. 36, 66.
100. ROM, GIARDINI QUIRINALI	K., drei Bögen, Mitte Köpfe, seitl. Meerwesen; unpubl. (Gab. Fot. Naz. F 9461).
101. ROM, PAL. ROSPIGLIOSI	Catalogo dei pregevoli oggetti d'arte antichi e moderni di Sign. A. Jandolo (Vendite 4.–12. 3. 1912) 4 Nr. 44 Taf. 7; N. HIMMELMANN in: Mél. A. M. Mansel (1974) 45 Anm. 1; ders., Typ. Unt. 18; H. WREDE, AA 1981, 96 ff. Abb. 12–15.
102. ROM, V. WOLKONSKY	MATZ-DUHN II 2441; INR 73.1620.
103. ROM, S. CLEMENTE	Wanne, zwei Bögen, seitl. Löwen, Mitte Tondo; INR 33.869.
104. ROM, S. GIOVANNI IN LATERANO 235	TURCAN 135 mit Anm. 7; INR 75.1727.
105. ROM, S. MARIA IN ARACOELI	G. RODENWALDT, AA 1938, 396 Abb. 9; HONROTH 91 Nr. 116.
106. ROM, S. MARIA ANTIQUA	HONROTH 90 Nr. 111 Taf. 11, 1; SICHTERMANN a.O. 219 Abb. 8; INR 79.1868; hier Taf. 270.
107. ROM, S. PAOLO F. L. M.	SCHAUENBURG a.O. 62 Abb. 7; H. SICHTERMANN in: Eikones. Festschrift H. Jucker (1980) 168 f. Taf. 56, 1–3.
108. ROM, S. PAOLO F. L. M.	Frgt., oben lesb. Kyma, in l. Bogen Tabula ansata, in r. Kranz; Girlande liegt auf Gefäß auf; unpubl.
109. ROM, VIA CASSIA 910	Riefel, Mitte Fackel, zwei hoch sitzende, sehr flache Schwünge von Lorbeerblattgirlanden; INR 80.856/57.
110. ROM, VIA NAZIONALE, Amerik. Kirche	HONROTH 91 Nr. 118 Taf. 12, 1.
111. ROM, VIA POLI 37	G.GATTI, NSc 1906, 302 f. Abb. 3; INR 77.1765 – 1767; 77.2295/96.
112. ROM, VIA DELLA CROCE 78 a	SICHTERMANN a.O. 232 ff. Nr. 8 Abb. 27.
113. SAN SIMEON	C. VERMEULE in: Festschrift F. Matz (1962) 107 Nr. 7.
114. SETTIMO (bei Florenz)	M. HORSTER, AA 1975, 426 Abb. 21.
115. SPOLETO, DOM	Frgt., figürliche Szene in Bogen; INR 29.631.
116. STOCKHOLM (?)	K., zwei Bögen, getragen von Eroten; in Bogen l. undeutliche Szene, r. Greif/Stier; INR 33.863 (*Nachtrag:* vielleicht auszuscheiden, da Fälschung, wie nach einer H. Sichtermann verdankten Photographie zu vermuten ist).
117. TORONTO 925.23.21	C. VERMEULE in: Festschrift F. Matz (1962) 108 Nr. 6.
118. TREVISO	K. SCHAUENBURG, Städel Jb 1, 1967, 50 mit Anm. 34; ders., GettyMusJ 2, 1975, 62.
VATIKAN	s. hier: Rom, Vat.
119. VENEDIG	ASR III 3, 358; MATZ, MW 47 Taf. 7 c; HONROTH 84 Nr. 80.
120. VITERBO	ASR V 1, 5 Abb. 3 S. 2.
121. VERSCHOLLEN, früher Florenz	ASR II 193; INR 65.34.
122. VERSCHOLLEN, früher Florenz	ASR II 139.
123. VERSCHOLLEN, früher Rom	ASR V 1, 7 Abb. 6 S. 3; SICHTERMANN a.O. 223 ff. Abb. 16 (hält Stück für identisch mit dem im Kunsthandel, hier Nr. 136).
124. VERSCHOLLEN, früher Rom	ASR V 1, 11 Abb. 10. S. 5.
125. VERSCHOLLEN, früher Rom	MATZ-DUHN II 2416; M. HORSTER, AA 1975, 424 Abb. 19. 20.; 426.
126. VERSCHOLLEN, früher Rom	MATZ-DUHN II 2356; ASR IV 1, 31; Zeichnung in einem der Topham-Codices in Eton College.
127. VERSCHOLLEN, früher Wien	ASR IV 1, 30 Taf. 42, 3.

128. Verschollen	K.; drei Bögen, Mitte Eroten, seitl.?; in Bögen seitl. Medusenköpfe, Mitte Phiale; oben und unten Schmuckzonen; antik (?); INR 33.792.
129. Verschollen, früher Rom	Turcan 67.126 Taf. 3 c.
130. Verschollen, früher Rom, Pal. Raggi	G. Rodenwaldt, AA 1938, 404 f. Abb. 8; L. Eckhardt, JbAChr 19, 1976, 195 Taf. 22 a.
131. Verschollen	Sotheby, Sale 13. 7. 1970, 98 Nr. 169; Schauenburg a. O. 62 Anm. 13.
132. Verschollen	Frgt., in Bogen trauernde Frau; INR 33.772.
133. Verschollen	G. B. Piranesi, Le Antichità di Roma III (1756) Taf. 28 G.
134. Verschollen	Vermeule I 17 Nr. 124 Abb. 45; Schauenburg a. O. 63 Anm. 28.
135. Verschollen	Schauenburg a. O. 63 Anm. 31.
136. Verschollen	Sichtermann a. O. 223 ff. Nr. 4 Abb. 11–15. (wohl nicht identisch mit dem Stück oben Nr. 123).
137. Verschollen	Sichtermann a. O. 230 ff. Nr. 7 Abb. 23–25.
138. Verschollen	Sichtermann a. O. 241 Nr. 23; INR 37.1589.
139. Verschollen, früher Rom	Matz-Duhn II 2404; Antikensammlung Nachlaß F. Trau, Wien (Auktion Fischer, 16. 11. 1954) 33 Nr. 419 Taf. 1.

2. Ranken

Ein Rankenwerk als flächenfüllende Darstellung findet sich sehr selten auf Sarkophagen in Rom, aber auch auf Stücken anderer Herkunft nur in Ausnahmefällen.[1] Frühestes Beispiel ist ein vielleicht noch spätrepublikanisches oder frühkaiserzeitliches Exemplar in der Nähe von Rom,[2] bei dem zwei Ranken aus einem Kantharos herauswachsen. Es folgt ein Sonderfall aus julisch-claudischer Zeit, ebenfalls in der Nähe von Rom,[3] ein Kasten mit einer Tabula ansata in der Mitte und Weinreben auf den Seitenfeldern, die an Stierschädeln hängen. Um die Mitte des 1. Jhs. n. Chr. dürfte ein Kasten in Pisa[4] entstanden sein, der eine allseitig profilierte Rahmung und ein Geranke, das von einem Kranz in der Mitte ausgeht, zeigt. Ein Beispiel in Ostia ist unzureichend publiziert und deshalb nicht weiter einzuordnen.[5] In hadrianische Zeit gehören die Sarkophage im Vatikan[6] und in Rom, NM,[7] bei denen antithetische Greifen in die Ranken gestellt sind.

Ein Sonderfall ist ein großformatiger Kasten in Rom, Largo Chigi;[8] er ist vielleicht

---

[1] H. Schlunk in: Actas del VIII Congreso Internacional de Arqueologia Cristiana, Barcelona 1969 (1972) 212 Taf. 73 ff.; Wiegartz, Myra 184 ff.

[2] Casale Corvio, 18 km von Rom entfernt: L. Quilici, Collatia (Forma Italiae I 10, 1974) 901 Nr. 838 Abb. 2017; H. Brandenburg, JdI 93, 1978, 317 f. Abb. 47.

[3] Tor Vergata, 12 km von Rom entfernt: Quilici a. O. 688 Nr. 616 Abb. 1518; Brandenburg a. O. 313 Abb. 43.

[4] Pisa: Wiegartz, Myra 185; Brandenburg a. O. 316 f. Abb. 45/46 (ältere Lit. in Anm. 74); Arias, Camposanto 106 Abb. 99 f. (mit Dat. in hadr. Zeit und fälschlicher Zuweisung nach Kleinasien).

[5] Ostia (Nr.?): G. Ricci, NSc 15, 1939, 73 Abb. 17.

[6] Vatikan 166: Honroth, Girlanden 83 Nr. 76; Wiegartz, Myra 185 f.

[7] Rom, NM 135928: V. S. M. Scrinari, BdA 57, 1972, 66 f. Abb. 6–8.

[8] Rom, Largo Chigi 19: G. Koch, BJb 180, 1980, 77 ff. Abb. 24 ff.

aus einem attischen Halbfabrikat in Rom ausgearbeitet worden, und zwar von einem Bildhauer, der in attischer Werkstatttradition steht; Vorbilder für die Darstellung der Vorderseite finden sich auf Altarwangen; das Stück könnte im späteren 2. Jh. n. Chr. entstanden sein.

Selten sind Ranken an untergeordneter Stelle wiedergegeben, so auf der Vorderseite des Deckels des hadrianischen Greifensarkophages in Malibu[9] oder den Nebenseiten des Deckels des ebenfalls hadrianischen Theseussarkophages in New York.[10]

Bei den Rankensarkophagen handelt es sich nur um einige verstreute Stücke, einen festen Typus hat es in Rom nicht gegeben. Verbindungen zu anderen Gegenden sind nicht vorhanden. Die Rankensarkophage hatten also keine eigene Tradition. Sie sind örtlich und zeitlich getrennt und übernehmen ein Dekorationselement, das in der Architektur verbreitet war.[11]

3. Greifen

Greifen – mit Adler- und auch mit Löwenköpfen – finden sich sehr häufig auf stadtrömischen Sarkophagen als Schmuck der vernachlässigten Nebenseiten; sie sitzen, stehen oder sind in Bewegung, und zwar zur Vorderseite des Kastens gerichtet.[1] Gewöhnlich ist ein Greif auf einer Nebenseite dargestellt, in manchen Fällen jedoch auch zwei, die antithetisch sitzen und zwischen sich einen Dreifuß oder auch ein Gefäß haben können.[2]

Eine kleine Gruppe von Sarkophagen hat Greifen auch auf der Vorderseite. Auf einem – vielleicht hadrianischen – Beispiel in Malibu,[3] das für ein Kind bestimmt war, schenken Eroten den Greifen aus einer Kanne etwas in eine Schale;[4] als Mittelmotiv halten zwei Eroten die Büste eines Jungen.[5] Ein etwas späterer, ebenfalls für ein Kind gedachter Sarkophag in Warschau[6] zeigt Putten und Greifen. Bei einem verschollenen Exemplar[7] wachsen die Eroten aus Rankenwerk heraus.[8] Exemplare in Ostia[9] und

[9] Malibu 74.AA.25: The J. Paul Getty Museum, Recent Acquisitions, Ancient Art (1974/75) Nr. 13. – *Nachtrag*: J. FREL, Roman Portraits in the Getty Museum (1981) 63 Nr. 49.
[10] New York 90.12: McCANN, Metr. Mus. 25 ff. Nr. 1 Abb. 18/19.
[11] WIEGARTZ, Myra 185 f.
[1] Die Beispiele sind nicht zu zählen und werden hier nicht aufgeführt. – Siehe K. SCHAUENBURG, AA 1975, 290 f.
[2] z. B. LEHMANN, Baltimore Abb. 3/4. 5/6; ASR III 1, 40 a.b; G. KOCH, AA 1979, 237 Abb. 10/11.
[3] Malibu 74.AA.25: The J. Paul Getty Museum, Recent Acquisitions, Ancient Art (1974/75) Nr. 13. – *Nachtrag*: J. FREL, Roman Portraits in the Getty Museum (1981) 63 Nr. 49.

[4] Vgl. den Fries vom Trajans-Forum: KRAUS, PropKg Taf. 207 b; E. SIMON, Latomus 21, 1962, 772 f. Abb. 3; P. ZANKER, AA 1970, 512 f. Abb. 21 ff. – Zum Motiv: SIMON a. O. 772 ff.
[5] Parallelen dafür sind auf Sarkophagen nicht bekannt.
[6] Warschau 143217: MATZ–DUHN II 2447; P. PARANDOWSKI, RoczMusWarsz 14, 1970, 235 ff. Abb. 1–3.
[7] Ehem. Rom, Pal. Circi: MATZ–DUHN II 2446; MonInst 8, 1864–68 Taf. 15,3; O. BENNDORF, AdI 37, 1865, 229.
[8] Vgl. das Frgt. ehem. Rom, Cecilia Metella: INR 33.1226.
[9] Ostia 1156: G. CALZA, NSc 1928, 166 Abb. 22; I. FLAGGE, Untersuchungen zur Bedeutung des Greifen (1975) 82 Abb. 81.

Baltimore[10] tragen jeweils zwei Paare von antithetisch sitzenden Greifen; beide werden aus hadrianisch-frühantoninischer Zeit stammen. Ein gut erhaltener Sarkophag im Vatikan,[11] der für einen Priester bestimmt gewesen sein dürfte, bringt zwei antithetische Greifen, deren Schwänze in reiches Geranke auslaufen; in die Mitte ist ein Motiv aus Akanthusblättern gesetzt, die ebenfalls in Ranken enden. Ein stark fragmentierter Kasten in Rom, NM,[12] hatte eine vergleichbare Darstellung. Parallelen bieten der Fries des Trajansforums[13] und der des Tempels des Antoninus Pius und der Faustina[14] in Rom; zumindest der Sarkophag im Vatikan dürfte noch aus trajanisch-frühhadrianischer Zeit stammen. Ein Beispiel in Cambridge,[15] ein Kindersarkophag, hat eine wieder andere Anordnung: zwei Greifen sind nach außen, zwei weitere antithetisch zur Mitte gerichtet, in der aus Blättern eine Gestalt herauswächst, die einen Korb mit Früchten auf dem Kopf hält;[16] dieses Stück wird in hadrianische oder frühantoninische Zeit gehören.

Ein Kasten in Sassari[17] zeigt auf der Vorderseite vier ungefähr symmetrisch angeordnete Gruppen von Greifen, die Stiere und Widder reißen; in der Mitte findet sich eine Tabula. Das Stück scheint nach seiner handwerklichen Ausführung nicht in Rom, sondern in der Provinz gearbeitet worden zu sein, und es ist fraglich, ob ein stadtrömisches Exemplar Vorbild gewesen ist.

Greifen in sepulkralem Zusammenhang haben eine lange Tradition.[18] In der stadtrömischen Grabeskunst sind die Motive schon auf Grabreliefs, -altären und -urnen in der Form geprägt, wie sie dann auf der zeitlich eng zusammenhängenden kleinen Gruppe der Sarkophage auf den Vorderseiten übernommen worden sind.[19] Auf den Nebenseiten halten sich die Greifen sehr lange, zumindest bis in tetrarchische Zeit.[20] Verbindungen zu den Darstellungen auf attischen Sarkophagen sind nicht vorhanden.

---

[10] Baltimore 23.35: LEHMANN, Baltimore 45 ff. Abb. 16–18; R. TURCAN in: Mél. P. Boyancé (1974) 732 ff. Abb. 8/9; J. B. WARD-PERKINS, RendPontAcc 48, 1975/76, 195 Nr. 3 Abb. 3. – FLAGGE a. O. 85 ff. Abb. 90–92. – Dazu das verschollene Exemplar, das LEHMANN a. O. 63 Anm. 131 nennt.

[11] Vatikan 166: HONROTH, Girlanden 83 Nr. 76 (mit älterer Lit.); N. HIMMELMANN, AnnPisa 4, 1974, 145 f.; FLAGGE a. O. 92 f. Abb. 103; WIEGARTZ, Myra 185 f.

[12] Rom, NM 135928: V. S. M. SCRINARI, BdA 57, 1972, 66 f. Abb. 6–8.

[13] s. oben Anm. 4. – M. E. BERTOLDI, Ricerche sulla decorazione architettonica del Foro Traiano (Studi Miscellanei 3, 1960/61 [1962]).

[14] KRAUS, PropKg Taf. 219 a.

[15] Cambridge GR 7.1920: L. BUDDE – R. NICHOLLS, A Catalogue of the Greek and Roman Sculpture in the Fitzwilliam Museum Cambridge (1964) 98 Nr. 160 Taf. 52; FLAGGE a. O. 91 Abb. 98–100.

[16] Vgl. dazu z. B. den Deckel des S. in Malibu (oben Anm. 3) oder FLAGGE a. O. Abb. 94. 95.

[17] Sassari o. Nr.: PESCE, Sardegna 96 f. Nr. 54 Abb. 104; FLAGGE a. O. 50 f. Abb. 43/44.

[18] Dazu zuletzt: FLAGGE a. O. 27 ff.

[19] z. B. FLAGGE a. O. Abb. 20. 42. 75. 77. 78. 115.

[20] z. B. G. KOCH, AA 1979, 237 Abb. 10/11.

4. Kentauren

Kentauren als dekorativer Schmuck, nicht in dionysischem Zusammenhang,[1] kommen nur selten auf stadtrömischen Sarkophagen vor. Bei Exemplaren in Messina[2] und in Cagliari[3] handelt es sich wahrscheinlich um lokale Nachahmungen nach stadtrömischen Vorbildern. Ein Sarkophag, der wohl in der Zeit bald nach 150 n. Chr. entstanden ist und sich in Ostia befindet,[4] zeigt zwei Kentauren antithetisch zu Seiten eines Tondos, der eine Darstellung der Wölfin mit Romulus und Remus[5] trägt. Auf einem Fragment im Vatikan[6] – aus der Zeit um 170/80 n. Chr. – sind Kentauren dargestellt, die einen großen Gorgokopf halten; ähnlich ist das mittelantoninische Exemplar in Messina, bei dem der Gorgokopf auf einem Schild angebracht ist. Das Stück in Cagliari mit Kentauren, die eine Tabula halten, belegt vielleicht auch für Rom ein derartiges Beispiel, ebenfalls mittelantoninischer Zeit; wie die Tabula allerdings ausgesehen hat, läßt sich nicht erschließen, die des Beispiels in Cagliari hat eine lokale Form.

Die Sarkophage mit dekorativ angeordneten Kentauren waren also sehr selten und nur während eines kleinen Zeitraumes verbreitet.

5. Fliegende oder stehende Eroten oder Niken

HANFMANN I 25 f. – R. STUVERAS, Le putto dans l'art romain (Coll. Latomus XCIX 1969) 46 f. – F. MATZ, AA 1971, 103 ff. – K. SCHAUENBURG, AA 1972, 501 ff. Ders., AA 1975, 280 ff. – H. SICHTERMANN, RM 86, 1979, 362 mit Anm. 86.

Paare fliegender Niken oder Eroten, die ein zentrales Motiv halten, sind sicher nicht ohne Bedeutung und ‚rein dekorativ',[1] sie sondern sich jedoch deutlich von den erzählenden Darstellungen anderer Sarkophage ab, auch werden sie mannigfach variiert und mit vielerlei Elementen aus anderen gegenständlichen Bereichen zusammengestellt, so daß es angebracht erscheint, sie den dekorativen Sarkophagen zuzurechnen. Das Schema ist recht einförmig: symmetrisch waagerecht fliegend, halten sie in der Mitte einen Clipeus, einen Kranz, eine Muschel, eine Tafel oder ein Parapetasma;[2] ihre Körper nehmen gewöhnlich so viel Platz ein, daß das Ganze auch äußerlich ‚dekorativ' wirkt und wenig Raum für andere Motive läßt.

---

[1] ASR IV 4, 260 ff.
[2] Messina 808/A 221: TUSA, Sicilia 80 f. Nr. 33 Abb. 77 ff.
[3] Cagliari 6136: PESCE, Sardegna 35 ff. Nr. 5 Abb. 22.
[4] Ostia 106: K. SCHAUENBURG, JdI 81, 1966, 267 Nr. 5; 277 Abb. 16/17; H. BRANDENBURG, JdI 82, 1967, 233 f. Abb. 17; TURCAN 129; HELBIG[4] IV 3121; – C. DULIÈRE, Lupa romana (1979) 51 Nr. 131 Abb. 310/11. – Zu Romulus und Remus vgl. hier Kap. I 4.3.2.44.

[5] s. die bei HELBIG[4] IV 3121 angegebene Lit.
[6] Vatikan 10609: SCHAUENBURG a.O. 299 Anm. 129; 305 Abb. 43; ders., AA 1975, 292 Anm. 67.

[1] MATZ a.O. 105.
[2] Sehr selten eine Porträtbüste direkt, Rom, S. Sebastiano. K. SCHAUENBURG, Städel Jb. N. F. I, 1967, 54 Abb. 14. H. BRANDENBURG, JdI 82, 1967, 227 Abb. 13.

Sarkophage mit fliegenden Niken lassen sich etwa vierzig nachweisen, doch gibt es sicher noch zahlreiche unpublizierte Exemplare, besonders Fragmente.[3] Die Niken sind zumeist bekleidet, wobei gewöhnlich ein Bein aus der Gewandung heraustritt, seltener haben sie den Oberkörper entblößt.[4] Unter ihnen wird hin und wieder eine Palme angebracht.[5] Sie halten einen unverzierten Clipeus,[6] einen Clipeus mit Porträt,[7] einen Kranz,[8] eine Tabula[9] oder ein Parapetasma.[10] Vorläufer der porträthaltenden Niken sind die Deckel des Neoptolemossarkophages in Rom[11] und des dionysischen Sarkophages in Cortona;[12] auch später noch finden wir die fliegenden Niken auf Deckeln.[13]

Noch zahlreicher als Niken treffen wir Eroten in derselben Rolle.[14] Sie lassen gewöhnlich ein kleines Mäntelchen hinter ihrem Körper flattern, sind aber auch nicht selten ganz nackt. Auch sie halten einen unverzierten Clipeus,[15] einen solchen mit Porträt,[16] einen leeren Kranz,[17] einen Clipeus oder Kranz mit Gorgoneion,[18] einen

---

[3] Vgl. u. a. HANFMANN II 12 Anm. 70.
[4] Paris, Louvre, Foto Marburg 180 414. Rom, Casina del Cardinale Bessarione, INR 76.282. Rom, S. Maria Antiqua, INR 79.3875. Rom, Via Officio Vicario 72, INR 60.868.
[5] Rom, Casino del Cardinale Bessarione, s. Anm. 4. Detroit, Inst. of Art, Festschrift F. Matz (1962) Taf. 28,2.
[6] Rom, Mus. Nuovo, K. SCHAUENBURG, AA 1972, 506 Abb. 7.
[7] Pisa, ARIAS, Camposanto Taf. 84, 178, wohl auch Taf. 50, 102 (nachantik überarbeitet). Cagliari, Kathedrale, PESCE, Sardegna 71 f. Nr. 29 Taf. 48. 49. Palermo, Kathedrale, TUSA, Sicilia 111 f. Nr. 48 Taf. 64, 115. Palermo, Chiesa di S. Agostino, TUSA, Sicilia 131 f. Nr. 60 Taf. 76, 137. Palermo, NM, TUSA, Sicilia 144 ff. Nr. 67 Taf. 82–84.
[8] Rom, NM, INR 70.761. Rom, S. Maria Antiqua, INR 79.3875. Rom, Pal. Cons., STUART JONES, Pal. Cons. Taf. 32.
[9] Pisa, ARIAS, Camposanto Taf. 6, 10 (D., jetzt auf Endymions. ASR III 1, 53). Ebenda Taf. 17, 34. Rom, Villa Farnesina, INR 31.224. Vatikan, SICHTERMANN-KOCH Taf. 17,8 (D. auf Alkestiss. ASR III 1,26). Verschollen, D., früher auf dem Endymions. ASR III 1,49 (jetzt Kopenhagen). Olbia, Chiesa di S. Simplicio, PESCE, Sardegna 113 ff. Nr. 64 Taf. 103. 137 (D. auf Girlandens.) Detroit, Institute of Art, Festschrift F. Matz (1962) Taf. 28,2.
[10] Palermo, Kathedrale, TUSA, Sicilia 111 f. Nr. 48 Abb. 115. – Ein in der Zusammensetzung nicht ganz unverdächtiges Unikum ist eine Ls. in Rom in der Villa Doria Pamphilj, CALZA, Villa Doria Taf. 115, 183, welche Niken mit dem Mittelmotiv des ausruhenden Herakles zeigt.

[11] SICHTERMANN-KOCH 48 f. Nr. 46 Taf. 118,2; gehalten wird ein männliches Porträt im Kranz.
[12] ASR IV 3,258; gehalten wird ein Schild mit Dionysosbüste.
[13] s. die in Anm. 9 genannten Beispiele.
[14] Eroten mit Clipeus: HANFMANN II 12 Anm. 71. STUVERAS a.O. 46 f. 192; mit Tabula: ebenda 81 f.
[15] Wien, Kunsthistor. Mus., K. SCHAUENBURG, AA 1975, 283 Abb. 1. Rom, Mus. di Villa Borghese, INR 76.563 (mit Inschrift). Rom, Pal. Cons., STUART JONES, Pal. Cons. Taf. 15 (mit Inschrift). Rom, NM, K. SCHAUENBURG, AA 1975, 286 Abb. 9 (mit Inschrift).
[16] Rom, Pal. Sacchetti, K. SCHAUENBURG, AA 1975, 285 Abb. 7. Florenz, Pal. Rinuccini, ebenda 285 Abb. 8. Formello, K. SCHAUENBURG, JdI 81, 1966, 302 Abb. 42. Cagliari, Kathedrale, PESCE, Sardegna 72 f. Nr. 30 Taf. 50,63. Agrigento, Mus. Civico, TUSA, Sicilia 29 ff. Nr. 3 Taf. 13,19. New York, Metr. Mus., MCCANN, Metr. Mus. 118 Abb. 149. Rom, S. Agnese, MCCANN, Metr. Mus. 119 Abb. 150. Paris, Louvre, CUMONT, Symb. Fun. Taf. 7,2. Vatikan, H. SICHTERMANN, RM 86, 1979 Taf. 95–97. Palermo, Kathedrale, ebenda, Taf. 98.99. Rom, NM, H. SICHTERMANN, RM 64, 1957 Taf. 15. Rom, beim Kolosseum, K. SCHAUENBURG, AA 1972, 504 Abb. 3. Rom, Pal. Mattei, ASR IV 4 Taf. 346,375. Florenz, Villa La Pietra, K. SCHAUENBURG, JdI 81, 1966, 275 Abb. 11.12. H. BRANDENBURG, JdI 82, 1967, 226 Abb. 11.
[17] Rom, Pal. Sacchetti, K. SCHAUENBURG, AA 1975, 286 Abb. 10. Weitere Beispiele: P. KRANZ, RM 84, 1977, 374 Anm. 147.
[18] Rom, Via S. Stefano del Cacco, K. SCHAU-

Kranz mit Porträt,[19] eine Muschel mit Porträt,[20] eine Tabula[21] oder ein Parapetasma.[22] Was die Verzierungen unter dem Clipeus, die seitlichen Figuren, die Nebenseiten und die Deckel betrifft, so sind die Publikationen nicht ausreichend, um eine Ordnung in das Material zu bringen; aber auch das, was der Forschung zur Verfügung steht, ist von solcher Variationsbreite, daß die Vermutung nicht fehlgehen dürfte, hier sei eine strenge Klassifizierung gar nicht möglich. Vorherrschend scheint die Tendenz zu sein, für die Seitenabschlüsse inhaltlich blasse Figuren wie Eroten und gelegentlich Jahreszeiten zu wählen, in den verschiedenen überlieferten Formen, einschließlich der nicht selten verwendeten Gruppe von Eros und Psyche. Ein Unikum ist der Sarkophag in Kopenhagen mit Hähnen an den Enden.[23] Sehr selten sind mythologische Figuren oder Gruppen, etwa Apoll und Athena[24] oder Achill mit Chiron.[25] Ähnliches gilt für die Darstellungen unter dem Clipeus. Konventionelles, wie Masken, Füllhörner,[26] Körbe, Boote, Pfauen, Okeanos und Gea, Sphingen und Panther, herrscht vor, daneben gibt es ausnahmsweise auch allerlei Getier[27] oder Fackeln;[28] auch hier findet sich selten Mythologisches, wie etwa Ganymed mit dem Adler[29] oder Romulus und Remus.[30] Die Nebenseiten sind mit Greifen und ähnlichen neutralen Motiven verziert, einmal sehen wir Pegasoi.[31] Den wenigen erhaltenen Deckeln entnehmen wir, daß sie das Motiv der Langseite wiederholen können,[32] es werden aber auch Meerwesen,[33] liegende Jahreszeiten,[34] Eroten mit Girlanden,[35] Girlanden mit Bukranien[36] und Delphine[37] verwendet.

ENBURG, AA 1972, 508 Abb. 9 (Clipeus). Rom, S. Maria dell'Anima, INR 71.1534 (Kranz). – Auf einem S. im Louvre ist der Clipeus mit einem Adler verziert, K. SCHAUENBURG, AA 1972, 506 Abb. 8.

[19] Rom, NM, K. SCHAUENBURG, AA 1975, 283 Abb. 2. Ussana, Chiesa Parocchiale, PESCE, Sardegna 90ff. Nr. 51 Taf. 69,97 (vielleicht nicht stadtrömisch).

[20] Vatikan, INR 64.784.

[21] Pisa, ARIAS, Camposanto Taf. 37,76. Ebenda Taf. 47,96. Rom, NM, C. L. VISCONTI, BullCom 5, 1877, 146 Taf. 19. Vatikan, INR 77.503.

[22] Büsten: Pisa, ARIAS, Camposanto Taf. 64, 136. H. SICHTERMANN, RM 86, 1979 Taf. 100. 101. Rom, Prätextat-Katakombe, GÜTSCHOW, Prätextat Taf. 19,1. Rom, Pal. Cons., STUART JONES, Pal. Cons. Taf. 8. Rom, S. Sebastiano, INR 79.1803. Vatikan, K. SCHAUENBURG, AA 1975, 287 Abb. 11. – Ganze Figur: Genua, S. Stefano, C. DUFOUR BOZZO, Genava 1938, 6 Abb. 4. INR 68.1438. Vatikan, E. JOSI, RACrist 11, 1934, 214ff. Abb. 76. Rom, Schweizer Institut, INR 69.869.

[23] K. SCHAUENBURG, AA 1972, 515 Abb. 16.

[24] Die drei von H. SICHTERMANN RM 86, 1976, 358ff. besprochenen S. im Vatikan, in Palermo u. in Pisa.

[25] Rom, NM, H. SICHTERMANN, RM 64, 1957 Taf. 15. H. BRANDENBURG, JdI 82, 1967, 226 Abb. 12.

[26] H. JUCKER, Das Bildnis im Blätterkelch (1961) 151. G. DALTROP, GGA 217, 1965, 264.

[27] Rom, NM, G. RODENWALDT, RM 58, 1943, 13 Abb. 5.

[28] S. Elia bei Nepi, INR 60.1172.

[29] Pisa, K. SCHAUENBURG, AA 1972, 504 Abb. 4. ARIAS, Camposanto Taf. 80,168. Paris, Louvre, CUMONT, Symb. Fun. Taf. 7,2.

[30] Florenz, Villa La Pietra, K. SCHAUENBURG, JdI 81, 1966, 274 Abb. 11.12.

[31] Florenz, Villa La Pietra, SCHAUENBURG a.O. 275 Abb. 13.

[32] Rom, Pal. Cons. STUART JONES, Cons. Pal. Taf. 26: l. kelternde, r. erntende Eroten.

[33] Rom, Mus. di Villa Borghese, INR 76.563.

[34] Vatikan, E. JOSI, RACrist 11, 1934, 214ff. Abb. 76.

[35] Rom, Villa Borghese, INR 76.215. Detroit, Institute of Art, s. Anm. 5.

[36] Rom, NM, G. RODENWALDT, RM 58, 1943, 13 Abb. 5.

[37] Rom, Pal. Cons. HANFMANN Nr. 459.

Außer im Fliegen halten Niken und Eroten auch stehend ein zentrales Motiv. Da sie dabei jedoch weniger Platz einnehmen, besteht die Notwendigkeit, die übrige Langseite mit weiteren Szenen und Figuren zu füllen, die allein schon wegen ihrer größeren räumlichen Ausdehnung nicht mehr als bloße Zutat, sondern als Hauptsache wirken und daher auch eine gewichtigere, inhaltliche Bedeutung haben. So werden neben stehende Niken dionysische Szenen gesetzt,[38] nicht untätige, sondern opfernde Eroten,[39] nicht zwei, sondern vier Jahreszeiten.[40] Hierin zeigt sich trotz allem eine gewisse Verwandtschaft mit den Sarkophagen, die fliegende Niken und Eroten aufweisen; sie ist auch bezüglich der Szenen unter dem Clipeus vorhanden: ebenso wie dort finden wir Ganymed[41] und Romulus und Remus,[42] hier allerdings nicht zwischen Eroten, sondern Niken – ein Zeichen, wie leicht diese als Mittelmotivträger ausgetauscht werden konnten, obwohl andererseits auch durchaus auf eine inhaltliche Verbindung zu den seitlichen Szenen gesehen werden konnte. Die damit zusammenhängenden Probleme, die sowohl für stehende Niken als auch stehende Eroten gelten, führen diese Sarkophage doch schon wieder aus der Sphäre des Dekorativen hinaus.

287–289

6. Riefeln

ALTMANN, Architektur (1902) 46 ff. – G. RODENWALDT, RM 38/9, 1923/4, 13 f. – M. GÜTSCHOW, RM 46, 1931, 107 ff. – WILPERT II 9 f. – G. RODENWALDT, JRS 28, 1938, 60 ff. – K. SCHAUENBURG, JdI 78, 1963, 294 Anm. 2. – M. WEGNER, ASR V 3 S. 133 ff. – TURCAN 80 f. – H. SCHLUNK, MM 8, 1967, 248. – K. FITTSCHEN, Gnomon 44, 1972, 499. – G. KOCH, ASR XII 6 S. 54. 56 f. – P. KRANZ, RM 84, 1977, 374 f. Anm. 150.

Herkunft und Beginn der Riefelverzierung[1] sind noch nicht eindeutig geklärt,[2] die bisher vorgebrachten Theorien haben sich nicht erhärten lassen, etwa die Ableitung von Holzsarkophagen oder die Meinung, in den Riefeln sei die Darstellung von Wasser zu erkennen.[3] Auf jeden Fall scheint der Wunsch nach billiger Herstellung bei der Wahl des Ornaments mitgewirkt zu haben, finden sich ja auch nur wenige aufwendige stadtrömische Exemplare.[4] Größere Sarkophage sind erst im 3. Jh. n. Chr. nachzuweisen.[5] Die Feststellung, daß die Riefelsarkophage eine ‚Abkürzung' der Säu-

---

[38] ASR IV 4, 260–263.
[39] Rom, NM, NSc 1904, 47 Abb. 1. Assisi, S. Rufino, INR 72.291/2. Vgl. auch Rom, Villa Doria Pamphilj, CALZA, Villa Doria 204 f. Nr. 234.
[40] Rom, Villa Doria Pamphilj, CALZA, Villa Doria 219 f. Nr. 257.
[41] Rom, Pal. Venezia, K. SCHAUENBURG, AA 1972, 503 Abb. 1.2.
[42] Ostia, K. SCHAUENBURG, JdI 81, 1966, 276 Abb. 15.
[1] Ein antiker, griechischer oder lateinischer Name hat sich hierfür nicht finden lassen; auch die übrigen Sprachen bedienen sich zur Benennung eigener Ausdrücke, wobei im Italienischen (‚sarcofagi strigilati') die Ähnlichkeit der einzelnen Riefel mit der Strigilis bestimmend war. – Für die verschiedenen Typen der Riefels. ist Kapitel I 4.1.5 zu konsultieren.
[2] G. KOCH, ASR XII 6 S. 56.
[3] ALTMANN a.O. 47 f. 110 f. Anm. 4. HANFMANN I 26. Dagegen: GÜTSCHOW a.O. 113 Anm. 1. – Riefeln als Wasser: WILPERT II 9 f.
[4] G. KOCH, ASR XII 6 S. 56, allerdings mit Hinweis auf die großen Exemplare im Osten; s. schon G. RODENWALDT, JRS 28, 1938, 63.
[5] H. JUCKER, Das Bildnis im Blätterkelch (1961) 34.

lensarkophage seien,⁶ kann sich nur auf eine bestimmte, wenn auch weit verbreitete Form, diejenige mit Säulen oder ganzer Ädikula, beziehen. Für die Riefeln selbst sind Vorläufer schon unter den Aschenurnen vorhanden;⁷ vielleicht gab es vereinzelt bereits im 1. Jh. n. Chr. Riefelsarkophage,⁸ doch sind einigermaßen sicher zu datierende Exemplare erst in der 2. Hälfte des 2. Jhs. n. Chr. nachzuweisen.⁹ Häufiger werden sie erst im 3. Jh. n. Chr.

Die ‚Riefeln' werden in verschiedener Weise verwandt; sie können nur eine Richtung haben¹⁰ (Abb. 2,1) oder gegenständig aufeinander zulaufen¹¹ (Abb. 2,3), sich auf die Langseite beschränken oder auf die Nebenseiten übergreifen. Bildet sich bei gegenständig aufeinander zulaufenden geschwungenen Riefeln in der Mitte ein kleines mandelförmiges Feld, die sogenannte Mandorla, so kann sie figürlich verziert werden; es werden hierfür die verschiedensten Motive verwandt, so Gefäße, Körbe, Fässer, aber auch menschliche Figuren, wie Götter, Eroten, Jahreszeiten, Gruppen wie die dextrarum iunctio oder Eros und Psyche.¹² Die Riefeln sind durch eingetiefte Grate voneinander getrennt;¹³ die Eintiefung ergibt sich dadurch, daß jede Riefel einzeln als plastische Mulde gearbeitet ist. Selten wird die Riefelung in zwei Zonen unterteilt,¹⁴ häufiger erst auf christlichen Sarkophagen.¹⁵ Weitaus seltener und zumeist zeitlich später als die geschwungenen sind die geraden, senkrechten Riefel.¹⁶ Sie können unten, wie die Kanneluren auf Pfeilern, gefüllt sein.¹⁷ In dieser Form gibt es sie schon auf Urnen.¹⁸ Es finden sich auch geschwungene und gerade Riefeln auf ein- und demselben Stück.¹⁹

Nicht sehr zahlreich scheinen die Sarkophage gewesen zu sein, die nur mit Riefeln verziert waren,²⁰ wenngleich nicht auszuschließen ist, daß viele wegen geringen Wertes zerstört worden sind. Anfangs sind es einfache Kästen, die zu Riefelsarkophagen gemacht werden, seit dem Ende des 2. Jhs. n. Chr. wird auch die Wannenform

⁶ F. MATZ, ASR IV 4 S. 472; vgl. auch KRANZ a. O. 359 Anm. 63. Beide Gattungen setzen mehr oder weniger gleichzeitig ein, KRANZ a. O. 376.
⁷ GÜTSCHOW a. O. 117. LIPPOLD, Vat. Kat. III 2 Cand. V Nr. 2 b. Taf. 160 (Vgl. den Marmorkrater aus Pompeji, Pompeji. Leben und Kunst in den Vesuvstädten 19. April bis 15. Juli 1973 in Villa Hügel Essen² [1973] 137 Abb. 179). Weitere Beispiele bei GÜTSCHOW a. O. 115.
⁸ GÜTSCHOW a. O. 112. HANFMANN I 26.
⁹ G. KOCH, ASR XII 6 S. 57 zu Nr. 144, Meleagersarkophag in Rom, NM, um 160 n. Chr., ebenda weitere Beispiele. Unter den dionysischen Sarkophagen kaum Vorseverisches: F. MATZ, ASR IV 4 S. 472. Zum Beginn der Riefelsarkophage auch K. FITTSCHEN, Gnomon 44, 1972, 499.
¹⁰ CALZA, Villa Doria Taf. 155, 272.273.
¹¹ Dies die häufigere Form, z. B. CALZA, Villa Doria Taf. 158.

¹² z. T. unpublizierte Beispiele hierfür in der Photothek des DAI Rom.
¹³ Als instruktives Beispiel sei genannt der Sarkophag ASR XII 6 Taf. 120.
¹⁴ WILPERT II 10.
¹⁵ G. RODENWALDT, JdI 45, 1930, 134 f.
¹⁶ WILPERT II S. 10, ab 3. Jh. n. Chr. H. SICHTERMANN in: Eikones. Festschrift für H. Jucker (1980) 170 f. Ein frühes Beispiel (Ende 2. Jh. n. Chr.): Perseuss. Florenz, ASR III 3,331, SICHTERMANN-KOCH Nr. 63 Taf. 157, 1.
¹⁷ ASR V 3 Taf. 119,b. ARIAS, Camposanto Taf. 13,26; 14,28 (14,27 ist nicht, wie angegeben, derselbe S., sondern A 10 est).
¹⁸ MUSTILLI Taf. 30, 118.
¹⁹ ARIAS, Camposanto Taf. 61. SICHTERMANN a. O. (s. oben Anm. 16) 170.
²⁰ PESCE, Sardegna Taf. 67, 92–4. TUSA, Sicilia Taf. 69, 125; 130, 242.

dazu verwendet.²¹ Unter den Kastensarkophagen ist die am meisten verbreitete Form 290-292
diejenige mit verhältnismäßig breitem Mittelfeld und schmaleren Feldern an den Enden der Langseiten, zwischen diesen meist figürlich verzierten Feldern je ein breites
Feld mit Riefeln (Abb. 2,12).²² Das Mittelfeld kann durch Säulen gerahmt und durch
einen Giebel bekrönt sein (Abb. 2,11),²³ später herrscht dann die einfache Rahmung
vor.²⁴ Statt der figürlich verzierten Seitenfelder kann es als Abschluß auch bloße Säulen oder Pfeiler geben;²⁵ diese erscheinen auch, wenn das Mittelfeld völlig fehlt
(Abb. 2,2,4).²⁶ Im Mittelfeld, gelegentlich auch auf den Seitenfeldern,²⁷ sind häufig
mythologische Figuren dargestellt, zumeist statuenhaft auf Basen. Es finden sich u. a.
Mars und Venus,²⁸ Meleager,²⁹ dionysische Figuren,³⁰ Eros und Psyche,³¹ Orpheus,³²
Musen mit Verstorbenen,³³ die drei Grazien,³⁴ Narkissos,³⁵ Herakles,³⁶ Jahreszei- 182.164
ten,³⁷ Nike.³⁸ Oft werden auch, in der Mitte oder in den Seitenfeldern, die Gestalten
der Toten angebracht, wobei diese zumeist, wie die mythologischen Figuren, auf einer Basis stehen. Erscheinen sie an den Seiten, dann ist die Mitte entweder leer oder
mit einer kleinen Verzierung in der Mandorla versehen.³⁹ Zahlreiche Riefelsarkophage zeigen in der Mitte – seltener an den Enden – der Langseite eine halbgeöffnete Tür
(Abb. 2,13);⁴⁰ an den Seiten dieser Sarkophage finden sich zumeist Säulen, die Ver- 291

---

²¹ s. Kapitel I 4.1.7.
²² Th. KLAUSER, JbAChr 1, 1958, 33 f. mit Anm. 81. Nach G. RODENWALDT, JRS 28, 1938, 62 f. beginnen diese Sarkophage erst im 3. Jh. n. Chr., s. jedoch G. KOCH, ASR XII 6 S. 57.
²³ Beispiele für Rahmung durch Säulen: KRANZ a. O. 370 Anm. 129: S. in der Villa Medici, CAGIANO, V. Medici Nr. 88 Taf. 36,67. Beispiele für Rahmung durch Säulen mit Giebel: ASR XII 6 Taf. 120, 146. KRANZ a.O. 359 Anm. 63; 376 Anm. 161. 162; KRANZ faßt diese Mittelaedikula als ,Heroon' auf, ebenda 376. Selten werden auch die seitlichen Figuren in eine Aedikula gesetzt, z. B. CALZA, Villa Doria Taf. 151,266 a.
²⁴ z. B. ASR XII 6 S. 57, vgl. Taf. 120, 147.
²⁵ ASR XII 6 Taf. 120, 146.
²⁶ Rom, Pal. Lancelotti, INR 70.3763-5.
²⁷ K. SCHAUENBURG, StädelJb N. F. 1, 1967, 61 Anm. 41.
²⁸ Bekannt sind acht Beispiele, s. ARIAS, Camposanto 61. CALZA, Villa Doria Taf. 150, 263.
²⁹ ASR XII 6 S. 54 ff., 7 Exemplare.
³⁰ ASR IV 4 S. 471 ff., 43 Exemplare.
³¹ Zumeist unpubliziert, in der Photothek des DAI Rom etwa 16 Exemplare, s. CALZA, Villa Doria Taf. 150, 264. C. ROBERT, JHS 20, 1900 Taf. 11 b. 12 (Cliveden). ARIAS, Camposanto Taf. 38.
³² SICHTERMANN-KOCH 54 Nr. 55 Taf. 141, 55. Elf Beispiele nachzuweisen.
³³ M. WEGNER, ASR V 3 S. 133 ff., dort 19

Beispiele aufgeführt. Vgl. K. FITTSCHEN, Gnomon 44, 1972, 499.
³⁴ G. RODENWALDT, JRS 28, 1938, 60 ff., dort 6 Exemplare genannt, zu denen jetzt 11 weitere kommen, zumeist unpubliziert.
³⁵ SICHTERMANN-KOCH 47 f. Nr. 45 Taf. 117. 118,1; dort weitere 2 Beispiele genannt, ein drittes H. SICHTERMANN, AA 1977, 468 f.
³⁶ SICHTERMANN-KOCH 32 f. Nr. 25 Taf. 50-53 (Rom, Pal. Cons.). HELBIG⁴ II 1737 (Rom, Mus. Nuovo).
³⁷ HANFMANN II 181 f. Nr. 512-517 b. H. SICHTERMANN in: Mél. Mansel I (1974) 314 ff. Zusammen 19 Exemplare.
³⁸ Ein instruktives Beispiel: ARIAS, Camposanto Taf. 19. – Zu den Themen allgemein: G. RODENWALDT, JRS 28, 1938, 63. Einige sonst verbreitete Motive wurden auf Riefels. nicht verwendet, wie Jagd- und Schlachtszenen sowie mythologische Begebenheiten.
³⁹ In der Photothek des DAI Rom sind etwa 40 Exemplare von Riefels. mit den Gestalten der Verstorbenen nachzuweisen; vgl. im einzelnen K. SCHAUENBURG, StädelJb N. F. 1, 1967, 52 Abb. 11; 61 Anm. 11. TUSA, Sicilia Taf. 134, 248. ARIAS, Camposanto Taf. 56. 74.79. CALZA, Villa Doria Taf. 157, 280.
⁴⁰ B. HAARLØV, The Half-Open Door (1977) zählt 33 Beispiele auf (S. 139 ff.), einige abgebildet Abb. 42-61. Über die Bedeutung ebenda passim. Zur Arbeit von B. Haarløv: M. WAELKENS, Gnomon 51, 1979, 682 ff.

290 storbenen oder Eroten; gelegentlich schaut Hermes aus der Tür,[41] oder Herakles entschreitet ihr;[42] die Tür ist oft mit dem Schloß, aber auch mit figürlichen Reliefs verziert, dargestellt.[43] Ein Sarkophag in S. Callisto in Rom zeigt in der Mitte eine Mandorla mit Faß, links und rechts Türen.[44]

Neben den Sarkophagen mit Mittelfeld und Seitenfeldern gibt es gleichzeitig,
292 vielleicht sogar schon etwas früher,[45] solche mit einem Porträtclipeus in der Mitte der Langseite (Abb. 2,10). In der Photothek des DAI Rom können etwa 110 Sarkophage mit nur einer Porträtbüste im Clipeus nachgewiesen werden, davon rund 50 mit Eroten an den Seiten und rund 60 mit verschieden verzierten Seitenfeldern, dazu etwa 30 mit zwei Porträtbüsten im Clipeus. Nur Porträtbüsten, ohne Clipeus, sind auf 16 Exemplaren nachzuweisen, es gibt auch Büsten in quadratischer oder rechteckiger Rahmung.[46] Unter dem Clipeus oder der Rahmung kann figürliche Verzierung angebracht sein.[47]

Eine weitere Form bilden die Sarkophage mit Inschrifttafel in der Mitte der Langseite, sowohl mit (Abb. 2,8) als auch ohne Seitenfelder (Abb. 2,5).[48] Die Tafel ist gewöhnlich als Tabula ansata gebildet, die quadratische Form herrscht vor. Verzierungen unter ihr, wie Greifen oder Eroten, sind selten. Die Tafel kann von Pfeilern flankiert sein,[49] an den Enden der Langseite sind zumeist Säulen angebracht (Abb. 2,6), seltener Eroten.[50]

Gerade bei Riefelsarkophagen ist eine große Freude am Variieren festzustellen, so

[41] HAARLØV a.O. Abb. 52c.
[42] Rom, Mus. Nuovo, MUSTILLI Taf. 58, 234–6. McCANN, Metr. Mus. 136 Abb. 173. HAARLØV a.O. Abb. 42.
[43] ARIAS, Camposanto Taf. 108, 225.226. EAA VII 28 Abb. 42. PESCE, Sardegna Taf. 94.95. TUSA, Sicilia Taf. 69, 124.
[44] HAARLØV a.O. Abb. 50.
[45] G. KOCH, ASR XII 6 S. 57.
[46] Clipeus mit einer Porträtbüste: ARIAS, Camposanto Taf. 42; 43; 88.89; 46, 94; 103, 215; 107. CALZA, Villa Doria Taf. 153, 268/9; 154. PESCE, Sardegna Taf. 31. TUSA,Sicilia Taf. 78, 142; 88, 165/6. – Mit zwei Porträtbüsten: EAA VII 29 Abb. 45 (Vatikan). ARIAS, Camposanto Taf. 15,30. StädelJb N. F. 1, 1967, 52 Abb. 11 (Berlin). TUSA, Sicilia Taf. 77. – Nur Büste: EAA VII 28 Abb. 41 (Mitte) (Rom, MN). ARIAS, Camposanto Taf. 111 (je eine Büste an den Enden der Ls.). – In quadratischer Rahmung: StädelJb N. F. 1, 1967, 53 Abb. 15 (Rom, S. Sebastiano). – Von hängenden Girlanden gerahmt: PESCE, Sardegna Taf. 51. TUSA, Sicilia Taf. 35, 57; 65, 116.
[47] G. KOCH, ASR XII 6 S. 57. Th. KLAUSER, JbAChr 1, 1958, 33 f. Anm. 81. – Mühlszene unter dem Clipeus: Rom, Villa Medici, CAGIANO, V. Medici Taf. 39, 72. – Korb unter dem Clipeus: ebenda Taf. 86. – Bukolische Szene: Kopenhagen, ASR V 3 Taf. 151a (35). Pisa, ARIAS, Camposanto Taf. 89. TUSA, Sicilia Taf. 36. PESCE, Sardegna Taf. 107. – Masken: ARIAS, Camposanto Taf. 107. CALZA, Villa Doria Taf. 154. TUSA, Sicilia Taf. 16. – Füllhörner: CALZA, Villa Doria Taf. 153, 268/9. PESCE, Sardegna Taf. 92. – Hahnenkampf: PESCE, Sardegna Taf. 57.58.
[48] G. KOCH, JWaltersArtGal 37, 1978, 79 mit Anm. 16. M. FLORIANI SQUARCIAPINO, BdA 59, 1974, 180ff. Abb. 8–10 bei S. 185 (Isola Sacra). CAGIANO, V. Medici Taf. 44, 88. MUSTILLI Taf. 114, 436. 438. JdI 45, 1930, 147 Abb. 24 (Rom, NM). H. SCHLUNK, MM 8, 1967, 248 Abb. 13 (Tarragona, Wannensarkophag). ARIAS, Camposanto Taf. 109, 227; 120, 253.254. CALZA, Villa Doria Taf. 158, 283–85. TUSA, Sicilia Taf. 57, 103. In der Photothek des DAI Rom sind rund 60 derartige S. nachzuweisen.
[49] CAGIANO, V. Medici Taf. 36, 67. ARIAS, Camposanto Taf. 121. Inschrift in Aedikula: TUSA, Sicilia Taf. 64, 114.
[50] Rodenwaldt nahm an, daß die Tabula auf kleinasiatischen Einfluß zurückgehe und vor der figürlichen Szene in der Mitte Ende des 2. Jhs. n. Chr. auf stadtrömischen Riefels. erschien (RM 58, 1943, 18).

daß es kaum möglich ist, alle Einzelformen und Varianten aufzuzählen.[51] Genannt sei etwa ein Sarkophag mit zwei Fackeln in der Mitte der Langseite[52] und ein Sarkophag, der links und rechts je eine Gestalt als Porträt zeigt, neben ihnen zur Mitte hin je ein rankenverziertes Band.[53]

Die Nebenseiten der Kasten-Riefelsarkophage sind in den meisten Fällen unverziert,[54] sonst gibt es ornamentale Verzierungen wie Greifen[55] oder Körbe;[56] es kommen auch geriefelte Nebenseiten vor.[57] Die Lenoi haben an den Nebenseiten Löwen,[58] eingravierte Schilde und Speere,[59] Riefeln,[60] die Verstorbenen oder Musen.[61] Als Deckel finden wir die normalen stadtrömischen Plattendeckel mit figürlich verzierter Vorderplatte,[62] häufig aber auch Dachdeckel.[63] Neben figürlich verzierten Deckeln sind auch solche mit Riefeln anzutreffen.[64]

I. 4.3.10. Sonstige Darstellungen

Es sind nur sehr wenige Sarkophage mit Darstellungen vorhanden, die sich nicht in die bisher behandelten Themenkreise und Dekorationsweisen einordnen lassen. Ein Kasten des späten 2. Jhs. n. Chr. in Rom[1] trägt auf der Vorderseite die statuarischen Gestalten von sechs Göttern; in der Mitte ist ein Tondo mit einer Frauenbüste vorhanden, der von einem kleinen Eros gehalten wird; für eine derartige Götterversammlung ist auf kaiserzeitlichen Sarkophagen keine Parallele bekannt.[2] Bei einem verschollenen Sarkophag[3] sind in der Mitte zwei stehende Eroten wiedergegeben, die einen Tondo mit Bildnisbüste halten; daneben verlaufen senkrechte Streifen mit einer Inschrift; in Außenfeldern stehen links Hygieia und rechts Asklepios; weder für die Form noch für die Darstellung gibt es Entsprechungen. In den Kreis der Götterbilder gehört auch ein Deckelfragment in Rom, Mus. Cap.,[4] das eine Heraklesstatue in

---

[51] G. Koch, ASR XII 6 S. 54.57.
[52] Pesce, Sardegna Taf. 59,74.
[53] Gütschow, Prätextat 228 ff. Taf. 40, 4. Jh. n. Chr.
[54] Engemann, Untersuchungen 75 Anm. 38.
[55] Arias, Camposanto Taf. 73, 153; 79.
[56] Calza, Villa Doria Taf. 151.
[57] Isola Sacra, BdA 59, 1974 Abb. 8–10 bei S. 185. Rom, Villa Doria Pamphilj, ASR V 3 Taf. 113.
[58] s. Kapitel I 4.1.7.
[59] H. Sichtermann in: Eikones. Festschrift für H. Jucker (1980) 170. Tusa, Sicilia Taf. 84, 155; 85, 156.
[60] Tarragona, MM 8, 1967, 248 Abb. 13. Rom, Villa Doria Pamphilj, ASR V 3 Taf. 113. Mailand, Privatbesitz, ebenda Taf. 114. Arias, Camposanto Taf. 49.

[61] Beispiele ASR V 3, etwa Taf. 111a (Rom, Pal. Borghese).
[62] ASR XII 6 Taf. 120, 146. ASR V 3 Taf. 119a.
[63] Beispiele: Kranz a.O. 377 Anm. 164.
[64] Kranz a.O. 374 f. Anm. 150.
[1] Rom, Collegio Propaganda Fide: INR 74.348–352.
[2] Nss. und Rs. sind erhalten, es handelt sich also eindeutig um einen Kasten (H 0.56 m; L 2,10 m; T 0.60 m).
[3] Vermeule II 19 Nr. 8311 Abb. 46; G. Grimaldi, Descrizione della basilica antica di S. Pietro in Vaticano. Codice Barberini Latino 2733. Edizione e note a cura di R. Niggl (1972) 424 Abb. 256 („arca infrascripta reperta in atrio basilicae veteris Vaticanae sub Paulo V').
[4] Rom, Mus. Cap. 941; P. Moreno, QuadALibia 8, 1976, 87 Abb. 9; INR 75, 1320.

einer Ädikula und die Statue des Poseidon vom Lateran zeigt; links steht ein Opfernder, so daß man das Stück auch unter das Menschenleben, und zwar die Opferdarstellungen, einordnen kann. Ein Exemplar in Rom, Museum der Prätextatkatakombe,[5] ist unter allen erhaltenen kaiserzeitlichen Sarkophagen ein Unikum;[6] der Kasten hat die Form eines Gebäudes, das aus großen Quadern errichtet ist; Halb- und Dreiviertelsäulen und Pilaster tragen einen Architrav; in der Mitte der Langseite ist ein leicht geöffnetes Tor wiedergegeben; der Deckel hat die Form eines Daches, das seinen Giebel über der Langseite des Sarkophages hat; im Giebel sind Werkzeuge dargestellt, die, wie auch die Gestaltung des Kastens, darauf hinweisen, daß das Exemplar auf besonderen Auftrag eines ‚Architekten' gearbeitet worden ist;[7] eine genaue Datierung ist kaum vorzunehmen, das Stück dürfte im 3. Jh. n. Chr. entstanden sein.[8]

I.4.4. Vorbilder

Etruskisches: F. WEEGE, Etruskische Malerei (1921) 14 ff. – J. SIEVEKING in: Festschrift P. Arndt (1925) 19 ff. – R. HERBIG, AA 1934, 539 ff. – A. RUMPF, ASR V 1 S. 129 ff. – G. RODENWALDT, RM 58, 1943, 3 ff. – R. HERBIG, ASR VII S. 127. – R. TURCAN, REA 60, 1958, 332 ff. – T. DOHRN, RM 68, 1961, 1 ff. – J. M. C. TOYNBEE, Roman Art (1965) 96 f. – T. DOHRN, RM 73/4, 1966/7, 15 ff. – H. BLANCK, RM 73/4, 1966/7, 72 ff. – F. de VISSCHER, Le droit des tombeaux romains (1968) 12.24. – J. THIMME in: Opus Nobile (Festschrift U. Jantzen) (1969) 161 f. – F. MATZ, AA 1971, 109.114 f. – C. GASPARRI, RendLinc 27, 1973, 28 ff. – HIMMELMANN, Typ. Unt. 18 mit Anm. 24 u. 30, AnnPisa ser. III vol. IV 1, 1974, 148 ff. – H. WREDE in: Festschrift f. G. Kleiner (1976) 165 ff. Ders., AA 1977, 395 ff. 409.426.429. – P. KRANZ, RM 84, 1977, 377 f. – B. M. Felletti Maj, La tradizione italica nell'arte romana I (1977) passim, bes. 37 ff. – H. BRANDENBURG, JdI 93, 1978, 308 f. 319 ff. – McCANN, Metr. Mus. 18 f. – M. WAELKENS, Gnomon 51, 1979, 685.687.688.

Unteritalisches: K. SCHAUENBURG, BJb 161, 1961, 234 f. – T. DOHRN, RM 73/4, 1966/7, 25. – F. MATZ, AA 1971, 114 f.

Röm. Urnen und Aren: F. DREXEL, RM 35, 1920, 123 f. – M. GÜTSCHOW, RM 46, 1931, 107 ff. – MATZ, MW 59. – B. ANDREAE, RendPontAcc 41, 1968/9, 160. – R. TURCAN in: Mél. Boyancé (Coll. de l'École Fr. de Rome 22, 1974) 730. – H. WREDE in: Festschrift f. G. Kleiner (1976) 151 f. 155 f. 162. – P. KRANZ, RM 84, 1977, 373 ff. – H. GABELMANN, BJb 177, 1977, 220 ff. – H. BRANDENBURG, JdI 93, 1978, 301 ff. 308 f. 315 f. – M. SCHMIDT, Der Basler Medeasarkophag (o. J.) 34 f.

Die Vorbilder der figürlichen Reliefs: LIPPOLD, Gemäldekopien, passim. – B. ANDREAE, RM 63, 1956, 32 ff. – K. SCHEFOLD, RA 1961 II 177 ff. – B. ANDREAE, RendPontAcc 41, 1968/9, 145 ff. – G. KOCH, ASR XII 6 passim. – K. SCHEFOLD, MEFRA 88, 1976, 759 ff. – P. BLOME, AntK 20, 1977, 43 ff. Ders., RM 85, 1978, 435 ff. – H. GABELMANN, BJb 179, 1979, 786 f. – H. FRONING, JdI 95, 1980, 322 ff. – G. KOCH, DaM 1, 1981.

Die römische Sarkophagkunst verdankt ihr Entstehen verschiedenen Einflüssen, sie bleibt auch später noch diesen Einflüssen verpflichtet, verdient aber dennoch, als eigenständiges Gewächs betrachtet und gewürdigt zu werden, da die Einflüsse sich zu

---

[5] GÜTSCHOW, Prätextat 129 ff. Taf. 21/22.
[6] GÜTSCHOW a. O. 133 f. stellt Frgte. zusammen, die möglicherweise zu vergleichbaren S. gehören; sie sind jedoch so klein, daß Sicherheit nicht zu gewinnen ist.
[7] GÜTSCHOW a. O. 135 ff.
[8] GÜTSCHOW a. O. 140 (‚kaum vor dem letzten Drittel des 3. Jhs.').

einem neuen Ganzen vereinigten und in ihm verschwanden. Dazu sei eine Äußerung neuerer Zeit zitiert: „Es scheint, daß im Rom der frühen Kaiserzeit Anregungen und Traditionen aus verschiedenen Bereichen, sei es aus dem Osten, sei es aus Unteritalien oder dem etruskischen Bereich, zusammengeflossen und in einer Sarkophagproduktion zusammengefaßt worden sind, die an Zahl andernorts in dieser Zeit offenbar nicht ihresgleichen findet und auch in formaler Hinsicht eine unverwechselbare eigene Prägung aufweist".[1]

Was hier als letztes genannt wird, das Etruskische, darf aus naheliegenden Gründen in den Vordergrund gerückt werden. Wichtig ist zunächst die Feststellung einer allgemein ‚italisch-etruskischen' Kunst und Kultur, die als nie ganz verschwindende Komponente in wechselnder Intensität die gesamte römische Kunst, vor allem die der Sarkophage, durchzieht, als gegen-klassizistisch, volkstümlich und bodenständig.[2] Grundsätzlich besteht eine Verwandtschaft auf diesem Gebiet schon durch die Tatsache, daß sowohl im etruskischen als auch im römischen Bereich, im Gegensatz zum Osten, die Sarkophage in Grabbauten aufgestellt wurden.[3] Dann sind es die etruskischen Urnen und Sarkophage selbst, die, allein ihrer örtlichen Nähe wegen, nicht ohne Einfluß auf die römische Sarkophagproduktion geblieben sein können.[4] Problematisch wird die Frage allerdings durch die Chronologie. Während man früher zwischen der etruskischen Sarkophag- und Urnenproduktion und derjenigen der Römer eine zeitliche Kluft zu sehen glaubte,[5] so daß man nur von einer „Wiederauferstehung" der etruskischen Grabkunst in den mythologischen Sarkophagen der Römer „nach einer Unterbrechung von über drei Generationen" sprechen könne,[6] so haben neuere Funde und Forschungen ergeben, daß es durchaus direkte Verbindungen gab, und daß die ‚Brücke' zwischen der einen und der anderen nicht fehlte.[7] Als Beweis kann u. a. ein Kasten mit (ursprünglich wohl nicht zugehörigem) Deckel dienen, beide mit lateinischen Inschriften, die sich auf die Cornelier beziehen, und von denen der Deckel rein etruskisch wirkt.[8] Es handelt sich also nicht um „résurgence", sondern um „permanence".[9] Abgesehen von der allgemeinen Form[10] konnte weiter nachgewiesen werden, daß gewisse tektonische Sarkophagformen sowohl im etruskischen als auch im frührömischen Bereich zu finden sind.[11] Die Figuren auf römischen Deckeln, sowohl die liegenden als auch die halb aufgerichteten,[12] sind ohne die entspre-

---

[1] Brandenburg a. O. 322.
[2] s. schon G. Rodenwaldt, RM 36/7, 1921/2, 81.94 u. Sieveking a. O. 19 ff., dann G. Rodenwaldt, RM 58, 1943, 10. R. Bianchi Bandinelli in: EAA III (1960) 491 f. 501 f. (Lit.). G. Kaschnitz von Weinberg, Mittelmeerische Kunst (Ausgew. Schriften III 1965) 333 ff. M. Pallottino, Civiltà artistica etrusco-italica (1971). Felletti Maj a. O., über S.: 37. 41 ff.
[3] G. Rodenwaldt, RM 58, 1943, 14.
[4] s. schon H. Brunn, I rilievi delle urne etrusche I (1870) S. VII. A. Della Seta, Religione e arte figurata (1912) 199 ff., dann u. a. Toynbee a. O. 96 f.
[5] R. Herbig, AA 1934, 540 f.
[6] T. Dohrn, RM 73/4, 1966/7, 27.
[7] de Visscher a. O. 12. Gasparri a. O. 33 mit Anm. 138.
[8] H. Blanck, RM 73/4, 1966/7, 72 ff. Taf. 32–34.
[9] Turcan a. O. 333.
[10] Brandenburg a. O. 292.
[11] Kranz a. O. 377 f.
[12] s. Kapitel I 3 u. I 4.1.3.

chenden etruskischen Vorläufer nicht zu denken, und auch hier nimmt man mehr und mehr eine direkte Beeinflussung an.[13] Für eine direkte Verbindung der frühen römischen Sarkophage mit den etruskischen könnten auch die Szenen und Figuren aus der Unterwelt sprechen, die auf beiden zu finden sind.[14] Zumindest einen etruskischen Vorläufer hat man auch für die Hochzeitssarkophage festgestellt.[15]

Zu vergleichen ist auch die Vorliebe für Meerwesen,[16] ebenso ist die offene oder halboffene Tür, die sich später so viel auf römischen Sarkophagen findet, „in erster Linie ein etruskisches Phänomen".[17] Sogar für die fliegenden Eroten mit Clipeus lassen sich etruskische Vorformen feststellen.[18]

Verwandt ist dann aber vor allem die weitgehende Benutzung der griechischen Mythen als Inhalte der Verzierung, wenngleich hier allerdings weder im Stofflichen noch in der Form viele direkte Berührungspunkte zu bemerken sind.[19] Im Einzelnen ist die Auswahl unterschiedlich; während die Römer die verschiedensten Sagen für ihre Sarkophage verwandten, beschränkten die Etrusker sich vorwiegend auf die blutigen und grausamen.[20] Hier gibt es dann, wenn auch nur im Inhaltlichen, einige Berührungspunkte: hinzuweisen ist auf den etruskischen Niobidensarkophag im Vatikan,[21] auf denjenigen mit Aigisth und Klytaimestra ebenda,[22] in weiterem Sinne auch auf den Amazonensarkophag in Florenz,[23] ebenso eine Urne mit Pelops und Oinomaos.[24]

All das sind jedoch weder starke noch zahlreiche Verbindungslinien, und es gibt auch Unterschiede zu konstatieren,[25] die über das bisher bereits Genannte noch hinausgehen. Mag die römische Sarkophagkunst auch mit der etruskischen zusammenhängen, so tritt die direkte Fortsetzung an Bedeutung gegenüber der weitgehend unabhängigen Renaissance entschieden zurück. Nur in diesem Sinne kann man dann auch davon sprechen, daß sogar noch die christliche Sarkophagplastik innerhalb der „etruskisch-stadtrömischen Tradition" stand.[26]

Beeinflußt wurde die römische Sarkophagproduktion auch von der unteritalischen Kunst, wenngleich zumeist nur allgemein und indirekt, da in Unteritalien, im Gegensatz zu Etrurien, kaum Sarkophage hergestellt wurden. Es ist vor allem die Über-

---

[13] Positiv dazu: G. RODENWALDT, RM 58, 1943, 11. R. HERBIG, ASR VII (1952) S. 127 (nach vorsichtigeren Äußerungen AA 1934, 540ff.). TOYNBEE a.O. 96. PALLOTTINO a.O. 98. GASPARRI a.O. 33f. H. GABELMANN, BJb 177, 1977, 223. HIMMELMANN, Typ. Unt. 18 mit Anm. 30 (Beispiele). Zurückhaltender H. WREDE, AA 1977, 395ff. 409. 426. 429.

[14] ANDREAE, Studien 57. GASPARRI a.O. 15ff. 29.

[15] McCANN, Metr. Mus. 127 Abb. 163, S. in Boston.

[16] A. RUMPF, ASR V 1 (1939) S. 129ff. H. WREDE in: Festschrift G. Kleiner (1976) 165ff.

[17] M. WAELKENS, Gnomon 51, 1979, 685; vgl. auch 687. 688.

[18] F. MATZ, AA 1971, 109.

[19] Zu den Unterschieden: R. HERBIG, ASR VII (1952) S. 105. T. DOHRN, RM 73/4, 1966/7, 15ff.

[20] R. HERBIG, ASR VII (1952) 105. K. SCHAUENBURG, BJb 161, 1961, 234.

[21] ASR VII 80.

[22] ASR VII 79.

[23] ASR VII 27.

[24] T. DOHRN, RM 68, 1961, 2.

[25] Vgl. z. B. die geringe Rolle, die im Gegensatz zu Rom die Girlanden in der etruskischen Kunst spielen, HONROTH, Girlanden 9.

[26] G. RODENWALDT, RM 58, 1943, 19.

lieferung der griechischen Sagen in funerärem Bereich, auf den Grabvasen, die hier gewirkt haben könnte,[27] oft wohl auch indirekt über das Etruskische.[28]

Das von anderen (etwa etruskischen) Einflüssen weitgehend unabhängig entstandene Dekorationssystem der römischen Aschenurnen und Grabaltäre hat, besonders zu Beginn der Produktion, recht bedeutende Einwirkungen auf die römischen Sarkophage gehabt. Schon die frühen profilgerahmten Sarkophage[29] zeigen das; ein anderer früher Sarkophag, der des Scipio Barbatus im Vatikan, hat dann geradezu die Form eines Altares.[30] Aber auch zu den späteren Sarkophagen bestehen Verbindungen. Riefeln z. B., sowohl auf dem Kasten als auch auf dem Deckel, und zwar außer geschwungenen auch senkrechte, finden sich bereits auf nicht wenigen Urnen;[31] andererseits gibt es auf Riefelsarkophagen Dekorationselemente, die auf Altäre zurückgehen.[32] Von dekorativen Einzelmotiven seien genannt die Fackeln,[33] antithetische Greifen und Greifen unter der Tabula,[34] Löwen mit Beute,[35] auf den Nebenseiten Palmetten,[36] Schilde mit gekreuzten Speeren,[37] Kanne und Omphalosschale,[38] auf den Giebeln der Deckel ein Kranz mit Bändern.[39] Girlandensarkophage mit Meerwesen haben sich deutlich aus entsprechend verzierten Grabaltären entwickelt,[40] ebenso die girlandenhaltenden Eroten;[41] auch bei den Clipeussarkophagen sind Verbindungen zu bemerken, etwa bei den Porträtträgern.[42] Weitere figürliche Typen und Szenen wie Jahreszeiten und die dextrarum iunctio sind ebenfalls bereits auf Grabaltären vorhanden,[43] wie auch Schlachtszenen und die Totenklage,[44] auf Urnen auch schon der Hahnenkampf.[45] Das auf römischen Grabreliefs und Urnen häufige Klinenmahl spielt dann auf Sarkophagen allerdings keine sehr große Rolle mehr.[46] Auch zu den – wenigen – mythologischen Szenen auf den Urnen ist die Verbindung nicht sehr stark,[47] wobei es sich zudem auch um den Sarkophagen gleichzeitige Monumente, nicht ihre

---

[27] A. RUMPF, ASR V 1 S. 129 ff. K. SCHAUENBURG, BJb 161, 1961, 224 f. 234 f. T. DOHRN, RM 73/4, 1966/7, 25. J. THIMME in: Opus Nobile. Festschrift U. Jantzen (1969) 161 f. F. MATZ, AA 1971, 114 f. Eine Übernahme von Bildtypen ist nicht nachzuweisen, s. FRONING a.O. 326 mit Anm. 19.

[28] T. DOHRN, RM 68, 1961, 1 ff. Dazu kritisch FRONING a.O. 326 f.

[29] Zu den frühen S.: H. GABELMANN, BJb 177, 1977, 220 ff. 225 f. BRANDENBURG a.O. 301 ff. 308 f. 315 f.

[30] GABELMANN a.O. 225.

[31] M. GÜTSCHOW, RM 46, 1931, 107 ff. LIPPOLD, Vat. Kat. III 2 Taf. 160, 2 a. b. KRANZ a.O. 374 f. Anm. 150.

[32] GÜTSCHOW a.O. 107 ff. Taf. 13.

[33] TURCAN a.O. 730.

[34] KRANZ a.O. 374 Anm. 149.

[35] H. HOFFMANN, Ten Centuries that shaped the West. Greek and Roman Art in Texas Collections (1970) 108 Nr. 33.

[36] KRANZ a.O. 374 Anm. 150.

[37] Unpublizierte Exemplare in Rom, NM.

[38] Auf Altären sehr häufig, auf S. z. B. auf dem Girlandens. in Ostia von der Isola Sacra, CALZA, Isola Sacra 190 f. Abb. 94. 95 (die Nss.: INR 69.1094/5).

[39] Neapel, NM, Inv. 6120, INR 71.420/1, vgl. den D. des Endymions. in Rom, Mus. Cap., ASR III 1,40 SICHTERMANN-KOCH 27 f. Nr. 16.

[40] H. WREDE in: Festschrift G. Kleiner (1976) 151 f.

[41] MATZ, MW 59. KRANZ a.O. 374 mit Anm. 148.

[42] WREDE a.O. 155 f. 162.

[43] KRANZ a.O. 370.

[44] KRANZ a.O. 375 Anm. 150. B. ANDREAE, RendPontAcc 41, 1968/9, 160.

[45] HONROTH, Girlanden 28.

[46] s. Kapitel I 4.3.1.6.

[47] F. DREXEL, RM 35, 1920, 123 f. KRANZ a.O. 375 Anm. 150.

Vorläufer, handeln kann, wie bei der Urne der Geminia mit Medea in Ostia.[48] Außer Medea ist auch Endymion auf Urnen vertreten,[49] ebenso Pasiphae[50] und Meleager.[51]

Auf die Frage der Beeinflussung stadtrömischer Sarkophage durch die östliche – attische und kleinasiatische – Produktion soll hier nicht eingegangen werden; sie hängt mit der Entstehung bestimmter Formen wie der Säulensarkophage zusammen, außerdem mit chronologischen Problemen, solchen des Exports, des Kopierens und Nachahmens, was alles in den betreffenden Kapiteln im Zusammenhang behandelt wird. Generell läßt sich sagen, daß die gegenseitigen Einflüsse gering gewesen sind.

Zur Frage der *Vorbilder der figürlichen Sarkophagreliefs*, insbesondere der mythologischen, finden sich ebenfalls in den einzelnen Kapiteln entsprechende Hinweise. Hier seien nur einige allgemeinere Fragen berührt.

Daß sich hinter diesen Reliefs griechische Vorbilder verbergen, lehrt schon ein flüchtiger Blick, und so hat man denn auch lange Zeit hindurch die Wiederherstellung dieser Vorbilder als eine der wichtigsten Aufgaben der Sarkophagforschung angesehen.[52] Es konnte jedoch auf die Dauer nicht verborgen bleiben, daß das Verhältnis der Sarkophagreliefs zu solcherart vorauszusetzenden Vorbildern jeweils ganz verschieden zu interpretieren war, und daß viele, wenn nicht die meisten Sarkophage mit ihren verschiedenartigen Elementen ein einzelnes Vorbild gar nicht wiederherzustellen erlaubten. So blieben dann schließlich nur wenige Sarkophage oder Sarkophaggruppen übrig, für die ein einziges griechisches Vorbild, sei es der Malerei, sei es der Reliefkunst, wahrscheinlich zu machen war,[53] und für die meisten Sarkophagreliefs setzte sich die Annahme durch, daß sie verschiedenartige Typen oft ganz heterogener Herkunft miteinander verbinden.[54]

Eine andere Frage ist jedoch die nach den unmittelbaren Vorlagen. Da als solche die griechischen Originale – ganz oder in Teilen – nur in ganz seltenen Ausnahmefällen angenommen werden können, sind vermittelnde Denkmäler vorauszusetzen. Hierzu wurden folgende Vorschläge gemacht:

1. Die Sarkophagreliefs gehen auf Buchillustrationen, d. h. illlustrierte Texte, zurück.[55]
2. Reine ‚Bilderbücher‘, ohne Text, gaben die Vorbilder her.[56]

---

[48] M. Schmidt, Der Basler Medeasarkophag (o. J.) 34 Taf. 30. 31.
[49] Drei unpublizierte Urnen in Ostia, INR 74.1059–61; 75.925–27; 75.928/9.
[50] Rom, NM, INR 74.240.
[51] ASR XII 6 S. 157, drei Beispiele genannt.
[52] ASR II u. III passim. Skeptisch dazu zuletzt R. Turcan in: ANRW II 16,2 (1978) 1734.
[53] Vgl. Lippold, Gemäldekopien. B. Andreae, RM 63, 1956, 32 ff. Ders., RendPontAcc 41, 1968/9, 145 ff. F. Matz, ASR IV 2 S. 227 ff. 268.

[54] L. Curtius, RM 49, 1934, 269. Gütschow, Prätextat 55. H. Gabelmann, BJb 179, 1979, 787. F. Matz, ASR IV 1 S. 128 f. 146 f. IV 2 S. 190 f. 219 u. oft. K. Fittschen, RM 76, 1969, 334. – Zur Entwicklung eigener Typen: B. Andreae, ASR I 2 S. 12. 19.39 f.
[55] K. Weitzmann, Ancient Book Illumination (1959). Ders., Illustrations in Roll and Codex² (1970).
[56] K. Schefold, MEFRA 88, 1976, 759 ff.

3. Als Vorlagen dienten ‚Musterbücher'.⁵⁷
4. Es wurden jeweils einzelne Sarkophage als ‚Archetypen' geschaffen.⁵⁸
5. Man bediente sich reliefgeschmückter Metallgefäße oder deren Nachahmungen bzw. Abgüsse.⁵⁹

Keine dieser Thesen hat sich bisher durchsetzen können. Gegen die illustrierten Texte wandte man ein, daß es kaum sehr viele solcher Texte gegeben haben dürfte, daß deren Bilder künstlerisch sicher wenig bedeutend waren und daß ihre Illustrationen sich doch wohl enger an den Text anschlossen als es die Sarkophagreliefs gewöhnlich tun.⁶⁰ Gegen die ‚Bilderbücher' wurde geltend gemacht, daß sie viel zu kostbar gewesen wären, um den Sarkophagwerkstätten zugänglich zu sein,⁶¹ gegen die ‚Musterbücher', daß ein solch formales, ‚akademisches' Abstrahieren vom Inhalt dem antiken Empfinden fremd sei,⁶² oder daß sich von dem dauerhaften Papyrus Reste hätten erhalten müssen,⁶³ gegen die Mustersarkophage, daß diese, als reine Vorbilder, zu kostspielig gewesen wären, andererseits in den Grüften keine Wirkung mehr hätten ausüben können.⁶⁴ Gegen die Metallgefäße ist bisher öffentlich noch nicht polemisiert worden, und die betreffende These mag, als eine unter anderen Möglichkeiten, ihre Geltung beanspruchen. Als allein richtige kommt sie schon deshalb nicht in Frage, weil die Vielfalt der römischen Sarkophagreliefs nicht nur eine einzige Gattung als Vorbild gehabt haben kann.

Bei sämtlichen Vorschlägen bleibt auch die Frage ungeklärt, woher die ‚Muster' selbst – seien sie wie auch immer beschaffen gewesen – ihre Anregungen geschöpft haben könnten. Außerdem hätten nur die fertigen Sarkophage vollständige Vorlagen geliefert, die anderen vorgeschlagenen Medien jedoch nur Einzeltypen und Einzelszenen, die erst zu den Friesen der Sarkophaglangseiten hätten zusammengestellt werden müssen – abgesehen von den seltenen Szenen in Girlandenbögen oder den Nebenseiten; gerade in der Zusammenstellung liegt aber zumeist die Hauptleistung der Sarkophagkünstler.⁶⁵ Es bleibt bei der Feststellung, daß es auf Sarkophagen kaum eigene Typenerfindungen gibt, daß sich fast alle Figuren und Einzelszenen als Ableitung von griechischen, meist hellenistischen Erfindungen erweisen lassen, und daß nur die Zusammenstellung für die Sarkophage selbst erfolgt ist – doch wohl in den Sarkophagwerkstätten selbst. Wie diese Kompositionen dann tradiert wurden, ist noch nicht geklärt; daß ein solches Tradieren bestand, beweisen die vielen ‚Repliken-

---

⁵⁷ u. a. K. SCHAUENBURG, JdI 85, 1970, 28; weitere Lit. bei FRONING a.O. 327 mit Anm. 22.
⁵⁸ z. B. F. MATZ, ASR IV 1 S. 132. 157. IV 2 S. 192. 193. 215. 218. 287. 289 u. oft; Matz räumt allerdings ein, daß nicht nur S. als ‚Archetypen' dienen konnten, ASR IV 2 S. 246. (Zur Verwendung des Begriffes ‚Archetyp' s. auch B. ANDREAE, RM 63, 1956, 32). G. KOCH, ASR XII 6 S. 4 u. oft. Ders., DaM 1, 1981. B. ANDREAE, ASR I 2 S. 27.
⁵⁹ FRONING a.O. 327 ff.

⁶⁰ FRONING a.O. 324 ff.; 325 Anm. 11: weitere Gegenstimmen. Das letzte Argument ist insofern nicht ganz stichhaltig, als es auch Texte mit Illustrationen gab, die nicht völlig zum Text paßten, s. H. SICHTERMANN in: Forschungen und Funde. Festschrift B. Neutsch (1980) 458.
⁶¹ FRONING a.O. 326.
⁶² K. SCHEFOLD, MEFRA 88, 1976, 763.
⁶³ FRONING a.O. 327.
⁶⁴ H. GABELMANN, BJb 179, 1979, 786 f.
⁶⁵ G. LIPPOLD, Gnomon 11, 1935, 262 f.

reihen'; die Tatsache, daß es wiederum genau übereinstimmende Repliken nicht gibt,⁶⁶ dafür oft zahlreiche Varianten, sollte davor warnen, die Frage nach den ‚Mustern' zu überspitzen.

I. 4.5. Grundlagen der Chronologie – Problem der Werkstätten

Chronologie

Bei den stadtrömischen Sarkophagen steht eine ganze Reihe von Hinweisen zur Verfügung, die eine zeitliche Einordnung der Stücke ermöglicht. Besonders durch die Forschungen der letzten Jahre sind so viele Anhaltspunkte erarbeitet worden, daß die Grundzüge der Chronologie annähernd geklärt sind; in der Regel lassen sich die einzelnen Exemplare in die Hauptphasen der Entwicklung einordnen und manchmal noch innerhalb dieser Phasen genauer festlegen. Viele Einzelheiten sind allerdings noch umstritten.

Schon vor mehreren Jahrzehnten haben J. M. C. Toynbee¹ die hadrianisch-frühantoninische und G. Rodenwaldt² die mittel- und vor allem die spätantoninische Phase behandelt, für die zahlreiche außerstilistisch datierte Monumente herangezogen werden können. G. Rodenwaldt³ hat sich auch in besonderer Weise um das 3. Jh. n. Chr. bemüht, eine Zeit, aus der datierte Monumente, etwa historische Reliefs, weitgehend fehlen; aber erst als Ergebnis der Forschungen der letzten Jahre, vor allem von B. Andreae⁴ und K. Fittschen,⁵ ist das 3. Jh. n. Chr. weitgehend erhellt worden. Ein Gesamtüberblick über die Entwicklung, der den neuesten Stand berücksichtigt, fehlt jedoch noch.⁶

Um bei den Sarkophagen hinreichend genaue Datierungen vornehmen zu können, müssen folgende Voraussetzungen erfüllt sein:

1. aufgrund der Bildüberlieferung, der *Ikonographie,* muß eine relative Reihenfolge der Sarkophage einer Gruppe festgestellt werden;
2. es müssen *Porträts* auf den Sarkophagen vorhanden sein, die sich durch einen Vergleich mit rundplastischen Porträts einordnen lassen; dabei ist eine Schwierigkeit, daß manchmal recht kleine Köpfe auf den Sarkophagen mit lebensgroßen Werken verglichen werden müssen, eine andere, daß die Porträts auf Sarkophagen manch-

---

⁶⁶ H. Gabelmann, BJb 179, 1979, 787. G. Koch, AA 1979, 245 f.

¹ Toynbee (1934).

² Rodenwaldt, Stilwandel (1935).

³ G. Rodenwaldt, JdI 51, 1936, 82 ff.; ders., RM 59, 1944, 191 ff.

⁴ B. Andreae, RendPontAcc 41, 1968/69, 145 ff.; ders., JbACh 13, 1970, 83 ff.; ders., AA 1971, 119 ff.; ders., JdI 87, 1972, 388 ff.; ders., ASR I 2 (1980).

⁵ K. Fittschen, Gnomon 44, 1972, 486 ff.; ders.; Der Meleager Sarkophag (Liebieghaus Monographie 1, 1975); ders. in: Krisen in der Antike. Bewußtsein und Bewältigung (1975) 133 ff.

⁶ vgl. Turcan 123 ff.; B. Andreae, ASR I 2 S. 139 f. – Vgl. J. B. Ward-Perkins, RendPont Acc 48, 1975/76, 203 ff.

mal erst später aus Bossen ausgearbeitet worden sind, also für die Datierung des Sarkophages wenig ausgeben,[7] eine weitere schließlich, daß Porträts auf Sarkophagen erst in mittelantoninischer Zeit einsetzen und dann im 3. Jh. n. Chr. häufiger werden;[8]

3. die Sarkophage müssen *Werkstätten* zugewiesen und innerhalb dieser noch relativ angeordnet werden;

4. die Sarkophage müssen nach dem *Stil* mit anderen Sarkophagen und vor allem mit anderen Werken der Plastik, insbesondere außerstilistisch datierten, verglichen werden.

Nur in Ausnahmefällen wird ein Sarkophag alle vier Voraussetzungen erfüllen; in der Regel sind nur wenige vorhanden, die aber meist ausreichen, die Exemplare mit anderen zu verknüpfen.

Die einzelnen Anhaltspunkte für die Datierungen, also alle Sarkophage mit Porträts, alle Vergleiche mit historischen Reliefs und sonstigen datierten Monumenten und alle weiteren Hinweise können hier nicht aufgeführt werden.[9] Es soll lediglich darauf ankommen, Beispiele für die einzelnen Phasen und weiterführende Literatur zu nennen.

Ein genaues Datum für den *Beginn der Hauptproduktion* an Sarkophagen im 2. Jh. n. Chr. ist nicht bekannt.[10] Im frühen 2. Jh., wohl noch in trajanischer Zeit, setzen einzelne Beispiele ein. Zu den Exemplaren der ersten, der *trajanisch-frühhadrianischen Phase*[11] dürften die Sarkophage mit Wagenfahrt in Rom, NM,[12] Endymion in Rom, Mus. Cap.,[13] Eroten und Greifen in Malibu,[14] Girlanden und Aktaion in Paris[15] sowie Girlanden und dionysischen Szenen in Pisa[16] gehören; der letztere, der für einen C. Bellicus Natalis Tebanianus, Consul Suffectus des Jahres 87 n. Chr., bestimmt war, gibt einen zeitlichen Anhaltspunkt, auch wenn das Todesdatum der Beigesetzten nicht bekannt ist. Weitere Hinweise geben der Fries des Tempels der Venus Genetrix[17] und hadrianische Reliefs.[18] Es läßt sich eine Reihe von Sarkophagen anschließen, und zwar vor allem solche mit Girlanden;[19] verschiedentlich finden sich in den Lünetten figürliche Szenen mit dionysischen, bukolischen oder mythologischen

157

267

---

[7] z. B. Meleager, Frankfurt/Kassel: ASR XII 6, 30. – Löwenjagd Reims: ASR I 2, 75. – Hochzeit Pisa: FITTSCHEN, Krisen a.O. (s. oben Anm. 5) 134 Abb. 3 – Neuzeitlich z. B.: ASR I 2, 3.

[8] K. FITTSCHEN, JdI 85, 1970, 188; ders., Der Meleager Sarkophag a. O. 30 Anm. 62.

[9] vgl. TURCAN 21 ff.

[10] Zuletzt: H. FRONING, JdI 95, 1980, 322 f. (mit älterer Lit.).

[11] Zu dieser Phase: TOYNBEE 164 ff.; K. FITTSCHEN, JdI 85, 1970, 189 ff.

[12] Rom, NM 65 199: HELBIG[4] III 2394.

[13] Rom, Mus. Cap. 325: HELBIG[4] II 1260; SICHTERMANN-KOCH 27 f. Nr. 16 Taf. 35,1; 36.37.

[14] Malibu 74.AA.25: The J. Paul Getty Museum, Recent Acquisitions, Ancient Art (1974/75) Nr. 13.

[15] Paris 459: ASR III 1,1; N. HIMMELMANN, AnnPisa 4, 1974, 142 Taf. 1; 2; 2; P. BLOME, AntK 20, 1977, 43 ff. Taf. 11.12,1.

[16] ASR IV 1, 26 Taf. 28, 1; 80, 1.

[17] Rom, Pal. Cons. 2398: HELBIG[4] II 1672 (E. SIMON). – Vgl. z. B. auch die Friese vom Trajansforum: P. ZANKER, AA 1970, 512 f. Abb. 21 ff.

[18] HELBIG[4] II 1445.1447.1800 (E. SIMON).

[19] z. B. HELBIG[4] III 2131 E. F.

Themen. Friessarkophage mit derartigen Szenen scheinen Ausnahmen gewesen zu sein; vielleicht gehören Beispiele mit Pelops und Oinomaos[20] und Peleus und Thetis[21] noch in diese Phase.

Besonderheiten sind für diese Phase kaum festzustellen. Es handelt sich um Einzelstücke, die in verschiedenen Traditionen stehen und deshalb unterschiedliche Formen und stilistische Eigenarten zeigen.

In der *späthadrianisch-frühantoninischen Phase*[22] setzen die Sarkophage mit dionysischen und mythologischen Szenen und ferner mit Musen, Eroten und Meerwesen in größerer Zahl ein; Girlandensarkophage werden weiterhin hergestellt. Ein wichtiger Anhaltspunkt ist ein Grab an der Porta Viminalis mit Ziegelstempeln der Jahre 132 und 134 n. Chr.; die dort gefundenen Niobiden- und Orestsarkophage[23] dürften damit etwa in diese Zeit gehören, während für den Girlandensarkophag ein früherer Ansatz vorgeschlagen worden ist.[24] Andere Stücke lassen sich an die Orest- und Niobidensarkophage anschließen. Für Beispiele mit Ranken und Greifen[25] bieten der Fries des Trajansforums[26] und der des Tempels des Antoninus Pius und der Faustina[27] in Rom Parallelen. Bei manchen Gruppen lassen sich Reihen bilden, so daß verschiedene Sarkophage aus stilistischen Gründen in diese Phase zu weisen sind.[28] Vielleicht ist ein Exemplar mit Porträt, nämlich das Fragment einer Platte mit dem Raub der Persephone, um 150 n. Chr. zu datieren;[29] es würde sich um das früheste derartige Beispiel handeln.

Charakteristisch für diese Phase ist, daß die Figuren und Gruppen stark bewegt und eng ineinander geschoben sowie die Gewänder reich und differenziert gefältelt sind; es wird Wert auf einen eleganten Fluß der Linien gelegt; nur ganz zurückhaltend wird der Bohrer in Gesichtern und Haaren stehengelassen, in der Regel ist die Oberfläche mit dem Meißel bearbeitet.

Die *mittelantoninische Phase*, also die Jahre von etwa 150 bis 170/80 n. Chr., ist bei den Sarkophagen gut zu fassen.[30] Eine Reihe von Beispielen hat Porträts, die eine ungefähre Datierung erlauben.[31] Der Sarkophag des C. Iunius Euhodus und der Metilia

---

[20] Vatikan 2341: HELBIG⁴ I 506.
[21] Rom, V. Albani 131: HELBIG⁴ IV 3291.
[22] Zu dieser Phase: TOYNBEE 164 ff.; K. FITTSCHEN, JdI 85, 1970, 189 ff.; G. KOCH, AA 1979, 228 ff.
[23] Vatikan 10437: HELBIG⁴ I 1129; SICHTERMANN-KOCH 49 f. Nr. 48 Taf. 124–128. – Vatikan 10450: HELBIG⁴ I 1127; SICHTERMANN-KOCH 52 f. Nr. 53 Taf. 133, 2; 135–140.
[24] Vatikan 10443; HELBIG⁴ I 1128.
[25] s. Kapitel I 4.3.9.2 und 3.
[26] KRAUS, PropKg Taf. 207 b.
[27] KRAUS a. O. Taf. 219 a.
[28] K. FITTSCHEN, JdI 85, 1970, 189 ff. – Dazu z. B.: Istanbul 2100: ASR XII 6, 81 Taf. 68 ff. – Rom, Mus. Cap. 726: SICHTERMANN-KOCH 22 f. Nr. 11 Taf. 21, 2; 22–25. – Rom, NM 168 186: GIULIANO, Mus. Naz. Rom. I 1, 318 ff. Nr. 190. – ASR IV 2, 73. 79. 83. 84. 85. 129; IV 3, 176. 206. – ASR V 1, 132. – ASR V 3, 38. 214. 218.
[29] Ostia 1101: HELBIG⁴ IV 3120; R. CALZA, Scavi di Ostia. I Ritratti I (1964) 98 f. Nr. 160 Taf. 94; K. FITTSCHEN, Der Meleager Sarkophag (Liebieghaus Monographie 1, 1975) 30 Anm. 62; P. BLOME, RM 85, 1978, 453 ff. Taf. 146, 2.
[30] Zu dieser Phase: K. FITTSCHEN, RM 76, 1969, 329 ff.; ders., JdI 85, 1970, 171 ff.; ders., AA 1971, 117 ff. – P. KRANZ, BullCom 84, 1974/75 (1977), 173 ff.; ders.; RM 84, 1977, 349 ff.
[31] K. FITTSCHEN, JdI 85, 1970, 188; ders., Meleager a. O. 30 Anm. 62. P. KRANZ, RM 84, 1977, 362 Taf. 164, 1.

Acte mit Darstellungen aus der Sage von Alkestis im Vatikan[32] dürfte durch seine Inschrift in die Jahre zwischen 161 und 170 n. Chr. gehören und fügt sich gut in die Abfolge der übrigen Sarkophage ein; die Porträts bestätigen den Ansatz. Bei mehreren Gruppen lassen sich Reihen bilden, durch die bestimmte Exemplare dieser Phase zuzuweisen sind.[33] Auch viele Einzelstücke lassen sich ihr zuordnen.[34] Die auf den Sarkophagen dargestellten Themen sind sehr vielfältig; es ist ein Reichtum vorhanden, der vorher und auch wenig später nicht mehr geboten wird. Neben den Friessarkophagen setzen die Exemplare mit Riefeln[35] und mit einer architektonischen Gliederung ein.[36] Girlandensarkophage wurden weiterhin hergestellt, traten aber zurück.[37]

Typisch für die Phase ist, daß die Friese in Einzelgruppen geteilt werden, die Figuren verhaltener bewegt sind; alles wird etwas eckig und ungelenk, die Gestalten sind schwerer und massiger; die Gewandmotive sind stark reduziert; die Linienführung der Falten ist vereinfacht; es findet sich ein stärkerer Einsatz des Bohrers, die Haarkappen werden aber noch nicht aufgerissen; durch Drehungen der Figuren sowie Wendungen und Neigungen der Köpfe wird versucht, Vorgänge in und zwischen den Gestalten und ihre stärkere Anteilnahme am Geschehen darzustellen.

Die *spätantoninische Phase*, also die Jahre von etwa 170/80 bis um 200 n. Chr., ist erstmals durch G. Rodenwaldt charakterisiert worden, der in dieser Zeit einen sogenannten Stilwandel erkannt hat.[38] Anhaltspunkte für eine Datierung geben Sarkophage mit Porträts,[39] Vergleiche mit datierten Monumenten, wie den großen Reliefs[40] und der Säule[41] des Marc Aurel, sowie relative Reihen, die sich bei vielen Gruppen bilden lassen.[42] So sind der Feldherrsarkophag in Frascati,[43] der Schlachtsarkophag   94. 76. von Portonaccio,[44] der Hochzeitssarkophag in Pisa[45] sowie Beispiele mit Meleager,   98. 188

---

[32] Vatikan 1195: HELBIG[4] I 291; SICHTERMANN-KOCH 20f. Nr. 8 Taf. 17, 2; P. BLOME, RM 85, 1978, 441 ff.

[33] K. FITTSCHEN, JdI 85, 1970, 189 ff. – ASR V 3, 34. 75 (ferner das bei FITTSCHEN, Meleager a.O. 30 Anm. 62 genannte Exemplar). – ASR XII 6 S. 13 ff. 35 ff. 45 ff. – RODENWALDT, Stilwandel (zu den Hochzeitssarkophagen). – Ferner bei S. mit Persephone, Alkestis, Adonis, Achill, Amazonen, Herakles, dionysischen Darstellungen, Schlacht u. a.

[34] K. FITTSCHEN, JdI 85, 1970, 171 ff. 192. – Ferner z. B.: Rom, Pal. Borghese, und Rom, NM 80712: K. FITTSCHEN, RM 76, 1969, 329 ff. Taf. 106 (Aeneas und Raub der Sabinerinnen). – Ostia 16651: HELBIG[4] IV 3107 (Kentauren). – Vatikan 549: HELBIG[4] I 145; SICHTERMANN-KOCH 30 f. Nr. 21 Taf. 44,2 (Giganten). – Palermo: SICHTERMANN-KOCH 22 Nr. 10 Taf. 21,1 (Amazonen vor Troja). – Grottaferrata: SICHTERMANN-KOCH 24 Nr. 13 Taf. 26,1 (Ares und Aphrodite). – Mantua: SICHTERMANN-KOCH 37 f. Nr. 32 Taf. 74, 1 (Ilioupersis). – Rom, Pal. Cons. 2402: SICHTERMANN-KOCH 39 f. Nr. 35 Taf. 82,1 (Marsyas). – Rom, NM 39400: SICHTERMANN-KOCH 48 f. Nr. 46 Taf. 119 (Neoptolemos). – Florenz, Uff. 181: SICHTERMANN-KOCH 59 f. Nr. 64 Taf. 157,2 (Phaethon).

[35] G. KOCH, ASR XII 6 S. 56 f.

[36] P. KRANZ, RM 84, 1977, 349 ff.

[37] s. Kapitel I 4.3.9.1.

[38] RODENWALDT, Stilwandel (1935). – Zu dieser Phase außerdem: K. FITTSCHEN, JdI 85, 1970, 189 ff.; H. JUNG, JdI 93, 1978, 328 ff.; G. KOCH, AA 1979, 238 ff.

[39] B. ANDREAE – H. JUNG, AA 1977, Tabelle nach S. 434.

[40] HELBIG[4] II 1444 (E. SIMON). I. SCOTT RYBERG, Panel Reliefs of Marc Aurelius (1967).

[41] KRAUS, PropKg Taf. 227/28.

[42] K. FITTSCHEN, JdI 85, 1970, 189 ff.

[43] Frascati: HIMMELMANN, Typ. Unt. Taf. 6.

[44] Rom, NM 112327: Helbig[4] III 2126; H. JUNG, JdI 93, 1978, 329 ff. Abb. 1.

[45] Pisa: HIMMELMANN, Typ. Unt. Taf. 9; K. FITTSCHEN in: Krisen in der Antike. Bewußtsein und Bewältigung (1975) 134 Abb. 3; ARIAS, Camposanto 142 ff. Taf. 82 f.

181. 190
197. 240   Medea, Niobiden, Parisurteil, Phaethon, Persephone, Meerwesen, Musen und dionysischen Themen in die Spätzeit dieser Phase zu datieren,[46] während andere Exemplare noch in den Übergang von der mittelantoninischen Phase gehören.

Am Anfang der Phase werden die Bewegungen, die in mittelantoninischer Zeit recht verhalten waren, wieder stärker, die Gewänder und Haare werden zunehmend mit dem Bohrer aufgerissen. Als Charakteristika der späten Phase, des ‚Stilwandels‘, lassen sich anführen: die Figuren werden langgestreckt und eckig bewegt, ihr Schwung ist vielfach gebrochen, die Köpfe knicken ab, die Zahl der Gestalten auf den Friesen wird stark erhöht, sie drängen sich eng, bekommen eine unterschiedliche Größe und werden in die Höhe gestaffelt, die Oberfläche wird unruhig aufgelöst, die Linien auf den Gewändern werden vielfältig gebrochen, es entstehen heftige Licht-Schatten-Kontraste; die Gesichter sind stark zergliedert, die Haare aufgewühlt; alles ist zu großem Pathos gesteigert.

In der *mittelseverischen Phase,*[47] dem ersten Viertel des 3. Jhs. n. Chr., tritt wieder eine Beruhigung ein. Anhaltspunkte geben einige Beispiele mit Porträts,[48] darunter
142   vor allem der Adonissarkophag im Vatikan,[49] sowie Reihen bestimmter Sarkophaggruppen und stilistische Beobachtungen.[50] Die Kästen sind in der Regel wieder niedriger und die Figuren beruhigter; die Falten bleiben kleinteilig, sind aber nicht so stark aufgerissen, sondern wieder verfestigt; die Köpfe sind weiterhin recht klein, in den Gesichtern und Haaren ist nicht mehr so stark mit dem Bohrer gearbeitet.

Für die *spätseverische Phase,* das zweite Viertel des 3. Jhs. n. Chr., gibt es eine Reihe von Anhaltspunkten für eine Datierung der Sarkophage.[51] Viele Beispiele haben Porträts,[52] andere lassen sich aufgrund der typologischen Reihe, wiederum andere nach der Werkstattzugehörigkeit und dem Stil einordnen; vor allem die Sarkophage mit Löwenjagd geben wichtige Hinweise;[53] sie sind, wie auch für die folgende Zeit, die Grundlage für die Einordnung vieler anderer Exemplare. Ein chronologischer Fix-

---

[46] K. FITTSCHEN, JdI 85, 1970 189 ff. (Medea, Niobiden). G. KOCH, AA 1979, 238 ff. (Persephone, Phaethon). ASR XII 6, 83 u. a. (Meleager). ASR V 3, 55.74.125.228. B. ANDREAE – H. JUNG, AA 1977, Tabelle n. S. 434. H. JUNG, JdI 93, 1978, 341 ff. (Hippolytos).

[47] Zu dieser Phase: K. FITTSCHEN, Gnomon 44, 1972, 500 ff.; P. KRANZ, BullCom 84, 1974/75 (1977) 173 ff.; B. ANDREAE – H. JUNG, AA 1977, Tabelle n. S. 434; H. JUNG, JdI 93, 1978, 328 ff.

[48] ANDREAE – JUNG a. O. Tabelle n. S. 434. JUNG a. O. 328 ff.

[49] Vatikan 10409: HELBIG[4] I 1120; SICHTERMANN-KOCH 19 f. Nr. 7 Taf. 10, 2; JUNG a. O. 355 ff. Abb. 16; K. FITTSCHEN, JdI 94, 1979, 578 ff.

[50] K. FITTSCHEN, Gnomon 44, 1972, 500 ff.

JUNG a. O. 328 ff. – Ein Riefels. mit dionysischen Gestalten (Vatikan 993. 992) gibt keinen genauen Anhaltspunkt; der Beigesetzte, C. Laecanius Novatillianus, war 207 n. Chr. subpraefectus vigilum, sein Todesdatum ist aber nicht bekannt; vgl. TURCAN 40 f.; ASR IV 4, 284 Taf. 311.

[51] Zu dieser Phase: K. FITTSCHEN, Gnomon 44, 1972, 502 ff.; B. ANDREAE – H. JUNG, AA 1977, Tabelle n. S. 434; H. JUNG, JdI 93, 1978, 359 ff.; B. ANDREAE, ASR I 2 S. 18 ff. – Ein 238 n. Chr. datiertes Frgt. im Vatikan (Rep. I 117; N. HIMMELMANN, JbACh 15, 1972, 179 f. Taf. 15) gibt keinen Hinweis.

[52] ANDREAE-JUNG a. O., Tabelle n. S. 434; ASR I 2 S. 18 ff.

[53] ASR I, 2 S. 18 ff.

punkt ist der Sarkophag des Kaisers Balbinus, der um 238 n. Chr. gearbeitet worden sein wird.⁵⁴

Für diese Phase ist charakteristisch: die Kästen sind recht hoch, der Fries ist durch einige großformatige Figuren gebildet oder zumindest durch sie bestimmt, die Gewänder sind sehr kleinteilig, flimmernd aufgelöst, die Haare stehen stark vom Kopf ab (,Flammenhaare'); alles ist auf heftige Bewegung und starken Ausdruck angelegt.

Die *gallienische Phase,* also die Jahre von etwa 250 bis etwa 270 n. Chr., ist durch eine Fülle von Hinweisen erschlossen;⁵⁵ eine beträchtliche Anzahl von Sarkophagen ist mit Porträtköpfen versehen, die eine Einordnung erlauben;⁵⁶ es lassen sich Werkstattkreise fassen, deren Produkte sich eng zusammenschließen und sogar in eine relative Reihe zu bringen sind.⁵⁷ Bei vielen Exemplaren handelt es sich um Meisterleistungen römischer Kunst. Neben verschiedenen Sarkophagen mit mythologischen Darstellungen, einigen mit Hochzeit, Philosophen, Musen, Meerwesen und Jahreszeiten, einem Beispiel mit Schlacht und mehreren mit dionysischen Szenen sind vor allem aufwendige Stücke mit Löwenjagd zu nennen.

Charakteristisch ist, daß die Sarkophage dieser ,klassizistischen' Phase eine hervorragende Qualität haben; es wird besonderer Wert auf eine schöne Linienführung der Falten gelegt, die im Verhältnis zur spätseverischen Phase reduziert werden; von den geglätteten, manchmal stark bewegten Gesichtern setzen sich die reich gegliederten und stark aufgebohrten Haarkappen deutlich ab.

In eine relativ kurze *nachgallienische Phase,* die Jahre etwa 270–80 n. Chr., sind einige Sarkophage zu datieren, bei denen die Formen, wie sie die gallienische Zeit gebracht hat, zwar noch weiterleben, aber verhärtet und schematisiert sind.⁵⁸ Beispiele, die sich nach den Porträts und dem Stil einordnen lassen, sind der Plotinsarkophag im Vatikan,⁵⁹ der Annonasarkophag⁶⁰ und der Sarkophag von Acilia⁶¹ in Rom, NM, sowie die Löwenjagden Mattei I und München.⁶² Diese Exemplare stehen in der Tradition der gallienischen Sarkophage. Daneben beginnt eine große Gruppe einfacherer Stücke, die recht flaches Relief und sogenannten pointillistischen Stil zeigen.⁶³ Ein

---

⁵⁴ Rom, Mus. der Prätextatkatakombe: KRAUS, PropKg Taf. 243; vgl. jedoch ASR I 2 S. 24 mit Anm. 92.

⁵⁵ Zu dieser Phase: K. FITTSCHEN, AA, 1969, 301 ff.; ders., Gnomon 44, 1972, 503; ders., Der Meleager Sarkophag (Liebieghaus Monographie 1, 1975); B. ANDREAE – H. JUNG, AA 1977, Tabelle n. S. 434; H. JUNG, AA 1977, 436 ff.; B. ANDREAE, ASR I 2 S. 46 ff. – Das auf Claudius Gothicus (268–270 n. Chr.) bezogene Relief gibt für die Sarkophage wenig aus; dazu zuletzt: ASR I 2 S. 70.

⁵⁶ ANDREAE-JUNG a.O., Tabelle n. S. 434; ASR I 2 S. 46 ff.

⁵⁷ Zum Problem der Werkstätten: K. FITTSCHEN, Gnomon 44, 1972, 503; ders., Der Meleager Sarkophag (Liebieghaus Monographie 1,

1975) 12 ff. mit Anm. 41; H. JUNG, AA 1977, 436 ff. (wichtig dort Anm. 300).

⁵⁸ Zu dieser Phase: K. FITTSCHEN, Gnomon 44, 1972, 503 f.; ENGEMANN, Untersuchungen 85 ff.; B. M. FELLETTI MAJ, RACrist 52, 1976, 223 ff.; ANDREAE-JUNG a.O., Tabelle n. S. 434; ASR I 2 S. 77 ff.

⁵⁹ Vatikan 9504: HELBIG⁴ I 1015 (Nachtrag IV S. 391); ASR V 3, 116 Taf. 71; K. FITTSCHEN, JdI 94, 1979, 585 ff.

⁶⁰ Rom, NM 40799: HELBIG⁴ III 2122.

⁶¹ Rom, NM 126372: HELBIG⁴ III 2315; GIULIANO, Mus. Naz. Rom. I 1, 298 ff. Nr. 182 (M. SAPELLI); K. FITTSCHEN, JdI 94, 1979, 584 f.

⁶² Rom, Pal. Mattei: ASR I 2, 126 Taf. 23, 2. – München: ASR I 2, 50 Taf. 34, 1.

⁶³ Zum ,pointillistischen' Stil: M. GÜT-

124 Eckpunkt der Chronologie dieser Sarkophage ist die Wanne des Iulius Achilleus in Rom, NM,⁶⁴ die innerhalb der aurelianischen Stadtmauer gefunden worden ist, also vor 275 n. Chr. gearbeitet worden sein muß. Ein durch die Nennung des Consul Tacitus ins Jahr 276 n. Chr. datiertes Deckelfragment gibt zwar wenig aus, fügt sich aber in das Bild ein.⁶⁵ Charakteristisch für diese Gruppe sind ein sehr flaches Relief, ganz knappe Faltengebung, starker Einsatz des Bohrers in Form von kurzen Rillen in der eng anliegenden Haarkappe (teilweise haben die Haare jedoch keine Bohrungen), punktförmige Bohrungen in verschiedenen Teilen der Gesichter (Pupillen, Augeninnenwinkel, Nasenlöcher, Nasen-Lippen-Furche, Mundwinkel), an Fingeransätzen und manchmal noch an anderen Stellen sowie Betonung der Brauen durch eine gravierte Rille. Vergleichbare Bohrungen finden sich auch bei Tieren.

In der *tetrarchischen Phase*, also den Jahren von etwa 280 bis um oder bald nach 310 n. Chr., lassen sich verschiedene Richtungen unterscheiden.⁶⁶ Die Tradition der gallienischen und nachgallienischen Zeit wird von einer Reihe von Sarkophagen fortgeführt, Gewänder und Gesichter sind aber ziemlich verwildert; vor allem scheint es sich um Jagdsarkophage zu handeln, die dieser Gruppe zuzuzählen sind;⁶⁷ einige sind durch ihre Porträtköpfe einzuordnen.⁶⁸ Weitere Hinweise geben die Sockelreliefs vom Arcus Novus des Diocletian⁶⁹ und die Decennalienbasis.⁷⁰ Umfangreich war die Produktion an Sarkophagen des pointillistischen Stils;⁷¹ es gibt Beispiele mit Jagd, Jahreszeiten, Eroten, bukolischen und selten mythologischen Szenen; besonders zahlreich sind Deckel in dieser Ausführung. Auch eine Reihe von Exemplaren mit christlichen Darstellungen läßt sich anschließen.⁷² Einen Anhaltspunkt für die Datierung gibt neben dem Sarkophag des Iulius Achilleus der Altar des Orfitus.⁷³ Als dritte ‚Richtung' läßt sich eine große Gruppe von Sarkophagen nennen, die einer Werkstatt zuzuweisen sind;⁷⁴ über 60 Stück lassen sich zusammenstellen. Durch ihr Format, die

SCHOW, RACrist 9, 1932, 119ff. bes. 130ff.; GERKE 95ff.; HIMMELMANN, Typ. Unt. 3 f. 32ff.; ASR I 2 S. 96ff.

⁶⁴ Rom, NM 125802: HELBIG⁴ III 2319; HIMMELMANN, Typ. Unt. 4; GIULIANO, Mus. Naz. Rom. I 1, 312ff. Nr. 187 (M. SAPELLI).

⁶⁵ Vatikan (Nr. ?): GERKE 99 Taf. 43,1; HIMMELMANN, Typ. Unt. 4.

⁶⁶ Zu dieser Phase: K. FITTSCHEN, Gnomon 44, 1972, 504; B. ANDREAE – H. JUNG, AA 1977, Tabelle n. S. 434; ASR I 2 S. 81ff.

⁶⁷ z. B. Rom, Cimitero Maggiore: ASR I 2, 78 Taf. 53, 1. – Rom, S. Sebastiano: ASR I 2, 149 Taf. 52,2. – Rom, Via de'Condotti: ASR I 2, 162 Taf. 80,1. – Florenz, Baptisterium: ASR I 2, 31 Taf. 86,2. – Rom, V. Medici: ASR I 2, 194 Taf. 86,4. – Pisa: ASR I 2, 69 Taf. 55,1; 71 Taf. 92,6. – Ferentillo: ASR I 2, 30 Taf. 93,4. – Jahreszeiten: Rep. I. 48.

⁶⁸ z. B. ASR I 2, 30.78.

⁶⁹ B. ANDREAE, Römische Kunst (1973) Abb. 610–615; ders., ASR I 2 S. 86 mit Anm. 414 (294 n. Chr. anzusetzen).

⁷⁰ H. KÄHLER, Das Fünfsäulendenkmal für die Tetrarchen auf dem Forum Romanum (1964). B. ANDREAE, ASR I 2 S. 86 mit Anm. 415 (303/04 n. Chr. anzusetzen).

⁷¹ Vgl. oben Anm. 63. – Jagd z. B.: ASR I 2, 60 Taf. 37, 5; 150 Taf. 74, 2; 101 Taf. 74, 3; 74 Taf. 74, 1; 63 Taf. 91, 1. – Jahreszeiten z. B.: McCANN, Metr. Mus. 133ff. Nr. 23. – HELBIG⁴ II 1735. – Eroten-Weinlese: Rom, Mus. Cap. (unpubl.?). – Achill: M. GÜTSCHOW, RM 43, 1928, 256ff. Taf. 27. – Amazonen: ASR II 106. – Bukolische Szenen: Rep. I 2. 32. 363. 961. 988.

⁷² z. B. Rep. I 46. 773. 774. 811.

⁷³ Rom, Villa Albani (295 n. Chr. datiert): HELBIG⁴ IV 3313 (D. WILLERS).

⁷⁴ Zu dieser Gruppe zuletzt: ASR XII 6 S. 22ff.; WIEGARTZ, Myra 213f.; G. KOCH, AA 1979, 236ff.; ders. in: Disputationes Salonitanae 2, 1979.

Gestaltung der Deckel, Neben- und Rückseitenmotive, Ornamente, Ikonographie und Stil fallen sie aus der übrigen stadtrömischen Produktion heraus. Sie sind in einer Werkstatt geschaffen worden, die teilweise die Tradition der gallienischen Zeit weiterführt, in die dann aber etwa 270/80 n. Chr. Künstler eingeströmt sind, die aus dem Osten, und zwar aus der Hauptwerkstatt der kleinasiatischen Säulensarkophage und aus der Werkstatt der attischen Sarkophage, stammen. Anhaltspunkte für eine Datierung geben die oben genannten Monumente und eine relative Reihe der einzelnen Stücke sowie die Friese des Konstantinsbogens.[75]

In den verschiedenen *Phasen des 4. Jhs. n. Chr.* sind nur wenige pagane Sarkophage geschaffen worden. Einige haben Porträtköpfe, die sich datieren lassen, andere müssen durch Vergleiche mit christlichen Sarkophagen, die sich wegen ihrer dichten Reihe besser überblicken lassen, eingeordnet werden.[76]

Datierungstabellen, die eine Übersicht über das Auftreten und Verschwinden der einzelnen Themen geben, sind bisher nicht erstellt worden; sie wären eine Vorarbeit für eine ‚Geschichte' der kaiserzeitlichen Sarkophagkunst. Für das 3. Jh. n. Chr. liegt allerdings eine ‚vorläufige tabellarische Übersicht über die Zeitstellung und Werkstattzugehörigkeit von 250 römischen Prunksarkophagen' von B. Andreae und H. Jung vor, auf die verwiesen werden kann.[77] Für das 2. Jh. n. Chr. wird auf den nächsten Seiten eine ‚vorläufige tabellarische Übersicht' gegeben.[78]

Problem der Werkstätten

Bei der großen Menge der erhaltenen stadtrömischen Sarkophage müßte es möglich sein, verschiedene Stücke aufgrund stilistischer Ähnlichkeiten auf einzelne Werkstätten zu verteilen. Da aber die Sarkophage nur zum geringen Teil durch gute Photographien, besonders Detailaufnahmen, erschlossen und manche Gruppen noch kaum zugänglich sind sowie auch die Neubearbeitung der mythologischen Sarkophage erst am Anfang steht, ist die Frage der Werkstätten noch nicht in einem Überblick behandelt worden. Es gibt aber eine Fülle von Hinweisen, bei denen meist nur wenige, manchmal nur zwei, Sarkophage miteinander verbunden werden;[79] sie haben vor-

---

[75] KRAUS, PropKg Taf. 252/53.
[76] Jagd: ASR I 2, 204 Taf. 54,3 (Porträt); 59 Taf. 94,1 (Porträt); 73 Taf. 94,2; 57 Taf. 93,5; 3 Taf. 94,4; 185 Taf. 95,1; 85 Taf. 95,2; 4 Taf. 95,3; 112 Taf. 95,4. – Weinlese: Rep. I 29.292. – Jahreszeiten: HANFMANN II 180 Nr. 498 Abb. 1 ff.; D. STRONG, Roman Art (1976) 164 Abb. 234. – Wagenfahrt und Prozession: HIMMELMANN, Typ. Unt. 37 ff. Taf. 56 b; 57 ff.
[77] B. ANDREAE – H. JUNG, AA 1977, Tabelle n. S. 434.

[78] Da in vielen Gruppen Vorarbeiten fehlen, handelt es sich, das sei betont, nur um einen vorläufigen Versuch. – Innerhalb der einzelnen Felder sind die S. etwa in relativer Reihenfolge angeordnet; nur das wurde versucht, nicht hingegen eine Einteilung in die Jahrzehnte. Die S. können teilweise nur in Auswahl aufgenommen werden, da der zur Verfügung stehende Platz beschränkt ist. – S-K = SICHTERMANN-KOCH.
[79] z. B. K. FITTSCHEN, JdI 85, 1970, 189 ff. – SICHTERMANN-KOCH 23. ASR XII 6 S. 36.

260 Stadtrömische Sarkophage

	MENSCHENLEBEN				MYTHEN
	Schlacht Andreae, Schlachtsarkophage	Hochzeit/Feldherr	Lebenslauf Liste in Kap. I 4.3.5	Sonstiges	Achill ASR II
bis 130			6 Mus.Naz. Wagenfahrt		
130 - 150				Berufe Mus. Naz. 184 Jagd, Mus.Naz. ASR I 2,107	27 Cambridge
150 - 170/80	Cava dei Tirreni 1 Pal.Cons. 2 Liverpool 3 Mus.Cap. 4 Mus.Naz.	Ostia 1338 Vatikan S-K 45 Mantua Florenz, Uff. 82 Leningrad A 433	4 Paris 2 Ostia	Toter auf Kline London 2315 Verschollen Paris, Cluny Florenz, Uff.381 Mahl Mus.Naz. 115174 Ostia 1333	43 Mus.Cap. 58 Ostia u. Mus.Naz. 58¹ Verschollen 30 Paris
170/80 - 200	Farfa 5 Mus.Naz. 6 Pisa 7 Pal.Giust. 8 Villa Doria 10 S.Paolo 12 V.Doria 13 Mus.Naz.	S. Lorenzo Orvieto Poggio a Caiano Los Angeles Vatikan 942 Florenz (Säulen) Pisa (Säulen) Frascati	12 Kunsthandel 9 Vatikan 3 Paris 8 V.Doria 10 Vatikan 7 Mus. Torlonia		29¹ Ostia Mus.Naz. 115173 29 Alupka 28 Verschollen 33¹ Genua 33 V.Doria 40 Vatikan
200 - 220/30	16 Gall.Borgh. 11 Pisa 1 S. gallienisch	bis ins 4. Jh.	1 S. tetrarchisch	Toter auf Kline Mus.Naz. 535 Stuttgart	57 Paris bis um 300

Vorläufige Datierungstabelle stadtrömischer Sarkophage

Chronologie – Werkstätten

		MYTHEN			
Adonis ASR III 1	Alkestis ASR III 1	Amazonen ASR II	Endymion ASR III 1	Herakles ASR III 1	
			40 Mus. Cap.		bis 130
		77 Mus. Cap.	48 Vatikan		130 - 150
4 Paris 9 Gall.Borgh. 5 V.Doria 3 P.Rospigl.	24 St.Aignan 26 Vatikan 23 V.Albani 22 Verschollen	134 Paris Palermo S-K 10 59 Gall.Borghese Ostia 893 112 San Simeon 75 Mantua 105 Toronto	49 Kopenhagen 39 P. Rospigl. 41 S.Cosimato New York 24.97.13 47 P.Rospigl. 42 Vatikan 50 V.Doria 62 Mantua 61 Mus. Cap.	120 London 116 Mus.Torlonia 113 Florenz	150 - 170/80
Rostock 13 V.Giust. 12 Vatikan 20 Mantua 15 P.Rospigl. 14 Blera	Genua 27 V.Doria	111 Pal.Cons. 76 Berlin 80 Vatikan 86 Mazara	64 München 53 Pisa 55 P.Rospigl.	129 Vatikan Mus.Naz. 154592 102 Mantua 104 Florenz	170/80 - 200
21 Vatikan 1 S. tetrarch.	1 Frgt. gallien.	90 Paris 89 V.Doria bis um 300	51 Tarquinia 75 P.Farnese 65 Paris bis um 300	107 Florenz bis etwa 240	200 - 220/30

Vorläufige Datierungstabelle stadtrömischer Sarkophage

	MYTHEN				
	Hippolytos ASR III 2	Iason/Medea ASR II	Leukippiden ASR III 2	Marsyas ASR III 2	Meleager-Jagd ASR XII 6
bis 130					
130 - 150		Medea 200 Berlin 195 Paris 196 Mantua 193 Verschollen	180 Florenz		
150 - 170/80		Iason Praetextat S-K 31 188 Wien 189 Paris Medea 199' Mus.Naz.	181 Vatikan 182 Baltimore	Pal.Cons.S-K 35 196 P.Barberini	2 Paris 7 Frascati 3 Göttingen 1 Mus.Cap. 5 Vatikan 6 Pal.Cons. 32 Ostia
170/80 - 200	168 V.Albani 164 Pisa 170 Paris	Medea 201 Mus.Naz. Medea 199 Ancona Basel		201 Hever Castle	10 Woburn A. 33 V.Medici 8 Pal.Doria 42 Boston 11 Ist.Naz.Ass. 12 Mus.Cap. 15 V.Medici
200 - 220/30	167 Vatikan Lucca *bis um 300*			208 Kopenhagen 209 P.Sforza-C. *bis um 300*	17 Broadlands 19 Vatikan 20 Pal.Mattei *bis um 300*

Vorläufige Datierungstabelle stadtrömischer Sarkophage

Chronologie – Werkstätten

	MYTHEN				
Meleager-Heimtragung	Meleager-Tod	Niobiden	Orest	Persephone	
ASR XII 6	ASR XII 6	ASR III 3	ASR II	ASR III 3	
					bis 130
				358 Venedig	
					130 - 150
		315 Vatikan	155 Vatikan	V. Giulia	
		313 Vatikan	167 München	362 V.Giust.u.Vat	
81 Istanbul		312 München	Cleveland		
73 Basel	112 Ostia	316 Venedig	154 Leningrad	Ostia 1101	
74 West Wyc.			156 P.Giustiniani	363 P. Rospigl.	
75 Paris	113 Paris		158 Vatikan	366 Manziana	
Houston	120 Mus.Cap.		Mus.Naz. S-K 54	368 Liverpool	150 - 170/80
87 Kopenhagen			157 Madrid	Mus.Naz. S-K 59	
88 Mus.Cap.			172 Weimar	361 Leningrad	
89 Mus.Naz.	114 V.Albani		177 Berlin	376 V.Doria	
91 V.Medici			178 Weimar	373 P.Barberini	
85 Vatikan				372 Florenz	
95 Vatikan				377 V.Giustiniani	
93 New York	117 Mailand			359 Paris	
78 Genua				402 Florenz	
79 Verschollen				397 P.Mattei	
80 Verschollen				Mus.Naz. 115224	170/80 - 200
98 Vatikan	122 Wilton House	Providence		409 Pisa	
82 Verschollen				Wien I 884	
84 V.Doria	116 Paris	317 Wilton House		410 V.Albani	
83 Perugia				ehem. Sambon	
				405 Baltimore	
				Karlsruhe	200 - 220/30
				394 London	
später nur auf D.	1 Ls. um 230/40 (121)			bis um 300	

Vorläufige Datierungstabelle stadtrömischer Sarkophage

	MYTHEN Phaethon ASR III 3	MYTHEN Sonstiges ASR	DIONYSISCHE THEMEN ASR IV	MEERWESEN ASR V 1	MUSEN ASR V 3
bis 130		Aktaion III 1,1 Peleus II 1 Pelops III 3,323 Theseus III 3,425	26 Pisa 27 Neapel	124 Paris (Deckel) 4 Mainz 1 Gall.Borghese 2.3 Vatikan	
130 – 150		Aeneas Mus.Naz. 168186 Parisurteil S-K 56	30 Verschollen 28 Liverpool 29 Pisa 73 Mus.Naz. 74 Sclafani 85.84 München 35 Vatikan 176 Neapel 79 Kopenhagen 206 Mus.Naz.	10 Gall.Borghese Boston 62.1187 Verschollen (Girlanden) 13 Vatikan 132 Paris	214 V. Medici 218 Verschollen 38 Leningrad
150 – 170/80	342 Florenz 334 Vatikan	Triptol. Paris 3571 Wilton H.III 3,432 Protesilaos S-K 70,69 Neoptolemos S-K 46 Kleobis III, 3,438 Pelops NM 108407 Kentauren Ostia 16651 Iliouspersis II 63 Ares S-K 13 Daidalos III 1,35	129 Cambridge 199 Baltimore 200 Mus.Cap. 72 Florenz,Bard. 36 Newby Hall 265 Vatikan 75 Kopenhagen 78 Paris 108 Mus.Naz. 152 Pal.Cons.	120 Vatikan 46 Pal.Cons. 34 Vatikan 12 Paris 23 Princeton 36 Ostia 40 Paris 134 Florenz 123 P.Corsini	34 Kansas C. Civita Castellana 75 Paris 28 Florenz
170/80 – 200	Privat Japan 332 Liverpool Ostia Florenz,Opera	Aeneas III 3,21^2 Giganten III 1,94 Ares u.a. III 2,192 Sabinerinn.III 3,437 Perseus S-K 63 Parisurteil II 11	209 Mus.Naz. 106 Neapel 118 Neapel 115 Florenz 105 Vatikan 95 Baltimore 46 Bolsena 260 Pisa 47 Moskau 44 Hever Castle	55 V.Bocca d.L. 135 Florenz 131 Pisa 56 Mus.Naz. 29 Pal.Cons. 68 Pisa 70 Mus.Naz. 67 Siena 144 Mus.Naz. 75 Verona	179 Verschollen 207 V.Borghese 74 Paris 228 Wien 180 S.Crisogono 174 P.Senatorio 16 Berlin 55 München
200 – 220/30	 *bis um 300*	Sieben gegen Theben S-K 73 Pelops III 3,324 *bis um 300*	76 Mus.Naz. 216 Baltimore *bis um 300*	116 Vatikan 92 Gall.Borghese *bis um 300*	125 Pal.Cons. 43 London 61 New York *bis um 300*

Vorläufige Datierungstabelle stadtrömischer Sarkophage

Chronologie – Werkstätten

EROTEN	JAHRESZEITEN	DEKORATIVER SCHMUCK			
		Girlanden Liste in Kap. I 4.3.9.1	Greifen/Ranken	Fliegende Eroten und Niken Riefel - Säulen	
		43 Paris 119 Venedig 52 Mus.Naz. 2 Berlin 47 Pisa	Greifen/Ranken Vatikan 166 Malibu 74.AA.25		bis 130
Beginn Thiasos Beginn Wagenrennen		80 Vatikan 40 Palermo 16 Mainz 74.75 Vatikan 63 Gall.Borgh. 3 Boston 24 New York 55 Mus.Naz. 127 Verschollen 121 Verschollen	Mus.Naz. 135928 Baltimore 23.25 Ostia 1156 Cambridge GR 7.1920 Warschau 143217		130 - 150
Beginn Waffenschmiede Weinlese Ernte	S. Lorenzo i. P. Zürich	106 S.Maria Ant. 46 Pawlowsk 57 Mus.Naz. 70 Vatikan 28 Ostia 83 P. Barberini 31 Ostia 5 Cliveden 18 Malibu	Kentauren Ostia 106	Beginn der S. mit Riefeln Säulen fliegenden und stehenden Eroten und Niken	150 - 170/80
P.Mattei (archit.)	V. Savoia Genua Genua (Horen)	69 Vatikan 114 Settimo 34 Ostia 30 Ostia 81 V.Albani 86 V.Borghese 72 Vatikan 26 Orvieto 17 Malibu 110 Via Nazionale	Kentauren Vatikan 10609		170/80 - 200
bis E. 4. Jh.	bis ins 4. Jh.	137 P. Sterpigni 8 Genf 102 V. Wolkonsky bis um 300		bis ins 4. Jh.	200 - 220/30

Vorläufige Datierungstabelle stadtrömischer Sarkophage

läufigen Charakter und können hier nicht aufgezählt werden. Es sind jedoch mehrere Versuche zu nennen, die größere Teilbereiche behandeln.

Bei seiner Arbeit über die dionysischen Sarkophage hat R. Turcan sich bemüht, eine Reihe von Werkstätten zu fassen, denen er sowohl Exemplare mit dionysischen wie auch anderen Themen zugeschrieben hat;[80] erst auf breiterer Grundlage und nach ausreichender photographischer Dokumentation wird man jedoch zu gesicherten Ergebnissen kommen. F. Matz hat in den Bänden des Sarkophagcorpus über die dionysischen Sarkophage vorgeschlagen, jeweils mehrere dieser Exemplare zu Werkstätten zusammenzuschließen;[81] doch wird es der weiteren Erforschung der Zusammenhänge vorbehalten bleiben, diese Versuche zu bestätigen und Exemplare mit anderen Darstellungen anzuschließen. Eine große Werkstatt der gallienischen Zeit hat K. Fittschen erkannt und ihr 26 Sarkophage zugewiesen,[82] eine Reihe, die sich noch verlängern ließe.[83] In einer weiten Übersicht über 250 Prunksarkophage des 3. Jhs. n. Chr. haben B. Andreae und H. Jung acht Werkstätten herausgearbeitet, denen sie eine unterschiedliche Anzahl von Sarkophagen zuschreiben konnten;[84] nach einem besonders durch H. Jung vertretenen Vorschlag[85] sind dabei die Exemplare der gallienischen Hauptwerkstatt, die von K. Fittschen zusammengestellt worden ist, auf zwei Werkstätten verteilt und weitere gar nicht berücksichtigt; mit der einen dieser Werkstätten wurden noch Beispiele der nachgallienischen Zeit verbunden. Von den Werkstätten sind besonders die um den Amazonensarkophag im Belvedere des Vatikan[86] und die um den Hippolytossarkophag im Vatikan[87] überzeugend; die gallienische Zeit wird erst durch weitere Untersuchungen geklärt werden können. G. Koch hat über 60 Sarkophage einer Werkstatt zugewiesen, die zwischen 270/80 und 310 n. Chr. gearbeitet hat;[88] sie ist maßgeblich von Künstlern bestimmt worden, die aus dem Osten, also aus der kleinasiatischen Hauptwerkstatt und aus Athen, nach Rom eingewandert sind; diese Werkstatt führte wahrscheinlich die Tradition oder einen Teil der Tradition der gallienischen Hauptwerkstatt weiter und hat sich dann nach 311/12 n. Chr. auf die Produktion christlicher Friessarkophage umgestellt. Daneben scheint eine Werkstatt Sarkophage im ‚pointillistischen' Stil gearbeitet zu haben;[89] es

---

[80] TURCAN 356 ff.

[81] F. MATZ, ASR IV 4 S. 519 ff.

[82] K. FITTSCHEN, Der Meleager Sarkophag (Liebieghaus-Monographie 1, 1975) 28 f. Anm. 41 (auszuscheiden haben die Frgte. mit Schlacht in Basel [b], die eine moderne Arbeit sein dürften; hinzu kommt der Meleagers. in Frankfurt).

[83] z. B. Hochzeit Córdoba: HIMMELMANN, Typ. Unt. Taf. 7. – Marsyas und dionys. Frgt. New York: MCCANN, Metr. Mus. 79 ff. Nr. 13 Abb. 87 ff.; 92 f. Nr. 16 Abb. 105 f. – Persephone, S. Cosimato in Rom: SICHTERMANN-KOCH 58 f. Nr. 62 Taf. 155.

[84] B. ANDREAE – H. JUNG, AA 1977, 432 ff.

[85] H. JUNG, AA 1977, 436 ff.

[86] ASR XII 6 S. 15. ANDREAE-JUNG a. O., mit ● bezeichnet.

[87] ANDREAE-JUNG, a. O., mit □ bezeichnet. ASR I 2 S. 35. G. KOCH, GettyMusJ 8, 1980, 138 f.

[88] G. KOCH, ASR XII 6 S. 22 ff.; ders., AA 1979, 236 ff.; ders. in: Disputationes Salonitanae 2, 1979; ders., Stilistische Untersuchungen zu spätantiken und frühchristlichen Sarkophagen (in Druckvorbereitung).

[89] Die Sarkophage sind zwar noch nicht unter diesem Gesichtspunkt untersucht worden, eine große Anzahl ist sich aber so ähnlich, daß man sie wohl einer Werkstatt zuschreiben kann. – Vgl. oben Anm. 63. 71. 72.

ist aber noch nicht geklärt, welche Stücke ihr zuzuweisen sind. Schließlich ist noch anzuführen, daß B. Andreae in dem großen Werk über die Löwenjagdsarkophage eine Fülle von Beobachtungen über Werkstattzusammenhänge mitgeteilt hat, die teilweise frühere Äußerungen ergänzen.[90]

I. 4.6. Verbreitung

G. RODENWALDT, RM 38/39, 1923/24, 10. Ders., JdI 45, 1930, 184. Ders., RM 58, 1943, 14 ff. – R. TURCAN, RA 1962, 1, 217 f. – G. KOCH, BJb 177, 1977, 253 ff. (mit einer vorläufigen Liste der stadtrömischen Sarkophage in den Provinzen des römischen Reiches).

Sarkophage stadtrömischer Werkstätten finden sich vor allem in *Rom* und *in der näheren Umgebung,* besonders in Ostia, wurden aber auch in entfernte Gebiete Italiens und in die römischen Provinzen exportiert, als man dort die Sitte aufnam, die Toten in reliefgeschmückten Steinsarkophagen beizusetzen.[1] In manchen Gegenden wurden die eingeführten Sarkophage mehr oder weniger getreu kopiert, so daß es bisweilen schwierig ist, die stadtrömischen Originale von lokalen Kopien zu unterscheiden.

In *Italien* ist der Export fast ausschließlich auf die Gebiete westlich des Apennin beschränkt. Der Gebirgszug bildet eine Grenze; selbst auf dem Seewege ist kaum ein Sarkophag nach Oberitalien und an die Ostküste gebracht worden; dort herrschten eigene Formen vor.[2] Unter den Ausnahmen sind vor allem späte Stücke wie der Hochzeitssarkophag in Iulia Concordia und die Löwenjagden in S. Elpidio und Osimo sowie Fragmente in Aquileia.[3] Ein bei Genga gefundener Meerwesensarkophag, der jetzt in Ancona aufbewahrt wird,[4] kopiert ein stadtrömisches Exemplar. Im westlichen Italien finden sich stadtrömische Sarkophage etwa von Genua im Norden bis etwa Gaeta im Süden[5] und besonders zahlreich in Samnium und Campania;[6] sehr selten sind sie im übrigen südlichen Italien, wo nur Beispiele in Reggio Calabria[7] und in Acerenza[8] (Provinz Potenza) zu nennen sind. In *Sizilien*[9] und *Sardinien*[10] sind stadtrömische Sarkophage wieder häufiger vertreten. In Campania sowie in Sizilien haben die eingeführten Sarkophage eine größere lokale Produktion hervorgerufen; auch in Sardinien gibt es einige lokale Kopien.

---

[90] B. ANDREAE, ASR I 2 passim.

[1] Bei vielen der in den Museen oder in Kirchen aufbewahrten Stücke ist es nicht mehr möglich festzustellen, ob sie schon in der Antike oder erst in der Neuzeit an ihren heutigen Aufstellungsort gekommen sind; s. KOCH a.O. 268 f.

[2] Zu Oberitalien siehe Kapitel II 2. – Vielleicht ist ein Hippolytoss. schon in der Antike nach Mailand gekommen: E. A. ARSLAN, Le civiche raccolte archeol. di Milano (1979) 185 Nr. 185.

[3] Portogruaro: G. BRUSIN – P. L. ZOVATTO, Monumenti romani e cristiani di Iulia Concordia (1960) 46 ff. Abb. 58 f. – S. Elpidio, Chiesa Collegiata: ASR I 2, 204 Taf. 54,4. – Osimo, Cattedrale: ASR I 2, 59 Taf. 94,1. – Aquileia 179. 2708: SCRINARI, Mus. Arch. 152 Nr. 451/52.

[4] Ancona, NM: ASR V 1, 118 Taf. 38 d–f.; G. RODENWALDT, AA 1934, 288.

[5] Zum westlichen Italien s. Kapitel II 1.

[6] Zu Unteritalien s. Kapitel II 3.

[7] Reggio Calabria: ENGEMANN, Untersuchungen 19 Taf. 6 a.

[8] Acerenza, Catt.: G. ALVINO, ArchCl 28, 1976, 257 ff. Taf. 94.

[9] Zu Unteritalien und Sizilien s. Kapitel II 3.

[10] Zu Sardinien s. Kapitel II 4.

Sehr zahlreich sind die Funde stadtrömischer Sarkophage in *Gallien,* das größter Abnehmer dieser Fabrikate war, soweit sich das nach den Funden beurteilen läßt.[11] Sie stammen überwiegend aus dem 3. und frühen 4. Jh. n. Chr.; eine besondere Häufung ist um und nach 300 n. Chr. festzustellen, und zwar vor allem bei den Jagdsarkophagen;[12] Stücke aus dem 2. Jh. sind selten. Die Themen sind recht verschiedenartig: neben zahlreichen mythologischen Darstellungen finden sich unter anderem dionysische Szenen, Musen, Girlanden und Jagd. Hervorzuheben sind die Sarkophage aus Saint-Médard d'Eyran mit Endymion und mit Dionysos,[13] die dionysischen Sarkophage in Lyon und Cadenet[14] und die Löwenjagd in Reims.[15] Die Fundorte liegen vor allem an oder in der Nähe der Mittelmeerküste (Arelate, Massilia, Aquae Sextiae, Narbo), an der Rhône (Lugdunum, Vienna), sowie an der Garonne (Burdigala), Loire und Seine. Die importierten Sarkophage sind verschiedentlich nachgeahmt worden.[16]

Im *Rhein-Mosel-Gebiet* sind der Jahreszeitensarkophag in der Grabkammer in Weiden bei Köln und der Persephonesarkophag in Aachen, bei dem allerdings der Fundort nicht bekannt ist, zu nennen; daneben gibt es nur noch wenige Fragmente.[17] In *Britannia* ist, von einem zweifelhaften Stück abgesehen, kein stadtrömischer Sarkophag bekannt.[18] In Spanien und Portugal *(Tarraconensis, Lusitania, Baetica)* sind verhältnismäßig wenige stadtrömische Sarkophage zutage gekommen.[19] Sie sind über das Land verstreut; eine Häufung ist nicht festzustellen. Bis auf den Orestsarkophag aus Husillos[20] stammen die Stücke aus dem 3. Jh. n. Chr. Sie haben mehrere Nachahmungen gefunden, die stilistisch ganz unterschiedlich sind. Unter den eingeführten Exemplaren sind die Löwenjagd in Barcelona, der Hochzeitssarkophag in Córdoba und der Meleagersarkophag in Medinat-al-Zahara hervorzuheben.[21]

Im westlichen Teil von *Mauretania,* das vom heutigen Marokko eingenommen wird, ist kein stadtrömischer Sarkophag bekannt; im östlichen Teil der Provinz und in *Numidia,* beide heute zu Algerien gehörend, ist eine Reihe von stadtrömischen Sarkophagen gefunden worden, vor allem in Orten an der Küste, aber auch in Thagaste und Theveste.[22] Darunter sind aufwendige Beispiele wie der Bellerophonsarkophag aus Rusazus in Algier oder der Pelops-, der Meerwesen- und der Hochzeitssarkophag in Tipasa.[23] In Tunesien (Teile von Numidia und von *Africa proconsularis*) sind vor al-

---

[11] KOCH a.O. 253 ff. 258 ff. – Zu Gallien s. Kapitel II 5.
[12] z. B. ASR I 2,3.4.5.6.19.21.22.27.51. 58.
[13] Paris 1335: MATZ, MW Taf. 23. – Paris 1346: ASR IV 3, 222 Taf. 234.
[14] Lyon, Mus: ASR IV 1, 38 Taf. 38/39; IV 2, 101 Taf. 127. – Cadenet, Kirche: ASR IV 1, 60 Taf. 74. 75,1.
[15] Reims, Mus. 932,14: ASR I 2, 75 Taf. 13,2.
[16] s. dazu Kapitel II 5.
[17] KOCH a.O. 257 f. – Zum Rhein-Mosel-Gebiet s. Kapitel II 6.
[18] KOCH a.O. 257. – Zu Britannia s. Kapitel II 9.
[19] KOCH a.O. 261 ff. – Zu den Provinzen s. Kapitel II 10.
[20] Madrid, Mus. Arqu.: ASR II 157; GARCÍA Y BELLIDO 212 ff. Nr. 249 Taf. 172 ff.
[21] Barcelona 870: ASR I 2, 8 Taf. 1, 2. – Córdoba: HIMMELMANN, Typ. Unt. 6 Taf. 7. – Medinat-al-Zahara: ASR XII 6, 29 Taf. 38c, d.
[22] KOCH a.O. 263 ff. – S. hier Kapitel II 11.
[23] Algier, Bellerophon: S. HILLER, Bellerophon (1970) 106 Nr. 13 Abb. 20. – Tipasa, Pelops: ASR III 3, 324. – Meerwesen: M. BOUCHENAKI, Fouilles de la nécropole occidentale de Tipasa 1968–1972 (1975) 72. 74 ff. – Hochzeit: H. HENCKEN, Archaeology 2, 1949, 173 Abb. 4.

lem aus der Umgebung von Carthago mehrere stadtrömische Importstücke bekannt. In Algerien und Tunesien gibt es Kopien nach stadtrömischen Sarkophagen. In Libyen (*Africa* und *Cyrene*), wo sich mehrere attische Sarkophage finden, ist stadtrömischer Import nicht nachzuweisen;[24] eine Ostothek oder Aschenurne aus Benghazi in London[25] scheint keine stadtrömische Arbeit zu sein. In *Aegyptus* sind stadtrömische Sarkophage nicht gefunden, stadtrömischen Einfluß belegt aber der dionysische Sarkophag in Alexandria.[26]

596

In *Palaestina* und *Syria* gibt es neben sehr zahlreichem attischen Import auch einige kleinasiatische und stadtrömische Stücke.[27] Die letzteren stammen vor allem aus einer Zeit, in der die attischen und kleinasiatischen Prunksarkophage nicht mehr hergestellt wurden; der Marsyassarkophag aus Sidon in Kopenhagen und ein Kindersarkophag, der angeblich aus Askalon kommt, sind jedoch früher entstanden.[28] Einige lokale Sarkophage hängen von stadtrömischen Vorbildern ab, wie ein Girlandensarkophag aus Sidon in Beirut[29] oder ein in Sidon gefundener Meerwesensarkophag.[30] Ob als Vorlagen weitere importierte Stücke oder Musterbücher anzunehmen sind, ist noch nicht geklärt.

In *Kleinasien* mit seinen verschiedenen Provinzen und in *Cyprus* sind stadtrömische Sarkophage nicht nachzuweisen.[31] Stadtrömischer Einfluß ist jedoch bei verschiedenen einheimischen Sarkophagen festzustellen, wie beispielsweise bei dem Achillsarkophag in Providence, dem dionysischen Sarkophag in Subiaco oder dem Endymionsarkophag in Paris. Bei diesen frühen Friessarkophagen ist er auf Musterbuchvorlagen zurückzuführen; sie wurden übernommen, um Sarkophage herstellen zu können, die den stadtrömischen Exemplaren gleichwertig waren; diese Beispiele scheinen vor allem für den Export bestimmt gewesen zu sein.[32] Ob stadtrömische Anregungen auch bei den Girlandensarkophagen mit kleinen figürlichen Szenen in den Bögen anzunehmen sind, müßte noch untersucht werden.[33] In Südrußland (*Regnum Bospori*) sind stadtrömische Sarkophage nicht bekannt, stadtrömischen Einfluß zeigt aber ein Girlandensarkophag mit Köpfen in den Lünetten und möglicherweise auch ein Fragment mit Heraklestaten.[34]

510

[24] KOCH a.O. 265. – S. hier Kapitel VI 6.
[25] London 2325: J. HUSKINSON, CSIR Great Britain II 1 (1975) 51 Nr. 91 Taf. 35; H. BRANDENBURG, JdI 93, 1978, 309 mit Anm. 59.
[26] KOCH a.O. 266. – Dionysischer S. in Alexandria: ASR IV 3, 228 Taf. 230, 3–4; 250. – Zur Provinz hier Kapitel VI 5.
[27] KOCH a.O. 266f. – Zu den Provinzen hier Kapitel VI 4 und VI 3. – In Caesareia ferner Frgt. mit Mann, der Buchrolle hält: unpubl. (Hinweis H. Bloedhorn).
[28] Kopenhagen 782: ASR III 2, 208. – Haifa, angeblich aus Askalon: unpubl.
[29] Beirut (Nr. ?): M. MEURDRAC – L. ALBANÈSE, BMusBeyr 3, 1939, 37ff. Taf. 4b.

[30] Sidon (?): G. CONTENAU, Syria 5, 1924, 126f. Taf. 36a; ASR V 1 S. 132f. Abb. 176.
[31] Zu den Provinzen hier Kapitel V und VI 2.
[32] G. KOCH, AA 1974, 307f. mit Anm. 73. Die dort genannten Fragmente mit Leukippiden stammen nicht von einem Sarkophag. – Zum Kentaurensarkophag im Vatikan: G. KOCH, BJb 180, 1980, 88ff. Abb. 35ff.
[33] HIMMELMANN, Megiste 18f. G. KOCH, Gnomon 45, 1973, 316. Ders., AA 1974, 308 Anm. 76.
[34] G. SOKOLOV, Antique Art on the Northern Black Sea Coast (1974) 164ff. Nr. 179.181.

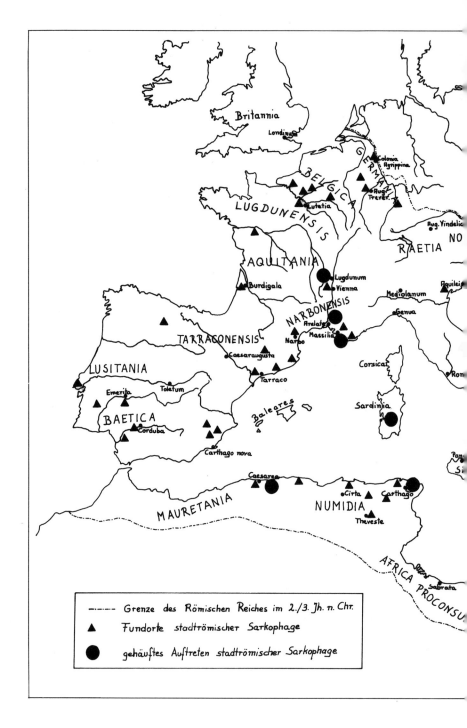

Abb. 4. Verbreitung der stadtrömischen Sarkophage in den Provinzen des römischen Reiches.

In *Griechenland* sind nur auf *Kreta* der wohl in mittelantoninischer Zeit entstandene dionysische Sarkophag, der jetzt in Cambridge aufbewahrt wird,[35] und in Nikopolis in *Epirus* die Fragmente eines Heraklessarkophages zutage gekommen.[36] Stadtrömische Aschenurnen sind aus Patrai belegt.[37] In Albanien *(Macedonia)* stammen drei relativ frühe stadtrömische Beispiele aus Dyrrhachium.[38] In *Dalmatia* sind mehrere stadtrömische Sarkophage in Salona und ein Fragment auf der Insel Koločep bei Dubrovnik gefunden worden;[39] zeitlich ziehen sie sich vom frühen 3. bis ins frühe 4. Jh. n. Chr. hin. In Salona gibt es Nachahmungen stadtrömischer Importe.[40] Aus dem *übrigen Balkan*, also den Provinzen Thracia, Moesia Inferior und Superior, Dacia und Pannonia sind stadtrömische Sarkophage nicht bekannt, ebenfalls nicht aus *Noricum* und *Raetia*.

Auf der Karte Abb. 4 sind die Fundorte und auch die Aufbewahrungsorte eingetragen, sofern anzunehmen ist, daß die Fundorte in nicht allzuweiter Entfernung von ihnen liegen. Sie zeigt deutlich, daß die stadtrömischen Sarkophage vor allem auf die westlichen Provinzen beschränkt sind. Neben Funden an der Küste von Dalmatia und Macedonia und dem Einzelstück in Kreta sind im Osten nur in Syria und Palaestina stadtrömische Sarkophage nachgewiesen, im Verhältnis zu den attischen Sarkophagen treten sie dort allerdings weit zurück. In Syrien gab es keine eigenständige Produktion figurengeschmückter Sarkophage; daher scheint es verständlich, daß stadtrömische Prunkstücke importiert wurden, und zwar vor allem zu einer Zeit, als es die attischen und kleinasiatischen nicht mehr gab.

I. 4.7. Import anderer Sarkophage nach Rom und ihre Wirkung auf die stadtrömische Produktion

Obwohl in Rom Sarkophage mit den verschiedenartigsten Darstellungen und in unterschiedlicher Größe hergestellt wurden, läßt sich eine erhebliche Anzahl von Exemplaren nachweisen, die in fertig ausgearbeitetem Zustand importiert worden sind. Sie kommen vor allem aus Athen, aber auch aus Kleinasien und, in geringerer Zahl, aus Ägypten und sogar aus Dalmatien.

Die attischen Sarkophage sind von A. Giuliano zusammengestellt worden;[1] es gibt eine Reihe von Neufunden.[2] Beispiele der kleinasiatischen Hauptgruppe sind von

---

[35] Cambridge GR 1.1835: ASR IV 2, 129 Taf. 144,1.
[36] G. KOCH, BJb 180, 1980, 85 ff. Abb. 32/33.
[37] E. MASTROKOSTAS, ADelt 19 B 2, 1964, 185 f. Taf. 214a, b; G. DAUX, BCH 90, 1966, 831 Abb. 4/5.
[38] Istanbul 2100: ASR XII 6, 81 Taf. 68 ff. – Istanbul 2101: ASR IV 4, 338 Taf. 337. –

Verschollen: C. PRASCHNIKER, ÖJh 21/22, 1922–24, Beibl. 214 Nr. 1 Abb. 125.
[39] N. CAMBI, AA 1977, 444 ff.
[40] s. hier Kapitel III 1.
[1] GIULIANO, Commercio Nr. 350. 352–365. 391–393. 395. 397. 410–411. 419. 420. 428–435. 437–444. 454. 458.
[2] Es lassen sich fast 30 Neufunde anführen, G. Koch, BJb 182, 1982.

H. Wiegartz und G. Ferrari erfaßt worden;³ nur wenige sind neu hinzugekommen.⁴ Einige Exemplare stammen aus Ephesos⁵ und Aphrodisias⁶ und eines aus einer unbekannten Werkstatt Kleinasiens;⁷ Halbfabrikate aus Ephesos und Prokonnesos sind gelegentlich nicht weiter verarbeitet worden.⁸ Ein Granitsarkophag in Wannenform⁹ und vielleicht auch ein mit Girlanden geschmückter Kasten mit gerundetem Deckel,¹⁰ sowie zwei Porphyrsarkophage¹¹ kommen aus Ägypten. Ein Sarkophag dürfte schon in der Antike aus Dalmatien nach Rom gebracht worden sein, der Fundort steht allerdings nicht fest.¹² Schließlich sind noch einige Stücke zu nennen, die aus Campanien nach Rom geholt worden sind.¹³

597

598.599

Die zahlreichen importierten Sarkophage haben nur in erstaunlich geringem Maße auf die stadtrömische Produktion eingewirkt.¹⁴ Beispielsweise sind keine Werkstätten vorhanden, die den Stil, die Ornamente oder die Darstellungen der beliebten attischen Sarkophage nachgeahmt haben. Lediglich in Einzelfällen sind Stücke nachzuweisen, die möglicherweise von Bildhauern gearbeitet worden sind, die aus dem Osten stammen, und bei sehr wenigen Beispielen hängen Einzelzüge von östlichen Sarkophagen ab. Nur in tetrarchischer Zeit ist eine Werkstatt zu fassen, die wesentlich durch Künstler bestimmt worden ist, die zu einem Zeitpunkt nach Rom gekommen

---

³ G. FERRARI, Il commercio dei sarcofagi asiatici (1966). – WIEGARTZ, Säulens. 155 ff. (Grottaferrata. Hever Castle. London C. Ostia. Paris-Rom. Rom). 177 f. Nr. 5. 6. 16. – Ferner zwei Deckel in Rom, S. Lorenzo: WIEGARTZ a.O. 36 Anm. 29.

⁴ Es handelt sich um etwa 10 Neufunde; G. Koch, BJb 182, 1982.

⁵ N. ASGARI, AA 1977, 371 f. (Rom B = NM 72 881. Rom C = Pal. Cons. 2116). – Vielleicht WIEGARTZ, Säulens. 179 Nr. 35 Taf. 12 a. b (vgl. dazu WIEGARTZ, Myra 231 f. mit Anm. 382).

⁶ Pisa: ASR V 3, 78 Taf. 95–98. 100 b; WIEGARTZ, Säulens. 167; H. WIEGARTZ, AA 1971, 93; ARIAS, Camposanto 152 ff. Taf. 94/95. – Subiaco: ASR IV 2, 78 Taf. 94, 1; 95 (Hinweis N. Asgari, daß es sich vielleicht um ein Stück aus Aphrodisias handelt).

⁷ Rom, NM 124 708: HELBIG⁴ III 2131 G; D. MONNA – PENSABENE, Marmi dell' Asia Minore (1977) 164 f. Abb. 66; G. M. DE ROSSI, Bovillae (Forma Italiae I 15, 1979) 45 Nr. 56 Abb. 42.

⁸ Rom, NM (Nr.?): N. ASGARI, AA 1977, 371 Abb. 26 (Rom A); MONNA-PENSABENE a.O. 138 Abb. 45/46. – Pisa: ASGARI a.O. 371 (Pisa); ARIAS, Camposanto 154 f. Taf. 103, 216; 104, 217. – Rom, NM 263 794: MONNA-PENSABENE a.O. 159 Abb. 56/57.

⁹ Rom, NM 108 393: J. B. WARD-PERKINS, BMusBeyr 22, 1969, 130 Taf. 6, 2; L. QUILICI, Collatia (Forma Italiae I 10, 1974) 738 Abb. 1686 f. – Vgl. die Wanne aus grauem Granit im Vatikan 20 303: WARD-PERKINS a.O. 130.

¹⁰ Rom, St. Peter, Grotten: G. B. DE TOTH, Vatikanische Grotten (1955) 110 Nr. 41 Taf. 41. – Vgl. MATZ-DUHN II 2409 (Verschollen).

¹¹ Vatikan 237. 238: HELBIG⁴ I 21. 25. – Vgl. R. DELBRUECK, Antike Porphyrwerke (1932) 212 ff. (weitere Frgt.e).

¹² Kopenhagen 780a: POULSEN, Cat. Sculpt. 548 Nr. 780a; J. M. C. TOYNBEE, JbAChr 18, 1975, 13 Nr. 6 Taf. 4; H. GABELMANN, BJb 177, 1977, 202; H. HERDEJÜRGEN, ASR VIII 2 S. 38 Anm. 95.

¹³ Zuweisung nicht sicher, z. B. Rom, V. Borghese: Rep. I 929; N. HIMMELMANN, JbAChr 15, 1972, 179 Anm. 1; H. HERDEJÜRGEN, AA 1975, 565 Anm. 40. – Rom, V. Celimontana: QUILICI a.O. (s. oben Anm. 9) 771 Nr. 673 Abb. 1760. – Vatikan 20.296: AMELUNG, Vat. Kat. I 881 Nr. 217 Taf. 113; G. RODENWALDT, AA 1938, 403 Anm. 2; MATZ, MW 49 (2 b 2).

¹⁴ Diesem Problem ist bisher nicht ausführlicher nachgegangen worden; deshalb können hier nur einige Hinweise gegeben werden. – Vgl. G. RODENWALDT, Gnomon 1, 1925, 124 f.; ders., JdI 45, 1930, 184 ff.; ders., JdI 51, 1936, 112; ders., AA 1938, 393 f. und passim; ders., JdI 55, 1940, 50 ff.; ders., JdI 59/60, 1944/45, 85.

sind, als man in Athen und in Kleinasien die Produktion aufwendiger reliefgeschmückter Sarkophage eingestellt hat.

Zu den Beispielen, die von östlichen Bildhauern in Rom hergestellt worden sein können, gehören folgende Sarkophage: ein Rankensarkophag in Rom, Largo Chigi,[15] der möglicherweise von einem attischen Meister gearbeitet worden ist, der Kentaurensarkophag im Vatikan,[16] der Sarkophag von Velletri[17] und der Hochzeitssarkophag Medici-Riccardi in Florenz,[18] die in kleinasiatischer Tradition stehen; ebenfalls mit Kleinasien sind die Girlanden auf den Nebenseiten eines dionysischen Sarkophags in Lucca[19] verbunden. An Einzelzügen sind vor allem Ornamentzonen bei einigen Sarkophagen zu nennen, die mit attischen Sarkophagen zusammenhängen; Beispiele sind der sogenannte Sarkophag der Cecilia Metella in Rom, Pal. Farnese,[20] ein dionysischer Sarkophag im Vatikan,[21] Fragmente mit Endymion in Berlin[22] und Meleager in Rom, Museo Torlonia,[23] sowie ein Riefelsarkophag in San Simeon;[24] selten begegnen Dachdeckel mit den kleinen Blattziegeln;[25] ganz vereinzelt sind fliegende Eroten bei Girlandensarkophagen wiedergegeben;[26] gelegentlich hängen die Darstellungen von attischen Vorbildern ab.[27] An kleinasiatischen Einzelzügen sind ein Sockelfries bei einigen Exemplaren,[28] eine Tabula haltende Eroten bei verschiedenen Girlandensarkophagen,[29] Girlanden mit Trauben[30] und Porträtbüsten in den Girlandenbögen[31] zu nennen; ein Problem ist, ob die kleinasiatischen Säulensarkophage die Produktion der stadtrömischen Säulensarkophage im 2. Jh. n. Chr. angeregt haben.[32] Verschiedentlich sind Klinendeckel vorhanden, die mit Vorbildern der kleinasiatischen Hauptgruppe zusammenhängen;[33] selten sind Deckel in Form eines Daches mit großen Ziegeln und mächtigen Akroteren, wie sie für Kleinasien charakteristisch sind.[34]

---

[15] G. KOCH, BJb 180, 1980, 77 ff. Abb. 24 ff.
[16] Vatikan 290: HELBIG[4] I 66; KOCH a.O. 88 ff. Abb. 35 ff.
[17] Zuletzt: KOCH a.O. 102 f.
[18] Florenz, Mus. dell' Opera: KOCH a.O. 99 ff. Abb. 46.
[19] Lucca: ASR IV 2, 90 Taf. 110, 1; 115, 3; KOCH a.O. 93 ff. Abb. 39 f.
[20] Rom, Pal. Farnese: G. PISANI SARTORIO – R. CALZA, La Villa di Massenzio sulla Via Appia (1976) 206 ff. Taf. 31/32.
[21] Vatikan 987: HELBIG[4] I 231; ASR IV 1, 35 Taf. 30, 1; 31. 32. 33,3.
[22] Berlin Sk 846: ASR III 1, 89.
[23] Rom, Mus. Torlonia: ASR XII 6, 48 Taf. 42 c.
[24] C. VERMEULE in: Festschrift F. Matz (1962) 107 Nr. 6.
[25] z. B. Girlandens. in San Simeon: VERMEULE a.O. 107 Nr. 7. – Nicht zugehöriger Deckel auf dem Hochzeitss. Medici-Riccardi in Florenz, Mus. dell' Opera: G. KOCH, BJb 180, 1980, 99 ff.

[26] Verschollen, ehem. Rom, Pal. Raggi: G. RODENWALDT, AA 1938, 404 f. Abb. 8.
[27] Norfolk (Erotens.): KOCH a.O. 67 ff. Abb. 16 ff. – Florenz, Bapt. und Rom, Villa Medici (Eberjagden): G. KOCH, AA 1974, 614 ff. Abb. 12. 13.
[28] Berlin, Klein Glienicke: GOETHERT, Klein Glienicke 23 Nr. 111 Taf. 45. – Rom, S. Paolo: INR 76. 1007. – Rom, Villa Borghese (verschollen?): INR 37. 1600.
[29] San Simeon: C. VERMEULE in: Festschrift F. Matz (1962) 107 Nr. 7. – Ostia (Nr.?): HONROTH, Girlanden 89 Nr. 108 Taf. 10, 2. – Rom, NM (Nr.?): unpubl. (vgl. HONROTH a.O. 62 Anm. 227).
[30] Verschollen: s. oben Anm. 26.
[31] G. RODENWALDT, AA 1938, 404 f. – HONROTH, Girlanden 63 f.
[32] Zuletzt: P. KRANZ, RM 84, 1977, 349 ff. – Hier Kapitel I 4.1.6.
[33] ASR XII 6 S. 23. – Vgl. den Deckel des Balbinuss.: KRAUS, PropKg Taf. 243.
[34] z. B. Rom, Mus. Torlonia: ASR V 3, 133

Auf die spätantike Gruppe, die in ihrem Stil, in den Darstellungen und Kompositionsweisen, in Ornamenten, Rückseitenmotiven, Klinendeckeln und anderen Zügen mit Kleinasien und Athen zusammenhängt, braucht hier nur kurz hingewiesen zu werden.[35]

Entgegen früherer Annahmen ist deutlich geworden, daß die stadtrömische Produktion an Girlanden-, Eroten- und dionysischen Sarkophagen nicht von importierten attischen Exemplaren angeregt worden ist; die stadtrömischen Sarkophage gehen vielmehr zeitlich voran.[36]

Taf. 60. – Rom, S. Paolo: ASR V 3, 184 Taf. 67. 136. – Rom, Catacombe S. Callisto: WILPERT I Taf. 85, 6. 7. – Paris 3207: CHARBONNEAUX, Louvre 262.

[35] Zuletzt: ASR XII 6, S. 22 ff. – G. KOCH, AA 1979, 236 ff.

[36] HIMMELMANN, Megiste 18 f.; ders. Gnomon 43, 1971, 605. – A. GEYER, Das Problem des Realitätsbezuges in der dionysischen Bildkunst der Kaiserzeit (Beiträge zur Archäologie 10, 1977) 52 ff. – Zu diesem Problem auch: H. HERDEJÜRGEN, JdI 96, 1981, 413 ff.

II. DIE SARKOPHAGE DER WESTLICHEN GEBIETE DES RÖMISCHEN REICHES

Die stadtrömischen Sarkophage sind weit exportiert worden, und zwar besonders in die westlichen Teile des römischen Reiches. In einigen Provinzen haben sie Nachahmungen gefunden, so in Spanien, im westlichen Nordafrika und, in geringerem Maße, in Gallien. Die Sarkophage anderer Provinzen lehnen sich an andere Vorbilder an wie in Germania, Raetia oder Noricum und auch ein großer Teil der Sarkophage in Gallien. In Italien gibt es lokale Werke in größerer Zahl in Unteritalien, und zwar in Campanien und Samnium, und in Sizilien; sie schließen sich teilweise an stadtrömische Vorbilder an, verarbeiten aber, besonders in Campanien, auch andere Einflüsse. Im oberen und östlichen Italien, östlich des Apennin, herrschen eigenständige Sarkophage vor; es gibt nur sehr wenige Nachahmungen nach stadtrömischen Exemplaren. Im Gebiet westlich des Apennin, etwa von Genua im Norden bis Gaeta im Süden, überwiegen hingegen die stadtrömischen Sarkophage; es gibt aber vereinzelt lokale Nachahmungen.

So müssen also in Italien die Teile westlich des Apennin, Oberitalien, Unteritalien und Sizilien und Sardinien, dem Corsica angeschlossen wird, gesondert behandelt werden. Es folgen die Provinzen im westlichen Teil des römischen Reiches.

II. 1. ITALIEN WESTLICH DES APENNIN
(etwa von Genua bis Gaeta)

Diese Gebiete stehen unter dem Einfluß von Rom. Es sind zahlreiche stadtrömische Sarkophage bekannt; bei den meisten ist aber nicht mehr zu ermitteln, ob sie schon im Altertum importiert worden sind. Bei vielen Stücken in Pisa, Camposanto,[1] ist es beispielsweise wahrscheinlich und bei manchen in Florenz[2] sogar nachzuweisen, daß sie erst in der Neuzeit an ihre heutigen Aufbewahrungsorte kamen. Bei verschiedenen Exemplaren sind aber die Fundorte bekannt[3] und besonders bei Fragmenten darf man annehmen, daß sie teilweise in der Nähe der heutigen Aufbewahrungsorte gefunden worden sind.[4] So kann als sicher gelten, daß stadtrömische Sarkophage in größerer Zahl in die Gebiete westlich des Apennin, von etwa Genua bis Gaeta, exportiert wurden.

[1] G. RODENWALDT, RM 38/39, 1923/24, 16f. R. CALZA, RendPontAcc 37, 1964/65, 182. TURCAN 329.

[2] MANSUELLI I Nr. 237. 250. 251. 252. 253. 256. 257.

[3] z. B. Civita Castellana 59646: M. MORETTI, Nuove scoperte e acquisizioni nell'Etruria meridionale (1975) 259ff. Nr. 8 Taf. 79ff.

[4] z. B. Genua: A. FROVA in: Raccolta A. Calderini (1971) 387ff. – Terracina: ASR II 36¹.

Neben den stadtrömischen Sarkophagen gibt es eine größere Anzahl von verstreuten lokalen Stücken. Sie sind fast alle Kopien, Nachahmungen oder Umbildungen stadtrömischer Sarkophage. Nur wenige haben eigene Züge. Die Kopien sind von den Originalen nur durch ihre Ausführung zu unterscheiden, die die stadtrömischen Vorlagen mehr oder weniger stark vergröbert. Bei besseren Stücken ist eine Trennung schwierig oder nicht mit Sicherheit möglich; eine Untersuchung oder auch nur eine Zusammenstellung der lokalen Stücke fehlt bisher; es können deshalb hier nur einige Hinweise gegeben werden.

Schon unter den Sarkophagen, die in oder bei Rom gefunden oder erhalten sind, sind einige Exemplare, die sich in ihrem Stil und manchmal auch ihrer Darstellung von der stadtrömischen Durchschnittsware absetzen. Einige können schon in der Antike oder erst in der Neuzeit aus der Provinz, etwa aus Campanien, nach Rom gebracht worden sein; andere hingegen werden in Rom in Werkstätten gearbeitet worden sein, die schlichte Stücke hergestellt haben; eine Scheidung ist bisher nicht möglich. Zu den Exemplaren, die schon in der Antike aus Campanien importiert worden sind, könnten der Sarkophag des Prosenes im Garten der Villa Borghese[5] und ein Kasten, der jetzt in der Villa Celimontana[6] steht, gehören; mit Campanien ist vielleicht auch ein Kasten im Vatikan[7] zu verbinden. Von der stadtrömischen Produktion setzen sich auch der Endymionsarkophag im Palazzo Braschi,[8] ein Kasten mit fliegenden Niken, die eine Tabula halten, im Garten der Villa Farnesina,[9] ein Kasten mit Tabula haltenden Eroten im Ospedale S. Giovanni,[10] eine Lastra mit Riefeln und Hochzeit in der Catacombe S. Pamfilo[11] oder der Sarkophag der ‚Tomba di Nerone'[12] ab; die Zahl dieser Stücke läßt sich noch vergrößern. Ob sie in bescheidenen Werkstätten in Rom oder außerhalb von Rom hergestellt worden sind, ist noch zu klären.

In Ostia ist eine größere Zahl qualitätvoller ‚stadtrömischer' Sarkophage gefunden worden;[13] es kamen aber auch viele Exemplare zu Tage, die man wegen verschiedenartiger Besonderheiten vielleicht Werkstätten zuweisen darf, die in Ostia ansässig waren und einfachere Sarkophage schufen; es fehlt bisher eine Untersuchung oder auch nur eine Sammlung des Materials.[14] Zu den in Ostia geschaffenen Stücken können

---

[5] Rep. I 929; N. HIMMELMANN, JbACHr 15, 1972, 179 Anm. 1; L. QUILICI, Collatia (Forma Italiae I 10, 1974) 708 Nr. 627 Abb. 1586 ff.; H. HERDEJÜRGEN, AA 1975, 565 Anm. 40.

[6] QUILICI a. O. 771 Nr. 673 Abb. 1760.

[7] Vatikan 20.296: AMELUNG, Vat. Kat. I 881 Nr. 217 Taf. 113; G. RODENWALDT, AA 1938, 403 Anm. 2.

[8] SICHTERMANN, Endymion 6 ff. Abb. 1. 3–7; ASR IV 4, 340 Taf. 335, 1.

[9] E. ALFÖLDI-ROSENBAUM, The Necropolis of Adrassus (Denkschriften Wien 146, 1980) 36 Taf. 20, 3.

[10] G. RODENWALDT, RM 58, 1943, 12 Abb. 4; H. HERDEJÜRGEN, AA 1975, 564 f. Anm. 38.

[11] WILPERT II Taf. 261, 5.

[12] Via Cassia: G. RODENWALDT, BJb 147, 1942, 223; ders., RM 58, 1943, 14 Abb. 6; F. REBECCHI, RM 84, 1977, 125 Anm. 92.

[13] z. B. Hochzeit: W. v. SYDOW, AA 1976, 409 Abb. 51. – Achill auf Skyros: ASR III 3 S. 547 Nr. 29¹. – Endymion: McCANN, Metr. Mus. 39 ff. Nr. 4 Abb. 35 ff.; R. CALZA, Scavi di Ostia IX. I Ritratti II (1978) 55 Nr. 69 Taf. 54. – Kentauren: HELBIG⁴ IV 3107; v. SYDOW a.O. 396 Abb. 43. – Meleager: ASR XII 6, 32 Taf. 8/9; v. SYDOW a.O. 402 Abb. 47. – Girlanden: CALZA, Isola Sacra 190 ff. Nr. 1–4 Abb. 94 ff.; G. CALZA, NSc 1928, 168 f. Nr. 6 Abb. 27.

[14] Hinweise geben z. B.: TURCAN 128 f.; N. HIMMELMANN, AnnPisa 4, 1974, 143 Anm. 11;

117 gehören: ein Kasten mit Schuhmacher und Seiler,[15] eine Wanne mit Schiffahrt und
132 Gaststätte,[16] ein fragmentierter Kasten mit Lebenslauf,[17] ein Meleagersarkophag,[18] Kästen mit Meerkentauren, die eine Tabula halten, und vielleicht auch einige andere
296 Meerwesensarkophage,[19] ein Kasten mit Kindern neben einer Tabula,[20] verschiedene Beispiele mit fliegenden Eroten oder Niken mit Tondo, Kranz oder Tabula,[21] vielleicht ein Sarkophag mit dekorativ angeordneten Kentauren,[22] einige Beispiele mit Girlanden,[23] eines mit Ranken und Tabula[24] und einige Riefelsarkophage;[25] Ostia lassen sich wohl auch Lastrae mit Mahl,[26] Jahreszeiten[27] und Girlanden und Hochzeit[28] zuweisen. Bei manchen Stücken, wie beispielsweise dem Girlandensarkophag der Malia Titi,[29] ist es fraglich, ob sie in Ostia lokalisiert werden dürfen; sie haben zwar Besonderheiten, setzen sich aber von den übrigen lokalen Arbeiten in Ostia ab.

Verbindungen zwischen den einzelnen Sarkophagen in Ostia sind bisher nicht festzustellen, es sind also keine Werkstattzusammenhänge zu fassen. Die Stücke setzen sich lediglich durch ihre Ausführung von den stadtrömischen ab. Die Exemplare sind zeitlich weit verteilt, von mittelantoninischer bis in tetrarchische Zeit.

Als lokale Stücke sind Riefelsarkophage in Frattocchie,[30] Grottaferrata[31] und Albano[32] anzusehen, ferner vielleicht ein Kasten mit Kline und Eroten in Albano.[33] In Pomezia wurde ein Sarkophag mit Kentauren- und Gigantenkampf[34] gefunden, der sich in seiner Ausführung von stadtrömischen Arbeiten abhebt. In Velletri wird eine
297 kleine Wanne mit Büsten und Eros und Psyche,[35] in Artena ein architektonisch ge-

K. Schauenburg in: Eikones. Festschrift H. Jucker (1980) 159.
[15] Rom, NM 184: Helbig[4] III 2393.
[16] Ostia 1340: N. B. Kampen, BABesch 52/53, 1977/78, 221 ff. Abb. 1.
[17] Ostia 1170: M. Guarducci, BullCom 53, 1926, 156 ff.; L. Berczelly, ActaAArtHist 8, 1978, 56 f. 66 ff. Taf. 5 c d.
[18] Frascati, V. Aldobrandini: ASR XII 6, 7 Taf. 4 (von P. Kranz, BullCom 84, 1974/75, 178 Anm. 2 für eine Fälschung gehalten).
[19] Ostia, wohl unpubl.: INR 64. 1696 und 70. 3716. – Frascati: ASR V 1, 25 Taf. 10, 5. – Vielleicht auch: ASR V 1, 32. 37 Taf. 11.
[20] Schauenburg a.O. (s. oben Anm. 14) 155 ff. Taf. 53, 1–3.
[21] z. B. G. Calza, NSc 1928, 168 Abb. 26. R. Calza, Scavi di Ostia IX. I Ritratti II (1978) 38 Nr. 44 Taf. 33. Schauenburg a.O. 158 Taf. 54, 1. Antikenslg. Nachlaß F. Trau, Wien (Auktion Fischer 16. 11. 1954) 32 Nr. 410 Taf. 3.
[22] Ostia 106: Helbig[4] IV 3121.
[23] Isola Sacra, Azienda hinter Nekropole: G. Ricci, NSc 1939, 67 Abb. 10; INR 69. 770/71. – Magazin (?): INR 33. 872. – Verschollen: Matz-Duhn II 2404; Antikensammlung F. Trau (s. oben Anm. 21) 33 Nr. 419 Taf. 1.
[24] Ricci a.O. 73 f. Nr. 17 Abb. 17.

[25] z. B. R. Calza, Scavi di Ostia IX. I Ritratti II (1978) 57 ff. Nr. 72–78 Taf. 56–58.
[26] Rom, NM 115 174, und Ostia 1333: Himmelmann, Typ Unt. 18 f. Taf. 24.
[27] Ostia 128: Guerrini, Pal. Mattei 54 Taf. 59 c.
[28] Ostia 1338: P. Kranz, RM 84, 1977, 362. 364 Taf. 164, 1; Calza a.O. (s. oben Anm. 25) 38 f. Nr. 45 Taf. 34.
[29] Ostia, vor Museum: R. Calza, BdA 39, 1954, 107 ff.; B. Andreae, AA 1957, 286 Abb. 77; Honroth, Girlanden 88 Nr. 102; N. Himmelmann, AnnPisa 4, 1974, 143 Taf. 3.
[30] D. M. de Rossi, Bovillae (Forma Italiae I 15, 1979) 361 Nr. 416, 4 Abb. 616, 3.
[31] Grottaferrata, Abbazia: INR 72. 3294. – Ein Kasten mit Eroten und Tondo dürfte auch lokal sein: M. Gütschow, RM 46, 1931, 106 Abb. 7/8; INR 72. 3297–3300.
[32] Gütschow a.O. 90 ff. Abb. 1; E. Tortorici, Castra Albana (Forma Italiae I 11, 1975) 118 Nr. 19 Abb. 172. – Tortorici a.O. 173 Nr. 87 Abb. 330.
[33] Tortorici a.O. 173 Nr. 86 Abb. 329; H. Wrede, AA 1981, 99 Abb. 16; INR 76. 511–515.
[34] Rom, NM 128 581: Helbig[4] III 2376.
[35] Velletri, Cattedrale: G. Cressedi, Velitrae

gliederter, nicht aus Marmor bestehender Kasten³⁶ aufbewahrt. Eine Wanne in Aquino³⁷ mit Wagenrennen sondert sich ebenfalls in ihrem Stil von den stadtrömischen Exemplaren ab. Ein Stück in Terracina³⁸ ist schon mit Campanien verbunden, ebenfalls zwei Riefelsarkophage in Gaeta.³⁹ Ein Riefelsarkophag⁴⁰ und eine fragmentierte Wanne⁴¹ in Tivoli dürften auch lokale Werke sein. In Nepi ist der Phaethonsarkophag⁴² zu nennen, ferner eine geriefelte Wanne mit Löwenköpfen⁴³ und ein Deckel mit Weinlese.⁴⁴ Auch bei einem Kasten mit fliegenden Eroten mit Tondo in Civitavecchia,⁴⁵ Riefelsarkophagen in Tarquinia⁴⁶ und Viterbo,⁴⁷ einem Fragment mit Meleager in Narni,⁴⁸ einem Kasten mit Eroten⁴⁹ und einem Deckel mit wagenfahrenden Eroten⁵⁰ in Terni, einem fragmentierten Sarkophag mit Erotenschiffahrt⁵¹ und einem Riefelsarkophag⁵² in Ferentillo dürfte es sich um lokale Werke handeln. In Spoleto sind ein Meerwesensarkophag⁵³ und ein Riefelsarkophag⁵⁴ anzuführen, die sich durch ihre recht rohe Ausführung von den stadtrömischen Exemplaren absetzen, ferner eine fragmentierte Langseite,⁵⁵ die das Schema eines Riefelsarkophages hat, statt der Riefel aber Tabulae ansatae mit Inschriften trägt; wegen der Darstellung des Tondos in der Mitte handelt es sich um den Teil eines christlichen Sarkophages. Aus L'Aquila, das am Rande des behandelten Gebietes liegt, sind einheimische Stücke bekannt.⁵⁶ In Todi steht eine Wanne mit Löwenköpfen,⁵⁷ in Foligno eine mit Eroten und Löwen-

(Italia Romana I 12, 1953) 107 Taf. 10b; EAA VII (1966) 1118 Abb. 1249 s. v. Velletri (E. LISSI CARONNA).

³⁶ Artena, Pal. Borghese: unpubl.; INR 68. 5261.

³⁷ Aquino, S. Maria della Libera: M. CAGIANO DE AZEVEDO, Aquinum (Italia Romana I 9, 1949) 69 Nr. 4; M. LAWRENCE in: Atti del II. Convegno di Studi Umbri, Gubbio 1964 (1965) 129 Taf. 19; E. McGRATH, JWCI 41, 1978, 262 Taf. 33 b; INR 71. 1630–1637.

³⁸ Terracina, Pal. Comunale (Eroten, Girlanden, in Mitte Tondo): G. LUGLI, Comune di Terracina. Guida del Museo Civico (1940) 10 Nr. 10 Taf. 2; INR 69. 939.

³⁹ Gaeta, Cattedrale: W. F. VOLBACH, RendPontAcc 12, 1936, 99ff. Abb. 12/13.

⁴⁰ Tivoli, Villa d'Este: INR 70. 1981–84. – Vgl. auch den Riefels. INR 60. 2318.

⁴¹ Tivoli, Casale Silvestrelli: C. F. GIULIANI, Tibur II (Forma Italiae I 3, 1966) 212 Nr. 234 Abb. 251.

⁴² Nepi, Castel S. Elia: ASR III 3, 343; SICHTERMANN-KOCH 60 Nr. 65 Taf. 163, 1; N. HIMMELMANN in: Festschrift F. Brommer (1976) 180 Taf. 49, 2.

⁴³ Nepi, Castel S. Elia: INR 60. 1174.

⁴⁴ Nepi, S. Biagio: TURCAN 315 Anm. 3; INR 67. 2052–54.

⁴⁵ Civitavecchia, Mus.: INR 72. 548–550.

⁴⁶ Tarquinia, S. Giovanni Battista: WILPERT I Taf. 81, 3; INR 70. 3744.

⁴⁷ Viterbo, Mus. Civ.: WILPERT I Taf. 19, 2; G. BOVINI, I sarcofagi paleocristiani (1949) 101 f. 267 Nr. 8 Abb. 72; INR 59. 451–454.

⁴⁸ Narni, Municipio: ASR XII 6, 52 Taf. 32 b.

⁴⁹ Terni, Bibl.: INR 71. 1549.

⁵⁰ Terni, Mus. Arch.: A. VIOLATI, San Gemini e Carsulae (1976) 35 Abb. 46.

⁵¹ Ferentillo, S. Pietro: TURCAN 587ff. Taf. 49 a.; INR 74. 1450–52.

⁵² Ferentillo, S. Pietro: U. TARCHI, L' arte nell'Umbria e nella Sabina I (1936) Taf. 234, 3; INR 74. 1434.

⁵³ Spoleto, Pal. Campello: TARCHI a.O. Taf. 240, 2.

⁵⁴ Spoleto, Mus. Civ. 288: G. BOVINI in: Atti del II. Convegno di Studi Umbri, Gubbio 1964 (1965) 177ff. Abb. 1; F. M. MALFATTI u. a., Umbria (1970) 167 Abb. 149.

⁵⁵ Spoleto, Mus. Civ. 184: BOVINI a.O. 180ff. Abb. 2; MALFATTI a.O. 167 Abb. 150; VIOLATI a.O. (s. oben Anm. 50) 36 Abb. 45. 49. 50.

⁵⁶ L'Aquila, Mus. Naz. 91: M. MORETTI, Museo Nazionale d'Abruzzo (1968) 274 f. (Teil eines wannenförmigen S.). – Inv. 98: MORETTI a.O. 279. – Inv. Nr.?: INR 61. 15 (D. mit Inschrifttabula und seitl. je zwei Delphinen).

⁵⁷ Todi: INR 71. 1625.

köpfen.[58] Der Meleagersarkophag in Chiusi[59] ist ebenfalls eine Nachahmung eines stadtrömischen Stückes. Aus Grosseto ist ein Riefelsarkophag,[60] aus Siena der Jagdsarkophag[61] und ein Sarkophag mit Gefäßen und Vögeln[62] zu nennen. Ein Erotensarkophag in Florenz,[63] dionysische Sarkophage in Florenz[64] und Poggio a Caiano[65] sowie Riefelsarkophage in Florenz[66] sind möglicherweise ebenfalls nicht stadtrömisch. Unter den zahlreichen Sarkophagen in Pisa dürften ein Kasten mit einem Hirten[67] und Beispiele mit fliegenden Eroten und Niken[68] und Riefeln[69] sowie vielleicht ein Fragment mit Musen[70] einheimische Werke sein. Sicher läßt sich ein Stück mit Riefeln in Lucca[71] anschließen. Ein Kasten mit Jahreszeiten in Camaiore Pieve[72] zeigt recht gute Qualität, hat aber doch manchen für stadtrömische Sarkophage ungewöhnlichen Zug. Unter den in Genua erhaltenen Exemplaren dürfte eine Reihe der Riefelsarkophage lokal sein.[73] Ein Fries mit Jagddarstellung in Savona[74] gehört wegen seiner Länge wohl nicht zu einem Sarkophag.

Zusammenfassend läßt sich feststellen, daß es zwar, verteilt über das behandelte Gebiet, eine beträchtliche Anzahl von Sarkophagen gibt, die von stadtrömischen Vorbildern abhängen, sich in manchen Zügen von ihnen jedoch absetzen, so daß man sie als lokale Werke ansehen darf; nur in Ostia sind sie aber in größerer Zahl bekannt, allein dort hat es eine nennenswerte Produktion gegeben; sonst handelt es sich lediglich um Einzelstücke. Von den hier zusammengestellten Sarkophagen können sich allerdings bei genauerer Untersuchung einige doch als stadtrömischer Import herausstellen; andere verstreute Stücke werden sich hingegen möglicherweise als lokal erweisen.

Nur sehr wenige Stücke in dem behandelten Gebiet hängen nicht von stadtrömischen Vorbildern ab. In Umbrien sind ein frühes Exemplar in Amelia[75] und eines in

---

[58] Foligno, Mus. Arch.: TARCHI a.O. (s. oben Anm. 52) Taf. 241, 2–3. – Vgl. das Zirkusrelief, das wegen der Maße und der seitl. Ränder kaum zu einem S. gehören kann: G. RODENWALDT, JdI 55, 1940, 23 f. Abb. 9; LAWRENCE a.O. (s. oben Anm. 37) 119 ff. Taf. 9; E. BUCHNER, RM 83, 1976, 330 f. Taf. 112, 2.

[59] Chiusi, Mus. Naz.: ASR XII 6, 155 Taf. 25 c; 28.

[60] Grosseto, Mus. Arch.: INR 59. 1219.

[61] Siena, Mus. Arch.: VACCARO MELUCCO 36 Nr. 35 Taf. 23, 54/55; ASR I 2, 206 Taf. 54, 1/2.

[62] Florenz, Mus. Arch. (aus Scorgiano bei Siena): N. CASINI, ArchCl 9, 1957, 76 ff. Taf. 45, 1; 46, 2; A. SANTANGELO, BdA 43, 1958, 373 mit Abb.; M. GUARDUCCI, ArchCl 12, 1960, 100 f. Taf. 60.

[63] Florenz, Baptisterium: DÜTSCHKE II 173 f. Nr. 398; SICHTERMANN, Endymion 27 Abb. 14; 62 f.

[64] Florenz, Villa La Pietra: ASR IV 4, 271 Taf. 292, 1; 293 (campanisch?).

[65] Poggio a Caiano: ASR IV 1, 57 Taf. 64/65.

[66] Florenz, Villa La Pietra: INR 62. 1864/65. – Florenz, Pal. Pitti: INR 75. 266–69.

[67] ARIAS, Camposanto 158 f. Taf. 105/06.

[68] ARIAS a.O. 99 Taf. 37; 105 Taf. 47; 107 f. Taf. 50.

[69] ARIAS a.O. 104 Taf. 46.

[70] Pisa, Mus. Naz.: A. NEPPI-MODENA, Pisae (Forma Italiae VII 1, 1953) 27 Nr. 91 Taf. 5, 11.

[71] Lucca, S. Maria Forisportam: WILPERT II Taf. 265, 6. – Vgl. den christl. S.: WILPERT II Taf. 166, 3.

[72] Camaiore Pieve: INR 74. 871–76 (Nachtrag: wohl doch stadtröm.).

[73] C. DUFOUR BOZZO, Sarcofagi romani a Genova (1967) Nr. 4–7. 9. 14. 16 – 19. 23. 33.

[74] Savona, Mus. Civ.: N. LAMBOGLIA, La Liguria Antica (Storia di Genova I, 1941) 274 Abb. 1; ASR I 2 S. 13 Anm. 17 Nr. 7.

[75] Amelia, Municipio: MALFATTI a.O. (s.

Spoleto[76] zu nennen, ferner eine Langseite mit figürlichem Relief in Pantano,[77] ein Kasten mit Tabula ansata in Narni[78] und ein Sarkophag mit großer Tabula in Perugia.[79] In Terracina sind ein Sarkophag mit Tabula ansata[80] und ein weiterer[81] mit Tabula ansata, Kanne, Schale und Pilastern gefunden worden. Aus Albano[82] und Grottaferrata[83] sind gerundete Deckel mit Inschrifttafeln bekannt, die auf Gräbern lagen.

II.2. OBERITALIEN

A. GIULIANO, PP 27, 1972, 271 ff. – GABELMANN, Werkstattgruppen (1973; hier: GABELMANN I). – H. HERDEJÜRGEN, AA 1975, 552ff. – H. GABELMANN, BJb 177, 1977, 199ff. (= GABELMANN II). – F. REBECCHI, RM 84, 1977, 107ff. (= REBECCHI I). – Ders. in: Antichità Altoadriatiche 13, 1978, 201ff. (= REBECCHI II). – Ders., FelRav 116, 1978, 13ff. (= REBECCHI III). – H. HERDEJÜRGEN in: J. KOLLWITZ – H. HERDEJÜRGEN, ASR VIII 2 (1979). – *Nachtrag*: A. M. PAIS, ArchCl 30, 1978 (1980), 147ff.

In Oberitalien, also den Regionen VIII und X, sind zahlreiche Sarkophage erhalten, die sich meist von denen anderer Gegenden Italiens und des übrigen römischen Reiches deutlich absetzen. Es können einige verstreute Exemplare im östlichen Italien angeschlossen werden, die mit Oberitalien zusammenhängen.[1] H. Gabelmann hat die Werkstattgruppen von Aquileia und Umgebung sowie von Ravenna behandelt; wichtige Nachträge hat F. Rebecchi gegeben; von H. Herdejürgen sind die ravennatischen Sarkophage im Rahmen des Sarkophagcorpus zusammengestellt und besprochen worden. Eine zusammenfassende Bearbeitung der Sarkophage Oberitaliens steht aber noch aus.[2]

Bei den Sarkophagen handelt es sich zum einen um Import fertig ausgearbeiteter Exemplare und zum anderen um lokale Werke, die aus einheimischem Stein oder aus importiertem Marmor, teilweise vielleicht auch aus importierten Halbfabrikaten bestehen. Die weitaus größte Gruppe der importierten Beispiele stellen die attischen Sarkophage, die in Pola, Tergeste und in besonders stattlicher Zahl in Aquileia, wo sie auch lokal nachgeahmt worden sind, sowie ferner in einigen anderen Orten im Hin-

oben Anm. 54) 150 Abb. 127; H. BLANCK, AA 1970, 318 Abb. 60.

[76] Spoleto, Mus.: H. BRANDENBURG, JdI 93, 1978, 303. 324 Anm. 98.

[77] Pantano, S. Maria: MALFATTI a.O. 140 Abb. 112; M. VERZAR in: Hellenismus in Mittelitalien (AbhGöttingen 97, 1976) 126 Abb. 9.

[78] Narni, Cattedrale: M. SALMI, BdA 43, 1958, 220f. Abb. 12 (Datierung im 8. Jh.); M. BIGOTTI u. a., Narni (1973) 286 Abb. 76; INR 60. 1432. – Zu vgl. ein Kasten in Fossombrone: W.-D. ALBRECHT, PF 1, 1972, 23 Abb. 58 (mit falschem Aufbewahrungsort); INR 66. 2193.

[79] Perugia, Mus. Arch.: INR 72. 310–12.

[80] J. LUGLI, Anxur – Terracina (Forma Italiae I 1, 1, 1926) 7 Nr. 6 Fig. a.

[81] Terracina, Pal. Comunale: G. LUGLI, Comune di Terracina. Guida del Museo Civico (1940) 11 Nr. 17; INR 69. 937.

[82] TORTORICI a.O. (s. oben Anm. 32) 135 ff.

[83] Grottaferrata, Abbazia: INR 79. 3458; 3460.

[1] Vgl. Stücke in Rimini, Pesaro und Ancona: s. unten Anm. 55 und GABELMANN I 219f. Nr. 81 Taf. 48. – Vgl. G. GEROLA, BdA 5, 1911, 107 Abb. 1.

[2] Sie ist durch H. Gabelmann im Sarkophagcorpus vorgesehen; vgl. B. ANDREAE, AA 1977, 477 (ASR VIII 1).

terland von Aquileia³ nachzuweisen sind. Ein Sarkophag des Torre-Nova-Typus in Ancona, dessen Reliefs in spätantiker Zeit abgemeißelt worden sind, vertritt die Hauptgruppe der kleinasiatischen Sarkophage.⁴ Zwei Kästen in Ravenna stammen aus Assos;⁵ ein Fragment mit abgearbeiteten Girlanden aus Modena⁶ und eines in Triest⁷ mit Girlanden, die von einem Eros gehalten werden, könnten ebenfalls aus Kleinasien kommen. Ein Fragment in Aquileia läßt sich nicht einordnen.⁸ Zwei Girlanden-Halbfabrikate aus Ephesos sind in Aquileia in unfertigem Zustand verwandt worden.⁹ Bei einem Exemplar in Venedig ist nicht sicher, ob es in der Antike oder erst in der Neuzeit von Salona nach Oberitalien geholt worden ist.¹⁰ In Iulia Concordia, Aquileia, Osimo, Sant'Elpidio und Mailand ist stadtrömischer Import erhalten,¹¹ weitere stadtrömische Stücke sind durch Kopien aus Pesaro, Osimo, Genga und Verona belegt.¹²

Unter den einheimischen Sarkophagen sind einige besonders hervorzuheben, da sie in die Frühzeit der Sarkophagbestattung gehören. Der Kasten der Peducaea Hilara in Modena aus augusteischer Zeit hat die Form eines Altares mit Metopen und Triglyphen;¹³ das Exemplar des C. Decimius Philargyrus in Reggio Emilia, etwa der Zeit des Claudius, steht in der Tradition friesgerahmter Grabaltäre;¹⁴ der Kasten der Coelia Libua in Asolo,¹⁵ vielleicht in flavischer Zeit entstanden, zeigt auf der Vorderseite eine Tabula und daneben Figuren, nämlich Eroten, und auf den Nebenseiten tanzende Mänaden; es sind Verbindungen zu Altären zu erkennen. Bei einem fragmentierten Stück in S. Canzian d'Isonzo, das auch in flavische Zeit gehören wird, sind ebenfalls Verbindungen zu Altären festgestellt worden.¹⁶ Ein Exemplar in Aquileia gehört vielleicht schon in trajanische Zeit;¹⁷ eines in Ravenna dürfte ebenfalls noch vor Ein-

---

³ GABELMANN I 13. – Vgl. Kapitel IV 6.
⁴ GABELMANN I 13. WIEGARTZ, Säulens. 144 Taf. 26.
⁵ GABELMANN I 13. REBECCHI I 127f. Taf. 58, 2.3. ASR VIII 2 S. 16. – Vgl. Kapitel V 4.2.
⁶ Modena: REBECCHI I 124ff. Taf. 58, 1; REBECCHI II 239f.
⁷ Triest: GABELMANN I 13 Anm. 41; REBECCHI I 128 Taf. 59, 1; REBECCHI II 240 Anm. 123.
⁸ REBECCHI I 128f. Taf. 59, 2.3. REBECCHI II 236 Abb. 16.
⁹ G. BRUSIN, Nuovi monumenti sepolcrali di Aquileia (1941) 35ff. Abb. 22. GABELMANN I 13 mit Anm. 41. N. ASGARI, AA 1977, 363. REBECCHI II 240 Anm. 123.
¹⁰ Venedig: INR 68. 5142; unpubl.?
¹¹ s. Kapitel I 4.6. – Zu Mailand: E. A. ARSLAN, Le civiche raccolte archeologiche di Milano (1979) 185 Nr. 185.
¹² Pesaro: G. M. GABRIELLI, I sarcofagi paleocristiani e altomedievali delle Marche (1961) 89ff. Abb. 34–36; A. BRANCATI, La Biblioteca e i Musei Oliveriani di Pesaro (1976) 218 Taf. 46 (seitenverkehrt!). – Osimo, Kathedrale: GABRIELLI a.O. 57ff. Abb. 23/24. – Ancona, aus Genga: ASR V 1, 118 Taf. 38. – Verona, Mus. Arch.: G. L. MARCHINI in: Il territorio Veronese in età romana, Convegno 1971 (1973) 416f. Nr. 13 Abb. 14 (Herkunft nicht bekannt).
¹³ Modena: H. GABELMANN, MarbWPr 1966, 37ff. Taf. 12ff.; GABELMANN I 5ff.; REBECCHI II 225f. Abb. 4.
¹⁴ Reggio Emilia: GABELMANN I 6ff. Taf. 1, 1.2; GABELMANN II 218f. Abb. 17; 226; REBECCHI II 226. – Vgl. die von H. HERDEJÜRGEN, ASR VIII 2 S. 19 Anm. 31, genannten Exemplare in Iulia Concordia, bei denen sich bisher nicht feststellen ließ, ob sie tatsächlich zu S. gehören.
¹⁵ Asolo: GABELMANN I 9ff. Taf. 2; REBECCHI II 227f.
¹⁶ S. Canzian d'Isonzo, Parrocchiale: REBECCHI II 229f. Abb. 8–10 (vgl. den Altar a.O. Abb. 12).
¹⁷ BRUSIN a.O. (s. oben Anm. 9) 26f. Abb. 10. ASR VIII 2 S. 19 mit Anm. 32.

setzen der Hauptproduktion entstanden sein.[18] Mehrere der genannten frühen Beispiele gehören Freigelassenen, wie den Inschriften zu entnehmen ist.[19]

Bei der Hauptproduktion des 2. und 3. Jhs. n. Chr. sind zwei verschiedene Zentren festzustellen, nämlich Aquileia und Umgebung („Aquileia und Venetien') und Ravenna; ferner gab es weitere Herstellungsorte wie Verona[20] und beispielsweise Mediolanum sowie andere Städte, in denen Sarkophage des Typus von Ravenna nachgeahmt wurden.[21] Für Oberitalien sind zwei Typen an Sarkophagen bezeichnend: erstens die Truhensarkophage, für die es in ihrer Ausprägung in anderen Gebieten des römischen Reiches keine Parallelen gibt,[22] und zweitens die architektonischen Sarkophage, die in ihrer bestimmten Form ebenfalls auf Oberitalien beschränkt sind;[23] lediglich in Dalmatia gibt es einige Nachahmungen.[24] Die Stücke bestehen aus lokalem Stein oder prokonnesischem Marmor; für die letzteren sind zumindest für Truhensarkophage wohl schon auf Prokonnesos Halbfabrikate vorbereitet worden.[25] Bei den architektonischen Sarkophagen wäre das auch denkbar, da sich die Werkstätten auf Prokonnesos auf die Eigenheiten bestimmter Abnehmergebiete eingestellt haben; es wäre jedoch auch möglich, daß für sie Rohlinge, in der Regel mit schwerem Sockel, geliefert und dann in Ravenna in zwei Phasen ausgearbeitet wurden.[26]

Bei den architektonischen Sarkophagen gibt es eine Reihe von verschiedenen Typen (Abb. 5);[27] sie finden sich nicht alle in gleicher Weise in Oberitalien, sondern manche sind in Aquileia, andere in Ravenna häufiger, wieder andere fehlen, vielleicht nur durch den Zufall der Erhaltung, in einer Gegend.[28] Es sind – meist glatte – Eckpilaster vorhanden, die auf einem Sockel stehen und einen oberen Abschluß tragen, der verschiedenartige Profile hat. Bei einigen Beispielen sind stehende Eroten mit einer Tabula zwischen die Pilaster gestellt, eine Verbindung, die außerhalb Oberitaliens überaus selten ist (Abb. 5 A). Charakteristisch für die Landschaft ist, daß bei den meisten Exemplaren in die architektonische Grundform weitere Architekturglieder eingestellt werden, wobei sich verschiedene Typen scheiden lassen: eine Tabula in der Mitte und seitlich Arkaden (Abb. 5 B 1–2), ein Giebel in der Mitte und seitlich Arkaden (Abb. 5 C 1–4) und schließlich eine Folge von drei Arkaden (Abb. 5 D 1–2).

---

[18] Ravenna: ASR VIII 2, A 1 Taf. 1, 1 (vgl. auch A 3 Taf. 1, 2); REBECCHI II 232 Anm. 94. – Zum Rankens. in Pisa, den H. HERDEJÜRGEN a.O. S. 19 Anm. 31 der oberitalischen Produktion des 1. Jhs. n. Chr. zurechnet, und zum Exemplar der Rafidia, ebenfalls in Pisa, das sie a.O. S. 19 mit Anm. 33 in Oberitalien lokalisiert und in den Anfang des 2. Jhs. n. Chr. datiert, s. hier Kapitel I 1; der Rankens. hat keine Parallele, die Lokalisierung in Rom ist also nicht sicher, der Kasten der Rafidia fügt sich aber der Gruppe der frühen stadtröm. S. ein; dazu H. BRANDENBURG, JdI 93, 1978, 300 ff.

[19] GABELMANN II 8 f.

[20] A. PAIS, ArchCl 19, 1967, 115 ff. GABELMANN I 82. REBECCHI II 206 ff. Abb. 1–3.

[21] REBECCHI II 217. ASR VIII 2 S. 16 f.

[22] GABELMANN I 221 ff. REBECCHI I 108 ff. REBECCHI II 240 ff. mit Übersichtstaf. B.

[23] GABELMANN I 39 ff. 92 ff. 206 ff. 214 ff. Typentafel vor S. 41. REBECCHI II 240 ff. mit Übersichtstaf. A. REBECCHI III 13 ff. – Zur Aufstellung im Freien: GABELMANN II 200 f.

[24] s. Kapitel III 1.

[25] GABELMANN I 170/71. GABELMANN II 204 ff. ASGARI, Kalchedon 43 f. ASR VIII 2, A 12 Taf. 7, 5/6.

[26] Zuletzt: REBECCHI III 28. Vgl. Kapitel V 2.1.

[27] s. oben Anm. 23.

[28] GABELMANN I 39 ff. (zu Aquileia). 92 ff. (zu Ravenna).

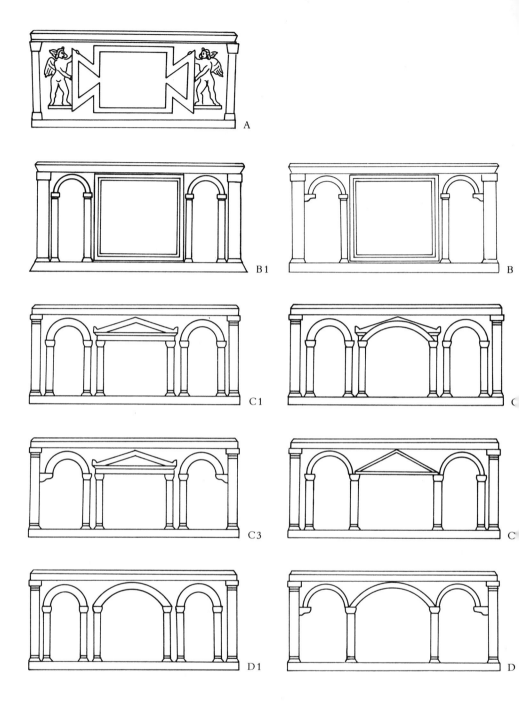

Abb. 5. Typen der architektonischen Sarkophage in Oberitalien.
A. Eroten mit Tabula. – B. 1. Arkaden mit Tabula. – B. 2. Variante des Typus mit Arkaden und Tabula. – C 1. Tabernakel-Typus. – C 2. Variante des Tabernakel-Typus. – C 3. Variante des Tabernakel-Typus. – C 4. Variante des Tabernakel-Typus, sog. Lanuvium-Typus. – D 1. Arkaden-Typus. – D 2. Variante des Arkaden-Typus

In AQUILEIA ist die Lage recht schlecht, da die marmornen Sarkophage fast alle bis auf kleine Fragmente verloren sind. Zahlreich sind die in reichem Maße importierten attischen Exemplare von lokalen Bildhauern in Marmor kopiert und umgebildet worden;[29] teilweise ist der vollständige Frieszusammenhang übernommen, häufig jedoch sind nur Figuren oder -gruppen herausgelöst und einzeln verwandt worden. Die Kopien stammen großenteils aus dem 2. Jh., sehr selten aus dem 3. Jh. n. Chr.[30] Der Sarkophag in Belluno,[31] der teilweise attisierende Darstellungen hat, ist wohl an seinem Aufstellungsort in einheimischem Stein von einem Künstler gearbeitet worden, der aus Aquileia kam. Ein Erotensarkophag in Torcello,[32] auf dem zwei Figurengruppen von attischen Erotensarkophagen übernommen worden sind, könnte in nachantiker Zeit aus Aquileia geholt worden sein. Im Gebiet von Ravenna sind importierte attische Sarkophage und Kopien nach ihnen nicht nachzuweisen.[33] Ein einziges Beispiel in Aquileia, das Admet und Alkestis zeigt, könnte mit stadtrömischen Sarkophagen zusammenhängen.[34] Bei den einheimischen Sarkophagen gibt es in Aquileia eine kleine Gruppe, die allseits profilierte Rahmung hat, sog. Truhensarkophage.[35] Die meisten hingegen zeigen eine architektonische Gliederung.[36] Sonderfälle sind der schon genannte Sarkophag in Belluno,[37] ein Kasten in Desenzano[38] und beispielsweise ein Exemplar in Rovinj.[39]

301

Als Darstellungen finden sich vor allem Eroten, die Verbindungen mit attischen Sarkophagen haben, und Trauergenien, in zwei Fällen eine Gruppe von Eros und Psyche. Götter und Heroen sind sehr selten wiedergegeben; für einige Beispiele sind auswärtige Einflüsse vermutet worden. Gelegentlich ist in den seitlichen Arkaden das Ehepaar abgebildet, und zwar links die Frau und rechts der Mann.[40] Verschiedentlich sind auf Nebenseiten und beim Sarkophag von Belluno auch auf der Rückseite ‚realistische' Szenen vorhanden; zumindest die Szenen der Nebenseiten dieses Exemplares hängen mit attischen Sarkophagen zusammen.[41] Es hat auch als einziges oberitalisches Exemplar die Besonderheit, daß es die Verstorbene im Typus einer Göttin zeigt.[42] Die Sarkophage hatten ursprünglich in der Regel dachförmige Deckel mit

---

[29] GABELMANN I 13 ff. 205 ff. Nr. 3 ff. Taf. 3 ff. – Vgl. hier Kapitel IV 7.
[30] GABELMANN I 33.
[31] GABELMANN I 208 Nr. 20 Taf. 12/13. REBECCHI II 246 ff.
[32] GABELMANN I 205 Nr. 3 Taf. 3. REBECCHI II 234 f.
[33] GABELMANN I 13.
[34] Aquileia R. C. 21: GABELMANN I 68; SCRINARI, Mus. Arch. 152 Nr. 453 Abb. 453; REBECCHI II 213.
[35] BRUSIN a.O. (s. oben Anm. 9) Abb. 10. 21. G. BRUSIN – P. L. ZOVATTO, Monumenti romani e cristiani di Iulia Concordia (1960) 34 Abb. 30; 58 Abb. 77; 59 Abb. 78. SCRINARI, Mus. Arch. 160 Nr. 491 Abb. 491. – Vicenza EI-91: V. GALLIAZO, Sculture greche e romane del Museo Civico di Vicenza (1976) 177 ff. Nr. 51 (genannt von GABELMANN I 169). – Treviso: REBECCHI II 244 ff. Abb. 20/21. 23. 26.
[36] GABELMANN I 206 ff. Nr. 11 ff. SCRINARI, Mus. Arch. Abb. 468. 487. 488. 492 (489 und 490 könnten auch zu Truhens. gehören). 499–501.
[37] s. oben Anm. 31.
[38] GABELMANN I 209 Nr. 21 Taf. 14.
[39] Rovinj, Dom: N. DEGRASSI, BullCom 68, 1940 (BullMusImp 11) 28 Abb. 6; ASR VIII 2 S. 44 Anm. 114.
[40] GABELMANN I 69 ff.
[41] G. RODENWALDT, AEphem 1937, 1, 134 ff. GABELMANN I 72 f.
[42] GABELMANN I 73.

großen Akroteren, auf denen die Porträts der Verstorbenen abgebildet waren.⁴³

Die einheimischen Stücke scheinen mit den profilgerahmten Exemplaren in trajanischer Zeit einzusetzen; in der mittelantoninischen Phase beginnt der Eckpilastertypus, der dann im Laufe der Entwicklung verschiedene Formen zeigt; die Exemplare lassen sich bis in das spätere 3. Jh. n. Chr. verfolgen.⁴⁴ Wo die Vorbilder für die Formen – von den attisierenden Exemplaren abgesehen – zu suchen sind, muß noch geprüft werden; viele Details wie die profilierte, allseits umlaufende Rahmung und auch die Gliederung mit Säulen und Pilastern, die an die Ecken gestellt sind und einen Architrav tragen, haben Vorläufer bei den lokalen oberitalischen Grabaltären, ebenfalls einige der Darstellungen.⁴⁵

Eine kleine Gruppe, die nur aus Fragmenten besteht, setzt sich mit ihrer architektonischen Gliederung, reichen Ornamentik und handwerklichen Ausführungen unter, was sonst in Oberitalien nicht üblich ist, starker Verwendung des Bohrers sowie den Darstellungen von den übrigen Sarkophagen in Aquileia und Venetien ab; sie kann als ‚Sondergruppe Aquileia-Grado' bezeichnet werden.⁴⁶ Beziehungen zu stadtrömischen Sarkophagen, nämlich bei den figürlichen Darstellungen, sind zwar vorhanden, doch scheinen die Verbindungen mit Säulensarkophagen der kleinasiatischen Hauptgruppe, und zwar Exemplaren mit Bogenarkade, wegen der in Rom nicht geläufigen Ornamentik, viel enger zu sein.⁴⁷ Die Herkunft der Werkstatt und die Datierung der Stücke sind noch zu klären.⁴⁸ Mit ihnen hat der Phaethonsarkophag in Tortona Verbindungen, der verschiedene Züge miteinander verschmilzt, nämlich ‚kleinasiatische' Arkaden, stadtrömische Darstellung der Vorderseite, attische der einen Nebenseite sowie lokal oberitalische Anlage der Rückseite.⁴⁹

Die Sarkophage der Hauptproduktion von RAVENNA lassen sich dank der Untersuchungen von H. Gabelmann und H. Herdejürgen gut überblicken.⁵⁰ Sie setzen in späthadrianischer Zeit mit profilgerahmten Exemplaren (Truhensarkophagen) ein, die sich bis in das 3. Jh. n. Chr. verfolgen lassen. In der Regel ist eine große Tabula vorhanden; sie wird von Niken oder Eroten gehalten, oder es sind stehende oder sitzende Gestalten neben ihr vorhanden.⁵¹ Bei einem Sonderfall sind in dem gerahmten

---

⁴³ GABELMANN I 69 ff. SCRINARI, Mus.Arch. Abb. 522–541. REBECCHI II 253 ff. Abb. 28/29.
⁴⁴ GABELMANN I 46 ff.
⁴⁵ GABELMANN I 46 ff. GABELMANN II 204 ff. 225 ff. – Vgl., um nur einige Beispiele zu nennen, SCRINARI, Mus.Arch. Abb. 338–341. 350. 352. 363–388. – Vgl. auch den Hinweis von H. HERDEJÜRGEN, ASR VIII 2 S. 27.
⁴⁶ GABELMANN I 84 ff. Taf. 21–23. – SCRINARI, Mus. Arch. 161 Nr. 494 Abb. 494 (vielleicht urspr. Tabernakelfront? vgl. GABELMANN I 88 Anm. 316).
⁴⁷ Zu vergleichen sind frühe Exemplare mit Bogenarkade, wie Herakless. in Rom, Mus. Tor-

lonia und Gall. Borghese, sowie Vatikan: ASR III 1, 126. 127. 130; KRAUS, PropKg Taf. 221.
⁴⁸ GABELMANN I 84 setzt die Stücke in Grado bald nach 200 n. Chr. an, H. HERDEJÜRGEN, ASR VIII 2 S. 34 mit Anm. 79/80, in die zweite Hälfte des 3. Jhs. n. Chr.
⁴⁹ Tortona: ASR III 3, 350; GABELMANN I 214 Nr. 56 Taf. 24; REBECCHI II 207 f. Anm. 11; ASR VIII 2 S. 34 Anm. 79/80; S. 38 Anm. 93.
⁵⁰ GABELMANN I 92 ff. H. HERDEJÜRGEN, ASR VIII 2 S. 15 ff.
⁵¹ z. B. ASR VIII 2 Taf. 2, 2; 4, 3.4; 7, 5. 6; 9; 10, 1–3; 14, 1; 21, 2. – Zu A 53 Taf. 21, 2: G. BERMOND MONTANARI, BAnnMusFerr 7, 1977, 109 ff.

Feld zwei Eroten abgebildet, die eine Girlande tragen.⁵² Bei einem anderen ungewöhnlichen Stück sind in einer nichtprofilierten Rahmung zwei Aediculae mit Giebeln und eine Tabula ansata wiedergegeben.⁵³ Ein Exemplar in Padua läßt sich wohl mit Ravenna verbinden;⁵⁴ bei Stücken in Turin, Vercelli, Casalmoro, Modena, Mantua, Ferrara, Rimini und Pesaro⁵⁵ müßte erst noch genau überprüft werden, ob es sich um lokale Arbeiten handelt oder ob sie in fertig ausgearbeitetem Zustand aus Ravenna geholt worden sind.⁵⁶ 303

Am Ende des 2. Jhs. beginnt die Überlieferung der architektonischen Sarkophage,⁵⁷ die bis in das späte 3. Jh. n. Chr. zu verfolgen sind.⁵⁸ Sie zeigen ähnliche Typen wie die Exemplare aus Aquileia; eine Eigenart ist es, daß Bögen und Giebel durch einen Steg mit dem Architrav verbunden sind.⁵⁹ Anders als bei den venetischen Sarkophagen liegt über den Pilastern ein Architrav; die in die Fläche eingestellten Architekturteile schneiden in ihn nicht ein.⁶⁰ Daneben gibt es Sonderfälle,⁶¹ unter ihnen der Kasten der Sosia Iuliana mit sitzenden Gestalten neben einer Tabula, die geschwungene Ansae hat.⁶² Manche Exemplare im Hinterland von Ravenna dürften in ausgearbeitetem Zustand an ihre Fundorte gekommen sein, wie der Sarkophag der Aurelia Eutychia in Ferrara⁶³ oder der des P. Vettius Sabrinus in Modena,⁶⁴ andere jedoch sind möglicherweise lokale Arbeiten; eine Scheidung ist noch nicht erreicht worden, und es bedarf noch weiterer Forschungen.⁶⁵ Sofern der Sarkophag von der Piazza Matteotti in Modena um 170 n. Chr. datiert werden kann, würde es sich um das früheste Exemplar im Hinterland von Ravenna handeln.⁶⁶ 304 306 305

⁵² REBECCHI I 120ff. Taf. 56. ASR VIII 2, A 5 Taf. 1, 3; 4, 1.2; 5, 1.
⁵³ ASR VIII 2, A 60 Taf. 23, 1–2.
⁵⁴ Padua 244: ASR VIII 2, A 16 Taf. 6, 1–3; F. GHEDINI, Sculture greche e romane del Museo Civico di Padova (1980) 165 ff. Nr. 72 (vgl. auch a. O. 167 f. Nr. 73, Inv. 159).
⁵⁵ Turin: G. RODENWALDT, BJb 147, 1942, 225 Taf. 17, 2; REBECCHI II 209 Anm. 14.–Vercelli: GABELMANN I 221 Nr. 86. 87; V. VIALE, Vercelli e il Vercellese nell'Antichità (1971) 41 Taf. 37; GABELMANN II 203 f. Abb. 2/3; REBECCHI II 209 Anm. 14.–Casalmoro: E. ROFFIA in: Atti del Convegno intern. per il XIX centenario della dedicazione del ‚Capitolium', Brescia 1973 (1975) 195 ff. Abb. 1–3.–Modena: REBECCHI I 129 ff. Taf. 61. 62. 67, 3; 79.–Mantua: REBECCHI I 114 Taf. 54, 2; 129 ff. Taf. 68. 74, 1.–Ferrara: REBECCHI I 114 Taf. 54, 2; 129 ff. Taf. 68. 74, 1.–Rimini: REBECCHI I 109 ff. Taf. 54, 1; 129 ff. Taf. 66. 67, 1; REBECCHI II 241 Abb. 22.–Pesaro: REBECCHI I 129 ff. Taf. 65; A. BRANCATI, La Biblioteca e i Musei Oliveriani di Pesaro (1976) 238 Taf. 56; GABELMANN II 204.–Vgl. ein Frgt. in Fermo mit großer Tabula mit geschwungenen Ansae; l. trauernder Eros; CIL IX 5925; INR 81. 26.

⁵⁶ H. HERDEJÜRGEN, AA 1975, 554 Anm. 7; 563 Anm. 32. REBECCHI II 218ff. ASR VIII 2 S. 16f.
⁵⁷ GABELMANN I 92 ff. ASR VIII 2, A 14 Taf. 7, 2; A 15 Taf. 8; A 20 Taf. 11, 5; A 21 Taf. 11, 1; A 22 Taf. 11, 6 u. a. REBECCHI III 13 ff.
⁵⁸ Zum Ende der S.: H. HERDEJÜRGEN, AA 1977, 472 ff.; ASR VIII 2 S. 18. – Zum Beginn der christlichen S. von Ravenna: ASR VIII 2 S. 17 f. 105 ff.
⁵⁹ GABELMANN I 42 Taf. 26 ff.
⁶⁰ GABELMANN I 42.
⁶¹ ASR VIII 2, A 49 Taf. 19, 1.
⁶² Ravenna: GABELMANN I 220 Taf. 50/51; ASR VIII 2, A 35 Taf. 14, 2–4; 15, 1–4; 16, 1.
⁶³ Ferrara, Palazzo dei Diamanti: GABELMANN I 216 Nr. 65 Taf. 32. 33. 34; REBECCHI II 250 f. Abb. 25; GABELMANN II 201 Abb. 1; REBECCHI III 20 ff. Abb. 5.6.8; ASR VIII 2 s. Index S. 175.
⁶⁴ Modena: GABELMANN I 219 Nr. 80 Taf. 45–47; ASR VIII 2 S. 17.
⁶⁵ s. oben Anm. 56.
⁶⁶ Modena: GABELMANN I 214 Nr. 57 Taf. 25; REBECCHI I 114 ff. Taf. 55.

Die Deckel haben die Form eines Daches, das mit großen Ziegeln oder häufig mit kleinen Blattziegeln gedeckt ist. Die Akrotere sind recht mächtig und tragen oftmals Porträts.[67]

Überaus selten sind in dem behandelten Gebiet andere Sarkophage belegt. Zu nennen ist ein Exemplar in Osimo, das Eckpilaster und auf Vorder- und Nebenseiten Weintrauben, die aus Gefäßen wachsen, sowie auf der Vorderseite einen Hirten mit seiner Herde zeigt;[68] Parallelen dafür sind nicht bekannt, und die Datierung des Stückes ist nicht gesichert.

Zusammenfassend läßt sich feststellen, daß aus Oberitalien viele Sarkophage erhalten sind. Sie haben ihre Besonderheiten, durch die sich die Kunstlandschaft von allen übrigen absetzt. Erst eine genaue Untersuchung der erhaltenen Exemplare wird die Scheidung von lokalen Werkstätten, die Herkunft der Motive und die chronologische Ordnung klären können und damit die einzige Provinz im Westen des römischen Reiches erschließen, die in großer Zahl eigenständige Sarkophage hervorgebracht hat. Auch erst dann wird man vielleicht erkennen, welche Bedeutung Oberitalien für andere Kunstprovinzen, nämlich Gallien, den Rhein-Mosel-Raum, Raetia, Noricum, Pannonia und Dalmatia sowie vielleicht auch Moesia Superior, gehabt hat.

II. 3. UNTERITALIEN – SIZILIEN

GERKE 25 ff. – TUSA, Sicilia (1957); dazu: B. ANDREAE, Gnomon 40, 1968, 820 ff. – G. KOCH, ASR XII 6 S. 58 ff. – M. BONANNO, Prospettiva 13, 1978, 43 ff.

Aus Unteritalien und Sizilien, die hier zusammengefaßt werden sollen, sind Sarkophage in größerer Zahl erhalten; in Unteritalien gibt es neben wenigen verstreuten Stücken vor allem Exemplare in Campanien, also in Neapel und Umgebung, und in Benevent; in Sizilien sind die Beispiele auf viele Orte verteilt. Die Sarkophage in Sizilien sind von V. Tusa zusammengestellt worden;[1] die in Unteritalien sind bisher nicht bearbeitet, es werden nur einige von F. Gerke und eine ganze Reihe von G. Koch angeführt; Hinweise finden sich bei G. Rodenwaldt[2] und F. Matz;[3] M. Bonanno hat eine kleine Gruppe behandelt.

Bei den Sarkophagen handelt es sich zum einen um Import fertig ausgearbeiteter

---

[67] REBECCHI I 148 f.

[68] Osimo, Kathedrale: GABRIELLI a. O. (s. oben Anm. 12) 73 ff. Abb. 28–30.

[1] Dazu scheint es nur wenige Nachträge zu geben: zwei Frgt.e von stadtröm. Schlacht – bzw. stadtröm. dionysischen Sarkophagen in Agrigent (P. GRIFFO, FA 12, 1957, 492 Nr. 8085; INR 71. 844/45), zwei Frgt.e (G. LIBERTINI, NSc 1931, 371 Abb. 2) und die Nebenseite mit Odysseus und Polyphem in Catania (s. unten Anm. 54). – Ob das Frgt. EA 764 in Catania zu einem S. gehören kann, war bisher nicht zu überprüfen. – Auf einige Fälschungen weist B. ANDREAE, Gnomon 40, 1968, 821 f. hin. (TUSA a. O. Abb. 32 ff. 39 ff. 97 ff. 217 ff.). – Vgl. das Frgt. in Palermo: H. SICHTERMANN, AA 1974, 316 f. Nr. 12 Abb. 12 (wohl stadtrömisch).

[2] G. RODENWALDT, AA 1930, 261; ders., RM 58, 1943, 14 f.

[3] ASR IV 4 S. 521 (Werkstatt 23).

Stücke, zweitens um lokale Kopien nach importierten Sarkophagen und schließlich drittens um einige Exemplare, die man als örtliche Werke ansprechen kann.

Import kleinasiatischer Sarkophage, und zwar Säulensarkophage und Ostotheken der Hauptgruppe, ist in Avellino, Melfi, Bari und Catania belegt;[4] ein Halbfabrikat mit Girlanden aus Ephesos wurde in Pozzuoli gefunden.[5] Attische Sarkophage gibt es aus Atella, Tarent, Misenum (?), Salerno (?), Agrigent, Syrakus und Taormina.[6]

Stadtrömische Sarkophage sind weit verbreitet; sie sind auch am häufigsten lokal nachgeahmt worden, und manchmal ist es schwierig, die Originale von den Kopien zu unterscheiden. Bei vielen Stücken ist nicht sicher, ob sie schon in der Kaiserzeit importiert wurden oder ob es sich um mittelalterliche oder neuzeitliche Einfuhr handelt; das ist bei Sarkophagen in Salerno angenommen worden.[7] Gesicherten Fundort haben aber beispielsweise der Musensarkophag in Castellamare di Stabia,[8] der Iasonsarkophag in Wien[9] und der Prometheussarkophag in Neapel.[10]

Es lassen sich Kopien nach Sarkophagen aus Kleinasien, Athen und Rom nachweisen. Mit kleinasiatischen Girlandensarkophagen mit den für sie typischen drei Bögen, einer Tabula im mittleren und Trauben, die an ihnen hängen, ist die eine Langseite eines Sarkophages in Neapel verwandt;[11] ein vergleichbares Original aus Kleinasien ist allerdings in Unteritalien bisher nicht gefunden worden. Als Nachahmung von Sarkophagen aus Assos darf man wohl ein Exemplar in Catania ansprechen.[12] Kopien nach attischen Sarkophagen sind in mehreren Orten erhalten: ein Amazonensarkophag aus Hipponium in Neapel,[13] ein Girlandensarkophag in Tarent,[14] ein Fragment mit der Schleifung Hektors durch Achill in Reggio Calabria,[15] ein Meleagersarkophag in Catania[16] und Fragmente mit Eroten in Syrakus.[17] Verbindungen zwischen diesen Sarkophagen sind nicht vorhanden, es gab also keine Werkstatt, die auf das Kopieren

311

308

---

[4] WIEGARTZ, Säulens. 152. 154. 164 f. – Avellino: zwei Frgt.e, die vielleicht zu einer Ostothek des Torre Nova-Typs gehören; unpubl.; INR 73. 446/47.

[5] Neapel: N. ASGARI, AA 1977, 343 Anm. 34; INR 76. 1051.

[6] Neapel 124 325, aus Atella: SICHTERMANN-KOCH 15 f. Nr. 1 Taf. 1; 2, 2; 3. – Tarent: GIULIANO, Commercio Nr. 370. – Paris 4119, aus Misenum (?): Comte de Clarac, Musée de Sculpture II (1846) Taf. 213 Nr. 237. – Salerno (F. O. nicht gesichert): GIULIANO a.O. Nr. 445. – Agrigent: GIULIANO-PALMA 30 Nr. 10 Taf. 26 f. – Syrakus: ASR IV 1, 16 Taf. 25, 1. – Taormina: GIULIANO a.O. Nr. 369.

[7] TURCAN 329.

[8] ASR V 3, 24 Taf. 36 b.

[9] Wien I 172, aus Neapel: ASR II 188.

[10] Neapel 6705, aus Pozzuoli: ASR III 3, 357; SICHTERMANN-KOCH 62 f. Nr. 67 Taf. 162. 163, 2; 164.

[11] Neapel (Nr.?): G. RODENWALDT, AA 1938, 401 ff. Abb. 11/12; BdA 38, 1953, 376 mit Abb.; F. REBECCHI, RM 84, 1977, 125 Anm. 92.

[12] TUSA a.O. 51 Nr. 20 Abb. 47; vgl. Abb. 48–51. – J. B. WARD-PERKINS, Rend Pont Acc 39, 1966/67, 133.

[13] Neapel 6674: ASR II 71; GABELMANN, Werkstattgruppen 34 Anm. 149; ASR XII 6 S. 61. 64.

[14] Tarent: GIULIANO, Commercio 60 Nr. 371.

[15] K. LEHMANN-HARTLEBEN, AA 1926, 160 Abb. 29.

[16] ASR XII 6, 158 Taf. 128 b. c; 130; 132 e; von GIULIANO-PALMA 17 Nr. 3 wieder für attisch angesehen.

[17] Syrakus 843. 842: TUSA a.O. 185 Nr. 86 Abb. 224; 188 f. Nr. 92 Abb. 229 f.; GIULIANO-PALMA 30 Nr. 2 (als attisch bezeichnet). – Vgl. einen K. mit Eroten beim Opfer und Niken mit Tondo, den J. Manganaro publizieren wird (Aidone, bei Catania).

attischer Sarkophage spezialisiert war. Kopien oder Umbildungen attischer Sarkophage sind wohl auch Beispiele in Neapel und Cava dei Tirreni, die antithetische Greifen neben einem Kranz zeigen.[18]

Weit verbreitet in Campanien und Sizilien sind Nachahmungen stadtrömischer Sarkophage. Sie schließen sich im allgemeinen recht eng an ihre Vorlagen an und sind lediglich daran zu erkennen, daß die Gestalten ungeschickt und eckig bewegt, die Gliedmaßen falsch angesetzt, die Gesichter verquollen, die Gewänder sehr stark aufgelöst und die Haare tief aufgebohrt sind. Da es sich bei vielen Stücken nur um Unterschiede der Ausführung, also der Qualität, handelt, in der sich die Nachahmungen von den stadtrömischen Sarkophagen absetzen, ist es bei besseren Exemplaren schwierig festzulegen, wo sie entstanden sind; eine Untersuchung darüber fehlt bisher. Bei anderen Exemplaren zeigen nur gewisse Einzelheiten, etwa der Ornamentik oder der Schmuck der Nebenseiten, daß sie wohl einheimische Arbeiten sind. Erschwerend kommt hinzu, daß viele Beispiele mittelalterlich oder vielleicht auch neuzeitlich überarbeitet sind.[19]

Eine Reihe von campanischen Sarkophagen ist von G. Koch zusammengestellt worden;[20] sie sind möglicherweise auf einen Werkstattkreis zurückzuführen, sind sonst zumindest in ihren stilistischen Eigenarten eng verwandt. Dazu gehören[21] Jagdsarkophage in Benevent und Neapel,[22] Amazonensarkophage in Avellino, Benevent, Pozzuoli und Sorrent,[23] Hippolytossarkophage in Capua und Neapel, Meleagersarkophage in Benevent, Cava dei Tirreni, Neapel (aus Portici), Oxford (?), Salerno und S. Maria Capua Vetere,[24] vielleicht ein verschollenes Fragment mit Marsyas,[25] der Pelopssarkophag in Neapel,[26] Persephonesarkophage in Berlin und Capua und wohl auch in Amalfi, Cimitile und Positano,[27] dionysische Sarkophage in Kopenhagen, London, Neapel, Salerno und Sorrent,[28] vielleicht auch in Berlin, Capua, Teano und

---

[18] G. RODENWALDT, AA 1938, 399 ff. Abb. 10. 11; 409 ff. – Dazu vielleicht auch ein weiteres Stück in Neapel, S. Martino (noch dort?): ASR II 150; RODENWALDT a.O. 413 Anm. 5; B. ANDREAE, AntPl 14, 1974, 66 f.; SICHTERMANN-KOCH 51 Nr. 51 Taf. 132 (auf der einen Ls. könnten die Greifen abgemeißelt worden sein, nur der Kranz ist erhalten).

[19] Vor allem die Sarkophage in der Kathedrale von Palermo sind so stark überarbeitet, daß, wenn überhaupt, nur bei einer Untersuchung der Originale zu klären wäre, welche Stücke lokal und welche stadtrömisch sind; s. beispielsweise den Jagds.: ASR I 2, 64 Taf. 36, 4.

[20] ASR XII 6 S. 60 f.

[21] s. die ASR XII 6 S. 60 f. mit Anm. 16 bis 28 aufgeführten Sarkophage; hier werden nur Stücke in den Anmerkungen nachgewiesen, die dort nicht erfaßt sind.

[22] Benevent 584: G. KOCH, AA 1974, 616 Abb. 2; ASR I 2, 11 Taf. 89, 2. – Neapel 6719: KOCH a.O. Abb. 1; ASR I 2, 56 Taf. 89, 1. – Ferner Benevent (Frgt. mit Reiter): ASR I 2, 10 Taf. 82, 7. – Benevent 586 (Frgt. mit Erotenjagd): ASR I 2, 12 Taf. 89, 6.

[23] Pozzuoli: Frgt., beim Amphitheater liegend: unpubl. – Sorrent, Curia Arcivescovile: P. MINGAZZINI – F. PFISTER, Surrentum (Forma Italiae I 2, 1946) Taf. 36, 124. 125.

[24] S. Maria Capua Vetere: unpubl.

[25] ASR III 2, 209¹, Abb. S. 264; TURCAN 58. 261.

[26] Neapel 6711: SICHTERMANN-KOCH 56 Nr. 58 Taf. 144, 1; 145/46.

[27] Amalfi: ASR III 3, 374. – Cimitile: unpubl.; INR 65. 1185/86. – Positano: unpubl; INR 71. 476.

[28] Neapel, S. Restituta: ASR IV 4, 264 Taf. 284, 1. – Salerno: ASR IV 4, 273 Taf. 291, 2–4. – Sorrent, Curia Arcivescovile: MINGAZZINI-PFISTER, a.O. (s. oben Anm. 23) Taf. 36, 126; INR 73. 441.

Benevent,[29] Meerwesensarkophage in Neapel und vielleicht Salerno[30] und ein Jahreszeitensarkophag in Neapel;[31] sicher werden sich noch andere Exemplare anschließen lassen. Daneben gibt es in Unteritalien verschiedene Einzelstücke wie den wohl sehr frühen Girlandensarkophag in Sarno,[32] den Endymionsarkophag in Cimitile,[33] einen Heraklessarkophag in Montanaro,[34] den Sarkophag mit Ares und Aphrodite in Amalfi,[35] den Meleagersarkophag in Cosenza,[36] dionysische Sarkophage aus Pozzuoli,[37] in Neapel[38] und vielleicht in Oxford,[39] Meerwesensarkophage in Capua,[40] Salerno[41] und Capri,[42] den Musensarkophag in Capri,[43] eine Langseite mit Weisen in Sorrent,[44] einen Erotensarkophag in S. Maria Capua Vetere[45] oder einen Sarkophag mit Orans in Capua.[46] Bei allen diesen Exemplaren sind die stadtrömischen Vorlagen, die vorausgesetzt werden müssen, in unterschiedlicher Weise nachgeahmt und umgebildet. Dies scheint auch der Fall zu sein bei dem Fragment eines Säulensarkophages in Benevent,[47] bei einigen Riefelsarkophagen, darunter einem in Locri mit Tabula ansata und Riefeln auf der Vorderseite und einem in Neapel mit Grabstür in der Mitte der Vorderseite und Büsten eines Ehepaares als Akroteren auf dem Deckel[48] sowie mehreren Girlandensarkophagen,[49] darunter einem Stück in Neapel,[50] und schließlich ei-

[29] Berlin, Klein Glienicke, Capua und Teano: BONNANO a.O. 43 ff. – Benevent 587: ASR IV 1, 53 Taf. 75, 2; TURCAN 117. 556. 574 Taf. 51 a–c.
[30] Salerno, Mus. del Duomo: unpubl.
[31] Neapel, S. Restituta: S. BRIDGES – J. WARD PERKINS, BSR 24, 1956, 168 Taf. 23 b.; H. SICHTERMANN in: Mél. A. M. Mansel (1974) 311 Nr. 20 Taf. 105.
[32] Aufbewahrungsort nicht zu ermitteln: M. DELLA CORTE, NSc 8, 1932, 320 Abb. 9; H. BRANDENBURG, JdI 93, 1978, 314 Abb. 44.
[33] SICHTERMANN, Endymion 77 Abb. 52.
[34] W. F. VOLBACH, RendPontAcc 12, 1936, 91 f. Abb. 7; J. DEÉR, The Dynastic Porphyry Tombs of the Norman Period in Sicily (1959) 48 f. Anm. 15 a (halten das Stück für mittelalterlich).
[35] ASR III 2, 193; CUMONT, Symb. Fun. Taf. 1, 2.
[36] ASR XII 6, 157 Taf. 39 d.
[37] Jetzt in Neapel: ASR IV 1, 58 A Taf. 76 f.
[38] Neapel 467/6701: ASR IV 4, 266 Taf. 295; 287 Taf. 310, 3.
[39] Oxford: ASR IV 4, 269 Taf. 286, 1.
[40] ASR V 1, 17 Taf. 5 f.
[41] ASR V 1, 58 Taf. 20; H. JUCKER, Das Bildnis im Blätterkelch (1961) 44 f. S. 19 Taf. 11.
[42] A. ANDRÉN, OpRom 5, 1965, 140 Nr. 38 Taf. 12; INR 73. 490.
[43] ASR V 3, 23 Taf. 126 b.
[44] Sorrent, Mus. Correale: MINGAZZINI-PFISTER a.O. (s. oben Anm. 23) Taf. 34, 113; INR 65. 1238.

[45] Aus Cales: W. JOHANNOWSKY, BdA 46, 1961, 266 Abb. 18; H. SICHTERMANN in: Mél. A. M. Mansel (1974) 309 f. Nr. 16.
[46] F. MATZ, MM 9, 1968, 300 ff. Nr. 3 Taf. 114; B. HAARLØV, The Half-open Door (1977) Abb. 37.
[47] Benevent 12: Teil einer Ls., r. Ecke zur Ns.; urspr. in Mitte unter Giebel dextrarum iunctio, r. unter Arkaden Frau und Mann; stark überarbeitet; unpubl.; INR 80.2294–97.
[48] Amalfi: G. KOCH, AA 1977, 113 Abb. 2. – Castellamare di Stabia: WILPERT I 88 Taf. 69, 1. – Gaeta (schon zu Latium gehörend): W. F. VOLBACH, RendPontAcc 12, 1936, 99 f. Abb. 12/13; DEÉR a.O. (s. oben Anm. 34) 48 f. Anm. 15 a (halten die beiden Stücke für mittelalterlich; das scheint höchstens für die Deckel zuzutreffen). – Locri: unpubl.; INR 75. 2162–64. – Neapel (Nr. ?): HAARLØV a.O. Abb. 53; L. FAEDO, Prospettiva 19, 1979, 70 Abb. 2. – Sorrent: MINGAZZINI-PFISTER a.O. (s. oben Anm. 23) Taf. 35, 120. – Avellino, Benevent, Capua, Neapel, Salerno: wohl alle unpubl.
[49] Castellamare di Stabia: H. SICHTERMANN, AA 1970, 240 Abb. 34. – Salerno: H. JUCKER, Das Bildnis im Blätterkelch (1961) 45 f., S. 20 Taf. 11. – Ravello: unpubl. – Zu den Girlandens. schon: G. RODENWALDT, RM 58, 1943, 14; H. BRANDENBURG, JdI 93, 1978, 323 Anm. 94.
[50] Neapel 6604/05, aus Pozzuoli: TOYNBEE 214 Nr. 1 Taf. 48, 2; HONROTH, Girlanden 63. 90 f. Nr. 115.

nigen Beispielen mit fliegenden Eroten oder Niken,[51] die sich alle nach stilistischen und teilweise auch typologischen Eigenarten etwas von den stadtrömischen Sarkophagen absetzen.

In Sizilien dürfte eine größere Anzahl der Sarkophage, die V. Tusa gesammelt hat, in Nachahmung stadtrömischer Vorbilder gearbeitet worden sein; aber auch sie sind bisher noch nicht auf diese Frage hin untersucht worden.[52] Dazu gehören der Meleagersarkophag in Palermo,[53] die Nebenseite mit Odysseus und Polyphem in Catania,[54] Persephonesarkophage in Mazara del Vallo, Racalmuto und Raffadali[55] und vielleicht auch in Messina,[56] Erotensarkophage in Monreale und Trapani,[57] der ‚Musen'-Sarkophag[58] in Palermo, wohl ein Kentaurensarkophag in Messina,[59] Sarkophage mit fliegenden Eroten und Niken mit Mittelmotiv[60] und einige Riefelsarkophage.[61] Diese Exemplare zeigen größere Unterschiede, lassen sich also nicht zu Werkstätten zusammenschließen; es handelt sich vielmehr, soweit sich das bisher überblicken läßt, um Einzelstücke.

313–315   In Benevent, Capua, Cava dei Tirreni, Neapel, Salerno, Sorrent und dem schon zu Latium gehörenden Terracina gibt es eine größere Anzahl von Girlandensarkophagen, die man als lokale Werke bezeichnen darf. Bei einer Reihe von ihnen ist ein Mittelmotiv vorhanden, eine Tabula oder ein Tondo, die von Eroten gehalten sein können; als Girlandenträger begegnen gelegentlich auch Stierschädel; dies sind alles Züge, die auf Verbindungen mit dem Osten, vor allem Kleinasien, hinweisen;[62] östliche Einflüsse sind ebenfalls bei einigen Deckeln in Dachform zu sehen, die bei verschiedenen Stücken oder auch ohne die zugehörigen Kästen erhalten sind. Von den Girlandensarkophagen scheint nur ein Exemplar aus Misenum[63] publiziert zu sein, die Gruppe ist also nicht zu beurteilen. In einem Fall halten stehende Eroten eine Tabula;[64] bei einem anderen Kasten sind Mittelädikula, Halbsäulen und Pilaster vorhanden, an denen Girlanden hängen.[65]

---

[51] Sorrent: MINGAZZINI–PFISTER a.O. (s. oben Anm. 23) Taf. 35, 118. 119. – Salerno: K. SCHAUENBURG, AA 1975, 288 Nr. 8 Abb. 14. – Benevent, Cava dei Tirreni, Neapel, Salerno, S. Maria Capua Vetere u. a.: wohl alle unpubl.

[52] Wichtige Hinweise gibt B. ANDREAE, Gnomon 40, 1968, 823.

[53] TUSA a.O. 102 ff. Nr. 45 Abb. 107 f.; ASR XII 6, 154 Taf. 25 b.

[54] Catania, Mus. Civico: B. ANDREAE, AntPl 14, 1974, 66 ff. Abb. 13 ff., Taf. 59.

[55] TUSA a.O. 70 ff. Nr. 30 Abb. 66 f.; 159 ff. Nr. 76 Abb. 184 ff.; 162 ff. Nr. 77 Abb. 190 ff.

[56] TUSA a.O. 83 ff. Nr. 35 Abb. 81 ff.

[57] TUSA a.O. 92 ff. Nr. 39 Abb. 96; 197 ff. Nr. 98 Abb. 239 ff.

[58] TUSA a.O. 121 ff. Nr. 55 Abb. 127 ff.; ASR V 3, 69 Taf. 128 b.

[59] Messina 808/A 221: TUSA a.O. 80 f. Nr. 33 Abb. 77 ff.

[60] TUSA a.O. Abb. 54. 115. 117. 137. 150.

[61] TUSA a.O. Abb. 58. 85. 100. 114. 116. 120. 124. 139 u. a.

[62] H. BRANDENBURG, JdI 93, 1978, 323 Anm. 94.

[63] Aufbewahrungsort nicht zu ermitteln: P. MINGAZZINI, NSc 1928, 200 f. Abb. 7. – Eines der Exemplare in Salerno: E. ALFÖLDI-ROSENBAUM, The Necropolis of Adrassus (Denkschriften Wien 146, 1980) 47 Taf. 43, 2.

[64] Pozzuoli, beim Amphitheater: N. HIMMELMANN, JbAChr 15, 1972, 179 Anm. 1; INR 67. 2507.

[65] Sepino: unpubl.; INR 78. 1487. – Vgl. ein Exemplar in Foggia: D. ADAMESTEANU u. a., La Puglia dal paleolitico al tardoromano (1979) 343 Abb. 619.

In Sizilien sind auch verschiedene lokale Exemplare vorhanden, die auswärtige Anregungen sehr frei umsetzen und vereinfachen, wie eine Langseite mit Daidalos und Ikaros in Messina,[66] der Jagdsarkophag in Mazara del Vallo[67] und ein Fragment mit Jagd in Syrakus,[68] ein Kasten mit fliegenden Eroten mit Kranz in Catania,[69] Girlandensarkophage in Palermo und Syrakus[70] und ein Kasten mit Tabula und Arkaden in Palermo;[71] diese Stücke sind ebenfalls Einzelwerke und untereinander nicht verbunden.

Möglicherweise stammen auch einige der Sarkophage, die jetzt in Rom aufbewahrt werden, aus Campanien, wie z. B. der Sarkophag des Prosenes in der Villa Borghese[72] oder ein Girlandensarkophag im Vatikan;[73] eine Untersuchung der Gruppe könnte ergeben, ob sich vielleicht noch andere Sarkophage, die in ihrem Stil Besonderheiten zeigen, in Campanien lokalisieren lassen.[74]

Die importierten Sarkophage lassen sich im 2. und 3. Jh. n. Chr. verfolgen; eine Häufung zu einer bestimmten Zeit ist nicht festzustellen. Für die Datierung der Nachahmungen gibt es keine äußeren Hinweise, sie lassen sich nur nach den Vorlagen einordnen. Außer dem frühen Sarkophag in Sarno (1. Jh. n. Chr.)[75] gehören sie in das 2. bis 4. Jh. n. Chr., und zwar überwiegend wohl in das spätere 3. und frühe 4. Jh.; genauer sind sie kaum festzulegen. Für den ‚Musen'sarkophag in Palermo ist als spätestem Stück eine Datierung in die zweite Hälfte des 4. Jhs. n. Chr. vorgeschlagen worden;[76] doch könnten auch nachträgliche Überarbeitungen für das Aussehen verantwortlich gemacht werden.

Zusammenfassend läßt sich feststellen, daß aus Unteritalien und Sizilien zwar viele Sarkophage bekannt sind, daß es aber eine eigenständige Produktion mit besonderen Charakteristika, die sich nur oder vor allem in diesem Gebiet finden, nicht gegeben hat; es handelt sich um Import und um lokale Kopien, Nachahmungen und Umbildungen der importierten Exemplare. Diese Stücke haben aber ihre besondere Bedeutung, da es sich um die größte Gruppe provinzieller kaiserzeitlicher Plastik in Unteritalien und Sizilien handelt.

---

[66] Messina 1687/A 223: Tusa a.O. 81 ff. Nr. 34 Abb. 80; Sichtermann-Koch 26 f. Nr. 15 Taf. 31. 32, 2 (ein stadtröm. S. desselben Themas ist nicht bekannt).

[67] Tusa a.O. 72 ff. Nr. 31 Abb. 68 ff.; ASR I 2, 48 Taf. 88, 2 (Verbindung zu att. S. vielleicht auch in der lockeren Verteilung der Gestalten).

[68] Syrakus 845: Tusa a.O. 190 ff. Nr. 94 Abb. 232; G. Koch, AA 1974, 627 Abb. 17; ASR I 2, 211 Taf. 88, 3.

[69] Tusa a.O. 47 f. Nr. 13 Abb. 45.

[70] Tusa a.O. Abb. 132. 144. 222. 223. 233.

[71] Tusa a.O. 153 f. Nr. 73 Abb. 171 ff.

[72] N. Himmelmann, JbAChr 15, 1972, 179 Anm. 1.

[73] Vatikan 20. 296: Amelung, Vat. Kat. I 881 Nr. 217 Taf. 113; G. Rodenwaldt, AA 1938, 403 Anm. 2; Matz, MW 49 (2 b, 2).

[74] z. B. Rom, Villa Celimontana: L. Quilici, Collatia (Forma Italiae I 10, 1974) 771 Nr. 673 Abb. 1760. – Florenz, Villa La Pietra: ASR IV 4, 271 Taf. 292, 1; 293.

[75] H. Brandenburg, JdI 93, 1978, 314.

[76] Tusa a.O. 124 (theodosianisch); M. Wegner, ASR V 3 S. 35 (2. H. 4. Jh. n. Chr.).

II. 4. SARDINIA – CORSICA

PESCE, Sardegna (1957); dazu: F. MATZ, Gnomon 29, 1957, 634 f.

Aus Sardinia gibt es verhältnismäßig viele Sarkophage; G. Pesce hat über 70 zusammengestellt. Aus Corsica sind dagegen nur zwei Exemplare bekannt.

In *Sardinia* handelt es sich erstens um den Import fertig ausgearbeiteter, und zwar nur stadtrömischer, Stücke und zweitens um lokale Kopien nach derartigen Exemplaren; da sie nur noch stilistischen und typologischen Gesichtspunkten unterschieden werden können, ist es in mehreren Fällen schwierig, die Herkunft festzulegen; die hier gemachten Bemerkungen können also nur vorläufig sein. G. Pesce weist den größten Teil Werkstätten in Ostia und Rom zu;[1] aber zum einen scheint es bisher, von Ausnahmen abgesehen, kaum möglich, Ostia und Rom voneinander zu unterscheiden, und zum anderen sind schon unter den Sarkophagen, die G. Pesce für Ostia in Anspruch nimmt, einige, die man eher als lokale Werke ansehen würde;[2] eine Untersuchung zu dieser Frage fehlt.

Stadtrömischer Import läßt sich vom 2. bis ins 4. Jh. n. Chr. nachweisen, die meisten Stücke stammen jedoch aus dem 3. Jh. Stadtrömisch sind beispielsweise die Girlandensarkophage in Paris und Olbia,[3] der Meerwesensarkophag in Cagliari,[4] der Musensarkophag in Agliè,[5] ein Fragment mit Mahl auf der Kline in Sassari,[6] ein Jahreszeitensarkophag in Cagliari[7] und Riefelsarkophage in Cagliari und Porto Torres,[8] ferner einige Fragmente;[9] darunter ist eines, das eine bei den stadtrömischen Sarkophagen sonst nicht belegte Darstellung bringt, einen Kampf zwischen Kentauren und Satyrn.[10] Ein Wannensarkophag mit Jahreszeiten in Cagliari[11] sondert sich in seinem Stil etwas ab und zeigt attisierende Eigenarten;[12] er könnte aber auch in Rom, vielleicht im späten 3. Jh. n. Chr., entstanden sein.

Zu den lokalen Nachahmungen und Umbildungen gehören der Sarkophag mit Greifen in Sassari,[13] zu dem eine stadtrömische Vorlage allerdings nicht erhalten ist,

---

[1] PESCE a. O. 12 f.
[2] PESCE a. O. 13 Nr. 5 (wohl Nr. 3 gemeint, der aber auch lokal ist). 29. 56. 59; ferner S. 98 zu Nr. 54 und 55. Der christl. S. Nr. 17 sondert sich zumindest typologisch von den stadtröm. zweizonigen Friess. ab.
[3] Paris 451: PESCE a. O. 120 f. Nr. 71 Abb. 147 ff. – Olbia, S. Simplicio: PESCE a. O. 113 ff. Nr. 64 Abb. 137 ff.
[4] Cagliari 6138: PESCE a.O. 22 ff. Nr. 2 Abb. 4 ff.; B. ANDREAE-H. JUNG, AA 1974, Tabelle n. S. 434: ,210/20'.
[5] Agliè: PESCE a. O. 118 ff. Nr. 70 Abb. 144 ff.; ASR V 3, 2 Taf. 35.
[6] Sassari o. Nr.: PESCE a. O. 94 ff. Nr. 53 Abb. 103; HIMMELMANN, Typ. Unt. 19. 48 Nr. 5 Taf. 30.
[7] Cagliari, Cattedrale: PESCE a. O. 66 ff. Nr. 27 Abb. 56/57.
[8] PESCE a. O. Nr. 21. 32. 57. 58. 61. 62. 63 (dazu auch: ASR V 3, 81 Taf. 76 a.).
[9] PESCE a. O. Nr. 6. 7. 8. 9. 10. 11. 13. 36. 37.
[10] Cagliari 6140 – 42: PESCE a. O. 44 ff. Nr. 15 Abb. 31 ff.; F. MATZ, Gnomon 29, 1957, 635; ASR IV 4, 336 Taf. 336.
[11] Cagliari 5936: PESCE a. O. 19 ff. Nr. 1 Abb. 1 ff.
[12] Wiedergabe der teigigen Gewandfalten, Ritzung der Brauen.
[13] Sassari o. Nr.: PESCE a. O. 96 f. Nr. 54 Abb. 104. 123.

eine Vorderseite mit Kentauren[14] (beide vielleicht noch im 2. Jh. n. Chr. geschaffen) und eine mit Erotenkomos[15] in Cagliari, Sarkophage mit fliegenden Eroten oder Niken und Mittelmotiv in Cagliari und Ussana,[16] eine Wanne mit dionysischem Thiasos in Cagliari[17] (alles Beispiele aus dem 3. Jh. n. Chr.), das Fragment mit Jahreszeiten in Sassari[18] und der Musensarkophag in Porto Torres[19] (beide aus dem früheren 4. Jh. n. Chr.), einige Riefelsarkophage in Cagliari[20] und ein Deckel mit Jahreszeiten in Cagliari[21] sowie einer mit Weinlese und Mahl in Porto Torres.[22] Schließlich ist noch eine fragmentierte Langseite mit Tabula ansata und Girlanden in Cagliari[23] zu nennen, für deren Schmuck es in Rom keine Parallelen gibt; die einzelnen Motive werden von verschiedenen Vorlagen übernommen worden sein. Die Sarkophage lassen sich vom 2. bis ins 4. Jh. n. Chr. verfolgen. Ob sie alle in Sardinia hergestellt oder vielleicht teilweise aus einer anderen Provinz, etwa Campanien, geholt worden sind, ist bisher nicht zu klären. Die Stücke zeigen alle Unterschiede; eine provinzielle Werkstatt läßt sich nicht fassen.

Zusammenfassend ist festzustellen, daß in Sardinia verhältnismäßig viele Sarkophage gefunden worden sind, daß es sich aber nur um stadtrömische Exemplare und lokale Nachahmungen handelt; eine eigenständige Produktion hat es nicht gegeben.

In *Corsica* sind nur zwei Sarkophage zutage gekommen, ein Kindersarkophag mit Jagd[24] (spätes 3. Jh. n. Chr.) und ein Exemplar mit Jahreszeiten[25] (erstes Viertel des 4. Jhs. n. Chr.) in Ajaccio. Beim Jahreszeitensarkophag handelt es sich um eine Nachahmung stadtrömischer Stücke; es ist fraglich, wo er geschaffen worden ist, da es auf Corsica überhaupt sehr wenige kaiserzeitliche Plastik gibt; er wird aus einer anderen Provinz auf die Insel gebracht worden sein. Der Jagdsarkophag ist zwar eine verhältnismäßig rohe Arbeit, er stammt aber möglicherweise aus Rom, auch wenn es dort für den Typus Parallelen nicht gibt.[26]

[14] Cagliari 6136: PESCE a.O. 35 ff. Nr. 5 Abb. 22.
[15] Cagliari, Cattedrale: PESCE a.O. 68 ff. Nr. 28 Abb. 58 ff.
[16] PESCE a.O. Nr. 29. 30. 51.
[17] Cagliari 6137: PESCE a.O. 24 ff. Nr. 3 Abb. 8 ff.; ASR IV 1, 56 Taf. 67.
[18] Sassari o. Nr.: PESCE a.O. 93 f. Nr. 52 Abb. 101 f.
[19] PESCE a.O. 98 ff. Nr. 56 Abb. 107 ff.; ASR V 3, 80 Taf. 128 a (vielleicht erst 2. V. des 4. Jhs.).
[20] Cagliari 6144: PESCE a.O. 51 f. Nr. 19 Abb. 40/41 (lokal?). – Cagliari o. Nr.: PESCE 52 ff. Nr. 20 Abb. 42/43. – Cagliari, Cattedrale: PESCE 74 ff. Nr. 31 Abb. 64 ff. (mit den Sieben Weisen auf dem Deckel und ungewöhnlicher Begrenzung der Seiten durch Hermen). – Ferner: PESCE Nr. 33. 34. 35. 45–50.

[21] Cagliari 5896: PESCE a.O. 34 f. Nr. 4 Abb. 21 (hält das Stück für die Ls. eines S.).
[22] PESCE a.O. 104 ff. Nr. 59 Abb. 118. 121/22; HIMMELMANN, Typ. Unt. 19. 53 Nr. 28 Taf. 33.
[23] Cagliari 5839: PESCE a.O. 43 f. Nr. 14 Abb. 30.
[24] Ajaccio, Mus. Fesch: ESPÉRANDIEU I 25 f. Nr. 22; ASR I 2, 1 Taf. 75, 6.
[25] Ajaccio, Mus. Fesch: HANFMANN II 180 Nr. 500a Abb. 77; ESPÉRANDIEU XII 2 Nr. 7824 Taf. 2; G. MORACCHINI-MAZEL, Les monuments paléochretiens de la Corse (1967) 114 ff. Abb. 144 ff.
[26] ASR I 2, Kapitel 4.3.6.

II. 5. GALLIA

ESPÉRANDIEU I – XVI (1907–1981; hier abgekürzt: ESP.)

Aus der Provinz Narbonensis ist eine große Zahl von Sarkophagen bekannt; ihr werden Aquitania, Lugdunensis und Belgica angeschlossen, in denen nur wenige Exemplare gefunden wurden. Die meisten der Sarkophage sind in dem Werk von E. Espérandieu erfaßt. Sie sind allerdings bisher nicht als Gruppe untersucht worden und liegen auch nicht in ausreichenden Abbildungen vor, so daß viele Fragen unbeantwortet bleiben müssen. Die Sarkophage lassen sich in drei Gruppen gliedern: importierte Stücke, Nachahmungen nach importierten Beispielen und lokale Werke.

Der sehr zahlreiche Import aus Rom ist von G. Koch zusammengestellt worden;[1] zu den genannten Stücken kommen wahrscheinlich noch ein Riefelsarkophag[2] in Vintium (Vence) in der Provinz Alpes Maritimae und ein Riefelsarkophag in Arelate (Arles)[3] hinzu. Außerdem kann die Zahl durch die Jagdsarkophage erweitert werden, die eine bedeutende spätantike Gruppe bilden, welche durch das Werk von B. Andreae zugänglich wird[4] und wohl als stadtrömisch angesehen werden kann. Der Import aus Athen tritt dagegen zurück; es läßt sich aber doch eine Reihe von Stücken nachweisen.[5] Sarkophage aus Kleinasien sind nicht gefunden worden.

Die stadtrömischen und attischen Sarkophage sind in Gallien in größerer Zahl kopiert, nachgeahmt oder umgebildet worden. Zu den Kopien nach stadtrömischen Sarkophagen gehören ein Kasten mit dionysischer Darstellung in Massilia (Marseille),[6] ein fragmentierter Kasten mit Weinlese[7] und ein weiterer mit Arkadengliederung, Hochzeit und Dioskuren[8] und später eingemeißelten christlichen Szenen auf den Nebenseiten[9] in Arelate (Arles). In Lugdunum (Lyon) ist eine fragmentierte Langseite mit Jahreszeiten[10] eine lokale Umbildung stadtrömischer Vorlagen; ein verschollenes Fragment mit Dionysos und Satyrn ist nicht zu bestimmen.[11] Der Jahreszeitensar-

---

[1] G. KOCH, BJb 177, 1977, 258 ff. – Dazu Berichtigung: der Riefelsarkophag in Lyon (ESP. III 28 Nr. 1772; F. MATZ, MM 9, 1968, 307 Nr. 8 Taf. 111) stammt aus Arles (Mitteilung R. Turcan). – Über ein Frgt. in Aix (Foto Marburg 42 770) ließ sich bisher nichts Näheres ermitteln. Stadtröm. ist auch ein Frgt. in Béziers, St. Aphrodise (Foto Marburg 52 126).

[2] Vence, Cathédrale: Esp. I 8; C. VISMARA, RivStLig 39, 1973, 36 ff. – Weitere Nachträge: R. BOYER, RANarb 1, 1968, 261 f. Abb. 1 (La Bégude, Fayence, Frgt. eines D. mit Eroten-Schiffahrt); M. EUZENNAT, Gallia 25, 1967, 432 Abb. 43 (Frgt. Riefel; vielleicht auch a.O. 428 Abb. 37); ESP. XII 7971 (Arles).

[3] Arles (Nr. ?): WILPERT I Taf. 65, 4 (Tabula ansata wohl nachträglich ausgearbeitet).

[4] B. ANDREAE, ASR I 2, 3 Taf. 94, 4 (Arles); 4 Taf. 95, 3 (Arles); 5 Taf. 92, 1 (Avignon, aus Arles); 6 Taf. 92, 2 (Avignon, aus Orange); 7 (ESP. I 268; Avignon); 19 Taf. 55, 3 (Béziers); 21 Taf. 85, 6 (Cabasse); 22 (Taf. 93, 2 (Cahors); 27 Taf. 93, 1 (Déols); 51 (ESP. II 1704; Narbonne); 58 Taf. 107, 1 (Orange, aus Caderousse).

[5] G.KOCH, BJb 177, 1977, 254 Anm. 49.

[6] Marseille (Nr. ?): ESP. I 59; TURCAN 38 f. Taf. 20b; ASR IV 4, 261 Taf. 282, 2.

[7] Arles C 7: ESP. I 176; wohl nicht stadtrömisch, wie BJb 177, 1977, 259 angenommen wurde.

[8] Arles C 4: ESP. I 169; ENGEMANN, Untersuchungen 71 f. Anm. 13 (mit älterer Lit.).

[9] ESP. I S. 138.

[10] Lyon, Saint Martin: ESP. III 1775; HANFMANN II 183 Nr. 533.

[11] ESP. III 1776.

kophag in Belloc-Saint-Clamens[12] ist eine gallische Kopie nach einem stadtrömischen Vorbild. Verschollene Riefelsarkophage aus Massilia[13] und Arelate[14] sind, soweit die Zeichnungen eine Beurteilung zulassen, keine stadtrömischen Originale, ebenfalls nicht die Exemplare in Quarante, Béziers und Narbonne.[15] Ein geriefelter Kasten mit gerundeten Seiten in Compiègne[16] hat mit den großen Gorgoköpfen im stadtrömischen Material wohl keine Parallele. Schließlich sind noch einige Deckel anzuführen, die lokale Arbeiten sein könnten.[17]

Auch die attischen Sarkophage sind kopiert und nachgeahmt worden.[18] Das zeigen der Meleagersarkophag aus Arelate in Autun,[19] ein Fragment in Arles[20] und ein dionysisches (?) Fragment in Maguelone.[21] Attische Motive haben auch Fragmente mit springendem Löwen[22] und mit sitzender Sphinx[23] sowie die Nebenseite eines Girlandensarkophages[24] in Arles. Ein Fragment aus Nemausus (Nîmes)[25] ist so stark verwittert, daß sich nicht feststellen läßt, ob es sich um ein attisches Original oder eine Kopie handelt. Attisierende Ornamentzonen und attisierenden Stil hat schließlich der Sarkophag aus La Gayole in Brignoles.[26] Attischen Einfluß kann man auch beim Dachdeckel mit den kleinen Blattziegeln, bei den Profilen und bei den Girlanden haltenden Adlern der Nebenseite eines Sarkophages aus Arelate[27] vermuten.

Zwei Girlandensarkophage in Arelate stellen besondere Probleme. Der eine[28] hat auf der Vorderseite Eroten und Eckniken auf Podesten, Girlanden, an denen Trauben hängen, und in der Mitte eine Tabula; auf der einen Nebenseite finden sich antithetische Greifen, auf der anderen Leda[29] und ein Eros mit gesenkter Fackel; für die Darstellung der Vorderseite finden sich Parallelen weder in Rom noch in Athen, sondern nur bei kleinasiatischen Sarkophagen;[30] es kann sich aber wegen der Behandlung der Nebenseiten und der Vernachlässigung der Rückseite nicht um ein Original aus Kleinasien handeln; kleinasiatische Einflüsse scheinen also mit attischen – antitheti-

---

[12] Belloc-Saint-Clamens, Saint Clamens: Esp. II 1057; Hanfmann II 183f. Nr. 534.
[13] Esp. I 77. 82.
[14] Esp. I 226.
[15] Quarante, Kirche: Esp. I 555; INR 60. 2068. – Béziers, Cath.: INR 60. 2177. – Narbonne 72: INR 60. 2183.
[16] Compiègne, Palais (aus Senlis, Saint Corneille): Esp. V 3851; G. Koch, BJb 177, 1977, 261.
[17] Trets: Esp. I 48. – Aix: Esp. I 102. – Arles: Esp. I 177. 179. II 1693. – Die: Esp. I 312; Koch a.O. 259. – Gourdargues: Esp. I 512. – Cessenon: Esp. I 553. – Agen: Esp. II 1253. – Draguignan: Esp. II 1693.
[18] G. Rodenwaldt, RM 36/37, 1921/22, 74 Anm. 3; ders., JdI 45, 1930, 186 Anm. 4. ASR XII 6 S. 64f.
[19] Autun 66: ASR XII 6, 159 Taf. 132a. d; 133b. 134.
[20] Arles C 123: INR 60. 1771.
[21] Maguelone, privat: Esp. I 527; Foto Marburg 39761.
[22] Arles C 95 (?): Esp. I 172.
[23] Arles P 477: Esp. I 189.
[24] Arles P 559: Esp. I 166.
[25] Nîmes 150: Esp. I 446; Giuliano, Commercio 57 Nr. 348.
[26] Brignoles: Esp. I 40; Rodenwaldt a.O. (s. oben Anm. 18); ders., JdI 55, 1940, 48; Turcan 70; A. Grabar, Kunst des frühen Christentums (1967) 24 Abb. 21; 139 Abb. 142f.; ASR XII 6 S. 64; Schumacher, Hirt 117ff. Taf. 25a. b (keinesfalls kleinasiatische Arbeit).
[27] Arles P 107: Esp. III 2539; s. unten Anm. 37 und Taf. 320.
[28] Arles P 559: Esp. I 166.
[29] ASR II 5.
[30] G. Rodenwaldt, BJb 147, 1942, 224. – Vgl. MAMA VIII (1962) Nr. 553. 566. 574. 575. 594. 609.

sche Greifen – und stadtrömischen – Leda – in Gallien verbunden worden zu sein. Der andere Kasten[31] hat allseitig Girlanden, die an Widderköpfen und, in der Mitte der Rückseite, an einem Stierkopf hängen; auf der Vorderseite findet sich eine Tabula ansata; Parallelen sind wiederum weder in Rom noch in Athen, sondern nur in Kleinasien und Syrien zu finden,[32] eine genaue Entsprechung gibt es aber nicht; vor allem ordnen die östlichen Beispiele die Widderköpfe nicht in vergleichbarer Weise neben der Tabula an,[33] und sie haben drei Girlandenbögen. Es handelt sich also um eine in Gallien geschaffene Nachahmung östlicher Vorbilder.

Unter den lokalen Sarkophagen haben sehr viele eine Tabula und seitlich davon Eroten. Es kann sich um eine eckige Tabula, eine Tabula ansata, eine mit peltaförmigen oder eine mit geschwungenen Ansae handeln. Die Eroten stehen oder schreiten,[34] knien[35] oder fliegen[36] und halten die Tabula. Unter diesen Exemplaren ist eines in Arelate hervorzuheben, das einen attisierenden Dachdeckel hat, auf allen Seiten unten sowie oben Profile und auf den Nebenseiten Girlanden trägt.[37] Auf einem anderen Exemplar in Arelate sind neben der Tabula schlafende Eroten wiedergegeben.[38]

Die Frage, wo die Vorbilder für diese Darstellungen gesucht werden können, ist noch nicht geklärt. In Rom oder Athen sind sie nicht zu finden. In Oberitalien hingegen gibt es gelegentlich vergleichbare Darstellungen.[39] Es müßte aber noch untersucht werden, ob nicht auch direkte Verbindungen mit Kleinasien vorhanden sind.[40]

Auf einem Kasten in Arelate[41] wird die Tabula ansata von je zwei Säulen begleitet, die einen niedrigen Bogen tragen; in das Interkolumnium ist ein Gorgokopf gesetzt. Diese Mischform ist auf einen gallischen Bildhauer zurückzuführen. Bei einigen Beispielen sind Füllhörner neben der Tabula abgebildet;[42] hervorzuheben ist das Exemplar aus Arelate in Marseille, das allseitig eine profilierte Rahmung hat. Auf mehreren Kästen sind die Seitenflächen in unbearbeitetem Zustand belassen.[43] Stücke mit Ta-

---

[31] Arles P 540: Esp. I 186.

[32] z. B. N. Asgari, AA 1977, 350 Abb. 43; 351 Abb. 45/46 (auf Vs. Tabula in Girlandenbogen); zahlreiche Beispiele unpubl.

[33] Die Tabula ist immer in einem Girlandenbogen, meist im mittleren der VS., angebracht.

[34] Arles P 152: Esp. I 171. – Avignon, aus Vaison: Esp. I 308. – Vienne: Esp. I 367. – Saint-Gilles: Esp. I 498; Foto Marburg 44114. – Béziers: Esp. I 554. – Poitiers: Esp. II 1402. – Bourges: Esp. II 1448; XV S. 150 Taf. III. – Sans: Esp. III 2155.

[35] Lyon: Esp. III 1788; Foto Marburg 43413.

[36] Arles P 107: Esp. III 2539. – Arles: Esp. I 174. – Beaucaire, aus Arles: Esp. X 7444. – Avignon, aus Tarascon: Esp. I 132. – Bourg-Saint-Andéol: Esp. I 423 (Gips in Montpellier). – Nîmes: Esp. I 474. – Arles: zwei unpubl. Exemplare.

[37] Arles P 107: Esp. III 2539; G. Rodenwaldt, BJb 147, 1942, 224 Taf. 18, 1; P.-A. Fevrier, XXV Corso di cultura sull'arte ravennate e bizantina (1978) 143 Abb. 5.

[38] Arles P 195 (?): Esp. I 167; Foto Marburg 39971.

[39] Nicht sehr zahlreich, z. B. Gabelmann, Werkstattgruppen Taf. 9, 2; 25, 1; ASR VIII 2, A 4 Taf. 2, 2 (fliegende Niken).

[40] Relativ selten: A. M. Mansel – A. Akarca, Excavations and Researches at Perge (1949) 47 f. Abb. 18 ff. 26.

[41] Arles (Nr.?): Esp. I 183.

[42] Marseille 207, aus Arles: Esp. I 184; Foto Marburg 39961. – Arles (Nr.?): Foto Marburg 42896. – Saint-Gilles: Foto Marburg 44115. 44127.

[43] Saint-Gilles: Esp. I 501; CIL XII 4117; Foto Marburg 44117. – Mazères: Esp. II 1048. – Weitere Exemplare in Saint-Gilles und Arles. – Rouen: R. Louis, Gallia 7, 1949, 236 ff.

bula ansata sind noch in Arelate vorhanden.⁴⁴ Eine größere Anzahl an Kästen mit einer die gesamte Front einnehmenden Tabula ansata findet sich in Vienna (Vienne) und Lugdunum (Lyon); sie scheinen für diese beiden Orte typisch zu sein. Parallelen sind in Rom⁴⁶ erhalten.

Eine lokale Arbeit ist ein singulärer Kasten in Arelate,⁴⁷ der auf Rück- und Nebenseiten Girlanden und auf der Vorderseite einen durch eine Tabula unterbrochenen figürlichen Fries mit Eroten und einer Psyche zeigt; Vorbilder dafür sind nicht bekannt; die lockere Verteilung der Gestalten, der Baum am linken Rand und der profilierte obere Abschluß könnten an attische Sarkophage erinnern. Weiter sind in Arelate zwei Kästen,⁴⁸ einer davon in guter Ausführung, zu nennen, die auf einer dreigeteilten Vorderseite Musikinstrumente und eine Ädikula oder ein Tempelchen in den Seitenfeldern haben; auch bei diesen Exemplaren muß es sich um eine lokal gallische ‚Erfindung' handeln. Deckel in Arelate haben kleinasiatische⁴⁹ und, mit den kleinen Blattziegeln,⁵⁰ attische Motive, die über Oberitalien nach Gallien gekommen sein können. Ein verschollenes Stück zeigt eine liegende Gestalt auf der einen Dachschräge;⁵¹ eine Parallele ist aus Makedonien bekannt.⁵² Auch Deckel in Massilia⁵³ und ehemals in Lugdunum⁵⁴ weisen Verbindungen zum Osten⁵⁵ auf, sind aber einheimische Werke; ein verschollenes Exemplar ist nicht weiter zu beurteilen.⁵⁶ Schließlich sind als lokale Werke noch ein singulärer Kasten in Le Puy,⁵⁷ ein ebenfalls ohne Parallele dastehender Kasten in Saint-Aignan⁵⁸ und ein Kasten mit Girlanden in Aix-les-Bains⁵⁹ zu nennen.

Neben diesen Steinsarkophagen gibt es eine Reihe von Exemplaren aus Blei, die teilweise Ornamente und kleine figürliche Darstellungen tragen.⁶⁰ Es handelt sich aber nicht um eine größere, geschlossene, für eine bestimmte Gegend charakteristische Produktion, sondern um Einzelstücke.

Über die Zeitstellung der lokalen Sarkophage lassen sich bisher nur wenige Aussagen machen. Manche der Sarkophage mit fliegenden oder stehenden Eroten, mit Musikinstrumenten, mit Girlanden, mit Eroten und Psyche und mit Tabula ansata könnten noch im 2. Jh. n. Chr. entstanden sein; andere wie der Weinlesesarkophag oder

---

⁴⁴ Arles (Nr. ?): Foto Marburg 42 865. 42 889.
⁴⁵ Lyon (Nr. ?): Esp. III 1781 (D. nicht zugehörig?). – Weitere Exemplare nicht publiziert: Lyon: Foto Marburg 43 406–412. 43 414; Vienne: Foto Marburg 44 992. 45 006–008.
⁴⁶ H. Brandenburg, JdI 93, 1978, 300ff. Abb. 31f.
⁴⁷ Arles P 543: Esp. I 170.
⁴⁸ Arles (Nr. ?): Esp. I 180. 181.
⁴⁹ Arles (Nr. ?): Esp. I 128.
⁵⁰ Arles (Nr. ?): Esp. I 192.
⁵¹ ehem. Arles: Esp. I 227.
⁵² Thessaloniki: unpubl.
⁵³ Marseille 172: ASR II 203; Esp. I 64.
⁵⁴ Esp. III 1766.
⁵⁵ Figurengeschmückte Akrotere und Giebel begegnen verschiedentlich in Kleinasien, z. B. in Bithynien und auch in Kilikien (McCann, Metr. Mus. 30 ff. Nr. 2 Abb. 23. 26/27).
⁵⁶ Ehem. Besançon: Esp. VII 5276.
⁵⁷ Le Puy, Mus.: Esp. II 1668.
⁵⁸ Saint-Aignan, Église: Esp. XV 9005 Taf. 67.
⁵⁹ Aix-les-Bains: unpubl. (?); alte Photogr. im DAI Rom, danach INR 57. 329.
⁶⁰ Esp. IV 3033; V 3924. 3956. 3969. 4385. – F. Benoit, Gallia 16, 1958, 438f. Abb. 35. – A. Balil, AEsp 35, 1962, 110. – A. Bruhl, Gallia 22, 1964, 419 Abb. 17. – J. Reynaud, RAEstCEst 25, 1974, 120ff. Abb. 5/6.

der Säulensarkophag in Arles, der Jahreszeitensarkophag in Belloc-Saint-Clamens, verschiedene Riefelsarkophage und einige Deckel mit figürlichen Reliefs auf der Leiste dürften ins 3. und schon frühe 4. Jh. n. Chr. gehören. Die frühe Phase scheint eine Experimentierphase mit unterschiedlichsten Bildungen zu sein, in der späteren Zeit überwiegt der stadtrömische Einfluß.

Zusammenfassend läßt sich feststellen, daß die Sarkophage in Gallien sehr verschiedenartig sind. Import findet sich gehäuft in der Narbonensis, aber auch weit verstreut in Aquitania, Lugdunensis und Belgica.[61] Er setzt schon im 2. Jh. ein, ist dann im 3. Jh. verstärkt und besonders zahlreich im späten 3. und frühen 4. Jh. n. Chr. Lokale Sarkophage finden sich fast nur in der Narbonensis; wenige Stücke sind in anderen Gegenden verstreut. Besonders reich ist die Überlieferung in Arelate, wo unterschiedliche Einflüsse aufgenommen und verarbeitet wurden, nämlich stadtrömische, attische, kleinasiatische und oberitalische; eine eigenständige, für die Narbonensis oder für Arelate typische Produktion hat es aber nicht gegeben. Neben Arelate sind noch Vienna und Lugdunum zu nennen, wo eine größere Gruppe von Stücken mit Tabula ansata geschaffen wurde. Einheimische Werkstätten lassen sich bis in christliche Zeit hinein verfolgen; pagane Vorläufer der aquitanischen Sarkophage scheint es aber nicht gegeben zu haben. Es wäre eine lohnende Aufgabe, die Sarkophage in Gallien ausführlich zu untersuchen. Dann wäre es möglich, Einheimisches von Import besser zu trennen, die Herkunft einzelner Motive zu bestimmen, die Zeitstellung der lokalen Exemplare zu sichern und auf diese Weise eine bessere Vorstellung vom künstlerischen Schaffen im kaiserzeitlichen Gallien zu erlangen.

II. 6. RHEIN-MOSEL-GEBIET

B. u. H. GALSTERER, Die römischen Steininschriften aus Köln (1975). – P. NOELKE in: Führer zu vor- und frühgeschichtlichen Denkmälern Bd. 37/1, Köln I 1 (1980) 144 ff.

In dem Bereich von Germania Inferior, Germania Superior und dem östlichen Teil von Belgica mit Augusta Treverorum sind nur wenige steinerne, mit Reliefs verzierte Sarkophage gefunden worden. Üblich waren andere Arten der Bestattung mit anderen Formen der Grabdenkmäler.[1]

Import, und zwar nur aus Rom, ist selten belegt;[2] neben dem Jahreszeitensarko-

---

[61] s. die Fundkarte BJb 177, 1977, 256 Abb. 10 und hier Kapitel I 4.6 mit Karte Abb. 4.

[1] Grabsteine: z. B. H. GABELMANN, BJb 1972, 65 ff.; ders., BJb 173, 1973, 132 ff. – Grabplastiken z. B.: P. NOELKE, Germania 54, 1976, 409 ff. – Steinurnen: z. B. S. GOLLUP, Köln JbVFrühGesch 6, 1960/61, 51 ff. – Glasurnen: zuletzt K. GOETHERT-POLASCHECK, Katalog der römischen Gläser des Rheinischen Landesmuseums Trier (Trierer Grabungen und Forschungen 9, 1977) 237 ff. (mit Lit.). – Grabbauten z. B.: H. GABELMANN in: Festschrift F. Brommer (1977) 101 ff.; ders., Römische Grabbauten der frühen Kaiserzeit (1979).

[2] G. RODENWALDT, BJb 147, 1942, 217. G. KOCH, BJb 177, 1977, 257 f. – J. DECKERS – P. NOELKE, Die römische Grabkammer in Köln-Weiden (1980); weisen darauf hin, daß S. oberirdisch, vielleicht in einem Grabtempel, aufgestellt war.

phag in Weiden bei Köln und dem Persephonesarkophag in Aachen, bei dem der Fundort nicht bekannt ist, handelt es sich nur um zwei Fragmente in Köln, bei denen es fraglich ist, ob sie dort zu Tage gekommen oder neuzeitlich dorthin gebracht worden sind, und um ein Fragment, das in der Nähe von Mannheim im Rhein gefunden wurde.

Die lokalen Stücke verteilen sich auf wenige Orte. In SIMPELVELD wurde ein singulärer Sarkophag wohl noch des 2. Jhs. n. Chr. entdeckt, der außen nur grob behauen ist, innen aber reichen Reliefschmuck, darunter die Tote auf einer Kline, zeigt;[3] vereinzelt gibt es Sarkophage, die innen eine Verzierung haben, ein derartig prächtig ausgearbeitetes Relief hat aber keine Parallele.[4] In NOVAESIUM (Neuß) kam ein Sarkophag mit Eroten, die eine Inschrifttabula halten, zu Tage; er wird schon in der Antike aus Köln importiert worden sein.[5] 328

In COLONIA AGRIPPINA (Köln) ist die Überlieferung recht reich.[6] Neben schlichten Sarkophagen, in der Regel mit dem typischen Rund- oder Gardinenschlag,[7] die beispielsweise einen Deckel mit Köpfen als Eckakrotere haben können,[8] findet sich eine Reihe von Beispielen mit einer großen Tabula mit Inschrift und geschwungenen Ansae, die von stehenden oder schreitenden Eroten gehalten werden.[9] Die Deckel haben auf der Vorderseite massige, eckige Akrotere mit den Büsten der Verstorbenen und einen Giebel, in dem Brustbilder weiterer Gestalten erscheinen.[10] Zwei Exemplare sind aufwendiger; das eine,[11] das verloren ist, hatte eine in drei Felder geteilte Vorderseite, in denen links und rechts Szenen aus der Sage von Alkestis und in der Mitte ein Mahl wiedergegeben war; das andere,[12] der berühmte Hesionesarkophag, hat in der Mitte der ebenfalls dreigeteilten Vorderseite eine Inschrift und auf den Seiten und den Nebenseiten vier figürliche Szenen: die Befreiung der Hesione, den Raub des Dreifußes durch Herakles, die Tötung des Minotaurus durch Theseus und tanzende Mänaden. Vorbilder für die Szenen sind in Rom zu suchen, die beiden Sar- 323 325 324

---

[3] Leiden I 1930/12.1: J. H. HOLWERDA, AA 1933, 56 ff.; ESPÉRANDIEU XI 7795; Römer am Rhein (Köln 1967) 182 f. Nr. A 156; G. M. A. RICHTER, The Furniture of the Greeks, Etruscans and Romans (1966) Abb. 554.586; F. L. BASTET, Beeld en reliëf. Gids voor de verzameling Griekse en Romeinse beeldhowkunst in het Rijksmuseum van Oudheden te Leiden (1979) 39 f. Nr. 32.

[4] E. v. MERCKLIN, AA 1936, 279 f. Anm. 2. C. T. F. VERMEULEN WINDSANT in: Festoen aan A. N. Zadoks-Josephus Jitta (1976) 593 ff.

[5] Ehem. Mannheim: ESPÉRANDIEU IX 6576; P. NOELKE, Neusser Jahrbuch 1977, 16 f. mit Abb.

[6] J. KLINKENBERG, BJb 108/09, 1902, 148 ff. Nr. 121–133.

[7] H. EIDEN in: Aus der Schatzkammer des antiken Trier² (1959) 34 ff.; O. DOPPELFELD, KölnJbVFrühGesch 5, 1960/61, 7 ff., U. HEIM-BERG, BJb 179, 1979, 350 ff. Abb. 9. – Vgl. GALSTERER a. O. Nr. 202 (Kasten mit Inschrift).

[8] P. LA BAUME in: Mouseion. Studien für O. H. Förster (1960) 80 ff. Abb. 51/52.

[9] GALSTERER a. O. Nr. 229. 249. 283. 293. 325. 349. 355. 364. 387. 477. – Nr. 325 und 364 wurden von G. RODENWALDT, BJb 147, 1942, 217 ff., behandelt.

[10] GALSTERER a. O. Nr. 325. 364.

[11] In Köln im 16. Jh. gezeichnet: J. KLINKENBERG, BJb 108/09, 1902, 151 ff. Abb. 3; F. DREXEL, RM 35, 1920, 126 Abb. 13; P. NOELKE, Germania 54, 1976, 436.

[12] Köln 70: ASR III 1, 137; Römer am Rhein (Köln 1967) 183 Nr. A 157; T. DOHRN, KölnJbVFrühGesch 9, 1967/68, 96 ff. Taf. 28 (mit älterer Lit. in Anm. 1); GALSTERER a. O. Nr. 231; P. NOELKE, Germania 54, 1976, 435 Taf. 46, 2; H. BORGER, Das Römisch-Germanische Museum Köln (1977) 172 f. Abb. 219. 220. 222.

kophage in Köln haben jedoch für die Art der Anbringung der Bildfelder keine Parallele. Die meisten der Kölner Sarkophage dürften im 3. Jh., der der Traiana Herodiana und der Hesionesarkophag vielleicht noch im späten 2. Jh. n. . entstanden sein.[13]

Aus BONNA (Bonn) sind nur ein Fragment einer Langseite mit Eros und Tabula[14] und ein Deckelfragment[15] erhalten, die typologisch mit den Stücken in Köln zusammenhängen; bei einem aus RIGOMAGUS (Remagen) stammenden Fragment ist nicht sicher, ob es zu einem Sarkophag gehört.[16] Aus MOGONTIACUM (Mainz) sind nur Sarkophage ohne Reliefs und einige Deckel bekannt.[17]

Reicher ist die Überlieferung in AUGUSTA TREVERORUM (Trier).[18] Neben Bleisarkophagen[19] sind zwei Beispiele mit eine Tabula haltenden Eroten zu nennen;[20] das eine davon ist mit umfangreichen Resten der antiken Bemalung[21] in einer Grabkammer bei St. Matthias in Trier gefunden worden und ungewöhnlich reich ausgearbeitet:[22] beide Langseiten tragen Eroten mit einer Tabula, die Schmalseiten Ornamente, der dachförmige Deckel auf beiden Langseiten Ziegel (Schieferplatten) und eckige Mittelakrotere, die Giebel Reliefs, und zwar einen Reiter und ein Totenmahl; die Hauptseite ist betont, da das Relief weiter ausgearbeitet und die untere Leiste des Deckels geschmückt ist. Ein weiterer Sarkophag, der in einer anderen Grabkammer bei St. Matthias steht, hat auf einer Lang- und einer Schmalseite Ornamente.[23] Einige Deckel lassen sich mit dem des Erotensarkophages vergleichen;[24] sie haben ebenfalls Figurennischen an den Langseiten; einer trägt einen Fries an der vorderen Leiste.[25] Diese Beispiele darf man als typisch für Trier ansehen.[26] Sie dürften im 3. Jh. n. Chr. entstanden sein.[27] Aus dieser Gruppe fällt eine fragmentierte Langseite heraus, die ein reiches Weingeranke, verschiedene eingestreute Tiere und einen Trauben pflückenden Putto zeigt;[28] sie ist sicher auch einheimische Arbeit, wie das verwendete Material, weißer Sandstein, zeigt; die Darstellung dürfte auf den einheimischen Motivschatz zurückgehen, wie Grabdenkmäler aus Neumagen und Trier belegen;[29] stadtrö-

[13] DOHRN a. O. 96 f. (mit wohl zu früher Datierung des Hesionesarkophages). GALSTERER a. O. passim.
[14] Bonn 16 144: G. BAUCHHENSS, CSIR Deutschland III 2 (1979) 39 Nr. 42, Taf. 24.
[15] Bonn 4108: BAUCHHENSS a. O. 39 f. Nr. 43 Taf. 25.
[16] Privat (?): ESPÉRANDIEU VIII 6323.
[17] K. KÖRBER, Mainzer Ztschr. 1, 1906, 90 Nr. 1 Abb. 1; Nr. 4 Abb. 4. Ders., Mainzer Ztschr. 2, 1907, 30 Nr. 8 Abb. 10; Nr. 9 Abb. 11. K.-V. DECKER, BJb 178, 1978, 38 f. Abb. 5.
[18] Die Stücke zusammengestellt von H. CÜPPERS, TrZ 32, 1969, 286 ff. Dazu vielleicht der verlorene Deckel ESPÉRANDIEU V 4159, der auf stadtrömische Vorbilder zurückgeht oder möglicherweise sogar stadtröm. Import ist; fraglich, ob das verschollene Relieffrgt. mit Amazonenkampf, ESPÉRANDIEU VI 5000, von einem S.

stammt. – Vgl. auch den verschollenen Deckel Esp. V 4162.
[19] E. v. MERCKLIN, AA 1936, 276 Abb. 18; 278 f.
[20] CÜPPERS a. O. 276 ff. 288 f. Nr. 7 Abb. 1.
[21] CÜPPERS a. O. 276 Anm. 13 Taf. A. B.
[22] F. KUTZBACH, TrZ 7, 1932, 201 Taf. 20; G. RODENWALDT, BJb 147, 1942, 217 ff.; CÜPPERS a. O. 276 ff. Abb. 4–7 Taf. B.
[23] CÜPPERS a. O. 286 Nr. 1 Abb. 8.
[24] CÜPPERS a. O. 287 ff. Nr. 3–6.8 Abb. 9–12.
[25] CÜPPERS a. O. 287 f. Nr. 4 Abb. 9.
[26] CÜPPERS a. O. 285 f.
[27] CÜPPERS a. O. 291 f.
[28] Trier, Mus. G 4: ESPÉRANDIEU VI 4991; G. RODENWALDT, JdI 45, 1930, 182 Abb. 58; CÜPPERS a. O. 286 f. Nr. 2; R. SCHINDLER, Führer durch das Landesmuseum Trier (1977) Abb. 213.
[29] z. B. SCHINDLER a. O. Abb. 214/15.

mische Sarkophage mit Weinlese haben nicht ein vergleichbar reiches Geranke.³⁰ Ob dieses Stück auch aus dem 3. Jh. n. Chr. stammt, müßte noch geklärt werden.³¹

Schließlich sind in Germania Superior noch ein verschollener Kasten mit Tabula haltenden Eroten³² und der in Königshofen bei ARGENTORATE (Straßburg) gefundene Kasten³³ wohl des frühen 3. Jhs. n. Chr. anzuführen; er zeigt neben einer Tabula mit peltaförmigen Ansae zwei sitzende Frauen, ein ‚lykisches' Motiv, das aus Oberitalien kommen dürfte³⁴ und wohl auf Kleinasien zurückgeht.

Zusammenfassend läßt sich feststellen, daß sich im Rhein-Mosel-Gebiet nur in Colonia Agrippina und Augusta Treverorum eine größere und jeweils eigenständige Produktion an Sarkophagen nachweisen läßt. Sie setzt erst relativ spät ein;³⁵ die meisten Exemplare dürften im 3. Jh. n. Chr. geschaffen worden sein. Häufig treten Tabula haltende Eroten auf, ein Motiv, das auch in Gallia und Raetia verbreitet ist und wohl von Oberitalien in die Nordprovinzen übernommen worden ist.³⁶

II. 7. RAETIA

G. ULBERT u. a., Raetia und Noricum, CSIR Deutschland I 1 (1973). – H. U. NUBER in: J. Werner u. a., Die Ausgrabungen in St. Ulrich und Afra in Augsburg 1961–1968 (Münchner Beiträge zur Vor- und Frühgeschichte 23, 1977) 227 ff.

Aus der Provinz Raetia sind nur wenige Steinsarkophage bekannt,¹ und zwar aus der Hauptstadt Augusta Vindelicorum (Augsburg) und aus Castra Regina (Regensburg); drei Stücke, die aus Gauting stammen sollen, sind kaum raetische Bodenfunde.² Bleisarkophage gibt es aus Augusta Raurica (Augst), jetzt in Basel, und in Bregenz.³

Für die Steinsarkophage ist ein Kalkstein verwandt worden, der nördlich der Donau gebrochen worden sein soll.⁴ Die Ausführung erfolgte am Ort; importierte Sarkophage sind nicht bekannt.⁵ Neben einem nur grob gepickten⁶ und zwei schlichten Sarkophagen, die auf Deckel oder Kasten Ascia und Waage in flachem Relief tragen,⁷ sind verschiedene Beispiele mit Tabula zu nennen; bei einem Sarkophag in Augsburg⁸ sind die seitlichen Felder nicht ausgearbeitet, bei einem anderen sind sie mit

---

³⁰ z. B. RODENWALDT a. O. 174 Abb. 50.
³¹ CÜPPERS a. O. 286.
³² Ehem. Avolsheim: ESPÉRANDIEU VII 5631.
³³ Straßburg 2958: ESPÉRANDIEU VII 5518; G. RODENWALDT, JdI 55, 1940, 50 Abb. 9; J.-J. HATT, Strasbourg, Musée Archéologique, Sculptures antiques regionales (1964) Nr. 78.
³⁴ RODENWALDT a. O. 50.
³⁵ G. RODENWALDT, BJb 147, 1942, 217; CÜPPERS a. O. 290 ff.
³⁶ Zum Motiv zuletzt: H. HERDEJÜRGEN, AA 1975, 564 ff.; H. GABELMANN, BJb 177, 1977, 230 f.
¹ Zur Situation der Bildhauerkunst in Raetia s. ULBERT a. O. 18 f. – Allgemein zu Grabsitten in der Provinz: H.-J. KELLNER, Die Römer in Bayern (1971) 118 ff.
² ULBERT a. O. 17.124 Nr. 536–538 Taf. 157. NUBER a. O. 229 Anm. 16.
³ E. v. MERCKLIN, AA 1936, 276. 278 Abb. 20.
⁴ ULBERT a. O. 8. Nuber a. O. 231 mit Anm. 36.
⁵ NUBER a. O. 231.
⁶ NUBER a. O. 259 f. Nr. 13 Taf. 77,2.
⁷ ULBERT a. O. 99 Nr. 419.420 Taf. 113 f; K. DIETZ u. a., Regensburg zur Römerzeit (1979) 414 f. Nr. I 21 Abb. 136.
⁸ NUBER a. O. 245 f. Nr. 7 Taf. 72.

Pelten geschmückt.⁹ Die Tabula, die an den Seiten mit geschwungenen, manchmal peltaförmigen Ansae versehen ist, wird auf einem Fragment in Regensburg¹⁰ wohl von einem schwebenden Eros gehalten, auf drei Kästen in Augsburg¹¹ von stehenden Eroten. Auch zwei Fragmente in Regensburg könnten zu dieser Gruppe gehören.¹²

Ein kleiner Sarkophag in Regensburg¹³ zeigt auf der Vorderseite eine Mahlszene. Der eine der Kästen in Augsburg¹⁴ hat auf beiden Nebenseiten figürliche Reliefs; auf der linken sind zwei Frauen wiedergegeben, wohl Herrin und Dienerin, vielleicht auf dem Wege ins Bad,¹⁵ auf der rechten findet sich eine Mahlszene.¹⁶ Ein Relief, das in Augsburg in einem Privathaus eingemauert ist,¹⁷ könnte die Langseite eines Erotensarkophages gewesen sein; vergleichbare Friessarkophage sind sonst aus Raetia nicht bekannt.

Die Deckel sind dachförmig, teilweise abgewalmt. Hervorzuheben ist ein Beispiel in Augsburg,¹⁸ das oben gerundet ist und blattförmige Ziegel, Eckakrotere, ein großes giebelförmiges Feld mit figürlicher Szene auf der Vorderseite und eine Büste auf der linken Nebenseite trägt.¹⁹

Die einzelnen Motive finden sich auch in anderen Gegenden. Ascia und Waage sind als Grabschmuck verbreitet;²⁰ für die von Pelten gerahmte Tabula gibt es verschiedene Parallelen;²¹ die eine Tabula haltenden Eroten sind in Germanien und Gallien häufig anzutreffen,²² es sind wohl Verbindungen zu Oberitalien anzunehmen,²³ die aber nicht direkt, sondern über das Rhein-Mosel-Gebiet nach Raetia gekommen sind. Die Szenen des täglichen Lebens weisen ebenfalls auf Beziehungen zu Oberitalien,²⁴ wo sie auch häufig nur auf den Nebenseiten angebracht sind.²⁵ Vorbilder für den Erotenfries wären wohl im stadtrömischen Bereich zu suchen; attische Vorlagen, die durch Oberitalien vermittelt sein könnten, sind für die Darstellung nicht be-

⁹ NUBER a. O. 253 ff. Nr. 10 Taf. 76.
¹⁰ ULBERT a. O. 98 Nr. 416,2 Taf. 112.
¹¹ NUBER a. O. 246 f. Nr. 8 Taf. 73,1; 247 ff. Nr. 9 Taf. 74/75; 254 f. Nr. 11 Taf. 77,1.
¹² ULBERT a. O. 98 f. Nr. 416, 1; 417 Taf. 112.
¹³ ULBERT a. O. 99 f. Nr. 423 Taf. 115; NUBER a. O. 229 Anm. 15 (da ein Erwachsener und ein Kind in der Inschrift genannt sind, wohl Aschenkiste); DIETZ a. O. (s. oben Anm. 7) 422 Nr. I 27 Abb. 122.
¹⁴ NUBER a. O. 247 ff. Nr. 9 Taf. 75 b. c.
¹⁵ NUBER a. O. 231 f. Anm. 41; 249 f.
¹⁶ NUBER a. O. 231 f. Anm. 41; 250 f.
¹⁷ ULBERT a. O. 40 Nr. 86 Taf. 35. NUBER a. O. 232 f. (weist darauf hin, daß Bestimmung als Ls. eines S. nicht gesichert ist).
¹⁸ NUBER a. O. 256 ff. Nr. 12 Taf. 78/79.
¹⁹ Zu den einzelnen Motiven NUBER a. O. 256 ff.
²⁰ F. DE VISSCHER, JbAChr 6, 1963, 187 ff. K. DIETZ u. a., Regensburg zur Römerzeit (1979) 414. G. BAUCHHENSS, CSIR Deutschland III 2 (1979) 31 f.
²¹ z. B. J. ZINGERLE, ÖJh 21/22, 1922–24, 243 Abb. 83; K. KÖRBER, Mainzer Ztschr. 1, 1906, 90 Abb. 1; Intercisa I (Archaeologia Hungarica N.S. 33, 1954) 296 f. Nr. 121 Taf. 48.
²² G. RODENWALDT, BJb 147, 1942, 218 f. (mit Anm. 3 auf S. 219). NUBER a. O. 229 mit Anm. 19. H. HERDEJÜRGEN, AA 1975, 564 f. H. GABELMANN, BJb 177, 1977, 230 f. mit Anm. 152. – ESPÉRANDIEU I 109 Nr. 132; 141 Nr. 175; 231 Nr. 308; II 302 f. Nr. 1402; III 36 f. Nr. 1788; 207 f. Nr. 2155. – Selten das Motiv auch in Pannonia: M.-L. KRÜGER, CSIR Österreich I 3 (1970) 27 Nr. 213 Taf. 30; Intercisa I a. O. 295 Nr. 114 Taf. 49.
²³ RODENWALDT a. O. 217 ff.; ders., JdI 55, 1940, 50; ders., RM 58, 1943, 17 f. GABELMANN, Werkstattgruppen 46; NUBER a. O. 232 f.
²⁴ GABELMANN a. O. 154 ff.
²⁵ z. B. GABELMANN a. O. Taf. 27. 29,3; 33,2; 43; 44, 3.4; 47; 51. – NUBER a. O. 230 Anm. 21.

kannt.²⁶ Die Form des Deckels mit einem Giebel an der Vorderseite hat in Germanien Parallelen,²⁷ es kommt aber überhaupt sehr selten vor, daß der Deckel oben gerundet ist.²⁸

Zusammenfassend läßt sich sagen, daß die Motive der Sarkophage mit Germanien und Gallien zusammenhängen und daß lediglich die Verwendung von Szenen des täglichen Lebens auf Verbindungen zu Oberitalien weisen könnte, diese Darstellungen aber auch sonst in Raetia verbreitet sind.²⁹

Die Sarkophage in Augsburg sind in Wiederverwendung gefunden;³⁰ ihre Inschriften sind noch nicht bearbeitet worden.³¹ Als Datierung hat H. U. Nuber für die Stücke in Augsburg etwa das erste Drittel des 3. Jhs. n. Chr. vorgeschlagen;³² er hat außerdem vermutet, daß einige im Freien, andere in einer Grabkammer aufgestellt waren.³³ Bei den Inschriften überwiegen in Regensburg, das seit 179 n. Chr. Standort der legio III Italica war, die Soldaten, in Augsburg sind zweimal Handeltreibende genannt.³⁴

II. 8. NORICUM

Aus der Provinz Noricum sind ungewöhnlich wenig Sarkophage überliefert.¹ Den zahlreichen und typologisch vielfältigen Grabreliefs² und den aufwendigen Grabgebäuden³ ist nichts Vergleichbares zur Seite zu stellen.

Aus Reichenhall stammt ein Deckel einer Aschenkiste, der auf der Vorderseite in einem Halbbogenfeld die Büsten der vier Beigesetzten trägt.⁴ In Iuvavum (Salzburg) sind neben marmornen Aschenkisten, von denen meist nur die Deckel erhalten sind,⁵ einige verschollene Sarkophage⁶ und vor allem zwei kleine Fragmente aus Marmor zu nennen, die zu einer Vorderseite ergänzt worden sind;⁷ zwei Eroten halten eine Ta-

²⁶ NUBER a.O. 232 – Die Wettkampfdarstellungen haben auf attischen Sarkophagen andere Figurentypen.
²⁷ z. B. RODENWALDT a.O. (s. oben Anm. 22) Taf. 14.
²⁸ z. B. Köln, Röm.-Germ. Mus. Inv. 11,1: unpubl. (?). – Die von NUBER a.O. 230 Anm. 24 genannten Deckel in Lyon haben kein gerundetes Dach. – z. B. noch: G. B. DE TOTH, Vatikanische Grotten (1955) 110 Nr. 41 Taf. 41; hier Taf. 597.
²⁹ NUBER a.O. 231 f. mit Anm. 41.
³⁰ NUBER a.O. 230. 233. 235 f.
³¹ NUBER a.O. 228 Anm. 13; 233.
³² NUBER a.O. 233 ff.
³³ NUBER a.O. 230 f.
³⁴ NUBER a.O. 234 f.
¹ E. DIEZ in: VIII. Congrès International d'Archéologie Classique, Paris 1963 (1965) 208. G. ALFÖLDY, Noricum (1974) 176 f. – Vgl.

G. PICCOTTINI in: Antichità Altoadriatiche IX (1976) 141 ff. R. NOLL, AnzWien 116, 1979, 268 ff. (neuzeitl. Import eines S. aus Ostia).
² A. SCHOBER, Die römischen Grabsteine von Noricum und Pannonien (Sonderschriften Österr. Archäol. Institut 10, 1923). Siehe jetzt die Bände CSIR Österreich.
³ z. B. J. KLEMENC u.a., Antične Grobnice v Šempetru (1972).
⁴ München: S. FERRI, Arte romana sul Danubio (1933) 62 Abb. 36; nicht bei G. ULBERT u. a., CSIR Deutschland I 1 (1973) aufgenommen; Verbleib nicht zu ermitteln.
⁵ N. HEGER, CSIR Österreich III 1 (1975) Nr. 71–77; ders., Salzburg in römischer Zeit (1974) 88 f.
⁶ HEGER, CSIR a.O. 29 Nr. 44; ders., Salzburg a.O. 88 f.
⁷ HEGER, CSIR a.O. 29 Nr. 43 Taf. 19; ders., Salzburg a.O. 88 f. 110 f.

bula ansata, an den Seiten finden sich Pilaster und oben ein profiliertes Gesims; der Typus ist in Oberitalien belegt.[8] Aus dem Gebiet von Lauriacum (Enns) ist lediglich ein Fragment bekanntgemacht, das Herakles bei den Hesperiden darstellen und aus dem 3. Viertel des 5. Jhs. n. Chr. stammen soll.[9] In Virunum sind nur Grabinschriftplatten erhalten, die die Form von Sarkophaglangseiten haben und neben einer Tabula Felder mit Figuren zeigen; es handelt sich aber wohl nicht um Platten von Sarkophagen, sondern um Teile von Grabgebäuden.[10]

Lediglich im südöstlichen Noricum ist die Überlieferung etwas reicher.[11] Hervorzuheben sind ein fragmentiertes Stück mit Kastenrahmung[12] und eines mit einer Tabula, flankiert von Nischen mit je einem Paar, auf der Vorderseite und mit figürlichen Szenen auf den Nebenseiten.[13] Ein marmorner Kasten in Graz könnte aus Noricum oder auch Pannonia stammen;[14] er zeigt die vor allem in diesen beiden Provinzen übliche Dreiteilung, die mittlere Tabula ist allerdings ungewöhnlich langgestreckt; die seitlichen, für Figuren bestimmten Felder sind in Bosse gelassen; das Stück gibt also einen Hinweis auf die Fertigungstechnik.[15]

Zusammenfassend läßt sich feststellen, daß Noricum keine eigenständige Sarkophagproduktion gehabt hat und die wenigen Exemplare typologisch von anderen Gegenden abhängen. Besondere Anhaltspunkte für die Datierung sind nicht vorhanden; von dem Stück aus Lauriacum abgesehen, dürften die Beispiele aus dem späten 2. oder 3. Jh. n. Chr. stammen.

II. 9. BRITANNIA

In der Provinz Britannia läßt sich der allmähliche Übergang von der Leichenverbrennung zur -bestattung im 2. und 3. Jh. n. Chr. verfolgen.[1] Es werden für die Beisetzung teilweise Sarkophage verwandt,[2] und zwar aus Holz, Blei und Stein. Von den Holzsarkophagen sind nur die Nägel und die eisernen Eckstücke erhalten.[3] Bleisarkophage,

[8] GABELMANN, Werkstattgruppen: Typentafel n. S. 40.

[9] L. ECKHARDT, CSIR Österreich III 2 (1976) 67 Nr. 98 Taf. 38; ders., ÖJh 51, 1976/77, 159 ff. (Datierung, Erklärung der Szene und Zugehörigkeit zu einem Sarkophagdeckel sind nicht gesichert).

[10] G. PICCOTTINI, CSIR Österreich II 3 (1977) 5 ff.; vgl. z. B. dort Nr. 190. 254. 287.

[11] A. CERMANOVIĆ, AJug 6, 1965, 98 Nr. 1–4 Abb. 1–4. – V. HOFFILLER-B. SARIA, Antike Inschriften aus Jugoslawien I. Noricum und Pannonia Superior (1938) 48 Nr. 111 (von E. DIEZ, ÖJh 37, 1948, 155 f. Nr. 5 Abb. 40 zu den Aschenkisten aus Poetovio gezählt). J. KLEMENC, AVes 7, 1956, 384 ff. (schlichte Urnen und ein Sarkophagdeckel in Šempeter).

[12] CERMANOVIĆ a. O. 98 Nr. 3 Abb. 3.

[13] HOFFILLER-SARIA a. O. 16 f. Nr. 31; CERMANOVIĆ 98 Nr. 1 Abb. 1.

[14] H. GABELMANN, BJb 177, 1977, 241 Abb. 30.

[15] GABELMANN a. O. 239.

[1] J. LIVERSIDGE, Britain in the Roman Empire (1968) 464 ff. 476 ff. – R. G. COLLINGWOOD-I. RICHMOND, The Archaeology of Roman Britain² (1969) 166 ff.

[2] Gräber aus zusammengestellten Dachziegeln, aus Ziegelsteinen oder Bruchsteinen sind ebenfalls bekannt: Royal Commission on Historical Monuments, England. An Inventory of the Historical Monuments in the City of York I. Eburacum, Roman York (1962) Taf. 27 a. 28.

[3] J. M. C. TOYNBEE, Art in Britain under the Romans (1964) 210. LIVERSIDGE a. O. 482.

teilweise mit verschiedenartiger Dekoration, sind in größerer Zahl bekannt;[4] sie waren wohl in der Regel in Holz- oder Steinkisten hineingelegt.

Steinsarkophage mit irgendeiner Verzierung[5] sind hingegen selten und nur in Eburacum und Londinium gefunden worden. Die Stücke in EBURACUM (York), die aus lokalem Stein bestehen, tragen eine Inschrift, meist in einem vertieften Feld;[6] es können geschwungene[7] Ansae oder Pelten[8] an den Seiten vorhanden sein; in einem Fall liegt eine Tabula ansata in flachem Relief auf.[9] Vergleichbare Exemplare mit Inschriftfeldern, mit Tabula ansata oder mit Pelten sind weithin bekannt. Hervorzuheben ist der Sarkophag der Iulia Victorina,[10] der aufwendigste in Eburacum, bei dem zwei Eroten mit Fackeln die peltaähnlichen Ansae einer Tabula halten; ein kleines Fragment[11] mit einem Eros dürfte zu einem vergleichbaren Beispiel gehört haben. Das Motiv ist weit verbreitet, auch in den nördlichen Provinzen des römischen Reiches.[12]

Aus LONDINIUM (London), der Hauptstadt der Provinz, sind vier Sarkophage bekannt. Einer hat eine lange profilierte Inschrifttafel und an den Seiten Pelten.[13] Ein zweiter, der ebenfalls aus einheimischem Stein besteht, zeigt auf der Vorderseite in einem profilierten Rahmen schräg verlaufende Riefel und einen Tondo mit einem Kopf im Profil, auf den Nebenseiten Fruchtkörbe und auf dem Deckel Blattwerk;[14] eine fremde, vielleicht stadtrömische Vorlage ist lokal umgestaltet worden. Die beiden anderen Sarkophage sind aus Marmor gearbeitet und tragen ebenfalls Riefeldekoration; der eine ist vielleicht erst neuzeitlich nach Britannien gekommen und ist noch nicht publiziert.[15] Der andere ist nur auf der Vorderseite verziert und zeigt senkrechte Riefel, die im unteren Teil gefüllt sind, an den Ecken Pilaster und in der Mitte einen Tondo mit Brustbild, der auf einem Altar aufliegt;[16] wegen der mäßigen Quali-

---

[4] TOYNBEE a.O. 210. 345 ff. H. TOLLER, Roman Lead Coffins and Ossuaria in Britain (BAR 38, 1977).

[5] TOYNBEE a.O. 210 ff. – Schlichte Steinkisten sind verbreitet: z. B. LIVERSIDGE a.O. 478 ff. (mit Lit.).

[6] Eburacum I a.O. (s. oben Anm. 2) 128 ff. Nr. 103. 104. 106. 107. 108.

[7] Eburacum I a.O. 128 Nr. 103 Taf. 57; R. G. COLLINGWOOD-R. P. WRIGHT, The Roman Inscriptions of Britain I (1965) 229 Nr. 683; J. WACKER, The Towns of Roman Britain (1975) 172 Abb. 35.

[8] Eburacum I a.O. 130 Nr. 106 Taf. 57; COLLINGWOOD-WRIGHT a.O. 231 Nr. 687.

[9] Eburacum I a.O. 130 Nr. 105; COLLINGWOOD-WRIGHT a.O. 226 f. Nr. 674; WACKER a.O. 170 Abb. 34.

[10] JRS 47, 1957, 227 f. Nr. 8 Taf. 13,3 n. S. 208; Eburacum I a.O. 130 Nr. 107 Taf. 56. 59; TOYNBEE a.O. 210 f. Taf. 50.

[11] Eburacum I a.O. 131 Nr. 112 Taf. 56.

[12] Zuletzt: H. HERDEJÜRGEN, AA 1975, 564 ff.; H. GABELMANN, BJb 177, 1977, 230 f.

[13] London, Westminster Abbey: Royal Commission on Historical Monuments (England). An Inventory of the Historical Monuments in London III. Roman London (1928) 165 f. 173 Nr. 13 Taf. 57 a; G. HOME, Roman London (1948) 196; COLLINGWOOD-WRIGHT a.O. 8 Nr. 16; LIVERSIDGE a.O. (s. oben Anm. 1) 484 Abb. 183.

[14] London, BM 53.6–20.1: London III a.O. 157 Taf. 57 c; HOME a.O. 193 Taf. n. S. 192; British Museum. Guide to the Antiquities of Roman Britain[3] (1964) 66 Nr. 5 Abb. 33; LIVERSIDGE a.O. 485 Abb. 184.

[15] London Museum: TOYNBEE a.O. (s. oben Anm. 3) 211.

[16] London Museum: London III a.O. 164. 173 Nr. 18 Taf. 57 b; HOME a.O. 193, Taf. nach S. 192; COLLINGWOOD-WRIGHT a.O. 9 f. Nr. 20 Taf. 2.

tät dürfte das Stück am Orte nach stadtrömischer Vorlage aus importiertem Marmor gearbeitet worden sein.[17]

Ein Problem stellt ein weiteres Fragment aus Marmor, das in Harwich, in einer Kirche vermauert, gefunden worden und jetzt in London ist;[18] es ist als Fälschung angesprochen worden,[19] ließe sich aber eher als lokale Kopie eines stadtrömischen Musensarkophages verstehen.[20]

Anhaltspunkte für eine genauere zeitliche Einordnung der Sarkophage sind nicht vorhanden; es ist das 3. und frühe 4. Jh. n. Chr. vorgeschlagen worden.[21] In den Inschriften werden zweimal ein centurio, einmal ein Soldat, einmal ein decurio und einmal ein sevir genannt.[22]

II. 10. HISPANIA

GARCÍA Y BELLIDO (1949) 205 ff. Nr. 248 b–277 Taf. 172–232.

Die Provinzen Tarraconensis, Lusitania und Baetica können zusammengefaßt werden, da sich zwischen den Sarkophagen dieser Gebiete keine Unterschiede feststellen lassen. Es gibt einige Bleisarkophage, teilweise mit Dekoration.[1] Die Zahl der bisher gefundenen steinernen Sarkophage ist, im Verhältnis zur Größe der Provinzen, ungewöhnlich gering. Die Stücke sind von A. García y Bellido zusammengestellt und in eine Karte mit den Fundorten eingetragen worden.[2] Neu bekannt geworden sind bisher nur sehr wenige Exemplare, darunter der prachtvolle Hochzeitssarkophag in Córdoba,[3] ein verschollener Meerwesensarkophag, ein ebenfalls verschollenes Fragment eines Phaethonsarkophages und ein Erotensarkophag.[4] Bei dem attischen Exemplar mit Achill und dem stadtrömischen Fragment eines Prometheussarkophages im Prado in Madrid[5] ist die Herkunft nicht bekannt, es wäre aber möglich, daß auch sie Funde aus Spanien sind.

---

[17] Denkbar wäre auch Import aus einer Provinz, z. B. Gallien, doch fehlen Parallelen.
[18] London, BM 1939.3–27.4: ASR V 3, 46 Taf. 151c.
[19] M. WEGNER, ASR V 3 S. 25.
[20] H. GABELMANN, BJb 168, 1968, 541. – Oben Rest der vorspringenden Leiste; auf den Köpfen oben kleine Stege, die eine Verbindung mit der Leiste gaben; die Konsolen sind zwar merkwürdig, sie dienten aber nicht Arkaden als Auflager.
[21] TOYNBEE a. O. 210.
[22] Eburacum I a. O. 128 ff. Nr. 104. 107 (centurio). 105 (decurio). 108 (Soldat). 110 (sevir).

[1] E. v. MERCKLIN, AA 1936, 277 f. A. BALIL, RGuimar 69, 1959, 303 ff., bes. 317 ff. Abb. 1 f.; ders., AEsp 35, 1962, 110 f.
[2] GARCÍA Y BELLIDO 206.

[3] A. GARCÍA Y BELLIDO, AEsp 32, 1959, 3 ff.; F. MATZ, MM 9, 1968, 300 ff. Taf. 99 a. 101–104; HIMMELMANN, Typ. Unt. 6 Taf. 7; B. ANDREAE-H. JUNG, AA 1977, Tabelle n. S. 434: 260/70 n. Chr.
[4] Meerwesen: ehem. Medina Sidonia: A. RECIO VEGANZONES in: Cronica del XIII. Congreso Arqueologico Nacional, Huelva 1973 (1975) 875 ff.; ders., BJaén 20, 1974, Nr. 79, 91 ff. – Phaethon: A. BALIL in: Gedenkschrift Pedro Ibarra (Elche 1978) 15 ff. mit Abb. – Eroten, Mulva: s. unten Anm. 33.
[5] Achill: ASR II 62; G. RODENWALDT, Anuario del Cuerpo Facultativo de Archiveros 2, 1934, 446 (nimmt antiken Import an); GARCÍA Y BELLIDO 283 Nr. 277 bis; A. BLANCO, Museo del Prado. Catalogo de la Escultura (1957) 81 f. Taf. 53/54; GIULIANO, Commercio 69 Nr. 455.

Auf der spanischen Halbinsel gibt es zum einen Import, und zwar aus Rom und aus Athen, und zum anderen lokale Arbeiten. Der Hippolytossarkophag in Tarragona[6] und die Fragmente eines Schlachtsarkophages in Madrid und Tarragona[7] sind nach ihrem Stil und nach den Darstellungen als attische Werke zu bestimmen; bei dem Hippolytossarkophag ist nicht zu klären, ob er schon in der Antike oder erst in der Neuzeit mit einem Schiff nach Spanien gebracht worden ist; beim ebenfalls attischen Achillsarkophag in Madrid ist die Herkunft unbekannt.[8] Alle Exemplare stammen aus dem 3. Jh. n. Chr. Sehr viel zahlreicher sind die Sarkophage, die sich nach ihrem Stil und nach den Darstellungen als stadtrömische Arbeiten erweisen; sie sind von G. Koch zusammengestellt worden.[9] Ein Einzelstück in Spanien ist ein profilgerahmter Kasten mit Tabula ansata und Flachdeckel, der aus der frühen Kaiserzeit stammen wird.[10] Von den übrigen Exemplaren ist nur der Orestsarkophag in Madrid[11] in das 2. Jh. n. Chr., und zwar in mittelantoninische Zeit, zu datieren. Im 3. Jh. geht die Reihe von den Persephonesarkophagen in Barcelona[12] und Gerona[13] und dem Meerwesensarkophag in Ager[14] über den um 230 n. Chr. entstandenen Jagdsarkophag in Barcelona[15] und die in gallienischer Zeit geschaffenen Stücke mit Meleager in Medinat-al-Zahara[16] und mit Hochzeit in Córdoba[17] bis zu dem späten Musensarkophag in Murcia[18] und dem Riefelsarkophag in Gerona.[19] Eine Häufung zu einer bestimmten Zeit läßt sich im 3. und im frühen 4. Jh. n. Chr. nicht feststellen.

Nur eine kleine Zahl von Sarkophagen ist von einheimischen Bildhauern gearbeitet worden. Der Persephonesarkophag in Tarragona,[20] das Exemplar mit Jahreszeiten in Gerona,[21] die Musensarkophage in Tarragona[22] und Lissabon[23] und die Riefelsar-

- Prometheus: ASR III 3, 352; BLANCO a. O. 89 Taf. 56 a.

[6] GARCÍA Y BELLIDO 244 ff. Nr. 262 Taf. 199–201; H. SICHTERMANN, AA 1954, 423 ff. Abb. 101–104; GIULIANO, Commercio 57 Nr. 345.

[7] GARCÍA Y BELLIDO 224 ff. Nr. 253 Taf. 185–187; GIULIANO a. O. 57 Nr. 344.

[8] Der Hippolytoss. ist im Meer bei Tarragona gefunden worden. – Zum Achills. s. oben Anm. 5.

[9] G. KOCH, BJb 177, 1977, 261 ff. – Den dort genannten Stücken kann man wohl noch den Riefelsarkophag in Gerona anschließen (s. unten Anm. 19), ferner einen fragmentierten Säulens. in Medinat-al-Zahara (unpubl.).

[10] H. BRANDENBURG, JdI 93, 1978, 289 ff. Abb. 13.

[11] GARCÍA Y BELLIDO 212 ff. Nr. 249 Taf. 172–175; M. TARRADELL, Arte Romana en España (1969) 50 ff. Abb. 34 ff.

[12] GARCÍA Y BELLIDO 217 ff. Nr. 250 Taf. 176–180; TARRADELL a. O. 68 ff. Abb. 52 f. 55.

[13] GARCÍA Y BELLIDO 220 ff. Nr. 251 Taf. 181–183.

[14] GARCÍA Y BELLIDO 261 f. Nr. 268 Taf. 210/11; B. ANDREAE-H. JUNG, AA 1977, Tabelle n. S. 434: 210/20 n. Chr. ('Madrid').

[15] GARCÍA Y BELLIDO 253 ff. Nr. 263 Taf. 202–205; VACCARO MELUCCO 27 f. Nr. 21 Taf. 16, 37; TARRADELL a. O. 20 ff. Abb. 8. 13; ASR I 2, 8 Taf. 1,2.

[16] GARCÍA Y BELLIDO 255 Nr. 264 Taf. 206; ASR XII 6, 29 Taf. 38 c. d.

[17] s. oben Anm. 3. Ferner: TARRADELL a. O. 44 ff. Abb. 29 ff.

[18] GARCÍA Y BELLIDO 230 ff. Nr. 255 Taf. 189/190; ASR V 3, 57 Taf. 104 a; K. FITTSCHEN, Gnomon 44, 1972, 490.

[19] G. BOVINI, I sarcofagi paleocristiani della Spagna (Collezione Amici delle Catacombe 22, 1954) 77 ff. Nr. 13 Abb. 19 ff.; M. SOTOMAYOR, Sarcofagos Romano-Cristianos de España (1975) 19 ff. Nr. 1 Taf. 1,1; 16, 1.2.

[20] GARCÍA Y BELLIDO 222 ff. Nr. 252 Taf. 184.

[21] GARCÍA Y BELLIDO 267 ff. Nr. 271 Taf. 218–222; HANFMANN II 179 Nr. 492 Abb. 59;

kophage in Belem[24] und Barcelona[25] sind Kopien nach stadtrömischen Sarkophagen. Ein Kasten in Málaga,[26] ein Girlandensarkophag in Granada[27] und der stark fragmentierte Säulensarkophag mit Jahreszeiten in Ampurias[28] sind lokale Arbeiten, die die Vorbilder stärker abändern. Einige Fragmente spätantiker Jahreszeitensarkophage in Barcelona sind ebenfalls einheimische Werke.[29] Bei einer Langseite mit Löwenjagd in Gerona[30] und mit fliegenden Eroten, die einen Tondo halten, in Huesca[31] sowie bei einem Riefelsarkophag in Covarrubias[32] ist nicht sicher, ob es sich um Import aus Rom oder um einheimische Stücke handelt.

Ein Kasten aus Mulva[33] mit jagenden Eroten auf Vorder- und Nebenseiten ist eine unbeholfene Nachahmung eines attischen Sarkophages,[34] wie die Darstellung, die Ornamentleisten am Sockel und am oberen Rand und der Steg für den Deckel zeigen; er hat seinen besonderen Wert, da er weiteren attischen Import bezeugt. Ein wannenförmiger Sarkophag in Belem[35] ist ein Einzelstück; unter den stadtrömischen Beispielen ist keine Parallele bekannt. Die obere Ornamentleiste und die Darstellung erinnern an attische Sarkophage, die Ausarbeitung der Weinranken, die Unterbrechung des Frieses durch einen Tondo und die Form der Wanne sind aber nicht attisch. So ist dieses Stück vorläufig nicht genauer zu beurteilen. Denn für attischen Einfluß an der Westküste der spanischen Halbinsel gibt es sonst keinen Hinweis.

Bei den einheimischen Sarkophagen sind weder irgendwelche Besonderheiten noch bestimmte Verbindungen untereinander festzustellen; es handelt sich jeweils um Einzelstücke, die lediglich an ihrer groben Ausführung zu erkennen sind. Genauere Datierungen lassen sich nicht vorschlagen; der Erotensarkophag aus Mulva gehört noch dem 2. Jh. an,[36] die übrigen Exemplare dürften im 3. Jh. entstanden sein, der Musensarkophag in Lissabon und der Jagdsarkophag in Gerona schon im frühen 4. Jh. n. Chr.

BOVINI a. O. 24 ff. Nr. 3 Abb. 5 f.; G. KOCH, BJb 177, 1977, 261.
[22] GARCÍA Y BELLIDO 228 ff. Nr. 254 Taf. 188; ASR V 3, 223 Taf. 131 a; 133; K. FITTSCHEN, Gnomon 44, 1972, 495 f.
[23] GARCÍA Y BELLIDO 233 f. Nr. 256 Taf. 191–193; ASR V 3, 41 Taf. 131 b; 134; K. FITTSCHEN, Gnomon 44, 1972, 490.
[24] GARCÍA Y BELLIDO 274 f. Nr. 273 Taf. 226.
[25] GARCÍA Y BELLIDO 277 f. Nr. 275 Taf. 229.
[26] GARCÍA Y BELLIDO 238 ff. Nr. 259 Taf. 196.
[27] GARCÍA Y BELLIDO 210 ff. Nr. 248 bis.
[28] GARCÍA Y BELLIDO 272 ff. Nr. 272 Taf. 223–225.
[29] I. RODÀ, Faventia 1, 1, 1979, 77 ff. – Vgl. spätantike Riefelsarkophage: H. SCHLUNK, MM 8, 1967, 230 ff. Taf. 42 ff.
[30] GARCÍA Y BELLIDO 258 f. Nr. 265 Taf. 207/08; ASR I 2, 32 Taf. 55,2.
[31] GARCÍA Y BELLIDO 280 ff. Nr. 277 Taf. 232.

[32] GARCÍA Y BELLIDO 278 ff. Nr. 276 Taf. 230/31; BOVINI a. O. (s. oben Anm. 19) 29 ff. Nr. 4 Abb. 7.
[33] M. Blech wies auf dieses Stück hin: C. FERNANDEZ-CHICARRO in: Cronica dell VIII Congreso Arqueologico Nacional, Sevilla–Malaga 1963 (1964) 112 Nr. 3 Taf. 24–26 (Sevilla, Mus. Arq.).
[34] Vgl. die att. Jagdsarkophage in Athen und Patras (GIULIANO, Commercio Nr. 1 und 82) oder den Erotensarkophag Athen, Akademie (G. DAUX, BCH 88, 1964, 692 Abb. 17).
[35] GARCÍA Y BELLIDO 263 f. Nr. 269 Taf. 212–214.
[36] Mitteilung von M. Blech, der die Funde publizieren wird.
[37] J.-A. ABASOLO u. a., Los monumentos funerarios de epoca romana en forma de casa de la region de Poza de la Sal (Bureba, Burgos), Burgos 1975.

An einheimischen Formen sind noch Stücke in Gestalt eines Hauses[37] und andere mit halbzylinderförmigem Dach,[38] sogenannte cupae, zu nennen, die jedoch keine eigentlichen Sarkophage sind.

II. 11. WESTLICHES NORDAFRIKA

H. FOURNET-PILIPENKO, Sarcophages romains de Tunisie, Karthago 11, 1961/62, 77 ff.

Das westliche Nordafrika mit den römischen Provinzen Mauretania, Numidia und dem westlichen Teil von Africa und den heutigen Ländern Marokko, Algerien und Tunesien soll hier zusammengefaßt werden. Die Sarkophage aus Tunesien sind von H. Fournet-Pilipenko gesammelt worden; sie konnte 169 Stücke erfassen;[1] die Exemplare aus Algerien sind noch nicht zusammengestellt, aus Marokko sind keine bekannt.

Es handelt sich zum einen um Import, und zwar überwiegend aus Rom, zum anderen um lokale Werke, die sich in der Regel an stadtrömische Vorbilder anlehnen und sie mehr oder weniger stark verändern und vergröbern. So ist es bei manchen Beispielen schwierig zu entscheiden, ob es sich um stadtrömische Originale oder um lokale Kopien handelt; eine Untersuchung darüber fehlt.[2]

Das Fragment eines attischen Sarkophages befindet sich in Sfax; die stadtrömischen Arbeiten sind von G. Koch in einer Liste erfaßt;[3] anschließen läßt sich vielleicht noch ein Exemplar in Paris, das aus Philippeville stammt und mit seiner Profilrahmung und der großen Inschrift im 1. Jh. n. Chr. entstanden sein dürfte.[4] Der Import der stadtrömischen Hauptproduktion erstreckt sich vor allem auf die Zeit vom zweiten Viertel des 3. bis in das frühe 4. Jh. n. Chr. und findet seine Fortsetzung bei christlichen Sarkophagen;[5] nur das dionysische Fragment aus Karthago in Wien[6] stammt aus mittelantoninischer Zeit. Ein besonderes Problem stellt der Amazonensarkophag aus Thagaste in Annaba;[7] typologisch gehört er zu den stadtrömischen Amazonensarkophagen des zweiten Viertels des 3. Jhs. n. Chr.,[8] in seinem Stil hat er aber Eigenarten, die auf Verbindungen zu Athen weisen;[9] Parallelen sind weder in Rom noch in Nordafrika zu finden,[10] der Ort der Herstellung ist also nicht festzulegen.

336

[38] D. JULIA, Les monuments funéraires en forme de demi-cylindre dans la province romaine de Tarragonaise, MelCasaVelazquez 1, 1965, 29 ff. (mit Katalog, der nur die Stücke der Tarraconensis erfaßt, und Karte der Verbreitung). – M. DEL P. CALDERA DE CASTRO, Habis 9, 1978, 455 ff.

[1] Hinzu kommt z. B.: HIMMELMANN, Typ. Unt. 3 ff. Taf. 2.

[2] REDLICH 96 ff. G. RODENWALDT, RM 58, 1943, 15 Anm. 1. HIMMELMANN, Typ. Unt. 3 f.

[3] G. KOCH, BJb 177, 1977, 263 ff. – Zum att. Frgt. s. hier Kapitel IV 3.2.6 und IV 6.

[4] Paris 1990: unpubl.; Hinweis F. Baratte. – Zu dieser Sarkophaggruppe: H. BRANDENBURG, JdI 93, 1978, 277 ff.

[5] Algier: WILPERT I 40 Taf. 29,3; III 40 Abb. 265.

[6] Wien I 212: ASR IV 3, 176 A Taf. 199, 1.

[7] KOCH a. O. 263 (mit ält. Lit.).

[8] ASR II 88 ff.

[9] s. die Hinweise bei Anm. 7.

[10] Vielleicht zu vergleichen ein Amazonenfrgt. aus Thacia in Tunis: KOCH a. O. 265.

Die lokalen Nachahmungen stadtrömischer Sarkophage haben vielfältige Themen und verschiedene Formen. In ihrem Stil unterscheiden sie sich, so daß es bisher nicht möglich ist, örtliche Werkstätten zu fassen, denen mehrere Stücke zuzuweisen sind; lediglich bei zwei Jahreszeitensarkophagen könnte man erwägen, ob sie Werke eines Meisters sind. Bei den spätantiken Sarkophagen schließt sich eine Gruppe, die eine Dekoration mit Riefeln trägt, eng zusammen und ist mit Exemplaren in Spanien zu verbinden.[11] Unter den lokalen Werken sind Friessarkophage mit Schlacht oder Amazonen,[12] Endymion,[13] Herakles[14] – mit Eckpilastern –, dionysischen Szenen,[15] Eroten[16] und Musen,[17] ferner verschiedenartige Jahreszeitensarkophage, teilweise mit architektonischer Gliederung[18] und teilweise mit Eckpilastern.[19] Ein Kasten trägt im linken Teil eine Jagd und im rechten einen Hirten mit Tieren, ein anderer hat neben einer Tabula einen Mann und eine Gestalt auf einer Kline;[20] unterschiedliche Vorbilder sind also neu zusammengesetzt worden. Einige Beispiele zeigen fliegende Eroten mit einem Mittelmotiv,[21] andere haben Girlanden.[22] Sonderfälle, für die es in Rom keine genauen Parallelen gibt, sind ein Exemplar aus Cingaris mit Ranken, einer kleinen Girlande und schwebenden Putten[23] und eines in Timgad mit Ranken, Putten und einer Büste in einem Blattkranz;[24] aber diese beiden Stücke lassen sich auch nicht als typisch für Nordafrika ansehen. Zahlreich sind die Riefelsarkophage, und zwar Kästen oder Wannen, die unterschiedliche Gliederung haben;[25] in der Spätantike findet sich eine Reihe von Beispielen mit recht reicher Ornamentik.[26] Schließlich sind noch Kästen mit profilierter Rahmung[27] zu nennen.

[11] Zwei Jahreszeitens. in Tunis: FOURNET-PILIPENKO a.O. Nr. 22 Taf. 6/7; 137 Taf. 8/9. – Die spätantiken Riefels.: H. SCHLUNK, MM 8, 1967, 230 ff. Taf. 42 ff.; N. FERCHIOU, RM 83, 1976, 392 ff. 401 f. Taf. 133–135.
[12] FOURNET-PILIPENKO a.O. 131 Nr. 123 Taf. 2. P. GAUKLER, Musée de Cherchel (1895) 154 Taf. 19,3.
[13] Tunis 2992: FOURNET-PILIPENKO 159 Nr. 163 Taf. 16; SICHTERMANN, Endymion 78 ff. Abb. 51.
[14] Paris 1896: ASR III 1, 191.
[15] Philippeville: ASR IV 4, 270 Taf. 290,1.
[16] Karthago: FOURNET-PILIPENKO a.O. 122 ff. Nr. 103 Taf. 16.
[17] Tigzirt (jetzt Djemila – Cuicul?): ASR V 3 S. 86; K. FITTSCHEN, Gnomon 44, 1972, 496. – Aus Constantine: A. H. A. DELAMARE, Exploration scientifique de l'Algerie. Archéologie II (1850) Taf. 129,11 (jetzt Paris MO 1909).
[18] FOURNET-PILIPENKO a.O. Nr. 111 Taf. 5; 117 Taf. 11; 152 Taf. 5. – WILPERT III 41 Taf. 290,2. – P. KRANZ, RM 84, 1977, 363 Anm. 83a. – M. LAWRENCE, AJA 62, 1958, 285 ff. Abb. 20. 25. – R. BUDRESI in: Atti del III. Congr. Naz. di Archeol. Crist. (1974) 497 ff.

[19] FOURNET-PILIPENKO a.O. Nr. 4 Taf. 10; 22 Taf. 6/7; 137 Taf. 8/9. – LAWRENCE a.O. 285 ff. Abb. 18 ff. 26 ff. – R. BIANCHI BANDINELLI, Rom. Das Ende der Antike (1971) 222 Abb. 205.
[20] Philippeville: ST. GSELL, Musée de Philippeville (1898) 32 Taf. 2,1. – Bordj Rhedir: P.-A. FEVRIER, BAAlger 4, 1970, 408 ff. Nr. 109 mit Abb.
[21] FOURNET-PILIPENKO a.O. 20. 21 Taf. 14; 134 Taf. 13. – GSELL a.O. 35 Taf. 4,2.
[22] FOURNET-PILIPENKO a.O. 110. 142. 154 Taf. 15. – GSELL a.O. 34 f. Taf. 4,1. – Timgad: unpubl. (?); INR 64. 1650.
[23] FOURNET-PILIPENKO a.O. 133 f. Nr. 129 Taf. 16.
[24] A. BALLU-R. CAGNAT, Musée de Timgad (1903) 24 Taf. 9,3; J. M. C. TOYNBEE–J. B. WARD PERKINS, BSR 18, 1950, 40.
[25] FOURNET-PILIPENKO a.O. Nr. 18. 27. 36. 47. 97. 101. 135. 144. 158. 167 u. a. – GSELL a.O. Taf. 3,1; 4,3 und S. 34. – DELAMARE a.O. (s. oben Anm. 17) I Taf. 7,1–2; 24,12; 33,8.
[26] s. oben Anm. 11.
[27] Karthago: FOURNET-PILIPENKO a.O. 128 Nr. 114 Taf. 27. – Algier: unpubl. (?); INR 75. 443. – Timgad: unpubl. (?); INR 64. 1583.

Anhaltspunkte für die Datierung der lokalen Arbeiten liegen nicht vor. Die meisten Exemplare dürften im 3., einige vielleicht auch erst im 4. Jh. n. Chr. entstanden sein; in das 2. Jh. n. Chr. ist wohl kein Stück zu weisen. Ob die Beispiele mit Kastenrahmung so früh angesetzt werden müssen wie ihre stadtrömischen Vorlagen, also in das 1. Jh. n. Chr., ist fraglich.

Zusammenfassend läßt sich sagen, daß es im westlichen Nordafrika eine eigenständige Produktion von Sarkophagen nicht gegeben hat und daß keine für diese Landschaften charakteristischen Formen ausgebildet worden sind. Es gibt nur Import stadtrömischer Sarkophage und relativ viele verschiedenartige lokale, handwerklich meist sehr einfache Nachahmungen nach diesen importierten Stücken; lediglich einige Jahreszeitensarkophage ragen in der Qualität heraus.[28]

---

[28] s. oben Anm. 18 und 19.

III. DIE SARKOPHAGE DER PROVINZEN DES BALKANS
(außer den attischen Sarkophagen)

Aus dem Balkan ist eine große Zahl von Sarkophagen bekannt. Einzelne Gebiete, die in der Regel den Grenzen der römischen Provinzen entsprechen, sondern sich voneinander ab, so daß es sich empfiehlt, ihnen zu folgen. Mehrere der Provinzen lassen sich als Kunstlandschaften charakterisieren, die bestimmte Eigenheiten haben; dazu gehören Dalmatia, Pannonia, Moesia Superior und Moesia Inferior. Dagegen sind aus Dacia, Thracia und Epirus nur wenige Sarkophage erhalten und eigene Züge nicht zu fassen. An Achaia, das, von Athen abgesehen, keine eigenständige Produktion hervorgebracht hat, werden die zu Griechenland gehörenden Inseln der Ägäis angefügt und ebenfalls Kreta, das keine Verbindung mit der Cyrenaica hat, mit der es zu einer Provinz zusammengeschlossen war. Athen ragt mit seiner reichen Produktion heraus, die attischen Sarkophage müssen deshalb gesondert behandelt werden; neben den stadtrömischen Sarkophagen und denen der kleinasiatischen Hauptgruppe sind sie die bedeutendste Gruppe der römischen Kaiserzeit und weit im Mittelmeerraum verbreitet (Abb. 6).

III. 1. DALMATIA

In der Provinz Dalmatia sind Sarkophage in größerer Anzahl erhalten, und zwar vor allem aus Salona, einige weitere aber auch verstreut in vielen Orten.[1] Es handelt sich zum einen um Import fertig ausgearbeiteter Stücke und zum anderen um lokale Werke, die meist eingeführte Sarkophage in eigener Weise nachahmen und umgestalten.

Importiert wurden Sarkophage aus allen drei Zentren der Herstellung, nämlich Rom, Athen und Kleinasien, aber auch aus Oberitalien. Die attischen Sarkophage bilden die weitaus größte Gruppe; einzelne Stücke kommen aus Iader (Zadar), Šibenik, Tragurium (Trogir), Knin und Koločep; über 90 Exemplare sind in Salona nachzuweisen.[2] Da die meisten nicht publiziert sind, läßt sich nicht überblicken, wie sie zeitlich verteilt sind. Es folgen an Zahl die stadtrömischen Sarkophage, die von N. Cambi zusammengestellt worden sind;[3] ein Beispiel ist auf der Insel Koločep, und wahrscheinlich zehn sind in Salona zutage gekommen. Es handelt sich um Stücke aus dem

---

[1] N. Cambi hat die Sarkophage untersucht und bereitet jetzt die Publikation im Rahmen des Sarkophagcorpus vor (s. B. ANDREAE, AA 1977, 478); der Verf. ist ihm für zahlreiche Hinweise zu Dank verpflichtet.

[2] s. die Liste im Kapitel IV 6, ferner N. CAMBI, AA 1977, 445 Anm. 342–344.

[3] CAMBI a. O. 444 ff.

Abb. 6. Provinzen und wichtige Städte auf dem Balkan

3. Jh. n. Chr., zwei werden im frühen 4. Jh. n. Chr. entstanden sein. Ein Fragment eines Säulensarkophages der kleinasiatischen Hauptgruppe befand sich in Knin, ein anderes ist in Split.[4] Nach Tarsatica (Rijeka) wurden Exemplare aus dem benachbarten Oberitalien gebracht.[5]

Bei den lokalen Sarkophagen gibt es verhältnismäßig wenige verstreute Stücke und besonders viele aus Salona. Ein Kasten in IADER (Zadar) könnte schon in der Antike aus Salona importiert worden sein.[6] Aus BIOGRAD stammt ein Kasten mit Tabula ansata und Inschrift.[7] Aus dem Gebiet der LIKA (nordostwärts von Zadar) sind einige

---

[4] Knin (noch dort?): WIEGARTZ, Säulens. 162 (nach Auskunft von N. Cambi z. Z. nicht aufzufinden). – Split: G. FERRARI, Il commercio dei sarcofagi asiatici (1966) 66 Taf. 2, 5.

[5] GABELMANN, Werkstattgruppen 211 Nr. 36

Taf. 18, 2; ferner noch zumindest ein Frgt. im Museum.

[6] Zadar, in der Nähe des neuen Arch. Mus.: unpubl.

[7] M. ABRAMIĆ, VjesDal 47/48, 1924/25, 70 ff. (mit Zeichnung).

Aschenkisten,[8] ein Sarkophag und wenige Fragmente[9] bekannt; der Sarkophag ist mit Salona verbunden, zeigt aber mit den Fischen, die seitlich der Tabula angeordnet sind,[10] auch einige lokale Züge; er ist um die Mitte des 2. Jhs. n. Chr. angesetzt worden.[11] Aus KNIN kommt ein lokales Stück, bei dem allerdings nicht sicher ist, ob es sich um einen Sarkophag handelt;[12] in einem breiten Mittelfeld zeigt es Endymion und Selene und in zwei schmalen Feldern links eine stehende Attisfigur (?) und eine ebenfalls stehende weibliche Gestalt; der rechte Teil ist abgeschlagen. Ein aus der Nähe von TRAGURIUM (Trogir) stammender großer prokonnesischer Kasten mit Dachdeckel steht jetzt, auf Vorder- und Nebenseiten umgearbeitet, als Grab von F. Bulić bei der Basilika von Manastirine;[13] er hat einen vorspringenden Sockel; der größte Teil der – allein im alten Zustand erhaltenen – Rückseite ist leicht erhaben, und man wüßte gern, ob er schon in Prokonnesos für eine Tabula vorbereitet worden war.[14] In der Nähe von BANJALUKA ist ein grob behauener Kasten mit großem Dachdeckel mit massigen Akroteren gefunden worden.[15] Aus NARONA (Vid) kommt ein Fragment, wohl eine Nebenseite, mit Pilastern und Arkaden;[16] im rechten Interkolumnium steht Hermes, im linken Herakles, der Kerberos an der Leine hat; Vorlagen für die Gliederung sind wohl in Rom zu suchen. In CAVTAT wird ein Kasten aus Kalkstein mit Tabula ansata aufbewahrt, der zur Gruppe von Salona gehören dürfte.[17] In DOCLEA (Podgorica) sind zwei schlichte Sarkophage mit Tabula ansata gefunden worden sowie eine reicher geschmückte Vorderseite, ebenfalls mit Tabula ansata und außerdem mit einem Relieffeld rechts davon, das Hermes und einen Hahn zeigt;[18] Form und Dekoration dieses Stückes hängen mit Salona zusammen.

Außer diesen, insgesamt spärlichen und bescheidenen Funden sind bisher nur aus der Provinzhauptstadt SALONA Sarkophage bekannt geworden, dort allerdings in größerer Zahl und in überraschendem Formenreichtum. Einige Beispiele darf man als Kopien nach attischen Sarkophagen ansprechen, nämlich ein großes Fragment mit der Entdeckung Achills auf Skyros,[19] ein weiteres, das vielleicht eine Begebenheit des

---

[8] I. ŠARIĆ in: Quelques questions archéologiques sur la Lika, Otočac 22.–24. 9. 1974 (1975) 57 ff. (vgl. auch a. O. 45 ff.).

[9] N. CAMBI in: Lika (Titel wie Anm. 8) 75 ff.

[10] CAMBI a.O. 76 Abb. 1 (Resumée S. 82 f.).

[11] CAMBI a.O. 83.

[12] Zadar, Mus.: unpubl.

[13] Solin: unpubl. (Hinweis auf die Herkunft wird N. Cambi verdankt).

[14] Diese Art der Ausarbeitung ist bei prokonnesischen Kästen bisher nicht beobachtet.

[15] V. NIKOLIĆ, GlMSar 15/16, 1960/61, 329 f. Abb. 1.

[16] Zadar: R. SCHNEIDER, AEM 9, 1885, 50 f.; E. REISCH, Führer durch das k. k. Staatsmuseum in S. Donato in Zara (1912) 92 Nr. 153 Abb. S. 81; P. STICOTTI, Die römische Stadt Doclea in Montenegro (Akad. Wien, Schriften der Balkankommission 6, 1913) 151 f. Abb. 92; M. SUIĆ, Muzeji i zbirke Zadra (1954) 21 Nr. 63 Abb. 85; M. GORENC, Antikna Skulptura u Hrvatskoj (1952) Taf. 55.

[17] Cavtat, Arch. Slg.: H. BRANDENBURG, RACrist 48, 1972, 54 Anm. 26; INR 69. 3144 (gesamt). 3145 (Tabula mit Inschrift).

[18] STICOTTI a.O. (s. oben Anm. 16) 38 Abb. 16; 177 f. Nr. 48 Abb. 134; 147 ff. Abb. 86 (Vs. mit Hermes).

[19] Split o. Nr. (?): M. ABRAMIĆ, VjesDal 45, 1922, 58 ff. Taf. 3; GABELMANN, Werkstattgruppen 34 Anm. 150; V. M. STROCKA, Die Wandmalerei der Hanghäuser in Ephesos (Forschungen in Ephesos VIII 1, 1977) 107 f. Anm. 380 Nr. 44.

Kampfes um Troja schildert,[20] und zwei Nebenseiten eines Girlandensarkophages mit schwebenden Eroten als Trägern und Greifen in den Girlandenbögen,[21] bei denen allerdings auch Verbindungen mit Oberitalien möglich wären;[22] die Greifen finden sich dort jedoch nicht. Die attischen Vorlagen werden in unterschiedlicher Weise wiedergegeben; die Profile sind nur bei einem Beispiel übernommen; eine Werkstatt, die attisierend arbeitet, ist bisher nicht zu fassen, die einzelnen Stücke unterscheiden sich voneinander. Für die Datierung gibt es keine äußeren Anhaltspunkte. Es werden verhältnismäßig frühe attische Sarkophage nachgeahmt, die lokalen Stücke könnten also aus der Zeit um 200 n. Chr. oder aus dem früheren 3. Jh. n. Chr. stammen. Eine Kopie nach einem stadtrömischen Sarkophag liegt vielleicht in einem Fragment vor, das Selene und einen Eros zeigt, also zur Sage von Endymion gehört.[23] Eine weitere Kopie ist möglicherweise ein marmorner Sarkophag in Manastirine mit geschwungenen Riefeln.[24] Von stadtrömischen Vorlagen hängt schließlich auch die Darstellung eines aus dem Felsen gehauenen Sarkophages in Sv. Kaja bei Salona ab.[25]

Vielfältig sind die von Oberitalien, und zwar von Ravenna, beeinflußten Sarkophage; sie bestehen aus Marmor. Zunächst ist der von G. Rodenwaldt mit Salona verbundene Kasten zu nennen, der wahrscheinlich in Rom an der Porta Salaria gefunden worden ist, also sogar Export aus Dalmatien in eines der Zentren der Herstellung der Sarkophage bezeugt.[26] Er hat an den Ecken der Vorderseite Säulen und an den rückwärtigen Ecken der Nebenseiten Pilaster; diese Stützen tragen einen profilierten Architrav. Eingestellt sind auf der Vorder- und auf der linken Nebenseite je ein Tabernakel, wie es für ravennatische Sarkophage charakteristisch ist;[27] der Giebel hat allerdings eine Form, wie sie nur selten begegnet;[28] anders als in Oberitalien stehen die Figuren nicht in eigenen Arkaden, sondern ohne weitere Rahmung frei auf dem Grund.[29] Auch die Verwendung der Ecksäulen und die Tür auf der Nebenseite begegnen nicht in Oberitalien. Der jetzt aufliegende Deckel ist stadtrömisch.[30] Schon G. Rodenwaldt hat an dieses Exemplar einen fragmentierten Kasten angeschlossen, der noch in Salona steht;[31] er zeigt die gleiche Gliederung, die Säulen sind hier aber

---

[20] Split D 89: K. KLEMENT, AEM 13, 1890, 5 f. Nr. 2.
[21] Split o. Nr.: unpubl.
[22] GABELMANN, Werkstattgruppen Taf. 8, 1; 31, 1; 33, 1; 39, 1.
[23] Split D 94: unpubl.
[24] Manastirine, Basilika: unpubl. (zugehörig wohl ein dachförmiger Deckel mit großen Ziegeln).
[25] ASR III 1 S. 151; F. BULIĆ, VjesDal 39, 1916, 91 ff. Taf. 26.
[26] Kopenhagen 780a: POULSEN, Cat. Sculpt. 548 Nr. 780a; G. RODENWALDT, AA 1930, 168 ff. Abb. 1. 3. 4 (weist darauf hin, daß Fundort nicht gesichert ist; es liegt aber kein Grund vor, neuzeitlichen Import anzunehmen); GABELMANN, Werkstattgruppen 103 Anm. 340;
J. M. C. TOYNBEE, JbAChr 18, 1975, 13 Nr. 6 Taf. 4; H. GABELMANN, BJb 177, 1977, 202; SCHUMACHER, Hirt 81 (entgegen Schumacher kann das Stück nicht in Rom hergestellt worden sein); H. BRANDENBURG, ByzZ 71, 1978, 267; H. HERDEJÜRGEN, ASR VIII 2 (1979) 38 f. Anm. 95 (mit Dat. in die Mitte des 3. Jhs. n. Chr.); G. KOCH, BJb 182, 1982.
[27] GABELMANN, Werkstattgruppen, Typentafel vor S. 41 (III 2) und z. B. Taf. 28, 1; 30. 32 f. 34, 3; 35, 1; 36, 1; zum Typus dort 94 ff.
[28] GABELMANN a. O. Taf. 41, 2.
[29] s. die in Anm. 27 genannten Sarkophage.
[30] G. RODENWALDT, AA 1930, 169.
[31] R. EGGER, Forschungen in Salona II (1926) 78 Nr. 91 Abb. 46; RODENWALDT a. O. 170 ff. Abb. 2.

nicht kanneliert. Weitere Fragmente bezeugen,[32] daß eine Werkstatt in Salona in größerer Zahl derartige architektonische Sarkophage hergestellt hat; bei anderen Stücken stehen die Figuren allerdings in Arkaden.

351 Dieser Werkstatt darf wohl auch das monumentale Einzelstück zugeschrieben werden, das die oberitalischen Formen in einzigartiger Weise verarbeitet, der berühmte Sarkophag des ‚Guten Hirten' aus Manastirine, jetzt in Split.[33] Er besteht aus prokonnesischem Marmor[34] und hat einen Deckel ungewöhnlicher Form; in Prokonnesos ist er so vorbereitet worden, daß sich daraus ein hoher Dachdeckel mit profilierten Giebeln und großen Akroteren, wie es für die prokonnesischen Sarkophage typisch ist,[35] aber auch ein Klinendeckel arbeiten ließ.[36] Parallelen dafür gibt es unter den zahlreichen erhaltenen Stücken aus Prokonnesos nicht.[37] Wie beim Sarkophag von der Porta Salaria stehen Säulen an den Ecken der Vorderseite des Kastens; es sind ein Tabernakel und zwei Ädikulen eingestellt, die allerdings etwas zurücktreten; auf der linken Nebenseite findet sich ebenfalls ein Tabernakel, auf der rechten eine Grabestür. Der mächtig vorspringende Sockel, der Architrav sowie Giebel und Arkaden sind von Ornamenten überzogen, wie sie in Oberitalien nicht üblich sind. Auch die reiche Ausstattung mit Figuren – in der Mitte der ‚Gute Hirte', seitlich eine Frau und ein Mann, jeweils mit großem Anhang, – und das Grabesportal der rechten Nebenseite, ebenfalls mit Gestalten an den Seiten, haben keine Entsprechungen auf den oberitalischen Sarkophagen; der auf seine Fackel gestützte Eros ist dort, allerdings auf Vorderseiten, geläufig.[38] Für die stilistische Beurteilung sind die Ausführungen von H. Kähler wichtig, der auf starke Verbindungen mit dem Osten hinweist.[39] Der Sarkophag ist in tetrarchischer Zeit, wohl im frühen 4. Jh. n. Chr., entstanden.[40] Umstritten ist, ob er christlich verstanden werden darf oder ob er den paganen Sarkophagen zuzurechnen ist.[41] Da es Parallelen nicht gibt, ist die Lösung dieser Frage nicht möglich, eindeutig christliche Züge sind durch den ‚Guten Hirten' aber nicht gegeben.[42]

---

[32] EGGER a. O. 88 Nr. 142. RODENWALDT a. O. 176 Anm. 1. GABELMANN, Werkstattgruppen 103 Anm. 340 (Frgt.e in Manastirine und in Split, Arch. Mus., z. B. Inv. D 243).

[33] Split D 13: F. BULIĆ, VjesDal 28, 1905, 34 Anm. 2 Taf. 2–3 (mit älterer Lit.); T. KLAUSER, JbAChr 5, 1962, 113 ff.; H. KÄHLER in: Festschrift T. Klauser (1. Ergh. JbAChr, 1964) 173 ff. Taf. 7–9; R. BIANCHI BANDINELLI, Rom. Das Ende der Antike (1971) 132 Abb. 122; GABELMANN, Werkstattgruppen 103 Anm. 340; N. CAMBI in: Disputationes Salonitanae 1, 1970 (1975) 57; ders., VjesDal 70/71, 1968/69, 101 Nr. 7 Taf. 13, 2; Guide to the Archaeological Museum at Split (1973) 26 Nr. 46 Taf. 9; J. M. C. TOYNBEE, JbAChr 18, 1975, 14 ff. Taf. 6; B. BRENK, Spätantike und frühes Christentum (1977) Taf. 377; H. GABELMANN, BJb 177, 1977, 202; SCHUMACHER, Hirt 81 ff. Taf. 20a–c; H. HERDEJÜRGEN in: ASR VIII 2 (1979)

38 f. Anm. 95 (mit Dat. ins mittlere 3. Jh. n. Chr.).

[34] J. B. WARD PERKINS in: Disputationes Salonitanae 1, 1970 (1975) 42 mit Abb. 1.

[35] WARD PERKINS a. O. 42.

[36] Gut zu erkennen bei F. BULIĆ, VjesDal 28, 1905 Taf. 3, 3.

[37] Vgl. einen Deckel aus Kalkstein aus Tomi: M. ALEXANDRESCU-VIANU, Revue des Études Sud-Est Européennes 8, 1970, 288 Nr. 13 Abb. 38.

[38] z. B. GABELMANN, Werkstattgruppen Taf. 14, 1; 30, 1.

[39] KÄHLER a. O. (s. o. Anm. 33) 173 ff.

[40] KÄHLER a. O. 180.

[41] s. zuletzt die Diskussion bei J. M. C. TOYNBEE, JbAChr 18, 1975, 14 ff.; SCHUMACHER, Hirt 81 ff.; H. BRANDENBURG, ByzZ 71, 1978, 267.

[42] T. KLAUSER, JbAChr 5, 1962, 113 ff.; dagegen TOYNBEE a. O. (s. vorige Anm.).

Der Sarkophag ist zwar in der Basilika in Manastirine gefunden worden, aber auch das besagt nichts, da neben ihm der tetrarchische Hippolytossarkophag stand.⁴³

Der aus prokonnesischem Marmor bestehende Sarkophag des Valerius Dinens und der Attia Valeria darf wohl auch als lokale Abwandlung eines oberitalischen Typs bezeichnet werden.⁴⁴ Zwei Eroten halten ein achteckiges Gebilde, in das eine runde Inschrifttafel eingeschrieben ist;⁴⁵ die Seiten werden von vereinfachten Pilastern begrenzt.⁴⁶ Der Deckel trägt attische Blattziegel, die bei den oberitalischen Sarkophagen allerdings nur vereinzelt begegnen⁴⁷ und die auch direkt von den importierten attischen Sarkophagen übernommen sein können. Auf den Nebenseiten ist noch die Ausführung zu erkennen, die das Stück in Prokonnesos erhalten hat: die Wände sind geglättet, oben und unten finden sich schlichte Profile, der Giebel des Deckels ist mit Profilen gerahmt und mit einer Blüte geschmückt.⁴⁸ In diesen Zusammenhang gehört wahrscheinlich ein auch aus prokonnesischem Marmor bestehender Kasten, der in seiner Dekoration mit den zahlreichen Kalksteinsarkophagen aus Salona verbunden ist.⁴⁹ Wie die Kalksteinsarkophage trägt er eine Tabula, deren Ansae mit Blüten und Blattwerk geschmückt sind;⁵⁰ links und rechts stehen auf Sockeln je zwei Gestalten, und zwar Jahreszeiten, und auf den Nebenseiten finden sich jeweils zwei schwebende Eroten, die einen Girlandenbogen halten. Vorlagen waren vielleicht oberitalische Sarkophage, auf denen neben einer Tabula Figuren auf Sockeln stehen; die oberitalischen Stücke haben jedoch eine profilierte Rahmung, die auf dem Exemplar in Salona nicht übernommen worden ist,⁵¹ es ist auch jeweils nur eine Person und nicht eine Gruppe dargestellt. In Dalmatia sind allerdings auch Grabaltäre mit Eroten, die auf Sockeln stehen, nachzuweisen. Zwei girlandenhaltende Eroten, die nicht an die Ecken der Nebenseiten gesetzt sind, begegnen mehrfach auf oberitalischen Sarkophagen;⁵² hier stehen sie jedoch immer, und zwar in einem Interkolumnium, und schweben nicht. Diese Eigenart könnte von attischen Girlandensarkophagen abhängen, bei denen die mittleren Eroten in der Regel fliegen.⁵³ So gibt dieser Sarkophag eine eigenständige Mischung fremder Vorlagen. Ein Datierungsanhalt für diese beiden Stücke ist nicht vorhanden, sie könnten im früheren 3. Jh. n. Chr. entstanden sein.

An weiteren Stücken aus Marmor ist ein prokonnesischer Kasten anzuführen, der einen vorspringenden Sockel mit schräger oberer Leiste und auf der Vorderseite eine Tabula ansata mit Inschrift hat;⁵⁴ links und rechts von ihr ist verhältnismäßig viel frei-

---

⁴³ s. die Literaturangaben bei C. ROBERT, ASR III 2 S. 201, ferner R. EGGER, Forschungen in Salona II (1926) 29 ff.

⁴⁴ Split A 1654: F. BULIĆ, VjesDal 14, 1891, 49 ff. Taf. 1 (die Beifunde auf Taf. 2); J. J. WILKES, Dalmatia (1969) Taf. 36; Guide to the Archaeological Museum at Split (1973) 17 Nr. 22.

⁴⁵ vgl. GABELMANN, Werkstattgruppen Taf. 12, 1.

⁴⁶ GABELMANN a. O. Taf. 9, 2; 25, 1.

⁴⁷ F. REBECCHI, RM 84, 1977 Taf. 74, 2; 75, 1.2.4.

⁴⁸ z. B. J. B. WARD-PERKINS, BMusBeyr 22, 1969 Taf. 4, 2–4; 7, 2.

⁴⁹ Split D 20: GORENC a. O. (s. oben Anm. 16) Taf. 56/57; N. CAMBI, VjesDal 62, 1960, 60 ff. Nr. 11 Taf. 13, 1; 14; Guide to the Archaeological Museum at Split (1973) 16 f. Nr. 21.

⁵⁰ s. unten Anm. 64.

⁵¹ GABELMANN, Werkstattgruppen Taf. 52/53.

⁵² s. oben Anm. 22.

⁵³ MATZ, MW 50. 60.

⁵⁴ Salona, neue Grabungen im östlichen Teil der Stadt; unpubl.

er Platz; vielleicht ist das Stück in dieser Form aus Prokonnesos importiert worden und hat in Salona nur die Inschrift bekommen.[55] Ein Fragment aus prokonnesischem Marmor hat einen vergleichbaren Sockel, die Vorderseite trug allerdings senkrechte Riefel;[56] auf sie ist eine Tabula mit volutenförmig gebildeten Ansae gesetzt. Parallelen finden sich in Kleinasien,[57] doch ist fraglich, in welchem Zustand das Stück nach Salona gekommen ist. Eine lokale Kopie aus Kalkstein von Brattia nach einem ähnlichen Sarkophag, der senkrechte Riefel auf Vorder- und Nebenseiten und eine Tabula ansata auf der Vorderseite trägt, steht in Split beim Mausoleum Diokletians;[58] sie dürfte auch aus Salona stammen. Schließlich ist noch ein Fragment eines recht kleinen Sarkophages zu nennen, das Eroten mit einer Tabula zeigt;[59] eine Besonderheit ist, daß die Eroten auf Delphinen stehen; die Art des Marmors ist bisher nicht festgestellt worden, das Motiv sonst nicht geläufig.

Zwei große marmorne Akrotere eines Dachdeckels tragen Figuren, und zwar Jahreszeiten.[60] In Oberitalien finden sich in der Regel nur Büsten auf den Akroteren,[61] in Kleinasien und in Provinzen, die von dort abhängen, auch vielfach Figuren und -gruppen, so daß in diesem Fall vielleicht eine Verbindung mit dem Osten vorliegt.[62] Wohl über Oberitalien dürften zwei recht ähnliche Deckel, der eine aus Marmor, der andere aus Kalkstein, mit Kleinasien verbunden sein, die Büsten auf den Akroteren der Vorderseite und Medusenköpfe auf den Giebeln, allerdings auch kleine ‚attische' Blattziegel haben.[63]

Eine große Zahl von Sarkophagen in Salona ist aus einem Kalkstein hergestellt, der auf der Insel Brattia (Brač) gebrochen wurde. Obwohl sie über einen größeren Zeitraum hinweg hergestellt wurden, zeigen sie gewisse Eigenarten, die nur für Salona charakteristisch sind; bisher sind allerdings nur wenige der Funde zugänglich;[64] die

---

[55] Parallelen sind dafür allerdings unter den S. aus Prokonnesos bisher nicht bekannt.

[56] Split 782 A: unpubl.

[57] Aphrodisias: MAMA VIII (1962) 135 Nr. 568 Taf. 20 u. a.

[58] Unpubl.

[59] Split o. Nr. (?): unpubl.

[60] Split D 483: N. CAMBI, VjesDal 62, 1960, 62 Nr. 12 Taf. 15.

[61] GABELMANN a.O. Taf. 24, 1; 25, 1: 26, 1; 28; 30, 2; 32 u.a. – Figuren: a.O. Taf. 24, 2.

[62] F. K. DÖRNER, Inschriften und Denkmäler aus Bithynien (IstForsch 14, 1941) 25 Taf. 5.

[63] Split D 367 und 368: F. BULIĆ, VjesDal 30, 1907, 100f. Taf. 5/6; der eine Deckel hat Palmetten auf den Nss. der Akrotere.

[64] F. BULIĆ, VjesDal 19, 1896, 65ff. Taf. 3 (Inv. A 2154); ders., VjesDal 33, 1910, 26ff. (Inv. A 4142. A 4157. A 4160. A 4165). 53ff. (Inv. A 4116. A 4117. A 4161 = Taf. 18. A 4118. A 4121–4123); ders., VjesDal 34, 1911, 16 (Inv. A 4186); ders., VjesDal 35, 1912, 6f. (Inv. B 680 = Taf. 1. B 681. B 682). 11 (Inv. B 716 u. a.) 16 (Inv. B 720); ders., VjesDal 39, 1916, 107f. (Inv. A 4292); ders., VjesDal 47/48, 1924/25, 33 (Inv. A 5187). 55 (Inv. A 4846). 58 (Inv. A 5181); N. CAMBI, VjesDal 62, 1960, 63f. Nr. 14/15 Taf. 17 (Inv. D 187 = A 2022. D 145); ders., VjesDal 63/64, 1961/62, 99ff. Taf. 9. 10, 2 (Inv. A 300); T. MARASOVIĆ – D. VRSALOVIĆ, VjesDal 65–67, 1963–65, 183 Nr. 1 Taf. 51; 194 Nr. 2 Taf. 62, 1; N. CAMBI in: Disputationes Salonitanae 1, 1970 (1975) 57 Abb. 7 (Inv. D 313). 66 Abb. 18 (in Manastirine); ders., VjesDal 70/71, 1968/69, 106 Nr. 43. 45 Taf. 16, 2. 3. – R. EGGER, Forschungen in Salona II (1926) 86f. Nr. 134 Abb. 49 u. a. – Guide to the Archaeological Museum at Split (1973) 16 Nr. 20 (der nicht zum Deckel gehörende Kasten, Inv. A 2338). – F. REBECCHI, Antichità Altoadriatiche 13, 1978, 227 Abb. 7 (A 300). – Ein Stück scheint schon in der Antike nach Norditalien exportiert worden zu sein: Venedig, unpubl., INR 68. 5142.

Gruppe ist noch nicht bearbeitet.⁶⁵ Die Stücke tragen eine Tabula, meist mit Inschrift, 345. 346 und zwar in der Regel eine Tabula ansata, seltener eine rechteckige Tabula. Die Ansae sind gewöhnlich mit Blüten und Blattwerk, die Zwickel ebenfalls mit Blattwerk gefüllt; auf einem besonders schönen Exemplar läuft an den Seiten und oben Rankenwerk um die Tabula und ebenfalls um die Reliefflächen auf den Nebenseiten.⁶⁶ Neben der Tabula kann links und rechts noch eine Fläche sein; sie bleibt gelegentlich frei, ist häufiger mit Blattwerk oder verschiedenartigen Darstellungen geschmückt: Eroten mit Fackeln oder Füllhörnern, Eroten, die die Tabula halten, Jahreszeiten, Hirten,⁶⁷ Girlanden,⁶⁸ Riefeln,⁶⁹ Grabestüren⁷⁰ und sogar eine singuläre, nicht zu benennende Szene⁷¹ kommen vor. Bei einem Exemplar sind auf den Ansae Masken wiedergegeben.⁷² Vorlagen sind vielleicht auch für diese Gruppe in Oberitalien zu suchen,⁷³ die recht reiche Ornamentik ist in Salona jedoch auch für Grabaltäre, Grabstelen und Aschenurnen üblich;⁷⁴ bisher fehlt eine Untersuchung, ob sie den Sarkophagen zeitlich vorausgehen oder parallel zu ihnen laufen. Es hat den Anschein, daß zumindest die Grabaltäre schon im 1. Jh. n. Chr. einsetzen. Bei einem schlichteren Sarkophag⁷⁵ sind eine rechteckige, profilierte Tabula – ohne Inschrift – und links und rechts Nischen mit den Büsten des beigesetzten Ehepaares vorhanden; auf den Nebenseiten ist ein Gefäß mit Ranken wiedergegeben; die Dekoration dieses Stückes ist in Salona und auch im übrigen Dalmatien nicht geläufig, sie ist wohl mit Pannonia oder Moesia Superior zu verbinden.⁷⁶ Über die Zeitstellung der Sarkophage läßt sich vorläufig wenig aussagen; die Gruppe dürfte wahrscheinlich um die Mitte des 2. Jhs. n. Chr. beginnen⁷⁷ und läßt sich bis in das 4. Jh. n. Chr. verfolgen;⁷⁸ eine relative Reihe wird sich aufstellen lassen, wenn mehr Stücke in Abbildungen zugänglich sind.

Schließlich sind noch einige Sonderfälle anzuführen, die auch aus dem Kalkstein von Brattia bestehen. Zwei Reliefs mit Eroten, die Greifen füttern,⁷⁹ dürften Neben-

---

⁶⁵ H. Brandenburg, RACrist 48, 1972, 53 f. – s. oben Anm. 1.
⁶⁶ Salona, Grabungen A 4161: F. Bulić, VjesDal 33, 1910, 55 f. Taf. 18; ders. in: Zbornik Matice Hrvatske (Zagreb 1925) 59 mit Abb.
⁶⁷ Split o. Nr. (?): unpubl. (im l. Feld ein Hirte mit Tieren, im r. ein Mann mit Hacke und Diener).
⁶⁸ Split 2822: unpubl.
⁶⁹ Split A 780: unpubl.
⁷⁰ Split A 1101: unpubl.
⁷¹ Split D 680: F. Bulić, VjesDal 35, 1912, 6 Taf. 1; Gorenc a. O. (s. oben Anm. 16) Taf. 14; Guide to the Archaeological Museum at Split (1973) 19 Nr. 33, T 6.
⁷² Split D 246: unpubl.
⁷³ Gabelmann, Werkstattgruppen Taf. 1; ders., BJb 177, 1977, 226. F. Rebecchi, Antichità Altoadriatiche 13, 1978, 226. – Zu vgl. auch ein Frgt. in Concordia: G. Brusin – P. L. Zovatto, Monumenti romani e cristiani di Iulia Concordia (1960) 103 f. Abb. 16; H. Herdejürgen, ASR VIII 2 S. 9 Anm. 31. – Vgl. J. Ortalli, Rivista di Archeologia 2, 1978, 55 ff. Abb. 1 ff.
⁷⁴ Grabrelief z. B.: N. Cambi, VjesDal 63/64, 1961/62, 109 f. Taf. 10, 1; Guide a. O. (s. oben Anm. 71) 18 Nr. 28. – Urne z. B.: F. Bulić, VjesDal 45, 1922, 8. – Grabaltar z. B.: J. J. Wilkes, Dalmatia (1969) Taf. 35.
⁷⁵ Split o. Nr. (?): unpubl.
⁷⁶ z. B. Sremska Mitrovica A 13: A. Cermanović, AJug 6, 1965, 101 Nr. 28 Abb. 24.
⁷⁷ N. Cambi, VjesDal 63/64, 1961/62, 109 ff.; auch der oben Anm. 66 genannte S. scheint relativ früh zu sein.
⁷⁸ R. Egger, Forschungen in Salona II (1926) 74 Nr. 77 Abb. 43 (frühes 4. Jh.); 81 Nr. 104 (360 n. Chr.); 83 f. Nr. 114 Abb. 48 (382 n. Chr.); 86 f. Nr. 134 Abb. 49 (4. Jh.); 90 f. Nr. 153 Abb. 51 (Ausgang 4. Jh.).
⁷⁹ Split D 3 und D 4: S. Ferri, Arte romana sul Danubio (1933) 252 Abb. 309.

seiten eines Sarkophages sein, wie die Aussparung des umlaufenden Profiles zeigt, die für die Verklammerung des Deckels bestimmt ist;[80] es wäre damit also auch ein profilgerahmter Sarkophag belegt. Anschließen läßt sich vielleicht ein fragmentiertes Relief, das eine Jagd und das Ausnehmen eines Tieres zeigt.[81] Auch hier ist eine profilierte Rahmung vorhanden. Das Stück ist für die Verwendung beim Aquädukt von Spalato[82] zurechtgehauen, und dabei ist wohl auch die Rückseite verändert worden; es ist aber auf der rechten Nebenseite der Rest der profilierten Rahmung erhalten; somit könnte es sich um die Langseite eines Sarkophages handeln, auch wenn es in Salona für derartige Friessarkophage keine Parallele gibt und die Darstellung überhaupt auf Sarkophagen sehr ungewöhnlich ist. Eine fragmentierte Nebenseite zeigt in Feldern in der Mitte ein Geranke, links Hermes und rechts einen Eros.[83] Ein Kasten hat auf der Vorderseite von Halbsäulen getragene Arkaden;[84] die Interkolumnien scheinen leer gewesen zu sein, Reste von abgearbeiteten Figuren sind jedenfalls nicht mehr zu erkennen. Dann sind noch zwei Dackdeckel zu nennen, die Blattziegel und auf den Akroteren Büsten tragen und auf der Langseite einen Giebel haben;[85] der eine Deckel hat darauf eine Mahlszene, der andere, der nach der Darstellung auf den Akroteren von Anhängern des Isiskultes benutzt worden sein dürfte,[86] einen Tondo mit Inschrift, der von Blattwerk umgeben ist. Ein anderer Deckel wurde schon oben aufgeführt.[87]

344 Ein Unikum befindet sich in der Kirche Sv. Kajo in der Nähe von Salona, nämlich ein aus dem anstehenden Felsen herausgemeißelter, in drei Felder geteilter Sarkophag, der Herakles und Kerberos, die Rückführung der Alkestis und Herakles am Baum der Hesperiden zeigt;[88] fremde, wohl stadtrömische Vorlagen sind hier von einem einheimischen Bildhauer zu einem ungewöhnlichen Sarkophag zusammengesetzt worden.

Zusammenfassend läßt sich feststellen, daß in der Provinz Dalmatia mit Ausnahme einiger verstreuter Exemplare nur in Salona eine umfangreiche Produktion an Sarkophagen überliefert ist. Neben einer sehr großen Gruppe von Kalksteinsarkophagen mit Tabula gibt es eine ganze Reihe anderer Stücke, teilweise aus Kalkstein, teilweise auch aus Marmor, die typologisch sehr vielfältig sind; attische Vorlagen werden kopiert, vor allem aber greift man auf die oberitalischen Sarkophage zurück, wandelt sie ab und schafft so eine große, für Salona typische Sarkophaggruppe.

---

[80] Vgl. z. B. GABELMANN, Werkstattgruppen Taf. 7, 1.
[81] Split D 295: F. BULIĆ, VjesDal 34, 1911, 76 ff. Taf. 10; GORENC a.O. (s. oben Anm. 16) Taf. 15/16.
[82] Mitteilung N. Cambi.
[83] Split (Nr. ?): unpubl.
[84] Split, beim Dom: unpubl.
[85] Split A 4850: M. ABRAMIĆ, VjesDal 47/48, 1924/25, 8 ff. Taf. 3, 1 (Totenmahl). – Split A 393 und D 86: ABRAMIĆ a.O. 68 ff. Taf. 3, 2; N. CAMBI, VjesDal 65–67, 1963–65, 85 ff. Nr. 1 Taf. 21/22; Guide to the Archaeological Museum at Split (1973) 16 Nr. 20; M.-C. BUDISCHOVSKY, La diffusion des cultes isiaques autour de la mer Adriatique I (1977) 192 f. Nr. 3 Taf. 95.
[86] CAMBI a.O. 85 ff.
[87] s. oben Anm. 63.
[88] s. oben Anm. 25.

II. 2. PANNONIA

A. CERMANOVIĆ, AJug 6, 1965, 89 ff.

In der Provinz Pannonia – Pannonia Superior und Pannonia Inferior werden hier zusammengefaßt – sind Sarkophage aus einer ganzen Reihe von Orten, und zwar häufig in größerer Anzahl, überliefert. Sie sind bisher noch nicht zusammengestellt worden. Die Arbeit von R. Ložar[1] ist nicht gedruckt, die von A. Cermanović umfaßt nur die heute zu Jugoslawien gehörenden Teile von Noricum und Pannonia. Die Sarkophage sind größtenteils aus lokalem Stein und recht schlicht; aufwendigere Stücke, etwa mit szenischen Darstellungen, sind selten. Import fertig ausgearbeiteter Sarkophage ist in der Provinz nicht belegt, Import von Halbfabrikaten bisher nicht nachzuweisen.

Aus VINDOBONA (Wien) stammen zwei Fragmente, die vielleicht zu einem Sarkophag gehören;[2] ungewöhnlich wäre, daß links einer – fast vollständig verlorenen – Tabula eine nackte Psyche und rechts ein Eros fliegen; ohne Parallele wäre der peltaförmige Ansatz, der in Greifen- und Entenköpfe ausläuft. Ein weiteres, jetzt verschollenes Fragment könnte einen Tabula haltenden Eros zeigen.[3] Aus CARNUNTUM (Deutsch-Altenburg, Petronell) ist ein Kasten bekannt,[4] der eine große Tabula mit Inschrift trägt, die von zwei Eroten gehalten wird; der Typus ist weit verbreitet.[5] Die Vorderseite eines anderen Sarkophages zeigt neben einer rechteckigen Tabula zwei Delphine,[6] ein anderes Fragment[7] rechts der Tabula in sehr flachem Relief einen ‚Attis'. Fragmente mit Girlanden, Ranken und einem Triton werden ebenfalls zu Sarkophagen gerechnet, doch scheint das nicht gesichert zu sein.[8] Von weiteren schmucklosen Sarkophagen wird berichtet.[9]

Aus SCARBANTIA (Sopron) sind Sarkophage bisher nicht belegt. In SAVARIA (Szombathely) ist unter den erhaltenen Stücken nur eines mit Reliefs[10] geschmückt, und zwar ein Exemplar aus Marmor, das eine große profilierte Tabula und links und rechts in Nischen stehende Eroten mit Fackeln auf der Vorderseite und aus Kratern wachsende Weinranken und Panther auf den Nebenseiten zeigt. Eine Ostothek aus dem Gebiet von MOGENTIANA (Tüskevár; der Fundort ist Döbrönte) hat ebenfalls eine Tabula und seitliche Nischen mit Eroten.[11]

---

[1] R. LOŽAR, Studien zu den römischen Sarkophagen von Noricum und Pannonia (ungedr. Diss. Wien 1927).
[2] A. NEUMANN, CSIR Österreich I 1 (1967) 24 Nr. 26 Taf. 26.
[3] NEUMANN a.O. 25 Nr. 28 Taf. 28 (nach der Abbildung zu urteilen eher ein Eros als ein Gigant).
[4] M.-L. KRÜGER, CSIR Österreich I 3 (1970) 27 Nr. 213 Taf. 30 (,3. Jh.').
[5] Zuletzt: H. HERDEJÜRGEN, AA 1975, 564 ff.; H. GABELMANN, BJb 177, 1977, 230 f.

[6] M.-L. KRÜGER, CSIR Österreich I 4 (1972) 20 Nr. 428 Taf. 15 („2. Jh.").
[7] CSIR I 3 a.O. 25 Nr. 203 Taf. 27.
[8] CSIR I 3 a.O. 27 Nr. 214 Taf. 30. – CSIR I 4 a.O. 17 Nr. 412 Taf. 11; 23 Nr. 440. 441 Taf. 18.
[9] A. OBERMAYR, Römerstadt Carnuntum (1967) 108 ff. 134 ff.
[10] A. MÓCSY – T. SZENTLÉLEKY, Die römischen Steindenkmäler von Savaria (1971) 30 f. (zum Einsetzen der Sarkophage in Savaria). 119 f. Nr. 175–184. – Der Reliefsarkophag: 119 Nr. 176 Bild 150.
[11] L. BARKÓCZY – A. MÓCSY, Die römischen

In BRIGETIO (Szöny) ist eine große Anzahl von Sarkophagen gefunden worden.[12] Sie sind aus lokalem Kalkstein gearbeitet. Eine Reihe von Stücken hat nur eine Inschrift, die auf einer vertieften, häufig profilierten Tabula stehen kann. Die Seiten sind geschwungen, oder es finden sich Ansae, in einem Fall auch Pelten.[13] Gewöhnlich ist links und rechts der Tabula eine Fläche, die für ein Relief bestimmt ist, aber auch unbearbeitet bleiben kann. In den Seitenfeldern sind oft Nischen mit Figuren: Eroten oder Putten, die manchmal die Tabula halten, Putten, die Fackeln in den Händen haben[14] oder sich auf Fackeln stützen,[15] Männer in Soldatentracht,[16] Attisfiguren,[17] ein tanzender Satyr und eine tanzende Mänade,[18] zwei nur mit Chlamys und Helm versehene Krieger,[19] die in der einen Hand ein Schwert halten und sich mit der anderen auf einen Speer stützen. Beim schönsten Sarkophag[20] befinden sich links und rechts der üppig geschwungenen Tabula hochrechteckige Felder mit Gefäßen, aus denen Pflanzen herausranken und erst daneben die Nischen, die reich profiliert sind und in denen auf Podesten Eroten stehen; sie haben die Arme so bewegt, als ob sie die Tabula hielten. Zumindest ein Exemplar hat auch auf den Nebenseiten Reliefs.[21]

Die Deckel sind dachförmig; in einem Fall sind die Seiten abgewalmt;[22] gelegentlich sind große Ziegel angegeben.[23] Auf den Akroteren können Köpfe,[24] Fische[25] oder sogar Figuren in einer Nische wiedergegeben sein.[26] Eine Besonderheit fast aller Deckel ist, daß sie auf der Vorderseite in der Mitte ein oben halbrundes Feld haben, das dafür bestimmt war, Darstellungen der Verstorbenen aufzunehmen, und zwar die Büsten eines Mannes oder einer Frau, eines Ehepaares oder in einem Fall vielleicht einer Mutter mit Kind[27] und in einem anderen Beispiel einen Mann auf der Kline beim Mahl.[28] Es scheint eine Eigenart von Brigetio zu sein, die Verstorbenen in dieser Wei-

Inschriften Ungarns II (1976) 84 Nr. 369 Abb. 59.

[12] L. BARKÓCZY, Brigetio (Dissertationes Pannonicae II 22, 1944–51) 40ff. 55ff. Nr. 91–127 Taf. 19–28; ders., ActaAntHung 13, 1965, 215ff. Taf. 1.8, 17, 1. – S. SEGERT, Slov Arch 5, 1, 1957, 240ff. Abb. 3. – M. KANOZSAY, ArchErt 88, 1961, 261ff. Abb. 1. – BARKÓCZY – MÓCSY a. O. Nr. 512. 514. 516. 517. 521. 524. 526. 528. 529. 533. 535. 536. 540. 544. 545. 548. 552. 553. 554. 557. 562. 568. 569. 572. 573. 575. 576. 579. 583. 584. 587. 588. 590. 595. 599. 602. 603. 617. 619.

[13] BARKÓCZY-MÓCSY a. O. 228 Nr. 602 Abb. 193.

[14] KANOZSAY a. O. 261 Abb. 1.

[15] L. BARKÓCZY, ActaAntHung 13, 1965 Taf. 17, 1. BARKÓCZY-MÓCSY a. O. 192 Nr. 552 Abb. 171.

[16] BARKÓCZY, Brigetio a. O. Taf. 20, 2; 24, 1 (= BARKÓCZY-MÓCSY a. O. 178 Nr. 529 Abb. 158).

[17] BARKÓCZY, Brigetio a. O. Taf. 20, 3.

[18] BARKÓCZY, Brigetio a. O. Taf. 21, 1.

[19] Wien III 94: BARKÓCZY, Brigetio a. O. Taf. 20, 1.

[20] BARKÓCZY, Brigetio a. O. Taf. 19, 1. A. MÓCSY, Pannonia and Upper Moesia (1974) Taf. 29c.

[21] Wien III 94: BARKÓCZY, Brigetio a. O. 55 f. Nr. 94 Taf. 20, 1 (Nss. unpubl. ? L. Ns. stehender Mann und Reiter, r. Ns. Krieger und stehender Mann, getrennt durch Pilaster).

[22] BARKÓCZY, Brigetio a. O. Taf. 25, 2.

[23] BARKÓCZY, Brigetio a. O. Taf. 19, 1; 25, 2; 26, 3.

[24] BARKÓCZY, Brigetio a. O. Taf. 19, 1; 24, 1; 25, 1; 28, 1.2. M. KANOZSAY, ArchErt 88, 1961, 261 Abb. 1.

[25] BARKÓCZY, Brigetio a. O. Taf. 20, 2. BARKÓCZY-MÓCSY a. O. (s. oben Anm. 11) 228 Nr. 602 Abb. 193.

[26] BARKÓCZY, Brigetio a. O. Taf. 20, 1.

[27] BARKÓCZY, Brigetio a. O. 57 Nr. 115 Taf. 28, 2 (stark bestoßen).

[28] BARKÓCZY, Brigetio a. O. 55 f. Nr. 94 Taf. 20, 1.

se auf dem Deckel wiederzugeben; in Pannonia ist es sonst nicht geläufig, Parallelen finden sich in Noricum, Raetia und Germanien. Anhaltspunkte für die Datierung scheint es kaum zu geben.[29] Die Sarkophage dürften aus dem 3. Jh. n. Chr. stammen, eine genauere Einordnung ist vorläufig nicht möglich.[30]

In ULCISIA CASTRA (Szentendre) ist, in zweiter Verwendung, ein Sarkophag aus Kalkstein zutage gekommen, der eine vertiefte Tabula und an den Seiten in Nischen Eroten mit Fackeln zeigt;[31] es könnte sich um ein in Aquincum gefertigtes Stück, und zwar aus dem frühen 3. Jh. n. Chr., handeln.[32] Auf einer fragmentierten Vorderseite steht im linken Feld ein Eros, der sich auf eine umgekehrte Fackel stützt.[33]

In AQUINCUM scheint eine ganze Reihe von Sarkophagen, und zwar immer aus Kalkstein, gefunden worden zu sein, die jedoch nur an verstreuten Stellen abgebildet sind; eine zusammenfassende Behandlung fehlt.[34] Es gibt Stücke mit Inschrifttafel, die geschweifte Seiten, Ansae oder Pelten haben kann.[35] Die Flächen links und rechts sind teilweise nicht mit Reliefs versehen. Sofern die Felder ausgearbeitet sind, stehen Attisfiguren,[36] Eroten[37] oder Soldaten in den Nischen.[38] Ein relativ aufwendiges Exemplar zeigt neben einer Tabula mit reich geschweiften Seiten rechts einen *signifer* in Soldatenkleidung und links seine Frau,[39] ein anderes rechts den Mann als römischen Bürger in Toga und links seine Frau.[40] Ein ungewöhnlicher Sarkophag[41] hat eine profilierte Tabula und links und rechts davon Felder, die mit Gefäßen, aus denen Ranken wachsen, und Girlanden geschmückt sind; auf der rechten Nebenseite ist eine Tür wiedergegeben.[42]

Ein anderer, allerdings nur in Zeichnung vorliegender Kasten hatte neben der Tabula die Halbfigurenbilder zweier Personen, wohl eines Ehepaares, und in weiteren

---

[29] Die Bearbeiter der Inschriften machen keine Vorschläge; es scheint keinerlei Jahresangaben zu geben.
[30] Gründung des Municipiums unter Septimius Severus: BARKÓCZY-MÓCSY a. O. (s. oben Anm. 11) 89.
[31] L. BALLA, ArchErt 99, 1972, 228 ff. Abb. 1.
[32] BALLA a. O. 231.
[33] L. NAGY, ArchErt 50, 1937, 107 f. Abb. 63.
[34] J. HAMPEL, BudRég 3, 1891, 56 Abb. 2, 1; 65 Abb. 4; B. KUZSINSZKY, BudRég 5, 1897, 158 ff.; ders., BudRég 7, 1900, 36 ff.; ders., BudRég 9, 1906, 67 f.; J. HAMPEL, ArchErt 27, 1907, 336 Abb. 53; L. NAGY, ArchErt 42, 1928, 69 ff.; ders., BudRég 14, 1945, 537 ff. Abb. 1.4.5.11 ff.; T. NAGY, BudRég 15, 1950, 365 ff. Abb. 5–7; ders., BudRég 22, 1971, 129 ff. (Resumée S. 159); K. S. PÓCZY, Städte in Pannonien (1976) Abb. 75. 87 f. 91. 95.
[35] z. B. J. HAMPEL, ArchErt 27, 1907, 336 Abb. 53; J. ZINGERLE, ÖJh 21/22, 1922–24, 243 Abb. 83.
[36] B. KUZSINSZKY, BudRég 7, 1900, 39 mit Abb.; A. MÓCSY, Pannonia and Upper Moesia (1974) Taf. 29 b. – L. NAGY, BudRég 14, 1945, 547 Abb. 11 f.
[37] B. KUZSINSZKY, BudRég 5, 1897, 162 mit Abb. – Ders., BudRég 9, 1906, 67 f. (Kasten und Frgt.). – HAMPEL a. O. 337 Abb. 54 – PÓCZY a. O. (s. oben Anm. 34) Abb. 75. –
[38] B. KUZSINSZKY, BudRég 7, 1900, 36 mit Abb.
[39] L. NAGY, BudRég 14, 1945, 537 Abb. 1; T. NAGY, BudRég 22, 1971, 137 Abb. 59; L. GEREVICH, Budapest Története I (1973) 153 Abb. 87; PÓCZY a. O. (s. oben Anm. 34) Abb. 95.
[40] B. KUZSINSZKY, BudRég 5, 1897, 163 mit Abb.; T. NAGY, BudRég 15, 1950, 368 Abb. 7; PÓCZY a. O. Abb. 87/88.
[41] T. NAGY, BudRég 22, 1971, 129 Abb. 43 (auf vier Seiten Reliefs, vgl. a. O. S. 159); A. MÓCSY, Pannonia and Upper Moesia (1974) Taf. 29 a; PÓCZY a. O. Abb. 91.
[42] T. NAGY a. O. 130 Abb. 44; T. NAGY in: The Proceedings of the Xth International Congress of Classical Archaeology 1973 (1978) 265 f. Taf. 69, 3; 70, 4–5.

Feldern Eroten, die sich auf umgekehrte Fackeln stützen;[43] auf Verbindungen dieses Typs zu Sirmium ist hingewiesen worden.[44]

Hervorzuheben ist, daß einige Sarkophage mythologische Szenen tragen. Ein fragmentierter Kasten hatte auf der Vorderseite eine Tabula und daneben Figuren in Nischen, auf der linken Nebenseite Orest und Pylades vor Iphigenie und auf der rechten die Schindung des Marsyas.[45] Zwei zusammengehörende Reliefs dürften die Nebenseiten eines anderen Sarkophages sein; das eine, ursprünglich die rechte Nebenseite, zeigt in profilierter Rahmung Theseus und Ariadne, das andere, ursprünglich die linke, einen Mann, eine Frau und einen Eros;[46] da die Oberfläche stark beschädigt ist, sind die Figuren kaum eindeutig zu benennen, man hat an Iason und Medea oder Menelaos und Helena gedacht.[47] Ein weiteres Relief hat C. Robert als Vorderseite eines Sarkophages angesprochen, doch ist das nicht sicher; es zeigt in profilierter Rahmung Mars und Rhea Silvia.[48] Ein anderes Relief, auf dem Theseus im Kampf gegen Minotauros dargestellt ist, dürfte wohl nicht die Nebenseite eines Sarkophages sein, da es dafür ungewöhnlich groß wäre.[49] Diese mythologischen Darstellungen, zu denen noch einige andere Reliefs kommen[50] und denen sich noch weitere Sarkophage in Pannonien anschließen lassen,[51] scheinen durch Musterbücher in die Provinz gelangt und von lokalen Bildhauern unter anderem für die Sarkophage verwandt worden zu sein. Es ist auf Verbindungen zu Noricum und besonders Virunum verwiesen worden, doch müßte das noch genauer untersucht werden.[52]

Schließlich ist noch eine Art Klinenmonument zu nennen, das einen lagernden Mann zeigt;[53] es ist unklar, wie es im Grabeszusammenhang verwandt worden ist.

Zur Datierung der Stücke in Aquincum lassen sich bisher kaum Angaben machen, unter anderem, da die Inschriften noch nicht untersucht worden sind; man darf wohl das 3. Jh. annehmen, vielleicht für die frühesten, wie den einen Sarkophag mit Girlanden, noch das späte 2. Jh. n. Chr.[54]

Aus CSÁKVÁR stammt ein Sarkophag, der in der Mitte der Vorderseite einen profilierten Tondo in quadratischem Feld und an den Seiten Pelten trägt.[55] Parallelen für diese Form sind nicht bekannt. In GORSIUM (Tać) scheint man nur einen schlichten

---

[43] Früher Debrecen, jetzt zerstört: L. BALLA, ArchErt 89, 1962, 188 ff. Abb. 1.

[44] BALLA a. O. 190 f.

[45] Budapest: J. ZIEHEN, AEM 13, 1890, 54 f. Abb. 8 f.; J. HAMPEL, BudRég 3, 1891, 65 Abb. 4 a–c; ASR III 2, 215.

[46] Budapest: ZIEHEN a. O. 63 ff. Abb. 18/19; ASR III 3, 426; T. NAGY, BudRég 22, 1971, 134 Abb. 52/53.

[47] C. Robert hat sich für Iason und Medea, J. Ziehen (und T. Nagy) für Menelaos und Helena ausgesprochen.

[48] Budapest: ZIEHEN a. O. 57 ff. Abb. 11; ASR III 2, 192¹ Abb. S. 236. – Die Maße (H. o. 86; L. 1.95) könnten für eine Langs. passen, doch müßte untersucht werden, ob auf der Rücks. seitlich und unten Brüche sind.

[49] Budapest: ZIEHEN a. O. 66 Abb. 20; ASR III 2, 428 (Ns. eines S.) NAGY a. O. 135 Abb. 54 („dalle tombale").

[50] z. B. NAGY a. O. 135 Abb. 55.

[51] Sarkophage aus Alisca (s. unten Anm. 61) und Sopianae (s. unten Anm. 65).

[52] NAGY a. O. 159.

[53] NAGY a. O. 136 Abb. 56.

[54] NAGY a. O. 159.

[55] Székesfehérvár, Mus: L. NAGY, ArchErt 42, 1928, 75 Abb. 28.

Sarkophag mit Dachdeckel, der leicht gerundet ist, gefunden zu haben.[56] Etwas reicher ist die Überlieferung aus INTERCISA (Dunaujváros);[57] es gibt Sarkophage mit rechteckiger Tabula, mit Tabula mit geschwungenen Seiten, die Felder links und rechts können unbearbeitet sein; in einem Fall finden sich Eroten, die sich auf Fackeln stützen,[58] und auf zwei Sarkophagen Männer in Soldatentracht.[59] Die Ausführung ist noch einfacher als bei den Stücken aus Aquincum. Die Exemplare dürften aus dem 3. Jh. n. Chr. stammen.[60]

Aus der Nähe von ALISCA (Fundort ist Szekszárd) kommt ein Sarkophag aus Marmor, der recht gute Qualität zeigt.[61] Er dürfte in zweiter Verwendung mit dem Deckel verbunden worden sein, der viel zu groß für den Kasten ist. Auf der Vorderseite findet sich eine profilierte Tabula und daneben in Nischen jeweils eine Gruppe von Eros und Psyche, auf der linken Nebenseite reiches Weingeranke, das aus einem Krater herauswächst, und auf der rechten Nebenseite die Schindung des Marsyas. Parallelen für die Art der Ausführung finden sich in Sopianae,[62] und ein weitgehend übereinstimmendes Stück kam in Sirmium zutage.[63] Es müßte noch geklärt werden, ob die Sarkophage aus derselben Werkstatt kommen, wo diese sich gegebenenfalls befand und wie das Verhältnis zu den Reliefs der Grabädikulen in Celeia ist.[64] Der Kasten aus Alisca könnte noch im 2. Jh. oder um 200 n. Chr. entstanden sein. Der Deckel hat die Form eines Daches, das an den Seiten abgewalmt ist; auf den Akroteren sind auf der Vorderseite Büsten von Jahreszeiten wiedergegeben.

Vier Marmorreliefs aus SOPIANAE (Pécs) konnten in Rekonstruktion zu einem Sarkophag zusammengesetzt werden,[65] der für Pannonia ein bedeutendes Exemplar vertritt; neben einer zu ergänzenden Tabula waren auf der Vorderseite Ganymed und Leda, auf der linken Nebenseite die Flucht von Orest, Pylades und Iphigenie aus Tauris und auf der rechten Perseus und die Medusa dargestellt. Der Typus des Sarkophages ist in Pannonia geläufig, mythologische Reliefs auf Nebenseiten finden sich auch in Aquincum und Alisca, in der Qualität der Arbeit lassen sich aber nur der Sarkophag in Alisca und einer in Sirmium[66] vergleichen. Man hat kürzlich vorgeschlagen, daß der Sarkophag aus Sopianae in einer Werkstatt in Celeia hergestellt und von dort im-

---

[56] J. FITZ, Gorsium-Herculia⁴ (1976) 65 Taf. 22, 1; K. S. PÓCZY, Städte in Pannonien (1976) Abb. 58.

[57] Intercisa I (Archaeol. Hungarica 33, 1954) 298 ff. Nr. 129–147 Taf. 50, 5; 51–53 (vgl. auch Taf. 48 ff.). Intercisa II (Archaeol. Hungarica 36, 1957) 631 Nr. 416–417 Taf. 88, 3. E. B. VÁGÓ – I. BÓNA, Der spätrömische Südostfriedhof (Die Gräberfelder von Intercisa 1, 1976) 25 f. Nr. 48 Taf. 34, 1.

[58] Intercisa I a. O. 298 Nr. 129 Taf. 50, 5. Vgl. 300 Nr. 145 und 146.

[59] Intercisa I a. O. 298 Nr. 130 Taf. 51, 1; 299 Nr. 135 Taf. 51, 2.

[60] Intercisa I a. O. 199 f.

[61] Budapest, NM: J. ZIEHEN, AEM 13, 1890, 56 Abb. 10; ASR III 2, 214; S. FERRI, Arte romana sul Danubio (1933) 233 ff. Abb. 295 f.; B. BRENK, Spätantike und frühes Christentum (1977) Taf. 392.

[62] s. unten Anm. 65.

[63] s. unten Anm. 98.

[64] A. S. BURGER, ArchErt 100, 1973, 42 ff.

[65] Budapest, NM 62. 84. 1/2; 62. 85. 1/2: ASR III 3, 331¹; T. NAGY, BudRég 22, 1971, 130 ff. Abb. 45–48; BURGER a. O. 42 ff. Abb. 1–4. 9/10.

[66] s. oben Anm. 61 und unten Anm. 98.

portiert worden sei,[67] doch läßt sich die Vermutung noch nicht sichern. Wenn man zudem die Stücke in Alisca und Sirmium heranzieht und noch einen Neufund[68] berücksichtigt, der allerdings stark beschädigt ist, erhält man im östlichen Pannonien eine Gruppe relativ guter Marmorsarkophage; dort wäre wohl auch der Herstellungsort zu suchen. Das Stück aus Sopianae könnte im dritten Viertel des 2. Jhs. n. Chr. entstanden sein, sofern man stadtrömische Werke mittelantoninischer Zeit zum Vergleich heranziehen darf.[69] Die Vorbilder der mythologischen Darstellungen stammen aus Rom.

Aus POETOVIO (Ptuj) ist eine Reihe von Sarkophagfragmenten[70] und eine größere Anzahl von Aschenkisten[71] erhalten. Sie zeigen alle das in Pannonia übliche Schema der Dreiteilung mit einer Inschrifttafel und Seitenfeldern, in denen verschiedenartige Darstellungen sind, Eroten,[72] ein nackter Krieger,[73] Aphrodite oder eine Nymphe mit der Muschel[74] oder ein Mann in Soldatentracht und seine Frau.[75] Die Stücke bestehen aus Marmor, der am Bachern gebrochen wurde; zwei Exemplare, bei denen die seitlichen Nischen nicht ausgearbeitet sind, geben einen Hinweis auf die Herstellung;[76] die Sarkophage und Aschenkisten waren vorgefertigt, und die Nischenreliefs konnten dann wohl auf Bestellung ausgeführt werden; das würde die Vielfalt der Darstellungen erklären. Anschließen läßt sich ein Kasten in Graz, der aus Pannonia oder Noricum stammen wird.[77] Eine Besonderheit ist, daß einige der Stücke aus Poetovio auch auf den Nebenseiten Reliefs haben.[78] Es sind mehrere Deckel[79] erhalten, die eine fast nur in Poetovio begegnende Form zeigen; sie haben den Giebel an der Frontseite, der First steht also quer zur Sarkophaglangseite; das Giebelfeld ist mit den Brustbildern der Verstorbenen vor einer Muschel versehen und in einem Fall außerdem mit einem Vorhang; die Darstellung ist von Grabstelen abzuleiten.[80]

Ein Relief mit szenischer Darstellung, nämlich einem Gelage, das wohl in einem Weingarten stattfindet, wäre unter den Exemplaren in Pannonia ein Sonderfall, es ist aber nicht sicher, daß es wirklich zu einem Sarkophag gehört.[81]

---

[67] BURGER a.O. 49.
[68] F. FÜLEP, ArchErt 104, 1977, 246 ff. Abb. 6.
[69] BURGER a.O. 49.
[70] CERMANOVIĆ a.O. 98 f. Nr. 5–7. 9–12. – Dazu: V. HOFFILLER – B. SARIA, Antike Inschriften aus Jugoslawien I (1938) Nr. 390. 404. 446.
[71] E. DIEZ, ÖJh 37, 1948, 151 ff. (Nr. 15 = HOFFILLER-SARIA a.O. 197 Nr. 446, nach den Maßen eine sehr große Aschenkiste oder ein kleiner Sarkophag).
[72] CERMANOVIĆ a.O. Taf. 2, 10. DIEZ a.O. 155 Abb. 40. HOFFILLER-SARIA a.O. 183 f. Nr. 407.
[73] CERMANOVIĆ a.O. Taf. 3, 9.
[74] CERMANOVIĆ a.O. Taf. 2, 6.
[75] HOFFILLER-SARIA a.O. 196 Nr. 445; 197 Nr. 446 (= DIEZ a.O. 158 f. Nr. 15 Abb. 43).

[76] HOFFILLER-SARIA 171 Nr. 378. CERMANOVIĆ a.O. Taf. 3, 7. – Vgl. DIEZ a.O. 173 f.
[77] H. GABELMANN, BJb 177, 1977, 241 Abb. 30 (Marmor; Herkunft z. Z. nicht festzustellen).
[78] HOFFILLER-SARIA a.O. 196 f. Nr. 445. 446; die eine Ns. gut abgebildet bei M. ABRAMIĆ, Poetovio (1925) 49 Abb. 11. – DIEZ a.O. 157 Nr. 12. 13 Abb. 41. 42. – Ascia und Winkelmaß auf dem Stück HOFFILLER-SARIA a.O. 183 f. Nr. 407. – Vgl. DIEZ a.O. 173 f.
[79] DIEZ a.O. 161 f. Nr. 21–25 Abb. 44–46.
[80] DIEZ a.O. 172. – Vgl. S. FERRI, Arte Romana sul Danubio (1933) 62 Anm. 36.
[81] Kirche in Ober-Haidin (Spodna Hajdina): M. ABRAMIĆ, Poetovio (1925) 171 f. Abb. 121; nach den Maßen (L etwa 2.30) und dem vorspringenden oberen Rand könnte es sich um eine Ls. handeln.

Aschenkisten in vergleichbarer Anzahl – etwa 25 sind bekannt – gibt es aus anderen Gebieten der Provinz Pannonia nicht, man darf ihre Verwendung als typisch für Poetovio bezeichnen.[82] Sie werden, wie auch die Sarkophage, im späteren 2. und der ersten Hälfte des 3. Jhs. n. Chr. entstanden sein.[83] Die Dreiteilung der Front ist auch sonst in Pannonia geläufig; ob tatsächlich, wie vorgeschlagen worden ist,[84] auf den Aschenkisten in Poetovio dieses Schema zum ersten Mal in der Provinz angewandt und dann auch auf Sarkophage übertragen worden ist, müßte noch untersucht werden; beim derzeitigen Stand der Materialerschließung wäre es möglich, daß das Schema von Oberitalien allgemein nach Pannonia übernommen wurde und so die Aschenkisten von Poetovio keineswegs vorausgingen, sondern ein Zweig der Entwicklung sind.[85]

EMONA (Ljubljana), das hier bei Pannonia aufgeführt werden soll, sind nur eine Aschenkiste[86] – auf der Vorderseite profilierte Tabula mit Inschrift, auf den Nebenseiten Delphine – und ein verschollener, nur in alter und unzuverlässiger Zeichnung vorliegender Girlandensarkophag[87] zuzuweisen. Aus SISCIA (Sisak) und Umgebung stammen verschiedenartige Sarkophage und Aschenkisten.[88] Neben einem Stück mit profilierter Rahmung und Inschrift finden sich zwei mit der üblichen Dreiteilung, einer mit Pelten neben der Tabula und einer, der eine Tabula ansata zeigt, die rings von Weinranken umgeben ist;[89] dieses Exemplar ist möglicherweise in christlicher Zeit wiederverwandt worden. Ein Kasten hat auch auf den Nebenseiten Reliefs, die sich an oberitalische Vorlagen anschließen.[90] Völlig ungewöhnlich ist ein Dachdeckel, der ein mit einer Palmette verziertes Akroter hat und auf der Dachfläche der Vorderseite eine profilierte Rahmung trägt, in der ursprünglich zwei fliegende Eroten eine Tabula ansata hielten.[91] Ein auch in Oberitalien begegnender Vorderseitenschmuck ist in diesem einen Fall in einer lokalen Werkstatt auf einen Dachdeckel übernommen worden.[92] Ein großer Kasten aus Marmor in Zagreb dürfte vielleicht aus MUNICIPIUM IASORUM (Daruvar) kommen;[93] er zeigt die übliche Dreiteilung, hat aber Reliefs auf den Nebenseiten und einen schweren, weit vorspringenden, mit Ornamenten versehenen Sockel. Nach seiner Ausführung läßt er sich mit anderen Orten in Pannonia

---

[82] DIEZ a.O. (s. oben Anm. 71) 165 ff.
[83] DIEZ a.O. 163 f.
[84] DIEZ a.O. 168 ff., bes. 171.
[85] H. GABELMANN, BJb 177, 1977, 234 ff.
[86] HOFFILLER-SARIA a.O. (s. oben Anm. 70) 89 f. Nr. 198.
[87] A. v. PREMERSTEIN, ÖJh 5, 1902 Beibl. 15 f. Abb. 7. – Aus der Nähe von Kranj stammt ein grober S. mit geritzter Tabula: A. VALIĆ, AVes 18, 1967, 195 ff. Abb. 2.
[88] CERMANOVIĆ a.O. 99 f. Nr. 14–18 Abb. 13–15; Nr. 8 Abb. 8; Nr. 13 Abb. 12. – HOFFILLER-SARIA a.O. (s. oben Anm. 70) 263 Nr. 568; 268 Nr. 581.
[89] HOFFILLER-SARIA a.O. 268 Nr. 581 (es müßte geklärt werden, ob die Inschrift auf Rasur steht). B. VIKIĆ-BELANČIĆ, AVes 29, 1978, 595 f. Abb. 9/10.
[90] CERMANOVIĆ a.O. Taf. 4, 14 b–c.
[91] CERMANOVIĆ a.O. 99 Nr. 13 Abb. 12 (Ansa wie ein Tablett mit Henkel versehen; vgl. H. GABELMANN, BJb 177, 1977, 230). – Zu vgl. vielleicht CERMANOVIĆ a.O. 101 Nr. 25 Abb. 22.
[92] ASR VIII 2, A 4 Taf. 2, 2 (Niken).
[93] Zagreb: HOFFILLER-SARIA a.O. (s. oben Anm. 70) 272 f. Nr. 598; CERMANOVIĆ a.O. 100 Nr. 19 Abb. 16; VIKIĆ-BELANČIĆ a.O. 597 Abb. 12–14.

nicht verbinden, er nimmt eine Sonderstellung ein. In MURSA (Osijek) sind vier mit Relief versehene Kalksteinsarkophage gefunden worden, die sich den übrigen Exemplaren der Provinz völlig einordnen.[94] Der eine der Sarkophage in CIBALAE (Vinkovci) zeigt Tabula haltende Eroten, der andere ungewöhnliche Ornamente neben der Tabula.[95]

Besonders vielfältig ist die Überlieferung in SIRMIUM (Sremska Mitrovica);[96] kein anderer Ort in Pannonia läßt sich damit vergleichen. Es sind einige Bleisarkophage gefunden worden.[97] Die bekannte Dreiteilung bei den Steinsarkophagen vertritt ein qualitätvolles Stück aus Marmor, das jetzt in Wien aufbewahrt wird;[98] Gruppen von Eros und Psyche sind in den Seitenfeldern dargestellt, deren profilierter Rahmen oben geschwungen ist; auf den Nebenseiten sind Kratere wiedergegeben, aus denen Weinranken herauskommen, links und rechts sitzen Panther; die vordere Leiste des Deckels, Giebel und Akrotere sind ebenfalls reich geschmückt. Von einem vergleichbaren Deckel dürfte ein Fragment in Zagreb stammen.[99] Ein anderer Sarkophag desselben Typs, aber minderer Qualität und aus Kalkstein bestehend,[100] trägt in den Seitenfeldern Eroten, die Fackeln halten, und Fabelwesen auf den Nebenseiten. Ein ähnlicher, noch gröberer Kasten zeigt Eroten mit gesenkten Fackeln in den Seitennischen und in der Mitte ein Achteck.[101] Ein Marmorsarkophag mit dreigeteilter Vorderseite hat nicht ausgearbeitete Nischen.[102] Weiter sind ein Kasten aus Kalkstein mit Halbfigurenbildern in den Seitenfeldern,[103] ein anderer mit großen gerahmten Rosetten neben einer Tabula,[104] einer mit drei Feldern, die jeweils einen Kranz tragen,[105] Fragmente von Seitenfeldern mit trauerndem Putto und Poseidon (?),[106] ein Kasten mit großer Tabula und je zwei halben Rosetten an den Seiten[107] und schließlich ein fragmentierter Kasten[108] zu nennen, der auf der Vorderseite die übliche Dreiteilung und auf den Nebenseiten jeweils zwei Eroten mit Fackeln neben einem Streifen mit Ran-

---

[94] D. PINTEROVIĆ, OsjZbor 6, 1958, 23 ff.; CERMANOVIĆ a. O. 100 Nr. 20–23 Abb. 17–20. – Könnte auch das Frgt. PINTEROVIĆ a. O. 55 f. Abb. 16 von einem S. stammen?

[95] VIKIĆ-BELANČIĆ a. O. 594 Abb. 8. S. DIMITRIJEVIĆ in: Corolla Memoriae Josepho Brunšmid Dicata (Vinkovci 1979) 224. 227 ff. Taf. 11.

[96] Die ŽivAnt 15, 1965, 80 Anm. 3 genannte Arbeit von A. CERMANOVIĆ, Eine Sarkophaggruppe aus Sirmium, Zbornik fil. fakulteta VIII, ist dem Verf. nicht zugänglich geworden.

[97] V. HOFFILLER, VjesAMuzZagreb N.S. 9, 1906/07, 196 ff. Abb. 2; ferner drei Bleisarkophage, einer davon mit Sternmotiven, in Sremska Mitrovica.

[98] Wien I 162: S. FERRI, Arte romana sul Danubio (1933) 235. 245 Abb. 297 f.; CERMANOVIĆ a. O. 102 Nr. 32 Abb. 27.

[99] Zagreb: CERMANOVIĆ a. O. 101 Nr. 26 Abb. 23.

[100] Sremska Mitrovica A 388: M. u. D. GARAŠANIN, Arheološka nalazišta u Srbiji (1951) Taf. 11 d; CERMANOVIĆ a. O. 103 Nr. 38 (Kalkstein; nach der Bildunterschrift bei Garašanin nicht aus Šid, sondern Sirmium).

[101] Sremska Mitrovica A 20: l. Ns. Schlangen an Gefäß, r. Ns. Krater, Weinranken, Schlangen; unpubl. (?).

[102] Sremska Mitrovica o. Nr. (?): B. SARIA, Starinar 8/9, 1933/34, 79 Abb. 7.

[103] Sremska Mitrovica A 13: CERMANOVIĆ a. O. 101 Nr. 28 Abb. 24.

[104] Belgrad: CERMANOVIĆ a. O. 101 f. Nr. 31 Abb. 26 (angeblich aus Marmor).

[105] Sremska Mitrovica o. Nr. (?): CERMANOVIĆ a. O. 103 Nr. 37.

[106] Sremska Mitrovica o. Nr.: unpubl.

[107] Sremska Mitrovica A 3: CERMANOVIĆ a. O. 102 Nr. 35 Abb. 30.

[108] Belgrad: FERRI a. O. (s. oben Anm. 98) 246 Abb. 299; CERMANOVIĆ 102 Nr. 34 Abb. 29.

kenwerk hat. Hier soll eine fragmentierte Vorderseite aus Taurunum (Zemun) mit ähnlicher Gliederung angeschlossen werden.[109] Zwei weitere Beispiele aus Sirmium tragen Büsten in den Seitenfeldern; der eine Sarkophag zeigt sie in Tondi neben einer Tabula mit geschweiften Seiten, der andere in Nischen mit reich geschwungenem Rahmen neben einer runden Tafel mit – wohl später eingetragener – Inschrift;[110] diese Form darf als typisch für Sirmium angesehen werden, Parallelen gibt es nicht. Hervorzuheben ist noch, daß bei vielen der genannten Sarkophage auf den Nebenseiten in profilierter, manchmal reich geschmückter Rahmung verschiedenartige Fabelwesen dargestellt sind, die man ebenfalls als Besonderheit von Sirmium ansehen kann.

Einige Fragmente gehören zu Sarkophagen, deren Typus in Pannonia ohne Parallele ist. Ein Exemplar mit Eckpilastern, wie sie in Oberitalien verbreitet sind, wird durch ein Fragment aus Kalkstein vertreten, das zu einem großen Sarkophag gehört haben muß.[111] Ein anderes Fragment, aus Marmor, dürfte von der linken Ecke der Vorderseite eines Kastens stammen, der durch Pilaster in verschiedene Felder geteilt war und einen geraden Architrav hatte;[112] es ist der sitzende Apollo erhalten; unklar ist, was rechts zu ergänzen ist. Ein weiteres großes Marmorfragment in einer für die Provinz ungewöhnlichen Qualität vertritt die Säulensarkophage;[113] in einer sehr breit gezogenen mittleren Nische befindet sich ein Medaillon, das, von den Brustbildern der vier Jahreszeitenhoren umgeben, mit Bändern geschmückt ist und eine Inschrift aufnehmen sollte; links und rechts waren weitere Interkolumnien, die wohl Giebel trugen; die Figuren sind stark beschädigt; die Säulen sind von einem Schuppenmuster überzogen, die Kapitelle sind fein ausgearbeitet; in den Zwickeln finden sich Gorgoköpfe. Für die Form mit der verbreiterten mittleren Arkade gibt es in Oberitalien eine Parallele im Phaethonsarkophag in Tortona;[114] für den Typus mit Pilastern ist kein Vergleichsstück bekannt, Sarkophage mit Eckpilastern sind jedoch verbreitet, so daß auch für diesen Sarkophag die Anregung aus Oberitalien stammen dürfte.[115]

Für eine Datierung der Sarkophage gibt es in Sirmium wenige Anhaltspunkte, eine Untersuchung fehlt. Relativ früh wird man den Sarkophag mit den Gruppen von Eros und Psyche ansetzen können, und zwar wohl noch in die zweite Hälfte des 2. Jhs. n. Chr. Um 200 n. Chr. ist vielleicht der Säulensarkophag mit Jahreszeitenhoren entstanden. Die übrigen Stücke dürften ins 3. Jh. n. Chr. zu datieren sein.

Zusammenfassend läßt sich für die Provinz Pannonia vorläufig folgendes feststel-

[109] N. VULIĆ, Spomenik. Srpska Kraljevska Akademija 75, 1933, 31 Nr. 86.
[110] Belgrad: A. SCHOBER, ÖJh 26, 1930, 29 Abb. 20; Ferri a. O. 244 ff. Abb. 303–305; L. BALLA, ArchErt 89, 1962, 190 Abb. 2 (mit entfernter Parallele a. O. Abb. 1); CERMANOVIĆ a. O. 101 Nr. 30 Abb. 25. – Sremska Mitrovica A 14: CERMANOVIĆ a. O. 102 Nr. 33 Abb. 28; dies., ŽivAnt 15, 1965, 79 ff.
[111] Zagreb: CERMANOVIĆ a. O. 100 f. Nr. 24 Abb. 21.
[112] Sremska Mitrovica o. Nr.: E. KALINKA – A. SWOBODA, AEM 13, 1890, 27 f. Nr. 6; CERMANOVIĆ a. O. 101 Nr. 27.
[113] Zagreb: FERRI a. O. (s. oben Anm. 98) 236 ff. Abb. 301 f.; HANFMANN 151 Nr. 162; CERMANOVIĆ a. O. 101 Nr. 29.
[114] GABELMANN, Werkstattgruppen 214 Nr. 56 Taf. 24, 1.
[115] GABELMANN a. O. 39 ff.

len: die Produktion an reliefgeschmückten Sarkophagen ist in einer Reihe von Orten, teilweise sogar in großer Zahl, belegt; die Stücke sind meist aus lokalem Stein gearbeitet und weisen eine recht mäßige Qualität auf. In der Regel haben sie eine Tabula in der Mitte und Relieffelder an den Seiten der Front. Das ‚norisch-pannonische Volutenornament' ist häufig verwandt worden, viele Exemplare zeigen es aber nur in verkümmerter Ausführung. Die Form der Sarkophage, auch die der recht zahlreichen Sonderfälle, hängt mit Oberitalien zusammen, die Vorlagen für die mythologischen Szenen werden jedoch aus Rom gekommen sein. Auch die Volutenornamentik dürfte von Oberitalien abhängen, hat ihre besondere Ausprägung aber dann in Noricum und Pannonia erfahren, allerdings nicht erst für die Sarkophage, sondern wohl schon früher. Insgesamt ergibt sich also ein recht reiches Bild der Provinz, und es wäre eine lohnende Aufgabe, die Sarkophage ausführlich zu bearbeiten.

III. 3. MOESIA SUPERIOR

A. Mócsy, Gesellschaft und Romanisation in der römischen Provinz Moesia Superior (1970)

Die Sarkophage der Provinz Moesia Superior sind bisher noch nicht gesammelt und behandelt worden. Wichtige Hinweise gibt A. Mócsy, und zwar auch zu anderen Formen der Grabdenkmäler und ihrem Verhältnis zu den Sarkophagen. Die Dissertation von R. Ložar[1] ist nicht gedruckt; von der Arbeit von A. Cermanović über die dekorierten Sarkophage in den römischen Provinzen von Jugoslawien ist nur der erste Teil, der Noricum und Pannonia umfaßt, erschienen.[2]

Import fertig ausgearbeiteter Sarkophage ist nur im südlichen Teil belegt, und zwar in Scupi (Skoplje) und Naissus (Niš);[3] es handelt sich um Fragmente attischer Sarkophage.

Einheimische Werke sind dagegen aus mehreren Orten überliefert. In SINGIDUNUM (Belgrad)[4] sind neben einem schlichten, nur mit Inschrift versehenen Sarkophag[5] drei Beispiele mit großer Tabula ansata bekannt.[6] Vier Exemplare haben eine große Tabula, deren Rahmen an den Seiten geschwungen ist, und links und rechts Felder, die für Reliefs bestimmt waren; bei dem einen Stück sind sie nicht ausgearbeitet, und

---

[1] R. Ložar, Studien zu den römischen Sarkophagen von Noricum und Pannonien (ungedr. Diss. Wien 1927).

[2] s. den kurzen Hinweis: A. Mócsy, Pannonia and Upper Moesia (1974) 237 f. – A. Cermanović, AJug 6, 1965, 89 ff.

[3] Scupi: N. Vulić, Spomenik. Srpska Kraljevska Akademija 71, 1931, 33 f. Nr. 67 (dionys.?). – Naissus: N. Vulić, Spomenik. Srpska Akademija Nauka 98, 1941 – 48, 109 Nr. 238; 117 Nr. 259 (es müßte überprüft werden, ob die Stücke zu att. S. gehören). – F. Kanitz, Denkschriften Wien 41, 1892, 76 Abb. 52; Wiegartz, Myra 191 Anm. 175; G. Koch, GettyMusJ 6/7, 1978/79, 106 Nr. 15 Abb. 3.

[4] Mócsy a. O. 126 ff.

[5] M. Mirković – S. Dušanić, Inscriptions de la Mésie Supérieure I (1976) 62 Nr. 31 (E. 3. – A. 4. Jh. n. Chr.).

[6] Mirković-Dušanić a. O. 59 f. Nr. 27 (E. 3. – A. 4. Jh.); 72 f. Nr. 47 (1. H. – M. 2. Jh.). – N. Vulić, Spomenik. Srpska Kraljevska Akademija 75, 1933, 8 Nr. 4.

auch eine Inschrift ist auf der Tabula nicht vorhanden,[7] bei dem anderen hat man eine Inschrift eingetragen, aber die Felder ebenfalls nicht bearbeitet,[8] bei dem dritten steht an den Seiten in Nischen, die einen geschwungenen oberen Abschluß haben, jeweils ein Eros, der mit einer Hand einen Kranz hochhält.[9] Bei dem bekanntesten Stück schließlich sind die Seitenfelder erhaben stehengeblieben, und auf der Tabula ist ein flaches Relief eingemeißelt, und zwar ein ‚Guter Hirte‘ und das Jonasabenteuer.[10] Offensichtlich ist in frühchristlicher Zeit ein antiker Sarkophag umgearbeitet worden, der weder eine Inschrift noch Reliefs trug;[11] es ist kaum möglich, ein Datum für die Wiederverwendung anzugeben, da das Stück in Moesia allein steht. Aus AUREUS MONS (östl. von Belgrad) wird von einem Sarkophagkasten und einem Dachdeckel berichtet, die keinen Schmuck haben.[12]

Die Beispiele mit Tabulae mit geschweiften Seiten sind eng mit einigen Sarkophagen aus VIMINACIUM (Kostolac),[13] der Hauptstadt der Provinz, verbunden; bei einem Exemplar sind die Felder nicht ausgearbeitet,[14] bei einem anderen tragen sie links ein Ehepaar und rechts die Gruppe von Eros und Psyche, die jeweils in Nischen mit profiliertem und oben geschwungenem Rahmen stehen.[15] Ein weiterer Sarkophag desselben Typus ist noch aufwendiger verziert; er hat in den Seitenfeldern links Iason mit dem goldenen Vlies und rechts Perseus mit dem Medusenhaupt; die Nebenseiten tragen reichen Schmuck, nämlich Streifen mit Weinstauden, die aus Gefäßen wachsen, an den Seiten, und einen tanzenden Satyr bzw. eine tanzende Mänade im Mittelfeld.[16] Zwei Fragmente mit einem in einer Rahmung stehenden ‚Attis‘ dürften zur Vorderseite eines Kastens ähnlicher Gliederung gehören.[17]

Die Sarkophage mit Tabulae mit geschweiften Seiten und gegebenenfalls oberem Abschluß, der ‚norisch-pannonischen Volutenornamentik‘ (oder dem ‚barocken Volutenrahmen‘), sind mit Pannonia verbunden und finden sich sonst in Moesia Superior nicht mehr. Ein einziges Beispiel ist weiter im Osten in Tibiscum in Dacia[18] gefunden worden. Diese Volutenornamente lassen sich wahrscheinlich von Oberitalien ableiten.[19]

[7] B. SARIA, Starinar 8/9, 1933/34, 75 Nr. 4 Abb. 4.
[8] MIRKOVIĆ-DUŠANIĆ a. O. 87 f. Nr. 76.
[9] SARIA a. O. 75 f. Nr. 5 Abb. 5; S. FERRI, Arte romana sul Danubio (1933) 247 Abb. 300.
[10] E. KALINKA – A. SWOBODA, AEM 13, 1890, 41 f. Nr. 22; M. BALTROVIĆ, Starinar 8, 1891, 130 ff. Taf. 11/12; FERRI a. O. 239 Abb. 1; SARIA a. O. 75 Nr. 3 Abb. 3; F. GERKE, Der Trierer Agricius-Sarkophag (1949) 10 Abb. 7; TH. KLAUSER, JbAChr 8/9, 1965/66, 163 Nr. 2 Taf. 17; MÓCSY a. O. 129 Anm. 39; A. MÓCSY, Pannonia and Upper Moesia (1974) 334; B. BRENK, Spätantike und frühes Christentum (1977) Taf. 378 c.
[11] MÓCSY a. O. 129 Anm. 39; A. MÓCSY, Pannonia and Upper Moesia (1974) 334.
[12] N. VULIĆ, ÖJh 12, 1909 Beibl. 190 Nr. A u. B; MÓCSY a. O. 138.
[13] MÓCSY a. O. 145 ff.
[14] Belgrad: SARIA a. O. (s. oben Anm. 7) 74 Nr. 1 Abb. 2.
[15] F. LADECK u. a., ÖJh 4, 1901 Beibl. 114 f. Abb. 9.
[16] Belgrad: F. CUMONT, AEM 17, 1894, 28 ff. Abb. 5–7; SARIA a. O. 76 Nr. 6 Abb. 6.
[17] N. VULIĆ, ÖJh 12, 1909 Beibl. 164 Nr. P.
[18] FERRI a. O. (s. oben Anm. 9) 250 f. Abb. 306/07.
[19] Zur Ableitung der norisch-pannonischen Volutenornamentik zuletzt: H. GABELMANN, BJb 177, 1977, 239 Anm. 174 (mit älterer Lit.).

Weiterhin ist aus Viminacium ein stark beschädigter marmorner Kasten bekannt, der auf der Vorderseite eine Tabula mit Inschrift und auf den Nebenseiten figürliche Reliefs, angeblich Orest und Pylades bei Iphigenie in Tauris auf der linken und die Flucht aus Tauris auf der rechten Nebenseite, trägt.[20] Außerdem wird von einem Sarkophag mit einer Tabula, die von Eroten gehalten wird,[21] einer Vorderseite mit Tabula, seitlichen Pelten und Feldern mit einem Jüngling links und rechts,[22] einer weiteren mit Tabula ansata[23] und schließlich von Akroteren mit weiblichen Köpfen bzw. einem Gorgokopf und von einem Sarkophag aus ‚granitartigem Porphyr' berichtet.[24]

Ein völliges Einzelstück in Moesia Superior ist ein großer Marmorsarkophag in Viminacium,[25] der auf den Langseiten drei Girlandenbögen hat; sie werden an den Seiten von Gefäßen (?) und in der Mitte von Putten getragen, die auf Postamenten stehen. Die eine Langseite ist als Vorderseite betont, indem die Girlanden genauer ausgearbeitet, im mittleren Bogen eine Tabula und in den seitlichen Bögen Gorgoköpfe angebracht sind, während auf der Rückseite nur Blüten wiedergegeben sind. An den Girlanden hängen dicke Trauben. Auf der linken Nebenseite findet sich ein nach rechts gerichteter Reiter, der einen Hasen jagt, auf der rechten eine nach links gewandte sitzende Frau. Der Kasten trägt einen Klinendeckel, der kleinasiatische Formen hat.[26] Die Anlage der Girlanden mit den drei Bögen weist ebenfalls auf Kleinasien, für die Ausführung gibt es dort aber keine Parallele; auch ist die Verbindung von girlandengeschmücktem Kasten und Klinendeckel dort nicht üblich, ferner nicht die Verbindung von Girlanden- und Friessarkophag. Es handelt sich also um ein lokales Werk nach kleinasiatischen Vorlagen. Noch nicht geklärt ist, woher der Marmor kommt, ob es sich also beispielsweise um einen abbozzierten prokonnesischen Kasten mit Girlanden handelte, der auf der Donau ins Landesinnere transportiert worden ist; für Stücke in Ratiaria wird angenommen, daß sie aus prokonnesischem Marmor bestehen.[27] Es wäre weiterhin noch zu klären, aus welchen Gründen der Deckel Klinenform hat und wie die Vorbilder für Kasten und Deckel übermittelt worden sind, ob also etwa originale kleinasiatische Sarkophage bis nach Viminacium gekommen sind und dort als Vorlagen für einheimische Werke gedient haben.

Nach A. Mócsy[28] sind verschiedene Sarkophage mit einer Werkstatt zu verbinden, die Grabstelen hergestellt hat; da das Material nicht ausreichend publiziert ist, bleibt

---

[20] F. Ladek u.a., ÖJh 4, 1901, Beibl. 100 ff. Nr. 7 Abb. 7.

[21] N. Vulić, ÖJh 12, 1909, Beibl. 164 Nr. O.

[22] Ladek a.O. 127 Nr. P.

[23] A. v. Premerstein – N. Vulić, ÖJh 6, 1903, Beibl. 18 f. Nr. 22.

[24] Ladek a.O. 126 Nr. L; Vulić a.O. 166 Nr. V und W; F. Kanitz, Denkschriften Wien 41, 1892, 18 f.

[25] N. Vulić, ÖJh 8, 1905, Beibl. 10 ff. Nr. 37 Abb. 1; ders., Spomenik. Srpska Akademija Nauka 98, 1941–48, 147 ff. Nr. 317; 293 Nr. 30;

G. Rodenwaldt, RM 58, 1943, 16 f. Abb. 7/8; ders., JdI 67, 1952, 42; Mócsy a.O. 152; H. Wrede, AA 1977, 427 Anm. 268.

[26] Der Deckel liegt falsch herum auf, war aber schon, wie die Löcher für Verklammerungen auf den Nss. zeigen, in der Antike so verwendet worden.

[27] J.-B. Ward-Perkins, BMusBeyr 22, 1969, 135 Abb. 5 (es sind verschiedene prokonnesische Stücke an der Donau angegeben, ohne daß deutlich wird, um welche es sich handelt).

[28] Mócsy a.O. 146 ff.

das vorläufig ungewiß. Die meisten der Sarkophage werden aus dem 3. Jh. n. Chr. stammen; eine genauere Einordnung ist noch nicht möglich.[29]

Aus AQUAE (Prahovo) wird nur von unverzierten Sarkophagen berichtet.[30] Reich ist dagegen die Überlieferung aus RATIARIA (Arčer),[31] aber auch dort fehlt eine zusammenfassende Bearbeitung. Es ragen zwei aus derselben Werkstatt stammende Girlandensarkophage[32] hervor, die unten und oben Profile und auf der einen Langseite ein gerahmtes Feld mit einem Reiter in der Mitte haben. Träger der Girlanden sind Eroten, Niken, Giganten und kniende Männer, die jeweils auf Podesten stehen. Auf der Rückseite des einen Sarkophages finden sich Stierschädel als mittlere Träger; die des anderen ist glatt. An den Girlanden hängen Köpfe oder Trauben, in den Bögen finden sich ebenfalls menschliche Köpfe und außerdem Löwenköpfe und Blüten. Die Dachdeckel haben große Ziegel und Medusenköpfe in den Giebeln; die Akrotere sind zu Sphingen ausgearbeitet. Viele der Besonderheiten der Stücke weisen auf Kleinasien, und es stellt sich das Problem, ob sie aus importierten prokonnesischen Girlanden-Halbfabrikaten oder aus lokalem Stein in getreuer Kopie importierter kleinasiatischer Girlandensarkophage gearbeitet worden sind.[33] Das Feld mit dem Reiter könnte eine lokale Abänderung sein, ebenfalls die Giganten an den Ecken und die Sphingen auf dem Deckel. Ein anderer Sarkophag[34] hat auf der Vorderseite eine große Tabula ansata, über die von zwei auf Podesten stehenden Eroten eine Girlande gehalten wird, ein Motiv, das sonst wohl nicht bekannt ist; auf der linken Nebenseite ist Hermes wiedergegeben, auf der rechten eine schreitende Frauengestalt.[35] Ein weiterer Sarkophag[36] trägt nur eine große Tabula ansata auf der Vorderseite, die als einzige der Seiten ausgearbeitet zu sein scheint; der Dachdeckel hat große Dachziegel und massige Akrotere, die auf der Vorderseite Palmetten tragen. Auf einem verschollenen, nur in Zeichnung vorliegenden Exemplar halten zwei Eroten, die wohl auf Tieren stehen, eine rechteckige Tabula mit Inschrift. Der Deckel hat Dachform, auf dem linken Akroter ist ein schlafender Eros wiedergegeben.[37] Schließlich ist noch ein Sarkophag mit Dachdeckel zu nennen, dessen Kasten unten und oben Profile hat.[38]

Aus dem südlichen Teil der Provinz sind nur wenige verstreute Sarkophage überliefert. Aus der Nähe von NAISSUS (Niš)[39] stammt ein Relief mit Tabula ansata mit In-

---

[29] MÓCSY a.O. 152.
[30] Negotin, Mus.: MÓCSY a.O. 117 mit Anm. 82.
[31] MÓCSY a.O. 101 ff.
[32] Sofia: B. FILOV, BIBulg 1, 1910, 8 ff. Abb. 3/4; S. FERRI, Arte romana sul Danubio (1933) 365 ff. Abb. 494–497; K. MAJEWSKI, Kultura Rzymska w Bułgarii (1969) 152 Abb. 87. – Widin: I. ATANASOVA, BIBulg 33, 1972, 141 ff. Abb. 7–11; B. BÖTTGER u.a., Bulgarien. Eine Reise zu antiken Kulturstätten (1971) 104. 209 Abb. 124.
[33] s. oben Anm. 27; eine Untersuchung der Originale fehlt.

[34] Widin: I. ATANASOVA, ArcheologijaSof 6, 1, 1964, 24 f. Abb. 2 ff.; MAJEWSKI a.O. 164 Abb. 114; BÖTTGER u.a. O. 103. 208 Abb. 122; R. F. HODDINOTT, Bulgaria in Antiquity (1975) 112 Abb. 69.
[35] ATANASOVA a.O. 25 Abb. 3.4.
[36] Widin: Antike und Mittelalter in Bulgarien (1960) Taf. 11, 6.
[37] ATANASOVA a.O. (s. oben Anm. 34) 26 Abb. 5.
[38] I. ATANASOVA, BIBulg 33, 1972, 146 Abb. 7. – Nicht zugänglich ist ein Stück in Bukarest: CIL III 8092.
[39] MÓCSY a.O. 98.

schrift, das vielleicht zu einer Ostothek gehört,[40] aus dem MUNICIPIUM DD (Sočanica) ein Kasten mit Tabula ansata[41] und Teile eines Bleisarkophages,[42] aus ULPIANUM (südl. von Priština) ein Kasten mit Tabula ansata und weiteres Material,[43] aus SCUPI (Skoplje) – neben dem attischen Fragment[44] – eine Urne und ein Kasten mit profilierter Rahmung,[45] ein Fragment mit Tabula ansata,[46] zwei Girlandenfragmente[47] und schließlich eine ungewöhnliche Urne, die auf der Vorderseite in Relief drei Gefäße trägt.[48]

Zusammenfassend läßt sich feststellen, daß in der Provinz Moesia Superior nur Viminacium und Ratiaria Sarkophage hervorgebracht haben, die einigen künstlerischen Anspruch stellen. Viminacium ist, von dem Girlandensarkophag abgesehen, mit Pannonia verbunden, Ratiaria hingegen mit Kleinasien. Eigene, nur für die Provinz typische Formen hat es nicht gegeben.

III. 4. MOESIA INFERIOR

T. GERASIMOV, BMusVarna 5, 1969, 49 ff. – M. ALEXANDRESCU-VIANU, Revue des Études Sud-Est Européennes 8, 1970, 269 ff.

In der Provinz Moesia Inferior ist eine Reihe von Sarkophagen gefunden worden. T. Gerasimov hat die in Varna befindlichen Stücke bekanntgemacht, und M. Alexandrescu-Vianu hat die meisten der auf rumänischem Boden gefundenen Exemplare besprochen; eine zusammenfassende Behandlung fehlt jedoch.

Import fertig ausgearbeiteter Stücke ist in Odessos (Varna) nachzuweisen, wo zwei oder drei Fragmente attischer Sarkophage[1] und ein Fragment eines Säulensarkophages der kleinasiatischen Hauptgruppe[2] gefunden wurden. Ein besonderes Problem stellen zwei Fragmente, die in Tomi zutage kamen.[3] Beide gehören zu Säulensarkophagen, die dem Typus der kleinasiatischen Hauptgruppe folgen. Es ist aber die Frage, ob es sich tatsächlich um Import aus Kleinasien oder nicht vielleicht um Werke der spätantiken, in Rom ansässigen Werkstatt handelt, aus der beispielsweise der Musensarkophag Mattei hervorgegangen ist. Denn bei dem einen Fragment[4] läßt sich der erhalte-

---

[40] N. VULIĆ, Spomenik. Srpska Akademija Nauka 98, 1941–48, 86 Nr. 183. – Zu den Frgt.en von att. S. s. oben Anm. 3.

[41] MÓCSY a.O. 88; CIL III 8297.

[42] VULIĆ a.O. 103 f. Nr. 224. – MÓCSY a.O. 82 (unpubl. Marmorsarkophag und einige Bleisarkophage in Priština, Mus.).

[43] N. VULIĆ, Spomenik. Srpska Kraljevska Akademija 71, 1931, 193 Nr. 515.

[44] s. oben Anm. 3.

[45] N. VULIĆ, Spomenik 71, 1931, 203 Nr. 535; ders., Spomenik 98, 1941–48, 107 Nr. 231. – Zu Scupi allgemein: MÓCSY a.O. 67 Anm. 37.

[46] N. VULIĆ, Spomenik 98, 1941–48, 58 Nr. 120.

[47] N. VULIĆ, Spomenik 71, 1931, 77 f. Nr. 181; 212 Nr. 564 (Kloster Matka).

[48] VULIĆ a.O. 166 Nr. 433.

[1] Varna: GERASIMOV a.O. 54 ff. Abb. 2–4 (Achill auf Skyros); 59 f. Abb. 6 (Amazonen; attisch?) – Sofia 3540: GERASIMOV a.O. 57 ff. Abb. 5; GIULIANO, Commercio46 Nr. 245.

[2] Varna: GERASIMOV a.O. 63 f. Abb. 9; V. M. STROCKA, AA 1971, 77 Abb. 18; 82.

[3] Z. COVACEF, Pontica 7, 1974, 302 ff. Abb. 5–7.

[4] Constantza 20018: COVACEF a.O. 303 ff. Nr. 1 Abb. 5.

ne Rest einer leicht nach rechts gewandten Gestalt nicht im Figurenrepertoire der kleinasiatischen Säulensarkophage unterbringen.[5] Man könnte eher einen Mann in Toga ergänzen, der sich zu seiner rechts stehenden Frau wandte und mit ihr in dextrarum iunctio verbunden war; vergleichen läßt sich unter anderem der Hochzeitssarkophag in Pisa;[6] die Hand der Concordia ist allerdings nicht zu erkennen. Eine derartige Zusammenstellung von Mann und Frau hat nur auf dem provinziellen Säulensarkophag in Aphrodisias eine Parallele,[7] der Hauptgruppe der kleinasiatischen Säulensarkophage ist sie fremd.[8] Das zweite Fragment,[9] das eine Muse, und zwar Terpsichore, zeigt, darf man vielleicht mit den Musensarkophagen Mattei und Priscilla-Katakombe verbinden.[10] Es würde sich dann um stadtrömischen Import aus einer Zeit handeln, in der attische und kleinasiatische Prunksarkophage nicht mehr hergestellt wurden, sondern man auch in den östlichen Provinzen, wie wir von Syrien und Palästina wissen,[11] auf stadtrömische Exemplare zurückgreifen mußte. Die Entscheidung, woher die Stücke kommen, muß aber vorläufig offen bleiben, da nur unzureichende Abbildungen vorliegen und die Fragmente im Original untersucht werden müßten.

Für die einheimische Produktion ist teilweise importierter, und zwar prokonnesischer Marmor,[12] zum größeren Teil jedoch Kalkstein verwandt worden. Verschiedentlich wurden importierte Rohlinge und Halbfabrikate nicht weiter ausgearbeitet, sondern ‚unfertig' benutzt; sie sind in der Regel als Kasten mit grob geglätteter Oberfläche, teilweise mit angelegter Tabula,[13] oder mit angelegter Kastenrahmung und Tabula auf der Vorderseite[14] eingeführt worden; Halbfabrikate mit Girlanden sind in Odessos und in Tomi zutage gekommen.[15] Fundorte der aus prokonnesischem Marmor bestehenden Sarkophage sind Odessos, Markianopolis, Kallatis und Tomi an oder in der Nähe der Küste des Schwarzen Meeres, ferner Noviodunum und Bărboşi an der Donau, also alles Orte, die leicht mit dem Schiff zu erreichen waren.

In ODESSOS (Varna) ist die Überlieferung verhältnismäßig reich; neben den importierten attischen und kleinasiatischen Stücken[16] und nicht ausgearbeiteten prokonne-

---

[5] s. die Typentafeln bei WIEGARTZ, Säulens. Taf. 16–23. – Außerdem scheint die Form des Kapitells von der der kleinasiat. S. abzuweichen: WIEGARTZ a.O. Taf. 6/7.

[6] Pisa: HIMMELMANN, Typ. Unt. Taf. 9.

[7] WIEGARTZ, Säulens. 148 (Aphrodisias A).

[8] WIEGARTZ a.O. 20.

[9] Constantza 20617: COVACEF a.O. (s. oben Anm. 3) 303ff. Nr. 2 Abb. 6/7.

[10] ASR V 3, 128 Taf. 84; 110 Taf. 93a.

[11] G. KOCH, BJb 177, 1977, 266f.; ders., AA 1979, 233ff.

[12] ALEXANDRESCU a.O. 271f. (nicht aus Prokonnesos dürfte die Urne a.O. 284 Nr. 6 Abb. 17 stammen).

[13] ALEXANDRESCU a.O. 296f. Nr. 29 Abb. 3. GERASIMOV a.O. 66ff. Abb. 12 (prok. Marmor?).

– Mit angelegter Tabula: L. GETOV, ArcheologijaSof 20, 2, 1978, 17f. Abb. 3. – A. RĂDULESCU u.a., Pontica 6, 1973, 247ff. Abb. 1 (nach Rădulescu Marmor, nach D. MONNA – P. PENSABENE, Marmi dell'Asia Minore [1977] 4, Kalkstein). – GERASIMOV a.O. 64f. Abb. 10 (prok. Marmor?) – Zu diesem Typ: ASGARI, Kalchedon 40.

[14] ALEXANDRESCU a.O. 280ff. Nr. 1.2 Abb. 1.2.5; 294 Nr. 26 Abb. 8. – Zu diesem Typ: ASGARI a.O. 42.

[15] Odessos: GERASIMOV a.O. 61f. Abb. 8; GETOV a.O. (s. oben Anm. 13) 13ff. Abb. 1. – Tomi: A. RĂDULESCU, Monumente romanobizantine din sectorul de vest al Cetăţii Tomis (1966) 46f. Abb. 25/26.

[16] s. oben Anm. 1 und 2.

sischen Halbfabrikaten[17] gibt es einen marmornen Kasten, bei dem am Orte eine Tabula mit Inschrift eingemeißelt[18] wurde; ein Fragment eines Girlandensarkophages ist in seinem Typus – ursprünglich drei Bögen, Eroten stehen auf Konsolen und halten eine Tabula ansata – mit Kleinasien zu verbinden, zeigt aber lokale Arbeit;[19] ein Kasten aus Kalkstein trägt eine Tabula mit geschweiften Ansae und Inschrift.[20] Ferner sind noch ein lokales Fragment mit Tabula ansata und einem Segelschiff und ein großes Akroter eines Dachdeckels mit Eros und Hund erhalten.[21] Aus MARKIANOPOLIS (Reka Dewnja) stammen eine Langseite mit Inschrift aus Kalkstein und ein prokonnesischer Kasten mit hohem Dachdeckel;[22] der Kasten könnte am Orte geglättet und dort auch die Tabula mit den volutenförmig geschwungenen Ansae ausgearbeitet worden sein.

Aus OESCUS (Gigen), MELTA (Loveč) und PAVLIKENI sind Dachdeckel mit figürlichen Szenen auf den großen Akroteren und den Giebeln erhalten, zum Beispiel Leda und Eroten mit Meerwesen auf dem einen,[23] Heraklestaten und Eberjagd auf einem anderen[24] und Eroten und auch eine Frauenbüste auf weiteren.[25] Aus DUROSTORUM (Silistria) sind folgende Sarkophage bekannt: ein Kasten mit großer Tabula ansata,[26] die von stehenden Eroten gehalten wird – an den Seiten sind Bäume –, ein schlichter Kasten mit Dachdeckel,[27] der große Ziegel und auf Akroteren und Giebel Reliefs hat, ein Fragment eines Girlandensarkophages aus Kalkstein mit einer figürlichen Szene[28] im Bogen – wiederum eine Verbindung zu Kleinasien[29] –, und schließlich ein ungewöhnliches Grabrelief aus Marmor,[30] das in der Form einem Klinenmonument ähnelt.

In KALLATIS (Mangalia) sind ein Sarkophag mit Tabula ansata[31] (aus Marmor oder Kalkstein),[32] zwei Kalksteinsarkophage mit Tabula ansata mit Inschrift,[33] ein großer Marmordeckel, der direkt auf einem Grab auflag,[34] und verschiedene andere schlichte

[17] s. oben Anm. 15; ferner GERASIMOV a.O. 66f. Abb. 12 (prok. Marmor?).

[18] GERASIMOV a.O. 64 Abb. 10.

[19] GERASIMOV a.O. 60f. Abb. 7 (Kalkstein?, Marmor?).

[20] E. KALINKA, Antike Denkmäler in Bulgarien (Schriften der Balkankommission, Antiqu. Abt. 4, 1906) 254 Nr. 321.

[21] GERASIMOV a.O. 65f. Abb. 11. – KALINKA a.O. 282 Nr. 354 Abb. 15.

[22] Sofia: KALINKA a.O. 294f. Nr. 376. – Varna Inv. II 413: GETOV a.O. (s. oben Anm. 13) 17f. Abb. 3.

[23] Oescus: INR 70. 3713–3715 (unpubl.?).

[24] Sofia, aus Melta (Loveč): B. FILOW, AA 1912, 567ff. Abb. 9–11; S. FERRI, Arte romana sul Danubio (1933) 368f. Abb. 498–500.

[25] K. ŠKORPIL, Izv. Russ. Archeol. Inst. Konstant. 10, 1905, 463ff. Taf. 103, 9; 105, 2–3; 105, 4; 103, 18. – D. TSONTCHEV, BIBulg. 8, 1934, 455f. Abb. 275.

[26] KALINKA a.O. (s. oben Anm. 20) 279f. Nr. 352 Abb. 112; R. EGGER, Der Grabstein von Čekančevo (Schriften der Balkankommission XI 2, 1950) 19 Taf. 3, 11.

[27] ŠKORPIL a.O. 446 Taf. 105, 1; FERRI a.O. Abb. 492; G. RODENWALDT, JdI 67, 1952, 42.

[28] Constantza o. Nr.: ALEXANDRESCU a.O. 298f. Nr. 33 Abb. 12.

[29] HIMMELMANN, Megiste 18ff. G. KOCH, Gnomon 45, 1973, 316.

[30] Bukarest L 640: G. FLORESCU, Dacia 9/10, 1941–44, 427ff. Abb. 1; G. BORDENACHE, Dacia N.S. 8, 1964, 170f. Abb. 7.

[31] A. RĂDULESCU u.a., Pontica 6, 1973, 247ff. Abb. 1.

[32] s. oben Anm. 13.

[33] ALEXANDRESCU a.O. 290 Nr. 16. – C. ICONOMU, Pontica 2, 1969, 81ff. Abb. 2.

[34] ALEXANDRESCU a.O. 290f. Nr. 17.

lokale Stücke gefunden worden. Unter den Sarkophagen in TOMI (Constantza) ragen zwei aus prokonnesischem Marmor durch die Qualität ihrer Ausführung hervor;[35] der eine ist schon lange bekannt und häufig abgebildet; sie haben beide auf allen vier Seiten eine Kastenrahmung, es handelt sich also um Truhen- oder profilgerahmte Sarkophage. Auf der Vorderseite ist eine Tabula ansata und auf dem einen Sarkophag noch weiterer Schmuck.[36] Die hohen Dachdeckel haben die für Kleinasien typischen Ziegel; die Akrotere sind sehr groß und mit Palmetten und Rankenwerk oder auch einer männlichen Büste geschmückt; Form und Verzierung weisen wiederum nach Kleinasien.[37] Ein Problem ist, in welchem Zustand die Sarkophage von Prokonnesos importiert worden sind; die Rahmung und die Tabula waren wohl 'schon angelegt,[38] es muß aber noch so viel Marmormasse vorhanden gewesen sein, um auf dem einen Sarkophag die Reliefs rechts und links der Tabula herauszuarbeiten. Beim schönen Sarkophag in Tomi darf man die Frage stellen, ob es sich nicht um einen Meister aus dem nordwestlichen Kleinasien, aus Bithynien, handelt, der ihn gefertigt hat.[39] Weiterhin sind aus Tomi eine schlichte Ostothek und einige Deckel aus Marmor bekannt, deren Darstellungen sich im üblichen Rahmen halten,[40] ferner eine nur in Fragmenten erhaltene Langseite aus Marmor,[41] die eine andere Szene bringt, nämlich zwei Eroten, die einen flachen Tondo mit seitlichen Ansätzen halten; das Relief ist nur teilweise ausgearbeitet; für die Form ist bisher keine Parallele nachzuweisen, sie ist also einem lokalen Bildhauer zuzuschreiben, der die Langseite eines importierten prokonnesischen Kastens mit Relief versehen wollte. Ein kleines Fragment aus Marmor gehört zu einem Girlandensarkophag,[42] der oben ein Profil, im Bogen einen großen Gorgokopf und links einen geflügelten Träger hatte. In lokalem Stein finden sich schlichte Kästen, manchmal mit Tabula ansata, und Deckel, die die prokonnesischen Formen nachahmen und teilweise auch Reliefs auf den Akroteren haben.[43] An Son-

[35] Constantza 5734: ALEXANDRESCU a.O. 280f. Nr. 1 Abb. 1/2, mit älterer Lit. (darunter vor allem E. COLIU, Istros 1, 1934, 81 ff.); dazu z. B.: G. BORDENACHE, Dacia N.S. 8, 1964, 169; G. RODENWALDT, JdI 67, 1952, 42; C. DAICOVICIU – E. CONDURACHI, Rumänien (1972) Abb. 156; ASGARI, Kalchedon 42. 45. – Constantza 2095: ALEXANDRESCU a.O. 281f. Nr. 2 Abb. 5–7, mit Lit. (darunter vor allem V. BARBU, Dacia 7, 1963, 553 ff.); dazu: ASGARI, Kalchedon 42. 45.

[36] Zur Bedeutung dieser Darstellungen: ALEXANDRESCU a.O. 280f. (mit Lit.).

[37] Zu den Dachziegeln: WIEGARTZ, Säulens. 36 f. – Zu den Akroteren: ASGARI, Kalchedon 42 Anm. 117; 49 f. – Zu Büsten auf Akroteren: H. WIEGARTZ u.a., AA 1971, 92 f. mit Abb. 3 (N. HIMMELMANN).

[38] ASGARI, Kalchedon 42.

[39] S. FERRI, Arte Romana sul Danubio (1933) 365. G. RODENWALDT, JdI 67, 1952, 42. G. BORDENACHE, Dacia N.S. 8, 1964, 169. ALEXANDRESCU a.O. 281. – Ein Sarkophag aus Kalkstein in Tomi gehört einem Mann aus Nikomedeia: ALEXANDRESCU a.O. 282 f. Nr. 3 Abb. 11; E. POPESCU (Zitat wie Alexandrescu) 320 Nr. 3; ASGARI, Kalchedon 40. Ein anderer gehört einem Mann aus Prusa: G. PAPUC, Pontica 7, 1974, 307 ff. Abb. 1.

[40] ALEXANDRESCU a.O. 284 ff. Nr. 6.7.10. – Ferner Bukarest 406: La Dobroudja (1938) Taf. 36, 63 (Material?); V. BARBU, Dacia 7, 1963, 566f. Nr. 8 Abb. 16.

[41] ALEXANDRESCU a.O. 289 f. Nr. 15 Abb. 13.

[42] Z. COVACEF, Pontica 7, 1974, 300 ff. Nr. 4 Abb. 4 (es müßte geklärt werden, woher der Marmor kommt; für ein prokonnesisches Halbfabrikat wäre der Gorgokopf ungewöhnlich groß).

[43] ALEXANDRESCU a.O. 282 ff. Nr. 3.4.8. 9.11. 12.14. Ferner: V. BARBU, Dacia 7, 1963, 566 Nr. 6/7 Abb. 14/15; G. PAPUC, Pontica 7, 1974, 307 ff. Abb. 1.

derfällen sind ein aus Kalkstein gearbeiteter Deckel zu nennen, der eine lagernde Figur und außerdem Akrotere hat,[44] ferner ein Stück, das einer Aschenkiste ähnelt, bei dem aber Kasten und Deckel aus einem Block gearbeitet sind.[45]

Ein prokonnesischer Kasten mit Dachdeckel in BARBOŞI ist in unverziertem Zustand verwandt worden,[46] ein unzureichend publizierter Kasten in NOVIODUNUM (Isaccea) hat auf allen Seiten profilierte Rahmung,[47] die Vorderseite wird durch eine Tabula mit Inschrift und einen Kranz betont; es dürfte sich um ein prokonnesisches Stück mit Kastenrahmung handeln, bei dem zumindest die Tabula schon in Prokonnesos angelegt war; auch hier wäre wieder die Frage, wie es sich mit der Marmormasse für den Kranz verhält.[48] Aus TROESMIS, BARBOŞI, GALATZI, NOVIODUNUM und anderen Orten sind schlichte Kalksteinsarkophage überliefert, in einem Fall mit Tabula ansata; schließlich sind noch einige Stücke zu nennen, deren Fundort nicht bekannt ist.[49]

Für die Provinz ist als Besonderheit hervorzuheben, daß zwei der Sarkophage, einer in Noviodunum[50] und einer in Kallatis,[51] in Tumuli gefunden worden sind.

Für die Datierung gibt es nur wenige Anhaltspunkte.[52] Es sind einige Münzfunde gemacht worden, allerdings nur in schlichten Sarkophagen;[53] zwei Bestattungen, von denen eine, in einem prokonnesischen Sarkophag, reiche Beigaben hat,[54] können um die Mitte des 2. Jhs. n. Chr. datiert werden; der Import prokonnesischer Sarkophage ist damit etwa für diese Zeit gesichert. Der eine der beiden Marmorsarkophage mit Tabula aus Tomi ist nach seiner Inschrift in die Zeit um 200 n. Chr. angesetzt worden;[55] den schönsten der Sarkophage aus Tomi[56] wird man anschließen dürfen. In einem schlichten Kalksteinsarkophag ist schließlich eine Münze des Carinus gefunden worden.[57] Ausgesprochen späte Exemplare scheint es nicht zu geben.[58]

Zusammenfassend läßt sich feststellen, daß in Moesia Inferior die Bestattung in steinernen Sarkophagen nicht sehr häufig ist. Sie ist durch den Import von marmornen Sarkophagen von Prokonnesos angeregt worden, nach denen dann in Kalkstein

---

[44] Constantza o. Nr.: ALEXANDRESCU a.O. 288 Nr. 13 Abb. 38 (mit Verweis auf den S. in Split).

[45] Constantza 15746: ALEXANDRESCU a.O. 283 f. Nr. 5 Abb. 19–22.

[46] ALEXANDRESCU a.O. 296 f. Nr. 29 Abb. 3–4. – Zum Ort vgl. Tabula Imperii Romani, L 35, Bukarest (1969) 25.

[47] ALEXANDRESCU a.O. 294 Nr. 26 Abb. 8–9. A. DORUTIU-BOILA, Inscriptiones Scythiae Minoris V (1980) 289 f. Nr. 280 mit Abb.

[48] Zum Typ s. ASGARI, Kalchedon 42. – Zum Kranz: R. MERKELBACH, Die Inschriften von Assos (Inschr. griech. Städte aus Kleinasien 4, 1976) 32 ff.

[49] ALEXANDRESCU a.O. 292 ff. – Ein ‚fronton d'un sarcophage' aus Dionysopolis ist wegen der Maße der Giebel eines Gebäudes: O. TAFRALI, La cité pontique de Dionysopolis (1927) 35 f. Taf. 10, 1 (68 Nr. 5 zur Inschrift); G. MICHAILOV, Inscriptiones graecae in Bulgaria repertae I (1956) 36 f. Nr. 17 Taf. 6 (Varna II 155).

[50] E. BUJOR, Dacia N.S. 6, 1960, 525 ff. ALEXANDRESCU a.O. 293 Nr. 24.

[51] A. RĂDULESCU u.a., Pontica 6, 1973, 247 ff.

[52] ALEXANDRESCU a.O. 278 f.

[53] ALEXANDRESCU a.O. 290 f. Nr. 16. 17. RĂDULESCU a.O. 247 ff.

[54] ALEXANDRESCU a.O. 290 f. Nr. 17. RĂDULESCU a.O. 247 ff.

[55] ALEXANDRESCU a.O. 281 f. Nr. 2 Abb. 5–7; E. POPESCU (Zitat wie Alexandrescu) 319 f.

[56] ALEXANDRESCU a.O. 280 f. Nr. 1 Abb. 1/2.

[57] ALEXANDRESCU a.O. 290 Nr. 16.

[58] ALEXANDRESCU a.O. 279.

lokale Arbeiten hergestellt wurden, die schlichte und anspruchslose Werke sind. Bestimmte Ornamentformen oder dekorative oder figürliche Darstellungen, die man als charakteristisch für die Provinz bezeichnen könnte, gibt es nicht. Einzelformen und Ornamente hängen eng mit Kleinasien zusammen.[59]

III. 5. DACIA

In der Provinz Dacia, die 106–271 n. Chr. römisch war, sind nur sehr wenige Sarkophage mit Reliefschmuck gefunden worden; sie sind noch nicht zusammengestellt worden.[1]

Aus Romula ist ein sauber gearbeiteter Kasten aus Kalkstein mit Profilen unten und oben und einer großen Tabula ansata mit Inschrift bekannt;[2] er hat einen Dachdeckel mit großen Ziegeln und Eckakroteren, die auf der Vorderseite schlafende Eroten und auf den Nebenseiten Palmetten tragen; im Giebel ist ein Gorgokopf. Die Formen weisen nach Kleinasien.[3] Ein weiterer reliefgeschmückter Sarkophag scheint verloren zu sein.[4] Ein anderer Kasten mit Tabula ist sehr grob,[5] weitere scheinen keinen Schmuck zu haben.[6] Ein Kasten aus Kalkstein in Bukarest[7] fällt aus allem heraus, was sonst in Dacia und auch in den Nachbarprovinzen bekannt ist, er läßt sich überhaupt als Unikum bezeichnen. Er ist in Sucidava oder Romula gefunden worden.[8] Das Stück hat auf allen vier Seiten Reliefs, die am oberen Rand durch einen kleinen Fries mit Jagdszenen und Tieren begrenzt werden. Auf der Vorderseite sind vier Arkaden vorhanden, in denen jeweils eine Gestalt steht. Auf Nebenseiten und Rückseite sind Eroten wiedergegeben, die einzeln oder auch in einer Zweiergruppe auf Podeste gestellt sind. An den Ecken von der Rück- zu den Nebenseiten stehen Niken, ebenfalls auf

361

362–65

---

[59] s. oben Anm. 39. – Ferner: D. MONNA-P. PENSABENE, Marmi dell'Asia Minore (1977) 172 mit Anm. 46.

[1] Vgl. O. FLOCA, Sargetia 2, 1941, 1 ff., zu den Sarkophagen in Dacia Superior, und D. TUDOR, Oltenia Romană (1978) 400 ff., zu Funden in Dacia Inferior. – Bei dem Frgt. D. TUDOR, Sucidava (Coll. Latomus 80, 1965) Taf. 12, 3, ließ sich bisher nicht feststellen, ob es zu einem Girlandensarkophag gehören kann. – Zu Grabdenkmälern in Dacia allgemein: G. FLORESCU, I monumenti funerari romani della Dacia Inferiore (1942); ders., I monumenti funerari romani della ‚Dacia superior', Ephemeris Dacoromana 4, 1930, 72 ff. (in beiden Arbeiten sind Sarkophage nicht aufgeführt).

[2] Caracal, Mus.: D. TUDOR, Romula (1968) 42 Abb. 33–36; Inscriptiones Daciae Romanae II (1977) 162 f. Nr. 357 mit Abb.; D. TUDOR, Oltenia Romană (1978) 403 ff. Abb. 119. 120, 2–3.

[3] ASGARI, Kalchedon 40.

[4] D. TUDOR, Oltenia Romană (1978) 402.

[5] Inscriptiones Daciae Romanae II (1977) 163 Nr. 358 (mit griech. Inschrift.).

[6] TUDOR a.O. 402 ff. – An weiteren Fundorten in Dacia Inferior werden a.O. 406 Slăveni, Răcari, Islaz, Bumbești, Vădăstrița und Aquae genannt, ferner wird auf einige Bleisarkophage verwiesen.

[7] Bukarest (Nr. ?): A. ODOBESCU, GazArch 12, 1887, 75 Anm. 2 Taf. 9; G. G. TOCILESCU, Monumentele epigrafice și sculpturali ale Museului National de Antichitati din Bucuresci (1902) 540 ff. Nr. 20; REINACH, RR II 158, 1–4; S. FERRI, Arte romana sul Danubio (1933) 368 ff. Abb. 501; G. RODENWALDT, JdI 67, 1952, 42; V. DUMITRESCU, Muzeul Național de Antichități (1968) 72 f. Abb. 61; TUDOR a.O. 400 ff. Abb. 121.

[8] TUDOR a.O. 400 (zwischen 1832 und 1847 gef., dann in Slg. des Prinzen Michael Ghica).

Podesten. Die Architekturdarstellung, der Fries am oberen Rande,[9] die Eckniken[10] und in einem Fall auch die Podeste unter den Figuren[11] haben Entsprechungen auf kleinasiatischen Sarkophagen. Allerdings ist kein Exemplar aus Kleinasien bekannt, das alle diese Züge miteinander vereint; so ist nicht zu klären, wie die Motive nach Dacia gekommen sind, ob es ein importiertes Vorbild gegeben hat, das dann auch innerhalb der kleinasiatischen Produktion als provinziell angesprochen werden müßte – vielleicht ein Werk aus dem nordwestlichen Kleinasien – oder ob ein lokaler Bildhauer die ihm von kleinasiatischen Sarkophagen bekannten Einzelformen in einer singulären Weise zusammengesetzt hat. Für eine Datierung gibt es kaum Anhaltspunkte; es seien die Jahrzehnte um 200 n. Chr. vorgeschlagen.

In Apulum sind Sarkophage mit großer Tabula ansata, teilweise mit Inschrift, und Dachdeckel aus Marmor und aus lokalem Stein gefunden worden;[12] die Ansae und die Zwickel oben und unten sind mit Köpfen, Tieren und Blüten geschmückt. Ein anderer Kasten hatte auf der einen Schmalseite eine Tabula mit Inschrift, die von einem profilierten Rahmen umgeben war.[13] Für den Ort scheint eine Gruppe von Grabmonumenten mit gewölbtem Dach typisch zu sein.[14] Aus Napoca, Potaissa (Turda) und Ulpia Traiana Sarmizegetusa sind nur Sarkophage ohne jeglichen Schmuck aus lokalem Stein bekannt;[15] lediglich ein Fragment in Potaissa könnte zu einem Kasten mit einer Tabula gehören, die von einem Streifen mit Blattwerk umzogen ist.[16] Es ist schließlich noch ein ungewöhnliches Stück aus Tibiscum zu nennen;[17] es hat eine dreigeteilte Vorderseite, in der Mitte eine Tabula mit geschweiften Ansae, in den seitlichen Feldern Delphine und auf der linken Nebenseite – die rechte ist nicht bekannt – einen Greifen; Inschrift- und Relieffelder treten stark zurück; die vorspringenden Teile sind mit reicher, kleinteiliger Ornamentik überzogen. Dieses Stück dürfte sich mit Moesia Superior und Pannonia verbinden lassen,[18] kann aber durchaus am Ort ausgeführt worden sein, da sich in den anderen Provinzen eine vergleichbare Liebe zur Ornamentik nicht findet.

In Budapest wird ein Deckel mit ‚attischen' Blattziegeln und ‚kleinasiatischen' großen Akroteren mit Palmetten aufbewahrt, dessen Herkunft sich nicht ermitteln läßt;[19] er könnte aus Dacia stammen.

Zusammenfassend läßt sich feststellen, daß aus der Provinz nur sehr wenige und

---

[9] Denizli (?): MAMA VI (1939) 14 Nr. 36 Taf. 8; N. HIMMELMANN in: Mél. A. M. Mansel (1974) 47 Anm. 13.

[10] WIEGARTZ, Säulens. Taf. 46, Typ B.

[11] Istanbul 4449: N. ASGARI, AA 1977, 333 Abb. 6.

[12] O. FLOCA, Sargetia 2, 1941, 4ff. Nr. 1 Abb. 1 (Marmor, mit Inschrift CIL III 1236); Nr. 2 (Marmor, mit Inschrift CIL III 1198); Nr. 3 Abb. 2 (Stein, Tabula ohne Inschrift).

[13] FLOCA a.O. 8ff. Nr. 4 Abb. 3 (Stein, Inschrift CIL III 1383).

[14] I. BERCIU – W. WOLSKA, Latomus 29, 1970, 919ff.; dies., Apulum 11, 1973, 763ff.

[15] FLOCA a.O. 11ff. Zu Napoca vgl. auch: W. WOLSKA, Apulum 9, 1971, 585ff. – Zu Potaissa: I. I. RUSSU, Anuarul Institutului de Studii Clasice 3, 1936–40, 330ff. – C. und H. DAICOVICIU, Ulpia Traiana (1962) 84f. Abb. 15.

[16] FLOCA a.O. 27f. Nr. 2 Abb. 14.

[17] Timişoara-Temesvár, Mus.: Ferri a.O. (s. oben Anm. 7) 246ff. Abb. 306f.

[18] s. Kapitel III 3 und III 2.

[19] Budapest (Nr. ?): FERRI a.O. (s. oben Anm. 7) 365 Abb. 493.

recht verschiedenartige Sarkophage bekannt sind. Teilweise sind sie eng mit Kleinasien verbunden, wie sich das auch in Moesia Inferior beobachten läßt,[20] einer weist nach Westen. Die Donau als Verkehrsweg spielt also eine große Rolle.

III. 6. THRACIA

N. Asgari, AA 1977, 329 ff.

Aus der Provinz Thracia sind verschiedene Sarkophage bekannt, und zwar aus einigen verstreuten Orten im Landesinneren und dann vor allem aus den Städten an der Küste der Propontis, des heutigen Marmarameeres. Soweit es sich um prokonnesische Halbfabrikate handelt, sind die Stücke von N. Asgari behandelt worden.

Import fertig ausgearbeiteter Sarkophage ist nur aus Samothrake und Byzantion belegt;[1] es handelt sich um Fragmente von Exemplaren aus Athen und um eines der kleinasiatischen Hauptgruppe. Außerdem finden sich Halbfabrikate von Prokonnesos, die teilweise nicht weiter ausgearbeitet, sondern ‚unfertig' verwandt worden sind.[2]

Aus SERDICA (Sofia) ist lediglich ein Kalksteinsarkophag mit Tabula ansata erhalten.[3] Aus einem Dorf bei Wraza, nördlich von Sofia, stammt eine ungewöhnliche Ostothek;[4] sie trägt auf der Vorderseite ein stehendes Ehepaar, auf der Rückseite zwei Girlandenbögen, die in der Mitte von einem Putto gehalten werden, und auf einer Nebenseite einen Reiter; es muß sich um ein lokales Werk handeln, Parallelen sind nicht vorhanden. Aus PHILIPPOPOLIS (Plovdiv) ist eine ganze Reihe von Sarkophagen zusammengestellt worden.[5] Viele sind schmucklos, einige tragen eine Inschrift. Ein Dachdeckel aus lokalem Stein hat große Ziegel und Palmetten auf den Akroteren;[6] ein fragmentiertes Akroter soll aus Marmor bestehen und vertritt damit vielleicht prokonnesischen Import;[7] eine Weinranke und eine Palmette sind am Orte ausgearbeitet. Ein weiteres Fragment[8] aus Marmor ist als Teil eines Sarkophages angesprochen worden, doch ist das nach der Abbildung nicht sicher. Ein Halbfabrikat aus Prokonnesos mit Girlanden ist verschollen.[9]

---

[20] Vgl. C. C. Petolescu, Les colons d'Asie Mineure dans la Dacie Romaine, Dacia 22, 1978, 213 ff.

[1] Samothrake, jetzt Istanbul 2316/17: Giuliano, Commercio 46 Nr. 242 und 243. – Byzantion, jetzt Istanbul 2700: Giuliano a. O. 47 Nr. 247. – Byzantion, jetzt Istanbul 4257: Wiegartz, Säulens. 158 (Istanbul H). – Ferner Frgt. eines Säulens. in Edirne: unpubl.; Fundort bisher nicht festzustellen.

[2] z. B. unten Anm. 9. 10. 14. 17. 26. 28.

[3] E. Kalinka, Antike Denkmäler in Bulgarien (Schriften der Balkankommission, Antiqu. Abt. 4, 1906) 260 Nr. 332.

[4] A. Tsvetkov, BIBulg 8, 1934, 449 f. Abb. 265–267.

[5] D. Tsontchev, Latomus 19, 1960, 340 ff. G. Michailov, Inscriptiones graecae in Bulgaria repertae III 1 (1961) Nr. 990. 992–1003. 1020.

[6] Tsontchev a. O. 347 Nr. 1 Taf. 16, 6–7.

[7] Tsontchev a. O. 347 Nr. 2 Taf. 16, 8.

[8] G. I. Kazarow, AA 1926, 5 f. Abb. 2. – Ein weiteres Marmorfrgt. soll von einem Sarkophag stammen: B. Diakovisch, Godišnik na Narodnata Biblioteka v Plovdiv 1924, 171 Abb. 33 (dem Verf. nicht zugänglich).

[9] E. Fischer, Melchior Lorck (Kopenhagen 1962) 34 Nr. 21 Taf. 92; S. Eyice, Byzantion 34,

Aus TRAIANOUPOLIS[10] und HADRIANOUPOLIS (Edirne)[11] sind prokonnesische Halbfabrikate mit Girlanden bekannt. In BERGOULAI (Lüleburgaz) wird ein marmorner Kasten mit Inschrift erwähnt.[12] Ein Fragment aus MADYTOS (Eceabat) gehört zu einem Girlandensarkophag, der am Orte aus einem prokonnesischen Halbfabrikat ausgearbeitet worden ist.[13] In KALLIPOLIS (Gelibolu) sind zwei Halbfabrikate mit Girlanden erhalten, von denen das eine geglättet und mit einer Inschrift versehen ist.[14] In APROI (Germeyan Köyü) wurde ein Girlandenfragment mit Ecknike gefunden.[15] Aus BIZANTHE-RHAIDESTOS (Tekirdağ, früher Rodosto) stammt der reichste Sarkophag der ganzen Provinz, ein prokonnesisches Halbfabrikat mit Girlanden, bei dem auf der einen Langseite die Girlandenschwünge abgemeißelt und statt dessen vier Reliefs ausgearbeitet worden sind;[16] daneben sind ein weiteres prokonnesisches Halbfabrikat mit Girlanden[17] und ein lokal ausgearbeitetes Fragment eines Girlandensarkophages,[18] der im Bogen einen aufgehängten Satyrkopf zeigt, zu nennen; von weiteren Fragmenten wird berichtet.[19] In MOKAPORA-MOKASSOURA (Karaevli) wurde ein prokonnesisches Halbfabrikat mit Girlanden gefunden, in dem neben anderen Beigaben eine Münze Vespasians lag.[20] Zwei Sarkophage aus Kalkstein[21] und ein prokonnesisches Halbfabrikat mit Girlanden[22] werden in Yeniçiftlik, nordwestlich von Perinthos,[23] aufgeführt. Verschiedene Sarkophage sind aus HERAKLEIA PERINTHOS (Marmara Ereglisi) bekannt, nämlich ein Fragment aus Marmor mit Inschrift,[24] ein aus prokonnesischem Stein bestehendes Exemplar,[25] wie in der Inschrift berichtet wird, zwei geglättete[26] und ein teilweise ausgearbeitetes prokonnesisches Halbfabrikat mit Gir-

---

1964, 102 (zwei Bögen sind auf der Nebenseite ungewöhnlich und begegnen auf prokonnesischen Girlanden-Halbfabrikaten sonst nicht).

[10] E. TSIMPIDES-PENTAZOS, AEphem 1973, Beibl. 35 Taf. 36, 8.

[11] Edirne, Muradiye Cami: S. EYICE, Byzantion 34, 1964, 102; ASGARI a.O. 365. – In Edirne ferner ein Girlandenfrgt., das wohl nicht aus prokonnes. Marmor besteht, und ein großer prok. K. mit Profilen unten und oben und mächtigem Dachdeckel; unpubl.; Herkunft bisher nicht zu ermitteln.

[12] E. KALINKA, ÖJh 23, 1926, Beibl. 131f. Nr. 27.

[13] Çanakkale 514: Z. TAŞLIKLIOĞLU, Trakya'da epigrafya araştırmaları I (1961) 74 Nr. 1 Abb. 1; ASGARI a.O. 332 Anm. 9; 355 Abb. 45.

[14] ASGARI a.O. 331f. Abb. 4; 366f. – Nachtrag: J. KRAUSS, Die Inschriften von Sestos und der Thrakischen Chersones (Inschriften griech. Städte aus Kleinasien 19, 1980) 70ff. Nr. 9. 10. 20–22. 30–33. 47. 62–65. 70 (verschiedene S. in Thracia).

[15] Tekirdağ 256: Z. TAŞLIKLIOĞLU, Trakya'da epigrafya araştırmaları II (1971) 78f. Nr. 5 Abb. 52/53.

[16] Tekirdağ, Fragmente im Museum und im Hof der Rüstem Paşa Cami: E. KALINKA, ÖJh 23, 1926, Beibl. 133ff. Nr. 31 Abb. 13; H. ÇEVIK, Tekirdağ tarihi araştırmaları (1949) Abb. 2; TAŞLIKLIOĞLU I a.O. (s. oben Anm. 13) 71ff. Nr. 3 Abb. 10 (Vs. und Rs.).; ASGARI a.O. 375.

[17] Tekirdağ, Erkek Sanat Okulu: TAŞLIKLIOĞLU II a.O. (s. oben Anm. 15) 89f. Nr. 2 Abb. 65–67; ASGARI a.O. 375 (Tekirdağ A). Identisch mit dem von S. EYICE, Byzantion 34, 1964, 102 Anm. 3 genannten Exemplar?

[18] Tekirdağ, Mus. (Nr. ?): TAŞLIKLIOĞLU II a.O. 90f. Nr. 3 Abb. 68; vgl. das von ASGARI a.O. 332 Anm. 9 genannte Frgt.

[19] KALINKA a.O. (s. oben Anm. 16) 147 Nr. 61. 62.

[20] ASGARI a.O. 376.

[21] KALINKA a.O. (s. oben Anm. 16) 163f. Nr. 105.

[22] KALINKA a.O. 161f. Nr. 102.

[23] Eingetragen bei ÇEVIK a.O. (s. oben Anm. 16), Karte n. S. 274.

[24] KALINKA a.O. 182 Nr. 132.

[25] KALINKA a.O. 179ff. Nr. 130.

[26] TAŞLIKLIOĞLU II (s. oben Anm. 15) 124ff. Nr. 9 Abb. 82/83; ASGARI a.O. 369 (Marmara

landen.²⁷ Weitere prokonnesische Halbfabrikate mit Girlanden stammen aus SELYMBRIA (Silivri);²⁸ bei einem sind die Girlanden abgemeißelt, und auf dem rechten Träger ist eine Hermesgestalt ausgearbeitet;²⁹ ein Fragment eines Girlandensarkophages³⁰ hat oben nicht die vorspringende Leiste, die für die prokonnesischen Halbfabrikate typisch ist. Ein verschollener Sarkophag hatte eine ungewöhnliche Dekoration, nämlich einen Schild auf der Schmal- und drei Schilde auf der Langseite.³¹

In BYZANTION (Istanbul) ist eine größere Anzahl von Sarkophagen gefunden worden. Zwei Exemplare ohne Reliefschmuck sind Sonderfälle;³² sie haben auf den Lang- und Schmalseiten und am Deckel Hebebossen, haben einen niedrigen und weit überkragenden Deckel und sind in das spätere 1. Jh. n. Chr. zu datieren.³³ Eine umfangreiche Gruppe von Stücken besteht aus prokonnesischem Marmor und wurde als Rohlinge importiert; in solcher Häufung ist das in anderen Städten nicht üblich; die Oberfläche ist nur mit dem Spitzmeißel bearbeitet,³⁴ und es sind Reliefs mit verschiedenen Darstellungen, Tabulae oder Inschriften eingemeißelt, die unregelmäßig angeordnet sind.³⁵ Auf den Reliefs begegnen mehrfach Totenmahlszenen, ferner stehende und auch sitzende Gestalten, ein Reiter und Segelschiffe. Vergleichbare Bilder sind auf Grabreliefs aus Byzantion bekannt. Reliefs und Inschriften dürften meist aus dem 3. Jh. n. Chr. stammen; es gibt Hinweise, daß verschiedentlich ältere Kästen wiederverwandt wurden.³⁶ Diese Gruppe von Sarkophagen ist für Byzantion charakteristisch; Parallelen gibt es aus einem weiteren Ort in Thracia,³⁷ aus Bizanthe – Rhaidestos³⁸ und ferner auf Paros und Rhodos.³⁹ Außerdem sind in Byzantion noch zu nennen: ein Deckel mit großen Dachziegeln aus prokonnesischem Marmor;⁴⁰ ein Deckel, der ungewöhnlicherweise aus thasischem Marmor besteht;⁴¹ ein Kasten mit all-

367. 370
369. 371

Ereğlisi A). – ASGARI a. O. 369 (Marmara Ereğlisi B).

²⁷ KALINKA a. O. 181 ff. Nr. 133 Abb. 23; ASGARI a. O. 370 (Marmara Ereğlisi C). – Vgl. N. BAŞGELEN, Arkeoloji ve Sanat Dergisi 8/9, 1980, 4. – *Nachtrag:* vgl. dies. Ztschr. 4, 12/13, 1981, 18.

²⁸ ASGARI a. O. 374 (Silivri A und B). S. EYICE, Byzantion 34, 1964, 101 f. Taf. 7, 12. INIst KB 3916.

²⁹ ASGARI a. O. 332 Abb. 5; 375 (Silivri C).

³⁰ Istanbul 1139: MENDEL III 405 f. Nr. 1166.

³¹ E. FISCHER, Melchior Lorck (Kopenhagen 1962) 33 Nr. 19 Taf. 90; EYICE a. O. 102.

³² Istanbul 5551. 5821: N. FIRATLI, IstanbAMüzYıl 11/12, 1964, 208 Taf. 34, 4; ASGARI, Kalchedon 49 Anm. 145.

³³ Beifunde: FIRATLI a. O. Taf. 34, 3.

³⁴ Ohne weitere Bearbeitung belassen z. B. Istanbul 5866 und Deckel (Nr. ?): N. FIRATLI, IstanbAMüzYıl 13/14, 1967, 225 Taf. 65, 2.

³⁵ Istanbul 4252. 4474. 4499. 4943. 4944. 4983. 4993. 4994. 4996. 4997. 4998. 5608 u.a.:

A. M. MANSEL, Belleten 21, 1957, 395 ff.; TAŞLIKLIOĞLU I (s. oben Anm. 13) 77 f. Nr. 1 Abb. 13; N. FIRATLI, Les stèles funéraires de Byzance gréco-romaine (1964) 28 f. 118 ff. Nr. 198–206; ders., IstanbAMüzYıl 13/14, 1967, 205 Nr. 254 Taf. 25; PFUHL – MÖBIUS Nr. 204. 218. 219. 344. 934. 1509. 1675. – Dazu unpubl. Exemplare. – *Nachtrag:* H. HERDEJÜRGEN, JdI 96, 1981, 424.

³⁶ MANSEL a. O. 423 f. (dazu jedoch: ASGARI, Kalchedon 38 Anm. 101). N. FIRATLI, Les stèles funéraires de Byzance (1964) 28 f.

³⁷ Istanbul 71. 88 (aus Safranköy): ASGARI, Kalchedon 38 Anm. 101; besonders reiches Exemplar; außer Totenmahl und zwei Tabulae ansatae sind viele Gegenstände, wie Rüstungsteile, eine Capsa, Korb, Spiegel u.a., abgebildet.

³⁸ s. oben Anm. 16.

³⁹ s. Kapitel III 9.

⁴⁰ Istanbul 4412: N. FIRATLI, Ayasofya Müzesi Yilliği 2, 1960, 53 ff. Abb. 26/27.

⁴¹ Istanbul, Hagia Sophia, im Bezirk westl. der Kirche liegend: FIRATLI a. O. 51 ff. Abb. 22–24.

372 seits umlaufenden Girlanden[42] aus prokonnesischem Marmor, der aus einem Girlanden-Halbfabrikat von Prokonnesos ausgearbeitet ist und aus der übrigen lokalen Produktion in Byzantion herausfällt; ein großer Kasten aus prokonnesischem Marmor, der auf der Vorderseite eine allseits umlaufende Rahmung, aber keine Tabula oder andere Verzierung hat;[43] ferner ein gewaltiger Deckel mit trauernden Eroten auf den Vorderseiten der Akrotere und Medusenköpfen in den Giebeln, ebenfalls aus prokonnesischem Marmor.[44].

Zusammenfassend ist festzustellen, daß in der Provinz Thracia eigenständige Sarkophagformen nicht entwickelt worden sind. Von der geschlossenen Gruppe von Byzantion abgesehen, handelt es sich großenteils um prokonnesische Halbfabrikate mit Girlanden, die manchmal ohne größere Veränderung verwandt, teilweise aber auch lokal in unterschiedlicher Weise ausgearbeitet wurden.

III. 7. MACEDONIA

Nachtrag: H. HERDEJÜRGEN, JdI 96, 1981, 413 ff. (zu S. in Kaballa, Philippi, Thasos, Thessaloniki).

In der Provinz Macedonia ist eine große Anzahl von Sarkophagen erhalten, und zwar einmal verstreut über viele Orte und dann in besonderer Häufung in der Hauptstadt der Provinz, Thessaloniki. Attischer Import ist aus Apollonia, Dyrrhachion, Larisa, Dion, Edessa, Ohrid, aus der Nähe von Kilkis, aus Bargala und vor allem aus Thessaloniki bekannt;[1] Sarkophage aus Rom sind in Dyrrhachion gefunden worden,[2] solche aus Assos in Thessaloniki und Pyrasos (Nea Anchialos);[3] zumindest ein Exemplar in Thessaloniki[4] und eines in Dyrrhachion[5] vertreten Import aus Prokonnesos.

Bei dem Kasten mit Deckel in DYRRHACHION[6] wird es sich um ein Girlanden-Halbfabrikat aus Prokonnesos handeln, das am Orte etwas ausgearbeitet worden ist.[7] Ein Fragment einer Vorderseite vom selben Fundort, aus Kalkstein, mit Tabula ansata mit Inschrift und dem Heck eines Schiffes rechts davon, ist jetzt in Belgrad.[8]

In PYRASOS (Nea Anchialos) ist neben den zahlreichen Sarkophagen aus Assos[9] nur

---

[42] Istanbul 4476 (früher bei der Selimiye Cami, F.O. nicht gesichert): ASGARI a.O. 355 Abb. 46; E. ROSENBAUM-ALFÖLDI, The Necropolis of Adrassus (Denkschriften Wien 146, 1980) 29 Anm. 31; 33. 43 Taf. 17, 3–4.
[43] Istanbul, Türk ve Islam Eserleri Müzesi o. Nr.: unpubl.; für Form des Halbfabrikates vgl. ASGARI, Kalchedon 41ff. Taf. 14 (Oberfläche geglättet, von Tabula kein Rest zu erkennen).
[44] Istanbul 6292: unpubl.
[1] s. Kapitel IV 6.
[2] s. Kapitel I 4.6.
[3] s. Kapitel V 4.2.
[4] Thessaloniki 5698: unpubl. – siehe Kapitel V 2.1; zu vgl. z. B. D. MONNA – P. PENSABENE, Marmi dell'Asia Minore (1977) Abb. 56/57.
[5] Shqiperia Arkeologjike (1971) Taf. 108.
[6] s. oben Anm 5
[7] s. Kapitel V 2.1; das Girlandenschema ist prokonnesisch, und auch die Streifen auf Deckel und Kasten könnten für prokonnesischen Marmor sprechen.
[8] C. PRASCHNIKER – A. SCHOBER, Archäologische Forschungen in Albanien und Montenegro (Akad. Wien, Schriften der Balkankommission, Ant. Abt. 8, 1919) 45f. Abb. 57.57a.
[9] G. A. SOTIRIOU, AEphem 1929, 15f. Abb. 13; P. LAZARIDES, PraktAthAEtair 1965 (1967) 22 Taf. 21b; 22a; s. Kapitel V 4.2.

ein Fragment einer Langseite mit Inschrift gefunden worden.[10] In BOLOS (Volos) werden viele kleine schlichte, eckige oder runde Urnen[11] und ein Fragment eines Girlandensarkophages in unbeholfener Arbeit aus lokalem Marmor aufbewahrt.[12] Aus LARISA ist ein ebenfalls lokaler Girlandensarkophag bekannt, der in der Mitte eine große Tabula mit geschweiften Ansae hat;[13] ein Fragment mit Girlanden, die an Stierköpfen hängen, vertritt auch die einheimische Produktion;[14] ein weiteres Fragment mit Profilen am oberen Rand und einer nach rechts gerichteten Löwin auf dem Fries könnte eine lokale Nachahmung einer attischen Vorlage sein.[15] In DION ist ein Sarkophag ausgegraben worden, dessen Dachdeckel auf der einen Langseite kleine Blattziegel trägt;[16] eine im Sarkophag gefundene Münze des Kaisers Constans[17] braucht keinen Hinweis auf die Entstehung des Stückes zu geben.

In BEROIA (Veria) finden sich Sarkophage in größerer Zahl. Ein besonderes Problem stellen zwei Girlandensarkophage, die sich zwar recht eng an attische Werke anschließen, aber doch manche Züge haben, die für attische Originale ungewöhnlich wären. Bei dem einen handelt es sich um eine Langseite, bei der die seitlichen Träger der Girlanden abgemeißelt sind;[18] in den Girlandenbögen sind Schlangen wiedergegeben; die Arbeit ist sehr gut, die Form der Girlanden, die Art des mittleren Trägers, der Palmettenfries am oberen Rand und der sehr hohe Steg oben haben aber auf attischen Sarkophagen keine Parallele. Wenn man dieses Exemplar mit Vorbehalt als Kopie eines attischen Sarkophages bezeichnen möchte, so weist bei dem zweiten Exemplar, das Niken an den Ecken und große Gorgoköpfe in den Bögen hat,[19] der nicht attische Marmor sowie die Ausführung der Girlanden und der Ornamentzone des oberen Randes darauf hin, daß es eine Kopie nach einem attischen Sarkophag ist. Angeblich gehört das Fragment eines Klinendeckels[20] zu diesem Kasten mit Girlanden; es hat eine überreiche Ornamentik, die sich von der der zahlreichen sicher attischen Klinendeckel absetzt; auch das wäre ein Hinweis, daß es sich um eine lokale Nachahmung handelt. Die recht hohe Qualität der beiden Stücke braucht dabei nicht zu verwundern, da es offensichtlich in Beroia aus der Kaiserzeit gut gearbeitete Marmorplastik gibt.[21] In die einheimische Welt Makedoniens gehört ein Sarkophag, der auf der

[10] SOTIRIOU a.O. 145 Nr. 18.
[11] Volos o. Nr.: wohl alle unpubl.
[12] Volos o. Nr., F. O. nicht festzustellen: H 0.76; L 0.79; Gorgokopf im Bogen; unpubl.
[13] Larisa (1979 nicht gefunden), F. O. nicht festzustellen: EA 3398.
[14] Larisa o. Nr., F. O. nicht festzustellen: H 0.80; L 1.05; unpubl.
[15] Larisa 90 (F. O. nicht festzustellen): H 0.58; L 0.94; r. wohl Rest eines Mittelmotivs, wie es für att. S. typisch wäre; unpubl.
[16] D. PANDERMALIS, ADelt 26 B 2, 1971, 401 Taf. 397, 1.
[17] PANDERMALIS a.O. 401 Taf. 398, 3–4.
[18] Beroia 483: J. M. R. CORMACK, BSA 41, 1940–45, 115f. Abb. 1; I. P. TOURATSOGLOU,

Makedonika 12, 1972, 69f. Taf. 3, 2; 4 (Marmor so verfärbt und verwittert, daß nicht zu erkennen ist, ob er att. sein kann).
[19] Beroia 485: KALLIPOLITIS, Chron. 39 Anm. 1.
[20] Von KALLIPOLITIS a.O. (s. Anm. 19) erwähnt; die Kline war nicht leer, sondern sie hat Vertiefungen, die zum Einlassen der getrennt gearbeiteten Figuren dienten.
[21] Vgl. z. B. A. RÜSCH, JdI 84, 1969, 142ff. R 1. 2. 3. 6. – C. I. MAKARONAS, Makedonika 1, 1940, 482 Abb. 16. – Zahlreiche Skulpturen im Museum in Beroia, z. B. Grabpfeiler und Porträts, scheinen nicht publ. zu sein; vgl. A. RHOMIOPOULOU, ADelt 26 B 2, 1971 Taf. 400, 1.

374 einen Langseite die Büsten dreier Frauen, wohl Schwestern, zeigt,[22] die man nach der Frisur in antoninische Zeit datieren kann. Ebenfalls einheimisch ist ein Fragment mit einer Girlande und links einer Jünglingsbüste.[23] Neben einigen Sarkophagen ohne Reliefschmuck[24] und einer schlichten Ostothek[25] sind noch ein für ein Kind bestimmter kleiner Sarkophag mit sehr sauber eingemeißelter Inschrift[26] und eine Ostothek mit senkrechten Riefeln[27] zu nennen. Eine vergleichbare Ostothek stammt aus PHELLION[28].

In der Nähe von KOZANI ist ein Kasten aus lokalem Marmor gefunden worden, der attische Vorlagen in freier und sehr unbeholfener Weise kopiert;[29] auf der Vorderseite jagen ein Reiter einen Hirsch und ein Mann zu Fuß einen Eber, auf der linken Nebenseite sprengt Bellerophon zu Pferd gegen die Chimaira und eine Sphinx; es ist viel freier Grund zwischen den Figuren. Für die Darstellungen und die Art der Reliefwiedergabe sind auf attischen Sarkophagen Parallelen zwar nicht vorhanden, die Pilaster an den Ecken und die obere Ornamentleiste verraten aber Verbindungen zur attischen Produktion. Hervorzuheben ist, daß einige der Figuren Beischriften haben und daß der ‚Künstler' seinen Namen, Philonas, eingemeißelt hat.[30] Attische Formen sind auch bei einem großen Fragment vorhanden, das aus KAISAREIA bei Kozani stammt;[31] die schweren Profile am oberen Rand folgen vereinfacht den attischen Vorlagen;[32] auch in der handwerklichen Ausführung mit den gebohrten Konturen, eingravierten Brauen und dicken Gewandfalten ist das Stück so eng mit attischen Sarkophagen verwandt, daß in diesem Fall gefragt werden müßte, ob sich hier nicht ein von Athen ausgewanderter Bildhauer fassen läßt.[33] Die Szene auf der Langseite[34] hat keinerlei Parallele auf attischen Sarkophagen, sie steht völlig in der einheimischen Tradition Makedoniens.[35] Von der linken Schmalseite ist so wenig erhalten, daß die Darstellung nicht deutlich wird;[36] zu sehen ist ein Mann mit phrygischer Mütze und Hosen, der nach

[22] Beroia (Nr.?): O. WALTER, AA 1942, 172 Abb. 33; N. K. KOTZIAS, AEphem 1953/54, 3, 167 Abb. 2; A. RÜSCH, JdI 84, 1969, 78. 146 Nr. R 5 Abb. 73 (gleiche Werkstatt wie Relief a. O. 142 Abb. 68 f.); N. HIMMELMANN bei H. WIEGARTZ u. a., AA 1971, 102 Anm. 63 (in Wiederverwendung gefunden; vgl. den S. in Thessaloniki 1942, unten Anm. 75).
[23] Beroia 481, aus Trilophos: P. PETSAS, ADelt 20 B 3, 1965, 435 Taf. 494, 3.
[24] Beroia o. Nr.: ein K. und zwei K.m.D.; unpubl.
[25] Beroia o. Nr.: unpubl.
[26] Beroia 490: lateinische Inschrift für T. Caesernius Apronianus; unpubl.
[27] Beroia o. Nr.: I. TOURATSOGLOU, ADelt 24 B 2, 1969, 315 Taf. 329, 5.
[28] Aus Phellion (Grebena), Aufbewahrungsort 1979 nicht zu ermitteln: TOURATSOGLOU a. O. 334 Taf. 342, 3.

[29] Kozani, Bibliothek 50: A. D. KERAMOPOULLOS in: Τόμος Ἑκατονταετηρίδος τοῦ Πανεπιστημίου Ἀθηνῶν (1939) 3 ff. Abb. 1 f.; G. RODENWALDT, RM 58, 1943, 16; S. HILLER, Bellerophon (1970) 106 Nr. 9.
[30] KERAMOPOULLOS a. O. 7 Abb. 4: Φιλωνᾶς Ἀγεάτης ἐποίει.
[31] Kozani, Bibl. 49: B. G. KALLIPOLITIS, AEphem 1953/54, 1, 207 ff. Abb. 1 ff.
[32] Ob unten ein profilierter Sockel vorhanden war (Kallipolitis a. O. 207) ist zweifelhaft, da das Stück schon jetzt eine beträchtliche Höhe hat.
[33] Die bisher zugänglichen Abbildungen reichen zur Klärung der Frage nicht aus.
[34] KALLIPOLITIS a. O. 210 Abb. 3.
[35] KALLIPOLITIS a. O. 211 f. Abb. 4 f.; ferner wohl unpublizierte Grabstelen, z. B. in Kozani, Archäol. Slg.
[36] KALLIPOLITIS a. O. 208 f. Abb. 1 f.

links schreitet und sein Schwert gezogen hat; im Hintergrund sind Reste eines weiteren Mannes, ebenfalls mit phrygischer Mütze, und eines Pferdes zu erkennen. Der Reiter der Langseite könnte einen Porträtkopf haben, vielleicht auch sein Begleiter. Das Stück dürfte vielleicht schon nach der Mitte des 3. Jhs. entstanden sein, der Jagdsarkophag hingegen noch in der ersten Hälfte des 3. Jhs. n. Chr. Aus Kaisareia ist außerdem noch eine Ostothek mit Girlanden bekannt.[37]

In EDESSA werden eine Langseite aus Marmor mit zwei Girlandenbögen, die von Eroten gehalten werden[38] – wohl eine freie Kopie nach einem attischen Girlandensarkophag –, eine Ostothek mit Girlanden[39] und eine Langseite mit Inschrift und zwei Blüten[40] aufbewahrt. Aus HERAKLEIA LYNKESTIS (Bitola) wurden eine fragmentierte Ostothek mit einer weiblichen Büste, zwei Deckel von Ostotheken und ein Unterteil eines Kastens, der auf drei Seiten eine profilierte Rahmung trägt, publiziert;[41] der Deckel hat ‚attische' Blattziegel, Akrotere mit Palmetten und Gorgoköpfe auf den Giebeln; das Stück läßt sich mit Thessaloniki verbinden.[42] Ferner ist eine Ostothek mit Girlanden bekannt, die in einem Bogen eine weibliche Büste hat.[43] Eine weitere Ostothek mit einem Girlandenbogen, an dem eine Traube hängt, ist im Tal des Strymon gefunden worden.[44] In KILKIS steht eine Ostothek aus Marmor,[45] die auf drei Seiten Girlanden trägt; in den Bögen und unter ihnen sind Waffen; auf der Vorderseite sind ein Reiter mit Schild und ein Mann in Rüstung zu Fuß wiedergegeben; Parallelen sind nicht bekannt.[46] Ein Girlandensarkophag in AKANTHOS[47] schließt sich mit seinen drei Bögen an kleinasiatische Stücke an, hat allerdings keine Anhänger an den Girlanden. Auf einen Sarkophag in THASOS muß noch bei der Behandlung der Exemplare in Thessaloniki eingegangen werden. Er hat einen vorspringenden Sockel und auf Vorder- wie Nebenseiten eine profilierte Rahmung; auf der Vorderseite steht eine Inschrift, auf den Nebenseiten sind Blüten angebracht; ein Dachdeckel mit großen Akroteren mit Palmetten könnte dazu gehören.[48] Sonst sind in Thasos noch zwei schlichte Kästen in Abbildungen zugänglich, die auf hohen Sockeln stehen. Besondere Bedeutung müssen die Steinbrüche von Thasos gehabt haben, die die Sarkophage

---

[37] Kaisareia, Arch. Slg.: A. ANDREIOMENE, ADelt 23 B 1, 1968, 350 Taf. 295, 1.

[38] Edessa 52: in Bögen Medusenköpfe; oben vorspringendes Profil; unpubl.

[39] Edessa (Nr.?): auf Ls. zwei Bögen, Mitte Stier-, Seiten Widderköpfe; unpubl.– Außerdem gibt es noch eine Ostothek ohne Schmuck und einen D. einer weiteren Ostothek.

[40] Edessa (Nr.?): unpubl.

[41] Bitola: Héraclée I. Musée National de Bitola (1961) 51f. Nr. 45 – 48 Abb. 45 – 48.

[42] s. dazu weiter unten.

[43] Skoplje, Mus.: N. VULIĆ, Spomenik. Srpska Kraljevska Akademija 71, 1931, 20 Nr. 35.

[44] Blagoevgrad, aus Laskarevo: G. MICHAI-LOV, Inscriptiones graecae in Bulgaria repertae IV (1966) 266f. Nr. 2297 Taf. 148.

[45] Kilkis 122: H 0.405; L 0.66; T 0.47; unpubl. (vgl. A. BABRITSAS, ADelt 27 B 2, 1972 Taf. 428,2).

[46] Ostotheken mit Fries auf einer und Girlanden auf den anderen Seiten gibt es in Ausnahmefällen in Kleinasien, doch sind Verbindungen nicht festzustellen.

[47] Hierissos, Dorfplatz: P. PETSAS, ADelt 24 B 2, 1969, 309 Taf. 326, 2; ders., Makedonika 15, 1975, 255 Taf. 190 a.

[48] G. DAUX, BCH 82, 1958, 314ff. Abb. 2 – 4 Taf. 22, 1. – In Thasos sind noch weitere S. eines vergleichbaren Typus erhalten, auch mit hohen Dachdeckeln; unpubl. (?). – Zu Thasos s.

für Thessaloniki geliefert haben;[49] eine Untersuchung über die Sarkophagproduktion fehlt. Aus PHILIPPI stammen zwei Kästen und einige Fragmente, die Verbindungen mit Thasos und Thessaloniki haben.[50]

Thessaloniki

In Thessaloniki ist eine sehr große Anzahl an Sarkophagen erhalten; hinzu kommt eine ganze Reihe, deren Inschriften[51] aufgezeichnet, die selbst aber verloren sind; insgesamt lassen sich über 200 Stück nachweisen. Eine zusammenfassende Bearbeitung des reichen Materials fehlt,[52] und bisher sind viele Exemplare nicht publiziert. Die Inschriften sind teilweise in IG X 2, 1 behandelt.

Es ist ungewöhnlich reicher attischer Import festzustellen.[53] Stücke des 3. Jhs. n. Chr. scheinen zu überwiegen,[54] doch ist es möglich, daß dies auf dem Zufall der Überlieferung beruht.[55] Die attischen Sarkophage haben kaum lokale Nachahmungen gefunden; es sind nur zwei Girlandenfragmente,[56] die zum selben Sarkophag gehören, und vielleicht ein Erotensarkophag[57] zu nennen, der aber schlecht zu beurteilen ist; mit seinem flachen Relief, den kargen Ornamentzonen, den ungelenk bewegten und verquollenen Kindern setzt er sich von allen sonst bekannten attischen Sarkophagen ab; es handelt sich also möglicherweise um eine lokale Kopie;[58] der Deckel ist allerdings nach Arbeit und Marmor attisch;[59] er war auch, wie die übereinstimmenden Löcher auf den Nebenseiten zeigen, mit dem Kasten antik verbunden.[60]

Recht zahlreich ist der Import aus Assos; es lassen sich sechs Kästen oder große Fragmente mit ihrem typischen Schmuck mit Tabula und Girlanden und den niedrigen Dachdeckeln nachweisen.[61] Ein großer Kasten mit hohem Dachdeckel besteht aus

schon: A. CONZE, Reise auf den Inseln des Thrakischen Meeres (1860) 17 f. 22 f.
[49] DAUX a. O. 315 Abb. 1; L. B. GHALI-KAHIL, BCH 78, 1957, 225 ff. Abb. 2 f. – Zu Thasos und dem Problem seiner Marmorbrüche allgemein: ASGARI, Kalchedon 50 f. Anm. 149.
[50] P. COLLART, BCH 57, 1933, 373 ff. Nr. 29 Abb. 39; 375 f. Nr. 31 Abb. 41; P. LEMERLE, BCH 58, 1934, 471 ff. Nr. 8. 9(?). 14.17; P. Collart, Philippes (1937) 416.472 Taf. 84.
[51] IG X 2, 1, 519–631. 826–848. – P. M. PETSAS, AEphem 1950/51, 52 ff.
[52] Hinweise geben: N. HIMMELMANN bei H. WIEGARTZ u. a., AA 1971, 101 f.; WIEGARTZ, Marmorhandel 373 Anm. 80; ASGARI, Kalchedon 45 Anm. 127; 50 f. Anm. 149. – Vgl. auch H. LAUBSCHER, Der Reliefschmuck des Galeriusbogens in Thessaloniki (AF 1, 1975) 155 Anm. 747.
[53] s. Kapitel IV 6.
[54] H. WIEGARTZ, Gnomon 37, 1965, 613; HIMMELMANN a. O. 102.

[55] Eine Reihe von S. des 2. Jhs. n. Chr. ist durch Fragmente belegt, ein Neufund ist z. B.: P. M. PETSAS, Makedonika 9, 1969, 141 Nr. 40 Taf. 21.
[56] Thessaloniki 6620. 6622: unpubl.
[57] Thessaloniki 1248: MATZ, MW 82 Nr. 11; GIULIANO, Commercio 45 Nr. 234; ASR XII 6 S. 64 f. Anm. 20; INR 67. 1788–1790.
[58] Vgl. Kapitel IV 3.6 und IV 7.
[59] Beim K. ließen sich die typischen Glimmerschichten nicht feststellen, es spricht aber auch nichts dagegen, daß es sich um att. Marmor handelt.
[60] Das ist kein Argument gegen oder für att. Ursprung des K., da die Verbindung erst in Thessaloniki vorgenommen worden sein kann; vgl. dazu den Erotensarkophag in Norfolk, auf den wohl schon in der Antike in Rom ein att. Deckel in Form einer Kline gelegt worden ist: G. KOCH, BJb 180, 1980, 67 ff.
[61] Thessaloniki P 76. 5671. 5680. 5691 und o. Nr., ferner ein K. im Gebiet nordwestlich von

prokonnesischem Marmor und bezeugt Import von Prokonnesos;[62] er hat geglättete Wände, angedeutete Profile oben wie unten und Blüten in den Giebelfeldern.[63]

Die einheimischen Sarkophage bestehen fast alle aus einem großkristallinen, leicht grauen Marmor; es handelt sich nicht um den Marmor von Prokonnesos, sondern wohl um den von Thasos; eine Untersuchung fehlt. Eine Besonderheit vieler, aber nicht aller Stücke in Thessaloniki ist, daß ein Sockel auf allen vier, seltener auf drei Seiten mächtig vorspringt; das ist mit einem Sarkophag in Thasos[64] zu vergleichen und vielleicht ein Kennzeichen des Steinbruches. Die Kastenrahmung, die viele der Sarkophage in Thessaloniki zeigen, findet sich auch auf Thasos, außerdem auf Stücken aus Prokonnesos.[65] Es können nicht alle Sarkophage mit bereits vorgefertigter Rahmung von Thasos nach Thessaloniki geliefert worden sein, da wohl am Verwendungsort verschiedentlich Darstellungen ausgearbeitet wurden, die tiefe Reliefmasse erforderten. Eine Untersuchung der Sarkophage in Thessaloniki und Thasos dürfte diese Frage sowie auch die Verbindungen zu und gegebenenfalls Abhängigkeiten von Prokonnesos klären.[66]

Die Sarkophage in Thessaloniki lassen sich in verschiedene Gruppen einteilen:

A Exemplare mit Kastenrahmung (Truhensarkophage oder profilgerahmte Sarkophage)
B Exemplare ohne derartige Rahmung, teilweise mit Profilen unten und oben
C Girlandensarkophage
D Sonderformen (ein Fries- und ein Klinensarkophag)
E Ostotheken

Die *erste Gruppe* ist besonders reich und recht verschiedenartig. Die in der Regel profilierte Kastenrahmung[67] kann sich auf eine Langseite[68] oder eine Lang- und eine Nebenseite[69] beschränken, sie kann aber auch eine Lang- und beide Nebenseiten[70] oder sogar alle vier Seiten[71] einnehmen. Auf den Nebenseiten spart das Profil häufig am

---

Hg. Demetrios: J. B. WARD-PERKINS, BMus-Beyr 22, 1969, 130. – S. hier Kapitel V 4.2.
[62] Thessaloniki 5698: unpubl.
[63] s. oben Anm. 4.
[64] s. oben Anm. 48.
[65] ASGARI, Kalchedon 40 ff.
[66] Der Publikationsstand und die Funde reichen vorläufig nicht aus, die komplizierten Fragen zu klären; nahm z. B. WIEGARTZ, Marmorhandel 373 Anm. 80 (erschienen 1974), noch an, die Sarkophage in Thessaloniki setzten früher ein als die prokonnesischen Stücke, so weist N. ASGARI, AA 1977, 376, auf ein prokonnesisches Halbfabrikat mit Girlanden hin, das in flavische Zeit zu datieren sei (unpubl.); profilgerahmte Sarkophage sind aus Prokonnesos allerdings nicht so früh bekannt wie aus Thessaloniki.
[67] Zu Truhen- oder profilgerahmten Sarkophagen oder S. mit Kastenrahmung zuletzt: H. GABELMANN, BJb 177, 1977, 220 ff.; ASGARI, Kalchedon 40 ff.
[68] z. B. Thessaloniki 5672. 5683. 5699. 5701 u. a.: unpubl.
[69] z. B. Thessaloniki 5679. 5697. 11041 u. a.: unpubl.
[70] Begegnet auf vielen Sarkophagen, ist häufigste Anordnung.
[71] Thessaloniki 1718: s. unten Anm. 84. – Inv. 5673: unpubl.

oberen Rand einen kleinen Bogen aus, in dem die Klammer für den Deckel befestigt werden konnte.⁷² In der Rahmung sind sehr häufig große Inschriften wiedergegeben, und zwar meist nur auf der Vorderseite, selten auf mehreren Seiten;⁷³ mitunter sind sie auf einer Tabula angebracht.⁷⁴ Auf einigen Sarkophagen findet sich innerhalb der Rahmung in kleineren oder größeren Feldern ein weiterer Schmuck, der sehr abwechslungsreich ist: auf einem Beispiel sind es vier Büsten, und zwar zwei Paare,⁷⁵ auf einem anderen Büsten eines Ehepaares, die aus einem Blätterkelch kommen;⁷⁶ nur einmal sind Girlanden vorhanden;⁷⁷ auch Blüten sind belegt;⁷⁸ mehrfach sind kleine Felder, die als Ädikula gebildet sein können, mit Figuren wiedergegeben, einem Reiter,⁷⁹ einem stehenden Mann,⁸⁰ einem Wagenlenker⁸¹ oder Artemis, und zwar im Typus der Artemis vom Lateran, und Aphrodite, im Typus der Venus Genetrix;⁸² einmal ist auf der Nebenseite ein Schiff dargestellt.⁸³ Der wohl reichste Sarkophag⁸⁴ hat auf der einen Langseite eine Ädikula – die Figur darin könnte später weggemeißelt worden sein –, auf der anderen Langseite in der Mitte ein Totenmahlrelief und seitlich bewegte Gorgoköpfe, auf der einen Nebenseite einen weiteren Gorgokopf und auf der anderen einen Kranz.⁸⁵

Diese Sarkophage mit Kastenrahmung können als charakteristisch für Thessaloniki – und Thasos? – angesehen werden; sie setzen sich von den Exemplaren aus Prokonnesos und anderen Landschaften in Kleinasien und Oberitalien ab;⁸⁶ zu den stadtrömischen Sarkophagen mit profilierter Rahmung sind Verbindungen ebenfalls nicht zu erkennen.⁸⁷ Ob Prokonnesos oder etwa Bithynien Thasos beeinflußt hat oder ob der Weg anders verlief, muß noch untersucht werden. Für die Felder mit den Figuren gibt es nirgendwo Parallelen, sie sind als ‚Erfindung' von Thessaloniki zu bezeichnen; ob Vorstufen bei Grabaltären zu suchen sind, die in Macedonia besonders häufig mit figürlichen Reliefs geschmückt sind,⁸⁸ wäre noch zu klären.

⁷² Viele Beispiele, wohl alle unpubl.

⁷³ z. B. G. DAUX, BCH 98, 1974, 531 Abb. 1 (Inv. P 86); 533 Abb. 2. 3 (Inv. P 73. P 92); 542 Abb. 11 (Inv. 5688). – BCH 82, 1958, 760 Abb. 9 (Inv. 5684). – R. MÜNSTERBERG, Wiss. Mitt. Bosnien und Herzegowina 10, 1907, 378 f. Abb. 1. 2.

⁷⁴ Thessaloniki 1833: IG X 2, 1, 826; E. ALFÖLDI-ROSENBAUM, The Necropolis of Adrassus (Denkschriften Wien 146, 1980) 45 Taf. 40, 3–4; INR 67. 1806–1808. – Thessaloniki 5674. 5693. 10811: unpubl.

⁷⁵ Thessaloniki 1942: O. WALTER, AA 1942, 167 f. Abb. 32 (zu den Beifunden 160 ff.); A. RÜSCH, JdI 84, 1969, 65. 77. 184 Nr. R 94 Abb. 98. – Vgl. den S. in Beroia, oben Anm. 22.

⁷⁶ Thessaloniki 5697: unpubl.

⁷⁷ Thessaloniki P 103: zwei Frgt.e, fälschlich bei Giuliano, Commercio 46 Nr. 241, mit aufgeführt; unpubl.

⁷⁸ Thessaloniki 1833: r. Ns.; s. oben Anm. 74; vgl. den S. in Thasos, oben Anm. 48.

⁷⁹ Thessaloniki P 97: unpubl. ; Inv. 5676: IG X 2, 1, 540.

⁸⁰ Thessaloniki 11456: unpubl.

⁸¹ Thessaloniki P 93: IG X 2, 1, 842 Taf. 15; INR 67. 1842.

⁸² Thessaloniki 5677: IG X 2, 1, 539.

⁸³ Thessaloniki 1833: 1. Ns.; s. oben Anm. 74.

⁸⁴ Thessaloniki 1718: IG X 2, 1, 623; H. HERDEJÜRGEN, JdI 96, 1981, 423 ff. Abb. 9.10; INR 67.1823.

⁸⁵ Zu Kränzen auf Grabdenkmälern: R. MERKELBACH, Die Inschriften von Assos (Inschriften griechischer Städte aus Kleinasien 4, 1976) 32 ff.

⁸⁶ s. oben Anm. 67.

⁸⁷ H. GABELMANN, BJb 177, 1977, 222 f.

⁸⁸ In den Museen in Beroia und Thessaloniki sind Grabaltäre in großer Zahl erhalten; eine Untersuchung und chronologische Einordnung

Bei der *zweiten Gruppe* gibt es schlichte Kästen, mit oder ohne Sockel,[89] und Kästen, bei denen der Sockel unten profiliert ist,[90] ferner solche, die auch oben einen profilierten Abschluß haben.[91] Auch bei diesen Stücken sind mehrfach Inschriften vorhanden,[92] in einem Fall auf einer eingeritzten Tabula;[93] es können Reliefs eingefügt sein.[94] Dabei ist der Sarkophag des T. Klaudios Lykos hervorzuheben,[95] der einen Mann auf einer Kline zeigt und 147/48 n. Chr. datiert ist.[96]

376

383

In der *dritten Gruppe* schließen sich verschiedene Girlandensarkophage zusammen. Einer[97] von ihnen und ein verlorener[98] haben drei Bögen, die, wie es in Kleinasien verbreitet ist, an Stier- und Widderköpfen hängen; dicke Trauben sind vorhanden. Ein Fragment in Istanbul[99] zeigt, daß auch Eroten als Träger dienten; oben ist bei diesem Stück eine vorspringende profilierte Leiste, im mittleren Girlandenbogen eine Tabula. Andere Sarkophage haben zwei Girlandenbögen und als Träger Eroten, Eroten und Niken[100], einen Eros und Widderköpfe[101] oder auch in der Mitte einen Stierkopf und seitlich Widderköpfe.[102] Als Füllung der Girlandenbögen finden sich Blüten und Gorgoköpfe. Die Beschränkung auf zwei Girlandenbögen wäre zwar typisch für die attischen Sarkophage, die genannten Beispiele haben aber sonst keinerlei Beziehungen zu dieser Sarkophaggruppe, es weist vielmehr alles nach Kleinasien. Ein Sonderfall, für den außerhalb von Thessaloniki keine Parallele belegt ist, hat in der Mitte eine Ädikula, über die oben die Girlande geführt ist; der einzige vollständig erhaltene Sarkophag[103] ist in türkischer Zeit überarbeitet worden; ein kleines Fragment, das nach der Inschrift 131/32 n. Chr. datiert ist, läßt sich anschließen.[104]

389/90

391/92

An Sonderformen, der *vierten Gruppe*, ist der Sarkophag der Annia Tryphaina zu nennen, der in die Jahre 134/35 n. Chr. datiert ist.[105] Er hat auf den Nebenseiten Girlanden, auf den Kanten links eine Frauen- und rechts eine Männerbüste und auf der Hauptseite in der Mitte eine opfernde Frau zwischen zwei Altären und links und rechts jeweils zwei Männer mit Pferden, die zur Mitte hin gerichtet sind. Vergleich-

377–79

ist bisher nicht vorhanden; viele scheinen gleichzeitig mit den Sarkophagen entstanden zu sein; vgl. z. B. C. I. MAKARONAS, Makedonika 1, 1940, 481 ff. Abb. 16; ders., Makedonika 2, 1941–52, 597 Nr. 8 Taf. 3 a; G. DAUX, BCH 97, 1973, 591 Abb. 5; IG X 2, 1, 442 ff.
[89] z. B. Thessaloniki 1832: IG X 2, 1, 521; C. EDSON – G. DAUX, BCH 98, 1974, 542 Abb. 10.
[90] z. B. Thessaloniki P 72: IG X 2, 1, 544; EDSON-DAUX a.O. 543 Abb. 10 (Sockel nicht abgebildet).
[91] Thessaloniki 5705: unpubl.
[92] s. Anm. 89 und 90.
[93] Thessaloniki 1721: IG X 2, 1, 630; EDSON-DAUX a.O. 543 Abb. 13; INR 67. 1799–1800.
[94] Thessaloniki 5686: IG X 2, 1, 550; G. DAUX, BCH 101, 1977, 344 Abb. 4.
[95] Thessaloniki 5703: P. THEMELIS, Makedo-

nika 5, 1961–63, 438 ff. Taf. 1 ff.; F. PAPAZOGLOU, BCH 87, 1963, 519 ff. Abb. 1 f.; G. DAUX, BCH 88, 1964, 416 ff. Taf. 17 f. (zu den Beifunden: THEMELIS a.O. 446 f. Taf. 3, 4–5; 4).
[96] IG X 2, 1, 608.
[97] Thessaloniki 5685: BCH 82, 1958, 760 f. Abb. 10; IG X 2, 1, 522.
[98] IG X 2, 1, 615.
[99] Istanbul 203: MENDEL III 403 Nr. 1163; IG X 2, 1, 848.
[100] Thessaloniki 5690. 5700: unpubl. – Thessaloniki P 74 (INR 67. 1838). 10906: unpubl.
[101] Thessaloniki 284: INR 67. 1810; unpubl.
[102] Thessaloniki 5682: unpubl.
[103] Thessaloniki 285: INR 67. 1809; unpubl.
[104] Thessaloniki 1763: IG X 2, 1, 553.
[105] Thessaloniki 1722: H. JUCKER, Das Bildnis im Blätterkelch (1961) 29 Nr. S 1, Taf. 5; A. RÜSCH, JdI 84, 1969, 65. 75. 179 f. Nr. R 90; IG X 2, 1, 573; INR 67. 1791–93.

bare Darstellungen sind in Makedonien auf Grabmonumenten auch sonst bezeugt[106] und wohl in diesem einen Fall auf einen Sarkophag übertragen worden. Der andere Sonderfall ist ein ins Jahr 161 n. Chr. datierter kleiner Sarkophag,[107] der eine Klinenform nachahmt; auf der Fläche der Vorderseite hat er eine Inschrift, bei der die Buchstaben erhaben vorstehen; auf dem Deckel liegt ein geflügelter Junge mit Porträtkopf auf einem Löwenfell. Für die Form gibt es unter den kaiserzeitlichen Sarkophagen keine Parallele, Beziehungen zu den später einsetzenden attischen Klinensarkophagen sind nicht vorhanden.[108] Es ist also eine lokale Schöpfung, bei der man sich eine Kline zum Vorbild genommen hat.

Die *Deckel* der Sarkophage aller Gruppen sind oft sehr mächtig und haben große Akrotere; man scheint eine Entwicklung von flacheren zu steileren Deckeln ablesen zu können, wie die datierten Exemplare zeigen.[109] An den Deckeln sind große ‚kleinasiatische' Ziegel oder auch kleine ‚attische' Blattziegel[110] verwandt worden. Auf den Akroteren können Palmetten und Blattwerk[111], Figuren[112] oder auch Büsten[113] wiedergegeben sein; Vorbilder dafür finden sich in Kleinasien; in einem Fall dienen antithetische springende Löwen als Verzierung.[114] Ein Sonderfall ist ein Deckel, auf dessen einer Langseite ein schlafender Eros liegt.[115]

Die Ostotheken der *fünften Gruppe* zeigen in der Regel Girlanden, die an Stier- oder Widderköpfen hängen.[116] Vereinzelt begegnet auch eine Kastenrahmung wie bei den Sarkophagen.[117] Besonders hervorzuheben ist ein Exemplar,[118] das einen vorspringenden, profilierten, mit einem Perlstab geschmückten Sockel mit vier Füßen hat; die Girlande wird auf der Vorderseite von zwei Ecknikes und zwei Eroten, auf der Rückseite von einem Stierschädel in der Mitte und Widderköpfen an den Seiten getragen. Ostotheken sind in Macedonia recht häufig vertreten. Eine größere Werkstatt mit charakteristischen Zügen hat es aber nicht gegeben. Ob Anregungen aus Kleinasien mit seinen überaus zahlreichen Ostotheken gekommen sind, muß noch untersucht werden.

Trotz unterschiedlicher Dekoration bilden die Sarkophage eine recht einheitliche Gruppe, die durch verschiedene Details untereinander immer wieder verknüpft ist; es

---

[106] s. oben Anm. 35.
[107] Thessaloniki 4544: M. KARAMANOLE-SIGANIDOU, ADelt 20 B 2, 1965, 411 Taf. 464, 1; G. DAUX, BCH 92, 1968, 628f. Abb. 2; IG X 2, 1, 573 bis; N. HIMMELMANN bei H. WIEGARTZ u. a., AA 1971, 102 Anm. 65.
[108] Anders: H. WREDE, AA 1977, 427.
[109] Vgl. die Sarkophage 1832 (s. oben Anm. 89) und 1722 (s. oben Anm. 105) mit dem in Anm. 73 genannten Stück, Wiss. Mitt. Bosnien und Herzegowina 10, 1907, 379 Abb. 2 (IG X 2, 1, 557).
[110] ‚Kleinasiat.' Ziegel sind häufig vertreten. – ‚Att.' Blattziegel z. B. Thessaloniki 5676: unpubl. – Inv. 5677: IG X 2, 1, 539 Taf. 13.

[111] Viele Beispiele, teilweise auch ohne K. erhaltene D. und Deckelfrgt.e.
[112] Thessaloniki 5676. 5677: s. oben Anm. 110. – 5703: s. oben Anm. 95.
[113] Thessaloniki o. Nr.: INR 67. 1824; 67. 1805.
[114] Thessaloniki o. Nr.: unpubl.
[115] Thessaloniki o. Nr.: unpubl.
[116] Thessaloniki 261. 11460 und o. Nr.: unpubl. – Inv. 10757: P. PETSAS, ADelt 24 B 2, 1969, 292 Taf. 290, 3. – Paris 3187 und 303: COMTE DE CLARAC, Musée de Sculpture II (1846) Taf. 117 J Nr. 33 (2) E und F.
[117] Thessaloniki 10777 (?): unpubl.
[118] Thessaloniki P 19: unpubl.

handelt sich um Werke, die, von Ausnahmen abgesehen, als typisch für Thessaloniki und als künstlerische Erzeugnisse der Stadt angesehen werden können.

Bei der *Datierung* ist in Thessaloniki die Situation sehr günstig, da eine ganze Reihe von Sarkophagen durch Jahresangaben in den Inschriften fest datiert ist und die Epigraphiker für die anderen Inschriften einen gewissen zeitlichen Rahmen vorgeschlagen haben. Eine Bearbeitung der Sarkophage wird sich also auf relativ viel gesichertes Material stützen können.

Die Reihe der datierten Stücke beginnt, wenn man von zwei nicht eindeutigen Exemplaren absieht, die unten behandelt werden, mit einem verlorenen Sarkophag mit Inschrift von 118 n. Chr.;[119] 120 n. Chr. ist ein Stück mit Rahmung belegt, das ebenfalls verloren ist;[120] nach einem verschollenen Fragment von 125/26 n. Chr.[121] folgt 129/30 der Sarkophag der Rheia Zosime,[122] der eine sehr schön geschriebene Inschrift ohne Rahmung trägt und auch keinen Sockel hat. Ein Fragment mit einer Girlande,[123] die an einer Säule – Teil einer Ädikula – und einem Widderkopf hängt, von 131/32 n. Chr. erlaubt es, weitere Girlandensarkophage in das zweite Viertel des 2. Jhs. n. Chr. zu datieren.[124] Dieser Ansatz wird gestützt durch den Sarkophag der Annia Tryphaina[125] von 134/35 n. Chr., der auf den Nebenseiten vergleichbare Girlanden trägt. Einen wichtigen Anhaltspunkt geben dann der Sarkophag mit profilierter Rahmung, Tabula ansata, Blüte und der Schiffsszene, der 145 n. Chr. datiert ist,[126] und ein weiterer mit Rahmung und Inschrift von 154/55 n. Chr.[127] Sie sind langgestreckt und recht niedrig und erlauben es, andere Sarkophage etwa der gleichen Form in ungefähr dieselbe Zeit anzusetzen.[128] 147/48 n. Chr. ist der Sarkophag des T. Klaudios Lykos datiert;[129] er ist nach 212 n. Chr. wiederverwandt worden, wie eine Inschrift auf dem Deckel angibt.[130] In mittelantoninische Zeit ist nach den Porträtköpfen der Sarkophag mit den vier Büsten zu datieren;[131] auch seiner Form nach würde er in diese Zeit passen. 161 n. Chr. ist der Klinensarkophag entstanden, der als einziges Stück völlig aus dem herausfällt, was sonst in Thessaloniki üblich ist.[132] Beispiele von 165/66, 167/68 und 179/80 n. Chr. sind verloren.[133] Ein weiteres von 167/68 n. Chr. zeigt auf drei Seiten profilierte Rahmung[134] und auf der Vorderseite eine Inschrift für Klaudia Neikopolis in sehr schön eingemeißelten Buchstaben; die Proportionen sind schon etwas anders als auf den früheren Kästen. Ferner haben profilierte Rahmung

376

377–79

380/81

375

382

---

[119] IG X 2, 1, 524.
[120] IG X 2, 1, 525.
[121] IG X 2, 1, 624.
[122] IG X 2, 1, 521; s. oben Anm. 89.
[123] IG X 2, 1, 553; s. oben Anm. 104.
[124] Thessaloniki 284. 285: s. oben Anm. 101 und 103.
[125] IG X 2, 1, 573; s. oben Anm. 105.
[126] IG X 2, 1, 826; s. oben Anm. 74.
[127] Thessalonik P 86: IG X 2, 1, 526; s. oben Anm. 73.
[128] Thessaloniki 5688. P 73. P 92: s. oben Anm. 73.
[129] IG X 2, 1, 608; s. oben Anm. 95.96.
[130] IG X 2, 1, 609.
[131] Thessaloniki 1942: s. oben Anm. 75.
[132] IG X 2, 1, 573 bis; s. oben Anm. 107.
[133] IG X 2, 1, 594 (165/66 n. Chr.). 527 (167/68 n. Chr.). 595 (179/80 n. Chr.).
[134] Thessaloniki 10065: P. M. PETSAS, Makedonika 9, 1969, 144 Nr. 45 Taf. 24, 4; IG X 2, 1, 528.

eine Langseite von 202 – 212 n. Chr.[135] und ein Fragment von 'paullo post 212' n. Chr.;[136] diese Beispiele sind nicht zugänglich oder fragmentiert, so daß sich nur vermuten läßt, daß sich die Proportionen der Stücke weiter verändern. Einen Hinweis gibt eine Langseite mit Rahmung, die aus epigraphischen Gründen in den Anfang des 3. Jhs. n. Chr. datiert wird.[137] Diese Veränderung kann nach einem verlorenen Exemplar von 246/47 n. Chr.[138] und einem nicht zugänglichen von 249/50 n. Chr.[139] ein sehr hoher, mächtiger Kasten mit gewaltigem Dachdeckel von 257 n. Chr.[140] zeigen. Das letzte datierte Stück, von 273/74 n. Chr., ist verloren und hatte keine Ornamente.[141]

389/90   Für zwei der Girlandensarkophage[142] und die beiden besonders schönen Sarkophage mit Rahmung und Ädikulen mit Figuren,[143] die zusammen gefunden worden sind,
384.385 nach den Inschriften zur selben Familie gehören und nach der Ausführung aus einer Werkstatt stammen, darf man vielleicht die Zeit um 200 n. Chr. vorschlagen, eben-
387   falls für den Sarkophag des Philippos.[144] Bei einem Stück mit Rahmung und eingemeißeltem Wagenlenker wird die Inschrift in das 3./4. Jh. n. Chr.,[145] bei einem anderen Exemplar mit Rahmung vor die Mitte des 4. Jhs. datiert;[146] es wird sich um Wiederverwendungen älterer Sarkophage handeln, die Produktion ist also nicht weiter als etwa bis 260 n. Chr. zu verfolgen.

388   In diesen Zusammenhang paßt überhaupt nicht, daß ein gewaltiger Kasten mit schwerem Sockel und ungewöhnlicher Dekoration in profilierter Rahmung, nämlich Ädikula, Totenmahl und Gorgoköpfen, nach seiner Inschrift 48 n. Chr.[147] sowie ein Kasten mit Rahmung und Inschrift[148] und ein Girlandenfragment nach der Form der Buchstaben ins 1. Jh. n. Chr. datiert werden.[149] Das Girlandenfragment würde man ins spätere 2. Jh. setzen und das Stück mit Rahmung etwa mit einem 145 n. Chr. datierten Exemplar zusammenbringen.[150] Für den großen, ungewöhnlichen Kasten kann nur das zweite der beiden durch die Angabe von Jahr und Ära möglichen Daten, nämlich das Jahr 163/64 n. Chr., in Frage kommen, das allerdings vom Bearbeiter der Inschrift gar nicht in Betracht gezogen wurde.[151] Bei den Ostotheken gibt es keine Anhaltspunkte für eine Datierung; sie dürften in der zweiten Hälfte des 2. Jhs. n. Chr. entstanden sein.

---

[135] IG X 2, 1, 578.
[136] Thessaloniki 1720: IG X 2, 1, 564; G. DAUX, BCH 97, 1973, 592 Abb. 7.
[137] Thessaloniki 1719: IG X 2, 1, 628 Taf. 14.
[138] IG X 2, 1, 614.
[139] Thessaloniki P 71: IG X 2, 1, 542.
[140] Thessaloniki, Orthodoxer Friedhof: R. MÜNSTERBERG, Wiss. Mitt. Bosnien und Herzegowina 10, 1907, 379 Abb. 2; IG X 2, 101, 557.
[141] IG X 2, 1, 529.
[142] Thessaloniki 5690: unpubl. – Inv. 5685: s. oben Anm. 97.
[143] Thessaloniki 5676. 5677: IG X 2, 1, 540. 539.

[144] Thessaloniki 5684: s. oben Anm. 73.
[145] Thessaloniki P 93: IG X 2, 1, 842 Taf. 15; INR 67. 1842.
[146] Thessaloniki P 63: IG X 2, 1, 551.
[147] Thessaloniki 1718: s. oben Anm. 84.
[148] Thessaloniki P 83: IG X 2, 1, 593; INR 67. 1843.
[149] Istanbul 203: s. oben Anm. 99.
[150] Thessaloniki 1833: s. oben Anm. 74.
[151] Zur Verwendung der Ären in Macedonia: M. N. TOD in: Studies D. M. Robinson II (1953) 382 ff. (Hinweis H.-J. Gehrke auf die Datierungsmöglichkeiten und die Lit.).

In Thessaloniki läßt sich also eine große, eigenständige Gruppe an Sarkophagen fassen, die sich von etwa 120 bis um 260/70 n. Chr. verfolgen läßt. Verbindungen zu Athen, zur Hauptgruppe der attischen Sarkophage, sind nicht vorhanden; es zeigen sich vielmehr verschiedene Beziehungen zu Kleinasien. Eine Bearbeitung der Gruppe müßte klären, wie die Motive von Kleinasien nach Thessaloniki gekommen sind, wie sie dort umgestaltet wurden, und vielleicht auch, was von Thessaloniki weiter in den Westen, vor allem nach Oberitalien, gegangen ist. Sonst gibt es in Macedonia neben vielen verstreuten Exemplaren nur in Beroia eine etwas größere Produktion. Die Exemplare kopieren teilweise attische Vorbilder, manchmal hängen sie von Thessaloniki ab, vielfach sind sie lokal. Für die Landschaft typische Formen hat es nicht gegeben.

III. 8. EPIRUS

In der Provinz Epirus findet sich zahlreicher attischer Import, und zwar in Buthrotum, Ladochori bei Igoumenitsa, Photike, Korakonesia, Kerkyra, Ithaka und vor allem Nikopolis.[1] Stadtrömische Sarkophage sind durch Fragmente aus Nikopolis belegt.[2] Ebenfalls in Nikopolis ist ein Exemplar aus Assos erhalten, das den typischen Girlandenschmuck hat.[3]

Lokale Werke sind dagegen nur in wenigen Orten überliefert. Ein Kasten aus Kalkstein wurde in LIKOTRICHI, in der Nähe von Ioannina, gefunden;[4] er trägt Girlanden und in der Mitte der Vorderseite eine große Tabula; direkte Vorlagen sind nicht nachzuweisen. Ein Eckfragment in KERKYRA[5] mit einer Nike, die eine Girlande hält, dürfte ebenfalls ein einheimisches Werk sein.

Nur in NIKOPOLIS ist eine Reihe lokaler Stücke erhalten; meist handelt es sich um Kopien nach attischen Sarkophagen, und zwar solchen mit Girlanden. In Marmor sind ein Kasten mit Dachdeckel[6] und ein großes Fragment einer Langseite[7] gearbeitet, die sich durch die Art der Ausführung und durch den verwendeten Marmor von den attischen Originalen absetzen; wie die attischen Sarkophage haben sie aber zwei Girlandenbögen, die an der Seite von Stierköpfen und in der Mitte von einem schwebenden Eros oder einem Adler gehalten werden. Eine Reihe von Fragmenten mit Girlanden, aus Marmor und aus Kalkstein, ist durch die Ornamentzonen mit attischen Sarkophagen verbunden, zeigt aber durch das Material und die Ausführung, daß es sich nicht um importierte attische Stücke, sondern nur um lokale Nachahmungen handeln

---

[1] s. Kapitel IV 6.
[2] Honululu, Academy of Arts 3601/02: G. KOCH, BJb 180, 1980, 85 ff. Abb. 32/33.
[3] Nikopolis o. Nr.: unterer Teil eines K. und Dachdeckel; unpubl.; s. Kapitel V 4.2.
[4] Ioannina o. Nr.: H 0.73; L 2.05; T 0.95; unpubl.
[5] Kerkyra 175: B. G. KALLIPOLITIS, AEphem 1961, Chron. 5 Nr. 5 Taf. 2, 4; GIULIANO, Commercio 42 Nr. 198.
[6] Nikopolis (Nr.?): A. PHILADELPHEUS, AEphem 1922, 67 Abb. 3 (die Frgt.e sind anders anzuordnen; der K. ist jetzt zusammengesetzt); GIULIANO, Commercio 42 Nr. 203; GIULIANO-PALMA 17 Nr. 4 (IV b).
[7] Nikopolis (Nr.?): PHILADELPHEUS a.O. 67 Abb. 2.

kann.⁸ Ein Klinendeckel setzt sich ebenfall von den attischen Exemplaren ab,⁹ da die Matratze sehr flach, die Lehne – nur rechts erhalten – nicht verziert und der Kopf der Frau eingesetzt ist; er dürfte eine lokale Arbeit sein. Zwei Fragmente von Dachdeckeln zeigen zwar gute Ausführung, sondern sich aber durch bestimmte Eigenheiten von sicher attischen Deckeln ab; auf einem liegt eine dicke Girlande auf,¹⁰ und auf dem anderen ist auf den Blattziegeln in Relief ein schwebender Eros mit Girlande wiedergegeben;¹¹ bei beiden könnten attische Vorlagen¹² verändert sein. Eine Kopie nach einem figürlichen attischen Sarkophag ist nur durch ein Fragment mit einem Eros belegt.¹³

Nicht mit attischen Sarkophagen zu verbinden ist eine Langseite aus Kalkstein mit Girlanden und einer Tabula in der Mitte.¹⁴ Ungewöhnlich für Epirus und überhaupt für den griechischen Bereich sind zwei runde Urnen, von denen die eine mit einer Girlande,¹⁵ die andere – ein Unikum! – unten mit Akanthusblättern, oben mit kleinen schuppenartig gelegten Blättern sowie mit einer Tabula und Inschrift¹⁶ verziert ist; Vorbilder sind nicht nachzuweisen.

Für eine Datierung der lokalen Stücke gibt es kaum Anhaltspunkte; die Exemplare mit Girlanden dürften, wie die attischen Vorlagen, in der zweiten Hälfte des 2. Jhs. n. Chr. entstanden sein. Epirus hat keine eigenen Sarkophage hervorgebracht; nur Nikopolis weist eine größere Anzahl einheimischer Werke auf, fast ausschließlich Girlandensarkophage, die meist importierte attische Beispiele kopieren.

III. 9. ACHAIA – GRIECHISCHE INSELN – KRETA

An Achaia werden die Inseln der Ägäis und Kreta angeschlossen, obwohl sie teilweise zu anderen Provinzen gehörten; denn die Sarkophage in Kreta haben keine Beziehungen zur Cyrenaica, mit der es zu einer Provinz verbunden war, und auf den Inseln sind nur wenige Exemplare gefunden worden.

⁸ Nikopolis 43 (im Mag.; nicht identisch mit der Ls. 43). 46 und Frgt.e o. Nr.: unpubl. – Ferner 201: Frgt. vom oberen Rand mit Eierstab und Perlstab; unpubl.
⁹ Nikopolis 4: P. PETSAS, AEphem 1950/51, Parart. 34f. Abb. 8; GIULIANO, Commercio 43 Nr. 205.
¹⁰ Nikopolis 719 (oder 712 ?): Teil eines Dachdeckels, darauf Girlande; Blattziegel; in Giebel Blüte; am unteren Rand Akanthusreihe; Marmor wohl nicht attisch; H 0.39; L 0.53; T 1.04; unpubl.
¹¹ Nikopolis 16: Teil einer Ls. eines Dachdeckels mit Blattziegeln; darauf in flachem Relief schwebender Eros mit Girlande; unten intermittierende Wellenranke; H 0.35; L 0.99; unpubl.
¹² z. B. Korinth o. Nr.: E. DEILAKE, ADelt 24 B 1, 1969, 102 Taf. 79, 3.
¹³ Nikopolis o. Nr.: Frgt. mit Eros mit Pantherfell; Ausführung der oberen Leiste und Marmor nicht attisch; H 0.48; L 0.23; unpubl.
¹⁴ Nikopolis 43: H 0.67; L 2.01; Inschrift für Phlabia Trophime; unpubl.
¹⁵ Verschollen (1979 weder in Nikopolis noch in Ioannina nachzuweisen; die Antiken sind nach dem 2. Weltkrieg aus Preveza überführt): K. A. RHOMAIOS, ADelt 2, 1916, Parart. 52 Abb. 10.
¹⁶ Verschollen (s. Anm. 15): RHOMAIOS a.O. 52f. Abb. 11.

Auf dem griechischen Festland überwiegen die ‚attischen' Sarkophage, die aus pentelischem Marmor bestehen und in oder bei Athen hergestellt worden sind. Als überregionale, bedeutende Gruppe werden sie gesondert behandelt. Sie finden sich außer in Athen und Umgebung vor allem in Theben, Korinth, Patras und Sparta, in einzelnen Exemplaren aber auch in vielen anderen Orten.[1] Daneben gibt es verstreut eine Reihe von lokalen Werken, die meist attische Sarkophage kopieren. In ATHEN sind ein Kasten mit Tabula ansata[2] und in DAPHNI ein schlichter Kasten mit Dachdeckel[3] sowie ein unten und oben mit Profilen versehener Kasten, ebenfalls mit Dachdeckel,[4] bekannt, die nach ihrem Material und ihrer Verzierung nicht zur Hauptgruppe der attischen Sarkophage gezählt werden können. Bei einem Klinendeckel in MARATHON dürfte es sich jedoch um ein attisches Stück, und zwar ein relativ frühes, handeln.[5] In THEBEN sind Fragmente mit Girlanden erhalten,[6] die lokale Arbeiten sind. Der Kasten mit drei großen Kassetten auf den Langseiten und einem dachförmigen Deckel mit Blattziegeln in der Kirche Hagios Loukas in Theben[7] besteht nicht aus attischem Marmor und zeigt eine gröbere Handwerksarbeit; er dürfte also eine Kopie nach einem attischen Sarkophag sein.[8] Die Fragmente, von denen in THESPIAI berichtet wird, sind nicht mehr aufzufinden;[9] das eine in Abbildung vorliegende mit einem Eros, der eine Girlande trägt,[10] scheint kein attisches Original zu sein. Ein Fragment in ORCHOMENOS mit Girlanden, die an einem Stierschädel hängen, und mit einem profilierten oberen Rand könnte von einem Sarkophag stammen.[11]

394

In DELPHI sind in der Ostnekropole mehrere Kalksteinsarkophage erhalten, die oben und unten schwere Profile haben; einer trägt in flachem Relief einen Kranz und verschiedene Tiere.[12] Besonders hervorzuheben ist ein unterirdisches Grabgebäude mit drei sorgfältig gearbeiteten Marmorsarkophagen, von denen einer mit Profilen unten wie oben und mit Girlanden versehen ist; attische Vorbilder sind also freier Weise nachgeahmt worden.[13] Auf der Vorderseite finden sich zwei Bögen, die an drei

395

---

[1] s. Kapitel IV 6.
[2] Athen, beim Olympieion: K. mit Tabula ansata auf einer Ls., sonst nur grob geglättet; unpubl.
[3] Daphni, Kloster o. Nr.: unpubl.
[4] Daphni, Kloster 559: K. mit fragmentiertem Dachdeckel; unpubl.
[5] Marathon L 127: S. MARINATOS, PraktAthAEtair 1972, 7 Taf. 3; H. WREDE, AA 1977, 427 Anm. 265.
[6] Theben o. Nr.: unpubl.
[7] Theben, Hagios Loukas Nekrotapheiou: P. LE BAS – S. REINACH, Voyage archéologique en Grèce et en Asie Mineure (1888) 34 f. Taf. 36a; IG VII 2543–2545; P. LAZARIDES, ADelt 16, 1960, 154; HIMMELMANN, Antakya 21; WIEGARTZ, Myra 182. 209 Anm. 259.
[8] Vgl. z. B. Athen, Kerameikos: HIMMELMANN, Antakya 21; WIEGARTZ, Myra 182. 209 Anm. 259.

[9] A. DE RIDDER, BCH 46, 1922, 285 ff. Nr. 137–144; GIULIANO, Commercio 37 Nr. 131–135.
[10] DE RIDDER a. O. 286 f. Nr. 142 Abb. 44; GIULIANO a. O. 37 Nr. 133.
[11] Skripou, an einem Haus eingemauert: INAth Orchomenos 238.
[12] M.-A. ZAGDOUN, Fouilles de Delphes IV 6 (1977) 123 ff. Abb. 114–116 (im gleichen Grabgebäude, aus dem auch der Meleagersarkophag stammt, sind noch vier schlichte S. erhalten; in der Umgebung liegt eine größere Anzahl von Fragmenten).
[13] Delphi, in der Nähe des Museums, innerhalb des Grabungsbezirkes: GIULIANO-PALMA 17 Nr. 1 (IV b) Abb. 1 (Grundriß des Grabes). 2 (Innenansicht), Taf. 20, 49.

Stierschädeln hängen; in die Bögen sind stark hervorquellende Rosetten gesetzt; der dachförmige Deckel trägt auf der Vorderseite Blattziegel und einen großen Gorgokopf. Einzelheiten wie die Bossen an den Langseiten der Deckel, die Form der Eck- und Mittelakrotere und die länglichen Einlassungen oben auf den Deckeln haben keine Entsprechungen auf den attischen Sarkophagen. Aus TITHOREIA[14] ist ein marmorner Kasten mit Profilen oben und unten, die sich an attische Sarkophage anschließen, und einer Tabula ansata bekannt.

Auf AIGINA ist eine Ostothek zutage gekommen,[15] die auf Neben- und Rückseite abbozzierte Girlanden in der für Ephesos typischen Form zeigt;[16] auf der Vorderseite hat sie zwei Girlandenbögen, die an den Ecken von zwei Widderköpfen und in der Mitte von einem Gorgokopf gehalten werden; sie dürfte schon in Ephesos ausgearbeitet worden sein und aus dem späten 1. Jh. n. Chr. stammen.[17] In KORINTH sind zwei kleine Sarkophage mit Klinendeckeln gefunden worden, die wohl vereinfachte Kopien nach attischen Beispielen sind.[18] Um eine Kopie handelt es sich vielleicht auch bei einem Fragment mit einer Sphinx,[19] das zwar gute Arbeit zeigt, aber ungewöhnliche Dicke und einen auf attischen Sarkophagen in dieser Form nicht begegnenden oberen Abschluß hat. Ein hervorragend gearbeiteter Deckel, auf dessen einer Langseite ein girlandentragender Eros steht,[20] scheint attisch zu sein, auch wenn es eine Parallele für die reiche Ausgestaltung bei den attischen Dachdeckeln sonst nicht gibt.

Aus PATRAS sind – einmalig im gesamten östlichen Bereich – zwei stadtrömische Urnen bekannt.[21] Attische Girlandensarkophage wurden in einem Beispiel nachgeahmt,[22] das schwebende Eroten auf den Langseiten hat, das aber nach der Ausführung von Ornamentzonen, Girlanden, Stier- und Löwenköpfen kein attisches Original sein kann. Auch ein anderer Sarkophag mit Girlandenschmuck auf drei Seiten und einem Adler in der Mitte der Vorderseite[23] ist eine Kopie nach attischen Vorlagen, ferner ein Kasten mit Profilen unten und oben.[24] Ein Fragment mit Skylla (?) ist schlecht zu beurteilen, aber möglicherweise kein attisches Original.[25] Die Langseite mit der Schleifung Hektors durch Achill,[26] ein Kasten mit Profilen[27] und vielleicht auch zwei

---

[14] P. LAZARIDES, ADelt 16, 1960, 164 Taf. 148, 1.
[15] K. KOUROUNIOTES, AEphem 1913, 92 ff. Abb. 12/13.
[16] s. Kapitel V 2.2 und V 4.3.
[17] N. ASGARI, AA 1977, 335 ff.
[18] Korinth S 775/76 und S 777/78: F. P. JOHNSON, Corinth IX (1931) 111 f. Nr. 238. 239; GIULIANO, Commercio 32 Nr. 62. 63; ASR XII 6 S. 64 Anm. 19.
[19] Korinth o. Nr.: H 0.64; L 0.75; unpubl.
[20] Korinth o. Nr.: E. DEILAKE, ADelt 24 B 1, 1969, 102 Taf. 79, 3.
[21] Patras (Nr.?): E. MASTROKOSTAS, ADelt 19 B 2, 1964, 185 f. Taf. 211 b. 214 a. b; G. DAUX, BCH 90, 1966, 831 Abb. 4/5.
[22] Patras, Odeion: LE BAS – REINACH a. O.

(s. oben Anm. 7) 92 Taf. 93; GIULIANO, Commercio 34 Nr. 87; ASR XII 6 S. 64 f. Anm. 19; P. M. PETSAS, ADelt 26 B 1, 1971, 163 Taf. 149 b. d; J.-P. MICHAUD, BCH 98, 1974, 630 Abb. 132.
[23] Patras, Odeion: PETSAS a. O. 163 Taf. 149 a. c; MICHAUD a. O. 630 Abb. 131. 133; GIULIANO-PALMA 17 Nr. 3 (IV b) Taf. 20, 48.
[24] Patras, Odeion: unpubl.
[25] Patras (1979 nicht aufgefunden): ASR III 3 S. 558 Nr. 146³; EA 1309; GIULIANO, Commercio 34 Nr. 83 (die Ausarbeitung der oberen Ornamente scheint, nach der Abbildung zu urteilen, nicht attisch zu sein).
[26] Tegea 3: ASR II 46; GIULIANO a. O. 36 Nr. 124 und S. 17; H. WIEGARTZ, Gnomon 37, 1965, 613. 615. 617; ASR XII 6 S. 64 f. Anm. 19.

Fragmente mit Girlanden[28] in TEGEA sind Nachahmungen attischer Sarkophage. In MESSENE ist ein Sarkophag mit Girlanden, die in der Mitte von einem Adler getragen werden, und mit Dachdeckel[29] sicher eine lokale Kopie nach einem attischen Vorbild. Fragmente mit Jagd sind nicht publiziert, also nicht zu beurteilen.[30] In der Nähe von KALAMATA ist ein Girlandensarkophag gefunden worden, der in roher Arbeit zwei Bögen trägt;[31] Verbindungen zu attischen Sarkophagen sind nicht zu erkennen. Bei METHONI ist ein Schiff untergegangen, das Sarkophage aus Assos geladen hatte, die wohl für den Westen bestimmt gewesen waren.[32]

In GYTHEION ist eine Reihe von Sarkophagen erhalten. Einmal handelt es sich um attischen Import.[33] Dann gibt es verschiedene Kopien nach attischen Sarkophagen, und zwar einen Girlandensarkophag, der sich relativ eng an die Vorbilder anschließt,[34] einen weiteren, der größeren Abstand zeigt,[35] einen Kasten mit Profilen oben und unten[36] und möglicherweise einen Klinendeckel.[37] Außerdem sind einige Ostotheken vorhanden, die meist Girlanden tragen;[38] sie sind lokale Einzelstücke.

Eine große Anzahl von Sarkophagen ist in SPARTA erhalten. Fast alle sind nicht publiziert. Darunter sind viele importierte attische Stücke.[39] In einheimischem Stein, und zwar in Marmor und Kalkstein, sind die attischen Vorbilder zahlreich nachgeahmt worden; diese Arbeiten sind daran zu erkennen, daß die attischen Formen vereinfacht und vergröbert sind. Zu nennen ist eine Reihe von Fragmenten mit Amazonenkämpfen in Sparta[40] und London,[41] die man wegen der Gestaltung der Ornamentzonen, der Erfassung der Bewegungen und der Ausführung von Körpern und Gewändern als lokale Arbeiten ansehen darf. Erotensarkophage sind durch einige

[27] Tegea, beim Tempel: A. K. ORLANDOS, ArchBM 12, 1973, 83 ff. Abb. 42 f.
[28] Tegea o. Nr.: unpubl.
[29] Messene, beim arkadischen Tor: GIULIANO a.O. 34 Nr. 78; H. WIEGARTZ, Gnomon 37, 1965, 613.615.617 (das eine dem Verf. zugängliche Exemplar ist eine getreue Kopie nach einem att. Vorbild); Giuliano-Palma 17 Nr. 2 (IV b).
[30] Messene, Mus.(?): GIULIANO a.O. 41 Nr. 186; WIEGARTZ a.O. 613.615. – Vgl. LE BAS – REINACH a.O. (s. oben Anm. 7) Taf. 93, 3 (von S.?).
[31] Kalamata, Benakeion Mus., aus Paliochora, dem antiken Abia: P. THEMELIS, ADelt 21 B 1, 1966, 163 Taf. 153 (mit Anm. 1 zu den Beifunden, darunter einer Münze Konstantins, die aber keinen Anhalt für die Datierung gibt).
[32] G. A. PAPATHANASOPOULOS, ADelt 18 B 1, 1963, 93 f. Taf. 108, 5; P. THROCKMORTON, Expedition 5, 2, 1964, 21 ff.; J. B. WARD-PERKINS, RendPontAcc 39, 1966/67, 129 ff.; ders., BMusBeyr 22, 1969, 129. – Hier Kapitel V 4.2.
[33] s. Kapitel IV 6.

[34] Gytheion o. Nr.: P. E. GIANNAKOPOULOS, To Gytheion (1966) 143 Abb. 47; BCH 82, 1958, 714; GIULIANO, Commercio 33 Nr. 72; ASR XII 6 S. 64 f. Anm. 19.
[35] Gytheion o. Nr.: GIANNAKOPOULOS a.O. 145 Abb. 48; BCH 81, 1957, 548; GIULIANO a.O. 33 Nr. 71; ASR XII 6 S. 64 f. Anm. 19.
[36] Gytheion o. Nr.: K. aus Kalkstein; unpubl.
[37] Gytheion o. Nr.: fragmentierter Klinendeckel, möglicherweise nicht att.; unpubl.
[38] Gytheion 96. 97 und o. Nr.: GIANNAKOPOULOS a.O. 177 f. Abb. 52–54.
[39] s. Kapitel IV 6.
[40] Sparta 35: ASR II 114; GIULIANO, Commercio 35 Nr. 93; GIULIANO-PALMA 24 Nr. 3. – Sparta 498: ASR II 128; GIULIANO a.O. 35 Nr. 96; GIULIANO-PALMA 24 Nr. 4. – Sparta (Nr.): ASR II 120; KALLIPOLITIS, Chron. 25 Nr. 129; GIULIANO a.O. 41 Nr. 189 (lokal ?). – Sicher attisch: Sparta 987: ASR II 121; GIULIANO a.O. 35 Nr. 99; GIULIANO-PALMA 24 Nr. 1.
[41] London 2304: ASR II 113; GIULIANO a.O. 35 Nr. 100; GIULIANO-PALMA 24 Nr. 2; M. COLEMAN – S. WALKER, Archaeometry 21, 1979, 108 ff.

402 Fragmente[42] und den Kasten mit Palästraszenen belegt;[43] bei diesem Stück ist besonders gut zu verfolgen, wie die attische Vorlage der Darstellung[44] und der Ornamente übernommen und umgestaltet und vereinfacht worden ist. Ein Fragment könnte zu einem dionysischen Sarkophag gehören und ebenfalls eine lokale Kopie sein.[45] Gir-
401 landensarkophage sind durch Fragmente in Sparta[46] und eine Langseite in Mistra[47] vertreten, die mit den Greifen in den zwei Girlandenbögen die Abhängigkeit von attischen Sarkophagen zeigt;[48] die attische Vorlage ist aber umgewandelt, da die Schmuckzone oben stark vereinfacht und die unten ganz weggelassen ist, die seitlichen Eroten nicht an den Ecken stehen und unter den Girlanden noch Löwen abgebildet sind. Schließlich ist noch ein Kasten mit Profilen am unteren und oberen Rand zu nennen, der in Mistra[49] eingemauert ist; er besteht aus nicht attischem Marmor. Eine größere Zahl von Klinendeckeln und Fragmenten[50] läßt sich ebenfalls als Kopien nach attischen Vorlagen bestimmen, da die Matratzen nicht in der typisch attischen Weise geschmückt und Einzelheiten vergröbert sind und auch einheimischer Stein verwandt worden ist. Ein Fragment eines Dachdeckels mit Blattziegeln[51] kann ebenfalls als Kopie nach einem attischen Deckel angesprochen werden.

Für die zeitliche Einordnung der lokalen Sarkophage in Sparta gibt es kaum Anhaltspunkte; die zu erschließenden Vorlagen könnten teilweise noch aus dem späten 2. Jh.,[52] sonst aus dem 3. Jh. n. Chr.[53] stammen.

Ein einziger Sarkophag fällt aus den zusammengestellten Stücken heraus; es handelt sich um einen Kasten,[54] der auf Vorder- und Nebenseiten niedrige langgestreckte Felder hat; in ihnen sind in flachem, recht feinem Relief Girlanden wiedergegeben, die an Stierschädeln hängen. Vorlagen oder Parallelen sind nicht bekannt. Es könnte sich um einen recht frühen Sarkophag handeln, eine genauere zeitliche Einordnung ist allerdings schwierig.

Auf den INSELN DER ÄGÄIS finden sich neben attischen Sarkophagen auch vereinzelt andere Exemplare. Auf PEPARETHOS (Skopelos) wird von einem Girlandensarkophag[55] und fünf Fragmenten eines weiteren[56] berichtet. Auf LESBOS sind einige Stücke bekannt, die vom nahegelegenen Assos importiert wurden;[57] ein bei Mesa gefunde-

---

[42] Sparta 538. 6257: unpubl.
[43] Sparta 708: GIULIANO a.O. 36 Nr. 112; H. WIEGARTZ, Gnomon 37, 1965, 615.
[44] Ostia 34. 34 A: HELBIG⁴ IV 3130; B. PALMA, Il sarcofago attico con tiaso di fanciulli dall' Isola Sacra (1974) Taf. 3.
[45] Sparta 30: KALLIPOLITIS, Chron. 27 Nr. 159; GIULIANO a.O. 36 Nr. 106; WIEGARTZ a.O. 615; ASR IV 1, 23.
[46] Sparta 48: GIULIANO a.O. 36 Nr. 109. – Sparta 6565. 6716: unpubl.
[47] Mistra (Neu-Mistra), Kirche Goubali: A. STRUCK, Mistra (1910) 64 Abb. 23; 72 Abb. 26 (falsche Ortsangabe).
[48] Vgl. z. B. G. DAUX, BCH 88, 1964, 692 Abb. 18.

[49] Mistra, Metropolis, Brunnen im Hof: unpubl.
[50] Sparta, alle o. Nr.: zwei fast vollständige Klinendeckel und etwa fünf Frgte; unpubl.
[51] Sparta o. Nr.: unpubl.
[52] z. B. Sparta 35. 48 und Mistra: s. oben Anm. 40. 46. 47.
[53] z. B. Sparta 708: s. oben Anm. 43.
[54] Sparta o. Nr.: H 0.77; L 1.76; T 0.84; graubläulicher Marmor; antik geflickt; unpubl.
[55] Skopelos, Panagia Eleutherotria: A. A. SAMPSON, He Nesos Skopelos (1968) 159 Nr. 4.
[56] Skopelos, Hg. Michael: SAMPSON a. O. 159 Nr. 3.
[57] R. KOLDEWEY, Die antiken Baureste der Insel Lesbos (1890) 10 (mit Zeichnung). – H.-G.

ner Kasten⁵⁸ besteht zwar auch aus vulkanischem Gestein, die Form des Girlandenschmucks setzt sich aber von den Exemplaren aus Assos ab, so daß man ihn als lokale Nachahmung eines Assos-Sarkophags bezeichnen darf. Eine fragmentierte Nebenseite mit einer Girlande, die von übereck gestellten Niken gehalten wird, bezeugt lokale Produktion in Marmor.⁵⁹ Schließlich ist noch ein Exemplar mit großer Tabula ansata zu nennen.⁶⁰ In CHIOS ist bisher nur ein marmorner Kasten mit Profilen unten und oben bekannt;⁶¹ der für den Kasten zu große, also ursprünglich nicht zugehörige Deckel ist wegen einer großen Öffnung auf der Oberseite hervorzuheben.⁶² Auf SAMOS ist eine Ostothek mit abbozzierten Girlanden gefunden, die eine lokale Nachahmung ephesischer abbozzierter Kästen ist.⁶³ Bei anderen Ostotheken wäre es möglich, daß sie aus Ephesos importiert wurden.⁶⁴

Von RHENEIA ist ein hellenistischer Sarkophag erhalten, weitere sind verloren.⁶⁵ In PAROS sind ein wohl hellenistischer Sarkophag und eine Gruppe recht ungewöhnlicher Stücke gefunden worden;⁶⁶ es handelt sich um marmorne Kästen, die vielleicht in hellenistischer Zeit als Sarkophage gedient haben und in die später verschiedenartige Grabreliefs eingemeißelt worden sind. Für die Form gibt es nur in Byzantion und dem benachbarten Bizanthe⁶⁷ und auf Rhodos⁶⁸ Parallelen; Paros geht aber zeitlich voraus. Die Sarkophage sind in den Zusammenhang der Grabreliefs der Kykladen eingeordnet und nach stilistischen und epigraphischen Gesichtspunkten datiert worden.⁶⁹ Das früheste Exemplar könnte im frühen 1. Jh. n. Chr. umgearbeitet worden sein,⁷⁰ wenig später ist ein anderes geschaffen, das vier kleine Reliefs in unregelmäßiger Anordnung zeigt;⁷¹ zwei Sarkophage mit jeweils sechs Reliefs, zwei wohl zusammengehörende Fragmente eines weiteren und ein kleiner Sarkophag mit nur einem Relief⁷² werden aus dem 2. Jh. stammen, während drei Fragmente⁷³ wohl in das

---

BUCHHOLZ, Methymna (1975) 65 (A 56a) Taf. 10c.

⁵⁸ Mytilene o. Nr.: H 0.69; L 2.08; T 0.86; unpubl.
⁵⁹ Mytilene o. Nr.: H 0.73; L 1.12; unpubl.
⁶⁰ T. C. ALIPRANTES, ADelt 27 B 2, 1972, 616 Taf. 576c.
⁶¹ Chios, Platz in der Altstadt in der Festung: unpubl.
⁶² Vgl. U. PESCHLOW, IstMitt 23/24, 1973/74, 225 ff.
⁶³ Samos – Vathy P 583: W. MARTINI, AA 1972, 299 f. Abb. 17. – Vgl. T. WIEGAND, AM 25, 1900, 211 Nr. 124.
⁶⁴ Vathy (Nr.?): INAth 76/819.
⁶⁵ M.-T. COUILLOUD, Exploration Archéol. de Délos XXX (1974) 83 Nr. 58; 225 ff. Taf. 10.
⁶⁶ Zum hellenistischen Monument: O. RUBENSOHN, JdI 50, 1935, 66 f. Abb. 11 f. – Zu den Sarkophagen: M.-T. COUILLOUD, BCH 98, 1974, 402 ff. Nr. A–F; 467 Nr. 67 Abb. 67; 481 Nr. 89 Abb. 80; 483 Nr. 91 Abb. 82. – P. M.

FRASER, The Rhodian Funerary Monuments (1977) 162 Anm. 411; 170 note 411. – H. HERDEJÜRGEN, JdI 96, 1981, 424 ff.
⁶⁷ N. FIRATLI – L. ROBERT, Les stèles funéraires de Byzance gréco-romaine (1964) 28 f. 118 ff. Nr. 198–206. – E. KALINKA, ÖJh 23, 1926, Beibl. 134 ff. Nr. 31 Abb. 13; PFUHL-MÖBIUS I 95 Nr. 182 Taf. 39; N. ASGARI, AA 1977, 375 (Tekirdağ B).
⁶⁸ s. unten Anm. 81.
⁶⁹ s. oben Anm. 66 (COUILLOUD). – Nachtrag: spätere Datierung vertritt HERDEJÜRGEN a.O. 425 f. Anm. 38.
⁷⁰ COUILLOUD a.O. (s. oben Anm. 66) 407 Abb. 5 (Nr. A).
⁷¹ COUILLOUD a.O. 405 f. Nr. B; INR 62. 1895.
⁷² COUILLOUD a.O. 407 ff. Abb. 6 (Nr. C). Abb. 7 (Nr. D). Abb. 8 (Nr. E). Abb. 9 (Nr. F).
⁷³ COUILLOUD a O. 467 Nr. 67 Abb. 67; 481 Nr. 89 Abb. 80; 483 Nr. 91 Abb. 82.

3. Jh. n. Chr. zu datieren sind. Ein Fragment einer Langseite in NAXOS[74] zeigt zwei Felder mit Kastenrahmung, in denen Gorgoköpfe wiedergegeben sind; Parallelen dafür sind in Griechenland nicht bekannt, jedoch beispielsweise in Bithynien;[75] die Ausführung ist dort jedoch anders, es brauchen also keine Beziehungen zwischen den Stücken zu bestehen. In SIPHNOS ist die rechte Nebenseite eines Girlandensarkophages erhalten;[76] auf der Vorderseite steht eine Nike auf einer vorspringenden Konsole, an der Girlande hängt eine dicke Traube und im Bogen ist ein Kopf wiedergegeben, alles Züge, die für Kleinasien typisch sind. Von KOS sind eine Ostothek mit abbozzierten Girlanden[77] und ein Sarkophag mit demselben Schmuck[78] bekannt. In RHODOS sind einige wohl hellenistische und vielleicht frühkaiserzeitliche Ostotheken und ein schmuckloser Sarkophag,[79] ein ungewöhnliches Grabmonument, nämlich eine Kline auf hoher Basis,[80] eine fragmentierte Langseite mit kleinen Reliefs,[81] die mit den Stücken von Paros zu verbinden ist, als einheimische Werke erhalten. Es gibt einigen Import attischer Sarkophage[82] und zwei Beispiele an Ostotheken von Pamphylien,[83] die vielleicht schon in der Antike auf die Insel gekommen sind.

In KRETA sind verschiedene Fundorte belegt. Aus HIERAPYTNA stammen die Fragmente eines singulären Säulensarkophages, die jetzt in Istanbul aufbewahrt werden;[84] die kleinasiatischen Vorlagen, nämlich frühe Säulensarkophage der Hauptgruppe mit Bogenarkade und Sockelfries,[85] sind in einzigartiger Weise lokal abgewandelt; auch die Darstellung hat keine Parallele auf anderen Sarkophagen.[86] In Hierapytna wurde auch der Girlandensarkophag in London gefunden,[87] der wohl kein attisches Original, sondern eine lokale Arbeit ist.[88] Ein Problem stellen zwei Fragmente mit Gorgoköpfen und Resten der Girlanden in London und Oslo,[89] die wohl von einem Girlandensarkophag stammen; der überlieferte Fundort des einen, Kydonia, ist nicht gesichert und auch unwahrscheinlich, der Sarkophag könnte aus Kleinasien kommen.[90]

[74] Naxos (Nr.?): INAth 77/711 A.
[75] z. B. B. GRAEF, AM 17, 1892, 80 ff. Taf. 5. – s. Kapitel V 4.1.
[76] K. TSAKOS, ADelt 25 B 2, 1970, 431 Taf. 376 b.
[77] Kos, Festung: unpubl.
[78] Kos, Platz der sog. Platane des Hippokrates: Unpubl.
[79] P. M. FRASER, Rhodian Funerary Monuments (1977) 12 f. Abb. 24 ff. G. KONSTANTINOPOULOS, ADelt 20 B 2, 1965, 598 f. Taf. 760. 761 c. d.
[80] G. KONSTANTINOPOULOS, ADelt 22 B 2, 1967, 538 Taf. 395, 2; H. WREDE, AA 1977, 427 Anm. 265.
[81] Rhodos 13603: PFUHL-MÖBIUS I 167 Nr. 553 Taf. 87; G. KONSTANTINOPOULOS, Die Museen von Rhodos I. Das archäologische Museum (1977) 39 Nr. 46 Abb. 49; H. HERDEJÜRGEN, JdI 96, 1981, 425 Anm. 37.
[82] s. Kapitel IV 6.

[83] Rhodos (Nr.?): N. HIMMELMANN, RDAC 1970, 148; KONSTANTINOPOULOS a. O. (s. oben Anm. 81) 44 f. Nr. 55. 62 Abb. 58. 62.
[84] Istanbul 665: MENDEL I 135 ff. Nr. 40; G. RODENWALDT, RM 38/39, 1923/24, 6; ders., Gnomon 1, 1925, 124; ders. AA 1933, 49.
[85] Vgl. z. B. WIEGARTZ, Säulens. 168 (Rom A).
[86] K. SCHAUENBURG, JdI 81, 1966, 301 mit Anm. 41; F. DUNAND, Le culte d'Isis dans le bassin oriental de la Méditerranée II (1973) 208 ff. Taf. 27/28; J.-C. GRENIER, Annubis alexandrin et romain (1977) 151 Nr. 235 Taf. 25.
[87] London 2324: GIULIANO, Commercio 54 Nr. 317; WIEGARTZ, Myra 208 f. Anm. 255; GIULIANO-PALMA 16 Nr. 1.
[88] M. COLEMAN – S. WALKER, Archaeometry 21, 1979, 108 ff.
[89] London 2334 und Oslo 107: B. F. COOK, GettyMusJ 1, 1974, 33 ff.
[90] COOK a. O. 35.

Aus Kreta stammt vielleicht auch das Fragment eines Dachdeckels in London,[91] das als Kopie nach einem attischen Stück anzusehen ist. Aus GORTYN sind einige Girlandensarkophage bekannt,[92] die sich mit ihren drei Bögen und teilweise auch Anhängern an ihnen an östliche Vorlagen anlehnen. Schließlich ist noch ein Kasten in HERAKLEION zu nennen,[93] für den es keinerlei Parallele gibt; er hat die Form eines Klinen-Unterbaus mit Säulen an den Ecken; auf Vorder- und Nebenseiten fällt ein Tuch herab; wie bei einem Totenmahlrelief sind ein Tisch, ein Korb mit Deckel und verschiedene Dienerfiguren, außerdem ein stehendes Totengerippe vorhanden. Es fällt auf, daß die in Kreta recht zahlreich vorhandenen attischen Sarkophage nicht lokal kopiert worden sind.

Zusammenfassend läßt sich für Achaia, die Ägäisinseln und Kreta feststellen, daß sich zwar verstreut eine ganze Reihe von Sarkophagen findet, es aber nirgends eine eigenständige Produktion größeren Umfanges gegeben hat. In der Regel handelt es sich um mehr oder weniger freie Nachahmungen attischer Sarkophage, auf den Inseln auch kleinasiatischer Formen. Nur in Sparta gibt es zahlreiche Stücke, die man aber nicht zu einer Werkstatt zusammenschließen kann; sie stehen fast alle in attischer Tradition. Lediglich die Exemplare von Paros kann man als typisch für die Insel ansehen.

---

[91] London 2336: SMITH, Cat. Sculpt. III 2336; nach Mitteilung von S. Walker ‚from Crete, apparently brought by Captain Spratt'.
[92] Gortyn (Hg. Deka), Magazin: unpubl.
[93] Herakleion 8: ALTMANN, Architectur 39 ff. Abb. 13 Taf. 1; E. R. GOODENOUGH, Jewish Symbols in the Greco-Roman Period VII (1958) 35 Abb. 21; S. ALEXIOU, Führer durch das Archäologische Museum von Herakleion (1969) 134.

IV. ATHEN – DIE ATTISCHEN SARKOPHAGE

F. Matz d. Ält., AZ 30, 1873, 11 ff. – Altmann, Architectur 86 ff. – J. D. Young, AJA 26, 1922, 430 ff. – A. L. Pietrogrande, AfrIt 3, 1930, 107 ff. – G. Rodenwaldt, JdI 45, 1930, 116 ff. – F. P. Johnson, Corinth IX. Sculpture (1931) 114 ff. – Matz, MW 80 ff. – Kallipolitis, Chron. (1958); dazu: F. Matz, Gnomon 31, 1959, 693 ff. – N. Himmelmann-Wildschütz, MarbWPr 1959, 25 ff. – Giuliano, Commercio (1962 [hier = Giul.]); dazu: H. Wiegartz, Gnomon 37, 1965, 612 ff. – F. Matz, ASR IV 1 (1968) S. 83 ff. – Wiegartz, Marmorhandel (1974) 347 ff. – Wiegartz, Myra (1975) 162 ff. – H. Wiegartz, AA 1977, 383 ff. – Giuliano-Palma (1978).

Einige der ‚attischen' Sarkophage, nämlich Exemplare, die in der Kaiserzeit nach Italien exportiert worden sind, waren schon seit langer Zeit zugänglich.[1] Erst im Jahre 1873 erkannte jedoch F. Matz d. Ält., daß sie sich als eigene Gruppe von den stadtrömischen Sarkophagen absetzen;[2] er stellte eine ganze Reihe von Beispielen zusammen, und zwar frühe aus dem 2. Jh. und späte aus dem 3. Jh. n. Chr., die er als ‚griechische' Sarkophage bezeichnete. C. Robert übernahm in den beiden ersten Bänden der mythologischen Sarkophage, die 1890 und 1897 erschienen sind, diese Einteilung und sprach von ‚griechischen' und ‚römischen' Sarkophagen;[3] die nach dem ‚Stilwandel' im 3. Jh. n. Chr. entstandenen Stücke, die sich von den frühen stilistisch stark absetzen, bezeichnete er als ‚griechisch-römisch'. W. Altmann führte dann 1902 aus,[4] daß auch diese Gruppe wahrscheinlich griechischen Ursprungs sei; er nannte Athen als den Ort der Herstellung der griechischen Sarkophage. Den Unterschied wertete er allerdings nicht chronologisch, sondern hielt die ‚griechischen' Sarkophage für den „vornehmen Typus", während die ‚griechisch-römischen' dem „vulgären Geschmack Rechnung tragen, vielleicht für römische Käufer bestimmt sind", wie er schrieb.

Damit hatte man erkannt, daß es neben Rom ein zweites Zentrum der Produktion kaiserzeitlicher Sarkophage gab, nämlich Athen, und daß sich die ‚attischen' Sarkophage durch stilistische Eigenarten von den stadtrömischen Exemplaren absetzen. Seit dem Vorschlag von G. Rodenwaldt aus dem Jahre 1930 hat sich für diese Gruppe die Bezeichnung ‚attische' Sarkophage durchgesetzt.[5] Die Lokalisierung der attischen, aus pentelischem Marmor hergestellten Sarkophage in Athen ist von der Forschung nicht in Frage gestellt worden.[6] Gelegentlich hat man Zweigwerkstätten ausgewanderter at-

---

[1] z. B. wurde der Achills. ASR II 25 vor 1594 bei Rom gefunden; ein Erotens. (Giul. Nr. 469) wurde von D. Ghirlandaio in einem Fresko in Florenz wiedergegeben; ein anderer Erotens. (Giul. Nr. 430) war früher im Pal. Giustiniani in Rom; ein dionysischer S. (ASR IV 1, 9) befand sich ebenfalls in Rom; vgl. das Relief G. Koch, AA 1975, 550 ff. Abb. 32.

[2] F. Matz, AZ 30, 1873, 11 ff. – Vgl. auch die Bemerkungen von E. Gerhard, Archäologisches Intelligenzblatt 1837, 92 ff.

[3] C. Robert, ASR II S. 22 f. 76 f.; III 1 S. 115.

[4] Altmann, Architectur 86 f.

[5] G. Rodenwaldt, JdI 45, 1930, 124.

[6] Vgl. G. Rodenwaldt, JdI 67, 1952, 31 f. Anm. 4 zu dem dort zitierten Vorschlag von E. Weigand, die Gruppe als ‚griechisch' oder ‚helladisch' zu bezeichnen. – Matz, MW 81 Anm. 163.

Allgemeines

tischer Bildhauer in verschiedenen Orten vermutet, doch sind sie bisher nicht nachgewiesen worden.[7] Die attischen Sarkophage wurden vielmehr in oder bei Athen hergestellt und in großer Zahl in ausgearbeitetem Zustand exportiert;[8] in den Provinzen gibt es allerdings lokale Kopien nach attischen Sarkophagen.[9] Die attischen Sarkophage sind eng mit anderen plastischen Werken verbunden, die in Athen gearbeitet worden sind.[10]

Das Material an attischen Sarkophagen wurde vor allem durch J. D. Young,[11] F. P. Johnson,[12] J. M. C. Toynbee[13] und A. L. Pietrogrande[14] vermehrt, und bei den Publikationen wurden wichtige Einzelbeobachtungen gemacht. Doch erst G. Rodenwaldt hat gezeigt,[15] daß sich an die attischen Sarkophage mit kunstgeschichtlichen Methoden herangehen läßt. Seine Untersuchungen haben die Wege für die spätere Forschung geebnet. Die Vorlage der attischen Sarkophage durch seinen Schüler H. Lange ist nicht zum Abschluß gekommen.[16]

Schon W. Altmann und C. Robert hatten die stilistischen Unterschiede zwischen den frühen Sarkophagen des 2. Jhs. und den späten des 3. Jhs. n. Chr. gesehen und beschrieben, jedoch nicht chronologisch gewertet. Auch G. Rodenwaldt hat sie bemerkt und dann anhand der Jagdsarkophage in Athen und Budapest auf die unterschiedliche Art der Reliefwiedergabe und „die Entwicklung der attischen Sarkophagkunst von einer klassizistischen Haltung im 2. Jh. zu der barocken Figurenfülle der ersten Hälfte des 3. Jhs." hingewiesen.[17] F. Matz und N. Himmelmann-Wildschütz[18] haben die Eigenarten des ‚Stilwandels' bei den attischen Sarkophagen, der sich in den Jahren um 200 n. Chr. abspielte, herausgearbeitet; damit wurde die Grundlage geschaffen für eine kunstgeschichtliche Bearbeitung der attischen Sarkophage, die durch H. Wiegartz im Rahmen des Sarkophagcorpus erfolgen soll.[19] Allerdings haben sich die Ergebnisse bis heute nur wenig durchgesetzt, so daß attische Sarkophage immer wieder falsch beurteilt werden.[20] An neuen Beiträgen über attische Sarkophage sind vor allem

---

[7] G. RODENWALDT, JdI 67, 1952, 31 f. Anm. 4. H. WIEGARTZ, Gnomon 37, 1965, 613 f.

[8] RODENWALDT a. O. 31 Anm. 4. WIEGARTZ a. O. 613 f.

[9] WIEGARTZ a. O. 613 ff. – s. unten das Kapitel ‚Kopien nach attischen Sarkophagen'.

[10] RODENWALDT a. O. 31 Anm. 4. W. FUCHS, Die Vorbilder der neuattischen Reliefs (20. Ergh. JdI, 1959) 183. H. WIEGARTZ, AA 1971, 97 f. Ders., AA 1977, 383. G. KOCH, AA 1978, 116 ff., bes. 121 ff.

[11] J. D. YOUNG, AJA 26, 1922, 430 ff.

[12] F. P. JOHNSON, Corinth IX. Sculpture (1931) 114 ff.

[13] TOYNBEE 220 ff.

[14] A. L. PIETROGRANDE, AfrIt 3, 1930, 107 ff.

[15] G. RODENWALDT, JdI 45, 1930, 116 ff. Ders., JHS 53, 1933, 181 ff. Ders., JdI 67, 1952, 31 ff.

[16] G. RODENWALDT, JdI 45, 1930, 124 Anm. 2. Ders., JdI 67, 1952, 31 Anm. 4. F. MATZ, Gnomon 31, 1959, 693 f.

[17] G. RODENWALDT, JdI 67, 1952, 41.

[18] MATZ a. O. 695 ff. N. HIMMELMANN-WILDSCHÜTZ, MarbWPr 1959, 25 ff.

[19] B. ANDREAE, AA 1977, 478 (Band IX 1 des Sarkophagcorpus).

[20] z. B. R. BIANCHI BANDINELLI, Rom. Das Zentrum der Macht (1970) 260 Abb. 289; 421 (Datierung des Erotens. in Ostia in die Zeit 120–40 n. Chr.). Zahlreiche Datierungen in der Tabelle bei GIULIANO-PALMA 58 f. (z. B. Iudicium Orestis in Thessaloniki, Schiffskampf in Venedig, Schlacht in Ptolemais, Achill in London, Meleager in Eleusis, Eroten in Ostia und Princeton und viele andere).

die Listen von B. G. Kallipolitis[21] und A. Giuliano,[22] die Rezensionen dazu von F. Matz[23] und H. Wiegartz,[24] Arbeiten von J. B. Ward Perkins,[25] F. Matz,[26] M. Chéhab,[27] N. Himmelmann,[28] I. I. Saverkina[29] und H. Gabelmann[30] sowie die auf breiter Materialkenntnis beruhenden Studien von H. Wiegartz[31] zu nennen. A. Giuliano und B. Palma haben versucht, Werkstätten und Meister zu scheiden und viele Stücke chronologisch einzuordnen, doch bedürften die meisten Vorschläge der Diskussion.[32] Da die attischen Sarkophage zum überwiegenden Teil nur unzureichend oder gar nicht publiziert sind, läßt sich diese bedeutende Gattung kaiserzeitlicher Plastik nur in vorläufiger Weise beurteilen.

Nur in seltenen Fällen sind wir unterrichtet, wie die Sarkophage in Athen und der Umgebung in Achaia aufgestellt waren. Nach der Form sind die attischen Sarkophage mit Dachdeckel als Häuser der Toten zu verstehen; bisher ist aber nicht nachgewiesen, daß attische Sarkophage sich im Freien, etwa an einer Gräberstraße, befanden. Beispielsweise in Kephissia, Delphi, Photike bei Paramythia, angeblich auch in Ladochori bei Igoumenitsa, ferner in Aphysou bei Sparta und in Hierapytna sind Grabgebäude mit Sarkophagen gefunden worden.[33]

Bei der Behandlung der attischen Sarkophage sollen zunächst die Besonderheiten der Formen und die Technik der Herstellung kurz erörtert werden; anschließend werden die Themen einzeln besprochen; dann wird auf die Vorbilder der Darstellungen, die Grundlagen der Chronologie und das Problem der Werkstätten und schließlich den Export und die Kopien nach attischen Sarkophagen in den Provinzen des römischen Reiches eingegangen.

[21] KALLIPOLITIS, Chron. (1958).
[22] GIULIANO, Commercio (1962).
[23] F. MATZ, Gnomon 31, 1959, 693 ff.
[24] H. WIEGARTZ, Gnomon 37, 1965, 612 ff.
[25] J. B. WARD PERKINS, JHS 46, 1956, 10 ff.
[26] MATZ, MW 80 ff. Ders., ASR IV 1 (1968) S. 83 ff.
[27] M. CHÉHAB, BMusBeyr 21, 1968, 1 ff.
[28] HIMMELMANN, Megiste (1970). Ders., Antakya (1970).
[29] Zusammengefaßt in SAVERKINA, Ermitage 15 ff. Ferner: I. I. SAVERKINA, TrudyErmit 13, 1972, 135 ff.
[30] GABELMANN, Werkstattgruppen 13 ff.
[31] WIEGARTZ, Marmorhandel (1974) 347 ff. Ders., Myra (1975) 162 ff. Ders., AA 1977, 383 ff.

[32] GIULIANO-PALMA (1978). Dazu: G. KOCH, BJb 182, 1982.
[33] Kephissia: A. TSCHIRA, AA 1948/49, 83 ff. (mit Vorlage einer Grabkammer in Chalandri, in der allerdings keine Sarkophage gefunden wurden); H. WIEGARTZ, Gnomon 37, 1965, 616. – Delphi: M.-A. ZAGDOUN, Fouilles de Delphes IV 6 (1977) 109 ff. (Grundriß des Grabes Abb. 119 n. S. 126). – Photike bei Paramythia: I. P. BOKOTOPOULOS, Hodegos Mouseiou Ioanninon (1973) 92. – Ladochori bei Igoumenitsa: unpubl. Fund von zwei S. und einem Klinendeckel, angeblich aus einem Grabgebäude; Ioannina 6176 (Achills.). 6177 (dionys. S.). 6179 (Klinendeckel). – Aphysou: A. ORLANDOS, Ergon 1963, 102 ff.; G. DAUX, BCH 88, 1964, 730 f. – Hierapytna: ASR II S. 31.

IV. 1. FORMEN

Die frühen attischen Sarkophage haben die Form eines kleinen Hauses, das für den oder die Verstorbenen bestimmt war.[1] Der Kasten ist allseits mit Reliefs geschmückt; es gibt nur sehr wenige Ausnahmen, bei denen eine oder drei Seiten glatt gelassen sind.[2] Auf der Vorder- und einer Nebenseite ist das Relief in gleicher Weise ausgeführt; die zweite Nebenseite ist etwas, die Rückseite noch stärker vernachlässigt.[3] Nur bei vereinzelten Beispielen finden sich andere Lösungen.[4]

In der Regel handelt es sich um Sarkophage, die für Erwachsene bestimmt waren. Nur unter den frühen Exemplaren gibt es eine Reihe von Ostotheken; sie tragen meist Girlanden,[5] selten Eroten[6] als Schmuck; als Ausnahme ist eine Ostothek mit Eroten zu nennen, die aus dem frühen 3. Jh. n. Chr. stammt.[7]

Die Kästen haben andere Proportionen als die stadtrömischen Beispiele; sie sind nämlich etwas höher; bei den späteren Exemplaren nimmt die Höhe noch leicht zu.

Am Sockel und am oberen Abschluß des Kastens sind Schmuckzonen vorhanden. Bei frühen Sarkophagen handelt es sich um einen ausladenden Sockel mit schlichten Profilen und um entsprechende Profile am oberen Rand, die den Übergang zu einer glatten, vorspringenden Leiste bilden;[8] eine derartige Gliederung ist bei Girlandensarkophagen vorhanden.[9] Für die figürlichen Friese, die um 150 n. Chr. eingeführt wurden, war eine Standleiste notwendig;[10] es gibt verschiedene Versuche, sie in den Sockel einzubeziehen.[11] Noch in mittelantoninischer Zeit ist die Form gefunden worden, bei der die Standleiste mit dem Sockel zu einer breiten Zone verbunden wurde; in ihr bleibt häufig das geschwungene Profil als Entsprechung zum oberen Abschluß erhalten; es gibt aber auch Beispiele, die Blattwerk oder Ranken zwischen den Streifen tragen; die Sockelecken sind durch Postamente mit verschiedenartigem Schmuck betont,[12] die die Basen für die Eckfiguren bilden. Diese Lösung hält sich

---

[1] WIEGARTZ, Marmorhandel 361. Ders., Myra 186. Ders., AA 1977, 385. – Nach GABELMANN, Werkstattgruppen 17 ff., soll es sich um ein ‚Postament' handeln.

[2] WIEGARTZ, Marmorhandel 360 ff. – Istanbul 1417: ASR IV 1, 1 Taf. 1. – Athen, NM 1184: GIUL. Nr. 12; WIEGARTZ, Myra 176 Anm. 94; 182; 209 Anm. 259. – Patras: GIUL. Nr. 81. – Athen, NM 3331: GIUL. Nr. 406.

[3] F. EICHLER, ÖJh 36, 1946, 84. WIEGARTZ, Marmorhandel 348 ff. 356 ff.

[4] z. B. Delphi: ASR XII 6, 166 Taf. 131 (beide Nss. wie Vs. ausgeführt). – Eleusis: ASR XII 6, 170 Taf. 136 a-c (vorderer Teil der Ns. vollständig ausgeführt, hinterer Teil vernachlässigt). – Antakya 9576: HIMMELMANN, Antakya 15 ff.

[5] z. B. Athen, NM 1188. 1190. 1191: GIUL. Nr. 408. 407. 154. – London 2326: GIUL. Nr. 341. – Vgl. hier Kapitel IV 3.8.1, Liste der Girlandens. Nr. 1 ff. – Zu Ostotheken: HIMMELMANN, Megiste 15 ff.; WIEGARTZ, Myra 212 f. Anm. 283.

[6] Athen, beim Hephaisteion: GIUL. Nr. 152. – Athen, NM 3331: GIUL. Nr. 406. – Etwas größer: Thessaloniki 1248: GIUL. Nr. 234.

[7] Kyrene: GIUL. Nr. 326.

[8] WIEGARTZ, Myra 171 ff. Ders., AA 1977, 385 f.

[9] z. B. GIULIANO-PALMA Taf. 3, 5. 6.

[10] H. WIEGARTZ, AA 1977, 385 f. Abb. 61/62. – z. B. GIULIANO-PALMA Taf. 2, 3. 4.

[11] WIEGARTZ, Myra 172. Ders., AA 1977, 385 f. mit Anm. 75. 76. – z. B. GIULIANO-PALMA Taf. 4, 7.

[12] WIEGARTZ a. O. 385 f. – z. B. GIULIANO-PALMA Taf. 5, 12; 7, 15. 16; 8, 17. 18; 12, 27. 29; 13, 30. 32; 14, 33. 34; 22, 55. – Zur Sonderform mit gedrehtem Rundstab: G. KOCH, ASR XII 6

vereinzelt bis in die Spätzeit der attischen Sarkophage.¹³ Seit dem frühen 3. Jh. n. Chr. werden allerdings bei vielen Exemplaren die einzelnen Ornamentleisten des Sockels zu einem durchgehenden, in der Waagerechten etwas gegliederten Band zusammengezogen.¹⁴ Diese Änderung ist im Zusammenhang mit dem ‚Stilwandel' zu sehen, durch den die Friese mit Figuren gefüllt und mit Sockel und oberer Leiste verschmolzen werden. In zwei Fällen ist ein Sockelfries vorhanden.¹⁵ Bei einigen frühen Exemplaren ist unten nur eine undekorierte Leiste.¹⁶

Die Friese haben rahmende Gestalten, die sich zu Eckfiguren entwickeln; anfangs sind sie Teil der Darstellung; mit der Umdeutung der Sarkophagform vom Haus des Toten zur Kline werden sie zu Stützfiguren.¹⁷ Gelegentlich gibt es Pilaster an den Ecken.¹⁸

Die profilierten Streifen am oberen Rand bekommen um 150 n. Chr. Ornamente; häufig handelt es sich um eine Abfolge von Perlstab, Eierstab, lesbischem Kyma und glatter Leiste, die den vorher undekorierten Profilen entsprechen;¹⁹ es gibt aber auch viele Beispiele, die anderen Schmuck zeigen.²⁰ Es muß dem Band des Sarkophagcorpus über die attischen Sarkophage vorbehalten bleiben, alle Variationen der Ornamente an Sockel und oberer Leiste zu verzeichnen und sie zeitlich festzulegen.²¹ Im späteren 2. Jh. wird die obere Leiste mit Ranken oder einem Mäandermuster verziert; im 3. Jh. n. Chr. ist ein Rankenwerk beliebt, in das Lebewesen eingefügt sind.²² Die Ecken über den Karyatiden werden abgesetzt.²³ Einige Zeit nach dem ‚Stilwandel', also nach 200 n. Chr., werden die einzelnen Streifen zusammengezogen; es findet sich häufig eine Folge von Akanthusblättern auf einem geschwungenen Profil und darüber eine mit Ornamenten versehene Leiste.²⁴ Allerdings halten sich die frühen Formen in einzelnen Fällen bis in die Spätzeit der Sarkophage.²⁵ Bei einigen wenigen Exemplaren findet sich anderer Schmuck an der oberen Zone: Girlanden, die an Tierköpfen²⁶ oder -schädeln²⁷ hängen oder Konsolen und Gorgoköpfe.²⁸

S. 140 Anm. 5; WIEGARTZ, Myra 173 f. (die Zahl läßt sich noch erhöhen). – Weitere Sonderform: GIULIANO-PALMA Taf. 53, 131.

¹³ z. B. GIULIANO-PALMA Taf. 37, 93; 45, 109; 47, 112. 114; 48, 117; 53, 153.

¹⁴ H. WIEGARTZ, AA 1977, 387. – z. B. GIULIANO-PALMA Taf. 24, 60; 31, 74; 35, 84; 40, 98; 42, 101; 43, 104; 44, 110. 111; 54, 134; 59, 144; 60, 146.

¹⁵ Patras: G. KOCH, AA 1975, 545 ff. Abb. 29. 30 d. – Gortyn: GIUL. Nr. 315.

¹⁶ z. B. ASR IV 1, 5 Taf. 6, 1; 7 Taf. 8. – REINACH, RR II 405, 1. – GIUL. Nr. 27.

¹⁷ H. WIEGARTZ, AA 1977, 386.

¹⁸ z. B. ASR II 20. 21. – GIULIANO-PALMA Taf. 22.

¹⁹ z. B. GIULIANO-PALMA Taf. 7, 16; 8, 17. 18.

²⁰ z. B. GIULIANO-PALMA Taf. 5, 12; 9, 20; 12, 27; 14, 33; 16, 39; 53, 131. – B. G. KALLIPO-

LITIS, AEphem 1961, Parart. 5 ff. Taf. 3, 2–4 (dazu: WALTER, Akropolismus. 225 Nr. 456).

²¹ WIEGARTZ, Myra 162. – Die Arbeit von C. HAAS, Die Ornamentik der attischen Sarkophage der römischen Kaiserzeit, ungedr. Diss. Wien 1959 (vgl. H. KENNER, ÖJh 46, 1961–63, 49 Anm. 127) ist dem Verf. nicht zugänglich.

²² WIEGARTZ, Myra 175. 188 f. – Zahlreiche Beispiele, z. B. GIULIANO-PALMA Taf. 5, 12; 11, 24. 26; 13, 30. 32; 15, 36; 18, 42; 22, 55; 26, 64; 28, 68. 69; 31, 74; 53, 131; 63, 153.

²³ z. B. GIULIANO-PALMA Taf. 11, 24; 16, 39; 19, 45.

²⁴ WIEGARTZ, Myra 204 f. – z. B. GIULIANO-PALMA Taf. 26, 64; 27, 67; 28, 69; 30, 72; 31, 74; 43, 103; 47, 114; 57; 59.

²⁵ z. B. GIULIANO-PALMA Taf. 15, 36; 33, 81; 34, 82; 36, 93; 63, 153.

²⁶ z. B. GIULIANO-PALMA Taf. 24, 60.

An Sonderformen sind Beispiele mit allseits umlaufender, profilierter Rahmung zu nennen: ein Kasten mit jagenden Kentauren in Marseille und eine der Langseiten des Ledasarkophages in Kephissia, die Meerwesen trägt.[29] Weitere Sonderformen sind Exemplare in Gestalt einer Kline, bei denen eine Riefeldekoration oder ein Weingeranke mit traubenlesenden Eroten zwischen den Beinen wiedergegeben ist.[30]   473 477/78 452/53

Oben auf dem Rand ist ein Steg vorhanden, der an der Innenseite nach oben steht; er gibt dem Deckel, der in der Regel nicht mit dem Kasten verklammert wurde, festen Halt.[31]

Die Deckel haben bei den frühen Sarkophagen die Form eines Daches; die Langseiten tragen kleine Blattziegel;[32] nur in Ausnahmefällen sind die Flächen glatt.[33] Es sind recht kleine Eckakrotere vorhanden; sie sind verschiedene Male mit Palmetten geschmückt.[34] In den Giebeln finden sich Schilde, Blüten, verschiedenartige Tiere, Satyrn an einem Krater, Löwen-Stier-Gruppen und andere Motive;[35] bei frühen Deckeln sind die Giebel nicht verziert. Die untere, zum Sarkophagkasten zurückschwingende Zone ist vielfach glatt, mehrfach aber auch mit Ornamenten versehen.[36] Die Neigung des Daches ändert sich im Laufe der Zeit leicht; bei früheren Exemplaren ist das Dach verhältnismäßig niedrig und bei späteren höher. Die dachförmigen Deckel werden im letzten Viertel des 2. Jhs. von Deckeln in Form einer Kline abgelöst, die um 180 n. Chr. aufkommen.[37] Es gibt einige Übergangslösungen, nämlich Dachdeckel, die an den Schmalseiten attikaförmige Zonen haben,[38] und Deckel in Form einer Attika.[39]   429.454 420 436 419

Die Klinendeckel verdrängen seit etwa Anfang des 3. Jhs. n. Chr., von sehr wenigen Ausnahmen abgesehen, die Dachdeckel völlig. Für sie hat sich eine Form herausgebildet, die typisch ist für die attischen Sarkophage. Anregungen haben wahrscheinlich die Klinendeckel der kleinasiatischen Hauptgruppe gegeben.[40] Die Klinendeckel ermöglichten es, einem lagernden Paar einen repräsentativen Platz zu geben, an dem es mit Porträtköpfen abgebildet werden konnte;[41] die figürlichen Friese der attischen Sarkophage boten dazu keinen Raum, da auf ihnen der mythische Bereich nicht mit   413.414

---

[27] z. B. GIULIANO-PALMA Taf. 28, 68.
[28] z. B. F. EICHLER, JdI 59/60, 1944/45, 129 Nr. 2. 5. – GIUL Nr. 190. – GIULIANO-PALMA Taf. 49, 120 (dazu WIEGARTZ, Myra 188 Anm. 157). – Vgl. auch Istanbul 83: MENDEL I 84 f. Nr. 16 (Vs.); GIUL Nr. 465.
[29] Marseille: GIUL. Nr. 346. – Kephissia: ASR II 9 c.
[30] s. unten Kapitel IV 3.8.5.
[31] G. RODENWALDT, Der Sarkophag Caffarelli, 83. BWPr (1925) 5.
[32] WIEGARTZ, Myra 208 ff. – z. B. GIULIANO-PALMA Taf. 2, 4; 4, 7; 20, 47.
[33] WIEGARTZ, Myra 209.
[34] z. B. GIULIANO-PALMA Taf. 4, 7. – ASR II 20.

[35] z. B. ASR II 20; ASR IV 1, 3 Beil. 2; 7 Taf. 9, 2; 8 Taf. 11; 14 Taf. 26, 5. – H. v. EFFENTERRE, BCH 100, 1976, 534 f. Abb. 11. 12. 14. – U. PESCHLOW, AW 1975, 4, 27 Abb. 22.
[36] WIEGARTZ, Myra 208 f. – z. B. GIULIANO-PALMA Taf. 8, 18. – ASR II 20.
[37] WIEGARTZ, Myra 188 f. 219. Ders., AA 1977, 386.
[38] HIMMELMANN, Antakya 13 f. WIEGARTZ, Myra 189 Anm. 162. – Dazu: P. LAZARIDES, ADelt 26 B 1, 1971, 279 Taf. 242, 3. 4 (Skyros). – Vgl. auch Athen 1187: GIUL. Nr. 86.
[39] WIEGARTZ, Myra 189 Anm. 162.
[40] WIEGARTZ, Myra 188 f.
[41] WIEGARTZ, Säulens. 65. Ders., Marmorhandel 362. Ders., Myra 219 f.

dem menschlichen vermischt wurde.⁴² Die Einführung der Klinendeckel brachte es mit sich, daß sich die Auffassung von der Sarkophagform änderte: aus dem Haus wurde ein Bett für die Toten;⁴³ diese Änderung wurde aber nicht konsequent durchgeführt, die attischen Sarkophage mit Klinendeckel sind also Zwitterwesen. Lediglich bei der kleinen Gruppe der Klinen-Riefel-Sarkophage handelt es sich auch bei der Gestalt des Kastens um eine Nachahmung der Bettform.⁴⁴

Unter der Matratze ist bei den attischen Klinendeckeln in der Regel kein Auflager.⁴⁵ Die Matratze ist mit Bändern mit verschiedenartigen Mustern verziert. Die Flächen sind manchmal frei,⁴⁶ vielfach haben sie aber einen Schmuck aus Seewesen oder kleinen Jagdszenen in Flachrelief.⁴⁷ Gelegentlich ist die Vorderseite der Matratze von einem durchlaufenden Geranke überzogen,⁴⁸ oder sie hat im Wechsel Rhomben und Blattwerk;⁴⁹ verschiedentlich ist sie glatt.⁵⁰ Bei dem Sarkophag in Arles muß noch geklärt werden, ob die Tabula auf eine Überarbeitung zurückzuführen ist.⁵¹

An den Schmalseiten und an der Rückseite sind Lehnen vorhanden,⁵² die ziemlich steil gebildet sind. Sie tragen Rechtecke,⁵³ Rechtecke mit eingeschriebenen Rhomben,⁵⁴ Akanthusblätter,⁵⁵ kleine Jagdszenen in flachem Relief⁵⁶ oder sie sind glatt.⁵⁷ Bei verschiedenen Exemplaren haben die Lehnen auch auf der Innenseite Rhomben.⁵⁸ Die Fulcra sind mit Ranken oder Blattwerk versehen; bei einigen frühen Deckeln sind unten Voluten vorhanden;⁵⁹ bei späteren laufen die Fulcra unten in verschiedenartigen Köpfen aus.⁶⁰ Ein Sonderfall zeigt Dioskuren (?) mit Pferden vor den Fulcra.⁶¹

Auf der Matratze lagert in seltenen Fällen nur eine einzige Gestalt;⁶² in der Regel ist

---

⁴² HIMMELMANN, Antakya 9f. WIEGARTZ, Myra 216.

⁴³ WIEGARTZ, Marmorhandel 362. Ders., AA 1977, 386.

⁴⁴ s. unten Kapitel IV 3. 8. 5.

⁴⁵ Ausnahmen: Tyros: M. CHÉHAB, BMusBeyr 21, 1968 Taf. 35 c (Hippolytoss.). – Athen, beim Hephaisteion: GIUL. Nr. 155; C. GASPARRI, ASAtene 52/53, 1974/75, 382 Abb. 88.

⁴⁶ z. B. CHÉHAB a.O. Taf. 22 b. – GIUL. Nr. 218. – ASR II 21. – ASR XII 6, 166 Taf. 131 a.

⁴⁷ F. EICHLER, ÖJh 36, 1946, 94f. A. BALLAND, RA 1976, 136f. – z. B. GIULIANO-PALMA Taf. 24, 60; 37, 93; 40, 98; 50, 146; 53, 153.

⁴⁸ CHÉHAB a.O. Taf. 2. – GIUL. Nr. 175. 252. 330. 445.

⁴⁹ GIUL. Nr. 309.

⁵⁰ CHÉHAB a.O. Taf. 38. – GIULIANO-PALMA Taf. 16, 39.

⁵¹ Arles: ASR III 2, 160; WIEGARTZ, Marmorhandel 349f. – Vgl. auch das Frgt. in Xanthos: P. COUPEL – P. DEMARGNE in: Mél. P. Collart (1976) 114f. Nr. 4 Abb. 22.

⁵² z. B. GIULIANO-PALMA Taf. 16, 39; 39. – Bei GIUL. Nr. 155 (s. oben Anm. 45) ist die Lehne am Fußende nachträglich abgemeißelt worden, um den Deckel für den Kasten zu verkürzen.

⁵³ z. B. E. WILL, BMusBeyr 8, 1946–48, 109ff. Taf. 2; GIUL. Nr. 293.

⁵⁴ A. BALLAND, RA 1976, 134f. – Häufig, z. B. ASR II 21. – GIULIANO-PALMA Taf. 60, 146; 64.

⁵⁵ CHÉHAB a.O. Taf. 6.

⁵⁶ z. B. GIULIANO-PALMA Taf. 39.

⁵⁷ z. B. CHÉHAB a.O. Taf. 13a; 14 c. d; 34 (vgl. die Nss. a.O. Taf. 32 mit Rhomben). GIUL. Nr. 216. 218.

⁵⁸ z. B. GIULIANO-PALMA Taf. 37, 93. – S. MARINATOS, PraktAthAEtair 1972, 7 Taf. 3, 3.

⁵⁹ ASR II 21; ASR XII 6, 166 Taf. 131 a. – Ferner Beirut: s. oben Anm. 53.

⁶⁰ A. BALLAND, RA 1976, 135f.

⁶¹ G. DAUX, BCH 87, 1963, 695 Abb. 9.

⁶² Beirut: GIUL. Nr. 293; s. oben Anm. 53. – Hierapetra: H. WIEGARTZ, Gnomon 37, 1965, 617 Nr. 26. – Epidauros: G. KOCH, Gnomon 45, 1973, 221. – Antakya 9576: GIULIANO-PALMA Taf. 2, 3. – Marathon L 127: S. MARINATOS,

ein bekleidetes Ehepaar wiedergegeben;[63] manchmal ist eine der beiden Gestalten nachträglich abgemeißelt worden, da nur ein Toter im Sarkophag beigesetzt werden sollte.[64] In Ausnahmefällen ist die Kline leer.[65] Der Mann liegt, vom Betrachter aus, rechts, die Frau ist etwas nach links verschoben. Der Mann hält in der linken Hand häufig eine geöffnete Buchrolle; den rechten Arm legt er der Frau um die Schultern; die Frau hat in ihrer rechten Hand meist eine kleine Girlande. Der Junge auf dem Erotensarkophag in Ostia[66] ist größtenteils nackt und hält in der Rechten einen kleinen Vogel, während das Kind auf dem Erotensarkophag in Side[67] ein Häschen hat. Weiteres Beiwerk, nämlich sitzende und stehende Eroten an Kopf- und Fußende und spielende Eroten vor der Matratze, wie es für die Klinendeckel der kleinasiatischen Hauptgruppe charakteristisch ist, ist bei attischen Exemplaren nicht vorhanden.

Die Köpfe der lagernden Gestalten sind in der Werkstatt in Bosse belassen; sie sollten erst am Bestimmungsort zu Porträts der Beigesetzten ausgearbeitet werden;[68] das ist jedoch häufig unterblieben.[69]

Bei sehr vielen attischen Sarkophagen ist festzustellen, daß Kasten und Deckel etwas unterschiedliche Maße haben; in der Regel werden also die Deckel nicht eigens für die Kästen angefertigt worden sein, sondern man wird sie jeweils aus einem Vorrat zusammengefügt haben.[70]

IV. 2. TECHNIK DER HERSTELLUNG

J. B. WARD PERKINS, JRS 46, 1956, 10ff. – WIEGARTZ, Marmorhandel (1974) 345ff. – *Nachtrag:* K. EICHNER, Die Werkstatt des sog. Dogmatischen Sarkophags. Untersuchungen zur Technik der konstantinischen Sarkophagplastik in Rom (Diss. Heidelberg 1977 [1981]); verschiedene Beobachtungen, die auch für att. S. gelten können.

PraktAthAEtair 1972, 7 Taf. 3, 3. – s. unten Anm. 66 und 67.

[63] z. B. GIULIANO-PALMA Taf. 16, 39; 37, 93; 40, 98; 60, 146; 63, 153.

[64] WIEGARTZ, Marmorhandel 349f. – Tyros: M. CHÉHAB, Les Dossiers de l'Archéologie 12, Sept./Okt. 1975, 41. – Norfolk: G. KOCH, BJb 180, 1980, 67ff. Abb. 16ff. – Arles: J. B. WARD PERKINS, JRS 46, 1956, 10ff. Abb. 1. – Athen 1497: G. RODENWALDT, JdI 45, 1930, 132ff. Abb. 8; GIUL. Nr. 33.

[65] Athen, Kerameikos: GIUL. Nr. 32. – Beirut, aus Tyros: Klinen-Riefel-S.; unpubl. – Rom, NM 112119: G. KOCH, BJb 180, 1980, 52ff. Abb. 1ff. – Das von KALLIPOLITIS, Chron. 39 Anm. 1, herangezogene Beispiel in Beroia scheint nicht att. zu sein; außerdem sind oben auf dem Lager Vertiefungen, so daß die Figuren wohl getrennt gearbeitet waren.

[66] Ostia 34. 34 a: GIULIANO-PALMA 30 Nr. 3 Taf. 24, 60.

[67] Side 109: A. M. MANSEL, Die Ruinen von Side (1963) 175 Abb. 142.

[68] WIEGARTZ, Marmorhandel 349. 368f. – z. B. SICHTERMANN-KOCH Taf. 5. 7, 1–2 (dazu auch: M. BERGMANN, Studien zum römischen Porträt des 3. Jhs. n. Chr. [1977] 80 Anm. 308; 85; 89 Anm. 362). – G. KOCH, AA 1978, 123ff. Abb. 8. 14–17. – J. KEIL, ÖJh 25, 1929, Beibl. 47f. Abb. 26. – J. INAN – E. ALFÖLDI-ROSENBAUM, Römische und frühbyzantinische Porträtplastik aus der Türkei. Neue Funde (1979) 261f. Nr. 244 Taf. 173. 174, 3.

[69] z. B. J. B. WARD PERKINS, JRS 46, 1956, 12ff. Taf. 3, 5. 6. – M. CHÉHAB, BMusBeyr 21, 1968 Taf. 38.

[70] HIMMELMANN, Antakya 12. 17ff. – K. und D. stimmen sehr häufig in den Maßen nicht überein; vgl. auch GIUL. Nr. 155: s. oben Anm. 52.

Die Technik der Herstellung der attischen Sarkophage ist durch die Untersuchungen von H. Wiegartz geklärt worden.[1] Die Sarkophage wurden in Athen oder Umgebung[2] aus Marmor gearbeitet, der von den Brüchen im Pentelikon stammt;[3] diese Brüche dürften in staatlichem oder kaiserlichem Besitz gewesen sein.[4] Export von pentelischem Marmor, auch beispielsweise für die Anfertigung stadtrömischer Sarkophage,[5] ist belegt. In Athen wurden aber, anders als etwa in Prokonnesos,[6] keine Halbfabrikate hergestellt, die exportiert und dann am Bestimmungsort von mitreisenden Künstlern oder einheimischen Handwerkern weiter bearbeitet worden wären.[7] Auch Zweigwerkstätten in bestimmten Städten, die gelieferte Halbfabrikate vollendet haben, sind nicht nachzuweisen; Stücke ganz unterschiedlichen Fundortes zeigen vielmehr völlige Übereinstimmung in Einzelheiten.[8] Lediglich die Köpfe der auf Klinendeckeln lagernden Figuren[9] und, nur in zwei Fällen, die Köpfe in Tondi auf Nebenseiten[10] wurden in bossiertem Zustand belassen und gegebenenfalls am Bestimmungsort von einheimischen Meistern zu Porträts gestaltet.

An einer Reihe von Sarkophagen sind die einzelnen Arbeitsgänge zu erkennen, in die die Fertigung aufgeteilt war;[11] diese Aufgliederung ermöglichte eine Spezialisierung der Bildhauer und außerdem eine schnellere Herstellung, da mehrere an verschiedenen Seiten eines Sarkophages arbeiten konnten. Beispiele sind: ein kleiner Kasten mit Eroten in Athen,[12] bei dem die Gliederung und die Darstellung erst ganz grob angelegt sind; ein Sarkophag mit Eroten auf antithetischen Gespannen in

---

[1] H. Wiegartz weist ausführlich die Vorschläge von J. B. Ward Perkins zurück, auf die hier nicht weiter eingegangen zu werden braucht. – S. ferner: WIEGARTZ, Säulens. 18 Anm. 23; ders., Gnomon 37, 1965, 613 f.; GABELMANN, Werkstattgruppen 35 f.; J. B. WARD-PERKINS, RendPontAcc 48, 1975/76, 206 Anm. 13.

[2] G. RODENWALDT, JHS 53, 1933, 182 Anm. 10. Ders., RM 58, 1943, 14. GABELMANN, Werkstattgruppen 36. WIEGARTZ, Marmorhandel 348.

[3] WARD PERKINS a.O. 10f. EAA IV (1961) 861 s. v. marmo (A. MORETTI). R. GNOLI, Marmora Romana (1971) 227. WIEGARTZ a.O. 347.

[4] RE III A (1929) 2278ff. s. v. Steinbruch (FIEHN). WIEGARTZ a.O. 346 (zu den pent. Brüchen ist Genaueres allerdings nicht bekannt).

[5] z. B. McCANN, Metr. Mus. 25 Nr. 1 (Deckel des Theseuss.); 39 Nr. 4 (angeblich K. des Endymions.); 46 Nr. 5 (angeblich Musens.).

[6] N. ASGARI, AA 1977, 329 ff.

[7] GABELMANN, Werkstattgruppen 35 f. WIEGARTZ a.O. 349 ff. 357 ff. – Zu einer möglichen Ausnahme: G. KOCH, BJb 180, 1980, 77 ff. Abb. 24 ff.

[8] G. RODENWALDT, JdI 67, 1952, 31 Anm. 4.

GABELMANN a.O. 35 f. WIEGARTZ a.O. 358. 367 ff.

[9] GABELMANN a.O. 36. WIEGARTZ a.O. 349. 368 f. – Bossen z. B.: WARD PERKINS a.O. Taf. 3, 5–6.

[10] Kephissia: K. SCHAUENBURG, StädelJb 1, 1967, 50 Abb. 10. – Myra: WIEGARTZ, Myra Taf. 88 C.

[11] WIEGARTZ, Marmorhandel 354 f.: 1. Fertigung eines Rohlings; 2. rohe Anlage der Kastengliederung und der Darstellung; 3. Anlage und Vorglättung einer schrägen Fläche für die oberen Profile; 4. Abarbeiten des Steines zwischen den Figuren; 5. Vorglätten des Reliefgrundes; 6. Anlage der Sockelgliederung; 7. Glätten der Profilschräge und des Reliefgrundes; 8. Fertigen der oberen Profile; 9. Ausarbeiten der Figuren; 10. Fertigen des Sockels; 11. Feinglättung oder Ornamentierung der oberen Profile; 12. Feinglättung der Figuren; 13. Feinglättung oder Ornamentierung der Sockelprofile. – Charakteristisch für die att. S. ist, daß bei den Figuren gebohrte Konturen vorhanden sind: G. RODENWALDT, JdI 45, 1930, 156 ff.; ders., JHS 53, 1933, 186.

[12] Athen, beim Hephaisteion: WIEGARTZ a.O. 353 f. (mit Lit. in Anm. 27).

Athen,[13] bei dem alle vier Seiten noch abbozziert sind, man aber schon weiter fortgeschritten war als beim zuerst genannten Exemplar; ein Riefelsarkophag, ebenfalls in Athen,[14] bei dem die vier Seiten einen unterschiedlichen Zustand zeigen. An manchen anderen Sarkophagen hat man sich an verschiedenen Stellen die letzte Ausarbeitung gespart,[15] für die es zumindest für die Gewänder, die nackten Körper, die Köpfe, die Ornamente, die Matratzenmuster und gegebenenfalls die Porträtköpfe Spezialisten gegeben haben dürfte.[16]

Die eine Nebenseite entspricht in der Ausarbeitung meist der Vorderseite, aber auch da kann ganz oder teilweise auf die letzten Arbeitsgänge verzichtet worden sein.[17] Die andere Nebenseite ist in der Regel vernachlässigt. Auf der Rückseite ist die Darstellung nur flach angelegt und skizzenhaft ausgeführt.[18] Es handelt sich dabei nicht um ‚unfertige' Reliefs, die etwa am Bestimmungsort noch weiter bearbeitet werden sollten, sondern um welche, die von vorn herein vernachlässigt werden sollten, da sie, im Hinblick auf die Aufstellung des Stückes, für weniger wichtig angesehen wurden als die Schauseiten;[19] schon bei Beginn der Fertigung fiel die Entscheidung, welche der Seiten in welcher Art und Weise ausgeführt werden sollte;[20] die vernachlässigten Seiten, besonders die Rückseiten, sind gar nicht dick genug, um ein so tiefes Relief wie auf der Vorderseite ausarbeiten zu können.

Vereinzelt lassen sich noch nachträgliche Veränderungen an importierten attischen Sarkophagen feststellen; Klinenfiguren wurden abgemeißelt und verändert,[21] die Vorderseiten von Matratzen umgestaltet[22] oder sogar die Lehnen an den Nebenseiten abgetrennt;[23] weitergehende Überarbeitungen sind nicht nachzuweisen.

Für die Herstellung eines späten attischen Sarkophages mit seinen zahlreichen, weit vor den Grund tretenden Figuren hat H. Wiegartz etwa 1000 bis 1200 Arbeitstage errechnet;[24] die früheren Sarkophage mit flachem Relief und wenigen Figuren dürften erheblich weniger Zeit beansprucht haben.

Es ist anzunehmen, daß die Sarkophage bemalt waren;[25] bei den attischen Exemplaren sind bisher aber nur bei wenigen Stücken, beispielsweise dem Achillsarkophag

---

[13] Athen, NM 1178: WIEGARTZ a.O. 352f. Taf. 120.
[14] Athen, Stadion Averoff: WIEGARTZ a.O. 353 Taf. 121/22; C. GASPARRI, ASAtene 52/53, 1974/75, 379ff. Abb. 86.
[15] z. B. ASR XII 6, 160 Taf. 128 a (Deckel, Postamente, wohl auch obere Ornamentzone).
[16] WIEGARTZ a.O. 365.
[17] z. B. ASR IV 1, 15 Taf. 27, 1. ASR XII 6, 170 Taf. 136 b. GIULIANO-PALMA Taf. 35, 87; 39. M. CHÉHAB, BMusBeyr 21, 1968 Taf. 20 b. – WIEGARTZ a.O. 355.
[18] WIEGARTZ a.O. 355 ff.
[19] WIEGARTZ a.O. 355 ff.
[20] GABELMANN, Werkstattgruppen 35. WIEGARTZ a.O. 356.
[21] z. B. Arles: WARD PERKINS a.O. 10ff. Abb. 1. – Norfolk: G. KOCH, BJb 180, 1980, 67ff. Abb. 16ff. – Athen, NM 1497: G. RODENWALDT, JdI 45, 1930, 132ff. Abb. 8ff. – WIEGARTZ a.O. 349.
[22] z. B. Arles: WARD PERKINS a.O. 10ff. Abb. 1; WIEGARTZ a.O. 349f. (es müßte überprüft werden, ob die Tabula wirklich nachträglich ist). – Rom, NM 112119: KOCH a.O. 52ff. Abb. 10–12. – Rom, NM: KOCH a.O. 65ff. Abb. 14/15.
[23] Rom, NM 112119: KOCH a.O. 52ff. Abb. 1ff.
[24] WIEGARTZ a.O. 364ff.
[25] P. REUTERSWÄRD, Studien zur Polychromie der Plastik. Griechenland und Rom (1960) 230ff.

aus Tarsos in Adana, dem Amazonensarkophag in Jerusalem oder dem Meleagersarkophag in Damaskus,[26] Reste beobachtet, die jedoch nicht ausreichen, eine Vorstellung vom ursprünglichen Aussehen zu gewinnen.

IV. 3. THEMEN

Bei den attischen Sarkophagen ist eine andere Auswahl der Themen vorgenommen worden als bei den stadtrömischen Exemplaren.[1] Es überwiegen die mythologischen Darstellungen, gefolgt von Beispielen mit Eroten und mit dionysischen Szenen; Menschenleben, Musen und Meerwesen treten dagegen völlig zurück, Jahreszeiten begegnen gar nicht. Bei den mythologischen Sarkophagen sind gewisse Schwerpunkte zu erkennen, die sich nicht immer mit denen der stadtrömischen Sarkophage dekken. Sehr beliebt sind Bilder aus dem Kampf der Griechen und Trojaner vor Troja und dem Umkreis dieser Sage, also Sarkophage mit Achill, Amazonen, der Schlacht vor Troja und der Schlacht bei den Schiffen. Bei den stadtrömischen Sarkophagen kommen die Schlacht vor Troja und die bei den Schiffen hingegen nicht vor, und auch Darstellungen von Achill sind nicht so weit verbreitet. In Übereinstimmung mit den stadtrömischen Exemplaren finden sich bei den attischen Sarkophagen relativ häufig Hippolytos und Meleager. Endymion und Persephone jedoch, die in Rom sehr reich vertreten sind, fehlen in Athen völlig; ebenfalls fehlen beispielsweise Adonis, Alkestis, Iason und Medea, Leukippiden, Marsyas, Niobiden und Prometheus, die auf stadtrömischen Beispielen verschiedene Male vorhanden sind. Auch bei den dekorativen Sarkophagen sind Unterschiede zwischen Rom und Athen festzustellen; in beiden Zentren sind Girlanden verbreitet; fliegende oder stehende Eroten oder Niken finden sich aber bei den attischen Stücken gar nicht, Riefel, von der kleinen Gruppe der Klinen-Riefel-Sarkophage abgesehen, nur in Ausnahmefällen. Bei den attischen Beispielen gibt es eine kleine geschlossene Gruppe von Rankensarkophagen, und Tiere oder Tierkampfgruppen begegnen auch auf Langseiten; beide Themen sind in Rom kaum geläufig. Gründe für die unterschiedliche Themenwahl in Rom und in Athen sind bisher nicht bekannt.

Bei den attischen Sarkophagen sind, von sehr wenigen Ausnahmen abgesehen, alle vier Seiten mit Reliefs versehen; sie brauchen aber nicht thematisch zusammenzuhängen, es gibt vielmehr eine Reihe von Möglichkeiten, verschiedene Darstellungen zusammenzufügen. Die frühesten attischen Sarkophage, die Girlandensarkophage,

---

[26] Adana 3843: REUTERSWÄRD a.O. 232f. Anm. 659; L. BUDDE in: Festschrift E. v. Mercklin (1964) 11. – Jerusalem: G. RODENWALDT, JdI 45, 1930, 133 Abb. 12; 189 Abb. 59. – Damaskus: Generaldirektion der Altertümer und Museen, Arabische Republik Syrien. Großartige neuentdeckte Altertümer (arab. Titel; Damaskus 1978) Taf. 9–11; G. KOCH, DaM 1, 1981.

[1] Aufstellung der etwa bis 1962 bekannten Sarkophage nach Themen: GIULIANO, Commercio 85ff. – Eine genaue Übersicht über die Möglichkeiten an Kombinationen verschiedener Themen und über ihre zeitliche Einordnung kann erst in dem Sarkophagcorpusband über die attischen Sarkophage gegeben werden.

haben auf allen vier Seiten den gleichen Schmuck. Dann kann auf die Vorderseite eine 423
figürliche Szene gesetzt werden, manchmal auch auf Vorder- und eine Nebenseite,
und die Girlanden werden auf drei oder zwei Seiten beschränkt. Im späteren 2. Jh.
n. Chr. sind häufig die Girlanden nur auf der Rückseite anzutreffen, während die übrigen Seiten mit figürlichem oder dekorativem Schmuck versehen sind. Bei den figürlichen Sarkophagen hängen in der Regel die Vorder- und eine der Nebenseiten
thematisch zusammen, die andere Nebenseite trägt eine Sphinx, eine Tierkampfgruppe, antithetische Böcke oder vergleichbare Dekoration, die Rückseite antithetische 474.475
Tiere oder auch Girlanden. Manchmal hängen beide Nebenseiten mit der Vorderseite 471
zusammen, gelegentlich auch gar keine. Schon im 2. Jh. n. Chr. begegnet es wiederholt, daß unterschiedliche Themen auf Vorder- und Nebenseite (oder -seiten) und
manchmal auch auf der Rückseite wiedergegeben werden,[2] und zwar beispielsweise
Achill und Kentauren auf der Jagd, Meleager oder Orest und Eroten, Hippolytos und
Theseus, Hippolytos oder Eroten und Bellerophon, Eroten und Oidipous, Helena,
Dioskuren, Leda, Eros und Meerwesen.

Im 3. Jh. n. Chr. dehnen sich die figürlichen Szenen auf alle vier Seiten aus, wenn
auch dekorative Bilder, wie Sphingen, antithetische Greifen oder Tierkampfgruppen,
bis zu den späten Sarkophagen erhalten bleiben. Es ist eine Fülle von Kombinationen
möglich. Verschiedentlich werden als veraltet empfundene Darstellungen auf die
Rückseiten verdrängt. Mehrfach finden sich verschiedene Sagenkreise auf einem Sarkophag: Hippolytos und Eroten; Amazonen und Kentaurenjagd; dionysischer Thiasos und Kentaurenkampf; Schiffskampf und Hippolytos; Schiffskampf, Orpheus und 445.433
Meleager; Achill, Leda und Meleager; u. a. Im folgenden werden die Themen einzeln
besprochen; dabei werden die Sarkophage, auf denen verschiedene Darstellungen
vorhanden sind, mehrfach behandelt.

Eine Besonderheit kann für alle Darstellungen auf attischen Sarkophagen hervorgehoben werden: kontinuierende Darstellungsweise, also Wiederholung einer Figur
oder auch mehrerer Gestalten in verschiedenen Szenen auf einer Seite, begegnet auf
ihnen in der Regel nicht.[3] Es gibt nur wenige Ausnahmen; bei einem Meleagersarkophag in Delphi[4] kommen der Held und Atalante zweimal auf der Vorderseite vor,
rechts bei der Jagd und links in einer Szene nach der Jagd; auf der Vorderseite des
Achillsarkophages in Woburn Abbey sind im linken Teil Achill mit dem Leichnam 418
Hektors und rechts Priamos vor Achill dargestellt;[5] bei einem verschollenen Sarkophag fehlt ein größerer Teil, so daß nicht mehr festzustellen ist, ob Orest auf ihm
zweimal vorkam, wie das bei den stadtrömischen Parallelen üblich ist.[6] Weitere Beispiele sind nicht nachgewiesen worden; es besteht also ein großer Unterschied zu den

---

[2] WIEGARTZ, Myra 217 Anm. 307.
[3] HIMMELMANN, Megiste 8 f.
[4] Delphi: ASR XII 6, 166 Taf. 131 a.
[5] Woburn Abbey 203: ASR II 47; GIULIANO-PALMA 49 Nr. 4 Taf. 57. – Vgl. die r. Ns. des
Achills. Beirut 607: M. CHÉHAB, BMusBeyr 21,
1968, 18 f. Taf. 6; G. KOCH, AA 1978, 123
Abb. 10.

[6] Verschollen: H. STERN, Gallia 15, 1957,
73 ff.; GIULIANO-PALMA 20 Nr. 2. – Vgl. ASR II
155–163.

stadtrömischen Sarkophagen, bei denen die kontinuierende Darstellungsweise geläufig ist.

Eine weitere Besonderheit der attischen Sarkophage ist es, daß auf ihnen der mythische und der menschliche Bereich nicht auf einer Seite vermischt werden; es gibt also kein Beispiel, bei dem mythische Gestalten mit Porträtköpfen versehen worden sind.[7] Nur in einem Fall sind auf einem Sarkophag ein mythischer Jäger, nämlich Bellerophon, und ein menschlicher Jäger mit Porträtkopf auf den beiden Schmalseiten einander gegenübergestellt.[8] Bei den stadtrömischen Sarkophagen ist es hingegen geläufig, daß mythische Figuren mit Porträtköpfen versehen werden. Porträts sind auf den Kästen attischer Sarkophage überhaupt äußerst selten; es lassen sich zwei Exemplare nennen, die auf der einen Nebenseite einen Tondo haben, in dem eine Bildnisbüste ausgearbeitet werden konnte;[9] ferner hat wohl bei einer Jagddarstellung, die nicht mythologisch zu verstehen ist, der Reiter einen Porträtkopf erhalten.[10] Die Möglichkeit, die Toten an einem repräsentativen Platz darzustellen, boten erst die Klinendeckel, die im letzten Viertel des 2. Jhs. n. Chr. bei den attischen Sarkophagen eingeführt wurden.[11]

IV. 3.1. Menschenleben

Allgemein: WIEGARTZ, Myra 196 f. – *Jagd:* G. RODENWALDT, JdI 67, 1952, 31 ff.

Darstellungen aus dem Menschenleben, die nicht mythologisch zu verstehen sind, gibt es bei den attischen Sarkophagen nur in geringer Zahl.

1. Schlacht

Schlachtsarkophage sind recht häufig. Sie meinen aber wohl Kämpfe aus der griechischen Sage, und zwar die der Griechen und Trojaner vor Troja. Deutlich wird dies auf einem Beispiel in Antalya,[1] bei dem auf der rechten Nebenseite der Schiffskampf vor Troja, und auf einem Exemplar in Tyros,[2] auf dessen Rückseite Priamos vor Achill wiedergegeben sind. Die Schlachtsarkophage werden deshalb im Rahmen der mythologischen Sarkophage behandelt (Kapitel IV 3.2.9).

---

[7] HIMMELMANN, Megiste 8f. WIEGARTZ, Myra 177 mit Anm. 99; 216 Anm. 306.
[8] Athen, Akademie: G. DAUX, BCH 88, 1964, 690ff. Abb. 15ff.; WIEGARTZ, Myra, s. vorige Anm.
[9] WIEGARTZ, Myra 177. (Exemplare in Kephissia und Myra)
[10] Patras: GIUL. Nr. 81; WIEGARTZ, Myra 177 Anm. 99.

[11] WIEGARTZ, Myra 177.
[1] Antalya A 265 (aus Side): I. FLAGGE, Untersuchungen zur Bedeutung des Greifen (1975) 98 Taf. 116f.; GIULIANO – PALMA 39 Nr. 6 Taf. 44, 107; 45.
[2] M. CHÉHAB, Les Dossiers de l'Archéologie 12, Sept./Okt. 1975, 42 (oben).

2. Jagd

Mehrere Sarkophage zeigen eine Jagd,[3] und zwar auf Eber, Löwen, Hirsche oder Steinböcke. Da Jagden auch in mythologischem Zusammenhang nämlich bei Hippolytos und Meleager, vorkommen, ist es bei Fragmenten schwierig und manchmal kaum möglich festzulegen, zu welcher Art von Darstellungen die Stücke gehören.[4] Drei frühe Sarkophage in Athen und Patras haben keinen Hinweis auf eine Sage, können also kaum mythologisch verstanden werden.[5] Die Reiter auf den Nebenseiten zweier Sarkophage in Athen, Akademie, und Beirut,[6] die einen Eber jagen, scheinen ebenfalls nicht zu einer mythologischen Darstellung zu gehören.[7] Fragmente von Neben- oder Rückseiten in Paris, Beirut und Rom, Via Ardeatina, könnten von Meleager- oder eher noch von Hippolytossarkophagen stammen,[8] ebenfalls die Teile von vernachlässigten Seiten in Rom, NM und Tre Fontane.[9] Das verschollene Fragment, ehemals Kyrene, das vielleicht zur Rückseite eines Amazonensarkophags gehörte, läßt sich nicht mehr beurteilen.[10]

Es bleibt eine kleine Gruppe, bei der Jagddarstellungen auch auf der Vorderseite wiedergegeben waren, nämlich fragmentierte Sarkophage in Budapest, Kyrene und Gotha.[11] Sie stammen alle aus einer Zeit, aus der es Sarkophage mit anderen nichtmythologischen Themen nicht gibt.[12] Beim Exemplar in Gotha weist die erhaltene linke Nebenseite mit einer Versammlung von Jünglingen[13] auf Hippolytossarkophage, aber es wäre auch bei den anderen Beispielen möglich, daß sie eine Jagd aus der Mythologie, nämlich die von Hippolytos, wiedergeben;[14] sie werden deshalb als eigene Gruppe bei den Hippolytossarkophagen angeführt (Kapitel IV 3.2.4).

Von den drei frühen Jagdsarkophagen schließen sich zwei, in Athen und in Patras,[15] eng zusammen und zeigen je zwei nach innen sprengende Reiter auf der Jagd

---

[3] G. RODENWALDT, JdI 67, 1952, 31 ff. – GIUL. Index S. 85 (auszuscheiden: 186, da lokal; 212, da Meleager; 346, da Kentauren). – WIEGARTZ, Myra 176. 197 mit Anm. 208. – ASR XII 6 S. 75.

[4] RODENWALDT a.O. 35 ff.

[5] Athen, NM 1177: E. BURSIAN, AZ 12, 1854, 477 Nr. 2; G. RODENWALDT, JdI 48, 1933, 224 Abb. 13; ders., JdI 67, 1952, 40; GIUL. Nr. 1. – Patras: GIUL. Nr. 81 und 82.

[6] Athen, Akad.: PH. D. STAUROPOULLOS, PraktAthAEtair 1963 Taf. 20,2; G. DAUX, BCH 88, 1964, 691 Abb. 16; WIEGARTZ, Myra 177 Anm. 99. – Beirut: E. WILL, BMusBeyr 8, 1946–48, 115 f. Taf. 2 b; G. HAFNER, 113. BWPr (1958) 18 Abb. 9 b.

[7] WIEGARTZ, Myra 197 Anm. 208.

[8] Paris 3209: GIUL. Nr. 292. – Beirut 469: G. RODENWALDT, JdI 45, 1930, 157 Abb. 33; GIUL. Nr. 295. – Beirut 645: unpubl. – Rom, Via Ardeatina: G. M. DE ROSSI, Tellenae (Forma Italiae I 4, 1967) 98 Nr. 56, 1 Abb. 217 – 219; ders., ArchCl 20, 1968, 255 f. Taf. 101.

[9] Rom, NM (Nr.?): INR 65.1829. – Rom, Tre Fontane: INR 68.1193.

[10] ASR II 131; A. L. PIETROGRANDE, AfrIt 3, 1930, 120 f. Nr. 15; GIUL. Nr. 324

[11] Budapest (kleine Frgt.e sind in Split, Arch. Mus.): G. RODENWALDT, JdI 67, 1952, 31 ff. Abb. 1–7; A. GIULIANO, ASAtene 33/34, 1955/56, 190 f. Abb. 8 ff.; WIEGARTZ, Myra 183 Anm. 135; 197; GIULIANO-PALMA 50 Nr. 8 Taf. 58/59. – Kyrene: GIULIANO – PALMA 49 Nr. 2 Taf. 55, 137. – Gotha: RODENWALDT a.O. 38 ff. Abb. 8/9; GIULIANO-PALMA 50 Nr. 7.

[12] WIEGARTZ, Myra 197.

[13] G. RODENWALDT, JdI 67, 1952, 38 Abb. 8.

[14] RODENWALDT a.O. 37 f. entscheidet sich bei dem Exemplar in Budapest dafür, es als nicht mythologisch anzusehen; ebenfalls WIEGARTZ, Myra 197.

[15] Athen, NM 1177: s. oben Anm. 5. – Pa-

auf Löwen (Patras) oder einen Löwen und einen Eber (Athen); der dritte Sarkophag dagegen, in Patras,[16] bringt nur einen nach rechts gerichteten Reiter und einen ihn angehenden gewaltigen Löwen.

Auf einem Fragment in Athen[17] jagen zwei nach innen sprengende Reiter – nur in Resten erhalten – einen Eber; hinter ihm holt ein Jäger mit einer Doppelaxt aus, ein weiterer hält mit der Linken einen Bogen und greift mit der Rechten zum Köcher. Das Fragment ist von Robert unter die Hippolytossarkophage eingeordnet worden, doch weist nichts auf Hippolytos hin; es wird als Teil einer Rückseite angesprochen,[18] kann aber eher von einer Vorderseite stammen, die nicht vollständig ausgearbeitet worden ist. Zugrunde liegt die Anordnung der Sarkophage Athen und Patras, die beiden Jäger sind eingefügt, vielleicht unter dem Einfluß der Meleagersarkophage der Gruppe I.[19].

408 Auf der Nebenseite des Sarkophages Athen, Akademie, wird ein Eber gejagt, der in eigentümlicher Wendung wiedergegeben ist ist;[20] der Reiter hat einen Porträtkopf.[21] Auf der Nebenseite des Sarkophags in Beirut[22] sprengt ein Reiter nach rechts auf einen Felsen zu; aus einer Höhle sieht ein Eber mit seinem Vorderteil heraus; auf dem Felsen sitzt eine Frau, die den Reiter mit erhobener Rechter zu grüßen scheint; die Szene ist noch nicht geklärt.

Vorlagen für die Jagddarstellung lassen sich nicht nennen, die Motive sind verbreitet.[23] Die drei Sarkophage mit Jagden auf der Langseite stammen aus einer recht frühen Phase der attischen Sarkophage, dem frühen 3. Viertel des 2. Jhs., während das Fragment in Athen im späteren 3. Viertel des 2. Jhs., das Stück in Beirut und das der Akademie in Athen im letzten Viertel des 2. Jhs. n. Chr. entstanden sind.[24] Falls der Jagdsarkophag in Budapest und die Fragmente in Kyrene unter die nicht mythologischen Jagden eingeordnet werden müßten, wären sie Vertreter der Zeit nach dem ‚Stilwandel' und in das 2. Viertel des 3. Jhs. n. Chr. zu datieren.[25]

Einen weiteren – wenn auch jetzt verlorenen – attischen Sarkophag mit Jagd hat G. Rodenwaldt nach der provinziellen Kopie in Belluno erschlossen.[26]

tras: G. RODENWALDT, AEphem 1937, 1, 138; GIUL. Nr. 82. – Anzuschließen ist vielleicht ein Fragment in Aquileia, das vom l. Teil einer Vs. stammt: SCRINARI, Mus. Arch. 150 Nr. 442 Abb. 449.

[16] GIUL. Nr. 81; WIEGARTZ, Myra 176 Anm. 95; 177 Anm. 99.

[17] Athen, NM 1148: ASR III 2, 154[2]; F. MATZ, Gnomon 31, 1959, 695; GIUL. Nr. 146; M. WEGNER in: Festschrift W. Hager (1966) 76f. Abb. 91; K. FITTSCHEN, BullCom 82, 1970/71 (1975) 66 Anm. 25.

[18] KALLIPOLITIS, Chron. 31 Nr. 203; GIUL Nr. 146.

[19] Vgl. den Doppelaxtschwinger auf dem S. Athen, NM 1186 (ASR XII 6 Taf. 128 a), oder Atalante auf dem S. in Eleusis (a.O. Taf. 136 a).

[20] s. oben Anm. 6.

[21] WIEGARTZ, Myra 197 Anm. 208; 216 Anm. 306.

[22] s. oben Anm. 6.

[23] G. RODENWALDT, JdI 48, 1933, 223, weist auf Vorbilder aus der Parthenonzeit hin, an die die Reiter anknüpfen. Die Motive sind verbreitet; siehe z. B. das Relief Athen, NM 2965: SVORONOS II Taf. 194.

[24] Das oben Anm. 15 genannte Frgt. in Aquileia wird wegen der abgesetzten Ecke an der oberen Leiste einen Klinendeckel gehabt haben, stammt also aus dem späten 2. Jh.

[25] G. RODENWALDT, JdI 67, 1952, 41, hat an den Jagdsarkophagen Athen und Budapest Phänomene des ‚Stilwandels' beschrieben.

[26] G. RODENWALDT, AEphem 1937, 1, 134ff.

3. Sonstige Darstellungen

An weiteren Darstellungen ist noch ein Fragment einer Langseite mit *Faustkämpfern* 407
bekannt, das sich im Vatikan befindet.[27] Zu vergleichen sind stadtrömische Sarkophage,[28] und möglicherweise hängt das attische Einzelstück von ihnen ab. Nach der klaren Trennung von Fries und Ornamentleiste würde es noch ins spätere 2. Jh. zu datieren sein, die Wiedergabe der Haare bei den drei Köpfen allerdings weist schon auf die erste Hälfte des 3. Jhs. n. Chr.; die Köpfe werden nachträglich umgearbeitet worden sein.[29]

Ferner ist ein Sarkophag in Antakya der Zeit um 150/60 n. Chr. zu nennen, der auf der einen Lang- und einer Nebenseite Girlanden, auf der anderen Langseite Löwenkampfgruppen und auf der zweiten Nebenseite einen stehenden nackten Mann mit Siegeskranz und Palmzweig, also einen *athletischen Sieger,* zeigt.[30] Eine vergleichbare Darstellung findet sich auf einer kaiserzeitlichen attischen Grabstele in Athen,[31] die Grabstelen haben also in diesem Fall auf die Sarkophage eingewirkt.

Ein anderer Sarkophag in Antakya bringt auf beiden Nebenseiten *singuläre Darstellungen;*[32] es ist allerdings nicht eindeutig, ob sie schon in Athen ausgearbeitet worden 409/10
sind.[33] Auf der rechten Nebenseite führt eine Gestalt, die einen langen Chiton und eine Art phrygische Mütze trägt und in der rechten Hand eine Fackel hält, eine verschleierte Frau; rechts ist ein kleines Tor angegeben; man hat an Attis gedacht, doch läßt sich eine Parallele nicht nachweisen.[34] Auf der anderen Nebenseite stehen ein Mann und eine Frau, also ein bürgerliches Ehepaar, in Vorderansicht und reichen sich die Hände.[35] Eine vergleichbare Darstellung findet sich nicht auf den Grabreliefs, aber dort gibt es vereinzelt auch Gestalten, die recht weit auseinander stehen und sich die Hände reichen.[36] Ein Zusammenhang mit Grabreliefs wäre also auch hier möglich. Schließlich wäre noch auf die linke Nebenseite des Sarkophages in Beirut[37] hinzuweisen, auf der sich ein Mann und eine Frau, wohl in Unterhaltung begriffen, auf Stühlen gegenübersitzen.

Abb. 5; GABELMANN, Werkstattgruppen 72. 208 Nr. 20 Taf. 13,2. – Die lokalen Frgt.e in Messene (GIUL. Nr. 186; WIEGARTZ, Myra 197 Anm. 208) sind unpubl.

[27] Vatikan 9482: L. ROCCHETTI, RIA 10, 1961, 104 Abb. 20; GIUL. Nr. 362; HIMMELMANN, Antakya 14 Anm. 1; WIEGARTZ, Myra 196f; G. PISANI SARTORIO – R. CALZA, La Villa di Massenzio sulla Via Appia (1976) 178ff. Nr. 22 Taf. 14,1.

[28] KASCHNITZ 220 Nr. 490 Taf. 83 (mit Lit. und weiteren Parallelen).

[29] HIMMELMANN, Antakya 14 Anm. 1. ROCCHETTI a. O. 104.

[30] Antakya 8473: E. BABELON, GazArch 10, 1885, Taf. 29 b; GIUL. Nr. 279; HIMMELMANN a. O. 13 f.; WIEGARTZ, Myra 196 f.

[31] CONZE IV 74 Nr. 2023 Taf. 440; zu vgl. auch 89 Nr. 2086, Taf. 456.

[32] Antakya 9576: HIMMELMANN a.O. 16f. Abb. 12 f. Taf. 13; G. KOCH, Gnomon 45, 1973, 221; WIEGARTZ, Myra 196f. mit Anm. 206.

[33] HIMMELMANN a.O. 17f. KOCH a.O. 221. WIEGARTZ, Myra 197 Anm. 206.

[34] HIMMELMANN, a.O. 16f. Anm. 2.

[35] HIMMELMANN, a.O. 15 Abb. 12, Taf. 13 b.

[36] HIMMELMANN, a.O. 17 Anm. 3. CONZE IV Taf. 396, 1871. 397, 1872. 459, 2091.

[37] E. WILL, BMusBeyr 8, 1946–48, 114f. Taf. 2 a; G. HAFNER, 113. BWPr (1958) 18 Abb. 9 a.

An weiteren ‚bürgerlichen' Darstellungen könnten noch die *Tondi* auf den Nebenseiten zweier Sarkophage in Kephissia und Myra genannt werden, die Porträtköpfe erhalten sollten.[38]

Andere Darstellungen aus dem Menschenleben wie Hochzeit, Opfer, Mahl oder bukolische Szenen, wie sie auf den stadtrömischen Sarkophagen recht beliebt sind, erscheinen nicht auf den attischen Sarkophagen.

Die attischen Sarkophage mit Darstellungen aus dem Menschenleben sind auf einen verhältnismäßig kurzen Zeitraum, eine ‚Experimentierphase' beschränkt, nämlich auf die 2. Hälfte des 2. Jhs. n. Chr.[39]

IV. 3.2 Mythen

1. Achill

C. ROBERT, ASR II 20–26. 32. 47. 50–56. 62; Nachträge III 3 S. 546 ff. – L. BUDDE in: Festschrift E. v. Mercklin (1964) 9 ff. Taf. 1–14. – M. CHÉHAB, BMusBeyr 21, 1968, 9 ff. – D. KEMP-LINDEMANN, Darstellungen des Achilleus in griechischer und römischer Kunst (Archäologische Studien 3, 1975). – H. STERN, Les mosaiques des maisons d'Achille et de Cassiopée a Palmyre (1977) 15 ff.

Die Sage von Achill war so beliebt auf den attischen Sarkophagen wie keine eines anderen Helden. Es ist nicht so sehr die Zahl der Achillsarkophage, die auffällt, sondern die Fülle der verschiedenen Darstellungen aus dem Leben des Helden; auf den meisten Sarkophagen finden sich mehrere Szenen. Sie sollen einzeln durchgegangen werden.

Die *Erziehung des Achill* durch Chiron[1] ist auf den Nebenseiten einiger früher Sarkophage in London, Leningrad und Neapel, einer fragmentierten Nebenseite eines weiteren Sarkophages in Leningrad und der verschollenen Nebenseite eines Kastens, von dem andere Teile in Kopenhagen sind, abgebildet,[2] und zwar immer die Unterrichtung im Faustkampf; die Darstellung ist vereinzelt auch sonst bekannt, viel häufiger allerdings die Unterweisung im Leierspiel.

Auf den Nebenseiten zweier Sarkophage in Leningrad und Neapel[3] sitzt *Achill unter den Töchtern des Lykomedes*.[4] Vorlagen sind nicht nachzuweisen. Bei einem Sarkophag in Paris[5] ist in die Frauengemachszene der Trompeter eingefügt, es handelt sich

---

[38] Kephissia: K. SCHAUENBURG, StädelJb 1, 1967, 51 Abb. 10; WIEGARTZ, Myra 177. – Myra: WIEGARTZ, Myra Taf. 88 C.

[39] WIEGARTZ, Myra 182 ff.

[1] H. S. ROBINSON, AJA 73, 1969, 193 ff. Taf. 53 f. BROMMER, Denkmälerlisten II 77 f. KEMP-LINDEMANN a. O. 30 f.

[2] London 2296: ASR II 23 b; s. unten Anm. 14. – Leningrad A 1026: ASR II 20 b; s. unten Anm. 7. – Neapel 124325: ASR II 22 a; SICHTERMANN-KOCH Taf. 3, 2. – Leningrad P 1834.110: ASR II 21 b; s. unten Anm. 9. – Verschollen: ASR II 24 d. – BROMMER, Denkmälerlisten II 77 Nr. 3 und 78 Nr. 7 sind identisch.

[3] Leningrad A 1026: s. unten Anm. 7. – Neapel 124325: ASR II 22 b; SICHTERMANN-KOCH Taf. 3, 3; GIULIANO-PALMA Taf. 53, 130.

[4] BROMMER, Denkmälerlisten II 79. KEMP-LINDEMANN a. O. 41 ff.

[5] Paris 2120: ASR II 26 a; GIULIANO-PALMA Taf. 29, 71.

also um den ersten Augenblick der Entdeckung; Deianeira ist hochgeschreckt, sie blickt den noch ruhig sitzenden Achill an; diese Darstellung ist mit der Gruppe IV der Entdeckung verwandt.

Die *Entdeckung Achills* unter den Töchtern des Lykomedes ist häufiger überliefert.[6] Mehrere Sarkophage schließen sich zu einer Gruppe zusammen *(Gruppe I)*; das Exemplar in Leningrad[7] gibt die Komposition vollständig wieder: Achill, der die Waffen ergriffen hat und nach links stürmt, Deianeira, die auf ein Knie gesunken ist, die Amme, links ein sitzendes und rechts zwei davoneilende und ein weiteres sitzendes Mädchen, ganz links dann der Trompeter, Odysseus und Diomedes.[8] Es läßt sich ein fragmentierter Sarkophag in Leningrad anschließen.[9] Das Exemplar in Neapel[10] weist einige Abwandlungen auf: die Frauengemachszene ist enger zusammengeschoben; Deianeira ist nicht auf die Knie gesunken, sondern eilt neben Achill einher; der Trompeter ist ausgelassen und an seine Stelle, aber im Vordergrund, Odysseus gesetzt, der in weitem Schritt nach rechts begriffen ist; der ursprüngliche Typ des Odysseus ist zu einem Alten umgebildet, vielleicht Phoinix. Fragmente, die sich teilweise in Kopenhagen befinden und teilweise verschollen sind,[11] zeigen die ursprüngliche Figurenanordnung, allerdings durch weitere Gestalten bereichert. Zu dieser Gruppe gehören wahrscheinlich ein Fragment aus Paros in Cambridge[12] und eines in Aquileia.[13]

Ein Kasten in London bringt einen anderen Typus *(Gruppe II)*,[14] für den es keine Parallele gibt; wegen der schlechten Erhaltung ist die Benennung der Figuren nicht sicher.[15] Es dürfte sich um den Augenblick kurz vor der Entdeckung handeln; Achill hat von den angebotenen Waren einen Helm in die Hand genommen, sitzt aber noch ruhig da.

Sarkophage in Jerusalem, Paris und Rom, Mus. Cap.,[16] zeigen einen weiteren Typus *(Gruppe III);* links und rechts sitzen bärtige Männer, wohl Lykomedes und Agamemnon, die bei der Entdeckung Achills zusehen;[17] die Seiten werden von Kriegern

---

[6] BROMMER, Denkmälerlisten II 81f. KEMP-LINDEMANN a.O. 44ff., bes. 51ff.

[7] Leningrad A 1026: ASR II 20; GIUL. Nr. 184; I. I. SAVERKINA, TrudyErmit 13, 1972, 136f. Abb. 1f.; dies., Ermitage 15ff. Nr. 1 Taf. 1–5.

[8] Zur Benennung: C. ROBERT, ASR II S. 22 und 25.

[9] Leningrad P 1834.110: ASR II 21; GIUL. Nr. 246; I. I. SAVERKINA, TrudyErmit 7, 1962, 247ff. Abb. 1; dies., Ermitage 17ff. Nr. 2 Taf. 6–9.

[10] Neapel 124325: ASR II 22; SICHTERMANN-KOCH 15f. Nr. 1 Taf. 2,2; GIULIANO-PALMA 47 Nr. 3 Taf. 53, 131.

[11] Kopenhagen 776: ASR II 24; GIULIANO-PALMA 47 Nr. 1 Taf. 52, 127.

[12] Cambridge/Mass. 1949.47.151: ASR II S. 220 Nr. 22[1]; GIUL. Nr. 79.

[13] Aquileia 223: GIUL. Nr. 372; SCRINARI, Mus.Arch. 149 Nr. 433 Abb. 437.

[14] London 2296: ASR II 23; KALLIPOLITIS, Chron. Taf. 2; GIUL. Nr. 316; GIULIANO-PALMA 21 Nr. 1.

[15] C. ROBERT, ASR II S. 31f.

[16] Jerusalem, Rockefeller Mus. 41.525: M. AVI-YONAH, Scripta Hierosolymitana 24, 1972, 9ff. Taf. 3, 6–7. – Paris 2120: ASR II 26; KRAUS, PropKg Taf. 224; GIULIANO-PALMA 30 Nr. 12 Taf. 28,69. – Rom, Mus.Cap 218: ASR II 25; R. BIANCHI BANDINELLI, Rom. Das Ende der Antike (1971) 45 Abb. 39; SICHTERMANN-KOCH 16f. Nr. 3 Taf. 5ff.; GIULIANO-PALMA 46 Nr. 2.

[17] C. ROBERT, ASR II S. 37.

mit Pferden gerahmt, weitere Krieger sind eingefügt. An das Stück in Paris läßt sich ein Fragment in Rom, Pal. Mattei, anfügen.[18]

Auf der linken Nebenseite des Achillsarkophages aus Tyros in Beirut[19] sitzt Achill, Deianeira ist zu seinen Füßen zusammengebrochen; an der linken Ecke ist der Trompeter wiedergegeben; weitere Mädchen füllen die Fläche. Dieses Stück *(Gruppe IV)* wird durch ein Fragment in Tyros[20] bestätigt, auf dem der Oberkörper der zusammensinkenden Deianeira erhalten ist. Die Nebenseite des Sarkophages im Louvre[21] bietet die Vorstufe der Darstellung. Eine Reihe von Fragmenten in Sparta, Termessos, Tirana, Triest, Trogir und Woburn Abbey sowie Fragmente einer Nebenseite in Tyros[22] sind nicht zu bestimmen; bei Fragmenten in Warschau, Istanbul, Varna, Split und Kerkyra[23] ist es fraglich, ob sie zu Achillsarkophagen gehören; ein Fragment in Oxford[24] könnte auch von einem Amazonensarkophag stammen.

Darstellungen mit der Entdeckung Achills auf Skyros außerhalb der Sarkophage sind zahlreich;[25] man hat eine frühhellenistische Erfindung erschließen wollen.[26] Für die Sarkophage der Gruppe I ist der Fries unter Verwendung der älteren Vorlagen etwa um 170/80 n. Chr. neu zusammengestellt worden; der eine der Sarkophage in Leningrad[27] scheint diese für die Sarkophage bestimmte Komposition gut wiederzugeben.

Für die Gruppen II und IV sind keine Parallelen bekannt.[28] Bei der Gruppe III geben die sitzenden Könige und die vielen Krieger bei der Entdeckung wenig Sinn; es wäre

---

[18] ASR II 32; GUERRINI, Pal. Mattei 14 Taf. 28.

[19] CHÉHAB a.O. Taf. 3; G. KOCH, AA 1978, 123 Abb. 9; GIULIANO-PALMA Taf. 50, 122.

[20] Tyros, Grabungsdepot; unpubl.

[21] Paris 2120: ASR II 26 a; GIULIANO – PALMA Taf. 29,71.

[22] Sparta 322/23: ASR II 51 a; GIUL. Nr. 90 – Termessos: H. WIEGARTZ, Gnomon 37, 1965, 616 Nr. 16 (vgl. ASR II S. 30 Anm. 1; es ist z. Z. nicht festzustellen, ob die Stücke identisch sind). – Tirana: unpubl. – Triest, Mus. Civ.: H. SICHTERMANN, AA 1974, 309 Nr. 1 Abb. 1. – Trogir, Städt. Mus. A 33: unpubl. – Woburn Abbey: ASR II 41; GIUL. Nr. 418 – Tyros, Grabungsdepot: unpubl.

[23] Warschau, NM 143419 (ehem. Goluchow): H. WIEGARTZ, Gnomon 37, 1965, 617 Nr. 32; W. FRÖHNER, Collections du Château de Goluchow (1899) Nr. 10; P. BIEŃKOWSKI, Zapiski Muzealne 4/5, 1920/21, 15 f. Abb. 2 – Istanbul 18: ASR III 3, 459; MENDEL I 108 Nr. 28; GIULIANO-PALMA 34 Nr. 7. – Istanbul 2700: MENDEL III 522 Nr. 1313; KALLIPOLITIS, Chron. 28 Nr. 165; GIUL. Nr. 247. – Varna: T. GERASIMOV, BullMusVarna 5, 1969, 54 ff. Abb. 2–4; R. F. HODDINOTT, Bulgaria in Antiquity (1975) 224 Abb. 144. – Split D 97: R. SCHNEIDER, AEM 9, 1885, 59 f. Abb. S. 60. – Split D 175: SCHNEIDER a.O. 72 f. Nr. 6 Abb. S. 73; WIEGARTZ a.O. 617 Nr. 27 (dazu vielleicht Frgt. D 50 gehörend). – Kerkyra 550: GIUL. Nr. 195; B. G. KALLIPOLITIS, AEphem 1961 Chron. 4 f. Nr. 4 Taf. 2,2. – Vgl. auch G. RODENWALDT, JdI 45, 1930, 162 Abb. 42–45; GIUL. Nr. 400.

[24] Oxford 218: MICHAELIS 590 Nr. 218,1 und 2; ASR II 42 und Nachtrag III 3 S. 549; GIUL. Nr. 256; die beiden Frgt.e scheinen wegen unterschiedlicher Maße der Ornamentzonen nicht zu einem S. zu gehören.

[25] BROMMER, Denkmälerlisten II 80 f. P. DE PALOL in: La Mosaique Gréco-Romaine II (1975) 227 ff. Taf. 85 ff. V. M. STROCKA, Die Wandmalerei der Hanghäuser in Ephesos , (Forsch. in Ephesos VIII 1, 1977) 104 f. 107 f. mit Anm. 380. Abb. 220 f.

[26] Zuletzt: KEMP-LINDEMANN a.O. 44 ff. (mit Lit.), bes. 48 f.; K. SCHEFOLD, MEFRA 88, 1976, 797 f.; STROCKA a.O. 107 f.

[27] ASR II 20; s. oben Anm. 7.

[28] Bei Gruppe II sind Deianeira und Dienerin von Phaidra und Amme von den Hippolytoss. übernommen, die Gestalten l. stammen von der Grp. I.

möglich, daß eine Umbildung der Rüstung Achills nach seiner Entdeckung vorliegt, wie sie in einem Sarkophag aus Tyrus in Beirut erhalten ist.[29]

Der Sarkophag in Leningrad mit Dachdeckel kann um 170/80 entstanden sein, der in London um 180/90, der in Neapel schon nach 200 n. Chr.; der andere Sarkophag in Leningrad ist eines der frühesten Exemplare mit Klinendeckel und um 180/90 zu datieren. Die Fragmente in Kopenhagen zeigen zwar eine klare Trennung von Fries und Ornamenten, aber auch eine dichte Drängung der Figuren und stark zergliederte Gewänder, so daß sie schon im frühen 1. Viertel des 3. Jhs. entstanden sein dürften. Der große Sarkophag in Rom, Mus. Cap., ist wegen der Porträtköpfe des auf dem Deckel liegenden Paares einer der Eckpunkte für die Datierung der attischen Sarkophage[30] und etwa in das Jahrzehnt 240/50 n. Chr. anzusetzen. Der Kasten in Paris läßt sich anschließen. Das stark fragmentierte Stück in Jerusalem ist früher, wohl noch im 1. Viertel des 3. Jhs., entstanden. Der Achillsarkophag in Beirut, der die Entdeckung auf Skyros der Gruppe IV auf seiner linken Nebenseite trägt, ist nach den erhaltenen Porträts der Deckelfiguren gegen die Mitte des 3. Jhs. n. Chr. zu datieren.[31]

Auf verschiedenen Sarkophagen ist die *Rüstung Achills*[32] wiedergegeben; es wird allerdings nicht immer deutlich, zu welchem Zeitpunkt sie stattfindet; bei der Nebenseite des Sarkophages in Woburn Abbey[33] könnte man annehmen, daß es sich um die Vorbereitung des Kampfes gegen Hektor handelt, bei dem Sarkophag aus Tyrus in Beirut[34] scheint aber der Aufbruch Achills auf Skyros gemeint zu sein, wenn der Sitzende richtig mit Lykomedes bezeichnet wird. Daher soll die Szene hier behandelt werden.

Nur auf dem Sarkophag in Beirut ist der Vorgang auf einer Vorderseite dargestellt; Achill ist schon gerüstet, ein Diener macht sich wohl am Band zu schaffen, das um den Panzer gelegt ist. Auf Nebenseiten von Sarkophagen in Tyros und Paris[35] ist der Diener dabei, Achill Beinschienen anzulegen. Anschließen läßt sich der Sarkophag in Ioannina,[36] der auf der linken Nebenseite Thetis und Achill mit zwei Begleitern zeigt; bei ihm ist also die Rüstung nach dem Tode des Patroklos und vor dem großen Kampf gegen Hektor gemeint. Weiterhin ist die Rüstung wahrscheinlich auf der Nebenseite des Sarkophages in Woburn Abbey wiedergegeben, ferner auf einem nur in Fragmenten vorhandenen Sarkophag in Tyros[37] und einem Fragment in Myra,[38] vielleicht auch auf Fragmenten im Vatikan, in Taormina und Split.[39]

---

[29] SICHTERMANN-KOCH 16 f.
[30] SICHTERMANN-KOCH 16 f. Nr. 3 (mit Lit.); GIULIANO – PALMA 46 Nr. 2 Taf. 49, 119–121.
[31] G. KOCH, AA 1978, 125 ff.; die Köpfe Abb. 14 ff.
[32] BROMMER, Denkmälerlisten II 94; das Thema nicht bei Kemp-Lindemann erfaßt.
[33] ASR II 47 b; Deutung nicht sicher.
[34] CHÉHAB a.O. 10 ff. Taf. 4 f.; WIEGARTZ, Myra 204; G. KOCH, AA 1978, 123 ff. Abb. 8; GIULIANO-PALMA Taf. 50, 123.
[35] Tyros: CHÉHAB a.O. Taf. 14 d. – Paris: ASR II 26 b; GIULIANO-PALMA Taf. 29, 70; kaum Werkstatt des Hephaistos, wie BROMMER, Denkmälerlisten II 93 Nr. 2, schreibt.
[36] Ioannina 6176, aus Ladochori bei Igoumenitsa: unpubl.
[37] Woburn Abbey: ASR II 47 b; GIUL. Nr. 250. – Tyros, Grabungsdepot: unpubl.
[38] WIEGARTZ, Myra 195 ff. Nr. 4 Taf. 92 B. – Die Benennung der weibl. Gestalt als Thetis durch Wiegartz wird durch den S. in Ioannina bestätigt (s. oben Anm. 36).
[39] Vatikan 2398: LIPPOLD, Vat.Kat III 2, 137 f.

Die *Vorbereitung der Rüstung* dürfte auf dem aus vielen kleinen Fragmenten zusammengesetzten Sarkophag in Tyros[40] dargestellt sein, der auf der rechten Nebenseite die Rüstung zeigt; zwei bärtige sitzende Männer rahmen die Szene; etwa in der Mitte wird ein jugendlicher Mann hervorgehoben, zu dessen Füßen Waffen liegen; es könnte sich um Lykomedes und Agamemnon und in der Mitte Achill handeln.[41] Das gleiche Geschehen ist wohl auf der rechten Nebenseite des Sarkophages in Rom, Mus. Cap.,[42] gemeint; die Waffen liegen am Boden.

Ein Vorbild für die Rüstung läßt sich nicht bestimmen; sie begegnet zuerst auf dem Sarkophag in Ioannina um 170/80 und dann vor allem im 3. Jh. n. Chr.; der Sarkophag in Beirut ist gegen Mitte des 3. Jhs. entstanden; der stark fragmentierte Sarkophag in Tyros dürfte in die gleiche Zeit gehören. Das Fragment in Myra ist in das beginnende 2. Viertel des 3. Jhs. n. Chr. datiert worden.[43]

Zwei Sarkophage bringen auf Nebenseiten eine weitere Szene, die man wohl als *Abschied Achills* von Lykomedes benennen darf,[44] und zwar das Exemplar in Leningrad[45] und das in Rom, Mus. Cap.;[46] auf beiden steht Achill beim sitzenden Lykomedes; dieser ist auf dem Stück in Rom von drei Mädchen begleitet.

Zahlreich sind die Darstellungen aus dem Kampf vor Troja. Zwei Sarkophage in Woburn Abbey und Tyros[47] zeigen in enger Übereinstimmung auf den Nebenseiten den trauernden sitzenden Achill und einen *Griechen, der den Leichnam des Patroklos herbeibringt.*[48] Diesen Stücken des 2. Viertels des 3. Jhs. n. Chr. stehen drei ebenfalls eng zusammengehörende Sarkophage der Zeit um 170/80 n. Chr. in Adana, Beirut und Ioannina[49] gegenüber, die auf den Nebenseiten einen etwas späteren Moment zeigen, nämlich die *Aufbahrung des Patroklos*; eine vergleichbare Darstellung ist schon aus der Klassik bekannt, die römische Szene jedoch erweitert.[50] Die Trauer Achills um Patroklos könnte auch auf Fragmenten in Rom, Museum der Prätextatkatakombe,[51] gemeint sein.

Auf dem Achillsarkophag in Beirut[52] findet sich auf der rechten Nebenseite die

---

Nr. 47 Taf. 65. – Taormina: ASR II 55; TUSA, Sicilia 195 f. Nr. 97 Taf. 128, 238. – Split o. Nr.: nach l. gewandter und im Dreiviertelprofil n. r. gewandter Mann; unpubl.

[40] CHÉHAB a.O. 29 ff. Taf. 15; WIEGARTZ, Myra 204.

[41] Wenn die Benennung der sitzenden Figuren als Lykomedes und Agamemnon richtig ist, dürfte die Bewaffnung auf der Insel Skyros gemeint sein.

[42] ASR II 25 b.

[43] WIEGARTZ, Myra 205.

[44] KEMP-LINDEMANN a.O. 58 ff.

[45] ASR II 21 a. s. oben Anm. 9.

[46] ASR II 25 a.

[47] Woburn Abbey: ASR II 47 a; BROMMER, Denkmälerlisten I 91 Nr. 4; GIULIANO-PALMA Taf. 57, 140 – Tyros: CHÉHAB a.O. Taf. 14 c.

[48] KEMP-LINDEMANN a.O. 142 f.

[49] Adana: BUDDE a.O. Taf. 2; GIULIANO-PALMA Taf. 22,54. – Beirut: CHÉHAB a.O. Taf. 10 a. – Ioannina 6176, r. Ns.: s. oben Anm. 36 und unten Anm. 69; der Diener r. fehlt. – Vgl. einen stadtröm. S. in Berlin, Antikenmus.: unpubl. (G. KOCH, JbBerlMus 1983).

[50] KEMP-LINDEMANN 143 f.; die schöne, inschriftlich bezeichnete weißgrundige Lekythos New York, Metr. Mus. 31.11.13 (M. R. SCHERER, The Legends of Troy [1963] 75 Abb. 60) dort nicht berücksichtigt. – A. SADURSKA in: Mél. K. Michałowski (1966) 653 ff. Abb. 1 a.

[51] GIUL. Nr. 358; GIULIANO-PALMA 48 Nr. 3 Taf. 54, 133 (nur ein Frgt. abgebildet).

[52] CHÉHAB a.O. Taf. 10 b.

Opferung eines Trojaners durch einen Griechen im Beisein eines sitzenden jugendlichen Mannes; der Typus ist sonst für Neoptolemos verwandt worden,[53] hier wird aber, nach dem Zusammenhang mit der anderen Nebenseite und der Vorderseite zu urteilen, Achill gemeint sein, auch wenn er nicht selber das Opfer vornimmt.[54]

Nur der Sarkophag in London[55] zeigt auf einer Nebenseite *Achill und Thetis bei Hephaistos* in der Schmiede;[56] Achill hat den Panzer angelegt, seine Mutter hält Beinschienen und Schwert, Hephaistos arbeitet noch an dem Schild. Zu vergleichen ist nur ein stadtrömischer Deckel in Rom, Mus. Cap.,[57] der aber andere Typen hat.

Der *kämpfende Achill* ist auf den Schlachtsarkophagen nicht hervorgehoben, auch der Zweikampf zwischen Achill und Hektor ist nicht zu erkennen. Achill begegnet lediglich auf Sarkophagen mit dem Kampf bei den Schiffen, allerdings nur als Beobachter auf einem der Schiffe.[58]

Die *Schleifung Hektors*[59] ist auf der Rückseite des Sarkophages in London[60] dargestellt; Fragmente in Reggio, Calabria und Tegea[61] sind lokale Kopien nach attischen Vorlagen.[62] Ältere Vorbilder sind bekannt.[63] In anderer Weise, dicht zusammengefaßt, wird die Schleifung auf dem Sarkophag in Woburn Abbey[64] und der Nebenseite des Achillsarkophages in Beirut[65] wiedergegeben; dieser Neufund ist wichtig, da er erlaubt, den Gerüsteten als Achill zu benennen, der Hektor an einem Bein faßt, vielleicht, um ihn an den Wagen anzubinden;[66] gefallene Trojaner zeigen, daß der Augenblick unmittelbar nach der Tötung Hektors gemeint ist. Damit läßt sich der Krieger auf dem Sarkophag in Woburn Abbey ebenfalls als Achill bezeichnen, und der Held wäre, für attische Sarkophage sehr ungewöhnlich,[67] zweimal auf der Vorderseite in kontinuierender Darstellung wiedergegeben.

Beide Sarkophage stammen aus dem 2. Viertel des 3. Jhs. und vertreten dem Sarkophag in London gegenüber in der Drängung der Gestalten und der Häufung der Figuren den nach dem ‚Stilwandel' ausgeprägten Typus.

[53] SICHTERMANN-KOCH 48 f. Nr. 46 Taf. 119, 1. HELBIG⁴ III 2144 (mit Abrollung des Silberbechers von Ingolstadt, München, Prähist. Staatsslg. 3391, und weiterer Lit.).
[54] CHÉHAB a.O. 25 f. H. FRONING, JdI 95, 1980, 339. – Zur Opferung der Trojaner durch Achill: BROMMER, Denkmälerlisten II 91 f.; KEMP-LINDEMANN a.O. 146 f.
[55] ASR II 23 a; GIULIANO-PALMA Taf. 13,1.
[56] BROMMER, Denkmälerlisten II 93 Nr. 1 (Nr. 2 meint kaum die Schmiede).
[57] ASR II 43; SICHTERMANN-KOCH Taf. 9,1.
[58] s. unten bei den Schiffskampfsarkophagen.
[59] BROMMER, Denkmälerlisten II 96 ff.; KEMP-LINDEMANN a.O. 172 ff. – Intercisa I (Archaeol. Hungarica 33, 1954) 217. 309 Nr. 198 Taf. 65,1; A. MÓCSY, Pannonia and Upper Moesia (1974) Taf. 33 b. – F. ZAYADINE in: Studia Hierosolymitana in Onore di P. B. Bagatti I (Studium Bibl. Franciscarum, Coll. Maior 22,1976) 292 f. Photo 3.5 und Farbabb.
[60] ASR II 23 c.
[61] Reggio Calabria: K. LEHMANN-HARTLEBEN, AA 1926, 160 Abb. 29; GIUL. Nr. 367; ASR XII 6 S. 64. – Tegea: ASR II 46; GIUL. Nr. 124; ASR XII 6 S. 64 f. Anm. 19.
[62] ASR XII 6 S. 64 f.
[63] KEMP-LINDEMANN a.O. 172 ff.
[64] ASR II 47; GIULIANO-PALMA Taf. 57, 141.
[65] CHÉHAB a.O. 18 f. Taf. 6; G. KOCH, AA 1978, 123 Abb. 10. – – Das Pasticcio Paris 261 (ASR II 48; GIUL. Nr. 393) scheidet aus, wie schon C. ROBERT, ASR III 3 S. 550 gesehen hat.
[66] C. ROBERT, ASR II S. 59, bezeichnet ihn als ‚Krieger'.
[67] HIMMELMANN, Megiste 9 mit Anm. 2; ASR XII 6 S. 68.

Verschiedene Sarkophage mit *Hektors Lösung*[68] bilden eine geschlossene Gruppe. Drei Szenen sind zusammengefügt, und zwar der Streitwagen Achills mit dem noch angebundenen Leichnam Hektors, Priamos vor Achill und das Abladen der Geschenke. Exemplare aus Tarsus in Adana, aus Tyros in Beirut und in Ioannina[69] geben ein gemeinsames Vorbild wieder; durch Fragmente einer Vorderseite in Bursa und durch kleine Fragmente in Athen und Sparta[70] wird es bestätigt. Diese Beispiele schließen sich zeitlich eng zusammen und dürften um 170/80 n. Chr. entstanden sein.

Bei einer ganzen Reihe von Sarkophagen ist die Darstellung auf der Rückseite angebracht, und zwar etwa vollständig auf dem Schlachtsarkophag in Tyros[71] oder – völlig überarbeitet – auf dem Achillsarkophag in Paris,[72] etwas verkürzt auf dem Achillsarkophag im Museo Capitolino, Rom,[73] und stärker verkürzt auf dem Achillsarkophag aus Tyros in Beirut.[74] Die vollständige Abfolge der Figuren kann ein fragmentiertes Stück in Sparta gehabt haben,[75] während auf einem verschollenen Fragment und einem fragmentierten Sarkophag in Tyros[76] die linke Gruppe weggelassen ist und Achills Streitwagen am linken Rand stand. Ein Fragment in Antalya, ein fragmentiertes Stück in Termessos, ein verschollenes Fragment und der kleine Rest in Taormina[77] lassen sich nicht weiter beurteilen. Lediglich ein Fragment in Zadar[78] zeigt eine andere Bewegungsrichtung, Achill sitzt links; es dürfte von einer rechten Nebenseite stammen,[79] die Szene war also auf wenige Figuren beschränkt.

Frühere Vorbilder für die gesamte Figurenfolge sind nicht nachzuweisen, eine klassische Schöpfung, wie sie vermutet worden ist,[80] ist also nicht zu sichern.[81] Für die

---

[68] M. DUNAND, BMusBeyr 18, 1965, 29 ff. Taf. 15.; BROMMER, Denkmälerlisten II 98 f.; KEMP-LINDEMANN a.O. 180 ff.; STROCKA a.O. (siehe oben Anm. 25) 109 mit Anm. 393. – Das Relief aus Aquincum: A. SCHOBER, ÖJh 23, 1926, 68 Abb. 22; A. MÓCSY, Pannonia and Upper Moesia (1974) Taf. 33 a.

[69] Adana: BUDDE a.O. Taf. 1.4 ff.; GIULIANO-PALMA 28 Nr. 1 Taf. 22, 55. – Beirut: CHÉHAB a.O. Taf. 9.11.12; GIULIANO-PALMA 28 Nr. 3. – Ioannina 6176, aus Ladochori bei Igoumenitsa: K. mit Klinendeckel, der wohl später als der K. ist; Vs. Achill-Priamos, l. Ns. Rüstung Achills, r. Ns. Achill, beim toten Patroklos sitzend; unpubl.

[70] Bursa 2122-24: H. WIEGARTZ, Gnomon 37, 1965, 616 Nr. 14; HIMMELMANN, Antakya 20 f. Taf. 17 b. 18; GIULIANO-PALMA 28 Nr. 2 Taf. 23,58. – Athen, NM 2414: ASR II 52. – Sparta 402: ASR II 53.

[71] Tyros, Grabungen: unpubl.

[72] ASR II 26 c.

[73] ASR II 25 c; SICHTERMANN-KOCH Taf. 8.

[74] CHÉHAB a.O. Taf. 7.

[75] Sparta 322/23: ASR II 51.

[76] Verschollen: ASR II 56; BUDDE a.O. 18; G. KOCH, AA 1976, 103 Nr. 5 Abb. 5. – Tyros, Grabungsdepot: unpubl.

[77] Antalya A 118: ASR II 54; BUDDE a.O. Taf. 10,2. 11; J. u. H. WAGNER – G. KLAMMET, Die türkische Südküste (1977/78) Abb. 99. – Termessos: siehe oben Anm. 22 – Verschollen: ASR II 24 e.f. (Rs. des Frgt.es in Kopenhagen) – Taormina: ASR II 55; TUSA, Sicilia Taf. 128, 238. – Ein weiteres Frgt., angeblich in Tegea, ist nur nach einer alten Photographie bekannt (1979 nicht aufgefunden). Das Frgt. KALLIPOLITIS, Chron. 19 Nr. 55, und Giul. Nr. 213 in Thessaloniki war 1979 nicht aufzufinden (möglicherweise mit Inv. 538: GIULIANO-PALMA 20 Nr. 1 Taf. 12, 28 identisch und auszuscheiden).

[78] Zadar: GIUL Nr. 388; M. GORENC, Antikna Skulptura u Hrvatskoj (1952) Taf. 21; M. SUIĆ, Muzeji i Zbirke Zadra (1954) Taf. 87.

[79] Das Frgt. hat unten einen Ornamentstreifen, die l. anstoßende Seite war tief ausgearbeitet; also handelt es sich wahrscheinlich nicht um den Rest einer Rückseite und der anstoßenden rechten Ns.

[80] BUDDE a.O. 20 ff. K. SCHEFOLD, MEFRA 88, 1976, 788.

[81] Schon BUDDE 22 f. muß einräumen, daß

Gruppe von Achill und Priamos gibt es jedoch viele Parallelen.[82] Die Sarkophagdarstellung wird also, unter Verwendung älterer Teile,[83] um 170/80 n. Chr. für die Vorderseite attischer Sarkophage geschaffen worden sein.[84] Bald nach 200 n. Chr. ist sie auf die Rückseiten und in einem Fall verkürzt auf eine Nebenseite gesetzt; bis um 250 n. Chr. lassen sich die Darstellungen verfolgen, wie die Sarkophage in Paris, Rom, Beirut und Tyros[85] bezeugen.

Ein etwa aus der Mitte des 3. Jhs. stammendes Fragment in Ptolemais[86] zeigt einen ähnlich wie Achill sitzenden Mann, der von drei Kriegern umgeben ist, es handelt sich vielleicht gleichfalls um eine Auslösung, die dann einen anderen Typus vertrat.

Auf der Vorderseite des Sarkophages in Woburn Abbey[87] ist die Auslösung in einem wiederum anderen Typus wiedergegeben, bei dem die Gruppierung von Priamos und Achill von der von Hippolytos und Amme[88] beeinfluß ist. Die Rückseite des Achillsarkophages in Tyros[89] ist zu stark fragmentiert, um dort ebenfalls die Auslösung sichern zu können; bei dem bärtigen Mann mit Stock, der das Gewand über den Hinterkopf gezogen hat, könnte es sich um Priamos handeln; ob man die Sitzende links als Andromache bezeichnen darf, ist kaum zu klären.[90]

Auf der Rückseite des Sarkophages in Woburn Abbey[91] ist noch die *Wägung Hektors*[92] wiedergegeben; links sitzt die trauernde Andromache; Odysseus holt ihren Sohn Astyanax.[93] Zur Wägung Hektors gehört vielleicht auch ein Fragment in Theben.[94]

Ein – stark übergangener – Sarkophag in Madrid[95] bringt ungewöhnliche Szenen, den *Friedensschluß zwischen Griechen und Trojanern*, die *Hochzeit von Achill und Polyxena* und *Achills Tod*. Vorbilder für die Darstellungen sind nicht bekannt. Das Stück dürfte um die Mitte des 3. Jhs. n. Chr. entstanden sein.

Beim Kampf der Griechen gegen die Amazonen wird auf den attischen Sarkophagen keine Gruppe so hervorgehoben, daß man sie als *Achill und Penthesileia* bezeichnen könnte, auch wenn beispielsweise auf Sarkophagen in Paris, Thessaloniki und Tyros[96] Figurengruppen vorkommen, die in ähnlichem Typus auf stadtrömischen

---

der Grieche mit der Amphora und der Grieche, der die Zügel hält, nicht in das von ihm angenommene hochklassische Vorbild hineinpassen.

[82] s. oben Anm. 68.

[83] Gruppe von Achill und Priamos; Wagen mit Geschenken. – A. SCHOBER, ÖJh 23, 1926, 67; LIPPOLD, Gemäldekopien 26ff.

[84] So schon angedeutet bei SCHOBER a.O. 69.

[85] s. oben Anm. 30 und 31.

[86] A. L. PIETROGRANDE, AfrIt 3, 1930, 121f. Nr. 16; GIUL. Nr. 321. – Vgl. REINACH, RR I 69,2, bei anderer Richtung.

[87] ASR II 47.

[88] WIEGARTZ, Myra 198 Anm. 217; 199 Anm. 222.

[89] CHÉHAB a.O. Taf. 13 b. 16 d.

[90] Vgl. ASR II 47 c und 50.

[91] ASR II 47 c.

[92] Vgl. z. B. REINACH, RR I 69,2; K. LEHMANN-HARTLEBEN, AJA 42, 1938 Taf. 13 B; M. DUNAND, BMusBeyr 18, 1965, 29ff. Taf. 15.

[93] Vgl. C. ROBERT, ASR II S. 60f.

[94] Theben 219 (oder 40?): ASR II 50; GIUL. Nr. 190.

[95] Madrid, Prado: ASR II 62; G. RODENWALDT, Anuario del Cuerpo Facultativo de Archiveros, Bibliotecarios y Arqueólogos 2, 1934, 439–447 Taf. 1–4; A. BLANCO, Museo del Prado. Catalogo de la Escultura I (1957) 81f. Taf. 53/54; KEMP-LINDEMANN a.O. 222; GIULIANO-PALMA 46 Nr. 5.

[96] Paris 2119: ASR II 69 b; GIULIANO-PALMA Taf. 17,40 – Thessaloniki 283: GIULIANO-PAL-

Sarkophagen als Achill und Penthesileia verwandt worden sind.[97] Eine Ausnahme könnte lediglich ein Sarkophag in Thessaloniki[98] bilden, auf dessen Vorderseite eine Mittelgruppe hervorgehoben ist; zu vergleichen sind stadtrömische Sarkophage. Das Stück ist um 220/30 n. Chr. entstanden. Auch auf dem um 180 n. Chr. zu datierenden Sarkophag in Paris[99] hat man Achill und Penthesileia benennen wollen.[100]

Die Achillsarkophage reichen zeitlich von den frühesten mythologischen Sarkophagen bis zu den spätesten attischen Beispielen. Eine vergleichbare Fülle von Szenen findet sich bei keinem anderen Thema auf attischen Sarkophagen. Ein bestimmter Achill-Zyklus läßt sich aber für die Sarkophage nicht nachweisen. Eigenständige Kompositionen, die eine größere Zahl von Kopien gefunden haben, sind die Entdeckung Achills auf Skyros und die Auslösung Hektors durch Priamos; auf den Nebenseiten der Sarkophage mit der Entdeckung waren vielleicht die Szene von Achill unter den Töchtern des Lykomedes und die von Chiron und Achill dargestellt; als eine der Nebenseiten der Auslösung ist wohl die Aufbahrung des Patroklos anzusehen. Besonders im 3. Jh. n. Chr. sind – teilweise in Anlehnung an die zahlreichen früheren Achilldarstellungen – viele neue Szenen geschaffen worden.

2. Amazonen

C. ROBERT, ASR II 60. 70. 72–74. 110. 116–124. 126. 127. 129–131; Nachträge III 3 S. 552 ff. – REDLICH (1942) 5 ff. (passim). – B. ANDREAE, RM 63, 1956, 32 ff.

Die attischen Sarkophage mit dem Kampf der Griechen gegen die Amazonen sind recht zahlreich. Auf einer Reihe von Exemplaren wird durch verschiedene Figuren oder Gruppen gezeigt, daß die troische Amazonomachie gemeint ist. Gegenüber den von C. Robert zusammengestellten Exemplaren gibt es eine Fülle von Neufunden.[1] Da es sich allerdings meist um Fragmente handelt, ist bisher von der Entwicklung der

---

MA 36 Nr. 4 Taf. 38,95. – Tyros: CHÉHAB a. O. Taf. 18.

[97] ASR II 86. 87.

[98] Thessaloniki 283: REDLICH Taf. 4,2; EAA VII 21 Abb. 32; GIULIANO-PALMA 36 Nr. 4 Taf. 37, 93.

[99] Paris 2119: ASR II 69; GIULIANO-PALMA 22 Nr. 1 Taf. 16, 39.

[100] C. ROBERT, ASR II S. 83 f. und mit ihm REDLICH 10 sehen in der Haarreißergruppe des S. in Paris Achill und Penthesileia; einen Hinweis darauf könnte lediglich Odysseus geben; die Gruppe auf der l. Ns. (GIULIANO-PALMA Taf. 17,41) ist ebenfalls als Achill und Penthesileia bezeichnet worden (ROBERT a. O. S. 84; REDLICH 12; KEMP-LINDEMANN a. O. 198).

[1] Das Material ist zusammengestellt bei Giul. Index S. 85; auszuscheiden sind: 4. 5 (beide Frgt.e stammen nicht von Amazonens.). 71. 93. 96.99. 100. 366 (alle Stücke sind lokale Arbeiten). 374 (Schlacht). 412. 414 (bei beiden fraglich, ob zu Amazonens. gehörend). 272. 333 (beide zu Schlachts. gehörend). – Wichtige Neufunde: Athen, Akademie (GIULIANO-PALMA 23 Nr. 5; nicht im NM, sondern im Depot der Ephorie). – Beirut: fragmentierte Ns., unpubl. – Kilkis 20: Frgt., Rs., unpubl. – Kilkis 200: Eckfrgt., Vs. und r. Ns., unpubl. – Ostia (Nr.?): M. L. VELOCCIA RINALDI – P. TESTINI, Ricerche archeologiche nell'Isola Sacra (1975) 114 f. Abb. 85. – Ehem. Rom, Kunsthandel: GIULIANO-PALMA 49 Nr. 5 Taf. 56, 138 (wohl identisch mit Giul. Nr. 454). – Side 72 und 822: H. WIEGARTZ, Gnomon 37, 1965, 616 f. Nr. 23. 24. – Tyros: M. CHÉHAB, BMusBeyr 21, 1968, 35 ff. Taf. 17 ff.

Amazonensarkophage über die Jahrzehnte hinweg noch kein Bild zu bekommen;[2] erst eine ausführliche Behandlung wird Klarheit schaffen können.

Die Reihe setzt in mittelantoninischer Zeit mit einem Fries ein, bei dem recht weit auseinandergezogene Kampfgruppen dargestellt sind und viel freier Raum zwischen den Figuren bleibt. Ein vollständiger Sarkophag ist nicht erhalten, diese Stufe wird nur durch Fragmente belegt; dazu gehören eines in Korinth[3] und eines in Sparta,[4] das eine lokale Kopie nach einem attischen Vorbild ist. Im späteren 2. Jh., vielleicht um 180 n. Chr., ist der großartige Sarkophag aus Thessaloniki in Paris[5] entstanden, der zu den qualitativ besten attischen Sarkophagen gehört; die Porträts des auf dem Deckel lagernden Paares geben einen Hinweis für die Datierung. Dieses Exemplar zeigt eine fest gefügte Komposition, für die es einige Parallelen auf anderen attischen Sarkophagen gibt;[6] auch auf stadtrömischen Beispielen begegnet sie.[7] Gegen 200 n. Chr. dürften dann der Sarkophag in Tyros und Fragmente in Istanbul, Side und Triest gearbeitet worden sein;[8] diese Stücke zeigen immer wieder andere Kampfgruppen in jeweils neuer Zusammenstellung. Fragmente in Cambridge/Mass. fallen nach ihrer handwerklichen Ausführung und dem Schmuck der oberen Ornamentleiste aus den übrigen attischen Sarkophagen heraus;[9] sie könnten im früheren 3. Jh. n. Chr. geschaffen worden sein. Um 220/30 n. Chr. ist der großformatige Sarkophag in Thessaloniki anzusetzen, der als einziges attisches Beispiel die Mitte durch die Gruppe von Achill und Penthesileia betont.[10] Um die Mitte des 3. Jhs. n. Chr. dürften dann Sarkophage in Thessaloniki[11] und Jerusalem[12] und der qualitativ hervorragende Kasten in London[13] entstanden sein. Einige Fragmente lassen sich anschließen.[14]

Nur für den Sarkophag in Paris und seine Parallelen läßt sich eine geschlossene

[2] Etwa 85 Stücke lassen sich nachweisen; dabei handelt es sich nur bei 12 um größere Frgt.e oder mehr oder weniger vollständige Kästen.
[3] Korinth (Nr.?): Frgt. mit l. Ecke; berittene Amazone und unterlegner Grieche; unpubl. – Dazu ein Frgt., das sich früher in Bloomfield Hills (Mich.), Cranbrock School, dann in New York, Parke-Bernet Gall., befand: C. C. VERMEULE, Greek Sculpture and Roman Taste (1977) 12 Abb. 10.
[4] Sparta 35: ASR II 114; GIUL. Nr. 93; GIULIANO-PALMA 24 Nr. 3.
[5] Paris 2119: ASR II 69; GIUL. Nr. 216; HIMMELMANN, Antakya 37 Taf. 22–24; GIULIANO-PALMA 22 Nr. 1 Taf. 16/17.
[6] ASR II 70. 73. 74.
[7] ANDREAE a. O. 32 ff.
[8] Istanbul 63: ASR II 74; GIUL. Nr. 462; GIULIANO-PALMA 21 Nr. 1. – Side 822: s. oben Anm. 1. – Triest: ASR II 129; GIUL. Nr. 446.
[9] Cambridge/Mass. 1899.9 und 1932.49: REDLICH 49 ff. Taf. 3, 2; ANDREAE a. O. 35 Nr. 8; GIUL. Nr. 459; GIULIANO-PALMA 30 Nr. 7 Taf. 28, 68.

[10] Thessaloniki 283: REDLICH 64 ff. Taf. 4, 2; EAA VII (1966) 21 Abb. 32; GIUL. Nr. 217; R. BIANCHI BANDINELLI, Rom. Das Ende der Antike (1971) 301 Abb. 277/78; GIULIANO-PALMA 36 Nr. 4 Taf. 37–39. – Vgl. Manchester: C. C. VERMEULE – D. v. BOTHMER, AJA 63, 1959, 335 Taf. 84, 35; GIUL. Nr. 342.
[11] Thessaloniki 1245: REDLICH 118 ff. Taf. 10, 1; GIUL. Nr. 218; GIULIANO-PALMA 39 Nr. 1 Taf. 42, 102; 43.
[12] Jerusalem: REDLICH 116 ff. Taf. 10, 2; GIUL. Nr. 309.
[13] London 2303: ASR II 110; REDLICH 120 ff. Taf. 11, 1; GIUL. Nr. 291; GIULIANO-PALMA 38 Nr. 1 Taf. 42, 101.
[14] Rom, ehem. Kunsthandel: s. oben Anm. 1. – Thessaloniki 229: GIUL. Nr. 232; GIULIANO-PALMA 39 Nr. 2. – Thessaloniki 276: GIUL. Nr. 230 (und 229 a); GIULIANO-PALMA 36 Nr. 2 Taf. 36, 90. 91. – Selçuk (Nr.?): GIUL. Nr. 251; GIULIANO-PALMA 36 Nr. 1 Taf. 36, 88.

Vorlage nennen; ob sie für die Sarkophage aus den weit verbreiteten und vielfach verwandten Figurengruppen zusammengesetzt worden ist oder in ihrer Gesamtheit auf ein früheres Vorbild, etwa ein pergamenisches Amazonengemälde, zurückgeht, müßte noch eingehender untersucht werden.[15] Bei den späteren Sarkophagen ist keine kontinuierliche Entwicklung festzustellen; auf ihnen werden die einzelnen Kampfgruppen und Figuren in immer wieder anderer Weise zusammengefügt. Zu vergleichen sind die Sarkophage mit der Schlacht zwischen Griechen und Trojanern; erst eine ausführliche Untersuchung der beiden Gruppen wird klären können, welche zeitlich vorangegangen ist.[16]

3. Herakles

C. ROBERT, ASR III 1, 98–100.

Die Heraklessarkophage bilden nur eine kleine Gruppe mit recht verschiedenartigen Darstellungen. Ein fragmentierter Kasten in Athen[1] bringt auf Vorder- und Nebenseiten in großzügiger Anordnung nur sechs Taten, für die es teilweise typologisch auf den Sarkophagen keine Parallelen gibt.[2] Von einem vergleichbaren Friessarkophag könnte das Fragment mit Herakles und Eber in Kyrene stammen.[3] Auf einem kleinen Fragment in Athen sind der schlangenwürgende Herakles und Amphitryon erhalten.[4] Ein Fragment in Oxford mit dem Löwenkampf dürfte auch attisch sein.[5] Auf einem Fragment in Paris ist neben der Eckfigur der stehende Herakles mit Keule vorhanden, auf der anschließenden Seite ein Rest vom Kerberos-Abenteuer.[6] Ein weiteres Fragment in Athen, das Herakles, wohl mit Kerberos zeigt, ist nicht publiziert.[7]

Ein Fragment, das sich angeblich in Versailles befunden hat und das mit einem zweiten zugehörigen jetzt in Honolulu ist,[8] ist nicht attisch, sondern stammt von einem stadtrömischen Friessarkophag.[9]

[15] ANDREAE a.O. 32 ff.
[16] C. ROBERT, ASR II S. 131 f. G. RODENWALDT, JHS 53, 1933, 192. REDLICH 110 f. 120. 123 f. – s. unten bei ‚Schlacht vor Troja'; die att. Schlachts. setzen erst gegen 200 n. Chr. ein.
[1] Athen, NM 1182: ASR III 1, 99; GIUL. Nr. 130; GIULIANO-PALMA 18 Nr. 1; Alinari 24340 (in der alten, zu kurzen Ergänzung).
[2] C. ROBERT, ASR III 1 S. 122 f.
[3] A. L. PIETROGRANDE, AfrIt 3, 1930, 121 f. Nr. 17 Abb. 19; GIUL. Nr. 320.
[4] Athen, NM 1457: ASR III 1, 100; SVORONOS, Nat. Mus. Taf. 76, 4; GIUL. Nr. 10; GIULIANO-PALMA 18 Nr. 2; E. SIMON, AA 1979, 43 ff. mit Abb. 10 (wird aber doch Herakles sein). – Das Frgt. WALTER, Akropolismus. 175 f. Nr. 376 (Inv. 3385; GIUL. Nr. 16) scheint nicht dieselbe Darstellung zu zeigen.

[5] Oxford 1966.657: Selected Exhibition of Sir John and Lady Beazley's Gift to the Ashmolean Museum 1912–1966 (1967) 154 Nr. 583 (angeblich aus Athen).
[6] Paris 3212: GIUL. Nr. 300; H. WIEGARTZ, Gnomon 37, 1965, 615.
[7] Athen, NM 2023: KALLIPOLITIS, Chron. 14 Nr. 8; GIUL. Nr. 11. – Das Frgt. WALTER, Akropolismus. 227 Nr. 460 (Inv. 3736) ist nicht zu beurteilen. – Beim Frgt. Paris MND 930 (Hirschkuh), Foto Marburg 162 887, ist es fraglich, ob es att. ist.
[8] Honolulu, Academy of Arts, Inv. 3601/02: A. PHILADELPHEUS, AEphem 1922, 79 Abb. 27; GIUL. Nr. 200; M. DEL CHIARO, Roman Art in West Coast Collections (1973) 31 Nr. 31/32 Abb. S. 73; G. KOCH, BJb 180, 1980, 85 ff. Abb. 32/33.
[9] Vgl. ASR III 1, 113.116.

Eine Sonderstellung nimmt die großartige Langseite in Rom, S. Maria sopra Minerva, ein, die eindeutig zu einem attischen Sarkophag gehört, und zwar einem Beispiel, das auf den Schmalseiten und der anderen Langseite, der Rückseite, Girlandenschmuck trug.[10] Vorbild war eine spätarchaische oder frühklassische Komposition, die – ein völlig einmaliger Fall – für diesen einen Sarkophag übernommen worden ist.[11] Bei den anderen Sarkophagen läßt sich über die Komposition und mögliche Vorbilder kaum etwas aussagen; Verbindungen zu stadtrömischen Sarkophagen sind nicht vorhanden.

Die Langseite in Rom, der fragmentierte Kasten in Athen und die Fragmente in Athen und Kyrene werden im 3. Viertel des 2. Jhs. n. Chr. entstanden sein; das Fragment in Paris wird aus dem 2. Viertel des 3. Jhs. stammen.

4. Hippolytos

C. ROBERT, ASR III 2, 144–150. 152–156; Nachträge III 3 S. 571.

Die recht zahlreich erhaltenen attischen Hippolytossarkophage lassen sich in drei Gruppen gliedern. *Gruppe I* wird durch Exemplare in Beirut[1] und Istanbul[2] sowie einige Fragmente[3] vertreten. Wichtig ist der Sarkophag in Beirut, auf dem mehrere Einzelheiten besser erhalten sind als auf den anderen Stücken. Die Vorderseite ist in zwei Szenen geteilt. In der linken finden sich Phaidra,[4] Eros, Aphrodite und die Amme,[5] die zur rechten Szene vermittelt. Dort sitzt Hippolytos, der sich nach links wendet, um anzusehen, wie ein Knabe ein Hirschgeweih an einem kleinen Tempel annagelt. Rechts hat ein Mann, der in Rückansicht dargestellt ist, einen erlegten Eber von einem Maultier auf seine Schulter genommen.[6] Auf dem Kasten in Istanbul ist rechts ein

---

[10] ASR III 1, 98; GIUL. Nr. 432; M. WEGNER in: Festschrift W. Hager (1966) 71 ff. Abb. 87 (Arbeit der Renaissance); M. KÜHLENTHAL, ArtB 56, 1974, 414 ff. Abb. 1. 2. 4; K. FITTSCHEN, BullCom 82, 1970/71 (1975), 63 ff. Taf. 35–38 (mit richtiger Beurteilung); WIEGARTZ, Myra 183 f. mit Anm. 138 (mit richtiger Beurteilung; vgl. a. O. Anm. 133 für die Frage, welche der Lss. als Vs. anzusehen ist); H. v. HEINTZE – T. KRAUS, RM 84, 1977, 381 ff. (es liegt kein Grund vor, eine weitgehende Überarbeitung oder sogar teilweise Neugestaltung anzunehmen); GIULIANO-PALMA 18 f. Nr. 3 Taf. 9.

[11] C. ROBERT, ASR III 1 S. 122. WEGNER a. O. 74 f. FITTSCHEN a. O. 66 f. – Die Basis von Lamptrai, Athen, NM 42 und 3579: W. WREDE, AM 66, 1941, 160 ff. Taf. 63; KÜHLENTHAL a. O. 418 Abb. 7.

[1] Beirut 447: M. CHÉHAB, BMusBeyr 21, 1968, 45 ff. Taf. 27–30.

[2] Istanbul 125: ASR III 2, 144; GIUL. Nr. 219; GIULIANO-PALMA 21 Nr. 2 Taf. 13,32.

[3] Antalya A 702: H. WIEGARTZ, Gnomon 37, 1965, 616 Nr. 21; HIMMELMANN, Antakya 22; GIULIANO-PALMA 21 Nr. 3 Taf. 13,31. – Athen, Akro 3305: ASR III 2, 148; WALTER, Akropolismus. 175 Nr. 374; GIUL. Nr. 144. – Athen, NM 2087: ASR III 2, 145; GIUL. Nr. 143. – Istanbul 1415: MENDEL I 104 f. Nr. 22; GIUL. Nr. 288. – Zerstört: ASR III 147 c. – Zu dem Relieffrgt. in Weimar (ASR III 2, 146) siehe: E. BIELEFELD, JdI 69, 1954, 118 ff. Abb. 1.3; L. BUDDE in: Festschrift E. v. Mercklin (1964) 24 ff.

[4] Wie der S. in Beirut zeigt, wendet sich Phaidra von Hippolytos ab und erhebt abwehrend die r. Hand; ähnlich dürfte die Haltung auf dem K. in Istanbul zu ergänzen sein; vgl. C. ROBERT, ASR III 2 S. 172.

[5] Durch Beirut belegt; vgl. ROBERT a. O. S. 172.

[6] Zu dieser Haltung: ROBERT a. O. S. 173; BIELEFELD a. O. 136; BUDDE a. O. 24 f.

weiterer Mann eingefügt, wohl ein Gefährte des Hippolytos. Der Sarkophag in Beirut scheint die Vorlage besser wiederzugeben; die Komposition mit den beiden Szenen und dem Tempelchen in der Mitte ist ausgewogener. Die Fragmente in Athen, Antalya und Istanbul[7] bringen typologisch nichts Neues. Nebenseitendarstellungen sind für die Gruppe I nicht belegt.

Die *Gruppe II* ist weit vielfältiger als die Gruppe I. Charakteristisch für alle Exemplare ist, daß Vorder- und teilweise auch Nebenseiten von einer Fülle von stehenden Figuren bedeckt sind, nämlich Hippolytos und seinen Jagdgefährten mit ihren Pferden und dazu der Amme. Auf einer Reihe von Sarkophagen findet sich auf der Vorderseite auch die sitzende Phaidra, von Dienerinnen umgeben; andere Sarkophage bringen eine Frauengemachszene mit Phaidra auf einer der Nebenseiten. Verhältnismäßig eng schließen sich die Sarkophage in Agrigent,[8] Leningrad[9] und Tyros[10] zusammen. Die Jünglinge werden in verschiedenen Haltungen, Drehungen und Wendungen vorgeführt. Hippolytos ist dadurch hervorgehoben, daß neben ihm in kleinerem Maßstab die Amme wiedergegeben ist, die auf ihn einredet. Auf der einen Nebenseite ist die liebeskranke Phaidra mit Amme und Dienerinnen abgebildet; die Mädchen stehen oder sitzen, machen Musik und sorgen sich um Phaidra. Bei Phaidra können ein oder zwei Eroten sein, die die Szene noch verdeutlichen. Auf der Rückseite dieser Sarkophage ist die Jagd des Hippolytos und seiner Begleiter auf einen Eber wiedergegeben. Die andere Nebenseite zeigt den Tod des Hippolytos, den auftauchenden Stier, das auseinanderstiebende Gespann, den weiteren Reiter, der die Pferde zu zügeln versucht, und den zu Tode stürzenden Hippolytos. Die drei Sarkophage können auf einen Archetypus, einen neuen Entwurf, zurückgehen, der die Gruppe I abgelöst hat.

Anschließen läßt sich der Kasten in Tarragona,[11] auf dem Hippolytos ganz betont in die Mitte gesetzt ist und durch einen Torbogen im Hintergrund hervorgehoben wird; die Amme ist zurückgedrängt. Die linke Nebenseite ist beschädigt und nur schlecht zu bestimmen.[12] Auf der rechten Nebenseite findet sich eine Anspielung auf die Jagd; zwei Männer laden einen erlegten Hirsch von einem Maultier ab. Der Tod des Hippolytos ist auf der Rückseite wiedergegeben; die Szene ist weit auseinandergezogen und durch Poseidon, eine weibliche Ortsgottheit und rechts zwei Männer ergänzt.

Von diesen Sarkophagen setzen sich andere ab; auf ihnen ist zur Versammlung der jungen Männer, die zur Jagd aufbrechen wollen und ihre Pferde bei sich haben, eine Gruppe von Phaidra, Amme und Mädchen, also eine Innenraumszene, hinzugefügt.

[7] s. oben Anm. 3.

[8] Agrigent, Cattedrale: ASR III 3, 152; F. MATZ, Gnomon 31, 1959, 696; GIUL. Nr. 368; RESCHKE 389 Nr. 25; HIMMELMANN, Megiste 8 f.; R. BIANCHI BANDINELLI, Rom. Das Ende der Antike (1971) 302 Abb. 279; GIULIANO-PALMA 30 Nr. 10 Taf. 26/27.

[9] Leningrad A 432: ASR III 2, 154; G. RODENWALDT, AA 1940, 607 Abb. 6; GIUL. Nr. 350; GIULIANO-PALMA 45 Nr. 1 (I a) Taf. 48; SAVERKINA, Ermitage 26 ff. Nr. 6 Taf. 14–17.

[10] Tyros 330: M. CHÉHAB, BMusBeyr 21, 1968, 50 ff. Taf. 31–35.

[11] Tarragona 15.482: GARCÍA Y BELLIDO 244 ff. Nr. 262 Taf. 199–201; H. SICHTERMANN, AA 1954, 421 ff. Abb. 101–104; GIUL. Nr. 345.

[12] SICHTERMANN a. O. 426 ff. Abb. 102.

Ein Exemplar aus Tyros in Beirut,[13] Fragmente einer Vorderseite in Woburn Abbey[14] und eine fragmentierte Vorderseite in der Villa Medici in Rom,[15] auf denen Phaidra im rechten Teil in unterschiedlicher Anordnung begegnet, schließen sich zusammen. Bei Sarkophagen in Apollonia[16] und in Arles[17] ist Phaidra am linken Rand wiedergegeben.

Auf den Nebenseiten findet sich auf einem Stück der Antrag der Amme,[18] auf dreien eine Szene, die vielleicht die Rechtfertigung des Hippolytos vor Theseus darstellen soll,[19] auf einem eine bisher nicht gedeutete Szene[20] und schließlich auf einem weiteren eine Jagd;[21] Jagden auf der Rückseite sind bei zweien der Beispiele abgebildet.[22]

Zahlreich sind die *Fragmente,* die zur *Gruppe II* gerechnet werden können, auch wenn sie teilweise Figurenfolgen bringen, die sonst nicht belegt sind. Ein wohl zu einer Nebenseite gehörendes Fragment in Paris[23] läßt sich mit der linken Nebenseite des Sarkophages in Arles[24] vergleichen. Ein Stück in Triest[25] zeigt Hippolytos und Amme in der Anordnung des Sarkophages in Agrigent.[26] Ein Fragment in Aquileia[27] dürfte die Amme mit Hippolytos wiedergeben, ein anderes in Aquileia[28] vielleicht Phaidra – allerdings mit entblößtem Körper – und den abwehrenden Hippolytos in einer Gruppierung, die der linken Nebenseite des Kastens in Tarragona entspricht.[29] Fragmente in Thessaloniki, Aquileia und Rhodos, vielleicht auch eines in Rom, S. Paolo,[30] bringen Begleiter des Hippolytos mit Pferden; Stücke in Theben – unterer Teil der linken Nebenseite –, Avignon und Athen, Turm der Winde,[31] zeigen die sitzende Phaidra, ein Fragment in Paris[32] zwei stehende Mädchen, wohl von der Frauen-

---

[13] Beirut 4230: K.-H. BERNHARDT, Der alte Libanon (1976) 172 Abb. 55; l. Ns.: Amme bei Hippolytos; r. Ns.: Hippolytos vor Theseus und Phaidra; Rs: antithetische Löwen-Stier-Gruppen.
[14] ASR III 2, 156; GIUL. 419.
[15] ASR III 2, 155; CAGIANO, V. Medici 68 Nr. 53 Taf. 27,40; GIUL. Nr. 442.
[16] R. G. GOODCHILD, Libya Antiqua 2, 1965, 138 Taf. 67 b.c; GIULIANO-PALMA 33 Nr. 1 Taf. 30.
[17] Arles: ASR III 2, 160; J. B. WARD PERKINS, JRS 46, 1956, 10ff.; GIUL. Nr. 347; GIULIANO-PALMA 33 Nr. 2 Taf. 31.
[18] Beirut: s. oben Anm. 13.
[19] Beirut: s. oben Anm. 13 – Apollonia: s. oben Anm. 16. – Arles: ASR III 2, 160a; GIULIANO-PALMA Taf. 31,75.
[20] Apollonia: GIULIANO-PALMA Taf. 30,72.
[21] Arles: ASR III 2, 160b.
[22] Apollonia: GIULIANO-PALMA Taf. 30, 73. – Arles: ASR III 2, 160c.
[23] Paris 1663: ASR III 2, 160¹; GIUL. Nr. 220.
[24] ASR III 2, 160a.

[25] Triest, Mus. Civ. 3081: Arte e civilta romana nell' Italia settentrionale (Bologna 1964) 506 Nr. 727 Taf. 87, 179; GIULIANO-PALMA 49 Nr. 3 Taf. 55, 136.
[26] s. oben Anm. 8.
[27] Aquileia 230: GIUL. Nr. 375; SCRINARI, Mus.Arch. 152 Nr. 449 Abb. 448.
[28] Aquileia 278: SCRINARI a.O. 150 Nr. 438 Abb. 438.
[29] H. SICHTERMANN, AA 1954, 426ff. Abb. 102. Siehe auch C. ROBERT, ASR III 2 S. 169.
[30] Thessaloniki 3330: KALLIPOLITIS, Chron. 32 Nr. 207; GIUL. Nr. 221. – Aquileia 187: SCRINARI, Mus. Arch. 152 Nr. 450 Abb. 450. – Rhodos: A. MAIURI, ClRh 2, 1932, 64 Nr. 28 Abb. 33; GIUL. Nr. 260 – Rom, S. Paolo: unpubl.
[31] Theben 100: GIUL. Nr. 191; WIEGARTZ, Myra 198 Anm. 217 (August 1979 in viele Frgt.e zerlegt). – Avignon: ASR III 2, 175; GIUL. Nr. 380. – Athen, Turm der Winde PA 340: GIUL. Nr. 165; HIMMELMANN, Antakya 20 (August 1979 nicht aufgefunden, vielleicht in Moschee auf Röm. Agora).
[32] Paris 592: ASR III 2, 153; GIUL. Nr. 395.

gemachszene einer Nebenseite, ein Fragment im Vatikan[33] die Amme und eines von mehreren Fragmenten in Ephesos[34] ebenfalls die Amme, durch die die Deutung des schlecht erhaltenen Sarkophages gesichert ist. Bei einer Reihe von Fragmenten in Antalya[35] ist nicht sicher, ob sie von einem einzigen Sarkophag stammen; der Oberkörper eines jungen Mannes mit vor die Brust gelegtem rechten Unterarm hat seine Entsprechung auf den Sarkophagen in Tyros und Tarragona,[36] es findet sich außerdem ein Teil mit einem Pferdehals und eines mit einem Jünglingskopf, so daß es wahrscheinlich ist, daß zumindest einige der Fragmente zu einem Hippolytossarkophag gehören. Ein Teil eines Sockels in Ostia[37] und vielleicht noch weitere Fragmente[38] könnten gleichfalls zu Hippolytossarkophagen gehören.

Ein Problem bietet der *Hippolytossarkophag aus Tripolis* in Istanbul.[39] Er ist zwar eine syrische Arbeit, aus einem aus Prokonnesos importierten, abbozzierten Girlandensarkophag hergestellt, die Ornamente am Deckel und an der oberen Leiste, der Dachdeckel mit seinen Blattziegeln und schließlich auch manche Einzelheit der Ausführung hängen aber mit attischen Sarkophagen zusammen. Ein Beispiel dieses Typus ist jedoch aus Athen bisher nicht bekannt; er zeigt eine lockere Figurenfolge, wie sie ähnlich schon in einem Gemälde in der Domus Aurea belegt ist.[40] Der Sarkophag könnte also direkt auf eine ältere Vorlage zurückgehen, aber auch einen attischen Sarkophag mit der gleichen Figurenfolge kopieren, der uns durch einen Zufall bisher nicht bekannt ist.

In der *Gruppe III* lassen sich die Jagddarstellungen zusammenfassen. Jagden auf einen Eber mit einem oder mehreren Reitern und Jägern zu Fuß finden sich auf den Rückseiten einiger der Sarkophage der Gruppe II.[41] Diese Szenen hängen mit den attischen Meleagersarkophagen der Gruppe II zusammen, die den berittenen Meleager und außerdem Atalante und Begleiter zeigen.[42] Zu Rück- oder auch Nebenseiten von Hippolytossarkophagen könnten Fragmente in Beirut, Paris und in Rom, NM, Tre Fontane und Via Ardeatina,[43] gehören.

Auf einigen Sarkophagen findet sich jedoch eine Jagd auf der Vorderseite und teil-

---

[33] Vatikan 3462: KASCHNITZ 212 Nr. 466, Taf. 85.
[34] F. EICHLER, JdI 59/60, 1944/45, 129 Nr. 5; GIUL. Nr. 255.
[35] G. MORETTI, ASAtene 6/7, 1923/24, 501 ff. Abb. 1–8; GIUL. Nr. 267.
[36] s. oben Anm. 10 und 11.
[37] Ostia 1324: GIUL. Nr. 354.
[38] Athen, NM 2028: KALLIPOLITIS, Chron. 32 f. Nr. 216; GIUL. Nr. 14. – Athen, NM (Nr.?): ASR III 2, 154¹; GIUL. Nr. 13. – Lissos: L. SAVIGNONI, MonAnt 11, 1901/02, 455 ff. Abb. 150/51; H. WIEGARTZ, Gnomon 37, 1965, 617 Nr. 25. – Arles: ESPÉRANDIEU XII 26 Nr. 7968 Taf. 31. – Kilkis 132: l. Ns., zwei Jünglinge, der r. mit Pferd; unpubl. (aus Pedinon).

[39] Istanbul 508: ASR III 2, 151; WIEGARTZ, Myra 197 f. (mit Lit. in Anm. 216).
[40] M. LAWRENCE in: In Memoriam O. Brendel (1976) 175 mit Anm. 16, Taf. 44 a.
[41] Agrigent: s. Anm. 8. – Leningrad: s. Anm. 9. – Tyros: s. Anm. 10. – Apollonia: s. Anm. 20 – Arles: s. Anm. 21.22 (auch auf der r. Ns.).
[42] ASR XII 6 S. 70 f.
[43] Beirut 469: G. RODENWALDT, JdI 45, 1930, 157 Abb. 33; GIUL. Nr. 295; WIEGARTZ, Myra 197 Anm. 208. – Beirut 645: unpubl. – Paris 3209: GIUL. Nr. 292. – Rom, NM (Nr.?): INR 65.1829. Rom, Tre Fontane: INR 68.1193. – Rom, Via Ardeatina: G. M. DE ROSSI, Tellenae (Forma Italiae I 4, 1967) 98 Nr. 56,1 Abb. 217–219; ders., ArchCl 20, 1968, 255 f. Taf. 101. –

weise, wenn sie erhalten sind, auch auf Neben- und Rückseiten. Die gejagten Tiere sind, soweit zu erkennen ist, Hirsche, Böcke, Eber und vielleicht ein Bär. Es handelt sich um den fragmentierten Kasten in Budapest,[44] die Fragmente in Kyrene,[45] das große Eckfragment in Gotha[46] und ein kleines Fragment aus Bargala.[47] Auf der erhaltenen linken Nebenseite in Gotha[48] sind drei Männer wiedergegeben, davon zwei mit Pferden; diese Szene ist nicht von den Hippolytossarkophagen der Gruppe II zu trennen, man wird also annehmen dürfen, daß es sich bei dem Sarkophag in Gotha um einen Hippolytossarkophag handelt,[49] bei dem die Vorderseite von einer Jagd eingenommen war. Das Problem ist, ob auch die anderen genannten Exemplare zu dieser Gruppe der Hippolytossarkophage, also der Gruppe III, gehören, oder ob sie nicht-mythologische Jagden wiedergeben. Da es aber im 3. Jh. n. Chr. sonst bei den attischen Sarkophagen nur mythologische Darstellungen zu geben scheint,[50] liegt es nahe, in den Jagdsarkophagen eine weitere Gruppe der Hippolytossarkophage zu sehen.

Die attischen Hippolytossarkophage lassen sich also in eine klare typologische Folge bringen. Gruppe I geht auf einen eigenen Archetypus zurück, der von den einzelnen Exemplaren recht getreu wiedergegeben wird. Gruppe II bringt einen völlig neuen Entwurf, es gibt keinerlei Verbindung zu Gruppe I. In der Gruppe III wurde dann die Jagd, die bei der Gruppe II auf die Rückseiten beschränkt war, verselbständigt, großartiger gestaltet und durch Beifiguren und weitere Tiere bereichert und als Schmuck der Vorder- und teilweise auch der übrigen Seiten genommen.

Über mögliche *Vorlagen* läßt sich wenig aussagen. Für die Gruppe I ist bisher, von dem rätselhaften Fragment in Weimar[51] abgesehen, keine andere Darstellung bekanntgeworden. E. Bielefeld hat Gemäldevorlagen hellenistischer Zeit erschließen wollen.[52] Der Archetypus der Gruppe II scheint eine ‚Erfindung' eines attischen Sarkophagmeisters zu sein.[53] Der Tod des Hippolytos könnte auf eine Phaethondarstellung zurückgehen.[54] Für die sitzende Phaidra der Nebenseite – und dann auch der Vorderseite – ist ein weit verbreiteter Typus verwandt worden. Die Jagd der Rückseite scheint sich an die attischen Meleagerjagden anzuschließen.

Für eine *Datierung* der Sarkophage gibt es nur wenige Anhaltspunkte. Die Stücke der Gruppe I dürften vor dem ‚Stilwandel' entstanden sein, und zwar Beirut[55] – mit Karyatiden an den Ecken, aber noch mit Dachdeckel – vielleicht im 3. Viertel des

---

[44] Budapest (Nr.?): G. Rodenwaldt, JdI 67, 1952, 31ff. Abb. 1–7; A. Giuliano, ASAtene, 33/34, 1955/56, 190f. Abb. 8–10; Giul. Nr. 381; Wiegartz, Myra 183 Anm. 135; 197; Giuliano-Palma 50 Nr. 8 Taf. 58/59 (zugehörige Frgt. e in Split; Hinweis N. Cambi).

[45] Kyrene: Giul. Nr. 328; Giuliano-Palma 49 Nr. 2 Taf. 55, 137.

[46] Gotha: G. Rodenwaldt, JdI 67, 1952, 38ff. Abb. 8/9; Giul. Nr. 401; Giuliano-Palma 50 Nr. 7.

[47] B. Aleksova – C. Mango, DOP 25, 1971, 277 Abb. 67.

[48] Rodenwaldt a.O. 38 Abb. 8.
[49] Rodenwaldt a.O. 37f.
[50] Wiegartz, Myra 197.
[51] s. oben Anm. 3.
[52] Zum Problem der Gemäldevorlagen: C. Robert, ASR III 2 S. 170; E. Bielefeld, JdI 69, 1954, 131ff.; L. Budde in: Festschrift E. v. Mercklin (1964) 24ff.
[53] Wiegartz, Myra 203.
[54] Robert a.O. S. 170.
[55] s. oben Anm. 1.

2. Jhs., der Kasten in Istanbul[56] wohl schon im letzten Viertel des 2. Jhs. n. Chr. Von den Sarkophagen der Gruppen II und III ist der Kasten in Agrigent[57] relativ am frühesten; vom ‚Stilwandel' dürfte er schon etwas entfernt und vielleicht um 220/30 n. Chr. entstanden sein. Für die anderen Sarkophage sei das 2. Viertel des 3. Jhs. n. Chr. vorgeschlagen; am spätesten sind die Stücke in Arles und Apollonia,[58] die vielleicht schon über die Jahrhundertmitte hinausgehen.

5. Kentauren

Verschiedene Male begegnen Kentauren auf attischen Sarkophagen, und zwar bei der Jagd auf wilde Tiere, beim Kampf mit Männern oder, in einem Fall, mit Greifen.[1]

Die *Jagddarstellungen* entsprechen in ihrer Anordnung den frühen Jagdsarkophagen, nur stürzen statt der Reiter von links und rechts Kentauren mit ihren Waffen auf ein oder zwei Löwen. Auf einem Sarkophag aus Arles, jetzt in Marseille,[2] ist die Szene von einer Kastenrahmung umgeben und schmückt die Vorderseite, während die Nebenseiten Sphingen und die Rückseite antithetische Greifen tragen. Auch auf der – allein mit Relief versehenen – Vorderseite eines Sarkophages in Athen[3] sind jagende Kentauren dargestellt. Ferner findet sich das Geschehen auf einer Langseite in Thessaloniki,[4] deren Kasten, wie die Stierköpfe an den Ecken zeigen, auf den anderen Seiten mit Girlanden geschmückt war,[5] einem großen Fragment in Koločep[6] und auf der Rückseite des Achillsarkophages Stroganoff in Leningrad.[7]

Die Darstellungen hängen typologisch eng zusammen und sind wohl gleichzeitig mit den Jagdsarkophagen entstanden; sie gehören in die ‚Experimentierphase' der attischen Sarkophage, das 3. Viertel des 2. Jhs. n. Chr.

Die *Kampfdarstellungen* kommen, sofern sie bisher publiziert sind, auf Rückseiten vor. Soweit die Kästen vollständig erhalten sind, ist kein unmittelbarer Zusammenhang mit den Szenen der anderen Seiten zu erkennen. Es handelt sich um zwei dionysische Sarkophage in Kyrene und Thessaloniki[8] – beim einen davon ist der Kampf mit Greifen dargestellt –, einen Amazonensarkophag in London[9] und einen Schlachtsarkophag in Athen.[10] Anfügen lassen sich eine vollständig erhaltene Rückseite in Split,

[56] s. oben Anm. 2.
[57] s. oben Anm. 8.
[58] s. oben Anm. 16 und 17.
[1] G. GRIMSTAD, RM 79, 1972, 290f. Anm. 40. WIEGARTZ, Myra 182.
[2] ESPÉRANDIEU I 139ff. Nr. 173; GIUL. Nr. 346; H. STERN, Les mosaiques des maisons d'Achille et de Cassiopée a Palmyre (1977) 40 Abb. 65.
[3] Athen, NM 1184: GIUL. Nr. 12; H. WIEGARTZ, Gnomon 37, 1965, 615; WIEGARTZ, Myra 176 Anm. 94; 182; 209 Anm. 259.
[4] Thessaloniki 10.234: P. M. PETSAS, Make-

donika 9, 1969, 141 Nr. 40 Taf. 21; WIEGARTZ, Myra 182.
[5] s. dazu WIEGARTZ, Myra 182 Anm. 129; 183 Anm. 133, 184 Anm. 138.
[6] Koločep, Pfarrhaus: V. LISIČAR, Koločep. Nekoć i Sade (Dubrovnik 1932) 22 Abb. 10 links (Hinweis N. Cambi).
[7] Leningrad A 1026: ASR II 20c; SAVERKINA, Ermitage 15ff. Nr. 1 Taf. 2, 2–3.
[8] Kyrene: ASR IV 1, 11 A Taf. 21,2. – Thessaloniki 1247: ASR IV 1,11 Taf. 17,1 (Greifen).
[9] London 2303: ASR II 110c; GIUL. Nr. 291.
[10] Athen, NM 1179: P. LE BAS – S. REINACH,

ein größeres Fragment in Istanbul¹¹ und schließlich eine Reihe nicht publizierter oder kleinerer Fragmente.¹²

Typologisch sind die Darstellungen vielfältig, es scheint keine verbindliche Vorlage gegeben zu haben. Beziehungen zu den stadtrömischen Kentaurensarkophagen sind nicht zu erkennen. Die Stücke gehören alle in eine Phase, in der Rückseiten mit figürlichem Relief und eigenständigen Szenen versehen wurden; die Sarkophage in Athen, London und Kyrene lassen sich gegen die Mitte des 3. Jhs. ansetzen, das Stück in Thessaloniki sogar in die letzte Phase der attischen Sarkophage, zwischen 250 und 270 n. Chr.

6. Meleager

C. ROBERT, ASR III 2 216. 218–220; Nachträge: III 3 S. 515 ff. 519 Nr. 433–433³. Dazu: III 2 S. 186 f. Nr. 154³; III 3 S. 571. – A. GIULIANO, ASAtene 33/34, 1955/56, 183 ff. – G. KOCH, ASR XII 6, 160–184. 200. – Ders., AA 1974, 623 ff. – Ders., AA 1975, 545 ff. – Ders., AA 1978, 116 ff. – Ders., DaM 1, 1981.

Bei den attischen mythologischen Sarkophagen sind ebenso wie bei den stadtrömischen die Beispiele mit Darstellungen aus der Sage von Meleager recht häufig. Auf den Vorderseiten finden sich, soweit erhalten, immer Jagdbilder, nur auf dem Sarkophag in Delphi¹ die Jagd und eine Szene nach der Jagd.

Die Sarkophage lassen sich in fünf Gruppen gliedern.² *Gruppe I* ist gut zu rekonstruieren; vollständige Vertreter sind der Sarkophag in Athen und ein Exemplar in Piräus;³ sie zeigen wenige Jäger in lockerer Reihung applikenhaft auf dem Grund; der Eber kommt von rechts. Zu dieser Gruppe gehören ein verschollenes Stück, ehemals in Padua, und Fragmente in Brüssel, Thessaloniki, Zadar und Athen;⁴ eine lokale Kopie ist ein Kasten in Catania.⁵

Auf dem *Einzelstück* in Delphi⁶ ist die Jagd der Gruppe I mit einer Szene nach der

Voyage archéologique en Grèce et en Asie Mineure (1888) Taf. 99 f.; GIUL. Nr. 66.
¹¹ Split, Casa Geremia: ASR III 1, 133¹; GIUL. Nr. 384. – Istanbul 92: MENDEL I 130 Nr. 37; GIUL. Nr. 464.
¹² Athen, Akro 3374: WALTER, Akropolismus. 231 Nr. 469. – Verschollen, ehem. Izmir: ASR III 1,93; KALLIPOLITIS, Chron. 25 Nr. 135; GIUL. Nr. 259. – Kunsthandel Schweiz (1978). – Ohrid, N. VULIĆ, Spomenik. Srpska Kraljevska Akademija 71, 1931, 111 Nr. 270. – Möglicherweise ist das Frgt. Triest, ASR III 3, 457 (KALLIPOLITIS, Chron. 25 Nr. 136; GIUL. Nr. 450) anzuschließen. – Auszuscheiden sind: Athen, Akro 3357–3359.2719.2762.3373: WALTER, Akropolismus. Nr. 373. 373 a und 380–380 b; GIUL. Nr. 142. 141 (Schlacht). – Sparta 30: GIUL. Nr. 102 (Eroten). – Thessaloniki P 36: GIUL. Nr. 239 (wahrscheinlich Amazonen).

¹ ASR XII 6, 166 Taf. 131; M.-A. ZAGDOUN, Fouilles de Delphes IV 6 (1977) 109 ff. Nr. 30 Abb. 95–113 (mit neugefundenem Teil des Deckels); GIULIANO-PALMA 21 Nr. 2 Taf. 14.
² ASR XII 6 S. 66 ff.
³ Athen, NM 1186: ASR XII 6, 160 Taf. 128 a; GIULIANO-PALMA 17 f. Nr. 4 Taf. 8, 17. – Piräus 3484: K. mit Dachdeckel; Vs. kalyd. Jagd, l. Ns. antith. springende Böcke, r. Ns. sitzende Sphinx, Rs. antith. Greifen; unpubl.
⁴ Ehem. Padua: ASR XII 6, 161. – Brüssel A 1546: ASR XII 6, 162 Taf. 129 c. – Thessaloniki P 139.147: ASR XII 6, 163 Taf. 129 a. – Athen o. Nr.: ASR XII 6, 164.165 und vielleicht 179. – Zadar 5: E. REISCH, Führer durch das k.k. Staatsmuseum in S. Donato in Zara (1912) 91 Nr. 151.
⁵ ASR XII 6, 158 Taf. 128 b. GIULIANO-PALMA 17 Nr. 3 (als att. bezeichnet).
⁶ s. oben Anm. 1.

Jagd verbunden, in der Atalante steht und sich zwei Männer mit dem Eberfell zu schaffen machen; die Deutung dieser Szene ist unsicher, jedoch scheint die Hauptfigur, was für attische Sarkophage unüblich ist, wiederholt zu sein.[7]

Stark fragmentiert ist ein Kasten in Patras mit zugehörigem Dachdeckel.[8] Die Figurenfolge läßt sich nicht rekonstruieren, zumal sonst nicht belegte Figurentypen vorkommen;[9] soweit zu erkennen, hängt die Jagdszene mit der Gruppe I zusammen;[10] ein Reiter war eingefügt, vielleicht auf der linken Nebenseite.[11] Sehr ungewöhnlich ist, daß der Sockel mit einem Figurenfries geschmückt ist, ein Zug, der auf anderen attischen Sarkophagen kaum belegt ist.[12]

Die Überlieferung der *Gruppe II* ist sehr vielfältig. Ein Kasten in Damaskus,[13] der aus Arethousa stammt, hat genau die Figurenfolge, die bisher nur nach einigen Anhaltspunkten rekonstruiert worden war,[14] nämlich nach Fragmenten in Herakleion und Athen[15] und einer gallischen Kopie eines attischen Sarkophages aus Arles in Autun.[16] Hinzu kommen nun die Rückseite eines Achillsarkophages in Jerusalem[17] und ein Fragment in Sfax.[18] Schließlich gibt es Beispiele, auf denen die Bewegungsrichtung umgekehrt ist, den Sarkophag in Eleusis[19] und die Rückseite des Schiffskampfsarkophages in Thessaloniki;[20] Fragmente in Antalya, Paris und Thessaloniki[21] lassen sich anschließen. Gegenüber der Gruppe I ist die Fläche stärker gefüllt, weitere Jäger sind hinzugesetzt, die Figuren sind mehr belebt; hinter dem Eber ist Gelände angegeben; Meleager stürmt mit dem Speer in beiden Händen gegen den Eber, Atalante läuft im Typus der Artemis vom Lateran;[22] Ortsgottheiten können eingefügt sein. Die beste Vorstellung vom Archetypus der Gruppe II gibt der Neufund in Damaskus. Es ist lediglich unklar, in welche Richtung Atalante lief, und an welcher Seite von Meleager sie wiedergegeben war.[23] Für die Umkehrung der Bewegungsrichtung auf dem Sarkophag in Eleusis, der Rückseite in Thessaloniki und den Fragmenten[24]

---

[7] HIMMELMANN, Antakya 9 Anm. 2. Die wohl einzige Parallele ist der Achillsarkophag in Woburn Abbey, ASR II 47.
[8] ASR XII 6, 184; G. KOCH, AA 1975, 545 ff. Abb. 29/30.
[9] G. KOCH, AA 1975, 547 Abb. 29,2.
[10] s. die Frgt.e KOCH a.O. Abb. 29,5 und 10.
[11] KOCH a.O. Abb. 29,4 und 30b.
[12] a.O. Abb. 29,7–9; 30d. – Vgl. Frgt.e in Gortyn: GIUL. Nr. 315.
[13] Damaskus, NM: Generaldirektion der Altertümer und Museen, Arabische Republik Syrien. Großartige neuentdeckte Altertümer (arab. Titel; Damaskus 1978) Taf. 9–11; G. KOCH, DaM 1, 1981.
[14] ASR XII 6 S. 68f. G. KOCH, AA 1975, 548 ff.
[15] Heraklion 249: ASR XII 6, 167 Taf. 132b; GIULIANO-PALMA 34 Nr. 4 Taf. 35, 85. – Athen 2020: ASR XII 6, 169 Taf. 132c.

[16] ASR XII 6, 159 Taf. 132a.
[17] M. AVI-YONAH, Scripta Hierosolymitana 24, 1972, 9ff. Taf. 4,9; ASR XII 6, 200; G. KOCH, AA 1975, 548 ff. Abb. 31.
[18] GIULIANO-PALMA 34 Nr. 6 Taf. 35,86.
[19] ASR XII 6, 170 Taf. 136a; GIULIANO-PALMA 34 Nr. 2, Taf. 32/33.
[20] Thessaloniki 1246: ASR XII 6, 173 Taf. 136d; GIULIANO-PALMA 52 Nr. 5 Taf. 53, 154.
[21] Antalya A 275: ASR XII 6, 172 Taf. 137c.d; GIULIANO-PALMA 34 Nr. 5. – Paris 17: ASR XII 6, 171 Taf. 137a. – Thessaloniki (Nr.?): ASR XII 6, 174 Taf. 137b.
[22] ASR XII 6 S. 75; auch auf den S. in Damaskus und Jerusalem vorhanden.
[23] Die S. in Damaskus, Jerusalem und Autun und die seitenverkehrten Darstellungen in Eleusis und Thessaloniki variieren.
[24] ASR XII 6 S. 68f.

lassen sich keine Gründe anführen; die Lösung bot keine Vorteile, da mehrere Figurentypen für die andere Richtung nicht geeignet sind.

Gruppe III, nur durch drei fragmentierte Beispiele in Thessaloniki, Istanbul und Liverpool[25] vertreten, zeigt eine dichtere Füllung des Frieses, so daß sich die Figuren drängen. Meleager ist beritten und schwingt einen Speer, Atalante läuft ihm voraus gegen den Eber. Die anderen Jäger sind von den früheren Gruppen übernommen, auch der Gestürzte. 431

Auf dem einen Sarkophag der *Gruppe IV*, in Split,[26] jagt Meleager zu Fuß, Atalante fehlt; im linken Teil sind zwei Reiter, auf den Nebenseiten Versammlungen von Jünglingen, auf der Rückseite Jagd und Transport eines Tieres dargestellt.

Schon C. Robert hatte eine weitere Gruppe vermutet;[27] jetzt wird sie durch die Nebenseite in Chicago[28] wahrscheinlich gemacht, bei der ein ruhig stehender Mann mit einem ebenfalls stehenden Pferd von der linken Ecke der Vorderseite erhalten ist. *Gruppe V* wird also eine Versammlung ruhig stehender Jünglinge auf dem Fries der Vorderseite gezeigt haben, wie sie auf den Hippolytossarkophagen belegt ist.[29] 432

Über die Darstellung auf den Nebenseiten ist wenig bekannt; für Gruppe I sind einmal zwei Jagdgehilfen belegt,[30] für Gruppe II ebenfalls Jagdgehilfen[31] und auf der gallischen Kopie eine Versammlung von Jägern mit Atalante nach der Jagd;[32] diese Darstellung ist durch die Nebenseite in Chicago auch für die Gruppe V gesichert. Das Stück in Delphi hat auch für die Nebenseiten keine Parallelen.

Der Archetypus der Gruppe I ist auf eine hochklassische Vorlage zurückgeführt worden, die in Vasenbildern und Reliefs mehrfach wiedergespiegelt wird.[33] Der Versuch, ein hochklassisches Gemälde mit gestaffelten Figuren zu rekonstruieren, ist methodisch nicht zulässig, da nicht versucht worden ist, den zugrunde liegenden Archetypus der Sarkophage herauszuarbeiten und typologisch völlig Verschiedenes zusammengebracht wurde.[34]

Gruppe II ist aus Gruppe I entstanden, indem für einen neuen Archetypus einige Figurentypen ausgetauscht und durch belebtere ersetzt, die Jäger viel enger zusammengedrängt und Landschaftskulissen mit Ortsgottheiten eingefügt wurden; Gruppe III läßt sich aus Gruppe II ableiten und entstand durch Einfügung eines berittenen Meleager; Gruppe IV geht ebenfalls auf Gruppe II zurück; Gruppe V ist eine Neuschöpfung, wohl in Anlehnung an die Hippolytossarkophage.[35]

---

[25] Thessaloniki 3329: ASR XII 6, 175, Taf. 138a; GIULIANO-PALMA 49 Nr. 1 Taf. 55, 135. – Istanbul 2452: ASR XII 6, 176, Taf. 138b; GIULIANO-PALMA 34 Nr. 8 Taf. 34, 83. – Liverpool: ASR XII 6, 177 Taf. 138c.

[26] Split 1076 A: ASR XII 6, 178 Taf. 139.

[27] C. ROBERT, ASR III 2 S. 285.

[28] Chicago, Art Inst. 57.1968, Leihgabe der Alsdorf Foundation: ASR XII 6, 168 Taf. 133a; G. KOCH, AA 1978, 116 ff. Abb. 1; GIULIANO-PALMA 34 Nr. 3 Taf. 34,82; C. VERMEULE, Roman Art: Early Republic to Late Empire (1979) 139 f. Abb. 147; O. PALAGIA, Euphranor (1980) 46 Anm. 245 Abb. 66 (falsche Beurteilung).

[29] G. KOCH, AA 1978, 131.

[30] ASR XII 6, 160 Taf. 129 d.

[31] ASR XII 6, 170 Taf. 136 b.

[32] ASR XII 6, 159 Taf. 133 b.

[33] ASR XII 6 S. 72 ff. Dazu: K. SCHAUENBURG, Gymnasium 85, 1978, 269.

[34] F. S. KLEINER, AntK 15, 1972, 7 ff.; Rekonstruktion 17 Abb. 6.

[35] G. KOCH, AA 1978, 131.

Die Darstellung der Nebenseite in Chicago und der damit eng zusammengehenden Nebenseite des gallischen Sarkophages in Autun[36] klingt an eine Komposition des 4. Jhs. v. Chr. an; aufgrund der Überlieferung läßt sich eine genaue Abhängigkeit aber nicht erweisen.[37]

Zeitlich sind die Exemplare der Gruppe I auf das spätere 3. Viertel des 2. Jhs. n. Chr. beschränkt; die einzelnen Stücke scheinen sich so eng zusammenzuschließen, daß eine relative Reihe kaum zu bilden ist. Der Sarkophag in Delphi ist eines der frühesten attischen Beispiele mit Klinendeckel und etwa 170/80 n. Chr. entstanden. Die Stücke der Gruppe II weisen alle Anzeichen des ‚Stilwandels' auf, sind also nach 200 n. Chr. geschaffen worden; der Wechsel der Komposition läßt sich demnach mit dem ‚Stilwandel' verbinden. Den Kasten in Eleusis wird man ins 1. Viertel des 3. Jhs. ansetzen können, das Fragment in Heraklion könnte wegen der größeren Relieftiefe schon in das 2. Viertel des 3. Jhs. gehören. Der Sarkophag in Thessaloniki – mit der kalydonischen Jagd auf der Rückseite – entstand im gleichen Jahrhundertviertel, ebenso wohl der Sarkophag in Damaskus. Die drei Fragmente der Gruppe III, der Sarkophag in Split – Gruppe IV – und die Nebenseite in Chicago – Gruppe V – dürften ebenfalls ins zweite Viertel des 3. Jhs. n. Chr. bis um die Mitte des Jahrhunderts zu datieren sein. Zeitlich steht also Gruppe I am Anfang, es folgt Gruppe II, deren späteste Zeugnisse mit den aus Gruppe II entstandenen Gruppen III und IV und der Neuschöpfung der Gruppe V gleichzeitig sind.

7. Orest

Es sind nur wenige Orestsarkophage erhalten, die aber mehrere Darstellungen zeigen. In zwei aneinanderpassenden Fragmenten des 3. Viertels des 2. Jhs. n. Chr. in Oxford[1] hat B. Ashmole eine Wiedergabe der Iphigenie in Tauris erkannt; sie steht vor dem Tempel neben einer Dienerin an einem Altar, hält das Kultbild in der Hand und erwirkt, es im Meer reinigen zu dürfen.[2] Links sitzt Thoas, von zwei Männern mit phrygischer Mütze begleitet. Eine genaue Parallele für die Szene gibt es nicht, auch nicht auf stadtrömischen Sarkophagen.[3] Eine andere Darstellung findet sich auf einem fragmentierten Sarkophag wohl des frühen 3. Jhs. n. Chr. in Theben.[4] Sie hat, soweit bisher bekannt, nur eine, wenn auch schlecht erhaltene, Entsprechung auf einem der Reliefs eines Grabmonumentes in Šempeter.[5] Es dürfte sich um das Opfer handeln,

---

[36] ASR XII 6, 168 und 159 Taf. 133.
[37] G. Koch, AA 1978, 132.

[1] Oxford 105 und 117: Michaelis 564f. Nr. 105; 570f. Nr. 117; ASR III 1, 36 (Mich. Nr. 105 = ‚Daidalos'); Giul. Nr. 415.

[2] B. Ashmole in: Essays in Memory of K. Lehmann (1964) 25f. Abb. 1.

[3] vgl. ASR II 177. 178.

[4] Theben 109 (?), aus Thespiai: Giul. Nr. 129; Giuliano-Palma 47 Nr. 2; INAth Theb 65. – Die Stücke sind z. Z. (Aug. 1979) in kleine Frgt.e zerfallen und teilweise unzugänglich; es scheint mehr von dem S. erhalten zu sein, als auf den beiden alten Aufnahmen (s. auch unten Anm. 7) wiedergegeben ist, z. B. eine l. Ns. mit einer sitzenden Sphinx und wohl auch Teile der Rs.

[5] J. Klemenc u. a., Antične Grobnice v Šem-

das Iphigenie anordnet;[6] auf dem Relief in Šempeter ist sie in ähnlicher Haltung wie auf dem Fragment in Oxford wiedergegeben. Die männliche Gestalt auf dem Fragment in Theben ließe sich dann vielleicht als Thoas benennen, der sich am Altar zu schaffen macht; im Hintergrund steht ein Tempel. Zum selben Sarkophag in Theben gehört ein weiteres Fragment, das die Flucht von Orest und Iphigenie[7] in einem Typus zeigt, der eine ganze Reihe von Parallelen hat.[8] Pylades hilft Iphigenie, die das verhüllte Artemisbild auf der linken Schulter trägt, über den – großenteils abgebrochenen – Landesteg ins Schiff; links dürfte Orest im Kampf mit einem Skythen zu ergänzen sein.[9]

435

Ein jetzt verschollenes Exemplar,[10] das fragmentiert war, zeigt die Tötung von Aigisth und Klytaimestra, die schon am Boden liegen. Parallelen finden sich auf stadtrömischen Sarkophagen,[11] wo sogar der am Boden kauernde Diener dargestellt ist, der sich mit dem Schemel zu schützen sucht. Wegen des schlechten Erhaltungszustandes läßt sich nicht sagen, ob Orest wie auf den stadtrömischen Sarkophagen zweimal wiedergegeben ist.[12] Wie man die beiden Frauengestalten rechts zu benennen hat, bleibt unklar, da auf der Zeichnung Attribute nicht zu erkennen sind.[13] Auf der rechten Nebenseite sind zwei junge Männer und zwischen ihnen eine sitzende Frau abgebildet; ihre Identifizierung ist nicht sicher, vielleicht handelt es sich um Orest, Elektra und Pylades.[14] Von der anderen Nebenseite liegt keine Zeichnung vor; auf der Rückseite befindet sich ein Komos mit Eroten. Vielleicht ist ein Fragment in Aquileia anzuschließen;[15] es zeigt den gestürzten Aigisth in einer Haltung, die den stadtrömischen Sarkophagen genau entspricht;[16] es ist allerdings nicht gewiß, daß das Fragment von einem attischen Sarkophag stammt. Ein Fragment in Athen[17] gehört nicht in diesen Zusammenhang.

Die Vorlage des verschollenen Sarkophages hängt mit der der stadtrömischen Orestsarkophage zusammen;[18] der attische Bildhauer hat allerdings nur einen Aus-

petru (Antike Grabmonumente in Šempeter; 1972) 25 Nr. 2 Abb. S. 29.

[6] EURIPIDES, Iph. Taur. 1215 f.

[7] s. oben Anm. 4; INAth Theb 66; WIEGARTZ, Myra 191; GIULIANO-PALMA Taf. 52, 128; H. FRONING, JdI 95, 1980, 334 ff. 336 Anm. 46.

[8] BROMMER, Denkmälerlisten III 328 (2. Gruppe). KLEMENC a. O. 68 Nr. 601 Abb. S. 63. M. C. PARRA, Prospettiva 13, 1976, 52 ff. (Schema G a).

[9] ASR II 172. 174. 175; III 3, 331¹. Relief in Šempeter (s. auch Anm. 8).

[10] Gefunden in La Gayole: H. STERN, Gallia 15, 1957, 73 ff.; C. PICARD, RA 1959, 2, 124 ff.; GIUL. Nr. 349; GIULIANO-PALMA 20 Nr. 2.

[11] ASR II 155–163. – Cleveland: MCCANN, Metr.Mus. 57 Abb. 60. – Berlin, Klein Glienicke: GOETHERT, Klein Glienicke 29 f. Nr. 139.

140 Taf. 54. 55. – New York: MCCANN a. O. 53 ff. Nr. 7 Abb. 55 ff.

[12] Auf att. S. ist kontinuierende Darstellungsweise mit Wiederholung von Figuren auf einer Seite nicht üblich; es gibt aber Ausnahmen: ASR II 47; XII 6, 166.

[13] STERN a. O. 80. PICARD a. O. 125.

[14] STERN a. O. 80. PICARD a. O. 125 f.

[15] Aquileia 233: SCRINARI, Mus. Arch. 149 Nr. 435.

[16] vgl. z. B. SICHTERMANN-KOCH Taf. 137.

[17] Athen, Akro 2999: WALTER, Akropolismus. 176 Nr. 377; GIUL. Nr. 161 (es handelt sich um ein Eckfrgt.; die weibliche Figur steht auf der Ecke, wird also inhaltlich nicht zu der Gestalt mit Schwert gehören).

[18] Zur Vorlage: C. ROBERT, ASR II S. 165. 169; LIPPOLD, Gemäldekopien 85 f.; K. SCHEFOLD, MEFRA 88, 1976, 772 f.

schnitt aus der größeren Komposition wiedergegeben. Es ist bisher nicht geklärt, ob beide unabhängig voneinander auf ein früheres Vorbild zurückgehen oder ob sich hier ein Beispiel dafür fassen ließe, daß die attischen Bildhauer eine stadtrömische Vorlage übernommen haben. Der verschollene Sarkophag, der auf allen vier Seiten figürliche Reliefs trug, hatte einen Klinendeckel, auf dem, wie den Zeichnungen zu entnehmen ist, ursprünglich zwei Gestalten lagerten.[19] Er dürfte im letzten Viertel des 2. Jhs. n. Chr. entstanden sein.

8. Pelops

Nur ein attischer Sarkophag zeigt Szenen aus der Sage von Pelops. Es handelt sich um einen Kasten in Athen,[1] der fragmentiert ist, so daß die Benennung der Figuren nicht sicher ist. Auf der Vorderseite ist die Ankunft von Pelops bei Oinomaos wiedergegeben. Der König ist in dem bärtigen, langgewandeten Mann mit Szepter im rechten Teil zu sehen, der von Doryphoroi und anderen Jünglingen umgeben ist. Die Gestalten im rechten Teil wenden sich nach links, offensichtlich auf Pelops zu; wer aber als Pelops zu bezeichnen ist, ist unsicher. C. Robert schlug vor, die Fragmente weiter auseinanderzuziehen und Pelops in einer von ihm angenommenen größeren Lücke links zu ergänzen;[2] die Fragmente passen zwar nicht Bruch an Bruch aneinander, die vorgeschlagene Rekonstruktion ergibt aber Proportionen, wie sie für attische Sarkophage ungewöhnlich wären; die bisher vorgenommene Zusammensetzung jedoch hat eine Form, wie sie für diese Sarkophage geläufig ist.[3] Außerdem hat es den Anschein, daß die von C. Robert angenommene Lücke in der rechten Hälfte nicht bestanden haben kann, da Gewandteile aneinanderpassen. Die auf der Ornamentleiste erhaltene Hand mit Speer müßte zu einer Hintergrundsfigur gehören, wie sie sich auch weiter rechts befindet.[4] Die drei Gestalten am linken Rand sind Begleiter von Pelops, wie an der phrygischen Mütze des einen und an den Hosen, die bei zweien in Resten erhalten sind, zu erkennen ist. In der dann rechts folgenden Figur, von der nur der Kopf und Teile der Beine erhalten sind, darf man vielleicht Pelops sehen, auch wenn er nicht eine phrygische Mütze trägt wie seine Begleiter auf der Vorderseite und er selber auf der Rück- und linken Nebenseite.[5]

[19] STERN a. O. Abb. 7–9. 11–13. 16.

[1] Athen, NM 1176: ASR III 3, 322; G. RODENWALDT, JdI 45, 1930, 159 ff. Abb. 35 f.; ders., AA 1940, 601 f. Abb. 1 f.; KALLIPOLITIS, Chron. 32 Nr. 213 Taf. 6; GIUL. Nr. 17; GIULIANO, Cultura Artistica Taf. 39a; WIEGARTZ, Myra 198 Anm. 217; G. KOCH, AA 1978, 126 mit Abb. 13; GIULIANO-PALMA 46 Nr. 4 Taf. 51; H. FRONING, JdI 95, 1980, 329 Abb. 3.

[2] C. ROBERT, ASR III 3 S. 390 f. mit Abb. 322¹.

[3] ROBERT a. O. 390 weist zwar darauf hin, daß die att. S. häufig länger sind als der auf 2.21 m ergänzte Pelopss.; sie sind dann aber auch höher als 0.92 m; Proportionen, wie Robert sie annimmt, wären für attische S. ungewöhnlich.

[4] Der Kopf müßte l. von dem leicht nach r. gebeugten Jüngling ganz flach auf dem Grund gewesen sein.

[5] Problematisch ist, wie die Lücke zwischen ‚Pelops' und der dann r. folgenden Figur zu füllen ist; vielleicht könnte man die Frgt.e noch etwas näher aneinander rücken, möglicherweise war aber auch vor der dann l. folgenden wichti-

Auf der rechten Nebenseite ist die liebeskranke Hippodameia abgebildet, die von ihrer Mutter oder der Amme und drei Dienerinnen betreut wird. Auf der Rückseite ist der Tod des Oinomaos wiedergegeben; von ihm ist links unten ein Rest des Kopfes erhalten. Rechts steht Pelops, der sich zu einem Mann in Exomis[6] umdreht. Auf der linken Nebenseite findet sich die Entführung der Hippodameia durch Pelops auf einem Zweigespann über das Meer.[7]

Die Gruppe von Hippodameia und Mutter oder Amme hängt von den Phaidradarstellungen ab;[8] der Tod des Oinomaos hat Parallelen auf stadtrömischen Sarkophagen, er ist auf dem Stück in Athen allerdings nicht so breit ausgemalt;[9] für die Entführung der Hippodameia durch Pelops gibt es eine reiche Überlieferung, eine genaue Übereinstimmung aber nicht.[10] Für die Vorderseite lassen sich keine Vorlagen oder Parallelen nennen; die Art der Füllung der Fläche mit kaum bewegten Gestalten läßt sich jedoch mit späten attischen Hippolytos- und Achillsarkophagen vergleichen.[11] Der Sarkophag in Athen gehört zu den spätesten attischen Beispielen und ist um 250/60 n. Chr. entstanden.[12]

9. Schlacht vor Troja

G. RODENWALDT, JHS 53, 1933, 189 ff.

Die attischen Schlachtsarkophage setzen sich in mehreren Zügen von den stadtrömischen Beispielen ab.[1] Sie zeigen den Kampf zweier gleichwertiger Parteien, und zwar zu Fuß und zu Pferde; es wird keine von ihnen als Barbaren gekennzeichnet, die von den Siegern vernichtet werden. Nicht nur den Siegern, sondern auch den Unterlegenen gilt die Anteilnahme. Durch die heroische Nacktheit sind die Krieger auf vielen der Sarkophage in die mythische Sphäre gehoben, es begegnen allerdings auch immer Gerüstete.

Durch zwei Sarkophage wird nahegelegt, daß mit den Schlachtdarstellungen auf den attischen Exemplaren der Kampf zwischen den Griechen und Trojanern gemeint ist; auf einem Kasten aus Side in Antalya (2) findet sich auf der linken Nebenseite eine verkürzte Darstellung des Kampfes bei den Schiffen vor Troja,[2] auf der anderen Nebenseite und der Vorderseite dagegen eine Schlacht mit Kriegern zu Fuß und zu Pferde; ein Sarkophag in Tyros (66) zeigt auf drei Seiten eine dramatische Schlacht, auf der Rückseite hingegen die auf vielen anderen Sarkophagen belegte Szene der Auslösung

---

[6] Nicht Hippodameia, wie ROBERT a.O. S. 392 schreibt.

[7] Zur Sagenversion: ROBERT a.O. S. 392; L. SECHAN, Études sur la tragédie grecque (1926) 447. 458 Anm. 3.

[8] ROBERT a.O. 391. WIEGARTZ, Myra 198 Anm. 217.

gen Figur ein freier Raum, der nur durch die Hintergrundsfigur gefüllt war.

[9] ASR III 3, 323–329.

[10] BROMMER, Vasenlisten³ 539 f. BROMMER, Denkmälerlisten III 374. A. BORBEIN, Campanareliefs (14. Ergh. RM, 1968) 128 ff.

[11] WIEGARTZ, Myra 203.

[12] G. KOCH, AA 1978, 126.

[1] ANDREAE, Schlachtsarkophage 18.

[2] Die Ns. ist nicht publiziert; s. unten bei den Schiffskampfsarkophagen, Liste Nr. 13.

des toten Hektor durch Priamos bei Achill.[3] Da also in beiden Fällen auf die Ereignisse des großen Kampfes zwischen Griechen und Trojanern hingewiesen wird, darf man auch die anderen Schlachtdarstellungen der attischen Sarkophage auf den Trojanischen Krieg beziehen; das stimmt auch damit überein, daß attische Sarkophage des 3. Jhs. n. Chr., in dem die Schlachtdarstellungen vor allem vorkommen, kaum nichtmythologische Szenen kennen.[4]

Bestimmte, etwa in der Ilias beschriebene Momente sind aber auf den Sarkophagen nicht zu erkennen, keiner der Helden der griechischen oder der trojanischen Seite ist irgendwie hervorgehoben, ja, man kann meist nicht einmal sagen, welche Krieger Griechen und welche Trojaner sind.

Die Schlachtsarkophage sind von G. Rodenwaldt besprochen worden; ihm waren aber nur vier Exemplare bekannt.[5] B. Andreae führt sechs an,[6] während A. Giuliano etwa fünfzehn kennt.[7] Da sich die Zahl inzwischen auf über 60 erhöht hat und darunter mehrere großartige Neufunde sind, werden die Stücke unten in einer Liste zusammengestellt.[8]

Die attischen Schlachtsarkophage unterscheiden sich sehr voneinander. Sie gehen also wahrscheinlich nicht auf ein gemeinsames Vorbild, einen Archetypus, zurück; auf den einzelnen Stücken sind vielmehr die verschiedenen, lange und weit verbreiteten Kampfgruppen in immer wieder anderer Weise zusammengesetzt.[9] Das Neue und Eigene eines jeden Sarkophages liegt in der Art, die Kampfgruppen auszuwählen, umzuwandeln, zu einer geschlossenen Komposition zusammenzufügen und das Geschehen dramatisch zu gestalten. Da es vergleichbare Kampfbilder bei den attischen Amazonensarkophagen gibt, stellt sich das Problem, ob die eine Gruppe von der anderen abhängt. G. Rodenwaldt und R. Redlich haben sich im Anschluß an C. Robert dafür ausgesprochen, daß die Amazonensarkophage von den Schlachtsarkophagen abhängen;[10] nach den bisher bekannten Stücken läßt sich allerdings sagen, daß die Reihe der Amazonensarkophage weiter zurückreicht als die der Schlachtsarkophage; da die Amazonensarkophage zudem in einer langen Tradition stehen,[11] werden die Schlachtsarkophage von ihnen abgeleitet worden sein. Beziehungen zu den stadtrö-

[3] Unpubl.; s. bei den Achillsarkophagen.

[4] RODENWALDT a.O. 190. WIEGARTZ, Myra 191.197.

[5] RODENWALDT a.O. 190f.: Athen (hier Nr. 14), Leningrad (45), London (46) und das Frgt. London (47), das nach SMITH, Cat. Sculpt. III 334ff. Nr. 2329, möglicherweise zu Nr. 46 gehört. Vgl. auch REDLICH 120f. Anm. 244 (das dort unter f genannte kleine Frgt. im Louvre könnte vielleicht hier Nr. 52 sein; zu h, Frgt. in Wien, siehe F. EICHLER, ÖJh 36, 1946, 88 Anm. 10).

[6] ANDREAE, Schlachtsarkophage 16 Liste B 1–4; 83f. 87f. Anm. 6.

[7] GIUL. S. 85 I 1; weitere Frgt.e sind unter II, I, C bei den Amazonen aufgeführt.

[8] Bei kleinen Fragmenten wäre es teilweise auch möglich, daß sie zu Amazonensarkophagen gehören; sie sind aber hier aufgenommen worden, sofern nicht Reste von Amazonen erhalten sind; s. auch REDLICH 123.

[9] RODENWALDT a.O. 190. Zu verschiedenen Figurentypen auf Schlachtsarkophagen s. ANDREAE a.O. 19ff.

[10] C. ROBERT, ASR II S. 131f. und RODENWALDT a.O. 192 stellen die Abhängigkeit für den Schlachts. in Leningrad und den Amazonens. in London fest. REDLICH 110f. 120. 123f.

[11] REDLICH 5ff. E. BIELEFELD, Amazonomachia (Hallische Monographien 21, 1951). B. ANDREAE, RM 63, 1956, 32ff.

mischen Schlachtsarkophagen und dem von B. Andreae rekonstruierten pergamenischen Galliergemälde[12] bestehen nicht.

Bei den Schlachtsarkophagen lassen sich verschiedene zeitliche Stufen ablesen.[13] Bei der frühesten sind Fries und Ornamentzonen klar voneinander getrennt und die Gestalten weit auseinandergezogen. Ein Vertreter ist das Fragment in Ptolemais (54), das Teile der rechten Neben- und der Vorderseite bewahrt hat; nach den abgesetzten Ecken in den Ornamentleisten ist ein Klinendeckel anzunehmen, der vielleicht sogar erhalten ist.[14] Das Stück wird im letzten Viertel des 2. Jhs. n. Chr. entstanden sein. Die klare Trennung von Figurenfries und Ornamenten hat auch der stark fragmentierte Sarkophag in Ephesos (28), dessen Deckel sich in Izmir befindet; er stammt aus dem Grabhaus der Klaudia Antonia Tatiana und war für Q. Aemilius Aristides bestimmt, der wahrscheinlich als Procurator zwischen 208 und 211 n. Chr. Statuen im Theater in Ephesos hat errichten lassen;[15] diese Jahre ergeben einen terminus post quem für die Bestattung. Der Porträtkopf ist etwa in die Jahre 220/30 n. Chr. zu datieren;[16] vorläufig muß offen bleiben, ob Kasten und Deckel so spät anzusetzen sind oder ob der Kopf später als die übrigen Teile ausgearbeitet worden ist.[17]

Die Fragmente in Adana (1), Istanbul (38) und Rom, Pal. Lazzaroni (57), vertreten eine spätere Stufe als das Fragment in Ptolemais (54). Auf der oberen Ornamentzone findet sich Akanthusblattwerk, und die Figuren ragen in sie hinein; es ist aber noch verhältnismäßig viel freier Raum zwischen ihnen belassen, so daß eine Datierung in das 1. Viertel des 3. Jhs. möglich wäre. In diese Zeit könnte auch das Fragment in London (46) gehören, vielleicht auch noch die Stücke in Madrid und Tarragona (49). Eine späte Gruppe scheint sich recht eng zusammenzuschließen. Sie wird durch die Exemplare in Leningrad (45), Askalon (8), Antalya (2), Athen (14), Tyros (66.67), Beirut (20) und Aquileia (4) vertreten. Sicher werden sich, wenn sie einmal publiziert sind, eine relative Reihenfolge und der Anschluß an die früheren Sarkophage ablesen lassen. Einen Datierungshinweis gibt der – in dieser Gruppe wahrscheinlich späte – großartige Sarkophag in Tyros (66), bei dem der Kopf der auf dem Klinendeckel lagernden Frau in Resten erhalten ist; es ist gerade noch zu erkennen, daß die Frau eine Frisur mit Scheitelzopf trug.[18] Da der Sarkophag noch nicht zu den allerspätesten attischen Beispielen gehören dürfte, ergibt sich ein Datum gegen oder um 250 n. Chr. Für die anderen Exemplare kann man also das 2. Viertel des 3. Jhs. vorschlagen.

---

[12] ANDREAE, Schlachtsarkophage 74 ff.

[13] Eine Untersuchung fehlt bisher, und viele Stücke sind nicht oder nicht ausreichend zugänglich; deshalb können nur einige vorläufige Bemerkungen gemacht werden.

[14] s. die Lit., die in der Liste der Schlachtsarkophage bei Nr. 54 angegeben ist.

[15] J. KEIL, ÖJh 25, 1929, Beibl. 46 ff. Abb. 26; ders., ÖJh 26, 1930, Beibl. 7 ff. G. RODENWALDT, JdI 45, 1930, 135 f. F. EICHLER, JdI 59/60, 1944/45, 128 f. Nr. 1; ders., ÖJh 36, 1946, 88 Anm. 10. RE Suppl. 12 (1970) 1677 s. v. Ephesos (W. ALZINGER).

[16] H. WIEGARTZ, Gnomon 37, 1965, 614.

[17] Auch Maße liegen z. B. noch nicht vor, so daß man nur auf die Behauptung von F. EICHLER, ÖJh 36, 1946, 88 Anm. 10 angewiesen ist, daß K. und der D. mit erhaltenem Porträtkopf zusammengehören; die Reste der anderen S. aus dem Grabbau sind, von einem weiteren Klinendeckel abgesehen, auch nicht publiziert.

[18] G. KOCH, AA 1978, 127 Anm. 37.

Soweit sich die Fragmente bisher überblicken lassen, findet sich kein Stück, das früher als das Exemplar in Ptolemais (54) zu datieren wäre. Die attischen Sarkophage mit dem Kampf der Griechen gegen die Trojaner scheinen also kurz vor 200 n. Chr. geschaffen worden zu sein und waren dann in der 1. Hälfte des 3. Jhs. überaus beliebt.

Liste der attischen Schlachtsarkophage[19]

1. ADANA 3621 (aus Korykos)	HIMMELMANN, Antakya 21
2. ANTALYA A 265 (aus Side)	H. WIEGARTZ, Gnomon 37, 1965, 616 Nr. 17; HIMMELMANN, Antakya 22; I. FLAGGE, Untersuchungen zur Bedeutung des Greifen (1975) 98 Abb. 116/17; GIULIANO-PALMA 39 Nr. 6 Taf. 44, 107; 45.
3. ANTALYA (Nr.?)	WIEGARTZ a. O. 616 Nr. 20.
4. AQUILEIA 238	REDLICH 110 Anm. 228; 120f. Anm. 244 Nr. g; 123; GIUL. Nr. 374; SCRINARI, Mus. Arch. 146 Nr. 417.
5. AQUILEIA o. Nr.	SCRINARI a. O. 145 Nr. 415; GIULIANO-PALMA 39 Nr. 8.
6. AQUILEIA o. Nr.	SCRINARI a. O. 145 Nr. 414.
7. AQUILEIA 93. 2642.2643. 2670. 2671. 2682	SCRINARI a. O. 148 Nr. 427–432 (sechs Köpfe, die von att. Schlachts. stammen können; nicht gesichert, ob zusammengehörig).
8. ASKALON	M. AVI-YONAH, 'Atiqot, English Series 11, 1976, 72 ff. Taf. 17 ff.; GIULIANO-PALMA 39 Nr. 11 Taf. 47, 114.
9. ATHEN, AKRO 3175	WALTER, Akropolismus. 176f. Nr. 378; GIUL. Nr. 162.
10. ATHEN, AKRO 3357.3358.3359	WALTER a. O. 174 Nr. 373. 373 a; GIUL. Nr. 142.
11. ATHEN, AKRO 3373. 2762. 2719	WALTER a. O. 177 f. Nr. 380. 380 a. b; GIUL. Nr. 141.
12. ATHEN, AKRO 3379	WALTER a. O. 177 Nr. 379; GIUL. Nr. 163.
13. ATHEN, NM 940	SVORONOS, Nat. Mus. Taf. 185.
14. ATHEN, NM 1179 (aus Korone)	G. RODENWALDT, JHS 53, 1933, 192 Abb. 8; GIUL. Nr. 66.
15. ATHEN, NM 2021	Frgt. r. obere Ecke; GIUL. Nr. 5.
16. ATHEN, NM 2022	GIUL. Nr. 4.
17. ATHEN, NM 2405	SVORONOS, Nat. Mus. Taf. 148.
18. ATHEN, ÉCOLE FRANÇAISE	B. HOLTZMANN, BCH 96, 1972, 88 ff. Nr. 7 Abb. 8 f.
19. BALTIMORE, WALTERS ART GALLERY 23.4/5 (aus Sidon)	zwei Köpfe, wohl vom selben S.; unpubl.
20. BEIRUT 1279 (aus Tyros)	M. CHÉHAB, BMusBeyr 21, 1968, 41ff. Taf. 22–26; hier Taf. 442.
21. BOSTON, MFA 18. 443	C. VERMEULE, AJA 68, 1964, 329f. Taf. 101, 15; M. B. COMSTOCK – C. C. VERMEULE, Sculpture in Stone. The Greek, Roman and Etruscan Collections of the Museum of Fine Arts Boston (1976) 184 Nr. 297 (von S.?).
22. CAESAREA	A. CALDERINI – L. CREMA, Scavi di Cesarea Marittima (1965) 311f. Abb. 408.
23. CAESAREA	CALDERINI – CREMA a. O. 311 f. Abb. 409.
24. CAESAREA	Frgt.; r. untere Ecke; unpubl.
25. CAESAREA	Frgt.; Reiter, oberer Abschluß ungeschmückt; unpubl.
26. DAPHNI	P. LAZARIDES, ADelt 19 B 1, 1964, 96 Taf. 92, 3 (nicht sicher, ob zu S. gehörend).
27. DION 60	Frgt.; r. Ecke mit Nike als Eckbegrenzung; l. zusammengebrochener Krieger; unpubl.

[19] Alphabetisch geordnet.

28. EPHESOS 1589	ANDREAE, Schlachtsarkophage 87f. Anm. 6; GIUL. Nr. 249; H. WIEGARTZ, Gnomon 37, 1965, 614; A. BAMMER u. a., Führer durch das Archäologische Museum in Selçuk – Ephesos (1974) 90f.; G. M. A. HANFMANN, From Croesus to Constantine (1975) 68 Abb. 144; GIULIANO-PALMA 36 Nr. 3 Taf. 36, 89; hier Taf. 44 I (weitere Lit. s. hier Anm. 15).
29. EPHESOS	F. EICHLER, JdI 59/60, 1944/45, 130 Nr. 9; GIUL. Nr. 257 (vielleicht zu Nr. 28 gehörend).
30. EPHESOS	Frgt.; Vs. vielleicht Schlacht; r. Ns. Transport eines toten Kriegers; unpubl.
31. GROSSETO R. I. 43	Kriegerkopf mit oberem Rand; INR 59. 1191.
32. GYTHEION	P. E. GIANNAKOPOULOS, To Gytheion (1966) 174f.; Unterteil eines K.; auf der Rs. Füße von Menschen und Pferden; unpubl.
33. GYTHEION	GIANNAKOPOULOS a. O. 175; fünf Frgt.e; unpubl. (vielleicht zu Nr. 32 gehörend).
34. HANNOVER, KESTNERMUSEUM	Kriegerkopf; unpubl.
35. HERAKLEION	F. HALBHERR, AJA 1, 1897, 245 Abb. 3; GIUL. Nr. 313.
36. ISTANBUL 220	MENDEL I 107 Nr. 24; GIUL. Nr. 467.
37. ISTANBUL 2316.2317	MENDEL III 415f. Nr. 1172. 1173; GIUL. Nr. 242. 243; GIULIANO-PALMA 39 Nr. 1. 2 (III) Taf. 44, 105.
38. ISTANBUL 4015–4017	drei Frgt.e aus der Gegend von Adana; unpubl.
39. KNIN	C. PATSCH, Wiss. Mitt. Bosnien und Herzegowina 5, 1897, 207, Abb. 66/67; GIUL. Nr. 382 (jetzt in Split ?).
40. KERKYRA 564	B. G. KALLIPOLITIS, AEphem 1961, Chron. 4 Nr. 4 Taf. 2, 1; GIUL. Nr. 194.
41. KOPENHAGEN (?), Privatbesitz	Antik kunst i dansk privateje (Kopenhagen 1974) 50 Nr. 314 mit Abb.
42. KORINTH 1388. 1392	Frgt. mit zwei Kriegern; unpubl.
43. ehem. KUNSTHANDEL	Münzen und Medaillen, Auktion 22 (1961) 20 Nr. 26, Taf. 10, 26.
44. KYRENE	A. L. PIETROGRANDE, AfrIt 3, 1930, 116 Abb. 13; vgl. GIUL. S. 79 (hält das Frgt. nicht für att.).
45. LENINGRAD	G. RODENWALDT, JHS 53, 1933, 190 Taf. 12; GIUL. Nr. 457; I. I. SAVERKINA, TrudyErmit 13, 1972, 140f. Abb. 5; dies., Ermitage 24ff. Nr. 5 Taf. 11 – 13.
46. LONDON 957 (aus Xanthos)	RODENWALDT a. O. 189ff. Taf. 11; GIUL. Nr. 271.
47. LONDON 2329	ASR II 155; RODENWALDT a. O. 189f. Abb. 5; GIUL. Nr. 412.
48. LOS ANGELES, Privatbesitz	Man came this Way. Objects from The Phil Berg Collection. Catalog and Commentary by PHIL BERG, Los Angeles County Museum (9.3 – 30. 5. 1971) 62 Nr. 94 mit Abb.
49. MADRID ARCH.MUS. 1948.20 und Tarragona, Mus.	GARCÍA Y BELLIDO 224ff. Nr. 253 Taf. 185–187; H. SICHTERMANN, AA 1954, 430f. Abb. 105/06; GIUL. Nr. 344.
50. OXFORD 218.1 (aus Ephesos)	MICHAELIS 590 Nr. 218.1; ASR II 42; ASR III 3 S. 549 zu Nr. 42; F. EICHLER, JdI 59/60, 1944/45, 130 Nr. 8; GIUL. Nr. 256 (siehe auch hier Nr. 51).
51. OXFORD 218.2 (aus Ephesos)	MICHAELIS 590 Nr. 218.2; weitere Lit. siehe hier Nr. 50 (nach Höhe der Ornamentzonen und Ausführung der Ornamente wohl nicht zu Nr. 45 gehörend).
52. PARIS MNC 2134	Frgt.; unpubl.
53. PATRAS 81	KALLIPOLITIS, Chron 23 Nr. 106; GIUL. Nr. 80.
54. PTOLEMAIS	A. L. PIETROGRANDE, AfrIt 3, 1930, 108f. Abb. 1/2; REDLICH 112f.; GIUL. Nr. 333; C. H. KRAELING, Ptolemais, City of the Libyan Pentapolis (Univ. of Chicago, Oriental Institute Publ. 90, 1962) 195. 206f. Nr. 69 Taf. 51 B (nach D. M. BRINKER-

	HOFF a. O. S. 207 gehört dazu ein fragmentierter Klinendeckel, a. O. 206 Nr. 70 Taf. 51 A; doch stimmen die angegebenen Maße nicht überein); GIULIANO-PALMA 19 Nr. 2 Taf. 11, 24–25; hier Taf. 440.
55. RIMINI	F. REBECCHI, Antichità Altoadriatiche 13, 1978, 238 Anm. 120; Kriegerkopf; unpubl.
56. ROM, NM 113239	Frgt.; INR 72. 3805.
57. ROM, PAL. LAZZARONI	Frgt.; INR 70.261.
58. ROM, MUS. DER PRÄTEXTATKATAKOMBE	INR 68. 1028; 72. 2623; 72. 2633; 72. 2601; 72. 2602 (verschiedene Frgt.e, die möglicherweise zu einem oder mehreren Schlachts. gehören).
59. SPARTA 6255	Frgt.; liegender Krieger; unpubl.
60. SPARTA 6719	Frgt.; verwundeter Mann, Pferd, unpubl.
61. SPLIT 426 D	K. KLEMENT, AEM 13, 1890, 1 f.
62. SPLIT	Frgt. mit Oberkörper eines Gestürzten; unpubl.
63. SPLIT	Frgt. mit Oberkörper eines Gefallenen mit stark abgewinkeltem Kopf; unpubl.
64. SPLIT	Stark beschädigtes Frgt. mit einem Krieger in Panzer; unpubl.
65. SPLIT, Depot der Grabungen	T. MARASOVIĆ – D. VRSALOVIĆ, VjesDal 65–67, 1963–65 (1971), 194 Nr. 5 Taf. 62,3.
66. TYROS, Grabungen	M. CHÉHAB, Les Dossiers de l'Archéologie 12. Sept./Okt. 1975, 42 Abb. oben; G. KOCH, AA 1978, 127 Anm. 37; Schlachtsarkophag mit Klinendeckel, auf Rückseite Hektors Lösung; hier Taf. 443.
67. TYROS, Grabungen	Schlachts. mit Klinendeckel; unpubl.
68. XANTHOS	P. DEMARGNE, Anadolu 2, 1955, 69; ders. in: Mél. A. Piganiol I (1966) 451 ff. Abb. 3–8; P. COUPEL – P. DEMARGNE in: Mél. P. Collart (1976) 111 f. Nr. 1; GIUL. Nr. 272.
69. VERSCHOLLEN (früher Rom, Slg. Hartwig)	ASR III 3 S. 553 f. Nr. 110[1]; REDLICH 120 f. Anm. 244.
Nachtrag	
70. KURASHIKI, MUS.	Frgt. einer Ecke; demnächst E. SIMON, AA.

10. Schlacht bei den Schiffen vor Troja und bei Marathon

P. VON BIEŃKOWSKI, ÖJh 1, 1898, 17 ff. – J. ZINGERLE, ÖJh 10, 1907, 157 ff. – C. ROBERT, ASR III 2 S. 367 ff.; III 3 S. 556 f. Nr. 146[1]. – B. G. KALLIPOLITIS, AEphem 1961, Parart. 1 f. – B. BRENK, JbÖByz 21, 1972, 39 ff. – WIEGARTZ, Myra 190 ff. – G. KOCH, GettyMusJ 6/7, 1978/79, 103 ff.

Sarkophage mit Darstellungen der Schlacht zwischen Griechen und Trojanern bei den Schiffen vor Troja sind auf attische Sarkophage beschränkt; sie gehen auf die Ilias zurück, illustrieren aber nicht ein einzelnes Ereignis, sondern ziehen mehrere, teilweise nicht genau zu benennende Kampfhandlungen zusammen.[1] Der Kampf zwischen Griechen und Persern bei den Schiffen nahe Marathon ist den mythologischen Sarkophagen angeglichen und nicht als historische Darstellung zu verstehen.[2] Die Sarkophage werden unten in einer Liste zusammengestellt.

[1] BRENK a. O. 40. KOCH a. O. 108.

[2] WIEGARTZ, Myra 183 Anm. 135; 191; 195; 197 Anm. 209.

Die Sarkophage mit dem *Kampf bei den Schiffen vor Troja* gliedern sich in zwei Gruppen, die auf verschiedene Vorlagen zurückgehen; beide weisen viele Abwandlungen auf. Die erste wird durch Exemplare in Tyros (10) und Damaskus (4) vertreten; ein zerstörter Kasten (12), von dem nur die unteren Teile erhalten waren, und Fragmente in Tarent (8), Venedig (11), Herakleion (5), Athen (3), Aquileia (1), Rhodos (7) und Thessaloniki (9) lassen sich anschließen, ferner eine lokale Kopie in Aquileia (2). Möglicherweise gehört auch ein Stück in Istanbul in diesen Kreis (6); von der Vorderseite ist allerdings nur ein kleines Fragment erhalten.

Im linken Teil der Vorderseite sind gewöhnlich drei Schiffe wiedergegeben; sie sind auf das Land gezogen, die hoch aufgerichteten Hecks mit Aphlasta sind nach rechts gerichtet; die Wandungen sind reich geschmückt. Die Schiffe werden von mehreren Griechen verteidigt; hervorgehoben ist einer, den man als Aias benennen kann.[3] In ein Schiff flüchtet sich ein Krieger, der von einem Kameraden hochgezogen wird. Ein Gefallener liegt oft unterhalb des ersten Schiffes, über seinen Schild gekrümmt. Von rechts stürmt ein hervorgehobener Angreifer, Hektor, heran und stößt einem auf dem Landesteg zurücksinkenden Griechen das Schwert in die Brust; zwischen den Beinen Hektors liegt ein Toter; andere Gruppen und Tote können eingefügt sein. Für den rechten Teil ist die Überlieferung unzureichend; auf dem Sarkophag in Tyros (10) kommt ein Reiter angesprengt, auf dem in Damaskus (4) und auf dem fragmentierten Sarkophag in Tarent (8) findet ein Kampf zu Lande statt. Meeresgottheiten, Ketoi und Ortsgottheiten mit Geländeangaben können an verschiedenen Stellen eingesetzt sein. Auf den Nebenseiten, die in Tyros (10), Damaskus (4) und teilweise in Tarent (8) und beim zerstörten Exemplar (12) belegt sind, setzt sich der Kampf zu Lande fort; Fragmente in Leningrad (20) und Triest (21) lassen sich wahrscheinlich anschließen; auf der linken Nebenseite des Sarkophages in Damaskus findet sich eine verkürzte weitere Darstellung des Schiffskampfes mit anderer Figurenanordnung.

Bei der zweiten Gruppe, die nur durch den vollständig erhaltenen Sarkophag in Thessaloniki (18) und Fragmente in Malibu (15), Myra (16), Niš (17) und Triest (19) vertreten wird, aber doch als eigenständiger Typus klar faßbar ist, liegen die Schiffe, in der Regel drei, im rechten Teil; die Hecks zeigen nach links, die Bewegungsrichtung ist also umgekehrt. Im rechten Schiff stehen Achill und Patroklos und schauen ohne Waffen dem Kampf zu,[4] in einem der anderen steht hervorgehoben Aias. Für den Hauptangreifer, Hektor,[5] und seinen unterlegenen Gegner ist ein anderer Typus gewählt worden als bei der Gruppe I; er findet sich aber auch auf attischen Sarkophagen anderer Darstellungen.[6] Im linken Teil der Vorderseite und auf der linken Nebenseite ist auf dem Sarkophag in Thessaloniki (18) ein Kampf zu Lande wiedergegeben; unter

---

[3] C. Robert, ASR III 2 S. 363.
[4] Brenk a.O. 40f.
[5] Koch a.O. 109.
[6] z. B. Schlacht Madrid: Giul. Nr. 344. – Amazonen Paris: ASR II 69. – Schlacht Tyros: M. Chéhab, Les Dossiers de l'Archéologie 12, Sept./Okt. 1975, 42 mit Abb. – Vgl. Wiegartz, Myra 192 Anm. 183.

den Kriegern ist eine Amazone.⁷ Eine Parallelüberlieferung hierfür gibt es nicht. Charakteristisch für die Gruppe II sind die weibliche Meeresgottheit mit dem Ketos und der Triton, der einen Delphin schultert; beide kommen allerdings auch auf dem Sarkophag in Damaskus (4) vor.

Auf der linken Nebenseite des Sarkophages in Damaskus (14 = 4) und der linken Nebenseite eines Schlachtsarkophages in Antalya (13) findet sich eine verkürzte Darstellung des Kampfes bei den Schiffen mit der gleichen Bewegungsrichtung wie bei Gruppe II.

Die Sarkophage der Gruppe I zeigen die ältere Komposition, die in Einzelheiten unklar bleibt. Vorbilder früherer Zeit sind nicht nachgewiesen worden; ein Gemälde läßt sich nicht erschließen.⁸ Für die Gruppe II hat man einen neuen Entwurf geschaffen, der aus dem der Gruppe I umgebildet ist; Gruppe I wird aber nicht abgelöst, sondern scheint neben II weiterzulaufen.⁹

Die beiden fragmentierten Exemplare in Brescia (22) und Pola (23) schildern den Rückzug der Perser in ihre Schiffe nach der *Schlacht bei Marathon;* die Perser sind teilweise am orientalischen Kostüm zu erkennen. Beide Stücke scheinen nicht auf ein gemeinsames Vorbild zurückzugehen und kaum von den anderen Schiffskampfsarkophagen beeinflußt, sondern höchstens angeregt worden zu sein. Die Schiffe sind mit dem Heck nach links gerichtet; sie haben andere Form und keine Dekoration; die Kampfgruppen sind anders; lediglich auf dem Fragment in Pola (23) findet sich der Krieger, der sich über Bord ins Schiff rettet und in Rückansicht wiedergegeben ist; auch eine Meeresgottheit war vorhanden. Es läßt sich keine Vorstellung von einer möglichen früheren Vorlage für die Marathonschlacht gewinnen.¹⁰

Gruppe I geht zeitlich voran; das früheste Stück, der fragmentierte Sarkophag in Tarent (8), dürfte gegen Ende des 2. Jhs. n. Chr. entstanden und einer der frühen attischen Sarkophage mit Klinendeckel sein.¹¹ Anfang des 3 Jhs. folgt das Fragment in Venedig (11), etwas später der Sarkophag in Tyros (10). Gruppe II setzt mit dem Sarkophag in Thessaloniki (18) um 230/40 ein und reicht bis um 250 n. Chr. Das Stück in Thessaloniki und das in Damaskus (4) sind eng verwandt und etwa zeitgleich. Wenn die Fragmente in Herakleion (5) und Thessaloniki (9) richtig datiert sind, dürfte Gruppe I ebenfalls bis um 250 n. Chr. laufen.¹² Ein Grund für die Einführung des neuen Typus ist kaum zu nennen.¹³

---

⁷ Hier mit K. SCHEFOLD, MEFRA 88, 1976, 791 f., Penthesilea und Achill zu sehen, liegt kein Grund vor; vgl. KOCH a.O. 109 Anm. 20.
⁸ ROBERT a.O. 361. SCHEFOLD a.O. 791. – Vgl. den ‚megarischen' Becher, A. PHILADELPHEUS, AEphem 1907, 83 ff. Taf. 4, und U. SINN, Die homerischen Becher (AM, Beih. 7, 1979) 76 f. Nr. MB 4 Abb. 2, 2, und die ilische Tafel O. JAHN, Griechische Bilderchroniken (1873) 17 Taf. 1 (Reihe 0), und A. SADURSKA, Les tables iliaques (1964) Taf. 1.

⁹ WIEGARTZ, Myra 195.
¹⁰ ZINGERLE a.O. 161 f. 166 ff. WIEGARTZ, Myra 195.
¹¹ WIEGARTZ, Myra 194.
¹² WIEGARTZ, Myra 195. – Das Stück in Herakleion liegt nur in unzureichender Aufnahme vor, das in Thessaloniki ist unpubliziert.
¹³ WIEGARTZ, Myra 203 Anm. 236; der Sarkophag in Thessaloniki (18) scheint die gleiche ‚brutale Aktualität' zu haben wir Sarkophage der Gruppe I.

Die Marathonsarkophage sind später als die frühen Sarkophage der Gruppe I anzusetzen, Brescia (22) vielleicht noch in das erste Viertel und Pola (23) in das zweite Viertel des 3. Jhs. n. Chr. Ein dem Stück in Brescia vorausgehender trojanischer Schiffskampfsarkophag mit der gleichen Bewegungsrichtung ist nicht erhalten, so daß offen bleibt, wo die neue Anordnung mit den Schiffen im rechten Teil zuerst verwandt worden ist.

Liste der Sarkophage

A. Schlacht bei den Schiffen vor Troja

Gruppe I (Schiffe an der linken Seite, Angreifer kommen von rechts)

1. AQUILEIA 205	ASR III 2 Nr. V Taf. A; GIUL. Nr. 373; SCRINARI, Mus. Arch. 145 Nr. 412 Abb. 413; GABELMANN, Werkstattgruppen 30 f.; WIEGARTZ, Myra 191 Anm. 175; KOCH a.O. 106 Nr. 9.	
2. AQUILEIA 206	ASR III 2 Nr. IV Taf. A; GIUL. Nr. 421; SCRINARI a.O. 145 Nr. 413 Abb. 412; GABELMANN a.O. 30 f. 40. 206 Nr. 7 Taf. 4, 2; WIEGARTZ, Myra 191 Anm. 175; KOCH a.O. 106 Nr. 8 (Kopie nach att. S.).	
3. ATHEN, NM (Nr.?)	ASR III 2 Nr. III Taf. B; GIUL. Nr. 136; KOCH a.O. 106 Nr. 7.	
4. DAMASKUS (aus Arethousa)	Generaldirektion der Altertümer und Museen, Arabische Republik Syrien. Die großartigen neuentdeckten Altertümer (arabischer Titel; 1978) Abb. 6–8; KOCH a.O. 106 Nr. 2.	
5. HERAKLEION 146	ASR III 2 Nr. VI Taf. A; GIUL. Nr. 311; KOCH a.O. 106 Nr. 6.	
6. ISTANBUL 83	MENDEL I 84 f. Nr. 16 (Vs.); GIUL. Nr. 465; ASR IV 1, 15 Taf. 27, 1 (Ns.). – Nicht sicher, ob zu Schiffskampf gehörend.	
7. RHODOS	HIMMELMANN, Antakya 21; WIEGARTZ, Myra 191 Anm. 175; G. KONSTANTINOPOULOS, Die Museen von Rhodos I. Das archäologische Museum (1977) 76 ff. Nr. 145 Abb. 126; KOCH a.O. 106 Nr. 10.	
8. TARENT	ASR III 2 Nr. I Taf. A; GIUL. Nr. 370; GIULIANO-PALMA 23 Nr. 2 Taf. 18, 42; 19; KOCH a.O. 106 Nr. 4; D. ADAMESTEANU, La Puglia dal Paleolitico al Tardoromano (1979) 343 Abb. 618.	
9. THESSALONIKI 1209	KALLIPOLITIS, Chron. 22 f. Nr. 100; GIUL. Nr. 215; WIEGARTZ, Myra 191 Nr. 175; KOCH a.O. 106 Nr. 11.	
10. TYROS	WIEGARTZ, Myra 191 Anm. 175; M CHÉHAB, Les Dossiers de l'Archéologie 12, Sept./Okt. 1975, 41 mit Abb.; KOCH a.O. 106 Nr. 1; hier Taf. 444.	
11. VENEDIG	ASR III 2 Nr. II Taf. B; GIUL. Nr. 451; SICHTERMANN-KOCH 67 Nr. 72 Taf. 176; GIULIANO-PALMA 23 Nr. 1 Taf. 18, 43; KOCH a.O. 106 Nr. 5.	
12. ZERSTÖRT	ASR III 2 Nr. VII Taf. B; GIUL. Nr. 92; GIULIANO-PALMA 39 Nr. 3 Taf. 44, 106; KOCH a.O. 106 Nr. 3.	

Gruppe II (Schiffe auf der rechten Seite, Angreifer kommen von links)

13. ANTALYA A 265	L. Ns. eines Schlachts.; H. WIEGARTZ, Gnomon 37, 1965, 616 Nr. 17; WIEGARTZ, Myra 191; KOCH a.O. 106 Nr. 18.
14. DAMASKUS	1. Ns. des S. hier Nr. 4.
15. MALIBU 77. AA. 67	KOCH a.O. 103 ff. 106 Nr. 14 Abb. 1.

16. Myra	Wiegartz, Myra 190 ff. Nr. 3 Taf. 92 B; Giuliano-Palma 50 Nr. 10; Koch a. O. 106 Nr. 16 Abb. 5.
17. Niš	F. Kanitz, Denkschriften Wien41, 1892, 76 Abb. 52; Wiegartz, Myra 191 Anm. 175; Koch a. O. 106 f. Nr. 15 Abb. 3.
18. Thessaloniki 1246	Kallipolitis, Chron. 23 f. Nr. 113 Taf. 3 b; Giul. Nr. 214; Brenk a.O. 39 ff. Abb. 1 f.; Wiegartz, Myra 191 Anm. 175; K. Schefold, MEFRA 88, 1976, 790 ff. Abb. 26; Giuliano-Palma 52 Nr. 5 Taf. 63, 153; Koch a. O. 103 ff. 106 Nr. 12 Abb. 2; hier Taf. 445.
19. Triest	ASR III 3 S. 556 f. Nr. 146¹; B. G. Kallipolitis, AEphem 1961, Parart. 1 f. Taf. 1, 1; Giul. Nr. 447; Wiegartz, Myra 191 ff.; Koch a. O. 106 f. Nr. 13 Abb. 4.

Fragmente von Schmalseiten

20. Leningrad A 819	ASR III 2 Nr. VIII Taf. B; Giul. Nr. 456; I. I. Saverkina, TrudyErmit 13, 1972, 138 Abb. 3; Koch a. O. 106 Nr. 19; Saverkina, Ermitage 20 f. Nr. 3 Taf. 10, 2.
21. Triest	ASR III 3, 455 Taf. 144; Kallipolitis, Chron 23 Nr. 103; Giul. Nr. 448; Koch a. O. 106 Nr. 20.

B. Schlacht bei Marathon

22. Brescia MR 1	Zingerle a. O. 157 Abb. 50; Giul. Nr. 422; E. Vanderpool, Hesperia 35, 1966, 105 Taf. 35; Guerrini, Pal. Mattei Taf. 67 b; Wiegartz, Myra 191 f. 195; San Salvatore di Brescia. Materiali per un museo I (1978) 72 f. Nr. II 137 (mit Abb.); hier Taf. 446.
23. Pola	Zingerle a. O. 157 ff. Taf. 5; Giul. Nr. 379; Wiegartz, Myra 191 f. 195.

11. Sonstige Mythen

Verhältnismäßig groß ist die Zahl der attischen Sarkophage mit verschiedenen Mythen, die jeweils nur in wenigen Exemplaren begegnen.

Einige Male ist *Bellerophon mit Pegasos* abgebildet. Soweit der Zusammenhang erhalten ist, handelt es sich um Nebenseiten. Es gibt zwei verschiedene Darstellungen: die Bändigung des Pegasos durch den – bewaffneten – Bellerophon,[1] bei der die Chimaira anwesend sein kann,[2] und Bellerophon mit Pegasos an der Quelle, wohl der Peirene.[3] Mit den Darstellungen der Vorderseiten besteht kein erkennbarer Zusammenhang.[4] Für die Gruppe der Bändigung ist eine klassische Vorlage vermutet wor-

---

[1] H. Brandenburg, RömQSchr 63, 1968, 77 Anm. 71. Wiegartz, Myra 197. Brommer, Denkmälerlisten II 43 ff. S. Hiller, Bellerophon (1970) 105 f. – Anaphe: Giul. Nr. 127. – Athen, NM 1181: Giul. Nr. 128; Giuliano-Palma 15 Nr. 4 Taf. 7, 15. – Athen, NM (Nr.?): Giul. Nr. 9 (ehem. Theseion). – Herakleion 9: Giul. Nr. 312. – Athen, Akademie: Hiller a.O. 106 Nr. 10.

[2] Hiller a. O. Nr. 3. 4. 5.

[3] Beirut 447: M. Chéhab, BMusBeyr 21, 1968, 46 Taf. 28 b. – Poreč: Hiller a.O. 105 Nr. 2. – Der Typus auch auf der Ostothek aus Megiste, Athen, NM 1189: Brommer, Denkmälerlisten II 46.

[4] Hiller a.O. 46 ff.

den.⁵ Bellerophon mit Pegasos an der Quelle hat eine Parallele auf einem der Reliefs der Galleria Spada in Rom.⁶ Möglicherweise steht eine klassische Komposition dahinter.⁷ Die Beispiele gehören in die frühe Phase der attischen Sarkophage, das 3. Viertel des 2. Jhs. n. Chr.

Das von C. Robert unter die Darstellungen aus der Sage von *Daidalos* eingeordnete Fragment in Oxford⁸ konnte durch B. Ashmole durch ein Bruch an Bruch anpassendes Fragment ergänzt werden;⁹ es gehört zu einem Sarkophag mit Orest und Iphigenie.

Auf einem Sarkophag in Kephissia¹⁰ stehen auf der einen Langseite die beiden *Dioskuren* und ihre Schwester Helena. Die Figuren sind weit auseinander gezogen; für die Art der Flächenfüllung gibt es auf attischen Sarkophagen keine Parallele. Das Stück gehört mit seinen auch sonst ungewöhnlichen Darstellungen in die Experimentierphase der attischen Sarkophage, ist dort allerdings wegen des Klinendeckels¹¹ relativ spät, vielleicht um 180 n. Chr., anzusetzen.

Ein jetzt verschollenes Fragment, das aus Pergamon stammt und sich in Izmir befand, hat C. Robert auf den Kampf der Götter gegen die *Giganten* bezogen, aber schon selbst daran Zweifel geäußert und an einen Kentaurenkampf gedacht;¹² das ist wahrscheinlicher.

Leda ist auf dem ungewöhnlichen Sarkophag in Kephissia auf der einen Schmalseite in ihrer Vereinigung mit dem Schwan wiedergegeben.¹³ Die linke Nebenseite eines Sarkophages in Jerusalem, der auf der Vorderseite Achill auf Skyros und auf der Rückseite die kalydonische Jagd trägt, zeigt einen etwas früheren Augenblick.¹⁴ Vergleichbare Darstellungen von Leda mit dem Schwan begegnen auch auf anderen Reliefs.¹⁵ Ob auf der linken Nebenseite eines nur in den unteren Teilen erhaltenen dionysischen Sarkophages aus Caesarea Leda gemeint ist, erscheint wegen der vielen Beifiguren fraglich.¹⁶ Der Sarkophag in Kephissia ist um 180 n. Chr., der in Jerusalem wohl im späten 1. Viertel des 3. Jhs. n. Chr. entstanden.

Auf zwei typologisch zusammenhängenden Fragmenten in Athen und in Istan-

---

⁵ T. GERICKE, AM 71, 1956, 194 f. HILLER a. O. 47.
⁶ HELBIG⁴ II 2007 (P. ZANKER). HILLER a. O. 105 Nr. 1.
⁷ L. CURTIUS, BABesch 29, 1954, 4 ff. HILLER a. O. 44.
⁸ Oxford 105: ASR III 1, 16; GIUL. Nr. 415.
⁹ B. ASHMOLE in: Essays in Memory of K. Lehmann (1964) 25 f. Abb. 1.
¹⁰ ASR II 9; F. CHAPOUTHIER, Les Dioscures au service d'une déesse (1935) 36 f. Nr. 15 (Abb. auf frontispice); GIULIANO, Cultura artistica Taf. 34 a; GIUL. Nr. 74; WIEGARTZ, Myra 173 Anm. 66; 178. 183.
¹¹ ASR II S. 9 mit Abb.; H. WIEGARTZ, Gnomon 37, 1965, 616 zu Nr. 74–76.
¹² ASR III 1, 93; KALLIPOLITIS, Chron. 25

Nr. 135; GIUL. Nr. 259. – Im Mus. in Izmir nicht aufzufinden (Mitteilung A. Yaylali).
¹³ ASR II 9; zum Sarkophag s. oben Anm. 10.
¹⁴ Jerusalem, Rockefeller Mus. 41. 525: E. R. GOODENOUGH, Jewish Symbols in the Greco-Roman Period I (1953) 102. 138; III (1953) Abb. 456; B. KANAEL, Die Kunst der antiken Synagoge (1961) 35 Abb. 36; GIUL. Nr. 301; M. AVI-YONAH, Scripta Hierosolymitana 24, 1972, 9 ff. Abb. 1.
¹⁵ E. KNAUER, JbBerlMus 11, 1965, 5 ff. AVI-YONAH a. O. 10 ff. BROMMER, Denkmälerlisten III 209 ff.
¹⁶ Jerusalem, Israel Mus.: GIUL. S. 53, Hinweis bei Nr. 309; AVI-YONAH a. O. 13 f. Taf. 2, 5; GIULIANO-PALMA 52 Nr. 4 Taf. 62, 152.

bul¹⁷ ist der Freiermord des *Odysseus* wiedergegeben.¹⁸ Ein weiteres Fragment in Istanbul¹⁹ gehört möglicherweise in denselben Zusammenhang. Die Komposition läßt sich allerdings nicht wiedergewinnen und ältere Vorlagen nicht erschließen.²⁰ Die drei Fragmente stammen aus dem frühen 3. Jh. n. Chr.

Ein Fragment in Patras, bei dem nicht sicher ist, ob es ein attisches Original ist, trägt eine Skylla;²¹ ob es sich um das Skylla-Abenteuer des Odysseus handelt, ist fraglich. Ein weiteres von C. Robert diesem Ereignis zugewiesenes Fragment in Triest ist Teil eines Schiffskampfsarkophages.²²

Nur auf einem Sarkophag in Athen, der im 3. Viertel des 2. Jhs. n. Chr. entstanden ist, ist *Oidipous* belegt;²³ auf einem Erotensarkophag ist auf der linken Nebenseite zu der auf Schmalseiten üblichen Sphinx Oidipous gestellt, der seine Rechte zum Kopf erhebt.

Der *musizierende Orpheus* im Kreise der Tiere ist auf zwei – jeweils vernachlässigten – Nebenseiten wiedergegeben, nämlich beim Schiffskampfsarkophag in Thessaloniki und, nur in Teilen erhalten, bei dem dionysischen Sarkophag in Rom;²⁴ beides sind Beispiele des 2. Viertels des 3. Jhs. n. Chr. Ein Zusammenhang mit den Darstellungen der anderen Seiten ist nicht zu erkennen, das idyllische Thema aber charakteristisch für die Zeit.²⁵

Der Auszug der *Sieben gegen Theben* findet sich auf einem fragmentierten Sarkophag in Korinth.²⁶ Auf der Vorderseite stehen links Eriphyle und Amphiaraos, der sich zum Gehen wendet; sechs weitere Männer schreiten nach rechts, von denen zumindest Kapaneus mit der Leiter und Polyneikes als Führer rechts zu identifizieren sind.²⁷ Eine Karyatide bildet den rechten Rand; ihr wird links eine weitere entsprochen ha-

---

¹⁷ Athen, NM 2019: ASR II 151; GIUL. Nr. 8; GIULIANO-PALMA 23 Nr. 4. – Istanbul 10: ASR II 152; MENDEL I 131f. Nr. 38; GIUL. Nr. 463; GIULIANO-PALMA 23 Nr. 3 Taf. 18, 44.
¹⁸ L. CURTIUS, RM 54, 1939, 220ff. LIPPOLD, Gemäldekopien 13f. O. TOUCHEFEU-MEYNIER, Thèmes odysséens dans l'art antique (1968) 259 Nr. 483. 484; vgl. den Skyphos des Penelopemalers (a.O. 256 Nr. 479 Taf. 37, 1) und den Fries von Gölbaşi Trysa (a.O. 258 Nr. 481 Taf. 38). BROMMER, Denkmälerlisten III 271f.
¹⁹ Istanbul 17: ASR III 3, 450; MENDEL I 128f. Nr. 36; GIUL. Nr. 466; GIULIANO-PALMA 21 Nr. 4.
²⁰ CURTIUS a.O. 222ff. LIPPOLD a.O. 13f.
²¹ Patras (Nr.?): ASR III 3 S. 558 Nr. 146³; EA 1309; GIUL. Nr. 83; BROMMER, Denkmälerlisten III 301, 2.
²² Triest (Nr.?): ASR III 3 S. 556f. Nr. 146¹; B. G. KALLIPOLITIS, AEphem 1961, Parart. 1f. Taf. 1, 1; GIUL. Nr. 447; WIEGARTZ, Myra 191f.
201 Anm. 228; G. KOCH, GettyMusJ 6/7, 1978/79, 106 Nr. 13 Abb. 4.
²³ Athen, NM (Nr.?): ASR II 181 Abb. S. 190; C. ROBERT, Oidipus I (1915) 509 Abb. 68; GIUL. Nr. 27; WIEGARTZ, Myra 176.
²⁴ Thessaloniki 1246: GIUL. Nr. 214; B. BRENK, JbÖByz 21, 1972, 40ff. Abb. 5; GIULIANO-PALMA 52 Nr. 5 Taf. 64. – Rom, Mus. Cap. 1884: ASR IV 1, 10 Taf. 16, 3; GIULIANO-PALMA 48 Nr. 2.
²⁵ WIEGARTZ, Myra 203 Anm. 226.
²⁶ Korinth: J. D. YOUNG, AJA 26, 1922, 430ff. Taf. 8f.; ders., AJA 29, 1925, 82f.; F. P. JOHNSON, Corinth IX. Sculpture (1931) 114ff. Nr. 241; GIUL. Nr. 58; C. C. VERMEULE, Roman Imperial Art in Greece and Asia Minor (1968) 59f. Abb. 23; GIULIANO-PALMA 20 Nr. 4 Taf. 12, 27. 29; M. DAUMAS, AntK 21, 1978, 23ff. Taf. 7, 7; E. SIMON, AA 1979, 38ff. Abb. 7ff.
²⁷ Zur Benennung der Männer: YOUNG (1922) 437ff.; ders. (1925) 82f.; JOHNSON a.O. 114ff.; DAUMAS a.O. 23ff.; SIMON a.O. 38ff.

ben. Auf der rechten Nebenseite sind der Tod des Opheltes durch eine Schlange, die Amme Hypsipyle und einer der zu Hilfe kommenden Helden abgebildet.[28] Geringe Reste der Rückseite lassen erkennen, daß zwei Girlandenbögen vorhanden waren, die an den Ecken von Frauen getragen wurden.[29] Der Auszug hat eine Parallele auf einer Amphora aus Panaguriště, eine frühere Vorlage ist also anzunehmen; der Tod des Opheltes auf einem der Reliefs im Palazzo Spada in Rom ist nur entfernt verwandt.[30] Der Sarkophag, zu dem zwei Fragmente eines Klinendeckels gehören,[31] stammt aus der Zeit etwa um 180 n. Chr.

Nur auf einem Hippolytossarkophag des letzten Viertels des 2. Jhs. n. Chr. in Istanbul sind auf der rechten Nebenseite *Theseus und Ariadne* wiedergegeben.[32] Eine Verbindung zur Vorderseite ist dadurch vorhanden, daß Theseus der Vater des Hippolytos und Ariadne die Schwester der Phaidra ist. Die Darstellung ist in der Kaiserzeit geläufig und geht wohl auf ein früheres Vorbild zurück.[33]

Ein Sarkophag in Beirut[34] zeigt auf der Vorderseite eine von Attisfiguren gerahmte Szene, die als *Unterweltsdarstellung* angesprochen worden ist. Bei der Benennung der Figuren bleiben alle Fragen offen, da der Sarkophag ein Einzelstück und noch dazu im mittleren Teil in den oberen Partien fragmentiert ist. Die rechten vier Figuren haben Parallelen auf der Coppa Corsini und anderen Denkmälern mit dem Iudicium Orestis; wie sie benannt werden sollen, ist aber auch nicht sicher;[35] lediglich die links sitzende Gestalt kann man als Erinys bezeichnen, die auf dem Sarkophag zu einer der drei Totenrichter umgewandelt ist; diese sind an einem Tisch versammelt, auf dem eine Urne steht; der Mann in der Mitte dieser Szene ist als Hades gedeutet worden.[36] Die sich auf den Sessel stützende Frau und der Mann in Exomis links lassen sich ebenfalls nicht benennen; es ist vorgeschlagen worden, die Frau und den im rechten Teil stehenden Mann als Grabinhaber anzusehen, über die gerichtet wird; das Paar wäre dann auch auf den beiden Nebenseiten wiedergegeben, die nicht mythologisch zu verstehen sind.[37] Der Mann in Exomis könnte irgendwie mit der Unterwelt zu tun haben.[38] Da aber bei attischen Sarkophagen der menschliche und der mythische Bereich sonst nicht in einer vergleichbaren Weise vermischt werden,[39] muß die Frage offen bleiben.

436

---

[28] YOUNG (1922) 440 f.; JOHNSON a. O. 116.
[29] YOUNG (1922) 432 ff. Abb. 3.
[30] Auszug: DAUMAS a. O. 23 ff. – Spadarelief: HELBIG⁴ II 2002 (P. ZANKER).
[31] YOUNG (1922) 432 Abb. 1. 2; JOHNSON a. O. 116 (Young spricht von drei, Johnson nur von zwei Fragmenten).
[32] Istanbul 125: ASR III 3, 429; MENDEL I 98 Nr. 21; GIUL. Nr. 219; WIEGARTZ, Myra 191; GIULIANO-PALMA 21 Nr. 2.
[33] ASR III 2 S. 174. LIPPOLD, Gemäldekopien 47 ff. Taf. 7, 35. BROMMER, Denkmälerlisten II 6 ff.

[34] Beirut (Nr.?): E. WILL, BMusBeyr 8, 1946–48, 109 ff. Taf. 1–3; C. PICARD, RA 1951, 221; G. HAFNER, Iudicium Orestis, 113. BWPr (1958) 15 ff.; GIUL. Nr. 293; WIEGARTZ, Myra 188; GIULIANO-PALMA 20 Nr. 3; H. FRONING, JdI 95, 1980, 331 f. Abb. 7.
[35] WILL a. O. 117 ff. HAFNER a. O. 15 f. FRONING a. O. 332.
[36] WILL a. O. 123 f.
[37] HAFNER a. O. 16.
[38] WILL a. O. 121 f. HAFNER a. O. 16. P. BLOME, RM 85, 1978, 438 f.
[39] HIMMELMANN, Megiste 8 f. WIEGARTZ, Myra 177 Anm. 99.

Vorlage für die rechten vier Figuren ist das ‚Iudicium Orestis'.⁴⁰ Der Sarkophag gehört zu den frühesten Beispielen mit Klinendeckel und wegen seines singulären Themas, das keine Nachfolge gefunden hat, in die Experimentierphase der attischen Sarkophage,⁴¹ die Zeit etwa um 180 n. Chr.

437   Eine stark beschädigte, aber fast vollständig erhaltene Langseite in Thessaloniki ist ebenfalls auf eine Unterweltsdarstellung oder das Iudicium Orestis bezogen, jedoch noch nicht hinreichend publiziert worden;⁴² typologische Verbindungen zum Sarkophag in Beirut sind nicht zu erkennen. Das Stück mag im ersten Viertel des 3. Jhs. n. Chr. entstanden sein.

Eine Reihe von Fragmenten⁴³ bleibt *ungedeutet,* da sie zu klein sind oder keine Parallelen haben. Einige beanspruchen besonderes Interesse. Dazu gehört eine fast vollständig erhaltene, aber überarbeitete Nebenseite in Paris,⁴⁴ die einen hervorgehobenen Thronenden und weitere Männer in Chlamys, Himation oder Rüstung zeigt; eine überzeugende Benennung ist bisher nicht vorgeschlagen worden.⁴⁵ Auf einem Fragment in Triest ist Hauptperson eine sitzende weibliche Gestalt, die wohl Erschrecken zeigt;⁴⁶ man könnte an Achillsarkophage denken, eine Parallele gibt es aber auf ihnen nicht.⁴⁷ Bei einem Fragment in Nîmes⁴⁸ ist wegen des Erhaltungszustandes nicht sicher zu sagen, ob es sich um ein attisches Stück oder eine gallische Arbeit handelt, die eine attische Vorlage kopiert; eine vergleichbare Entführung einer weiblichen Gestalt durch ein Flügelwesen ist auf Sarkophagen sonst nicht belegt. Auf dem Fragment einer Rückseite in Paris⁴⁹ sind Teile von zumindest einem gestürzten, wohl toten, und vier nach rechts bewegten Männern in orientalischer Tracht und mit phrygischen Mützen erhalten. Männer in vergleichbarer Kleidung kommen auf dem Pelopssarkophag in Athen⁵⁰ vor, doch bietet sich für die Erklärung der Handlung aus der Sage von Pelops nichts an. Auf einem verschollenen Fragment, das sich ehemals in Rhodos befand,⁵¹ sind Reste zweier Männer und einer gewandeten Gestalt erhalten, die auf einer Basis zu sitzen scheint; wegen der gedrehten Schnur am Sockel verdient das Stück Beachtung.⁵² Ein Fragment in Ephesos⁵³ zeigt auf dem Rest der Vorderseite als Eckfigur einen Mann, der ein Pferd zügelt, und daneben noch einen Teil eines be-

⁴⁰ HAFNER a. O. 5 ff. FRONING a. O. 331 ff.
⁴¹ WIEGARTZ, Myra 181 ff. 188 f.
⁴² Thessaloniki P 116: KALLIPOLITIS, Chron. 19 Nr. 60; GIUL. Nr. 226; WIEGARTZ, Myra 189; GIULIANO-PALMA 22 Nr. 1 (IV c) Taf. 15.
⁴³ GIUL. S. 87 (VII, ‚soggetti non identificati'); einige Nachträge bei H. WIEGARTZ, Gnomon 37, 1965, 616 f. – Hinzu kommen eine Reihe von Frgt.en im Akropolismuseum und im Museum der Prätextatkatakombe, sehr viele Frgt.e im Archäologischen Mus. in Split und im Magazin des Nationalmus. in Athen und eine größere Anzahl von verstreuten Stücken; manche lassen sich auch nicht beurteilen, da sie nicht oder nicht ausreichend publiziert sind (z. B. Paris 981: CHARBONNEAUX, Guide 235).

⁴⁴ Paris 973: ASR III 3, 448: GIUL. Nr. 397.
⁴⁵ C. ROBERT, ASR III 3 S. 539.
⁴⁶ Triest (Nr.?): ASR III 3, 449.
⁴⁷ vgl. ASR II 20. 22. 23. 25. 26.
⁴⁸ Nîmes: ESPÉRANDIEU I 304 Nr. 446; GIUL. Nr. 348.
⁴⁹ Paris 4119 (aus Misenum): COMTE DE CLARAC, Musée de Sculpture II (1846) Taf. 213 Nr. 237 (Inschrift auf Rs.: CIL X 1576).
⁵⁰ Athen, NM 1176: ASR III 3, 322; GIUL. Nr. 17; GIULIANO-PALMA 46 Nr. 4 Taf. 51.
⁵¹ B. PACE, BdA 10, 1916, 92 Abb. 1.
⁵² WIEGARTZ, Myra 173. G. KOCH, ASR XII 6 S. 140 Anm. 5.
⁵³ Unpubl., Photos H. Wiegartz.

wegten Mannes; auf der rechten Nebenseite ist der Transport eines Gefallenen dargestellt, und zwar in einem Typus, der von einigen stadtrömischen Sarkophagen und einer Ostothek der kleinasiatischen Hauptgruppe bekannt ist;[54] in keinem Fall ist aber bisher eine Deutung der Szene möglich;[55] in Frage käme beispielsweise der Transport des toten Patroklos oder des toten Achill; die Heimtragung Meleagers wird auf stadtrömischen Sarkophagen ähnlich dargestellt,[56] die Reste der Vorderseite in Ephesos hängen aber nicht mit den Meleagersarkophagen zusammen.

Ein Fragment in Istanbul ist oben mit Vorbehalt unter die Ermordung der Freier durch Odysseus eingeordnet worden.[57] Ein Fragment aus Goluchow, jetzt in Warschau,[58] zeigt Reste von drei Mädchen und einer weiteren Gestalt; man könnte an die Entdeckung Achills unter den Töchtern des Lykomedes denken, eine genaue Parallele für die Anordnung der Figuren gibt es aber nicht. Schließlich wäre noch ein Fragment in Theben[59] mit einem sitzenden Mann, einer stehenden Frau und einem sitzenden nackten Mann zu nennen, für das es ebenfalls keine Entsprechungen gibt.

IV. 3.3. Dionysische Themen

F. MATZ, ASR IV 1, 1–25 Taf. 1–27. – H. WIEGARTZ, AA 1977, 383 ff. – A. GEYER, Das Problem des Realitätsbezuges in der dionysischen Bildkunst der Kaiserzeit (Beiträge zur Archäologie 10, 1977) 42 ff.

Die dionysischen Sarkophage sind ausführlich von F. Matz besprochen worden. Sehr wichtig sind die kurzen Bemerkungen von H. Wiegartz mit einer Neuordnung der Stücke.

Am Anfang der Reihe steht ein Exemplar aus Beirut in Istanbul,[1] das Satyrn und Mänaden zeigt, die um einen Altar in der Mitte der Vorderseite tanzen und teilweise neuattische Typen vertreten. Ein Opfer kommt auch auf dem – handwerklich etwas aus dem Rahmen fallenden – Sarkophag beim Hephaisteion in Athen[2] vor. Ein weiteres Stück der Experimentierphase scheint der Sarkophag des Magnos Eryades in Athen[3] zu sein, auf dem die Opferszene breit ausgemalt ist und nur noch Platz für eine tanzende Mänade bleibt.

---

[54] HIMMELMANN, Megiste 29 f. Abb. 13. G. KOCH, ASR XII 6 S. 118 Anm. 5; Antakya, Syrakus, Pavia, Hever Castle, Grottaferrata (S.?), Tunis (S.?).

[55] Weitere Szenen sind nur auf dem Girlandensarkophag in Hever Castle erhalten; das Stück ist aber nicht ausreichend publiziert; vgl. D. STRONG, The Connoisseur Vol. 158 Nr. 638 (April 1965) 224 Nr. 11 Abb. 21/22.

[56] ASR XII 6, 73 ff. Taf. 68 ff.

[57] s. oben Anm. 19.

[58] Warschau 143419: H. WIEGARTZ, Gnomon 37, 1965, 617 Nr. 32; W. FRÖHNER, Collection du Chateau de Goluchow (1899) Nr. 10; P. BIEŃKOWSKI, Zapiski Muzealne 4/5, 1920/21, 15 f. Abb. 2.

[59] Theben (Nr.?): unpubl.

[1] Istanbul 1417: ASR IV 1, 1 Taf. 1; GIULIANO-PALMA 14 Nr. II 2 Taf. 4, 7–8.

[2] Athen, beim Hephaisteion: ASR IV 1, 5 Taf. 6, 1–3.

[3] Athen 1185: ASR IV 1, 7 Taf. 7–9; GIULIANO-PALMA 14 Nr. II 1 Taf. 4, 9.

Eine recht geschlossene Gruppe zeigt auf der Vorderseite eine Anzahl von tanzenden Mänaden und Satyrn in neuattischen Typen. Die Folge geht von Fragmenten in Athen[4] über einen Kasten in Istanbul,[5] den Sarkophag in Ioannina[6] und ein Fragment in Palestrina[7] bis zu einem Kasten in Mistra[8] und einem Fragment in Sparta;[9] diese haben Weinreben im Hintergrund. An diese Gruppe läßt sich ein Fragment in Adana,[10] mit einem alten Satyr als rechter Eckfigur, anschließen; Fragmente eines Sarkophages aus Buthrotum[11] dürften etwa die Stufe des Stückes in Ioannina vertreten. Ein Fragment in Side[12] mit einer tanzenden Mänade, einem Panther und einem Weinstock hat nicht die letzte Glättung der Oberfläche erfahren; es könnte zu einer Nebenseite gehören und sich dann mit Nebenseiten von Stücken in Istanbul und Athen[13] vergleichen lassen; falls aber links noch eine weitere Figur ergänzt werden kann, müßte es zu einer Langseite gehören und würde dann einen weiteren frühen Typus, mit einem Weinstock und einem Panther auf der Vorderseite vertreten. Bei einem Fragment in Narbonne[14] ist nicht sicher, ob es von einem Sarkophag stammt. Zwei zusammengehörende Fragmente in Trogir[15] sind so schlecht erhalten, daß sie sich nicht weiter beurteilen lassen.

Auf den Nebenseiten dieser Sarkophage finden sich, sofern dionysische Themen gewählt wurden, neuattische Figuren oder Gruppen,[16] aber auch verschiedenartige Gruppen von Satyrn und Mänaden;[17] hierzu gehört auch eine fragmentierte Nebenseite in Istanbul.[18]

Bei einigen Sarkophagen ist der von einem Satyr gestütze Dionysos in die Mitte gesetzt; auf dem Exemplar in Tyros[19] ist seitlich je eine Gestalt aus dem dionysischen Gefolge, wohl ein Satyr – oder links ein Putto? – wiedergegeben, auf einem Fragment in London[20] und einem Sarkophag in Athen[21] sind es Eroten oder Kinder.

Bei der späten Gruppe der dionysischen Sarkophage wird auf die neuattischen Typen verzichtet, die Mänaden und Satyrn verlieren ihre Bewegung, werden eng zusammengedrängt und erhalten große Reliefstiefe; die Weinreben bekommen stärkere Bedeutung und der obere Kastenrand wird von ihnen überwuchert; aus dem Thiasos

---

[4] Athen 1150–1152: ASR IV 1, 4 Taf. 5; GIULIANO-PALMA 14 Nr. IIa 1 Taf. 5, 10–11.

[5] Istanbul 366: ASR IV 1, 3 Taf. 4; GIULIANO-PALMA 14 Nr. 3. – In diese Phase mag auch der fragmentierte K. in Ioannina 6177 gehören; unpubl.

[6] ASR IV 1, 8 Taf. 10–12; I. P. BOKOTOPOULOU, Hodegos Mouseiou Ioanninon (1973) 92ff. Taf. 39 (mit richtig aufgesetztem Deckel); GIULIANO-PALMA 18 Nr. 5 Taf. 8, 18.

[7] ASR IV 1, 6 Taf. 6, 4; GIULIANO-PALMA 14 Nr. IIa 2 Taf. 5, 12.

[8] ASR IV 1, 2 Taf. 2/3; GIULIANO-PALMA 19 Nr. II 1 Taf. 10.

[9] ASR IV 1, 12 Taf. 24, 1.

[10] Adana, Mus.: unpubl.

[11] Früher in Zara bei Buthrotum; Verbleib nicht zu ermitteln: L. M. UGOLINI, Albania Antica I (1927) 155 ff. Abb. 109; Giul. Nr. 193.

[12] Side, o. Nr.: J. u. H. WAGNER–G. KLAMMET, Die türkische Südküste (1977/78) Abb. 143.

[13] ASR IV 1, 3 Taf. 4, 3; 7 Taf. 9, 2.

[14] ESPÉRANDIEU I 365 Nr. 564.

[15] Trogir, Städt. Mus. A 35: unpubl.

[16] ASR IV 1, 1.2.8.

[17] ASR IV 1, 3.7.8.

[18] Istanbul 83: ASR IV 1, 15 Taf. 27, 1.

[19] M. CHÉHAB, BMusBeyr 21, 1968 Taf. 41.

[20] London 1947.7-14.4: E. STRONG, JHS 28, 1908 Taf. 19 b; TOYNBEE Taf. 54, 1; MATZ, MW 84 Nr. 33; GIUL. Nr. 413.

[21] Athen, NM 4008: ASR IV 1, S. 84 Anm. 5, Beil. 1, 2–3.

ist eine Weinlese geworden.²² Die Reihe scheint mit Fragmenten in Amman, Pola und Split²³ zu beginnen. Anschließen läßt sich vielleicht ein nur in den unteren Teilen erhaltener Kasten in Jerusalem,²⁴ der auf allen Seiten ein dionysisches Treiben zeigt.²⁵ Er ist verwandt mit dem Sarkophag Farnese in Boston,²⁶ der ebenfalls auf allen vier Seiten Reliefs zum gleichen Thema hat. Weiter dürften dann die stark beschädigten Kästen in Rom, Mus. Cap.,²⁷ und Kyrene²⁸ folgen. Den Abschluß bildet der Sarkophag in Thessaloniki.²⁹ Fragmente in Antalya, Athen, Eretria, Sparta, Split und Theben³⁰ gehören ebenfalls in diese Gruppe. Vielleicht lassen sich noch weitere Fragmente anfügen.³¹

Zu einer Rückseite gehört ein Fragment in Brescia.³² Auf drei Fragmenten in Cividale³³ sind die Figuren abgemeißelt, nach den Umrissen dürfte es sich um einen relativ frühen, wohl dionysischen Sarkophag gehandelt haben. Eine Langseite in Kyrene³⁴ ist völlig abgearbeitet und nicht mehr zu beurteilen. Eine Reihe weiterer Stücke ist nicht publiziert.³⁵

Dionysische Motive, und zwar das Weinwunder,³⁶ finden sich in den Giebelfeldern einiger dachförmiger Deckel.³⁷

---

²² Zu dieser Phase: F. MATZ, ASR IV 1 S. 93 ff. WIEGARTZ, Myra 203 Anm. 236. H. WIEGARTZ, AA 1977, 388.

²³ Amman: H. WIEGARTZ, AA 1977, 387 Abb. 63. – Pola: A. GNIRS, Führer durch Pola (1915) 76 Nr. 118 Abb. 38; WIEGARTZ a. O. 388 – Split 50 D: ASR IV 1, 25 Taf. 20, 5.

²⁴ Jerusalem, Israel Mus., aus Caesarea: bei GIUL. unter Nr. 309 aufgeführt; GIULIANO-PALMA 52 Nr. 4 Taf. 52.

²⁵ Wegen der dionysischen Beifiguren kann es sich bei der linken Ns. kaum um Leda und den Schwan handeln: M. AVI-YONAH, Scripta Hierosolymitana 24, 1972, 13 f. Taf. 2, 5; GIULIANO-PALMA Taf. 62, 152.

²⁶ Boston, Isabella Stewart Gardner Mus.: ASR IV 1, 9 Taf. 13–15; C. C. VERMEULE u. a., Sculpture in the Isabella Stewart Gardner Museum (1977) 44 ff. Nr. 61; GIULIANO-PALMA 30 Nr. 13 Taf. 25, 63.

²⁷ ASR IV 1, 10 Taf. 16; GIULIANO-PALMA 48 Nr. 2 Taf. 54, 132.

²⁸ ASR IV 1, 11 A Taf. 21. 22, 2; 23; GIULIANO-PALMA 36 Nr. 5 Taf. 40/41.

²⁹ ASR IV 1, 11 Taf. 17–19. 20, 1–4; H. CASTRITIUS, AA 1970, 93 ff.; GIULIANO-PALMA 52 Nr. 1 Taf. 60. 61, 147.

³⁰ ASR IV 1, 23 A. 17. 18. 19 (GIULIANO-PALMA 52 Nr. 2). 20 (Eretria) 22. 24 (aus Knin; das größere Frgt. in Split, Institut für Nationale Archäologie). 21. – Anzuschließen ist ein Frgt. in Dion; unpubl.

³¹ Aquileia 283: SCRINARI, Mus. Arch. 154 Nr. 459 Abb. 459. – Athen, Akro Inv. 3384: WALTER, Akropolismus. 175 Nr. 375. – Foligno: INR 38.355 - Šibenik: M. GORENC, Antikna Skulptura u Hrvatskoj (1952) Taf. 60. – Side 244: H. WIEGARTZ, Gnomon 37, 1965, 616 Nr. 22; ASR IV 1 S. 121 – Skoplje: N. VULIĆ, Spomenik. Srbska Akademija 71, 1931, 33 f. Nr. 67. – Sparta, aus Aphysou: A. ORLANDOS, Ergon 1963, 102 ff. mit Abb. 113. 115–118; G. DAUX, BCH 88, 1964, 730 f.; ASR IV 1 S. 121. – Split 405 D: unpubl. – Štip, aus Bargala: B. ALEKSOVA – C. MANGO, DOP 25, 1971, 277 Abb. 66.

³² Brescia MR 134: ASR IV 1, 15 A Taf. 24, 2; San Salvatore di Brescia. Materiali per un museo I (1978) 72 ff. Nr. II 138 (mit Abb.).

³³ GIUL. Nr. 425–427; F. REBECCHI, Antichità Altoadriatiche 13, 1978, 219 Anm. 55.

³⁴ GIUL. Nr. 329.

³⁵ GIUL. Nr. 19–23; ASR IV 1 S. 121. GIUL. Nr. 104. HIMMELMANN, Antakya 20 (Athen, Turm der Winde PA 250). – Das Frgt. in Thera, GIUL. Nr. 126, dürfte eher zu einem Amazonensarkophag gehören.

³⁶ ASR IV 1 S. 118 zu Nr. 14.

³⁷ Nikopolis (Deckel zu Girlandens.): ASR IV 1, 14 Taf. 26, 5; GIULIANO-PALMA 14 Nr. 4. – Patras (Deckel zu Meleagers.): G. KOCH, AA 1975, 548 f. Abb. 30 c. – Rhodos (Ialysos? Verschollen?): B. PACE, BdA 10, 1916, 90 Nr. 2 Abb. 10.

Die neuattischen Vorbilder für die frühen Sarkophage hat F. Matz ausführlich behandelt.[38] Für die späteren Stücke gibt es keine einheitlichen Vorlagen.[39]

Zur Datierung der Sarkophage hat H. Wiegartz überzeugende Vorschläge gemacht.[40] Der früheste – und überhaupt einer der frühesten attischen Sarkophage mit figürlichem Relief – ist der Sarkophag in Istanbul, der um 140/50 n. Chr. entstanden sein mag. Der ‚Stilwandel' wird gekennzeichnet durch die Stücke in Mistra, Sparta, Amman, Split und Jerusalem. Einer der spätesten attischen Sarkophage ist das große Exemplar in Thessaloniki.

Ein Problem ist, wie sich die attischen zu den stadtrömischen dionysischen Sarkophagen verhalten; F. Matz hat den attischen die Priorität zuerkannt,[41] N. Himmelmann und A. Geyer[42] haben aber darauf hingewiesen, daß die Verbindungen keineswegs so eng sind. Nach den Datierungsvorschlägen von H. Wiegartz[43] setzen zudem die attischen dionysischen Sarkophage auch nicht so früh ein, wie noch F. Matz annahm. Ihr Beginn in Rom wird also nicht auf Athen zurückgehen; es hat im Gegenteil den Anschein, daß Athen Anregungen aus Rom aufnimmt, die Sarkophage dann aber eigenständig gestaltet.

IV. 3.4. Meerwesen

Meerwesen sind auf attischen Sarkophagen zwar ein häufiger Schmuck der Matratzen der Klinendeckel[1] und bisweilen auch von Schiffhecks,[2] als flächenfüllende Darstellung sind sie aber nur einmal auf einer Rückseite belegt, und zwar beim Ledasarkophag in Kephissia,[3] und einmal auf einer Nebenseite, nämlich der linken des dionysischen Sarkophages des Magnos Eryades in Athen.[4] Beim Exemplar in Kephissia sind in einer Kastenrahmung ein Meerkentaur und eine Nereide wiedergegeben, auf der Nebenseite des Stückes in Athen findet sich ein Seepferd mit geringeltem Fischschwanz.

Die Darstellungen gehören der Experimentierphase der attischen Sarkophage,[5] der Zeit um 170/80 n. Chr., an und haben keine Nachfolge gefunden.

---

[38] ASR IV 1, S. 18 ff. 83 ff.
[39] ASR IV 1 S. 89 ff.
[40] H. Wiegartz, AA 1977, 386 ff., bes. 388 Anm. 90.
[41] F. Matz, Gnomon 31, 1959, 697; ders., ASR IV 1 S. 88 f. IV 2 S. 179.
[42] Himmelmann, Megiste 18 f.; ders., Gnomon 43, 1971, 605. Geyer a. O. 52 ff. H. Brandenburg, JdI 93, 1978, 320. – *Nachtrag*: H. Herdejürgen, JdI 96, 1981, 413 ff.
[43] s. oben Anm. 40.
[1] s. oben Kapitel IV 1.
[2] Auf S. mit der Schlacht bei den Schiffen vor Troja; vgl. Taf. 444/45.
[3] ASR II 9 c.
[4] Athen, NM 1185: ASR IV 1, 7 Taf. 9, 1.
[5] Wiegartz, Myra 183.

IV. 3.5. Musen

F. EICHLER, ÖJh 36, 1946, 91 f. Abb. 22. – M. WEGNER, ASR V 3, 143 Taf. 4 b; 229 Taf. 4 c. – GABELMANN, Werkstattgruppen 25 ff. Taf. 5, 2.

Im Gegensatz zu Rom sind Musendarstellungen bei den attischen Sarkophagen nur sehr selten belegt. Die frühe Phase vertritt ein Fragment in Mailand;[1] auf ihm sind Figurenfries und Ornamente getrennt und die Gestalten locker gereiht, nämlich der stehende Apollon im Typus des Lykeios,[2] Terpsichore mit auf einen Pfeiler gestellter Lyra[3] und eine nicht benennbare sitzende Muse, die auch vollplastisch bekannt ist.[4] Ein weiterer attischer Musensarkophag mit vergleichbarer Figurenanordnung, aber anderen Typen, wird durch eine lokale Kopie in Aquileia bezeugt.[5] Zwei kleine, wahrscheinlich von dem selben Sarkophag stammende Fragmente in Wien und im Vatikan[6] zeigen gedrängtere, weiter vortretende und in die Ornamentleiste hineinragende Figuren; sie vertreten also die spätere Phase der attischen Sarkophage.

Die Komposition des Fragmentes in Mailand ähnelt der früher stadtrömischer Sarkophage,[7] eine genaue Entsprechung ist aber nicht nachzuweisen; da das attische Fragment ein Einzelstück ist, während die stadtrömischen Sarkophage eine breite Überlieferung haben, ist es nicht wahrscheinlich, daß frühe attische Musensarkophage die stadtrömischen Beispiele beeinflußt haben;[8] das Verhältnis dürfte eher umgekehrt sein. Die Darstellung auf den Fragmenten Wien und Vatikan ist nicht zu rekonstruieren; wie auf den späteren stadtrömischen Sarkophagen haben die Musen Federschmuck in den Haaren.[9]

Das Fragment in Mailand kann in das 3. Viertel des 2. Jhs. n. Chr. datiert werden;[10] der Porträtkopf des Apollon dürfte später, im zweiten Viertel des 3. Jhs., aus einem Idealkopf umgearbeitet worden sein.[11] Die Fragmente in Wien und im Vatikan sind nach dem ‚Stilwandel', etwa im zweiten Viertel des 3. Jhs. n. Chr., entstanden und zeigen die für diese Phase typischen Eigenarten.

---

[1] Mailand, Mus. Civ.: DÜTSCHKE V 406 Nr. 983; GABELMANN a. O. 26 ff. Taf. 5, 2.

[2] GABELMANN a. O. 27 mit Anm. 114.

[3] WEGNER a. O. S. 101. GABELMANN a. O. 27.

[4] D. PINKWART, Das Relief des Archelaos von Priene und die Musen des Philiskos (1965) 132 ff. 203 f. Taf. 5 c. d; 6. GABELMANN a. O. 27 f.

[5] GABELMANN a. O. 25 ff. Nr. 6 Taf. 5, 1.

[6] Wien I 1101: ASR V 3, 229 Taf. 4 c. – Vatikan 3495: ASR V 3, 143 Taf. 4 b. – WEGNER a. O. S. 142.

[7] GABELMANN a. O. 29.

[8] GABELMANN a. O. 29 f. Die frühesten stadtrömischen Beispiele (Rom, V. Medici: ASR V 3, 214 Taf. 1. – Leningrad: a. O. 38 Taf. 2, 2. – Verschollen, ehem. Rom, Vigna Pacca: a. O. 218 Taf. 2,1) gehen dem Frgt. in Mailand voraus; auch die Stücke in Paris (a. O. 75 Taf. 3), Kansas City (a. O. 34 Taf. 150,1) und Civita Castellana (M. MORETTI, Nuove scoperte e acquisizioni nell' Etruria Meridionale [1975] 259 ff. Nr. 8 Taf. 79 ff.) dürften kaum später sein als das Mailänder Frgt.

[9] GABELMANN a. O. 29.

[10] GABELMANN a. O. 29.

[11] GABELMANN a. O. 27.

IV. 3.6. Eroten

MATZ, MW 80ff. – N. HIMMELMANN-WILDSCHÜTZ, MarbWPr 1959, 25 ff.

Attische Sarkophage mit Eroten und Kindern werden hier zusammengefaßt.[1] Sie sind in größerer Zahl erhalten. Von F. Matz[2] und A. Giuliano[3] sind sie zusammengestellt und von N. Himmelmann-Wildschütz[4] kunstgeschichtlich behandelt worden, nachdem schon G. Rodenwaldt[5] erste Hinweise gegeben hatte. Die Sarkophage werden unten in einer Liste aufgeführt.

454.455
457–59
Die weitaus meisten Sarkophage zeigen einen dionysischen Zug nach einem Trinkgelage, einen *Komos,*[6] mit stehenden, schreitenden, tanzenden, sich drehenden und wendenden, manchmal taumelnden, leicht beschwingten Kindern oder Eroten in immer wieder anderer Abfolge (siehe unten die Liste Nr. 1–30). Es scheint sich anfangs um Kinder zu handeln, zu einem späteren Zeitpunkt erhalten sie teilweise Flügel.[7] Es wechseln einzelne Kinder und Gruppen von zweien, die sich gegenseitig stützen oder bei denen das eine Kind ein anderes zu halten sucht. Am Boden kann ein großes Gefäß stehen, in das ein Kind hineinsieht, das zuweilen noch von einem zweiten gehalten wird; ein Kind gießt gelegentlich aus einer Spitzamphora Wein in das große Gefäß hinein.

Die Kinder können verschiedene Gegenstände halten: Musikinstrumente (Doppelflöte, Lyra, Kithara, Kymbala, Tympana, Syrinx; die Instrumente werden verschiedentlich auch gespielt), Trauben, flache Körbe mit Früchten, hohe Körbe, Krüge, Kantharoi, Trinkhörner, Füllhörner, Fackeln, Schmetterling, Lagobolon, Hasen, Stab (manchmal vielleicht ein Thyrsosstab), Palmzweig oder Handgirlanden.

Es mischen sich bisweilen verschiedene Tiere in das muntere Treiben, Vögel, Hunde oder Panther; kleinere Gefäße oder Körbe stehen am Boden, auch Altäre sind dargestellt. Eine Gruppe von Eros und Psyche, die sich umarmen und küssen, ist gelegentlich in die Mitte gesetzt (2). Ziegen können an den Hörner gezerrt werden, wohl zum Opfer (19. 24), ein Eros kann auf einem Panther oder auf einer Ziege reiten (14. 25). Schließlich werden auch Gruppen von zwei Eroten auf der Nebenseite oder der Vorderseite eingesetzt, die einem Hahnenkampf (19) oder zwei sich schnäbelnden Tauben zusehen (14. 20. 31. 43). Einige Beispiele zeigen zwei Eroten, die einen großen Palmzweig tragen (32–36. 38). Auf einer fragmentiert erhaltenen Nebenseite ist ein bogenspannender Eros vorhanden (29), der Zusammenhang ist aber nicht klar. Ein Eros mit Bogen steht auch auf der Nebenseite des Ledasarkophages in Kephissia.[8]

---

[1] G. RODENWALDT, JHS 53, 1933, 188. – MATZ, MW 45.84. HIMMELMANN a.O. 25.
[2] MATZ, MW 82ff. Nr. 1–36
[3] GIUL. S. 87.
[4] HIMMELMANN a.O. 25 ff.
[5] G. RODENWALDT, JHS 53, 1933, 184 ff.
[6] MATZ, MW 80 ff.

[7] MATZ, MW 94; dagegen allerdings HIMMELMANN a.O. 36 Anm. 36.
[8] ASR II 9 b; WIEGARTZ, Myra 183. – Zum Typus: H. DÖHL, Der Eros des Lysipp. Frühhellenistische Eroten (Diss. Göttingen 1968) 49 f. – Das Relief Athen, NM 3747, gehört wegen Ausarbeitung und Größe entgegen DÖHL a.O. 63 nicht zu einem Sarkophag.

Die Figuren und Gruppen sind reich abgewandelt und wechseln in der Anordnung, so daß sich nicht zwei Sarkophage finden, die die gleiche Abfolge zeigen. Die Bildhauer haben sich meist bemüht, zwei Gestalten mit einander etwa entsprechender Bewegung als Eckbegrenzungen zu nehmen und die Mitte in irgendeiner Weise durch eine Figurengruppe, ein Gefäß oder auch eine einzelne Gestalt vorsichtig zu betonen.

Bei einigen Beispielen wird ein *Opfer* wiedergegeben. Auf einem Sarkophag in Antakya (37) stehen Eros und Psyche in der Mitte an einem Altar, und seitlich finden sich Gruppen von hirschtötenden Niken; weitere Eroten sind nicht vorhanden. In gleicher Anordnung sind Eros und Psyche in den dionysischen Thiasos des Sarkophags beim Hephaisteion in Athen (38) und in die Eroten auf dem Sarkophag in Kephissia (43) gesetzt. Sich entsprechende Gruppen von jeweils zwei Kindern, die sich einem Altar nähern, sind auf einem Fragment in München (41) und einem Kasten in Athen (40) abgebildet. Ein Opfer zweier tanzender Eroten ist wohl auf dem Fragment einer Nebenseite in Apollonia gemeint (42). Eine vergleichbare Darstellung hat die Nebenseite des Erotensarkophages in Athen (46). Eine Opferszene könnte auch ein Sarkophag in Kythnos (44) getragen haben, von dem nur ein Fragment erhalten ist; es zeigt rechts Reste einer Stützgruppe mit zwei Eroten, dann links den Unterteil einer Psyche und wohl einen Altar; links von ihm scheinen zwei weitere langbekleidete Gestalten zu stehen, für die Parallelen nicht bekannt sind. Auf dem Sarkophag des Magnos Eryades in Athen (39), auf dem die Kindersphäre mit dem dionysischen Bereich vermischt ist, wird die ganze Vorderseite von einem Opfer mit einem Ziegenbock eingenommen.

In den Eroten- oder Kinderkomos kann der von einem Satyr gestützte Dionysos aufgenommen werden,[9] wie Sarkophage in Tyros (45) und Athen (46) und ein Fragment in London (47) zeigen.

F. Matz[10] hat darauf hingewiesen, daß die einzelnen Motive und Typen der Eroten und Gruppen der hellenistischen Kunst entlehnt und von neuattischen Werkstätten übernommen worden sind. Die Sarkophage scheinen aber in ihrer Vielfältigkeit nicht auf ein geschlossenes Vorbild zurückzugehen, sondern der Vorrat an Typen wird auf ihnen frei benutzt, es werden jeweils die Folgen der Figuren und Gruppen neu zusammengesetzt und dabei die einzelnen Typen mehr oder weniger stark abgewandelt.

Eine nicht ganz vollständige Langseite in Thessaloniki (48) und ein Fragment in Rom (49) tragen ein *Gelage* mit Kindern. Auf einem großen Fragment in Damaskus (50) scheint die *Gefangennahme eines Eros* durch eine Psyche im Beisein von anderen Eroten und Psychen dargestellt zu sein.[11] Eine *Weinlese*[12] ist auf einem Fragment in Thessaloniki (51), der stark beschädigten Langseite in Ephesos, Tor der Verfolgung

456

448

466
463

451

---

[9] Zu dieser Vermischung Wiegartz, Myra 182.
[10] Matz, MW 45 ff. Zum Motiv des Pantherreiters: Himmelmann a. O. 27 ff.
[11] Vgl. Vermeule I 20 Nr. 157 Abb. 61.

[12] Bei dem von G. Rodenwaldt, JdI 45, 1930, 178 Anm. 5, genannten Frgt. mit Erotenweinlese in Split könnte es sich um das Stück ASR IV 1, 25 Taf. 20, 5 handeln.

452/53 (52), und auf dem berühmten Klinensarkophag in San Lorenzo in Rom (53) wiedergegeben. Gemeinsame Vorbilder sind nicht zu fassen. Möglicherweise lassen sich Fragmente eines Sockels in Split (54) und eines anderen in Antalya (55) anschließen.

Eine *Jagd* findet sich auf der einen Langseite des Sarkophages der Akademie in
460 Athen (56); zwei Kinder in sich entsprechender Bewegung gehen gegen einen Löwen und eine Löwin an; die Mitte nimmt ein breit ausladender Baum ein. Ein vergleichbares Schema haben die attischen Sarkophage mit Jagd zu Pferde.[13] Auf einem Fragment in London (57) sind nur ein nach rechts schreitendes und ein nach rechts reiten
464/65 des Kind erhalten; der Zusammenhang wird nicht deutlich. Fragmente in Split (58) zeigen den Aufbruch von Eroten zur Jagd und ihre Jagd auf einen Hirsch.

Auf einem fragmentierten Sarkophag in London (57) finden sich auf der einen Nebenseite zwei Kinder beim *Spiel* mit Reifen, auf der anderen Nebenseite eines, das einen Ball wirft;[14] Parallelen sind nicht bekannt. Ein *Wagenrennen*[15] ist bei zwei Sarkophagen in Athen (60.61) auf der Vorderseite wiedergegeben; Eroten fahren auf Zweigespannen, die zur Mitte hin ausgerichtet sind und von Löwen und Panthern oder Löwinnen gezogen werden, und treiben die Tiere mit einer Peitsche an; in der Mitte
471 steht eine Säule. Bei einigen Girlandensarkophagen ist die gleiche Szene in die zwei Bögen hineingesetzt.[16] Sie begegnet auch auf Eckpostamenten[17] und auf der Lehne eines Klinendeckels.[18] Späte Sarkophage zeigen die Wettfahrt auf der Rückseite, näm
462.461 lich die beiden Erotensarkophage in der Prätextatkatakombe (29) und ehemals im Palazzo Giustiniani (65), ferner ein dionysischer Sarkophag in Athen (62) und ein Fragment in Kilkis (63); ein Fragment in Aquileia (64) könnte auch attisch sein.

Faustkämpfe in der Palästra mit verschiedenen Kampfgruppen und der Ausrufung eines Siegers sind auf der Vorderseite des verschollenen Sarkophages, der sich ehe
461 mals im Palazzo Giustiniani in Rom befand (65), und auf der Rückseite des Erotensarkophages in Ostia (22) belegt; eine lokale Kopie in Sparta[19] und eine stadtrömische Kopie, jetzt in Norfolk,[20] weisen darauf hin, daß sich die Szene noch auf mehreren attischen Sarkophagen gefunden hat. Anschließen läßt sich ein Exemplar, das in Ephesos gezeichnet worden, jetzt aber nicht nachweisbar ist (65a).

Eine Reihe von Stücken ist nur in kleinen Fragmenten erhalten, so daß sich die ursprüngliche Darstellung nicht mehr erkennen läßt (66–80); andere sind nicht publiziert oder verschollen (81–87). Schließlich müssen einige von der Liste der attischen

---

[13] Athen 1177: G. RODENWALDT, JdI 48, 1933, 224 Abb. 13; GIUL. Nr. 1. – Patras: GIUL. Nr. 82.
[14] G. RODENWALDT, JHS 53, 1933, 184 ff.
[15] G. RODENWALDT, JdI 55, 1940, 22. MATZ, MW 74. HIMMELMANN a. O. 39 Anm. 54.
[16] Achill Leningrad A 1026: ASR II 21 c; SAVERKINA, Ermitage 17 ff. Nr. 2. – Orest Beirut: E. WILL, BMusBeyr 8, 1946–48 Taf. 3 a. – Thessaloniki P 102: C. I. MAKARONAS, Makedonika 2, 1941–52, 597 Nr. 9 Taf. 3 b; GIUL. Nr. 241. – Athen, Ephorie: O. ALEXANDRI, ADelt 24 B 1, 1969, 63 Taf. 54, 2. – Antakya 15948: unpubl.
[17] Delphi: ASR XII 6, 166 Taf. 131 a.
[18] Athen, Akro 2737: WALTER, Akropolismus. 230 Nr. 467; GIUL. Nr. 173.
[19] Sparta 708: GIUL. Nr. 112; H. WIEGARTZ, Gnomon 37, 1965, 615.
[20] Norfolk 77.1276: J. JÜTHNER, RM 43, 1928, 13 ff. Taf. 3; MATZ, MW 81 Anm. 164; G. KOCH, BJb 180, 1980, 67 ff. Abb. 16 ff.

Erotensarkophage gestrichen werden, da es sich entweder um lokale oder stadtrömische Sarkophage[21] oder in einem Fall um das Akroter eines Deckels[22] handelt.

Gelage, Jagd, Wagenrennen und Wettkämpfe von Eroten sind in der hellenistischen und römischen Kunst verbreitet.[23] Genaue Vorlagen oder Parallelen für die Sarkophage lassen sich aber nicht nachweisen. Die Sarkophagbildhauer haben den älteren Typenschatz frei benutzt und damit neue, für die Sarkophage zugeschnittene Kompositionen geschaffen; das zeigen besonders deutlich die Beispiele mit Wagenrennen und Palästraszenen. Verbindungen zu stadtrömischen Sarkophagen bestehen nicht.

Für die Datierung der Erotensarkophage haben vor allem N. Himmelmann, H. Gabelmann und H. Wiegartz[24] einige Hinweise gegeben. Die Hauptgruppe der Erotensarkophage scheint erst im dritten Viertel des 2. Jhs. n. Chr. einzusetzen. Vorausgehen könnten die Exemplare mit Komos in Athen (1), Istanbul (2) und Anaphe (3) und der Sarkophag mit Opfer, dessen Klinendeckel später aufgesetzt ist, in Antakya (37). Auch die Fragmente mit ungeklärtem Zusammenhang in Athen (69) könnten noch in diese Frühphase, vielleicht die Zeit um 150 n. Chr., gehören; ihre Ornamente haben keine Parallelen auf anderen attischen Sarkophagen.

Eine große Zahl von Sarkophagen mit Komos ist im dritten Viertel des 2. Jhs. entstanden (4–15); in diese Phase gehören ebenfalls mehrere Beispiele, die ein Opfer zeigen und teilweise auch Figuren aus dem dionysischen Bereich aufgenommen haben (38–42), ferner die Exemplare mit Dionysos in der Mitte (45–47).

Das verschollene Stück (16) trug einen Klinendeckel und wies die Eroten auf der Rückseite auf; es handelt sich um einen der frühesten Klinensarkophage und einen der frühesten, die figürliches Relief auf allen vier Seiten tragen[25]; er wird im vierten Viertel des 2. Jhs. entstanden sein. In den gleichen Zeitraum dürfte die verschollene Vorderseite (17) gehören und der Kasten in Kyrene (18), sofern er attisch ist[26].

Von den Sarkophagen mit Opfer kann wohl der in Kephissia (43) angeschlossen werden, der sich wegen der Tiefe des Reliefs und der starken Verwendung des Bohrers von den früheren Stücken absetzt. Im gleichen Zeitraum sind die Exemplare mit Jagd in Athen (56) und Jagd und Spielen in London[27] (57) entstanden; es begegnen

---

[21] Korykos (lokal): MATZ, MW 83 Nr. 19; GIUL. Nr. 275; ASR XII 6 S. 64 f. Anm. 18. – Istanbul 1165 (aus Sinope: lokal): GIUL. Nr. 248; H. WIEGARTZ, Gnomon 37, 1965, 615. – Sparta 708: s. oben Anm. 19. – Syrakus 842/43 (wohl nicht att.): TUSA, Sicilia 185 Nr. 86 Taf. 120, 224; 188 f. Nr. 92 Taf. 123, 229; 124, 230; GIULIANO-PALMA 30 Nr. 2. – Thessaloniki 1248 (fraglich, ob attisch): MATZ, MW 82 Nr. 11; GIUL. Nr. 234; ASR XII 6 S. 64 f. Anm. 20; hier Erotensarkophag Nr. 19. – Kyrene (fraglich, ob attisch): GIUL. Nr. 326; hier Erotensarkophag Nr. 18. – Rom, V. Medici (stadtröm.): MATZ, MW 83 Nr. 24; GIUL. Nr. 444; HIMMELMANN a. O. 32 Anm. 4; WIEGARTZ a. O. 615. –

[22] Antalya A 168: MATZ, MW 83 Nr. 17; GIUL, Nr. 266; G. KOCH, Gnomon 45, 1973, 221 f.

[23] MATZ, MW 74. 80 ff.

[24] HIMMELMANN a. O. 25 f. und bes. Anm. 5. 6. 8. 9. GABELMANN, Werkstattgruppen 15 ff. H. WIEGARTZ, AA 1977, 383 ff.

[25] WIEGARTZ, Myra 182. 188.Zur Form des gedrehten Rundstabes a. O. 173; G. KOCH, ASR XII 6 S. 140 Anm. 5.

[26] WIEGARTZ, Myra 175 Anm. 83.

[27] Zur Einordnung schon G. RODENWALDT, JHS 53, 1933, 192.

also neue Themen. Die beiden Sarkophage mit Wettfahrt in Athen (60.61) sind nicht publiziert, scheinen aber zumindest noch in das 2. Jh. zu gehören; damit wäre auch dieses Thema in der ersten Phase der attischen Sarkophage belegt.

Der ,Stilwandel' zeigt sich bei den attischen Erotensarkophagen sehr deutlich; N. Himmelmann hat ihn an mehreren Beispielen aufgezeigt.[28] Zu den frühesten Sarkophagen nach diesem Einschnitt gehört wohl das Exemplar in Beirut (20), bei dem die Figuren noch weit auseinander gezogen und applikenhaft auf den Grund gesetzt sind, aber schon in die obere Ornamentzone hineinragen und so den klaren Aufbau des Kastens verwischen. Es folgen dann im ersten Viertel des 3. Jhs. n. Chr. verschiedene Sarkophage mit Komos, darunter die Stücke in Ostia (22), Side (24) und Princeton (25). Das Fragment mit Opfer in Kythnos (44) mit seiner ungewöhnlichen Sokkelbildung ist vielleicht in dieselbe Zeit zu setzen. Man kann wohl die Stücke mit Weinlese in Thessaloniki (51) und Ephesos (52) anschließen, einem Thema, das vorher nicht belegt ist; zur gleichen Zeit werden die attischen dionysischen Sarkophage zu Weinlesesarkophagen umgestaltet.[29]

In das zweite Viertel des 3. Jhs. n. Chr. können dann die Fragmente in Fethiye (27) und Split (28) sowie vor allem der Sarkophag der Prätextatkatakombe[30] (29) führen. Ein neues Thema bringen das Fragment in Damaskus (50) mit einem gefesselten Eros und die beiden Fragmente mit Gelage (48. 49), die wohl schon über die Jahrhundertmitte hinausgehen.[31] Neu gestaltet werden die Weinlese auf dem Sarkophag von San Lorenzo in Rom (53) und die Jagd auf den Fragmenten in Split (58). Die Bigafahrt, die im 2. Jh. für eine Vorderseite geschaffen worden war, wird nun für Rückseiten verwandt, und zwar beim Sarkophag der Prätextatkatakombe (29), bei einem dionysischen Sarkophag in Athen (62) und bei dem verschollenen Sarkophag unklarer Zeitstellung, wahrscheinlich der ersten Hälfte des 3. Jhs., der sich ehemals in Rom, Palazzo Giustiniani befand (65). Eine vergleichbare Erscheinung gibt es beispielsweise bei Achill- und Hippolytossarkophagen.[32] Die Palästraszene, die mit ihrer Figurenanordnung durchaus im 2. Jh. denkbar wäre, ist erst im 3. Jh. auf der Rückseite des Sarkophages in Ostia (22) und dann auf den Vorderseiten zweier verschollener Sarkophage belegt (65. 65 a). Die erste Hälfte des 3. Jhs. ist also bei den attischen Erotensarkophagen eine durchaus fruchtbare Zeit.

Ein bisher nicht gelöstes Problem ist, in welchem Verhältnis die attischen Erotensarkophage zu den stadtrömischen stehen. Um es lösen zu können, wäre die Aufarbeitung beider Gruppen mit einer genauen chronologischen Ordnung Voraussetzung; sie fehlt jedoch noch. Bisher wird in der Regel angenommen, die attischen Erotensarkophage, zumindest die mit Komos, gingen — wie die dionysischen — voraus und würden von den stadtrömischen Stücken kopiert;[33] eine Auswirkung attischer Ero-

---

[28] s. oben Anm. 24.
[29] H. WIEGARTZ, AA 1977, 388.
[30] Zur Zeitstellung: F. MATZ, ASR IV 1. S. 94.
[31] H. WIEGARTZ, Gnomon 37, 1965, 614; ders. AA 1971, 97 f.
[32] WIEGARTZ, Myra 194.
[33] G. BRUNS, AA 1948/49, 101 f. K. KÜBLER, JdI 67, 1952, 105 f. MATZ, MW 80 f. F. MATZ,

tensarkophage sieht F. Matz schon beim Erotenfries des Venus-Genetrix-Tempels.[34] Weil es aber derartig frühe attische Erotensarkophage nicht zu geben scheint,[35] ist die Annahme nicht aufrecht zu halten. Die Bestattung in reliefgeschmückten Sarkophagen hat in Athen keine Tradition,[36] Athen wird also nicht mit Sarkophagen vorangegangen sein. Außerdem könnten einige stadtrömische Erotensarkophage älter sein als die frühesten attischen.[37] Der Schluß liegt nahe, daß auch bei den Erotensarkophagen – wie bei den dionysischen – das Verhältnis anders ist, daß also die stadtrömischen Stücke vorangegangen sind. Auch Weinlese, Jagd, Palästra und Wagenfahrt sind auf stadtrömischen Sarkophagen früher belegt, und es bestehen keine typologischen Verbindungen zu den attischen Sarkophagen.[38]

Liste der attischen Erotensarkophage

Komos[39]

1. ATHEN, NM 1187 (aus Patras) TOYNBEE Taf. 52, 1–2; MATZ, MW 82 Nr. 3; GIUL. Nr. 86; GABELMANN, Werkstattgruppen 20; GIULIANO-PALMA 13 Nr. 4 Taf. 1, 2; Hier Taf. 454.

2. ISTANBUL 511 (aus Thessaloniki) MATZ, MW 83 Nr. 12 Taf. 11 b; GIUL. Nr. 225; hier Taf. 455.

3. ANAPHE TOYNBEE Taf. 51, 4; MATZ, MW 83 Nr. 14 Taf. 14a; GIUL. Nr. 127; P. ZAPHEIROPOULOS, ADelt 23 B 2, 1968, 382 Taf. 338, 2–3; GABELMANN, Werkstattgruppen 20.

4. AQUILEIA 185 TOYNBEE Taf. 54, 3; MATZ, MW 84 Nr. 30; GIUL. Nr. 378; SCRINARI, Mus. Arch. 156 Nr. 472 Abb. 471; GIULIANO-PALMA 15 Nr. 2 Taf. 6.

5. ATHEN, NM 1183 TOYNBEE Taf. 53, 3; MATZ, MW 82 Nr. 2 Taf. 12 c.d; GIUL. Nr. 26; GABELMANN, Werkstattgruppen 20 f.; GIULIANO-PALMA 15 Nr. 3 Taf. 7, 14.

6. SPARTA 307 M. FRAENKEL, AZ 28, 1880, 163 Taf. 14 (in der Zeichnung eingesetzt ein zugehöriges Frgt. in Athen); TOYNBEE Taf. 53, 1–2; MATZ, MW 82 Nr. 8; GIUL. Nr. 108; GIULIANO-PALMA 30 Nr. 1 Taf. 24, 59.

7. ANDROS MATZ, MW 83 Nr. 13; GIUL. Nr. 56; R. R. WITT in: Hommages á M. J. Vermaseren III (1978) 1330 Taf. 269.

8. BERLIN 853 (aus Tyros) GIUL. Nr. 294; WIEGARTZ, Säulens. 177 Nr. 12 Taf. 12 c; GIULIANO-PALMA 15 Nr. 5.

Gnomon 31, 1959, 696 f. HIMMELMANN a. O. 30. 36 f. Anm. 43. F. MATZ, ASR IV 1 S. 88 f. HIMMELMANN, Megiste 18 f. N. HIMMELMANN, Gnomon 43, 1971, 605 f. GABELMANN, Werkstattgruppen 16. 34.

[34] MATZ, MW 46 f.; ders., Gnomon 31, 1959, 697; ders.ASR IV 1 S. 89.

[35] WIEGARTZ, Myra 208 f. Anm. 255; ders., AA 1977, 385; vgl. die Datierungsliste der dionysischen S. a. O. 388 Anm. 90.

[36] HIMMELMANN, Megiste 18 f.; ders.; Gnomon 43, 1971, 605. – *Nachtrag:* H. HERDEJÜRGEN, JdI 96, 1981, 413 ff.

[37] Berlin 1881: G. BRUNS, AA 1948/49, 97 ff. Abb. 1 f.; HIMMELMANN a. O. Taf. 11, 1. – Ostia: TOYNBEE Taf. 54, 5

[38] Für die Wettfahrten wurde von G. RODENWALDT, JdI 55, 1940, 22, angenommen, nicht erhaltene frühe attische Beispiele hätten um die Mitte des 2. Jhs. die stadtrömischen S. mit Zirkusrennen angeregt.

[39] Die S. mit den verschiedenen Themen sind etwa zeitlich geordnet. – Nicht aufgenommen ist: Sotheby, Sale 28. 6. 1965, 67 Nr. 155 (sehr kleine Ls.; Kunsthandel; das Stück müßte erst im Original untersucht werden).

9. ATHEN, NM 1181 (aus Patras)	G. RODENWALDT, JHS 53, 1933, 185 Abb. 2; TOYNBEE Taf. 52,3; MATZ MW 82 Nr. 1 Taf. 11 a; GIUL. Nr. 128; GABELMANN, Werkstattgruppen 21; GIULIANO-PALMA 15 Nr. 4 Taf. 7, 15–16; hier Taf. 457. – Zur Herkunft: E. BURSIAN, AZ 12, 1854, 479.
10. AQUILEIA	F. REBECCHI, Antichità Altoadriatiche 13, 1978, 235 f. Abb. 14. 15. 17.
11. OXFORD 107	MICHAELIS 565 Nr. 107; TOYNBEE Taf. 54, 2; MATZ, MW 84 Nr. 34 Taf. 12 b; GIUL. Nr. 416; D. E. L. HAYNES, The Arundel Marbles (1975) Taf. 22.
12. OXFORD 106	MICHAELIS 565 Nr. 106; REINACH, RR II 526, 5; TOYNBEE 227 Anm. 3; MATZ, MW 84 Nr. 34.
13. ROM, VILLA MEDICI und CASA DI COLA DI RIENZO	G. Q. GIGLIOLI, Bull Com 72, 1946–48, 53 ff. Abb. 1, Taf. 1, 1; CAGIANO, V. Medici 111 f. Nr. 271 Taf. 49, 106; MATZ, MW 83 Nr. 23 und 25; GIUL. Nr. 428 und 443; GIULIANO-PALMA 15 Nr. 1.
14. ATHEN, AGORA (beim Hephaisteion)	GIUL. Nr. 152; GIULIANO, Cultura Artistica Taf. 34 b; WIEGARTZ, Marmorhandel 353 f.
15. ATHEN, NM 2415	SVORONOS, Nat. Mus. Taf. 161.
16. VERSCHOLLEN, ehem. La Gayole	H. STERN, Gallia 15, 1957, 73 ff. Abb. 7–9; GIUL. Nr. 349 (Rs. des Orestsarkophages); GABELMANN, Werkstattgruppen 21.
17. VERSCHOLLEN, Zeichnung Dal Pozzo	VERMEULE I 12 f. Nr. 62 Abb. 29; G. KOCH, BJb 180, 1980, 75 ff. Abb. 23.
18. KYRENE	A. L. PIETROGRANDE, AfrIt. 3, 1930, 113 ff. Abb. 9–12; MATZ, MW 83 Nr. 22; GIUL. Nr. 326. Fraglich, ob attisch.
19. THESSALONIKI 1248	MATZ, MW 82 Nr. 11; GIUL. Nr. 234; ASR XII 6 S. 139 Anm. 4.
20. BEIRUT, aus Tyros	M. CHÉHAB, BMusBeyr 21, 1968, 61 ff. Taf. 36–40; hier Taf. 458.
21. VERSCHOLLEN, Gemälde in Florenz	TOYNBEE Taf. 55, 1; MATZ, MW 83 Nr. 26; G. Q. GIGLIOLI, Bull Com 72, 1946–48, 53 mit Abb.; GIUL. Nr. 469.
22. OSTIA 34	CALZA, Isola Sacra 211 ff. Abb. 112–115; MATZ, MW 84 Nr. 29; GIUL. Nr. 353; R. BIANCHI BANDINELLI, Rom. Das Zentrum der Macht (1970) 260 Abb. 289; HELBIG⁴ IV 3130; B. PALMA, IL sarcofago attico con tiaso di fanciulli dall'Isola Sacra (Documenti Ostiensi 1, 1974); GIULIANO-PALMA 30 Nr. 3 Taf. 24, 60; 25, 61.
23. ZADAR	E. REISCH u. a., Führer durch das k.k. Staatsmuseum S. Donato in Zara (1912) 93 f. Nr. 157; GIULIANO-PALMA 30 Nr. 5.
24. SIDE 109	MATZ, MW 83 Nr. 18; GIUL. Nr. 269; A. M. MANSEL, Die Ruinen von Side (1963) 174 f. Abb. 142; H. WIEGARTZ, Gnomon 37, 1965, 616; J. und H. WAGNER-G. KLAMMET, Die türkische Südküste (1977/78) 199 Abb. 147; hier Taf. 459.
25. PRINCETON 59–55 (früher in Rom)	N. HIMMELMANN-WILDSCHÜTZ, MarbWPr 1959, 25 ff. Taf. 7; GIUL. Nr. 441; GIULIANO-PALMA 30 Nr. 4.
26. OXFORD 108	MICHAELIS 565 Nr. 108; TOYNBEE 227 Anm. 3.
27. FETHIYE (aus Tlos)	A. BALLAND, RA 1976, 133 ff.; GIULIANO-PALMA 39 Nr. 9 Taf. 47, 112.
28. SPLIT o. Nr.	Frgt. mit oberem Rand; Oberkörper von drei Figuren, darunter Eros und Psyche, die sich küssen.
29. ROM, MUS. DER PRÄTEXTATKATAKOMBE	A. COLASANTI, Riv. d'Arte 16, 1934, 47 Abb.; GÜTSCHOW, Prätextat 114 ff. Taf. 24 ff.; MATZ, MW 83 Nr. 27; GIUL. Nr. 360; GIULIANO-PALMA 48 Nr. 1 Taf. 54, 134.
30. ATHEN, NM (Nr.?)	Eckfrgt. eines späten Erotens.; unpubl.

Zwei Kinder oder Eroten mit Hähnen oder Tauben

31. VERSCHOLLEN, ehem. Padua	l. Ns. eines Meleagersarkophages; ASR XII 6, 161 Abb. S. 139.
14. Athen, Agora	l. Ns.
43. Kephissia	auf Vs.; siehe unten.
20. Beirut, aus Tyros	1. Ns.
19. Thessaloniki 1248	l. Ns.

Zwei Kinder oder Eroten mit Palmzweig

32. PTOLEMAIS	A. L. PIETROGRANDE, AfrIt 3, 1930, 109 ff. Abb. 3–5; MATZ, MW 83 Nr. 20; GIUL. Nr. 334; C. H. KRAELING, Ptolemais. City of Libyan Pentapolis (1962) 185 f. 207; GIULIANO-PALMA 19 Nr. 1 Taf. 11, 26.
33. KORINTH 2504	Frgt.; unpubl.
34. HERAKLEION	MATZ, MW 83 Nr. 15; GIUL Nr. 339.
35. BARCE	A. L. PIETROGRANDE, AfrIt 3, 1930, 122 Nr. 18 Abb. 20; MATZ, MW 83 Nr. 21; GIUL. Nr. 319.
36. IOANNINA 6177	r. Ns. eines dionys. S.; unpubl.
38. Athen, beim Hephaisteion	l. Ns.; siehe unten.

Opfer, teilweise mit Komos

37. ANTAKYA 9576	A. BORBEIN, Campanareliefs (14. Ergh. RM, 1968) 91 Anm. 442; HIMMELMANN, Antakya 15 ff. Taf. 11–14; G. KOCH, Gnomon 45, 1973, 221; WIEGARTZ, Myra 183; GIULIANO-PALMA 13 Nr. 2 Taf. 2, 3; hier Taf. 456.
38. ATHEN, BEIM HEPHAISTEION	MATZ, MW 82 Nr. 5; GIUL. Nr. 147; ASR IV 1, 5 Taf. 6, 1–3; GIULIANO-PALMA 13 Nr. 1 Taf. 1, 1.
39. ATHEN, NM 1185	GIUL. Nr. 18; ASR IV 1, 7 Taf. 8–9; H. WIEGARTZ, AA 1977, 388 Anm. 90; GIULIANO-PALMA 14 Nr. 1.
40. ATHEN, NM (Nr. ?)	P. LE BAS-S. REINACH, Voyage archéologique en Grèce et en Asie Mineure (1888) 87 f. Taf. 86; MATZ, MW 82 Nr. 4; GIUL. Nr. 27.
41. MÜNCHEN 518	MATZ, MW 84 Nr. 35 Taf. 14 b; GIUL. Nr. 402.
42. APOLLONIA, Albanien	L. REY, Albania (Cah. d'Arch., d'Hist. et d'Art en Albanie et dans les Balkans) 5, 1935, 55 Nr. 2 Taf. 16, 1; MATZ, MW 84 Nr. 36; GIUL. Nr. 211.
43. KEPHISSIA	TOYNBEE Taf. 51, 3; MATZ, MW 82 Nr. 7; GIUL. Nr. 75; K. SCHAUENBURG, StädelJb 1, 1967, 50 f. Abb. 8 f.; GABELMANN, Werkstattgruppen 16.
44. KYTHNOS, MESARIA	P. ZAPHEIROPOULOS, ADelt 23 B 2, 1968, 383 Taf. 340, 4.

Komos, in der Mitte Dionysos

45. TYROS	M. CHÉHAB, BMusBeyr 21, 1968, 68 ff. Taf. 51–54; GIULIANO-PALMA 13 Nr. 7; hier Taf. 448.

46. ATHEN, NM 4008	ASR IV 1 S. 84 Anm. 5 Beil. 1, 2–3; H. WIEGARTZ, AA 1977, 383 ff. Abb. 61/62.
47. LONDON 1947.7–14.4	E. STRONG, JHS 28, 1908, 27 f. Nr. 40 Taf. 19, 2; TOYNBEE Taf. 54, 1; MATZ, MW 84 Nr. 33; GIUL. Nr. 413.

Gelage

48. THESSALONIKI 6687	MATZ, MW 82 Nr. 10. S. 102; N. HIMMELMANN-WILDSCHÜTZ, MarbWPr 1959, 26; GIUL. Nr. 233; H. WIEGARTZ, Gnomon 37, 1965, 614; ders., AA 1971, 97 f. Abb. 6; hier Taf. 466.
49. ROM, NM 20972	GIULIANO-PALMA 30 Nr. 6 Taf. 25, 62.

Gefesselter Eros u. a.

50. DAMASKUS 4861 (aus Laodikeia)	S. und A. ABDUL-HAK, Catalogue illustré du Départment des Antiquiteś Greco-Romaines au Musée de Damas I (1951) 70 Nr. 2 Taf. 34, 2; GIUL. Nr. 290; GIULIANO-PALMA 50 Nr. 6 Taf. 56, 139; hier Taf. 463.

Weinlese

51. THESSALONIKI	P. PETSAS, ADelt 23 B 2, 1968, 325 Taf. 271, 3 (wohl Inv. 10.073; 10.076; 10.090).
52. EPHESOS, TOR DER VERFOLGUNG	G. RODENWALDT, JdI 45, 1930, 186; F. EICHLER, JdI 59/60, 1944/45, 129 Nr. 7; GIUL. Nr. 253; ASR IV 1 S. 121 Anm. 120; hier Taf. 451.
53. ROM, S. LORENZO	G. RODENWALDT, JdI 45, 1930, 116 ff. Taf. 5–7; GIUL. Nr. 431; R. BIANCHI BANDINELLI, Rom. Das Ende der Antike (1971) 44 Abb. 38; GIULIANO-PALMA 52 Nr. 6 Taf. 66/67; hier Taf. 452/53.
54. SPLIT 90 D	Stark beschädigter unterer Teil einer Ls. und einer Ns.; unpubl.
55. ANTALYA A 99	H. WIEGARTZ, Gnomon 37, 1965, 616 Nr. 19; HIMMELMANN, Antakya 22.

Jagd

56. ATHEN, AKADEMIE	A. K. ORLANDOS, Ergon 1963, 14 ff. Abb. 15–18; P. D. STAUROPOULLOS, Praktika 1963, 27 Taf. 19–21; G. DAUX, BCH 88, 1964, 690 ff. Abb. 15–18; E. VANDERPOOL, AJA 68, 1964, 293 Taf. 91, 1; H. WIEGARTZ, Gnomon 37, 1965, 616 Nr. 2; WIEGARTZ, Myra 182; hier Taf. 460.
57. LONDON 958 (aus Xanthos)	SMITH, Cat. Sculpt. II 61 f. Nr. 958; G. RODENWALDT, JHS 53, 1933, 184 ff. Taf. 10; MATZ, MW 83 Nr. 16; GIUL. Nr. 273; WIEGARTZ, Myra 177.
58. SPLIT 404 D	R. SCHNEIDER, AEM 9, 1885, 74; G. RODENWALDT, JdI 45, 1930, 157 Abb. 32; 160. 162. 165 Abb. 38/39; M. GORENC,

	Antikna Skulptura u Hrvatskoj (1952) Taf. 59. 61; MATZ, MW 84 Nr. 31; GIUL. Nr. 386; Archaeological Museum at Split (1973) 13 Nr. 16; GIULIANO-PALMA 48 f. Nr. 4 (es handelt sich zumindest um drei große Frgt.e); hier Taf. 464/65.
59. GORTYN	O. WALTER, AA 1940, 298; GIUL. Nr. 315.

Spiele

57. London 958	Spiel mit Reifen und Ball; siehe oben.

Fahrt mit Biga

60. ATHEN, NM 1178	MATZ, MW 82 Nr. 6; GIUL. Nr. 29; G. DAUX, BCH 86, 1962, 634 Abb. 6 (rechts); WIEGARTZ, Marmorhandel 352 mit Anm. 25 Taf. 120; WIEGARTZ, Myra 182 Anm. 131.
61. ATHEN, NM 3331	GIUL. Nr. 406; WIEGARTZ, Myra 182 Anm. 131.
65. *Verschollen*	Rs.; s. unten; hier Taf. 461.
29. *Rom, Mus. der Prätextatkatakombe*	Rs.; s. oben; hier Taf. 462.
62. ATHEN, NM 2666	KALLIPOLITIS, Chron. 27 Nr. 152; GIUL. Nr. 24; ASR IV 1, 17 (Rs.)
63. KILKIS 123	Frgt.; obere Teile einer Rs.; unpubl.
64. AQUILEIA 131	SCRINARI, Mus. Arch. 165 Nr. 473 Abb. 472

Palästra

65. VERSCHOLLEN, ehem. Rom, Pal. Giustiniani	MATZ, MW 84 Nr. 28; GIUL. Nr. 430; VERMEULE II 53 Nr. 8765/66 Abb. 226; hier Taf. 461.
65 a. VERSCHOLLEN, ehem. Ephesos	C. FOSS-P. MAGDALINO, Rome and Byzantium (1977) 9.
22. *Ostia 34*	Rs.; s. oben.

Fragmente[40]

66. AQUILEIA 338	SCRINARI, Mus. Arch. 158 Nr. 482 Abb. 482; G. KOCH, BJb 177, 1977, 269; GIULIANO-PALMA 39 Nr. 10 Taf. 47, 13.
67. ATHEN, AKRO 2309.2375. 2749. 2800.4694.4746	WALTER, Akropolismus. 179f. Nr. 381–384; GIUL. Nr. 148–151. Fraglich, ob Frgt.e von Erotens.; zumindest bei WALTER a. O. Nr. 382 und 384 scheint es sich um Girlandens. zu handeln.
68. ATHEN, KERAMEIKOS	H. RIEMANN, Kerameikos II (1940) 73 Nr. 83; GIUL. Nr. 52.
69. ATHEN, NM 2031.2032 und AKRO 3655	B. G. KALLIPOLITIS, AEphem 1961, Parart. 5 ff. Taf. 3, 2–4; WALTER, Akropolismus. 225 Nr. 456; WIEGARTZ, Myra 175.
70. ATHEN, NM	unpubl. Frgt.
71. ATHEN, NM Θ 298	Frgt.; l. Psyche und Reste von Eros, r. Eros mit Fackel; unpubl.
72. BETH SHEARIM	N. AVIGAD, IEJ 7, 1957, 91 Nr. F; GIUL. Nr. 305.
73. bei BORDEAUX	ESPÉRANDIEU II 213 f. Nr. 1239.

[40] Alphabetisch geordnet.

74. EPHESOS	F. EICHLER, JdI 59/60, 1944/45, 129 Nr. 3; GIUL, Nr. 254.
75. GEMONA	P. M. MORO, Iulium Carnicum (Zuglio), (Rom 1956) 133 Abb. 47; GABELMANN, Werkstattgruppen 13 Anm. 44; F. REBECCHI, Antichità Altoadriatiche 13, 1978, 219 Anm. 55.
76. IOANNINA 13 (aus Photike)	H. WIEGARTZ, Gnomon 37, 1965, 616 Nr. 6.
77. SPARTA (Nr. ?)	Eckfrgt.; auf einer Seite Teil von Eros, nach l. bewegt, auf r. anstoßender Seite Kopf; unpubl.
78. THEBEN 100	Rs. eines Hippolytoss.; GIUL. Nr. 191.
79. THESSALONIKI (Nr. ?)	Sockel eines att. S.; auf Vs. vielleicht Eroten, auf Nss. und Rs. Girlanden; unpubl.
80. XANTHOS	P. COUPEL-P. DEMARGNE in: Mél. P. Collart (1976) 112 ff. Nr. 2 Abb. 18–21.

Nicht publizierte oder verschollene Stücke

81. ATHEN, NM (Nr. ?)	H. WIEGARTZ, Gnomon 37, 1965, 616 Nr. 4 (Aug. 1979 im NM nicht nachzuweisen).
82. ATHEN, NM (Nr. ?)	G. DAUX, BCH 76, 1952, 216; Giul. Nr. 28 (Aug. 1979 im NM nicht nachzuweisen).
83. ATHEN, NM (Nr. ?)	mehrere Frgt.e verschiedener Erotens. im Magazin; unpubl.
84. ATHEN, RÖM. AGORA, Turm der Winde	HIMMELMANN, Antakya 20 (Aug. 1979 nicht aufzufinden, vielleicht in Moschee transportiert).
85. THESSALONIKI (Nr.?)	GIUL. Nr. 235 (Aug. 1979 nicht aufzufinden).
86. Ehem. PETALIDI (Korone)	F. MATZ, AZ 30, 1873, 16 Anm. 37 Nr. C; MATZ, MW 82 Nr. 9; GIUL. Nr. 67.
87. Angeblich LATTAQUIA	GIUL. Nr. 289 (nicht zu identifizieren, Photographie in Marburg nicht aufzufinden; identisch mit Nr. 50?).

IV. 3.7. Jahreszeiten

Ein einziges Fragment, das wohl attisch ist und sich in Aquileia[1] befindet, ist bisher als Jahreszeitendarstellung, und zwar als Frühling, angesprochen worden.[2] Es zeigt einen Putto oder Eros, der einen großen Korb in seinem linken Arm trägt. Eine, wenn auch frühere, Parallele dafür findet sich auf dem Erotensarkophag in Kephissia,[3] so daß man wohl keinen attischen Jahreszeitensarkophag zu rekonstruieren braucht.

[1] Aquileia 338: SCRINARI, Mus. Arch. 158 Nr. 482 Abb. 482; G. KOCH, BJb 177, 1977, 269 (dort unzutreffend als stadtrömische Arbeit bezeichnet); GIULIANO-PALMA 39 Nr. 10 Taf. 47, 13; s. hier Liste der Erotensarkophage Nr. 66.

[2] HANFMANN I 25. 30; II 183 Nr. 527 Abb. 27.

[3] K. SCHAUENBURG, StädelJb 1, 1967, 50 Abb. 8.

IV. 3.8. Dekorativer Schmuck

1. Girlanden

Sarkophage mit Girlandenschmuck bilden eine typologisch recht vielfältige Gruppe. 467–472
Einige von ihnen sind von A. L. Pietrogrande, J. M. C. Toynbee und H. v. Effenterre
behandelt, und sie sind bei A. Giuliano verzeichnet, bisher aber noch nicht bearbeitet
worden;[1] viele sind unpubliziert. Die Exemplare werden unten in einer Liste zusammengestellt.

Girlandenschmuck findet sich auf einer Reihe kleiner Sarkophage, die wohl Ostotheken sind (hier Liste Nr. 1–7),[2] und auf vielen größeren Stücken. Verschiedentlich sind auf allen vier Seiten Girlanden (1. 4. 5. 8–11. 13–16), der Schmuck kann aber auch auf die beiden Langseiten (2. 84), auf die Rückseite und die beiden Nebenseiten (20. 23. 24. 29),[3] auf die Rückseite und nur eine Nebenseite (25) oder nur auf die Rückseite (18. 21. 22. 26. 27. 30–41) beschränkt sein.[4] Charakteristisch für die attischen Sarkophage ist, daß sich auf den Langseiten immer nur zwei Girlandenbögen finden;[5] lediglich das singuläre Exemplar in Preveza (83), das Girlanden auf Riefeln zeigt, hat drei Bögen. Die Girlanden sind dick und wulstig; es sind viele Früchte, auch Trauben, Ähren und Pinienzapfen, mit eingebunden; an ihrem tiefsten Punkt haben sie meist einen deutlichen Einschnitt; Anhänger, also Trauben oder Blätter, fehlen.

Die Girlandenträger sind sehr verschiedenartig. Bei frühen Sarkophagen sind es an den Seiten Stierköpfe, die übereck angebracht sind, und in der Mitte Eroten (1. 4. 5. 8. 10. 12. 14. 15. 20. 25), ein Adler (5. 8. 9. 11. 26. 29. 38. 40. 69. 74) oder ein Stierschädel (1. 2. 11. 21); auf ein- und demselben Sarkophag können die beiden Langseiten unterschiedlich gestaltet sein (z. B. 1. 5. 8). In einem Fall finden sich in der Mitte ein Eros und an den Seiten Adler (18), in einem anderen an den Seiten und in der Mitte Stierschädel (30), in einem weiteren an den Seiten Stierschädel und in der Mitte ein Eros (31).

Seitliche Stützen, die vom Sockel zur oberen Ornamentleiste reichen, werden erst im Zuge der Entwicklung nötig, die zur Umgestaltung des Kastens von der Haus- zur

---

[1] A. L. Pietrogrande, BullCom 61, 1933 (BullMusImp 4) 27 ff. Toynbee 220 ff. H. v. Effenterre, BCH 100, 1976, 531 ff. – Giul. S. 87 (zusammen mit anderen dekorativen Sarkophagen); nicht attisch sind: 71. 72 Gytheion; 78 Messene; 87 Patras; 109 Sparta; 198 Korfu; 203 Nikopolis; 276 Elaioussa; 280 Antakya; 281 und 284–286 aus Antiocheia; 317 Hierapytna; 371 Tarent; s. dazu Kapitel IV 7. – Zusammenstellung einiger Stücke schon bei Matz, MW 50, Motiv 4.

[2] Zu Ostotheken: Himmelmann, Megiste 15 ff.; Wiegartz, Myra 212 f. Anm. 283. – Attische Ostotheken sind bisher nicht gesondert zusammengestellt; sie sind – neben den aufgeführten Exemplaren mit Girlanden und einigen mit Eroten – vor allem durch eine Reihe von Deckeln belegt.

[3] Zur Frage, welche der Ls. bei derartigen S. als Vs. zu bezeichnen ist, s. Wiegartz, Myra 183.

[4] Beim S. in Broom Hall (12) war es A. Michaelis nicht möglich festzustellen, ob die Rs. Reliefs trägt: JHS 5, 1884, 154 Nr. 22; vgl. dionys. S. in Istanbul, der nur auf drei Seiten Reliefs hat: ASR IV 1, 1.

[5] K. Schauenburg, GettyMusJ 2, 1975, 63 f.

Bettform und zur Einführung von Klinendeckeln führt.⁶ An die Ecken können Eroten (3. 13. 16. 34), Frauengestalten (35. 39), Herakleshermen (19), Attisfiguren (37) oder Niken (7. 58. 81) treten; in einem Fall sind in der Mitte ein Adler und an den Seiten Herakleshermen (36). Für die attischen Girlandensarkophage ist charakteristisch, daß die Eroten in der Mitte in der Regel schweben und nur in Ausnahmefällen eine andere Haltung haben (16. 58. 59. 61).⁷

In die Girlandenbögen sind unterschiedliche Motive gesetzt. Es finden sich frontale Löwenköpfe (1. 5. 8–13. 15. 19–21. 25. 29. 31. 61. 83), die selten einen Ring im Maul tragen (14. 18), Satyrköpfe (4. 12. 16. 29), Frauenköpfe (25),⁸ Gorgoköpfe (5. 14. 58. 83) oder Blüten (1. 2. 17. 58); auf meist späten Sarkophagen kommen auch Schlangen (59), Eroten (13), antithetische Greifen (34. 36. 38. 40) oder Sphingen (26), Gruppen von Löwen, die Stiere reißen (33), Niken, die Stiere opfern (13), oder Erotengespanne (10. 20. 37. 39. 78) vor; vereinzelt sind Sphingen auf Nebenseiten anzutreffen (10. 20. 81); bei einem Exemplar ist ein Blattkelch mit einem Tier vorhanden (56).

Vorbilder der Girlandensarkophage, also etwa Aschenkisten oder Grabaltäre mit vergleichbarem Schmuck, sind aus Athen nicht nachgewiesen. Die attischen Girlandensarkophage unterscheiden sich eindeutig von Beispielen anderer Herstellungsorte wie Rom oder Kleinasien; Vorbilder gibt es dort nicht.

Für die Datierungen können nur einige Vorschläge gemacht werden, da zu viele Stücke nicht in Abbildungen zugänglich und keine annähernd datierten Vergleichsstücke vorhanden sind. Einige Hinweise geben N. Himmelmann und H. Wiegartz.⁹ Die Girlandensarkophage sind wohl die ältesten attischen Sarkophage;¹⁰ das Stück aus Hierapytna in London scheint jedoch nicht attisch zu sein.¹¹ Die frühesten Exemplare, zu denen die Ostothek in London (1) gehören wird, haben auf allen vier Seiten Girlanden; die Bögen sind skizzenhaft frisch gebildet, die einzelnen Elemente noch nicht erstarrt. Diese Stufe darf man vielleicht noch vor der Mitte des 2. Jhs., um 140 n. Chr., ansetzen.

Auf einem großen Exemplar in Athen (8) sind oben und unten klare Profile vorhanden, die Girlanden sind sehr sorgfältig und fein differenziert ausgearbeitet, das

---

⁶ WIEGARTZ, Myra 188 f.; ders., AA 1977, 385 f.

⁷ PIETROGRANDE a. O. (s. oben Anm. 1) 29. – MATZ, MW 50, Motiv 4; 60; die a. O. 50, Motiv 4 Nr. 10 genannten Fragmente gehören nicht zu einem Girlandens.; in Kleinasien sind fliegende Eroten mit Girlanden bei zwei Kästen in Olba zu belegen, die importierte attische S. kopieren. Das Stück a. O. Nr. 11 (Antakya 8474: HIMMELMANN, Antakya 10 f. Abb. 8 Taf. 3 a) hat im römischen Syrien keine Parallele; es ist möglicherweise von att. Girlandensarkophagen beeinflußt, wenn es auch drei Girlandenbögen und Anhänger zeigt.

⁸ Vielleicht dionysisch zu verstehen: HIMMELMANN a. O. 12 f.

⁹ HIMMELMANN a. O. 18. WIEGARTZ, Myra 178. 208 Anm. 255; ders., AA 1977, 385 f.

¹⁰ N. HIMMELMANN, Gnomon 43, 1971, 605 f.; ders., AnnPisa 4, 1, 1974, 144 f. (zum Verhältnis zu den stadtröm. Girlandens.); WIEGARTZ, Myra 208 f. Anm. 255; ders., AA 1977, 385 f. – Nachtrag: H. HERDEJÜRGEN, JdI 96, 1981, 413 ff.

¹¹ London 2324: GIUL. Nr. 317; HIMMELMANN, Antakya 18; ders., Gnomon 43, 1971, 606; WIEGARTZ, Myra 208 f. Anm. 255; GIULIANO-PALMA 16 Nr. 1; M. COLEMAN – S. WALKER, Archaeometry 21, 1, 1979, 107 ff.

Bild hat sich geklärt; es mag um 150 n. Chr. entstanden sein. Das Stück in Antakya läßt sich anschließen (10). Zur gleichen Zeit tauchen neue Motive auf, und der Girlandenschmuck wird von einer oder mehreren Seiten des Sarkophages verdrängt. Frühe Beispiele dieser Entwicklung sind der Erotensarkophag in Istanbul (18) und der Rankensarkophag in Myra (22), höchstens unwesentlich später folgen einige andere Beispiele (19–21. 23. 24), die man vielleicht in die Jahre 150/60 n. Chr. setzen darf. Weitere Stücke lassen sich anfügen (3–6. 9), darunter wohl auch der handwerklich geringere Kasten auf der Agora in Athen (11) und eine Ostothek (2). Einen kleinen Schritt weiter, vielleicht in die Jahre 160/70 n. Chr., könnten die Stücke führen, auf denen mit stärkeren Licht-Schatten-Wirkungen bei den Girlanden gearbeitet wird (12. 29. 30); hervorgehoben sei unter ihnen der Sarkophag in Antakya (25).

Die nächste Stufe wird vertreten durch drei sich eng zusammenschließende Exemplare in Herakleion, Kephissia und Athen, Akademie (14. 33. 34); die Girlanden sind prall und dick und mit Früchten vollgestopft, tiefe Bohrungen sind angewandt. Man darf die Jahre 170–200 n. Chr. vorschlagen. In die gleiche Phase könnte das Stück in Bellapais (15) gehören, das durch die gedrehte Schnur am oberen Rand auffällt, ferner die beiden fragmentierten Exemplare in Beroia (58. 59),[12] die sich in vielen Zügen (Größe der Gorgoköpfe, Art der Girlanden, Schlangen, Ornamente am oberen Rand) von den übrigen Girlandensarkophagen absetzen. In der gleichen Zeit sind auch die Stücke entstanden, die auf den Rückseiten Girlanden haben, die von Frauen, Herakleshermen oder Attisfiguren getragen werden (35–37. 39), aber auch ein Beispiel, bei dem das übliche Schema vorliegt, bei dem allerdings die Stierköpfe nicht genau auf den Ecken sitzen, der Hippolytossarkophag in Istanbul (38). Der Achillsarkophag in Neapel könnte mit den Girlanden auf seiner Rückseite das letzte in diesen Kreis gehörende Exemplar sein (40) und dürfte aus dem frühen 3. Jh. n. Chr. stammen. Das Unikum in Preveza (83), das drei Bögen vor Riefeln zeigt, mag noch im späten 2. Jh. n. Chr. gearbeitet worden sein.[13]

Der Kasten in Famagusta (16) weist als einziges der bisher zugänglichen Stücke eine völlig andere Girlandenform, eine sonst nicht gewöhnliche Art des Tragens und merkwürdig unpräzise Ornamentleisten auf; vielleicht handelt es sich um eine lokale Kopie. Das eine Beispiel in Thessaloniki (17) ist bisher schlecht zu beurteilen, hat aber auch Züge, die auf eine lokale Arbeit schließen lassen, wie das Blattornament am Sockel, den großen freien Raum innerhalb der Bögen, der nur eine kleine, weit vorspringende Blüte trägt, und die Art der Bindung der Girlanden. Der Erotensarkophag in Thessaloniki (27) könnte ebenfalls ein lokales Werk sein.[14] Eine ganze Reihe von

---

[12] Es ist z. Z. nicht zu überprüfen, ob zu dem Kasten Nr. 58 in Beroia der fragmentierte Klinendeckel gehört (KALLIPOLITIS, Chron. 39 Anm. 1); auch wenn sie zusammen gefunden sein sollten, müssen sie nicht gleichzeitig sein.

[13] WIEGARTZ, Myra 176.

[14] Weitere Kopien nach att. Girlandens. sind oben Anm. 1 aufgeführt. – Ferner ist es bei Liste Nr. 58. 59. 74. 77. 79. 86 und 87 möglich, daß die Stücke nicht att. sind. – Auch bei einer Vs. in Mistra handelt es sich um eine lokale Kopie: A. STRUCK, Mistra (1910) 64 Abb. 23; 72 Abb. 26; hier Taf. 401.

Stücken ist nicht oder nicht ausreichend publiziert oder nur in kleinen Fragmenten erhalten, die eine Beurteilung kaum zulassen.

Vereinzelt sind Girlanden auf Friessarkophagen an der oberen Ornamentleiste aufgehängt;[15] gelegentlich finden sie sich auf Eckpostamenten.[16]

Die attischen Girlandensarkophage könnten die frühesten attischen Sarkophage sein; sie haben ihre Blüte in der zweiten Hälfte des 2. Jhs. n. Chr.; eine Besonderheit ist, daß auf vielen Exemplaren der Girlandenschmuck auf die Rückseite und gegebenenfalls auf beide oder eine Nebenseite zurückgedrängt wird, während auf die Vorderseite und teilweise auch auf die Nebenseiten figürliche Szenen gesetzt werden. Die Sarkophage, die allseitig Girlanden tragen, scheinen schon vor 200 aufzuhören, bald nach 200 n. Chr. verschwinden die Girlanden auch von den Rückseiten.

Liste der attischen Girlandensarkophage

Ostotheken[18]

1. LONDON 2326 (aus Benghazi)	A. L. PIETROGRANDE, AfrIt 3, 1930, 125 Abb. 23/24; GIUL. Nr. 341; D. M. BAILEY, BSA 67, 1972, 10 Taf. 4a. b; J. HUTKINSON, CSIR Great Britain II 1 (1975) 51f. Nr. 92 Taf. 36; GIULIANO-PALMA 16 Nr. 2 Taf. 20, 47.
2. ATHEN, NM 1188	PIETROGRANDE a.O. 135 Abb. 26; GIUL. Nr. 408; GIULIANO-PALMA 16 Nr. 3.
3. ATHEN, NM 1190	GIUL. Nr. 407; GIULIANO-PALMA 17 Nr. 4 (IVa).
4. ATHEN, NM 1191	MATZ, MW 50 Taf. 8b; GIUL. Nr. 154; N. HIMMELMANN, AnnPisa 4, 1, 1974, 144 Taf. 4, 2; WIEGARTZ, Myra 209 Anm. 259; GIULIANO-PALMA 13 Nr. 6.
5. PALM BEACH, Florida	Leihgabe des Spanish Monastery, Miami, Florida; unpubl.
6. ATHEN, KERAMEIKOS	Im Grabungsgelände; Rest einer Ostothek mit Teilen einer Langseite; unpubl.
7. SIPHNOS	L. POLLAK, AM 21, 1896, 206; GIUL. Nr. 123.

Sarkophage mit Girlanden auf allen vier Seiten oder auf beiden Hauptseiten[19]

8. ATHEN, NM 1180	TOYNBEE Taf. 51, 2; GIUL. Nr. 30; GIULIANO-PALMA 13 Nr. 5 Taf. 3, 6; hier Taf. 467.
9. ELEUSIS	Untere Teile eines K.; in Mitte auf Vs. und Rs. Adler, an Ecken Stierköpfe; unpubl.
10. ANTAKYA 15948	K. m. D.; unpubl.
11. ATHEN, RÖM. AGORA	GIUL. Nr. 153; HIMMELMANN, Antakya 18; hier Taf. 468.
12. BROOM HALL	A. MICHAELIS, JHS 5, 1884, 154f. Nr. 22; ALTMANN, Architectur 59f. Abb. 22; MATZ, MW 50 (4b, 6); bisher nicht zu klären, ob noch in Broom Hall.

[15] Cambridge/Mass. 1899.9 und 1932.49: GIULIANO-PALMA 30 Nr. 7 Taf. 28, 68. – Ostia 34. 34 A: GIULIANO-PALMA 30 Nr. 3 Taf. 24, 60.

[16] Paris 2119: ASR II 69; GIULIANO-PALMA 22 Nr. 1 Taf. 16, 39.

[17] Es wurden auch einige Stücke aufgenommen, bei denen sich bisher nicht klären ließ, ob es sich vielleicht um lokale Kopien handelt.

[18] Etwa zeitlich geordnet.

[19] Etwa zeitlich geordnet.

13. KEPHISSIA	O. BENNDORF, AZ 26, 1868, 37. 39 Nr. 1; A. TSCHIRA, AA 1948/49, 84 f.; GIUL. Nr. 76; H. WIEGARTZ, Gnomon 37, 1965, 616; GIULIANO, Cultura Artistica Taf. 39 b; A. BORBEIN, Campanareliefs (14. Ergh. RM, 1968) 91 Anm. 442; WIEGARTZ, Myra 178. 183.
14. HERAKLEION 387 (aus Mallia)	GIUL. Nr. 318; H. v. EFFENTERRE, BCH 100, 1976, 525 ff. Abb. 7 ff.; GIULIANO-PALMA 24 Nr. 1 (VII b) Taf. 21. 51.
15. BELLAPAIS, Zypern	F. W. GOETHERT, AA 1934, 80 ff. Abb. 4; GIUL. Nr. 278; HIMMELMANN, Antakya 21 Taf. 19; C. C. VERMEULE, Greek and Roman Cyprus (1976) 73; GIULIANO-PALMA 24 Nr. 1 (VII a) Taf. 21, 50; INR 74. 497–503.505/06.
16. FAMAGUSTA	HIMMELMANN, Antakya 21 Taf. 20/21; VERMEULE a.O. 73 mit Anm. 9 (fraglich, ob attisch).
17. THESSALONIKI 277	Unpubl. K.; eine Ls.: INR 67. 1794. – Träger der beiden Girlandenbögen – Seiten wohl Tierköpfe, Mitte fliegender Eros – abgearbeitet; auf Nss. und Rs. Girlanden abgemeißelt.

Girlanden auf Rückseite und ggf. einer oder beiden Nebenseiten[20]

18. ISTANBUL 551	Rs. des Erotens.: MENDEL I 105 ff. Nr. 23; GIUL. Nr. 225; G. KOCH, AA 1977, 115 Abb. 4.
19. PTOLEMAIS	Rs. eines Erotens.: A. L. PIETROGRANDE, AfrIt 3, 1930, 109 ff. Nr. 2 Abb. 3–5; GIUL. Nr. 334; C. H. KRAELING, Ptolemais. City of Libyan Pentapolis (1962) 185 f. 207; GIULIANO-PALMA 19 Nr. 1.
20. ATHEN, EPHORIE	O. ALEXANDRI, ADelt 24 B 1, 1969, 63 Taf. 54, 2; HIMMELMANN, Antakya 20; WIEGARTZ, Myra 183 Anm. 133 (zur Frage, was als Vs. anzusehen ist).
21. ATHEN, BEIM HEPHAISTEION	Rs. des dionys. S.: GIUL. Nr. 147; ASR IV 1, 5 (Rs. nicht publ.).
22. MYRA	Rs. des Rankens.: WIEGARTZ, Myra 178.
23. SPARTA 307	Rs. des Erotens.: GIUL. Nr. 108; GIULIANO-PALMA 30 Nr. 1 Taf. 24, 59.
24. THESSALONIKI 10234	Rs. des Kentaurens.: P. M. PETSAS, Makedonika 9, 1969, 141 Nr. 40 Taf. 21.
25. ANTAKYA 8473	GIUL. Nr. 279; HIMMELMANN, Antakya 12 ff. Taf. 15–17 a; WIEGARTZ, Myra 183 Anm. 133 (zur Frage, was als Vs. anzusehen ist); GIULIANO-PALMA 13 Nr. 3 Taf. 3, 5.
26. ATHEN, NM 1181	Rs. des Erotens.: GIUL. Nr. 128; GIULIANO-PALMA 15 Nr. 4 Taf. 7, 15–16.
27. THESSALONIKI 1248	Rs. des Erotens.: GIUL. Nr. 234.
28. ROM, S. MARIA SOPRA MINERVA	Ns. des Herakless.: ASR III 1, 98; GIUL. Nr. 432; K. FITTSCHEN, BullCom 82, 1970/71, 63 ff. Taf. 37, 2.
29. TYROS	Rs. und Nss. des dionys. S.: M. CHÉHAB, BMusBeyr 21, 1968, 71 Taf. 44.
30. ATHEN, NM (Nr.?)	Rs. des Erotens.: REINACH, RR II 405, 4; GIUL. Nr. 27.
31. ATHEN, NM 4008	Rs. des Erotens.: H. WIEGARTZ, AA 1977, 383 ff. Abb. 61/62.
32. NIKOPOLIS	Rs. des Rankens.: WIEGARTZ, Myra 180.
33. KEPHISSIA	Rs. des Erotensarkophages: GIUL. Nr. 75; EAA VII (1966) 23 Abb. 34 (F. MATZ); hier Taf. 470.
34. ATHEN, AKADEMIE	Rs. des S. mit Erotenjagd: P. D. STAUROPOULLOS, Prakt-AthAEtair 1963, Taf. 21, 2; G. DAUX, BCH 88, 1964, 692 Abb. 18; hier Taf. 469.

[20] Etwa zeitlich geordnet.

35. KORINTH	Rs. des S. mit Sieben gegen Theben: J. D. YOUNG, AJA 26, 1922, 433 Abb. 3; GIUL. Nr. 58.
36. PARIS 2119	Rs. des Amazonens.: ASR II 69 c; GIUL. Nr. 216; GIULIANO-PALMA 22 Nr. 1.
37. BEIRUT	Rs. des Unterwelts.: E. WILL, BMusBeyr 8, 1946–48, 114 Taf. 3 a; GIUL. Nr. 293; GIULIANO-PALMA 20 Nr. 3; hier Taf. 47 1.
38. ISTANBUL 125	Rs. des Hippolytoss.: ASR III 2, 144 c; MENDEL I 98 ff. Nr. 21; GIUL. Nr. 219; GIULIANO-PALMA 21 Nr. 2.
39. LENINGRAD P 1834.110	Rs. des Achills.: ASR II 21 c; GIUL. Nr. 246; SAVERKINA, Ermitage 17 ff. Nr. 2.
40. NEAPEL 124325	Rs. des Achills.: ASR II 22 c; GIUL. Nr. 351; GIULIANO-PALMA 47 Nr. 3.
41. THESSALONIKI (Nr.?)	Sockel eines att. S.; Rs. und Nss. Girlanden, Vs. vielleicht Eroten; unpubl.

Fragmente[21]

42. ATHEN, AGORA	Steinhaufen neben Eingang von Hodos Hadrianou (mindestens drei Frgt.e).
43. ATHEN, RÖM. AGORA	Frgt. eines K. mit Boden und Teil einer Ls.
44. ATHEN, RÖM. AGORA, Turm der Winde	HIMMELMANN, Antakya 20 (H 0.67; L 0.24).
45. ATHEN, RÖM. AGORA, Turm der Winde	Frgt. mit Girlandenbogen; unpubl.
46. ATHEN, AKRO 2800	WALTER, Akropolismus. 180 Nr. 383.
47. ATHEN, AKRO 4694	WALTER a. O. 179 f. Nr. 382 a; GIUL. Nr. 149.
48. ATHEN, AKRO 4746	WALTER a. O. 179 Nr. 382; GIUL. Nr. 149 (gehört nicht zu Nr. 47).
49. ATHEN, AKRO (Nr?)	WALTER a. O. 180 Nr. 382 b (die dort angegebene Inv. Nr. 2375 ist unrichtig).
50. ATHEN, AKRO	in Steinhaufen bei Nebeneingang; Frgt.; Stierschädel, Girlanden; unpubl.
51. ATHEN, BYZ. MUS. 1743	Frgt. mit Teil eines Girlandenbogens; unpubl.
52. ATHEN, BYZ. MUS. 1768	kleines Frgt. mit Teil einer Girlande; unpubl.
53. ATHEN, DIONYSOSTHEATER	Frgt. Girlanden; unpubl.
54. ATHEN, HADRIANSBIBLIOTHEK	Frgt.; Stierschädel, Girlanden; unpubl.
55. ATHEN, NM 373	Frgt.; schwebender Eros, Teil der Girlande; unpubl.
56. ATHEN, NM (Nr.?)	Frgt.; im Girlandenbogen Tier, aus Blattkelch springend; unpubl.
57. ATHEN, NM (Nr.?)	Frgt.; unpubl.
58. BEROIA 485	KALLIPOLITIS, Chron. 39 Anm. 1; 1947 in Beroia gefunden; Teil einer Ls. und der r. anschließenden Ns.; in Girlandenbögen auf Vs. große Gorgoköpfe, auf Ns. Blüte; zugehörig vielleicht das Frgt. eines Klinendeckels mit Einlassungen für die Figuren; fraglich, ob attisch.
59. BEROIA 483	J. M. R. CORMACK, BSA 41, 1940–45, 115 f. Abb. 1; I. P. TOURATSOGLOU, Makedonika 12, 1972, 69 f. Taf. 3, 2; 4; fraglich, ob attisch.
60. DURRËS (?)	C. PRASCHNIKER, ÖJh 21/22, 1922–24, Beibl. 184 f. Nr. 56 Abb. 100.

---

[21] Alphabetisch geordnet.

Dekorativer Schmuck 441

61. GROTTAFERRATA	GIUL. Nr. 352; INR 79.3432.
62 KEPHISSIA	Frgt.; im Grabbau liegend; unpubl.
63. NIKOPOLIS 648	Frgt.; Sockel mit Ecke eines Girlandens.; unpubl.
64. NIKOPOLIS (Nr.?)	großes Frgt.; unpubl. (H 0.72; L 0.78).
65. NIKOPOLIS 993	Frgt.; unpubl.
66. NIKOPOLIS 3	Frgt., Girlande; unpubl.
67.–69. NIKOPOLIS 109. 236. 264	drei Frgt.e von Girlandens.; unpubl.
70. NIKOPOLIS 703	A. L. PIETROGRANDE, BullCom 61, 1933 (BullMusImp 4) 29 f. Anm. 8 (Frgt. mit Adler als Träger).
71. Niš	N. VULIĆ, Spomenik. Srpska Akademija Nauka 98, 1941–48, 109 Nr. 238.
72. PIRÄUS 3781	K. KOUROUNIOTES, AEphem 1913, 208 f. Nr. 18 Abb. 27; HIMMELMANN, Antakya 20 f.
73. PRINCETON	Antioch on the Orontes III (1941) 123 Nr. 338 Taf. 13; GIUL. Nr. 283 (zwei wohl zu demselben S. gehörende Frgt.e; auf dem größeren r. ein Teil eines schwebenden Eros).
74. SPARTA 290	GIUL. Nr. 110 (att.?)
75. THEBEN (Nr.?)	PIETROGRANDE a.O. (s. oben Nr. 70) 29 f. Anm. 8 (Frgt. mit Adler als Träger).
76. THEBEN (Nr.?)	acht Frgt.e, wohl zu demselben S. gehörend; unpubl.
77. THESPIAI (?)	A. DE RIDDER, BCH 46, 1922, 286 f. Nr. 142 Abb. 44; GIUL. Nr. 133 (Aug. 1979 weder in Thespiai noch in Theben aufzufinden; fraglich, ob att.).
78. THESSALONIKI P 102	C. I. MAKARONAS, Makedonika 2, 1941–52, 597 Nr. 9 Taf. 3 b; GIUL. Nr. 241 (nur ein Frgt.; die anderen sind lokale Arbeiten).
79. THESSALONIKI 6602	Frgt.; Stierkopf; unpubl.
80. THESSALONIKI 6622	Frgt.; Stierkopf, Ansatz der Girlanden, oben Ornamentleiste; unpubl.
81. WORCESTER 1939.79	Antioch (s. oben Nr. 73) 123 Nr. 336 Taf. 13; GIUL. Nr. 282.
82. WORCESTER 1940.11	Antioch (s. oben Nr. 73) 123 Nr. 337 Taf. 13 (nach Glimmerschichten könnte es sich um att. Marmor handeln; eine Ecknike auf Globus auf att. S. allerdings sonst nicht belegt).

Girlanden auf Riefeln

83. PREVEZA, HAGIOS CHARALAMBOS UND NIKOPOLIS	PIETROGRANDE a.O. (s. oben Nr. 70) 27 ff. mit Taf.; GIUL. Nr. 210; WIEGARTZ, Myra 176; F. REBECCHI, RM 84, 1977, 125 Anm. 101; hier Taf. 472.

Nicht in Abbildungen oder Beschreibungen zugänglich[22]

84. ATHEN (wo?)	gef. in Alkibiadesstr.: BCH 79, 1955, 216; H. WIEGARTZ, Gnomon 37, 1965, 616 Nr. 1 (Aug. 1979 im NM nicht nachzuweisen).
85. ATHEN, RÖM. AGORA, Turm der Winde	HIMMELMANN, Antakya 20 (Aug. 1979 nicht aufzufinden).
86. 87. THESPIAI (?)	GIUL. Nr. 131. 132 (Aug. 1979 weder in Thespiai noch in Theben aufzufinden).

---

[22] Alphabetisch geordnet.

2. Ranken

WIEGARTZ, Myra 163 ff.

Die kleine, eng zusammengehörende, durch ihre Qualität und ihre originelle Erfindung auffallende Gruppe von Sarkophagen, die auf einer oder in einem Fall vielleicht auch auf mehreren Seiten einen Rankenschmuck trägt, ist von H. Wiegartz ausführlich und grundlegend behandelt worden. Bisher sind nur vier Stücke bekannt, von denen lediglich eines, das in Myra (siehe unten die Liste Nr. 2), ausreichend in Abbildungen zugänglich ist.

Die Langseite der Sarkophage ist mit einer großen Ranke geschmückt, die aus einem Akanthusblattkelch in der Mitte herauswächst, auf beiden Seiten jeweils zwei Windungen hat und sich volutenartig einrollt. Wulstige Blätter wachsen aus der Ranke heraus, kleine Stengel, die ein bewegtes Eigenleben führen, spalten sich ab, Blüten sind eingesetzt, es finden sich schmückende Motive wie Hähne oder antithetische Böcke (2).

Das früheste Stück ist der Kasten in Myra (2), der mit seinen reichen, teilweise ungewöhnlichen Ornamenten zu den frühesten attischen Sarkophagen gehört, bei denen die profilierten Zonen unten und oben am Kasten reliefierten Schmuck tragen.[1] Als Mittelmotiv über dem Blattkelch diente wahrscheinlich eine Rankengöttin,[2] die in christlicher Zeit ausgemeißelt wurde. Auf der linken Nebenseite findet sich eine sitzende Sphinx, auf der rechten ein Tondo mit einem abbozzierten Brustbild.[3] Auf der nicht sichtbaren Rückseite müssen Girlanden vorhanden sein, wie die an den hinteren Ecken angebrachten Stierköpfe zeigen.[4] Das Stück dürfte kurz nach 150 n. Chr. entstanden sein.[5] Wenig später ist nach H. Wiegartz das Fragment in Athen (1) anzusetzen.[6] Anschließen lassen sich Fragmente in Theben (4); sie haben die gleiche ungewöhnliche Blattreihe an der oberen Ornamentzone, die gleiche gedrehte Schnur unten wie das Exemplar in Myra, und die Ranke scheint verhältnismäßig viel Grund frei zu lassen. Aus den Rankenbögen kommen springende Tiere heraus; zwei pickende Vögel sitzen auf dem Akanthuskelch.[7] Deutlich einen Schritt weiter führt der fragmentierte Kasten in Nikopolis (3), bei dem die Ranken viel dichter und stärker belaubt sind, der Reliefgrund ist weiter verdeckt, der mittlere Blattkelch reicht höher nach oben; pickende Vögel sitzen in den Blättern. Die linke Nebenseite ist abgeschlagen, von der rechten nur der Sockel erhalten; die Rückseite trug wie der Kasten in Myra Girlanden. Das Stück könnte um 170 n. Chr. entstanden sein.[8]

---

[1] WIEGARTZ a.O. 179.
[2] WIEGARTZ a.O. 181.
[3] WIEGARTZ a.O. 176 f. Taf. 88 B. C; 89 B.
[4] WIEGARTZ a.O. 178 Taf. 89 B.
[5] WIEGARTZ a.O. 181.
[6] WIEGARTZ a.O. 179 ff.

[7] WIEGARTZ a.O. 179. – H. Wiegartz nennt drei Frgt.e, jeweils mit Akanthusblattkelch; Aug. 1979 konnten nur zwei Frgt.e aufgefunden werden; das eine hat ein Akanthusblatt (INR 68.2292), das andere paßt wohl l. unten an und reicht bis zur Ecke.

[8] WIEGARTZ a.O. 181.

Vorbilder für die Ranken sind aus dem griechischen Bereich nicht bekannt, so daß die Frage der Herkunft dieser isoliert dastehenden Motive ungelöst ist.[9] Parallelen zu den ebenfalls sehr seltenen Rankensarkophagen in Italien und in Kleinasien sind nicht vorhanden, eine Beeinflussung ist ausgeschlossen; andere Gegenden scheiden ebenfalls aus.[10] An untergeordneter Stelle, am Sockel oder am unteren Rand des Deckels, begegnen schon im 2. Jh. n. Chr. verschiedene Male Ranken auf attischen Sarkophagen; das früheste Beispiel ist der dionysische Sarkophag in Istanbul,[11] wenig später vielleicht ein Deckel in Rhodos;[12] es folgen, schon in einigem Abstand, der Achillsarkophag Stroganoff[13] und dann noch später ein weiterer Achillsarkophag in Leningrad.[14] Für den Stil lassen sich zwar Vergleiche ziehen, die H. Wiegartz für die Einordnung der Rankensarkophage benutzt hat, für die Herkunft der Motive ergeben diese Beispiele aber nichts.

Rankensarkophage sind auf eine kleine Zeitspanne beschränkt, die zur ‚Experimentierphase' der attischen Sarkophage gehört.

Liste der Rankensarkophage

1. ATHEN, NM (Nr.?)	H. WIEGARTZ, AA 1971, 96 Anm. 36; ders., Myra 179 ff.
2. MYRA	Y. DEMIRIZ, TürkAD 15, 1966, 19. 23 f. Abb. 39–42; H. WIEGARTZ, AA 1971, 96. 98; H. SCHLUNK in: Actas del VIII. Congreso Internacional de Arqueologia Cristiana, Barcelona 1969 (Studi di Antichità Cristiana 30 [1972]) 212 f. Taf. 75, 34; WIEGARTZ, Myra 163 ff. Taf. 88/89; hier Taf. 476.
3. NIKOPOLIS 667 und o. Nr.	K. A. RHOMAIOS, ADelt 2, 1916, 52; A. PHILADELPHEUS, AEphem 1922, 66 Abb. 1 (Inv. 667); H. WIEGARTZ, AA 1971, 96 Anm. 36; ders., Myra 173. 180 f. (Sockel vor Mus., o. Nr.)
4. THEBEN	WIEGARTZ, Myra 173 Anm. 72; 180 f. – Ein Frgt.: INR 68. 2292; ein weiteres Frgt. scheint unten l. anzupassen und reicht bis zur Ecke.

3. Niken

Nur auf zwei Sarkophagen begegnen antithetische Niken als dekorativer Schmuck. Auf dem Beispiel in Antakya[1] sind sie neben Eros und Psyche auf die Vorderseite gesetzt und töten Hirsche; hervorzuheben ist, daß sie wie Psyche Schmetterlingsflügel tragen. Bei dem Girlandensarkophag in Kephissia sind stiertötende Niken in den Girlandenbögen wiedergegeben.[2]

---

[9] WIEGARTZ a. O. 165 ff., bes. 171.
[10] WIEGARTZ a. O. 184 ff. H. Brandenburg, JdI 93, 1978, 316 ff.
[11] Istanbul 1417: ASR IV 1, 1 Taf. 1.
[12] GIUL. Nr. 262; INAth 71.1429.
[13] Leningrad A 1026: ASR II 20; SAVERKINA, Ermitage 15 ff. Nr. 1 Taf. 1 ff.

[14] Leningrad P 1834.110: ASR II 21; SAVERKINA a. O. 17 ff. Nr. 2 Taf. 6 ff.

[1] Antakya 9576: A. BORBEIN, Campanareliefs (14. Ergh. RM, 1968) 61 Anm. 442; HIMMELMANN, Antakya 15 ff. Taf. 11/12; GIULIANO-PALMA 13 Nr. 2 Taf. 2, 3.
[2] GIUL. Nr. 76; GIULIANO, Cultura Artistica Taf. 39 b; s. oben Liste der Girlandens. Nr. 13.

Niken, die Tiere töten, sind in der griechischen und römischen Kunst geläufig.[3] Auf den attischen Sarkophagen sind sie nur in der Experimentierphase zu finden;[4] der Sarkophag in Antakya dürfte bald nach 150 n. Chr., der in Kephissia um 180 n. Chr. entstanden sein.

4. Tiere und Tierkampfgruppen

Verschiedenartige Motive von Tieren und Tierkampfgruppen, die antithetisch angeordnet sein können, finden sich häufig auf attischen Sarkophagen, und zwar gewöhnlich auf Rückseite und Nebenseiten, selten auf der Vorderseite; die Langseiten zweier Girlandensarkophage in Athen mit antithetischen Greifen[1] und in Antakya mit antithetischen Löwen-Stier-Gruppen[2] wird man als die Vorderseiten der Sarkophage ansprechen dürfen;[3] auch bei allein erhaltenen Langseiten oder Fragmenten wäre es möglich, daß sie zu Vorderseiten gehörten.

Langseiten

Antithetisch sitzende *Sphingen* sind lediglich auf einem gut gearbeiteten Exemplar in Berlin[4] bekannt, das nach der Ornamentleiste wohl in frühe Zeit, in das 3. Viertel des 2. Jhs. n. Chr., zu datieren ist. *Löwen* treten auf einer Reihe von Rückseiten auf; sie stehen an einem großen Krater, zu dem sie eine Tatze heben,[5] oder lagern auch an einem Krater.[6] Diese Sarkophage scheinen vor alllem im 2. Jh. n. Chr. vorzukommen; die spätesten dürften der Erotensarkophag in Kyrene, der allerdings nicht sicher attisch ist, und der Hippolytossarkophag in Gotha sein.[7] Am häufigsten sind *Greifen;* in der Mitte kann eine Amphora[8] dargestellt sein, in der Regel ist es ein Kandelaber[9] oder ein Fruchtständer.[10] An den Seiten stehen bisweilen Bäume. Die Reihe beginnt mit Sarkophagen, die bald nach der Mitte des 2. Jhs. n. Chr. entstanden sein dürften, wie ein Girlanden- und ein Jagdsarkophag in Athen,[11] der Kasten mit jagenden Kentauren in

---

[3] BORBEIN a. O. 43 ff.
[4] WIEGARTZ, Myra 183.
[1] Athen, Ephorie: unpubl.; s. oben Liste der Girlandens. Nr. 20.
[2] Antakya 8473: HIMMELMANN, Antakya 12 ff. Taf. 15–17a.
[3] WIEGARTZ, Myra 183 Anm. 133.
[4] Berlin 1454: GIUL. Nr. 398. – Vgl. die antith. Sphingen in den Girlandenbögen der Rs. von Athen, NM 1181: GIUL. Nr. 128.
[5] GIUL. Nr. 26. 84. 152. 228. 261. 326. 401. – M. CHÉHAB, BMusBeyr 21, 1968 Taf. 8 b.
[6] Athen, NM 1183: GIUL. Nr. 26. – Athen, NM 1186: ASR III 2, 216. – Ioannina 6177: Rs. eines dionys. S.; unpubl.
[7] Kyrene: GIUL. Nr. 326. – Gotha: GIUL. Nr. 401.

[8] Athen, NM 1187: GIUL. Nr. 86.
[9] z. B. Athen, Ephorie: s. oben Anm. 1 (Vs.). – GIUL. Nr. 18. 68. 69. 107. 209. 223. 271 u. a. – Auszuscheiden hat GIUL. Nr. 77, das nach der Größe nicht zu einem S. gehört.
[10] z. B. GIUL. Nr. 82. – Schlacht Antalya A 265: I. FLAGGE, Untersuchungen zur Bedeutung des Greifens (1975) Abb. 117. – Schiffskampf Damaskus: s. oben Kapitel IV 3.2.10, Liste Nr. 4. – Verkümmert auf GIUL. Nr. 218. 309. 457.
[11] Girlanden: s. oben Anm. 1. – Jagd: GIUL. Nr. 1. – Vgl. auch S. mit Girlanden auf der Rs., in deren Bögen antith. Greifen eingestellt sind: s. oben Kapitel IV 3.8.1, Liste Nr. 34 (hier Taf. 469). 36. 38. 40.

Marseille[12] oder ein Erotensarkophag in Athen[13] zeigen; sie führt zu späten Stücken gegen die Mitte des 3. Jhs. n. Chr. wie den Amazonensarkophagen in Thessaloniki und Jerusalem,[14] den Schlachtsarkophagen in Antalya und Leningrad[15] oder dem Sarkophag mit der Schlacht bei den Schiffen in Damaskus.[16]

Auf einigen Beispielen finden sich antithetische Gruppen von *Löwen, die Stiere reißen,* und zwar auf zwei frühen Stücken in Antakya[17] und zwei späten, gegen oder um die Mitte des 3. Jhs. n. Chr. entstandenen Exemplaren in Beirut[18] und Askalon.[19] Ein Fragment in Aigina[20] zeigt einen *Greifen, der einen Hirsch zerfleischt;* für eine Schmalseite ist die zu ergänzende Darstellung zu lang, das Stück dürfte also Teil einer Langseite, und zwar wegen der flüchtigen Arbeit einer Rückseite, mit antithetischen Gruppen sein. Ein anderes Fragment mit demselben Motiv in Woburn Abbey[21] ist zwar stark ergänzt, zeigt aber feinere Arbeit und größere Tiefe; es gehörte deshalb vielleicht zu einer Vorderseite.

Schmalseiten

Am häufigsten findet sich eine *sitzende Sphinx,* die meist ihre eine Tatze auf einen Widder- oder auch Stierkopf[22] setzt; sie ist in der Regel zur Vorderseite des Sarkophages gerichtet; ihren Kopf kann sie ins Profil[23] oder dem Betrachter entgegen[24] wenden. Lediglich in einem Fall, bei dem nicht sicher attischen Sarkophag in Kyrene,[25] kratzt sich die Sphinx mit der einen Hinterpfote. Selten sind auf beiden Nebenseiten eines Kastens Sphingen dargestellt.[26] Nur auf einem Sarkophag, dem Schiffskampfsarkophag in Tyros,[27] ist auf einer Nebenseite ein *sitzender Löwe* wiedergegeben, der seine eine Pfote auf einen Widderkopf legt. Gruppen von *Greif und Stier*[28] und *Löwe*

---

[12] Marseille: GIUL. Nr. 346.
[13] Athen, NM 1187: GIUL. Nr. 86.
[14] Thessaloniki 1245: GIUL. Nr. 218. – Jerusalem: GIUL. Nr. 309.
[15] Antalya A 265: s. oben Anm. 10. – Leningrad A 521: SAVERKINA, Ermitage 24 ff. Nr. 5 Taf. 13.
[16] s. oben Anm. 10.
[17] Antakya 8473 und 9576: HIMMELMANN, Antakya Taf. 14 und 15. – Vgl. den Erotens. in Kephissia, in dessen Girlandenbögen auf der Rs. antith. Löwen-Stier-Gruppen sind: s. oben Kapitel IV 3.8.1, Liste Nr. 33, hier Taf. 470.
[18] Beirut, aus Tyros: Hippolytoss.; unpubl.
[19] Askalon: M. AVI-YONAH, Atiqot, English Series 11, 1976 Taf. 19, 1. – Zu vgl. ein Frgt. in Adana o. Nr.: HIMMELMANN, Antakya 21 (unpubl.).
[20] Aigina: GIUL. Nr. 182 (H 0.59; L. 0.58).
[21] Woburn Abbey: REINACH, RR II 542, 4; GIUL. Nr. 420; INR 72. 1068 (es handelt sich um einen Greifen, dessen Kopf als Löwenkopf ergänzt ist).
[22] WIEGARTZ, Myra 176. – Vgl. den Girlandens. Antakya 15948 (unpubl.) mit einer zur Vs. gerichteten Sphinx im Bogen der r. Ns., ferner das Frgt. Worcester 1939. 79, das vielleicht auch von einer Ns. stammt: GIUL. Nr. 282; s. oben Kap. IV 3.8.1, Liste Nr. 81.
[23] z. B. ASR IV 1 Taf. 1, 3; 3, 2; 4, 4. – ASR XII 6 Taf. 136c.
[24] z. B. K. SCHAUENBURG, StädelJb 1, 1967, 51 Abb. 9. – H. WIEGARTZ, AA 1977, 384 Abb. 61. – TOYNBEE Taf. 52, 3b.
[25] GIUL. Nr. 326.
[26] Patras: GIUL. Nr. 82. – Marseille: GIUL. Nr. 346.
[27] Tyros, Grabungen: J.-P. REY-COQUAIS, BMusBeyr 29, 1977 Taf. 23, 1; s. oben Kap. IV 3.2.10, Liste Nr. 10.
[28] Athen, NM 1186: GIUL. Nr. 84. – Kyrene: GIUL. Nr. 326. – Thessaloniki 1205: GIUL. Nr. 227. – Damaskus: l. Ns. des Meleagers.

*und Stier*²⁹ sind ebenfalls selten. Ein Einzelfall ist ein *Seepferd* auf der Nebenseite des Sarkophages des Magnos Eryades in Athen.³⁰ Schließlich sind noch drei Beispiele mit antithetischen *springenden Böcken*³¹ und zwei mit antithetischen *aufgerichteten Panthern*³² zu nennen.

Die Verwendung der Sphinx auf Nebenseiten scheint schon um 150 n. Chr. einzusetzen, wie der dionysische Sarkophag in Istanbul³³ und der Rankensarkophag in Myra³⁴ zeigen; sie läßt sich bis ins frühe 3. Jh. verfolgen; der Meleagersarkophag in Eleusis³⁵ ist eines der spätesten Exemplare. Ein Löwe findet sich lediglich auf einem Beispiel aus dem frühen 3. Jh.,³⁶ während die anderen Motive wohl nur im 2. Jh. n. Chr. zu belegen sind.

Zusammenfassend läßt sich feststellen, daß sich Tiere und Tierkampfgruppen auf attischen Sarkophagen häufiger in der frühen Phase finden, also der zweiten Hälfte des 2. Jhs., daß sie aber auch im 3. Jh. n. Chr. nicht vollständig von erzählenden Szenen verdrängt werden, sondern sich bis gegen die Mitte des Jahrhunderts nachweisen lassen.³⁷ Sphingen, Greifen und Löwen sind als sepulkrale Motive im griechischen und römischen Bereich weit verbreitet;³⁸ Tierkampfgruppen³⁹ und antithetische Böcke⁴⁰ sind ebenfalls üblich. Die Bildhauer attischer Sarkophage griffen also auf allgemein gebräuchlichen Grabesschmuck zurück.⁴¹

5. Klinen-Riefel-Sarkophage

G. RODENWALDT, JdI 45, 1930, 116 ff. – A. L. PIETROGRANDE, BullCom 61, 1933 (BullMusImp 4) 30 ff. – KALLIPOLITIS, Chron. 38 f. – C. GASPARRI, ASAtene 52/53, 1974/75 (1978) 379 ff. – G. KOCH, BJb 180, 1980, 52 ff.

Die Gruppe der Klinensarkophage, zu der auch das Stück mit Erotenweinlese in Rom, San Lorenzo,¹ gehört, ist von G. Rodenwaldt ausführlich behandelt worden. Nachträ-

---

²⁹ Athen, NM 1177: GIUL. Nr. 1. – Vgl. das Frgt. in Adana: s. oben Anm. 19.
³⁰ Athen, NM 1185: ASR IV 1, 7 Taf. 9, 1.
³¹ Athen 1178; GIUL. Nr. 29; WIEGARTZ, Marmorhandel Taf. 120. – Piräus: l. Ns. eines Meleagers.; unpubl. – Sparta: GIUL. Nr. 113. – Vgl. die Böcke auf dem Rankens. in Myra: WIEGARTZ, Myra 178 Taf. 88 A.
³² Athen, beim Hephaisteion: GIUL. Nr. 147; ASR IV 1, 5 Taf. 6, 3. – Korinth: Frgt., unpubl.
³³ Istanbul 1417: ASR IV 1, 1 Taf. 1, 3.
³⁴ Myra: WIEGARTZ, Myra Taf. 88 B; 89 B.
³⁵ Eleusis: ASR XII 6, 170 Taf. 136 c.
³⁶ s. oben Anm. 27.
³⁷ WIEGARTZ, Myra 176. 183.
³⁸ Lit. z. B.: ANDREAE, Studien 74 f. (Lit. in Anm. 412); B. LUNN, Latomus 22, 1963, 252 ff.; K. SCHAUENBURG, JdI 81, 1966, 300; ders., AA 1975, 280 ff.; F. MATZ, ASR IV 1 S. 83 f. 100;

I. FLAGGE, Untersuchungen zur Bedeutung des Greifens (1975); A. GEYER, Das Problem des Realitätsbezuges in der dionysischen Bildkunst der Kaiserzeit (Beiträge zur Archäologie 10, 1977) 45. 55 f.
³⁹ R. LULLIES, Vergoldete Terrakotta-Appliken aus Tarent (7. Ergh. RM, 1962) 71 ff. (Lit. in Anm. 176; Nachträge: RM 84, 1977, 235 ff.); L. BUDDE, AntPl 2, 1963, 55 ff.; ANDREAE, Studien 74 f.; F. HÖLSCHER, Die Bedeutung archaischer Tierkampfbilder (Beiträge zur Archäologie 5, 1972); FLAGGE a. O. 44 ff.
⁴⁰ T. KRAUS, AM 69/70, 1954/55, 113 ff.
⁴¹ GEYER a. O. will in den antith. Greifen auf att. S. eine Anregung von Rom sehen; dafür liegt jedoch kein Anlaß vor.
¹ GIULIANO-PALMA 52 Nr. 6 Taf. 66/67 (mit Lit.).

ge geben A. L. Pietrogrande und B. G. Kallipolitis; ein umstrittenes Exemplar wird von G. Koch besprochen. Die Beispiele werden unten in einer Liste zusammengestellt.

Die Kästen haben die Form einer Kline. Die Beine enden unten in Löwentatzen, die auf einem allseitig etwas vorspringenden Sockel stehen, der ornamentiert sein kann. Die Flächen zwischen den Beinen sind auf der Vorderseite und meist auch den Nebenseiten mit Riefeln versehen; diese Riefel sind in der Regel einzonig, nur in einigen Fällen zweizonig (1. 7. 9. 14); die Riefel können in eine Richtung schwingen; bei verschiedenen Stücken sind sie symmetrisch von den Seiten zur Mitte hin geführt (7. 13. 14 und l. Ns. von 5). Die Flächen werden unten und oben von Ornamentstreifen eingefaßt, wie sie für die attischen Sarkophage charakteristisch sind. Auf den Rückseiten kann die Fläche zwischen den Klinenbeinen glatt sein; auf dem Sarkophag in Athen (2) sind in flachem Relief Weinreben eingetragen; der Sarkophag im Stadion in Athen (7) sollte auch auf der Rückseite eine zweizonige Riefeldekoration bekommen.

Ein jetzt verschollenes Exemplar[2] hatte zwar Riefel, aber wohl nicht die Klinengliederung; es wird unten bei den sonstigen Riefelsarkophagen aufgeführt. Bei den Fragmenten 9 und 12 ist nicht bekannt, ob sie zu Klinensarkophagen gehören.

Die Klinenbeine tragen auf der Vorderseite des Kastens Ornamente. In mehreren Fällen ist es Rankenwerk in flacher, wie gekerbt wirkender Ausführung, das in drei Streifen geteilt ist (2. 8. 14) oder auch ohne Gliederung die ganze Fläche einnimmt (3. 13). Auf drei Sarkophagen ist nur die Unterteilung in drei (5. 7) oder vier (6) glatte Streifen vorgenommen worden. Bei zweien dieser Stücke (6. 7) sind die Nägelbretter unten und oben in ihrer klaren Form wiedergegeben.

Der Kasten in San Lorenzo in Rom[3] hat den gleichen Aufbau, nur sind auf allen vier Seiten die Flächen mit flachem Relief überzogen, das ein munteres Treiben von Eroten und verschiedenen Tieren bei einer Weinlese zeigt.[4]

Beim Sarkophag in Athen, Stadion (7), ist ein Dachdeckel auf den Kasten gelegt; er ist im Rohzustand belassen und für den Kasten zu lang, ist also, wenn die Verbindung antik ist, wohl in Eile zum dringend benötigten Kasten hinzugenommen worden;[5] auch der Kasten ist nicht vollendet. Sofern bei anderen Sarkophagen Deckel erhalten sind, handelt es sich um solche in Form einer Matratze mit Lehnen an Nebenseiten und Rückseite. Nur in einem Fall liegt die Matratze auf einem Brett (5), sonst hingegen ohne Zwischenglied auf dem Kasten, wie es bei den attischen Klinendeckeln üblich ist. Auf der Matratze kann ein Ehepaar lagern (5). In einem Fall (2) ist der Mann teilweise abgemeißelt und der Rest zu einem Bündel von Rollen umgearbeitet worden; das Kissen, auf das sich der Mann mit seinem linken Arm stützte, ist noch vorhanden; aus dem abbozzierten Frauenkopf ist ein Männerporträt hergestellt worden.

---

[2] A. L. Pietrogrande, AfrIt 3, 1930, 120 Nr. 14 Abb. 17; ders., BullCom 61, 1933 (BullMusImp 4) 32 Nr. 3 mit Anm. 15; Giul. Nr. 327.
[3] s. oben Anm. 1.
[4] Gute Charakterisierung bei Rodenwaldt a. O. 116 ff.
[5] Wiegartz, Myra 182 Anm. 126.

Bei einem anderen Deckel sind beide Figuren abgemeißelt und die obere Fläche ist geglättet worden (13); das kann in Rom geschehen sein, wo auch die Lehnen am Kopf- und Fußende abgetrennt und durch Wangen ersetzt wurden und wo ferner die vordere Seite der Matratze mit einer Jagd versehen wurde.[6] Bei zwei Deckeln schließlich waren überhaupt keine Figuren vorhanden; lediglich ein großes Kissen (8) oder ein Kissen und ein Tuch (6) liegen auf der Matratze; für diese Form ist sonst keine Parallele bei den attischen Sarkophagen bekannt.[7]

Vorbilder für die Sarkophaggruppe sind bei den Holzklinen zu suchen, wie sie vielfältig im Gebrauch waren; allerdings sind, und das ist das Merkwürdige, aus der römischen Kaiserzeit nur Klinen mit gedrechselten Füßen bekannt; die Form der Beine, wie sie die Klinensarkophage zeigen, ist hingegen bei Tischen erhalten.[8] Bei griechischen Klinen sind die flachen Beine zahlreich belegt, sie haben aber andere Formen.[9] Es wäre dennoch möglich, jetzt verlorene hölzerne Beispiele des 5. oder 4. Jhs. v. Chr. als Vorbilder der attischen Klinensarkophage anzunehmen.[10] Klinen, auch solche mit leeren Matratzen, sind im griechischen Osten im sepulkralen Zusammenhang verschiedene Male belegt, sie haben aber immer glatte Wände zwischen den Beinen; auf den attischen Sarkophagen wird dagegen die Möbelform durch die Riefelflächen verunklärt.[11]

Für die Datierung der Sarkophage gibt es wenige Anhaltspunkte.[12] Beim Stück in Athen, NM (2), ist der Porträtkopf erhalten, der in die Zeit des Alexander Severus angesetzt werden kann.[13] Man erhält damit eine Datierung etwa um 230 n. Chr. Den Kasten in Salerno (14), zu dem der untere Teil des Klinendeckels erhalten ist, hat schon G. Rodenwaldt derselben Werkstatt zugewiesen.[14] Der Sarkophag aus Tyros in Beirut (8) dürfte sich anschließen lassen, ebenfalls das Exemplar in Rom (13) und das Fragment in Larisa (10). Alle diese Stücke werden etwa zur selben Zeit entstanden sein.

Von diesen Exemplaren setzt sich der Klinensarkophag beim Hephaisteion in Athen (5) ab, bei dem die einzelnen Zonen nur zurückhaltend ornamentiert sind. Die gesamte Anlage entspricht aber den oben genannten Sarkophagen, so daß ein größerer zeitlicher Abstand nicht anzunehmen ist. Der Sarkophag im Kerameikos in Athen (6)

---

[6] KOCH a. O. 59 ff.

[7] Auf dem von KALLIPOLITIS, Chron. 39 Anm. 1, genannten Frgt. eines Klinendeckels in Beroia sind Aushöhlungen vorhanden, die Figuren waren also vielleicht getrennt gearbeitet; nach der Ornamentik dürfte es sich um eine lokale Kopie nach einem att. Klinendeckel handeln.

[8] RODENWALDT a. O. 140 f. – Zu Klinen: G. M. A. RICHTER, The Furniture of the Greeks, Etruscans and Romans (1966) Abb. 530ff. 550ff. (vgl. jedoch Abb. 562). – Tischfüße: RICHTER a. O. Abb. 350ff. 574.

[9] RICHTER a. O. 310 ff.

[10] RODENWALDT a. O. 140 ff.

[11] RODENWALDT a. O. 141 mit Anm. 2 (mit Lit. zu Eretria und Kalydon); KALLIPOLITIS, Chron. 38 f.

[12] Auf die Problematik der Datierung der Klinen-Riefel-Sarkophage weist RODENWALDT a. O. 124 ff. mehrfach hin.

[13] H. P. L'ORANGE, Studien zur Geschichte des spätantiken Porträts (1933) 12 Nr. 9; 109 f. Nr. 9 Abb. 21. 23. H. WIEGARTZ, Gnomon 37, 1965, 614. M. BERGMANN, Studien zum römischen Porträt des 3. Jhs. n. Chr. (1977) 84.

[14] G. RODENWALDT, AA 1930, 258 ff.

zeigt jedoch stärkere Unterschiede. Der Sockel hat auf Vorder- und Nebenseiten Eckpostamente, die Nägelplatten weisen nur die drei Stifte und keine anderen Ornamente als Muster auf, die obere Leiste ist nicht verziert, die Beine haben keine Ranken; die Möbelform ist also reiner wiedergegeben und nicht durch Elemente des Sarkophagschmucks verunklärt.[15] Der Sarkophag wird demnach vor den anderen Stücken entstanden sein.[16] Die Beifunde,[17] darunter eine Goldmünze Hadrians, geben allerdings wenig aus. Es liegt kein Grund vor, den Abstand von den anderen Sarkophagen allzu groß anzunehmen, so daß man ihn in das erste Viertel des 3. Jhs. n. Chr. wird datieren dürfen.[18] Der Sarkophag im Stadion in Athen (7) ist in nicht vollendetem Zustand verwandt worden; er ähnelt dem Exemplar im Kerameikos, ist aber zweizonig und sollte auch auf der Rückseite verziert werden; er hat hebenfalls Eckpostamente, Nägelplatten und eine zurückhaltende Dekoration. Ob ein solcher Sarkophag für Herodes Attikus verwandt worden ist, muß zweifelhaft erscheinen;[19] einen Datierungshinweis erhält man mit dem Todesdatum von 177/78 n. Chr. wohl kaum. Das Stück ist als frühester der attischen Klinensarkophage angesehen und in das letzte Viertel des 2. Jhs. n. Chr. gesetzt worden, nämlich in die kurze Phase, in der es neben den neu eingeführten Klinendeckeln noch Dachdeckel gab;[20] die Form des Kastens erfordert einen Klinendeckel, es liegt jedoch ein roher Dachdeckel auf. Sofern die Verbindung von Kasten und Deckel überhaupt dem ursprünglichen Zustand entspricht, könnte ein noch vorhandener, aber liegengelassener und nicht ausgearbeiteter Dachdeckel, der wegen der verhältnismäßig geringen Neigung der Dachflächen recht früh sein muß,[21] noch später, vielleicht im ersten Viertel des 3. Jhs. n. Chr., in Eile auf den unfertigen Sarkophag gelegt worden sein. Dann brauchte man nicht einen so großen zeitlichen Abstand zwischen den einzelnen Stücken anzunehmen, die zwar in Einzelheiten Unterschiede zeigen, aber insgesamt doch recht einheitlich sind.

Ein lokaler Sarkophag in Thessaloniki ist als Beleg dafür herangezogen worden, daß die attischen Klinensarkophage schon in die Zeit vor 160 n. Chr. zurückreichen, da es sich um eine lokale Kopie nach einem attischen Stück handele.[22] Obwohl in Thessaloniki viel attischer Import und auch einige Kopien nach attischen Sarkophagen nachzuweisen sind, bestehen in diesem Fall keine Verbindungen, da weder die Form des Kastens noch die des Klinendeckels irgendeine Beziehung zu den attischen Klinensarkophagen hat. Das Stück muß eine selbständige Schöpfung sein.

Die Gruppe der Klinensarkophage ist also, wie es scheint, auf die erste Hälfte des 3. Jhs. n. Chr. beschränkt und hat bei der Einführung des Klinendeckels bei den attischen Sarkophagen nicht den Ausschlag gegeben. Die Form ist auf Athen beschränkt,

---

[15] G. RODENWALDT, JdI 45, 1930, 132.
[16] RODENWALDT a. O. 124.
[17] RODENWALDT a. O. 131 f. – Die dort genannte Publikation der Funde ist nicht erschienen, wie G. Hübner bestätigt, die eine Veröffentlichung vorbereitet.
[18] RODENWALDT a. O. 131 f.
[19] GASPARRI a. O. 383.
[20] WIEGARTZ, Myra 182 Anm. 126.
[21] WIEGARTZ a. O. 209.
[22] Thessaloniki 4544: M. KARAMANOLE-SIGANIDOU, ADelt 20 B 2, 1965, 411 Taf. 464, 1; H. WREDE, AA 1977, 427.

es gibt, von dem Sonderfall in Thessaloniki abgesehen, weder unter den stadtrömischen noch den östlichen Sarkophagen eine Parallele. Ein Beispiel in Tyros ist eine Kopie nach einem importierten attischen Klinensarkophag und begründet keine eigene Tradition;[23] der Deckel ahmt kleinasiatische Formen nach. Auch ein Kasten in Amman dürfte von attischen Vorbildern abhängen.[24]

Liste der Klinensarkophage mit Riefeldekoration[25]

1. ATHEN, BYZ. MUS. 1338	Frgt. der Ns. eines zweizonigen S.; H. 1.00; L 0.42; unpubl.
2. ATHEN, NM 1497	G. RODENWALDT, JdI 45, 1930, 123. 132 ff. Abb. 8–11; ders., AA 1930, 258 ff.; GIUL. Nr. 33; GIULIANO-PALMA 52 Nr. 7 Taf. 65, 157.
3. ATHEN, NM (Nr.?)	Frgt. einer r. oberen Ecke, zweizonig; auf Klinenfuß durchgehend Blattwerk; unpubl.
4. ATHEN, HADRIANSBIBLIOTHEK (in Steinhaufen an Südseite)	Frgt. einer zweizonigen Ns.; obere Ecke mit der typischen Zwickelbildung; weiteres Frgt. eines zweizonigen S. mit Flechtband als Trennung; vielleicht zum ersten Frgt. gehörend; unpubl.
5. ATHEN, BEIM HEPHAISTEION	GIUL. Nr. 155; GASPARRI a. O. 382 Abb. 88.
6. ATHEN, KERAMEIKOS	G. RODENWALDT, JdI 45, 1930, 123 ff. Abb. 4–7. 48/49; GIUL. Nr. 32; GASPARRI a. O. 381 Abb. 87.
7. ATHEN, STADION AVEROFF	GIUL. Nr. 31; WIEGARTZ, Marmorhandel 353 Taf. 121/22; GASPARRI a. O. 379 ff. Abb. 86.
8. BEIRUT (Nr.?), aus Tyros	K. m. D.; unpubl.; hier Taf. 477/78.
9. DION	H. WIEGARTZ, Gnomon 37, 1965, 616 Nr. 8; P. M. PETSAS, Makedonika 15, 1975, 259 Taf. 194.
10. LARISA	PIETROGRANDE a. O. 31 Nr. 2; GIUL. Nr. 183; r. oberer Teil einer r. Ns. mit typischer Zwickelbildung (mit sich umblickender Löwin) und kleiner Teil der glatten Rs.
11. NAUPLIA, BEIM MUSEUM	GIUL. Nr. 187.
12. PTOLEMAIS	GIUL. Nr. 343.
13. ROM, NM 112119	GIUL. Nr. 361; H. WIEGARTZ, Gnomon 37, 1965, 615; HELBIG[4] III 2120; G. M. DE ROSSI, Bovillae (Forma Italiae I 15, 1979) 279 Nr. 265 Abb. 468–471; GASPARRI a. O. 382 Anm. 2; KOCH a. O. 52 ff. Abb. 1 ff. (mit Lit. in Anm. 2 ff.).
14. SALERNO, DOM	RODENWALDT a. O. 134 ff. Abb. 15/16; ders., AA 1930, 258 ff.; GIUL. Nr. 445; KOCH a. O. 56 ff. Abb. 5–7. 9.
15. SIPHNOS	Hinweis H. Wiegartz; unpubl.
16. SKOPELOS, ALOUPE	C. FREDRICH, AM 31, 1906, 111 Anm. 1 Abb. 5; GIUL. Nr. 88; A. A. SAMPSON, He Nesos Skopelos (1968) 158 Abb. 46.

[23] J. B. WARD PERKINS, BMusBeyr 22, 1969, 120 Nr. PR 18 Taf. 3, 2.

[24] Amman, Theater: G. RODENWALDT, JdI 45, 1930, 141 f. Abb. 19.

[25] Nicht aufgenommen sind: Der oben Anm. 2 genannte S. – Athen, Kleine Metropolis (Panhagia Gorgoepikoos): K. MICHEL – A. STRUCK, AM 31, 1906, Beil. zu S. 303 Abb. 15; GASPARRI a. O. 380 Anm. 3; KOCH a. O. 63 Anm. 25 (da von den Ornamentzonen nichts erhalten ist und die Maße nicht bekannt sind, ist nicht sicher, ob es sich um Frgt.e eines S. handelt). – Chalkis: Frgt. mit oberem Rand; Photo A. Giuliano (nicht gesichert, ob zu Klinen-Riefel-S. gehörend).

6. Sonstige Riefelsarkophage

Sarkophage mit Riefeldekoration, wie sie in Rom in fast unübersehbarer Zahl und vielfältiger Form belegt sind und ebenfalls in den Provinzen, wenn auch nicht so zahlreich, begegnen, haben in Athen nur eine geringe Rolle gespielt. Neben den Klinensarkophagen mit Riefeldekoration, die oben behandelt sind, sind nur zwei andere Beispiele bekannt.

Das eine ist ein jetzt verschollener Kasten, der ehemals in Kyrene war;[1] nur die linke Nebenseite und die Rückseite sind in einer Abbildung bekannt. Das Stück hatte wohl nicht die Form eine Kline, sondern die eines Kastens mit Profilen am unteren und oberen Rand; jedoch ist nicht zu klären, was der nach unten eingebogene Vorsprung bedeutet, der an der rechten Ecke der Nebenseite so eingezeichnet ist, daß er zur Vorderseite gehören soll; um eine Löwentatze kann es sich kaum handeln. Auf der Nebenseite fehlen die für die Klinensarkophage typischen Zwickel in den oberen Ekken, und auf Klinensarkophagen ist die obere Ornamentzone mit der Girlande nicht belegt.[2] Die Rückseite trägt antithetische Greifen und hat oben Profile, beides Züge, die nicht für Klinensarkophage geeignet sind. Wir hätten es also mit einem Riefelsarkophag in Kastenform zu tun. Ob noch eines der Fragmente, die oben in der Liste der Klinensarkophage mit Riefeldekoration aufgeführt sind, hier angefügt werden müßte (9. 12), ist nicht bekannt.

Das zweite Exemplar ist ebenfalls ein Unikum unter den attischen Sarkophagen. Es ist eine Langseite in Preveza, zu der Fragmente in Nikopolis gehören;[3] sie zeigen senkrechte Riefel und darauf drei Girlandenbögen, die an den Ecken von Stierköpfen und in der Mitte von schwebenden Putten getragen werden. Weder für die senkrechten Riefel noch für die Dreizahl der Girlandenbögen gibt es Parallelen auf attischen Sarkophagen, und die Verbindung von Riefel- und Girlandensarkophag ist überhaupt für die kaiserzeitlichen Sarkophage ungewöhnlich. Das Stück könnte noch im späten 2. Jh. n. Chr. entstanden sein.[4]

---

[1] A. L. Pietrogrande, AfrIt 3, 1930, 120 Nr. 14 Abb. 17; ders., BullCom 61, 1933 (BullMusImp 4) 32 Nr. 3 mit Anm. 15; Giul. Nr. 327.

[2] In vergleichbarer Form auf dem Erotens. Ostia 34: Giuliano-Palma 30 Nr. 3 Taf. 24, 60.

[3] Preveza, Hagios Charalambos: A. L. Pietrogrande, BullCom 61, 1933 (BullMusImp 4) 27 ff. mit Taf.; Giul. Nr. 210; Wiegartz, Myra 176; F. Rebecchi, RM 84, 1977, 125 Anm. 101. – In Nikopolis liegen zwei Frgt.e, darunter eine Ecke (o. Nr.) beim Museum, die zu dem Exemplar in Preveza gehören werden; damit ist gesichert, daß das Stück aus Nikopolis stammt. – Vgl. oben Kap. IV 3.8.1, Liste Nr. 83.

[4] Wiegartz, Myra 176.

7. Sonstiger Schmuck

Einige Sarkophage tragen als Dekoration außer den Profilen am unteren und oberen Rand große *Kassetten*.[1] Beim Exemplar in Athen, Kerameikos,[2] sind Vorderseite und beide Nebenseiten damit versehen, während die Rückseite nur Profile hat; der Dachdeckel ist glatt. Ein in Theben[3] befindliches Stück trägt auf beiden Langseiten Kassetten, und der Dachdeckel zeigt die für die attischen Sarkophage üblichen Blattziegel; der Marmor ist aber nicht pentelisch, es dürfte sich also um eine lokale Kopie nach einem attischen Sarkophag handeln. Ein Fragment eines weiteren Kastens ist in Patras vorhanden,[4] nämlich eine Ecke, die auf der einen Seite eine Kassette und auf der rechts anstoßenden anderen eine nach rechts gerichtete sitzende Sphinx hat; die Kassetten waren also vielleicht nur auf der Rückseite wiedergegeben. Ein weiteres Fragment ist möglicherweise in späterer Umarbeitung in Theben erhalten.[5] Schließlich ist noch eine Ostothek in Athen[6] zu nennen, die auf der Vorderseite Girlanden und auf der Rückseite zwei Kassetten trägt.

Die Sarkophage mit Kassetten, für die Parallelen oder Vorbilder nicht bekannt sind, gehören in die Experimentierphase der attischen Sarkophage, die zweite Hälfte des 2. Jhs. n. Chr., lassen sich aber kaum genauer festlegen.[7] Es ist erstaunlich, daß auch diese schlichte Form exportiert wurde, wie die Funde in Theben und Patras zeigen.

Ein *Schild* ist auf den Nebenseiten zweier Sarkophage als Schmuck vorhanden;[8] bei dem einen Stück sitzt ein Gorgokopf auf ihm.[9] An dem Rankensarkophag in Myra[10] und dem Erotensarkophag in Kephissia[11] ist auf der einen Nebenseite ein *Tondo* mit einem Brustbild angebracht, das in beiden Fällen nicht ausgearbeitet ist; bei dem Stück in Kephissia kommt es aus einem Blätterkelch heraus.[12] Es handelt sich um einen Versuch, eine Möglichkeit für die Repräsentation eines Verstorbenen zu schaffen, für die sonst auf den frühen attischen Sarkophagen, vor Einführung der Klinendeckel, kaum Raum war.[13] Nachfolge hat dieser Versuch nicht gefunden.

Auf zwei Beispielen in Athen[14] ist auf der einen Nebenseite eine *Tabula ansata* angebracht; Parallelen sind dafür auf den attischen Sarkophagen nicht bekannt.

---

[1] HIMMELMANN, Antakya 21. WIEGARTZ, Myra 182.

[2] s. Anm. 1. – Zum D.: WIEGARTZ, Myra 209 Anm. 259.

[3] Theben, Hagios Loukas Nekrotapheiou: P. LE BAS – S. REINACH, Voyage archéologique en Grèce at en Asie Mineure (1888) 34 f. Taf. 36a; P. LAZARIDES, ADelt 16, 1960, 154; HIMMELMANN, Antakya 21; WIEGARTZ, Myra 182. 209 Anm. 259.

[4] Patras, Odeion: unpubl. (1972 notiert, 1979 nicht aufgefunden).

[5] Theben (Nr.?): A. K. ORLANDOS, ArchBM 5, 1939/40, 125 Nr. 6 Abb. 5.

[6] Athen, NM 1190: GIUL. Nr. 407; GIULIANO-PALMA 17 Nr. 4.

[7] WIEGARTZ, Myra 182.

[8] Athen. NM (Nr.?): REINACH, RR II 405, 3; E. BUSCHOR, Medusa Rondanini (1958) 26 Taf. 36, 4; GIUL. Nr. 27; WIEGARTZ, Myra 177. – Athen, F. O. Alkibiadesstr.: BCH 79, 1955, 216; H. WIEGARTZ, Gnomon 37, 1965, 616 Nr. 1 (vgl. oben Kap. IV 3.8.1, Liste Nr. 84).

[9] Athen, NM (Nr.?): s. Anm. 8.

[10] WIEGARTZ, Myra 164. 177 Taf. 88 C.

[11] K. SCHAUENBURG, StädelJb 1, 1967, 51 Abb. 10; WIEGARTZ, Myra 177.

[12] SCHAUENBURG a. O. 50.

[13] WIEGARTZ, Myra 177.

[14] Athen, NM 1188: GIUL. Nr. 408; GIULIANO-PALMA 16 Nr. 3. – Athen, NM 1190: s. oben Anm. 6.

Schließlich muß noch eine recht große Anzahl von Sarkophagen genannt werden, deren Schmuck sich auf *Profile am unteren und oberen Kastenrand* beschränkt, während die Wände glatt sind.[15] Einer wurde zusammen mit reliefgeschmückten Exemplaren im Grabbau in Kephissia aufgestellt, viele wurden exportiert, wie Stücke in Patras, Gytheion, Korinth und Thessaloniki zeigen. Es ist kaum verständlich, was diese Stücke so kostbar erscheinen ließ, daß man die Ausgaben für den Transport auf sich nahm und nicht zu lokalen Werken griff; attischer Marmor und attische Arbeit scheinen den Ausschlag gegeben zu haben. Die Form wurde sogar in der Provinz kopiert, wie Beispiele in Delphi, Patras, Tegea oder Gytheion zeigen;[16] in einem Fall, bei einem Kasten in Ano Tithorea,[17] wurde sie durch eine Tabula bereichert.

Da bei allen bisher zugänglichen Exemplaren die Sockelprofile die frühe Form ohne Eckbetonungen aufweisen, dürften die Stücke in die frühe zweite Hälfte des 2. Jhs. n. Chr. gehören.[18] Die spätesten würden die beiden Sarkophage in Korinth sein, sofern sie wirklich attisch sind, da sie, wenn auch altertümliche, Klinendeckel haben.

Liste der Sarkophage mit Profilen am oberen und unteren Kastenrand

1. ATHEN, NM (Nr.?)		WIEGARTZ, Myra 209 Anm. 259 (mit Dachdeckel).
2. ATHEN, OLYMPIEION		HIMMELMANN, Antakya 21 (K. mit Dachdeckel; H. 0.78; L. 2.06; T. 0.81; DH 0.30).
3. GYTHEION		P. E. GIANNAKOPOULOS, To Gytheion (1966) 176 mit Abb. 49 (aus Kranae).
4. KEPHISSIA		O. BENNDORF, AZ 26, 1868, 36 Nr. IV; A. TSCHIRA, AA 1948/49, 84 f.; H. WIEGARTZ, Gnomon 37, 1965, 616; ders., Myra 182.
5. KORINTH S. 775/76		F. P. JOHNSON, Corinth IX. Scupture (1931) 111 Nr. 238 (nur Klinendeckel und kleiner Teil des K. abgebildet); GIUL. Nr. 62; ASR XII 6 S. 64 f. Anm. 19 (fraglich, ob att.).
6. KORINTH S 777/78		JOHNSON a. O. 112 Nr. 239; GIUL. Nr. 63; ASR XII 6 S. 64 f. Anm. 19 (fraglich, ob att.).
7. PATRAS		WIEGARTZ, Myra 209 Anm. 259 (K. mit Dachd.).
8. PATRAS		WIEGARTZ, Myra 209 Anm. 259 (K. mit Dachd.).
9. THEBEN, KIRCHE DES GREGORIOS THEOLOGOS		G. A. SOTIRIOU, AEphem 1924, 8 f. Abb. 12.
10. THESSALONIKI 5675		WIEGARTZ, Myra 209 Anm. 259 (K. mit Dachd.).

[15] WIEGARTZ, Myra 182. – Die Zahl dürfte sich sicher vermehren, da die ungeschmückten Exemplare nicht beachtet wurden und z. B. auch in GIULIANO, Commercio, nicht aufgenommen worden sind. Es ist nicht bei allen S. gesichert, ob es sich um att. Originale handelt.

[16] Delphi: M.-A. ZAGDOUN, Fouilles de Delphes IV 6 (1977) 123 ff. Abb. 114 ff. – Patras, Odeion: K., unpubl. – Tegea: A. K. ORLANDOS, ArchBM 12, 1973, 83 ff. Abb. 42/43. – Gytheion: K., unpubl.

[17] P. LAZARIDES, ADelt 16, 1960, 164 Taf. 148, 1.

[18] WIEGARTZ, Myra 182.

IV. 4. VORBILDER

Die Frage, welche Vorbilder den attischen Sarkophagen zugrunde liegen, ist bisher nicht zusammenfassend behandelt worden.[1] Sie läßt sich auch nicht in allgemeiner Weise beantworten, sondern es muß Gruppe für Gruppe genauestens untersucht werden.

Die attischen Sarkophage haben kaum Beziehungen zu den Produkten der anderen großen Werkstätten. Nur in wenigen Fällen sind Parallelen zu stadtrömischen Sarkophagen aufzuweisen. Einige sind damit zu erklären, daß beide Gruppen unabhängig voneinander auf dieselben Vorbilder zurückgehen. Nur in zwei Fällen könnten die Vorlagen aus Rom stammen. Von der Hauptgruppe der kleinasiatischen Sarkophage dürfte die Anregung gekommen sein, bei den attischen Exemplaren die dachförmigen Deckel durch Klinendeckel zu ersetzen, die dann aber eine eigene Ausprägung erhielten.[2] Die attischen Sarkophage haben in vielfältiger Weise Werkstätten in den Provinzen beeinflußt.[3]

In der Form und Dekoration schließen sich die attischen Exemplare an Schöpfungen der griechischen Klassik an. Die Ornamente sind weit verbreitet und finden sich beispielsweise auf einem Sonderfall wie dem Alexandersarkophag[4] in einer Auswahl und Anordnung, die dann, wenn auch bei weitem nicht so reich, von mittelantoninischen Sarkophagen aufgenommen wird.

Die Darstellungen sind meist keine kaiserzeitlichen Schöpfungen, die für die Sarkophage erfunden worden sind.[5] Sie gehen vielmehr auf ältere Vorbilder zurück, die einzelne Teile des Figurenfrieses oder auch die gesamte Abfolge vorgegeben haben können. Die Leistung der kaiserzeitlichen Sarkophagbildhauer liegt darin, daß sie die verschiedenartigen Vorbilder zu neuen Einheiten, nämlich zu Friesen, die für die Sarkophagkästen bestimmt und zugeschnitten sind, zusammengefügt haben. Es sind vielfältige Vorbilder verwandt worden. Bei einem Einzelstück, dem Heraklessarkophag in Rom, S. Maria sopra Minerva,[6] ist auf eine Komposition der späten Archaik oder frühen Klassik zurückgegriffen worden. Die Meleagersarkophage verwenden eine Abfolge von Jägern mit Figurentypen, die sich bis in die Zeit bald nach 450 v. Chr. zurückverfolgen lassen; ob eine geschlossene hochklassische Komposition dahintersteht, ist fraglich.[7] Bei der Bändigung des Pegasos durch Bellerophon und der Szene von Bellerophon und Pegasos an der Peirene[8] sowie bei den Jagddarstellungen[9] könnten Vorbilder klassischer Zeit übernommen und abgeändert worden sein. Ein spätklassisches Vorbild dürfte der Gruppe von Phaidra und Amme[10] – und damit

---

[1] K. Schefold, MEFRA 88, 1976, 759 ff.
[2] Wiegartz, Myra 188 f. 219.
[3] s. Kapitel IV 1.
[4] V. v. Graeve, Der Alexandersarkophag und seine Werkstatt (IstForsch 28, 1970).
[5] H. Froning, JdI 95, 1980, 324.
[6] s. Kapitel IV 3.2.3.
[7] s. Kapitel IV 3.2.6.
[8] s. Kapitel IV 3.2.11.
[9] s. Kapitel IV 3.1.2. – Vgl. auch den Zug der Sieben gegen Theben, Kapitel IV 3.2.11.
[10] Froning a. O. 327 ff.

dann auch dem einen späten Beispiel mit Hippodameia und Mutter oder Amme[11] – zugrundeliegen, das von den stadtrömischen und späten attischen Hippolytossarkophagen wiedergegeben und durch Beifiguren erweitert worden ist. Für die frühe Komposition der attischen Hippolytossarkophage sind hingegen Vorbilder nicht nachgewiesen worden.[12] Die Figurenfolge von Hektors Lösung durch Priamos bei Achill dürfte nicht auf ein geschlossenes klassisches Vorbild zurückgehen, die Gruppe von Primaos und Achill ist aber vielleicht von einem Gemälde der späten Klassik übernommen worden.[13] 425 419

In hellenistischer Zeit könnte die ‚Kerngruppe‘ der Entdeckung Achills auf Skyros entstanden sein,[14] die sich mehrfach auf Wandmalereien in Pompeji findet; auch sie ist für die Sarkophage umgebildet und bereichert worden. Ob die attischen Amazonensarkophage eine hochhellenistische Komposition mehr oder weniger geschlossenen kopieren oder ältere Typen in freier Weise zusammengesetzt worden sind, muß noch geklärt werden.[15] An hellenistische Schöpfungen schließen sich in lockerer Weise die Eroten- und Girlandensarkophage an.[16] Die Vorbilder der dionysischen Sarkophage finden sich auf neuattischen Reliefs.[17] 411 420

In einem Ausnahmefall, dem verschollenen Sarkophag mit der Tötung des Aigisth und der Klytaimestra durch Orest,[18] ist die Szene mit stadtrömischen Sarkophagen verbunden; sie könnte von ihnen abhängen oder zusammen mit ihnen auf ein gemeinsames Vorbild zurückgehen. Für ein Exemplar mit Musen, von dem nur ein Fragment erhalten ist, ist vielleicht eine stadtrömische Vorlage anzunehmen.[19]

Bei einer Reihe von weiteren attischen Sarkophagen sind Vorbilder nicht bekannt, wie beispielsweise bei der großen und prächtigen Gruppe mit der Schlacht bei den Schiffen vor Troja.[20] 444.445

Die Fragen sind nun, welche Form die älteren griechischen und gegebenenfalls frühkaiserzeitlichen Vorbilder hatten und auf welche Art und Weise sie die Darstellungen an die Sarkophage des späteren 2. und 3. Jhs. n. Chr. weitergegeben haben. Man hat die ‚Erfindungen‘ auf große griechische Gemälde, vielleicht auch Reliefs, und auf Buchmalerei zurückführen wollen; für die Übermittlung sind ebenfalls Buchmalereien und ferner Musterbücher, Bilderbuchrollen oder auch toreutische Werke aus kostbarem Material und nach ihnen gefertigte Positiv-Gipsabgüsse herangezogen worden.[21] Eine Klärung dieser Fragen ist bisher aber nicht erfolgt und scheint auch wegen der bruchstückhaften Überlieferung nur in Ausnahmefällen möglich zu sein.

---

[11] FRONING a.O. 329 Abb. 3.
[12] FRONING a.O. 329 f. Abb. 4 (Phaidra und Amme sind einander anders zugeordnet und haben andere Haltung als bei den übrigen Exemplaren, es liegt also nicht dasselbe Vorbild zugrunde).
[13] s. Kapitel IV 3.2.1.
[14] s. Kapitel IV 3.2.1.
[15] s. Kapitel IV 3.2.2.

[16] s. Kapitel IV 3.6 und IV 3.8.1.
[17] s. Kapitel IV 3.3.
[18] s. Kapitel IV 3.2.7.
[19] s. Kapitel IV 3.5.
[20] s. Kapitel IV 3.2.10.
[21] FRONING a.O. (s. oben Anm. 5) 322 ff. (mit Erörterung der verschiedenen bisher gemachten Vorschläge und Angabe der Lit.).

IV. 5. GRUNDLAGEN DER CHRONOLOGIE – PROBLEM DER WERKSTÄTTEN

Chronologie

Bei den attischen Sarkophagen sind nur wenige Anhaltspunkte für die zeitliche Einordnung der Stücke, also Inschriften, Porträts oder andere datierende Hinweise, vorhanden.[1] Die Verbindungen zu den stadtrömischen Sarkophagen, die sich weit besser überblicken lassen, sind nicht so eng, daß stilistisch Parallelen zu ziehen sind. In Athen fehlen auch, im Gegensatz zu Rom, datierte historische Reliefs oder andere Monumente, nach denen sich die Sarkophage einordnen ließen. Die in der Literatur angegebenen Datierungsvorschläge schwanken deshalb sehr stark. Eine genaue stilistische Untersuchung der gesamten Gruppe der attischen Sarkophage fehlt, verschiedene Hinweise, vor allem durch N. Himmelmann[2] und H. Wiegartz,[3] zeigen aber, daß sie eine sichere Grundlage für eine chronologische Reihe ergeben wird; schon jetzt können die dionysischen Sarkophage, die sich von etwa 140 bis um 260 n. Chr. verfolgen lassen, als Leitfaden gelten.[4]

Die attischen Sarkophage setzen wahrscheinlich erst in frühantoninischer Zeit ein, also wesentlich später als häufig angenommen wurde; deutlich ist der Abstand zum Beginn der Hauptproduktion in Rom. Den Anfang bilden wohl Girlandensarkophage, wenig später folgen Exemplare mit Eroten und Gestalten aus dem dionysischen Thiasos.[5] Feste Daten für den Beginn sind nicht vorhanden. Das dritte Viertel des 2. Jhs. n. Chr. ist die ‚Experimentierphase‘ der attischen Sarkophage,[6] in der die schon genannten Themen, ferner verschiedene Mythen und dekorative Motive dargestellt wurden. Ungefähre Anhaltspunkte geben der Sarkophag des Magnos Eryades in Athen, der um 160 n. Chr. entstanden sein dürfte,[7] und der Amazonensarkophag aus Thessaloniki in Paris, der nach den Porträtköpfen um 180 n. Chr. angesetzt werden kann.[8] Im letzten Viertel des 2. Jhs. n. Chr. scheint die Auswahl der Themen eingeengt worden zu sein.[9] Stilistische Neuerungen sind nicht vorhanden.

Ein ‚Stilwandel‘ läßt sich bei den attischen Sarkophagen um 200 n. Chr. feststellen.[10] Er äußert sich darin, daß obere und untere Ornamentzonen mit dem Figurenfries zu einer belebten Oberfläche zusammengezogen werden; die Gestalten treten

---

[1] H. Wiegartz, Gnomon 37, 1965, 614.

[2] N. Himmelmann-Wildschütz, MarbWPr 1959, 25 f.

[3] H. Wiegartz, AA 1977, 383 ff.; s. ferner Anm. 1.

[4] H. Wiegartz, AA 1977, 386 ff. (mit Anm. 90 auf S. 388).

[5] Gabelmann, Werkstattgruppen 25. Wiegartz, Myra 171 ff. 174. 208 f. Anm. 255. Ders., AA 1977, 385 ff.

[6] Wiegartz, Myra 181 ff.

[7] Athen, NM 1185: ASR IV 1, 7 Taf. 7–9; H. Wiegartz, AA 1977, 388 Anm. 90; Giuliano-Palma 14 Nr. 1 Taf. 4, 9.

[8] Paris 2119: ASR II 69; Himmelmann, Antakya 19 Taf. 22–24; Giuliano-Palma 22 Nr. 1 Taf. 16/17.

[9] Wiegartz, Myra 183.

[10] Himmelmann-Wildschütz a. O. (s. oben Anm. 2) 25 f. Wiegartz, Myra 189.

weit vor den Grund, werden dichter gedrängt und ragen in die obere Leiste hinein. Weiterhin werden neue Formen der Darstellung für die einzelnen Themen gewählt; bisweilen werden die älteren auf Rückseiten verdrängt.[11] Die Zahl der vertretenen Themen nimmt weiter ab, einzelne zeigen aber eine Reihe von Variationen. Gelegentlich begegnen auch noch neue Motive. Dieser ‚Stilwandel' ist kein unvermittelter Bruch, sondern ein langsamer Übergang. Ein einziges Exemplar im frühen 3. Jh. n. Chr., der Sarkophag des Q. Aemilius Aristides aus Ephesos, gibt gewisse Anhaltspunkte für die Datierung, ist aber nicht publiziert;[12] das Grab soll 204 errichtet worden sein, der Genannte ist noch 208/11 nachweisbar, das Porträt auf dem Klinendeckel soll 220/30 n. Chr. ausgeführt worden sein. Wegen der deutlichen Trennung von Fries und Ornamenten möchte man den Sarkophag möglichst früh im 3. Jh. ansetzen. Das erste Viertel des 3. Jhs. n. Chr. ist vorläufig eine recht dunkle Phase der attischen Sarkophage. 441

Im zweiten Viertel des 3. Jhs. n. Chr. ist eine Reihe von Sarkophagen vorhanden, die aufgrund von Porträtköpfen der auf dem Deckel lagernden Gestalten annähernd datiert werden können: ein Klinen-Riefel-Sarkophag in Athen (230/40 n. Chr.),[13] die Achillsarkophage in Rom[14] und Beirut[15] sowie ein Sarkophag in Tyros mit der Schlacht zwischen Griechen und Trojanern auf Vorder- und Nebenseiten und der Lösung Hektors durch Priamos auf der Rückseite (alle etwa 240/50 n. Chr.).[16] Eine Fülle von Stücken läßt sich anschließen. Für die letzte Phase der attischen Sarkophage, die Jahre von etwa 250 bis 260/70 n. Chr., stehen keine gesicherten Daten zur Verfügung. Ihr lassen sich nach Stil und Inschrift, die allerdings nur einen ungefähren Hinweis gibt, der dionysische Sarkophag in Thessaloniki[17] und nur nach dem Stil der Kasten mit Pelops in Athen[18] und das Fragment mit Eroten in Thessaloniki[19] zuweisen. Nur recht wenige Exemplare sind anzuschließen. Für das Ende der attischen Sarkophage darf nicht so sehr der Einfall der Heruler im Jahre 267 n. Chr. verantwortlich gemacht werden, sondern es waren wohl wirtschaftliche Gründe, der Niedergang des römischen Reiches, die dazu führten, daß seit etwa 250 n. Chr. die Produktion an Sarkophagen abnahm und schließlich eingestellt wurde.[20] Das genaue Datum dafür ist 413.414 443 450 438.466

[11] WIEGARTZ, Myra 194.
[12] Selçuk 1589: H. WIEGARTZ, Gnomon 37, 1965, 614; A. BAMMER u. a., Führer durch das Archäologische Museum in Selçuk-Ephesos (1974) 90f.; GIULIANO-PALMA 36 Nr. 3 Taf. 36, 89.
[13] Athen, NM 1497: H. WIEGARTZ, Gnomon 37, 1965, 614; GIULIANO-PALMA 52 Nr. 7 Taf. 65, 157.
[14] Rom, Mus. Cap. 218: SICHTERMANN-KOCH 16f. Nr. 3 Taf. 5–8; GIULIANO-PALMA 46 Nr. 3 Taf. 49, 119–121.
[15] Beirut 607: G. KOCH, AA 1978, 125ff. Abb. 8–12.14–17; GIULIANO-PALMA 46 Nr. 3 Taf. 50.
[16] Tyros, Grabungen: M. CHÉHAB, Les Dossiers de l'Archéologie 12, Sept./Okt. 1975, 42 (Abb. oben); KOCH a.O. 127 Anm. 37. – Nachtrag: Der Kopf des Mannes auf dem Klinen-D. des S. mit Schiffskampf in Damaskus (s. oben Kapitel IV 3.2.10, Liste der Schiffskampfs. Nr. 4) ist gefunden worden, aber noch nicht zugänglich.
[17] Thessaloniki 1247: ASR IV 1, 11, Taf. 8f.; GIULIANO-PALMA 52 Nr. 1 Taf. 60.61, 147.
[18] Athen, NM 1176: ASR III 3, 322; GIULIANO-PALMA 46 Nr. 4 Taf. 51; G. KOCH, AA 1978, 126 Abb. 13; H. FRONING, JdI 95, 1980, 329 Abb. 3.
[19] Thessaloniki 6687: H. WIEGARTZ, AA 1971, 97 Abb. 6.
[20] H. WIEGARTZ, Gnomon 37, 1965, 614.

	Menschen-leben Jagd Sonstiges Giuliano, Comm.	Achill-Skyros ASR II Kap.IV 3.2.1	Achill Priamos ASR II Kap.IV 3.2.1	Achill-Rüstung u.a ASR II Kap.IV 3.2.1	Amazonen ASR II Kap.IV 3.2.2	Hippolytos ASR III 2 Kap.IV 3.2.4	Meleager ASR XII 6 Kap.IV 3.2.6
140/50							
150 - 170/80	Jagd 1 Athen 82 Patras Mann u. Frau *Antakya 9576* Sieger 279 *Antakya 8473*				Korinth G 57	Beirut	162 Brüssel 163 Thessaloniki 160 Athen Piräus
170/80 - 200	Faustkämpfer 362 Vatikan	20 Leningrad 23 London 21 Leningrad	Beirut Adana Ioannina Bursa	*Ioannina*	69 Paris 129 Triest Tyros 74 Istanbul 70 Athen	144 Istanbul	166 Delphi 184 Patras
200 - 220/30		22 Neapel 24 Kopenhagen Jerusalem G 301	47 Woburn (neuer Typ)	47 Woburn	Cambridge G 459 Thessaloniki G 217	152 Agrigent	170 Eleusis Damaskus 200 *Jerusalem* 176 Istanbul
220/30 - 250	Jagd (?) 328 Kyrene 381 Budapest (oder Hipp?)	25 Paris 26 Rom, Cap.	25 *Paris* Tyros Beirut 26 Rom, Cap.	Myra Tyros Beirut	Thessaloniki G 218 Jerusalem G 309 110 London	154 Leningrad Tyros Tarragona 155 V.Medici 156 Woburn Beirut Kyrene Budapest	168 Chicago 175 Thessaloniki 173 *Thessaloniki* 177 Liverpool 178 Split
250 - 260/70			50 Theben			160 Arles Apollonia	

Vorläufige Datierungstabelle attischer Sarkophage

Chronologie – Werkstätten   459

Schlacht vor Troja	Schlacht bei den Schiffen	Sonstige Mythen	Dionysische Sarkophage	Eroten	Girlanden	Sonstige dekorative Sarkophage	
Liste in Kap.IV 3.2.9	Liste in Kap.IV 3.2.10		ASR IV 1 Kap. IV 3.3	Liste in Kap.IV 3.6	Liste in Kap.IV 3.8.1		
				1 Athen 2 Istanbul	1 London 4 Athen 8 Athen		140/50
		Kentauren Kap.IV 3.2.5 Herakles Kap.IV 3.2.3 *Bellerophon* Kap.IV 3.2.11 *Oidipous* Kap.IV 3.2.11	1 Istanbul Tyros 5 Athen 7 Athen 4 Athen 3 Istanbul	3 Anaphe 37 Antakya 69 Athen 4-15.38-42 45-47	9 Eleusis 10 Antakya 2 Athen 3 Athen 18 *Istanbul* 19 *Ptolemais* 20 *Athen* 25 Antakya 29 *Tyros* 31 *Athen* 11 Athen 26 *Athen*	Ranken Myra u.a. Kap.IV 3.8.2 Niken Antakya 9576 Kap.IV 3.8.3 Kassetten Athen, Ker. Kap.IV 3.8.7	150 - 170/80
54 Ptolemais	8 Tarent	Musen Mailand Orest Oxford 'Orest' Beirut Sieben Theben Korinth *Theseus* Istanbul Orest Verscholl.	8 Ioannina 6 Palestrina	60.61 Athen 57 London 56 Athen 43 Kephissia 18 Kyrene 17 Verscholl. 16 Verscholl.	14 Heraklion 33 *Kephissia* 34 *Athen* 15 Bellapais 61 Grottaferrata 16 Famagusta 35 *Korinth* 36 *Paris* 37 *Beirut* 38 *Istanbul* 39 *Leningrad*	Riefel u. Girlande Preveza	170/80 - 200
28 Ephesos 57 Rom, P. Lazz. 1 Adana 38 Istanbul 46 London 49 Madrid	11 Venedig 22 Brescia 10 Tyros 12 Zerstört	Odysseus Istanbul Orest Theben Unterwelt Thessaliki *Leda* G 301 Jerusalem Herakles Paris G300	12 Sparta Amman Pola 25 Split Jerusalem G 309	20 Beirut 22 Ostia 23 Side 24 Zadar 25 Princeton 44 Kythnos 51 Thessaliki 52 Ephesos	40 *Neapel*	Kap.IV 3.8.1 Nr. 83 ⎬ Klinen-Riefel	200 - 220/30
45 Leningrad 8 Askalon 2 Antakya 14 Athen 20 Beirut 67 Tyros 66 Tyros	18 Thessaliki 4 Damaskus 23 Pola 9 Thessaliki 15 Malibu 19 Triest 17 Niš 16 Myra	*Orpheus* Thessaliki Musen Wien *Orpheus* Rom, Cap. ASR IV1,10 *Kentauren* ASR II 110 *Kentauren* ASR IV1,11A	9 Boston 10 Rom, Cap. 11A Kyrene	27 Fethiye 28 Split 29 Prätextat 50 Damaskus 53 S.Lorenzo 58 Split		s. Kap. IV 3.8.6	220/30 - 250
		Kentauren Thessaliki ASR IV1,11 Pelops Athen ASRIII3,322		11 Thessaliki 48 Thessaliki 49 Rom, NM			250 - 260/70

Vorläufige Datierungstabelle attischer Sarkophage

nicht bekannt. In den Werkstätten wurden später noch dekorative Plastiken geschaffen, die sich bis in das 4. Jh. n. Chr. fortsetzen.[21]

Um eine Übersicht über die Datierungen zu ermöglichen und einen Einblick in die Abfolge der Themen zu geben, wird eine Reihe der wichtigsten Sarkophage in einer Tabelle zusammengestellt.[22]

Problem der Werkstätten

In welcher Art und Weise die Produktion der attischen Sarkophage ablief, ist nicht geklärt. H. Wiegartz konnte aufzeigen, daß die Fertigung in viele Arbeitsgänge aufgeteilt war, für die jeweils Spezialisten eingesetzt waren.[23] Es ist aber nicht bekannt, ob es sich um eine große Werkstatt mit vielen Bildhauern handelte oder um ein bazarähnliches Verhältnis mit einer Reihe kleiner Betriebe, die in einem engen Austausch standen.[24] A. Giuliano und B. Palma haben versucht, die Sarkophage auf verschiedene Werkstätten und sogar auf einzelne Meister aufzuteilen, jedoch ohne den Ablauf der Herstellung zu berücksichtigen.[25] Auch von ihnen getrennte Sarkophage sind in Einzelheiten immer wieder miteinander verbunden, ja, ein Großteil der attischen Sarkophage ist so eng verknüpft, daß es nicht möglich ist, sie verschiedenen Werkstätten zuzuweisen. Besonderheiten der Deckelform wie attikaähnliche Bildungen an den Seiten[26] oder auffallende und relativ seltene Ornamente, wie ein gedrehtes Band,[27] reichen ebenfalls nicht aus, einige Sarkophage aus der großen Gruppe herauszulösen und getrennten Werkstätten zuzuschreiben. Man darf deshalb, zumindest bis zur Vorlage des gesamten Materials von etwa 1000 Stück durch H. Wiegartz, annehmen, daß der überwiegende Teil der attischen Sarkophage in einer einzigen Werkstatt oder einem Kreis eng verbundener Betriebe hergestellt worden ist.

Einige Sarkophage setzen sich allerdings deutlich von der übrigen Gruppe ab. Es handelt sich nur um Exemplare, die in einer frühen Phase, dem dritten Viertel des 2. Jhs. n. Chr., entstanden sind. Beispiele sind der dionysische Sarkophag auf der Agora in Athen,[28] ein Kasten mit Eroten und ein Sarkophag mit Kentauren in Athen, NM,[29] ein Kasten mit Löwenjäger in Patras,[30] ein Sarkophag mit Dioskuren, Leda und

---

[21] G. Koch, AA 1978, 121ff.
[22] Es wird ausdrücklich darauf hingewiesen, daß es sich nur um einen vorläufigen Vorschlag handeln kann, da Vorarbeiten weitgehend fehlen. – Bei kursiv gesetzten Exemplaren erscheinen die Themen auf Ns. oder Rs.
[23] Wiegartz, Marmorhandel 352 ff.; bes. 354.
[24] Wiegartz, Myra 194.
[25] Giuliano-Palma (1978).
[26] Himmelmann, Antakya 12 ff.; ders. bei: H. Wiegartz, AA 1971, 98.

[27] Wiegartz, Myra 173 f. (die Ls. in Triest: H. Sichtermann, AA 1974, 309 Nr. 1 Abb. 1). ASR XII 6 S. 140 Anm. 5 (dazu: Frgt., ehem. Rhodos, B. Pace, BdA 10, 1916, 92 Abb. 11).
[28] Athen, beim Hephaisteion: ASR IV 1, 5 Taf. 6, 1–3; H. Wiegartz, AA 1977, 386 ff.; Giuliano-Palma 13 Nr. 1 Taf. 1, 1.
[29] Athen, NM (Nr.?): s. oben Kap. IV 3.6, Liste Nr. 40. – Athen, NM 1184: Giul. Nr. 12; Wiegartz, Myra 176 Anm. 94; 182; 209 Anm. 259.
[30] Patras (Nr.?) Giul. Nr. 81; Wiegartz, Myra 176. 177 Anm. 99; 182. 197.

Meerwesen in Kephissia[31] und ein Erotensarkophag in Thessaloniki.[32] Gewisse Eigenarten hat auch der Sarkophag des Magnos Eryades in Athen;[33] ob sie ausreichen, auch dieses Exemplar einer anderen Werkstatt zuzuschreiben, muß noch geklärt werden. Untereinander haben diese Beispiele keine Verbindungen, man kann also nicht eine zweite Werkstatt neben der Hauptwerkstatt feststellen. Es läßt sich vielmehr folgern, daß am Anfang, vielleicht angeregt von den Erfolgen der Hauptwerkstatt, auch einige weitere Betriebe versucht haben, konkurrenzfähige Produkte zu schaffen. Zu eigenen Formen oder auch nur zu guten Nachahmungen sind sie aber nicht gekommen, so daß sich ihre Exemplare nicht durchsetzen konnten. Die Hauptwerkstatt hatte seit dem späten 2. Jh. n. Chr. ein Monopol inne; Stücke des 3. Jhs. n. Chr., die sich deutlich von ihr absetzen, sind nicht nachgewiesen worden.

IV. 6. EXPORT

GIULIANO, Commercio (1962); dazu: H. WIEGARTZ, Gnomon 37, 1965, 612 ff.

Die attischen Sarkophage wurden in reichem Maße exportiert. Schon G. Rodenwaldt hat darauf hingewiesen,[1] und A. Giuliano hat dann eine listenförmige Aufstellung gegeben. Auf der Karte Abb. 7 sind auch die Nachträge von H. Wiegartz und weitere Neufunde eingetragen. Zur Erläuterung der Karte werden die Fundorte und auch die Aufbewahrungsorte, sofern sie aller Wahrscheinlichkeit nach in der Nähe der Fundorte liegen, aufgeführt und mit kurzen Hinweisen auf A. Giuliano und weitere Literatur versehen;[2] Vollständigkeit ist dabei nicht zu erreichen.

Achaia – Inseln der Ägäis – Kreta

ATHEN und Umgebung	G 1–55. 136–156. 158–179; SVORONOS, Nat. Mus. Taf. 185 Nr. 940; 148 Nr. 2405; 161 Nr. 2415; 195 Taf. 2969; AEphem 1961, Parart. 5 ff. Taf. 3, 2–4; ASR IV 1, Beil. 1, 2–3; H. WIEGARTZ, Gnomon 37, 1965, 616 Nr. 1–5; ADelt 24 B 1, 1969, 63 Taf. 54, 2; HIMMELMANN, Antakya 20 f.
KEPHISSIA	G 74–76; glatter K. mit Profilen und Frgt.e.
MARATHON	PraktAthAEtair 1972, 7 Taf. 3.
ELEUSIS	G 69. 70; frgt. K. mit Girlanden.
SALAMIS	G 89.
MEGARA	G 185 (G 77 ist kein S.); Frgt. mit Männertorso.
AIGINA	G 157. 182; HIMMELMANN, Antakya 20.
KORINTHOS	G 57–61. 64–65; ADelt 24 B 1, 1969, 102 Taf. 79, 3; Frgt., Ns., antith. springende Löwen; Frgt., Ns., Sphinx.

---

[31] Kephissia, Grab: ASR II 9; GIUL. Nr. 74; WIEGARTZ, Myra 173 Anm. 66; 178. 183.
[32] Thessaloniki 1248: MATZ, MW 82 Nr. 11; GIUL. Nr. 234; ASR XII 6 S. 64 f. Anm. 20; 139 Anm. 4.
[33] s. oben Anm. 7.

[1] G. RODENWALDT, JdI 45, 1930, 185; ders., RM 58, 1943, 16.
[2] GIULIANO, Commercio wird hier abgekürzt: G. – Bei kursiv gedruckten Orten steht der Fundort nicht fest; auch bei manchen anderen Stücken mag er in der Nähe der angegebenen Stätten liegen.

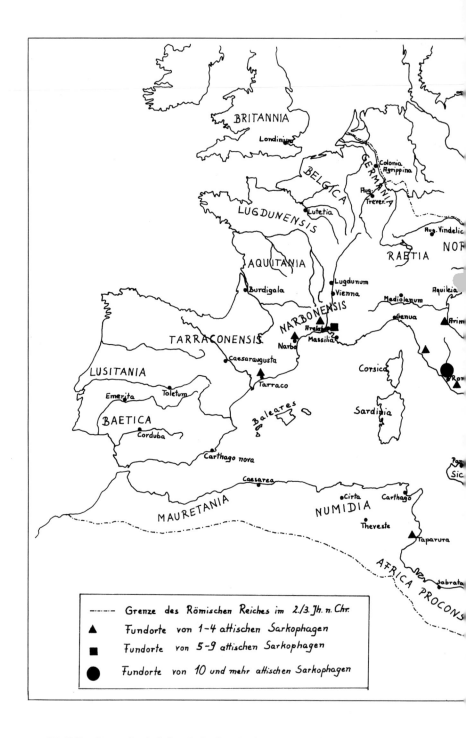

Abb. 7. Der Export der Attischen Sarkophage in den Provinzen des römischen Reiches

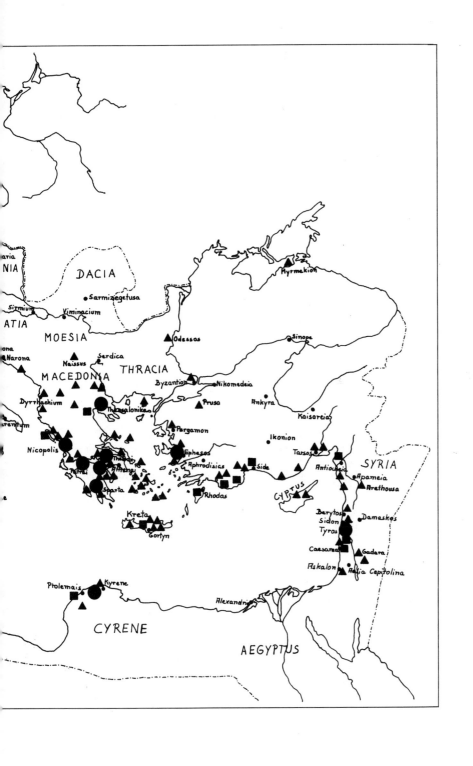

ARGOS	BCH 87, 1963, 177f. Abb. 101.
Nauplion	G 187.
EPIDAUROS	Klinendeckel, frgt.
PATRAS	G 80–86. 128; AA 1975, 545ff. Nr. 184; zwei S. mit glatten Wänden und Profilen; Frgt. mit Kassette, auf Ns. Sphinx.
Blachernai	AEphem 1923, 30 Abb. 53.
Manolas	Frgt., Klinendeckel, in Kirche eingemauert.
TEGEA	Frgt., Priamos vor Achill (1979 nicht gefunden); Frgt., Amazonen.
SPARTA	G 90ff. (einige S. lokal, z. B. 93. 96. 100. 104. 106. 109. 112). 189; A. ORLANDOS, Ergon 1963, 102ff. Abb. 113. 115–118; zahlreiche weitere Frgt.e.
GYTHEION	G 73 (71 und 72 sind lokal); P. E. GIANNAKOPOULOS, To Gytheion (1966) 174f. (Boden und Frgt.e eines Schlachts.). 176 Abb. 50/51 (Klinendeckel). 176 Abb. 49 (glatter K. mit Profilen).
KORONE	G 66. 67.
DELPHI	G 68.
THEBEN	G 190–192; WIEGARTZ, Myra 173 Anm. 72; 180f. (Frgt.e mit Ranken); ArchBM 5, 1939/40, 125 Nr. 6 Abb. 5 (Frgt., vielleicht mit Kassette); BullCom 61, 1933 (BullMusImp 4) 29f. Anm. 8 (Frgt., Girlanden); AEphem 1924, 8f. Abb. 12 (glatter K. mit Profilen); weitere Frgt.e im Mus.
THESPIAI	G 129–135 (fraglich, ob alle Frgt.e attisch; 1979 G 131–135 in Theben und Thespiai nicht gefunden).
ERETRIA	G 180. Frgt. mit Oberkörper einer Frau.
CHALKIS	G 181. Frgt. Riefels.
PEPARETHOS	G 88.
SKYROS	ADelt 26 B 1, 1972, 279 Taf. 242, 3–4.
ANDROS	G 56.
KYTHNOS	ADelt 23 B 2, 1968, 383 Taf. 340, 4.
SIPHNOS	G 123; Klinen-Riefel-S. (Hinweis H. Wiegartz).
MELOS	ADelt 23 B 2, 1968, 395 Taf. 353, 2.
PAROS	G 79 (jetzt Cambridge/Mass.).
NAXOS	Frgt., sitzende Sphinx, im Mus.
THERA	G 125. 126; Boden und Sockelteile eines K., ferner vielleicht zugehöriger fragmentierter Klinen-D., vor Museum; Frgt. von Sockel (mit gedrehtem Band) und Giebel eines Dach-D. mit reichen Voluten, Kloster Prophetis Elias.
ANAPHE	G 127.
RHODOS	G 260–262; BdA 10, 1916, 90 Abb. 10; 92 Abb. 11; G. KONSTANTINOPOULOS, Die Museen von Rhodos I. Das archäologische Museum (1977) 76ff. Nr. 145 Abb. 126; 100 Nr. 205 Abb. 183.
SAMOS	G 263; HIMMELMANN, Antakya 20.
aus Griechenland	G 184. 188. 401. 404–409; London 2341: SMITH, Cat. Sculpt. III 339 Nr. 2341.
LISSOS	MonAnt 11, 1901/02, 455f. Abb. 150f.; H. WIEGARTZ, Gnomon 37, 1965, 617 Nr. 25.
GORTYN	G 311–315.
CHERSONESOS	ASR XII 6, 167 Taf. 132b.
Kastri	G 340.
MALLIA	G 318.
HIERAPYTNA	G 316; WIEGARTZ a.O. 617 Nr. 26.
ARVI	G 310.
aus Kreta	G 339.

Epirus

BUTHROTUM	G 193; L. M. UGOLINO, Albania Antica III (1942) 177f. Abb. 178/79 (att.?).
KERKYRA	G 194–197. Frgt. Inv. 174.
ITHAKA	G 199.

NIKOPOLIS	G 201. 202. 204. 206–208. 210; ADelt 26 B 2, 1971, 331 Taf. 305, 4; zahlreiche Frgt.e im Magazin.
LADOCHORI (bei Igoumenitsa)	Ioannina 6176 (Achill-Priamos). 6177 (dionys.). 6179 (Klinendeckel).
PHOTIKE	G 209; H. WIEGARTZ, Gnomon 37, 1965, 616 Nr. 6.
Korakonesia	ArchBM 11, 1969, 25 Abb. 13.

Macedonia

APOLLONIA	G 211.
Tirana	Frgt. Achill-Skyros (F. O. derzeit nicht festzustellen).
DYRRHACHION	Shqiperia Arkeologjike (1971) Taf. 107; ÖJh 21/22, 1922–24, Beibl. 184 f. Nr. 56 Abb. 100.
Edessa	Frgt., oberer Rand, Pferdekopf.
Beroia	Makedonia 12, 1972, 69 f. Taf. 3, 2; 4 (att.? s. hier bei den Girlandens.).
DION	H. WIEGARTZ, Gnomon 37, 1965, 616 Nr. 7–9; neugefundene Frgt.e
LARISA	G 183.
THESSALONIKI	G 212–228. 230–241. 465; WIEGARTZ a.O. 616 Nr. 11–13; ADelt 23 B 2, 1968, 325 Taf. 271, 3; Makedonika 9, 1969, 141 Taf. 21. 22, 2; WIEGARTZ, Myra 182. 209 Anm. 259; weitere Frgt.e
Kilkis	ADelt 27 B 2, 1972, 499 Taf. 428 a; 429 a; zwei Frgt.e Amazonen, Frgt. Hippolytos, Frgt. Eroten auf Biga.
BARGALA	DOP 25, 1971, 277 Abb. 66/67.
Ohrid	N. VULIĆ, Spomenik. Srpska Kraljevska Akademija 71, 1931, 111 Nr. 270.
Makedonien	G 229 (ein Frgt. identisch mit G 387, Wien 1509).

Moesia Superior

Skoplje	VULIĆ a.O. 33 f. Nr. 67 (att.?).
NAISSUS	G. KOCH, GettyMusJ 6/7, 1978/79, 106 Nr. 15 Abb. 3; N. VULIĆ, Spomenik. Srpska Akademija Nauka 98, 1941–48, 109 Nr. 238; 117 Nr. 259 (att.?).

Thracia

SAMOTHRAKE	G 242/43.
BYZANTION	G 247.

Moesia Inferior

ODESSOS	G 244. 245; BullMusVarna 5, 1969, 54 ff.

Bosporus

MYRMEKION	G 246.

Bithynia

PRUSA   HIMMELMANN, Antakya Taf. 17 b; 18.

Westküste Kleinasien

PERGAMON   G 259.
SMYRNA   G 264.
EPHESOS   G 249–258; HIMMELMANN, Antakya 23 Abb. 15; C. FOSS – P. MAGDALINO, Rome and Byzantium (1977) 9; Frgt., Heimtragung eines Kriegers (ASR XII 6 S. 118 Anm. 5).
aus Kleinasien G 390. 415 (?). 436; H. WIEGARTZ, Gnomon 37, 1965, 617 Nr. 32 (?).

Lykien

TELMESSOS   G 270.
KADYANDA   INIst R 627 (Klinendeckel).
TLOS   RA 1976, 133 ff.
XANTHOS   G 271–273. 412 (?); Mél. P. Collart (1976) 112 ff. Nr. 2 Abb. 18 ff.; Nr. 4 Abb. 22.
MYRA   WIEGARTZ, Myra 163 ff. Nr. 1–5.

Pisidien

TERMESSOS   H. WIEGARTZ, Gnomon 37, 1965, 616 Nr. 16.

Pamphylien

ATTALEIA   G 265. 267. 268. 274 (= ASR IV 1, 23 A Taf. 27, 4); WIEGARTZ a. O. 616 Nr. 19 (?). 20 (?). 21 (?).
SIDE   G 269; WIEGARTZ a. O. 616 f. Nr. 17 (Schlacht). 23 und 24 (Amazonen). 22 (dionys.); HIMMELMANN, Antakya 22 f. Abb. 14; G. KOCH, Gnomon 45, 1973, 221 (dionys.); ASR XII 6, 172 Taf. 137 c. d.
KORAKESION   ASR XII 6, 181 Taf. 135 a.

Kilikien

KORYKOS   HIMMELMANN, Antakya 21 (drei Frgt.e, Schlacht).
TARSOS   G 277.
Umgebung von Adana HIMMELMANN, Antakya 21 (Frgt., Rs.); KOCH a. O. 221 (dionys.); Istanbul 4015–17 (Frgt.e, Schlacht).

Cyprus   G 278; HIMMELMANN, Antakya Taf. 20/21.

Syria

ANTIOCHEIA	G 279. 282. 283. 287; HIMMELMANN, Antakya Taf. 11–14; ASR XII 6, 168 Taf. 133a; Antakya 15948 (Girlanden).
LAODIKEIA	G 290 (289 bisher nicht nachzuweisen).
GABALA	Damaskus 14923 (Klinendeckel).
ARETHOUSA	Großartige neuentdeckte Altertümer. Generaldirektion der Altertümer und Museen (arab. Titel), Damaskus 1978, Nr. 3 (Schiffskampf). 4 (Meleager; vgl. DaM 1, 1981).
BERYTUS	G 288; BMusBeyr 7, 1944/45, 69 Taf. 12c; Ns., Amazonen.
Beirut	G 295–297; Frgt., Inv. Nr. 645 (Mann, nach l. gerichtet).
SIDON	G 291. 292; Baltimore, WAG 23.4/5 (zwei Köpfe).
TYROS	G 293. 294; BMusBeyr 21, 1968 Taf. 1–44 (neun att. S.); Les Dossiers de l'Archéologie 12, Sept./Okt. 1975, 41 (Schiffskampf). 42 (Schlacht); Neufunde: Achill, Hippolytos, Schlacht, Klinen-Riefel und zahlreiche Frgt.e
aus Syrien	G 298. 299. 300.

Palaestina

BESARA	G 301–309 (301 = ASR XII 6, 200).
PTOLEMAIS	zwei Frgt.e im Mus. in Akko.
CAESAREIA	G 309; A. CALDERINI – L. CREMA, Scavi di Cesarea Marittima (1965) 311 f. Abb. 408. 409; GIULIANO-PALMA 52 Nr. 4 Taf. 62; vier Frgt.e im Museum in Śdot-Yam: Schlacht, Amazonen, dionys. (Hinweis H. Bloedhorn).
ASKALON	'Atiqot, English Series 11, 1976, 72 ff. Taf. 17–20.

Arabia

GADARA	Unterteil eines K. (Schlacht?) und Klinendeckel, christl. wiederverwandt (Hinweis H. Bloedhorn).
Amman	AA 1977, 387 Abb. 63 (F. O. nicht festzustellen).

Cyrenaica

APOLLONIA	GIULIANO-PALMA 33 Nr. 1 Taf. 30.
KYRENE	G 322–332. 394; KALLIPOLITIS, Chron. 30 Nr. 184.
PTOLEMAIS	G 333–337.
BARCA	G 319–321.
EUESPERIDES	G 341.
aus der Cyrenaica	G 342. 343.

Africa

Sfax (Taparura)	GIULIANO-PALMA 34 Nr. 6 Taf. 35, 86.

Tarraconensis

TARRACO   G 344. 345.
aus der   G 455 (F. O. nicht bekannt).
Tarraconensis

Narbonensis

ARELATE   G 346. 347; ESPÉRANDIEU XII 23 Nr. 7938 Taf. 25; 26 Nr. 7968, 7975 Taf. 31;
                       HIMMELMANN, Antakya 14 Abb. 11.
NEMAUSUS   G 348 (att.?).
NARBO   ESPÉRANDIEU I 365 Nr. 564 (S.?).
aus der Narbonensis G 349.

Aquitania

BURDIGALA   ESPÉRANDIEU II 213 f. Nr. 1239 (S.?, att.?).

Italia

AD NONAS   G 350.
Foligno   INR 38.355.
Grosseto   INR 59. 1191 (Kriegerkopf).
ROM und OSTIA   G 353. 354. 356–365; M. L. VELOCCIA RINALDI – P. TESTINI, Ricerche archeo-
                       logiche nell'Isola Sacra (1975) 114 f. Abb. 85; E. FABBRICOTTI, ArchCl 27,
                       1975, 41 ff. Taf. 18 ff.; weitere Frgt.e
aus Rom   G 392. 393. 395. 397. 410. 411. 419. 420. 428–435. 437–443. 451. 454. 458.
                       469; KASCHNITZ Nr. 466; ASR II 32. 56; GIULIANO-PALMA 30 Nr. 6 Taf. 25,
                       62; Aufstellung der Stücke aus Rom und Umgebung: G. Koch, BJb 182,
                       1982.
GROTTAFERRATA   G 352.
PRAENESTE   G 355.
MISENUM   COMTE DE CLARAC, Musée de Sculpture II (1846) Taf. 213 Nr. 237; REINACH,
                       RS I 100, 237 (Paris 4119).
ATELLA   G 351.
Rimini   F. REBECCHI in: Antichità Altoadriatiche 13, 1978, 238 Anm. 120.
TARENTUM   G 370.
TAUROMENIUM   G 369.
SYRAKUS   ASR IV 1, 16 Taf. 25, 1.
AGRIGENTUM   G 368.
aus Campanien   G 445.
aus Italien   G 452 (?). 457. 469.

Oberitalien – Istrien

AQUILEIA   G 372–378; SCRINARI, Mus. Arch. Abb. 413–417. 419–421. 434. 435.
                       437–439. 441. 445. 447–450. 459. 471; F. REBECCHI in: Antichità Altoadriati-
                       che 13, 1978, 235 f. Abb. 14. 15. 17.

Mailand	GABELMANN, Werkstattgruppen Taf. 5, 2.
BRESCIA	G 422. 423.
Asolo	GABELMANN a. O. 13 Anm. 44.
Gemona	GABELMANN a. O. 13 Anm. 44.
Cividale	G 425–427.
Triest	G 446–450; AA 1974, 309 Nr. 1 Abb. 1; GIULIANO-PALMA 49 Nr. 3 Taf. 55, 136.
POLA	G 379; A. GNIRS, Führer durch Pola (1915) 76 Nr. 118 Abb. 38.
Poreč	ÖJh 26, 1930, Beibl. 177 f. Abb. 81.

Dalmatia

IADER	G 388; E. REISCH u. a., Führer durch das k. k. Staatsmuseum S. Donato in Zara (1912) 93 f. Nr. 157 (Eroten); 91 Nr. 151(Meleager); 93 Nr. 155 (?).
TRAGURIUM	Frgt., dionys.; Frgt., Achill auf Skyros.
Šibenik	M. GORENC, Antikna Skulptura u Hrvatskoj (1952) Abb. 60 (F. O. Danilo).
SALONA	G 381. 384–386. 468; AA 1977, 445 Anm. 344 (N. Cambi konnte etwa 100 Frgt.e von att. S. feststellen).
Knin	G 382. 383.
Koločep	V. LISIČAR, Koločep. Nekoć i Sada (Dubrovnik 1932) 22 Abb. 10 links (Kentauren).
aus Dalmatia	G 380. 387 (identisch mit zweitem Frgt. von 229; also vielleicht aus Macedonia?).

Es ergibt sich, daß attische Sarkophage in weite Teile des Mittelmeerraumes exportiert worden sind. Wenn man von der näheren Umgebung von Athen absieht, finden sich größere Zahlen in Korinth, Sparta, Patras, Nikopolis und vor allem Thessaloniki. Eine Reihe von Stücken ist über die Inseln verstreut, mehrere sind auf Kreta und Rhodos gefunden worden. An der West- und Südküste Kleinasiens sind die Zentren Ephesos, Xanthos, Myra und Side. Eine besondere Häufung ist an den Küsten Kilikiens und vor allem Syriens und Palästinas vorhanden. Ein weiterer Schwerpunkt liegt in der Cyrenaica. Der Export zieht sich die östliche Adriaküste von Buthrotum über Salona bis Aquileia nach Norden; im oberitalischen Hinterland werden einige verstreute Stücke aufbewahrt, bei denen allerdings der Fundort nicht bekannt ist. Überraschend viele attische Sarkophage sind in Rom importiert worden; sonst gibt es im mittleren und südlichen Italien nur vereinzelte Funde. Arelate tritt mit mehreren, Tarraco nur mit zwei Beispielen hervor. Im gesamten westlichen Nordafrika ist nur ein Stück, in Aegyptus und auch in den nördlichen Provinzen sind keine Exemplare bekannt.

Außer dem näheren Ausstrahlungsgebiet von Athen sind Zentren des Exports einmal die Gegenden, die kaum eigene Sarkophage oder zumindest keine aufwendigen Friessarkophage hervorgebracht haben wie Syrien, Palästina, Kyrene oder Salona, zum anderen Orte an alten Handelswegen wie Myrmekion, Odessos, Aquileia und Arelate, dann aber auch Landschaften, die durchaus eigenständige und anspruchsvolle Sarkophage hatten wie vor allem Rom und Kleinasien. Die importierten Sarkophage haben zwar zeitweise in begrenztem Umfang die lokale Produktion dieser Gegenden beeinflußt, es muß aber eine Vorliebe für Attisches mitgespielt oder den Ausschlag gegeben haben.³

Bisher ist nicht zu erkennen, daß zu gewissen Zeiten bestimmte Gegenden bevorzugt attische Sarkophage importiert haben, vor allem dann nicht, wenn man die Exemplare mit berücksichtigt, die durch lokale Kopien belegt, aber nicht mehr erhalten sind. Überall da, wo genügend Material vorhanden ist, wie beispielsweise in Rom, Aquileia, Salona, Thessaloniki, Kyrene oder Tyros, scheint es frühe, mittlere und späte Sarkophage zu geben.⁴ In vielen Gegenden, wie Rom, Salona oder Tyros, ist jedoch festzustellen, daß der Import attischer Sarkophage im 3. Jh. n. Chr. erheblich zunimmt; vereinzelten Beispielen aus dem 2. Jh. steht eine große Anzahl von Stücken aus dem 3. Jh. n. Chr. gegenüber.⁵

IV. 7. KOPIEN NACH ATTISCHEN SARKOPHAGEN IN DEN PROVINZEN DES RÖMISCHEN REICHES

Attische Sarkophage sind vom zweiten Viertel des 2. bis zum dritten Viertel des 3. Jhs. n. Chr. hergestellt und wohl über den ganzen Zeitraum hinweg exportiert worden. In vielen Teilen des römischen Reiches waren sie ein begehrter Luxusartikel. Das führte in verschiedenen Gegenden dazu, daß die attischen Formen von lokalen Meistern kopiert wurden. Auf diese Weise konnten in Marmor oder auch nur in Kalkstein Sarkophage geschaffen werden, die wesentlich preisgünstiger waren als die attischen Originale, die aber wegen ihrer Ornamentzonen und ihrer Darstellungen den Anspruch erheben konnten, mit den attischen Sarkophagen zu konkurrieren.

Diese Kopien zeigen eine recht unterschiedliche Art der Annäherung an attische Vorbilder. Bei einigen Stücken wird die attische Form einschließlich der Ornamente recht getreu kopiert, auch die Darstellung übernommen und nur am Material oder an Einzelheiten der Ausführung der Schmuckleisten oder der Figuren ist zu erkennen, daß es sich nicht um einen aus Athen kommenden Sarkophag handeln kann. Beispiele dafür sind der Erotensarkophag in Korykos,¹ der Girlandensarkophag aus Elaioussa Sebaste,² der Amazonensarkophag in Neapel³ oder der Meleagersarkophag in Catania.⁴ In anderen Fällen sind die Schmuckleisten stark vereinfacht oder ganz weggefal-

---

³ WIEGARTZ a. O. 613.
⁴ WIEGARTZ a. O. 613.
⁵ Zu Rom: G. Koch, BJb 182, 1982 (mit einer tabellarischen, nach Themen und Zeitstellung geordneten Liste der in Rom und Umgebung gefundenen attischen S.). – Zur Situation in der Provinz Syria: G. Koch, DaM 1, 1981.
¹ GIUL. Nr. 275; A. MACHATSCHEK, Die Nekropolen und Grabmäler im Gebiet von Elaioussa Sebaste und Korykos (Denkschriften Wien 96, 1967) 38 ff. Abb. 18; G. KOCH, GGA 224, 1972, 242 f.; ders., Gnomon 45, 1973, 221; WIEGARTZ, Myra 233.
² Adana (Nr.?), aus Elaioussa: GIUL. Nr. 276; H. WIEGARTZ, Gnomon 37, 1965, 615; G. KOCH, GGA 224, 1972, 242; ders., Gnomon 45, 1973, 221; WIEGARTZ, Myra 233.
³ Neapel 6674: ASR II 71; GIUL. Nr. 366; GABELMANN, Werkstattgruppen 34 Anm. 149; ASR XII 6 S. 61. 64.
⁴ Catania: GIUL. Nr. 424; ASR XII 6, 158 Taf. 128 b. c; 130; 132 e; GIULIANO-PALMA 17 Nr. 3 (für att. angesehen).

len und nur an der Darstellung und vereinzelt auch am Stil lassen sich noch Verbindungen zu attischen Sarkophagen feststellen. Vereinfacht sind die Schmuckleisten beispielsweise bei zwei Girlandensarkophagen in Patras,[5] dem Erotensarkophag aus Sinope in Istanbul[6] oder einem Girlandensarkophag in Antakya.[7] In der Darstellung hängen ein Meleagersarkophag in Autun,[8] ein Girlandensarkophag aus Sidon in Beirut[9] oder ein Erotensarkophag in Antakya[10] von den attischen Sarkophagen ab; auch bei frühen Friessarkophagen der kleinasiatischen Hauptgruppe mit Eroten sind Verbindungen zu attischen Sarkophagen bemerkt worden.[11] Beim Stil schließlich weisen manche Besonderheiten beim Amazonensarkophag in Annaba,[12] beim Hippolytossarkophag in Paris[13] oder bei einem dionysischen Fragment in London[14] auf attische Sarkophage.   397.398 548 336

Auf Kopien und Umbildungen attischer Sarkophage ist mehrfach hingewiesen worden, eine Zusammenstellung des reichen, aber sehr verstreuten Materials fehlt aber noch; hier werden Beispiele aus den verschiedenen Provinzen genannt.

Der attische Import in *Gallien* hat im Lande zu einer Reihe von Nachahmungen nach attischen Sarkophagen geführt.[15] Beim Sarkophag aus La Gayolle ist schon wiederholt bemerkt worden, daß obere und untere Leiste und die Art der Reliefbehandlung auf attische Vorbilder zurückgehen.[16] An Attisches anklingende Ornamente haben auch Fragmente in Maguelone[17] und Arles.[18] Beim Meleagersarkophag aus Arles in Autun läßt sich zeigen, daß er in seiner Figurenfolge ziemlich genau einen attischen Meleagersarkophag der Gruppe II kopiert und auch in seinem Stil mit attischen Beispielen zusammenhängt;[19] Ornamente sind aber nicht übernommen worden.   317

Auf der *iberischen Halbinsel* sind nur wenige attische Sarkophage bekannt. Eine Nachwirkung von ihnen ist bei einem lokalen Stück mit Weinlese in Belem zu vermuten;[20] obere Ornamentleiste mit Eierstab und Perlstab und auch die Art, wie der Grund von einem dichten Geranke überzogen ist, haben ihre Entsprechungen auf at-   334

---

[5] Patras, Odeion: GIUL. Nr. 87; P. M. PETSAS, ADelt 26 B 1, 1971, 163 Taf. 163; J.-P. MICHAUD, BCH 98, 1974, 630 Abb. 131–133; ASR XII 6 S. 64f. Anm. 19.

[6] Istanbul 1165: MENDEL I 145 ff. Nr. 41; GIUL. Nr. 248; WIEGARTZ, Säulens. 39 f. Anm. 35; 42 Anm. 44; ders., Gnomon 37, 1965, 615; ders., Myra 233 f.

[7] Antakya 8474: HIMMELMANN, Antakya 10 f. Abb. 8.

[8] Autun: ASR XII 6, 159 Taf. 132 a. d; 133 b; 134.

[9] Beirut 5: M. MEURDRAC – L. ALBANÈSE, BMusBeyr 2, 1938, 77 ff. Taf. 6, 1.

[10] Antakya 8475: HIMMELMANN, Antakya 12 Abb. 9 Taf. 8/9.

[11] WIEGARTZ, Säulens. 42 f.

[12] Annaba: ASR II 97; REDLICH 97 f. Taf. 5, 2.

[13] Paris 2294: ASR III 2, 161; RESCHKE 390 Nr. 28; V. M. STROCKA, AA 1971, 84 Anm. 81; H. WIEGARTZ, AA 1971, 100 Anm. 56; ASR XII 6 S. 23.

[14] London 2328: SMITH, Cat. Sculpt. III 334 Nr. 2328.

[15] ASR XII 6 S. 64 Anm. 13. – Hier Kapitel II 5.

[16] Brignoles: ESPÉRANDIEU I 40; G. RODENWALDT, JdI 55, 1940, 48; A. GRABAR, Die Kunst des frühen Christentums (1967) 24 Abb. 21; 139 Abb. 142 f.; ASR XII 6 S. 64; SCHUMACHER, Hirt 117 ff. Taf. 25 a. b (keinesfalls kleinasiatische Arbeit).

[17] Maguelone, privat: ESPÉRANDIEU I 527; ASR XII 6 S. 64 Anm. 13.

[18] Arles C 123: INR 60. 1771.

[19] s. oben Anm. 8.

[20] GARCÍA Y BELLIDO 263 f. Nr. 269 Taf. 212–214.

tischen Sarkophagen, die handwerkliche Ausführung, die Form der Wanne und der eingesetzte Tondo haben jedoch keine Parallele auf attischen Exemplaren. Eine Kopie ist auch ein Kasten mit jagenden Eroten aus Munigua;[21] er ist besonders wichtig, da er belegt, daß auch in Spanien mit attischem Import in größerer Zahl gerechnet werden darf. Im *westlichen Nordafrika* sind die eingeführten stadtrömischen Sarkophage beherrschend, bisher ist nur ein attisches Beispiel nachgewiesen worden. Attischen Einfluß zeigt aber der Amazonensarkophag in Annaba;[22] typologisch schließt er sich zwar an die stadtrömischen Amazonensarkophage an,[23] die Art der Wiedergabe der Gewänder und die Ritzung der Brauen weisen jedoch nach Athen. Möglicherweise läßt sich ein Amazonenfragment in Tunis anfügen.[24] Ein Dachdeckel in Tripolis in Africa Proconsularis[25] hat kaum etwas mit attischen Deckeln zu tun; die Ziegel sind in Längsrichtung gelegt, am unteren Rand verläuft eine Ranke mit Tieren, das Eckakroter ist breitgezogen, alles Züge, die attischen Stücken fremd sind.

In der *Cyrenaica* ist eine Reihe von attischen Sarkophagen gefunden worden. Lokale Nachahmungen scheint es kaum gegeben zu haben; lediglich der kleine Erotensarkophag in Kyrene[26] hat Züge, die möglicherweise zeigen, daß es sich um eine Nachahmung eines attischen Exemplares handelt. In Aegyptus sind keine attischen Sarkophage gefunden worden, und es sind auch keine Nachklänge nachweisbar.

In *Syria, Palaestina* und *Arabia* gab es keine eigenständige Sarkophagproduktion; aufwendige Stücke mußten importiert werden, und zwar vor allem aus Athen, aber auch aus Rom und Kleinasien. Der großen Zahl der attischen Sarkophage entspricht der attische Einfluß auf die lokale Produktion. Ein Riefelsarkophag in Amman[27] wird von einem attischen Klinen-Riefel-Sarkophag abhängen. Bei den Ornamenten zweier Girlandensarkophage und dem Motiv der antithetischen Löwen zweier anderer Stücke in Besara[28] wären Verbindungen zu attischen Vorbildern möglich. Ornamente, Dachform mit Blattziegeln und Figurenfries mit Eroten eines fragmentierten Sarkophages in Samaria[29] werden ebenfalls mit attischen Vorbildern zusammenhängen. In Tyros ist ein Klinen-Riefel-Sarkophag erhalten,[30] der sich an importierte attische Stücke anschließt, von denen ein vergleichbares Exemplar in Tyros gefunden ist;[31] er

---

[21] M. Blech, der die Publikation vorbereitet, wies auf dieses Stück hin: C. FERNANDEZ-CHICARRO in: Cronica del VIII Congreso Arqueologico Nacional, Sevilla-Malaga 1963 (1964) 112 Nr. 3 Taf. 24–26 (in Sevilla, Mus.).

[22] s. oben Anm. 12.

[23] vgl. ASR II 88–90. 92–96. 98. 99.

[24] Tunis C 907: ASR II 107; REDLICH 98 f.; H. FOURNET-PILIPENKO, Karthago 11, 1961/62, 151 f. Nr. 151 Taf. 1.

[25] J. M. C. TOYNBEE – J. B. WARD PERKINS, BSR 18, 1950, 33. 40 Taf. 21, 3; GIUL Nr. 453; H. WIEGARTZ, Gnomon 37, 1965, 615. – Eine lokale Kopie nach einem att. S. ist vielleicht auch ein Frgt. mit Sphinx in Sabratha: unpubl.; Hinweis A. Giuliano.

[26] Kyrene: A. L. PIETROGRANDE, AfrIt 3, 1930, 113 ff. Nr. 6 Abb. 9–12; MATZ, MW 83 Nr. 22; GIUL Nr. 326.

[27] Amman, Theater: G. RODENWALDT, JdI 45, 1930, 141 f. Abb. 19.

[28] N. AVIGAD, Beth She'arim III (1976) 151 ff. Nr. 97 Abb. 67 Taf. 48; 150 f. Nr. 101 Abb. 66 Taf. 47; 139 ff. Nr. 47. 56 Taf. 40, 1; 41.

[29] C. WATZINGER, Denkmäler Palästinas II (1935) 102 f.; R. W. HAMILTON, QDAP 8, 1938, 67 Taf. 39, 1. 3. 4; ASR XII 6 S. 64 Anm. 16.

[30] Tyros, Grabungen: J. B. WARD-PERKINS, BMusBeyr 22, 1969, 120 (PR 18) Taf. 3, 2.

[31] Beirut, aus Tyros: unpubl.

hat allerdings einen Klinendeckel, der ein Vorbild der kleinasiatischen Hauptgruppe kopiert. In Sidon sind in lokalem Kalkstein und in typisch lokaler Ausführung verschiedene attische Motive übernommen worden, beispielsweise Eroten auf einer Nebenseite,[32] Girlanden, die von Adlern gehalten werden,[33] und antithetische Löwen.[34] Ein Girlandensarkophag aus Berytus hat an Attisches anklingende Ornamente und einen Dachdeckel mit Blattziegeln.[35] Starke attische Einflüsse zeigt eine Werkstatt in Tripolis, die als einzige in Syrien in größerem Maße figurengeschmückte Sarkophage aus importiertem prokonnesischem Marmor hergestellt hat; man kann ihr vielleicht die Stücke mit Hippolytos, Eroten, Girlanden und einer Kline aus Tripolis in Istanbul, den Mänadensarkophag in Tyros und ein Fragment mit Kline in Beirut zuweisen, auch wenn zwischen den Stücken Unterschiede bestehen; Ornamente, Deckelform mit Blattziegeln und Darstellungen sind teilweise mit attischen Sarkophagen verbunden.[36] In Laodikeia und Seleukeia lassen sich attische Einflüsse an Deckelformen feststellen,[37] in Apameia an einer Rückseitendarstellung mit antithetischen Löwen.[38] In Antiocheia scheint ein Sarkophag mit Erotenfries von einem importierten attischen Exemplar abzuhängen;[39] ein Girlandensarkophag hat fliegende Eroten,[40] ein Motiv, das in der Regel nur auf attischen Girlandensarkophagen vorkommt;[41] er hat jedoch drei Bögen, wie sie für Kleinasien und Syrien typisch sind. Ein anderer Girlandensarkophag trägt die für Athen charakteristischen zwei Bögen, Profile und einen Dachdeckel, die mit attischen Beispielen zusammengehen.[42]

565.567

555.564

578

577

In *Kilikien* sind der Girlandensarkophag aus Elaioussa,[43] der Erotensarkophag in Korykos[44] und ein Girlandensarkophag in Olba[45] zu nennen, die eng mit attischen Exemplaren zusammenhängen, aber aus lokalem Stein gearbeitet sind und viele Besonderheiten zeigen. Der Einfluß der attischen Sarkophage auf die Friessarkophage der kleinasiatischen Hauptgruppe, vor allem solchen mit Eroten, ist schon festgestellt worden.[46] Auch in Termessos in *Pisidien* ist attischer Einfluß bei einem Sarkophag mit antithetischen springenden Löwen[47] und einem zweiten mit stehenden antithetischen Greifen zu sehen.[48] Eine Ostothek aus Sinope in *Pontus*[49] hängt ebenfalls mit at-

548

---

[32] Beirut (Nr.?): G. CONTENAU, Syria 4, 1923, 278 f. Abb. 7.
[33] s. oben Anm. 9.
[34] Sidon (?): CONTENAU a.O. 279 Abb. 8.
[35] Beirut 8: E. MICHON, Syria 2, 1921, 300 Nr. 11 Taf. 41, 2; J. B. WARD-PERKINS, BMusBeyr 22, 1969, 142 (Byblos 1); WIEGARTZ, Myra 208 Anm. 252.
[36] G. RODENWALDT, JdI 45, 1930, 154 Anm. 4; 177. 179. – M. CHÉHAB, BMusBeyr 21, 1968, 72 ff. Taf. 46 ff.; ASR IV 4, 275 A Taf. 133–136. – WIEGARTZ, Myra 197 f. – Hier Kapitel VI 3.
[37] Damaskus 5085 (aus (Laodikeia): M. ABU-L-FARAJ AL-'USH u. a., Catalogue du Musée National de Damas (1976) 151 Abb. 54. – Seleukeia: HIMMELMANN, Antakya 9 f. Abb. 6.

[38] Apameia: J. und J. C. BALTY in: ANRW II 8 (1977) 131 f. Taf. 7, 1.
[39] Antakya 8475: s. oben Anm. 10.
[40] Antakya 8474: s. oben Anm. 7.
[41] MATZ, MW 50, Motiv 4.
[42] Antakya 8472: HIMMELMANN, Antakya 8 f. Taf. 6. 7.
[43] s. oben Anm. 2.
[44] s. oben Anm. 1.
[45] G. KOCH, GGA 224, 1972, 242; ders., Gnomon 45, 1973, 221.
[46] s. oben Anm. 11.
[47] K. LANCKOROŃSKI, Städte Pamphyliens und Pisidiens II (1892) 109 ff. Abb. 74 ff. Taf. 18; J. und H. WAGNER – G. KLAMMET, Die türkische Südküste (1977/78) Abb. 101.
[48] Termessos: unpubl.

tischen Sarkophagen zusammen, ein attisches Original ist allerdings an der Küste des Schwarzen Meeres bisher nicht gefunden worden.

In *Achaia,* also dem Ausstrahlungsgebiet von Athen, ist eine ganze Reihe von lokalen Nachahmungen attischer Sarkophage erhalten. In Korinth stehen zwei kleine schlichte Klinensarkophage, die attische Formen kopieren; lokale Arbeiten sind Girlandensarkophage in Patras, die Langseite mit der Schleifung Hektors in Tegea, verschiedene Stücke in Sparta, eine Langseite mit Girlanden in Mistra, Beispiele in Messene und Gytheion; auch in Delphi, Theben, Thespiai, ferner auf Kreta gibt es Kopien nach attischen Sarkophagen.⁵⁰ In *Macedonia* ist ein merkwürdiger Nachklang eines attischen Sarkophages in der Nähe von Kozani gefunden worden;⁵¹ eine weitere lokale Arbeit, die vielleicht sogar von einem ausgewanderten attischen Bildhauer geschaffen wurde, kam in Kaisareia zu Tage.⁵² Ob in Thessaloniki die zahlreich importierten attischen Sarkophage kopiert worden sind, muß noch geklärt werden.⁵³

In *Dalmatia* lassen sich einige lokale Arbeiten nennen, die importierte attische Sarkophage in provinziellem Stil kopieren, nämlich eine Langseite mit der Entdeckung Achills auf Skyros, ein Fragment eines Sarkophages mit Achill vor Troja und zwei Nebenseiten mit Girlanden.⁵⁴ Attisierende Elemente bei Sarkophagen in *Oberitalien* hat H. Gabelmann zusammengestellt;⁵⁵ ein Erotensarkophag in Torcello, der Sarkophag in Belluno und Fragmente mit Schiffskampf, Musen, Eroten, einem Satyr und Nebenseiten mit Sphingen in Aquileia gehören dazu.⁵⁶

Trotz des sehr großen attischen Imports in *Rom* gibt es nur vereinzelt Sarkophage, die attischen Einfluß zeigen. Einige Exemplare haben Ornamentzonen, die mit denen attischer Beispiele übereinstimmen, und bei einigen Stücken scheinen im Stil Verwandtschaften zu bestehen.⁵⁷ Die attischen Sarkophage haben jedoch nicht die Produktion der stadtrömischen angeregt, wie oft vermutet worden ist; bei den Girlanden-, Eroten- und dionysischen Sarkophagen ist es hingegen so, daß Rom vorausging.⁵⁸ Eng schließt sich eine Gruppe tetrarchischer Zeit zusammen, die neben vielen kleinasiatischen auch einige attische Einflüsse hat; die Sarkophage wurden in einer Werkstatt geschaffen, die maßgeblich von Bildhauern geprägt wurde, die aus Kleinasien und Athen nach Rom eingewandert sind, nachdem die Sarkophagproduktion in den beiden östlichen Zentren zum Erliegen gekommen war; attische Figurentypen zeigen beispielsweise der Meleagersarkophag in Würzburg und der Hippolytossarkophag der Villa Albani in Rom, attische Rückseitenmotive haben verschiedene Ex-

---

⁴⁹ Istanbul 1165: s. oben Anm. 6.
⁵⁰ s. Kapitel III 9.
⁵¹ Kozani, Bibl. 50: A. D. KERAMOPOULLOS in: Τόμος 'Εκατονταετηρίδος τοῦ Πανεπιστημίου 'Αθηνῶν (1939) 3 ff. Abb. 1 f.; G. RODENWALDT, RM 58, 1943, 16; S. HILLER, Bellerophon (1970) 106 Nr. 9.
⁵² Kozani, Bibl. 49; B. G. KALLIPOLITIS, AEphem 1953/54, 1, 207 ff. Abb. 1 ff.
⁵³ s. Kapitel III 7.

⁵⁴ Split (Nr.?): M. ABRAMIĆ, VjesDal 45, 1922, 58 ff. Taf. 3; GABELMANN, Werkstattgruppen 34 Anm. 150. – Split D 89: K. KLEMENT, AEM 13, 1890, 5 f. Nr. 2. – Split (Nr.?): unpubl.
⁵⁵ GABELMANN, Werkstattgruppen 15 ff.
⁵⁶ GABELMANN a. O. Taf. 3–7.
⁵⁷ z. B. ASR IV 1, 35 Taf. 30, 1; 31/32.
⁵⁸ Zuletzt: H. FRONING, JdI 95, 1980, 322 f. (mit Lit.).

emplare und attischer Stil und attische Ornamente sind ebenfalls bei einigen Stücken zu finden.[59] Ein Erotensarkophag in Norfolk[60] gehört nicht in diese Werkstatt, hat aber Figurentypen von attischen Vorlagen übernommen.

Unteritalien und *Sizilien,* die keine eigenständige Sarkophagproduktion hatten, bringen verschiedene Kopien nach attischen Sarkophagen oder Anklänge an diese. Beispiele sind der Amazonensarkophag in Neapel, das Achillfragment in Reggio Calabria, der Girlandensarkophag in Tarent, der Meleagersarkophag in Catania, ferner Greifensarkophage in Neapel und Cava dei Tirreni und vielleicht Erotenfragmente in Syrakus.[61] Auf *Sardinien* schließlich zeigt ein Jahreszeitensarkophag in seinem Stil möglicherweise attischen Einfluß.[62]

308

312

Dem zahlreichen Export attischer Sarkophage in die Provinzen des römischen Reiches stehen also viele und verschiedenartige lokale Kopien gegenüber, deren Zahl sich bei weiterer Erforschung der einzelnen Landschaften sicher noch wird vermehren lassen. Da die Kopien weit verstreut sind, nämlich von Gallien bis Pontus und von Dalmatien bis Syrien, also in ganz verschiedenen Gegenden mit eigenen handwerklichen Traditionen geschaffen worden sind, zeigen sie recht große Unterschiede in der Ausführung; es gibt keinen einheitlichen ‚attisierenden' Stil in den Provinzen. In der Regel sind attische Sarkophage der frühen Phase, also des 2. Jhs., kopiert worden; relativ selten sind Beispiele des 3. Jhs. n. Chr.; der Export attischer Sarkophage scheint dagegen im 3. Jh. zuzunehmen; ob sich Gründe für diese Unterschiede finden lassen, muß noch untersucht werden.

[59] ASR XII 6 S. 22 ff.; G. KOCH, AA 1979, 236 ff.
[60] Norfolk 77. 1276: G. KOCH, BJb 180, 1980, 67 ff. Abb. 16 ff.
[61] ASR XII 6 S. 64. – Hier Kapitel II 3.
[62] Cagliari 5936: PESCE, Sardegna 19 ff. Nr. 1 Abb. 1 ff.

V. DIE SARKOPHAGE KLEINASIENS

In Kleinasien hat die Sarkophagbestattung eine lange Tradition. Reliefgeschmückte Exemplare sind in größerer Zahl aus dem späteren Hellenismus und der frühen Kaiserzeit erhalten. Im frühen 2. Jh. n. Chr. setzt dann die Hauptproduktion ein. Sehr viele Stücke in Kleinasien sind allerdings unpubliziert, andere nur unzureichend abgebildet. Lediglich die Säulensarkophage der kleinasiatischen Hauptgruppe sind ausführlich bearbeitet worden.[1]

Die Situation ist in Kleinasien so kompliziert wie in keinem anderen Gebiet des römischen Reiches. Die Sarkophage lassen sich in vier Gruppen gliedern:

1. *Import fertig ausgearbeiteter Sarkophage* findet sich in vielen Orten an der West- und Südküste. Es handelt sich um attische Beispiele. Stadtrömischer oder auch anderer Import ist nicht nachzuweisen. Bei mehreren Sarkophagen in Kleinasien sind aber Beziehungen zu stadtrömischen Exemplaren festzustellen, die vielleicht durch Musterbücher oder -zeichnungen vermittelt worden sind.

2. In verschiedenen großen Steinbrüchen wurden *Halbfabrikate,* und zwar hauptsächlich für Girlandensarkophage, hergestellt, die nicht nur für die nähere Umgebung bestimmt, sondern in der jeweiligen Kunstprovinz und auch darüber hinaus verbreitet waren und häufig lokal weiter ausgearbeitet wurden.

3. In Kleinasien ist eine Gruppe von *aufwendigen Sarkophagen* erhalten, die eine architektonische Gliederung, einen Fries mit Figuren oder auch Girlanden tragen; sie sind auf eine Werkstatt oder einen Werkstattkreis zurückzuführen. Die Herstellung läßt sich wahrscheinlich in Phrygien lokalisieren. Die Stücke sind in Kleinasien weit verbreitet, also nicht an eine bestimmte Landschaft gebunden, und wurden sogar in andere Gegenden des römischen Reiches exportiert. Diese Beispiele werden hier zur *Hauptgruppe der kleinasiatischen Sarkophage* zusammengefaßt.

4. In Kleinasien sind verschiedene *Kunstprovinzen* festzustellen, in denen Sarkophage geschaffen wurden, die für ihre jeweilige Landschaft charakteristisch sind. Diese Sarkophage können aus lokalem Stein – Kalkstein oder Marmor – oder aber auch aus einem Marmor bestehen, der als Rohling oder als Halbfabrikat von einem der großen Steinbrüche eingeführt worden ist. Die Kunstprovinzen entsprechen nicht den politischen Provinzgrenzen, sondern den alten Kulturräumen. Sie müssen einzeln behandelt werden, damit die Eigenarten einer jeden Landschaft deutlich hervortreten.

---

[1] WIEGARTZ, Säulens. (1965) mit Bibliographie und Forschungsüberblick S. 7ff. G. FERRARI, Il commercio dei sarcofagi asiatici (1966). WIEGARTZ, Myra 210ff. – F. Işik bereitet eine Arbeit über die kleinasiatischen Girlandensarkophage vor.

Die Lage in Kleinasien wird nun dadurch besonders verwickelt, daß zwischen diesen vier Gruppen vielfältige Beziehungen bestehen: importierte attische Sarkophage haben auf die kleinasiatische Hauptgruppe und gelegentlich auch auf lokale Gruppen eingewirkt; bei der Hauptgruppe und mitunter auch bei einzelnen lokalen Gruppen sind stadtrömische Einflüsse festzustellen; Halbfabrikate eines Steinbruches wurden in verschiedenen Kunstprovinzen ausgearbeitet und auch in lokalem Stein nachgeahmt; die überregionale Hauptgruppe hat Einflüsse verschiedener Kunstprovinzen aufgenommen und verarbeitet und hat dann ihrerseits wiederum auf mehrere regionale Gruppen eingewirkt. So bietet sich also in Kleinasien ein überaus reiches Bild.

Hinzu kommt, daß es neben den Sarkophagen eine sehr große Zahl von *Ostotheken* gibt, die in der Werkstatt der kleinasiatischen Hauptgruppe und in vielen lokalen Werkstätten geschaffen wurden. Sie haben eigene Traditionen und teilweise eigene Formen; meist sind sie jedoch mit den Sarkophagen in bestimmter Weise verbunden. Da die Ostotheken großenteils nicht publiziert sind und ihre landschaftliche Gliederung noch nicht vorgelegt ist, kann hier nur auf einige Exemplare verwiesen werden.[2]

Bei den Ostotheken und Sarkophagen gibt es in Kleinasien neben schlichten, ungeschmückten Exemplaren eine Reihe von verschiedenartigen Typen mit *Reliefverzierung*. Überaus zahlreich sind die Beispiele mit *Girlanden* verbreitet, die in jeder Kunstlandschaft eine andere Ausprägung haben. Im Gegensatz zu Rom und Athen, wo Sarkophage mit figürlichem Fries überwiegen, sind Girlanden die für die einzelnen Provinzen Kleinasiens charakteristische Dekoration. Die Sarkophage haben in der Regel drei, seltener zwei Bögen. Träger der Girlanden sind entweder Eroten in der Mitte und Niken an den Seiten oder Stierköpfe in der Mitte und Widderköpfe an den Ecken; es gibt aber auch eine Reihe von Sonderfällen. Weit verbreitet in Kleinasien sind ebenfalls Kästen mit einer *Tabula ansata*, der einfachsten Form eines Schmuckes;[3] zu ihr kann verschiedenartiges Beiwerk treten. Profilgerahmte Sarkophage, sogenannte *Truhensarkophage,* finden sich vor allem in drei Landschaften, in Bithynien, Pisidien und Lykaonien und Isaurien.[4] Bei verschiedenen Exemplaren sind die Langseiten von einer einheitlichen Rahmung umgeben, bei manchen, besonders in Bithynien, Lykaonien und Isaurien, ist eine Unterteilung in Felder vorgenommen worden. *Riefelsarkophage* sind sehr selten, die einzelnen Exemplare sind aber weit verstreut; in der Regel handelt es sich um senkrechte Riefel,[5] nur in einem Fall sind geschwungene vorhanden.[6] *Friessarkophage* sind bei den lokalen Gruppen ebenfalls sehr selten;[7] es gab in Kleinasien für sie keine Tradition; entweder hängen sie mit den Friessarkopha-

---

[2] Diese Fragen sind ausführlich behandelt von N. ASGARI, Kleinasiatische Ostotheken in Sarkophagform (Diss. Istanbul 1965; Publikation in Vorbereitung). – Zu Ostotheken zuletzt: WIEGARTZ, Myra 212 f. Anm. 283.

[3] Zu Formen der Tabula ansata: ASGARI, Kalchedon 37 ff.; E. ALFÖLDI-ROSENBAUM, The Necropolis of Adrassus (Balabolu) in Rough Cilicia (Isauria), (Denkschriften Wien 146, 1980) 42 ff.

[4] Zu Truhensarkophagen: ASGARI, Kalchedon 40 ff.

[5] z. B. in Sardes, Hierapolis, Andriake, Konya; siehe die entsprechenden Kapitel.

[6] Ephesos, Siebenschläfergrotte: Forschungen in Ephesos IV 2. Das Cömeterium der Sieben Schläfer (1937) 56 Abb. 59.

[7] Zu Friessarkophagen: WIEGARTZ, Myra 230 ff.

gen der Hauptgruppe oder mit importierten attischen Sarkophagen zusammen; nur sehr wenige Beispiele zeigen andere Formen. Die Sarkophage mit einer *architektonischen Gliederung*, also Halbsäulen, Pilastern und Gebälk, die sich in verschiedenen Landschaften finden und in Bithynien gehäuft auftreten, hängen von den ‚Säulensarkophagen' der überregionalen kleinasiatischen Hauptgruppe ab. Daneben kommen noch verstreut in den Provinzen viele *Sonderformen* vor.

Für die *Hauptgruppe* der kleinasiatischen Säulensarkophage[8] ist die reiche architektonische Gliederung charakteristisch. Weiterhin gibt es Friessarkophage, die auf einen kurzen Zeitraum beschränkt sind und wohl in Anlehnung an attische und stadtrömische Friessarkophage geschaffen wurden. Sehr aufwendig sind die Girlandensarkophage der Hauptgruppe.

Die *Deckel* der Sarkophage in Kleinasien haben in der Regel die Form eines Daches; sofern es ausgearbeitet ist, hat es große Dachziegel, teilweise mit Löwenköpfen als Antefixen;[9] nur selten – und wohl unter attischem Einfluß – finden sich kleine Blattziegel.[10] In verschiedenen Gegenden werden lagernde Löwen auf den Dachdeckeln wiedergegeben, und zwar vor allem in der Kibyratis, in Pisidien, Lykaonien, Isaurien und Kilikien. Für Lykien sind die hohen, steilen Spitzgiebeldächer charakteristisch. Vereinzelt gibt es auch gerundete Dächer.[11] Bei der Hauptgruppe der kleinasiatischen Sarkophage sind anfangs Dachdeckel vorhanden; daneben gibt es schon sehr früh Deckel in Form einer Kline mit lagernden Figuren, die die Dachdeckel bald ersetzen. Derartige Klinendeckel sind vereinzelt in den Provinzen nachgeahmt worden.

Die Sarkophage wurden teilweise im Freien aufgestellt, meist auf mehr oder weniger hohen Sockeln;[12] es sind aber auch zahlreiche Grabbauten mit Sarkophagen in verschiedenen Gegenden Kleinasiens erhalten.[13]

Bei der Hauptgruppe der überregionalen Sarkophage sind in der Regel alle vier Seiten ausgearbeitet. Bei den regionalen Beispielen hat man sich meist auf drei, gelegentlich sogar nur auf eine Seite beschränkt.[14]

Sarkophage in Kleinasien wurden schon von Reisenden früherer Jahrhunderte gezeichnet und im vorigen Jahrhundert auch photographiert; diese Dokumentationen, etwa von C. Texier,[15] C. Fellows,[16] O. Benndorf und G. Niemann,[17] K. Lanckoroń-

---

[8] WIEGARTZ, Säulens. (1965); ders., Myra 210 ff.

[9] z. B. WIEGARTZ, Säulens. Taf. 29 a.

[10] z. B. WIEGARTZ, Säulens. Taf. 14 b. – Zu Deckeln mit Blattziegeln: WIEGARTZ, Myra 208.

[11] z. B. in Phrygien, s. Kapitel V 4.5. – Vgl. ALFÖLDI-ROSENBAUM a. O. (s. oben Anm. 3) 47.

[12] Zur Aufstellung von Sarkophagen in Kleinasien: ASGARI, Kalchedon 24 ff. (mit Verweis auf weitere Lit.).

[13] z. B. Assos: Investigations at Assos (1902) 285. 287. – Ephesos: J. KEIL, ÖJh 17, 1914, 133 ff.; ders., ÖJh 25, 1929, Beibl. 45 ff.; ders.,

ÖJh 26, 1930, Beibl. 7 ff. – Xanthos: G. RODENWALDT, JHS 53, 1933, 181 ff.; P. COUPEL – P. DEMARGNE in: Mél. P. Collart (1976) 103 ff. – Termessos: R. HEBERDEY – W. WILBERG, ÖJh 3, 1900, 177 ff. – Side: A. M. MANSEL, Die Ruinen von Side (1963) 173 ff. – Kilikien: A. MACHATSCHEK, Die Nekropolen und Grabmäler im Gebiet von Elaiussa Sebaste und Korykos (Denkschriften Wien 96, 1967) Taf. 37. 51. 55.

[14] ASGARI, Kalchedon 28 f.

[15] C. TEXIER, Description de l'Asie Mineure I–III (1839–1849).

[16] C. FELLOWS, A Journal Written During an

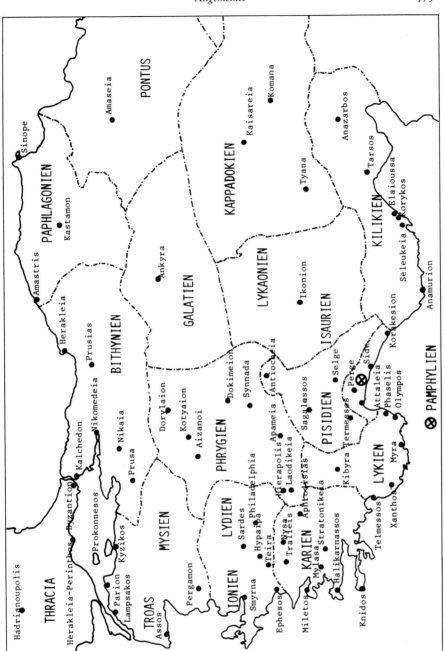

Abb. 8. Kunstprovinzen und wichtige Städte in Kleinasien

ski[18] und vielen anderen sind häufig sehr wertvoll, da die Stücke inzwischen zerstört worden sind. Erste Ansätze des Beginns einer wissenschaftlichen Erschließung gibt es allerdings erst in den letzten Jahrzehnten, wenn man von der Hauptgruppe der kleinasiatischen Sarkophage absieht.[19] Auf eine regionale Gruppe in Aphrodisias hat erstmals G. Rodenwaldt hingewiesen;[20] H. Wiegartz konnte die Zahl der Stücke vermehren.[21] Eine Gruppe von Nikaia (Iznik) in Bithynien hat H. Wiegartz erkannt.[22] Sonst sind vor allem Beiträge von N. Asgari,[23] N. Himmelmann,[24] J. Inan,[25] F. Işik,[26] A. M. Mansel,[27] V. M. Strocka,[28] J. B. Ward-Perkins[29] und H. Wiegartz[30] zu nennen.

Die geschilderte Situation erfordert es, die Sarkophage Kleinasiens in verschiedenen Teilkapiteln zu behandeln: nach einem Überblick über die frühen Sarkophage werden Produktion und Verbreitung von Halbfabrikaten und die überregionale Gruppe der kleinasiatischen Sarkophage vorgelegt; es folgt eine Erörterung der einzelnen Kunstlandschaften, bei denen dann auch jeweils der Import aufgeführt wird (Abb. 8).

V. 1. TRADITION DER SARKOPHAGBESTATTUNG SEIT DEM HELLENISMUS

G. RODENWALDT, JdI 55, 1940, 44 ff. – Ders., RM 58, 1953, 1 ff. 5. – G. KLEINER, IstMitt 7, 1957, 1 ff.
– V. M. STROCKA in: Studien zur Religion und Kultur Kleinasiens. Festschrift F. K. Dörner II (1978) 882 ff.

Die Bestattung in reliefgeschmückten steinernen Behältern hat in Kleinasien eine Tradition, die vom Hellenismus durch die frühe Kaiserzeit bis zum frühen 2. Jh. n. Chr., dem Beginn der Hauptproduktion der Sarkophage, läuft. G. Rodenwaldt hat mehrfach auf die Bedeutung Kleinasiens hingewiesen. G. Kleiner hat dann einen kurzen Überblick über das Problem gegeben und einige der frühen Sarkophage

Excursion in Asia Minor 1838 (1839); ders., An Account of Discoveries in Lycia (1840).
[17] O. BENNDORF – G. NIEMANN, Reisen in Lykien und Karien (1884). – E. PETERSEN – F. v. LUSCHAN, Reisen in Lykien, Milyas und Kibyratis (1889).
[18] K. LANCKOROŃSKI, Städte Pamphyliens und Pisidiens I. II (1890. 1892).
[19] s. oben Anm. 1.
[20] G. RODENWALDT, AA 1933, 46 ff. 406 f.
[21] WIEGARTZ, Säulens. 148 ff.
[22] WIEGARTZ, Säulens. 50. 161 f.
[23] N. ASGARI, AA 1977, 329 ff.; dies., Kalchedon (1978); s. ferner die oben Anm. 2 zitierte Arbeit.
[24] HIMMELMANN, Megiste (1970); ders., Antakya (1970); ders., RDAC 1970, 146 ff.; ders., AA 1971, 92 f.

[25] J. Inan in: A. M. MANSEL – G. E. BEAN – J. INAN, Die Agora von Side und die benachbarten Bauten (1956) 67 ff.
[26] F. IŞIK, AA 1977, 380 ff.; ders., Kleinasiatische Girlandensarkophage (in Vorbereitung).
[27] A. M. MANSEL in: A. M. MANSEL – A. AKARCA, Excavations and Researches at Perge (1949) 44 ff.; ders., Belleten 1954, 511 ff.; ders., Belleten 1957, 395 ff.
[28] V. M. STROCKA in: Studien zur Religion und Kultur Kleinasiens. Festschrift F. K. Dörner II (1978) 882 ff.
[29] J. B. WARD-PERKINS, Annual Report of the Smithsonian Institution 1957 (1958) 455 ff.; ders., Archaeology 11, 1958, 98 ff.; ders., BMusBeyr 22, 1969, 109 ff.
[30] WIEGARTZ, Säulens. (1965); ders., Marmorhandel (1974); ders., Myra (1975).

aufgeführt. V. M. Strocka hat in einem wichtigen Beitrag viele Beispiele zusammengestellt und besprochen und so sehr eindringlich die in Kleinasien bestehende Tradition aufgezeigt.[1] Da wesentliches Material, nämlich zahlreiche frühe, mit Relief geschmückte Ostotheken, noch nicht zugänglich ist,[2] bleibt das Bild weiterhin unzureichend. Auch ist eine genauere Datierung vieler Stücke noch nicht überzeugend gelungen. Hier kann nur auf einige wichtige Exemplare hingewiesen werden.

In Lykien ist die Überlieferung sehr reich; es gibt eine Reihe von Sarkophagen, die von der Klassik zur frühen Kaiserzeit vermitteln; dazu gehört ein Beispiel aus Trysa in Istanbul,[3] das Girlanden in einem vertieften Feld auf der Vorderseite und verschiedenartigen Schmuck am Deckel trägt. Eine Untersuchung der Sarkophage in Lykien dürfte weitere Exemplare für den Hellenismus und die frühe Kaiserzeit sichern. Der Sarkophag aus Belevi, jetzt in Selçuk, ist ein Sonderfall in Kleinasien.[4] Als frühester Girlandensarkophag Kleinasiens ist ein Kasten bezeichnet worden, der aus Bubon in 524/25 der Kibyratis kommt;[5] er könnte noch aus dem 3. Jh. v. Chr. stammen. Er hat ein Grabesportal auf der einen Nebenseite, ein Motiv, das häufig wiederaufgenommen wurde und beispielsweise bei den Säulensarkophagen der kleinasiatischen Hauptgruppe regelmäßig vorkommt. Für den Späthellenismus (oder die frühe Kaiserzeit?) ist auch ein Sarkophag mit architektonischer Gliederung gesichert, wie das bei Eskişehir gefundene Beispiel zeigt.[6] Eine Ostothek aus Sagalassos gibt einen Hinweis, daß auch mit figürlichem Schmuck im Hellenismus gerechnet werden kann.[7] Dieser Phase gehört ebenfalls ein großer Sarkophag in Side an, der zwei Kränze auf der einen Schmal- 528 seite und einen Adler im Giebel des Deckels über dieser Seite trägt.[8] In derselben Phase, vielleicht noch im 2. Jh. v. Chr., sind ein Sarkophag mit Grabesportal und einer weiblichen Gestalt[9] und eine Ostothek, ebenfalls mit Grabesportal und dazu mit viel 529 Beiwerk auf der einen Schmalseite,[10] die beide auch aus Side stammen, entstanden. Beispiele in Adanda, im westlichen Rauhen Kilikien, sind nicht näher untersucht, aber möglicherweise anzuschließen.[11]

In späthellenistischer Zeit setzt eine geschlossene Gruppe von Ostotheken ein, die 503

---

[1] Vgl. jedoch F. IŞIK, AA 1977, 380 ff.
[2] N. ASGARI, Kleinasiatische Ostotheken in Sarkophagform (Diss. Istanbul 1965; Publikation in Vorbereitung).
[3] Istanbul 343: MENDEL I 284 ff. Nr. 110; KLEINER a.O. 3 Taf. 1.
[4] Selçuk 1610: B. SCHMALTZ, ÖJh 49, 1968–71, 63 ff.; STROCKA a.O. 886; Forschungen in Ephesos VI (1979) 99 ff. Abb. 86 ff.; 148 ff. Abb. 118 ff.
[5] Burdur 6927: STROCKA a.O. 887 ff. Nr. 1 Taf. 201, 4; 202, 5 (mit Datierung in das 3. Jh. v. Chr.).
[6] Grab bei Eskişehir: S. ATASOY, AJA 78, 1974, 255 ff. Taf. 52, 1.2; H. BRANDENBURG, JdI 93, 1978, 320.– Nachtrag: S. ATASOY, Arkeoloji ve Sanat Dergisi 3, 11, 1980, 7 ff.

[7] Ağlasun: R. FLEISCHER in: Provincialia et Classica. Festschrift E. Diez (1978) 39 ff. Taf. 9 ff.
[8] Side (Nr.?): N. HIMMELMANN, RDAC 1970, 147; ders., bei H. WIEGARTZ, AA 1971, 92 Abb. 2; STROCKA a.O. 887 Taf. 201, 3.
[9] Verschollen (?): A. M. MANSEL – G. E. BEAN – J. INAN, Die Agora von Side und die benachbarten Bauten. Bericht über die Ausgrabungen im Jahre 1948 (1956) 68. 73 Abb. 128; STROCKA a.O. 887.
[10] Side 169: MANSEL-BEAN-INAN a.O. 75 f. Nr. 8 Abb. 127; HIMMELMANN a.O. 147 Taf. 26, 3; STROCKA a.O. 887.
[11] R. PARIBENI – P. ROMANELLI, MonAnt 23, 1914, 155 ff. Abb. 35 ff. – G. E. BEAN – T. B. MITFORD, AnatSt 12, 1962, 209 f. Nr. 33 Taf. 36 b.

vor allem in Sardes, aber auch in Ephesos gefunden wurde;¹² sie läßt sich bis in die Mitte des 1. Jhs. n. Chr. verfolgen. Die Tradition nimmt eine Gruppe von Girlandenostotheken auf, die vor allem aus Ephesos stammt und sich bis ins späte 1. Jh. n. Chr. erstreckt;¹³ für sie hat es eine Serienproduktion von Halbfabrikaten gegeben. Sie leiten zu den Sarkophagen über, von denen möglicherweise einige schon im 1. Jh. n. Chr. entstanden sind, sofern sie wirklich der Gruppe aus Ephesos anzuschließen sind.¹⁴ Aus der frühen Kaiserzeit stammen zwei Deckel von Sarkophagen in Ephesos, deren Giebel mit Ranken geschmückt sind.¹⁵ Auch der große Rankensarkophag aus Side in Antalya¹⁶ dürfte in der frühen Kaiserzeit hergestellt worden sein; die Dekoration seiner Vorderseite hat keine Parallele, die Rahmung weist auf die späteren profilgerahmten Exemplare voraus;¹⁷ die linke Nebenseite zeigt erstmals Figuren in einer szenischen Darstellung. In die frühe Kaiserzeit sind auch die Fragmente eines Girlandensarkophages aus Tralleis¹⁸ anzusetzen, der aus einem Halbfabrikat aus Aphrodisias gearbeitet worden ist;¹⁹ seine genaue zeitliche Stellung ist zwar noch nicht gesichert, er ist aber dennoch ein Vorläufer der Girlandensarkophage der Hauptproduktion. Ein Halbfabrikat aus Aphrodisias zeigt, daß die Steinbrüche der Stadt schon im 1. Jh. n. Chr. zur Serienproduktion übergegangen waren;²⁰ möglicherweise ist auch noch ein ausgearbeitetes Exemplar in diese Zeit zu datieren.²¹ Ganz ungewöhnlich ist ein riesiger, allerdings nur in Fragmenten erhaltener Kasten in Hierapolis, zu dem ein großer, reich geschmückter Dachdeckel gehört und der auf einem aufwendig gestalteten Sockel stand;²² er trägt einen Fries mit großen Figuren und darüber Girlanden. Auch ein glatter, nur mit Profilen am unteren und oberen Rand versehener Sarkophag und ein Riefelsarkophag in Hierapolis könnten noch aus dem 1. Jh. n. Chr. stammen.²³

Wichtig ist der auf 69/70 n. Chr. datierte Kasten, der sich früher in Philadelphia (Alaşehir) befand;²⁴ er vertritt die Form des kleinasiatischen Girlandensarkophages,

---

¹² N. ASGARI, AA 1977, 337 (mit weiterer Lit.).

¹³ ASGARI a.O. 337f. (mit weiterer Lit.; Abb. 17 eine Ostothek, die 61/62 n. Chr. datiert ist).

¹⁴ ASGARI 338 mit Anm. 26; vgl. unten Anm. 24.

¹⁵ Ephesos, Grabungen: STROCKA a.O. 898ff. Nr. 3 Taf. 204 (sie werden zu Kästen gehört haben, die in irgendeiner Weise geschmückt gewesen sind).

¹⁶ Antalya 345: KLEINER a.O. 8ff. Taf. 6, 2; 7, 1.2; C. BÖRKER, JdI 88, 1973, 288 Anm. 31; N. HIMMELMANN, AnnPisa 4, 1974, 141; WIEGARTZ, Myra 184; H. GABELMANN, BJb 177, 1977, 222 Anm. 99; ASGARI, Kalchedon 41.

¹⁷ ASGARI a.O. 40ff.

¹⁸ Aydin 98. 97: ASGARI a.O. 347 mit Abb. 36/37; D. MONNA – P. PENSABENE, Marmi dell'Asia Minore (1977) 141f. Abb. 62; STROCKA a.O. 894ff. Nr. 2 Taf. 203.

¹⁹ ASGARI a.O. 347.

²⁰ ASGARI a.O. 347 mit Abb. 35. 362 (Aphrodisias F).

²¹ Aphrodisias: MAMA VIII (1962) 147 Nr. 613 Taf. 40; ASGARI a.O. 347 Anm. 43.

²² Hierapolis, Mus.: P. VERZONE, ASAtene 39/40, 1961/62, 640 mit Abb. 11/12; STROCKA a.O. 900ff. Nr. 4 Taf. 205–207.

²³ Hierapolis, Mus.: P. VERZONE, ASAtene 41/42, 1963/64, 378ff. Abb. 19. 20; STROCKA a.O. 900 Anm. 70 (der dort genannte Riefelsarkophag in Aphrodisias dürfte der Hauptproduktion angehören).

²⁴ Verschollen: J. KEIL – A. V. PREMERSTEIN, Bericht über eine Reise in Lydien und der südlichen Aiolis (Denkschriften Wien 53, 2, 1908) 39f. Nr. 76 Abb. 34; ASGARI a.O. 338; F. IŞIK, AA 1977, 380ff.; STROCKA a.O. 904f.

die sich dann im 2. Jh. n. Chr. durchsetzte, in reiner Ausprägung. Ein Kasten in Prusias ad Hypium (Konuralp – Üskübü), der wohl in flavische Zeit anzusetzen ist, ist dagegen ein Sonderfall.[25] Ein fragmentierter Girlandensarkophag in Milet dürfte ebenfalls aus dem späten 1. Jh. n. Chr. stammen;[26] er ist aus einem Halbfabrikat des karischen Typs gearbeitet und zeigt, daß auch die Steinbrüche in diesem Gebiet schon im 1. Jh. n. Chr. zur Serienfabrikation übergegangen waren.[27] Ein prokonnesisches Halbfabrikat, das in Mokapoura-Mokassura (Karaevli) mit Beifunden, darunter einer Münze Vespasians, zutage gekommen ist, läßt sich derzeit nicht beurteilen.[28] Reichen Aufschluß versprechen die Ostotheken aus der Umgebung von Korakesion (Alanya), die in großer Anzahl erhalten und möglicherweise im späteren 1. und frühen 2. Jh. n. Chr. entstanden sind.[29] Im frühen 2. Jh. n. Chr. ist der Sarkophag des Celsus in Ephesos ein Eckstein der Chronologie, der aufgrund der Fundumstände um 115 n. Chr. anzusetzen ist.[30] In seiner Zeit beginnt dann in vielen Landschaften die Hauptproduktion an Sarkophagen. 534.535 505/06

Ein Problem stellt der prachtvolle Girlandensarkophag aus Germencik in Izmir dar;[31] er ist in das letzte Drittel des 1. Jhs. . Chr. datiert worden, aber doch wohl erst im 2. Jh. n. Chr. entstanden. 516

Zusammenfassend ist festzustellen, daß sich die Verwendung reliefgeschmückter steinerner Behälter für die Beisetzungen in Kleinasien durchgehend vom 4. Jh. v. Chr. bis in das 2. Jh. n. Chr., zum Beginn der Hauptproduktion, verfolgen läßt. In vielen Kunstlandschaften sind Sarkophage und Ostotheken aus dieser frühen Zeit nachweisbar. Untereinander haben sie jedoch keine Verbindungen; es handelt sich immer um Stücke, die in ihre Landschaft eingebunden sind. Die Entwicklung wird sich noch klarer ablesen lassen, wenn einmal die zahlreichen Ostotheken publiziert sind. Schon jetzt weist aber alles darauf hin, daß sowohl die Girlandensarkophage wie auch die figurengeschmückten Exemplare ebenso wie die mit einer Eckbegrenzung durch Pilaster und die mit einer architektonischen Gliederung schon lange vor dem Einsetzen der Hauptproduktion auftreten.

Mit Rom und der stadtrömischen Entwicklung haben die Sarkophage in Kleinasien, wie es scheint, nichts zu tun. Es gibt keinen Anhaltspunkt dafür, daß es auf Einflüsse aus Kleinasien zurückzuführen ist, daß man in Rom zu einem gewissen Zeit-

---

[25] Konuralp (Üskübü), bei Schule: K. BITTEL, AA 1944/45, 64 Taf. 23, 1; F. K. DÖRNER, Bericht über eine Reise in Bithynien (Denkschriften Wien 75, 1, 1952) 30 Nr. 65 Taf. 14; N. HIMMELMANN, AnnPisa 4, 1974, 144; STROCKA a. O. 905 Anm. 87.

[26] Milet, Grabungsgelände (beim Heiligen Tor): H. WIEGARTZ in: The Proceedings of the Xth International Congress of Classical Archaeology 1973 (1978) II 672 ff. Taf. 199. 200; ASGARI a. O. 343 mit Abb. 29; 370 (Milet B); STROCKA a. O. 905 Anm. 87.

[27] ASGARI a. O. 343.
[28] ASGARI a. O. 376.
[29] s. hier Kapitel V 4.7.
[30] Ephesos, Grabraum in Celsus-Bibliothek: ASGARI a. O. 341 mit Abb. 22; 366 (Ephesos B); STROCKA a. O. 900 mit Anm. 69; 913 Taf. 215; ders. in: The Proceedings of the Xth International Congress of Classical Archaeology 1973 (1978) II 893 ff. (zur Datierung der Bibliothek).
[31] Izmir 3557: ASGARI a. O. 347 f. Abb. 39; STROCKA a. O. 905 ff. Nr. 5 Taf. 210–214.

punkt zur Beisetzung in Sarkophagen und zur Verwendung reliefgeschmückter Exemplare überging.[32] Rom und Kleinasien haben offensichtlich ihre eigenen Traditionen.

V. 2. PRODUKTION UND VERBREITUNG VON HALBFABRIKATEN

N. ASGARI, AA 1977, 329 ff.

In den letzten Jahren konnte immer klarer herausgearbeitet werden, daß in verschiedenen Steinbrüchen in Kleinasien neben Rohlingen für Sarkophage in größerem Umfang auch Halbfabrikate hergestellt wurden;[1] diese waren meist für Girlandensarkophage vorbereitet; lediglich in Prokonnesos wurden auch andere Formen geschaffen. Die Halbfabrikate waren teilweise nur in der engeren Umgebung eines Steinbruchs verbreitet, wurden aber auch manchmal weithin exportiert. Zuerst hat J. B. Ward-Perkins das Verfahren bei den Steinbrüchen von Prokonnesos in mehreren Aufsätzen beschrieben;[2] wichtige Berichtigungen gab H. Wiegartz.[3] N. Asgari konnte auf Prokonnesos eine große Anzahl von Halbfabrikaten finden und damit die Thesen von J. B. Ward-Perkins bestätigen;[4] in einer grundlegenden Untersuchung hat sie die Girlanden-Halbfabrikate von Prokonnesos, Ephesos, Karien (Stratonikeia?) und Aphrodisias behandelt und einen Hinweis auf eine lokale Gruppe im oberen Hermostal gegeben.[5] Die Exemplare der vier Hauptgruppen haben ein unterschiedliches Schema für Girlanden und Träger und setzen sich deutlich voneinander ab;[6] jede dieser Hauptwerkstätten hat also ihr eigenes ‚Markenzeichen' (Abb. 9). Bei der Vorlage der in Kalchedon gefundenen Sarkophage hat N. Asgari ferner andere Formen von Halbfabrikaten besprochen.[7] Auf diese Arbeiten wird hier verwiesen, so daß die Behandlung kurz gefaßt werden kann.

[32] Zu den frühen Sarkophagen in Rom: H. BRANDENBURG, JdI 93, 1978, 277 ff. – Hier Kapitel I 1.

[1] ASGARI, Kalchedon 42. – ‚Rohlinge': in bossiertem Zustand (Spitzmeißelzustand) belassene Kästen und Deckel ohne jegliche Verzierung. – ‚Halbfabrikate': Kästen – und Deckel –, bei denen Grundformen der Verzierung (z. B. Girlanden) angegeben sind.

[2] J. B. WARD-PERKINS, Annual Report of the Smithsonian Institution 1957 (1958) 455 ff.; ders., Archaeology 11, 1958, 98 ff.; ders., BMusBeyr 22, 1969, 109 ff.

[3] WIEGARTZ, Marmorhandel 369 ff.

[4] N. ASGARI in: The Proceedings of the Xth International Congress of Classical Archaeology 1973 (1978) I 467 ff.; dies., AA 1977, 329 f.

[5] N. ASGARI, AA 1977, 329 ff. – Die Teile des Werkes von D. MONNA – P. PENSABENE, Marmi dell'Asia Minore (1977), die sich auf die Sarkophage beziehen, sind dadurch weitgehend überholt (vgl. auch ASGARI a. O. 335 Anm. 16 a). – Nachtrag: N. ASGARI, Arkeoloji ve Sanat Dergisi 3, 11, 1980, 23 ff.

[6] ASGARI a. O. 354 Abb. 52.

[7] ASGARI, Kalchedon 37 ff.

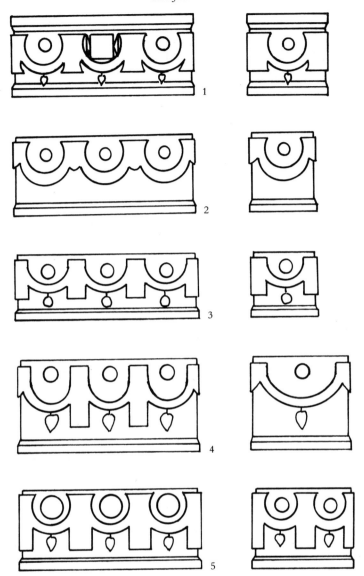

Abb. 9. Girlanden-Halbfabrikate in Kleinasien.
1. Prokonnesos. – 2. Ephesos. – 3. Hermos-Gebiet. – 4. Karien. – 5. Aphrodisias

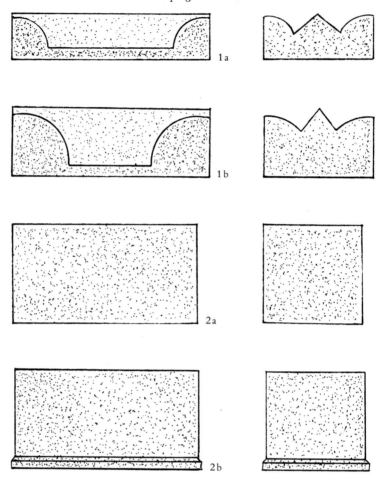

Abb. 10. Rohlinge aus Prokonnesos.
1. Deckel, a frühe Form, b spätere Form. – 2. Kästen, a ohne Sockel, b mit Sockel

V. 2.1. Prokonnesos

Auf der Marmorinsel Prokonnesos (Marmara) in der Propontis (Marmarameer) wird in reichem Maße ein Marmor gebrochen, der weiß ist und durch seine dunklen Streifen auffällt.[8] Er wurde für Architekturteile, Skulpturen und Sarkophage verwandt.[9] Sarkophage aus prokonnesischem Marmor wurden in sehr großer Zahl exportiert, und zwar in verschiedenen Zuständen der Bearbeitung: neben Rohlingen gibt es Halbfabrikate unterschiedlicher Form, die in oder bei den Brüchen vorgefertigt wur-

[8] N. Asgari, AA 1977, 337 Anm. 20.

[9] Asgari a.O. 330 mit Anm. 6. – Monna-Pensabene a.O. 145 ff.

den; sie ermöglichten einen größeren Verdienst, als er mit Rohlingen zu erreichen gewesen wäre.[10] Ein derartiges Verfahren findet sich nicht in Marmorbrüchen wie in Dokimeion[11] oder am Pentelikon bei Athen,[12] bei denen hochwertiges Material gewonnen wurde; mit ihm konnte man entweder ohne weitere Bearbeitung einen erheblichen Preis erzielen oder es wurde gleich am Ort oder in der Nähe zu vollständigen kostbaren Sarkophagen ausgearbeitet, die hohe Gewinne brachten. Halbfabrikate gaben dagegen keine Vorteile.

Die Deckel, die für Rohlinge und die verschiedenen Halbfabrikate bestimmt sind, haben in der Regel die Form eines Daches; es sind große Akrotere vorhanden (Abb. 10); die Giebel wurden teilweise schon gerahmt, und möglicherweise waren bisweilen auch große Dachziegel angedeutet. Nur in einem Fall war beim Deckel so viel Marmormasse vorhanden, daß man sowohl einen Dach- wie auch einen Klinendeckel ausarbeiten konnte.[13]

Rohlinge, also in bossiertem Zustand (Spitzmeißelzustand) belassene Kästen (Abb. 10), sind in größerer Zahl und über einen längeren Zeitraum hinweg nach Byzantion exportiert worden.[14] Verschiedene Beispiele finden sich in Kalchedon[15] und in Tyros,[16] wo sie lokal weiter ausgearbeitet worden sind. Ferner sind sie in Dalmatia nachzuweisen; dort sind sie zumindest teilweise mit einem schweren Sockel versehen.[17] Bisher nicht untersucht worden ist, ob die Rohlinge aus prokonnesischem Marmor noch weiter verbreitet waren.[18]

Bei den Halbfabrikaten lassen sich verschiedene Formen scheiden (Abb. 11)[19]:

A. Kasten mit einer Tabula ansata auf einer Langseite. Diese Form ist in Kalchedon belegt.[20] Derartige Stücke sind möglicherweise nach Moesia Inferior exportiert und dort in lokalem Stein nachgeahmt worden.[21]

Sonderform: Kasten mit Sockel und Tabula ansata; nur in Dalmatia nachzuweisen.[22]

---

[10] ASGARI a.O. 351 f.; dies., Kalchedon 43 f.
[11] ASGARI a.O. 351 f.; dies., Kalchedon 44.
[12] WIEGARTZ, Marmorhandel 348 ff.; ASGARI a.O. 352 Anm. 52.
[13] Split D 13: B. BRENK, Spätantike und frühes Christentum (1977) Taf. 377.
[14] s. hier Kapitel III 6.
[15] ASGARI, Kalchedon Taf. 19.
[16] J. B. WARD-PERKINS, BMusBeyr 22, 1969, 115 ff. (PR3.12.25). – M. CHÉHAB, BMusBeyr 21, 1968 Taf. 45 ff.; WIEGARTZ, Marmorhandel 371. – Weitere, teilweise lokal auf der Vs. mit Girlanden versehene Exemplare: unpubl.
[17] J. B. WARD-PERKINS in: Disputationes Salonitanae 1970 (1975) 42; J. J. WILKES, Dalmatia (1969) Taf. 36. – Sockel: Salona, S. wieder-

verwandt für F. Bulić: unpubl. – Split D 13: s. oben Anm. 13. – Split A 782: unpubl.
[18] Vgl. z. B. Exemplare in Pantikapaion: V. F. GAJDUKEVIĆ, Das Bosporanische Reich (1971) 428 f.; N. I. SOKOLSKIJ, Antičnie drevyannie sarkofagi (Archeologia SSSR, 1969) 79 Abb. 19.
[19] J. B. WARD-PERKINS, BMusBeyr 22, 1969, 115 ff.; WIEGARTZ, Marmorhandel 371.
[20] ASGARI, Kalchedon 37 ff.
[21] A. RĂDULESCU – E. COMAN – C. STAVRU, Pontica 6, 1973, 247 ff. (vgl. dazu MONNA-PENSABENE a.O. [s. oben Anm. 5] 4). – ASGARI, Kalchedon 40. – S. hier Kapitel III 4.
[22] Salona, neue Grabungen: unpubl. – Vielleicht auch Split A 148: N. CAMBI, VjesDal 62, 1960, 60 ff. Nr. 11 Taf. 14 (möglicherweise Sonderform mit Bossen l. und r. der Tabula).

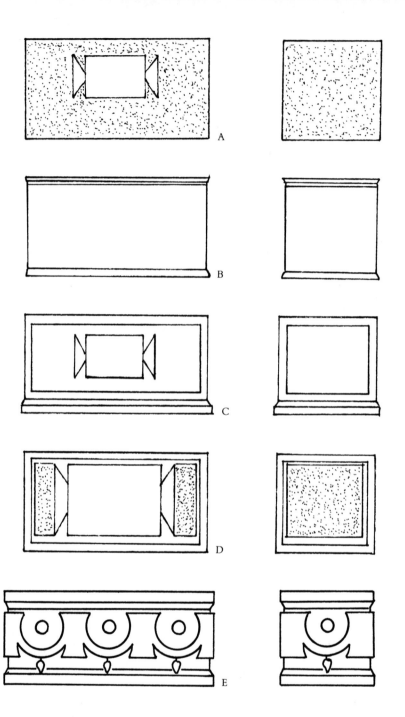

Abb. 11. Halbfabrikate aus Prokonnesos.
A. Kasten mit Tabula ansata. – B. Kasten mit dünnen Profilen unten und oben. – C. Kasten mit allseits umlaufender Rahmung (Truhensarkophag); auf einer Langseite Tabula ansata. – D. Kasten mit Rahmung, großer Tabula mit Ansae und seitlich daneben Bossen. – E. Kasten mit angelegten Girlanden

B. Kasten mit dünnen Profilen unten und oben und geglätteter Fläche dazwischen. Die Form ist in Rom,[23] Salona,[24] Thessaloniki,[25] Edirne,[26] Tyros und Caesarea Marittima[27] gefunden worden. Ein Exemplar in Side hat oben und unten schmale vorspringende Leisten.[28]

C. Kasten mit allseits umlaufenden Leisten auf den vier Seiten, sogenannte Truhen- oder profilgerahmte Sarkophage. Diese Form ist mit Tabula ansata auf der einen Langseite in Kalchedon gefunden worden.[29] Zwei Exemplare in Moesia Inferior sind wohl am Orte aus importierten derartigen Halbfabrikaten ausgearbeitet.[30] Ein Beispiel in Byzantion hat keine Tabula ansata, und die Rahmung beschränkt sich auf eine Langseite.[31] Bei einem Exemplar in Olympos ist zur Zeit nicht festzustellen, ob eine Tabula vorhanden ist.[32]

D. Kasten mit Rahmung, großer Tabula und seitlich daneben Bossen für die Ausarbeitung von Figuren; auf den Nebenseiten in einer Rahmung Bossen, vielleicht auch schon gelegentlich Andeutung einer Arkade. Diese Form war für den Export nach Oberitalien bestimmt und ist nur dort belegt.[33]

E. Kasten mit angelegten Girlanden, und zwar in der Regel auf allen vier Seiten;[34] lediglich bei einigen der Exemplare, die für Alexandria bestimmt waren, beschränken sich die Girlanden auf drei Seiten.[35] Die Girlanden-Halbfabrikate von Prokonnesos haben folgende Charakteristika:[36] es sind unten und oben vorspringende Leisten vorhanden; die Girlandenträger sind gleichmäßig hoch und schwingen zu den Enden hin meist etwas aus; die Girlanden haben Anhänger; in den Bögen sitzen Scheiben, im mittleren der einen Langseite meist eine kleine Tabula ansata;[37] gelegentlich ist auch eine Tabula ansata im Bogen auf einer der Schmalseiten, die als Hauptseite des Sarkophages dienen sollte;[38] alle vorstehenden Teile, Leisten, Girlanden, Träger und Scheiben, haben eine flache Oberfläche und sind zum Hintergrund hin abgeschrägt.

Derartige Girlanden-Halbfabrikate sind weit exportiert worden. Teilweise wurden sie dann ohne größere Veränderungen (Spitzmeißelzustand der Werkstätten der

---

[23] Rom, NM (Nr. ?): MONNA – PENSABENE a.O. (s. oben Anm. 5) 159 Abb. 56/57.
[24] Split A 1654: J. J. WILKES, Dalmatia (1969) Taf. 36.
[25] Thessaloniki 5698: unpubl.
[26] Edirne o. Nr. (F. O. bisher nicht festzustellen): unpubl.
[27] Tyros: J. B. WARD-PERKINS, BMusBeyr 22, 1969, 115 ff. PR 1.4.8.11.14 u. a. Taf. 2; 4, 2–4; 7. – Caesarea Marittima, Grabungen: unpubl.
[28] Side 80-2-1: K. m. D.; auf den Lss. je zwei Eroten mit einem Girlandenbogen lokal ausgearbeitet; unpubl.
[29] ASGARI, Kalchedon 40 ff. Taf. 14.
[30] ASGARI, Kalchedon 42 f.
[31] Istanbul, Türk ve Islam Eserleri Müzesi: unpubl.

[32] Olympos, Nordnekropole: unpubl.
[33] Mit J. B. WARD-PERKINS in: Atti I Congr. Archeol. dell'Italia Settentrionale (1963) 123 f., und ASGARI, Kalchedon 42 ff., gegen GABELMANN, Werkstattgruppen 170 ff. – F. REBECCHI, RM 84, 1977, 129 ff. – ASR VIII 2, A 12 Taf. 7, 5. 6.
[34] N. ASGARI, AA 1977, 329 ff.
[35] ASGARI, Kalchedon 43. – Vierseitig z. B. A. ADRIANI, Repertorio d'arte dell'Egitto greco-romano A I (1961) 23 Nr. 7; 25 Nr. 15.
[36] N. ASGARI, AA 1977, 330 ff. 354 Abb. 52,4.
[37] Zur Tabula ansata: ASGARI, Kalchedon 40.
[38] Antalya A 375: A. M. MANSEL – A. AKARCA, Excavations and Researches at Perge (1949) Abb. 11/12; ASGARI a.O. 361 (Antalya A). – Side, Bischofspalast: ASGARI a.O. 374 (Side A).

Insel) verwandt, bisweilen wurde die Oberfläche geglättet (mit Zahneisen oder sogar Flacheisen in lokalen Werkstätten); es können verschiedene Gründe vorliegen, daß die Stücke in diesem Zustand belassen wurden.[39] Häufig wurden sie jedoch in lokalen Werkstätten im örtlichen Stil weiter ausgearbeitet. Die Verbreitung von Halbfabrikaten in Kleinasien und Thracia, die unverändert belassen oder nur zum Teil bearbeitet wurden, hat N. Asgari in einer Liste und einer Karte zusammengestellt;[40] ein Exemplar in Olympos[41] läßt sich anschließen, so daß Girlanden-Halbfabrikate auch in Lykien belegt sind. Hinzu kommen die Exemplare, die in verschiedenen Werkstätten in den einzelnen Kunstlandschaften so weit vollendet wurden, daß das Schema des Halbfabrikates nicht mehr zu erkennen ist.[42]

Der Export findet sich vor allem im Gebiet der Propontis, also Thracia, Bithynien und Mysien, ferner in Gegenden, die nicht über eigene Marmorvorkommen verfügten, Pamphylien und Kilikien, aber auch beispielsweise in Smyrna oder Ephesos. Außerhalb von Kleinasien waren Syrien[43] und Ägypten[44] die Hauptabnehmer der prokonnesischen Girlanden-Halbfabrikate; ein Exemplar und Fragmente finden sich in Moesia Inferior,[45] drei Exemplare in Palästina,[46] eines in Dyrrhachion.[47] Einige Male wird in der Inschrift ausdrücklich hervorgehoben, daß der Sarkophag aus prokonnesischem Marmor besteht;[48] das zeigt die Hochschätzung dieses Materials. Sogar die bossierte Form wurde verschiedentlich in lokalem Stein nachgeahmt, wie Beispiele in Selge[49] und Anazarbos[50] zeigen.

Die Girlanden-Halbfabrikate von Prokonnesos stehen nicht in einer regionalen Tradition der Bildung von Girlanden, sondern wurden zu Handelszwecken hergestellt; aus der in Bosse vorhandenen Girlandenkomposition konnten verschiedenartige Formen gemeißelt werden, sowohl eine Folge von Nike – Eros – Eros – Nike als auch Widder- und Stierköpfe als Girlandenträger (Abb. 12). Das ist wohl mit ein Grund dafür, daß der prokonnesische Typus sehr viel weiter verbreitet ist als andere Halbfabrikate.[51]

---

[39] WIEGARTZ, Marmorhandel 371 f.
[40] ASGARI a. O. 331 ff. 355 Abb. 53; 376 ff.
[41] Olympos, Nordnekropole: unpubl. (im selben Grabgebäude wie der S. oben Anm. 32).
[42] z. B. ASGARI a. O. 350 ff. Abb. 42.45.46; 332 Anm. 9–11; 333 Anm. 13; 357 Anm. 57.
[43] J. B. WARD-PERKINS, BMusBeyr 22, 1969, 113 ff. 132 ff. 139 ff. (Liste der ‚other proconnesian sarcophagi in Roman Syria'). – WIEGARTZ, Marmorhandel 369 ff. – Vgl. hier Kapitel VI 3.
[44] WIEGARTZ, Marmorhandel 369 ff. 371 Anm. 71. – Vgl. hier Kapitel VI 5.
[45] L. GETOV, ArcheologijaSof 20,2,1978, 13 ff. Abb. 1 (Odessos). – A. RĂDULESCU, Monumente romano – bizantine din sectorul de vest als Cetății Tomis (1966) 46 f. Abb. 25/26 (Tomi).

[46] Samaria: R. W. HAMILTON, QDAP 8, 1938, 67 Taf. 39,2. – Besara: N. AVIGAD, Beth She'arim III (1976) 168 Abb. 82 Taf. 57, 3-4. – Ein weiterer S. in Jerusalem, Rockefeller-Museum (F. O. bisher nicht zu ermitteln). – Es ist noch zu klären, wie ein Frgt. in Triest einzuordnen ist: F. REBECCHI, RM 84, 1977, 128 Taf. 59,1.
[47] Durrës: Shqiperia Arkeologjike (1971) Taf. 108.
[48] J. KUBIŃSKA, Les monuments funéraires dans les inscriptions grecques de l'Asie Mineure (1968) 59. WIEGARTZ, Marmorhandel 371.
[49] G. E. BEAN, Kleinasien II (1970) 136 Taf. 28,2. ASGARI a. O. 335 Abb. 10.
[50] ASGARI a. O. 335 Abb. 11.
[51] ASGARI a. O. 349.

Abb. 12. Girlanden-Halbfabrikat aus Prokonnesos.
1. Halbfabrikat. – 2 a. ausgearbeiteter Sarkophag mit Folge von Widder-, Stier-, Stier- und Widderkopf als Girlandenträger. – 2 b. ausgearbeiteter Sarkophag mit Folge von Nike, Eros, Eros und Nike als Girlandenträger

Es ist noch nicht genauer untersucht worden, in welchem Zeitraum Rohlinge und Halbfabrikate für Sarkophage in Prokonnesos hergestellt und welche Veränderungen in Proportionen und Form der Stücke vorgenommen wurden. Das früheste Halbfabrikat mit Girlanden, in dem unter anderen Beifunden eine Münze Vespasians lag, ist nicht publiziert.[52] Die Produktion setzt also möglicherweise im späteren 1. Jh. n. Chr. ein; die meisten Stücke dürften allerdings erst in der zweiten Hälfte des 2. und in der ersten Hälfte des 3. Jh. n. Chr. entstanden sein. Unter den anderen Halbfabrikaten sind keine frühen Beispiele. Über die Veränderung der Form läßt sich nur sagen, daß die Kästen immer größer und vor allem höher werden, also andere Proportionen be-

---

[52] ASGARI a. O. 376.

kommen, und die dachförmigen Deckel ebenfalls höher werden und größere und schwerere Akrotere erhalten. Es ist aber nicht möglich, aufgrund der Form genauere Datierungsvorschläge zu machen.

V. 2.2. Ephesos

Bei Ephesos wurden in einheimischen Steinbrüchen[53] Girlanden-Halbfabrikate angefertigt, die sich von denen der Werkstätten in Prokonnesos deutlich unterscheiden.[54] Sie haben nur unten eine vorspringende Leiste, sehr kleine Girlandenträger, in der Regel keine Anhänger an den Bögen und als Füllung recht kleine Scheiben, manchmal auch gar keine. Die Girlanden finden sich meist auf allen vier, selten nur auf drei Seiten; sie sind rundlich erhaben (,hochbossiert')[55] oder flach (,flachbossiert')[56]. Die Deckel sind dachförmig, recht niedrig und haben verhältnismäßig kleine Akrotere (Abb. 13).

Das Girlandenschema eignete sich vor allem dafür, daß Tierköpfe aus den Trägern ausgemeißelt wurden;[57] diese Dekoration war in Ionien schon seit dem 1. Jh. n. Chr. verbreitet.[58] Bei einigen Kästen sind jedoch auch Niken und Eroten und sogar Trauben ausgearbeitet, Formen, die von anderen Gegenden beeinflußt wurden.[59]

Die Produktion von Girlanden-Halbfabrikaten setzt in Ephesos schon im 1. Jh. n. Chr. ein; zuerst handelt es sich meist um Ostotheken[60] und gelegentlich auch um Sarkophage,[61] seit dem frühen 2. Jh. n. Chr. dann gewöhnlich um Sarkophage.[62] Nicht bekannt ist, ob die Gruppe in das 3. Jh. n. Chr. hineinreicht. Die Stücke wurden häufig in bossiertem Zustand verwandt; teilweise oder voll bearbeitet finden sie sich vor allem in der näheren und weiteren Umgebung von Ephesos.[63] Da die einzelnen Exemplare in der Ausarbeitung gewisse Unterschiede zeigen, dürften sie in verschiedenen lokalen Werkstätten weiter bearbeitet worden sein.

Der Export ist bei weitem nicht so umfangreich wie der der prokonnesischen Halbfabrikate. Beispiele finden sich in Aquileia,[64] Modena (?),[65] Rom[66] und Puteoli.[67]

[53] ASGARI a. O. 337 mit Anm. 20. – MONNA-PENSABENE a. O. (s. oben Anm. 5) 125 ff.
[54] ASGARI a. O. 335 ff. 354 Abb. 52,1; 378 f.
[55] ASGARI a. O. 335 Abb. 13; 339 Abb. 21; 341 Abb. 26.
[56] ASGARI a. O. 335 Abb. 12; 340 Abb. 23.
[57] ASGARI a. O. 336 ff. Abb. 16.17.20.24.25; 341 f.
[58] ASGARI a. O. 338 mit Abb. 17 (Ostothek, datiert 61/62 n. Chr.).
[59] ASGARI a. O. 340 Abb. 22.23.
[60] ASGARI a. O. 338 mit Verweis auf eine große Gruppe großenteils unpublizierter Ostotheken.
[61] ASGARI a. O. 338 mit Anm. 26 (S. von Philadelphia – Alaşehir, datiert 69/70 n. Chr., und Exemplar aus Teira, wohl 1. Jh. n. Chr.).
[62] z. B. Sarkophag des Celsus Polemaeanus,

um 115 n. Chr. entstanden: ASGARI a. O. 341 mit Abb. 22; V. .M. STROCKA in: Studien zur Religion und Kultur Kleinasiens. Festschrift F. K. Dörner II (1978) 900 mit Anm. 69; 913 Taf. 215; ders. in: The Proceedings of the Xth International Congress of Classical Archaeology 1973 (1978) II 893 ff.
[63] ASGARI a. O. 356 Abb. 54; 378 f.
[64] ASGARI a. O. 363 (Aquileia A.B.). – MONNA-PENSABENE a. O. (s. oben Anm. 5) 138 Abb. 44.
[65] F. REBECCHI, RM 84, 1977, 124 ff. Taf. 58,1 (da eine obere Leiste fehlt, die Girlandenträger sehr kurz und die Girlanden dünn und weit gespannt sind, wohl nicht prokonnesisch). – F. REBECCHI in: Antichità Altoadriatiche 13, 1978, 239 f. mit Anm. 122.
[66] ASGARI a. O. 371 ,Pisa' (dazu: ARIAS, Cam-

Halbfabrikate 493

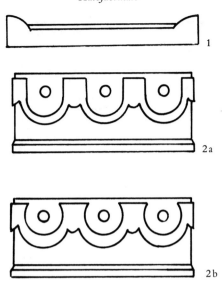

Abb. 13. Girlanden-Halbfabrikate von Ephesos.
1. Deckel. – 2 a. Kasten mit Girlanden, die gerade nach oben verlaufen. – 2 b. Kasten mit Girlanden, die oben eingebogen sind

Im Gegensatz zu Prokonnesos, wo keine Tradition der Girlandensarkophage bestand, sind von Ephesos aus auch fertig ausgearbeitete Ostotheken und Sarkophage exportiert worden; sie haben selten auf allen vier, meist nur auf einer Seite ausgeführte Girlanden und Träger. Das zeigen Beispiele in Samos,[68] Aigina[69] und Rom.[70] Ein großer Sarkophag in Adana, der in Augusta gefunden wurde, hat das ephesische Schema.[71] In der Art der Ausarbeitung setzt er sich von den übrigen Exemplaren in Kilikien ab, er dürfte also in fertiggestelltem Zustand importiert worden sein; wo die Werkstatt war, muß noch geklärt werden. Schließlich sind noch Fragmente in Syrien zu nennen, die aus Ephesos stammen könnten.[72]

Vereinzelt wurde das ephesische Girlandenschema lokal kopiert, wie ein Beispiel aus Samos zeigt.[73]

posanto 154 f. Taf. 103, 216; 104; wohl aus Rom stammend, lokal ausgearbeitet). ‚Rom A' (dazu: MONNA-PENSABENE a. O. [s. oben Anm. 5] 138 Abb. 45/46).

[67] Neapel (Nr. ?): ASGARI, a. O. 342 Anm. 34; INR 76.1051.

[68] Samos: INAth 76/819.76/1025; vgl. T. WIEGAND, AM 25, 1900, 211 Nr. 124.

[69] Aigina 700: K. KOUROUNIOTES, AEphem 1913, 92 ff. Abb. 12 f.

[70] Rom, NM 72881; Rom, Pal. Cons. 2116: ASGARI a. O. 342. 371 f. ‚Rom B. C.' (mit Niken und Eroten als Girlandenträger, die möglicherweise für den Export nach Rom hergestellt worden sind).

[71] Adana 7330: ASGARI a. O. 340.342.358 Abb. 25.

[72] ASGARI a. O. 342 Anm. 34 (es ist noch zu klären, wo sie ausgearbeitet worden sind).

[73] Samos P 583: W. MARTINI, AA 1972, 299 Abb. 17.

Abb. 14. Girlanden-Halbfabrikat des Hermos-Gebietes.
1. Deckel. – 2. Kasten

V. 2.3. Oberes Hermostal

Auf eine kleine Gruppe von Halbfabrikaten, die im oberen Hermostal hergestellt worden ist, hat N. Asgari hingewiesen;[74] in einem Steinbruch hat sie ein nicht fertiggestelltes Halbfabrikat gefunden.[75] In der Dekoration nehmen die Stücke eine Mittelstellung zwischen Prokonnesos und Ephesos ein. (Abb. 14). Die Gruppe muß noch ausführlicher untersucht werden; wichtig ist ein Exemplar in Manisa, bei dem die Figuren erst teilweise aus der Form des Halbfabrikates herausgearbeitet worden sind.[76]

V. 2.4. Karien

In Karien konnte N. Asgari eine Gruppe von Girlanden-Halbfabrikaten lokalisieren,[77] deren Charakteristikum ein recht hohes Format, ein vorspringender Sockel, sehr kleine Girlandenträger an den Ecken und lange, gerade herunterführende in der Mitte der Langseite sind (Abb. 15). Der Marmor wurde möglicherweise in den Brüchen von Stratonikeia gewonnen.[78] Das früheste Exemplar ist ein fragmentierter Kasten in Miletos,[79] der zeigt, daß schon im späteren 1. Jh. . Chr. die Serienfabrikation von karischen Halbfabrikaten üblich war. In größerem Umfang setzt sie dann wohl im 2. Jh. ein, und sie dürfte bis in das 3. Jh. n. Chr. hineinreichen. Die erhaltenen Exemplare, die teilweise in den verschiedenen Orten weiter ausgearbeitet worden sind, beschränken sich auf das westliche Karien.[80] Export findet sich in Alexandreia[81] und

---

[74] ASGARI a. O. 348 Anm. 47; 380.
[75] ASGARI a. O. 349 Abb. 40.
[76] Manisa 5003 (Herkunft bisher nicht festzustellen): unpubl.
[77] ASGARI a. O. 343 ff. 354 Abb. 52,2; 379. – MONNA-PENSABENE a. O. (s. oben Anm. 5) 109 ff.
[78] ASGARI a. O. 345 mit Anm. 37.
[79] Milet, Grabungsgelände: ASGARI a. O. 343 mit Abb. 29; H. WIEGARTZ in: The Proceedings of the Xth International Congress of Classical Archaeology 1973 (1978) II 672 ff. Taf. 199/200. – Vielleicht ist das Frgt. Milet 2018 (unpubl.) anzuschließen.
[80] ASGARI a. O. 356 Abb. 55.
[81] ASGARI a. O. 343 ff. Anm. 36, Abb. 32; 360; A. ADRIANI, Repertorio d'arte dell' Egitto greco-romano A I (1961) 30 Nr. 26.28. Taf. 26,74.76 (Inv. 22293.21654); vielleicht auch a. O. 22 f. Nr. 6 Taf. 4,12 – 13; 5 (Inv. 16155); vgl. ferner das a. O. 30 unter Nr. 26 genannte Stück Inv. 21655: unpubl.

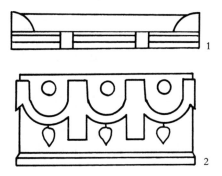

Abb. 15. Girlanden-Halbfabrikat aus Karien (Stratonikeia).
1. Deckel. – 2. Kasten

wohl in Laodikeia in Syrien.[82] Ein Kasten in Adana, der vielleicht aus lokalem Stein besteht, ahmt das karische Schema nach.[83] In Karien sind lokale Nachahmungen in Halikarnassos (Bodrum)[84] und, weit im Osten, in Apollonia[85] vorhanden.

Bei diesem Typus konnten aus den mittleren Girlandenträgern der Langseiten Figuren[86] oder Tierköpfe[87] ausgearbeitet werden; die Eckträger waren nur für Köpfe geeignet; in Karien finden sich besonders gern Pansköpfe an diesen Stellen.[88]

V. 2.5. Aphrodisias

Eine Abwandlung des karischen Schemas zeigt Aphrodisias, in dessen Nähe große Marmorbrüche sind.[89] Bei den dort hergestellten Halbfabrikaten sind die Träger an den Ecken genauso lang wie die in der Mitte (Abb. 16).[90] Eine Besonderheit ist, daß sich häufig auf den Nebenseiten zwei Girlandenbögen finden.[91] Die Rückseite ist bei mehreren Stücken nicht verziert. Bei einer ganzen Reihe von Exemplaren ist auf der Vorderseite statt des mittleren Girlandenbogens eine Tabula angebracht (Abb. 16, 2 b).[92]

---

[82] Tartous T 290 (aus Laodikeia): H. B. SAFADI – A. KIRICHIAN, AAS 7, 1957, 73 ff. Taf. 1 ff.; J. B. WARD-PERKINS, BMusBeyr 22, 1969, 143 (Laodiceia 2); G. KOCH, AA 1977, 389 Anm. 92 (das Girlandenschema, das auf der Rs. erhalten ist, unterscheidet sich allerdings etwas von dem in Karien üblichen).

[83] Adana 8: ASGARI a.O. 358. 360 mit Abb. 31 (es müßte geklärt werden, ob es sich nicht doch um ein karisches Halbfabrikat handelt).

[84] Bodrum 758: ASGARI a.O. 343 mit Abb. 30; 364.

[85] ASGARI a.O. 370 ‚Medet A'.

[86] z. B. ASGARI a.O. 342 Abb. 29.

[87] Frgt.e in Milet (unpubl.), bei denen allerdings nicht geklärt ist, ob sie aus karischen Halbfabrikaten hergestellt sind.

[88] ASGARI a.O. 345.

[89] ASGARI a.O. 345 ff.

[90] ASGARI a.O. 354 Abb. 52,3; 379 f.

[91] ASGARI a.O. 345 Abb. 33.

[92] ASGARI a.O. 347 mit Abb. 34.

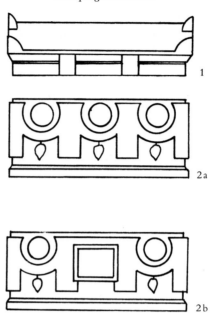

Abb. 16. Girlanden-Halbfabrikate von Aphrodisias.
1. Deckel. – 2 a. Kasten mit Girlanden. – 2 b. Kasten mit Girlanden und Tabula

Der Haupttypus der Gruppe von Aphrodisias scheint im späteren 2. Jh. ausgebildet und bis weit ins 3. Jh. n. Chr. verwandt worden zu sein. Einige Beispiele, sowohl ein Halbfabrikat[93] wie teilweise ausgearbeitete Stücke,[94] zeigen, daß im 1. Jh. n. Chr. ein etwas anderer Typus des Girlanden-Halbfabrikates üblich war, der ein niedrigeres Format, kleinere Träger und dünne, weiter gespannte Bögen hatte. Ein Fragment weist darauf hin, daß auch Halbfabrikate für Säulensarkophage gefertigt wurden.[95]

Die Halbfabrikate von Aphrodisias sind auf die Umgebung der Stadt im östlichen Karien und auf Hierapolis im westlichen Phrygien beschränkt;[96] lediglich ein Exemplar, das wohl nicht in Aphrodisias, sondern an einem unbekannten Ort ausgearbeitet worden ist, wurde im Mäandertal weiter westlich, bei Germencik, gefunden.[97] Beispiele in Mastaura[98] und Tabai[99] dürften in fertig ausgearbeitetem Zustand aus Aphrodisias importiert worden sein, ebenfalls vielleicht ein Sarkophag in Nysa.[100] Lokale

[93] Asgari a.O. 347.362 mit Abb. 35.
[94] Aydin 98.97; Asgari a.O. 347 mit Abb. 36/37; V. M. Strocka in: Festschrift Dörner a.O. (s. oben Anm. 62) 894 ff. Taf. 203. – Vgl. das Exemplar in Aphrodisias: MAMA VIII (1962) 147 Nr. 613 Taf. 40.
[95] Wiegartz, Säulens. Taf. 32a.
[96] Asgari a.O. 352 Anm. 52; 357 Abb. 56.
[97] Izmir 3557: Wiegartz, Säulens. Taf. 14a; Asgari a.O. 347f. Abb. 39; Strocka a.O. (s. oben Anm. 62) 905 ff. Taf. 210–214.
[98] Izmir 723: G. Rodenwaldt, BJb 147, 1942, 226 Taf. 15,1; Asgari a.O. 347.
[99] Tabai: L. Robert, La Carie II (1954) 113 Nr. 19 Taf. 17,1.2; Asgari a.O. 347 Anm. 45.
[100] Verschollen, ehem. Nysa: Antiquities of Ionia, Published by the Society of Dilettanti I (1821) 11.54.

Nachahmungen des Halbfabrikates finden sich in Plasara,[101] Apollonia[102] und, weit im Südosten, in Kibyra.[103] Rohlinge für Sarkophage sind von Aphrodisias möglicherweise auch nach Rom exportiert worden.[104]

V. 3. DIE HAUPTGRUPPE DER KLEINASIATISCHEN SARKOPHAGE

(Die repräsentativen kleinasiatischen Sarkophage)

C. R. MOREY, Sardis V 1 (1924). – WIEGARTZ, Säulens. (1965). – G. FERRARI, Il commercio dei sarcofagi asiatici (1966). – HIMMELMANN, Megiste (1970). – WIEGARTZ, Myra (1975) 210 ff.

Eine größere Anzahl von Sarkophagen in Kleinasien schließt sich eng zusammen. Die meisten von ihnen tragen eine architektonische Gliederung, es gibt aber auch Exemplare mit Girlanden, fliegenden Eroten oder Niken sowie einem Fries, der manchmal an den Ecken durch Halbsäulen oder Pilaster begrenzt ist. Diese Beispiele werden hier zur ‚Hauptgruppe' der kleinasiatischen Sarkophage zusammengefaßt; die einzelnen Stücke sind in Kleinasien weit verbreitet und wurden auch häufig exportiert; es handelt sich also um eine überregionale Gruppe im Gegensatz zu den anderen Sarkophagen in Kleinasien, die meist auf eine bestimmte Landschaft, eine Region, beschränkt sind. Die Säulensarkophage dieser Gruppe sind zuletzt von H. Wiegartz[1] ausführlich und grundlegend behandelt worden; er hat auch die anderen Exemplare herangezogen. Unter den früheren Arbeiten seien vor allem die von C. R. Morey[2] und Beiträge von M. Lawrence[3] und G. Rodenwaldt[4] hervorgehoben. Nach dem Buch von H. Wiegartz gibt es nur wenige Neufunde; es sind Arbeiten oder Bemerkungen von N. Asgari,[5] G. Ferrari,[6] N. Himmelmann,[7] G. Koch,[8] K. Schauenburg,[9] V. M. Strocka,[10] M. Waelkens[11] und mehrfach H. Wiegartz[12] zu nennen; sie bereichern das von diesem Autor gezeichnete Bild etwas, verändern es jedoch nicht wesentlich. Da H. Wiegartz in dem Werk über Myra[13] die wichtigen Punkte kurz und übersichtlich

---

[101] W. R. PATON, JHS 20, 1900, 76 f. Abb. 13; ASGARI 347.376 (Yaykin).
[102] L. ROBERT, La Carie II (1954) 244 Taf. 40,2; 42,2.4.; ASGARI a. O. 347.370 ‚Medet B' (durchlaufende Girlanden). – MAMA VI (1939) 52 Nr. 141 a Taf. 26; ROBERT a. O. 284 Nr. 164 Taf. 38,3; 41,4; ASGARI a. O. 370 ‚Medet C' (Girlanden und Tabula).
[103] Kibyra: INIst R 11400; unpubl.
[104] ASGARI a. O. 352 Anm. 52.
[1] WIEGARTZ, Säulens. (1965); s. die Bibliographie a. O. 7 f. – Vgl. G. M. A. HANFMANN, From Croesus to Constantine (1975) 67 f.
[2] MOREY (1924).
[3] M. LAWRENCE, MemAmAc 20, 1951, 115 ff.
[4] G. RODENWALDT, Gnomon 1, 1925, 121 ff.; ders., JHS 53, 1933, 181 ff.; ders., AA 1938, 413 ff.
[5] N. ASGARI, AA 1977, 329 ff. (mit verschiedenen wichtigen Bemerkungen).
[6] G. FERRARI, Il commercio dei sarcofagi asiatici (1966).
[7] HIMMELMANN, Megiste (1970); ders. in: Mél. A. M. Mansel (1974) 45 ff.
[8] G. KOCH, Gnomon 45, 1973, 314 ff.; ders., AA 1974, 302 ff.; ders., BJb 180, 1980, 88 ff.
[9] K. SCHAUENBURG, GettyMusJ 2, 1975, 63 ff.
[10] V. M. STROCKA, AA 1971, 62 ff.
[11] Arbeit von M. Waelkens im Druck in AF.
[12] H. WIEGARTZ in: Mél. A. M. Mansel (1974) 345 ff. (= WIEGARTZ, Marmorhandel); ders., Myra (1975) 210 ff.
[13] s. Anm. 12.

zusammengefaßt und abweichende Meinungen diskutiert hat, kann hier die Vorstellung der Gruppe knapp gefaßt werden.

Die Sarkophage der kleinasiatischen Hauptgruppe sind durch sehr viele Züge immer wieder miteinander verbunden; deshalb darf man annehmen, daß es sich um eine einzige Werkstatt oder einen Kreis eng verbundener Werkstätten handelt.[14] Verwandt wurde Marmor aus den Brüchen von Dokimeion in Phrygien.[15] Wo die Herstellung zu lokalisieren ist, dürfte dank der Untersuchungen von M. Waelkens geklärt worden sein. Während man mehrfach die Aufteilung in eine frühe (‚lydische') und eine späte (‚Sidamara-') Gruppe vornahm und die frühe in Ephesos und die späte im nordwestlichen Kleinasien, etwa in Kyzikos, ansetzte,[16] wies H. Wiegartz überzeugend die Einheitlichkeit aller ‚Säulensarkophage' und ihrer Verwandten nach; er sprach sich vorsichtig für Pamphylien als Herkunftslandschaft aus, betonte aber, es seien noch weitere Untersuchungen notwendig.[17] M. Waelkens konnte dann anhand genauer Detailvergleiche aufzeigen, daß die Sarkophage der Hauptgruppe engstens mit Werken zu verbinden sind, die in Phrygien, und zwar in Dokimeion, entstanden sind.[18] Es bleiben aber noch offene Fragen, die erst nach einer Bearbeitung der Bauornamentik, der Freiplastik und der lokalen Sarkophage in Pamphylien beantwortet werden können; denn es sind vielfache Beziehungen zwischen diesen Monumenten und den Sarkophagen der Hauptgruppe beobachtet worden.[19]

V. 3.1. Technik der Herstellung

Die Technik der Herstellung ist bisher noch nicht genauer beschrieben worden. Die Ausarbeitung der Sarkophage wird, ähnlich wie bei den attischen Exemplaren, in verschiedenen Phasen vorgenommen worden sein, für die jeweils Spezialisten eingesetzt waren.[20] Der gesamte Vorgang dürfte sich an einem Ort abgespielt haben; mitreisende Bildhauer, die am Bestimmungsort die letzten Arbeitsgänge ausgeführt haben, sind bisher nicht nachgewiesen worden.[21] Gelegentlich sind Sarkophage verschickt worden, die ganz oder teilweise unfertig waren;[22] doch sind dafür verschiedenartige Gründe möglich. Da sich Stücke aus Tyros, Zephyrion, Catania oder Rom stilistisch nicht von solchen in Perge, Konya oder Ephesos unterscheiden, liegt kein Anlaß vor, mitreisende Bildhauer anzunehmen. Charakteristisch für die Sarkophage

---

[14] WIEGARTZ, Säulens. 26 ff. 48 ff.; ders., Marmorhandel 375 ff.; ders., Myra 211 f. 231 f.

[15] WIEGARTZ, Säulens. 21 Anm. 36; ders., Marmorhandel 375 f.; ders., Myra 215; FERRARI a. O. 87 ff.; N. ASGARI, AA 1977, 349 ff.

[16] Die ältere Lit. zitiert bei: WIEGARTZ, Säulens. 26 ff. 49 ff.; ders., Marmorhandel 375 ff.; ders., Myra 214 f.

[17] s. Anm. 16.

[18] FERRARI a. O. 87 ff. – M. WAELKENS, AF (im Druck).

[19] WIEGARTZ, Säulens. 42 ff.; ders., Marmorhandel 381 ff.; ders., Myra 214 f. 231 f. – N. ASGARI, AA 1977, 352 ff. 355 ff.

[20] WIEGARTZ, Marmorhandel 375.

[21] WIEGARTZ a. O. 375; WIEGARTZ, Myra 214 Anm. 292.

[22] WIEGARTZ, Marmorhandel 375 Anm. 86.

V. 3.2. Formen und Darstellungen

1. Girlanden

Es sind mehrere Sarkophage und Ostotheken mit Girlanden erhalten.[24] Als Besonderheit sind runde Ostotheken zu nennen.[25] Die Sarkophage haben meist drei, die Ostotheken zwei Girlandenbögen auf den Langseiten; auf den Schmalseiten sind ein Bogen, bei großen Exemplaren gelegentlich auch zwei vorhanden. Es handelt sich in der Regel um dicke Eichenblattgirlanden; sie haben meist schwere Trauben als Anhänger, an denen häufig Vögel picken. Nur selten sind Girlanden aus anderen Formen zusammengestellt. Träger der Girlanden sind Eroten auf den Langseiten und Niken an den Ecken. Sie stehen gern auf Blattwerk, Seetieren, Sphingen, Konsolen oder Globen. Als Füllung in den Bögen finden sich Gorgoköpfe, Masken, Büsten, Adler oder auf Blattrosetten sitzende Köpfe. In Ausnahmefällen ist der mittlere Bogen der Langseite durch eine figürliche Darstellung ersetzt.[26] Gelegentlich ist ein Grabesportal auf einer der Schmalseiten.[27] Charakteristisch ist ein schwerer, reich profilierter Sockel mit unterschiedlich ornamentierten Streifen. Die Stücke, die darauf verzichten, können nicht zur Hauptgruppe der Girlandensarkophage gezählt werden.[28] Selten ist ein figürlicher Fries auf dem Sockel vorhanden;[29] in einem Fall zieht sich ein derartiger

---

[23] ASGARI, Kalchedon 28 f.

[24] WIEGARTZ, Säulens. 177 ff. N. HIMMELMANN in: Mél. A. M. Mansel (1974) 45 ff. G. KOCH, AA 1974, 306 Anm. 61. K. SCHAUENBURG, GettyMusJ 2, 1975, 63 ff. Abb. 8. N. ASGARI, AA 1977, 349 ff. G. KOCH, BJb 180, 1980, 93 ff. 98 Anm. 166. – Dazu Nachträge: Die Frgt. aus Denizli befinden sich jetzt in Hierapolis (Pamukkale). – Afyon, aus Prymnesos (runde Ostothek): S. GÖNÇER, Afyon ili tarihi I (1971) 170 Abb. 60. – Afyon 7476 (aus Apameia): K. m. D.; auf den Lss. statt des mittleren Girlandenbogens figürliche Szenen, u. z. Achill und Penthesileia sowie Perseus und Andromeda; unpubl. – Izmir 1294 und 1313: Frgt.e vom Sockel, unpubl. – Kütahya 62: Frgt. Ostothek; unpubl. – Side 216: A. und E. ERGEÇ, Side Museum Guide (1976) Abb. 70. – Antalya A 74: A. M. MANSEL, Side (1978) 294 Abb. 329. – Die Stücke werden in der Arbeit von F. Işık über die Girlandens. zusammengestellt.

[25] Afyon, aus Prymnesos: s. Anm. 24. – Kunsthandel: Galerie G. Puhze, Kunst der Antike (1977) 4 Nr. 12.

[26] Afyon 7476: s. oben Anm. 24. – Konya 1343: WIEGARTZ, Säulens. 51 f. 179 Nr. 41; HIMMELMANN, Megiste 19 f.; G. KOCH, Gnomon 45, 1973, 316; N. HIMMELMANN in: Mél. A. M. Mansel (1974) 46 ff.; G. KOCH, AA 1974, 303 Nr. 18; K. SCHAUENBURG, GettyMusJ 2, 1975, 64 ff. – Kunsthandel: drei Frgt.e unpubl.

[27] N. HIMMELMANN in: Mél. A. M. Mansel (1974) 49 ff. – Konya 1343: s. Anm. 26. – Rom, Pal. Rospigliosi: HIMMELMANN a. O. 45 ff. Taf. 24a.

[28] Girlandens. aus Laodikeia, Izmir 79: WIEGARTZ, Säulens. 178 Nr. 22. – Girlandens. in Hierapolis: P. VERZONE, Hierapolis di Frigia nei lavori della missione archeologica italiana, in: Quaderni ,La ricerca scientifica' 10, 1978, 81 Abb. 103.

[29] Rom, Casale dei Monaci: G. M. DE ROSSI, ArchCl 20, 1968, 257 ff. Taf. 102; ders., Tellenae (Forma Italiae I 4, 1967) 110 Nr. 77, 1 Abb. 254/55. – Verschollen: MATZ-DUHN II 3480; G. RODENWALDT, AA 1938, 393/94 Abb. 6.

Fries am oberen Rand entlang.³⁰ Nur gelegentlich ist auch oben eine profilierte Schmuckzone wiedergegeben. Die Deckel haben die Form eines Daches, das große Ziegel trägt und reich verziert ist. Der Girlandenschmuck steht in kleinasiatischer Tradition, die Ausgestaltung ist bei der Hauptgruppe jedoch ungewöhnlich reich und die Ausarbeitung höchst qualitätvoll. Die Gruppe ist auf eine kleine zeitliche Spanne von etwa 140 bis 170 n. Chr. beschränkt.³¹

Es gibt eine Fülle von Nachahmungen in Kleinasien. In einigen Fällen scheinen Bildhauer der Hauptgruppe in Pamphylien prokonnesischen Marmor verwandt zu haben.³² Gelegentlich lassen sich Stücke fassen, die von Meistern der Hauptgruppe in der Provinz hergestellt worden sind, nämlich ein Exemplar in Nikaia³³ und eines in Tyros;³⁴ da sich die übrigen Girlandensarkophage gegen diese beiden Stücke in Form und Ausführung zusammenschließen, liegt kein Grund zur Annahme vor, mitreisende Bildhauer seien die Regel. Es dürfte sich in den genannten Fällen um Künstler handeln, die in der Hauptwerkstätte geschult waren und dann aus bestimmten Gründen ausgewandert sind.

2. Fliegende Eroten und Niken

Einige wenige Sarkophage tragen fliegende Eroten und Niken mit einem Mittelmotiv, nämlich einem Gorgokopf.³⁵ Bei dem einzigen vollständig erhaltenen Exemplar aus Perge und auf den Fragmenten aus Korakesion waren weitere Gorgoköpfe auf den Nebenseiten abgebildet. Ein in Hierapolis gefundenes Exemplar könnte eine lokale Variante der Hauptgruppe sein;³⁶ es hat nur auf der Rückseite das Motiv, während die übrigen Seiten mit Girlanden geschmückt sind. Der Deckel, der nur beim Sarkophag aus Perge erhalten ist, ist wie bei den Girlandensarkophagen gestaltet. Vorbilder und Parallelen für die Darstellung sind in Kleinasien kaum bekannt; es muß noch untersucht werden, ob das Motiv mit stadtrömischen Sarkophagen zusammenhängt. Die Beispiele dürften alle aus der Zeit bald nach der Mitte des 2. Jhs. n. Chr. stammen.

3. Figürlicher Fries

Eine größere Anzahl von Sarkophagen zeigt einen figürlichen Fries, der auf allen vier Seiten umläuft.³⁷ An die Ecken sind verschiedentlich Niken gestellt. Bei einer ganzen Reihe von Exemplaren sind Säulen oder Pilaster als Eckbegrenzung gewählt; nach

---

³⁰ Hierapolis (Nr. ?): MAMA VI (1939) 14 Nr. 36 Taf. 8; N. HIMMELMANN in: Mél A. M. Mansel (1974) 47 Anm. 13.

³¹ WIEGARTZ, Säulens. Taf. 47.

³² N. ASGARI, AA 1977, 355 ff.

³³ Iznik 1738: ASGARI a. O. 357 mit Abb. 47/48.

³⁴ M. CHÉHAB, Les Dossiers de l'Archéologie 12, Sept./Okt. 1975, 40; J. P. REY-COQUAIS, BMusBeyr 29, 1977, 78 f. Nr. 140 Taf. 22,1.

³⁵ WIEGARTZ, Myra 234. – Antalya A 380 (aus Perge): A. M. MANSEL – A. AKARCA, Excavations and Researches at Perge (1949) 47 Nr. 7 A Abb. 18–21; A. M. MANSEL, AA 1956, 97 f. Abb. 48. – Istanbul 72. 73. 22. 23: MENDEL I 114 ff. Nr. 27–30; MANSEL-AKARCA a. O. 48 Abb. 22–25. – Izmir 57: MANSEL-AKARCA a. O. 48 Abb. 26.

³⁶ s. oben Anm. 28.

³⁷ WIEGARTZ, Säulens. 44 f. 48 f. 177 ff. Taf.

dem Sarkophag aus Torre Nova im Palazzo Borghese in Rom[38] ist für diese Beispiele 484
die Bezeichnung ‚Torre-Nova-Gruppe' geprägt worden.[39] Die Ostotheken und Sarkophage der Torre-Nova-Gruppe werden hier mit Exemplaren ohne vergleichbare Eckbegrenzung zusammengefaßt. Für die Art der Darstellungen gibt es zwei verschiedene Möglichkeiten: entweder sind die Gestalten auf einer Friesseite in einer Szene zusammengeschlossen oder es sind Einzelfiguren oder -gruppen vorhanden, die wie bei den Säulensarkophagen ohne deutlich erkennbaren Zusammenhang auf eine Seite gesetzt sind.[40] Beim ersten Fall kann die Szene auf allen vier Seiten durchlaufen, es sind aber auch andere Möglichkeiten gewählt worden.

Recht häufig ist ein Thiasos mit Eroten dargestellt;[41] Vorbilder dürften attische 485
Erotensarkophage gewesen sein.[42] Eine zweite Gruppe zeigt den Kampf der Griechen gegen die Amazonen.[43] Da nur Fragmente, nicht jedoch ein vollständiges Exemplar erhalten sind, läßt sich die Abfolge der Gruppen nicht rekonstruieren; es wird aber deutlich, daß sich die Darstellung nicht an attische oder stadtrömische Amazonensarkophage anschließt, sondern in der Tradition kleinasiatischer hellenistischer Amazonenfriese steht. Auf einer Reihe von Beispielen, die alle zur Torre-Nova-Gruppe gehören, sind Heraklestaten abgebildet; ein wichtiger Neufund ist noch nicht publiziert, so daß über die Abfolge der einzelnen Taten, mögliche Vorbilder, das Verhältnis zu den Säulensarkophagen mit Herakles und andere Fragen noch keine Aussagen gemacht werden können.[44] Sehr vielfältig sind die Themen, die nur vereinzelt begeg- 486
nen.[45] Unter ihnen sind der Unterweltssarkophag von Torre Nova,[46] der Achillsarko-

46A–D; ders., Myra 210ff. 230ff. mit Liste in Anm. 379. – D. STRONG in: The Proceedings of the Xth International Congress of Classical Archaeology 1973 (1978) II 677ff. – R. TURCAN, ebendort 685ff.

[38] Rom, Pal. Borghese: WIEGARTZ, Säulens. 168 (Rom B); L. QUILICI, Collatia (Forma Italiae I 10, 1974) 647 Abb. 1404ff.

[39] WIEGARTZ a.O. 17. HIMMELMANN, Megiste 5ff. WIEGARTZ, Myra 212f. G. KOCH, BJb 180, 1980, 88ff.

[40] WIEGARTZ, Myra 217 Anm. 307; 231.

[41] WIEGARTZ, Säulens. 42f. 64ff. G. KOCH, AA 1974, 307 Anm. 68. – Dazu: Aleppo (Nr. ?): Eckfrgt.; unpubl. – Boston 1973.480: M. B. COMSTOCK – C. C. VERMEULE, Sculpture in Stone. The Greek, Roman and Etruscan Collections of the Museum of Fine Arts Boston (1976) 156f. Nr. 246 (vgl. auch a.O. 67 Nr. 107). – Paris MNE 790: ASR III 2 S. 181 Abb. 153; REINACH, RS I 76, 97. – Wien, Arch. Slg. der Univ.: H. KENNER, ÖJh 46, 1961–63, 48f. Abb. 25f. (von Friess.?). – Verschollen (?): MAMA IV (1933) 15 Nr. 50 Taf. 19. – Torre-Nova-Sarkophage und -Ostotheken mit Eroten, außer den bei WIEGARTZ, Säulens. 143ff., angeführten Exemplaren: Adana (Nr. ?): Frgt., unpubl. – Avellino: Frgt., INR 73.446/47. – Istanbul (Nr. ?): WIEGARTZ, Myra 212 Anm. 277. – Kassel: Ostothek mit Klinendeckel; unpubl. – Side 2.8.73: Rs., stark beschädigt, unpubl. – Vatikan 1921: AMELUNG, Vat. Kat. I 374 Nr. 102 Taf. 39; K. SCHAUENBURG, JdI 81, 1966, 286 Anm. 78; INR 80. 727.

[42] WIEGARTZ, Säulens. 42f.

[43] G. KOCH, AA 1974, 302ff. – Nachtrag zu Nr. 10 (a.O. 303 mit Abb. 19: WIEGARTZ, Myra 238f. Nr. 9 Taf. 98 C (zur Hauptgrp. gehörend; vgl. z. B. KOCH a.O. 304 Abb. 15). – Dazu: Toronto 924.16.18-20: C. VERMEULE in: Festschrift F. Matz (1962) 107 Nr. 1. – Iznik 3949: Eckfrgt. mit Sockelfries; unpubl. – Bursa 3367: Sockelfrgt.; unpubl. – Istanbul, Privatbesitz (Hinweis N. Asgari): unpubl. – Antalya (Nr. ?): WIEGARTZ, Säulens. 167 (Perge C) Taf. 40e. – Manisa (Nr. ?): WIEGARTZ a.O. 179 Nr. 33 Taf. 13d (vielleicht Amazonen). – Ehem. Rom: ASR II 125; G. KOCH, AA 1974, 106f. Nr. 15 Abb. 16.

[44] Antalya, aus Perge (Frgt.e in Privatbesitz): die Publ. wird von N. Asgari vorbereitet.

[45] WIEGARTZ, Säulens. 143ff. 177ff. G. KOCH, AA 1974, 307f. WIEGARTZ, Myra 230ff.

phag in Providence, der sich stilistisch etwas absetzt,[47] und die Ostothek aus Megiste in Athen[48] hervorzuheben. Fraglich ist, ob ein Kasten in Subiaco bei Rom,[49] der nur auf drei Seiten Relief hat und eine dionysische Darstellung trägt, in diesen Kreis gehört; er ist möglicherweise im westlichen Kleinasien, vielleicht in Aphrodisias, geschaffen worden.[50] Vorbilder für die Szenen sind gelegentlich im stadtrömischen oder attischen Bereich zu suchen.[51] Die Exemplare dürften teilweise für den Export in den Westen gearbeitet worden sein.[52]

Die Sarkophage haben meist einen schweren Sockel mit Profilen, deren Ornamente mit denen der anderen Sarkophage verbunden sind; nur bei Ostotheken handelt es sich bisweilen um eine schmale Leiste; gelegentlich ist auch ein figürlicher Fries am Sockel vorhanden. Am oberen Rand ist in der Regel eine vorspringende Ornamentleiste wiedergegeben. Die Deckel haben meist die Form eines Daches, das reich geschmückt ist. In einigen Fällen ist bei Exemplaren kleinen Formats ein Deckel in Klinenform belegt, durch den neben anderen Hinweisen gesichert ist, daß die kleinen Stücke nicht als Kindersarkophage, sondern als Ostotheken dienten.[53]

Die Sarkophage mit einem figürlichen Fries sind nur in einer relativ kleinen Zeitspanne, und zwar etwa zwischen 140 und 170 n. Chr. geschaffen worden. Die Fries- und Torre-Nova-Sarkophage sind nur selten kopiert worden. Beispiele dafür sind eine lokale Ostothek mit Amazonen in Bursa,[54] verschiedene Exemplare in Aphrodisias[55] und die Vorder- und Nebenseiten eines Kastens des Torre-Nova-Typus mit Kentauren in Rom.[56]

– Dazu z. B.: Arezzo 20507: K. SCHAUENBURG, Perseus in der Kunst des Altertums (1960) 70. 128 Anm. 894 Taf. 27, 2. – Isparta (?): M. P. NILSON, Geschichte der griechischen Religion² II (1961) 671 Taf. 16, 1; A. BORBEIN, Campanareliefs (14. Ergh. RM 1968) 92. – Vatikan 290: G. KOCH, BJb 180, 1980, 88 ff. (zur Problematik der Herkunft). – Antalya A 67: HIMMELMANN, Megiste 29 f. Abb. 13. – Paris, Mus. Rodin (alte Nr. 304): WIEGARTZ, Säulens. 173 Taf. 43 c.

[46] s. oben Anm. 38.

[47] Providence 21.074: WIEGARTZ, Säulens. 178 Nr. 16; B. SISMONDO RIDGWAY, Classical Sculpture. Catalogue of the Classical Collection, Museum of Art, Rhode Island School of Design (1972) 96 ff. Nr. 38; WIEGARTZ, Myra 232. 241 ff (bemerkt abweichenden Figurenstil und weist den S. deshalb nicht der Hauptwerkstatt zu).

[48] Athen 1189: WIEGARTZ, Säulens. 151 (Athen); HIMMELMANN, Megiste 5 ff.; WIEGARTZ, Myra 212 Anm. 283; 216.

[49] WIEGARTZ, Säulens. 177 f. Nr. 15; ASR IV 2, 78 Taf. 94, 1; 95.

[50] Hinweis N. Asgari.

[51] WIEGARTZ, Säulens. 42 f. G. KOCH, AA 1974, 307 f.

[52] KOCH a. O. 307 f. Anm. 74.

[53] HIMMELMANN, Megiste 5 ff. 16 Abb. 4. (D. in Iznik). – Ferner: Burdur 5100: Klinend. von Ostothek mit lagerndem Paar mit Porträtköpfen: unpubl. – z. Z. Kassel (Leihgabe aus Privatbesitz): Ostothek mit Eroten, Klinendeckel; unpubl. – Vgl. WIEGARTZ, Myra 212 f. Anm. 283.

[54] Bursa 2814: unpubl.

[55] Izmir 3558 (aus Aphrodisias): K. ERIM, AJA 71, 1967, 241 Taf. 71, 24–25; SISMONDO RIDGWAY a. O. (s. oben Anm. 47) 98 Anm. 5 (da Ansätze der Nss. vorhanden sind, eindeutig Ls. eines S.; in Zweitverwendung mit Wasserausfluß versehen); WIEGARTZ, Myra 232. – Aphrodisias: K. ERIM, TürkAD 20, 1, 1973, 84 ff. Abb. 31 ff.; ders., AJA 76, 1972, 185 Taf. 42, 37.

[56] Vatikan 290: G. KOCH, BJb 180, 1980, 88 ff. Abb. 35–38.

4. Säulensarkophage (Abb. 17)

Die mit weitem Abstand zahlreichsten Sarkophage der kleinasiatischen Hauptgruppe sind die Säulensarkophage, für die es verschiedene Formen gibt; die Exemplare sind von H. Wiegartz zusammengestellt worden.[57] Es gibt nur wenige Neufunde,[58] die sich, von einem einzigen Stück abgesehen,[59] in das bekannte Bild einfügen. Es handelt sich um eine ‚Erfindung' der Werkstatt, bei der mehrere Anregungen, nämlich frühere Sarkophage mit architektonischer Gliederung und Architektur von Grabtempeln und Theaterfassaden, zu einer großartigen Form, einem Heroon, ausgestaltet sind.[60] Am Anfang, um 150 n. Chr., also parallel zu Fries- und Torre-Nova-Sarkophagen, wurde mit Architrav (Abb. 17 A)[61] und Bogenarkade (Abb. 17 B)[62] experimentiert, die auf einer Folge von Säulen aufliegen; auf den Langseiten sind fünf, auf den Schmalseiten drei Interkolumnien vorhanden. Bei einem anderen Versuch sind Bögen und Giebel auf einen durchlaufenden Architrav gelegt (Abb. 17 C).[63] Um 160 n. Chr. wurde dann der ‚Normaltypus' (‚geläufiger Typus') geschaffen, der nicht mehr umgebildet, sondern nur noch geringfügig verändert, bereichert und zahlreich wiederholt wurde (Abb. 17 D).[64] Dieser Normaltypus hat auf der Langseite über dem mittleren Joch einen Giebel, durch den die Mittelfigur besonders hervorgehoben wird; über den seitlichen Interkolumnien sind Bögen und über den Zwischenjochen Architrave vorhanden. Auf den Nebenseiten sind drei Interkolumnien, von denen das mittlere einen Giebel und die seitlichen einen Architrav haben; auf der linken Schmalseite ist in der Regel ein Grabesportal unter dem Giebel wiedergegeben.[65] Die Säulensarkophage verdrängen die übrigen Formen der kleinasiatischen Hauptgruppe, und der Normaltypus setzt sich wiederum gegen die anderen Ausprägungen der Säulensarkophage durch; etwa ab 170 n. Chr. ist er die für die kleinasiatische Hauptgrup-

487

489

488

490

---

[57] WIEGARTZ, Säulens. 143 ff. Ders., Myra 210 ff.

[58] HIMMELMANN, Megiste 26 f. – Neufunde z. B.: Aizanoi: R. NAUMANN, AA 1980, 134 Abb. 18. – Afyon (Nr. ?): K. mit Klinendeckel, Normaltypus; weiterer reicher Klinendeckel; unpubl. – Constantza 20617 und 20018: Z. COVACEF, Pontica 7, 1974, 303 ff. Abb. 5–7 (kleinasiatisch?). – Düzlerçami: G. KOCH, Gnomon 45, 1973, 316. – Iznik (Nr.?): HIMMELMANN, Megiste 27 Taf. 4b; N. FIRATLI in: Mél. A. M. Mansel (1974) 919 f. Taf. 329a (Bogenarkaden, Herakles). – Konya 1619: HIMMELMANN, Megiste 26 f. – Konya (Nr. ?): K. mit Klinendeckel, Normaltypus; unpubl. – Kütahya (Nr. ?): Sokkelteile eines Herakles.; unpubl. – Paris 569: R. LANGE, Die byzantinische Reliefikone (1964) 18 Abb. IV auf S. 21 (Frgt. mit Bogenarkade, byz. umgearbeitet). – Varna (Nr. ?): V. M. STROCKA, AA 1971, 77 Abb. 18; 82. – Privatbesitz: Antiken aus rheinischem Privatbesitz (1973) 231 ff. Nr. 373. 375. 376 Taf. 170b; 172a. b.

[59] s. unten Anm. 63.

[60] WIEGARTZ, Säulens. 13 f. 22 ff.; ders., Myra 218 f.

[61] WIEGARTZ a. O. 16. 33 f. 45 f. 48 f. Taf. 29a; 46 E.

[62] WIEGARTZ a. O. 16. 33. 46 f. 48 f. Taf. 46 F.

[63] z. Z. Kassel (Leihgabe aus Privatbesitz); verschiedene Frgt.e, zu einem K. gehörend: Staatliche Kunstsammlungen Kassel, Schloß Wilhelmshöhe, Antikenabteilung, Blatt 3 (Zur römischen Kunst, Führungsblätter).

[64] WIEGARTZ, Säulens. 11 ff. 46 ff. Taf. 1. 29b; 46 H; ders., Myra 217 ff.

[65] WIEGARTZ, Säulens. 15 f. 70 f. mit Anm. 16; 121 ff.; ders., Myra 226 f.

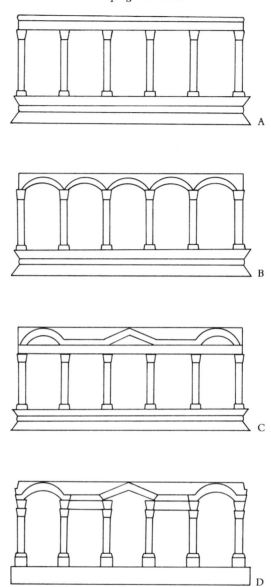

Abb. 17. Typen der Säulensarkophage der kleinasiatischen Hauptgruppe.
A. Durchlaufender Architrav. – B. Bogenarkade. – C. Durchlaufender Architrav und darüber Folge von Bogen, Giebel und Bogen. – D. Normaltypus

pe typische Form.⁶⁶ Der Normaltypus läßt sich bis um 260 n. Chr. verfolgen; gegen 250 n. Chr. wird bei einigen Exemplaren der Typus mit Bogenarkade wieder aufgenommen;⁶⁷ es kommt auch zu Vermischungen, indem Vorder- und Nebenseiten dem Normaltypus und die Rückseite dem Typus mit Bogenarkade folgen.⁶⁸ Zwischen 260 und 270 n. Chr. stellt die Werkstatt die Produktion an Sarkophagen ein, wohl deshalb, weil aus wirtschaftlichen Gründen die Schicht der bisherigen Abnehmer verarmt war. Einige der Bildhauer sind nach Rom gegangen und haben dort eine Werkstatt maßgeblich bestimmt, die im späteren 3. und frühen 4. Jh. n. Chr. einen großen Aufschwung genommen und viele monumentale Sarkophage hergestellt hat;⁶⁹ Kleinasiatisches läßt sich beispielsweise in der Wiedergabe der Architektur der Säulensarkophage dieser Werkstatt, unter anderem des Musensarkophages Mattei,⁷⁰ erkennen, ferner bei verschiedenen verwendeten Figurtypen und beim Stil von Gewändern und Köpfen.⁷¹ Andere Bildhauer sind wahrscheinlich in Kleinasien geblieben und haben dekorative Plastiken hergestellt.⁷²

490–93

266

Bei den Säulensarkophagen haben die frühen Exemplare häufig einen reich geschmückten Sockel;⁷³ bei Stücken des späteren 2. und des 3. Jhs. ist meist nur eine Leiste, gelegentlich auch ein Sockel ohne Ornamente vorhanden.⁷⁴ Bei frühen Beispielen sind kleine figürliche Friese am Sockel belegt;⁷⁵ unter den späten hat der Sidamariasarkophag auf Neben- und Rückseite einen derartigen Sockelfries.⁷⁶ Kapitelle, Auflager, Giebel, Bögen mit Nischen, Architrave und Zwickel tragen reichen Schmuck mit starker Licht-Schatten-Wirkung.⁷⁷ Diese Ornamente und der Stil der Figuren erlauben es, eine relative, chronologische Reihe der Säulensarkophage aufzustellen.⁷⁸ Die Deckel haben die Form einer Kline, auf der Figuren lagern, in der Regel die eines Ehepaares; es gibt aber auch einige nachträgliche Veränderungen.⁷⁹ So ist beispielsweise beim Sarkophag in Melfi nur eine Gestalt abgebildet.⁸⁰ Nur bei einem der frühesten Säulensarkophage, nämlich dem Heraklessarkophag mit Architrav aus Perge, ist ein Dachdeckel vorhanden, der in seiner Form zu den Dachdeckeln anderer Gruppen der kleinasiatischen Hauptgruppe Verbindung hat.⁸¹ Diese Dachdeckel werden bei der Hauptgruppe um 160/70 n. Chr. von den Klinendeckeln abgelöst. Die Klinendeckel sind reich ausgestaltet und in ihrer Ausprägung charakteristisch für die kleinasiatische Hauptgruppe:⁸² unter dem Auflager der Matratze ist ein profilierter Strei-

487

488

---

⁶⁶ WIEGARTZ, Säulens. 44 ff.; ders., Myra 231.
⁶⁷ WIEGARTZ, Säulens. 48.
⁶⁸ Istanbul 1179: WIEGARTZ, Säulens. 156 f. (Istanbul B).
⁶⁹ WIEGARTZ, Säulens. 20 ff. Ders., Myra 213 f. G. KOCH, ASR XII 6 S. 22 ff. Ders., AA 1979, 236 ff.
⁷⁰ Rom, NM 80711: ASR V 3, 128 Taf. 84; HELBIG⁴ III 2123; WIEGARTZ, Myra 213.
⁷¹ ASR XII 6 S. 19 ff.
⁷² WIEGARTZ, Myra 251.
⁷³ WIEGARTZ, Säulens. 13. 24 ff. 46 ff.; ders., Myra 219.

⁷⁴ WIEGARTZ, Säulens. 13; ders., Myra 219.
⁷⁵ WIEGARTZ, Säulens. 40.
⁷⁶ WIEGARTZ, Säulens. 156 f. (Istanbul B).
⁷⁷ WIEGARTZ, Säulens. 13 ff. 28 ff. 33 f. 37 f. 46 ff. Taf. 2. 6/7.
⁷⁸ WIEGARTZ, Säulens. 26 ff. 81 ff.; ders., Myra 211.
⁷⁹ WIEGARTZ, Säulens. 145 f. 37 f. 65 Taf. 29 b; 34 a; 36 f.
⁸⁰ WIEGARTZ, Säulens. 164 f.
⁸¹ WIEGARTZ, Säulens. 14 Anm. 13; 46 Taf. 29 a.
⁸² WIEGARTZ, Säulens. 15; ders., Myra 211 f.

490–93 fen, der mit einem Palmettenfries, mit Hebebossen und manchmal mit einem Zahnschnitt versehen ist; eine zurückspringende Zone, die teilweise mit Meerwesen geschmückt ist, leitet über zu dem Auflager; an den Ecken sind Füße oder Marmorstege; die Matratze ist stark gewölbt und hat Schmuckbänder; am Kopf- und Fußende stehen oder sitzen Eroten; vor der Matratze sind, vor allem bei späteren Exemplaren, weitere Eroten wiedergegeben, die spielen und jagen; die Lehnen auf Neben- und Rückseite sind stark geschwungen; sie sind in Felder eingeteilt und haben, wiederum bei späten Stücken, einen figürlichen Fries; an den Fulcra sind verschiedentlich Pferdeköpfe angebracht. Die lagernden Gestalten sind bei frühen Beispielen flach hingestreckt, schon bei wenig späteren sind die Oberkörper hingegen aufgerichtet.[83]

Die Auswahl der Themen ist auf den Säulensarkophagen der kleinasiatischen Hauptgruppe sehr beschränkt. Es handelt sich in der Regel um statuarische Gestalten, die einzeln in die Interkolumnien gestellt sind.[84] Nur selten, und zwar meist bei Exemplaren der frühen und der späten Phase, kommen bewegte Figuren vor,[85] und 492/93 manchmal werden einige Interkolumnien zu einer einheitlichen Szene zusammengezogen.[86] In der frühen Phase und dann wieder in der Spätzeit begegnen verschiedene Gestalten aus dem Mythos,[87] beispielsweise der Raub des Palladions, der Zweikampf von Menelaos und Paris, Meleager, Daidalos und Ikaros, Aeneas, Niobiden, Musen und Dioskuren. Besonders reich ist in dieser Hinsicht der Sarkophag in Melfi, der den Höhepunkt der klassizistischen Phase bildet.[88] Hervorzuheben sind einige Sarkophage, 487 die die Taten des Herakles in den Interkolumnien tragen.[89] Die überwiegende Anzahl der Gestalten stammt jedoch nicht aus einem mythologischen Zusammenhang. Es handelt sich um stehende Männer, Frauen und Kinder, seltener auch sitzende Männer und Frauen, also bürgerliche Gestalten; sie kommen in der Regel nicht jeweils einmal, sondern häufiger vor.[90] Auf der linken Schmalseite ist fast immer ein Grabesportal mit Beifiguren wiedergegeben.[91] Für einen Großteil der Typen sind ältere Vorbilder nachzuweisen, meist solche aus dem späten Hellenismus.[92] Die auf stadtrömischen Sarkophagen geläufigen Personifikationen fehlen.[93] Es läßt sich ein Wandel in der Auswahl der Themen vom 2. und 3. Jh. n. Chr. ablesen.[94] Auf den kleinasiatischen Säulensarkophagen können der mythische und der menschlich-bürgerliche Bereich auf einer Seite nebeneinander dargestellt werden; die Erzählweise unterscheidet sich also von der der attischen Sarkophage.[95]

[83] WIEGARTZ, Säulens. 15 mit Anm. 15; ders., Myra 219.
[84] WIEGARTZ, Säulens. 53 ff. 67 ff.
[85] WIEGARTZ, Säulens. 53 ff.
[86] WIEGARTZ, Säulens. 48. 53 Taf. 34 a.
[87] WIEGARTZ, Säulens. 73 ff.
[88] WIEGARTZ, Säulens. 73 ff. 125. 139 und passim; ders., Myra 219.
[89] WIEGARTZ, Säulens. 53 mit Anm. 2; 67. – F. ÖZORAL, TürkAD 24, 1, 1977, 145 ff. – Zur Typologie: C. ROBERT, ASR II S. 115 ff.; demnächst N. Asgari, s. oben Anm. 44. – Vgl. auch I. JACOPI, ArchCl 24, 1974, 283 ff. und hier Kapitel I 4.3.2.16.
[90] WIEGARTZ, Säulens. 81 ff.
[91] WIEGARTZ, Säulens. 70 f. mit Anm. 16; 121 ff. N. HIMMELMANN in: Mél. A. M. Mansel (1974) 49 ff.
[92] WIEGARTZ, Säulens. 116 f.
[93] WIEGARTZ, Säulens. 118.
[94] WIEGARTZ, Säulens. 138 f.
[95] HIMMELMANN, Megiste 7 ff. WIEGARTZ, Myra 216 f.

H. Wiegartz konnte die Säulensarkophage der kleinasiatischen Hauptgruppe in eine chronologische Reihe bringen; Grundlage dafür gaben die Untersuchungen der Ornamentformen und des Figurenstils.[96] Die Datierungsvorschläge sind in einer Tabelle zusammengefaßt, auf die hier verwiesen werden kann.[97] Auch bei den Säulensarkophagen der kleinasiatischen Hauptgruppe läßt sich ein ‚Stilwandel' erkennen, der um 200 n. Chr. datiert werden kann.[98]

Die Säulensarkophage der Hauptgruppe sind verschiedentlich kopiert worden. In Kleinasien sind vor allem die Gruppen von Aphrodisias[99] und Nikaia[100] zu nennen. Einzelstücke gibt es in Konya,[101] Etenna,[102] Ephesos[103] und Kurşunlu.[104] Auch Klinendeckel sind mehrfach nachgeahmt worden.[105] Ob Exemplare der kleinasiatischen Hauptgruppe die Produktion von Säulensarkophagen in Rom angeregt haben, muß noch untersucht werden.[106] Zumindest Einzelstücke wie der Sarkophag von Velletri[107] und der Hochzeitssarkophag Medici-Riccardi in Florenz[108] sind engstens mit kleinasiatischen Sarkophagen verbunden; vielleicht sind sie von kleinasiatischen Meistern in Rom hergestellt worden. Auf kleinasiatische Künstler läßt sich auch die Architektur der späten stadtrömischen Säulensarkophage der Gruppe um den Musensarkophag Mattei zurückführen,[109] ferner die Form der Klinendeckel, die mehrfach bei der großen tetrarchischen Sarkophaggruppe vorhanden sind.[110] Es muß noch geklärt werden, ob einige andere Klinendeckel, wie beispielsweise der des Balbinussarkophages,[111] Beziehungen zu Kleinasien haben.

521

495–97

537

99

V. 3.3. Export (Abb. 18)

Für die Verbreitung der Säulensarkophage der Hauptgruppe haben H. Wiegartz und G. Ferrari das Material zusammengestellt;[112] aus Kleinasien sind inzwischen sehr viel mehr Stücke bekannt;[113] bei den exportierten Beispielen gibt es Neufunde in der

---

[96] WIEGARTZ, Säulens. 26 ff. 81 ff.; ders., Myra 211.
[97] WIEGARTZ, Säulens. Taf. 47.
[98] WIEGARTZ, Säulens. 29 ff.
[99] s. hier Kapitel V 4.4.
[100] s. hier Kapitel V 4.1.
[101] Konya 133: WIEGARTZ, Säulens. 163 (Konya G) Taf. 39 e.
[102] WIEGARTZ, Säulens. 155 (Gelçik). – Vgl. auch ein Frgt. in Beyşehir: A. S. HALL, AnatSt 18, 1968, 68 f. Taf. 5 c.
[103] Izmir 272: WIEGARTZ, Säulens. 159 f. (Izmir A) Taf. 36 b; ASR V 3, 33 Taf. 86 a. b. – Selçuk (Nr. ?): K. m. D., Vs. und Nss. Arkaden mit Musen, Rs. Girlanden; unpubl.
[104] C. MANGO – I. ŠEVČENKO, DOP 27, 1973, 257 Abb. 90 ff.
[105] Phaselis: G. E. BEAN, Kleinasien II (1970) 152 Taf. 30, 1. – Tlos: INIst R 1540. – Burdur 5352 (aus Mallos): unpubl. – Savatra (Yali Balat): MAMA VIII (1962) 42 Nr. 234 Taf. 10. – Aphrodisias: unpubl. – Tyros: J. B. WARD-PERKINS, BMusBeyr 22, 1969, 120 Taf. 3, 2.
[106] P. KRANZ, RM 84, 1977, 349 ff. – Vgl. hier Kapitel I 4.1.6.
[107] G. KOCH, BJb 180, 1980, 102 f.
[108] KOCH a. O. 99 ff.
[109] WIEGARTZ, Myra 213.
[110] G. KOCH, ASR XII 6 S. 23; ders., AA 1979, 237.
[111] Rom, Prätextatkatakombe: KRAUS, PropKg Taf. 243; B. Andreae, Römische Kunst (1973) Abb. 595.
[112] WIEGARTZ, Säulens. 143 ff. Taf. 48. FERRARI a.O. 25 ff. Pläne 1 und 2. WIEGARTZ, Marmorhandel 381 f.
[113] s. die Zusammenstellung von M. WAELKENS, AF (z. Z. noch nicht erschienen).

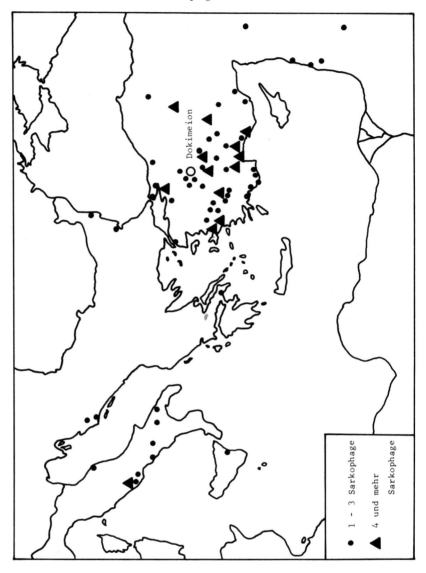

Abb. 18. Export von Sarkophagen der kleinasiatischen Hauptgruppe, hergestellt wahrscheinlich in Dokimeion in Phrygien

Umgebung von Rom,[114] in Moesia Inferior,[115] im römischen Syrien,[116] in Palaestina[117] und Arabia.[118] Die übrigen Exemplare der Hauptgruppe hat H. Wiegartz auf der Verbreitungskarte von Kleinasien ebenfalls erfaßt[119] und Beispiele außerhalb dieses Gebietes in den Listen aufgeführt;[120] viele Neufunde bereichern das Bild.[121] Außerhalb Kleinasiens sind Fragmente in Aleppo,[122] Avellino,[123] Arezzo[124] und mehrere in Rom[125] zu nennen. Der Export ist bei weitem nicht so zahlreich wie der der attischen Sarkophage. Stücke des 2. Jhs. n. Chr. scheinen zu überwiegen; vor allem sind sehr viele Stücke etwa des dritten Viertels des 2. Jhs. n. Chr. nach Rom gebracht worden; in Tyros, Knin und Bari gibt es aber auch späte Beispiele.[126]

V. 4. DIE LOKALEN SARKOPHAGE DER EINZELNEN KUNSTLANDSCHAFTEN

V. 4.1. Bithynien

In Bithynien ist eine große Zahl von Sarkophagen erhalten; die meisten sind allerdings fragmentiert. Eine zusammenfassende Bearbeitung der Provinz wird vorbereitet.[1]

---

[114] Albano, Chiesa della Rotonda: E. TORTORICI, Castra Albana (Forma Italiae I 11, 1975) 166 Nr. 36–40 Abb. 307.

[115] Constantza 20018. 20617 (aus Tomis): Z. COVACEF, Pontica 7, 1974, 303 ff. Abb. 5–7. – Varna (Nr. ?), aus Odessos: V. M. STROCKA, AA 1971, 77 Abb. 18; 82.

[116] Beirut (Nr. ?): drei Frgt.e, wohl zu einem S. gehörend; G. KOCH, AA 1977, 389 Anm. 97. – Aleppo 6024: Frgt., Kopf einer Frau mit Ansatz der Muschelnische; Herkunft nicht festzustellen; unpubl.

[117] N. AVIGAD, Beth She'arim III (1976) 168 Taf. 56, 4–7.

[118] Amman: Frgt., Säule, Kapitell und Ornamentik; F. O. derzeit nicht festzustellen; unpubl.

[119] WIEGARTZ, Säulens. Taf. 48; ders., Marmorhandel 381 f.

[120] WIEGARTZ, Säulens. 143 ff. 177 ff.

[121] s. oben Anm. 113.

[122] Aleppo (Nr. ?): Frgt., Eroten-Friess.; Herkunft nicht festzustellen; G. KOCH, AA 1977, 389 Anm. 97.

[123] Avellino, Convento di Montevergine: Frgt. mit Frau und Frgt. mit Eroten, wohl zur selben Ostothek des Torre-Nova-Typus gehörend; INR 73.447 und 446.

[124] Arezzo 20507: K. SCHAUENBURG, Perseus in der Kunst des Altertums (1960) 70. 128 Anm. 894 Taf. 27, 2.

[125] z. B. Paris MNE 790: ASR III 2 S. 181 Abb. 153 (aus Rom, Villa Borghese). – Rom, Via del Corso 525: INR 75.564 (Frgt., Erotens.). – Verschollen, ehem. Rom, Via Margutta: ASR II 125; G. KOCH, AA 1976, 106 f. Nr. 15 Abb. 16 (Frgt., Amazonen). – Vatikan 1921: AMELUNG, Vat. Kat. I 374 Nr. 102 Taf. 39; INR 80.727 (Frgt., Ostothek Eroten). – Malibu 72.AA.152: K. SCHAUENBURG, GettyMusJ 2, 1975, 63 ff. Abb. 8 (Girlanden; früher in Lowther Castle, vielleicht davor in Rom). – Rom, Pal. Rospigliosi: N. HIMMELMANN in: Mél. A. M. Mansel (1974) 45 ff. Taf. 23 f. (Girlanden). – Rom (Umgebung), Casale dei Monaci: G. M. DE ROSSI, ArchCl 20, 1968, 257 ff. Taf. 102 (Girlanden). – Verschollen, in Rom gezeichnet: G. RODENWALDT, AA 1938, 393 ff. Abb. 6 (Girlanden). – Nachtrag: Der Import aus Kleinasien in Rom und Umgebung ist zusammengestellt und nach Herkunft und Zeit gegliedert von G. KOCH, BJb 182, 1982.

[126] Istanbul 3228 (aus Tyros): WIEGARTZ, Säulens. 157 (Istanbul E). – Ehem. Knin: WIEGARTZ a. O. 162. – Bari: WIEGARTZ a. O. 152.

[1] Vgl. AA 1977, 478; die Bearbeitung erfolgt durch N. Asgari.

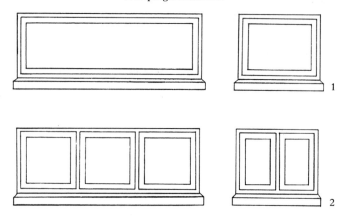

Abb. 19. Truhensarkophage aus Bithynien.
1. Typus mit ungeteilten Seiten. – 2. Typus mit in einzelne Felder geteilten Seiten

Verschiedentlich sind Sarkophage gefunden, die in fertig ausgearbeitetem Zustand importiert worden sind, nämlich Fragmente eines attischen Sarkophages in Prusa[2] und Stücke der kleinasiatischen Hauptgruppe in Kalchedon, Nikomedeia, Nikaia, Prusa und Prusias.[3] Halbfabrikate von Prokonnesos wurden gelegentlich ‚unfertig' verwandt.[4]

Sarkophage lokaler Werkstätten finden sich vor allem in Nikaia und Prusa, sind aber auch über viele andere Orte der Provinz verstreut. Wichtig ist ein Girlandensarkophag in Prusias ad Hypium (Konuralp-Üskübü),[5] der typologisch aus dem Rahmen fällt und vielleicht noch im 1. Jh. n. Chr., in flavischer Zeit, entstanden ist.

Charakteristisch für Bithynien sind Sarkophage mit allseits umlaufender profilierter Rahmung, sogenannte *Truhensarkophage* (Abb. 19).[6] Die Langseiten sind dabei in der Regel in mehrere Felder geteilt, und zwar in zwei, drei oder sogar vier; bei einigen Exemplaren ist nur ein großes Feld vorhanden.[7] Auf den Nebenseiten findet sich

---

[2] Bursa 2122–2124: H. WIEGARTZ, Gnomon 37, 1965, 616 Nr. 14; HIMMELMANN, Antakya 23 f. Taf. 17 b. 18; GIULIANO-PALMA 28 Nr. 2 Taf. 23, 58.

[3] WIEGARTZ, Säulens. 153 ff. (Bursa D. E. H; Istanbul C. F; Iznik A–L. S; Üskübü) 177 f Nr. 3. 3 a. 18. – HIMMELMANN, Megiste 16 Abb. 4; 27 Taf. 4 b.

[4] s. unten Anm. 22. 23 und 36.

[5] Konuralp (Üskübü), bei Schule: K. BITTEL, AA 1944/45, 64 Taf. 23, 1; F. K. DÖRNER, Bericht über eine Reise in Bithynien (Denkschriften Wien 75, 1, 1952) 30 Nr. 65 Taf. 14; N. HIMMELMANN, AnnPisa 4, 1974, 144; V. M. STROCKA in: Studien zur Religion und Kultur Kleinasiens. Festschrift F. K. Dörner II (1978) 905 Anm. 87.

[6] z. B. Iznik 684: S. ŞAHIN, Katalog der antiken Inschriften des Museums von Iznik I (Inschriften griechischer Städte aus Kleinasien 9, 1979) 101 b Nr. 117 Taf. 10. – Iznik 796: ŞAHIN a. O. 185 a Nr. 280 Taf. 22. – Iznik 64: ŞAHIN a. O. 125 a Nr. 139 Taf. 14. – Iznik (Nr. ?): A. KÖRTE, AM 24, 1899, 409 f. Nr. 9; INR 70. 3156; INIst 3710. – Açikkaya: B. GRAEF, AM 17, 1892, 80 ff. Taf. 5; F. K. DÖRNER, Inschriften und Denkmäler aus Bithynien (IstForsch 14, 1941) 22 f. – Bilecik: A. KÖRTE, AM 24, 1899, 439; DÖRNER a. O. 23; INR 70.3154. – Bilecik: KÖRTE a. O. 439; INIst R 2547 (K.). 2546 (D.). – Iznik 355. 1544. 1548. 1649. 3047 u. a.: unpubl.

[7] Iznik 685: unpubl.

meist ein Feld, selten sind es zwei. Als Schmuck der Felder dienen vor allem Gorgonenköpfe; es begegnen aber auch Büsten, Eroten, die sich auf Fackeln stützen, und verschiedenartige figürliche Gestalten. Bei einem Sarkophag in Açikkaya[8] war der Sockel erhalten, der ungewöhnlich hoch und reich gestaltet war. Zu den Kästen gehörten Dachdeckel, die ebenfalls reich geschmückt sind. Einige Exemplare bestehen aus einem dunklen, etwas bläulich schimmernden Marmor, der in der Nähe von Nikaia gebrochen wird, andere aus lokalem Stein. Es gab mehrere Werkstätten, die diese Sarkophage hergestellt haben. Drei Kästen in Nikaia dürfen wohl zu dieser Gruppe gerechnet werden; sie haben zwar Gorgonenköpfe als Schmuck, jedoch gar keine oder keine allseits umlaufende Rahmung.[9] Auch Ostotheken haben gelegentlich die Rahmung.[10] Anhaltspunkte für eine Datierung der Sarkophage dieses Typus sind nicht vorhanden; die Stücke dürften im späteren 2. und im 3. Jh. n. Chr. entstanden sein. Parallelen für die Rahmung finden sich in Kleinasien vor allem in Pisidien und in Lykaonien und Isaurien, also Landschaften, die weit entfernt sind; der Schmuck ist jedoch unterschiedlich, so daß Zusammenhänge zwischen diesen Gruppen nicht nachgewiesen werden können. Es handelt sich also bei den Stücken in Bithynien um Sarkophage, die für diese Landschaft charakteristisch sind. Es ist noch zu klären, warum dieser Typus geschaffen wurde.

In Nikaia ist eine weitere Gruppe von Sarkophagen zu lokalisieren, die recht zahlreich ist und am Orte aus dem einheimischen Marmor hergestellt wurde, nämlich Exemplare mit einer *architektonischen Gliederung*. Diese bithynischen Säulensarkophage 495–97 der Gruppe von Iznik sind von H. Wiegartz zusammengestellt worden;[11] Neufunde kommen hinzu.[12] Sie sind lokale Kopien der kleinasiatischen Hauptgruppe, wurden aber in einer Zahl hergestellt, für die es sonst in Kleinasien keine Parallele gibt. Selten sind Stücke, die den Normaltypus nachahmen.[13] Zahlreicher sind Beispiele, die eine Folge von Arkaden zeigen,[14] am häufigsten sind jedoch die mit Architrav,[15] einer Form, die bei der kleinasiatischen Hauptgruppe selten vertreten ist.[16] Teilweise sind Halbsäulen, und zwar meist nicht kannelierte, vorhanden, häufiger jedoch Pilaster,

---

[8] s. oben Anm. 6.
[9] Iznik o. Nr.: ŞAHIN a.O. (s. oben Anm. 6) 129a Nr. 143 Taf. 15. – Iznik 1992: unpubl. – Iznik 3677: N. ASGARI, AA 1977, 369 (Iznik A) Abb. 7; s. unten Anm. 25 (auf Vs. oben und unten Profile, auf der Fläche dazwischen Gorgokopf und urspr. zwei andere Köpfe).
[10] Iznik 1852: unpubl.
[11] WIEGARTZ, Säulens. 50. 68 Anm. 6; 153f. (Bursa E–G). 162 (Iznik M–R).
[12] HIMMELMANN, Megiste 29f. Abb. 10/11.
[13] Iznik 1875: HIMMELMANN, Megiste 29f. Abb. 10. – Iznik (Nr. ?): HIMMELMANN a.O. 30 Abb. 11 (r.).
[14] Bursa 1186. 1195 (aus Iznik): WIEGARTZ, Säulens. 153f. (Bursa E. F). – Iznik (?): WIEGARTZ a.O. 162 (Iznik R) Taf. 39d. – Iznik 1648: HIMMELMANN, Megiste 30 Abb. 11 (l.). – Iznik 2504 u. a.: unpubl. – Bursa 3346: unpubl. (Frgt. mit Herakles und Eber).
[15] Iznik 683: HIMMELMANN, Megiste 29; – M. WAELKENS, AW 11,4, 1980, 8 Abb. 10. – Bursa (Nr. ?): WIEGARTZ a.O. 154 (Bursa G) Taf. 38a. – Iznik 752: WIEGARTZ a.O. 162 (Iznik O) Taf. 38d; ŞAHIN a.O. (s. oben Anm. 6) 123a Nr. 137 Taf. 15. – Iznik 753: WIEGARTZ a.O. 162 (Iznik M) Taf. 38c; ŞAHIN a.O. 123b Nr. 138 Taf. 14. – Iznik 754: WIEGARTZ a.O. 162 (Iznik N) Taf. 38b. – Iznik 756: WIEGARTZ a.O. 162 (Iznik P) Taf. 39c. – Iznik (?): WIEGARTZ a.O. 162 (Iznik Q) Taf. 39b. – Iznik (?): INIst 3722.
[16] vgl. WIEGARTZ, Säulens. Taf. 46/47.

die in einigen Fällen mit Rankenwerk verziert sind; bei der kleinasiatischen Hauptgruppe sind Pilaster nicht üblich. In einem Fall sind in den sehr großen Abständen zwischen den Pilastern eine Tabula und eine sitzende Frau, der links ein Mann entsprochen haben dürfte, dargestellt;[17] es handelt sich um eine Variante des Typs mit antithetischem Paar.[18] In einem Beispiel findet sich die Dekoration mit Pilastern auf einer Ostothek.[19] Diese Säulensarkophage schließen sich zu einer Gruppe eng zusammen; sie gehen zwar auf die kleinasiatische Hauptgruppe zurück, haben aber viele eigene Züge, so daß man sie als typisch für Nikaia und für Bithynien bezeichnen kann. Fragmente eines weiteren Säulensarkophages in Kurşunlu setzen sich in ihrem Stil und in ihrer Dekoration mit dem reichverzierten Sockel davon ab;[20] sie sind Teile einer eigenständigen Kopie eines Sarkophages der Hauptgruppe, bei der die Einzelzüge in anderer Weise verändert wurden, als das bei den Stücken in Nikaia der Fall ist. Bei den Exemplaren der Gruppe von Iznik gibt es keine Anhaltspunkte für die Datierung; sie dürften hauptsächlich im späteren 2. Jh. n. Chr. entstanden sein.[21]

Von diesen beiden recht geschlossenen Gruppen abgesehen, gibt es noch *verschiedenartige reliefgeschmückte Sarkophage* in Bithynien. Prokonnesische Halbfabrikate mit Girlanden wurden teilweise, wie Stücke in Apameia Myrleia (Mudanya)[22] und Prusa[23] zeigen, ohne oder nur mit geringfügigen Änderungen benutzt. Mehrere Beispiele wurden lokal in unterschiedlicher Weise ausgearbeitet, wie man vor allem in Prusa[24] und Nikaia[25] sehen kann. Dabei wurden sowohl Niken und Eroten als auch Stier- und Widderköpfe als Träger der Girlanden gewählt. Verbindende Züge sind zwischen den einzelnen Sarkophagen nicht festzustellen, wenn auch auffällt, daß die Girlandenbögen in der Regel recht dünn sind. Ein Beispiel in Nikaia ragt heraus, bei dem möglicherweise Bildhauer am Werk waren, die in phrygischer Werkstatttradition standen und gewohnt waren, in dokimeischem Marmor zu arbeiten.[26] Weitere Exemplare, die Beziehungen zu den Girlandensarkophagen der kleinasiatischen Hauptgruppe haben, werden sich anschließen lassen, wenn die Gruppe vorgelegt wird.[27] Es sind auch einige Ostotheken mit Girlandenschmuck erhalten.[28] An Stücken mit ande-

---

[17] Iznik 2916: ŞAHIN a.O. (s. oben Anm. 6) 183 b Nr. 279 Taf. 24.
[18] Vgl. Afyon 6898 u. a.: unpubl. – Yalvaç A 1850: unpubl. – Konya 1: G. RODENWALDT, JdI 55, 1940, 45 ff. Abb. 7.
[19] Bursa 2815: HIMMELMANN, Megiste 30 Abb. 12; A. GIULIANO, Le città dell'Apocalisse (1978) Abb. 35 n. S. 32.
[20] Kurşunlu: C. MANGO – I. ŠEVČENKO, DOP 27, 1973, 257 Abb. 90 ff.
[21] WIEGARTZ, Säulens. 162.
[22] N. ASGARI, AA 1977, 370 Abb. 2. – G. PERROT; E. GUILLAUME – J. DELBET, Exploration archéologique de la Galatie et de la Bithynie (Paris 1862. 1872), 111 Taf. 4, 5. – Vgl. auch das Frgt. in Tirilye: ASGARI a.O. 376.

[23] Bursa 2820. 3042 u. a.: ASGARI a.O. 364 f. (Bursa A–D).
[24] Bursa 2106. 2818: ASGARI a.O. 332 Anm. 10.11. – Bursa 3368 u. a.: unpubl.
[25] Iznik 1738: HIMMELMANN, Megiste 20 f.; ASGARI a.O. 369 (Iznik B) mit Abb. 47/48. – Iznik 3677, aus Elbeyli: ASGARI a.O. 369 (Iznik A) mit Abb. 7 (Rs. bossiert belassen, auf Nss. Girlanden, auf Vs. Köpfe und Gorgokopf statt der Girlanden ausgearbeitet). – Iznik 1677 u. a.: unpubl.
[26] Iznik 1738: ASGARI a.O. 357 mit Abb. 47/48.
[27] z. B. Bursa 3049: unpubl. – Iznik (Nr. ?): unpubl.
[28] Bursa 2817. 2821 u. a.: unpubl.

ren Fundorten wären noch Fragmente in der Nähe von Tirilye[29] und in Izmit[30] zu nennen.

An *Sonderfällen* ist eine Ostothek in Bursa[31] anzuführen, deren Fries einen Amazonensarkophag der kleinasiatischen Hauptgruppe kopiert.[32] Völlig ungewöhnlich in Kleinasien ist eine Langseite in Iznik[33] mit zwei Tritonen, die einen großen Gorgokopf halten. Ein weiteres Einzelstück ist ein Sarkophag auf hohem Sockel in Konca,[34] der auf der einen Seite des Kastens eine Inschrift und auf der anderen, aus der Mitte nach links verschoben, ein Paar auf der Kline und eine weitere Gestalt trägt. Mehrere Beispiele haben nur eine Tabula ansata;[35] in Kalchedon wurde ein prokonnesisches Halbfabrikat mit Rahmung und Tabula ansata gefunden.[36]

Eine große Anzahl von Sarkophagen trägt lediglich eine *Inschrift*.[37] Dieser einfachste Schmuck eines Sarkophages ist auch sonst verbreitet. In Bithynien gibt es aber eine besondere Ausgestaltung des Schriftbildes, für die in anderen Gegenden des römischen Reiches keine Parallelen vorhanden sind, die also als charakteristisch für diese Landschaft angesehen werden darf[38]: die Buchstaben sind überaus sorgfältig eingemeißelt und gut verteilt; der Name wird hervorgehoben und in sehr großen, weit auseinandergezogenen Buchstaben wiedergegeben.

Verschiedene *Deckel* zeigen, daß es in Bithynien verbreitet war, auf den Akroteren Ranken oder Büsten oder sogar figürliche Szenen wiederzugeben.[39] Bestimmte Formen haben möglicherweise sogar von Bithynien aus Eingang in andere Landschaften gefunden.[40]

Eine Besonderheit von Bithynien scheint es zu sein, daß die Sarkophage auf sehr hohen *Unterbauten*, die manchmal reich geschmückt sind, aufgestellt wurden.[41] Einige Ostotheken ahmen das nach, indem sie einen Altar mit dem Aschenbehälter ver-

---

[29] C. Mango – I. Ševčenko, DOP 27, 1973, 248 Abb. 55. 56 (fraglich, ob tatsächlich von S. stammen).
[30] Izmit (Nr. ?): Frgt. mit Ecknike und oberem Profil; unpubl. – Izmit (Nr. ?): Frgt. mit Stierkopf als Träger, in l. Bogen Blätter, in r. Vogel, unpubl.
[31] Bursa 2814: unpubl.
[32] G. Koch, AA 1974, 302 ff.
[33] Iznik 702: Şahin a.O. (s. oben Anm. 6) 127b Nr. 142 Taf. 15. – Zu vgl. vielleicht Iznik 633: unpubl.
[34] Konca (oder Gonca Mesar), an der Straße von Izmit nach Karamürsel: S. Şahin, Neufunde von antiken Inschriften in Nikomedeia (Izmit) und in der Umgebung der Stadt (Diss. Münster 1974) 76f. Nr. 42 Taf. 10.
[35] Bursa 2819: unpubl. – Istanbul, aus Kalchedon: Asgari, Kalchedon 20ff. Taf. 15. 16. 18. 21. – Izmit: F. K. Dörner, Inschriften und Denkmäler aus Bithynien (IstForsch 14, 1941) 72ff. Nr. 53–56 Taf. 27. – Zum Typus mit Tabula ansata: Asgari a.O. 37ff.
[36] Istanbul 76.18: Asgari a.O. 40ff. Taf. 14. – Zu diesem Typus: Asgari a.O. 40ff.
[37] z. B. Istanbul, aus Kalchedon: Asgari a.O. 22 ff. Taf. 19. – Izmit und Umgebung: Dörner a.O. 74 ff. Nr. 57–66; Şahin, Neufunde (s. oben Anm. 34) 58 Nr. 32 Taf. 6. – Iznik 2047: S. Şahin, Bithynische Studien (Inschriften griechischer Städte aus Kleinasien 7, 1978) 16 ff. Nr. 4 Taf. 5, 3. – Iznik 332–336: Şahin a.O. (s. oben Anm. 6) 113a Nr. 127 Taf. 13.
[38] Izmit o. Nr.: Şahin, Neufunde (s. oben Anm. 34) 59 Nr. 33 Taf. 7; 62 Nr. 36 Taf. 8; Dörner a.O. 79 ff. Nr. 68. 78. 80. 82–85 Taf. 30. 32. 33. – Gebze: INIst R 2008.
[39] Dörner a.O. 24 f. Taf. 5. – Asgari a.O. 45 Taf. 18. 19. 20,1. – A. Peschlow-Bindokat – U. Peschlow, IstMitt 27/28, 1977/78, 312 f. Nr. 7–9 Taf. 109. 110, 1–3.
[40] Asgari a.O. 50.
[41] Dörner a.O. 22 f. Asgari a.O. 24 ff.

binden;⁴² die turmartigen Stücke sind aus einem einzigen Marmorblock hergestellt worden.

Zusammenfassend ist festzustellen, daß es in Bithynien eine reiche Überlieferung an Sarkophagen gibt; charakteristisch für die Landschaft sind die Exemplare mit profilierter Rahmung, die sich vor allem in Nikaia finden, und die Sarkophage mit architektonischer Gliederung, die auf Nikaia beschränkt zu sein scheinen, allerdings von der kleinasiatischen Hauptgruppe abhängen. Daneben gibt es ein vielfältiges Material, das jedoch keine eigenen Traditionen zeigt. Lediglich die Exemplare mit den schön angeordneten Inschriften dürfen noch als typisch für Bithynien gelten.

V. 4.2. Mysien und Troas

Zu Assos: M. H. BALLANCE, BSR 34, 1966, 79 ff. – J. B. WARD-PERKINS, RendPontAcc 39, 1966/67, 127 ff (= WARD-PERKINS I). – Ders., BMusBeyr 22, 1969, 124 ff. (= WARD-PERKINS II).

Aus dem nordwestlichen Kleinasien, den Landschaften Mysien und Troas, sind nur wenige Sarkophage bekannt. Import fertig ausgearbeiteter Exemplare ist selten vorhanden: in Abydos (Çanakkale) befindet sich ein Fragment eines Girlandensarkophages der kleinasiatischen Hauptgruppe,¹ aus Kyzikos (Balkis) soll eine fragmentierte Ostothek des ephesischen Typs² und aus Peramon das Fragment eines attischen Sarkophages³ stammen. Bei den einheimischen Stücken handelt es sich vor allem um Sarkophage aus Marmor von Prokonnesos und um solche aus dem Stein von Assos.

Größte Bedeutung hat die Marmorinsel Prokonnesos, in deren Steinbrüchen Rohlinge und Halbfabrikate in beträchtlicher Anzahl für den Export hergestellt wurden.⁴ Grob behauene Kästen, sogenannte Rohlinge, aus prokonnesischem Marmor sind in dem hier behandelten Gebiet lediglich in der Nekropole von Prokonnesos (Saraylar) verwandt worden.⁵ In einem Fall ist in Prokonnesos ein Rohling auf der Vorderseite und den vorderen Teilen der Nebenseiten geglättet worden, und man hat für die Beigesetzten eine Inschrift auf der Vorderseite eingetragen.⁶ Sonst handelt es sich um Halbfabrikate mit Girlanden aus prokonnesischem Marmor. Teilweise sind sie ohne größere Veränderung benutzt worden (Prokonnesos,⁷ Abydos,⁸ Umgebung von Neandria,⁹ Pergamon¹⁰). In einigen Fällen sind die Girlanden so geglättet worden,

---

⁴² Izmit 8: DÖRNER a.O. 88 Nr. 87 Taf. 34. – Izmit (Nr. ?): DÖRNER a.O. 95 Nr. 99 Taf. 37. – Izmit 59: ŞAHIN, Neufunde (s. oben Anm. 34) 36 Nr. 10 Taf. 4. – Izmit (Nr. ?) ŞAHIN a.O. 37 Nr. 11. – Istanbul 5320: ŞAHIN a.O. 35 Nr. 9 Taf. 3.
¹ WIEGARTZ, Säulens. 178 Nr. 19 Taf. 10a.
² Oxford c 2–14: MICHAELIS 592 Nr. 236.
³ Ehem. Izmir, jetzt verschollen: ASR III 1, 93; GIULIANO, Commercio 48 Nr. 259.
⁴ s. dazu Kapitel V 2,1.
⁵ N. ASGARI in: The Proceedings of the Xth International Congress of Classical Archaeology 1973 (1978) I 479 Taf. 136, 4. – Vgl. den Deckel in Parion: Z. TAŞLIKLIOĞLU, Trakya'da epigrafya araştırmaları II (1971) 197 Nr. 3 Abb. 140.
⁶ Istanbul 4305: A. MÜFIT, AA 1931, 176. – S. auch teilweise ausgemeißelten Deckel in Prokonnesos: M. J. MELLINK, AJA 79, 1975, 218 Taf. 45, 34.
⁷ ASGARI a.O. 478 f. Taf. 140, 12; dies., AA 1977, 372.
⁸ Çanakkale 3793 (F. O. nicht gesichert): N. ASGARI, AA 1977, 365 Abb. 3.
⁹ Kemalli, bei Ezine: ASGARI a.O. 369.
¹⁰ Bergama 205 und verstreute Stücke in der

daß sie dünnen Schläuchen ähneln (Lampsakos,[11] Umgebung von Neandria[12]). Gelegentlich sind Träger und Girlanden ausgearbeitet worden, nämlich bei zwei in Fragmenten erhaltenen Exemplaren aus Pegai (Biga)[13] und auf der Vorderseite eines Kastens in Pergamon;[14] bei ihm findet sich die in Kleinasien häufig begegnende Folge von Nike – Eros – Eros – Nike als Girlandenträger; für die Art, wie die Girlanden ausgeführt sind, gibt es jedoch in anderen Gegenden Kleinasiens keine genaue Parallele. Ein Einzelstück ist ein Sarkophag aus Parion (Kemer) in Istanbul;[15] es handelt sich um ein prokonnesisches Halbfabrikat mit Girlanden, die auf der Rückseite noch erhalten sind; auf Neben- und Vorderseite sind sie abgemeißelt, und auf der Vorderseite sind ein Mann und ein Pferd und an den Seiten links eine Frau und rechts ein Mann ausgearbeitet sowie eine Inschrift eingetragen worden. Vergleichbare Umgestaltungen sind recht selten und in Mysien und Troas nicht belegt.[16] Beziehungen zu Bithynien zeigt ein Deckel in der Nähe von Kyzikos (in Hamamli),[17] der pflanzlichen Dekor auf den Akroteren trägt. Bei den übrigen Sarkophagen sind Verbindungen an anderen Kunstlandschaften in Kleinasien nicht nachzuweisen.

Aus Granit besteht angeblich ein fragmentierter Kasten in Marmat;[18] das Material ist in Kleinasien bei Sarkophagen sonst nicht nachzuweisen; die Dekoration kopiert einen Girlandensarkophag von Assos.

Anhaltspunkte für eine genauere Datierung der Stücke sind nicht vorhanden. Unter den genannten Beispielen scheint kein frühes Exemplar zu sein; sie werden also im späteren 2. und im 3. Jh. n. Chr. entstanden sein.

Assos

Die Sarkophage der Stadt nehmen eine Sonderstellung ein. Bei Assos wird ein vulkanisches Gestein gebrochen, das eine dunkelrot- bräunliche Färbung hat. Es handelt sich, wie M. H. Ballance wahrscheinlich gemacht hat, um den berühmten lapis sarcophagus, den Plinius, nat. XXXVI 131, beschreibt: in Asso Troadis sarcophagus lapis fissili vena scinditur. corpora defunctorum condita in eo absumi constat intra XL diem exceptis dentibus (in Assos in der Troas wird ein sarcophagus lapis, ein Gestein, das

---

Stadt: ASGARI a.O. 363f. (Bergama A–D) mit Abb. 8; D. MONNA – P. PENSABENE, Marmi dell'Asia Minore (1977) 163 Abb. 61.

[11] Çanakkale 1791: Z.TASLIKLIOĞLU, Trakya'da epigrafya araştırmaları I (1961) 75 f. Nr. 2 Abb. 12; ASGARI a.O. 365 (Çanakkale C) mit Abb. 43/44.

[12] Çanakkale 2614: ASGARI a.O. 365 (Çanakkale B).

[13] Çanakkale 266. 267: TAŞLIKLIOĞLU I a.O. 175 f. Nr. 3. 4 Abb. 116. 117.

[14] Bergama 463: J. B. WARD-PERKINS, BMusBeyr 22, 1969 Taf. 11, 1; W. D. ALBERT in: PF I (1972) 33 Abb. 70; ASGARI a.O. 364 (Bergama E).

[15] Istanbul 4449: ASGARI a.O. 367 f. (Istanbul A) mit Abb. 6.

[16] vgl. z. B. ASGARI a.O. 375 (,Silivri C' [Abb. 5] und ,Tekirdağ B'); ferner Istanbul 508 und 345: MENDEL I 109 ff. Nr. 26; III 412 ff. Nr. 1170.

[17] Hamamli, bei Kyzikos: ASGARI, Kalchedon 45 Anm. 129.

[18] Marmat, nordöstlich von Ezine: J. M. COOK, The Troad (1973) 397 f. Nr. 10 Taf. 66 b–c.

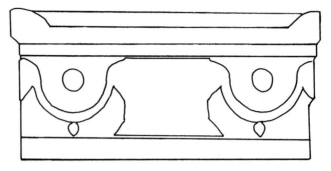

Abb. 20. Girlandensarkophag aus Assos

sich wegen seiner Adern spalten läßt, gebrochen. Es steht fest, daß die Körper von Verstorbenen, die in ihn gelegt werden, innerhalb von 40 Tagen mit Ausnahme der Zähne aufgezehrt werden). Der Stein ist in der Nekropole von Assos für schlichte Kästen mit Dachdeckel[19] und für Girlandensarkophage, ebenfalls mit Dachdeckel,[20] verwandt worden. Die Girlandensarkophage tragen fast alle in flachem Relief ein charakteristisches Schema (Abb. 20): auf den Langseiten haben sie in der Mitte eine Tabula, die Unterschiede aufweisen kann,[21] und seitlich je einen dünnen Girlandenbogen, an dem kleine Anhänger angebracht sind; in die Bögen ist eine runde Scheibe gesetzt; auf den Nebenseiten ist ein Girlandenbogen vorhanden, in dem gelegentlich auch eine Tabula ist; an den Ecken werden die Girlanden von Vorsprüngen getragen, in denen man stilisierte Widderköpfe sehen darf. Bei einem sehr großen Sarkophag sind die Girlanden und die Träger, nämlich Stierköpfe, tiefer ausgearbeitet.[22] Nur ein Sarkophag hat ein anderes Schema und zeigt zwei Girlandenschwünge auf der Langseite und ausgearbeitete Träger.[23]

Die Sarkophage von Assos sind weithin exportiert und sogar vereinzelt lokal kopiert worden;[24] die Fundorte, die J. B. Ward-Perkins gegeben hat,[25] lassen sich noch ergänzen.

[19] Investigations at Assos (1902) 241. 251. 282. – Zur Terminologie vgl. Kapitel A 4.
[20] Investigations at Assos (1902) 229. 243. 245. 249. 251. 263, 1; 271. – Vgl. auch R. MERKELBACH, Die Inschriften von Assos (Inschriften griechischer Städte aus Kleinasien 4, 1976) 80 ff.
[21] WARD-PERKINS II 125 Abb. 2.

[22] Investigations at Assos (1902) 260 f. Nr. XVI; 263. 265. 267.
[23] C. FELLOWS, A Journal Written During an Excursion in Asia Minor 1838 (London 1839) Taf. n. S. 48.
[24] WARD-PERKINS I 133.
[25] WARD-PERKINS I 132 Abb. 5; II 127 Abb. 3.

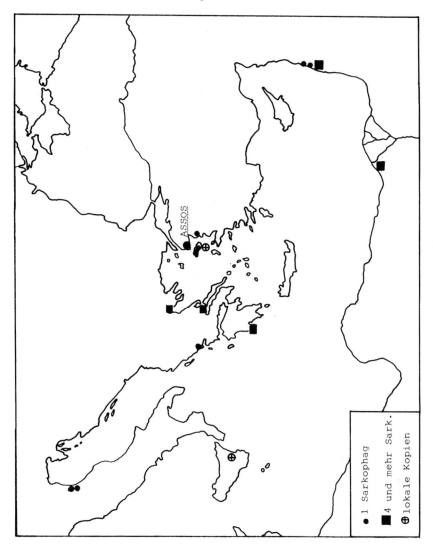

Abb. 21. Verbreitung der Sarkophage aus Assos

Liste der Sarkophage aus Assos (Abb. 21):

Assos	siehe hier Anm. 19 und 20; Ward-Perkins II 129.
Yeni Kumkale bei Abydos (Çanakkale)	INIst KB 3999; unpubl.
Pergamon	Ward-Perkins II 130.
Lesbos	R. Koldewey, Die antiken Baureste der Insel Lesbos (1890) 10 (mit Abb.); H. Buchholz, Methymna (1975) 59f. 65 (A 56a) Taf. 10 c;

	WARD-PERKINS II 130 (die dort genannten glatten Sarkophage sind dem Verf. nicht zugänglich).
	Kopie: Kasten aus Mesa in Mytilene, Mus.: unpubl.
THESSALONIKI	WARD-PERKINS II 130. – Arch. Mus.: P 76. 5671. 5680. 5691 und o. Nr. – Gebiet nordwestlich von Hagios Demetrios, ein Kasten: unpubl.
PYRASOS (Nea Anchialos)	G. A. SOTIRIOU, AEphem 1929, 15 f. Abb. 13 (fünf Kästen mit Deckel und drei Deckel ohne Kästen, an der Straße nach Norden gefunden und jetzt dort in einer Umzäunung; ein weiterer Kasten mit Deckel stammt vom Westen der Stadt und steht jetzt im Grabungsbereich bei Basilika A); Sotiriou hält den Stein für thessalisch; P. Lazarides teilte Juli 1979 mit, daß vergleichbarer Stein in der Nähe des Ortes anstände und vielfach verwandt worden sei; die Dekoration der Sarkophage ist aber so eng mit den Stücken aus Assos verbunden, daß man Import anzunehmen hat, falls man nicht mit ganz getreuen Kopien rechnen will. – P. LAZARIDES, PraktAthAEtair 1965 (1967) 22 Taf. 21 b; 22 a. – F. REBECCHI, RM 84, 1977, 127 Anm. 101.
METHONI	G. A. PAPATHANASOPOULOS, ADelt 18 B 1, 1963, 93 f. Taf. 108, 5; P. THROCKMORTON, Expedition 5, 2, 1964, 21 ff.; WARD-PERKINS I 127 ff.; II 129
NIKOPOLIS	Fragmentierter Kasten mit Deckel vor Museum, o. Nr.: unpubl.
RAVENNA	A. L. PIETROGRANDE, BullCom 61, 1933 (BullMusImp 4) 34 f. Abb. 1/2; WARD-PERKINS II 130; J. B. WARD-PERKINS, RendPontAcc 48, 1975/76, 208; F. REBECCHI, RM 84, 1977, 127 f. Taf. 58,2.3; ASR VIII 2 S. 16 Anm. 13; 20 Anm. 36–38 (vgl. auch das Stück Katalog A 3, Taf. 1, 2).
Catania (Kopie)	TUSA, Sicilia 52 Nr. 20 Abb. 47 (vgl. auch Abb. 48–51); WARD-PERKINS I 133; REBECCHI a. O. 127 Anm. 101.
ALEXANDRIA	A. ADRIANI, Repertorio d'arte dell'Egitto greco-romano, Ser. A, Vol. I (1961) 30 f. Nr. 29–33 Taf. 27, 77–80. 82 (auf Taf. 27 sind bei Abb. 81 und 82 die Nummern vertauscht); WARD-PERKINS II 129 Taf. 10.
TRIPOLIS, jetzt Beirut	WARD-PERKINS II 128 f.
SIDON, jetzt Beirut	G. CONTENAU, Syria 1, 1920, 152 Abb. 53; WARD-PERKINS II 128.
TYROS	WARD-PERKINS II 124 ff. Nr. AS 1–4.

Der Grund dafür, daß diese sehr schlichten, aus schlechtem Stein bestehenden Sarkophage so beliebt waren, ist wohl, daß der Stein als *lapis sarcophagus* berühmt war.[26] Für eine Datierung der Sarkophage aus Assos gibt es wenige Anhaltspunkte. In Tyrus stehen die Stücke neben Exemplaren aus prokonnesischem Marmor, die nach ihren Proportionen nicht früh sind. J. B. Ward-Perkins hat für die Exemplare aus Assos die Jahre 180 bis 250 n. Chr. vorgeschlagen.[27] Plinius d. Ä. (gest. 79 n. Chr.) führt den Stein allerdings schon als *sarcophagus lapis* an; wir haben aber keine Vorstellung, wie ein derartiger *sarcophagus* ausgesehen hat.

Die dünnen, schlauchförmig gebildeten Girlanden sind für die Landschaft charakteristisch; ungeklärt ist, ob Assos mit dieser Eigenart voranging oder anderen Sarkophagen folgte.

Zusammenfassend läßt sich festellen, daß in Mysien und der Troas eigene Sarkophagtypen nicht geschaffen worden sind. Wie auch an der Nordküste der Propontis

---

[26] WARD-PERKINS II 124.   [27] WARD-PERKINS I 133.

wurden vielfach prokonnesische Halbfabrikate verwandt; sofern sie lokal ausgearbeitet wurden, läßt sich als Besonderheit für diese Landschaft bezeichnen, daß die Girlanden in der Regel sehr dünn gestaltet sind. Große Bedeutung hat Assos mit der Produktion lokaler Sarkophage aus einheimischem Stein, die weithin exportiert wurden.

V. 4.3. Ionisch-Lydisches Gebiet

N. ASGARI, AA 1977, 329 ff. bes. 335 ff.

Aus den Landschaften Ionien und Lydien ist eine sehr große Anzahl an Sarkophagen bekannt. Wichtig sind der Sarkophag von Belevi[1] und zwei fragmentierte Deckel in Ephesos,[2] die die Tradition der Sarkophagbestattung seit Hellenismus und früher Kaiserzeit zeigen. Eine Gruppe von *Ostotheken*, die vor allem in SARDES, aber auch in Ephesos und in anderen Gebieten Lydiens verbreitet ist, läßt sich von späthellenistischer Zeit bis etwa in die Mitte des 1. Jhs. n. Chr. verfolgen;[3] sie haben die Form einer Kiste, die auf kleinen Füßen steht, Profile am unteren und oberen Rand hat und auf der Vorderseite mit einem Schloß und gelegentlich mit anderem Schmuck versehen ist. Charakteristisch sind dreiecksförmige Zwickel auf den Nebenseiten zwischen den Füßen.[4] Dieselbe Besonderheit haben Ostotheken mit Girlanden, die die Tradition der schlichten Kästen fortsetzen und sich bis ins späte 1. Jh. n. Chr. verfolgen lassen; EPHESOS dürfte Herstellungszentrum dieser Gruppe sein.[5] Viele Exemplare zeigen auf Rück- und Nebenseiten das für Ephesos typische bossierte Schema mit angelegten Girlanden;[6] es hat also schon im 1. Jh. n. Chr. eine Serienproduktion dieser Ostotheken gegeben. Sie haben in der Regel zwei, selten ein oder drei Girlandenbögen, die von Stier-, Widder- oder Gorgonenköpfen getragen werden; ein Sockel ist immer vorhanden. Dieser Gruppe können vielleicht auch zwei Exemplare in Rom zugezählt werden, die Eroten und Niken als Träger haben, also für den Export hergestellt worden sind.[7]

---

[1] Selçuk 1610: B. SCHMALTZ, ÖJh 49, 1968–71, 63 ff.; V. M. STROCKA in: Studien zur Religion und Kultur Kleinasiens. Festschrift F. K. Dörner II (1978) 886; Forschungen in Ephesos VI (1979) 99 ff. Abb. 86 ff.; 148 ff. Abb. 118 ff.

[2] STROCKA a. O. 898 ff. Nr. 3 Taf. 204.

[3] N. ASGARI, AA 1977, 337 mit Anm. 22 und Abb. 15. – G. M. A. HANFMANN – N. H. RAMAGE, Sculpture from Sardis (1978) 152 Nr. 227 Abb. 394.

[4] ASGARI a. O. 337.

[5] ASGARI a. O. 337 ff. mit Anm. 27 (Verweis auf N. ASGARI, Kleinasiatische Ostotheken in Sarkophagform, Diss. Istanbul 1965; Veröffentlichung in Vorbereitung), Abb. 16.17 (Manisa 34 datiert 61/62 n. Chr.). – Z. B. Aigina 700: K. KOUROUNIOTES, AEphem 1913, 92 ff. Abb. 12/13. – London: SMITH, Cat. Sculpt. II 194 ff. Nr. 1274. 1275. 1276. 1278. 1279. 1281. 1282. – Samos 21: T. WIEGAND, AM 25, 1900, 211 Nr. 124. – Selçuk (Nr. ?): J. KEIL, ÖJh 30, 1937, Beibl. 202 Nr. 7 Abb. 64. – Wien III 1086: E. LESSING – W. OBERLEITNER, Ephesos (1978) 232 Abb. 163. – R. NOLL, Griechische und lateinische Inschriften der Wiener Antikensammlung (1962) 33 Nr. 54 Abb. 6 (Wien III 1085). – *Nachtrag:* viele Beispiele bei R. MERKELBACH u. a., Die Inschriften von Ephesos VI (Inschriften griechischer Städte aus Kleinasien 16, 1980).

[6] ASGARI a. O. 338 Abb. 18, 19.

[7] ASGARI a. O. 342 f. – Rom, NM 72881: As-

Schon im 1. Jh. n. Chr. hat es möglicherweise in EPHESOS eine Serienproduktion an *Halbfabrikaten für Girlandensarkophage* gegeben.⁸ Das könnte ein auf 69/70 n. Chr. datierter Sarkophag aus Philadelphia (Alaşehir)⁹ und ein vielleicht noch ins 1. Jh. anzusetzendes Exemplar aus Teira (Tire)¹⁰ zeigen, die jedoch beide verschollen sind. Die Hauptverbreitung an Sarkophagen setzt dann im frühen 2. Jh. n. Chr. ein. Zentrum der Herstellung ist Ephesos, es gibt aber auch Exemplare aus Smyrna, Magnesia (?), Sardes, Hypaipa, Philadelphia und anderen Orten. Es handelt sich zum einen um den Import fertig ausgearbeiteter Sarkophage, zum anderen um lokale Arbeiten; sie sind teilweise aus Halbfabrikaten verschiedener Steinbrüche ausgeführt, vielfach aber auch aus lokalem Stein gefertigt.

Sehr zahlreiche *attische Sarkophage* sind in Ephesos gefunden worden;¹¹ das ist besonders hervorzuheben, da Ephesos eine reiche eigene Produktion hatte; ein attisches Fragment stammt aus Smyrna.¹² Exemplare der kleinasiatischen Hauptgruppe sind in Ephesos, Smyrna, Magnesia, Kasaba, Sardes, Philadelphia und Teira (?) zu Tage gekommen.¹³ Während es sich bei den attischen Sarkophagen vor allem um späte Stücke aus dem 3. Jh. n. Chr. handelt, erstrecken sich die Beispiele der kleinasiatischen Hauptgruppe von der Früh- bis zur Spätzeit.

Bei den *lokalen Sarkophagen* ist die Überlieferung in EPHESOS sehr reich. Die in den Brüchen bei Ephesos hergestellten Halbfabrikate mit Girlanden¹⁴ wurden teilweise ohne weitere Veränderung benutzt.¹⁵ Sie finden sich auch im Tal des Kaystros in großer Zahl und wurden an vielen Orten ebenfalls in ‚unfertigem' Zustand verwandt;¹⁶ vielfach hat man eine Inschrift eingetragen.¹⁷ Das früheste Exemplar, das auf der Vorder- und der rechten Schmalseite ausgearbeitet worden ist, ist der Sarkophag des Celsus Polemaeanus, der um 115 n. Chr. in der Grabkammer der Bibliothek aufgestellt worden ist.¹⁸ Er hat Niken und Eroten, die – wie es das Halbfabrikat erfordert – sehr

GARI a. O. 371 (Rom B). – Rom, Pal. Cons. 2116: ASGARI a. O. 372 (Rom C).

⁸ ASGARI a. O. 335 ff. – s. hier Kapitel V 2.2. – Viele Beispiele bei: MERKELBACH a. O. (s. oben Anm. 5).

⁹ Verschollen: J. KEIL – A. v. PREMERSTEIN, Bericht über eine Reise in Lydien und der südlichen Aiolis (Denkschriften Wien 53, 2, 1908) 39 f. Nr. 76 Abb. 34; ASGARI a. O. 338; F. IŞIK, AA 1977, 380 ff.; STROCKA a. O. (s. oben Anm. 1) 904 f.

¹⁰ Verschollen, früher Tire: J. KEIL – A. v. PREMERSTEIN, Bericht über eine 3. Reise in Lydien und den angrenzenden Gebieten Ioniens (Denkschriften Wien 57, 1, 1914) 91 Nr. 121; ASGARI a. O. 338.

¹¹ GIULIANO, Commercio 47 f. Nr. 249–258. – HIMMELMANN, Antakya 23 Abb. 15. – ASR XII 6 S. 118 Anm. 5. – C. FOSS – P. MAGDALINO, Rome and Byzantium (1977) 9.

¹² GIULIANO a. O. 48 Nr. 264.

¹³ WIEGARTZ, Säulens. 154 ff. (Ephesos; Istanbul G; Izmir B–I. L–P; Kasaba; Manisa; Oberlin; Paris C; Princeton). 178 f. Nr. 23. 33. – HIMMELMANN, Megiste 25 Taf. 4 a. – HANFMANN – RAMAGE a. O. (s. oben Anm. 3) 134 ff. Nr. 180–187. Abb. 328–337; vgl. Abb. 423/24 (=Paris 3198, WIEGARTZ a. O. 166, Paris C). – Izmir 57: A. M. MANSEL – A. AKARCA, Excavations and Researches at Perge (1949) 48 Abb. 26.

¹⁴ s. oben Anm. 8.

¹⁵ ASGARI a. O. 336 Abb. 14 365 ff. (Ephesos A. C. D. E; Selçuk B–E). – E. ATALAY, Arkeoloji ve Sanat Dergisi 3, 8/9, 1980, 11 f. Abb. 2.

¹⁶ ASGARI a. O. 335 Abb. 12. 13; 361 ff. (Ania; Falaka; Pranga; Tire B–H); s. die Verbreitungskarte a. O. 356 Abb. 54.

¹⁷ z. B. ASGARI a. O. 361 ff.: Ania; Ephesos A. C. D; Falaka; Selçuk B–D; Tire C. D. G.

¹⁸ ASGARI a. O. 341 mit Abb. 22; 366 mit äl-

hoch sitzen, als Träger der Girlanden, einen profilierten Sockel und einen überkragenden, mit Schmuckzonen versehenen Deckel in Dachform. Bei anderen Beispielen sind Stier- und Widderköpfe aus den bossierten Trägern ausgearbeitet.[19] Bei Kästen in Kuşadasi, Çavuş Çeşmesi und Tire[20] dürften in Ephesos die Girlandenbögen teilweise ausgeführt worden sein. Exemplare in HYPAIPA (Nähe von Ödemiş)[21] und SMYRNA (Izmir)[22] setzen sich davon jedoch ab; sie sind an ihren Fundorten aus ephesischen Halbfabrikaten gearbeitet worden. Beim Exemplar aus Hypaipa hat sich ein lokaler Meister an Girlandensarkophage der kleinasiatischen Hauptgruppe angeschlossen; ungewöhnlich ist, daß sich über dem mittleren Bogen eine kleine figürliche Szene findet.[23] 508 512

Ein Girlandensarkophag in Adana, der aus Augusta stammt,[24] wirft ein Problem auf: von den übrigen Exemplaren in Kilikien setzt er sich in Dekoration und Ausführung ab, dürfte also nicht dort aus einem ephesischen Halbfabrikat ausgearbeitet, sondern in fertigem Zustand importiert worden sein; genaue Parallelen lassen sich jedoch auch in Ephesos nicht nennen, so daß es offen bleiben muß, wo er zu lokalisieren ist.[25] 542

Obwohl in den Brüchen bei EPHESOS Girlanden-Halbfabrikate in Serienproduktion hergestellt wurden, hat man dennoch auch Halbfabrikate aus Prokonnesos importiert. Das zeigt ein reich ausgearbeiteter Girlandensarkophag, bei dem das prokonnesische Schema noch auf der Rückseite erhalten ist;[26] der Deckel erinnert mit seinen kleinen Akroteren, dem Eierstab und den kleinen Blattziegeln an attische Dachdeckel. Wahrscheinlich sind in Ephesos noch weitere Stücke vorhanden, die am Orte aus prokonnesischen Halbfabrikaten ausgearbeitet worden sind; es fehlt jedoch eine Untersuchung des Marmors.[27] Auch in Smyrna[28] und Hypaipa[29] hat man prokonnesische 509

---

terer Lit.; STROCKA a.O. (s. oben Anm. 1) 900 mit Anm. 69; 913 Taf. 215; ders. in: The Proceedings of the Xth International Congress of Classical Archaeology 1973 (1978) II 893 ff. (zur Datierung der Celsus-Bibliothek). – Vgl. ASGARI a.O. 341 Anm. 31 (Frgt.e, die an den Celsus-Sarkophag anzuschließen sind).

[19] Selçuk 261: J. KEIL, ÖJh 26, 1930, Beibl. 12 ff. Abb. 5; ASGARI a.O. 341 Anm. 30. – Ephesos, Depot auf der Agora: ASGARI a.O. 339 ff. Abb. 20/21; 373 (Selçuk K). – Vgl. ASGARI a.O. 341 Anm. 30 (Frgt.e, die anzuschließen sind).

[20] Kuşadasi, Brunnen an Hauptstraße und Vorhof der Moschee: unpubl. – Çavuş Çeşmesi: KEIL-PREMERSTEIN, 3. Reise (s. oben Anm. 10) 100 f. Nr. 153. – Tire (Nr. ?): unpubl. – Vgl. auch die von ASGARI a.O. 342 Anm. 32 zitierten Exemplare (Bayindir, Büyük Kadife, Elifli, Küçuk Kadife).

[21] Izmir 20: ASGARI a.O. 341 mit Abb. 23; 368; D. MONNA – P. PENSABENE, Marmi dell' Asia Minore (1977) 141 Abb. 43.

[22] Izmir 77: ASGARI a.O. 342 mit Abb. 24; MONNA-PENSABENE a.O. 138 Abb. 49.

[23] K. SCHAUENBURG in: Eikones. Festschrift H. Jucker (1980) 158 f. Taf. 54, 2.

[24] Adana 7330: ASGARI a.O. 340 Abb. 25; 342. 358.

[25] ASGARI a.O. 358.

[26] Selçuk 4/4/74: ASGARI a.O. 332 f. mit Abb. 9; 372 (Selçuk A); MONNA-PENSABENE a.O. 142 Abb. 65; E. ALFÖLDI-ROSENBAUM, The Necropolis of Adrassus (Denkschriften Wien 146, 1980) 32 Taf. 18, 2.

[27] Selçuk (Nr. ?): J. KEIL, ÖJh 17, 1914, 134 f. Abb. 16/17; WIEGARTZ, Säulens. 179 Nr. 37; ASGARI a.O. 333 Anm. 13. – Selçuk (Nr. ?): HIMMELMANN, Megiste 18; ders., Das Hypogäum der Aurelier am Viale Manzoni (AbhMainz 1975, 7) 15 Taf. 22 a. – Berlin Sk 858. 862: Beschreibung der antiken Skulpturen (1891) 343 f. Nr. 858. 862.

[28] Izmir 1028. 1199: ASGARI a.O. 368 (Izmir C. B.).

[29] Tire 372: ASGARI a.O. 375 (Tire A).

Girlanden-Halbfabrikate importiert; ein lokal weiterbearbeitetes Exemplar wird vielleicht in Manisa[30] aufbewahrt.

Die zeitliche Stellung der Girlandensarkophage von Ephesos ist nicht geklärt; vom Celsus-Sarkophag von 115 n. Chr. dürfte die Reihe bis ins späte 2. Jh. reichen; zu den späteren Exemplaren gehört beispielsweise das aus einem prokonnesischen Halbfabrikat ausgearbeitete Exemplar des frühen 3. Jhs.; Stücke, die aus ephesischen Halbfabrikaten bestehen, sind bisher aus dem 3. Jh. n. Chr. nicht nachgewiesen worden.

Außer den Girlandensarkophagen gibt es in Ephesos eine größere Anzahl von anderen Beispielen. Neben der Werkstatt der Hauptgruppe der kleinasiatischen Sarkophage und den Beispielen von Aphrodisias ist in Ephesos die größte Produktion an anderen lokalen Sarkophagen vorhanden. Mit Ephesos dürfte der Endymionsarkophag in Paris[31] zu verbinden sein, der auf der Rückseite Girlanden in dem für Ephesos typischen Schema, allerdings mit Boukranien als Trägern, zeigt, während er auf den Nebenseiten Tierkampfgruppen und auf der Vorderseite einen Figurenfries trägt; die Darstellung wird von stadtrömischen Vorlagen abhängen, bei attischen Sarkophagen ist sie nicht belegt.[32] Die Ausführung ist aber völlig unrömisch, es handelt sich um einen lokalen Versuch, einen Friessarkophag zu gestalten, wie er in Kleinasien, von der Hauptgruppe abgesehen, überaus selten ist.[33] Der Endymionsarkophag ist um die Mitte des 2. Jhs. n. Chr. entstanden, ebenso der Unterweltssarkophag aus Ephesos in Istanbul,[34] der auf Vorder- und Nebenseiten einen Figurenfries trägt, während die Rückseite nur grob behauen ist. Vorlagen oder auch Parallelen für die Darstellung sind nicht nachzuweisen; der dachförmige Deckel mit den kleinen Blattziegeln hat Verbindungen mit attischen Sarkophagen.[35] Die in großer Zahl importierten attischen Exemplare haben also eine lokale Produktion an Friessarkophagen hervorgerufen, die sich zwar in der Form, nicht aber in der Darstellung an die Vorbilder anlehnen und viele kleinasiatische Besonderheiten, wie den Sockelfries beim Unterweltssarkophag, zeigen.[36] Der Unterweltssarkophag ist auch um die Mitte des 2. Jhs. n. Chr. geschaffen worden;[37] ein Problem ist, daß aus so früher Zeit attische Beispiele in Ephesos bisher nicht nachweisbar sind. In Istanbul ist noch eine Sockelleiste mit figürlicher Darstellung erhalten, die einen weiteren Friessarkophag für Ephesos belegt.[38] Ein anderer Friessarkophag mit vier Gestalten, die auf Podesten stehen, ist verschollen.[39] Schließlich ist noch eine fragmentierte Ostothek mit figürlicher Darstellung zu nennen.[40]

---

[30] Manisa (Nr. ?): Frgt. mit l. Ecknike; unpubl.
[31] Paris 3184: WIEGARTZ, Säulens. 179 Nr. 40; ASGARI a. O. 342 Anm. 33.
[32] G. KOCH, AA 1974, 307 f. Anm. 74.
[33] WIEGARTZ, Myra 230 ff.
[34] Istanbul 2768: J. KEIL, ÖJh 17, 1914, 133 ff.; WIEGARTZ, Säulens. 179 Nr. 36 (mit Lit.); ders., Myra 231 f.

[35] WIEGARTZ, Säulens. 40; ders., Myra 208. 232.
[36] Zum Sockelfries: WIEGARTZ, Säulens. 40.
[37] WIEGARTZ, Säulens. 41.
[38] Istanbul 775: MENDEL I 78 ff. Nr. 13.
[39] Verschollen: C. LE BRUN, Voyage en Levant (Zitat ließ sich bisher nicht überprüfen) 32 Abb. 13; INR 35. 1967.
[40] London 1280: SMITH, Cat. Sculpt. II 196 Nr. 1280.

Aus Ephesos stammt ein Fragment mit Musen;[41] es zeigt eine Folge von Arkaden und hat ziemlich unbeholfene Ausführung. Es sind also auch Sarkophage mit architektonischer Gliederung, sogenannte Säulensarkophage, in der Stadt hergestellt worden. Ein vollständiges Exemplar in Ephesos[42] hat auf der Vorderseite fünf, auf den Nebenseiten jeweils zwei Arkaden, in denen Musen stehen; die mittlere Muse der Vorderseite stellt die Verstorbene dar. Auf der Rückseite sind drei Girlandenbögen wiedergegeben; das Relief ist sehr flach, es war also keine bossierte Komposition vorhanden, sondern man hat den Schmuck aus dem Kasten herausgearbeitet. Sowohl das Musenfragment wie auch der Sarkophag mit Musen und Girlanden sind wohl um 220/30 n. Chr. entstanden.[43] Vorlagen waren vielleicht Säulensarkophage mit Bogenarkade der kleinasiatischen Hauptgruppe, möglicherweise aber auch Exemplare der Gruppe von Aphrodisias, für die die schlichten Arkaden typisch sind; für die Verbindung mit Aphrodisias könnte auch sprechen, daß dort mehrfach Musensarkophage belegt sind.[44] Die Vorlagen wurden jedoch in Ephesos vereinfacht und umgestaltet. Schließlich ist in Ephesos noch ein Riefelsarkophag zu nennen.[45] Riefelsarkophage sind in Kleinasien sehr selten vertreten; der in Ephesos hat als Besonderheit, daß die Riefel geschwungen sind, während sie sonst senkrecht verlaufen; ob man einen auswärtigen, vielleicht attischen Einfluß annehmen muß, wäre zu klären. Der Dachdeckel mit den großen Ziegeln ist typisch für Kleinasien.

Dieser verhältnismäßig vielfältigen und sich über einen großen Zeitraum erstreckenden Produktion in Ephesos stehen in anderen Orten nur wenige lokale Sarkophage gegenüber. In TEOS wurde ein Kasten gezeichnet,[46] dessen Dekoration in der wiedergegebenen Form ohne Parallele wäre und deshalb wohl nicht antik sein dürfte. In IZMIR werden verschiedene Sarkophage, Fragmente und Deckel aufbewahrt, die einer lokalen Produktion entstammen müssen.[47] In MANISA steht ein Halbfabrikat, das im oberen Hermostal gefunden wurde und aus einem dortigen Steinbruch stammt, der noch genauer untersucht werden muß; bei einem anderen Sarkophag hat man begon-

---

[41] Izmir 272: WIEGARTZ, Säulens. 159f. (Izmir A) Taf. 36b; ASR V 3, 33 Taf. 86a. b.

[42] Selçuk (Nr. ?): unpubl.

[43] Zum Frgt.: WIEGARTZ, Säulens. 159 (,1. H. des 4. Jhs. n. Chr.'); M. WEGNER, ASR V 3 S. 19 (,Wende vom 3. zum 4. Jh.').

[44] Vgl. z. B. ASR V 3, 6. 9. 10 Taf. 83c. d; 85d.

[45] Ephesos, Coemeterium der Sieben Schläfer: Forschungen in Ephesos IV 2. Das Cömeterium der Sieben Schläfer (1937) 56 Abb. 59.

[46] Verschollen (?): R. POCOCKE, Beschreibung des Morgenlandes III (1754) Taf. 44 D (n. S. 62).

[47] Izmir 4364: Deckel mit Ranken und Tieren auf der einen Ls. und drei Girlandenbögen, die von Stierköpfen getragen werden, und darunter Tieren auf der anderen Ls.; Büsten in den Giebeln; unpubl. – Izmir 280: Girlandenfrgt., im Bogen großer Gorgokopf; unpubl. – Izmir 3265: Frgt. mit Reiter auf Jagd und Pilaster als r. Abschluß; unpubl. – Izmir, röm. Agora: große Ostothek mit Girlanden, oben vorspringende Leiste; unpubl. – Izmir 58. 60. 61. 3678: Girlandenfrgt.e; unpubl. – Fundorte der Stücke waren bisher nicht festzustellen. – Ein Problem bilden zwei wohl zusammengehörende Frgt.e in London (Cat. 2334) und Oslo (Cat. 107); sie stammen möglicherweise doch von einem Sarkophag, da sie für ein architektonisches Glied zu flach sind; als Herkunft für das eine wird Smyrna angegeben, es handelt sich also vielleicht um einen Girlandensarkophag aus dem ionisch-lydischen Bereich: B. F. COOK, GettyMusJ 1, 1974, 33ff. Abb. 2/3.

nen, die bossierte Komposition auszuarbeiten.⁴⁸ Einige Sarkophage, deren Herkunft derzeit nicht zu ermitteln ist, werden in Manisa aufbewahrt.⁴⁹ In SARDES sind Reste verschiedener Girlandensarkophage gefunden worden, die so klein sind, daß sie keine Besonderheiten erkennen lassen;⁵⁰ ein Fragment, das zu einem Sarkophag gehören könnte, zeigt einen fliegenden Eros.⁵¹ Ein reichverzierter Dachdeckel mit großen Ziegeln, Löwenköpfen als Antifixen, Palmetten auf den Akroteren und Schmuckleisten am unteren Rand und am Giebel stammt ebenfalls aus Sardes;⁵² es ist anzunehmen, daß auch der Kasten mit senkrechten Riefeln, auf den er seit langer Zeit aufgelegt ist, aus Sardes stammt und Deckel und Kasten zusammengehören, da sie in den Maßen genau übereinstimmen und sogar die Verklammerungslöcher an vergleichbaren Stellen sitzen.⁵³ Damit wäre auch für Sardes die in Kleinasien seltene Form des Riefelsarkophages belegt. Schließlich sind noch Girlandensarkophage aus PHILADELPHIA (Alaşehir) zu nennen;⁵⁴ bei ihnen muß noch geklärt werden, aus welchem Material sie ausgearbeitet worden sind.

Zusammenfassend läßt sich feststellen, daß die ionisch-lydische Kunstprovinz größte Bedeutung für die Sarkophagproduktion in Kleinasien hat. Die Verwendung geschmückter Behälter für die Bestattungen hat eine lange Tradition, sie läßt sich vom Hellenismus bis in die Kaiserzeit hindurch verfolgen. Ephesos war ein Zentrum der Herstellung von Ostotheken und Sarkophagen, und die Steinbrüche bei Ephesos hatten sich schon im 1. Jh. n. Chr. auf die Serienfabrikation von Halbfabrikaten für Girlandensarkophage spezialisiert, die in die engere Nachbarschaft und vereinzelt auch weithin exportiert wurden. In Ephesos wurden auch Friessarkophage, und zwar wohl unter dem Einfluß attischer Vorbilder, hergestellt, und es finden sich sogar lokale Säulensarkophage, die auf die Hauptgruppe der kleinasiatischen Sarkophage oder die lokale Gruppe von Aphrodisias zurückgehen. Neben Ephesos sind nur einige verstreute Exemplare erhalten, die es nicht erlauben, Werkstätten in anderen Orten genauer zu erkennen.

---

⁴⁸ ASGARI a. O. 348 Anm. 47 mit Abb. 40.41; 369 (Manisa A, aus Silandos); 380. – Vgl. auch 369 (Manisa B, Inv. 253). – Manisa 5003: unpubl.

⁴⁹ Manisa 254: F. IŞIK, AA 1977, 381 f. Abb. 59. – Manisa 4430: allseits Girlanden, von Eroten und Widderköpfen getragen; unpubl. – Manisa (Nr. ?): langgestreckter K., Kalkstein, Girlanden von Stier- und Widderköpfen getragen; unpubl. – Manisa (Nr. ?): Ostothek mit Ecksäulen, auf Vs. u. a. Herakles im Löwenkampf. – Manisa 43. 46. und o. Nr.: Frgt.e von Girlandensarkophagen; unpubl.

⁵⁰ HANFMANN-RAMAGE a. O. (s. oben Anm. 3) 131 ff. Nr. 169. 172–174. 176. 177 (bei 168. 170 und 171 handelt es sich wohl nicht um Sarkophagfrgt.e).

⁵¹ HANFMANN-RAMAGE a. O. 133 Nr. 175 Abb. 323.

⁵² Izmir 833: G. RODENWALDT, JHS 53, 1933, 201 f. Abb. 13; HANFMANN-RAMAGE a. O. 170 Nr. 260 Abb. 448/49.

⁵³ Izmir 835: RODENWALDT a. O. 201 Abb. 13; WIEGARTZ, Myra 237 mit Anm. 422; HANFMANN-RAMAGE a. O. 170.

⁵⁴ Manisa 4434: F. IŞIK, AA 1977, 380 ff. Abb. 58 (Halbfabrikat des oberen Hermos?). – Alaşehir, Volksschule: IŞIK a. O. 381 f. Abb. 60. – Vgl. den oben Anm. 9 genannten S. und KEIL-PREMERSTEIN a. O. (s. oben Anm. 9) 39 f. Nr. 76 (mit Verweis auf weitere Stücke).

V. 4.4. Karien

N. ASGARI, AA 1977, 329 ff., bes. 343 ff.

In Karien ist eine Reihe von Sarkophagen über verschiedene Städte verstreut; nur in Aphrodisias finden sich Exemplare in großer Häufung und in ungewöhnlich reicher Vielfalt. Import fertig ausgearbeiteter Beispiele ist nur in Antiochia ad Maeandrum belegt, wo ein Säulensarkophag der kleinasiatischen Hauptgruppe zutage gekommen ist.[1] Für die lokal ausgearbeiteten Sarkophage sind Girlanden-Halbfabrikate aus Marmor aus Prokonnesos,[2] Ephesos,[3] Aphrodisias[4] und einem weiteren Ort in Karien,[5] vielleicht Stratonikeia, und für Stücke in Aphrodisias auch Halbfabrikate mit architektonischer Gliederung und Rohlinge des dort gebrochenen Marmors verwandt worden; vereinzelt findet sich lokaler Stein.

Aus MILETOS sind nur sehr wenige Sarkophage bekannt; von der Bedeutung der Stadt während der Kaiserzeit geben sie keinen Eindruck. Neben fragmentierten Halbfabrikaten des karischen Typs[6] und fragmentierten Dachdeckeln mit reichem Schmuck[7] handelt es sich um einige Fragmente von Girlandensarkophagen,[8] bei denen die Bögen meist an Widder- und Stierköpfen hängen; sie können aus karischen Halbfabrikaten ausgearbeitet sein, sind vielleicht aber auch lokale Werke. Wichtig ist der untere Teil eines monumentalen Girlandensarkophages, der im späteren 1. Jh. n. Chr. am Ort aus einem karischen Halbfabrikat ausgearbeitet worden ist und in seiner Darstellung eine Vorstufe der späteren Stücke in Kleinasien bildet.[9] In eigener Weise ist auch der riesige Girlandensarkophag aus IASOS in Istanbul[10] im frühen 2. Jh. n. Chr. ausgeführt. Hervorzuheben ist, daß die Girlanden an den Ecken von Pansköpfen gehalten werden, die aus den für diesen Typus charakteristischen kleinen Eckbossen ausgearbeitet worden sind.[11] Zu ergänzen ist ein getrennt gearbeiteter Sockel. Daneben gibt es in Iasos,[12] CHALKETOR[13] und MYLASA (Milas)[14] Halbfabrikate der kari-

---

[1] Aydin: WIEGARTZ, Säulens. 152 Taf. 32 b.
[2] ASGARI a. O. 329 ff. Hier unten Anm. 26. – Hier Kapitel V 2.1.
[3] ASGARI a. O. 335 ff. Hier unten Anm. 27. – Hier Kapitel V 2.2.
[4] ASGARI a. O. 345 ff. – Hier Kapitel V 2.5.
[5] ASGARI a. O. 343 ff. – Hier Kapitel V 2.4.
[6] Milet 1647: ASGARI a. O. 370 (Milet A). – Verschollen (?): INR 68.1145.
[7] Istanbul 2039: MENDEL III 575 f. Nr. 1363; A. M. MANSEL – A. AKARCA, Excavations and Researches at Perge (1949) 49 Taf. 7,30. – Milet o. Nr.: unpubl.
[8] Milet 38. 2018 und mehrere Frgt.e o. Nr.: unpubl. (ein Frgt.: INIst Di 77/489). – Vgl. G. KLEINER, Die Ruinen von Milet (1968) 134 (= VII. vorläufiger Bericht [1911] 24 f.).
[9] Milet, beim Heiligen Tor: H. WIEGARTZ in: The Proceedings of the Xth International Congress of Classical Archaeology 1973 (1978) II 672 ff. Taf. 199/200; ASGARI a. O. 343 mit Abb. 29; 370 (Milet B).
[10] Istanbul 513: MENDEL III 394 ff. Nr. 1158; WIEGARTZ, Säulens. 179 Nr. 38 Taf. 15; ders., Marmorhandel 373 Anm. 80; ders. in: Proceedings a. O. 674 f. Taf. 202; R. BIANCHI BANDINELLI, Rom. Das Ende der Antike (1971) 345 Abb. 325; D. E. STRONG, Proceedings (Titel s. Anm. 9) 682 Taf. 206, 13; ASGARI a. O. 343.
[11] ASGARI a. O. 343. 345.
[12] Verschollen und Iasos: C. TEXIER, Description de l'Asie Mineure III (1849) 141 Taf. 146, 5; ASGARI a. O. 367.
[13] Unpubl.
[14] Verschollen: ASGARI a. O. 343. 370 mit Abb. 28. – Verschollen, abgebildet auf Gemälde

schen Gruppe. In EUROMOS[15] stehen Halbfabrikate aus Marmor, die wohl als lokale Nachahmungen des karischen Typs angesehen werden können. Eine besondere Bedeutung scheint STRATONIKEIA zu haben, in dessen Nähe wahrscheinlich der Marmor für die karischen Sarkophage gebrochen und die Halbfabrikate hergestellt wurden;[16] mehrere Beispiele haben Pansköpfe an den Ecken und Eroten in der Mitte, es gibt aber auch solche mit Widder- und Stierköpfen.[17] In HALIKARNASSOS (Bodrum) finden sich eine lokale Kopie des karischen Halbfabrikats,[18] ein Kasten mit dünnen Girlanden sowie einige einfache Ostotheken, die vielleicht einheimische Werke sind.[19] In DATÇA sind ein fragmentierter Dachdeckel aus Marmor mit einem lagernden Herakles auf dem rechten Akroter, einem Gorgokopf auf dem Giebel[20] und ein weiteres Akroter mit einer trauernden Psyche erhalten.[21] Ein Sarkophag in KNIDOS ist nach der Beschreibung ein Einzelstück in Karien und überhaupt in Kleinasien.[22]

Im Landesinneren ist die Überlieferung vielfältiger. Aus GERMENÇIK (Nähe von Magnesia ad Maeandrum) stammt ein prächtiger Girlandensarkophag,[23] der im früheren 2. Jh. n. Chr. am Orte aus einem Halbfabrikat von Aphrodisias ausgearbeitet worden ist.[24] Fragmente unbekannter Herkunft[25] lassen sich nach ihrem Stil und ihrer Darstellung anschließen und zeigen damit, daß es sich um eine bedeutendere lokale Produktion gehandelt haben muß, die jedoch nicht zu lokalisieren ist. Aus TRALLEIS (Aydin) kommen ein prokonnesisches[26] und ein ephesisches[27] Halbfabrikat, ein Sarkophag mit glatten Wänden und reich verziertem Sockel[28] und zwei Fragmente eines frühen Sarkophages, der wohl am Orte aus einem frühen Halbfabrikat von Aphrodisias ausgearbeitet worden ist;[29] als Einzelstück ist er zeitlich schlecht festzulegen, viel-

von Carl Schaeffer in Hannover, Landesmuseum PNM 468 (entstanden 1833): L. SCHREINER, Die Gemälde des 19. und 20. Jhs. in der niedersächsischen Landesgalerie Hannover (1973) 413 Abb. 880.
[15] Unpubl.
[16] ASGARI a.O. 345 mit Anm. 37.
[17] ASGARI a.O. 345 Anm. 38 (sämtlich unpubl.).
[18] Bodrum 758: ASGARI a.O. 343. 364 mit Abb. 30.
[19] Bodrum 1.15.78: K., dreiseitig mit Girlanden versehen; unpubl. — Bodrum o. Nr.: Ostothek mit Girlanden, Frgt.e einer Ostothek mit Girlanden und Ostothek mit Profilen oben und unten und Inschrift auf der Vs.; unpubl. (Herkunft derzeit nicht festzustellen).
[20] Datça, vor Schule: unpubl.; mit Palmetten verzierter unterer Rand und mit großen Ziegeln.
[21] Datça, vor Schule: unpubl.; Teil eines l. Akroters.
[22] M. J. MELLINK, AJA 73, 1969, 218 Taf. 62,16.
[23] Izmir 3557: WIEGARTZ, Säulens. 179 Nr. 39 Taf. 14a; ders. in: Mél. A. M. Mansel (1974) 373 Anm. 80; ders. in: Proceedings (s. oben Anm. 9) 674f. Taf. 201,6 (Datierung hier mit Wiegartz); ASGARI a.O. 347f. Abb. 39; V. M. STROCKA in: Studien zur Religion und Kultur Kleinasiens. Festschrift F. K. Dörner II (1978) 905ff. Nr. 5 Taf. 210–14.
[24] ASGARI a.O. 347f. – STROCKA a.O. 907ff.: Datierung in das letzte Drittel des 1. Jhs. n. Chr. und Lokalisierung in Aphrodisias; unter den dort sehr zahlreich erhaltenen Girlandensarkophagen gibt es jedoch keine Parallelen.
[25] H. WIEGARTZ in: Proceedings (s. oben Anm. 9) 674 Anm. 25 (Frgt. in Istanbul). Kunst der Antike, Galerie Günther Puhze (etwa 1977) 4 Nr. 13–15.
[26] Izmir, Basmane Mus. 8: ASGARI a.O. 368 (Izmir A).
[27] Izmir, Basmane Mus. 1: ASGARI a.O. 368 (Izmir D).
[28] Istanbul 449: MENDEL III 392f. Nr. 1156; WIEGARTZ, Säulens. 178 Nr. 21 Taf. 11b. c.
[29] Aydin 98 (Vs.) 97 (Rs.): ASGARI a.O. 347. 363 (Aydin B) mit Abb. 36/37; D. MONNA – P. PENSABENE, Marmi dell'Asia Minore (1977)

leicht aber noch ins 1. Jh. n. Chr. zu datieren.³⁰ Weitere Fragmente von Girlandensarkophagen³¹ in Tralleis zeigen, daß sich möglicherweise einmal eine für diese Stadt charakteristische Gruppe herausstellen wird; die Exemplare hängen teilweise von der kleinasiatischen Hauptgruppe ab, haben aber auch eigene Züge. Aus ALINDA ist nur ein schlichter Kasten mit niedrigem Deckel bekannt, der nach seiner Form wohl früh, vielleicht noch in späthellenistische Zeit, angesetzt werden kann.³² In NYSA (Nähe von Sultanhisar) ist eine Ostothek des ephesischen Typs gefunden worden, die in ausgearbeitetem Zustand importiert worden ist;³³ nur in Zeichnung liegt ein Girlandensarkophag vor, der vielleicht in Nysa in Anlehnung an Girlandensarkophage der kleinasiatischen Hauptgruppe gefertigt worden ist;³⁴ es könnte sich um ein Halbfabrikat aus Prokonnesos oder, da eine obere vorspringende Leiste zu fehlen scheint, eher um eines aus Aphrodisias, das nur einen Girlandenbogen auf der Nebenseite hat, handeln, möglicherweise aber auch um einen Sarkophag aus Aphrodisias, der fertig ausgearbeitet importiert worden ist.³⁵ Im Osten Kariens sind noch eine Ostothek in HERAKLEIA (Vakif)³⁶ und ein aus dem anstehenden Felsen gemeißelter Sarkophag in APOLLONIA (Medet)³⁷ zu nennen, die das karische Schema zeigen.

Aphrodisias

Aus Aphrodisias (Geyre) ist eine außerordentlich reiche und ungewöhnlich vielfältige Sarkophagproduktion erhalten,³⁸ für die der in der Nähe der Stadt gebrochene Marmor die Grundlage gab.³⁹ Nächst der Hauptgruppe der überregionalen kleinasiatischen Sarkophage handelt es sich um die bedeutendste Gruppe, die allerdings auf Aphrodisias und die nähere Umgebung im östlichen Karien und westlichen Phrygien beschränkt ist; sie ist bis Tabai, Mastaura und vielleicht Nysa verbreitet;⁴⁰ lediglich ein Exemplar, der Musensarkophag in Pisa,⁴¹ ist in Italien gefunden worden.⁴² Es lassen

141 Abb. 62; STROCKA a.O. (s. oben Anm. 23) 894ff. Nr. 2 Abb. 7/8.
³⁰ STROCKA a.O. 896 f.
³¹ Aydin 6. 8 und mehrere Frgt.e o. Nr.: unpubl. – Vgl. den K. Aydin 1489: unpubl. – Bei allen Stücken Herkunft derzeit nicht festzustellen.
³² P. LE BAS – S. REINACH, Voyage archéologique en Grèce et en Asie Mineure (1888) Archit. Asie Mineure II Taf. 7 (I).
³³ Aydin 376 (nach Asgari Inv. 299): ASGARI a.O. 363 (Aydin A).
³⁴ Verschollen: Antiquities of Ionia, Published by the Society of Dilettanti I (1821) 11 (Vs.). 54 (Ns.).
³⁵ Für die Dekoration sind verschiedene Girlandensarkophage (s. unten Anm. 47) und für die Adler in den Bögen ein unpubl. Exemplar mit Girlanden in Aphrodisias zu vergleichen.

³⁶ MAMA VI (1939) 54 Nr. 150 Taf. 26 (Marmor; allseits Girlanden).
³⁷ Medet (Apollonia): L. ROBERT, La Carie II (1954) 244 Taf. 40,2; 42,2; ASGARI a.O. 370 (Medet A).
³⁸ Es lassen sich sehr viele Sarkophage und Fragmente zusammenstellen; davon sind nur wenige Exemplare in – meist unzureichenden – Abbildungen zugänglich, der weitaus größte Teil ist nicht publiziert; deshalb können hier nur kurze vorläufige Bemerkungen gemacht werden.
³⁹ ASGARI a.O. 345ff. S. hier Kapitel V 2.5.
⁴⁰ Halbfabrikate wurden auch nach Hierapolis, Tralleis und Germençik gebracht; lokale Kopien der Halbfabrikate finden sich in Apollonia und Plasara; s. dazu Kapitel V 2.5.
⁴¹ Pisa: ASR V 3,78 Taf. 95 f.; WIEGARTZ,

sich Sarkophage mit Girlanden, mit einer architektonischen Gliederung, mit einem durchlaufenden Fries und mit Riefeln und ferner Sonderfälle unterscheiden. Mehrfach ist der Schmuck auf drei Seiten beschränkt.[43]

Ein abbozzierter *Girlandensarkophag* ist aufgrund der Fundumstände in das 1. Jh. n. Chr. zu datieren;[44] ein ausgearbeitetes Beispiel mit sehr dünnen, hoch sitzenden und straff geführten Girlanden, deren Bögen nicht gefüllt sind, läßt sich vielleicht anschließen.[45] In das 2. Jh. n. Chr. sind möglicherweise Beispiele anzusetzen, die eine verhältnismäßig sparsame Dekoration und viel freien Raum zeigen.[46] Andere Stücke mit reicherem Schmuck sind wohl in das frühe 3. Jh. n. Chr. zu datieren. Eine Reihe von Exemplaren hat drei Girlandenbögen auf der Vorderseite;[47] sie werden an den Ecken von Niken und in der Mitte von Eroten oder anderen Gestalten getragen, die manchmal auf vorquellendem Blattwerk stehen. Ein Charakteristikum von Aphrodisias scheint es zu sein, daß die Bänder über den Trägern zu dicken Schleifen geknotet sind. In den Bögen finden sich Büsten, Gorgoköpfe oder auch figürliche Szenen wie Ganymed und Adler oder Eros und Psyche oder ein Adler. An den Girlanden hängen dicke Trauben oder auch Masken; weitere Motive können unten noch eingesetzt sein. Der Sockel ist verschiedentlich mit einem Rundstab mit Blattwerk verziert. Bei einer größeren Anzahl von Sarkophagen findet sich statt des mittleren Girlandenbogens eine Tabula, die meist von Eroten gehalten wird;[48] mehrfach läuft die Girlande über der Tabula entlang. Bei einem Exemplar ist das Halbfabrikat geglättet und in der Mitte eine Tabula mit kleinen Ansae ausgearbeitet.[49] Die früheren Girlandensarkophage sind als Schöpfungen anzusprechen, die für Aphrodisias charakteristisch sind; die späteren haben Motive, die auf die Hauptgruppe der kleinasiatischen Girlandensarkophage zurückgehen.[50]

Sarkophage mit *architektonischer Gliederung* setzen im späteren 2. Jh. n. Chr. ein;

Säulens. 167; ders., AA 1971, 93; ders., Myra 233 Anm. 393; ARIAS, Camposanto 152 ff. Abb. 200–203; D. MONNA – P. PENSABENE, Marmi dell'Asia Minore (1977) 100 Abb. 40/41.

[42] Möglicherweise wurde auch der dionysische Sarkophag in Subiaco (ASR IV 2,78 Taf. 94,1; 95) in Aphrodisias hergestellt (Hinweis N. Asgari).

[43] ASGARI a.O. 345. ASGARI, Kalchedon 28 f.

[44] ASGARI a.O. 347. 362. (Aphrodisias F) mit Abb. 35.

[45] MAMA VIII (1962) 147 Nr. 613 Taf. 40.

[46] K. ERIM, TürkAD 22, 2, 1975, 91 Abb. 67/68.

[47] MAMA VIII (1962) 134 Nr. 565 Taf. 19; 147 Nr. 614 Taf. 40. – M. J. MELLINK, AJA 76, 1972, 185 Taf. 42,35; K. ERIM in: The Proceedings of the Xth International Congress of Classical Archaeology 1973 (1978) II 1076 Taf. 334,27. – Ders., TürkAD 22, 2, 1975, 91 Abb. 65; 92 Abb. 69. – Kasten mit Eros und Psyche im mittleren und Ganymed mit Adler in den seitlichen Girlandenbögen: unpubl. – Kasten mit Gorgokopf im mittleren und je einem Adler in den seitlichen Bögen: INIst KB 607. 608 – Vgl. den Sarkophag, ehemals in Nysa: s. oben Anm. 34. – *Nachtrag:* K. ERIM, TürkAD 25, 1, 1980, 16 Abb. 11.33.

[48] MAMA VIII (1962) 128 Nr. 553 Taf. 33; 134 f. Nr. 566 Taf. 19; 137 Nr. 574 Taf. 22; 137 f. Nr. 575 Taf. 19; 144 Nr. 594 Taf. 35; 146 Nr. 609 Taf. 37. – K. ERIM, TürkAD 22, 2, 1975, 91 Abb. 66; 92 Abb. 70. – Izmir 723 (aus Mastaura): G. RODENWALDT, BJb 147, 1942, 226 Taf. 15,1; ASGARI a.O. 347. – Tabai (Davaskale): L. ROBERT, La Carie II (1954) 113 Nr. 19 Taf. 17,1.2. – Zum Motiv vgl. H. HERDEJÜRGEN, AA 1975, 564 f. mit Anm. 38.

[49] MAMA VIII (1962) 129 Nr. 555 Taf. 19.

[50] z. B. K. SCHAUENBURG, GettyMusJ 2, 1975, 63 ff. Abb. 8; G. KOCH, BJb 180, 1980, 98 Anm. 166.

Halbsäulen tragen Arkaden, ein Motiv, das von der Hauptgruppe der kleinasiatischen Säulensarkophage übernommen worden sein dürfte.[51] Eine auf Aphrodisias beschränkte Sonderform hat einen Architrav und über dem mittleren Interkolumnium einen Bogen oder einen Giebel.[52] In das mittlere 3. Jh. n. Chr. ist der Sarkophag in Pisa zu datieren;[53] ein verschollenes Exemplar, bei dem im mittleren Interkolumnium zwei Gestalten, nämlich ein Ehepaar, stehen, läßt sich anschließen.[54] Der Klinendekkel des Exemplares in Pisa und die Grabestür auf der einen Schmalseite des verschollenen Exemplares hängen mit der kleinasiatischen Hauptgruppe zusammen. Bei den Darstellungen finden sich, wohl eine Eigenart von Aphrodisias, besonders häufig Musen.

Einige Sarkophage zeigen einen *durchlaufenden Fries*. Auf einem Beispiel steht in der Mitte ein Mann mit seiner Frau;[55] links finden sich zwei Frauen und ein Kind, rechts drei Frauen; seitlich und oben wird die Darstellung durch eine Girlande gerahmt. Wegen der zahlreichen Bestoßungen sind die Figuren nicht benannt worden; Vorlagen sind nicht bekannt. Eine ungewöhnliche Darstellung trägt ein Sarkophag,[56] der nur auf der Vorderseite ein Relief hat, nämlich einen schlafenden Eros an der linken Ecke, Demeter und Kore, einen Mann und eine Frau mit Porträtköpfen, also das beigesetzte Ehepaar, ferner Hermes und rechts den stehenden Hades, der einen abbozzierten Kopf hat; der Unterweltssarkophag aus Ephesos[57] ist als Parallele anzuführen, hat aber doch viele Unterschiede. Eine Langseite mit einer Jagd,[58] die in die Höhe gestaffelt ist, dürfte mit Jagdsarkophagen der kleinasiatischen Hauptgruppe zusammenhängen.[59] Ein anderes Exemplar zeigt an den Ecken Jahreszeiten, auf den Schmalseiten Opferszenen, auf der einen Langseite den stehenden Herakles und einen Mann und zwei Frauen und auf der anderen Langseite einen thronenden Mann und eine stehende Frau, der von einer weiblichen Gestalt ein Kind übergeben wird;[60] Vorbilder oder Parallelen sind nicht nachgewiesen. Mit Aphrodisias ist vielleicht ein dionysischer Sarkophag in Subiaco[61] zu verbinden, der stadtrömische Vorlagen ko-

---

[51] WIEGARTZ, Säulens. 148 ff. Aphrodisias B.C.D.E.G.H (Halbfabrikat). K.L.M.N u. a.; ASR V 3, 6.9.10 Taf. 83 c.d; 85 d; H. WIEGARTZ, AA 1971, 93; ders., Myra 232.

[52] ASR V 3, 8 Taf. 83 b. 85 a.b.; WIEGARTZ, Säulens. 149 (Aphrodisias F); A. GIULIANO, Le città dell'Apocalisse (1978) Abb. 50 n. S. 64. – WIEGARTZ a.O. 150 f. (Aphrodisias Z. AA).

[53] s. oben Anm. 41.

[54] WIEGARTZ, Säulens. 148 (Aphrodisias A); C. FELLOWS, An Account of Discoveries in Lycia (1841) 42 (mit Abb. auch einer Ns.).

[55] MAMA VIII (1962) 146 Nr. 610 Taf. 39; WIEGARTZ, Säulens. 17 Anm. 18; ders., Myra 232; G. E. BEAN, Turkey beyond the Maeander (1971) Abb. 70; GIULIANO a.O. (s. oben Anm. 52) Abb. 49 n. S. 64.

[56] Aphrodisias, vor Mus.: unpubl.

[57] WIEGARTZ, Säulens. 179 Nr. 36.

[58] Izmir 3558: K. ERIM, AJA 71, 1967, 241 ff. Taf. 71; B. S. SISMONDO RIDGWAY, Classical Sculpture, Museum of Art, Rhode Island School of Design, Providence (1972) 98 Anm. 5 (auf Nss. urspr. Girlanden; nach oberem Falz für den D., der auf die Nss. umbiegt, und Bearbeitung der Rs. urspr. Ls. eines K., in Zweitverwendung mit Öffnung für Wasserabfluß versehen); WIEGARTZ, Myra 232.

[59] WIEGARTZ, Säulens. 177 Nr. 1.2.

[60] M. J. MELLINK, AJA 76, 1972, 185 Taf. 42,37; K. ERIM, TürkAD 20, 1, 1973, 84 ff. Abb. 31–35.

[61] s. oben Anm. 42. – s. auch die von WIEGARTZ, Myra 233 genannten unpubl. Frgt.e von Friessarkophagen. – *Nachtrag:* E. B. HARRISON, AJA 85, 1981 281 ff. (Frgt.e eines Friess. mit Amazonomachie).

piert. Genaue Parallelen für die Art der Dekoration sind in Aphrodisias aber nicht zu finden. Die Stücke könnten im späteren 2. Jh. n. Chr. entstanden sein.

Ein *Riefelsarkophag* hat Ecksäulen und eine Tabula mit geschwungenen Ansae,[62] ein anderer eine kleine Tabula mit recht kleinen dreiecksförmigen Ansae,[63] ein weiterer hat seitlich Riefel und in der Mitte ein großes Feld mit zwei Tondi mit Büsten und darunter eine lange Tabula.[64] Hervorzuheben ist, daß die Riefel senkrecht verlaufen. Wann die Sarkophage zu datieren sind und ob Verbindungen zu anderen Zeiten der Produktion vorhanden sind, ist nicht untersucht worden.

Ein *Sonderfall* ist ein Sarkophag,[65] der auf der Vorderseite vier Halbsäulen mit schrägen Kanneluren trägt; in den beiden äußeren Interkolumnien und ebenfalls auf den Schmalseiten hängen Girlanden an ihnen, während das mittlere Feld von einer Tabula eingenommen wird. Ein anderer Sonderfall ist ein Kasten,[66] der seitlich und oben von einer Girlande gerahmt ist und in der Mitte die einander zugewandten, ins Profil gedrehten Büsten eines Paares trägt, die auf Sockeln stehen; die frei bleibenden Flächen sind von einer Inschrift gefüllt. Für diese Art der Dekoration ist unter allen Sarkophagen der Kaiserzeit keine Parallele bekannt. Schließlich sind noch schlichte Stücke mit Tabula und Inschrift zu nennen.[67]

Die Kästen tragen mehrfach *Deckel* in der Form eines Daches; beim Musensarkophag in Pisa[68] ist ein Klinendeckel erhalten, der Exemplare der kleinasiatischen Hauptgruppe nachahmt. Einige Klinendeckel in Aphrodisias,[69] die ohne die zugehörigen Kästen erhalten sind, lassen sich anschließen.

Schon die wenigen in Abbildungen zugänglichen Exemplare zeigen, daß die Werkstätten in Aphrodisias Sarkophage unterschiedlichster und teilweise sehr ausgefallener Formen geschaffen haben. Wie bei der Bauornamentik, dem Porträt oder der Skulptur hatte Aphrodisias also auch bei der Sarkophagplastik eine große Bedeutung, die allerdings nicht überregional gewirkt hat. Eine Bearbeitung der Sarkophage von Aphrodisias wird einmal die Entwicklung dieser lokalen Gruppe vom 1. bis in das 3. Jh. n. Chr. verfolgen und die vielfältigen Beziehungen zu anderen landschaftlichen Gruppen und zur kleinasiatischen Hauptgruppe erhellen können.[70]

Zusammenfassend läßt sich feststellen, daß in Karien nur Stratonikeia und Aphrodisias, beides Städte in der Nähe von großen Steinbrüchen, eine umfangreichere Produktion an Sarkophagen hervorgebracht haben. Die Exemplare haben gewisse Eigenheiten, die als typisch für die Kunstprovinz angesehen werden können. Karien hat eine besondere Bedeutung, da sich verschiedene, teilweise gut gearbeitete und monu-

---

[62] MAMA VIII (1962) 135 Nr. 568 Taf. 20.

[63] In einem Nebenraum beim Odeion: STROCKA a.O. (s. oben Anm. 23) 900 Anm. 70 (das Stück dürfte der Hauptproduktion angehören).

[64] C. FELLOWS, An Account of Discoveries in Lycia (1841) 39 ff. mit Abb.

[65] Aphrodisias, vor Mus.: unpubl.

[66] MAMA VIII (1962) 109 f. Nr. 499 Taf. 20; A. GIULIANO, RIA 8, 1959, 192 Abb. 36; G. E. BEAN, Turkey beyond the Maeander (1971) Abb. 65; G. M. A. HANFMANN, From Croesus to Constantine (1975) 70 Abb. 147; GIULIANO a.O. (s. oben Anm. 52) Abb. 48 n. S. 64.

[67] MAMA VIII (1962) 118 Nr. 522 Taf. 18.

[68] s. oben Anm. 41.

[69] Aphrodisias, Garten bei Mus.: unpubl.

[70] Zur Datierung vgl. WIEGARTZ, Myra 233.

mentale Sarkophage fassen lassen, die die Tradition der Sarkophagbestattung und der Verwendung von reliefgeschmückten Sarkophagen vom Hellenismus bis zum 2. Jh. n. Chr., bis zum Einsetzen der Sarkophage in größerer Zahl, belegen.

V. 4.5. Phrygien

In Phrygien ist die Überlieferung recht vielfältig; zahlreich belegt sind Exemplare der kleinasiatischen Hauptgruppe, die in Dokimeion lokalisiert werden kann, wie die Untersuchungen von M. Waelkens ergeben haben; daneben sind in dem großen Gebiet nur relativ wenige lokale Sarkophage gefunden worden, die kein einheitliches Bild ergeben; viel Material ist allerdings unpubliziert.[1] Lediglich aus Hierapolis ist eine größere Zahl an Sarkophagen bekannt. Wichtig ist ein Kasten, der in einem Tumulus in der Nähe von Eskişehir gefunden wurde und im späten 1. Jh. v. Chr. oder im frühen 1. Jh. n. Chr. entstanden ist;[2] er zeigt eine architektonische Gliederung und ist damit ein früher, noch vereinzelter Vorläufer der Säulensarkophage der kleinasiatischen Hauptgruppe.

Die Exemplare der kleinasiatischen Hauptgruppe sind über viele Städte verbreitet; Fundorte sind Dorylaion, Kotieion, Aizanoi, Altintaş, Akmonia, Prymnesos, Synnada, Philomelion, Apameia, Hierapolis, Kolossai und Laodikeia.[3] Die Stücke sind über einen großen Zeitraum verteilt. Sie bestehen aus einem Marmor, der in Phrygien, nämlich bei Dokimeion (Isçehisar) gebrochen wurde;[4] dort werden die Sarkophage auch ausgearbeitet worden sein. Da es sich um eine überregionale Gruppe handelt, die nicht nur in Kleinasien, sondern auch außerhalb verbreitet ist, wird sie gesondert behandelt.[5]

Es gibt jedoch ‚Grenzfälle‘, auf die auch hier hingewiesen werden muß, nämlich beispielsweise den Girlandensarkophag aus Laodikeia in Izmir,[6] ein Fragment in Akmonia (Ahat) und Fragmente und ein Kasten in Hierapolis.[7] Sie haben zwar teilweise die für die Hauptgruppe typische Eichenblattgirlande, setzen sich aber in mehreren

527

---

[1] z. B. Afyon 1438. 1441. 1442. 2000: ASGARI, Kalchedon 38 Anm. 102.

[2] S. ATASOY, AJA 78, 1974, 255 ff. Taf. 52, 1; H. BRANDENBURG, JdI 93, 1978, 320.

[3] WIEGARTZ, Säulens. 143 ff. (Afyon A – C. Akşehir. Ankara A. Berlin B. Bursa A – C. Denizli A. Eskişehir. Hierapolis A – D. Istanbul B. Izmir K. Paris A. B); 177 ff. Nr. 4. 7. 8. 34. – Prymnesos: S. GÖNÇER, Afyon ili tarihi I (1971) 170 Abb. 60. – Aizanoi: R. NAUMANN, AA 1980, 134 Abb. 18. – Neufunde in Afyon, Denizli, Kütahya, Hierapolis u. a. (z. B. HIMMELMANN, Megiste 24 f. Abb. 8/9, oder Afyon 7476, Girlandens. aus Apameia mit figürlichen Szenen statt des mittleren Bogens).

[4] N. ASGARI, AA 1977, 349 ff. – Zu den Brüchen in Isçehisar-Dokimeion: J. RÖDER, JdI 86, 1971, 253 ff.

[5] s. Kapitel V 3.

[6] Izmir 79: A. M. MANSEL–A. AKARCA, Excavations and Researches at Perge (1949) 51 f. Abb. 71; A. GIULIANO, RIA 8, 1959, 194 Abb. 38; WIEGARTZ, Säulens. 178 Nr. 22 Taf. 8 a.

[7] Ahat: MAMA VI (1938) 118 Nr. 341 Taf. 59. – Hierapolis 165. 315 u. a. (früher in Denizli, Herkunft z. Z. nicht zu ermitteln): unpubl. – Hierapolis (Nr. ?): P. VERZONE, Hierapolis di Frigia nei lavori della missione archeologica italiana in: Quaderni de ‚La ricerca scientifica‘ 10, 1978, 81 Abb. 103.

Einzelheiten von anderen Girlandensarkophagen der Hauptgruppe ab.[8] Bei dem Exemplar aus Laodikeia fehlen die sonst üblichen Ornamentzonen, Eroten und Niken stehen gleich auf dem Sockel, und es sind auf den Langseiten nicht wie gewöhnlich drei, sondern nur zwei Girlandenbögen vorhanden. Diese Stücke könnten lokale Arbeiten unter starkem Einfluß von Girlandensarkophagen der Hauptgruppe sein.

Importierte fertig ausgearbeitete Sarkophage, beispielsweise aus Athen, sind nicht gefunden. Halbfabrikate gibt es lediglich in Hierapolis; sie stammen aus Aphrodisias.

An lokalen Girlandensarkophagen sind in Phrygien neben den oben genannten Exemplaren nur ein handwerklich sehr unbeholfenes Stück und ein Fragment in Kütahya,[9] ein Fragment in Aizinoi[10] und ein Kasten sowie ein Fragment in Afyon[11] erhalten, die keine Verbindung untereinander haben. Eine wohl recht früh im 2. Jh. n. Chr. anzusetzende Langseite in Aizinoi[12] zeigt eine singuläre Dekoration, nämlich drei sehr breite Pilaster, die einen schweren Architrav tragen, und einen hohen Sockel; von den Kapitellen hängen dünne Girlanden herab, in deren Bögen kleine Blüten wiedergegeben sind. Derartige Mischformen von Girlanden- und architektonischen Sarkophagen sind vereinzelt erhalten; sie haben aber keine eigene Tradition, sind vielmehr jeweils Einzelstücke.

Die übrigen lokalen Sarkophage sind typologisch recht vielfältig. Ein Fragment in Uşak[13] zeigt unter anderem Gestalten aus dem dionysischen Kreis und vertritt den in Kleinasien seltenen Typ der Friessarkophage; es ist nicht deutlich, ob das Exemplar von anderen Sarkophaggruppen abhängt. Eine Langseite aus der Nähe von Apameia (Dinar)[14] bringt über einem Sockel in lockerer Verteilung ein Pferd, eine geöffnete Buchrolle und andere Gegenstände und eine Büste; auf einem Kasten in Hadrianoupolis (Doğan Hisar)[15] sind auf der Vorderseite eine Tabula und links und rechts daneben und ebenfalls auf der linken Nebenseite Schilde mit Gorgoköpfen und schräg gelegte Speere wiedergegeben; auf einem Kasten in Eskişehir[16] findet sich eine große Tabula mit geschwungenen Ansae auf der Vorderseite und eine Szene mit drei Figuren auf der rechten Nebenseite; ein Fragment einer Langseite in Uşak[17] trägt Riefel, ein Figurenfeld in der ehemaligen Mitte und einen Widderkopf an der Ecke; ein Kasten in Philomelion (Akşehir)[18] hat Riefel auf der Langseite und eine Tür zwischen Pi-

---

[8] N. ASGARI, AA 1977, 349 Anm. 49 stellt eine Untersuchung über die Scheidung phrygischer und pamphylischer Girlandensarkophage in Aussicht.

[9] Kütahya 492: K. m. D., nur auf Vs. Girlanden, in Bögen Büsten; unpubl. – Kütahya 566: Frgt., unpubl.

[10] Aizanoi, beim Tempel: Frgt. mit Tabula im Girlandenbogen; unpubl. – Verbleib unbekannt: INR 57. 328.

[11] Afyon (Nr. ?): K. aus lokalem Kalkstein; Girlanden in Form, die abbozzierte Vorbilder nachahmt; in Bögen Gorgoköpfe u. a.: unpubl. – Afyon 1896 (6470): Frgt., Marmor; unpubl.

[12] Aizanoi, beim Tempel: R. NAUMANN, AA 1980, 135 Abb. 19.

[13] Uşak (?), aus Payamalani: N. FIRATLI, TürkAD 19, 1970, 118 f. Abb. 55.

[14] Küçük Kabaca: MAMA IV (1933) 78 f. Nr. 216 Taf. 47; PFUHL–MÖBIUS II 530 Nr. 2204 Taf. 314.

[15] MAMA VII (1956) 30 Nr. 147 Taf. 9.

[16] Eskişehir 715: INIst 12698 (Vs.). 12703 (r. Ns.).

[17] Uşak (?), aus Alaudda: N. FIRATLI, TürkAD 19, 1970, 119 Abb. 63.

[18] Akşehir (Nr. ?): unpubl.

lastern auf der einen Schmalseite. Für alle diese Beispiele sind Parallelen in anderen Gegenden Kleinasiens nicht bekannt, es handelt sich also um lokale Schöpfungen, die eine sehr unbeholfene handwerkliche Ausführung haben. Ein Kasten mit fliegenden Eroten, die eine Tabula halten, in Kaymaz[19] hat einige wenige Vergleichsstücke in Kleinasien, und zwar bei der kleinasiatischen Hauptgruppe;[20] ebenfalls findet sich gelegentlich ein antithetisch sitzendes Paar und eine Tabula wie auf einem Beispiel in Afyon;[21] mit Lykaonien und Isaurien ist ein Kasten in Basören[22] zu verbinden, der eine profilierte Rahmung und auf der Langseite drei Felder hat; Beziehungen zu Bithynien hat vielleicht ein Fragment mit einem Gorgokopf auf einem Schild in Eskişehir.[23] Außerdem sind einige Deckel zu nennen; teilweise sind sie reich geschmückt;[24] ein Exemplar in Dokimeion (Isçehisar)[25] ist ein rohes Stück, das nicht zur Hauptgruppe der kleinasiatischen Sarkophage gehört; gelegentlich sind gerundete Deckel vorhanden.[26]

Hierapolis

Den relativ wenigen in Phrygien verstreuten Exemplaren steht in Hierapolis (Pamukkale) in seiner gut erhaltenen Nekropole eine reichere Überlieferung gegenüber. Das Material ist jedoch weitgehend unpubliziert.[27] Große Bedeutung hat ein riesiger, fragmentierter Sarkophag, der den frühesten mit einem figürlichen Relief verzierten Kasten in Kleinasien haben dürfte und etwa aus der Mitte des 1. Jhs. n. Chr. stammt;[28] er stand innerhalb der unter Domitian errichteten Stadtmauer, dürfte also früher geschaffen worden sein. Der Kasten zeigt stehende Figuren und darüber Girlanden und hatte an den Ecken vielleicht Pilaster; der Deckel hat reiche, fein ausgearbeitete Ornamente. Zwei weitere Sarkophage aus dem 1. Jh. n. Chr. sind ebenfalls vor Errichtung

[19] Kaymaz, westl. von Sivrihisar: Codex Cultur Atlas, Türkei, Teil 4, Blatt 39/31.
[20] z. B. Antalya A 380 (aus Perge): MANSEL–AKARCA a. O. (s. oben Anm. 6) 47 Nr. 7 A Abb. 18–21.
[21] Afyon 6898; K. aus Kalkstein; unpubl. – Zu vgl. Exemplare in Konya 1: G. RODENWALDT, JdI 55, 1940, 45 ff. Abb. 7. – Yalvaç A 1850: unpubl. – Iznik 2916: S. ŞAHIN, Katalog der antiken Inschriften des Museums von Iznik I (Inschriften griechischer Städte aus Kleinasien 9, 1979) 183 b Nr. 279 Taf. 24. – Vgl. ferner Afyon (Nr. ?): Frgt. von ähnlichem S., Marmor; unpubl. (erhalten l. sitzende Frau und Teil der Tabula), und Afyon (Nr. ?): K. aus Kalkstein, Vs. Tabula zwischen stehenden Gestalten, Nss. je ein, Rs. zwei Gorgoköpfe.
[22] Basören, südöstl. von Midasstadt: Codex Cultur Atlas, Türkei, Teil 4, Blatt 39/30.
[23] Eskişehir 536: unpubl.

[24] Ömerli bei Eumenia (Çivril): INIst R 2997 (Ls.). 2999 (Giebel). – Çivril, aus Eumeneia: T. DREW–BEAR, Nouvelles inscriptions de Phrygie (Studia Amstelodamensia 16, 1978) 103 Nr. 41 Taf. 34. – Eskişehir 714: INIst 12 698 (Vs.). 12 703 (r. Ns.).
[25] WIEGARTZ, Marmorhandel 379 f. Taf. 119.
[26] Bei Aizanoi, an Straße Richtung Kütahya: unpubl. – Köprüören (westl. von Kütahya): INIst KB 7438.
[27] E. SCHNEIDER EQUINI, La necropoli di Hierapolis di Frigia (MonAnt, Ser. Misc. I 2, 1972).
[28] Hierapolis, Mus.: W.-D. HEILMEYER, Korinthische Normalkapitelle (16. Ergh. RM, 1970) 84 Taf. 21,5.6; V. M. STROCKA in: Studien zur Religion und Kultur Kleinasiens, Festschrift F. K. Dörner II (1978) 900 ff. Nr. 4 Taf. 205–207 (Frgt.e jetzt rekonstruiert und mit Sockel und Deckel zusammengesetzt).

der Stadtmauer gearbeitet worden, nämlich ein glattes Exemplar mit Profilen oben und unten und ein Stück mit Riefeln.[29]

Unter den Sarkophagen des 2. und 3. Jhs. n. Chr. gibt es einige Halbfabrikate mit Girlanden aus Aphrodisias;[30] bei einem sind in den Bögen Bossen belassen, die zu Büsten ausgearbeitet werden konnten;[31] eine Reihe von Fragmenten, die in der Nekropole verstreut sind, ergänzt das Bild und belegt, daß in Hierapolis viele Halbfabrikate in ‚unfertigem' Zustand verwandt wurden.[32] Ein Kasten, dessen Oberfläche allerdings stark beschädigt ist, wurde lokal weiterbearbeitet;[33] er hat recht kleine und dünne Eroten und Niken als Träger der Girlandenbögen, die ziemlich dick sind; auffallend sind die ungewöhnlich hoch getürmten Schleifen, mit denen die Girlanden zusammengebunden sind; sie scheinen eine Besonderheit von Hierapolis zu sein, so daß man auch eine Reihe von Fragmenten, die früher in Denizli aufbewahrt wurde, den Werkstätten dieser Stadt zuweisen kann.[34] Viele kleine marmorne Fragmente von Girlandensarkophagen sind in der Nekropole verstreut;[35] sie ergeben typologisch nichts Neues. Auch ein recht grober Girlandensarkophag dürfte in diese Gruppe gehören.[36]

Ein Sonderfall ist ein oben und unten mit Profilen versehener Kasten, der auf der einen Langseite zwei Girlandenbögen, in denen je eine Büste wiedergegeben ist, auf den Nebenseiten je einen Girlandenbogen mit einem Gorgokopf und auf der Rückseite zwei fliegende Eroten, die einen mit einem Gorgokopf verzierten Schild halten, trägt.[37] Verbindungen zur Hauptgruppe der kleinasiatischen Girlandensarkophage und zum Girlandensarkophag aus Laodikeia sind zwar vorhanden, es dürfte sich aber um ein lokales Werk handeln, das aus einem anderen Marmor gearbeitet ist als die übrigen Exemplare in Hierapolis.

Neben den Girlandensarkophagen waren in Hierapolis auch die Riefelsarkophage[38] zahlreich vertreten; außer dem oben genannten, möglicherweise frühen Exemplar[39] handelt es sich um viele Fragmente, die in der Nekropole verteilt sind; sie bestehen aus Marmor oder gelegentlich auch aus lokalem Stein; die Riefel verlaufen immer senkrecht. Riefelsarkophage sind in Kleinasien selten vorhanden, nur in Hierapolis gibt es eine geschlossene Gruppe. Sehr groß ist die Zahl der schlichten Sarkophage aus lokalem Stein;[40] einige haben eine Tabula ansata oder eine Tabula mit geschweiften Seiten; gelegentlich ist ein kleines, etwas vertieftes Relief mit figürlichen Darstel-

---

[29] Hierapolis, Mus.: P. VERZONE, ASAtene 41/42, 1963/64, 379f. Abb. 19/20, STROCKA a.O. 900 Anm. 70.

[30] N. ASGARI, AA 1977, 367 (Hierapolis A–D).

[31] ASGARI a.O. 347 Abb. 38.

[32] Hierapolis, Nordnekropole: Frgt.e alle unpubl.

[33] Hierapolis, vor Thermen (Mus.): unpubl.

[34] Hierapolis 337. 348. 752 u. a. (früher Denizli): unpubl.

[35] Hierapolis, Nordnekropole: alle unpubl. – Weitere Frgt.e, deren Herkunft z. Z. nicht festzustellen ist, im Museum.

[36] SCHNEIDER EQUINI a.O. (s. oben Anm. 27) Taf. 4a.

[37] s. oben Anm. 7 (P. VERZONE).

[38] Hierapolis, Nordnekropole: alle unpubl.

[39] s. oben Anm. 29.

[40] F. A. PENNACCHIETTI, AttiAcTorino 101, 1966/67, 287ff. SCHNEIDER EQUINI a.O. Taf. 2. 4b. 6b. 7. 8. 10. 11. 16.

lungen vorhanden; sehr zahlreich sind Exemplare mit Inschriften oder mit unverzierten Seiten. Auch bei diesen einfachen Sarkophagen sind die Deckel meist sehr aufwendig; sie haben Hebebossen, die manchmal als Gorgo- oder Stierköpfe ausgebildet sind, und in einigen Fällen reichen Giebelschmuck. Eine größere Anzahl von Deckeln, die regelmäßig die Form eines Daches haben, ist ohne die Kästen erhalten.[41] Aufwendiger sind unter ihnen die Stücke aus Marmor, die verschiedentlich eine reiche Profilierung am unteren Rand, verzierte Bossen, große Dachziegel mit Löwenköpfen als Antefixen und Akrotere mit Palmetten oder Eroten und geschmückte Giebelfelder haben; in einem Fall waren in der Mitte der einen Langseite die Büsten eines Paares vorhanden.[42] Bei einem aus lokalem Stein bestehenden Exemplar ist auf der einen Langseite des Daches in flachem Relief eine figürliche Szene wiedergegeben, ein Eros, der mit einem Speer gegen ein ihn anspringendes wildes Tier angeht.[43] Ein Dachdeckel zeigt einen lagernden Löwen,[44] ein Typus, der vor allem in der Kibyratis, in Pisidien, in Lykaonien, in Isaurien und in Kilikien vertreten ist.[45]

Einige Inschriften in Hierapolis besagen, daß Sarkophage aus dokimeischem Marmor bestehen;[46] die genannten Stücke sind jedoch alle verloren. Nur in einem Fall wird ausdrücklich darauf hingewiesen, daß es sich um einen Sarkophag mit Reliefschmuck handelt.[47] Auch Sarkophage aus Marmor von Thiounta werden genannt.[48] Irgendeinen Hinweis darauf, wo sie ausgearbeitet worden sind, erhält man ebensowenig wie bei Exemplaren aus prokonnesischem Marmor.[49] Es wird sich um schlichte Stücke gehandelt haben, bei denen eigens der Vermerk nötig war, daß sie aus dem kostbaren Marmor aus Dokimeion bestehen.

Für eine Datierung der zahlreichen lokalen Sarkophage gibt es keine Anhaltspunkte; frühe oder ausgesprochen späte Exemplare scheinen nicht dabei zu sein, sie werden also etwa in der Zeit vom mittleren 2. bis mittleren 3. Jh. n. Chr. entstanden sein.

Zusammenfassend läßt sich feststellen, daß in Phrygien neben der sehr umfangreichen, hochbedeutenden und weithin exportierten kleinasiatischen Hauptgruppe nur relativ wenige lokale Sarkophage aus den einzelnen Orten bekannt sind. Charakteristische Formen hat es für die lokalen Werke nicht gegeben. Weit gestreut finden sich typologisch verschiedenartige Stücke, die meist handwerklich einfache Arbeiten und von der Hauptgruppe beeinflußt sind oder mit anderen Landschaften zusammenhängen. Nur in Hierapolis ist eine größere Anzahl an marmornen Girlandensarkophagen erhalten, die bestimmte Eigenarten haben.

[41] Verstreut in der Nordnekropole: unpubl.
[42] Hierapolis, Nordnekropole: unpubl.
[43] Hierapolis, vor Thermen: unpubl.
[44] SCHNEIDER EQUINI a. O. Taf. 5 a.
[45] Vgl. die entsprechenden Kapitel.
[46] G. FERRARI, Commercio dei sarcofagi asiatici (1966) 90 Anm. 6 Nr. 1–6. – J. KUBIŃSKA, Les monuments funéraires dans les inscriptions grecques de l'Asie Mineure (1968) 59. – WIEGARTZ, Marmorhandel 379 ff.
[47] FERRARI a. O. 90 Anm. 6 Nr. 5. WIEGARTZ a. O. 380 Anm. 105.
[48] KUBIŃSKA a. O. 59. WIEGARTZ a. O. 380.
[49] WIEGARTZ a. O. 379 ff.

V. 4.6. Lykien und Kibyratis

Sarkophage haben in LYKIEN eine lange Tradition; sie lassen sich von archaischer Zeit bis in die Kaiserzeit verfolgen.[1] Das umfangreiche, aber großenteils schlichte kaiserzeitliche Material ist nicht gesichtet und behandelt, so daß hier nur vorläufige Bemerkungen gemacht werden können.[2]

In fertig bearbeitetem Zustand importierte Sarkophage sind in verschiedenen Orten nachweisbar: in Telmessos, Kadyanda, Tlos, Xanthos und Myra sind attische,[3] in Lydai, Xanthos, Patara, Antiphellos, Megiste und Myra Sarkophage der kleinasiatischen Hauptgruppe[4] gefunden worden; aus Andriake stammt eine pamphylische Ostothek.[5] In Olympos steht ein Sarkophag, dessen Kasten eine allseits umlaufende profilierte Rahmung hat;[6] er dürfte aus Prokonnesos kommen.[7] An Halbfabrikaten ist lediglich ein Exemplar mit Girlanden aus Prokonnesos in Olympos zu nennen.[8]

Viele der aus einheimischem Stein gefertigten Sarkophage haben einen Deckel mit einer für Lykien typischen Form (Abb. 22,1): er ist sehr hoch, dachförmig und hat geschwungene Langseiten, an denen je zwei Bossen sitzen; jeweils eine Bosse ist häufig an den Schmalseiten vorhanden; diese Form wird wahrscheinlich in einer Inschrift χελώνη, Schildkröte, genannt.[9] Anhaltspunkte für eine zeitliche Einordnung der Sarkophage sind selten vorhanden. Sofern sich eine Tabula oder bossierte Flächen dafür finden oder die Bossen am Deckel zu Büsten ausgearbeitet sind, dürfte es sich um kaiserzeitliche Beispiele handeln;[10] aber auch viele der schlichten Exemplare können in

---

[1] O. BENNDORF – G. NIEMANN, Reisen in Lykien und Karien (1884) 101 ff. (die Zahl der S. in Lykien wird auf 2000 geschätzt). – G. KLEINER, IstMitt 7, 1957, 3 ff. – J. BORCHHARDT u. a., Myra (IstForsch 30, 1975) 102 ff. – I. AKAN ATILA, Arkeoloji ve Sanat Dergisi 3, 8/9, 1980, 21 ff.

[2] Vgl. die Bemerkungen bei BENNDORF NIEMANN a.O. 102, KLEINER a.O. 4 und BORCHHARDT a.O. 74 f. 79. 82. 103 f.

[3] Telmessos, jetzt Wien: GIULIANO, Commercio 49 Nr. 270. – Kadyanda: INIst R 627; unpubl. (Klinendeckel). – Tlos: A. BALLAND, RA 1976, 133 ff.; GIULIANO–PALMA 39 Nr. 9 Taf. 47, 112. – Xanthos, jetzt London: GIULIANO a.O. 89 Nr. 271. – Xanthos: GIULIANO a.O. 89 Nr. 272; P. DEMARGNE in: Mél. A. Piganiol (1966) 451 ff. – Xanthos: P. COUPEL – P. DEMARGNE in: Mél. P. Collart (1976) 103 ff., bes. 112 ff. Nr. 2 Abb. 18 ff.; 115 Nr. 4 Abb. 22. – Myra: WIEGARTZ, Myra 162 ff. Nr. 1–5.

[4] WIEGARTZ, Säulens. 146 ff.; Antalya D. G. H. (aus Antiphellos). Athen (aus Megiste). London A (aus Xanthos). London D (aus Lydai). Myra A–C. Patara; 177 Nr. 1 (aus Xanthos). – WIEGARTZ, Marmorhandel 381 f. Anm. 109 (Kumluca/Korydalla). – WIEGARTZ, Myra 210 ff. Nr. 6–10.

[5] BORCHHARDT a.O. (s. oben Anm. 1) 75 Taf. 46 B. C. (Hinweis von N. Asgari, daß es sich um eine Ostothek dieser Gruppe handelt).

[6] Olympos, Nordnekropole: unpubl. (nicht festzustellen, ob Schmuck auf der Ls., da größtenteils verschüttet).

[7] Zum Typus vgl. ASGARI, Kalchedon 40 ff.

[8] Olympos, Nordnekropole: unpubl. (im selben Grabgebäude wie der Sarkophag oben Anm. 6).

[9] E. L. HICKS, JHS 10, 1889, 82 Nr. 35. G. KLEINER, IstMitt 7, 1957, 3 Anm. 5 (mit falschem Zitat). J. KUBIŃSKA, Les monuments funéraires dans les inscriptions grecques de l'Asie Mineure (1968) 160.

[10] z. B. C. TEXIER, Description de l'Asie Mineure III (1849) Taf. 211,1; BENNDORF–NIEMANN a.O. Taf. 12; G. E. BEAN, JHS 68, 1948, 40 Abb. 3; 42 Abb. 6; KLEINER a.O. Taf. 2,2. 3; BORCHHARDT a.O. Taf. 50 C. 54 D; AKAN ATILA a.O. (s. oben Anm. 1) 21 ff. – Ferner z. B. Exemplare in Patara, Teimiousa und Tyberissos und in der Nähe von Myra (INIst R 3530. R 3535. Li 74/61. Li 70/330 u. a.).

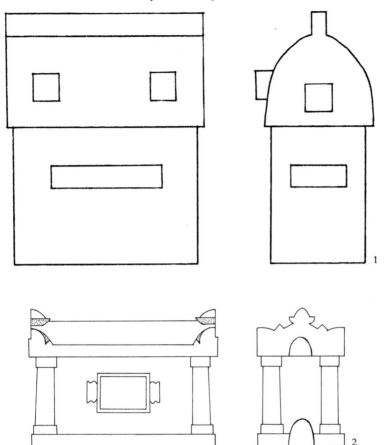

Abb. 22. Sarkophagtypen in Lykien. 1. Typus mit gebogenem Dach. – 2. Typus mit Eckpilastern und Tabula

dieser Zeit entstanden sein.[11] Unter den Sarkophagen ragt einer in Antiphellos heraus, der Eckpilaster, einen kleinen Girlandenbogen auf der Nebenseite und eine profilierte Rahmung auf dem Deckel zeigt.[12]

Eine zweite in Lykien verbreitete Form hat einen schlichten Kasten mit Dachdeckel und auf einer Langseite eine Tabula mit verhältnismäßig kleinen, aber recht weit abstehenden Ansae (Abb. 22,2);[13] bei mehreren Stücken sind Eckpilaster vorhanden;[14] gelegentlich sind auf den Nebenseiten von Kasten und Deckel Bossen stehen

[11] z. B. BENNDORF–NIEMANN a.O. Taf. 11. 12; G. E. BEAN, Kleinasien 4. Lykien (1980) 116 Taf. 61.

[12] TEXIER a.O. Taf. 194, 1–2.

[13] Zum Typus: KLEINER a.O. 4ff. Taf. 3,3; ASGARI, Kalchedon 37ff. – Exemplare z. B. in Patara, Xanthos, Andriake, Myra: P. COUPEL – P. DEMARGNE in: Mél. P. Collart (1976) 104 Abb. 2; BORCHHARDT a.O. (s. oben Anm. 1) Taf. 47 A–C; 143 A.

[14] BORCHHARDT a.O. Taf. 47 A. C. (Pola, aus Andriake). 47 B (Andriake). 143 A (Myra).

gelassen,[15] und verschiedentlich haben die Akrotere eine auch im pamphylischen Gebiet verbreitete Gestalt.[16]

Neben diesen beiden häufiger vertretenen Sarkophagtypen gibt es eine Fülle von Einzelstücken. In Sidyma haben zwei Sarkophage, die auf einem gemeinsamen Sockel stehen, hohe Dachdeckel und auf der einen Schmalseite eine Tabula mit geschweiften Ansae.[17] Auf einem Kasten in Fethiye, zu dem der Rest eines Dachdeckels gehören dürfte, sind auf der Vorderseite zwei Tabula haltende Eroten und auf der rechten Nebenseite ein Girlandenbogen dargestellt.[18] Ein Fragment in Andriake bezeugt einen Kasten mit senkrechten Riefeln.[19] Ein Sarkophag in Idebessos hat auf dem Kasten den für Pisidien charakteristischen Schmuck mit Tabula und Schilden in einer allseits profilierten Rahmung, trägt aber einen Dachdeckel in der für Lykien typischen Ausprägung.[20] Ein Stück in der Nähe von Antiphellos hat nur einen Kranz auf der Vorderseite.[21] Girlandensarkophage sind verschiedentlich vertreten. Ein Exemplar in Nisa hat einen Deckel in Klinenform;[22] bei einem in Olympos halten in der Mitte der Langseite zwei Eroten eine Tabula, und in den Bögen sind Figuren, wohl Jahreszeiten, abgebildet.[23] Zwei kleine Fragmente eines Girlandensarkophages, die in dem Grabbau in Lydai gefunden wurden,[24] bestehen aus Marmor; über die Trauben, die an den Bögen hängen, ist ein großes Blatt gelegt, ein Motiv, das bei der Hauptgruppe der kleinasiatischen Girlandensarkophage nicht vorkommt; es handelt sich also um ein lokales Werk, für das ausnahmsweise Marmor verwandt worden ist.[25] Auf einem Kasten in Idebessos sind Eroten, die mit verschiedenen Tieren spielen, unter den zwei Girlandenbögen wiedergegeben;[26] ein vielleicht zugehöriger Deckel hat ungewöhnliche Form.[27]

523   Sarkophage in Andriake,[28] Apollonia,[29] Kyaneai[30] und Olympos[31] zeigen Eckpilaster, die senkrechte Riefel oder Ranken tragen können, und Grabestüren oder Figuren auf den Schmalseiten;[32] das besonders reich ausgestattete Exemplar in Apollonia hat

---

[15] BORCHHARDT a.O. Taf. 47 A. C. (Pola, aus Andriake); vgl. z. B. Side (Nr. ?): unpubl.

[16] A. M. MANSEL – A. AKARCA, Excavations and Researches at Perge (1949) Abb. 9/10. 35 ff. 44 ff.

[17] BENNORF–NIEMANN a.O. 78 Abb. 46. ASGARI, Kalchedon 27 Anm. 71 (zu Parallelen in Perge und Kalchedon). BEAN a.O. (s. oben Anm. 11) 79 Taf. 39.

[18] Fethiye, Stadtplatz (F. O. derzeit nicht festzustellen): A. BALLAND, RA 1976, 134 Abb. 1.

[19] Andriake: INIst R 7173.

[20] Idebessos: INIst Li 74/64.

[21] KLEINER a.O. (s. oben Anm. 9) 4 Taf. 2,4.

[22] BEAN a.O. (s. oben Anm. 11) 164 Taf. 89.

[23] Olympos, Südnekropole: R. HEBERDEY – E. KALINKA, Bericht über zwei Reisen im südwestlichen Kleinasien (Denkschriften Wien 45, 1, 1897) 33 f. Nr. 42; INIst R 1020.

[24] London 2345: SMITH, Cat. Sculpt. III (1904) 340 Nr. 2345.

[25] Die Herkunft des Marmors muß noch bestimmt werden.

[26] E. PETERSEN – F. V. LUSCHAN, Reisen in Lykien, Milyas und Kibyratis (1889) 147; INIst Li 74/67. 74/66.

[27] PETERSEN – v. LUSCHAN a.O. 147; INIst Li 74/68.

[28] BORCHHARDT a.O. (s. oben Anm. 1) 74 Taf. 46 A (H. WIEGARTZ).

[29] BEAN a.O. (s. oben Anm. 11) 103 Taf. 53; INIst Li 74/47.

[30] BEAN a.O. 110 Taf. 55; INIst R 1661.

[31] Olympos, Nordnekropole: unpubl.

[32] Zur Verbindung mit der Hauptgrp. der kleinasiatischen Sarkophage: H. WIEGARTZ in: BORCHHARDT a.O. 74.

einen Deckel, der auch auf den Langseiten Giebel hat. In Saracik wird von einem Sarkophag, der auf der einen Seite in drei Zonen geteilte Reliefs mit Heraklestaten und Kämpfen zwischen Griechen und Amazonen trägt, berichtet.[33] In Phaselis ist ein reicher Klinendeckel mit einer lagernden Figur aus lokalem Stein erhalten, der ein Exemplar der kleinasiatischen Hauptgruppe kopiert;[34] sie ist auch bei einem Klinendeckel in Tlos Vorbild gewesen.[35] Bei Fragmenten eines Dachdeckels und eines Amazonensarkophages in Myra, die aus Marmor bestehen, dürfte es sich nicht um lokale Arbeiten handeln.[36] Ein Dachdeckel in Fethiye, auf dem ein Löwe lagert, hat Parallelen in der Kibyratis und stammt möglicherweise von dort.[37]

Kriterien für eine Datierung der lokalen Sarkophage in Lykien sind bisher nicht vorhanden. Der Typus mit lykischem Deckel dürfte den Hellenismus und die frühe Kaiserzeit durchlaufen haben; ein Exemplar, das sicher frühkaiserzeitlich ist, läßt sich allerdings nicht nennen. Die übrigen Stücke werden im 2. und 3. Jh. n. Chr. entstanden sein.

In der KIBYRATIS, also dem Gebiet von Kibyra, Bubon, Balbura und Oinoanda, sind nur wenige Sarkophage bekannt. Besondere Bedeutung hat ein Kasten aus Bubon in Burdur, der Girlanden auf der einen Langseite und ein Grabesportal auf der einen Schmalseite hat;[38] er ist ein Vorläufer der späteren Girlandensarkophage und möglicherweise noch in hellenistischer Zeit entstanden. Sonst handelt es sich neben einer lokalen Kopie eines Halbfabrikats des Typs von Aphrodisias in Kibyra[39] um Kästen mit einer Tabula mit kleinen Ansae, die nur selten noch weiteren Schmuck tragen.[40] Ein Charakteristikum der Kibyratis ist, daß auf den Dachdeckeln häufig Löwen lagern, die meist die eine Pranke auf einen Stierkopf legen; Parallelen für diese Löwen als Wächter der Sarkophage finden sich vor allem im Gebirgsland des südlichen Kleinasien, nämlich in Pisidien, Lykaonien und Isaurien und Kilikien.[41]

524/25

Zusammenfassend läßt sich feststellen, daß in Lykien zahlreiche Sarkophage aus der Kaiserzeit erhalten sind. Die Hauptgruppe, die die lykische Dachform zeigt, steht in alter bodenständiger Tradition. Für Lykien ist auch die schlichte Form mit Tabula

---

[33] PETERSEN-v. LUSCHAN a. O. (s. oben Anm. 26) 153 f.; ASR II S. 140 Anm. 1.

[34] Phaselis, bei Nordhafen: G. E. BEAN, Kleinasien II (1970) 152 Taf. 30,1; INIst KB 5464. 5468; R 1009. 1010 u. a.

[35] Tlos: INIst R 1540.

[36] WIEGARTZ, Myra 235 ff. Nr. 8 Taf. 96 C. D. (Dachdeckel); 238 f. Nr. 9 Taf. 98 C (Amazonenfrgt.; vgl. z. B. Yalvaç 23 und 212, die zur Hauptgruppe gehören: G. KOCH, AA 1974, 304 Abb. 15).

[37] Fethiye, Stadtplatz: unpubl. (F.O. derzeit nicht festzustellen).

[38] Burdur 6927: V. M. STROCKA in: Studien zur Religion und Kultur Kleinasiens. Festschrift F. K. Dörner II (1978) 887 ff. Taf. 201,4; 202,5.

[39] Kibyra: INIst R 11 400; unpubl.

[40] PETERSEN-v. LUSCHAN a. O. (s. Anm. 26) 167 Taf. 25 (vgl. z. B. 165. 171). G. E. BEAN, Journeys in Northern Lycia 1965–1967 (Denkschriften Wien 104, 1971) 33 Abb. 46 (Macun Asari). – Ders., Belleten 18, 1954, 470 Abb. 4; ders., Kleinasien 4. Lykien (1980) Taf. 90 (Manay Asari). – Ders., JHS 68, 1948, 57 Abb. 15/16; ders., Kleinasien 4 a.O. 161 Abb. 19; ders., Belleten 18, 1954, 470 Abb. 3 (Girdev Gölü). – Vgl. auch den Deckel oben Anm. 37. – E. ALFÖLDI-ROSENBAUM, The Necropolis of Adrassus (Balabolu) in Rough Cilicia (Isauria), (Denkschriften Wien 146, 1980) 47 ff., bes. 51 Anm. 122.

[41] Vgl. die entsprechenden Kapitel.

ansata typisch. Die übrigen Sarkophage lehnen sich an verschiedene Vorbilder an und vergröbern sie mehr oder weniger stark. Eigene anspruchsvolle Sarkophagtypen sind in Lykien in der Kaiserzeit nicht geschaffen worden. Sofern man aufwendigere, mit figürlichen Darstellungen geschmückte Sarkophage haben wollte, mußte man auf Import zurückgreifen. In der Kibyratis waren nur schlichte Sarkophage verbreitet, die häufig einen lagernden Löwen auf dem Dachdeckel zeigten.

V. 4.7. Pamphylien

A. M. MANSEL – A. AKARCA, Excavations and Researches at Perge (1949 [= Mansel-Akarca]). – A. M. MANSEL – G. E. BEAN – J. INAN, Die Agora von Side und die benachbarten Bauten. Bericht über die Ausgrabungen im Jahre 1948 (1956 [= MANSEL–BEAN–INAN]). – N. ASGARI, AA 1977, 329 ff., bes. 349 ff.

Aus Pamphylien sind viele Sarkophage bekannt. Auffallend häufig ist attischer Import vertreten, und zwar in Attaleia und Side, aber auch in Korakesion; er reicht von relativ frühen bis zu verhältnismäßig späten Stücken.[1] Sehr zahlreich sind Exemplare der kleinasiatischen Hauptgruppe, die vor allem in Perge und in Side zutage gekommen sind; diese überregionale Gruppe wird gesondert behandelt.[2]

Daneben gibt es eine recht reiche Produktion an lokalen Sarkophagen. Die Verwendung von reliefgeschmückten Sarkophagen und Ostotheken hat in Pamphylien eine lange Tradition, wie in Side gefundene Beispiele zeigen, die aus dem späteren Hellenismus und der frühen Kaiserzeit stammen.[3] Hervorzuheben sind ein Sarkophag,[4] der lediglich zwei Kränze auf der einen Schmalseite des Kastens und einen Adler auf der Schmalseite des Giebels trägt, eine Ostothek[5] mit Grabesportal, Kränzen, Schwalbe und Schmetterling auf der einen Schmalseite und ein Kasten[6] mit profilierter Rahmung und Ranken auf einer Langseite und Eroten auf einer Schmalseite, ebenfalls in profilierter Rahmung.

Unter den Stücken des 2. und 3. Jhs. n. Chr. gibt es eine Reihe von Halbfabrikaten mit Girlanden aus Prokonnesos, die in Perge und Side gefunden wurden;[7] zwei Exemplare sind vielleicht schon in der Antike nach Attaleia (Antalya) gebracht worden.[8] Gelegentlich sind sie ohne weitere Bearbeitung verwandt worden.[9] In einigen Fällen

[1] GIULIANO, Commercio 49 Nr. 265. 267–269. H. WIEGARTZ, Gnomon 37, 1965, 616 f. Nr. 17–24. HIMMELMANN, Antakya 21 ff. G. KOCH, Gnomon 45, 1973, 221. ASR XII 6, 181 Taf. 135 a.
[2] s. Kapitel V 3.
[3] s. Kapitel V 1.
[4] Side (Nr. ?): H. WIEGARTZ, AA 1971, 92 Abb. 2 (N. HIMMELMANN); V. M. STROCKA in: Studien zur Religion und Kultur Kleinasiens. Festschrift F. K. Dörner II (1978) 887 Taf. 201,3.
[5] Side 169: MANSEL–BEAN–INAN 75 f. Nr. 8 Abb. 127; N. HIMMELMANN, RDAC 1970, 147 Taf. 26,3; STROCKA a. O. 887.
[6] Antalya 345: G. KLEINER, IstMitt 7, 1957, 8 ff. Taf. 6/7; C. BÖRKER, JdI 88, 1973, 288 Anm. 31; N. HIMMELMANN, AnnPisa 4, 1974, 141; WIEGARTZ, Myra 184 f.; ASGARI, Kalchedon 41; H. BRANDENBURG, JdI 93, 1978, 318.
[7] N. ASGARI, AA 1977, 361 (Antalya A–C). 371 (Perge). 374 (Side A–C).
[8] ASGARI a. O. 361 (Antalya D) und Frgt. in Antalya, Keşik Minare Cami, unpubl.
[9] z. B. ASGARI a. O. 374 (Side A–C) und die Anm. 8 genannten Exemplare.

ist die Oberfläche geglättet,[10] man hat Schilde aus den Scheiben über den Girlanden gebildet[11] oder eine Inschrift eingetragen.[12] Bei einem Exemplar sind auf der einen Schmalseite aus den Girlandenträgern Eros/Psyche-Gruppen gemeißelt, die Scheibe hat man zu einem Vogel umgebildet, und die Girlande mit dem Anhänger ist weiter ausgeführt, während man auf den Langseiten nur Vögel aus den Scheiben gebildet und die Anhänger etwas umgeformt hat.[13] Ein anderes Halbfabrikat ist in Perge weiter bearbeitet worden;[14] es hat Widderköpfe an den Ecken und Boukranien auf den Langseiten bekommen; die Girlanden sind sehr dünn, als Füllung sind Blüten vorhanden. Für die Art der Ausarbeitung ist in Pamphylien keine Parallele vorhanden, sie ist vielmehr typisch für das nordwestliche Kleinasien; so kann man annehmen, daß es in Pamphylien, hier also in Perge, Bildhauer gegeben hat, die von der Propontis gekommen sind.[15] Bei anderen Exemplaren sind die prokonnesischen Halbfabrikate im Stil der kleinasiatischen Hauptgruppe ausgearbeitet worden;[16] da sich der prokonnesische Marmor nicht so gut bearbeiten läßt wie der dokimeische, der bei der Hauptgruppe sonst benutzt wurde, sind in der Ausführung erhebliche Unterschiede vorhanden, auch wenn dieselben Motive verwandt wurden. Bei weiteren Stücken ist die künstlerische Gestaltung wieder anders, es dürfte sich um lokale Kopien nach Vorbildern der Hauptgruppe handeln.[17]

Ein Kasten mit fragmentiertem Dachdeckel aus Perge in Antalya[18] zeigt ein anderes Schema; Girlanden und Träger sitzen sehr hoch, eine obere Leiste ist nicht vorhanden, sondern nur ein profilierter, vorspringender Sockel. Es kann also kein prokonnesisches Halbfabrikat zugrunde liegen; die Aufteilung erinnert an Halbfabrikate der ephesischen Gruppe,[19] bei ihnen wäre aber ungewöhnlich, daß die Träger so weit vorragen; die Herkunft muß noch geklärt werden. Ein Fragment in Antalya zeigt dünne Girlanden, sehr hoch angebrachte Eroten als Träger und hat ebenfalls keinen oberen vorspringenden Rand.[20] Ein Sonderfall in Kleinasien ist ein Sarkophag in Side,[21] der auf den Langseiten jeweils zwei Eroten trägt, die einen Girlandenbogen halten, während die eine Nebenseite glatt ist (die andere ist ausgebrochen); es handelt sich um ein

---

[10] Antalya A 376: MANSEL–AKARCA 6f. Nr. 7 Abb. 16/17; ASGARI a.O. 361 (Antalya B).

[11] Perge (verschollen?): MANSEL–AKARCA 21f. Nr. 33 Abb. 60/61; ASGARI a.O. 371.

[12] Antalya A 375: MANSEL–AKARCA 4f. Nr. 4 Abb. 11/12; ASGARI a.O. 361 (Antalya A).

[13] Antalya A 374: MANSEL–AKARCA 5f. 46f. Nr. 6 Abb. 13–15; ASGARI a.O. 361 (Antalya C).

[14] Antalya A 372: MANSEL–AKARCA 10ff. 49f. Nr. 8 Abb. 31–34; ASGARI a.O. 352ff. mit Abb. 42; D. MONNA – P. PENSABENE, Marmi dell'Asia Minore (1977) 138 Abb. 47/48 (Marmor fälschlich als ephesisch bezeichnet).

[15] ASGARI a.O. 355.

[16] Side 156. 157: MANSEL–BEAN–INAN 71f. Nr. 2. 3 Abb. 114–117; G. E. BEAN, Kleinasien II (1970) Taf. 16,2; ASGARI a.O. 355ff. 374 (Side D).

[17] Istanbul 71 (aus Korakesion): MENDEL I 118f. Nr. 31; MANSEL–AKARCA 51 Abb. 70 – Antalya A 419: unpubl. – Antalya (Nr. ?): G. MORETTI, ASAtene 6/7, 1923/24, 506 Abb. 21. – Side 6.2.71 und o. Nr.: zwei Frgte vom selben S., wohl nicht prokonnesischer Marmor; unpubl.

[18] Antalya A 373: MANSEL–AKARCA 22f. 51f. Nr. 34 Abb. 62–69.

[19] ASGARI a.O. 335ff. Abb. 12. 13. 20/21. 22–26; 354 Abb. 52,1.

[20] Antalya A 625: unpubl.

[21] Side 80-2-1: unpubl.

Stück aus prokonnesischem Marmor, bei dem am Kasten unten und oben schmale, vorspringende Leisten stehengelassen waren.

Lokale Girlandensarkophage aus Kalkstein sind nur durch Fragmente in Side, die wohl zu einem Kasten gehörten, belegt.[22]

Verschiedentlich sind Deckel ohne die zugehörigen Kästen gefunden worden.[23] Von einem einstmals großen Exemplar stammen zwei Akrotere, die einen bogenschießenden Eros und einen Adler tragen.[24]

Eine größere Gruppe von Sarkophagen in Perge, die nebeneinander aufgereiht waren, trägt nur auf der einen, dem Wege zugewandten Schmalseite einen Schmuck, nämlich eine Tabula mit verschieden geformten Ansae, eine Ädikula oder auch nur eine Inschrift.[25] Ein Sarkophag in Side läßt sich anschließen,[26] der auf der einen Nebenseite eine eingeritzte Tabula ansata mit Inschrift hat. Ein Exemplar in Perge hat Bossen am Deckel und am unteren Rand des Kastens;[27] eine Parallele dafür findet sich in Side.[28] Alle diese Exemplare haben eine charakteristische Form von Akroteren.[29] In Side ist schließlich noch ein Kasten zu nennen, der Eckpilaster, eine Tabula auf der einen Langseite und Bossen unten auf den Nebenseiten hat.[30]

In Lyrboton Kome (Varsak)[31] liegt ein Klinendeckel, der eine Kopie nach einem Exemplar der kleinasiatischen Hauptgruppe sein könnte. Ein Sarkophag dort hat als Schmuck auf der einen Nebenseite zwei Büsten, die auf einer Bank stehen.[32] Exemplare in Olbia[33] und Çandir Dağ[34] hängen mit Pisidien zusammen. Zwei Sarkophagdeckel in Antalya[35] in Form eines Daches, auf dem Löwen liegen, haben in Pamphylien keine Parallele; sie dürften aus dem Gebirgsland Pisidiens kommen.

In Pamphylien ist eine sehr große Gruppe von Ostotheken entstanden, die sich eng zusammenschließt.[36] Fundorte sind vor allem Orte in der Umgebung von Korakesion und Side, es gibt aber auch Exemplare, die wohl schon in der Kaiserzeit exportiert

---

[22] Side 1. 5. 73 und 2 Frgt. e o. Nr.: unpubl.

[23] Antalya A 131: MANSEL–AKARCA 49 Abb. 27/28. – Side: MANSEL–BEAN–INAN 76 Nr. 9 Abb. 129 (mit kleinem lagernden Löwen). – Unpubl. Stücke in Side, Antalya und Alanya.

[24] Antalya A 168 (Eros). A 238 (Adler); das Akroter mit Eros fälschlich für Frgt. eines attischen S. gehalten: MATZ, MW 83 Nr. 17; GIULIANO, Commercio 49 Nr. 266; G. KOCH, Gnomon 45, 1973, 221 f. (Reste der Giebel mit Gorgoköpfen erhalten).

[25] MANSEL–AKARCA Abb. 4–10. 35–41. 43–46. 48. 50–58.

[26] Side 80. 2. 2: unpubl. (Kalkstein).

[27] MANSEL–AKARCA 15 f. Nr. 19 Abb. 47. 49.

[28] Side (Nr. ?): MANSEL–BEAN–INAN 68 Abb. 108.

[29] z. B. MANSEL–AKARCA Abb. 8. 10. 35. 36. 44. 46. 47.

[30] Side (Nr. ?): unpubl.; zu vergleichen Exemplare in Lykien, z. B. J. BORCHHARDT u. a.,
Myra (IstForsch 30, 1975) Taf. 47 A–C. 143 A.

[31] J. KEIL, ÖJh 23, 1926, Beibl. 102 Nr. 8 Abb. 6.

[32] KEIL a. O. 99 ff. Nr. 6 Abb. 5.

[33] K. LANCKOROŃSKI, Städte Pamphyliens und Pisidiens I (1890) 6 Abb. 2; 18.

[34] V. VIALE, ASAtene 8/9, 1925/26, 384 Abb. 9.

[35] Antalya, beim Eingang zum Stadtpark: unpubl.

[36] A. L. PIETROGRANDE, BullCom 63, 1935 (BullMusImp 6) 17 ff. MANSEL–BEAN–INAN 72 ff. Nr. 4–7 Abb. 118 ff. N. HIMMELMANN, RDAC 1970, 146 ff. D. MÜLLER, Gymnasium 85, 1978, 144 ff. Taf. 3. – Zur Gruppe siehe: N. ASGARI, Kleinasiatische Ostotheken in Sarkophagform (Diss. Istanbul 1965, Publikation in Vorbereitung). – Zahlreiche Exemplare in den Museen in Alanya, Antalya und Side, weitere Exemplare z. B. in Adana, Burdur, Bodrum, Izmir, Athen.

worden sind, und zwar nach Tyros,[37] Aleppo,[38] Zypern,[39] Andriake[40] und Rhodos.[41] Wo die Gruppe zu lokalisieren ist, ist noch nicht geklärt.[42] Die Exemplare bestehen aus einem gelblichen Kalkstein und haben meist auf drei Seiten Girlandenschmuck und auf einer Schmalseite eine Tür. Die Girlanden sind auf der Neben- und Rückseite des öfteren vernachlässigt. Auf den Langseiten finden sich ein oder zwei, in Ausnahmefällen auch drei Girlandenbögen. Träger sind Stierköpfe oder große Blätter, selten Niken und Eroten. In den Bögen sind häufig Köpfe, teilweise als Mann und Frau charakterisiert, seltener Gorgoköpfe oder Masken, auf den vernachlässigten Seiten sind vielfach Blätter wiedergegeben. Als Sonderfälle sind runde Exemplare zu nennen.[43] Die Gruppe hat vor allem Verbindungen zu Pamphylien, wie die Grabesportale auf den Schmalseiten und die Form der Akrotere auf den Deckeln zeigen; ferner sind gelegentlich Beziehungen zu den Girlandensarkophagen der kleinasiatischen Hauptgruppe,[44] in einem besonders aufwendigen Fall sogar zu Friessarkophagen dieser Gruppe vorhanden.[45] Ein Beispiel aus Hamaxia in Alanya[46] setzt sich von den übrigen Ostotheken ab; es hat als Girlandenträger Eroten, die auf hohen Podesten stehen, Lorbeerblattgirlanden und eine sorgfältig gearbeitete Tür auf der einen Schmalseite und zeigt eine bessere Qualität. Die Datierung der Stücke ist noch nicht geklärt; erst eine Untersuchung aller pamphylischen Ostotheken im Zusammenhang kann ergeben, ob die zuletzt gemachten Vorschläge (letztes Viertel 1. Jh. bis frühes 2. Jh. n. Chr.) zutreffen.[47] Die Gruppe wird bis über die Mitte des 2. Jhs. n. Chr. hinausreichen, wie zumindest an denjenigen Beispielen zu sehen ist, die Motive der kleinasiatischen Hauptgruppe übernehmen.

Zusammenfassend läßt sich feststellen, daß es in Pamphylien neben vielem attischen Import und sehr zahlreichen Sarkophagen der kleinasiatischen Hauptgruppe eine Reihe von lokalen Exemplaren gibt; darunter sind mehrere, die aus prokonnesischen Girlanden-Halbfabrikaten gearbeitet sind. Für Pamphylien charakteristische Eigenarten lassen sich bei den lokalen Stücken kaum nennen, das Material ist sehr vielfältig. Hervorzuheben ist lediglich die große Gruppe der pamphylischen Ostotheken, die sich eng zusammenschließt.

[37] Cambridge, Semitic Museum 894. 3. 3: The Walters Art Gallery. Early Christian and Byzantine Art (Baltimore 1947) 29 Nr. 37 Taf. 10; G. KOCH, AA 1977, 389.
[38] Aleppo 6058. 6060: KOCH a.O. 389.
[39] Nikosia (Nr. ?): HIMMELMANN a.O. (s. oben Anm. 36) 146 ff. Taf. 25.
[40] BORCHHARDT a.O. (s. oben Anm. 30) 75 Taf. 46 B. C (Hinweis N. Asgari, daß es sich um eine Ostothek dieses Typus handelt).
[41] Rhodos (Nr. ?): HIMMELMANN a. O. (s. oben Anm. 36) 148; G. KONSTANTINOPOULOS, Die Museen von Rhodos I. Das archäologische Museum (1977) 44 f. Nr. 55. 62 Abb. 58. 62.

[42] N. HIMMELMANN bei H. WIEGARTZ, AA 1971, 92.
[43] Side 7821 (?): unpubl.
[44] Side 185 b und o. Nr.: MANSEL–BEAN–INAN 73 f. Nr. 5. 6 Abb. 119. 120.
[45] Istanbul (Nr. ?): unpubl. (Erotenfries auf einer Ls.).
[46] Alanya 84: HIMMELMANN a.O. (s. oben Anm. 36) 147 f. Taf. 26,2.
[47] HIMMELMANN a.O. 147 f. – Dazu demnächst die Arbeit von N. Asgari (s. oben Anm. 36).

V. 4.8. Pisidien

In Pisidien ist die Überlieferung sehr ungleich. Einer Reihe von verstreuten Stücken steht nur in Termessos eine große Zahl an Sarkophagen gegenüber. Import fertig ausgearbeiteter Stücke ist verschiedentlich belegt: in Termessos wurde ein attisches Fragment gefunden,[1] und aus Termessos, Pogla, Sagalassos, Pednelissos und Antiochia stammen Stücke der kleinasiatischen Hauptgruppe.[2] Marmorne Halbfabrikate sind nicht erhalten, werden jedoch in Selge durch eine lokale Kopie belegt.[3]

Wichtig ist eine Ostothek aus Sagalassos,[4] die noch aus hellenistischer Zeit stammen dürfte und damit die Verwendung reliefgeschmückter Behälter für die Bestattungen auch für diese Provinz in so früher Zeit bezeugt. Zahlreiche weitere Stücke lassen sich anschließen, deren zeitliche Einordnung allerdings noch nicht geklärt ist.[5] Es handelt sich um verhältnismäßig hohe Kästen, die manchmal Eckpilaster haben und in der Regel auf allen vier Seiten mit Reliefs versehen sind, nämlich Schilden mit schräg gestellten Speeren dahinter, Adlern, Blüten und stehenden Figuren; zumindest in einem Fall sind auch Girlanden vorhanden. Fraglich ist, wann die für Sagalassos charakteristischen Ostotheken in Form einer Vase zu datieren sind.[6]

Die lokalen Sarkophage der Hauptproduktion des 2. und 3. Jhs. n. Chr. sind, von Termessos abgesehen, recht verschiedenartig. Verbreitet ist eine Form, die als typisch für Pisidien angesehen werden kann und eine Rahmung sowie Tabula und Schilde auf Vorder- und teilweise auch Nebenseiten zeigt (Abb. 23).[7] Aus Etenna (Gelçik) stammt eine fragmentierte lokale Kopie nach einem Säulensarkophag der Hauptgruppe.[8] Girlandensarkophage sind in Ağir Taş,[9] Sagalassos,[10] Burdur[11] und Yalvaç[12] belegt, eine lokale Kopie eines importierten Halbfabrikates mit Girlanden von Prokonnesos in Selge.[13] In Sagalassos steht ein Kasten,[14] der in eigentümlicher Weise Pilaster

---

[1] Termessos: H. WIEGARTZ, Gnomon 37, 1965, 616 Nr. 16.

[2] WIEGARTZ, Säulens. 145 ff. (Ankara D. Antalya E. Fuğla, Pednelissos, Sagalassos. Termessos B. Yalvaç). 178 Nr. 25–30. – Frgt.e weiterer Säulens. in Termessos und Düzlerçami: unpubl.

[3] G. E. BEAN, Kleinasien II (1970) 136 Taf. 28, 2; N. ASGARI, AA 1977, 374 Abb. 10.

[4] Ağlasun: R. FLEISCHER in: Classica et Provincialia, Festschrift E. Diez (1978) 39 ff. Taf. 9, 1 b; 10. 11.

[5] Ağlasun: FLEISCHER a. O. 43 Taf. 13,8; 14; 15,11. – Antalya A 223: H. WIEGARTZ, AA 1971, 92 Abb. 1 (N. HIMMELMANN); M. WAELKENS, AW 11,4, 1980, 5 Abb. 4. – Burdur: FLEISCHER a. O. 50 Taf. 17,16. – Selge: FLEISCHER a. O. 43 Taf. 16. 17,15. – Verschollen (?): E. J. DAVIS, Anatolica (1874) Taf. n. S. 114. – Zahlreiche Exemplare in Burdur, wohl alle unpubl.

[6] Burdur 1 u. a. und Ağlasun: G. E. BEAN, Belleten 18, 1954, 469 f. Nr. 1 Abb. 1; S. HAYNES, Land of the Chimaera (1974) 130 mit Abb.; FLEISCHER a. O. 39 Taf. 9. 1. 1 a.

[7] Exemplare z. B. in Ağir Taş und Ariassos: DAVIS a. O. Taf. vor S. 223; INIst R 12208; P. PARIBENI – P. ROMANELLI, MonAnt 23, 1914, 194 f. Nr. 140 und unpubl. Stücke.

[8] Aufbewahrungsort unbekannt: H. SWOBODA – J. KEIL – F. KNOLL, Denkmäler aus Lykaonien, Pamphylien und Isaurien (1935) 51 Abb. 41; WIEGARTZ, Säulens. 155 (Gelçik).

[9] Wohl zerstört: PARIBENI–ROMANELLI a. O. 195 (August 1977 nicht gefunden).

[10] K. LANCKOROŃSKI, Städte Pamphyliens und Pisidiens II (1892) 144 Abb. 114.

[11] Burdur, verschiedene Frgt.e, darunter ein großes mit Büsten in den Bögen: unpubl.

[12] Yalvaç 35: unpubl.

[13] s. oben Anm. 3.

[14] LANCKOROŃSKI a. O. 143 f. Abb. 113; F. W.

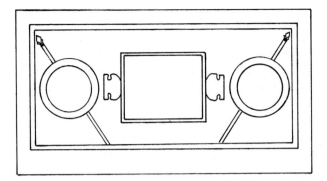

Abb. 23. Sarkophag aus Termessos mit Kastenrahmung, Tabula, Schilden und Speeren

und Girlanden trägt, ein Schmuck, der vereinzelt in Kleinasien begegnet, für den es aber keine Tradition gegeben hat.[15] Ein weiterer Sonderfall ist ein Kasten in Sagalassos, der zwei Büsten auf der einen Langseite hat.[16] Ungewöhnliche Sarkophage gab es in Ağır Taş, darunter einen zweizonigen Friessarkophag mit figürlichen Szenen.[17] In Yalvaç steht ein Kasten mit antithetisch sitzendem Paar,[18] einem Motiv, für das es in Lykaonien und Isaurien, Phrygien und Bithynien Parallelen gibt.[19] Fragmente eines vergleichbaren Kastens sind in Burdur erhalten.[20]

Aus Mallos (Karacaören) stammt ein reichverzierter Klinendeckel mit lagerndem Paar, der in lokalem Kalkstein ein Exemplar der kleinasiatischen Hauptgruppe nachahmt und nach den Porträts in das spätere 3. Jh. n. Chr. datiert werden kann.[21] Gelegentlich gibt es Deckel in Dachform, auf denen ein Löwe lagert, ein Schmuck, der von der Kibyratis bis nach Lykaonien und Isaurien und Kilikien verbreitet ist.[22]

DEICHMANN, ByzZ 62, 1969, 297 Anm. 33; 303 Anm. 62; INIst R 1970. 1967.

[15] vgl. z. B. eine Langseite in Aizanoi: R. NAUMANN, AA 1980, 135 Abb. 19.

[16] Sagalassos, Nekropole beim Theater: INIst R 1966.

[17] PARIBENI–ROMANELLI a. O. (s. oben Anm. 7) 186 ff.; der zweizonige Friessarkophag a. O. Abb. 41 bei Straßenbauarbeiten zerstört, wie August 1977 festgestellt werden konnte; Reste teilweise verschüttet.

[18] Yalvaç A 1850: unpubl.

[19] Afyon 6898: unpubl. – Konya 1: G. RODENWALDT, JdI 55, 1940, 45 ff. Abb. 7. – Iznik 2916: S. ŞAHIN, Katalog der antiken Inschriften des Museums von Iznik I (Inschriften griechischer Städte aus Kleinasien 9, 1979) 183 b Nr. 279 Taf. 24.

[20] Burdur (Nr. ?): unpubl. (Kalkstein).

[21] Burdur 5352: unpubl.

[22] Burdur (Nr. ?): G. E. BEAN, Belleten 18, 1954, 470 Nr. 2 Abb. 2. – Ağlasun: FLEISCHER a. O. (s. oben Anm. 4) 43 Taf. 15,12. – Vgl. die entsprechenden Kapitel. – E. ALFÖLDI–ROSENBAUM, The Necropolis of Adrassus (Balabolu) in Rough Cilicia (Isauria), (Denkschriften Wien 146, 1980) 47 ff.

Termessos

Die riesige Zahl der in Termessos erhaltenen Sarkophage ist bisher noch nicht gesichtet worden.[23] Bei sehr vielen Exemplaren findet sich der für Pisidien charakteristische Typus[24] mit profilierter Rahmung, Tabula und zwei Schilden, hinter die häufig ein Speer gestellt ist (Abb. 23); Rahmung und ein Schild sind bei mehreren Stücken auf den Nebenseiten vorhanden. Selten sind Exemplare ohne Rahmung;[25] auch die Tabula fehlt in wenigen Fällen.[26] Bei aufwendigen Stücken sind Gorgoköpfe auf den Schilden.[27] Auf einigen wenigen Beispielen ist die Dekoration etwas abgewandelt: einmal sind statt der Schilde ein kleiner Altar und eine Omphalosschale und eine Kanne wiedergegeben,[28] ein anderes Mal stehen neben der Tabula je ein Krieger in Rüstung mit Schild und Speer,[29] bei einem weiteren Kasten werden die Seiten durch prunkvolle Pilaster begrenzt, und es sind Amazonenschilde, die in Greifenköpfe auslaufen, wiedergegeben;[30] in einem Fall sind die Ecken durch Pilaster betont, und auf der gerahmten Fläche sind zwei Fische wiedergegeben, die eine kleine Girlande halten; der Deckel ist ungewöhnlich reich geschmückt.[31] Alle diese Sarkophage schließen sich trotz gewisser Unterschiede zu einer großen Gruppe zusammen.

Daneben gibt es eine nicht sehr große Zahl an Sonderfällen. Ein Exemplar ahmt Säulensarkophage der kleinasiatischen Hauptgruppe nach und hat auf der Vorderseite nur vier und auf den Nebenseiten zwei Arkaden, die von Halbsäulen getragen werden;[32] ein Sockelfries ist vorhanden, wie er für einige der relativ frühen Beispiele der Hauptgruppe typisch ist;[33] auch der reichverzierte Dachdeckel ist in Anlehnung an die kleinasiatische Hauptgruppe geschaffen worden. Fragmente eines anderen Sarkophages mit architektonischer Gliederung kopieren ein Exemplar des Normaltypus der kleinasiatischen Hauptgruppe.[34] Auf einigen Beispielen sind drei Halbsäulen vorhanden, die eine profilierte obere Leiste tragen;[35] zwischen die Halbsäulen sind Girlanden gehängt; in den Bögen finden sich große Gorgoköpfe; ein Exemplar hat einen Sockelfries und die Dekoration der Vorderseite mit einem Bogen in bossiertem Zustand auf den Nebenseiten; ob tatsächlich in den Steinbrüchen bei Termessos Halbfa-

---

[23] LANCKOROŃSKI a.O. (s. oben Anm. 10) 71ff. 106ff.
[24] LANCKOROŃSKI a.O. 106ff. Abb. 70. 81 Taf. 19.
[25] LANCKOROŃSKI a.O. 107 Abb. 72 Taf. 20.
[26] Unpubl. Exemplare.
[27] Einige unpubl. Stücke.
[28] Unpubl.
[29] Unpubl.
[30] Unpubl.; vgl. G. E. BEAN, Kleinasien II (1970) Taf. 26.
[31] LANCKOROŃSKI a.O. 119 Abb. 90 Taf. 21.
[32] Unpubl.; in seitlichen Arkaden Eroten, auf Fackeln gestützt; in der linken mittleren sitzender Eros, Kopf und Hände auf l. Knie gelegt; in der rechten mittleren Eros mit Thyrsosstab (?); auf Sockel Eroten bei Jagd; auf l. Ns. Eros, der Löwen am Halsband zieht; auf r. Ns. zwei Niken; Rs. nur grob behauen.
[33] z. B. Rom, Villa Borghese: KRAUS, PropKg Taf. 221 (Sockelfries auf späten Exemplaren in anderer Form: z. B. WIEGARTZ, Säulens. Taf. 34a).
[34] Verschollen (?): LANCKOROŃSKI a.O. 74 Abb. 24; 114 Abb. 83; WIEGARTZ, Säulens. 171 (Termessos A).
[35] J. u. H. WAGNER – G. KLAMMET, Die türkische Südküste (1977/78) Abb. 97, und unpubl. Stück.

brikate mit diesem Schmuck hergestellt wurden oder ob man sich auf den Nebenseiten die weitere Ausführung erspart hat, müßte noch geklärt werden. Ein weiterer Sonderfall ist ein Kasten mit vier knappen und dünnen Girlandenschwüngen, die unten viel freien Raum lassen, auf der Vorderseite.[36] Schließlich ist noch ein recht aufwendiges Exemplar zu nennen, das in Nachahmung attischer Vorbilder zwei an einem Gefäß hochspringende Löwen zeigt,[37] und ein anderes, auf dem zwei Greifen antithetisch neben einem Gefäß dargestellt sind;[38] es kopiert ein Motiv, das für Rückseiten attischer Sarkophage typisch ist. Auf schlichteren Beispielen werden Kränze, Altäre, Omphalosschalen, Kannen und andere Gegenstände in unterschiedlicher Anordnung und wechselnder Auswahl wiedergegeben.[39]

Die Deckel haben die Form eines Daches, das meist recht hoch ist; sie sind in der Regel nicht weiter ausgeführt; nur selten sind Schmuckleisten am unteren Rand vorhanden und Akrotere und Giebel mit Relief versehen.

Die Sarkophage standen teilweise frei auf Unterbauten;[40] in der Regel waren sie jedoch in Grabgebäuden aufgestellt, die in Termessos sehr vielfältige Formen zeigen.[41]

Grundlagen für eine Datierung der Sarkophage in Termessos sind bisher nicht erarbeitet worden; es läßt sich also nicht sagen, ob bestimmte Teile der Nekropole und damit die dort stehenden Sarkophage später als andere Gebiete sind. Frühe Sarkophage sind in Termessos bisher nicht nachgewiesen worden;[42] die Exemplare dürften damit aus dem späteren 2. und dem frühen bis mittleren 3. Jh. n. Chr. stammen.

Zusammenfassend ist festzustellen, daß in Pisidien nur aus Termessos zahlreiche Sarkophage erhalten sind; in Termessos sind die Nekropolen so reich wie in kaum einer anderen Stadt des römischen Reiches. Charakteristisch für Pisidien ist der Typus mit Rahmen, Tabula und Schilden, für den es in dieser Form keine Parallelen gibt, der also in Pisidien geschaffen worden sein muß. Vorläufer sind bei frühen, vielleicht noch späthellenistischen Ostotheken derselben Landschaft vorhanden. Der Schmuck mag diesem kriegerischen Gebirgsvolk angemessen gewesen sein. Die Form des profilgerahmten Sarkophages dürfte jedoch nicht in Pisidien entstanden, sondern von anderen Gegenden übernommen worden sein.[43]

[36] Unpubl.
[37] LANCKOROŃSKI a. O. 109 ff. Abb. 74–78 Taf. 18; WAGNER–KLAMMET a. O. Abb. 101.
[38] Unpubl.
[39] Unpubl.
[40] LANCKOROŃSKI a. O. 119 Abb. 90 Taf. 21.
[41] LANCKOROŃSKI a. O. 78 Abb. 29; 106 ff.

Abb. 70. 72. 74 ff. 81 ff. Taf. 18. 19. 20. – R. HEBERDEY – W. WILBERG, ÖJh 3, 1900, 177 ff.
[42] Vgl. das Grab des Alketas: LANCKOROŃSKI a. O. 64 ff. (eine ortsfeste Ostothek a. O. 69 Abb. 21); G. KLEINER, Diadochengräber (Sitzungsberichte Frankfurt 1, 1962 Nr. 3).
[43] ASGARI, Kalchedon 41.

V. 4.9. Lykaonien und Isaurien

Aus den Landschaften Lykaonien und Isaurien sind verhältnismäßig wenige Sarkophage bekannt. Exemplare der kleinasiatischen Hauptgruppe wurden in Sidamaria, Ikonion (Konya), Pappa Tiberiopolis (Yunuşlar) und Karalleia (Üskerles) gefunden;[1] sie verteilen sich über einen größeren Zeitraum; frühestes Exemplar ist der prunkvolle Girlandensarkophag in Ikonion[2] aus mittelantoninischer Zeit, spätestes der Sidamaria-Sarkophag, jetzt in Istanbul, von etwa 250/60 n. Chr.[3]

Bei den lokalen Sarkophagen lassen sich verschiedene Gruppen scheiden. Charakteristisch für Ikonion sind Beispiele mit einer profilierten Rahmung;[4] die Langseiten sind dabei in mehrere Felder eingeteilt, die Schmalseiten nur in ein oder zwei. Als Schmuck der Felder sind Tabulae mit geschweiften Ansae, glatte oder mit Gorgoköpfen verzierte Rhomben und Blattwerk in den Ecken, Gorgoköpfe auf kleinen, runden oder großen, peltaförmigen Schilden, ein Dionysoskopf (?) und eine Maske in einem von Stierköpfen gehaltenen Girlandenbogen vorhanden. Die Exemplare haben einen Dachdeckel. Parallelen für die Art der Rahmung sind in anderen Landschaften in Kleinasien nicht vorhanden; die profilgerahmten Sarkophage in Pisidien und Bithynien haben andere Aufteilung und anderen Dekor.[5] Die Stücke sind vielleicht im frühen 3. Jh. n. Chr. entstanden.

Ein Kasten in Konya[6] gehört zu einem anderen Typus und zeigt auf der Langseite in tiefem Relief einen Mann und eine Frau, beide zur Mitte hin ins Profil gerichtet und sitzend; zwischen ihnen ist eine flache Tabula mit geschweiften Ansae angebracht; auf den Nebenseiten finden sich je ein, auf der Rückseite zwei Köpfe (Gorgoköpfe?), die auf runden Schilden sitzen und weit vorragen. Der Kasten hat unten und oben stark vorspringende Profile. Parallelen für die Darstellung auf der Vorderseite sind in Apa,[7] Isaura (bei Ulupinar)[8] und Beyşehir[9] anzutreffen: sie ist aber nicht auf Lykaonien und Isaurien beschränkt, wie Exemplare in Antiocheia in Pisidien (Yalvaç),

---

[1] WIEGARTZ, Säulens. 156f. (Istanbul B). 162f. (Konya A–F). 172 (Üskerles). – Dazu: Konya 1619 (HIMMELMANN, Megiste 26f.) und weiterer Neufund, unpubl.

[2] Konya 1343: WIEGARTZ a.O. 51f.; HIMMELMANN, Megiste 19f.; G. KOCH, Gnomon 45, 1973, 316; ders., AA 1974, 306; K. SCHAUENBURG, GettyMusJ 2, 1975, 64ff.

[3] Istanbul 1179: WIEGARTZ a.O. 156f. (Istanbul B).

[4] Konya 700. o. Nr. und Konya, Sahip Ata Cami: A. M. MANSEL, Belleten 18, 1954, 511ff.; H. WIEGARTZ, AA 1971, 92 mit Abb. 4 (N. HIMMELMANN); ASGARI, Kalchedon 41 Anm. 111. – Vgl. auch die Ns. des unten Anm. 7 genannten Kastens.

[5] Zu den profilgerahmten S. in Kleinasien: ASGARI, Kalchedon 40ff.

[6] Konya 1: B. PACE, ASAtene 6/7, 1923/24, 348f. Abb. 5; G. MENDEL, BCH 26, 1902, 224f. Nr. 3 Abb. 2/3; H. v. SCHOENEBECK, RACrist 14, 1932, 319 Abb. 13; G. RODENWALDT, JdI 55, 1940, 45ff. Abb. 7; G. BOVINI, I sarcofagi paleocristiani (1949) 114 Abb. 83; WIEGARTZ, Myra 234 (Marmor).

[7] A. M. RAMSAY, Aberdeen University Studies 20, 1906, 15ff. Nr. 5 Abb. 5 A. C.

[8] Verbleib unbekannt: H. SWOBODA – J. KEIL – F. KNOLL, Denkmäler aus Lykaonien, Pamphylien und Isaurien (1935) 90f. Nr. 251 (Kalkstein).

[9] Beyşehir, an Moschee verbaut: INIst R 11880/81. 11883 (wohl Kalkstein).

Afyon und Nikaia (Iznik) zeigen;[10] wo der Ursprung zu suchen ist, ist nicht geklärt. Die sitzenden Gestalten haben ihre Entsprechungen im Motivschatz der Säulensarkophage der kleinasiatischen Hauptgruppe;[11] auch die Ausarbeitung des Stückes in Konya ähnelt ihnen.[12] Wie die Verbindungen zu erklären sind, muß noch untersucht werden. Der Kasten in Konya könnte gegen 200 n. Chr. entstanden sein; die Datierung der drei anderen Exemplare ist nicht zu beurteilen.

Von diesen beiden Gruppen abgesehen, ist in Lykaonien und Isaurien noch eine Reihe von verschiedenartigen Einzelstücken erhalten. Eine fragmentierte Langseite mit fünf Arkaden und Pilastern[13] kopiert einen Säulensarkophag der Hauptgruppe, die Architektur und die Figuren sind allerdings stark abgewandelt. Bei einem Fragment in Beyşehir[14] dürfte es sich ebenfalls um eine Kopie nach einem Säulensarkophag der Hauptgruppe, und zwar einem des Normaltypus, handeln. Singulär ist ein Kasten in Ouasada (Vasada-Bostandere),[15] der Tore auf den Nebenseiten und auf der Vorderseite Figuren trägt, deren Zusammenhang nicht zu erkennen ist; es muß sich um ein lokales Werk handeln. Girlandensarkophage sind nur selten überliefert, sie waren also in der Provinz nicht üblich.[16] Zu nennen sind noch eine Ostothek mit Riefeln,[17] ein Kasten mit Tabula und Medusenköpfen[18] und eine Nebenseite mit Medusenkopf[19] in Konya, ein fragmentierter Klinendeckel, der ein Exemplar der Hauptgruppe nachahmt, in Savatra (Yali Balat)[20] und verschiedene andere Stücke.[21]

Ferner gibt es in der Provinz eine Gruppe von Ostotheken,[22] die sich eng zusammenschließen und figürliche Darstellungen in sehr grober handwerklicher Ausführung zeigen, eine Reihe von Dachdeckeln von Ostotheken, auf denen Löwen lagern, und schließlich eine größere Anzahl von Löwen-Monumenten, die auf die Gräber gestellt wurden.[23] Das Material ist jedoch noch nicht publiziert.

---

[10] Yalvaç A 1850: unpubl. – Afyon 6898: unpubl. – Iznik 2916: S. ŞAHIN, Katalog der antiken Inschriften des Museums von Iznik I (Inschriften griechischer Städte aus Kleinasien 9, 1979) 183 b Nr. 279 Taf. 24(mit Pilastern).

[11] Die Frau entspricht WIEGARTZ, Säulens. Taf. 22i (S 3 b; zum Typus vgl. S. 112f.), der Mann Taf. 23 c (S 2 b; zum Typus vgl. S. 111f.).

[12] vgl. z. B. WIEGARTZ a. O. Taf. 23 f. 25 a.

[13] Konya 133: WIEGARTZ a. O. 163 (Konya G), Taf. 39 e.

[14] A. S. HALL 13, AnatSt 18, 1968, 68 f. Taf. 5 c.

[15] Ouasada-Vasada (Bostandere): HALL a. O. 89 Taf. 29 b.

[16] Parlasan (Değirmenyolu), nördl. von Şereflikoçhisar: I. H. KONYALI, Sereflikoçhisar tarihi (1971) 617f. mit Abb. – Konya 68: unpubl. – Vgl. SWOBODA–KEIL–KNOLL a. O. (s. oben Anm. 8) 9 Nr. 3 (Girlanden, in der Mitte Tabula, daneben Pilaster); 19 Nr. 21 (Tabula, l. und r. Girlanden). – Konya o. Nr.: unterer Teil eines Girlandensarkophages, Mitte Tabula, Kalkstein; unpubl. –Konya o. Nr.: Frgt., Ls. eines Girlandens., Kalkstein; unpubl.

[17] Istanbul 509: MENDEL III 393 f. Nr. 1157.

[18] Konya 1621: unpubl.

[19] Konya 288: unpubl.

[20] MAMA VIII (1962) 42 Nr. 234 Taf. 10; H. WREDE, AA 1977, 430.

[21] Kireli Kasaba: MAMA VIII (1962) 61 Nr. 341 Taf. 14. – Amblada (Kizilca): A. S. HALL, AnatSt 18, 1968, 85 Taf. 20 a. – Istanbul 2248: MENDEL II 483 f. Nr. 685 (byz. umgearbeitet). – SWOBODA–KEIL–KNOLL a. O. (s. oben Anm. 8) 7f. Abb. 2; 9 Nr. 3; 13; 17 Abb. 15; 18 f. Nr. 18–21. 23. 24; 37 Nr. b; 143 Abb. 74.

[22] SWOBODA–KEIL–KNOLL a. O. 21 Nr. 30; 55 Nr. 112; 56 Nr. c; 59 f. Nr. 123; 63 Abb. 49; 89 Nr. 243. – A. GIULIANO, Le città dell'Apocalisse (1978) Abb. 59–61. – Weitere Exemplare in Konya: unpubl.

[23] SWOBODA–KEIL–KNOLL a. O. 20 Abb. 17; 38 Nr. 30; 56 Nr. 113; 60 Nr. 125; 61 Abb. 47;

Zusammenfassend läßt sich feststellen, daß in Lykaonien und Isaurien relativ wenige Sarkophage gefunden wurden. Typisch für die Landschaft scheinen die Exemplare mit profilierter Rahmung gewesen zu sein, die allerdings selten erhalten sind; die Beispiele mit antithetisch sitzenden Gestalten sind ebenfalls charakteristisch, sie erstrecken sich jedoch weiter nach Nordwesten, über Pisidien und Phrygien bis nach Bithynien. Lokale Werke sind außerdem die Ostotheken mit figürlichen Szenen und die Deckel und Monumente mit Löwen.

V. 4.10. Kilikien

A. MACHATSCHEK, Die Nekropolen und Grabmäler im Gebiet von Elaiussa Sebaste und Korykos im Rauhen Kilikien (Denkschriften Wien 96, 1967); dazu: G. KOCH, GGA 224, 1972, 240ff. – E. ALFÖLDI–ROSENBAUM, The Necropolis of Adrassus (Balabolu) in Rough Cilicia (Isauria), (Denkschriften Wien 146, 1980).

Aus Kilikien ist eine große Zahl an Sarkophagen erhalten, die allerdings weitgehend unpubliziert sind. Stücke in Adanda und in der Nähe dieser Stadt[1] im westlichen Rauhen Kilikien stammen möglicherweise aus dem späten Hellenismus und der frühen Kaiserzeit und zeigen, daß auch in dieser Gegend die Sarkophagbestattung eine lange Tradition hatte. Exemplare der Hauptproduktion des 2. und 3. Jhs. n. Chr. sind nur aus dem Gebiet östlich von Seleukeia (Silifke) bekannt; Korakesion (Alanya) und Umgebung wird hier bei Pamphylien behandelt,[2] da vielfältige Verbindungen zu dieser Landschaft, nicht aber zu Kilikien vorhanden sind.

Bei den Sarkophagen in Kilikien handelt es sich zum einen um Import fertig ausgearbeiteter Stücke, zum anderen um lokale Arbeiten, die aus eingeführten Halbfabrikaten aus Marmor oder aus einheimischem Stein bestehen. Attische Sarkophage wurden in Korykos und Tarsos gefunden, weitere Fragmente stammen ohne genaue Herkunftsangabe aus Kilikien.[3] Exemplare der kleinasiatischen Hauptgruppe sind in Zephyrion (Mersin) und Seleukeia (Silifke) zutage gekommen, andere befinden sich im Museum in Adana.[4]

89 Nr. 243. – P. VERZONE, Palladio 9, 1959, 16 Abb. 26. – J. KUBIŃSKA, Les monuments funéraires dans les inscriptions grècques de l'Asie Mineure (1968) 61ff. Taf. 4–6. – E. ALFÖLDIROSENBAUM, The Necropolis of Adrassus (Balabolu) in Rough Cilicia (Isauria), (Denkschriften Wien 146, 1980) 47ff., bes. 51 Anm. 122.

[1] R. PARIBENI – P. ROMANELLI, MonAnt 23, 1914, 156ff. Abb. 35–39; G. E. BEAN – T. B. MITFORD, AnatSt 12, 1962, 209f. Nr. 33 Taf. 36b; dies., Journeys in Rough Cilicia 1964–1968 (Denkschriften Wien 102, 1970) 177ff. Nr. 196ff.

[2] s. Kapitel V 4.7.

[3] Adana 3621, aus Korykos: HIMMELMANN,

Antakya 21. – Adana 3843, aus Tarsos: GIULIANO, Commercio 50 Nr. 277; GIULIANO–PALMA 28 Nr. 1. – Adana o. Nr.: Frgt. mit zusammenbrechendem Stier; HIMMELMANN, Antakya 21. – Adana o. Nr.: dionys. Frgt.; G. KOCH, Gnomon 45, 1973, 221.– Istanbul 4015–17: Schlachtfrgt.e aus der Gegend von Adana; KOCH a.O. 221.

[4] Adana (Nr. ?): WIEGARTZ, Säulens. 143. – Istanbul 466: WIEGARTZ a.O. 156. – Adana o. Nr.: Frgt. einer Ostothek mit Eroten; unpubl. – Adana o. Nr.: Frgt. eines Säulens., Ausarbeitung nicht beendet (oder lokale Kopie?); unpubl. – Adana o. Nr.: Frgt. eines Säulens.; unpubl.

Die importierten Sarkophage sind lokal kopiert worden. Ein Fragment in Adana ist schlecht zu beurteilen;[5] es könnte sich um eine Nachahmung eines Säulensarkophages der Hauptgruppe oder auch um ein unfertiges Original dieser Gruppe handeln. Girlandensarkophage der Hauptgruppe dienten bei einem Kasten aus Anazarbos (Anavarza)[6] als Vorlage. Prokonnesische Halbfabrikate mit Girlanden sind zahlreich in Anazarbos in lokalem Stein kopiert worden, teilweise auch bei aus dem anstehenden Felsen gehauenen Kästen.[7] Ein attischer Erotensarkophag war Vorbild eines Stückes in Korykos,[8] und attische Girlandensarkophage wurden in Elaioussa Sebaste[9] und Olba[10] in lokalem Stein kopiert; bei diesen Beispielen sind Darstellung und Ornamentstreifen recht genau übernommen worden. Bei einem weiteren Kasten in Olba erinnert nur das Motiv der fliegenden Eroten an attische Girlandensarkophage.[11]

Da Marmor in Kilikien nicht vorhanden ist, wurden prokonnesische Halbfabrikate, und zwar immer mit Girlanden, zahlreich eingeführt; in wenigen Fällen sind sie nicht weiter bearbeitet, sondern ,unfertig' verwandt worden.[12] Bei den lokal ausgearbeiteten Stücken ist die Rückseite mehrfach in bossiertem Zustand belassen worden;[13] manchmal hat man Träger und Girlandenbögen geglättet und etwas umgeformt. Bei den Girlanden hat Kilikien keine eigenen Formen hervorgebracht; unterschiedliche Vorbilder wurden übernommen und frei umgestaltet.[14] Es finden sich: Niken an den Ecken und Eroten in der Mitte; Widderköpfe an den Ecken und Eroten; Niken an den Ecken und Stierköpfe; Widderköpfe an den Ecken und Stierköpfe in der Mitte und andere Variationen. In der Regel hängen Trauben an den Girlanden. Im mittleren Bogen ist häufig eine Tabula ansata; sonst sind Gorgonenköpfe, Masken, Blüten oder Blattwerk, Löwenköpfe und gelegentlich noch andere Gegenstände

---

[5] Adana o. Nr.: s. Anm. 4.
[6] Adana 1: R. NORMAND, Syria 2, 1921, 201 Taf. 25, 2; É. MICHON, Syria 2, 1921, 295 ff. Taf. 41, 1.
[7] N. ASGARI, AA 1977, 335 Abb. 11; 357. 360. – Eine Reihe weiterer Stücke in der Nekropole.
[8] GIULIANO, Commercio 50 Nr. 275; MACHATSCHEK a.O. 38 ff. Abb. 18; G. KOCH, GGA 224, 1972, 242 f.; ders., Gnomon 45, 1973, 221; WIEGARTZ, Myra 233. – Nachtrag: vgl. ein Frgt. aus Anemurion: J. Russel, TürkAD 25, 1, 1980, 273 Abb. 30 (zu S. gehörend?).
[9] Adana (Nr. ?), aus Elaioussa: GIULIANO, Commercio 50 Nr. 276; H. WIEGARTZ, Gnomon 37, 1965, 615; G. KOCH, GGA 224, 1972, 242; ders., Gnomon 45, 1973, 221; WIEGARTZ, Myra 233.
[10] Olba: G. KOCH, GGA 224, 1972, 242; ders., Gnomon 45, 1973, 221.
[11] Olba: drei Girlandenbögen, von zwei fliegenden Eroten in der Mitte gehalten; außen keine Träger; unpubl.

[12] Adana 5 und o. Nr.: N. ASGARI, AA 1977, 359 (Adana A. B). – Weiteres Exemplar o. Nr. im Museum.
[13] Adana 2: ASGARI a.O. 360 (Adana C). – Adana 875: MAMA III (1931) 9. 14 Nr. 12 Taf. 7, 18. – New York 70. 1: ASGARI a.O. 371; McCANN, Metr.Mus. 30 ff. Nr. 2 Abb. 23/24. 26/27.
[14] Adana 1608 (aus Tarsos): ASGARI a.O. 357 Anm. 57; große Eroten und Niken als Träger, auf Vs. in mittlerem Bogen Tabula ansata, in seitlichen Masken; auf Nss. Gorgoköpfe in Bögen. – Adana (Nr. ?), aus Tarsos: R. HEBERDEY – A. WILHELM, Reisen in Kilikien (Denkschriften Wien 44, 1896) 4 f. Nr. 11. – Tarsos (Nr. ?): ASGARI a.O. 375. – New York 70. 1, aus Tarsos: s. oben Anm. 13. – Adana 2, aus Korykos: s. oben Anm. 13. – Adana 875, früher in Silifke: s. oben Anm. 13. – Adana 1978 (aus Tarsos). 3961 (aus Zephyrion – Mersin). 8282: ASGARI a.O. 357 Anm. 57. – Adana (Nr. ?): HIMMELMANN, Antakya 7 Abb. 4 – Weitere unpubl. Frgt.e in Adana. – Tarsos (Nr. ?): Frgt. einer Ns., an beiden Ecken Stierköpfe; unpubl.

angebracht. Zwischen den Stücken gibt es kaum Verbindungen, es hat also eine größere Anzahl von Werkstätten gegeben, die die prokonnesischen Halbfabrikate weiter bearbeitet haben. Lediglich Exemplare aus Tarsos schließen sich zusammen.[15] Als Besonderheit von Kilikien darf angesehen werden, daß die Stierköpfe mehrfach leicht zur Seite gedreht werden; Parallelen gibt es in Syrien und Kappadokien.[16] Die überwiegende Zahl der marmornen Girlandensarkophage besteht aus prokonnesischem Marmor; in einem Fall muß es sich um ein Exemplar handeln, das aus einem ephesischen Halbfabrikat gearbeitet worden ist.[17] Die Art der Ausführung von Girlanden, Stierköpfen und Deckel hat jedoch in Kilikien keine Parallele, so daß anzunehmen ist, daß das Stück in fertiggestelltem Zustand nach Augusta importiert worden ist; da sich auch in Ephesos keine genaue Entsprechung findet, bleibt offen, wo die Werkstatt ansässig war. Bei einem weiteren Stück ist ein karisches Halbfabrikat am Orte ausgearbeitet worden.[18]

Sehr groß ist die Zahl der Girlandensarkophage, die aus lokalem Stein bestehen; sie sind in den Nekropolen von Korykos und Elaioussa Sebaste, aber auch in Diokaisareia, Papasli, Kanytelleis, Anazarbos und anderen Orten erhalten.[19] Mehrfach sind sie aus dem anstehenden Fels gemeißelt. Typologisch bringen die meisten keine neuen Züge; es fällt lediglich auf, daß eine Reihe von Exemplaren nur zwei Girlandenbögen auf der Vorderseite hat.[20] Bei einfachen Stücken sind die Girlandenbögen und die Träger mehr oder weniger stark verkümmert.[21]

Neben der großen Gruppe von Girlandensarkophagen aus Marmor und Kalkstein gibt es eine stattliche Zahl von anderen Formen. Zwei Exemplare in Adrassos (Balabolu) sind späte Nachklänge und lokale Umsetzungen von Säulensarkophagen.[22] In Adana steht ein Kasten, der auf der Vorderseite zwischen zwei Löwenköpfen mit Ringen im Maul eine kleine figürliche Szene und auf der rechten Nebenseite eine Büste zeigt.[23] Ein anderes Beispiel in Adrassos trägt in der Mitte der Vorderseite eine Gestalt zwischen zwei Halbsäulen und seitlich davon jeweils ein rundes Gebilde, wohl einen stilisierten Kranz mit einer Rosette in der Mitte.[24] Einige Male sind Büsten auf der

---

[15] s. Anm. 14.
[16] HIMMELMANN, Antakya 12 mit Hinweisen auf Stücke in Syrien. – Kayseri 22: unpubl.
[17] Adana 7330: ASGARI a.O. 340 Abb. 25; 342. 358.
[18] Adana 8: ASGARI a.O. 344 Abb. 31; 358. 360 (Adana D); die Herkunft des Steines müßte geklärt werden; es handelt sich nach ASGARI a.O. um eine Nachahmung des karischen Typs in einheimischem Stein.
[19] Korykos: MACHATSCHEK a.O. 38 ff. Abb. 12. 15 – Elaioussa: MACHATSCHEK a.O. 38 ff. Abb. 16. 17; G. KOCH, GGA 224, 1972, 241. – Diokaisareia (Uzuncaburç): O. FELD, IstMitt 13/14, 1963/64, 98 Taf. 47, 2. – Papasli: MAMA III 33 Taf. 15, 52. – Kanytelleis: G. KOCH, GGA 224, 1972, 241. – Anazarbos: mehrere Exemplare, unpubl. – Zu einigen Beispielen im Rauhen Kilikien: G. KOCH, GGA 224, 1972, 241 ff.
[20] z. B. MACHATSCHEK a.O. Abb. 15. 16. 17. – Zu diesen Stücken: ASGARI a.O. 357 Anm. 57 (es muß noch untersucht werden, ob tatsächlich attischer Einfluß vorliegt).
[21] G. KOCH, GGA 224, 1972, 242.
[22] O. FELD, IstMitt 13/14, 1963/64, 95 Taf. 48, 3. 4; BEAN–MITFORD, Journeys a.O. (s. oben Anm. 1) 222 f.; E. ALFÖLDI-ROSENBAUM in: Mél. A. M. Mansel (1974) 483 ff. Taf. 153 ff. (spätes 4. Jh. n. Chr.?). – ALFÖLDI-ROSENBAUM a.O. 38 ff. Taf. 24 ff.
[23] Adana 3: R. MOUTERDE, Syria 2, 1921, 217 ff. Nr. 9 Abb. 1.
[24] BEAN–MITFORD a.O. 223 Nr. 255 Abb. 204; ALFÖLDI-ROSENBAUM a.O. 36 f. Taf. 22 f.; vgl. auch 37 f. Taf. 36, 2.

Vorderseite des Kastens abgebildet.[25] Recht groß ist die Zahl der Sarkophage, die eine
Tabula, und zwar meist eine mit dreiecksförmigen Ansae, auf der Vorderseite haben;[26] Kränze, Opferschalen, Kannen und andere Gegenstände können daneben wiedergegeben sein. Vielfach ist ein kleiner Altar der einzige Schmuck.[27] Häufig sind
glatte Sarkophage, die aber in der Regel sauber ausgeführte Profile unten und oben
haben.[28] Mehrfach finden sich Chamosorien, in den Boden eingetiefte Felsgräber,
mit Sarkophagdeckeln.[29]

Die Deckel haben die Form eines Daches. Für Kilikien ist charakteristisch, daß häufig Löwen auf ihnen lagern.[30] In einem Fall ist eine lokale Kopie eines Klinendeckels
der kleinasiatischen Hauptgruppe erhalten, allerdings mit drei lagernden Gestalten;[31]
bei einem Beispiel sind am Dachdeckel Büsten von drei Personen, die frei in die
Höhe ragen, am vorderen Rand wiedergegeben;[32] selten sind gerundete Deckel.[33]

Schließlich ist noch auf Blei- und Terrakottasarkophage hinzuweisen.[34]

Für eine Datierung der Sarkophage in Kilikien liegen Anhaltspunkte kaum vor.
Ausgesprochen frühe Exemplare sind, von den oben genannten Stücken in Adanda
abgesehen, nicht vorhanden. Die meisten der Girlandensarkophage und auch der Erotensarkophag in Korykos dürften im späteren zweiten und früheren 3. Jh. n. Chr. geschaffen worden sein. Die Nekropolen wurden dann bis weit in die Spätantike benutzt, und es wurden weiterhin Sarkophage hergestellt, wie zahlreiche Beispiele aus
christlicher Zeit zeigen.[35] Vor allem in Korykos läßt sich die Kontinuität über die
Jahrhunderte hinweg verfolgen. Die späten Exemplare sind aber meist schlicht, nur
die Sarkophage mit architektonischer Gliederung des späteren 4. Jhs. n. Chr. in Adrassos (Balabolu) sind eine Ausnahme.

Zusammenfassend läßt sich feststellen, daß in Kilikien zwar recht viele Sarkophage
erhalten sind, daß diese Landschaft aber eigene Formen nicht hervorgebracht hat.[36]
Mit figürlicher Darstellung geschmückte Sarkophage mußten eingeführt werden und
dienten lokalen Werkstätten als Vorbilder. Auch Material für aufwendige Girlandensarkophage, nämlich Marmor, stand nicht zur Verfügung und wurde importiert. Die
zahlreichen einheimischen Girlandensarkophage, die aus importiertem Marmor und

---

[25] Cambazli: MAMA III 36 Taf. 18, 57. – Dösene: M. WEGNER in: Mél. A. M. Mansel (1974) 580f. Taf. 178b.

[26] z. B. MACHATSCHEK a.O. Taf. 14a. 15; Abb. 20; MAMA III 85 Taf. 37, 111; BEAN-MITFORD, Journeys a.O. (s. oben Anm. 1) 226f. Nr. 259. 260 Abb. 207/08; O. FELD, IstMitt 13/14, 1963/64, 95 Taf. 48, 2. – Zum Typus mit Tabula ansata: ASGARI, Kalchedon 37 ff.; ALFÖLDI–ROSENBAUM a.O. 42 ff.

[27] MACHATSCHEK a.O. Taf. 16b; Abb. 11. 13.

[28] MACHATSCHEK a.O. Taf. 14b. 16a. 17 (oben).

[29] MACHATSCHEK a.O. 34f. Taf. 12a; Abb. 9.

[30] Balabolu: O. FELD, IstMitt 13/14, 1963/64, 95 Taf. 48, 1; ALFÖLDI–ROSENBAUM a.O.

47 ff. – Cambazli: MAMA III 36. – Dösene: M. WEGNER in: Mél. A. M. Mansel (1974) 580 f. Taf. 178b. – Korykos: MACHATSCHEK a.O. 38 Abb. 22. – Silifke, aus Uzuncaburç: INIst R 7006; ALFÖLDI–ROSENBAUM a.O. 48.

[31] Uzuncaburç: G. KOCH, GGA 224, 1972, 242.

[32] Imirseli: unpubl.

[33] Korykos: unpubl.

[34] HIMMELMANN, Antakya 6f. Anm. 3. – A. TAŞYÜREK, AnatSt 23, 1973, 16. – D. USSISHKIN, IEJ 27, 1977, 215 ff. Taf. 30.

[35] MACHATSCHEK a.O. 43 ff. – B. BRENK, Spätantike und frühes Christentum (1977) Taf. 141.

[36] ASGARI, Kalchedon 39.

aus lokalem Kalkstein bestehen, haben kaum eigene Züge, sondern hängen von verschiedenen Vorbildern ab; lediglich die Vorliebe, die mittleren Tierköpfe auf den Langseiten häufig in leichter Drehung wiederzugeben, könnte als typisch für Kilikien angesprochen werden. Ferner sind die Dachdeckel mit den Löwen für die Landschaft charakteristisch.

V. 4.11. Sonstiges Kleinasien

Aus dem übrigen Kleinasien, also den Landschaften Galatia, Paphlagonia, Pontus und Cappadocia, sind nur sehr wenige Sarkophage bekannt. Auch wenn das teilweise am Stand der Forschung und an der Erhaltung der Denkmäler liegen mag, so ist doch deutlich, daß die Verwendung reliefgeschmückter Sarkophage in diesen Gegenden nicht verbreitet war. Bei den erhaltenen Exemplaren lassen sich bestimmte Gruppen nicht bilden, es handelt sich vielmehr nur um Einzelstücke; sie sollen hier zusammengefaßt werden.

Import fertig ausgearbeiteter Sarkophage findet sich nur in Ankyra, wo eine Reihe von Fragmenten von Säulensarkophagen und ein Girlandenfragment der kleinasiatischen Hauptgruppe gefunden wurden, und in Kastamon.[1] Bei den lokalen Sarkophagen sind keine Exemplare nachzuweisen, die aus importierten Halbfabrikaten ausgearbeitet worden sind. Für die lokalen Sarkophage wurde verschiedenartiger Stein, auch Marmor, verwandt.

Aus Amastris (Amasra) stammt eine Langseite in Istanbul,[2] die eine große Tabula ansata, zwei kleine Ädikulen mit eingestellten Hermen, Kränze, einen Vogel und einen Hund trägt; ein Fragment einer vergleichbaren Langseite war früher in der Nähe von Amastris.[3] Parallelen für eine derartige Dekoration lassen sich in anderen Gegenden Kleinasiens nicht nennen. Von weiteren Fragmenten mit Tabula ansata in Amastris wird berichtet.[4] In Bidevi wird ein Girlandensarkophag genannt.[5] Aus Sinope (Sinop) kommt eine Ostothek in Istanbul,[6] die auf drei Seiten einen Fries mit Eroten hat, während die Rückseite unverziert belassen ist. Die Art der Darstellung und die Profile am unteren und oberen Rand weisen darauf hin, daß es sich um eine lokale Kopie nach einem attischen Erotensarkophag handelt;[7] attische Originale sind allerdings in

---

[1] Ankyra: Ankara 3023. 4642. 3024. 3022. 3017 und o. Nr.: WIEGARTZ, Säulens. 144 f. (Ankara B. C. E. F. G. H.). – Ankara: Frgt. mit Girlanden: unpubl. – Kastamon (Kastamonu): Girlandenfrgt.: unpubl.

[2] Istanbul 4640: ASGARI, Kalchedon 38 Anm. 100.

[3] Derzeitiger Aufbewahrungsort nicht bekannt: E. KALINKA, ÖJh 28, 1933, Beibl. 83ff. Nr. 46 (Abb. auf S. 85).

[4] Amasra, Mus.: ASGARI, Kalchedon 38 Anm. 100. – Vgl. die von KALINKA a.O. 81ff. Nr. 37–40. 43. 44 genannten Stücke.

[5] Catalogue des négatives de la collection chrétienne et byzantine, fondée par G. Millet (Bibl. de l'École des Hautes Études, Sect. des Sciences Religieuses 67, 1955), 216 (C 4929).

[6] Istanbul 1165: MENDEL I 145 ff. Nr. 41; GIULIANO, Commercio 47 Nr. 248; WIEGARTZ, Säulens. 39 f. Anm. 35; 42 Anm. 44; ders., Gnomon 37, 1965, 615; ders., Myra 233 f.

[7] Mit WIEGARTZ gegen GIULIANO, s. Anm. 6.

Pontus bisher nicht nachgewiesen worden. Ein Fragment einer Langseite aus Sinope, ebenfalls in Istanbul,[8] ist ein singuläres Stück; über einem Sockelfries mit Eroten und Tieren, der von der kleinasiatischen Hauptgruppe beeinflußt sein dürfte, zeigt es auf dem Hauptteil eine Inschrift und links daneben eine sitzende Frau mit Dienerin; Parallelen für eine derartige Vermischung sind nicht bekannt. In Kastamon (Kastamonu) wurde eine Ostothek gefunden, die reich und ungewöhnlich geschmückt ist.[9] Sie hat auf den Langseiten je zwei und auf den Nebenseiten einen Girlandenbogen, die von Widder- und Stierköpfen getragen werden; in die Bögen sind auf der Vorderseite Reiter gesetzt, die zur Mitte hin gerichtet sind, auf der Rückseite Gorgoköpfe und auf der einen Nebenseite zwei nach außen hin gerichtete Löwen;[10] auf der Nebenseite finden sich unter der Girlande zwei ebenfalls nach außen gerichtete Adler. Parallelen für den Schmuck sind aus anderen Landschaften Kleinasiens nicht bekannt, er ist also auf einen lokalen Bildhauer zurückzuführen, der eine in Paphlagonien sonst nicht belegte Dekoration übernommen und frei ausgestaltet hat. In Sungurlu ist ein schlichter Girlandensarkophag erhalten, der in der Nähe des Ortes gefunden sein dürfte.[11]

Etwas reicher ist die Überlieferung in Amaseia (Amasya). Ein Sarkophag zeigt zumindest auf der einen Langseite drei Girlandenbögen, die von Eroten getragen werden;[12] die Girlanden laufen ungewöhnlicherweise um die Ecken zu den Nebenseiten herum; auf die Ecken sind Widderköpfe gesetzt. Bei einem weiteren Beispiel in Amaseia[13] ist eine vergleichbare Form vorhanden, die Girlanden sind jedoch an Stierköpfe gehängt, und auf der Ecke ist über dem Bogen die Büste eines bärtigen Mannes wiedergegeben. Derartige Verunklärungen der Form des Kastens sind bei Girlandensarkophagen überaus selten.[14] Bei diesen beiden Exemplaren werden lokale Bildhauer die Form des Girlandensarkophages, die ihnen nicht geläufig war, übernommen und frei abgeändert haben. Ein weiterer Kasten in Amaseia[15] ist ebenfalls ein lokales Werk; er zeigt auf einem reich profilierten Sockel auf den Langseiten vier Pilaster, die mit Ranken geschmückt sind; die Flächen zwischen ihnen sind mit einer Weinrebe mit Blättern und Trauben verziert, und in der Mitte der Vorderseite ist eine Tabula ansata angebracht; ein lokaler Steinmetz hat auch in diesem Fall einen Sarkophag geschaffen, für dessen Dekoration es keine Parallelen gibt. In Niksar (nordöstlich von Tokat) befindet sich ein Sarkophag,[16] der an den Seiten Pilaster hat und einen Deckel mit großen Akroteren trägt. In Ankyra (Ankara) werden Fragmente von Sarkophag-

---

[8] Istanbul 3870: A. SALAČ, BCH 44, 1920, 357ff. Abb. 2; A. MÜFIT, AA 1931, 176 (mit Angabe ‚aus Samsun').

[9] Kastamonu 78: M. AKOK, Belleten 12, 1948, 835ff. Taf. 180; A. GÖKOĞLU, Paphlagonia – Paflagonya (Kastamonu 1952) 53f. Abb. 3–5.

[10] Die andere Ns. ist bisher nicht abgebildet.

[11] K. BITTEL, Kleinasiatische Studien (IstMitt 5, 1942) 12 Anm. 11; 221 Taf. 2, 3.

[12] Amasya, Halifet Gaza Kümbet: F. und E. CUMONT, Voyage d'exploration archéologique dans le Pont et la petite Arménie (Studia Pontica II, Brüssel 1906) 169f. (mit Abb.); T. CANTAY, Sanat Tarihi Yilliği 7, 1976/77, 24f. Abb. 17.

[13] Amasya, Timarkhane Medresesi: F. W. DEICHMANN, AA 1938, 219/20 Abb. 12.

[14] Vgl. z. B. Paris 4167: unpubl.

[15] Amasya (wo ?): INIst R 4080 (Vs.). 4074 (Rs.). – Vgl. F. W. DEICHMANN, AA 1938, 221 Abb. 14.

[16] Codex Cultur Atlas Türkei, Teil 11, Blatt 40/36.

deckeln, Deckel von Ostotheken mit darauf liegenden Löwen und Grabmonumente mit Löwen aufbewahrt;[17] es ist noch zu klären, woher die einzelnen Stücke stammen.

550 Aus der Nähe von Kaisareia (Kayseri) kommt ein Kasten, der auf allen Seiten eine Rahmung hat;[18] die Vorderseite trägt außerdem zwei Girlandenbögen, die seitlich an Stierköpfen und in der Mitte an einem Widderkopf hängen, die Nebenseiten Girlandenbögen, die an kleinen Blüten befestigt sind. Eine Besonderheit ist, daß die Stierköpfe leicht nach innen blicken; Parallelen dafür gibt es in Kilikien und Syrien,[19] eine vergleichbare Verbindung von profilgerahmtem und Girlandensarkophag ist sonst allerdings nicht erhalten. In Kaisareia sind noch zwei dachförmige Deckel zu nennen, die Löwenköpfe als Antefixe haben,[20] eine Form, die auch in anderen Gegenden Kleinasiens verbreitet ist. Aus der Nähe von Kırşehir stammt eine fragmentierte Nebenseite mit Girlanden.[21] In Niğde werden verschiedene lokale Girlandensarkophage, die aus einheimischem Marmor bestehen, aufbewahrt;[22] hervorzuheben sind zwei zusammengehörende Fragmente guter Qualität, auf denen Reste eines Eros, der die Girlanden trägt, und ein nach rechts gerichteter Kentaur, der wohl in einem Bogen wiedergegeben war, erhalten sind; die oberen vorspringenden Profile erinnern an attische Sarkophage, doch scheint es sich nicht um ein attisches Original zu handeln.[23] Schließlich ist noch ein Fragment mit Girlanden in Komana (Şar) anzuführen.[24] Eine Langseite aus Kalkstein in Niğde mit einer Tabula und links und rechts davon Gorgoköpfen hat eine Parallele in Konya.[25] Völlig aus dem Rahmen fällt eine Langseite in Tyana (Kemerhisar);[26] es handelt sich um einen langgestreckten Fries mit der Jagd von drei Kentauren auf zwei Löwen und ein geschecktes wildes Tier; Bäume stehen im Hintergrund, und an den Seiten sind Felsen wiedergegeben.

Während die übrigen hier zusammengestellten Exemplare der Provinzen in der Tradition der kleinasiatischen Sarkophage stehen und Vorbilder aus den Zentren der Produktion nachahmen, verändern und vereinfachen, sind Vorlagen für den Kentaurensarkophag nicht zu nennen; vergleichbare Darstellungen sind bei Beispielen der kleinasiatischen Hauptgruppe nicht bekannt, und attische Sarkophage mit jagenden Kentauren können kaum zugrunde gelegen haben; ein lokaler Bildhauer hat also auf einen besonderen Auftrag hin dieses Werk geschaffen.

---

[17] Ankara, Mus.: wohl alle unpubl.
[18] Kayseri 22 (F. O. Zincidere): unpubl. (wohl kein prokonnesisches Halbfabrikat).
[19] HIMMELMANN, Antakya 12 Taf. 10.
[20] Kayseri o. Nr.: fragmentierter D., der auf dem Kasten Inv. 22 liegt (s. oben Anm. 18), und weiterer vollständiger D.
[21] Kayseri 1423 (F. O. Kalaba, Nähe Kirşehir): unpubl.
[22] Niüğde (Nr. ?), aus Ortaköy: K. m. D., ungewöhnlich großkristalliner Marmor; auf Vs. zwei, auf Nss. je ein Girlandenbogen; Stierköpfe, zur Rs. hin Widderköpfe als Träger: unpubl. – Niğde o. Nr.: Frgt., Girlanden, l. von Eros getragen, der aus Blätterkelch kommt: unpubl. – Niğde o. Nr.: Frgt., Eros mit Girlanden: unpubl. – Niğde, Ak Medrese (altes Arch. Mus.) o. Nr.: auf Vs. stark vereinfachte Girlanden; Marmor: unpubl.
[23] Niğde 5. 01. 76 und weiteres Frgt.: unpubl.
[24] R. P. HARPER – I. BAYBURTLUOĞLU, AnatSt 18, 1968, 155 Taf. 50a.
[25] Niğde 1110, Herkunft z. Z. nicht festzustellen: unpubl. – Vgl. Konya 1621: unpubl.
[26] Kemerhisar, Dorfplatz: WIEGARTZ, Myra 234 (H 0.54; L 2.30; Marmor).

Für eine Datierung der Sarkophage in Galatia, Paphlagonia, Pontus und Cappadocia gibt es keine Anhaltspunkte. Beispiele der frühen Kaiserzeit sind nicht dabei. Die Exemplare dürften im späteren 2. und früheren 3. Jh. n. Chr. entstanden sein. Zusammenfassend läßt sich feststellen, daß in den hier behandelten Landschaften keine Tradition der Sarkophagherstellung bestand und keine eigenen Formen geschaffen wurden. Bei den in geringer Zahl erhaltenen Sarkophagen handelt es sich jeweils um Einzelstücke, die meist Sarkophage anderer Gegenden nachahmen.

V. 4.12. Weitere Sarkophage aus Kleinasien

Eine Reihe von Sarkophagen, die sich ohne Angabe der Herkunft im Museum in Istanbul und an verschiedenen Stätten außerhalb der Türkei befinden, läßt sich nicht einer bestimmten Kunstlandschaft Kleinasiens zuweisen. Dazu gehören ein Kasten mit Girlanden,[1] der aus einem prokonnesischen Halbfabrikat ausgearbeitet worden ist, und einige Ostotheken in Istanbul,[2] eine Ostothek mit Girlanden in Hever Castle,[3] ein mit Girlanden versehener Kasten in Boston[4] und Fragmente mit Girlanden in London.[5] Bei einem fragmentierten Sarkophag in Rom, NM,[6] der allseitig Girlanden trägt, müßte der Marmor bestimmt werden; erst dann ließe sich sagen, ob er aus einem prokonnesischen Halbfabrikat ausgearbeitet worden ist; es ist auch noch zu klären, wo die Werkstatt zu lokalisieren ist. Unter den Friessarkophagen sind die Exemplare in Rom, Pal. Fiano,[7] und Subiaco[8] nicht genau festzulegen; sie stammen möglicherweise aus dem westlichen Kleinasien.[9] Lang- und Schmalseiten eines Friessarkophages mit Kentaurenkampf im Vatikan sind hingegen wohl nicht in Kleinasien, sondern vielmehr in Rom, und zwar von einem aus Kleinasien stammenden Bildhauer, ausgeführt worden.[10] Schließlich sind noch zwei dachförmige Deckel in Rom, S. Lorenzo,[11] zu nennen, deren genaue Herkunft nicht festzulegen ist.

---

[1] Istanbul 317: MENDEL III 399f. Nr. 1160.
[2] Istanbul 5342: IstanbAMüzYil 8, 1958 Abb. 22. – Inv. 4606. 5531: unpubl.
[3] D. STRONG, The Connoisseur Vol. 158 Nr. 638 (April 1965) 224 Nr. 9 Abb. 19; G. KOCH, BJb 182, 1982 (mit Abb.).
[4] Boston, Isabella Stewart Gardner Museum: C. C. VERMEULE u. a., Sculpture in the Isabella Stewart Gardner Museum (1977) 46f. Nr. 63; N. HIMMELMANN in: Mél. A. M. Mansel (1974) 46 Anm. 3; D. STRONG in: The Proceedings of the Xth International Congress of Classical Archaeology 1973 (1978) II 682 Taf. 207, 14–15; KOCH a. O.
[5] London 2342 (zur kleinasiat. Hauptgruppe gehörend?). 2343. 2344: SMITH, Cat. Sculpt. III 339f. Nr. 2342–2344.
[6] Rom, NM 124708: HELBIG[4] III 2131 G; D. MONNA – P. PENSABENE, Marmi dell'Asia Minore (1977) 164f. Abb. 66; J. B. WARD-PER-KINS, RendPontAcc 48, 1975/76, 207; KOCH a. O. (mit Abb.).
[7] Rom, Pal. Fiano: WIEGARTZ, Säulens. 179 Nr. 35 Taf. 12a. b; ders., Myra 231 f. – Die Frgt.e mit Leukippidenraub, Rom, Pal. Colonna (WIEGARTZ, Säulens. 178 Nr. 31 Taf. 13a. b), stammen nicht von einem S., wie H. Sichtermann feststellen konnte.
[8] Subiaco: WIEGARTZ, Säulens. 177f. Nr. 15; ASR IV 2, 78 Taf. 94,1; 95; WIEGARTZ, Myra 231 f.
[9] WIEGARTZ, Myra 231 f. (zu Rom, Pal. Fiano; Subiaco ist vielleicht mit Aphrodisias zu verbinden, wie N. Asgari vorschlägt).
[10] Vatikan 290: HELBIG[4] I 66; SICHTERMANN–KOCH 38f. Nr. 33 Taf. 75, 2; 76–78; G. KOCH, BJb 180, 1980, 88 ff.
[11] G. RODENWALDT, JHS 53, 1933, 201 f. Taf. 15; WIEGARTZ, Säulens. 36 Anm. 29; I. HERKLOTZ, ZKuGesch 43, 1980, 11ff. mit Abb. 1–3; G. KOCH, BJb 182, 1982.

VI. DIE SARKOPHAGE DER ÜBRIGEN PROVINZEN DES OSTENS DES RÖMISCHEN REICHES

Von Kleinasien mit seiner reichen und vielfältigen Überlieferung abgesehen, sind in den östlichen Provinzen lediglich in Syria in größerer Anzahl Sarkophage hergestellt worden. Allerdings handelt es sich kaum um eigenständige Werke; sie hängen vielmehr von anderen Gegenden ab, vor allem von Kleinasien und Athen. Auch Palaestina und Aegyptus sind stark von Kleinasien beeinflußt worden. In Palaestina sind nicht sehr viele Exemplare gefunden worden. In Aegyptus gab es nur in Alexandreia eine größere Produktion; hinzu kommen Arbeiten aus Granit und Porphyr, die vor allem für den Export hergestellt wurden. In Arabia sind die Funde sehr spärlich; bei den frühen Sarkophagen gibt es einige Beziehungen zu Palaestina, so daß die Provinzen hier zusammengeschlossen werden. In den großen Provinzen Cyrenaica und Africa (östlicher Teil) mit ihren in der Kaiserzeit besonders blühenden Städten, wie beispielsweise Apollonia, Kyrene, Ptolemais, Leptis Magna und Sabratha, wurden offensichtlich, von sehr wenigen Ausnahmen abgesehen, Sarkophage nicht geschaffen. Auch in Cyprus sind überaus wenige Sarkophage erhalten. Schließlich ist das Regnum Bospori zu behandeln, in dem einige Sarkophage zutage kamen.

Obwohl insgesamt in den genannten Landschaften die Zahl der Sarkophage nicht groß ist, hat doch jede Gegend ihre Eigenarten, so daß sie gesondert behandelt werden muß.

VI. 1. REGNUM BOSPORI

Aus dem Gebiet von Südrußland, Regnum Bospori, das keine römische Provinz, aber mit dem römischen Reich und der römischen Kultur verbunden war, sind nur wenige reliefgeschmückte Sarkophage bekannt.

Eine lange Tradition haben hölzerne Sarkophage, die bis in die Kaiserzeit gefertigt wurden;[1] sie haben häufig die Form kleiner Heroa und sind mit Malereien, Dekorationen aus Holzteilen, durchbrochenem Holzschnitzwerk oder aufgeleimten und bemalten Gips- und Terrakotta-Appliken geschmückt.

Attischer Import ist durch den Achillsarkophag des späteren 2. Jhs. n. Chr. belegt, der in Myrmekeion gefunden worden ist.[2] Einheimische Werke aus Marmor fanden

---

[1] C. WATZINGER, Griechische Holzsarkophage (1905). – N. I. SOKOLSKIJ, Antičnie derevyannie sarkofagi (Archeologia SSSR 1969). – V. F. GAJDUKEVIČ, Das Bosporanische Reich (1971) 429 ff. – H. SZYMAŃSKA, MatA 16, 1976, 129 ff.

[2] Leningrad P 1834.110: ASR II 21; GIULIANO, Commercio 47, Nr. 246; SAVERKINA, Ermitage 17 ff. Nr. 2 Taf. 6–9.

sich in Chersonesos. Woher der Marmor stammt, ist nicht geklärt. Eine Langseite mit Girlanden[3] verbindet kleinasiatische und stadtrömische Züge; an den Girlandenbögen hängen dicke Trauben, wie sie in Kleinasien geläufig sind; in den Bögen sind jeweils zwei sich anblickende Köpfe von Satyrn und Mänaden wiedergegeben, wie sie nur für stadtrömische Girlandensarkophage typisch sind.[4] Eine zweite Langseite[5] zeigt in der Mitte das verstorbene Paar auf der Kline, darunter eine Inschrift und seitlich Putten mit dünnen Girlandenbögen, an denen ungewöhnlich dicke Weintrauben hängen; die ungelenke Ausführung ist darauf zurückzuführen, daß ein einheimischer Steinmetz verschiedene Vorlagen auf diesem Stück zusammengesetzt hat. Ein Fragment mit Heraklestaten[6] könnte von einem Friessarkophag stammen, der sich vielleicht an stadtrömische Vorbilder anschließt. Ferner gibt es noch einige Fragmente.[7]

In Pantikapaion wurden schlichte Marmorsarkophage mit großen Dachdeckeln gefunden, die mit Akroteren versehen sind;[8] es könnte sich um Import aus Prokonnesos handeln;[9] doch müßten die Stücke erst im Original untersucht werden, um Sicherheit zu gewinnen. Im selben Ort sind auch schlichte Exemplare aus einheimischen Kalkstein bekannt.[10] Ungewöhnlich ist, daß einige dieser Beispiele an der Außenseite oder sogar an den Innenwänden bemalt sind;[11] unter ihnen ist ein Stück hervorzuheben, das an einer inneren Längswand einen Maler in seinem Atelier zeigt.[12] Die Zeitstellung der einheimischen Sarkophage müßte noch genauer untersucht werden; die drei Marmorsarkophage aus Chersonesos dürften aus dem späten 2. oder dem frühen 3. Jh. n. Chr. stammen.

VI. 2. CYPRUS

Von der Insel Zypern sind nur sehr wenige Sarkophage bekannt. Attischer Import ist durch den Girlandensarkophag in Bellapais vertreten;[1] ein Kasten mit Girlanden in Famagusta[2] könnte attisch sein, ist möglicherweise aber auch eine lokale Kopie nach

---

[3] Sevastopol 2/35678: G. SOKOLOV, Antique Art on the Northern Black Sea Coast (1974) 164f. Nr. 179.
[4] s. Kapitel I 4.3.9.1.
[5] Sevastopol 1/35678: SOKOLOV a.O. 168f. Nr. 182.
[6] Sevastopol 3/35678: SOKOLOV a.O. 166f. Nr. 181; Works of World Art in the Museums of Ukraine. Antique Art (Kiew 1977) Abb. 134.
[7] G. D. BELOV in: Kultura antičnogo mira (1966) 24ff. – Vgl. auch die von M. ALEXANDRESCU-VIANU, Revue des Études Sud-Est Européennes 8, 1970, 273 genannten Stücke aus Olbia und Tyras (auch mit Hilfe des dort genannten Aufsatzes von A. N. ŠEGLOV, Zapiski Odesskogo Archeologičeskogo Obščesma 2,

1967, 255 ff., konnte der Verf. die Stücke nicht auffinden).
[8] GAJDUKEVIČ a.O. (s. oben Anm. 1) 428f. SOKOLSKIJ a.O. (s. oben Anm. 1) 79 Abb. 19.
[9] s. Kapitel V 2.1.
[10] GAJDUKEVIČ a.O. 429.
[11] GAJDUKEVIČ a.O. 429. 431f.
[12] GAJDUKEVIČ a.O. 431f. Abb. 126.

[1] GIULIANO, Commercio 50 Nr. 278; HIMMELMANN, Antakya 21 Taf. 19; C. C. VERMEULE, Greek and Roman Cyprus: Art from Classical to Late Antique Times (Boston 1976) 73; GIULIANO-PALMA 24 Nr. 1 (VIIa) Taf. 21, 50; s. Kapitel IV 3.8.1, Liste der Girlandensarkophage Nr. 15.
[2] HIMMELMANN, Antakya 21 Taf. 20/21; VERMEULE a.O. 73 mit Anm. 9; s. Kapitel IV 3.8.1, Liste der Girlandensarkophage Nr. 16.

einem attischen Original.³ Eine Ostothek in Nikosia, die zur Gruppe der pamphylischen Ostotheken gehört,⁴ ist vielleicht erst neuzeitlich auf die Insel gekommen.⁵

An sicher einheimischen Stücken sind ein unpublizierter Sarkophag mit Tabula ansata und dachförmigem Deckel in Morphou,⁶ ein Fragment eines Säulensarkophages in Salamis,⁷ der kleinasiatische Exemplare nachahmt, und ein unpublizierter, recht grober Girlandensarkophag in Nikosia⁸ zu nennen. Daneben gibt es verschiedene schlichte Stücke.⁹ Die Verwendung von Sarkophagen hat sich also, soweit die Funde zeigen, auf Cyprus nicht durchgesetzt; eine einheimische Tradition ist nicht vorhanden.

VI. 3. SYRIA

J. B. WARD-PERKINS, BMusBeyr 22, 1969, 109 ff. – G. KOCH, AA 1977, 111, ff. (= KOCH I). – Ders., AA 1977, 388 ff. (= KOCH II).

Aus der römischen Provinz Syria ist eine große Anzahl von Sarkophagen bekannt. Teilweise handelt es sich um marmorne Exemplare, die in fertig ausgearbeitetem Zustand importiert worden sind; der überwiegende Teil ist jedoch einheimisch; diese Stücke können aus Marmor, der als Rohling oder als Halbfabrikat eingeführt worden ist, oder aus verschiedenartigen lokalen Steinen, nämlich Kalk- oder Sandsteinen oder vulkanischem Gestein, bestehen; Marmor gibt es in Syria nicht. Hinzu kommt eine große Gruppe von Bleisarkophagen, die für Syria und Palaestina charakteristisch ist.

In Syria hat die Beisetzung der Toten lange *Tradition;* die Verbrennung scheint kaum verbreitet gewesen zu sein. Datierte Grabtürme und Hypogäen¹ und wegen der Beifunde in das 1. Jh. n. Chr. anzusetzende Holzsarkophage mit Gold- und Bronzebeschlägen² sowie Terrakotta-³ und vielleicht auch Bleisarkophage⁴ zeigen das deutlich. Möglicherweise ist auch ein Sarkophag aus Sidon, der wegen der Darstellung auf

---

³ Die Form der Girlanden u. a. wäre für attische Sarkophage ungewöhnlich; eine Klärung könnte jedoch nur eine Untersuchung des Originals bringen. Mit Stücken in Aphrodisias und dem Kasten aus Laodikeia in Kopenhagen hat das Exemplar in Famagusta nichts zu tun (VERMEULE a. O. 73).

⁴ V. KARAGEORGHIS, BCH 93, 1969, 458 ff. Abb. 40; N. HIMMELMANN, RDAC 1970, 146 ff. Taf. 25; VERMEULE a. O. 74 mit Anm. 13.

⁵ HIMMELMANN a. O. 147. Exemplare in Tyros, Aleppo, Andriake und Rhodos könnten schon in der Antike von Pamphylien exportiert worden sein; s. Kapitel V 4.7.

⁶ T. B. MITFORD, OpArch 6, 1950, 42 f. Nr. 21 Abb. 23; VERMEULE a. O. 73 mit Anm. 11.

⁷ VERMEULE a. O. 73 mit Anm. 10, Taf. III 2.

⁸ Nikosia E 547a: VERMEULE a. O. 94 f. Anm. 13; INR 57.330;68.1137.-

⁹ VERMEULE a. O. 74. 94 Anm. 12. I. A. W. ROEPER-TER BORG in: Festoen A. N. Zadoks-Josephus Jitta (1976) 501.

¹ J. M. C. TOYNBEE, Death and Burial in the Roman World (1971) 219 ff. – Zu Monumenten in Palmyra: M. GAWLIKOWSKI, Monuments funéraires de Palmyre (1970) 45 f. 48 ff.

² H. SEYRIG, Syria 29, 1952, 204 ff.; 30, 1953, 12 ff. (Grab 5.10). H. BRANDENBURG, JdI 93, 1978, 321.

³ H. SEYRIG, Syria 30, 1953, 14 (Grab 8). BRANDENBURG a. O. 321.

⁴ J. HAJJAR, BMusBeyr 18, 1965, 61 ff., bes. 104. BRANDENBURG a. O. 321 – Dagegen: J. THIMME, JbKuSammlBadWürt 14, 1977, 201 ff.

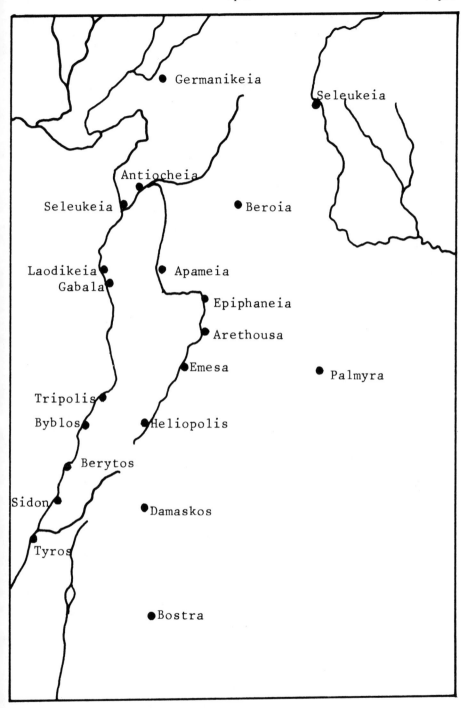

Abb. 24. Die römische Provinz Syria mit wichtigen Städten

der einen Schmalseite, nämlich einem Schiff, sowie dem sonst nicht üblichen roten Kalkstein und seiner guten Qualität aus der übrigen Produktion herausfällt, noch im 1. Jh. n. Chr. entstanden.[5]

Unter dem *Import* ist der Anteil der attischen Sarkophage besonders groß; den bei A. Giuliano verzeichneten Stücken lassen sich viele Neufunde, vor allem in Tyros, anschließen.[6] Es gibt einige frühe Exemplare; doch fällt auf, daß diejenigen überwiegen, die aus dem zweiten Viertel des 3. Jhs. n. Chr. stammen. Die kleinasiatische Hauptgruppe tritt dagegen stark zurück.[7] Die Stücke sind zeitlich von frühen bis zu späten Beispielen gestreut. Eine Ostothek des pamphylischen Typus stammt aus Tyros, zwei Fragmente werden in Aleppo aufbewahrt.[8] Girlandensarkophage aus Assos sind aus Tyros, Sidon und Tripolis,[9] ein Granitsarkophag aus Ägypten ist aus Tyros bekannt.[10] Stadtrömische Beispiele wurden in Tyros, Sidon und vielleicht Berytos gefunden.[11]

Lokale Sarkophage wurden an vielen Orten hergestellt. Sie haben jeweils ihre Besonderheiten, so daß die Orte einzeln betrachtet werden müssen (Abb. 24).

In TYROS ist eine große Nekropole mit sehr vielen Sarkophagen ausgegraben worden.[12] Die Stücke waren unter freiem Himmel aufgestellt. Sie bestehen teilweise aus prokonnesischem Marmor, der als Rohling oder als Halbfabrikat, und zwar als Kasten mit Profilen oben und unten oder als Kasten mit abbozzierten Girlanden,[13] importiert worden ist. Halbfabrikate sind vielfach ohne weitere Bearbeitung oder nur mit einer Glättung der Oberfläche benutzt worden. Die Sarkophage sind bis in christliche Zeit hinein wiederverwandt worden.[14] Die Ausarbeitung der Girlanden ist ganz verschiedenartig, es lassen sich keine für Tyros charakteristischen Eigenarten nennen.[15] Häufig tragen Stier- und Widderköpfe die Girlanden, und es sind über diesen Köpfen dicke Knoten angebracht; beides sind in Syrien verbreitete Züge. Es begegnen aber auch Eroten und Eckniken, eine Form, die mit Kleinasien zusammenhängt.[16] Ein Exemplar ragt in der Qualität heraus;[17] es dürfte von einem Meister gearbeitet sein, der in der Hauptgruppe der kleinasiatischen Sarkophage geschult worden und dann nach Tyros ausgewandert ist. An ungewöhnlicher Form ist ein Sarkophag mit tanzenden Mänaden und dazwischen Pilastern zu nennen, der vielleicht der Gruppe von Tripolis zu-

---

[5] KOCH I a.O. 120 mit Abb. 8/9.
[6] KOCH II a.O. 389. – Vgl. hier Kapitel IV 6.
[7] KOCH II a.O. 389 mit Anm. 96. 97. – Dazu: Aleppo 6024: Frgt. mit Kopf und Ansatz der Muschelnische; Herkunft nicht bekannt; unpubl.
[8] KOCH II a.O. 389 mit Anm. 98. 99.
[9] WARD-PERKINS a.O. 124 ff. KOCH II a.O. 390 mit Anm. 104.
[10] WARD-PERKINS a.O. 130 f. KOCH II a.O. 390 mit Anm. 103.
[11] KOCH II a.O. 390 mit Anm. 100–102.
[12] WARD-PERKINS a.O. 109 ff. – J.-P. REY-COQUAIS, BMusBeyr 29, 1977, 1 ff. (zu Inschriften). – Die Publikation wird durch M. Chéhab vorbereitet.
[13] KOCH II a.O. 392 mit Anm. 108–110.
[14] Viele Beispiele bei REY-COQUAIS a.O. 1 ff.; vgl. auch 166 ff.
[15] N. JIDEJIAN, Tyre through the Ages (1969) Abb. 77; REY-COQUAIS a.O. Taf. 8,2 und mehrere unpubl. Exemplare. – Vgl. Anm. 16 und 17.
[16] Berlin 860: Königliche Museen zu Berlin. Beschreibung der antiken Skulpturen (1891) 343 Nr. 860. Tyros 779/80: unpubl.
[17] M. CHÉHAB, Les Dossiers de l'Archéologie 12, Sept./Okt. 1975, 40; REY-COQUAIS a.O. 78 f. Nr. 140 Taf. 22,1.

zurechnen ist.[18] Ein anderes Stück zeigt in der Mitte ein gerahmtes Feld mit Riefeln und seitlich Eroten, die sich auf umgekehrte Fackeln stützen;[19] es muß noch untersucht werden, wie das prokonnesische Halbfabrikat vorbereitet war.[20] Ein weiterer Sonderfall ist ein Stück, dessen Kasten einen attischen Klinen-Riefelsarkophag und dessen Deckel einen Klinendeckel der kleinasiatischen Hauptgruppe nachahmt.[21] Schließlich ist noch ein Beispiel zu nennen, das an Attisches anklingende Profile am unteren und oberen Rand hat und auf der Vorderseite einen Tondo mit einem bewegten Gorgokopf trägt.[22] Mehrfach begegnen die für die attischen Sarkophage typischen kleinen Blattziegel auf den Dachdeckeln.[23] Die Sarkophage aus lokalem Kalkstein haben teilweise Girlandenformen, die sich an die ‚syrischen Girlanden' anschließen, teilweise sind sie in einfacherer und gröberer Art geschmückt, vereinzelt kopieren sie auch die prokonnesischen Girlanden-Halbfabrikate.[24] Gelegentlich ist nur eine Schmalseite geschmückt, nämlich die, die bei der Aufstellung zur Straße hin gerichtet war.[25] Es gibt auch schlichtere Formen, wie einen Kasten mit Pilastern an den Ecken und glatten Wänden oder ein Stück mit einer gerundeten Schmalseite.[26]

Äußere Anhaltspunkte für eine Datierung der Sarkophage in Tyros gibt es nicht. Unter den sehr zahlreichen Inschriften ist keine einzige, die einen Hinweis gibt;[27] sie stammen in der Regel von Wiederverwendungen. Die beiden datierten Exemplare aus Deb'aal in der Nähe von Tyros geben auch keinen Hinweis, da sich ihnen Beispiele aus Tyros nicht anschließen lassen.[28] Ausgesprochen frühe Exemplare sind in Tyros nicht erhalten; der Großteil der Stücke dürfte aus dem 2. und dem früheren 3. Jh. n. Chr. stammen. Es hat den Anschein, daß im 3. Jh., vor allem im zweiten Viertel, neben den überaus zahlreichen attischen Sarkophagen große prokonnesische Halbfabrikate verbreitet waren, die am Kasten unten und oben Profile haben und einen mächtigen Deckel tragen.[29] Einer der spätesten reliefgeschmückten Sarkophage, die in Tyros gefunden worden sind, ist der stadtrömische Hippolytossarkophag, der etwa 270 n. Chr. entstanden sein dürfte.[30] Gleichzeitige lokale Exemplare sind bisher nicht nachgewiesen worden.

In der Nähe von Tyros, in DEB'AAL, wurden in einem Hypogäum außer Bleisarkophagen zwei Kalksteinexemplare gefunden;[31] in der Ausführung zeigen sie keine

---

[18] M. CHÉHAB, BMusBeyr 21, 1968, 72 ff. Taf. 45 ff. ASR IV 4, 275 A Beil. 133 ff.
[19] D. MONNA – P. PENSABENE, Marmi dell' Asia Minore (1977) 160 Abb. 59; REY-COQUAIS a. O. 55 Nr. 92 Taf. 19,2.
[20] Vielleicht eine für Oberitalien (Gruppe von Ravenna) bestimmte Form.
[21] WARD-PERKINS a. O. 120 (PR 18) Taf. 3,2.
[22] N. JIDEJIAN, Tyre through the Ages (1969) Abb. 69; WARD-PERKINS a. O. 123 (PR 27) Taf. 3,1; MONNA-PENSABENE a. O. 160 Abb. 58; REY-COQUAIS a. O. 6 Nr. 7.
[23] z. B. beim S. mit Gorgokopf (s. Anm. 22) oder beim S. mit Girlanden in Tyros (s. oben Anm. 16).

[24] z. B. WARD-PERKINS a. O. Taf. 5,2; 11,2. – REY-COQUAIS a. O. Taf. 7,1; 8,1; 9,1; 14,1. – Berlin 861: Beschreibung a. O. (s. oben Anm. 16) 343 Nr. 861.
[25] REY-COQUAIS a. O. Taf. 22,2 und unpubl. Exemplare.
[26] REY-COQUAIS a. O. Taf. 11,2; 25,1; 30,4.
[27] s. oben Anm. 14.
[28] s. unten Anm. 31.
[29] z. B. WARD-PERKINS a. O. Taf. 2,1; 4,2 – 4. – REY-COQUAIS a. O. Taf. 29.
[30] KOCH II a. O. 390 mit Anm. 101.
[31] KOCH II a. O. 392 mit Abb. 64–67.

Verbindung zu Stücken in Tyros. Sie haben aber ihre besondere Bedeutung, da der eine durch eine Inschrift datiert ist: der Bestattete ist am 19. November 136 n. Chr. gestorben. Beide Stücke tragen wegen der Aufstellung im Hypogäum nur auf der einen Schmalseite Schmuck, nämlich von Niken gehaltene Girlanden auf dem Kasten und die Büsten der verstorbenen Eheleute auf dem Giebel des Deckels.

Aus SIDON sind besonders zahlreiche Sarkophage bekannt. Sie waren in der Regel in Hypogäen aufgestellt, die in dieser Stadt eine lange Tradition haben. Sie sind meist aus einem mehr oder weniger groben Kalkstein gearbeitet worden. Charakteristisch für Sidon sind die Formen, die Holzsarkophage mit bronzenen Löwenköpfen nachahmen.[32] Bei den Steinsarkophagen sind zwei oder drei Löwenköpfe auf den Langseiten und zwei Löwenköpfe auf den Schmalseiten angebracht; sie halten Ringe in den Mäulern, an denen Girlanden hängen. Verschiedentlich sind die Löwenköpfe durch Gorgonenköpfe ersetzt. Selten tragen Eroten die Girlanden.[33] Gelegentlich ist eine Schmalseite gerundet.[34] Ein Exemplar, bei dem ins Profil gerichtete Köpfe aus dem dionysischen Kreis in den Bögen wiedergegeben sind, könnte von einer Muster-Zeichnung aus Rom abhängen.[35] Bei einem anderen Beispiel halten Adler die Girlanden, ein Motiv, das auf attischen Sarkophagen vorkommt;[36] bei dem Stück in Sidon hängen allerdings Trauben an den Girlanden. An Sonderfällen sind zu nennen: ein Stück mit antithetischen Löwen,[37] die vielleicht Verbindungen mit attischen Sarkophagen haben; eines mit Meerwesen,[38] die möglicherweise von stadtrömischen Vorbildern abhängen; eines mit einem Gefäß mit Vögeln in der Mitte und Bäumen und nach außen gerichteten Löwen an den Seiten;[39] eines mit zwei fliegenden Niken, die Kränze über eine sitzende trauernde Psyche halten;[40] eines mit zwei lagernden weiblichen Gestalten[41] und schließlich eine fragmentierte Langseite mit einer schlafenden Psyche, zu der ein mit Schild bewaffneter Eros herabfliegt.[42] Auf den Schmalseiten finden sich Girlanden und vielfach figürliche Szenen: verbreitet sind trauernde Psychen;[43] verschiedentlich sind Löwen oder Sphingen vorhanden;[44] als Ausnahmen

---

[32] KOCH I a.O. 111 ff. (vgl. 114 f. Anm. 20); II 390 f.

[33] Beirut (Nr. ?): M. MEURDRAC – L. ALBANÈSE, BMusBeyr 3, 1939, 48 Taf. 6 c; 49 Taf. 6 b. – Istanbul 1178 und 314: MENDEL III 400 ff. Nr. 1161. 1162.

[34] Istanbul 429: MENDEL I 147 f. Nr. 42.

[35] Beirut (Nr. ?): MEURDRAC-ALBANÈSE a.O. 37 ff. Taf. 4 a. b.

[36] Beirut 5: M. MEURDRAC – L. ALBANÈSE, BMusBeyr 2, 1938, 77 ff. Taf. 6,1. – Vgl. C. VIROLLEAUD, Syria 5, 1924, Taf. 19,5 (in Beirut ?).

[37] Aufbewahrungsort nicht festzustellen: G. CONTENAU, Syria 4, 1923, 279 Abb. 8.

[38] Aufbewahrungsort nicht festzustellen: G. CONTENAU, Syria 5, 1924, 126 Taf. 36,1; ASR V 1 S. 132 Abb. 176.

[39] Beirut (Nr. ?): unpubl.

[40] Istanbul 3301: A. MÜFID, AA 1932, 436 f. 445 f. Abb. 47.

[41] Istanbul 281: MENDEL III 414 Nr. 1171.

[42] Istanbul o. Nr.: unpubl.

[43] Istanbul 2244: MENDEL III 612 Nr. 1402. – Istanbul 2736: MENDEL III 611 f. Nr. 1401. – Istanbul 417: MENDEL I 76 ff. Nr. 12. – Beirut (Nr. ?): L. MEURDRAC – L. ALBANÈSE, BMusBeyr 3, 1939, 49 f. Taf. 7 c. d. – Zu Psyche auf S. in Syrien: E. v. MERCKLIN, Berytus 6, 1939–41, 32 ff.

[44] Istanbul 1178 (r. Ns.): MENDEL III 400 ff. Nr. 1161. – Istanbul 241: unpubl. (1884 aus Sidon). – Beirut (Nr. ?): MEURDRAC-ALBANÈSE a.O. 48 Taf. 6 d. – Beirut (Nr. ?): T. MACRIDY, RBibl. 1, 1904, 397 (S. 7.8) Taf. 11. – Weitere Beispiele in Beirut.

sind Exemplare mit einem Schiff,[45] zwei Eroten mit einem Hasen,[46] zwei Eroten, die eine Girlande vor dem Leib halten,[47] zwei weibliche Gestalten[48] und ein großer Gorgokopf[49] zu nennen; in mehreren Fällen ist auf der Nebenseite nur eine Pelta abgebildet.[50] Parallelen für die Darstellungen sind nicht in allen Fällen nachweisbar. Aus den zahlreichen Sarkophagen aus lokalem Stein fällt ein marmornes Exemplar heraus, das wohl als Rohling von Prokonnesos gekommen ist;[51] am Orte wurde nur die eine Schmalseite teilweise ausgeführt. Aus Marmor besteht auch eine Ostothek.[52] Einen zeitlichen Anhaltspunkt für die Datierung scheint es bei den Sarkophagen von Sidon nicht zu geben. Das relativ früheste Stück, das auf der bevorzugten Schmalseite die Schiffsdarstellung zeigt,[53] ist vielleicht noch im 1. Jh. n. Chr. entstanden; doch ist das nicht zu sichern. Der überwiegende Teil der Sarkophage könnte im späteren 2. und früheren 3. Jh. n. Chr. geschaffen worden sein.[54] Engere Verbindungen zu annähernd datierten Löwenköpfen im Westen sind nicht vorhanden.

Einzelstücke stammen aus SAREPTA,[55] ORNITHOPOLIS,[56] KHAN-KHALDE (Leontopolis)[57] und HELIOPOLIS (Baalbek).[58] Mehrere Sarkophage sind in BERYTOS (Beirut) gefunden worden. Ein recht grober Kasten mit Girlanden aus lokalem Kalkstein ist durch seine Inschrift etwa in das Jahr 133 n. Chr. datiert.[59] Er zeigt die Verwendung von Stierköpfen und die Betonung der Kreuzknoten, die als typisch für die syrischen Sarkophage angesehen werden dürfen. Eine kleine Gruppe von Exemplaren, die in Berytos aus prokonnesischen Girlanden-Halbfabrikaten ausgearbeitet worden sind, schließt sich zusammen;[60] Kalksteinsarkophage sind ihr auch zuzurechnen.[61] Frag-

---

[45] Beirut (Nr. ?): G. CONTENAU, Syria 1, 1920, 35 ff. Abb. 10f. Taf. 6; L. CASSON, Ships and Seamanship in the Ancient World (1971) Abb. 156; M. CHÉHAB, Le Musée National (o. J.) 130 Abb. 46; KOCH I a. O. 120; II a. O. 391.

[46] Beirut (Nr. ?): G. CONTENAU, Syria 4, 1923, 278f. Abb. 7.

[47] Istanbul 3208: unpubl. (F. O. nicht bekannt).

[48] Istanbul 3290: unpubl.

[49] Istanbul 314 (r. Ns.): MENDEL III 402 Nr. 1162.

[50] Istanbul 314 (l. Ns.): s. oben Anm. 49. – Istanbul 1177: MENDEL III 406 f. Nr. 1167.

[51] Aufbewahrungsort nicht festzustellen: M. MEURDRAC – L. ALBANÈSE, BMusBeyr 3, 1939, 46 ff. Taf. 6 a.

[52] Brüssel A 1089: F. CUMONT, Catalogue des sculptures et inscriptions antiques des Musées Royaux de Cinquantenaire[2] (1913) 114 f. Nr. 88.

[53] s. oben Anm. 45.

[54] I. SKUPINSKA-LÖVSET, AA 1979, 224 ff.

[55] Paris AO 4929: E. RENAN, Mission de Phénicie (1864–1874) 664 Taf. 60,5.

[56] Beirut 480: WARD-PERKINS a. O. 140 f. ('Adloun').

[57] Verschollen (?): F. DE SAULCY, Voyage autour de la Mer Morte (1853) 27 Taf. 3,1; M. CHÉHAB, BMusBeyr 6, 1942/43 Taf. 6 n. S. 58.

[58] Verschollen (?): DE SAULCY a. O. Taf. 53,2 (S. ?). – Baalbek, Tempelbezirk: K. mit zwei vertieften Feldern, die durch Pilaster getrennt werden; Jagdszenen; auf dachförmigem Deckel lagert Löwe; unpubl. – K. mit zwei Feldern mit profilierter Rahmung auf Ls.; Löwenköpfe; Dachdeckel; unpubl.

[59] Beirut, École de la Sagesse: KOCH II a. O. 392 mit Abb. 68.

[60] KOCH II a. O. 392 f. mit Anm. 117–119 (Stücke in Beirut [Inv. 8], Bryn Mawr und Washington). – Dazu: Chatsworth: C. C. VERMEULE, AJA 59, 1955, 132 Taf. 41,5. – Paris AO 4870: R. DUSSAUD, Syria 23, 1942/43, 56 Anm. 2 Abb. 11. – Paris AO 4871: RENAN a. O. (s. oben Anm. 55) Taf. 45,1. – Jerusalem, Privatbesitz: A. RECIO VEGANZONES, StBiFranc 20, 1970, 127 ff. – Mehrere Fragmente in Beirut: unpubl. – In Beirut auch ein ‚unfertiges' Halbfabrikat: unpubl.; Herkunft derzeit nicht festzustellen.

[61] Unpubl. Exemplare in Beirut.

mente eines Kastens mit dorischen Halbsäulen und Metopen-Triglyphen-Fries sind vielleicht in hellenistischer Zeit entstanden.[62] Bei einer Reihe von Sarkophagen, die in Beirut aufbewahrt werden, ließ sich die Herkunft nicht klären; darunter sind eine marmorne Langseite mit Niken, die eine Tabula ansata halten, und ein Kasten aus Kalkstein, der allseits eine profilierte Rahmung trägt;[63] auf der einen Langseite stehen in den beiden Feldern Sirenen, auf der anderen Langseite sind Löwenköpfe angebracht. Schließlich ist noch in der Nähe von Beirut eine Langseite mit drei Girlandenbögen anzuführen,[64] die in der Mitte von Gorgoköpfen gehalten werden; im mittleren Bogen ist eine Tabula ansata, in den seitlichen ein vertiefter Tondo mit Porträtbüsten, und zwar links die eines Mannes und rechts die einer Frau, wiedergegeben.

Aus dem südöstlichen Syrien, dem HAURAN, sind wenige Sarkophage überliefert. Ein Beispiel zeigt, in vulkanischem Gestein roh ausgeführt, einen Kampf von Griechen und Kentauren;[65] ein anderes hat senkrechte Riefel und oben eine mit Mäander und Blattwerk geschmückte Zone;[66] auf einem weiteren halten zwei fliegende Niken einen Tondo mit Porträtbüste.[67]

In DAMASKOS sind einige Sarkophage gefunden worden, die sich zu einer kleinen Gruppe zusammenschließen;[68] bei einigen ist eine Rahmung vorhanden, die auf die eine Schmalseite beschränkt sein kann; in den Feldern sind ein Gorgokopf, die Büsten eines Ehepaares oder Blüten. Bei anderen Stücken steht der Fundort nicht fest, so bei einem prokonnesischen Girlanden-Halbfabrikat,[69] einem marmornen Exemplar, das am unteren und oberen Rand Profile hat,[70] und einem Stück aus braunem Kalkstein,[71] das auf der Vorderseite zwei Girlandenbögen, von Niken und einem Eros gehalten, und auf der vorderen Langseite des Deckels ebenfalls zwei Girlandenbögen trägt, die in der Mitte an einem Stierkopf hängen.

Aus EMESA (Homs) stammen einige Girlandensarkophage ungewöhnlicher und roher Ausführung;[72] bei einem sind Girlanden in den profilierten Feldern der Langseite angebracht; ein Exemplar trägt eine Büste auf der Langseite, ein weiteres Köpfe in vertieften Feldern.

In TRIPOLIS sind einige aufwendige Sarkophage gefunden worden, die wohl auf

---

[62] Beirut (Nr. ?): unpubl.
[63] Beirut (Nr. ?): beide unpubl.
[64] Aufbewahrungsort derzeit nicht festzustellen (in Bikfaya 1972 und 1975 nicht gefunden): WARD-PERKINS a.O. 143 („Byblos 2'); KOCH II a.O. 392 Anm. 115; INR 54. 848. – Vgl. Frgt. eines Girlandens. in Ghazir, Grabmal von Emir Fouad Chéhab: unpubl. – Vgl. ferner Frgt.e, in Beirut (F.O. derzeit nicht festzustellen), die vielleicht aus Halbfabrikaten ausgearbeitet worden sind, die aus Ephesos stammen: N. ASGARI, AA 1977, 342 Anm. 34.
[65] Damaskus 2834: KOCH II a.O. 394 Anm. 131.
[66] Mu'arribeh: Syria. Publications of the Princeton University Archaeological Expeditions to Syria in 1904/05 and 1909, II A 5 (1915) 306 f. Abb. 277.
[67] Damaskus (Nr. ?): unpubl.
[68] Damaskus 4957. 12512. 17620 und zwei Beispiele o. Nr.: KOCH II a.O. 394 Anm. 131 (F.O. Damaskus).
[69] Damaskus (Nr. ?): KOCH II a.O. 394 Anm. 131 (F.O. nicht bekannt).
[70] Damaskus 4957: KOCH II a.O. 394 Anm. 131.
[71] Damaskus (Nr. ?): KOCH II a.O. 394 Anm. 131.
[72] S. RONZEVALLE, MélBeyrouth 7, 1914–21, 155 ff.

eine Werkstatt zurückzuführen sind.⁷³ Es wurden prokonnesische Girlanden-Halbfabrikate und auch andere Formen verwandt.⁷⁴ Die Beispiele zeigen eine Ausarbeitung, die sich von den anderen Werken der Provinz absetzt und an attische Sarkophage anlehnt. Ein Exemplar ist allseitig mit Darstellungen von Eroten versehen, wie sie auf attischen Sarkophagen ihre Parallele haben.⁷⁵ Ein anderes, noch reicher geschmücktes, hat auf Nebenseiten und Rückseite die abbozzierten Girlanden bewahrt, während auf der Vorderseite der Aufbruch des Hippolytos zur Jagd ausgearbeitet ist;⁷⁶ attische Vorbilder für diese Szene sind nicht erhalten, das Stück ist jedoch mit seiner Ornamentik und auch seinem Stil eng mit attischen Sarkophagen verwandt. Weiterhin sind ein großes Exemplar mit Girlanden in singulärer Ausführung⁷⁷ und eines mit einem Totenmahl auf der Langseite⁷⁸ erhalten, bei dem der Deckel ungewöhnliche Form hat. Der Sarkophag mit Mänaden in Tyros⁷⁹ und ein Fragment mit einer Frau auf der Kline in Beirut⁸⁰ sind möglicherweise in derselben Werkstatt geschaffen worden. Ein Sarkophag aus lokalem Stein mit Girlanden ist sehr viel einfacher.⁸¹ Die Exemplare aus Tripolis dürften aus dem späteren 2. Jh. n. Chr. stammen.

565

567

555
564
566

In LAODIKEIA (Lattaquia) sind einige Sarkophage entstanden, die sich zu einer kleinen Gruppe zusammenschließen; sie bestehen aus lokalem braunem Stein;⁸² nur ein Exemplar ist aus einem importierten Girlanden-Halbfabrikat gearbeitet, das vielleicht aus Karien kommt.⁸³ Es handelt sich um Girlandensarkophage, deren Kästen relativ hoch sind und die einen schweren Sockel haben; die Deckel sind reich geschmückt. Es sind Verbindungen zu Exemplaren in Seleukeia und Antiocheia vorhanden. Das Stück in SELEUKEIA mit Girlanden hat Beziehungen zu kleinasiatischen und auch zu attischen Sarkophagen.⁸⁴ Daneben gibt es in Seleukeia schlichtere Stücke mit Girlanden und mit Tabula ansata, die teilweise aus dem anstehenden Fels gemeißelt sind.⁸⁵ Aus ANTIOCHEIA (Antakya) und Umgebung sind mehrere Sarkophage erhalten, die jedoch von der Blüte der Stadt in der Kaiserzeit kaum Zeugnis geben.⁸⁶ Ein Kasten

571

572

576

---

⁷³ KOCH II a.O. 393.
⁷⁴ Für den S. mit Mänaden (s. oben Anm. 18) und vielleicht auch für den mit Eroten (s. unten Anm. 75) könnten Rohlinge vorgelegen haben.
⁷⁵ Istanbul 510: MENDEL III 408 ff. Nr. 1169; G. RODENWALDT, JdI 45, 1930, 168 ff. mit Abb. 53–55.
⁷⁶ Istanbul 508: MENDEL I 109 ff. Nr. 26; ASR III 2, 151; RODENWALDT a.O. 154; WARD-PERKINS a.O. 144 Taf. 8,3.
⁷⁷ Istanbul 2247: MENDEL III 397 ff. Nr. 1159; M. SCHEDE, Griechische und römische Skulpturen des Antikenmuseums (1928) Taf. 37; RODENWALDT a.O. 154 Anm. 4. – Vgl. die von WARD-PERKINS a.O. 144 f. genannten Stücke (,Tripolis 4–8'), die sich bisher nicht identifizieren ließen.
⁷⁸ Istanbul 345: MENDEL III 412 ff. Nr. 1170; RODENWALDT a.O. 170 Anm. 1.
⁷⁹ Tyros, Nekropole: s. oben Anm. 18.
⁸⁰ Beirut (Nr. ?): C. VIROLLEAUD, Syria 5, 1924, 119 f. Taf. 33,3; R. MOUTERDE – J. LAUFFREY, Beyrouth, ville romaine (1952) 21 mit Abb. 30; C. PICARD, RA 1959, 2, 127 mit Anm. 3 u. Abb. 6; HIMMELMANN, Typ. Unt. 24 Anm. 74.
⁸¹ Istanbul 300: MENDEL III 403 ff. Nr. 1164.
⁸² Kopenhagen 791: KOCH II a.O. 393 Anm. 127. – Damaskus 5085: KOCH II a.O. 393 Anm. 123; G. SAADÉ, AAS 26, 1976, 23 Taf. 7,17. – Tartous T 303–306. 308. 312: KOCH II a.O. 393 Anm. 125; – J. P. REY-COQUAIS, AAS 26, 1976, 41 Nr. 11 Taf. 4 a.b. – Lattaquia, Stadtpark: SAADÉ a.O. 25 f. Taf. 8, 20. 23 (vgl. auch Taf. 5, 10). – Lattaquia, Stadtpark: zwei unpubl. Exemplare.
⁸³ KOCH II a.O. 389 Anm. 92; 393.
⁸⁴ HIMMELMANN, Antakya 9 f. Abb. 6.
⁸⁵ HIMMELMANN a.O. 4 f. Abb. 2. 3. – Weitere Stücke in der Nekropole.
⁸⁶ HIMMELMANN, , a.O. 3 ff.; dazu: G. KOCH, Gnomon 45, 1973, 220 ff.

mit flach aufliegenden Pilastern mit ionischen Kapitellen, an denen dünne Girlanden hängen, ist vielleicht vor Einsetzen der Hauptproduktion entstanden.[87] Unter den Girlandensarkophagen aus lokalem Stein ragt ein Stück heraus, das mit seinen zwei Bögen, den Profilen sowie Form und Blattziegeln des Daches mit attischen Exemplaren zu verbinden ist.[88] Die aus prokonnesischen Girlanden-Halbfabrikaten am Ort ausgearbeiteten Stücke haben weit bessere Qualität, jedoch keine Besonderheiten, die für Antiocheia typisch sind; sie hängen vielmehr von Kleinasien ab.[89] In einem Fall ist aus einem Girlanden-Halbfabrikat aus Prokonnesos auf der Vorderseite ein Fries mit Eroten ausgearbeitet, der von attischen Erotensarkophagen abhängt.[90] Weiterhin gibt es Exemplare mit schweren Profilen und einer Tabula ansata;[91] schließlich ist eine Ostothek mit dünn aufgelegten Girlanden zu nennen, die ungewöhnlicherweise rund ist.[92] Die meisten der genannten Exemplare dürften aus dem späteren 2. Jh. n. Chr. stammen.

Eine weitere kleine Gruppe ist für APAMEIA nachzuweisen.[93] Es handelt sich um Sarkophage, deren Girlanden wie in Kleinasien von Niken und Eroten gehalten werden; auch die eine Tabula haltenden Eroten weisen nach Kleinasien. Bei einem Exemplar sind auf der Rückseite antithetische Löwen wiedergegeben, ein Motiv, das von attischen Vorbildern abhängt.[94] Ein Kasten mit Einteilung in drei Felder ist ein Einzelstück.[95] Mehrere Sarkophage sind in ALEPPO (Beroia) erhalten; einer, der wohl aus einem prokonnesischen Girlanden-Halbfabrikat ausgearbeitet ist, hängt mit Apameia zusammen;[96] zwei recht grobe Stücke mit profilierter Rahmung und Girlanden sind in der Ausführung mit einem Relief in Dart'azze verbunden, das vielleicht Langseite eines Sarkophages ist;[97] es ist durch die Inschrift 235/36 n. Chr. datiert. Ein Klinendeckel zeigt zwei lagernde und am Kopfende eine sitzende Gestalt;[98] die kleinasiatischen Vorlagen sind also abgewandelt worden. Schließlich sind noch ein Kasten mit großer Tabula ansata aus Kalkstein[99] und eine Ostothek mit Girlanden aus Mar-

---

[87] Antakya 11162: HIMMELMANN a.O. 3f. Taf. 1.

[88] Antakya 8472: HIMMELMANN a.O. 8f. Taf. 6/7. – Vgl. dagegen Inv. 8500–8502: HIMMELMANN a.O. 5ff. Taf. 4/5.

[89] Antakya 8474. 8990. 9384: HIMMELMANN a.O. 10ff. Taf. 3. 10. – Washington, DO 38.93: Antioch on the Orontes III (1941) 124 Nr. 360 Taf. 13; GIULIANO, Commercio 51 Nr. 286; Handbook of the Byzantine Collection, Dumbarton Oaks (1955) Nr. 25.

[90] Antakya 8475: HIMMELMANN a.O. 12 Taf. 8/9.

[91] Antakya (Nr. ?): HIMMELMANN a.O. 4f. Taf. 2.

[92] Princeton (Nr. ?): Antioch on the Orontes III (1941) 124 Nr. 361 Taf. 12.

[93] KOCH II a.O. 393f. Anm. 130. – Exemplare in Apameia, Aleppo und Brüssel; zu Brüssel auch: K. SCHAUENBURG, GettyMusJ 2, 1975, 64 mit Abb. 9; zu Apameia auch: J. UND J. C. BALTY, ANRW II 8 (1977) 131f. Taf. 7.

[94] Rs. des K. m. D. in Apameia: unpubl.

[95] Apamée de Syrie. Bilan des recherches archéologiques 1969–1971 (Fouilles d'Apamée de Syrie, Misc. 7, 1972) 26f. Taf. 6,2; 7,2.

[96] KOCH II a.O. 393 mit Anm. 145.

[97] Aleppo (Nr. ?): KOCH II a.O. 394 Anm. 131. Dart'azze: G. TCHALENKO, Villages antiques de la Syrie du Nord I (1953) 184; II(1953) Taf. 202,4; III (1958) 20 Nr. 18. – Vgl. das aus dem anstehenden Felsen gehauene Stück in Shnan: H. C. BUTLER, Architecture and Other Arts (1904) 277 mit Ab.

[98] Aleppo (Nr. ?): KOCH II a.O. 394 Anm. 131.

[99] Aleppo (Nr. ?): s. Anm. 98

mor zu nennen.¹⁰⁰ Aus SELEUKEIA am Euphrat (Zeugma) kommen zwei Girlandensarkophage,¹⁰¹ die Verbindungen zu anderen Exemplaren im nördlichen Syrien haben. Ein Exemplar aus Kalkstein in GAZIANTEP¹⁰² zeigt auf der Vorderseite ein Totenmahl; Parallelen sind nicht bekannt. In GERMANIKEIA (Kahramanmaraş) wurde ein Kasten mit schweren Profilen am unteren und oberen Rand, Girlanden und eine Tabula ansata haltenden Eroten gefunden.¹⁰³ Die Dekoration hat in Kleinasien Entsprechungen. Bei weiteren Exemplaren mit Girlanden im Museum von Kahramanmaraş, ist die Herkunft nicht bekannt;¹⁰⁴ hervorzuheben ist eine Nebenseite,¹⁰⁵ die links von einem Pilaster und rechts von einer auf die Ecke gestellten Säule begrenzt wird; in einem herabhängenden Girlandenbogen ist ein Gorgokopf wiedergegeben.

PALMYRA hat eine Sonderentwicklung genommen.¹⁰⁶ Importierte Sarkophage sind nicht vorhanden, und zum übrigen Syrien sind keine Verbindungen festzustellen. Zwar ist die Beisetzung der Toten üblich, jedoch in Loculi in Grabtürmen und Hypogäen und nicht in Sarkophagen; als Verschluß der einzelnen Loculi wurden Grabreliefs mit Büsten verwandt. Im späteren 2. und in der ersten Hälfte des 3. Jhs. n. Chr. gibt es eine kleine, eng geschlossene Gruppe von Sarkophagen, bei denen sich teilweise feststellen läßt, daß für sie nachträglich eine Aufstellungsmöglichkeit im Hypogäum geschaffen wurde. Einige Exemplare sind durch Inschriften datiert.¹⁰⁷

Es handelt sich um Kästen aus dem am Orte anstehenden Kalkstein, die die Form einer Kline haben (Abb. 25). Ein profilierter Unterbau ist vorhanden; die Füße sind gedrechselt; sie tragen eine Leiste, deren Ecken abgesetzt sind; auf ihr liegt eine Matratze. Zwischen den Beinen der Kline sind die Büsten, verschiedentlich in Tondi, der Verstorbenen angebracht; seltener sind ganzfigurige Gestalten. Die Deckel sind wie ein Relief aufgefaßt, das sich über der Vorderseite des Kastens erhebt. Dargestellt ist der auf einer Matratze lagernde Tote im Kreise der Familie; bisweilen sind zwei lagernde Gestalten wiedergegeben. Einige Male ist ein derartiger ‚Deckel' ohne Kasten im Hypogäum aufgestellt. Auch auf Grabreliefs findet sich die Szene. Verschiedene Teile der Kline, die Matratzen und die Gewänder sind, wie es für die lokale Plastik in Palmyra charakteristisch ist, mit Ornamenten in flacher, wie geschnitzt wirkender Arbeit überzogen.

---

¹⁰⁰ Istanbul 1152: MENDEL III 405 Nr. 1165; WARD-PERKINS a. O. 145.
¹⁰¹ Gaziantep 1969. 2096 (oder 1096?): J. WAGNER, Seleukia am Euphrat/Zeugma (1976) 271 ff. Nr. 167.168 Taf. 59.
¹⁰² Gaziantep (Nr. ?): unpubl. (F.O. nicht festzustellen). – Vgl. auch Inv. 1717: K. mit profilierter Rahmung und einem Girlandenbogen; unpubl. (F.O. nicht festzustellen).
¹⁰³ Kahramanmaraş 190: INIst R 2858.
¹⁰⁴ Kahramanmaraş 1966 und o. Nr.: unpubl.
¹⁰⁵ Kahramanmaraş 200: INIst R 2860.
¹⁰⁶ H. INGHOLT, Berytus 2, 1935, 57 ff. – R. AMY – H. SEYRIG, Syria 17, 1936, 229 ff. – H. SEYRIG, AAS 1, 1951, 32 ff. – M. GAWLIKOWSKI, Berytus 19, 1970, 77 ff. Abb. 7 ff. – H. INGHOLT, MélBeyrouth 46, 1970/71, 173 ff.; ders. in: Palmyre. Bilan et Perspectives. Colloque de Strasbourg 18. – 20. 10. 1973 (1976) 101 ff. – A. BOUNNI – J. TEIXIDOR, Inventaire des Inscriptions de Palmyre XII (1975) 10 ff. Nr. 2–11. – A. SADURSKA, Palmyre VII (1977) bes. 31 ff. 36 ff. 71 ff. 76 ff. 107 ff. – M. A. R. COLLEDGE, The Art of Palmyra (1976) 77 f. (58 ff. zu ‚funerary sculpture', 67 ff. zu ‚relief busts').
¹⁰⁷ SADURSKA a. O. 84 ff. 109 ff.

Abb. 25. Sarkophag aus Palmyra in Form einer Kline

Klinensarkophage sind vor allem in Kleinasien und Athen, selten hingegen in Rom verwandt worden. Die Exemplare in Palmyra haben ihre Besonderheiten, die sie von anderen Beispielen absetzen. Es muß noch untersucht werden, ob die Form von außen angeregt und dann lokal ausgestaltet wurde oder ob sie in einheimischer Entwicklung entstanden ist.[108]

Bleisarkophage

E. v. MERCKLIN, AA 1928, 465 ff. – DERS., AA 1936, 252 ff. – DERS., Berytus 3, 1936, 51 ff.; ders., Berytus 5, 1938, 27 ff.; ders., Berytus 6, 1939–41, 27 ff. – M. AVI-YONAH, JHS 50, 1930, 300 ff. – DERS., QDAP 4, 1934, 87 ff. 138 ff. – A. MÜFID, AA 1932, 387 ff. – M. CHÉHAB, Syria 15, 1934, 337 ff.; ders., Syria 16, 1935, 51 ff. – J. HAJJAR, BMusBeyr 18, 1965, 61 ff. – N. SALIBY, MélBeyrouth 46, 1970/71, 271 ff. – A.-M. BERTIN, RA 1974, 43 ff. – N. DUVAL, RLouvre 25, 1975, 1 ff. – J. THIMME, JbKuSammlBadWürt 14, 1977, 201 ff. – MCCANN, Metr. Mus. (1978) 142 ff.

Über die große Gruppe der mit Reliefs versehenen Bleisarkophage ist eine stattliche Anzahl an Publikationen erschienen. Sie sind für das römische Syrien und in begrenztem Umfang für Palaestina charakteristisch. Bleisarkophage sind auch in anderen Landschaften verbreitet; in größerer Zahl finden sie sich beispielsweise in Britannia und in kleinerer sind sie über viele Provinzen verstreut.[109] Die syrischen und palästinensischen Exemplare setzen sich aber durch ihre große Menge und den reichen

---

[108] K. Parlasca bereitet die Publikation der S. von Palmyra in ASR XI 1 vor (vgl. B. ANDREAE, AA 1977, 478).

[109] E. v. MERCKLIN, AA 1936, 252 ff. A. BALIL, AEsp 35, 1962, 100 ff. J. M. C. TOYNBEE, Death and Burial in the Roman World (1971) 275 ff. BERTIN a. O. 43 ff.

Schmuck von allen übrigen Beispielen ab und schließen sich zu einzelnen Gruppen zusammen.

Es liegen unterschiedliche Nachrichten darüber vor, in wieviel Teilen ein Kasten gegossen wurde; bei Exemplaren in Deb'aal bilden Boden und alle vier Seiten ein Stück;[110] in anderen Fällen scheint der Boden nur mit einer Langseite zusammenzuhängen.[111] Der Deckel wurde gesondert hergestellt. Mit Ausnahme des Boden sind die Teile mit Reliefschmuck versehen. Der Guß erfolgte in einer kastenförmigen Negativform aus Sand oder ungebranntem Ton, die oben offen war; in sie wurden durch Positivstempel die Muster eingedrückt.[112] Diese Muster wiederholen sich auf vielen Stücken; die Positivstempel bestanden also aus einem dauerhaften Material. Es gibt aber bei den Bleisarkophagen keine Repliken mit genau gleicher Anordnung aller Muster, so daß gesichert ist, daß ‚verlorene Formen' verwandt wurden.

Für die Bleisarkophage lassen sich vier Herstellungszentren sichern; daneben gab es lokale Nachahmungen.[113] Am reichsten sind die Beispiele aus TYROS,[114] die eine Dekoration mit Halbsäulen und vielfältigen Mustern, und zwar Ranken- und Blattwerk, Zweigen, Sphingen, Löwen, Medusenköpfen, Delphinen, Gefäßen und verschiedenartigen Gestalten und anderen Motiven haben. Auf den Nebenseiten sind Säulen, die einen syrischen Bogen tragen, und verschiedene Gestalten oder Muster oder auch sternförmige Gebilde mit Blüten, Blättern und Gegenständen vorhanden. Die Exemplare aus SIDON[115] sind viel sparsamer und haben dünne Streifen mit Rankenwerk, Perlschnüre und Blüten oder nur stark stilisierte Girlanden und Löwenköpfe mit Ringen als Schmuck; gelegentlich kommt eine Psyche vor. Die Beispiele aus BERYTOS[116] sind wiederum reicher, der Schmuck ist aber nicht wie bei Stücken aus Tyros durch die Säulen in eine Ordnung gebracht, sondern wird in großer Freiheit verwandt; so sind die Sarkophage aus Berytos besonders abwechslungsreich. Eine vierte Gruppe kann wahrscheinlich JERUSALEM zugewiesen werden;[117] die Dekoration ist sparsamer, einfacher und auch gröber; dünne Bänder bringen eine Einteilung in rauten- und dreiecksförmige Felder, die verschiedenartige, sehr flach aufliegende Motive tragen, nämlich Schleifen mit Medusenköpfen, Adler, gerahmte kleine Bilder mit Eroten oder einer Nike; auch Rankenwerk und Säulen kommen vor. Außerdem gibt es lokale Produkte.[118]

582

580.581

579

---

[110] HAJJAR a. O. 98 mit Taf. 5. 10. 14. BERTIN a. O. 46.

[111] A. MÜFID, AA 1932, 388.

[112] E. v. MERCKLIN, Berytus 3, 1936, 52 ff.

[113] BERTIN a. O. 52 ff. (und die oben angegebene Lit.).

[114] v. MERCKLIN a. O. 59 ff.; ders., Berytus 5, 1938, 27 ff.; ders., AA 1936, 260 ff. – M. CHÉHAB, Syria 15, 1934, 338 ff. – HAJJAR a. O. 61 ff. – BERTIN a. O. 52. 59. 65 ff. – THIMME a. O. 201 ff. – McCANN, Metr. Mus. 142 ff. Nr. 26. 27.

[115] M. CHÉHAB, Syria 15, 1934, 342 f. – E. v. MERCKLIN, AA 1936, 259 f. – BERTIN a. O. 52 ff.

60 ff. – N. AVIGAD, Beth She'arim III (1976) 173 ff. Taf. 62 ff.

[116] E. v. MERCKLIN, AA 1928, 465 ff.; ders., AA 1936, 256 ff.; ders., Berytus 3, 1936, 55 ff. – M. CHÉHAB, Syria 15, 1934, 344 ff.; 16, 1935, 51 ff. – BERTIN a. O. 54. – McCANN, Metr. Mus. 150 Nr. 28.

[117] M. AVI-YONAH, QDAP 4, 1934, 87 ff. 138 ff. – L. Y. RAHMANI, ErIsr 6, 1960, 28 f. Taf. 8; ders., IEJ 24, 1974, 124 ff. Taf. 20 f. – J. GATH – L. Y. RAHMANI, IEJ 27, 1977, 209 ff. Taf. 27. – BERTIN a. O. 54.

[118] BERTIN a. O. 54.

Bei der Datierung der Bleisarkophage ist eine Übereinstimmung noch nicht erzielt worden;[119] der überwiegende Teil der Stücke dürfte im späteren 2. und 3. Jh. n. Chr. entstanden sein. In einigen Sarkophagen des Typs von Tyros in Deb'aal sind zwar Münzen von Nero und Vespasian gefunden worden,[120] sie geben aber keinen Anhaltspunkt für die Datierung der Gruppe von Tyros.

Zusammenfassung

Zusammenfassend läßt sich für die Provinz Syria feststellen, daß in der frühen Kaiserzeit, wie schon vorher – hervorragende Beispiele wie der Alexandersarkophag stammen aus der Nekropole von Sidon –, die Beisetzung der Toten üblich gewesen ist, wie Holz-, Terrakotta- und vielleicht auch Bleisarkophage sowie Hypogäen und Grabtürme zeigen. Ein Steinsarkophag in Sidon stammt vielleicht schon aus dem 1. Jh. n. Chr. Sonst sind Steinsarkophage erst aus dem 2. Jh. n. Chr. belegt. Formen, die auf andere Gegenden Einfluß genommen haben, sind nicht bekannt; die Sarkophage stehen vielmehr unter dem Einfluß von Kleinasien, oder sie setzen mit Bronzeappliken versehene Holzsarkophage in Stein um (Sidon). Als typisch für Syrien können die Exemplare aus Sidon mit den Löwenköpfen gelten und ferner die häufig betonten Kreuzknoten über den Stierschädeln. Ein Aufschwung der Produktion kam mit dem Import von prokonnesischen Girlanden-Halbfabrikaten in der zweiten Hälfte des 2. Jhs. n. Chr. Mehrere Einzelstücke zeigen, daß man sich in einigen Werkstätten bemüht hat, unter Verwendung fremder Vorlagen eigene Formen zu finden; eine größere Produktion ist aber nicht entstanden. Wenn man einen figurengeschmückten Prunksarkophag haben wollte, mußte man auf Import, und zwar vor allem aus Athen, zurückgreifen; lediglich eine Werkstatt in Tripolis hat einige derartige Stücke geschaffen.

Im 3. Jh. n. Chr. scheinen die lokalen, mit Reliefs versehenen Sarkophage zurückzugehen; wann sie enden, ist nicht bekannt. Exemplare, die den zahlreich importierten attischen Sarkophagen, etwa des zweiten Viertels des 3. Jhs., gleichzeitig sind, sind nicht nachgewiesen worden. Die Nekropole in Tyros beispielsweise ist aber, wie sich an den Inschriften auf Sarkophagen ablesen läßt, bis ins spätere 5. Jh. benutzt worden; andere Grabinschriften reichen bis ins frühe 7. Jh. n. Chr.

---

[119] Zuletzt: HAJJAR a.O. 61 ff. bes. 101 ff.; BERTIN a.O. 54 ff.; THIMME a.O. 201 ff. – Die in Deb'aal gefundenen Gläser werden von D. Barag in das 2. Jh. n. Chr. angesetzt (Hinweis R. Rosenthal); die Lampen können in das 2. und 3. Jh. n. Chr. datiert werden: R. ROSENTHAL, Römische Bildlampen aus östlichen Werkstätten (1981) 59 ff.

[120] HAJJAR a.O. 103 f.

VI. 4. PALAESTINA UND ARABIA

Aus der Provinz Palaestina (Iudaea) sind verhältnismäßig wenige Sarkophage bekannt. Angeschlossen wird Arabia, wo nur verstreute Stücke gefunden wurden.

Die Bestattung der Toten hat in Palaestina eine lange Tradition.[1] Sarkophage sind in geringer Zahl seit dem späten Hellenismus und der frühen Kaiserzeit anzutreffen, waren also nur für einen kleinen Kreis bestimmt. Einige Kästen sind mit Rosetten oder mit Ranken geschmückt.[2] Eine kleine Gruppe, die vielleicht in einer Werkstatt geschaffen wurde, trägt verschiedenartige geometrische Ornamente.[3] Ein Exemplar, das in Pella zutage kam, setzt sich von den anderen Stücken ab;[4] es zeigt ein langgestrecktes Feld mit einer Ranke. Diese Sarkophage dürften im späten 1. oder frühen 2. Jh. n. Chr. gearbeitet worden sein.

Für Palaestina ist eine Gruppe von Ossuarien charakteristisch, die in sehr großer Zahl gefunden wurde.[5] Sie waren für Zweitbestattungen der Knochen bestimmt und wurden vor allem von Juden verwandt. In der Regel bestehen sie aus einem leicht zu bearbeitenden Kalkstein. Es gibt schlichte Exemplare, die nur Inschriften oder Malerei tragen. Meist sind Ornamente kerbschnittartig eingetieft; sehr häufig finden sich Rosetten, die von anderen Motiven getrennt und mit einem Rahmen umgeben sein können. Vorbilder waren wahrscheinlich hölzerne Kästen, die mit Schnitzereien versehen waren und als Ossuarien dienten. Die Gruppe dürfte im späten 1. Jh. v. Chr. entstanden sein und ihre Blüte im 1. Jh. n. Chr. gehabt haben. Eine genaue Einordnung einzelner Stücke ist nicht möglich.

Während Form und Dekoration der genannten Sarkophage und Ossuarien auf Palaestina und in Ausnahmen auch auf Arabia beschränkt sind, setzt etwa im mittleren 2. Jh. n Chr. die Hauptproduktion ein, die mit anderen Provinzen des römischen Reiches verbunden ist. Es handelt sich zum einen um den Import fertig ausgearbeiteter Sarkophage und zum anderen um lokale Werke, die aus einheimischem Stein oder selten aus eingeführtem Marmor bestehen. Attische Exemplare stammen aus Besara, Ptolemais, Caesareia, Askalon, Gadara und Amman,[6] stadtrömische aus Caesareia, Haifa, Askalon und der Nähe von Jerusalem;[7] Fragmente von Säulensarkophagen der

---

[1] C. WATZINGER, Denkmäler Palästinas II (1935) 59 ff. – Encyclopedia of Archaeological Excavations in the Holy Land II (1976) 627 ff. – Viele Hinweise zu S. in Palaestina werden H. Bloedhorn verdankt.

[2] WATZINGER a. O. 68 f. Abb. 67/68. – Encyclopedia a. O. 633. 641 (mit Abb. auf S. 639). – E. R. GOODENOUGH, Jewish Symbols in the Greco-Roman Period VII (1958) 87 f. Abb. 103 ff. – P. B. BAGATTI – J. T. MILIK, Gli scavi del ‚Dominus flevit' I (1958) 45 ff. Taf. 14 ff.

[3] R. H. SMITH, PEQ 105, 1973, 71 ff.; ders., Archaeology 26, 1973, 250 ff.; H. BRANDENBURG, JdI 93, 1978, 321.

[4] R. H. SMITH, Archaeology 26, 1973, 250 ff.; ders. u. a., Pella of the Decapolis I (1973) 143 ff.

[5] WATZINGER a. O. 74 ff. – BAGATTI-MILIK a. O. 50 ff. Taf. 19 ff. – E. M. MEYERS, Jewish Ossuaries: Reburial and Rebirth (Biblioteca Orientalia 24, 1971). – Encyclopedia a. O. 641. – P. Figueras, Jewish and Christian Beliefs in Life after Death in the Light of the Ossuary Decoration (Ph. D. Thesis, Jerusalem 1974). – J. F. STRANGE, BASOR 219, 1975, 39 ff.

[6] s. Kapitel IV 6.

[7] G. KOCH, BJb 177, 1977, 266; dazu: Frgt. mit Bärtigem, der Buchrolle hält, in Śdot-Yam/Caesareia.

kleinasiatischen Hauptgruppe wurden in Besara gefunden, und eines wird in Amman aufbewahrt.[8]

Prokonnesische Girlanden-Halbfabrikate sind aus Samaria, Besara und einem weiteren Ort bekannt;[9] ein glatter Kasten aus prokonnesischem Marmor, der ungewöhnlicherweise nur am oberen Rand ein Profil hat, steht in Caesareia;[10] ein weiteres prokonnesisches Exemplar wird durch ein Deckelfragment aus Nablous belegt.[11] Nur in einem Fall ist ein Girlandensarkophag nachzuweisen, der in Palaestina aus einem importierten prokonnesischen Halbfabrikat ausgearbeitet worden ist;[12] die Dekoration ist mit Exemplaren der kleinasiatischen Hauptgruppe verwandt, in der Ausführung bestehen aber große Unterschiede; sie übertrifft an Qualität jedoch alles, was in Palaestina sonst üblich ist. Ein Exemplar aus Kalkstein ist zu nennen, das ein prokonnesisches Halbfabrikat mit Girlanden nachahmt.[13]

Unter den lokalen Sarkophagen überwiegen in PALAESTINA die mit Girlanden.[14] Sie haben meist zwei Bögen, die an Stierköpfen hängen, und zeigen eine recht grobe Ausarbeitung. Irgendwelche Besonderheiten, die die Sarkophage miteinander verbinden, sind nicht zu erkennen. Zwei Beispiele in Besara haben reiche Ornamente, die vielleicht von attischen Sarkophagen abhängen.[15] Bei einigen Exemplaren sind die Girlanden und manchmal auch eine Tabula in der Form völlig reduziert.[16]

Eine Sonderform, die sich in Palaestina relativ häufig findet, trägt Pilaster oder in seltenen Fällen Halbsäulen, an denen Girlanden aufgehängt sind.[17] Wenige Parallelen sind in Syria und in Kleinasien,[18] direkte Verbindungen sind jedoch nicht nachzuweisen. Bei einem weiteren Sonderfall sind die Girlanden in der Mitte an einem Gefäß befestigt.[19]

---

[8] Besara: N. AVIGAD, Beth She'arim III (1976) 168 Taf. 56, 4–7. – Amman: Frgt., Säule mit Kapitell und Ornamentteilen; F. O. derzeit nicht festzustellen; unpubl.

[9] Samaria: R. W. HAMILTON, QDAP 8, 1938, 67 Taf. 39, 2. – Besara: AVIGAD a.O. 168 mit Abb. 82, Taf. 57, 3–4. – Jerusalem, Rockefeller Mus.: K.m.D.; Herkunft bisher nicht zu ermitteln. – G. Foerster bereitet eine Zusammenstellung der Halbfabrikate aus Prokonnesos in Palaestina vor.

[10] Caesareia, Grabungen: unpubl.

[11] Istanbul 440 B, aus Nablous: unpubl. (Hinweis N. Asgari). – Das Frgt. 440 A, für das auch Nablous als Herkunft angegeben wird, dürfte aus Sidon stammen.

[12] Jerusalem, Rockefeller Mus. 36.2183 (aus Tell el Barak): WATZINGER a.O. (s. oben Anm. 1) 102 f. Abb. 75.

[13] M. AVI-YONAH, QDAP 14, 1950, 63 f. Taf. 21, 2 (Nablous).

[14] M. ROSTOVTZEFF, Christiansky Vostok 1, 1912, 257 Taf. 14, 1 (Hinweis K. Parlasca). – I. DAMATI, IEJ 22, 1972, 174 Taf. 36. – AVIGAD a.O. (s. oben Anm. 8) 142 f. Taf. 42, 3. – Jerusalem, Rockefeller Mus. 33.2754 (aus Kafr Qaré): Ls., frgt.; unpubl. – Weitere Exemplare in Askalon, Jerusalem, Tel Aviv: unpubl.

[15] AVIGAD a.O. 150 ff. Abb. 66/67 Taf. 47/48.

[16] AVIGAD a.O. 156 f. Taf. 51. 59, 3. – F. DE SAULCY, Voyage autour de la Mer Morte (1853) Taf. 49. – Research News, University of Michigan, Ann Arbor, 23 Nr. 5, 1972, 15 (mit Abb.). – Weiteres Exemplar in Caesareia; unpubl.

[17] AVIGAD a.O. 145 ff. Taf. 45. – HAMILTON a.O. (s. oben Anm. 9) 66 f. Taf. 39, 5. – M. AVI-YONAH, QDAP 13, 1948, 162 f. Taf. 47, 6; ders., QDAP 14, 1950, 63 f. Taf. 20, 9. – Weitere Exemplare in Jerusalem, Rockefeller Mus., und Tel Aviv; unpubl.

[18] z. B. HIMMELMANN, Antakya Taf. 1; R. NAUMANN, AA 1980, 135 Abb. 19.

[19] Jerusalem, Rockefeller Mus.: unpubl. (?).

Ein fragmentiertes Exemplar in Samaria[20] vertritt als einziges Beispiel in Palaestina einen lokalen Friessarkophag; auf der Langseite war vielleicht die Sage von Hippolytos dargestellt; auf der rechten Nebenseite sind zwei Jahreszeiten wiedergegeben. Die reiche Ornamentik des Kastens und die blattförmigen Ziegel des Deckels zeigen attischen Einfluß; mit attischen Sarkophagen läßt sich vielleicht auch die von Eroten getragene Girlande am vorderen Rand des Deckels verbinden.[21] Mit attischen Klinen-Riefelsarkophagen hängt möglicherweise ein Fragment in Besara zusammen.[22] Ein anderes, sehr grobes Exemplar in Besara mit Riefeln und einem Grabesportal in der Mitte der Vorderseite erinnert an stadtrömische Beispiele.[23]

In Besara gibt es eine Reihe weiterer Sonderfälle,[24] Sarkophage mit antithetischen Löwen, fliegenden Niken, Säulen und verschiedenartigen Ornamenten; es handelt sich um sehr unbeholfene lokale Arbeiten, die fremde Vorlagen stark umsetzen. In der Qualität fällt ein Exemplar unbekannten Fundortes heraus, das auf der Vorderseite oben und unten Ornamentleisten, seitlich Pilaster und in einem Teil des Feldes dazwischen eine fein ausgearbeitete Ranke zeigt.[25] Es handelt sich um eine einheimische Arbeit, die sich nicht weiter einordnen läßt. Schließlich sind noch verstreute Stücke mit Tabula ansata, Scheiben, Pelten und anderen Ornamenten zu nennen.[26]

Die Deckel haben bei den lokalen Sarkophagen die Form eines Daches. Hervorzuheben ist, daß bei einer Reihe von Stücken die Langseiten durch Bögen oder Giebel oder eine Verbindung von beiden betont werden. Dabei scheint es sich um eine Eigenart der Landschaft zu handeln. In einem Fall lagert ein Mann auf der einen Langseite eines Dachdeckels.[27]

Wie in der Provinz Syria sind in Palaestina neben Ton- und Holzsarkophagen[28] auch Bleisarkophage verbreitet; es gibt eine eigene Produktion, und zwar wohl in Jerusalem, es wurden aber auch Exemplare aus Syria verwandt.[29]

Aus ARABIA sind nur sehr wenige Sarkophage bekannt. Von einem Exemplar in Pella abgesehen,[30] das vor Einsetzen der Hauptproduktion geschaffen worden ist, handelt es sich um einen Kasten mit Riefeln,[31] der auf einen attischen Klinen-Riefelsarkophag zurückgehen dürfte,[32] einen Sarkophag mit Fackeln haltenden Eroten und einer Männerbüste[33] und einige glatte oder mit dicken waagerecht verlaufenden

---

[20] HAMILTON a. O. (s. oben Anm. 9) 67 Taf. 39, 1. 3. 4; WATZINGER a. O. (s. oben Anm. 1) 103; ASR XII 6 S. 64 Anm. 16.
[21] vgl. Korinth (Nr. ?): E. DEILAKE, ADelt 24 B 1, 1969, 102 Taf. 79, 3.
[22] AVIGAD a. O. 160 f. Taf. 50, 2.
[23] AVIGAD a. O. 153 f. Taf. 49, 1. 2.
[24] AVIGAD a. O. 136 ff. Taf. 40–44. 46. 50, 1.
[25] Jerusalem, Rockefeller Mus.: unpubl.
[26] AVIGAD a. O. 138 f. Taf. 39; 157 ff. Abb. 71–75. – A. ROWE, The Topography and History of Beth-Shan (1930) 49 Taf. 54, 3. – B. BAGATTI, Antichi villaggi cristiani di Galilea (1971)

82 Abb. 58; 146 Abb. 109. – P. V. CORBO – P. S. LOFFREDA, StBiblFranc 26, 1976, 272 f. Taf. 46.
[27] L. Y. RAHMANI – P. LARSEN, The Museums of Israel (1976) 180 Abb. 230.
[28] AVIGAD a. O. 182 f. (mit Lit.).
[29] s. Kapitel VI 3.
[30] s. oben Anm. 4.
[31] Amman, Theater: G. RODENWALDT, JdI 45, 1930, 141 f. Abb. 19.
[32] s. Kapitel IV 3.8.5.
[33] Amman (Nr. ?): K. m. D. aus dunklem vulkanischem Gestein; auf Rs. zwei Löwenköpfe mit Ringen; F. O. derzeit nicht festzustellen; unpubl.

Wülsten versehene Stücke³⁴ in Amman, einen Kasten mit einer Weinrebe und Pfeifenornamenten in Gadara³⁵ sowie mit Pelten und anderen Ornamenten geschmückte Kästen in Gerasa.³⁶

Anhaltspunkte für eine Datierung der Sarkophage in Palaestina und Arabia sind nicht vorhanden; sie dürften aus dem späten 2. und vor allem dem 3. Jh. n. Chr. stammen.

Zusammenfassend läßt sich feststellen, daß es eine eigenständige Produktion an reliefgeschmückten Sarkophagen, von den beiden frühen Gruppen abgesehen, in den Provinzen nicht gegeben hat. Aufwendige Exemplare mußten importiert werden, und ebenfalls mußte das Material für marmorne Stücke eingeführt werden. Die einheimischen Werke bestehen aus Kalkstein oder in Ausnahmefällen aus vulkanischem Gestein und zeigen eine recht grobe Ausführung. Verschiedenartige Vorlagen wurden übernommen und mehr oder weniger stark abgewandelt.

VI. 5. AEGYPTUS

A. ADRIANI, Repertorio d'Arte dell'Egitto Greco-Romano, Serie A, Vol. I (1961) 19 ff. Nr. 1–36 Taf. 1–31.

Aegyptus hat in der Kaiserzeit weitgehend an den alten Formen festgehalten, und zwar bei der Architektur, der Bauplastik, der Skulptur und den Bestattungsbräuchen.¹ Sarkophage, die Beziehungen zu anderen Provinzen des römischen Reiches und zu Rom haben, sind fast ausschließlich aus Alexandreia bekannt. Daneben gibt es nur wenige Beispiele, die vor allem für den Export gearbeitet worden sind.

Es fällt auf, daß es in Aegyptus keinen Import fertig ausgearbeiteter Sarkophage, die mit figürlichem Relief geschmückt sind, gibt. Lediglich Exemplare aus Assos² sind vorhanden. Halbfabrikate für Girlandensarkophage wurden aus Prokonnesos³ und Karien⁴ importiert. Die Sarkophage in ALEXANDREIA sind mit einer Ausnahme mit Girlanden versehen. Unter ihnen könnte ein Stück sein, das in späthellenistische Zeit zu datieren ist.⁵ Einige andere Beispiele fallen auch aus der übrigen Produktion heraus,

---

³⁴ Amman, Nähe des Museums: F. O. derzeit nicht festzustellen; unpubl.

³⁵ Umm Qes: K. aus dunklem vulkanischem Gestein; unpubl.

³⁶ C. H. KRAELING, Gerasa, City of the Decapolis (1938) 457 Nr. 235 Taf. 126a; 560f. Abb. 39.

¹ z. B. C. C. EDGAR, Graeco-Egyptian Coffins and Masks. Cat. Général du Musée du Cairo (1905). – M.-L. BUHL, The Late Egyptian Anthropoid Stone Sarcophagi (1959). – K. PARLASCA, Mumienporträts und verwandte Denkmäler (1966). – G. GRIMM, Die römischen Mumienmasken in Ägypten (1974).

² ADRIANI a.O. Nr. 29–33 Taf. 27. J. B. WARD-PERKINS, BMusBeyr 22, 1969, 129. – Hier Kapitel V 4.2. – Vgl. EDGAR a.O. 11 f. Nr. 33124 Taf. 6, 1 (neuzeitlicher Import).

³ WIEGARTZ, Marmorhandel 369 ff. N. ASGARI, AA 1977, 329 ff. – Hier Kapitel V 2.1.

⁴ ADRIANI a.O. Nr. 26. 28 Taf. 26 (Inv. 22293. 21654; vgl. das unter Nr. 26 genannte Stück Inv. 21655). ASGARI a.O. 343 ff. mit Anm. 36, Abb. 32; 360. D. MONNA – P. PENSABENE, Marmi dell'Asia Minore (1977) 162 Abb. 63 (für prokonnesisch angesehen).

⁵ Alexandria 25879: ADRIANI a.O. 21 Nr. 1 Taf. 1; H. BRANDENBURG, JdI 93, 1978, 321 (ADRIANI a.O. 22f. Nr. 6 Taf. 4 gehört zur Hauptproduktion).

sind also vielleicht in der frühen Kaiserzeit entstanden.⁶ Ein Großteil der Girlanden- 594
sarkophage besteht aus prokonnesischem Marmor.⁷ Er wurde in Form von Halbfabrikaten importiert, die teilweise nur auf drei Seiten abbozzierte Girlanden trugen.⁸ Die
lokale Ausarbeitung ist bei allen Stücken verhältnismäßig ähnlich; als Träger der Gir- 595
landen dienen auf den Vorderseiten Eroten, Niken, weibliche Gestalten, Herakles,
Dionysos oder Mänaden. Ein Charakteristikum ist, daß diese Figuren die Girlanden
kaum zu tragen scheinen, sondern daß die Girlanden um sie herumgeführt sind. In einem Fall sind auf den Langseiten Stierköpfe und -schädel,⁹ in einem anderen vier
Stierschädel;¹⁰ beide Exemplare setzen sich von der übrigen Produktion etwas ab. Auf
den Nebenseiten halten Stierschädel oder -köpfe die Girlanden. Nur selten greift eine
Eckfigur zur Nebenseite um. Die Träger stehen meist auf hohen Podesten und nur in
wenigen Fällen auf vorspringenden Standplatten. An den Girlandenbögen hängen
dicke Trauben. In den Lünetten sind verschiedenartige Köpfe oder Masken dargestellt, und zwar meist von vorn gesehen, selten im Profil. Bei einem Beispiel ist im
mittleren Bogen eine Tabula ansata wiedergegeben;¹¹ bei einem anderen, vierseitig
ausgearbeiteten, ist auf der vernachlässigten Langseite im mittleren Bogen eine Tabula ansata vorhanden.¹² Die Deckel haben die Form eines Daches, sind aber nur selten
weiter ausgeführt. Die Vorlagen für den Schmuck kommen aus Kleinasien, die Ausprägung der Einzelheiten und die skizzenhafte Ausführung sind aber typisch für
Alexandreia. In einem Fall ist ein derartiger Sarkophag exportiert worden, und zwar
nach Kyrene.¹³

Ein Beispiel sondert sich von dieser Gruppe ab, da es recht hohes Format und keine
vorspringende Leiste am oberen Rand hat;¹⁴ es könnte aus einem Halbfabrikat aus
Karien geschaffen worden sein, wie es auch ohne weitere Bearbeitung in Alexandreia
belegt ist;¹⁵ die Ausführung ist besonders lebendig. In Ausnahmefällen wurden Girlandensarkophage auch aus lokalem Kalkstein hergestellt.¹⁶

Ein Stück, das aus prokonnesischem Marmor besteht, hat auf Vorder- und Neben- 596
seiten einen figürlichen Fries;¹⁷ ob es aus einem Rohling oder einem Girlanden-Halbfabrikat gearbeitet worden ist, ließe sich vielleicht am Original klären. Die Vorlagen der dionysischen Darstellung sind in Rom vorhanden; es handelt sich um eine

⁶ Alexandria 24874: ADRIANI a. O. 21 f. Nr. 2 Taf. 2. – Alexandria, Hypogäum Kom-esch-Schukafa (aus Fels herausgemeißelt): ADRIANI a. O. 22 Nr. 3–5 Taf. 3; GRIMM a. O. (s. oben Anm. 1) 115 Taf. 129, 1. – Vgl. auch den gemalten S. GRIMM a.O. 115 f. Taf. 126,2 (Inv. 3772).
⁷ ADRIANI a.O. Nr. 7–22. 23 a. 27. – MONNA-PENSABENE a.O. 162 Abb. 64.
⁸ ASGARI, Kalchedon 43.
⁹ Alexandria 11271a: ADRIANI a.O. 23 Nr. 7 Taf. 4, 14.15; 12, 37.
¹⁰ Alexandria 21660: ADRIANI a.O. 30 Nr. 27 Taf. 26,75 (mit Verweis auf vergleichbare Stücke).
¹¹ s. Anm. 10.

¹² s. oben Anm. 9.
¹³ Verschollen: A. L. PIETROGRANDE, AfrIt 3, 1930, 119 f. Abb. 16.
¹⁴ Alexandria 16155: ADRIANI a.O. 22 f. Nr. 6 Taf. 4, 12. 13; 5; BRANDENBURG a.O. (s. oben Anm. 5) 321 (gehört zur Hauptgruppe).
¹⁵ s. oben Anm. 14.
¹⁶ Alexandria 11312: ADRIANI a.O. 29 f. Nr. 25 Taf. 26, 73. – Newark, N. J., 71.106: S. AUTH, Archaeology 29, 2, 1976, 103 mit Abb.
¹⁷ Alexandria 17927: ADRIANI a.O. 29 Nr. 24 Taf. 23–25; F. MATZ, ASR IV 3, 228 Taf. 250. 230, 3. 4; J. B. WARD-PERKINS, RendPontAcc 48, 1975/76, 208.

Muster-Zeichnung nach stadtrömischen Sarkophagen, die in diesem einen Fall nach Alexandreia gekommen ist.[18] In seiner flüchtigen Ausführung schließt sich das Stück mit den Girlandensarkophagen zusammen. Ein weiterer Sonderfall ist die lagernde Gestalt eines Bärtigen, die vielleicht von einem Klinenmonument stammt.[19] Auch in diesem Fall, und zwar im 3. Jh. n. Chr., wäre eine stadtrömische Form übernommen worden.

Zur Datierung der Girlandensarkophage sind keine Anhaltspunkte vorhanden; die Hauptgruppe ist im späteren 2. und frühen 3. Jh. n. Chr. entstanden.

Für besondere Zwecke, wohl nur für Sarkophage von Kaisern, wurde *Porphyr* vom Mons Porphyrites verwandt.[20] Der Hinweis auf ein ‚solium porphyretici marmoris' für Nero bleibt unklar.[21] Erhalten, wenn auch ergänzt und überarbeitet, sind die großformatigen Sarkophage aus dem Mausoleum der Helena (Tor Pignattara) und aus dem Mausoleum der Constantina (S. Costanza)[22] in Rom. Der erste zeigt auf allen vier Seiten römische Reiter, die über Barbaren triumphieren; er dürfte ursprünglich für den Kaiser Konstantin bestimmt gewesen sein. Der andere ist auf den Langseiten mit großen Ranken und Trauben lesenden Eroten, auf den Schmalseiten mit kelternden Eroten und rahmenden Weinranken geschmückt. Ein diesem Exemplar vergleichbares Stück war auch in Konstantinopel vorhanden, wie ein Fragment zeigt, dessen Oberfläche in nicht überarbeitetem Zustand erhalten ist.[23] Durch einige Fragmente werden weitere reliefgeschmückte Porphyrsarkophage belegt.[24] Ein Deckel in Alexandreia gibt den Hinweis, daß die Stücke in Ägypten, und zwar vielleicht schon in den Brüchen oder dann in einer Werkstatt in Alexandreia, ausgearbeitet worden sind.[25] Anhaltspunkte für eine genauere zeitliche Einordnung der Reliefsarkophage sind nicht vorhanden. Wenn der sogenannte Helenasarkophag für Konstantin hergestellt worden ist, könnte er um 320 n. Chr. gearbeitet worden sein; sofern der Sarkophag der Constantina für die Kaisertochter in Auftrag gegeben wurde, ist er vielleicht etwas später entstanden; das Stück in Konstantinopel ist möglicherweise erst nach der offiziellen Stadtgründung nach dort gebracht worden.[26]

---

[18] MATZ a. O. S. 402 f.

[19] Alexandria 3897: M. COLLIGNON, Les statues funéraires dans l'art grec (1911) 357 f. Abb. 227; SICHTERMANN, Endymion 30 Abb. 11. – Vgl. E. BRECCIA, Le Musée Gréco-Romain d'Alexandrie 2, 1931/32, 41 ff. Abb. 11 Taf. 24.

[20] R. DELBRUECK, Antike Porphyrwerke (1932) 1 ff. 11. 212 ff. R. GNOLI, Marmora Romana (1971) 98 ff.

[21] DELBRUECK a. O. 214 f.

[22] Vatikan 238: DELBRUECK a. O. 215 f. Taf. 100/01; HELBIG⁴ I 25; Rep. I 173; A. GRABAR, Die Kunst des frühen Christentums (1967) 166 Abb. 173; D. STRONG, Roman Art (1976) 168 f. Abb. 252. – Vatikan 237: DELBRUECK a. O. 219 Taf. 104; HELBIG⁴ I 21; Rep. I 174; KRAUS, PropKg Taf. 254; GRABAR a. O. 144 Abb. 149;

168 Abb. 175; WIEGARTZ, Myra 185; STRONG a. O. 168 f. Abb. 253.

[23] Istanbul 806: MENDEL II 447 f. Nr. 665; DELBRUECK a. O. 219 Taf. 107, 2; The Walters Art Gallery. Early Christian and Byzantine Art (1947) 28 Nr. 34 Taf. 9; WIEGARTZ, Myra 185.

[24] DELBRUECK a. O. 216 ff. Taf. 102. 103. 106; A. A. Vasiliev, DOP 4, 1948, 3 ff.; C. MANGO, DOP 16, 1962, 397 ff.; B. BRENK, Spätantike und frühes Christentum (1977) Taf. 283. 284; The Walters Art Gallery a. O. 25 ff. Nr. 13 Taf. 9 (Baltimore Inv. 27.511); M. C. Ross, Arts in Virginia 7, 3, 1967, 4 ff. (Frgt. in Richmond).

[25] Alexandria 353: DELBRUECK a. O. 219 Taf. 105; ADRIANI a. O. 32 Nr. 37 Taf. 30. 31.

In Konstantinopel befindet sich noch eine Reihe schlichter Porphyrsarkophage, die teilweise auf dem Deckel christliche Zeichen tragen;[27] heraus fällt ein Exemplar mit gerundeten Seiten, das möglicherweise für den Kaiser Iulianos († 363) benutzt worden ist.[28] Ein Fragment in Spalato bezeugt vielleicht einen Sarkophag für Diocletian.[29] Ein schlichter Porphyrsarkophag steht in Mailand.[30]

In sehr seltenen Fällen wurden noch *andere in Ägypten gewonnene Steine* für Sarkophage verwandt, die auch exportiert wurden. Zu nennen sind ein Exemplar in Tyros, das aus einem grauweißen Porphyrit besteht und eine völlig aus den übrigen Sarkophagen herausfallende Form hat,[31] ein Stück gleicher Form in Rom, das aus Rosengranit aus Assuan besteht,[32] und eine Wanne aus grauweißem Granit in Rom.[33] In diesen Kreis gehört wahrscheinlich auch der Sarkophag aus Rosengranit, der für Papst Hadrian IV († 1159) wiederverwandt worden ist und in den Grotten von St. Peter in Rom steht;[34] er hat ungewöhnliche Dekoration mit zwei Girlandenbögen auf dem Kasten und einen gerundeten Deckel, auf dessen einer Langseite zwei Gorgoköpfe angebracht sind; Parallelen sind in Rom nicht vorhanden, das Stück könnte also in fertig ausgearbeitetem Zustand aus Ägypten importiert worden sein. Ein Kasten in Dendera hat allseitige Rahmung auf der Vorderseite und zwei Girlandenbögen; er scheint aus grauem Granit zu bestehen.[35] Schließlich sind noch zwei Exemplare in Alexandreia anzuführen, bei denen Wannen nachträglich mit Deckeln versehen und als Sarkophage verwandt wurden.[36]

VI. 6. CYRENAICA UND AFRICA

Aus der Provinz Cyrenaica, die hier ohne die Insel Kreta behandelt wird, und aus dem östlichen, heute zu Libyen gehörenden Teil von Africa sind verhältnismäßig wenige reliefgeschmückte Sarkophage bekannt. Es sind großteils importierte attische Beispiele, die in Apollonia, Kyrene, Ptolemais, Barka und Euhesperides-Berenike gefunden worden sind;[1] die Stücke stammen aus dem 2. und vor allem dem 3. Jh. n. Chr. Ein Fragment mit Schlacht in Kyrene dürfte ebenfalls attisch sein,[2] während bei dem klei-

---

[26] Vgl. Rep. I S. 109.
[27] DELBRUECK a. O. 221 ff. Taf. 108–110.
[28] DELBRUECK a. O. 14. 212 ff. 227 Taf. 107, 1.
[29] H. KÄHLER in: Mél. A. M. Mansel (1974) 809 ff. Taf. 271.
[30] DELBRUECK a. O. 220 f. Abb. 114.
[31] J. B. WARD-PERKINS, BMusBeyr 22, 1969, 130 f. Taf. 6, 1.
[32] Rom, NM 108393: WARD-PERKINS a. O. 130 Taf. 6, 2; L. QUILICI, Collatia (Forma Italiae I 10, 1974) 738 Nr. 655 Abb. 1686/87; G. KOCH, BJb 182, 1982.
[33] Vatikan 20303: WARD-PERKINS a. O. 130; KOCH a. O. (mit Abb.).
[34] Rom, St. Peter: G. B. DE TOTH, Vatikanische Grotten (1955) 110 Nr. 41 Taf. 41; KOCH a. O. (mit Abb.).
[35] Dendera, beim Hathortempel: unpubl. (Hinweis und Photo B. Andreae).
[36] Alexandria 3951: ADRIANI a. O. 31 Nr. 35 Taf. 28, 85; 29, 86. 88 (,basalto verde'). – Alexandria 3931 und 3935: ADRIANI a. O. 31 Nr. 36 Taf. 28, 83. 84; 29, 87. 89 (Wanne: ,basalto nero'; Deckel: ,pietra grigia'). – Vgl. T. KRAUS, RendPontAcc 48, 1975/76, 170 f. Abb. 5.

[1] GIULIANO, Commercio 54 ff. und 63 Nr. 394. Hier Kapitel IV 6.
[2] A. L. PIETROGRANDE, AfrIt 3, 1930, 115 f. Nr. 7 Abb. 13; KALLIPOLITIS, Chron. 30 Nr. 184; GIULIANO, Commercio Index S. 79.

nen Erotensarkophag, der in Kyrene gefunden worden ist,[3] überprüft werden müßte, ob er ein attisches Original oder eine lokale Kopie ist. Eine Zweigwerkstätte attischer Sarkophage ist nicht festzustellen.[4]

In Kyrene kam in einem Grabgebäude außer drei attischen Sarkophagen ein anderes Exemplar zutage; es dürfte sich um ein Girlandenhalbfabrikat von Prokonnesos handeln, das nach Alexandreia gebracht, dort zu einem für diese Stadt typischen Girlandensarkophag ausgearbeitet und dann nach Kyrene exportiert worden ist.[5] Ein großer Dachdeckel mit massigen Akroteren ist in Ptolemais erhalten;[6] er wird aus Prokonnesos stammen und schon dort seine Form erhalten haben. In dem behandelten Gebiet sind keine Werkstätten bekannt, die importierte Girlanden-Halbfabrikate aus prokonnesischem Marmor weiter bearbeitet haben, da es keine lokale Tradition von Marmorbearbeitung gab.[7]

Als einheimische Arbeit ist ein Deckel in Oea (Tripolis) zu nennen, der sich wegen der Anordnung und Ausführung der Blattziegel sowie Form und Dekoration des Akroters und der vorderen Leiste als ein nicht attisches Werk zu erkennen gibt.[8] Eine Ostothek aus Euhesperides-Berenike (Benghasi) in London ist ein völliges Einzelstück.[9] Sie hat auf allen vier Seiten eine umlaufende profilierte Rahmung, in der auf den Langseiten je ein Girlandenbogen und auf den Schmalseiten je ein Lorbeerbusch, der aus einem Akanthusblattkelch herauswächst, wiedergegeben ist. An den Ecken sind kleine Füße vorhanden. Der niedrige Dachdeckel trägt in den Giebeln paterae als Schmuck. Die Form und die Dekoration haben zwar gewisse Verbindungen zu frühen stadtrömischen profilgerahmten Sarkophagen,[10] eine genaue Parallele ist aber weder für die Form noch für die Darstellung und die Ausarbeitung unter den zahlreichen stadtrömischen Aschenurnen bekannt, und auch in Kleinasien oder Athen gibt es keine Vergleichsstücke.[11] Die Herkunft des wohl im 1. Jh. n. Chr. entstandenen Exemplares muß also noch geklärt werden. In Leptis Magna sind einige Urnen zutage gekommen, die die Form von Gefäßen haben und lokale Arbeiten, vielleicht nach stadtrömischen Vorlagen, zu sein scheinen.[12]

---

[3] PIETROGRANDE a.O. 113 ff. Nr. 6 Abb. 9–12; MATZ, MW 83 Nr. 22; GIULIANO a.O. 55 Nr. 326. – Hier Kapitel IV 3.6, Liste der Erotensarkophage Nr. 18. – Ein unpubl. Frgt. in Sabratha (Sphinx, oben Ornamentzone) könnte auch eine lokale Kopie sein (Hinweis A. Giuliano).

[4] WIEGARTZ, Marmorhandel 367.

[5] Verschollen: PIETROGRANDE a.O. 119f. Nr. 13 Abb. 16. – J. B. Ward-Perkins teilte (1979) mit, bei Grabungen 1959 seien Fragmente der drei attischen und des Girlandensarkophags gefunden worden; die Grabung ist noch nicht publiziert. – Zu Alexandreia s. Kapitel VI 5. – Zur Nekropole in Kyrene: R. G. GOODCHILD, Kyrene und Apollonia (1971) 165 ff.

[6] Hinweis J. B. Ward-Perkins; L 2.56 m; der Giebel hat eine profilierte Rahmung und trägt eine Blüte.

[7] WIEGARTZ, Marmorhandel 374.

[8] J. M. C. TOYNBEE – J. B. WARD-PERKINS, BSR 18, 1950, 33. 40 Taf. 21, 3; GIULIANO a.O. 69 Nr. 453; H. WIEGARTZ, Gnomon 37, 1965, 615.

[9] London 2325: PIETROGRANDE a.O. 123 Nr. 19 Abb. 21/22; D. M. BAILEY, BSA 67, 1972, 10 Taf. 4 c–d; J. HUSKINSON, CSIR Great Britain II 1 (1975) 51 Nr. 91 Taf. 35.

[10] H. BRANDENBURG, JdI 93, 1978, 309. – Herkunft aus Italien nehmen auch BAILEY a.O. 10 und HUSKINSON a.O. 51 an.

[11] Aus Italien ist, wie F. Sinn bestätigt, kein Vergleichsstück bekannt; N. Asgari, die die kleinasiatischen Ostotheken bearbeitet hat, kennt keine Parallele.

[12] P. ROMANELLI, Leptis Magna (1925) 157 ff. Abb. 88.

C. SINNGEHALT

Literatur: A. DELLA SETA, Religione e arte figurata (1912). – R. HINKS, Myth and Allegory in Ancient Art (1939). – CUMONT, Symb. Fun. (1942 [hier: CUMONT]). – G. DE JERPHANION, OrChrPer 8, 1942, 443 ff. – P. BOYANCÉ, REA 45, 1943, 295 ff. – H.-I. MARROU, JSav 1944, 23 ff. 77 ff. – A. D. NOCK, AJA 50, 1946, 140 ff. – K. SCHEFOLD, Orient, Hellas u. Rom i. d. archäolog. Forschung seit 1939 (1949) 200 ff. – J. A. RICHMOND, Archaeology and the After Life in Pagan and Christian Imagery (1950). – H. S'JACOBS, Idealism and Realism. A Study of Sepulchral Symbolisme (1954). – MATZ, MW (1958) 95 mit Anm. 213. – E. LANGLOTZ, Der triumphierende Perseus (1960) 38 ff. – K. SCHAUENBURG, BJb 161, 1961, 233 f. – V. POESCHL – H. GAERTNER – W. HEYKE, Bibliographie zur antiken Bildersprache (1964). – M. LURKER, Bibliographie zur Symbolkunde (I–III 1964–68). – J. M. C. TOYNBEE, The Art of the Romans (1965) 98 f. – TURCAN (1966) 8 ff. – G. DUMEZIL, Idées romaines (1969). – ENGEMANN, Untersuchungen (1973). – K. SCHAUENBURG, AA 1975, 280 ff. – J. B. WARD PERKINS, RendPontAcc 48, 1975/6, 234 ff. – H. WREDE in: Festschrift G. Kleiner (1976) 147 ff. – M. LURKER, Bibliographie zur Symbolik, Ikonographie u. Mythologie (Internationales Referatorgan) I (1968), zuletzt erschienen IX (1976). – ARIAS, Camposanto (1977) 19 ff. – Y. VERNIERE, Symbols et mythes dans la pensée de Plutarque (1977). – P. BLOME, RM 85, 1978, 435 ff. – H. GABELMANN in: Tod u. Jenseits im Glauben der Völker. Hrsg. v. H.-J. Klimkeit (1978) 111 ff. – R. TURCAN in: ANRW II 16 (1978) 1700 ff. – H. WREDE, RM 85, 1978, 411 ff. 422. 424 f. 432. – B. GLADIGOW in: Leben u. Tod i. d. Religionen. Symbol u. Wirklichkeit. Hrsg. v. G. Stephenson (1980). – HIMMELMANN, Hirten-Genre 28 ff. – B. ANDREAE, ASR I 2 passim. – K. SCHAUENBURG, RM 87, 1980, 53 f. – *Nachtrag:* M. HERRMANN-TSEMBELI in: Stele. Tomos eis mnemen N. KONTOLEONTOS (1980) 130 ff.

Zum Begriff ‚durchsichtige Symbolik': L. BLOCH in: Roscher, ML II 1 (1890/4) 1312. J. BURCKHARDT, Kulturgesch. Griechenlands (Wien-Leipzig 1940) 197. – F. DREXEL, RM 35, 1920, 128 f. – CUMONT (1942) 27 f. – A. J. FESTUGIÈRE, RA 1946 XXV 250. – K. SCHEFOLD, RA 1961 II 189. Ders., Röm. Kunst als religiöses Phänomen (1964) 55 ff. – E. SIMON in: Helbig⁴ II (1960) 158 f. zu Nr. 1332. – R. FLEISCHER, Artemis v. Ephesos u. verwandte Kultstatuen aus Anatolien u. Syrien (1973) 184. – K. SCHAUENBURG in: Eikones. Festschrift H. Jucker (1980) 158.

Sinn und Bedeutung der Verzierung römischer Sarkophage erschließen sich nicht unmittelbar dem Verständnis, ja, diese Verzierung erscheint dem späteren Betrachter nicht selten gänzlich unpassend. „An deutsche Särge hätte man nie die lustigen, grausamen, mutwilligen Gruppen der alten Urnen und Sarkophage gemalt" erklärte schon Jean Paul in seiner „Poesie des Aberglaubens",[1] und daß das nicht nur ein Laienurteil aus vergangener Zeit ist, zeigen spätere Äußerungen von archäologischer Seite. S. Reinach etwa gab sehr entschieden seiner Ratlosigkeit denjenigen mythologischen Szenen gegenüber Ausdruck „òu, avec la meilleur volonté du monde, on ne peut voir ni une promesse de plaisirs sensuels, ni un rappel des occupations du défunt. Pourquoi Médée, pourquoi le meurtre d'Egisthe, pourpoi la ruine de Troie?",[2] und G. M. A. Hanfmann fragte: „Möchten Sie einen Mann, der seine Mutter ermordet, eine Frau, die lebendig verbrannt wird, eine hingeschlachtete Kinderschar – als hübsches Ornament für Ihr Grab haben?"[3] Später sagte dann R. Turcan anläßlich der dionysischen Sarkophage: „Imaginon qu'aujourd'hui un joyeux luron fasse engraver sur sa stèle ou

---

[1] Vorschule der Ästhetik V. Programm § 24, Studienausgabe Hanser, hrsg. von N. MILLER² (1974) 96; abgdruckt auch in Zeichen der Zeit. Ein Deutsches Lesebuch, hrsg. von W. KILLY II (1960) 299.

[2] Monumente nouveaux de l'art antique II (1924) 92.

[3] Römische Kunst (o. J.) 113.

celle d'un parent des figures lascives de galants, de danseurs et d'ivrognes, empruntées ou non au dionysme de notre temps ...: la chose ferait évidemment scandale!"[4] Trotz aller Bemühungen um die römische Sepulkralsymbolik muß doch auch die heutige Archäologie zugeben, „daß es auf Sarkophagen viele Mythen gibt, deren sepulkraler Sinn keineswegs in die Augen springt, und auch solche, die uns für ein Grabmal denkbar ungeeignet vorkommen".[5]

Es konnte nicht ausbleiben, daß daraus auf das Fehlen eines Sinnes überhaupt geschlossen wurde, woraus sich zwangsläufig die These von der rein ornamentalen Funktion aller Sarkophagreliefs ergab.

Diese Meinung ist in der Tat recht früh ausgesprochen worden. Schon *Winckelmann,* der doch sonst gern das Allegorische in der Kunst sah, bemerkte: „Was vor eine geheime Bedeutung haben Weinstöcke mit Vögeln, welche von den Trauben an denselben fressen, auf einem Aschentopfe? Vielleicht sind diese Bilder ebenso leer und willkürlich anzusehen, als es die in einen Mantel gewürkte Fabel von Ganymedes ist, mit welchem Aeneas den Cloanthus, als einen Preis in den Wettspielen zu Schiffe, beschenkte".[6] Von den Sarkophagen heißt es bei ihm allgemein: „Die mehrsten Begräbnisurnen wurden voraus und auf den Kauf gemacht, wie die Vorstellungen auf denselben zu glauben veranlassen, als welche mit der Person des Verstorbenen, oder mit der Inschrift nichts zu schaffen haben".[7] Wenn man hier vielleicht auch noch die Möglichkeit eines allgemeinen und überindividuellen sepulkralen Sinnes zugegeben sehen will, so scheint bei *Goethe* nicht einmal diese eingeräumt, wenn er auf einem Niobidensarkophag nichts Entsetzliches, weder Schrecken noch Tod erkennen kann und dafür erklärt: „Sind die toten Töchter und Söhne der Niobe nicht hier als Zierrathen geordnet? Es ist die höchste Schwelgerei der Kunst!"[8] Auch von späteren Archäologen sind ähnliche Meinungen – wenn auch mit Einschränkungen – vertreten worden; so sagte *W. Altmann* von der Grabskulptur: „Auch in der Kaiserzeit wird der Gedanke an die Jenseitshoffnungen auch hier be-

---

[4] TURCAN I.

[5] K. SCHAUENBURG, Perseus in der Kunst des Altertums (1960) 128. Ebenda wird getont, daß demgegenüber vieles vernachlässigt wird, was dem heutigen Betrachter sehr geeignet erscheinen würde wie etwa die Perseustaten. Ähnlich zum Mythos von Protesilaos: B. ANDREAE in: HELBIG[4] I S. 419. Vgl. auch H. B. WALTERS, The Art of the Romans[2] (1928) 80ff.: „There is no apparent reason for the choice of subject", u. R. MOUTERDE, Mél Beyrouth 26, 1944/6, 134: „Les opulents sarcophages romains ... portent des reliefs dont le sens parfois nous échappe ou nous choque".

[6] Kleine Schriften. Vorreden. Entwürfe, hrsg. v. W. REHM (1968) 88.

[7] Gesch. d. Kunst des Altertums, hrsg. v. V. FLEISCHER (1913) 247.

[8] In: Der Sammler und die Seinigen, vgl. E. GRUMACH, Goethe u. die Antike (1949) 583. Ähnlich äußert sich Goethe zum Hippolytoss. in Agrigent: „Hier war die Hauptsache, schöne Jünglinge darzustellen", s. dazu H. BRANDENBURG, RömQSchr 63, 1968, 69 Anm. 43. In solchen Aussprüchen ist allerdings nicht in erster Linie ein Ausweichen vor der Symbolik des Inhaltlichen zu suchen, sondern eher die Vorliebe, den äußerlich-dekorativen Charakter der antiken Kunst herauszustellen, wie u. a. sein Ausspruch über die „anmutigen Gruppierungen" von der Vasenmalerei bis zum Laokoon zeigt, GRUMACH a.O. 632; vgl. auch 631. Er hat, soweit ich sehe, nur einmal ‚Symbolik' auf S. entdeckt, dies jedoch in einer dem heutigen Sprachgebrauch kaum entsprechenden Weise: er nennt die Tatsache, daß der Tubabläser auf dem Achills. (heute in Leningrad) seine Tuba bis an das Ohr des Achill reichen läßt, „ein merkwürdiges Beispiel der Symbolik", da damit gezeigt werde, daß nur für Achill geblasen wird; eine solche Darstellung sei „nicht natürlich und historisch, sondern künstlerisch und poetisch"; Goethe schließt weiter daraus, daß „die Bildhauerei mehr zu der symbolischen Behandlung geschickt" sei als die Malerei (GRUMACH a.O. 585, vgl. O. JAHN, Archäolog. Beiträge [1847] 353 Anm. 6; 356). In heutiger Weise hat Goethe auf der Igler Säule die Darstellungen des Hylas und Ganymed als „auf früh verstorbene Lieblinge der Familie deutend" aufgefaßt, s. GRUMACH a.O. 470. ENGEMANN, Untersuchungen 22. Mars u. Rhea Silvia deuten nach ihm jedoch auf den römischen Ursprung der Familie, ebenda. Zu Goethes Verwendung der Begriffe ‚Allegorie' und ‚Symbolik' s. Maximen u. Reflexionen Nr. 1200 u. 1201.

deutsam hinter der dekorativen Absicht zurückgetreten sein",⁹ und D. E. *Strong* erklärte: „Whatever symbolic meaning may lie in a particular choice of subject, the reliefs are primarily decorative in intention".¹⁰

Neben der Unverständlichkeit wurde als wichtiges Argument gegen den besonderen Sinngehalt bei Sarkophagverzierungen von jeher ins Feld geführt, daß die gleichen Darstellungen sowohl in der Grabkunst wie auch in ganz anderem, oft eindeutig diesseitigem Zusammenhang erscheinen. So sagte schon W. *Altmann:* „Daß solche genrehaften Darstellungen ohne jede sepulkrale Beziehung rein dekorativ verwandt werden, beweist ihr ebensohäufiges Vorkommen auf pompejanischen Wandmalereien".¹¹ Mit besonderem Nachdruck hat dann *A. Rumpf* auf diese Tatsache verwiesen und sie zum Angelpunkt seiner Beweisführung gegen die sepulkrale Deutung gewisser Darstellungen auf den Sarkophagen gemacht.¹²

Bald aber machten andere darauf aufmerksam, daß ein Motiv, in entsprechendem Zusammenhang verwendet, durchaus sepulkral zu verstehen sein kann, während es, in anderem Zusammenhang angebracht, einen völlig anderen oder auch gar keinen Sinn haben könne. „Was als Fußbodenmosaik neutral sein mag, kann am Grabe als eschatologische Allegorie aufzufassen sein" bemerkte schon vor A. Rumpf *H. von Schoenebeck,*¹³ und später erklärte *E. Weigand,* daß beim Vorkommen gleicher ‚Kompositionstypen' sowohl in der Grabkunst als auch in der diesseitigen Kunst „der Sinn, der damit verbunden wurde ... notwendig ein anderer (wäre), weil sie die Bestimmung hatten, dem Leben zu dienen und auf das Leben zu wirken".¹⁴ Auch müßte ja, kann man weiter einwenden, eine nicht symbolische Verzierung der Sarkophage, das rein Ornamentale, erklärt werden. Wenn man so wenig am Sinn der Verzierung interessiert war, warum nahm man dann nicht eine einfachere, die eine Frage nach dem Tertium comparationis gar nicht erst aufkommen ließ? Mußten es gerade die toten Töchter und Söhne der Niobe sein, die man als „Zierrathen" ordnete, und mußte die Kunst sich gerade hierin der „höchsten Schwelgerei hingeben?¹⁵ Warum blieb man nicht bei den einfachen, rahmen- oder rankenverzierten Sarkophagen? Und warum legte man in die Gesichter der Figuren doch oft auch den stärksten Ausdruck, der von der reinen Ornamentik ablenken mußte? Ja, selbst wenn man trotz allem zu der Feststellung „bloßer Ornamentik" gelangte – wäre dann nicht zunächst festzustellen, worin die besondere Art der antiken Ornamentik bestand?

Ganz ohne Antwort sind derartige Fragen nicht geblieben. Schon *S. Reinach* hat, unmittelbar im Anschluß an seine oben zitierten ratlosen Fragen, erklärt: „On en vient à croire que le sarcophage, considéré comme le temple où le défunt élit domicile, a été décoré, comme les demeures des riches et les temples des dieux, de modèles empruntés à tout le vaste répertoire des arts plastiques",¹⁶ und ich selbst habe als Möglichkeit angegeben: „Zu einer so universalen Verwendung mythologischer Bilder kann wohl nur die Überzeugung führen, daß zur Verzierung Kunst gehöre, und daß Kunst in griechischen Formen und mit griechischem Inhalt auftreten müsse, um eben Kunst zu sein; unter diesem übergeordneten Gesichtspunkt waren dann die Aufgabe, eine Truhe, oder die, einen Sarkophag zu verzieren, nicht so voneinander verschieden. Der gedankliche Prozeß – wenn es überhaupt zu einem solchen kam – setzte dann erst später ein, konnte also gar nicht immer zu den gleichen Resultaten führen".¹⁷ Kunst als solche sollte dekorieren, mochte sie dann ausgelegt werden wie auch

---

⁹ Grabaltäre 271. Auch E. Cahen sagt in DS IV 2 (1877) 1074 s.v. sarcophagus, daß der S. Schmuck oft mehr dekorativ als religiös gewesen sei. Dazu P. Boyancé, REA 1943, 293 Anm. 1.

¹⁰ Roman Imperial Sculpture (1961) 47.

¹¹ Grabaltäre 264.

¹² ASR V 1 S. 133; s. auch Nock a.O. 148f. 165. Engemann, Untersuchungen 13. 24f. 61.

¹³ RM 51, 1936, 260, ähnlich danach G. Becatti in: Scavi di Ostia VI (1969) 144.

¹⁴ ByzZ 41, 1941, 443. Zur Frage auch Nock a.O. 149f. H. Brandenburg, JdI 82, 1967, 197ff. H. Sichtermann, JdI 85, 1970, 232 mit Anm. 41. F. Matz, AA 1971, 106. Engemann, Untersuchungen 24.

¹⁵ Man könnte darauf hinweisen, daß es in der antiken Kunst von jeher ‚sinnlose' Anwendungen von künstlerischen Erfindungen und Typen gegeben hat, wie etwa bei den Plakettenvasen des 4. Jhs. v. Chr., s. dazu W. Züchner, JdI 65/6, 1950/1, 182ff. mit Lit. Zu ‚sinnlos' angewandten Motiven auch Andreae, Studien 74 Anm. 411.

¹⁶ Monuments nouveaux de l'art antique II (1924) 92; er fährt fort: „Quelquefois, mais non généralement, une idée des félicités futures a pu présider au choix de ces décors".

¹⁷ Sichtermann-Koch 12.

immer; diese Theorie entgeht sowohl dem Vorwurf, ‚reine Dekoration' zu behaupten, noch ist sie verpflichtet, jede Darstellung bündig zu erklären. Auch der Religionshistoriker *Nock* urteilte ähnlich: „In ancient art decoration was commonly decoration and did not necessarily bear any relation to the specific purpose of the structures or objects decorated, large or small".[18]

Man darf auch nicht außer acht lassen, daß die These von der reinen Dekoration vergißt, daß der zu dekorierende Gegenstand im eigentlichen Sinne gar nicht existiert, was dem Begriff der Dekoration widerspricht. Bei den stadtrömischen Sarkophagen gab es praktisch kaum je eine genau faßbare Form des Sarkophagkastens, die ihn, wie im östlichen Bereich, etwa als Bauwerk, genauer als Heroon, aufzufassen gestattete; wie gering die spärlichen Anklänge an eine solche Grundstruktur wirkten, geht daraus hervor, daß die allein herrschende Freude am Darstellen sogar auf die Akrotere des Deckels übergreifen konnte,[19] weshalb man die stadtrömischen Sarkophage in ihrer Form als reine ‚Bildträger' bezeichnen konnte. Deutlich erkennbare Formen wie die Lenoi, die ihrerseits fast nur eine spielerische ‚symbolische' Bedeutung hatten, wurden auch nicht eigentlich ‚dekoriert', sondern bildeten ebenfalls weit eher nur einen Träger erzählender Darstellungen.[20]

Warum auch sollte sich die sepulkrale Skulptur der Römer so stark von ihren Vorläufern unterscheiden? Die etruskischen Sarkophage sind voller direkter Bezüge zu Tod und Jenseits, und auch die unteritalisch-griechische Grabkunst kennt solche Beziehungen.[21] Die wenigen erhaltenen Sarkophage aus der römischen Frühzeit, wie etwa der zwar untypische, aber doch bezeichnende römische Sarkophag in der Villa Giulia mit Szenen aus der Unterwelt, der in frühaugusteische Zeit datiert wird,[22] zeigen deutlich, daß hier eine Verbindung besteht. Auch ein späteres, aber noch in die Frühzeit der Sarkophagkunst gehörendes Beispiel, der Sarkophag von Velletri,[23] weist unverkennbar ein auf Tod und Jenseits bezogenes Bildprogramm auf. Warum sollte sich dergleichen so gar nicht fortgesetzt haben?

Neben den ganz oder teilweise skeptischen Urteilen behauptete sich daher auch mit großer Zähigkeit die Überzeugung, daß eine Sinnlosigkeit des Sarkophagschmuckes auszuschließen sei, und zwar schon aus ganz unmittelbaren Gründen: „Es wäre nicht bloß dem tiefsinnigen Geiste des Altertums widersprechend, es wäre geradezu unnatürlich, wollte man an den Gräbern, der ergreifendsten Stätte menschlichen Mitgefühls, schmückende Bildwerke von häufiger und mannigfaltiger Anwendung für eine müßige Zierrat halten", sagte schon 1830 E. *Gerhard*,[24] und 110 Jahre später lehnte F. *Cumont* den Gedanken einer Beziehungslosigkeit zwischen der Verzierung der Sarkophage und den Toten mit ganz ähnlichen Worten ab: „Une pareille indifférence serait si contraire à tout sentiment humain, qu'il suffit d'énoncer cette supposition pour qu'en apparaisse l'invraisemblance".[25] Auch

---

[18] a.O. 154f.

[19] z. B. bei dem Meleagers. Im Pal. Doria in Rom, SICHTERMANN-KOCH 42 ff. Nr. 39 Taf. 95 ff.; hier Taf. 184. Wie wenig diese Akrotere sonst, sofern sie, normalerweise, als Köpfe oder Masken gebildet sind, mit der übrigen Verzierung zusammengingen, hat die Untersuchung von T. BRENNECKE gezeigt; nur etwa die Hälfte läßt eine deutliche Beziehung erkennen (Kopf u. Maske, 1970, 52f. 63. 65. 78. 107. 192).

[20] Dazu allgemein WIEGARTZ, Säulens. 140f. Zu den Lenoi: F. MATZ, BMetrMus N.S. 15, 1956/7, 127. – Im folgenden wird der Unterschied zwischen stadtrömischen, kleinasiatischen, attischen und sonstigen S. nicht besonders herausgearbeitet, da es hier mehr auf das Gemeinsame ankommt. Zu den Unterschieden: ENGEMANN, Untersuchungen 33.

[21] Vgl. das Friesbruchstück von einem Grabbau aus Tarent in München mit den Danaiden, Hades und Persephone, Hermes und Herakles, GL 494. Zu den Beziehungen auch M. SCHMIDT

– A. D. TRENDALL – A. CAMBITOGLOU, Eine Gruppe Apulischer Grabvasen in Basel (1976) 21; 48 Anm. 141; 90 Anm. 323. Über die Beziehungen der Darstellungen auf den S. zu der übrigen römischen Grabskulptur, besonders in den Provinzen, vgl. F. DREXEL, RM 35, 1920, 122 ff. Über die Beziehungen zu Großgriechenland: K. SCHAUENBURG, BJb 161, 1961, 234f. Ders. in: Opus Nobile. Festschrift U. Jantzen (1969) 135f. Ders., AA 1975, 291. E. LANGLOTZ, Der triumphierende Perseus (1960) 38f. F. MATZ, AA 1971, 107f. 114f. Etruskisches: NOCK a.O. 150 Anm. 41 mit Hinweisen, allgemein auch 161 mit Anm. 82. K. SCHAUENBURG, AA 1975, 291. H. WREDE in: Festschrift G. Kleiner (1976) 165f.

[22] C. GASPARRI, RendAccLinc ser. 8 vol. 27, 3-4, 1972, 1 ff.

[23] s. Kapitel I 4.3.2.49.

[24] Beschreibung der Stadt Rom I (1830) 319; zustimmend E. PETERSEN, AdI 1860, 357.

[25] CUMONT 2.

G. *Rodenwaldt,* dessen Hauptinteressen in der Sarkophagforschung auf anderen Gebieten lagen, sagte sogar von äußerlich nebensächlichen Darstellungen, sie hätten „natürlich wie jeder Sarkophagschmuck eine sepulkral-symbolische Bedeutung".[26]

So hat auch alles Negieren eines symbolischen oder allegorischen Sinnes nicht vermocht, die Suche nach einem solchen zu verhindern.[27] Stützen konnten derartige Bemühungen sich auf die Tatsache, daß es zu jeder Zeit Sarkophage gab, deren Schmuck ohne jeden Zweifel in Beziehung zu dem Beigesetzten stand, so daß der Schluß nahelag, eine solche Beziehung sei grundsätzlich auch bei den übrigen Sarkophagen anzunehmen, wenn vielleicht auch nur allgemein und überindividuell.

Einige Forscher gingen nun auf dem Wege weiter, der mit der Annahme eines aus allgemeinmenschlichen Gründen unbedingt anzunehmenden Sinnes eingeschlagen war: auch bei den einzelnen Verzierungen sei selbst da, wo eine direkte Beziehung zum Beigesetzten nicht zu erkennen ist, ein unmittelbar einleuchtender, zeitlos von der Antike bis zur Gegenwart als gleichbleibend erkennbarer generell sepulkraler Sinn vorauszusetzen; wenn schon völlige Sinnlosigkeit in unserer Zeit schwer vorstellbar sei, so könne man sie erst recht nicht bei dem „tiefsinnigen Geiste des Altertums"[28] erwarten. Auch ohne die – nun einmal nicht existierenden – direkten literarischen Äußerungen zum Sinn des Sarkophagschmucks müßte also ein solcher Sinn auch heute noch unmittelbar erkennbar sein. Dieser Sinn braucht dabei nicht unbedingt ein sehr tiefer zu sein; viel näher liegt es ja sogar anzunehmen, eine Deutung werde „umso plausibler erscheinen, je trivialer sie ist",[29] da gewiß das Triviale eher als das Tiefsinnige sich zeitlos und allgemeinmenschlich gibt.

Sinndeutungen nach dieser Methode unmittelbarer Evidenz unter Ignorierung der hierfür ungeeigneten Inhalte und Mythen finden sich seit den Anfängen der Sarkophagforschung. Diejenigen, die bei Unverständlichem auf das Dekorative ausgewichen waren wie Winckelmann und Goethe, zeigten sich gern bereit, in unkomplizierteren Fällen eine symbolische Deutung für möglich zu halten. Daß *Winckelmann* eine ganz allgemeine Beziehung der Sarkophagreliefs zu ihrer sepulkralen Bestimmung durchaus anerkennen konnte, zeigt seine Interpretation der auf Sarkophagen dargestellten Türen; sie seien der „Eingang zu den elysäischen Feldern".[30] Von da aus ist es dann nur ein kurzer Schritt zu einer generell vordergründigen Erklärung der Sarkophagverzierungen. Nachdem Winckelmann von der düsteren Gemütsart der Etrusker gesprochen hat, fährt er fort: „Man sieht daher auf etrurischen Begräbnisurnen insgemein blutige Gefechte über ihre Toten vorgestellt, die unter den Griechen niemals geschehen sind. Die römischen Begräbnisurnen, weil sie mehrenteils von Griechen werden gearbeitet sein, haben vielmehr angenehme Bilder: die mehrsten sind Fabeln, welche auf das menschliche Leben deuten; liebliche Vorstellungen des Todes, wie der schlafende Endymion auf sehr vielen Urnen ist; Najaden, die den Hylas entführen; Tänze der Bacchanten und Hochzeiten, wie die schöne Vermählung des Peleus und der Thetis in der Villa Albani ist";[31] für all das wird sogar eine antike Erklärung gegeben: „Scipio Africanus verlangte, daß man bei seinem Grabe trinken sollte, und man tanzte bei den Römern vor der Leiche her"[32] – hier also sind es die Römer und nicht die Griechen, die für die heiteren Darstellungen verantwortlich gemacht werden; daß keineswegs alle Sarkophagreliefs „angenehme Bilder" zeigen, bleibt außer Betracht. *Goethe* hat sich zu Sarkophagen in dieser Hinsicht nicht direkt geäußert, doch wies er als erster bei der Igler Säule auf die Symbolik der Säule bekrönenden Entführung des Ganymed hin,[33] die er also hier ganz und gar nicht als reinen „Zierrath" betrachtete.

Es waren dann immer wieder dieselben Mythen, die hier angeführt wurden. Am beliebtesten war wohl Endymion; schon bei Winckelmann wird er als erster Mythos genannt, und wenig später erklärte *Karl Philipp Moritz:* „Unter dem schönen Sinnbild vom schlummernden Endymion ließ ein

---

[26] AA 1938, 400. Vgl. auch R. LULLIES, Vergoldete Terrakotta-Appliken aus Tarent (7. Ergh. RM 1962) 65. H. BRANDENBURG, JdI 82, 1967, 202.

[27] s. F. MATZ, AA 1971, 105. 106.

[28] E. GERHARD, s. Anm. 24. Vgl. auch die JdI 85, 1970, 235 Anm. 53 zitierte Äußerung J. J. BACHOFENS, Ges. Werke IV 507.

[29] A. RUMPF, ASR V 1 S. 133.

[30] Sämtliche Werke, hrsg. von J. EISELEIN II (1825) 414.

[31] Gesch. d. Kunst d. Altertums, hrsg. von V. FLEISCHER (1913) 97f. Über Winckelmanns generelle Gleichgültigkeit diesen Fragen gegenüber s. C. JUSTI, Winckelmann u. seine Zeitgenossen III³ (1923) 378 = II⁴ (1943) 570.

[32] a.O. 98.

[33] s. E. GRUMACH, Goethe u. die Antike I (1949) 470. ENGEMANN, Untersuchungen 22.

zartes Gefühl die Alten den Tod darstellen, und man sieht auf deren Marmorsärgen, welche die Asche früh verblühter Jünglinge umschlossen, den glücklichen Schläfer abgebildet, wie Diana auf ihrem Wagen zu seinem Kuß sich niedersenkt".[34] Als „das schönste allenverständliche Bild eines sanften und erquickenden Schlummers nach den Mühseligkeiten des Lebens" hat auch O. *Jahn* die Endymionsage auf Sarkophagen bezeichnet,[35] und es nützte nichts, daß F. Cumont diese „explication simpliste" durch eine andere, literarischere zu ersetzen suchte – der ihm auch sonst widersprechende Nock kam doch wieder auf den „proverbial sleep in a mildly idyllic atmosphere" zurück,[36] und noch 1973 erklärte *J. Engemann,* eine Bemerkung von *F. Matz* paraphrasierend: „Für die Tatsache, daß die Motive der Auffindung der Ariadne durch Dionysos und des Endymion durch Selene als Bilder für die Apotheose von Verstorbenen verwendet werden, bedarf es keines Nachweises".[37] Auch *C. Robert* vertrat diese ‚naheliegende' vordergründig symbolische Deutung.[38]

Von so einfach zu deutenden Sagen wie der von Endymion aus konnte man sich dann auch weiter wagen. So sagte *E. Curtius:* „Niemand wird in Abrede stellen, daß der gottbegnadigte Schlummer eines Endymion, einer Ariadne u. s. w. ein trostreiches Todesbild sei und ebensowenig, daß die Admetos- und Protesilaossage, daß selbst Katastrophen wie die des Phaeton, wegen der endlichen Erhöhung der dabei Beteiligten, auf die Beruhigung trauernder Gemüter berechnet sind".[39] Auch *Petersen* hatte mit ähnlichen Methoden mythologische Darstellungen auf Sarkophagen erklärt, und selbst da, wo er Literarisches heranzog, legte er Wert auf das, was allgemein verständlich erscheint. Auch bei ihm fehlt natürlich Endymion nicht.[40]

Auch *Carl Robert* gehört zu denen, die an einen allgemeinen, unmittelbar einleuchtenden Sinn der Sarkophagverzierungen glaubten, wenngleich sich bei ihm all das in weitaus nüchterneren Bereichen abspielt. Da er sich in den mythologischen Corpusbänden mit allen auf Sarkophagen erscheinenden Mythen beschäftigen mußte, hätte er sich auch bei der Frage nach dem Sinn nicht auf eine Auswahl beschränken dürfen. Trotzdem ist eine entsprechende Tendenz bei ihm nicht zu übersehen. So nahm er generell zur Problematik des Sinngehaltes gar nicht Stellung, versäumte dann aber nicht, in den passenden Fällen wie bei Adonis und Proserpina auf die „durchsichtige Symbolik"[41] oder, bei Meleager, auf die „leichte symbolische Verwendbarkeit"[42] hinzuweisen, auch auf die „beziehungsvolle Dekoration" von Sarkophagen für Mädchen und Frauen mit dem Alkestis-Mythos[43] aufmerksam zu machen oder bei Ikarosdarstellungen die „Beziehung auf den Beigesetzten" zu behaupten;[44] dann aber verwunderte er sich, daß ein Mythos wie der von Aktaion, der „seinem düsteren Charakter nach zu einer symbolischen Verwendung auf Grabdenkmälern einzuladen scheint", sich so selten auf römischen Sarkophagen fände,[45] und zu den Pasiphae-Sarkophagen erklärte er kurzerhand: „Symbolische Beziehungen liegen bei (ihnen) gewiß nicht vor".[46] Man darf annehmen, daß er solche auch bei den übrigen, von ihm nicht gedeuteten mythologischen Sarkophagen wie etwa den Orest-, Niobiden- oder Medeasarkophagen ausschloß.[47]

Auch *F. Matz* hat entschieden einer unmittelbaren Interpretation der Sarkophage das Wort geredet. In den vier Bänden der ‚Dionysischen Sarkophage' geht er, ähnlich wie schon Robert in seinen mythologischen Bänden, zwar nicht generell auf die Frage der Symbolik ein,[48] äußert sich jedoch ge-

---

[34] Zitiert in: Neue Rundschau 80, 1969, 700.
[35] Archäolog. Beiträge (1847) 51.
[36] a.O. 152.
[37] Untersuchungen 28. Ähnlich über den Alkestismythos P. BLOME, RM 85, 1978, 435.
[38] ASR III 1 S. 53.
[39] AZ 1869, 15.
[40] AdI 1860, 362 ff.
[41] ASR III 1 S. 7 u. III 3 S. 450. Der Terminus ‚durchsichtig' oder ‚transparent' findet sich in entsprechendem Zusammenhang sehr häufig in der Literatur, s. das Lit.-Verzeichnis.
[42] ASR III 2 S. 268.
[43] ASR III 1 S. 25.
[44] ASR III 1 S. 47.
[45] ASR III 1 S. 1.

[46] ASR III 1 S. 47. Daß C. ROBERT die „symbolischen, eine Beziehung auf den Tod zulassenden Mythen" von den übrigen grundsätzlich schied, wird auch aus seiner Äußerung AZ 43, 1885, 299 klar.
[47] Eine C. Robert entsprechende Einstellung findet sich auch bei L. FRIEDLÄNDER, Darstellungen aus der Sittengeschichte Roms in der Zeit von Augustus bis zum Ausgang der Antonine[10] (1923) III 305. 313 f.
[48] In keinem der bisher erschienenen Bände des Sarkophag-Corpus ist dies geschehen, vgl. zuletzt G. KOCH, ASR XII 6 S. 37 u. die Kritik von K. FITTSCHEN, Gnomon 44, 1972, 498. Erst B. ANDREAE durchbricht diese Schranke, s. ASR I 2 S. 23 ff. u. oft.

legentlich zu Einzelproblemen.[49] Allerdings wird seine Einstellung auch schon durch die Sachlage motiviert: „Während dort (bei den mythologischen Sarkophagen) der Interpretation in der antiken Dichtung und Mythographie eine Fülle literarischen Parallelmaterials zu Gebote stand, können im dionysischen Bereich so gut wie ausschließlich die Denkmäler helfen";[50] aber dann heißt es auch ausdrücklich bei ihm: „Überhaupt ist die Forderung nach einer literarischen Quelle als Zeugnis für den mystischen Glauben nicht einzusehen. Die Aufgabe, die der Forschung gestellt ist, liegt in der Interpretation der Bilder aus sich selber und aus ihren Parallelen heraus".[51] Anschließend an diese Feststellung wird dann auch eine solche Interpretation gegeben: der Thiasos ohne Dionysos entspräche „dem alten Glauben der Mysten, daß sie nach dem Tode ein seliges Leben führen werden", auf den Reliefs, die den Gott gegenwärtig zeigen, gehe „der Tote ... nicht mehr auf in der Schar der seligen Mysten. Durch den Bezug zur Apotheose des Dionysos wird die individuelle Note in seiner Überhöhung nach dem Tode betont".[52]

Der Einwände gegen eine solche aufs Unmittelbare zielende Sarkophagerklärung, die sich eben auf dies unmittelbar Verständliche beschränkt, gibt es viele. Der stärkste dürfte wohl der sein, daß es ein über die Jahrtausende hinweg gleichbleibend Allgemeinmenschliches wohl doch nur in sehr viel beschränkteren Grenzen gibt, als es die heutigen Interpreten wahr haben wollen. Wenn beispielsweise *H. Dütschke* sagt: „Man stelle sich doch die Leute des zweiten Jahrhunderts nicht anders vor als unsere Zeitgenossen!",[53] dann entspringt das einem gar zu vereinfachenden Glauben. Was uns selbstverständlich erscheint, war es keinesfalls immer, und nicht nur die allgemein zeitbedingte ‚Zeitlosigkeit' spielt hier eine unbewußte Rolle, oft genug kommt auch der persönliche Lebensumkreis und die eigene Mentalität des jeweiligen Interpreten hinzu. Mit Recht sagt *F. Cumont* von den Schreibern der ‚Hermetica': „La logique de ce peuple n'etait point celle d'un philologue du XXᵉ siècle",[54] und ein solcher Ausspruch läßt sich gewiß verallgemeinern.

Daher erklärt es sich auch, daß die mit Hilfe ‚unmittelbarer' Einsicht gewonnenen Sinndeutungen keineswegs bei allen Interpreten übereinstimmen. So sagte *Th. Klauser* von den Giganten auf dem Sarkophag von Velletri: „Die stiertötende Victoria ist zweifellos Sinnbild des Sieges über den Tod... Die gleiche Bedeutung wird man wohl auch den beiden kämpfenden Giganten zuschreiben müssen...",[55] während *B. Andreae* mit gleicher Überzeugung folgende Deutung fand: „Die abgekürzte Darstellung des Gigantenkampfes kann in unserem Zusammenhang nur als Andeutung der anderen Möglichkeit verstanden werden, den Göttern nicht mit der *pietas* des Opfernden, sondern mit der *superbia* der Giganten gegenüberzutreten";[56] und der oben genannten Deutung der schlafenden und wiedererweckten Ariadne durch Matz und Engemann steht Turcans Meinung entgegen, das Ganze sei „une image du retour à la vie".[57] Ebenso kann dem einen ein bestimmter Mythos auf Sarkophagen als ‚unmittelbar verständlich' erscheinen, während er dem anderen unverständlich bleibt, wie etwa der von der Tötung der Niobiden.[58]

So fanden sich daher andere Forscher, die erklärten, daß bei einer bestimmten Gruppe von Sarkophagverzierungen ein unmittelbar verständlicher Sinn allerdings nicht vorhanden sei, daß aber daraus noch keineswegs auf völlige Sinnlosigkeit geschlossen werden dürfe. Hier hätte die Suche nach mittelbaren, also zeitgenössischen Erklärungen einzusetzen, die Exegese der gleichzeitigen Dichtung, Religion oder was es sonst an Äußerungen aus dieser Zeit gebe; neben einem „symbolisme im-

---

[49] Dazu F. MATZ, Dionysiake Telete (Abh-Mainz 1963 Nr. 15) 5.
[50] Ebenda 6.
[51] ASR IV 1 S. 132.
[52] ASR IV S. 132; bezeichnend ist die Begründung: „An dieser Stelle kann damit nur ein Bezug auf den Toten gemeint sein", ebenda 132. – Auf die Theorie L. STEPHANIS, die er mit vielen Zitaten aus der Literatur zu beweisen sucht – daß die Grabkunst vor allem die Fortdauer der sinnlichen Genüsse im jenseitigen Leben, einschließlich der Berauschtheit durch den Wein und den dadurch verursachten Schlaf, veranschaulichen soll, sei hier wenigstens anmerkungsweise hingewiesen, Der ausruhende Herakles (1854) 18 ff. Dagegen schon E. PETERSEN, AdI 1860, 376 ff. 407 f.
[53] Zwei römische Kindersarkophage aus dem 2. Jh. n. Chr. (1910) 16.
[54] JRS 15, 1925, 274, zitiert von NOCK a.O. 140; vgl. auch K. SCHAUENBURG, AA 1975, 280.
[55] JbAChr 3, 1960, 145.
[56] Studien 68.
[57] TURCAN 512.
[58] Vgl. K. SCHEFOLD, Anm. 96 u. G. M. A. HANFMANN, Anm. 3.

médiat" müsse man einen „symbolisme lointain" unterscheiden,[59] und diesen herauszufinden, auch, wenn er uns unmittelbar nicht einleuchtet, sei die Aufgabe der Wissenschaft. Auszugehen sei dabei von der Gesamtheit des antiken geistigen, insbesondere religiösen Lebens, und die Sarkophage seien, als Teil dieses Lebens, in diese Gesamtheit einzuordnen. Nur so könnten Aufschlüsse nach beiden Richtungen hin gewonnen werden, d. h. also für die antike Religion und auch für die Sarkophage.

Trotz der scheinbaren Objektivität einer solchen Methode lief es doch bei einigen in dieser Richtung unternommenen Versuchen genau so auf das persönliche Dafürhalten hinaus wie bei den eben genannten archäologischen Untersuchungen. Es sind hier besonders die beiden großen Vorläufer auf diesem Gebiet, *F. Creuzer* und *J. J. Bachofen,* zu nennen. So sehr auch beide mit dem Rüstzeug antiker Quellen und Belege arbeiten, so tritt doch da, wo die Schlüsse aus diesen Aussagen zu ziehen sind, die eigene Meinung als letzte Instanz hervor. Daß diese jeweils auf einer starken und eigenartigen Persönlichkeit beruht, vermag den vorgetragenen Thesen eine gewisse Faszination zu verleihen,[60] wirkliche Beweise werden dadurch jedoch nicht gewonnen.

Durch die Subjektivität dieser frühen Versuche schien die Methode als solche jedoch nicht diskreditiert; nach Eliminierung jeder Art von Subjektivität und jedes bloßen Dafürhaltens käme es darauf an, nur noch mit den literarischen Quellen zu arbeiten, neben welchen die Sarkophage als gleichberechtigte Zeugnisse einer höheren geistigen Einheit zu behandeln wären.

Die bisherigen Versuche in dieser Richtung sind fast ausschließlich von Philologen oder Religionshistorikern durchgeführt worden, die selbst da, wo sie bewußt die bildlichen Monumente, auch die Sarkophage, in ihre Untersuchungen einbezogen, diese kaum je in ihrer spezifischen Eigenart als Bild-Dokumente gewürdigt haben.

Hierher gehört auch der bislang größte Versuch, Klarheit über die römische Sepulkralsymbolik zu erhalten, derjenige von *F. Cumont.* Er wurde ausdrücklich mit dem Vorsatz unternommen, den einfachen und unmittelbaren Erklärungen aus dem bloßen ‚common sense' entgegenzutreten.[61] Auf ein Beispiel wurde bereits kurz hingewiesen, das der Endymionsage. Der „explication simpliste" von O. Jahn setzte Cumont seine sich auf pythagoräische Literatur stützende umständlichere entgegen; es handle sich hier um die „mariage éternel de deux époux dans une autre existence", wofür allerdings auch ein monumentales Beispiel genannt werden konnte.[62] Ähnlich verhält es sich mit den Jahreszeiten; hatte man in diesen zumeist „une allégorie banale"[63] der Lebensalter und der Vergänglichkeit gesehen, so werden sie, unter Hinweis auf orientalische Einflüsse und stoische Gedanken, nunmehr zu Symbolen der „renaissance éternelle des êtres"[64] – wozu dann auch hier auf Entsprechungen in den bildlichen Darstellungen verwiesen wird.

Die abgeleitet-literarische Methode Cumonts zeigt sich schon im Aufbau des Buches. Die unter Aufbietung einer immensen Gelehrsamkeit herangezogenen literarisch-philosophischen Äußerungen zumeist pythagoräischer Richtung, welche sich auf Gegenstände beziehen, die auch in der Sepulkralkunst auftreten, werden in einzelnen Kapiteln zusammengefaßt, die abgegrenzte Themenkreise wie „Les Dioscures symboles des hémisphères", „Les âmes aériennes", „Les Vents dans la sculpture funeraire", „La Lune séjour des morts", „Les Muses" und dergleichen behandeln; als Ergebnis stellt sich dann mehr oder weniger deutlich eine bestimmte Beziehung zum Jenseitsglauben heraus. Die Denkmäler selbst, auch die Sarkophage, werden dann mit Hilfe dieser Ergebnisse erklärt.

Da nun aber keineswegs für alle Inhalte der Sepulkralkunst philosophisch-literarische Äußerungen herbeizuschaffen waren, mußte das Ganze ein Torso bleiben; vieles, was auf den Sarkophagen eine große Rolle spielt, wie etwa die Niobidensage, erfuhr keinerlei Erwähnung, anderes, was vergleichsweise weniger in die Augen fällt, wie die Dioskuren, wurde auf breitem Raum behandelt.

Aber auch innerhalb der gewählten Themenkreise zeigte sich die Methode, von der Literatur aus-

---

[59] H. J. Marrou, Mousikos Aner (1938) 181 ff. R. Stuveras, Le putto dans l'art romain (1969) 49: „Symbolisme direct et symbolisme indirect".

[60] Vgl. K. Schefold, Röm. Kunst als relig. Phänomen (1964) 8. Kritischer H. Sichtermann, Gymnasium 86, 1979, 534 Anm. 86.

[61] Cumont S. 1 f.; s. auch Nock a.O. 140.

K. Schefold, Orient, Hellas u. Rom in der archäolog. Forschung seit 1939 (1949) 200.

[62] Cumont 247. Zu dem genannten Beispiel, ASR III 1, 81, kommt jetzt ein S. in Sassari, Pesce, Sardegna 93 f. Nr. 52 Taf. 72, 101.

[63] Formulierung von Turcan 595.

[64] Cumont 489. Eine ausführliche Darlegung mit der Lit. bei Turcan 593 ff.; vgl. auch H. Brandenburg, RömQSchr 63, 1968, 63.

zugehen, als unbefriedigend und unzureichend. Einer Interpretation, die auf den Denkmälern selbst fußte, hielt die literarische nicht immer stand; als Beispiel sei die Deutung eines Sarkophagfragmentes im Vatikan genannt, welches nach Cumont „Soleil recevant une âme de la Lune" darstellen soll,[65] während es sich in Wirklichkeit um eine Szene aus dem Phaethonmythos handelt.[66] Das ist nicht nur eine einzelne Fehlinterpretation, die jedem einmal unterlaufen kann; wer die Gesetzlichkeit der figürlichen Typologie auf römischen Sarkophagen kennt, würde eine derartige Darstellung auf ihnen ganz grundsätzlich für äußerst unwahrscheinlich, wenn nicht für unmöglich halten.

Bezeichnenderweise haben sich mit dem Buche Cumonts auch fast nur Philologen und Religionshistoriker auseinandergesetzt, die Archäologen nur ganz vereinzelt.[67] Da sie sich der eigentlichen Leistung Cumonts, der religionsgeschichtlichen, gegenüber nicht kompetent fühlten, ist es auch nicht zu prinzipiellen Auseinandersetzungen gekommen. Einer der grundsätzlichen Einwände gegen Cumonts Methode ist immerhin von einem Archäologen formuliert worden; wenn Cumont erklärte: „La sculpture funéraire est l'illustration d'un livre d'exégèse dont elle aide à reconstituer les pages mutilées",[68] so entgegnete *H. Koch:* „So objektiv sich der „Symbolisme funéraire" auch gibt, es liegt ihm doch eine höchst eigenwillige These zugrunde; wer ihr folgt, müßte eigentlich glauben, daß die Welt der Sarkophage und Grüfte eine Art von subtiler Geheimwissenschaft birgt, in die man nur dann eindringen kann, wenn zufällig erhaltene antike Exegeten den Weg weisen".[69]

Die große kritische Auseinandersetzung mit Cumont kam dann auch nicht von archäologischer Seite, sondern ebenfalls von einem Religionshistoriker, *A. D. Nock.*[70] Er macht aus seiner mangelnden archäologischen Schulung keinen Hehl, und nennt bei den Äußerungen, die er direkt zu den Sarkophagen macht, als Gewährsmann einen Archäologen, *G. M. A. Hanfmann.*[71] Auch Nock unterlaufen auf diesem Gebiet Irrtümer, so, wenn er der unhaltbaren Erklärung des Phaethonfragments im Vatikan durch Cumont eine nicht weniger literarische entgegensetzt, die ihrerseits das Archäologische vernachlässigt.[72] Immerhin hat Nock erkannt, daß manches, was Cumont symbolisch erklären will, zunächst einmal in seiner bildlichen Erscheinung geprüft werden müsse, wobei sich dann zeigen kann, „that the problem is one of the history of decoration rather than of the history of ideas".[73]

Auch Nock lehnt, wie Cumont, die Erklärung rein aus unserem Dafürhalten ab,[74] kann aber ebenso dem anderen Extrem, alles auf zeitgenössische Philosophie zurückzuführen, zugunsten des Allgemeinmenschlichen entgegentreten. So kommentiert er Cumonts Bemerkung, mit den Begriffen ‚quies aeterna' und ‚securitas' werde eine philosophische Konzeption in die funeräre Terminologie eingeführt, folgendermaßen: „Well, it is compatible with some philosophic ideas, but the essence of the thing is human and natural",[75] und auf die Deutung der Begegnung Selene – Endymion entgegnet er: „Was not the ordinary implication of the tale simply a proverbial sleep in a mildly idyllic atmosphere?",[76] womit er sich doch wieder der „explication simpliste" Jahns näherte.

Aber auch auf dem eigenen Fachgebiet sieht Nock sich oft veranlaßt, Cumont zu widersprechen. So bemerkt er, daß pythagoräische Lehren und Allegorien nicht so weit bekannt waren, um allgemein als Erklärung dienen zu können,[77] daß der auf Sarkophagen so oft vorkommende Dionysos in

---

[65] CUMONT Taf. XXII bis.
[66] So schon ASR III 3 S. 416f. zu Nr. 334, von Cumont nicht zitiert.
[67] H. MÖBIUS, DLZ 1944, 264. K. SCHEFOLD, Erasmus 1947, 363ff. Ders., Orient, Hellas u. Rom in der archäolog. Forschung seit 1939 (1949) 200ff. Vgl. auch F. MATZ, Gnomon 21, 1949, 12ff. Dem stehen 16 Rezensionen von Nicht-Archäologen gegenüber.
[68] CUMONT S. III.
[69] MdI 1, 1948, 8.
[70] AJA 50, 1946, 140ff. Nicht übersehen werden sollte auch die nach dem Tode Cumonts geschriebene Rezension in JRS 1948, 154ff. Eine Zusammenfassung der Positionen von Cumont u. Nock bei WIEGARTZ, Säulens. 140f. Vgl. auch F. MATZ, AA 1971, 113.

[71] JRS 1948, 154.
[72] AJA 50, 1946, 143 Anm. 15.
[73] AJA 50, 1946, 142. Dazu F. MATZ, Gnomon 21, 1949, 16: „Die besonderen Bedingungen der bildlichen Überlieferung zu klären, ist die vordringliche Aufgabe". Vgl. auch TURCAN 596 zu Cumonts Methode. NOCK betonte auch die Wichtigkeit der Chronologie, a.O. 147.
[74] a.O. 140.
[75] a.O. 145.
[76] a.O. 152.
[77] a.O. 152ff. Schon K. SCHEFOLD hatte bemerkt, daß „nicht alle, die sich in Sarkophagen beisetzen ließen", „Neupythagoräer gewesen" sein können, Orient, Hellas u. Rom i.d. archäolog. Forschung seit 1939 (1949) 200.

dieser Lehre kaum eine Rolle spiele,[78] daß die Jagd, die ebenfalls viel auf Sarkophagen erscheint, mit ihr unvereinbar sei,[79] und manches mehr.

So hat das Buch Cumonts nicht die erhoffte Klarheit über die römische Sepulkralsymbolik gebracht; außer der Kritik Nocks ist hier auch die Tatsache zu vermerken, daß es in der neueren Literatur zu diesem Thema kaum noch genannt und zitiert wird.[80] Die Gleichgültigkeit konnte so groß werden, daß ein wirklich guter Kenner der Sarkophagprobleme, F. Matz, sich bereits zum Fürsprecher einer positiveren Beurteilung gemacht hat.[81] Ihm selbst haben die Untersuchungen Cumonts jedoch auch nicht viel genutzt.

Cumont hatte sich in seinem Werk fast ausschließlich auf die Literatur beschränkt; den Inschriften, d. h. in diesem Falle den Grabinschriften, schenkte er wenig Aufmerksamkeit. Sie sind nun freilich seinen Thesen nicht sehr günstig, schon im Prinzipiellen nicht. Auf ihnen findet sich wenig Philosophisches, es seien denn populäre Anspielungen; Pythagoras wird kaum genannt.[82]

Hier ist zu bemerken, daß eine zusammenfassende Arbeit über die Beziehung der Grabepigramme zu den Sarkophagen noch fehlt,[83] und daß auch auf diesem Gebiet, d. h. dem der Beziehung zu Todes- und Jenseitsvorstellungen allgemein, nur philologisch-religionsgeschichtliche Versuche vorliegen.[84] Immerhin gibt es brauchbare Sammelwerke,[85] die auch dem Archäologen erlauben, dieses Material zu verwerten – wie das seither bereits auch geschehen ist.[86]

Trotz aller Mängel haben die philologischen Bemühungen doch einige Anstöße gegeben, und im besonderen ist das Buch Cumonts nicht ohne Wirkung geblieben. Vor allem suchte man nun doch auch bei den Archäologen von den einfachen und unmittelbar einleuchtenden Erklärungen zu fundierteren zu gelangen. Auf die Dauer konnte man nicht, wie C. Robert und andere, bei einigen Mythen Symbolik, bei anderen deren Fehlen annehmen; daß die Unmöglichkeit einer einleuchtenden Erklärung bei einigen Mythen auch die Erklärung der übrigen in Frage stelle, trotz ihrer scheinbaren Evidenz, war bereits von S. Reinach ausgesprochen worden.[87] Man sah sich auch deshalb zu einer neuen, umfassenden Analyse gedrängt, weil man ja nicht ständig bei den einfach zu deutenden Sagen stehen bleiben konnte, sondern auch die als Sarkophagschmuck unverständlich erscheinenden, die grausamen und schrecklichen, die leichtfertigen und anstößigen Mythen und Bilder erklären mußte – keine leichte Aufgabe, da die Überlieferung durchaus davon weiß, wie sehr den Römern die Schrecklichkeit gewisser griechischer Mythen bewußt war,[88] und wie ihnen auch die anstößigen durchaus als solche erschienen.[89]

---

[78] a.O. 155.

[79] a.O. 155; vgl. auch F. Matz, Gnomon 21, 1949, 14.

[80] s. etwa Engemann, Untersuchungen 42 Anm. 21. Eine Ausnahme bildet, wenn auch nur auf begrenztem Gebiet, K. Schefold, RA 1961 II, 180. 183. 197. 206. Auch G. Picard äußert sich vorwiegend positiv über Cumont, Rom (1970) 249 ff.

[81] AA 1971, 113.

[82] Eine Ausnahme: Römische Grabinschriften. Ges. u. ins Deutsche übertragen von H. Geist, betreut von G. Pfohl (1969) 116 Nr. 303. Vgl. Nock a.O. 158.

[83] Dazu F. Matz, AA 1971, 106.

[84] Zum Thema Tod u. Jenseits: R. Lattimore, Themes in Greek and Latin Epitaphs (1942). A. Brelich, Aspetti della morte nelle iscrizioni sepolcrali dell'impero romano, Diss. Pannon. I 7 (1937). Allgemeiner: G. Sanders, Bijdrage tot de studie der latijnse metrische grafschriften van het heidense Rome, de begrippen ‚licht' en ‚duisternis' en verwante themata, Verhandelingen Kon. Vlaamse Acad. Wetensch. Lett.Kunst 37 (1960).

[85] W. Peek, Griech. Versinschriften (1955). Ders., Griech. Grabgedichte (1960). Geist a.O. (s. Anm. 82), mit ausführlichem Lit.-Verz. 236 ff., im Archäologischen nicht immer ganz zuverlässig.

[86] Vgl. etwa H. Brandenburg, JdI 82, 1967, 204 ff.

[87] Monuments nouveaux de l'art antique II (1924) 92.

[88] In der 22. Elegie des 3. Buches setzt Properz mit deutlichen Worten den schauerlichen griechischen Mythen – unter denen auch Altheia mit dem Holzscheit figuriert – die römische Geschichte entgegen: „Famam, Roma, tuae non pudet historiae!" (III 22, 20). Vgl. auch noch Plutarchs Bemerkung zu den Auslassungen, die er wegen ihrer Widerwärtigkeit macht, Über Isis u. Osiris. 1. Teil, die Sage. Text, Übersetzung u. Kommentar von Th. Hopfner (1940) 140 ff. Allgemein auch F. Matz, AA 1971, 116. Zu Aigisth: Sueton. De vita Caesarum, Gaius Iulius Caesar. Wenn Seneca mit Vorliebe die schrecklichen Themen der griechischen Sage für seine Tragödien wählt, dann spielt das theatralisch

Den wohl konsequentesten Versuch, auch die uns nicht unmittelbar einleuchtenden Darstellungen mit Hilfe erschlossener oder vermeintlich erschlossener zeitgenössischer Ideen dem Verständnis nahe zu bringen, hat K. *Schefold* gemacht. Von der Voraussetzung ausgehend, daß der Römer auf den Sarkophagen seine Haupttugenden verbildlicht sehen wollte – was tatsächlich für eine bestimmte Gruppe von Rodenwaldt erwiesen wurde[90] –, ebenso aber auch Jenseitshoffnungen ausdrückte, ordnete er nun auch alles das in dieses Schema ein, was nicht sogleich hineinpassen wollte – wobei es letzten Endes doch wieder auf das uns einleuchtend Erscheinende hinauslief. Zum einsamen Laios auf einem Sarkophagdeckel heißt es: „Wir denken dabei an die Vergänglichkeit des menschlichen Lebens",[91] und weiter zu den übrigen Figuren des Deckels, die alle zur Ödipussage gehören: „Offenbar hat der Bildhauer die Befragung des Apollon als Beispiel der Pietas, die Erschlagung des Laios als Beispiel der Tapferkeit und das Verhör des Dieners als Beispiel der Clementia aufgefaßt".[92] Schefold räumt zwar sogleich ein: „Solche Deutungen klingen uns absurd, aber wir werden andere, unverkennbare kennenlernen, die uns zeigen, daß wir völlig umdenken müssen, wenn wir diese Kunst verstehen wollen".[93] Von weiteren Deutungen wird dann die eines Orestsarkophages gegeben; von dessen Künstler heißt es: „Seine Absicht ist nicht, zu erzählen, sondern er will Tugenden symbolisieren: die Frömmigkeit in der Szene am Grab und im Heiligtum, und Tapferkeit und Gerechtigkeit in der Mittelszene" (d. h. dem Muttermord). „Man vergißt die Gewissensqualen des armen Muttermörders und denkt nur noch an seinen Gehorsam gegenüber Apollo und Diana, den Beherrschern der Heimat der Seligen".[94] Beim Ehebruch von Mars und Venus kann Schefold dann eine der von ihm als „unverkennbar" bezeichneten Deutungen beibringen, d. h. eine solche, die durch antike Quellen gestützt wird; er verweist hier auf die von Cumont vorgebrachte antike allegorische Erklärung dieser Sage und deutet sie mit ihm „als Beispiel der Befreiung der Seele zur Unsterblichkeit", woraufhin dann auch, obwohl direkte Zeugnisse hier fehlen, die Szene mit Pasiphae ähnlich erklärt wird: „Daidalos ... bindet die Seele, Pasiphae, an den Leib, und dieses Einschließen in die Kuh symbolisiert wie der Schleier, in den Vulcan den Ehebrecher hüllt, die Gefangenschaft der Seele in ihrem irdischen Dasein".[95] Jenseitsgedanken finden sich nach ihm auch bei den Niobiden- und Medeasarkophagen, wenngleich es hier an literarischen Quellen fehlt; er sagt kurz und bündig: „Apollon et Diane délivrent les Niobides de la vie terrestre",[96] und Medea, die sich anschickt, ihre Kinder zu töten, ist in gleicher Weise zu interpretieren, „comme symbole de la vie brève".[97]

Immer wieder weist Schefold darauf hin, „daß das Denken und die Frömmigkeit dieser Grabkunst seltsame, uns kaum begreifliche Wege gehen";[98] ist aber die Zumutung, das kaum Begreifliche dennoch zu begreifen, wirklich berechtigt? Ist der Beweis durch sachliche Argumente als geglückt zu be-

Wirksame dabei wohl die Hauptrolle. Ob das Wort des Lukrez: „suave, mari magne ..." (II 1–10), in welchem gesagt wird, man sehe fremdes Unheil nicht, weil es Vergnügen bereite, wenn jemand sich quält, sondern weil es lustvoll sei zu sehen, von welchen Übeln man selbst frei sei, auf die schrecklichen S.-Darstellungen anwendbar sein mag, soll dahingestellt bleiben; wenn E. PETERSEN sagt, daß die Wiedergabe der Sagen von Eteokles u. Polyneikes, Marsyas, Aktaion, Aigisth u. der Giganten denjenigen zur Stärkung gereiche, die nicht gesündigt hatten (AdI 1860, 368 f.), dann ließe sich das wohl mit diesen Worten verbinden; aber nicht alle Opfer eines grausamen Schicksals sind Schuldige, wie etwa die Niobiden.

[89] Das auf S. in breiter Ausführlichkeit dargestellte Verhältnis von Mars u. Venus wird von Ovid gleich dreimal als Muster einer zwar in der Kunst und im Kult wiederzufindenden, aber im Grunde doch unmoralischen Geschichte genannt, Tristium II 261 ff. 296. 377 ff. Ähnlich zu Pasiphae: Vergil, Aen. VI 24. 26. Hygin 40. Selbst die so keusch erscheinende Sage von Selene u. Endymion kann in gleichem Zusammenhang genannt werden, Ovid, Tristium II 299. Allgemein: F. MATZ, ASR IV 3 S. 325.

[90] RODENWALDT, Stilwandel, passim.

[91] Römische Kunst als religiöses Phänomen (1964) 65.

[92] a. O. 65 f.

[93] a. O. 66.

[94] a. O. 66.

[95] a. O. 69.

[96] RA 1961 II 183; vgl. Römische Kunst als religiöses Phänomen (1964) 64.

[97] RA 1961 II 192.

[98] Römische Kunst als religiöses Phänomen (1964) 69; vgl. RA 1961 II, 201, u. AntK 12, 1969, 117: „Aus der geradezu abstrusen Denkweise, die in nicht wenigen Sarkophagen der mittleren Kaiserzeit unverkennbar ist, habe ich die Warnung entnommen, sich das Verständnis dieser Kunst nicht zu leicht zu machen".

trachten, gelangen wir wirklich zuletzt doch dazu, auch hier unmittelbare Evidenz zu finden und mit Schefold zu bekennen: „En résumé: ce sont des idées simples et évidentes qui ont dirigé le choix des thèmes"?[99] Zu häufig finden wir ein bloßes „Wir denken ...", „Man vergißt ...", oder auch ein einfaches „Offenbar" dort, wo wir konkrete Beweise erwarten würden – ganz abgesehen davon, daß es wohl nicht jedem leicht fallen wird, sich in dieses „Wir" und „Man" eingeschlossen zu fühlen. Die nach Schefold erschienenen Arbeiten zur römischen Sepulkralsymbolik sind daher auch andere Wege gegangen und haben sich nicht in extreme Theorien vorgewagt.[100]

Innerhalb der Erforschung von Sinn und Bedeutung der Sarkophagverzierungen machte sich von jeher der Mangel einer präzisen Terminologie insbesondere auf philosophisch-logischem Gebiet bemerkbar. Wieweit hier Philosophie und Archäologie auseinandergegangen sind, wird etwa deutlich, wenn man ein Buch wie das von E. Cassirer, Wesen und Wirken des Symbolbegriffs,[101] mit den Forschungen F. Cumonts, J. Engemanns und anderer vergleicht; eine Verbindung herzustellen ist kaum möglich; selbst die Seiten bei Cassirer, auf denen viel von Kunst die Rede ist,[102] haben mit der archäologischen Erforschung der Sepulkralsymbolik so gut wie nichts zu tun. Das gilt auch in starkem Maße von einer anderen Wissenschaft, die der Archäologie wesentlich näher steht, der Philologie; was dort über mythologische Beispiele, Symbolik und Allegorik gesagt wird, läßt sich mit der Sarkophagforschung kaum verbinden, und zwar sowohl innerhalb der Altphilologie[103] als auch der neueren.[104]

Der Mangel einer präzisen Terminologie auf diesem Gebiet ist den Archäologen keineswegs verborgen geblieben. Insbesondere galt es häufig festzustellen, daß die Begriffe ‚Symbol' und ‚Allegorie' nicht genügend unterschieden würden.[105] Der Vorwurf ist alt und datiert nicht erst seit der archäologischen Forschung. Schon Wilhelm von Humboldt tadelte die Verwechslung beider Begriffe; was er dazu sagte, soll hier wörtlich wiedergegeben werden, da es auch heute noch als Grundlage für eine brauchbare Definition dienen kann: „In beiden wird allerdings eine unsichtbare Idee in einer sichtbaren Gestalt ausgedrückt, aber in beiden auf sehr verschiedene Weise.... das *Symbol* hat das Eigentümliche, daß die Darstellung und das Dargestellte immer wechselweise den Geist einladend nötigen, länger zu verweilen und tiefer einzugehen, da die *Allegorie* hingegen, wenn einmal die vermittelnde Idee aufgefunden ist, wie ein gelöstes Rätsel nur kalte Bewunderung oder leichtes Wohlgefallen an anmutig gelungener Gestalt zurückläßt".[106] Kurz und klar hat auch F. Creuzer den Unter-

---

[99] RA 1961 II, 184.
[100] s. die im Lit.-Verz. genannten Arbeiten.
[101] 5. Auflage 1976.
[102] a.O. 79 ff.
[103] Vgl. etwa H. J. NEWIGER, Metapher u. Allegorie. Studien zu Aristophanes (1957) oder J. VEREMANS, Elements symbol. dans la IIIe bucolique de Virgile (1969).
[104] Etwa W. KILLY, Mythologie u. Lyrik, Neue Rundschau 80, 1969, 694 ff. u. den stark auf das Grundsätzliche eingehenden Aufsatz von D. BRÜGGEMANN über „Fontanes Allegorien", Neue Rundschau 82, 1971, 300 ff. 486 ff.

[105] Vgl. u.a. HINKS a.O. 18 Anm. 1.
[106] Von dem griech. Charakter überhaupt u. der idealischen Ansicht desselben insbesondere. W. VON HUMBOLDT, Auswahl u. Einleitung von H. Weinstock (1957) 90 f. Einen Überblick über die Entwicklung der Begriffe gibt HINKS a.O. 1 ff., bes. wichtig 14 ff. mit Lit. Hinks führt auch aus, daß die antike Bedeutung beider Begriffe heute nicht mehr gelte, 1. Vgl. weiter R. MERKELBACH, Roman u. Mysterium i.d. Antike (1962) 55 ff. Vorwiegend philologisch ist: J. PEPIN, Mythe et allégorie. Les origines grecques et les contestations judéo-chretiennes (1958).

schied bezeichnet; er sagt: „Ein Symbol ist bedeutsam", eine „Allegorie will deuten";[107] wonach man dann, wie Blümner, spontan geschaffene und von philosophischer Reflexion geschaffene „Figuren" unterscheiden kann, wobei nur die letzteren „allegorisch" zu nennen wären.[108]

Aus solchen Definitionen folgt, daß reine Symbole streng genommen nicht Gegenstand der Wissenschaft sein können. Sie sind es wohl auch kaum je gewesen, denn mißt man die bisherigen Bemühungen um die römische Sepulkralsymbolik an diesen Definitionen, dann wird man fast durchgehend feststellen, daß auch dort, wo von Symbol gesprochen wird, Allegorie gemeint ist; man sucht das genau bezeichenbare ‚Tertium comparationis', die „vermittelnde Idee", wie Humboldt sagt, d. h. die endgültige Auflösung.

Doch sind die Darstellungen auf den römischen Sarkophagen keineswegs als von vornherein allegorisch konzipiert anzusehen, als habe man mit ihnen mehr oder weniger leicht zu lösende Rätsel aufgeben wollen. Dazu ist allein ihre künstlerische Erscheinung zu kompliziert und zu eigengesetzlich. Sie muß zunächst in diesem Zusammenhang kurz analysiert werden.

Auszugehen ist dabei von der bekannten Tatsache, daß der *Sinngehalt* einer bildkünstlerischen Darstellung sich in *verschiedenen Schichten* erfassen läßt. Diese Schichten lassen sich innerhalb der römischen Sepulkralkunst verhältnismäßig leicht erkennen, jedenfalls bei den Darstellungen, mit denen wir es hier vor allem zu tun haben, den mythologischen. Eine mythologische Szene auf einem Sarkophag zeigt zunächst, noch ungedeutet, Kämpfende, Tötende, Fliehende, Raubende oder sonstwie Tätige in unmittelbar erkennbarer Aktion. Werden sie benannt und in ihren mythologischen Zusammenhang gestellt, so gewinnen sie bereits eine neue Sinnschicht hinzu. Diese kann nun zunächst nur als die ihrer originalen Erfindung und Erschaffung verstanden werden, also als die griechische ihrer Entstehungszeit; sie wird immer symbolisch sein. In der Verwendung als Sarkophagverzierung tritt die Darstellung jedoch in eine weitere Sinnschicht ein, die römische. Hier ist dann der Zweck, eben das Sepulkrale, von ausschlaggebender Bedeutung; aus dieser zweckhaften Verwendung ergibt sich, daß der Grund nur ein gewußter, intendierter sein kann, daß der Sinn dieser Verzierung in diesem Falle also nicht mehr als symbolisch, sondern nur noch als allegorisch zu bezeichnen ist.[109]

Nun büßt aber eine solchermaßen angewandte mythologische Szene auch in dieser letzten Sinnschicht nicht gänzlich ihre Verbindung zu den früheren ein, und insbesondere ist es ihre originale, griechische Symbolik, die niemals ganz durch die römi-

---

[107] Zitiert bei HINKS a. O. 15.
[108] a. O. 16.
[109] Zu den Schichten: H. SICHTERMANN, RM 76, 1969, 266 ff. Ders., RM 77, 1970, 111. Ders., JdI 85, 1970, 234. J. THIMME, JbKuSammlBadWürt 7, 1970, 129. ANDREAE, Studien 25 f. Anm. 107. Vgl. schon E. PETERSEN, AdI 1861, 236 f., der in der zweiten Verwendung jedoch nur Abstieg sieht. Die allgemeine Einsicht: „Klassizismus ist allegorisch, Klassik symbolisch" bei B. VON WIESE in: Platen. Gedächtnisschrift d. Univ. Bibl. Erlangen zum 100. Jahrestag des Todes A. von Platens (1936) 26.

sche Allegorie ersetzt und verdrängt werden kann. Was sich dann herausbildet, ist eine neue, über die griechische hinausgehende Symbolik.

Es ist also nicht so, daß der von jedem Zweck entbundene Gehalt der mythologischen Darstellung neben seinem durch den Zweck veranlaßten Gehalt unverbunden einhergehe; auch anwendende, klassizistische Kunst kann noch wirkliche Kunstwerke hervorbringen, bei denen aus originaler Symbolik und intendierter Allegorie ein Neues entsteht, welches nicht mehr reine Allegorie, sondern wiederum Symbolik ist, allerdings keine originale, sondern eine Symbolik der schöpferischen Wiederverwendung.

Man könnte nun einwenden, daß den Forscher diese neue Symbolik gar nicht zu interessieren habe, da sie, als unabhängig von der Intention des Auftraggebers oder Künstlers entstanden, streng genommen undeutbar sei; sein Ziel müsse und dürfe nur die Klärung der Intention, also der Allegorik sein.

Nun ist aber auch diese nicht allein als Grund für die Auswahl bestimmter mythologischer Motive anzusehen; die unbewußte Beeinflussung des römischen Auftraggebers durch den originalen griechischen Symbolgehalt dieser Motive spielt beim Zustandekommen des Sarkophages eine so große Rolle, daß bei ihrer Vernachlässigung das entstandene Werk nicht voll erklärt wird; oft genug kann die intendierte ‚vermittelnde Idee' sogar hinter der symbolischen Eigengesetzlichkeit zurücktreten.

Daraus geht hervor, daß nur mythische Figuren und Szenen, die ihrerseits bereits Symbole sind, erneut zu Symbolen werden können. Die Symbolik der römischen Sarkophage kann daher nur die mythologischen Sarkophage umfassen, allerdings im weitesten Sinne: neben den mythologischen Szenen und Begebenheiten sind auch alle mythologischen Figuren, ob sie nun vereinzelt oder in ‚Zustandsbildern' auftreten, zu berücksichtigen, also nicht nur die Sagenszenen mit Endymion, Meleager, Orest usw., sondern auch die dionysischen Gestalten, die Musen, Meerwesen, Eroten und Jahreszeiten. Wohl können auch historische und individuelle Szenen des diesseitigen Lebens, sofern sie nicht direkt auf den Beigesetzten zu beziehen sind, einen Sinn haben, der über die bloße Darstellung hinausgeht; hier kann aber der zweite, tiefere Sinn nur ein allegorischer, kein symbolischer sein. Diesen finden wir nur bei den mythologischen Figuren und Szenen.

Es ist daher durchaus möglich, die römischen mythologischen Sarkophage als Teil der Geschichte der griechischen Mythologie aufzufassen, die in ihrem Wesenskern durch keine Wandlung der äußeren Umstände, keine Wiederverwendung, Auslegung und Allegorisierung angegriffen werden kann;[110] denn bevor etwas zum ‚Exemplum' werden kann, muß es eine nur auf sich selbst beruhende, nicht erst durch das Exemplifizieren gerechtfertigte Sinn-Autorität besitzen, und diese Autorität kann durch keine Anwendung, kein ‚Tertium comparationis' beeinträchtigt oder gar restlos

---

[110] s. etwa E. STRONG, Roman Sculpture from Augustus to Constantine (1907) 254 ff. 259 ff. 314 ff.

ausgeschöpft werden. Irgendwie wird dann also auch bei jeder Wiederverwendung der Mythos um seiner selbst willen erzählt und dargestellt, ohne Rücksicht auf eine ‚vermittelnde Idee'.

Von hier aus erscheint dann die Tatsache, daß man zur Verzierung von Sarkophagen überhaupt mythologische Darstellungen verwendete, wichtiger als die Frage nach dem einzelnen Tertium comparationis; die Frage danach, was man mit ihnen ausdrükken wollte, verblaßt vor der Einsicht, daß es eben gerade griechische Mythen waren, die dazu gewählt wurden – also letzten Endes doch um ihrer selbst willen. Der inneren Symbolkraft der griechischen Mythen muß die Fähigkeit entsprechen, sie wirksam werden zu lassen. Wenn z. B. G. Rodenwaldt vom Ende des 4. Jhs. n. Chr. sagt: „Offenbar hatte die mythologische Symbolik ihre Lebenskraft verloren",[111] dann kann man das als ein Erlöschen der Kraft des Mythos, aber ebenso auch als ein Erlöschen der schöpferischen Fähigkeit, diese Kraft anzuwenden, auffassen.

Es können also auch Werke, deren Sinn und Gehalt sich in der oben gekennzeichneten vierten Ebene vollzieht, noch Kunstwerke sein, und sie sollen daher als solche betrachtet und gedeutet werden.[112]

Hier wird dann allerdings, da Symbolik eben nur gedeutet, nicht aber aufgelöst und bezeichnet werden kann, oft die Grenze des wissenschaftlich Faßbaren überschritten. A. Rumpf hat das klar ausgesprochen: „Der Standpunkt der Archäologen ist nicht der einzige, von dem aus antike Kunst betrachtet werden kann. Jedes Kunstwerk, und sei es noch so gering, führt auf seine Weise Kampf gegen Vergänglichkeit und Tod. Es will auch zur Nachwelt sprechen. Diese hat das Recht, es mit eigenen Augen zu betrachten, ihre eigenen Gedanken hineinzulegen. Aber das ist die Aufgabe des Dichters, nicht des Vertreters der Altertumswissenschaft. Dann muß aber gesagt werden: hier endet die gelehrte Interpretation, und es beginnt die Ausdeutung im Sinne der Jetztzeit".[113] Doch sind die Grenzen wohl nicht immer so scharf zu ziehen. Auch der Archäologe gehört ja zur Nachwelt, zur Jetztzeit, auch zu ihm will das Kunstwerk sprechen; wenn er, auch als Archäologe, auf dieses Sprechen lauscht, wird er dem Kunstwerk als Ganzem gerechter, als wenn er nur gewisse Seiten an ihm wahrnehmen will. Das führt dann wohl manchmal dazu, auch eine unbeweisbare Deutung nicht abzuweisen, ja, sogar manches gelten zu lassen, was rein als ‚Deutung' auftritt. Wenn O. Jahn sagte: „Ich verkenne nicht, wie schön und sinnig manche solcher Deutungen sind, nur glaube ich, daß sie die Grenzen der antiquarischen Erklärung überschreiten, welcher nicht durch die allgemeine Wahrheit einer Vorstellung

---

[111] RM 58, 1943, 19. Vgl. dens., AA 1938, 388: „Die Gallierschlacht ist genauso symbolisch wie die Amazonomachie, Gigantomachie oder Iliupersis ... Die symbolische Darstellung geht, wie stets auf den Sarkophagen, der realistischen voraus".

[112] Das wird manchmal verkannt, und einseitig die Form als ausschlaggebend für den ‚Kunstwert' angesehen, weshalb den Sarkophagen im ganzen oder einzelnen oft genug der Kunstwert abgesprochen wird, s. Kapitel A 1. Dazu auch ANDREAE, Studien 25 f. mit Anm. 107.

[113] Gnomon 26, 1954, 364. Zum Begriff ‚Interpretation': W. SCHÖNE, Das Licht in der Malerei[5] (1979) 170. H. SICHTERMANN, JdI 85, 1970, 224 ff.

genügt wird, die vielmehr den Beweis verlangt, daß sie in der Tat antik ist",[114] so würde F. Cumont ihm vorhalten, daß er selbst diese Grenzen bei seiner Endymiondeutung überschritten hat, die auch nichts anderes als „schön und sinnig" und von „allgemeiner Wahrheit" ist; auch kann man demgegenüber G. Chr. Lichtenberg anführen, der gesagt hat: „Die Metapher ist weit klüger als ihr Verfasser und so sind es viele Dinge. Alles hat seine Tiefen. Wer Augen hat der sieht in allem".[115] Dagegen ist nichts anderes als die Mahnung Herders zu halten: „... aus solchen Deutungen kann man immer machen, was man will, und eine bloße Allegorie: ‚der Sinn des Dichters geht tiefer', kann uns endlich so tief führen, daß der Boden sinkt".[116]

Gerade derartige Deutungen oder Ausdeutungen werden sich deshalb an bestimmte allgemeine Regeln halten müssen, sofern sie nicht zu subjektivem Phantasiespiel werden wollen. Das Grundsätzliche und Allgemeine ist aber auch da von Wichtigkeit, wo die Deutung sich auf Fakten und Belege stützen kann; ohne Klärung des Generellen kann es keine Erforschung des Einzelnen geben.

Um dieses Generelle hat sich die Wissenschaft bisher wenig gekümmert; ein bloßes Referieren ist auf diesem Gebiet nicht möglich. Eine Durcharbeitung des gesamten Fragenkomplexes kann hier jedoch nicht erfolgen, es müssen einige Hinweise genügen.

Selbstverständlich wäre auch hier von den antiken Quellen auszugehen; sie wären jedoch nicht nur hinsichtlich ihrer direkt mit den Sarkophagproblemen in Zusammenhang stehenden Aussagen zu untersuchen, sondern auch auf generelle Bemerkungen hin, die es erlauben, etwa das Verhältnis der damaligen Menschen zum Darstellungsgehalt von Kunstwerken überhaupt oder in ihrer besonderen Anwendung, zur Allegorisierung und Exemplifizierung von Mythen, ihre Fähigkeit, Symbole und Tertia comparationis zu bilden und zu erfassen, schließlich ihre Einstellung zu Tod und Jenseits zu klären. Dabei käme es natürlich darauf an, zunächst zeitgenössische, also mit den Sarkophagen gleichzeitige und auch örtlich nicht zu abgelegene Äußerungen heranzuziehen; für allgemeinere Fragen wird man jedoch, wenn auch mit den nötigen Vorbehalten, diese Grenzen überschreiten dürfen, da es auch auf anderen Gebieten der antiken oder, enger gefaßt, der römischen Kultur Erscheinungen gibt, die sich über Jahrhunderte hinweg gleichbleiben und von den nachantiken grundsätzlich verschieden sind.[117] Bei vielen, und nicht unwichtigen Erscheinungen spielen nicht Zeitunterschiede von 20 oder 200, sondern erst von 2000 Jahren eine Rolle. Die starke Betonung der Chronologie, die Beschränkung auf die Datierungsfrage kann oft vom Eigentlichen hinwegführen; bei der Unterscheidung von Werkstätten und Zeitstilen sollte nicht nur das Unterscheidende, sondern das trotz allem Gemeinsame herausgestellt werden. Darüber hinaus sollte wenigstens bei grundsätzlichen Fragen der Versuch gemacht werden, das Historische zugunsten des Philosophischen zu verlassen.

Zunächst gilt es festzustellen, ob und wie in der Antike, besonders der römischen, bei Werken der bildenden Kunst überhaupt schon gedeutet und allegorisiert wurde.

Daß man auch schon in der Antike beim Betrachten eines Bildes hinter dem offenbaren Inhalt

[114] Archäologische Beiträge (1847) 160.
[115] Schriften u. Briefe, hrsg. von W. PROMIES I (1968) 512.
[116] 1. Kritisches Wäldchen. Vgl. auch den Brief J. Burckhardts an J. V. Widmann vom 23. 9. 1868, Briefe, bearb. von M. BURCKHARDT V (1963) 30. Über die Unausweichlichkeit gelegentlicher Mutmaßungen und die Notwendigkeit einer persönlichen Mitwirkung des Lesers oder Betrachters bei der Deutung ‚allegorischer' Darstellungen hat sich schon Winckelmann geäußert, s. Werke (hrsg. von J. EISELEIN) I 166. 196. II 401. Vgl. auch Kleine Schriften. Vorreden. Entwürfe, hrsg. von W. REHM (1968) 255 f.
[117] So konnte G. RODENWALDT ganz allgemein vom „römischen Empfinden" sprechen und zu Sarkophagen der späteren Kaiserzeit Horaz und Cicero zitieren (Stilwandel 6.8). Über das über die Jahrhunderte gleichbleibende Römische schon K. PURGOLD, Archäolog. Bemerkungen zu Claudian u. Sidonius (1878) 98.

noch eine besondere Bedeutung suchen konnte, zeigen deutlich die Beschreibungen *Philostrats*. Er gibt dabei vor, das ergründen zu wollen, was der Maler selbst hat sagen wollen – wie bei dem Bild mit den Eroten[118] –, kann aber auch ganz ins ‚Ausdeuten' geraten, wie bei dem Bilde mit den Hymnensängerinnen.[119] Hier haben wir es mit gewußten und gewollten Interpretationen eines sozusagen hauptamtlich als Kunstbetrachter auftretenden Schriftstellers zu tun; es finden sich aber ähnliche Bemerkungen auch in ganz anderem Zusammenhang. So sagt *Plotin* inmitten philosophischer Darlegungen: „Daß aber dort oben das Gute ist, das erweist auch das Verlangen (Eros) welches der Seele (Psyche) eingeboren, weshalb denn auch in Gemälden und Sagen Eros mit den Psychen verbunden ist".[120]

Philostrats Beschreibungen und Deutungen sowie die Bemerkung Plotins stammen aus dem 3. nachchristlichen Jahrhundert, einer Zeit, in der auch die Sarkophagkunst in hoher Blüte stand. Die Ausdeutung von Werken der bildenden Kunst hat jedoch schon ältere Wurzeln. Bereits *Kallimachos* hat sechs Jahrhunderte davor die Apollonstatue auf Delos regelrecht ‚interpretiert',[121] und die allegorische Deutung der Drei-Grazien-Gruppe begann schon im 1. Jh. n. Chr.,[122] um dann jahrhundertelang fortgesetzt zu werden.[123] Hier wäre auch die ‚Bildbeschreibung' des *Kebes von Theben* zu nennen, welche beweist, daß man sich schon vor der Sarkophagproduktion ein völlig allegorisches Kunstwerk zumindest vorzustellen in der Lage war, die Fähigkeit allegorischen Interpretierens also schon sehr entwickelt war.[124]

Ziehen wir all diese Äußerungen zu Rate und dann auch solche, wie diejenigen *Ciceros* über den ‚Sinn', den für ihn griechische Kunstwerke hatten,[125] so zeigt sich, daß wir immer nur das erfahren, was der jeweilige Betrachter sich bei den betreffenden Werken gedacht hat, daß es sich also um subjektive Auslegungen handelt. Gewiß ist nicht auszuschließen, daß auch andere dieselben Ideen gehabt haben könnten, doch zeigt die Tatsache, daß man derartige Ideen niederschrieb und publizierte, daß man sich ihrer Neuheit bewußt war. Manchmal sieht es so aus, als glaube man, mit der Interpretation *den* Sinn des Werkes erkannt zu haben, manchmal wird mehr oder weniger direkt zugegeben, daß es sich nur um eine Möglichkeit neben anderen handelt.

Die hier betrachteten Bemerkungen beziehen sich auf Kunstwerke an sich; über das Verhältnis einer figürlichen Szene zu dem Gegenstand, den sie verziert, finden sich jedoch kaum Äußerungen. Einfache Schilderungen dieser Art gibt es von *Homers* Schildbeschreibung an bis zu *Quintus Smyrnäus*, der Homer nachahmt;[126] aber der Anlaß, der zur Wahl gerade dieser und keiner anderen Verzierung geführt hat, wird kaum gestreift, selbst da nicht, wo ganz spektakuläre Szenen erscheinen. Die wenigen Ausnahmen sind kaum geeignet, die Art eines solchen ‚Allegorisierens' besonders zu erhellen. Wenn *Vergil* die Verzierung des Helmes von Turnus, eine Chimära, beschreibt, dann ist für ihn die Beziehung sehr vordergründig: je wilder die Schlacht wird, desto heftiger schnaubt auch die Chimära; bei der sogleich anschließenden Nennung der Schildverzierung, Io als Kuh mit dem Wächter Argus und dem Vater Inachus,[127] wird eine Erklärung dann aber nicht mehr gegeben: ist sie zu selbstverständlich – etwa Argus als Abwehrer – oder hier nicht möglich, da eine direkte und vordergründige Sinnbeziehung nicht besteht, also überhaupt keine angenommen wird? Schon bei der Chimäre wird ja nicht eigentlich als Grund genannt, daß man sie um ihrer Fähigkeit willen, beim Toben der Schlacht mitzuschnauben, als Helmverzierung gewählt hätte; es wird nur gesagt, daß sie es tut. Eher wird bei den Schwanenfedern auf dem Helm des Cupavo ein Grund für ihre Anbringung genannt: sie werden damit erklärt, daß der Vater des Cupavo, Cycnus, in einen Schwan verwandelt wurde[128] – womit sie allerdings nicht einmal allegorischen Charakter gewinnen. Daß die mythologi-

---

[118] I 6, 25 ff.
[119] II 1,4. Vgl. zum Hineindeuten, Umdeuten u. Sinnaufzwingen bei Philostrat die Ausgabe bei Heimeran von E. KALINKA u. O. SCHÖNBERGER (1968) 279.
[120] Plotins Schriften. Übersetzt v. R. HARDER I (1956) 199.
[121] s. W. SCHADEWALDT, Winckelmann und Rilke (1968) 27. R. PFEIFFER, Ausgewählte Schriften (1960) 55 ff.
[122] Cornut. 15.

[123] O. JAHN, Die Entführung der Europa auf antiken Kunstwerken (1870) 35 f. Anm. 7.
[124] Vgl. NOCK a. O. 152 Anm. 52.
[125] Ep. ad Familiares VII 23. Vgl. auch Vitruv VII 5, 174, 12 ff. (sinnvolle Aufstellung von Statuen). Plutarch, Vitae, Marcus Brutus 23 (Ergriffensein von mythologischem Gemälde).
[126] X 180–207.
[127] VII 790 ff.
[128] X 185 ff.

sche Verzierung des Mantels, den Cloanthus als Geschenk erhält, wenn man sie nur nach den Worten Vergils beurteilt, als „leer und willkürlich" anzusehen ist, hat schon Winckelmann bemerkt;[129] in der Tat findet sich nicht der geringste Hinweis auf einen Sinnbezug. Ähnlich oberflächlich – im wahrsten Sinne des Wortes – ist es, wenn es bei *Martial* nach der Beschreibung der Reliefverzierung einer Silberschale heißt, man solle sie nun füllen, denn selbst der dargestellte Eros und der Bock hätten Durst[130] – was ganz an die schnaubende Chimära auf dem Helm des Turnus erinnert.

Man wußte, was auf den Geräten dargestellt war, oder gab jedenfalls vor, es zu wissen, wie Neros ‚Homerische Becher' zeigen und die Beschreibung der Silbergefäße durch Trimalchio,[131] aber nach dem ‚Warum' wurde nicht gefragt, wohl, weil es auf eine solche Frage keine Antwort gab.

Doch darf daraus keine Regel abgeleitet und völlige Beziehungslosigkeit von Schmuck und Geschmücktem behauptet werden. Es fehlt nicht ganz an Zeugnissen, daß zumindest Darstellungen in der sepulkralen Kunst gedeutet und auf den Verstorbenen bezogen wurden. Schon B. Andreae hat auf eine entsprechende Grabinschrift aus dem 2. oder 1. Jh. v. Chr. aus Sardes verwiesen,[132] in welcher die Darstellungen der Stele, eine Lilie, ein A, ein Buch, ein Korb und ein Kranz, symbolisch erklärt werden. Ähnliches gilt von der Stele des Knaben Eutychos aus dem Anfang des 3. Jhs. n. Chr., die ihn, eine Fackel in der Rechten, auf einem Pferde davonsprengend, zeigt, dessen Zügel von einem fliegenden Adler in den Krallen und im Schnabel gehalten werden; in der Inschrift erklärt der Knabe, daß nicht Hades ihn in der Unterwelt berge, sondern der Adler des Zeus ihn geraubt habe, damit er ein Stern werde, wobei auf das Relief verwiesen wird.[133]

Bei beiden Stelen handelt es sich um bewußte allegorisch konzipierte Darstellungen, nicht um solche, die unabhängig von ihrer allegorisierenden Aufgabe erfunden wurden und denen hier nur ein besonderer Sinn unterlegt worden wäre, wie das etwa der Fall gewesen wäre, wenn man auf der Stele des Eutychos die Entführung des Ganymed angebracht hätte. Zeugnisse für derart ausgedeutete, allegorisch verwendete und verstandene Darstellungen gibt es nicht. Dafür fehlt es nicht an Hinweisen, daß der Schmuck von Grabmälern nicht immer allegorisch-symbolisch verstanden werden mußte. Wenn Trimalchio am Grabmal unter seinem Standbild sein Hündchen malen lassen will, dazu Kränze, Parfümflaschen und alle Kämpfe des Boxers Petraites, dann hat das nichts Symbolisches: „ut mihi contingat tuo benificio post mortem vivere" – worin nicht einmal eine transzendente Jenseitshoffnung gesehen werden kann. Trotzdem sind die Malereien gewiß nicht ‚sinnlos' oder ‚rein dekorativ'.

Daß auch auf Sarkophagen eine derart äußerliche Beziehung herrschen konnte, ist in einigen Fällen durch den Augenschein erwiesen – wie bei denen mit Szenen aus dem Beruf des Beigesetzten –, oder durch Inschriften – wie bei einigen Musensarkophagen. Auch die Kindersarkophage mit Szenen aus dem Kinderleben, wie derjenige des M. Cornelius Statius, gehören hierher.[134] Sie beweisen nun aber nicht nur, daß man sich mit einer derart vordergründigen Beziehung zufrieden geben konnte; wichtiger ist, daß sie überhaupt das Streben nach Herstellung irgendeiner Beziehung, wenigstens in einigen Fällen, erweisen. Wenn in diesen Fällen eine direkte und persönliche Beziehung des Schmuckes zum Beigesetzten bewußt hergestellt wurde, so ist anzunehmen, daß sie als letztes Ziel von allen intendiert wurde, und vielleicht nur wegen der hohen Kosten nicht von allen erreicht werden konnte. Es ist weiter anzunehmen, daß die Hersteller von Sarkophagen einer solchen Tendenz Rechnung trugen und diejenigen Stücke, die zum unpersönlichen Verkauf bestimmt waren, wenigstens eine allgemeine Beziehung zum jeweiligen Käufer bzw. dem Beizusetzenden herzustellen erlaubten. Sie konnte dann eigentlich nur allegorisch sein.

Daß auch bei den Römern die schon im Griechischen begonnene allegorische Deutung der Mythen und ihre Verwendung als Exempla ausgiebig betrieben wurde, ist bekannt.[135] Auch für Verglei-

---

[129] s. Anm. 6.
[130] VIII 50.
[131] Sat. 71.
[132] Studien 80 Anm. 445. W. PEEK, Griech. Grabgedichte (1960) 249 Nr. 433.
[133] PEEK a. O. 180ff. Nr. 310. A. GALIETI, RM 58, 1943, 70ff. Taf. 3. ENGEMANN, Untersuchungen 41 Anm. 6 mit weiterer Lit.
[134] Paris 659: K. FITTSCHEN, JdI 85, 1970, 186 Abb. 14; Römische Grabinschriften, hrsg. v. H. GEIST u. G. PFOHL (1969) 53 Nr. 85.
[135] Vgl. die oben genannten Beispiele; s. auch K. PURGOLD, Archäolog. Bemerkungen zu Claudian u. Sidonius (1878) 93 ff. Theoretisches u. Lit. zu mythologischen Beispielen in der Lit.: U. REINHARDT, Mytholog. Beispiele i.d. Neuen Komödie I (Diss. Mainz 1974) I ff. 1 ff. Vgl. auch K.-H. ROLKE, Die bildhaften Vergleiche in den

che mit der Gegenwart wird sie vielfältig herangezogen, wie allein aus *Apuleius'* Goldenem Esel hervorgeht.[136] Ein tieferer Sinn wird dabei nicht angestrebt, nicht einmal bei der Hauptgeschichte, der von Amor und Psyche.[137] Die Dichter verwenden immer wieder Mythen zu ihren Vergleichen; ausdrückliches Ablehnen derartiger Vergleiche zugunsten direkter Aussagen ist selten: *Martial* etwa bezeichnet in einem Epigramm[138] die Anführung mythologischer Begebenheiten als ‚Schwulst', *vesica*.

Wie sehr die Römer überhaupt zum Auslegen und Ausdeuten neigten, zeigt ihre starke Gläubigkeit an die Bedeutung von Vorzeichen, ihre Interpretation des Vogelfluges und die Leberschau.[139] Auch ihre Vorliebe für Personifikationen, die sich auf den Münzen so breit auslebte, gehört hierher.

Ist also die Fähigkeit, ja das Streben nach allegorischer Ausdeutung und Verwendung von Mythen auch auf Sarkophagen von hier aus durchaus denkbar, so fragt sich, welche Sinnschichten hierbei intendiert worden sein könnten. Daß es die einfachen und vordergründigen gab, ist schon gesagt worden. Wieweit nun darüber hinaus religiöse Vorstellungen bei der Auswahl der Sarkophagverzierung mitgewirkt haben, läßt sich nur beantworten, wenn wir über den antiken Religionsbegriff ins Klare gekommen sind. Gerade hier ist der Unterschied zur modernen, gefühlsbetonten Auffassung des Begriffes besonders deutlich herauszustellen. In unserem Sinne religiös war die antike Grabkunst nicht,[140] sie war es aber auch im antiken Sinn nur sehr bedingt. Die Frage, die P. L. Couchoud angesichts der attischen Grabstelen stellte, erhebt sich, *mutatis mutandis,* auch vor den römischen Sarkophagen: „Comment le peuple le plus religieux du monde aurait-il exclu toute idée religieuse de sa sculpture funéraire?"[141] Die Durchsicht der Grabepigramme, als direkter Zeugnisse, ergibt, daß das Religiöse im strengen Sinn eine sehr untergeordnete Rolle spielte, ähnliches läßt sich von der hier zu berücksichtigenden Literatur sagen. So tragen auch allgemeine Untersuchungen über Todes- und Jenseitsvorstellungen bei den Römern nicht viel zum Verständnis der Symbolik ihrer Sarkophage bei. Zunächst einmal springt in die Augen, daß „überhaupt die Empfindung der antiken Welt von der der modernen in bezug auf Grab und Tod eben in mehr als einer Beziehung wesentlich verschieden war";[142] sodann bemerken wir, daß es festumrissene oder gar dogmatisch fixierte

Fragmenten der Stoiker von Zenon bis Panaitios (1975). B. SNELL, Die Entdeckung des Geistes⁴ (1975) 178 ff. Über die Besonderheit des römischen allegorischen Denkens: NOCK a.O. 151. Für die Spätzeit: Ammianus Marcellinus XXIV 6,3, s. J. VOGT, Ammianus Marcellinus als erzählender Geschichtsschreiber der Spätzeit (1963) 818 f. Ammianus Marcellinus, Röm. Geschichte. Lateinisch u. Deutsch u. mit einem Kommentar versehen von W. SEYFARTH II (1968) 186 Anm. 9; III (1970) 211 Anm. 145.

[136] Zus.gestellt in der Einleitung der zweisprachigen Ausgabe von R. HELM (1957) 14 f. Vgl. auch H. BRANDENBURG, RömQSchr 63, 1968, 60 f. Anm. 18.

[137] s. dazu HELM a.O. 21.

[138] IV 49.

[139] Ammianus Marcellinus, Röm. Geschichte. Lateinisch u. Deutsch u. mit einem Kommentar versehen von W. SEYFARTH III (1970) 198 Anm. 5; 246 Anm. 28. Skeptisch Lucan, Bell. Civ. IX 578 ff.

[140] Das zu K. SCHEFOLD, Röm. Kunst als religiöses Phänomen (1964) 65 ff. Ders., RA 1961 II, 177 ff. Ders. in: Wandlungen. Studien zur antiken u. neueren Kunst (1975) 272 f. Ders. in: Wort u. Bild. Studien zur Gegenwart der Antike, hrsg. von E. BERGER u. H. CHR. ACKERMANN (1975) 145. Nicht Religion, sondern Poesie sah schon E. PETERSEN in den mythologischen Sarkophagen, AdI 1860, 364. 369. 374. 400 f. 409. Ders., AdI 1861, 236.

[141] RA 18, 1923(2), 104; vgl. J. THIMME, AntK 7, 1964, 16 Anm. 3.

[142] L. FRIEDLÄNDER, Darstellungen aus der Sittengeschichte Roms in der Zeit von Augustus bis zum Ausgang der Antonine¹⁰ (1923) III 305.

Vorstellungen und Lehren hierüber offenbar nicht gab. Das „post mortem nescio"[143] kann fast als Motto aller Grabepigramme gelten, und für die Dichtung gilt ähnlich das Wort des Horaz: „Pulvis et umbra sumus".[144] Vor der Realität des Todes verblassen selbst die althergebrachten mythologischen Vorstellungen vom Jenseits.[145] Nach genauer Analyse der Grabepigramme kam daher R. Lattimore auch zu dem Ergebnis: „The belief of the ancients, both Greek and Roman, in immortality, was not widespread, nor clear, nor very strong".[146] Daß man den Tod keineswegs allgemein als ein Hinübergehen zu den Göttern auffaßte, wird durch viele Grabepigramme bewiesen, auch durch eine Nachricht der ‚Historia Augusta', in der es heißt, daß Marc Aurel am Tage seines Begräbnisses von niemandem beklagt wurde, da man überzeugt war, er sei zu den Göttern zurückgekehrt[147] – was also als ganz außergewöhnlich angesehen wurde.[148]

Nach all dem wird man auf den Sarkophagen *keine eindeutigen Hinweise auf festumrissene Jenseitsvorstellungen* erwarten können, und bei dem Schwanken der mit dem Tode zusammenhängenden Gedanken, die einmal dem verflossenen Leben, dann wieder dem Dasein nach dem Tode zugewandt sein können,[149] wird nicht einmal die Frage, ob die Verzierung der Sarkophage auf die Überlebenden oder die Toten ausgerichtet ist, eindeutig beantwortet werden können.[150] Aber selbst da, wo eine Beziehung zu dem Beigesetzten angenommen werden kann, ist eine erneute Unsicherheit insofern gegeben, als sich nicht sogleich entscheiden läßt, ob diese Beziehung das verflossene Leben oder das Dasein nach dem Tode betrifft, also *retrospektiv* oder *prospektiv* ist. Vieles, wie etwa die Seltenheit von Unterwelts- und Jenseitsdarstellungen, spricht für die retrospektive Haltung,[151] anderes, wie das weitgehende Fehlen von Be-

---

[143] Röm. Grabinschriften, hrsg. von H. GEIST u. G. PFOHL (1969) 60 Nr. 110. Vgl. auch J. TOYNBEE – J. B. WARD PERKINS, The Shrine of St. Peter and the Vatican Excavations (1956) 113.

[144] Oden 4, 7, 15. Aufschlußreich auch H. RAABE, Plurima Mortis Imago (Vergil) (1975), bes. 243 ff. – Die betreffenden Stellen der lateinischen Lit. sind noch nicht systematisch zusammengestellt worden; so sind die zahlreichen Aussagen bei Lucan, Bell. Civ. noch nicht ausgewertet, s. III 12 ff. V 229 f. VI 782 ff. VIII 631 f. IX 1 ff. u. besonders wichtig in seiner Skepsis IX 101 f. Auch Plinius, n. h. VIII 56 ist heranzuziehen.

[145] Vgl. etwa W. PEEK, Griech. Grabgedichte (1960) 266 f. Nr. 454.

[146] Themes in Greek and Latin Epitaphs (1942) 342. Vgl. auch H. BRANDENBURG, RömQSchr 63, 1968, 53 mit Anm. 9. Über die Uneinheitlichkeit des antiken Glaubens: NOCK a.O. 168. 169. Von „Verschwommenheit in Bezug auf Jenseitsvorstellungen" sprach R. PAGENSTECHER, Eros u. Psyche (1911) 26; auf das Schwanken dieses Glaubens verwies schon E. PETERSEN, AdI 1860, 359 f.

[147] Marc. Antoninus 18, 2. Vgl. auch Julian, Briefe, Griech.-Deutsch, hrsg. von B. K. WEIS (1973) 197 ff. 330 ff.: die olympischen Götter des Lebens werden von den unterirdischen des Todes unterschieden.

[148] Vgl. auch K. SAUER, Untersuchungen zur Darstellung des Todes i.d. griech. u. röm. Geschichtsschreibung (1930). G. STEINER, ClJ 63, 1967/8, 193 ff., mit Erörterung der Ablehnung Ciceros des mythologischen Jenseitsglaubens.

[149] So besonders auf den Grabinschriften.

[150] Die erste Möglichkeit entschieden bejaht von H. DÜTSCHKE, JdI 27, 1912, 135, sehr bezweifelt von MARROU a.O. 185. Vgl. auch H. SICHTERMANN, JdI 85, 1970, 231 Anm. 38. – Schon E. PETERSEN hat sich damit auseinandergesetzt, AdI 1860, 358. Für das Unteritalische: R. LULLIES, Vergoldete Terrakotta-Appliken aus Tarent (7. Ergh. RM, 1962) 65.

[151] NOCK a.O. 141 Anm. 5; 157 mit Anm. 71; 167. Ders., JRS 1948, 155. F. MATZ, Gnomon 21, 1949, 16. Retrospektiv scheint auch die

ziehungen zum individuellen, diesseitigen Leben und das Vorherrschen zeitlos mythologischer Darstellungen, kann als prospektiv gelten.[152] Was sich hier, wie so oft bei unseren präzisen, vielleicht zu präzisen Fragen innerhalb der römischen Sepulkralsymbolik, anbietet, ist eine vermittelnde Einstellung: „Die Wahrheit liegt offenbar in der Mitte, beide Auffassungen existieren nebeneinander, sie schließen sich gegenseitig nicht aus".[153]

Ist hier die Beziehung der Sarkophage zur gleichzeitigen Literatur und den Epigrammen[154] noch einigermaßen eng, so fehlt es auf anderen Gebieten oft weitgehend an jeder Art von Parallelität. So entsprechen die Mythen, die in den Trauer- und Trostgedichten der römischen Literatur genannt werden, nur teilweise denjenigen, die auf den Sarkophagen erscheinen – Endymion beispielsweise kommt gar nicht vor,[155] obwohl dessen Mythos uns gerade besonders trostreich erscheint. Ähnliches gilt für die Grabinschriften. Im Ganzen können sie kaum als erklärender Text zu den Sarkophagen aufgefaßt und interpretiert werden. So wird dort vieles, auch an Mythologischem, genannt, was auf den Sarkophagen keine Rolle spielt, und umgekehrt: neben Laodameia und Alkestis erscheinen z. B. auch Penelope und Euadne, mit welchen die Verstorbene verglichen wird.[156] Direkte Verbindungen mit den Sarkophagen gibt es wohl auch, so bei den häufig erwähnten Musen, bei Persephone,[157] Niobe,[158] Phaethon[159] oder Dionysos.[160] Aber oft genug geschieht selbst die Erwähnung von Göttern und Heroen, die auch auf Sarkophagen erscheinen, in einer Weise, die an einen direkten Zusammenhang kaum denken läßt; wenn etwa Menophilos in seiner Grabinschrift sich einen Freund der Musen und einen Verehrer von Bacchus und Venus nennt, so bezieht er das rein auf sein diesseitiges Leben, das nun beendet sei.[161] Daß dem Toten die Darstellungen eines fröhlichen Lebens nichts mehr nützten, und er ein solches Leben vor dem Tode hätte führen sollen, spricht eine andere Grabinschrift aus;[162] außer den Freuden des Gelages können dann auch die der Liebe abgebildet werden, ebenfalls als Rückblick auf das Leben.[163] Eine Verbindung zum Jenseits wird

---

Anbringung von Porträts auf den S., s. ENGEMANN, Untersuchungen 67. DE JERPHANION a. O. 445. J. BIDEZ, RBPhil 1943, 347. Zu den Porträts, die auch für die Hinterbliebenen angebracht wurden, s. Röm. Grabinschriften, hrsg. von H. GEIST u. G. PFOHL (1969) 42 Nr. 51. – Zu Porträts auf S.: TH. SCHÄFER, MEFRA 91, 1979, 358 mit Anm. 14; 369. K. SCHAUENBURG in: Eikones. Festschrift H. Jucker (1980) 153 ff.

[152] Für prospektiven Sinn der Zirkusspiele auf S. sprach sich H. DÜTSCHKE aus, Zwei röm. Kindersarkophage aus dem 2. Jh. n. Chr. (1910) 9.

[153] K. FITTSCHEN, Gnomon 44, 1972, 498.

[154] s. Anm. 146.

[155] J. ESTEVE-FORRIOL, Die Trauer- u. Trostgedichte in der röm. Lit. (Diss. München 1962) 154 ff.

[156] W. PEEK, Griech. Grabgedichte (1960) 216 f. Nr. 381 (2./3. Jh. n. Chr.): Penelope, Laodameia; 225 Nr. 398 (3./4. Jh. n. Chr.?): Alkestis; 274 f. Nr. 46 (1./2. Jh. n. Chr.): Penelope, Euadne, Laodameia, Alkestis.

[157] PEEK a. O. 270 ff. Nr. 460 (2./1. Jh. v. Chr., s. Anm. auf S. 306), hier positiv, negativ: Röm. Grabinschriften, hrsg. von H. GEIST u. G. PFOHL (1969) 194 Nr. 532.

[158] PEEK a. O. 196 f. Nr. 335 (1./2. Jh. n. Chr.).

[159] PEEK a. O. 280 f. Nr. 467 (6. Jh. n. Chr.).

[160] PEEK a. O. 238 f. Nr. 420 (3. Jh. n. Chr.).

[161] Röm. Grabinschriften a. O. 119 Nr. 312.

[162] Röm. Grabinschriften a. O. 227 Nr. 635; vgl. H. BRANDENBURG, JdI 82, 1967, 242 mit Anm. 136.

[163] PEEK a. O. 148 f. Nr. 232 (allerdings aus dem 3./2. Jh. v. Chr.).

relativ selten gesucht.¹⁶⁴ Sehr häufig ist es bei mythischen Gestalten nur die Schönheit, die als Vergleichspunkt dient, und dann ist natürlich die Schönheit des Lebenden gemeint.¹⁶⁵ Das Abbild des Verstorbenen, unter Flötenklang und Lustbarkeiten hergeführt, hat dann den Zweck, seine schöne Gestalt noch einmal zu zeigen.¹⁶⁶ Dann kann allerdings auch, unter Anführung mythologischer Namen, auf die Vergänglichkeit aller Schönheit hingewiesen werden.¹⁶⁷

Aller Heranziehung von Inschriften ist, wie auch der Verwendung von literarischen Äußerungen, schon deshalb eine Grenze gesetzt, weil zwischen wörtlichen und bildlichen Aussagen ein fundamentaler Unterschied besteht. So ist immer die Mahnung H. Juckers zu beachten: „In keinem Falle wollen wir uns anmaßen, den Sinngehalt in präzise Worte zu fassen. Selbst mit der scheinbar noch so gut übereinstimmenden Aussage eines Grabepigramms kann die symbolische Bildsprache nicht restlos ausgelegt werden"¹⁶⁸ – was doch wohl damit zu begründen ist, daß beide Formen der Aussage, die bildliche wie die literarische, künstlerisch sind, also ihre eigenen, inkommensurablen Gesetze haben.¹⁶⁹

Im Gegensatz zu den Grabinschriften steht auch, daß auf Sarkophagen relativ selten Themen gewählt werden, die unmittelbar mit dem Tode und dem Jenseits zu tun haben. Ein Sarkophag wie der mit Lebenslauf (in der Villa Doria Pamphilj) ist eine Ausnahme.¹⁷⁰ Die *Moiren*, die in den Grabinschriften eine so große Rolle spielen,¹⁷¹ erscheinen nur auf den – wenig zahlreichen – Sarkophagen mit Lebenslauf und auf einem einzigen Deckel,¹⁷² dann auch auf Prometheussarkophagen, hier in mythologischem Zusammenhang. Noch seltener ist auf Sarkophagen *Hermes* als Seelengeleiter zu bemerken: unmittelbar nur auf dem bereits genannten Deckel, der in jeder Hinsicht eine Ausnahme darstellt, und einem Sarkophag in Stuttgart,¹⁷³ in mythologischem Zusammenhang dann auf den Alkestis-, Laodameia-, Prometheus- und Persephonesarkophagen. *Pluton* erscheint fast nur auf Persephonesarkophagen, als Totenherrscher nur auf dem bereits zweimal genannten Deckel und dem frühen und unty-

---

¹⁶⁴ Etwa Röm. Grabinschriften a.O. 143 Nr. 378 (= CIL VI 2254); 160 Nr. 422.
¹⁶⁵ Röm. Grabinschriften a.O. 196 Nr. 535. PEEK a.O. 208f. Nr. 360 (3./4. Jh. n. Chr.): Hylas; 224f. Nr. 392 (2./3. Jh. n. Chr.): Aphrodite, Amazone; 224 Nr. 393 (3./4. Jh. n. Chr.?): Leda. Vgl. H. BRANDENBURG, JdI 82, 1967, 212. 220f. Anm. 82. H. SICHTERMANN, JdI 85, 1970, 233, auch schon NOCK a.O. 168 Anm. 100.
¹⁶⁶ PEEK a.O. 220f. Nr. 386 (2./3. Jh. n.Chr.). H. BRANDENBURG, JdI 82, 1967, 221 Anm. 83.
¹⁶⁷ PEEK a.O. 215 Nr. 372 (2. Jh. n. Chr.).
¹⁶⁸ Das Bildnis im Blätterkelch (1961) 217. Vgl. auch H. BRANDENBURG, JdI 82, 1967, 207 Anm. 42.

¹⁶⁹ K. SCHAUENBURG, JdI 81, 1966, 286. H. SICHTERMANN, JdI 85, 1970, 235. Gegen die ausschließliche Heranziehung der Literatur zur Erklärung zeitgenössischer Bildkunst sprachen sich auch A. DEISSMANN, Licht vom Osten (1908), u. H. DÜTSCHKE, Zwei röm. Kindersarkophage aus dem 2. Jh. n. Chr. (1910) 16, aus.
¹⁷⁰ CALZA, Villa Doria Taf. 160, 291; vgl. CHR. HÜLSEN, Das Skizzenbuch des Giovannantonio Dosio (1933) Taf. 30.
¹⁷¹ R. LATTIMORE, Themes in Greek and Latin Epitaphs (1942) 150. Vgl. schon O. BRENDEL, RM 51, 1931, 89ff.
¹⁷² s. Kapitel I 4.3.2.49.
¹⁷³ K. SCHAUENBURG, JdI 81, 1966, 261ff., bes. 275 mit Anm. 60.

pischen Sarkophag von Velletri.¹⁷⁴ Der bei weitem am häufigsten auf Sarkophagen dargestellte Gott ist weder Pluton noch Hermes, sondern Dionysos.¹⁷⁵

Die *Unterwelt* spielt ebenfalls eine geringe Rolle, und für uns befremdlicherweise überwiegen dabei die Szenen mit den Büßern wie Tantalos, Sisyphos und den Danaiden.¹⁷⁶ Das *Elysium* findet sich auf Sarkophagen gar nicht – eine hierauf gedeutete Szene auf dem an sich schon untypischen Sarkophag von Velletri¹⁷⁷ ist in ihrer Deutung umstritten, und bacchische Szenen oder solche mit Meerwesen sind, wie auch immer sie gedeutet werden mögen, keine direkten Darstellungen der seligen Gefilde.¹⁷⁸

Mythische Liebespaare, die sich als Beispiel für Gattenliebe eignen würden, fehlen zwar nicht ganz, wie Protesilaos und Laodameia, sind aber doch auffallend selten vertreten. Die in den Grabinschriften genannten Paare kommen keineswegs alle auch auf Sarkophagen vor, es fehlen z. B. Pyramos und Thisbe.¹⁷⁹

Dehnen wir den Bereich des Mythischen über die Welt des Todes und des Jenseits aus, und wenden wir uns den Darstellungen zu, in welchen andere mythologische Gestalten in direkter Verbindung mit den Verstorbenen und ihrer Welt erscheinen,¹⁸⁰ so finden wir hier weitaus mehr Beispiele. In erster Linie sind hier die *Musen* zu nennen. Mit ihnen ist der Verstorbene oder sind Sterbliche ganz allgemein zu einheitlichen Szenen verbunden, was eine einheitliche Deutung erfordert, die dem sepulkralen Charakter der Reliefs Rechnung zu tragen hat. Auch die ‚*Trauergenien*‘, die Eroten mit umgekehrten Fackeln, gehören, sofern sie mit nicht mythischen Szenen wie ‚Totenmahlen‘ verbunden werden, in diesen Zusammenhang.¹⁸¹ Auch auf Feldherren- und Jagdsarkophagen findet sich die Vermischung der realen mit der mythischen Welt, so, wenn ein Eros dem Feldherrn einen Helm bringt¹⁸² oder Virtus neben ihm erscheint;¹⁸³ bei Jagdsarkophagen ist oft die Komposition derjenigen mythologischer Sarkophage, wie Adonis-, Hippolytos- und Meleagersarkophagen, verwandt, der gejagte Eber kann an Meleager erinnern.¹⁸⁴ Auch bürgerliche Berufe können mit

---

¹⁷⁴ s. Kapitel I 4.3.2.49.
¹⁷⁵ TURCAN 3.
¹⁷⁶ ANDREAE, Studien 56 ff. 58 ff.
¹⁷⁷ ANDREAE, Studien 62 ff. Taf. 26, 2; vgl. ENGEMANN, Untersuchungen 67.
¹⁷⁸ Hierin besteht einmal doch eine gewisse Verwandtschaft mit der Literatur, s. ESTEVE-FORRIOL a. O. 157 f.; vgl. aber Lucan, Bellum Civile III 12 ff. zu Styx, Elysium u. den ‚Feldern‘ als Aufenthalt nach dem Tode. Als bildliche Darstellung könnte hier allenfalls der verschollene Unterweltssarkophag mit Satyrn u. Mänaden angeführt werden, ASR IV 1 S. 88. ANDREAE, Studien Taf. 35, 1.
¹⁷⁹ Vgl. ROSCHER, ML III 2, 3339 s.v. Pyramos: Inschrift in Ostia.
¹⁸⁰ Die Vermischung der realen u. der mythischen Welt hat eine alte Tradition u. ist schon in der griech. Kunst, etwa auf Vasen, zu bemerken; aus der frühen röm. Kunst ist der Fries der Mysterienvilla zu nennen, über den sich in dieser Hinsicht O. BRENDEL, JdI 81, 1966, 209 ff., geäußert hat. Vgl. auch schon E. PETERSEN, AdI 1860, 362. Realistisches, Symbolisches u. Allegorisches zugleich auf S.: K. FITTSCHEN, JdI 85, 1970, 187.
¹⁸¹ Eine Platte von der Isola Sacra, J. W. CROUS, Die Antike 19, 1943, 58 Abb. 22 u. eine Platte in Rom, NM, JdI 85, 1970, 175 Abb. 2. Beide: HIMMELMANN, Typ. Unt. Taf. 24. Vgl. auch C. C. VERMEULE II 114 Abb. 96 (Nr. 8472) u. 118 Abb. 108 (Nr. 8505).
¹⁸² G. RODENWALDT, RM 59, 1944, 193.
¹⁸³ Ebenda 192. 194.
¹⁸⁴ Ebenda 195 f.

der mythologischen Welt verbunden werden; so erscheint auf dem Sarkophag eines Weinhändlers in Ancona Hermes in einer ganz realistischen Szene.[185]

All diese Sarkophage, auf welchen Szenen aus dem Leben des Verstorbenen mit mythischen Gestalten verbunden werden, sind ein Beweis dafür, daß eine sinnvolle Beziehung zwischen dem Toten und der mythischen Welt angestrebt wurde und augenfällig gemacht werden sollte. Das ergibt sich schon aus der Zusammenstellung als solcher. Darüber hinaus fehlt es nicht an ausdrücklichen Zeugnissen. So sind auf einer großen Zahl der Musensarkophage deutliche Hinweise auf eine direkte Verbindung der musischen Welt mit dem oder der Beigesetzten gegeben. Auf einem Deckelfragment in London erscheinen links und rechts je ein Weiser mit einer Muse, ganz rechts ist das Porträt des Verstorbenen angebracht; die Inschrift bezeichnet ihn als ‚Mousikos aner', ‚Poietes' und ‚Kitharistes', und abschließend wird der Wunsch ausgedrückt, die Musen mögen nach dem Tode über sein Wesen gebieten.[186] Das erlaubt auch die übrigen Sarkophage, welche Dichter oder Philosophen mit Musen zeigen, in ähnlichem Sinne zu deuten, wenn auch nicht jedesmal wirkliche musische Tätigkeit des Bestatteten vorausgesetzt werden kann; so war der blutjunge Offizier Peregrinus, der sich als Weiser zwischen Musen abbilden ließ, in strengem Sinne gewiß kein Philosoph gewesen.[187]

Neben den Sarkophagen, die den Toten oder seine Welt mit Gestalten des Mythos verbinden, gibt es solche, die umgekehrt in das mythische Geschehen Züge aus der Realität des Beigesetzten hineinnehmen. Wenn auf dem Sarkophag mit Ares und Aphrodite in Grottaferrata oder demjenigen mit den Abenteuern des Jason in der Praetextatkatakombe ziemlich unvermittelt eine Eheschließungszene in römischem Brauch neben den mythischen Begebenheiten erscheint[188] oder auf dem Alkestissarkophag im Vatikan ein Jagddiener mit Hund die Szenerie betritt, dann lassen sich diese Einfügungen nicht oder nur mühsam als Bestandteil des Mythos erklären; eher sind sie als eingeblendete direkte Hinweise auf den Toten zu verstehen.[189] Handelt es sich hier um ein recht unvermitteltes Nebeneinander, so fehlt es doch auch nicht an Versuchen, beide Welten miteinander zu verschmelzen. Auf einem Sarkophag, der Szenen aus dem Leben eines kleinen Knaben zeigt,[190] werden die ganz realistisch wiedergegebenen Begebenheiten des irdischen Lebens in der Unterrichtsszene durch die Anwesenheit zweier Musen mythisch erhöht und außerdem rechts durch die Ent-

---

[185] GABELMANN, Werkstattgruppen Taf. 48. TURCAN 76. 366.

[186] ASR V 3, 45. Weitere Beispiele für die ad hoc für einen S. geschaffene Vermischung mythischer Gestalten mit solchen des menschlichen Lebens: ASR V 3, 126 u. 132; vgl. auch 209. Auch in Grabinschriften finden sich Hinweise auf die Musen, s. Röm. Grabinschriften a. O. 115 f. Nr. 301.

[187] ASR V 3, 133. R. BIANCHI BANDINELLI, Die röm. Kunst (1975) 182.

[188] RODENWALDT, Stilwandel 17. N. HIMMELMANN, Winckelmanns Hermeneutik (Abh-Mainz 1971 Nr. 12) 21 f. SICHTERMANN-KOCH 24 Nr. 13; 36 f. Nr. 31.

[189] K. SCHEFOLD, Schweiz. Archiv f. Volkskunde 47, 1951, 178 f.

[190] Rom, Mus. Torlonia, JdI 85, 1970, 186 Abb. 13. ASR V 3, 132. HIMMELMANN, Typ. Unt. Taf. 42 b.

raffung des Knaben durch Pluton abgeschlossen. Diese Entführungsszene lehnt sich zwar in vielem an die entsprechenden Szenen auf den Persephonesarkophagen an, wie im Typus des Gespannes und des geleitenden Hermes, sogar in dem mit der Fackel voranfliegenden Eros,[191] nicht aber im eigentlichen Raubschema. Unter den zahlreichen Persephonesarkophagen gibt es nur einen einzigen, welcher eine solche Verbindung in klarer und unmißverständlicher Weise herstellt: derjenige im Kapitolinischen Museum.[192] Hier ist die Szene der Entraffung in die Mitte gesetzt, hier hat die Entführte deutlich Porträtzüge, und hier ist aus dem gewaltsamen Raub eine behutsame Entrückung geworden. 205

Dieses eine Beispiel darf nicht als wirklich bezeichnend angesehen werden. So läßt sich die schon in anderem Zusammenhang bemerkte Neigung zur Herstellung äußerlicher und oberflächlicher Beziehungen auch im mythologischen Bereich feststellen. Statilius Aper wählte als Verzierung seiner Stele nur um des Anklanges an seinen Namen willen einen Eber,[193] und daß eine solche Denkweise nicht vereinzelt war, zeigen schon die Geschenke des M. Nigidius Vaccula in Pompeji, der ein bronzenes Kohlenbecken stiftete, auf welchem in Relief eine Kuh abgebildet war, dazu gab er drei Bänke, deren Beine unten Kuhfüße und oben einen Kuhkopf aufweisen.[194] Hier sind doch wohl auch die Meerwesensarkophage zu nennen, die einem ‚Marinus‘ und einer ‚Marina‘ gewidmet waren,[195] ebenso die für eine ‚Daphne‘ gedachte Darstellung der Metamorphose der Daphne.[196] Dazu kommen direkte Gedankenlosigkeiten. Ein Alkestissarkophag[197] ist einem unverheirateten Mädchen von seiner Mutter gekauft worden, die Endymionsarkophage im Kapitolinischen Museum[198] und in New York[199] haben laut Inschrift weibliche Personen aufgenommen.

Bei einem Alkestissarkophag werden nun, wie bei dem oben genannten mit Perse- 143 phone, als Hinweis auf den oder die Beigesetzten den Hauptpersonen deren Porträtzüge verliehen.[200] Diese Übung gewann bald Verbreitung, und sie wurde von jeher als Beweis dafür angeführt, daß eine sinnvolle Beziehung zwischen dem dargestellten Mythos und den Beigesetzten intendiert wurde.[201] und die genannten Sarkophage scheinen dem recht zu geben. Das ist um so wahrscheinlicher, als es bereits im 1. vor-

[191] Die erotische Bedeutung, die bei Persephone vorausgesetzt werden kann, entfällt hier, doch sind auch andere Sinngebungen möglich, s. C. ROBERT, ASR III 3 S. 451 u. H. DÜTSCHKE, Zwei röm. Kindersarkophage aus dem 2. Jh. n. Chr. (1910) 11. 14 Anm. 64; 15; 16. Vgl. auch den entsprechenden ‚Eros‘ auf dem Kinders. mit Wagenfahrt in Rom, NM, s. Kapitel I 4.3.1.7.
[192] SICHTERMANN-KOCH 57 f. Nr. 61 Taf. 148 ff.
[193] E. PETERSEN, AdI 1860, 363. TURCAN 6.
[194] A. MAU, Pompeji in Leben u. Kunst² (1908) 202. 208 f. Vgl. auch NOCK a.O. 146 Anm. 25 mit Beispielen.
[195] ASR V 1, 65. 134.

[196] CIL VI 20990, vgl. NOCK a.O. 146 Anm. 25. Dazu auch P. BOYANCÉ, REA 1943, 295 ff. K. SCHAUENBURG, JdI 81, 1966, 300 f. mit Anm. 135. F. MATZ, ASR IV 1 S. 122 zu ‚Bellicus‘.
[197] ASR III 1, 24.
[198] ASR III 1, 40, erst in zweiter Verwendung, was nichts besagt.
[199] ASR III 1, 83.
[200] SICHTERMANN-KOCH 20 f. Nr. 8.
[201] E. PETERSEN, AdI 1860, 362. E. CURTIUS, AZ 1869, 15. ANDREAE, Studien 49. K. FITTSCHEN, JdI 85, 1970, 188 ff. H. WREDE in: Festschrift G. Kleiner (1976) 155. 160 f. K. SCHAUENBURG in: Eikones. Festschrift H. Jucker (1980) 153 ff.

christlichen Jahrhundert Vorläufer dieser Art der Vermischung von Mythos und persönlicher Realistik gab;[202] ihre Herkunft aus der römischen Staatskunst, die sich anhand erhaltener monumentaler Zeugnisse erweisen läßt,[203] legt es nahe, den Gedanken an eine ‚Erhöhung' des Verstorbenen nicht ganz abzuweisen, wenngleich diese zunächst noch nicht einer Apotheose gleichkam. Daß man sich auch in der gleichzeitigen Literatur etwas bei der Ausstattung von Götterfiguren mit den Porträts der Verstorbenen dachte, zeigt ein Passus bei Statius, in welchem es von der in einem Sarkophag beigesetzten Priscilla heißt:

„... Nil longior aetas
carpere, nil aevi poterunt vitiare labores:
sic cautum membris, tantas venerabile marmor
spirat opes. Mox in varias mutata novaris
effigies: hoc aere Ceres, hoc lucida Gnosis,
illo Maia tholo, Venus hoc non improba saxo.
Accipiunt vultus haud indignata decoros
numina: ..."[204]

Außer den oben genannten mythologischen Sarkophagen mit Porträtköpfen lassen sich hier auch ähnlich leicht zu deutende anführen, wie solche mit der Gruppe von Meleager und Atalante in Mittelfeld von Riefelsarkophagen[205] oder Endymionsarkophage.[206] Besonders deutlich ist das Streben nach Gleichsetzung bei der Platte mit

175 Kleobis und Biton in Venedig zu bemerken, auf welcher, auch ohne jeden Kommentar, allein durch die Porträts ohne weiteres zu erkennen ist, daß hier eine Mutter ihren früh verstorbenen Söhnen durch Darstellung der Geschichte von der argivischen Herapriesterin ein Denkmal hat setzen wollen.[207] Hier wird dann sogar in einer der Szenen die mythisch-erzählerische Ebene verlassen, um die Darstellung noch deutlicher ihrem Zweck anzupassen.[208]

Werden auf diese Weise, wie bei den eben genannten Beispielen, nicht selten überzeugende, einheitlich wirkende Werke erzielt, so können die Lösungen auch weniger befriedigend ausfallen. G. Rodenwaldt äußerte sich dazu folgendermaßen: „Zu unfreiwillig komischen Wirkungen konnte es kommen, wenn die biederen Kleinbürgerporträts sich mit mythologischen Figuren umgaben und mit klassischen Moti-

---

[202] K. FITTSCHEN, JdI 85, 1970, 188 ff. H. WREDE, RM 78, 1971, 125 ff. F. MATZ, AA 1971, 106 f. H. WREDE in: Festschrift G. Kleiner (1976) 147 ff.

[203] F. MATZ, AA 1971, 104. 109 ff. Zur Verbindung der S.-Symbolik zur röm. Staatskunst allgemein auch B. ANDREAE, Gnomon 37, 1965, 509.

[204] Silvae V 222 ff. Hier spürt man allerdings noch den Nachklang der hellenistischen Idee: die Geliebte als Modell für Göttinnen. – Weiteres bei K. PURGOLD, Archäolog. Bemerkungen zu Claudian u. Sidonius (1878) 95 ff.

[205] G. KOCH, ASR XII 6 S. 54 ff.

[206] z. B. SICHTERMANN-KOCH 28 f. Nr. 18.

[207] K. FITTSCHEN, JdI 85, 1970, 171 ff.; vgl. 182: „Auf einem römischen Sepulkralrelief konnte diese Geschichte ja ohnehin nur sinnbildhaften, nicht realen Charakter haben"; s. auch 188.

[208] FITTSCHEN a. O. 184: es ist eine Apotheose gemeint. Fittschen unterscheidet im Ganzen auf dem Relief ein realistisches, zwei mythologische u. ein allegorisches Bild, a. O. 187.

ven verbanden",²⁰⁹ und zum Hylassarkophag im Palazzo Mattei hat man gesagt: „Eine ganze römische Familie scheint sich in diesem Relief mit großem Aufwand von Geschmacklosigkeit haben verewigen zu lassen".²¹⁰

Von hier aus führt ein gerader Weg zu völliger Sinnlosigkeit – die an sich schon bei dem Hylassarkophag kaum zu leugnen ist. C. Robert sagte über ihn: „Für das Anstößige, das in solcher Verwendung von Familienporträts für mythologische Verhältnisse dieser Art liegt, hatten die Besteller offenbar so wenig Empfindung, wie die des Hippolytos-Sarkophags von Salona, auf dem der Todte als Hippolytus und seine Ehefrau als die kupplerische Amme dargestellt ist..."²¹¹ Daß Petersen den Hylassarkophag durch die Deutung hatte retten wollen, auf ihm seien die verstorbenen Angehörigen dargestellt, die den einzig Überlebenden der Familie rauben, hat Robert nicht berücksichtigt; wahrscheinlich wäre ihm das Ganze dadurch nicht weniger anstößig erschienen. Doch abgesehen von solchen diskutablen Fällen gibt es tatsächlich eine nicht eben geringe Anzahl von mythologischen Sarkophagen mit Porträtköpfen, bei denen dieses Verfahren nicht ohne weiteres als Zeichen der Identifizierung der Verstorbenen oder ihrer Angehörigen mit den mythischen Personen gedeutet werden kann. Schon L. Friedländer stellte fest, daß „oft mit ziemlicher Willkür einzelne Personen der Darstellung mit den Porträtköpfen der Bestatteten versehen" wurden, wofür er als Beispiel den Hippolytossarkophag von Salona und den Sarkophag mit den Personifikationen von Ostia und Portus nennt;²¹² auch M. Mayer schloß aus den Porträtköpfen bei Stheneboia und Phaedra auf Sarkophagen, „wie gedankenlos man in dieser Hinsicht verfuhr".²¹³ Hierher gehört auch, daß auf dem bereits genannten Alkestissarkophag im Vatikan, auf dem das Porträt der sterbenden Alkestis schön und sinnvoll wirkt, dem Ehemann als Admet dagegen „die unmännliche Rolle des feigen Gatten" zugemutet wird;²¹⁴ und dieser Sarkophag ist einer der frühesten mit Porträts in mythologischen Szenen.

Trotz allem darf nicht übersehen werden, daß es gewisse Grenzen für die Anbringung von Porträts auf Sarkophagen gab; niemals wurden beispielsweise die Meeresbewohner auf Meerwesensarkophagen mit Porträts ausgestattet.²¹⁵ Aber es bleibt dabei, daß man selbst innerhalb der Grenzen „erstaunliche Dinge antrifft".²¹⁶

Nicht eben für große Gedankentiefe hinsichtlich der Sarkophagverzierung sprechen auch die Fälle, in denen Porträts nachträglich eingearbeitet oder umgeändert

---

²⁰⁹ Ztschr. f. Bild.Kunst 57, 1922, 121.
²¹⁰ F. Matz, zitiert in ASR III 1 S. 163. Zum S. auch E. Petersen, AdI 1860, 367.
²¹¹ ASR III 1 S. 164.
²¹² a.O. 313 f. Anm. 7.
²¹³ AZ 42, 1884, 280 f. Die Diskrepanz zwischen mythologischer Figur u. dem Porträtierten stellte belustigt auch M. Gütschow fest, Prätextat 110. Vgl. auch Nock a.O. 165 Anm. 92. H. Brandenburg, JdI 82, 1967, 219 f. Anm. 79.
²¹⁴ G. M. A. Hanfmann, Röm. Kunst (o. J.) 113. Hanfmann spricht hier vom „halbverstandenen mythologischen Rahmen" u. den „Prätentionen der neureichen, halbgebildeten Händlerklasse" u. erinnert an Petronius, ebenda 113.
²¹⁵ Engemann, Untersuchungen 66. H. Wrede in: Festschrift G. Kleiner (1976) 155. Zu diesen Grenzen auch: N. Himmelmann, Das Hypogäum der Aurelier am Viale Manzoni (AbhMainz 1975, 7) 13 f.
²¹⁶ Himmelmann a.O. 14.

wurden. Es geht für unser Gefühl noch an, wenn auf dem Reimser Jagdsarkophag die Virtus nachträglich die Porträtzüge der Gattin des Beigesetzten erhielt,[217] doch wenn es dann kurzerhand zu Geschlechtsumwandlungen kommen konnte, ohne daß der ganze Zusammenhang oder wenigstens die Tracht berücksichtigt worden wäre,[218] so fällt es schwer, hier irgendeinen Sinn zu erkennen. Weniger grob, doch auch nicht viel entschuldbarer, ist die Verkennung des mythologischen Zusammenhangs oder die Verwechslung einer weiblichen und männlichen Pose, wie sie bei dem ‚Endymion'-Sarkophag in London vorliegt, auf welchem die schlafende Ariadne mit einem männlichen Porträtkopf versehen wurde.[219]

Nachträglich umgearbeitete Porträts sind nicht immer sogleich als solche zu erkennen, weshalb der Londoner Sarkophag lange als authentischer Endymionsarkophag galt; es kann dann auch geschehen, daß zur Erklärung einer Szene mit Porträtfigur viel Scharfsinn aufgewandt wird, wie etwa beim Sarkophag von Acilia, bis man dahinter kommt, daß das für die Deutung des Ganzen so wichtige Knabenporträt nichts weiter als ein nachträglich umgearbeitetes Männerporträt ist,[220] daß man sich also über diesen Knaben mit seiner Umgebung nicht weiter den Kopf zu zerbrechen braucht.

Auch dort, wo das Porträt des Verstorbenen ganz für sich erscheint, ist es nicht deutlich in einen Jenseitszusammenhang gebracht. Weder der Clipeus als Bildnisträger noch das im Hintergrund ausgespannte Tuch, das Parapetasma, sind als Hinweise auf die Apotheose oder dergleichen zu erweisen.[221]

Relativ häufig sind die *Porträts nicht ausgeführt,* sondern nur in ganz allgemeinen Zügen angegeben,[222] wobei allerdings bei Frauenporträts oft auch die Frisur schon an-

---

[217] G. RODENWALDT, RM 59, 1944, 200. Hier ist auch an das Relief im Warschauer Nationalmuseum zu erinnern, welches eine Victoria mit dem Porträtkopf der Julia Domna zeigt, die Septimius Severus bekrönt, EAA VI 289 Abb. 303.

[218] Beispiele bei M. FLORIANI SQUARCIAPINO, RendPontAcc 20, 1943/4, 267 ff., bes. 284 ff. G. RODENWALDT, RM 59, 1944, 202. H. FOURNET-PILIPENKO, Karthago 11, 1961/2, 94 mit Anm. 30. B. ANDREAE, MarbWPr 1979, 60. Dazu der neugefundene Musens. in Civita Castellana, s. Kapitel I 4.3.5. Auch der Totenmahls. im Vatikan (HIMMELMANN, Typ. Unt. Taf. 26) zeigt eine solche Geschlechtsumwandlung. – H. P. L'Orange hat als erster erkannt, daß auch auf einem Jagdsarkophag in S. Sebastiano in Rom der Reiter in der Mitte ein später ins Weibliche umgearbeitetes Porträt trägt, was als Beweis für die „symbolische Deutung" derartiger Darstellungen dienen soll (L'ORANGE-v.GERKAN 208 Anm. 7); bei VACCARO MELUCCO 35 wird nur vom „ritratto del giovane cavaliere" gesprochen, B. ANDREAE (ASR I 2 S. 99 f.) sieht in der Umarbeitung mit Recht den Beweis, daß der S. ein zweites Mal, für eine Frau, verwendet wurde, ohne allerdings auf L'Orange einzugehen.

[219] SICHTERMANN, Endymion 68 ff. ASR IV 3 S. 404.

[220] B. ANDREAE in: Opus Nobile. Festschrift U. Jantzen (1969) 5. HIMMELMANN, Typ. Unt. 7.

[221] Für eine symbolische Deutung des Clipeus traten verschiedene Forscher ein, s. H. BRANDENBURG, JdI 82, 1967, 226 Anm. 93 mit Lit., für eine solche des Parapetasma W. LAMEERE, BCH 63, 1939, 43 ff., auch K. SCHEFOLD, Schweizer Archiv für Volkskunde 47, 1951, 177. – Gegen derartige Deutungen: Clipeus: H. BRANDENBURG, JdI 82, 1967, 225 ff. MATZ, MW 137. Ders., AA 1971, 103 f. TURCAN 596 f. Parapetasma: M. FLORIANI SQUARCIAPINO, RendPontAcc 20, 1943/4, 274 f. K. SCHAUENBURG, JdI 78, 1963, 301. Eine vermittelnde Stellung (zu den Clipeuss.) nimmt F. MATZ ein, AA 1971, 103 f.

[222] G. M. A. HANFMANN zählte 30 solcher S. in Rom „and the list is far from complete", Hanfmann I 7. – Allgemein: H. DÜTSCHKE, Zwei röm. Kindersarkophage aus dem 2. Jh.

gelegt ist. Obwohl die Frage nach dem Grunde dieser Erscheinung eher die technische Seite der Sarkophagherstellung betrifft als die symbolische, sei sie trotzdem hier abgehandelt, da die Diskussion der möglichen Gründe doch auch Licht auf Sinn und Bedeutung von Sarkophag-Porträts überhaupt zu werfen vermag.

Die sechs bisher dafür angeführten möglichen Gründe – zu denen sich weitere kaum werden finden lassen – sind von G. Bovini zusammengestellt worden.[223] In seiner Reihenfolge seien sie hier, mit dem Für und Wider, erörtert:

1. Die Porträts wurden mit Hilfe von Stuck, Gips oder durch Malerei vervollständigt, was der Vergänglichkeit der Materialien wegen heute nicht mehr sichtbar ist.[224] Dagegen läßt sich einwenden, daß sich bisher, obwohl Farbspuren auf Sarkophagen sonst nicht ganz selten sind und auch Stuck sich teilweise hätte erhalten können, noch keinerlei Spuren haben nachweisen lassen.[225] Auch würden damit die vielen erhaltenen Marmorporträts kontrastieren, welche zeigen, daß man das dauerhaftere und edlere Material bevorzugte.[226] Als wichtigster Gegengrund läßt sich jedoch anführen, daß bei dem großen Volumen der bossierten Köpfe nur durch ein Herausarbeiten der Züge der Kopf die normale Größe erhalten würde, beim Auftragen einer Schicht aus anderem Material mit den individuellen Gesichtszügen jedoch ein offenbarer Unterschied in den Proportionen eintreten würde.[227] Für die Malerei träfe das allerdings nicht zu, doch scheint es unmöglich, nur mit Hilfe gemalter Züge aus einem bossierten Kopf ein wirkliches Porträt zu machen.

Die folgenden fünf Gründe setzen alle voraus, daß die Porträts tatsächlich unausgeführt blieben, und suchen dieses Faktum verschieden zu erklären; daß die betreffenden Sarkophage, obwohl sie unausgeführte Porträts aufweisen, dennoch zur Verwendung gelangten, wird ziemlich einhellig mit der Eile bei Bestattungen[228] oder der Nachlässigkeit bzw. der Sparsamkeit der Hinterbliebenen[229] erklärt, auch, daß manchmal ein Sarkophag gekauft werden mußte, der Porträts vorsah, obwohl man selbst solche gar nicht anzubringen gedachte, ist vorstellbar,[230] oder, daß man ihn so spät kaufte, daß ein getreues Porträt nicht mehr angefertigt werden konnte.[231] Auf jeden Fall spricht daraus auch eine gewisse Gleichgültigkeit den Sarkophagporträts gegenüber.[232]

2. Die betreffenden Sarkophage wurden schon zu Lebzeiten des Beizusetzenden bestellt und ausgeführt, wobei man jedoch mit dem Porträt wartete, um ihm dann später das Aussehen des Verstorbenen in seinen letzten Lebenstagen zu verleihen.[233] Dagegen spricht, daß es, neben Altersporträts,

---

n. Chr. (1910) 7 mit Anm. 20. M. WEGNER, ASR V 3 S. 46 zu Nr. 115. ENGEMANN, Untersuchungen 76 ff. Zuletzt: G. KOCH, ASR XII 6 S. 56 mit Anm. 18.

[223] I sarcofagi paleocristiani (1949) 78 f. Auch H. I. MARROU zählt die Gründe auf, RA 14, 1939, 200 f., läßt jedoch den vierten von Bovini genannten aus.

[224] BOVINI a.O. 78. MARROU a.O. 201 (Grund Nr. 3). Vertreten von M. GÜTSCHOW, RACrist 9, 1932, 124. WILPERT II 338. 339. F. DE RUYT, BInstHistBelgRom 17, 1936, 147. Nicht von A. von Gerkan, wie Bovini a.O. schreibt. Als Möglichkeit in einzelnen Fällen zugegeben von HANFMANN I 7 u. H. JUCKER, Das Bildnis im Blätterkelch (1961) 31. 32 Anm. 9. Vgl. auch P. REUTERSWÄRD, Studien zur Polychromie d. Plastik. Griechenland u. Rom (1960) 226. 231 Anm. 655.

[225] G. RODENWALDT, RM 59, 1944, 202.

[226] MARROU a.O. 201.

[227] Bisher nur von A. VON GERKAN angedeutet, Von antiker Architektur u. Topographie. Gesammelte Aufsätze (1956) 106; von Gerkan macht auch darauf aufmerksam, daß bei klein erscheinenden bossierten Köpfen mit der Möglichkeit der Beschädigung, d. h. des Materialverlustes, gerechnet werden müsse.

[228] G. RODENWALDT, RM 59, 1944, 202.

[229] M. FLORIANI SQUARCIAPINO, RendPontAcc 20, 1943/4, 285. H. BLANCK, Wiederverwendung alter Statuen als Ehrendenkmäler bei Griechen u. Römern (1969) 114 ff. Anm. 94. TURCAN 15 Anm. 3 mit Verweis auf Plinius, Ep. VI 10. ENGEMANN, Untersuchungen 77. Der Grund, der solche Erklärungen überflüssig macht, wird unten unter Nr. 4 angeführt.

[230] G. RODENWALDT, RM 59, 1944, 202.

[231] FLORIANI SQUARCIAPINO, a.O. 285.

[232] W. N. SCHUMACHER, RM 65, 1958, 119, vom 4. Jh. n. Chr. gesagt.

[233] BOVINI a.O. 78. MARROU a.O. 201 Grund Nr. 4. Mit Entschiedenheit vertreten von A. VON GERKAN, a.O. (s. oben Anm. 227) 106 f.

viele jugendlich wirkende gibt, die darauf schließen lassen, daß man gerade auf eine ‚Verjüngung' im Porträt Wert legte.²³⁴

3. Die Sarkophage wurden individuell bestellt, die Porträts aber unausgeführt gelassen, da die Besteller aus abergläubischer Furcht sich noch nicht auf dem eigenen Sarkophag in vollendeter Form abgebildet sehen wollten.²³⁵ Belege für diese These sind bisher nicht vorgebracht worden, Marrou, der sie als erster vertrat, erklärt nur: „Il serait facile d'illustrer in tel schéma par des emprunts au folklore de tous les temps",²³⁶ und B. Andreae meinte ähnlich allgemein: „Natürlich kann man sich vorstellen, daß ein Grabinhaber sich nicht schon zu Lebzeiten im Porträt auf seinem Sarkophag verewigt sehen wollte";²³⁷ ebenso hat für M. Wegner diese These „etwas sehr Bestechendes".²³⁸ Doch bestritt Bovini eben gerade die unmittelbare Evidenz dieser Theorie, indem er sie „piuttosto strana" nannte²³⁹ und meinte, bei Vorhandensein eines derartigen Aberglaubens müßte sich dieser auf das gesamte Monument erstrecken – wogegen Engemann anführte, daß in damaliger Zeit das Porträt eine ganz andere Bedeutung hatte als in der heutigen, die Beschränkung auf dieses also erklärlich sei.²⁴⁰ Als Argument für die Erklärung durch den Aberglauben lassen sich diejenigen Sarkophage anführen, auf welchen bei Ehegatten nur das eine Porträt ausgeführt ist,²⁴¹ oder solche, die laut Inschrift vom Besitzer selbst aufgestellt wurden, ohne daß das Porträt fertiggestellt war;²⁴² hierfür könnte allerdings auch Grund Nr. 2 angeführt werden. H. Blanck wandte gegen die These Marrous ein, daß zwar Grabmäler nachweislich schon zu Lebzeiten angelegt wurden, daß aber die ausdrückliche Erwähnung dieser Tatsache darauf schließen lasse, daß sie nicht die Regel war; außerdem gäbe es auch Kindersarkophage mit bossierten Porträts, die sicher nicht zu Lebzeiten bestellt wurden, und beim Sarkophag des neunundzwanzigjährigen L. Pullius Peregrinus, der einen Weisen und eine Muse für Porträtköpfe vorgesehen hatte, sei nur der Kopf des Mannes ausgearbeitet, der der Muse jedoch nicht, und da die Inschrift keinen Platz für einen zweiten Namen läßt, müsse man annehmen, daß die Frau auch nie hier beigesetzt werden sollte, woraus hervorgeht, daß dieser Sarkophag nicht vorbestellt, sondern aus dem Vorrat einer Werkstatt gekauft wurde.²⁴³ Dagegen wandte B. Andreae ein, daß die Nichtausarbeitung des weiblichen Porträts vielleicht den Grund hatte, daß die Frau sich wiederverheiratet hat.²⁴⁴ Es darf auch nicht vergessen werden, daß sich Sarkophage nennen lassen, auf denen Porträts nachweislich schon zu Lebzeiten der Bestatteten ausgeführt wurden.²⁴⁵

4. Die Sarkophage wurden bis auf die Porträts ausgearbeitet, blieben dann aber unbenutzt in den Werkstätten stehen.²⁴⁶ Dagegen sprechen die vielen derartigen Sarkophage, die in Mausoleen gefunden wurden oder individuelle Inschriften aufweisen.²⁴⁷

5. Die unausgeführten Porträts sind nichts weiter als ein Zeichen, daß der gesamte Sarkophag nicht fertig war, als er zur Benutzung gelangte, wie es auch unfertige Nebenseiten und sogar Langseiten gibt; die Gründe dafür können ganz äußerlicher und zufälliger Art sein.²⁴⁸ Dagegen ließe sich anfüh-

---

²³⁴ FLORIANI SQUARCIAPINO a.O. 270. 285. W. N. SCHUMACHER, RM 65, 1958, 118 ff.

²³⁵ BOVINI a.O. 78. Zuerst von MARROU a.O. 202 als Grund Nr. 5 vorgebracht. Als Möglichkeit zugegeben auch von H. GABELMANN, BJb 171, 1971, 712. Ders. in: Tod u. Jenseits im Glauben d. Völker (1978) 111 f.: „religiöse Scheu". B. ANDREAE in: Opus Nobile. Festschrift U. Jantzen (1969) 6. ENGEMANN, Untersuchungen 77.

²³⁶ a.O. 202.

²³⁷ JdI 87, 1972, 431.

²³⁸ ASR V 3 S. 128.

²³⁹ a.O. 79.

²⁴⁰ Untersuchungen 77 Anm. 51.

²⁴¹ J. ENGEMANN, Gnomon 41, 1969, 491 Anm. 1. H. GABELMANN, BJb 171, 1971, 712. ANDREAE a.O. (s. oben Anm. 235) 6.

²⁴² ENGEMANN a.O. – TURCAN 15 Anm. 3 lehnt die These des Aberglaubens ab, ohne jedoch eine andere anzubieten; denn die „négligence des héritiers" erklärt ja nur, warum nach dem Tode des Beigesetzten eine Ausführung des Porträts unterblieb, nicht aber, warum es vorher schon unausgeführt war; dazu auch ENGEMANN, Untersuchungen 77 Anm. 50; Engemann führt als Argument für die These Marrous die Tatsache an, daß gewisse Sarkophage offenbar persönlich bestellt worden seien, ohne daß das Porträt ausgeführt wurde, wofür jedoch, wie er selbst zugibt, auch der genannte Grund Nr. 2 verantwortlich gemacht werden könne.

²⁴³ a.O. 114 Anm. 94. Hier Taf. 264.

²⁴⁴ a.O. 6.

²⁴⁵ K. FITTSCHEN, Gnomon 44, 1972, 493.

²⁴⁶ BOVINI a.O. 78 f. F. DE RUYT, BInstHistBelgRom 16, 1936, 143 ff.

²⁴⁷ BOVINI a.O. 79.

²⁴⁸ BOVINI a.O. 79. MARROU a.O. 200 Grund Nr. 1.

ren, daß dann eine recht große Anzahl nachlässig arbeitender Werkstätten und leicht zufriedenstellender Käufer vorausgesetzt werden müßte;[249] die in anderen Teilen unfertigen Sarkophage, die zur Verwendung kamen, sind in der Tat wenig zahlreich.[250] Man muß allerdings in Rechnung stellen, daß die Ausarbeitung der Porträts immer erst nach Fertigstellung des übrigen Reliefs erfolgen sollte und konnte und auf jeden Fall, auch wenn derselbe Bildhauer tätig war, einen anderen Arbeitsgang unter anderen künstlerischen und technischen Voraussetzungen darstellte, so daß der angegebene Grund vielleicht doch nicht ganz auszuschließen ist.

6. Es handelt sich bei diesen Sarkophagen um Serienprodukte oder jedenfalls solche, die nicht auf individuelle Bestellung hin gearbeitet wurden und erst nach dem Kauf das Porträt des Beizusetzenden erhalten sollten.[251] Dafür sprechen Sarkophage, bei denen ein ursprünglich weiblich gedachtes Porträt in ein männliches umgearbeitet wurde, wie der sogenannte Brüdersarkophag im Vatikan und eine Platte im Museum der Praetextatkatakombe,[252] jedoch könnte dieses Verfahren nur dann als Argument verwendet werden, wenn es sich um die Ausarbeitung einer Bosse, nicht um die nachträgliche Umwandlung eines bereits vorhandenen fertigen Porträts handelt wie bei dem zweiten Beispiel, das M. Floriani Squarciapino bringt;[253] aber da ja bekanntlich auch Sarkophage mit bossierten Porträts verwendet wurden, wären auch diese Fälle nicht absolut beweiskräftig. Es ließe sich außerdem nicht in allen Fällen mit völliger Sicherheit entscheiden, ob es sich um die Ausarbeitung einer Bosse oder die Umarbeitung eines fertigen Porträts handelt, obwohl bei einigen die Umarbeitung evident ist.[254] Für diese immer einen persönlichen Grund wie etwa Ehescheidung anzunehmen, ist jedoch kaum in allen Fällen vorstellbar,[255] und eine Wiederverwendung irgendeines alten Sarkophages wäre nur dann denkbar, wenn zwischen der Ausarbeitung des Reliefs und der des neuen Porträts ein größerer Zeitabstand nachgewiesen werden kann.[256] Viel eindeutiger als die mit dem Geschlecht des Körpers nicht zusammenpassenden Porträts sprechen jene für eine Vorratswirtschaft der Sarkophagwerkstätten, welche nachweislich aus einem Idealkopf herausgearbeitet wurden, wie der Kopf der ‚Virtus' auf dem Jagdsarkophag in Reims.[257] Nicht ohne weiteres im Einklang mit der vorgeschlagenen These stehen solche Sarkophage, die entweder ihrer Besonderheit oder ihrer aufwendigen Form wegen kaum als anonyme, unbestellte Werkstattprodukte gelten können, wie ein Deckel in der Prätextatkatakombe mit der Züchtigung einer Frau[258] oder der Schlachtsarkophag von Portonaccio.[259]

---

[249] MARROU a.O. 200. BOVINI a.O. 79 lehnt die These als „troppo semplicistica" ohne Anführung von Gründen ab.

[250] s. Beispiele in Kapitel I 4.2.1.

[251] BOVINI a.O. 79. MARROU a.O. 200 Grund Nr. 2. R. CAGNAT – V. CHAPOT, Manuel d'archéologie romaine I (1916) 523. FLORIANI SQUARCIAPINO a.O. 283. G. RODENWALDT, RM 59, 1944, 202: „in der Regel". G. KOCH, ASR XII 6 S. 56 Anm. 18, für Einzelfälle als Möglichkeit erwogen. BLANCK a.O. 114 Anm. 94: „Die einleuchtendste Erklärung". K. FITTSCHEN, Gnomon 44, 1972, 493.

[252] MARROU a.O. 200; der ‚Brüders.' auch von G. RODENWALDT, RM 59, 1944, 202, als Beweis genannt. Zu vgl. sind auch die hier Anm. 218 genannten Beispiele, dazu G. GULLINI, BdA 34, 1949, 55 f. Abb. 7.8 (mit weiblichem Kopf versehene Togabüste). S. in S. Paolo, H. SICHTERMANN in: Eikones. Festschrift H. Jukker (1980) 168 ff. Taf. 56. Zu kleinasiatischen S.: H. WIEGARTZ in: Mél. Mansel I (1974) 378 f. – Wie vorsichtig man sein muß, zeigt eine Urne im Berliner Museum (Nr. 1130); ihr Deckel weist das Porträt einer Frau auf, die Urne ist aber, laut Inschrift, von einer Frau ihrem Mann gewidmet, R. KEKULE, Die griech. Skulptur³ (1922) 382.

[253] RendPontAcc 20, 1943/4, 278, vgl. hier Anm. 218.

[254] z. B. beim Jagds. in S. Sebastiano, bei dem vom ursprünglichen Porträt noch Reste zu bemerken sind, s. hier Anm. 218.

[255] BLANCK a.O.

[256] In der Tat finden sich ja S., deren Porträts später zu datieren sind als das Relief, z. B. Pisa, ARIAS, Camposanto 126 ff. Taf. 64, 136. H. SICHTERMANN, RM 86, 1979, 361.

[257] G. RODENWALDT, RM 59, 1944, 202.

[258] Zuletzt H. SOLIN – H. BRANDENBURG, AA 1980, 271 ff.; s. Kapitel I 4.3.1.7 u. I 4.3.10. – ENGEMANN führte die auch den frühchristlichen S. in S. Maria Antiqua an; es sei seiner Thematik wegen „ganz unwahrscheinlich", daß er in einer Werkstatt auf Lager gehalten wurde, Untersuchungen 77.

[259] R. BIANCHI BANDINELLI, Die röm. Kunst (1975) 139; dazu H. GABELMANN, BJb 171, 1971, 712. H. BLANCK wies auch auf den Musens. Torlonia hin, der trotz seiner Größe u. guten Ausführung nicht vorbestellt war (a.O. 115 f. Anm. 94); dagegen jedoch ANDREAE a.O. (s.

Wenn man die These der unbestellten Werkstattarbeit als einzige gelten lassen will, ist man gezwungen, auch diese Sarkophage als nicht individuell bestellt anzusehen – wie es tatsächlich, für den Sarkophag von Portonaccio, R. Bianchi Bandinelli getan hat.[260] H. Jucker meinte auch, daß bei Beispielen wie dem Sarkophag in Pisa mit Büsten im Blätterkelch eine Anfertigung auf Vorrat auszuschließen sei, da das eine Porträt bereits ausgearbeitet und das zweite durch das Szepter von vornherein als ein ganz bestimmtes Porträt gedacht war.[261]

Daß von allen diesen sechs Gründen – bis auf Nr. 1, der gänzlich auszuschließen ist – jeder zutreffen kann, daß also nicht ein einziger für alle Fälle gelten muß, ergibt sich schon aus der Tatsache, daß bei keinem das Für und Wider restlos aufgeht. So ist denn auch die Möglichkeit, daß einmal dieser, einmal ein anderer Grund maßgebend gewesen sein könne, verschiedentlich zugegeben worden.[262] Sie muß solange gelten, bis nicht das Gegenteil wirklich erwiesen ist.

Obwohl die bisher erörterten Probleme ganz generell abzuhandeln waren, so ergab sich doch hin und wieder bereits die Gelegenheit, auf die Möglichkeit einer geschichtlichen Entwicklung hinzuweisen,[263] etwa bei der Frage der Porträts in mythologischem Zusammenhang oder auch der zuletzt behandelten nach dem Grunde der unausgeführten Porträts. Angesichts der großen Unsicherheit im Grundsätzlichen, die mit der immer noch unbefriedigend geklärten Chronologie der Sarkophage überhaupt zusammentrifft, kann eine ‚Geschichte' der römischen Sarkophagsymbolik noch nicht geschrieben werden; es lassen sich nur allgemeine Linien aufzeigen.

Nach der vorwiegend unmythologischen und undekorativen Grabkunst der Republik, die sich auf das Porträt des Toten konzentrierte, hatten die Urnen und Grabaltäre der frühen Kaiserzeit den Weg des mehr oder weniger sinnvollen Dekorativen beschritten, bei zunehmender Vernachlässigung des Porträts; mythologische Szenen wurden nur vereinzelt verwendet.

Frühe Vorläufer der eigentlichen Sarkophagproduktion, wie der Sarkophag mit Unterweltsszenen in der Villa Giulia und der Sarkophag von Velletri, lassen dann in ihren Reliefs eine recht deutliche Beziehung zu Tod und Jenseits erkennen, die nicht zufällig sein kann, sondern angestrebt worden sein muß.

Als dann in den klassizistischen Jahrzehnten unter Trajan und Hadrian die Kunst der Sarkophage einsetzte,[264] war das Porträt fast gänzlich beiseitegedrängt worden, und, in den Girlandensarkophagen, das Dekorative zur Herrschaft gelangt. Die Unterwelt, die auf den frühen Exemplaren eine große Rolle gespielt hatte, verschwand fast völlig, und es begann der Siegeszug des Mythos, verbunden oder unverbunden

oben Anm. 235) 6. – Schlachts. von Portonaccio hier Taf. 76.

[260] a.O. 139.

[261] Das Bildnis im Blätterkelch (1961) 31.

[262] MARROU a.O. 200. 202. G. RODENWALDT, RM 59, 1944, 202. J. ENGEMANN, Gnomon 41, 1961, 491 Anm. 1. B. ANDREAE, Gnomon 37, 1965, 509. ENGEMANN, Untersuchungen 77 Anm. 51.

[263] Auf die Wichtigkeit der Chronologie machen u.a. F. MATZ, AA 1971, 113, u. TURCAN 16f. 599 aufmerksam.

[264] Der Klassizismus mit Recht betont schon von NOCK a.O. 156. 163. 166, dann von K. SCHEFOLD, Röm. Kunst als religiöses Phänomen (1964) 62. 65. 67. Daß im Klassizismus das Inhaltliche besondere Bedeutung hat, betont P. ZANKER in: Le classicisme à Rome (1979) 285. 295. 297. 298, aber dann auch das Abflauen im 2. Jh. n. Chr., 306. 312f. – Zur Beurteilung der von Anfang an vorhandenen gegenteiligen Strömungen ist wichtig, daß einer der frühesten mythologischen S., der von Grottarossa in Rom, NM (s. Kapitel I 4.3.2.3), ein Thema der römischen Sage zeigt, nicht der griechischen, M. SAPELLI in: GIULIANO, Mus.Naz.Rom. I 1, 318 ff.

mit dem Dekorativen. Das geschah offenbar zunächst nicht, um irgendetwas auszudrücken, zu ‚symbolisieren‘, wofür der griechische Mythos als besonders geeignet empfunden worden wäre, sondern der Anlaß war die Hochachtung vor dem griechischen Mythos als solchem und seiner von den Griechen gefundenen kanonischen künstlerischen Form. Bald mag aber im „allegorisch denkenden 2. Jahrhundert"[265] das Bestreben hinzugekommen sein, den dargestellten Mythen auch einen Sinn abzugewinnen, wobei es sich aber eben um einen nachträglichen Prozeß handelte, der keine einheitlichen Ergebnisse erzielen konnte.

Wie weit der Klassizismus sich als wichtige Tendenz durch die gesamte römische Sarkophagkunst hindurchzieht, wird auch daraus klar, daß selbst so ‚römische‘ Darstellungen wie Schlachtszenen sich zumeist formal auf griechisch-hellenistische Vorbilder stützen und daß profane Jagdbilder sich an mythologische anlehnen.

Es wäre allerdings verfehlt, für das Aufkommen der griechisch bestimmten Form auf den Sarkophagen allein den Klassizismus verantwortlich zu machen. In der Wiederverwendung griechischer Mythendarstellungen in neuem Zusammenhang äußert sich eine alte italische Tradition, die schon auf den etruskischen Aschenurnen deutlich zu Tage tritt.[266]

Das Verschwinden des Porträts aus der Grabkunst war jedoch dem römischen Empfinden zu fremd, als daß es lange hätte andauern können.[267] Seit dem Ende des 2. Jhs. n. Chr. erschien es wieder, zunächst in Büstenform und auf Clipei in dekorativem Zusammenhange,[268] dann auch in figürlichen Szenen. Diese waren anfangs noch nicht mythologisch;[269] die ersten Porträts in Handlungszusammenhang finden wir auf den sogenannten Feldherrensarkophagen, die an sich schon diesseitig-historisch ausgerichtet waren, in einer mythischen Szene erscheinen sie zuerst in antoninischer Zeit, beispielsweise auf dem für Euhodus gearbeiteten Alkestissarkophag,[270] den zu erwähnen schon mehrfach Gelegenheit war.

Die frühesten Beispiele von Porträts in mythologischen Szenen zeigen, daß auf den Zusammenhang mit dem Mythos und seinem Sinn noch relativ viel Rücksicht ge-

---

[265] H. VON SCHOENEBECK, RM 51, 1936, 238.

[266] P. GRIMAL in: Enc. Univ. dell'Arte IX (1963) 423. F. MATZ, AA 1971, 109.

[267] Vgl. F. DE RUYT, BInstHistBelgRom 17, 1936, 145.

[268] F. MATZ, AA 1971, 103. Zu Porträts auf S.: K. SCHAUENBURG in: Eikones. Festschrift H. Jucker (1980) 153 ff. – Ähnliches wie zu den Porträts läßt sich zu den Inschriften sagen; auch sie spielen in der röm. Grabkunst vor den S. eine recht große Rolle, um dann durch die bildfreudigen, klassizistischen Reliefs der S. zunächst stark verdrängt zu werden; erst später tauchen sie, auf den Tabulae der Deckel u. auch der Vs., wieder häufiger auf. Dazu K. SCHAUENBURG, JdI 78, 1963, 296 ff. Eine zusammenfassende Behandlung fehlt. Vgl. Kapitel A 5.

[269] ENGEMANN, Untersuchungen 28.

[270] RODENWALDT, Stilwandel 3. H. VON SCHOENEBECK, RM 51, 1936, 238 f. G. M. A. HANFMANN, Röm. Kunst (o. J.) 113. K. FITTSCHEN, JdI 85, 1970, 188. H. WREDE in: Festschrift G. Kleiner (1976) 160 Anm. 78 (dort wird auch auf das Frgt. eines Persephones. in Ostia aufmerksam gemacht, s. Kapitel I 4.3.2.38). Vgl. K. SCHEFOLD, Schweiz. Archiv für Volkskunde 47, 1951, 178: „Seit der späteren antonin. Zeit durchbricht die römische, zur Spätantike führende Gesinnung immer heftiger die klassizistische Fassade" (dazu auch WREDE a. O. 161). Auf den Musens. erscheinen Porträts erst seit dem 2. Viertel des 3. Jhs. n. Chr., ein Vorläufer ist das mittelantoninische Exemplar in Civita Castellana (s. oben Anm. 218).

nommen wurde, später wird die Beziehung immer undeutlicher. Es scheint, als habe allmählich der immer stärker werdende Drang, zur alten Verherrlichung des individuellen Toten zurückzukehren, das Interesse am Zusammenhang mit dem Mythos beiseitegeschoben.[271] Da ein Ersatz für diese Szenen jedoch nicht immer zu schaffen war und sie zu fest zum Vorstellungskreis der Sarkophagkunst gehörten, behielt man sie bei und fügte ihnen die Porträts auch dann ein, wenn eine Verbindung nicht mehr evident zu machen war. Restlos aufgegangen war die Gleichung ja auch vorher schon nicht immer.

Die Hineinnahme von Porträts in den mythologischen Zusammenhang, mehr vielleicht noch die Anbringung von Porträts in einer bisher vornehmlich dekorativen Komposition wie den von Eroten oder Victorien getragenen Clipei seit dem späteren 2. Jh. n. Chr. bezeugt eine neue, nunmehr vertieftere Auffassung von der Aufgabe der Sarkophagverzierung, den Verstorbenen zu erhöhen; man hat dafür den Begriff „Privatapotheose" gefunden, im Gegensatz zur offiziellen Apotheose der Mitglieder der kaiserlichen Familie.[272] Die Entwicklung wäre dann von einer Heroisierung des Toten[273] zu seiner Apotheose gegangen. Damit wird aber das Gebiet des reinen Mythos und seiner notwendig überindividuellen Symbolik verlassen.

Sind schon die Porträts eine Abkehr von dem zeitlos Idealen der griechischen Mythendarstellung, so sind es auch alle anderen Veränderungen und Abwandlungen, die im Laufe der Zeit vorgenommen werden. Sie führen stets vom Allgemeinen zum Besonderen, vom Idealen zum Realen. Von der Einführung von realistischen Hochzeitsszenen oder Jagdfiguren in mythologische Darstellungen war schon die Rede; aber selbst so kleine Veränderungen wie die Umwandlung eines Gewandbausches in eine ‚Handgirlande'[274] sind für diesen Prozeß charakteristisch.

Eine Rückkehr zu den Mythen brachte die 2. Hälfte des 3. Jhs. n. Chr. Das Porträt verschwindet wieder aus den mythologischen Szenen und wird auf den Deckel verwiesen, die Szenen selbst werden mit allegorischen Figuren und Personifikationen bereichert, welche beweisen, daß hier ein neues Bestreben am Werke war, den Darstellungen möglichst vielschichtigen Sinngehalt abzugewinnen; von klassizistischer Gesinnung ist kaum noch etwas zu spüren.[275] Hier treten nun, wie bei den großen Sarkophagen mit der Endymion-, der Prometheus- und der Phaethonsage, unzweifelhaft Zeichen eines vertieften Jenseitsglaubens zu Tage.[276]

---

[271] Zur fortschreitenden ‚Entmythologisierung': H. BRANDENBURG, JdI 82, 1967, 210. 240 ff. Anm. 132. WREDE a.O. 161. TH. SCHÄFER, MEFRA 91, 1979, 62. Es ist, als hätte sich endlich Ciceros dictum durchgesetzt: „Sed omittamus et fabulas et externa; ad rem factam nostramque veniamus" (De officiis III 99). Zum Verhältnis Mythologie-Realität (Geschichte), zur Rolle der Götter in frühkaiserzeitlichen Dichtung s. E. BURCK, Vom röm. Manierismus (1971) 23. 42. 82 ff. 100 f.

[272] Zum Begriff: MATZ, MW 127. Ders., Dionysiake Telete (1964) 41 f. Ders., AA 1971, 103 f. 108 f. Ders., ASR IV 1 S. 132. K. SCHAUENBURG in: Opus Nobile. Festschrift U. Jantzen (1969) 135 f. ENGEMANN, Untersuchungen 13. 25 Anm. 100. TH. SCHÄFER, MEFRA 91, 1979, 370.

[273] NOCK a.O. 166. K. SCHAUENBURG, Perseus in der Kunst des Altertums (1960) 128.

[274] SICHTERMANN, Endymion 30 ff.

[275] H. VON SCHOENEBECK, RM 51, 1931, 239 f. F. MATZ, AA 1971, 108.

[276] MATZ a.O. 113. 115. TURCAN 534 f. Den

Erst nachdem diese Phase durchschritten war, trat das Bestreben nach individueller Verherrlichung des Toten, das latent immer vorhanden gewesen war, erneut in Erscheinung. Den Sieg des Menschen über den Mythos mit Hilfe des Mythos stellen die Sarkophage dar, auf welchen eine einzige mythologische Gestalt isoliert und außerhalb ihres Handlungszusammenhanges auf der Langseite erscheint, mit Porträtkopf und hin und wieder auch mythenfremden Nebenerscheinungen. Hierin kann nicht eine besondere Konzentration des mythischen Gehaltes gesehen werden, wie teilweise angenommen wurde.[277] sondern nur eine Loslösung von diesem,[278] also eine ‚Entmythologisierung'. Diese Sarkophage schließen sich an die eben genannten vielfigurigen des späten 3. Jhs. n. Chr. an oder sind teilweise noch gleichzeitig mit ihnen.

Wandel bestreitet ENGEMANN, Untersuchungen 36f., wobei er sich auf die Bedeutung des Porträts auch schon im 2. Jh. n. Chr. beruft; dieses allein ist jedoch für den Wandel nicht ausschlaggebend.

[277] J. FINK, RACrist 27, 1951, 179.
[278] SICHTERMANN, Endymion 82 ff. Nur eine Modifizierung dieser Ansicht bringt ENGEMANN, Untersuchungen 28 f.; wenn „der Wunsch, die Verstorbene der Heroine anzugleichen, den mythischen Vorgang völlig zurück"-drängt (a. O. 28), dann wird damit eben auch der Mythos selbst, der ohne ‚Vorgang' nicht denkbar ist, zurückgedrängt; s. auch ebenda 30 mit Anm. 134–136. Auf die der These nicht günstigen Erscheinungen geht Engemann nur flüchtig ein, a. O. 31. Das angebliche Gegenbeispiel, der ‚Endymion'-Sarkophag Richmond-London, entpuppt sich bei genauerer Analyse als positives Argument: wenn er ursprünglich auch die Verstorbene als Ariadne dargestellt haben mag – wirklich erwiesen ist das nicht – so zeigt doch die Umwandlung der Ariadne in einen Mann (der nur aufgrund typologischer Mißverständnisse ‚Endymion' genannt werden konnte), daß man schon damals, im 3. Jh. n. Chr., die Gleichsetzung mit mythischen Heroen nicht mehr unbedingt anstrebte.

D. DIE RÖMISCHEN SARKOPHAGE UND DIE GLEICHZEITIGE KUNST

Literatur: J. SIEVEKING, in: Festschrift P. Arndt (1925) 14 ff. 32 ff. – M. WEGNER, JdI 46, 1931, 142. – TOYNBEE 161 ff. – RODENWALDT, Stilwandel 18. 25. – Ders. JdI 51, 1936, 82 ff. – Ders., JdI 55, 1940, 12. 22 ff. – LEHMANN, Baltimore 9 f. – P. G. HAMBERG, Studies in Roman Imperial Art (1945) 172. – G. TRAVERSARI, RM 75, 1968, 154 ff. – C. C. VERMEULE, Roman Imperial Art in Greece and Asia Minor (1968) 58 ff. – HONROTH, Girlanden 42 ff. – B. ANDREAE, Röm. Kunst (1973) 312. – R. BIANCHI BANDINELLI, Die röm. Kunst (1975) 111. – P. KRANZ, RM 84, 1977, 370 Anm. 129. – K. M. D. DUNBABIN, The Mosaics of Roman North Africa (1978) 38 ff.

Die römischen Sarkophage sind als Kunstwerke insofern mit der gleichzeitigen Kunst unmittelbar zu vergleichen, als sie in vorwiegendem Maße mit Reliefs geschmückt sind. Unter kunstgeschichtlichem Gesichtspunkt wären also alle übrigen römischen Reliefs der gleichen Epoche, gleich immer welcher Bestimmung, heranzuziehen; Werke der Rundplastik und der Malerei nur insoweit, als sie sich in übergeordnetem Sinne mit der Reliefkunst verbinden lassen.

Nicht zu vernachlässigen sind dabei die landschaftlichen Unterschiede. „Die attischen Sarkophage dürfen den Rang einer Leitgattung beanspruchen, weil ihr Reliefschmuck mit anderen Zweigen kaiserzeitlicher attischer Marmorarbeit eng verbunden ist, ja sogar Werkstattgemeinschaft zu konstatieren erlaubt, ohne daß dort auch nur annähernd so gute Voraussetzungen für chronologische Untersuchungen gegeben sind wie in der Sarkophaggruppe".[1] Anders verhält es sich bei den kleinasiatischen Sarkophagen, die in der Hauptsache von Säulensarkophagen repräsentiert sind. Hier haben vor allem die Verbindungen zur gleichzeitigen Architektur Bedeutung; sie ermöglichen u. a. eine Scheidung der kleinasiatischen und der stadtrömischen Säulensarkophage.[2] Selbst eine so untergeordnete Erscheinung wie die Form der Tür kann hier ein übergreifendes Element werden.[3]

Bei stadtrömischen Sarkophagen ist, ihrem Wesen nach, der Vergleich fast ausschließlich auf das Relief beschränkt. Zwei Dinge sind dabei in erster Linie zu berücksichtigen: die durch den Zweck vorgegebene äußere Form der Sarkophage und ihre durch ebendenselben Zweck bedingte Bedeutung ihres Schmuckes. Aus diesen beiden Gründen haben sie in weitgehendem Maße einen eigenen ‚Gattungsstil' geschaffen,[4] der zumeist erlaubt, ein Sarkophagfragment sogleich als ein solches zu erkennen, selbst, wenn äußere Kriterien fehlen. Die relativ kleine Form, die sich nicht übermäßig steigern ließ, erlaubte keine Konkurrenz mit den gewaltigen architektonischen Staatsreliefs, ebenso waren bei der langgestreckten rechteckigen Form der mit Darstellungen zu füllenden Fläche gewisse Kompositionsgesetze von vornherein zu repektieren, außerdem ließ der Zweck nur in Ausnahmefällen individuelle Sonderleistungen zu. Dabei sprechen auch andere Gründe mit. Die „aristokratische Form des Sarkophages" stand von vornherein unter gräzisierend-klassizistischem Einfluß und

---

[1] H. WIEGARTZ, AA 1977, 383.
[2] WIEGARTZ, Säulens. 9 f. Recht allgemein: VERMEULE a. O. 58 ff.
[3] Darüber wird M. Waelkens Studien vorlegen.
[4] Zu dem Begriff: A. BORBEIN, Campanareliefs (14. Ergh. RM, 1968) 35 f.

öffnete sich nur langsam römisch-bodenständigen Tendenzen, die in den übrigen Kunstgattungen wie dem bürgerlichen Grabmal seit jeher herrschend waren und blieben.[5] Ebenso folgte das repräsentativ-historische Relief anderen Gesetzen, die es nie zu einer absoluten Vorherrschaft des griechisch ausgerichteten Klassizismus kommen ließen.

Ein verbindendes Element sind die in der griechisch-römischen, d. h. der antiken Kunst zu allen Zeiten so wichtigen Motive. So sehen wir sogleich am Beginn der Sarkophagproduktion in der 1. Hälfte des 2. Jhs. n. Chr. dieselben Motive in Verwendung, wie sie die gleichzeitige übrige römische Kunst gebrauchte; dazu gehören vor allem die neuattischen.[6] Zu nennen ist hier der frühe Sarkophag mit Peleus und Thetis,[7] dazu kommen dionysische Sarkophage.[8] Den neuattischen gesellen sich klassische bis hellenistische Motive, also griechische im weiteren Sinne, bis hin zu pergamenischen.[9]

Aber auch im Dekorativen ergeben sich Berührungspunkte. So bestehen deutliche Verbindungen zwischen den Eroten und Girlanden der Sarkophage und denen auf anderen Reliefs,[10] ebenso zwischen der Langseitengliederung stadtrömischer Säulensarkophage und anderen stadtrömischen Monumenten.[11]

Die Verbindungen zwischen Sarkophagreliefs und anderen Reliefgattungen hinsichtlich der Marmorarbeit sind im 2. Jh. n. Chr. nicht so offensichtlich wie die typologisch-motivlichen, sie finden sich aber auch.[12] Einige nicht von Sarkophagen stammende Reliefs glaubte man sogar Sarkophagwerkstätten zuweisen zu können.[13] Besonders eng ist hier die Verwandtschaft mit historischen Reliefs,[14] wobei die Beziehung im Motivlichen nicht ganz fehlt, jedoch dem volksmäßig-Römischen des Stiles gegenüber nur eine untergeordnete Rolle spielt. Die engen Verbindungen der Sarkophage zu den Reliefs der Markussäule z. B. sind stets gesehen worden, und zwar nicht nur hinsichtlich der Motive und der Komposition,[15] sondern vor allem auch des Stils;[16] einen detaillierten Vergleich mit einer Gruppe von Meleagersarkophagen führte G. Traversari durch.[17]

Im 3. Jh. n. Chr. gewinnen die Sarkophage eine solche Bedeutung, daß gesagt werden konnte: „Die Kunstgeschichte des 3.Jhs. wird auf der Behandlung des Porträts

[5] G. RODENWALDT, JdI 55, 1940, 12.20 ff. 43.
[6] F. STUDNICZKA, JdI 34, 1919, 138. SIEVEKING a. O. 14 ff. 32 ff.
[7] s. Kapitel I 4.3.2.36.
[8] Dazu F. MATZ, MarbWPr 1956, 21 ff. Ders., in: ASR IV 1 S. 13 ff.; vgl. auch IV 2 S. 202 zu Nr. 84 A (kein S.!).
[9] Vgl. etwa die Nachwirkungen des Zeusaltares von Pergamon, G. KLEINER, Das Nachleben des pergamenischen Gigantenkampfes (105. BWPr 1949) 17ff. B. ANDREAE in: HELBIG⁴ III S. 39f. zu Nr. 2141 (Gallierschlachts.).
[10] HONROTH, Girlanden 42 ff.
[11] P. KRANZ, RM 84, 1977, 370 Anm. 129.
[12] G. RODENWALDT demonstrierte den antoninischen Stilwandel vornehmlich an S., Stilwandel passim. Die Wichtigkeit der S. für die Kunstgeschichte der Zeit betont auch LEHMANN, Baltimore 9 f.
[13] Zwei Heraklesreliefs u. der S. von Velletri, B. ANDREAE, RendPontAcc 41, 1968/9, 146. Ders., Studien 16.163 f. Taf. 38.39. Vgl. weiter ein dionysisches Relief ehem. Slg. Ludovisi, F. MATZ, MarbWPr 1956, 29.
[14] SIEVEKING a.O. 33 f. HAMBERG a.O. 172. Th. SCHAEFER, MEFRA 91, 1979, 358.
[15] M. WEGNER, JdI 46, 1931, 142. G. RODENWALDT, JdI 51, 1936, 105 f.
[16] SICHTERMANN-KOCH S. 31 zu Nr. 21.
[17] RM 75, 1968, 154 ff.

und der Sarkophage aufgebaut werden müssen".[18] Ob nun das Fehlen historischer Reliefs nur Zufall ist, auf jeden Fall spielen die Sarkophage heute für die Forschung in der Reliefkunst – und nicht nur in dieser – die erste Rolle.

Es sind dabei nicht einmal direkte Verbindungen zur übrigen Kunst, die die Sarkophage so wichtig erscheinen lassen. Es gibt sie wohl auch. So scheinen einige mithräische Weihreliefs in Sarkophagwerkstätten gearbeitet zu sein.[19] Wichtiger ist, daß die künstlerische Aussage, das ‚Kunstwollen' jener Zeit, sich am deutlichsten in den Sarkophagen manifestiert. Hatten die ersten reliefgeschmückten Sarkophage der trajanisch-hadrianischen Zeit noch eine Fülle anderer Monumente neben sich, die sie in den Hintergrund treten ließen, so stehen im 3. Jh. n. Chr. die Sarkophage, groß und aufwendig, dabei absolut stilbewußt gearbeitet, im Äußeren und in der Aussage ganz dem Gefühl der Epoche entsprechend, im Vordergrund. In ihren Reliefs gewinnt das Römische mehr und mehr die Überhand über das klassizistisch Griechische, und zwar nicht nur auf dem Wege des Einfachen und Volkstümlichen, sondern auch durch die Steigerung des aristokratisch selbstbewußten römischen Adelsempfindens. Hier werden die Sarkophage allein durch die Porträtkunst überflügelt. Wohl blieb auch diese nicht ohne Einfluß auf die Sarkophagkunst,[20] doch verharrte sie innerhalb dieser stets in einer untergeordneten Stellung.

Die Wichtigkeit der Sarkophage innerhalb der römischen Kunstgeschichte ist bis in das 4. Jh. n. Chr. festzustellen.[21] So können konstantinische Sarkophage mit den Reliefs am Konstantinsbogen zusammengestellt werden,[22] von anderen Verbindungen zu schweigen. Das Römische scheint nun endgültig gesiegt zu haben; doch bleibt auch jetzt noch der klassizistisch-östliche Einfluß lebendig,[23] der die Sarkophagkunst wenn nicht hervorgebracht, so doch entscheidend mitgestaltet hat.

Wesentlich allgemeiner und indirekter als zu den Reliefs mußten die Beziehungen der Sarkophagkunst zu den anderen Kunstgattungen bleiben, und zwar vom Beginn der Sarkophagproduktion an. Diejenigen zur gleichzeitigen Malerei können nur vermutet werden, sie bestehen wahrscheinlich u. a. zwischen den Schlachtsarkophagen und der Triumphalmalerei,[24] sicher – auch später noch – zu den Malereien in Gräbern.[25] Wenn die Mosaiken einen Schluß erlauben, dann läßt sich bereits für das 2. Jh. n. Chr., dann aber besonders für das 3. eine starke Übereinstimmung zumindest in der Thematik feststellen.[26]

---

[18] G. RODENWALDT, JdI 51, 1936, 82. Vgl. F. MATZ, Gnomon 16, 1940, 459. B. ANDREAE, Röm. Kunst (1973) 312. MATZ, MW 165 mit Anm. 63. R. BIANCHI BANDINELLI, Acme 5, 1952, 615 ff. B. ANDREAE, ASR I 2 S. 44.137 (Verhältnis zu den Staatsreliefs).

[19] z. B. Neapel, NM, Inv. 6723, INR 71.416-8, Guida Ruesch 671. M. J. VERMASEREN, Corpus Inscriptionum et Monumentorum Religionis Mithriacae I (1956) 103 Nr. 172 (mit falscher Inv.- u. Ruesch-Nr.) Abb. 47.

[20] G. RODENWALDT, Zeitschr. f. bild. Kunst 57 (N. F. 33) 1921/2, 119 ff.

[21] H. KAEHLER, RM 52, 1937, 102 f.

[22] L'ORANGE – v. GERKAN 224. HIMMELMANN, Typ.Unt. 37 Vgl. auch DUNBABIN a. O. 38 ff.

[23] B. ANDREAE in: HELBIG⁴ I S. 21 zu Nr. 25 (Helenas.).

[24] B. ANDREAE in: HELBIG⁴ III S. 18 zu Nr. 2126.

[25] R. BIANCHI BANDINELLI, Rome. La fin de l'art antique (1970) Abb. 242 (Gargaresch).

[26] DUNBABIN a.O. 39 Anm. 10; 146 f.

E. NACHLEBEN

Literatur: GÜTSCHOW, Prätextat 148 f. – G. RODENWALDT, RM 58, 1943, 25 f. – A. VON SALIS, Antike und Renaissance (1947). – R. H. L. HAMANN-MAC LEAN, Marb. Jb. f. Kunstwiss. 15, 1949/50, 157 ff. – H. LADENDORF, Antikenstudium und Antikenkopie[2] (1958). – B. DEGENHART – A. SCHMITT, MüJb 3. F. 11, 1960, 59 ff. (zu S.: 92 ff.). – J. RAGUSA, The Re-use and Public Exhibition of Roman Sarcophagi During the Middle Ages and the Early Renaissance (New York Diss. 1961). – C. VERMEULE, European Art and the Classical Past (1964). – G. KASCHNITZ VON WEINBERG, Mittelmeer. Kunst (Ausgew. Schriften III 1965) 369. – B. DEGENHART – A. SCHMITT, Corpus der italien. Zeichnungen 1300–1450 Teil 1, Süd- u. Mittelitalien (1968). – G. SCHWEIKHART, Boll. del Mus. Civico di Padova 57, 1968, 3 ff. – EAA Suppl. 1970 (1973) 725 ff. – M. HORSTER, AA 1975, 403 ff. – K. HOBART in: The Counterpoint of to Likeness. Essays on Imitation and Inspiration in Western Painting. Ed. by S. Howard (1977) 16 ff. – H. SICHTERMANN in: Latein und Europa. Hrsg. von G. Büchner (1978) 286 f. 289 f. 300. 309 Anm. 15 (Lit.). – M. GREENHALGH, The Classical Tradition in Art (1978), ausführliche Bibliographie 235 ff. – J. B. HARTMANN, Antike Motive bei Thorvaldsen (1979). – J. HERKLOTZ, ZKuGesch 43, 1980, 11 ff.

Die Nachwirkung der römischen Sarkophage scheint zunächst auf die Vorbildlichkeit der griechischen Kunst zurückzuführen zu sein, die mehr oder weniger deutlich hinter den römischen Sarkophagreliefs steht. Doch sind es eben gerade die Kopien und Umbildungen als solche, ihre römisch-klassizistische Besonderheit, ihre Komposition vor allem, die gewirkt haben, ganz abgesehen davon, daß eine bloße Mittlerrolle ohne Eigenständigkeit nicht vorstellbar ist.[1]

Daß die Wertschätzung römischer Sarkophage niemals ganz abbrach, dafür sind *frühe Beispiele der Wiederverwendung* ein Beweis; in einer 1961 geschriebenen Dissertation hat J. Ragusa 120 Sarkophage zusammengestellt, die im Mittelalter und der frühen Renaissance wiederverwendet wurden, davon 30 vor dem 12. Jh.[2] Die Sarkophage wurden erneut als Särge benutzt und zumeist in Kirchen aufgestellt, oft am Altar, was die absolute Gleichgültigkeit gegenüber den heidnischen Darstellungen erkennen läßt; es sind auch mehrere Heilige, dann Kirchenfürsten und Monarchen in römischen Sarkophagen beigesetzt worden. Schon im 4. und 5. Jh. finden sich Beispiele, davon sechs in Frankreich und drei in Italien, unter diesen der Sarkophag in S. Agnese in Rom, auf welchem das ursprünglich römische Bildnis in eines der Heiligen umgearbeitet wurde. Durch Gregor von Tours, der 594 starb, wissen wir von weiteren wiederverwendeten römischen Sarkophagen, die jetzt verschollen sind; Gregor läßt auch die Wertschätzung erkennen, die man diesen Monumenten entgegenbrachte. Im 8. und 9. Jh. sind 13 Sarkophage zu nennen, die meisten in Italien, zwei in Frankreich und einer in Deutschland: der Sarg Kaiser Karls des Großen in Aachen, ein Persephonesarkophag.[3] Bis zum 12. Jh. gibt es nur vereinzelte Fälle, zwischen dem 12. und 15. Jh. können dann aber über 60 wiederverwendete Sarkophage gezählt werden, diese alle in Italien, darunter der Sarg des Papstes Hadrian IV.[4] Vom

---

[1] Dazu G. RODENWALDT, JdI 51, 1936, 107 Anm. 1. Ders., Theoi Rheia Zoontes (AbhBerlin 1943 Nr. 13) 8 f. Anm. 5. v. SALIS a. O. 15 f. LADENDORF a. O. 25. H. SICHTERMANN in: Latein u. Europa, hrsg. von K. Büchner (1978) 282 ff. Ganz allgemein ist zu sagen, daß als Vorbilder jeglicher Nachahmung vornehmlich stadtrömische S. dienten, schon, weil diese an Zahl bei weitem alle anderen Gattungen übertrafen. Zur Imitation attischer S.: G. KOCH, AA 1975, 550 ff.

[2] RAGUSA a. O. passim. ST. GSELL, Recherches archéologiques en Algérie (1893) 39. HAMANN – MAC LEAN a. O. 166 ff. 173. 236 f. zum Verhältnis des Mittelalters zur antiken Kunst allgemein; zu S. besonders 191.195.197.201 f. 215 ff. 219. J. LASSUS, Libyca 3, 1955, 278 Anm. 27. TURCAN 32 f. Anm. 7; 624 mit Anm. 4. A. ESCH, Archiv f. Kulturgesch. 51,1,1969, 1 ff. bes. 47 ff. G. KOCH, ASR XII 6 S. 180. B. ANDREAE, ASR I 2 S. 11.

[3] ASR III 3, 378. HAMANN – MC LEAN a. O. 103 ff. Abb. 1.

[4] genannt bei MATZ-DUHN 2409; vgl. Kapitel VI 5 und G. KOCH, BJb 182, 1982 (mit Abb.).

Norden bis zum Süden finden sich Beispiele aus allen Jahrhunderten, am bekanntesten sind die Ansammlungen wiederverwendeter Sarkophage in der Krypta des Domes von Palermo, in der sich vier solcher Sarkophage finden, dann der Camposanto in Pisa, in welchem 35 Stücke zu zählen sind,[5] und der Hof der Kathedrale in Salerno, der 11 wiederverwendete Sarkophage aufweist.[6] In Florenz befinden sich fünf Sarkophage, die im 11. und 13. Jh. neu gebraucht wurden, in Rom 21, in Modena 10, in S. Pietro bei Ferentillo sechs. Ein oder zwei Stücke lassen sich jeweils in Cortona, Torre dei Passeri, Gaeta, Capua, Amalfi, Cosenza, Catania, Monreale, Cagliari, Dolianova (Sardinien) und Mailand nachweisen, eines befindet sich im Garten des Museums in Neapel.[7] Außerhalb Italiens sind 11 Sarkophage in Ostfrankreich zu nennen, je einer in Spalato, Huesca und Husillos (Spanien), außerdem der schon erwähnte Sarg Karls des Großen in Aachen. Es finden sich Sarkophage der verschiedensten Gattungen darunter, Riefel-, Eroten-, Meerwesen-, mythologische, Jagdsarkophage. In einigen Fällen wurde das Porträt verändert, hin und wieder brachte man auch christliche Symbole im Zentrum an. Besonders kunstvoll sind die zwei Sarkophage in Gaeta am Dom neu bearbeitet worden, und zwar um 1150 von dem römischen Bildhauer Nicola d'Angelo. Die Sarkophage konnten dekorativ mit dem Kirchenbau verbunden werden, wie in Gaeta, wo sie den Eingang zum Campanile des Domes flankieren, oder in Cagliari, wo eine Platte mit Eroten und einem Porträt über dem Portal angebracht und die übrige Dekoration mit ihr in Übereinstimmung gebracht wurde.

Außer der bloßen Aufstellung gab es auch mit dem Einsetzen der Grabbauten die Verwendung römischer Sarkophage als Teile dieser Denkmäler. Nicht lange nach 1250 entstanden in Rom in S. Lorenzo fuori le Mura das Grabmal für den Kardinal Guglielmo Fieschi, das einen Hochzeitssarkophag verwendet,[8] und in S. Maria in Aracoeli dasjenige für Luca Savelli, wo ein Sarkophag mit zwei weiblichen Porträts mit eingebaut wurde.

Bald begann man auch mit der *Nachahmung* römischer Sarkophage. Im Camposanto in Pisa sind solche Imitationen schon aus dem 12. Jh. erhalten, dann aus dem 14.[9]

Es ist jedoch nicht nur die Grabkunst mit ihrer direkten Nachahmung, in welcher sich der Einfluß der römischen Sarkophage zeigte; gelegentlich, wenn auch nur zögernd, machte er sich auch in anderen Bereichen geltend.[10] So sind die ‚Trauergenien' der beiden Reliefs am Dom von Modena, die der Meister Wiligelmus um 1170 schuf, im Motiv getreue Nachbildungen der mit überkreuzten Beinen dastehenden, auf die umgekehrte Fackel gestützten Eroten zahlreicher römischer Sarkophage.[11]

Auch im Antiquarischen dienten die römischen Sarkophage früh als Quelle; so konnte nachgewiesen werden, daß sie schon im 12. Jh. für die Figurentrachten als Vorbilder dienten.[12]

An der Schwelle zur Renaissance zeigt Lorenzo Ghiberti (1381 bis 1455) in seinen Werken direkte Beeinflussung durch römische Sarkophagreliefs, etwa eines Endymionsarkophages im Palazzo Colonna[13] oder eines bacchischen, der sich heute in London befindet.[14] Das 1428 von ihm für die Gebeine der Heiligen Protus, Hyacinthus und Nemesius angefertigte, heute im Nationalmuseum in Florenz befindliche Reliquiar geht mit seinen schwebenden, langgewandten Engeln, die einen Kranz halten, deutlich auf die ähnlichen Victorien römischer Sarkophage zurück.

Auch bei den Grabmälern, die noch antike Sarkophage verwendeten, wurden die übrigen Formen

---

[5] ARIAS, Camposanto 9 ff.

[6] L. STAIBANO, Guida del duomo di Salerno (1871) 18 ff. G. RODENWALDT, AA 1930, 258.

[7] Von RAGUSA a. O. nicht erfaßt; INR 64.1829/30.

[8] s. Kapitel I 4.3.1.3, dazu auch HORSTER a O. 403 ff.

[9] Allgemein: HAMANN – MAC LEAN a O. 179. Vgl. auch ARIAS, Camposanto 13 f. G. KOCH, AA 1979, 238 ff.

[10] Für frühchristliche Apostelgestalten hat man die Vorbilder in sitzenden Philosophen auf S. erkannt, HOBART a. O. 16 ff. Erwähnung verdient hier auch das Portal von St. Ursin in Bourges aus der Wende vom 11. zum 12. Jh., in welchem ein spätantiker Jagds. nachgeahmt wurde,

der seinerseits dem heiligen Ludrus als Grabmal diente, HAMANN – MAC LEAN a. O. 175 ff. Abb. 24.25; zum Einfluß der S. außerhalb der Grabkunst ebenda 166 ff. 215.

[11] HAMANN – MAC LEAN a. O. 212. LADENDORF a. O. Taf. 2,6.7. J. B. HARTMANN, Röm. Jb. f. Kunstgesch. 12, 1969, 21 Abb. 21.

[12] G. BARMEYER, Die Gewandung der monumentalen Skulpturen des 12. Jhs. in Frankreich. Diss. Frankfurt 1933. Vgl. LADENDORF a. O. 86 Anm. 36.

[13] R. KRAUTHEIMER, Lorenzo Ghiberti (1957) 347 Nr. 38 b.

[14] ASR IV 2, 88. KRAUTHEIMER a. O. 26 f. 344. Vgl. hier Anm. 35.

oft denen römischer Sarkophage angepaßt. Andrea Bregno setzte sein Monument für den 1477 verstorbenen Raffaello della Rovere in der Krypta von Santi Apostoli in Rom auf einen antiken Riefelsarkophag, übernahm dann aber in seinem Werk auch die ‚Tabula ansata' und die flankierenden Trauergenien von römischen Sarkophagen. Wie sehr man aber diese Sarkophage selbst als Bestandteile von Grabmälern schätzte, zeigt dasjenige in S. Maria sopra Minerva für Giovanni Alberini, der 422 1476 starb; man baute dort nachträglich die Vorderseite eines Löwenkampfsarkophages ein.[15]

In der *Renaissance* verbot das künstlerische Selbstbewußtsein eine zu starke Anlehnung an die römischen Vorbilder, aber ein *allgemeiner Einfluß* ist allenthalben zu spüren. Seit Donatello etwa fanden die girlandentragenden Putten Eingang in die Kunst, und ihre Vorbilder sind auf römischen Sarkophagen zu suchen. Der Sarg der Ilaria del Caretto im Dom zu Lucca, geschaffen von Jacopo della Quercia (gest. 1438), ist mit seinen Putten und Girlanden ohne diese Vorbilder nicht denkbar; als Mino da Fiesole mit Andrea Bregno zusammen das Grabmal des 1474 verstorbenen Kardinals Pietro Riario schuf, welches in Santi Apostoli in Rom zur Aufstellung gelangte, setzte er auf dem Sarkophag in die Girlandenbögen Maskengesichter, auch diese nach römischen Mustern.[16]

Ein späteres Beispiel ist das Grabmal für den General Alessandro Contarini, das der Veroneser Architekt und Festungsbaumeister, aber auch Bildhauer Michele Sammicheli wohl bald nach dem 1553 erfolgten Tode des Generals für die Kirche von S. Antonio in Padua schuf. Hier sind ganz oben Girlanden mit Masken den entsprechenden römischen Sarkophagen nachgestaltet, auf dem eigentlichen Sarkophagkasten dann neben einer Fülle anderer Motive gefesselte, neben einem Tropaion kniende Gegner, wie sie auf Feldherrensarkophagen vorkommen.

Daß man sich Sarkophage gern in Formen vorstellte, wie sie aus der römischen Antike überliefert waren, dafür ist das 1485 entstandene Gemälde des Bartolomeo Bonascia mit der Pietà, heute in der Galleria Estense in Modena, ein Zeichen: der den unteren Teil des Bildes einnehmende Sarkophag mit seinen Greifen und Palmetten ist engstens einem Sarkophag im Museum von Baltimore[17] verwandt.

Auch der Einfluß römischer Sarkophage außerhalb der Grabkunst wurde immer umfangreicher. Schon für Nicolo Pisano bildeten einige der Sarkophage in Pisa die Grundlage für die Wiederbelebung des antiken Stils,[18] doch war die Wirkung nicht immer so allgemein. Wo man ein antikes Kunstwerk gleichsam zu ‚zitieren' hatte, brachte man gern solche antiken Inhaltes an, und dann nicht selten solche, die mehr oder weniger direkt auf römische Sarkophage zurückgehen. Am bekanntesten ist wohl das Fresko Domenico Ghirlandaios in S. Maria Novella in Florenz mit der Geburt der Jungfrau Maria, auf welchem oben als Verzierung der Architektur ein Kinderreigen erscheint, der deutlich auf die bacchischen Putten römischer Sarkophage zurückgeht.[19] Auf dem Gemälde ‚Judith mit ihrer Magd', das von einem Ghirlandaioschüler gemalt wurde, werden Figuren eines Meerwesensarkophages als Architekturrelief verwendet, wie auch sonst Anregungen durch Sarkophage bei den Schülern Ghirlandaios zu finden sind.[20] Benozzo Gozzoli setzte einen der Pisaner Sarkophage als Brunnen in sein Gemälde ‚Noahs Segen' im Camposanto.[21] Auf dem Gemälde mit dem Bethlemitischen Kindermord von Ludovico Mazzolino, heute in der Galleria Doria in Rom, ist der Fries über den Säulen eine recht genaue Kopie eines dionysischen Sarkophages.[22]

Daß dergleichen auch in der Wirklichkeit zu bemerken war, sehen wir am Triumphbogen König Alfonsos am Castel Nuovo in Neapel, der von Francesco Laurana um 1458 geschaffen wurde; auf dem Sockel sind, in freier Nachgestaltung römischer Vorbilder, Meerwesen und Girlanden im Relief angebracht, dazu auch eine ‚Demeter' im Schlangenwagen. Auch im oberen Fries sind Nachklänge von Meerwesensarkophagen zu bemerken.[23]

[15] M. Kühlenthal, ArtB 56, 1974, 414 ff. K. Fittschen, BullCom 82, 1970/1 (ersch. 1975) 63 ff.

[16] Vgl. McCann, Metr.Mus. 28 Anm. 10; 29 Abb. 21 (Ilaria del Carretto). – Zu ikonographischen Irrtümern beim Imitieren röm. S.: G. E. Rizzo, RM 21, 1906, 402 Anm. 1.

[17] Lehmann, Baltimore Abb. 16.

[18] J. Burckhardt, Cicerone. M. Pallottino, Che cos'è l'archeologia (1980) 24.26.

[19] G. Q. Giglioli, BullCom 72, 1946–8, 53.56. Vgl. hier Kapitel IV 3. 6, Liste Nr. 21.

[20] R. Egger, Codex Escurialensis (1906) 18 Abb. 3; 20 Abb. 4.5.

[21] Altmann, Architectur 68 f.

[22] ASR IV 2,157.

[23] Chr. Huelsen, ÖJh 13, 1910, 229 f., dort weitere Beispiele für die Benutzung von Meerwesens. als Vorbilder in der Renaissance. H.-W. Kruft – M. Malmanger, ActaAArtHist 6, 1975, 213 ff.

Abhängigkeit von einem Meerwesensarkophag hat man auch in der Buchillustration der Renaissance nachgewiesen.[24]

Auch auf Kaminen der Renaissance finden sich Sarkophagnachklänge. Der im 15. Jh. für den Palazzo Ducale geschaffene Kamin zeigt hoch oben geflügelte Putten, das Wappen haltend, darunter girlandentragende Putten, sodann im Hauptfries einen dionysischen Zug, der eine recht getreue Kopie des heute in London befindlichen römischen Sarkophages[25] ist, dem wir bereits als Vorbild für Lorenzo Ghiberti begegnet sind und der auch noch Raffael beeinflussen sollte.[26]

Direkt beeinflussen ließ sich auch Donatello. Wie weit seine Wertschätzung der römischen Sarkophage ging, zeigt die Nachricht Vasaris, Brunelleschi sei, angeregt von Donatello, nach Cortona gewandert, nur um einen dortigen Sarkophag zu zeichnen.[27] Motivische Verbindungen zu Sarkophagreliefs finden sich auf den Bronzereliefs an den Kanzeln von S. Lorenzo.[28] Als Donatello um die Mitte des 15. Jhs. sein Relief mit der Grablegung Christi für S. Antonio in Padua schuf, lehnte er sich eng an die Szene der Klage um Meleager an, die sich auf römischen Sarkophagen findet. Noch deutlicher ist die Verwandtschaft bei dem zwei oder drei Jahrzehnte später von Giuliano da San Gallo geschaffenen Grabmal des Francesco Sassetti in der Kirche Santa Trinità in Florenz, wo außer der Totenklage auch noch eine Tabula ansata auf die römischen Vorbild weist. Die Heimtragung Meleagers hat Raffael bei seinem 1507 beendeten Gemälde der Grablegung Christi beeinflußt, das sich heute in der Galleria Borghese in Rom befindet. Daß Raffael römische Sarkophage genau studierte, wird daraus klar, daß er auf seinem Gemälde des Parnaß in der Stanza della Segnatura im Vatikan die Musikinstrumente genau denen der Musen auf dem Musensarkophag Mattei nachbildete,[29] den Apoll selbst entsprechenden Figuren auf Musen- und Marsyassarkophagen;[30] von der Nachwirkung eines bacchischen Sarkophages in den ‚Loggien‘ ist bereits die Rede gewesen. Ein bacchischer Sarkophag im Casino Rospigliosi in Rom inspirierte Garofalo (1481 bis 1539) zu einem Gemälde; es befindet sich heute in Dresden.[31] Michelangelo ließ sich durch den Phaethonsarkophag in Florenz anregen, im ‚Jüngsten Gericht‘ findet sich ein Anklang an Niobidensarkophage.[32] Tizians ‚Himmlische Liebe‘ dürfte eine Nereide von einem Meerwesensarkophag zum Vorbild haben, seine ‚Grablegung‘ im Louvre einen Meleagersarkophag.[33]

Das rege Interesse der Renaissancekünstler an den römischen Sarkophagen zeigt sich auch in den zahlreichen *Skizzenbüchern* mit Zeichnungen nach antiken Monumenten, die aus der gesamten Epoche erhalten sind. Das älteste ist wohl das Skizzenbuch nach Ciriaco d'Ancona, das 1465 abgeschlossen wurde, bis in das 17. Jh. hinein geht das ‚Museum Chartaceum‘ des Cassiano Dal Pozzo.[34] In die-

---

[24] K. CSAPODI – GÁRDONYI, Gutenberg-Jb. 1976, 432 ff.; dort wird zu Unrecht daran gezweifelt, daß es sich bei dem Vorbild um einen S. handelt. Zur Rolle der S. auch: G. EGGER, Das Bild der Antike in Literatur u. Druckgraphik der Renaissance u. des Barock (1976) 40 (202). 52/3 (201).

[25] R. OLITSKY RUBINSTEIN, BrMusYearbook 1, 1976, 103 ff. 116 Abb. 169.

[26] Vgl. Anm. 14 u. 35. ASR IV 2 S. 205 zu Nr. 88. G. E. RIZZO, RM 21, 1906, 402 Anm. 1. Weitere Nachwirkungen sind bei OLITSKY RUBINSTEIN a. O. genannt.

[27] ASR IV 3 S. 426 zu Nr. 237.

[28] E. SIMON, RM 69, 1962, 155 ff. F. MATZ, ASR IV 3 S. 354 zu Nr. 202, mit weiteren Hinweisen.

[29] ASR V 3, 128. E. WINTERNITZ, RendPontAcc 27, 1951/2, 375 ff.

[30] H. SICHTERMANN in: Festschrift für J. Irmscher (im Druck). Zur Beeinflussung durch den S. mit Parisurteil in der Villa Medici in Rom s. VERMEULE a. O. 8 Abb. 7. Grundlegend: G. BE-

CATTI, Rafaello e l'antico, in: Rafaello. L'Opera. Le fonti. La fortuna (1968) 493 ff.; dort zahlreiche andere S. genannt.

[31] ASR IV 2,96. Zur Beeinflussung Mantegnas durch röm. S.: VERMEULE a. O. 5 mit Abb. 1 u. 2.

[32] G. KLEINER, Die Begegnungen Michelangelos mit der Antike (1950) 40 f.44. Zu weiteren Einflüssen (Leda!) A. MICHAELIS, RM 13, 1898, 257. E. R. KNAUER, JbBerlMus N. F. 11, 1969, 13 ff.

[33] LADENDORF a.O. 25 mit Anm. 12. Über Carracci u. röm. S.: VERMEULE a.O. 97 Abb. 79, ebenda 98 über Domenichino, 99 f. über Lanfranco u. Guercino; ebenda 100 über das langsame Zurücktreten der S. als Vorbilder im Barock.

[34] Ein Verzeichnis dieser Skizzenbücher gibt HORSTER a.O. 427 ff.; zu 430 Nr. 30 jetzt: N. W. CANEDY, The Roman Sketchbook of Girolamo da Carpi (1976). – Ältere Verzeichnisse: ASR II S. XI f. Für die dionysischen S.: ASR IV 4 S. 545 ff. – Vgl. auch C. DE FABRICZY, L'Arte 8, 1905, 409. G. HARTLAUB, Jb. d. Preuss. Kunst-

sen Skizzenbüchern spielen die Sarkophage eine große Rolle, oft überwiegen sie, wie etwa im Wolfegg-Skizzenbuch aus dem Anfang des 16. Jhs. oder im Codex Escorialensis aus der Werkstatt Ghirlandaios. Einzelne Sarkophage sind in zahlreichen Zeichnungen wiedergegeben, so der bereits erwähnte dionysische im Britischen Museum in London,[35] ein anderer im Vatikan.[36] Wissenschaftliches Interesse geht hier mit künstlerischem Hand in Hand,[37] und noch heute können diese Zeichnungen für die Forschung von größtem Wert sein, etwa angesichts verschollener oder nicht mehr vollständig erhaltener Sarkophage.

Daneben setzte sich auch die *direkte Beeinflussung* der bildenden Kunst durch Sarkophagreliefs fort. Der Meerwesensarkophag mit Knabenporträt, der in St. Sulpice in Paris als Grab des Merowingerkönigs Dagobert im 7. Jh. verwendet wurde, hat mit seinen Nebenseiten J. Goujon bei der Verfertigung des Reliefs der ‚Nymphe de la Seine' an der ‚Fontaine des Innocentes' (1547/9) angeregt.[38] Für die damalige Wertschätzung der römischen Sarkophage spricht auch die Tatsache, daß Karl IX. 1564 nach Arles kam und einige der schönsten Sarkophage auswählte, die im folgenden Jahr verschifft wurden; sie gingen bei Pont-Saint-Esprit unter.[39]

Aus dem *17. Jh.*[40] ist in Guido Renis 1614 vollendetem Gemälde ‚Aurora' im Palazzo Rospigliosi Pallavicini in Rom ein großartiger Nachklang römischer Sarkophagkunst erhalten; die Komposition ist weitgehend von Persephonesarkophagen abhängig.[41] Ein Gemälde von Frans Wouters, heute in Wien, ist von einem dionysischen Sarkophag inspiriert,[42] Anregungen durch Sarkophage finden sich auch bei Poussin.[43]

Zum Nachleben trugen auch die zahlreichen Sarkophage bei, die als *Brunnentröge und Wasserbecken* verwendet wurden. Sie sind zu allen Zeiten nachzuweisen. Daß es sie schon im Altertum gab, dafür ist ein in Ostia gefundener Meleagersarkophag ein Beweis, der in einem Privathaus als Wasserbecken aufgestellt worden war.[44] Das typische Ausflußloch im tieferen Teil des Sarkophagkastens läßt auch dann derartige Brunnensarkophage erkennen, wenn sie später anderen Zwecken zugeführt wurden, wie ein dionysischer Sarkophag in Sclafani in Sizilien, der heute als Grabmal dient.[45] Das zeigt, daß man die Verwendung als Wasserbecken wohl doch nicht ganz als angemessen empfand; sie ist jedoch niemals ganz verschwunden. Abgesehen von einfachen Stücken wie reinen Riefelsarkophagen gab und gibt es auch reliefverzierte Kästen, die einem solchen Zwecke dienen. So ist in der Erzbischöflichen Kurie in Monreale bei Palermo bis heute ein Kindersarkophag mit Zirkusszenen als Brunnentrog in Gebrauch,[46] ein Meerwesensarkophag versieht den gleichen Dienst vor dem Palazzo Torlonia in Rom,[47] noch 1875 brachte man bei S. Stefano del Cacco in Rom einen Sarkophag aus dem Inneren des Hauses auf die Straße, um ihn als Brunnenbecken zu verwenden,[48] ja, sogar im 20. Jh. setzte man zu gleichem Zwecke einen Erotensarkophag vor die Fassade des Untergrundbahnhofes beim Kolosseum.[49] Jacob Burckhardt war von dieser Art der Sarkophagverwendung so angetan, daß er vorschlug, einen in Basel neu zu erbauenden Brunnen als Pfeiler mit einem Trog in Form eines antiken Sarkophages zu gestalten,[50] und Rainer Maria Rilke grüßte in den ‚Sonetten an Orpheus' die „antikischen Sarkophage, die das fröhliche Wasser römischer Tage als ein wandelndes Lied durchfließt".[51]

Vielleicht noch stärker äußerte sich die Bewunderung römischer Sarkophagreliefs in ihrer Verwendung als *Schmuck von Kirchen- und Palastfassaden,* wobei erleichternd hinzukam, daß man hierbei

slgg. 60, 1939, 197 ff. VERMEULE a. O. Abb. 23.59. L. KONECNÝ, Arte Veneta 31, 1977, ohne Paginierung.

[35] ASR IV 2,88 in 16 Zeichnungen u. Stichen, F. MATZ, ASR IV 2 S. 204, vgl. hier Anm. 14 u. 26.

[36] ASR IV 3,163. Vgl. auch E. P. LOEFFLER, ArtB 39, 1957, 1 ff. (S. in Los Angeles). R. P. WUNDER, ArtB 39, 1957, 291 f. (Addenda dazu).

[37] LADENDORF a. O. 52.

[38] A. RUMPF, ASR V 1 S. 25 zu Nr. 69.

[39] A. BLANCHET, REA 21, 1919, 222 f.

[40] Zu Rubens: VERMEULE a. O. 8. Allgemein: L. GUERRINI, ArchCl 25/6, 1973/4, 306 ff.

[41] VERMEULE a. O. 99 Abb. 81.82.

[42] ASR IV 3,169.

[43] A. CHASTEL, Nicolas Poussin (1960) 118.

[44] ASR III 3 S. 575 f. zu Nr. 282². ASR XII 6, 112.

[45] ASR IV 2,74.

[46] TUSA, Sicilia 92 ff. Nr. 39.

[47] ASR V 1,55.

[48] INR 69.3222-5.

[49] K. SCHAUENBURG, AA 1972, 504 Abb. 3.

[50] Briefe, bearb. v. M. BURCKHARDT V (1963) 169.

[51] Sämtl. Werke I 737, X. Sonett.

auch bloße Platten und Fragmente benutzen konnte. An den Außenwänden der Kathedrale von Genua sind zahlreiche dieser Reliefs eingelassen, einzelne finden sich verstreut an vielen anderen Kirchen, selbst an kleineren Orten. Seit der Renaissance sind es dann vor allem die großen Adelspaläste, die sich dieses Schmuckes bedienten: in Rom allein gibt es zehn Paläste mit mehr oder weniger zahlreichen Sarkophagreliefs an den Außenwänden: der 1532 bis 1536 erbaute Palazzo Massimo alle Colonne, der in der ersten Hälfte des 16. Jhs. erbaute Palazzo Mattei, die 1544 errichtete Villa Medici, der 1590 begonnene Palazzo Borghese, der 1603 erbaute Palazzo Rospigliosi, dann die Palazzi Barberini (1625–33) und Corsetti (17. Jh.), die Villa Doria Pamphilj (Mitte 17. Jh.) und der Palazzo Colonna (1730); auch in der Villa Albani, deren Antiken seit 1765 gesammelt wurden, finden sich zahlreiche römische Sarkophage. Allein an den Außenwänden der Villa Doria Pamphilj sind über 100 Sarkophagreliefs, vollständig oder in Fragmenten, angebracht.

Im *Klassizismus* übte erneut eine auf römischen Sarkophagen sehr häufig dargestellte Gestalt, der auf die umgekehrte Fackel gestützte Todesgenius – wenn wir ihn, trotz aller Unsicherheit hinsichtlich seiner Deutung, so nennen dürfen –, große Wirkung aus, nachdem schon Meister Wiligelmus im frühen 12. Jh. sich seiner bedient hatte.[52] Diesmal trug vor allem G. E. Lessings 1769 erschienene Schrift ‚Wie die Alten den Tod gebildet' zu einem förmlichen Siegeszug dieser Erfindung bei, die noch bis zu dem 1819 von Antonio Canova geschaffenen Grabmal der Stuarts in St. Peter ihre faszinierende Kraft behielt.[53] Es ist bezeichnend, daß es eine Einzelfigur war, die diese Wirkung ausübte; im Klassizismus hatte die Statue den ersten Rang innerhalb der Skulptur eingenommen, weshalb das dichtgedrängte Figurengefüge der römischen Sarkophage nicht mehr diese Wirkung ausüben konnte wie in der Renaissance. Man verwandte gelegentlich Einzelmotive, wie Thorvaldsen die Gruppe von Aphrodite und Adonis für seine Skulptur ‚Bacchus und Ariadne'[54] oder Ingres sitzende Nereidengestalten für seine Große Baigneuse.[55] Auch das Zeichnen römischer Sarkophage hörte nicht auf: J. H. Füssli zeichnete einen dionysischen Sarkophag in Rom,[56] unter den zahlreichen Skizzen nach Antiken von Franz Caucig finden sich nicht wenige Sarkophage.[57]

Aber das sind doch vereinzelte Nachklänge.[58] Mit dem Aufhören des Klassizismus verschwinden auch sie, um dann in der modernen Kunst des Impressionismus und Expressionismus allenfalls indirekt greifbar zu sein. Nur historisierender *Neuklassizismus* konnte sich noch, in äußerlicher Imitation, der römischen Sarkophagformen bedienen, so, wenn man als Grabmal für den 1920 verstorbenen Numismatiker und Archäologen Pietro Stettiner einen Sarkophag schuf, dessen Reliefverzierung sich recht genau an bekannte Meerwesensarkophage anlehnt.[59] Er steht in Rom auf dem Verano-Friedhof, wo noch 1950 das Grab des Dichters Trilussa mit einem echten antiken Orpheussarkophag geschmückt wurde.[60] Die moderne Kopie eines solchen Sarkophages fand 1949 auf dem Friedhof an der Cestiuspyramide, am Grab des Giacomo Tofani, Verwendung.[61] Selbst auf dem Friedhof von Ostia Antica findet sich ein imitierter Sarkophag.[62]

---

[52] s. Anm. 11.

[53] Zahlreiche Beispiele bei J. B. HARTMANN, Röm. Jb. f. Kunstgesch. 12, 1969, 11 ff.

[54] H. SICHTERMANN, AA 1974, 322 f. Abb. 18.19. J. B. HARTMANN, Antike Motive bei Thorvaldsen (1979) 127 Taf. 73; in diesem Buche sind so zahlreiche weitere Anlehnungen Thorvaldsens an röm. S.-Reliefs genannt, daß sie hier nicht einzeln aufgeführt werden können. Zum gleichen Thema: ders., AnalRom 1960, 80 ff. 1962, 145 f. StRom 24, 1976, 352 ff.

[55] LADENDORF a. O. 25.

[56] ASR IV 3,194 Beil. 87.

[57] H. SICHTERMANN, RM 86, 1979, 359 Anm. 69 mit Lit.

[58] Es wäre lohnend, diesen Nachklängen auch im 19. Jh. noch nachzugehen. So ist auf Anselm Feuerbachs Gemälde ‚Die Amazonenschlacht' (Nürnberg), H. UHDE-BERNAYS, Feuerbach. Des Meisters Gemälde (1913) Taf. 161, die Gruppe des den Sterbenden haltenden alten Mannes offenbar nach der Achill-Penthesileagruppe des S. im Vatikan (SICHTERMANN-KOCH Nr. 12 Taf. 26.27) gestaltet, u. im ‚Titanensturz' (München) finden sich in der zentralen Gruppe deutliche Anklänge an Niobe mit ihrer Tochter auf S. (UHDE-BERNAYS a.O. Taf. 165). Auch die Putten u. Girlanden sind ohne röm. S. nicht denkbar, UHDE-BERNAYS a.O. Abb. auf S. IX.

[59] INR 61.135. H. SICHTERMANN, AA 1970, 241 Anm. 109, dort weitere Beispiele.

[60] INR 72.13–21.

[61] INR 76.1034/5.

[62] Riefel mit Tür in der Mitte, INR 71. 498–501.

Derartige Nachahmungen lassen die Frage nach der *Imitation* von Sarkophagen als einer besonderen Form des Nachlebens stellen. Es hat solche Imitationen vom Mittelalter bis in die Neuzeit gegeben, doch waren die Gründe sehr verschieden. Das bloße Nachahmen, ohne die Absicht, einen antiken Sarkophag vorzutäuschen,[63] bildet dabei ein besonderes Kapitel, das im Vorhergehenden bereits berührt wurde. Von ‚Fälschung‘ kann dabei nicht gesprochen werden. Nur, wenn die Nachahmung in der Absicht geschieht, das eigene Erzeugnis als antik auszugeben und wirken zu lassen, liegt bewußte Täuschung, also Fälschung vor. Diese muß nicht immer aus materiellgewinnsüchtigen Motiven erfolgen, oft kann auch – wie es in der Renaissance der Fall war – das Streben ausschlaggebend gewesen sein, ein der Antike ebenbürtiges Werk zu schaffen, ein Werk, das man mit einem antiken verwechseln konnte.

Solche Imitationen und auch Fälschungen scheinen, da sie keine römischen Sarkophage sind, nicht in ein Handbuch dieser Sarkophage zu gehören. Dennoch verdienen sie auch an dieser Stelle einige Aufmerksamkeit, da sie nicht selten die Frage nach der Besonderheit der echten antiken Sarkophage zu beantworten erlauben und auch zur Diskussion des Formproblems manches beitragen können. Dann geben sie auch Auskunft über das Stilempfinden ihrer Zeit.

Die *Imitationen* des Mittelalters und der Renaissance sind relativ leicht zu erkennen, nicht zuletzt auch mit Hilfe ihrer zumeist recht genau bekannten Geschichte. Nicht ganz so einfach ist es bei den in täuschender Absicht hergestellten Imitationen der neueren Zeit, in der die Fälscher über ein weit größeres antiquarisches Wissen verfügen. Das gilt selbst in solchen Fällen, in denen der Verwendungszweck eine bewußte Täuschung unwahrscheinlich macht, wie bei den auf Friedhöfen aufgestellten Sarkophagimitationen.[64] Doch wirklich akut wird die Frage erst bei Stücken, die aus kommerziellen Gründen gefälscht und auf den Markt gebracht werden.

Daß das verhältnismäßig selten geschieht, beruht vor allem darauf, daß der große Material- und Arbeitsaufwand kaum im Verhältnis zum möglichen Gewinn steht. Deshalb sind vollständige gefälschte Sarkophage nicht allzu häufig, eher finden sich ‚Langseiten‘ oder Fragmente.

Eine systematische Erfassung derartiger *Fälschungen* ist deshalb nicht möglich, weil, aus begreiflichen Gründen, die meisten von ihnen nicht publiziert oder auch nur erwähnt worden sind. Hersteller, Verkäufer und Käufer haben gleichermaßen ein Interesse daran, die Tatsache der Fälschung, ist sie erst einmal erwiesen, geheimzuhalten. Dennoch erlauben die bekannt gewordenen Stücke einige allgemeine Bemerkungen, vor allem zu den Kriterien bei der Beurteilung derartiger Erzeugnisse.

Zweifel entstehen da, wo der Verdacht besteht, daß durch Zusammenfügung heterogener Elemente und geschickte Bearbeitung der originale Sachverhalt verunklärt wurde.[65] Das Ganze kann dann wie eine Fälschung wirken, obwohl durchaus antike Teile vorhanden sein können. Für absolut Gefälschtes ist als Kriterium gar nicht einmal der Stil in allen Fällen ausschlaggebend; eher sind es gegenständliche Ungereimtheiten, sei es in einzelnen Motiven oder in ihrer Zusammensetzung. Auch allzugroße Treue einem antiken Sarkophag gegenüber kann eine Fälschung entlarven. Kommen bei solcher Übereinstimmung dann noch solche Abweichungen hinzu, die sich deutlich als unantik zu erkennen geben, dann ist damit der letzte Beweis geliefert.

---

[63] Über derartige Imitationen von Porträts s. M. WEGNER in: Eikones. Festschrift H. Jucker (1980) 101 ff. Entsprechendes gilt für S.

[64] An älteren Beispielen seien zwei auf dem Friedhof von Catania befindliche S. genannt, TUSA, Sicilia 41 ff. Nr. 11 u. 12, dazu B. ANDREAE, Gnomon 40, 1968, 821 f., an neueren die schon erwähnten S. am Grabe P. Stettiners u. G. Tofanis in Rom, s. Anm. 59 u. 61.

[65] Vgl. das dionysische Relief in Rom, Pal. Cardelli, ASR IV 4 S. 502 ff. Das Relief müßte technisch untersucht werden; so, wie es sich jetzt präsentiert, macht es einen unantiken Eindruck.

Als Beispiel einer gar zu getreuen Kopie kann ein Sarkophag[66] dienen, der in replikenhafter Genauigkeit, wie sie sonst bei Sarkophagen nicht vorkommt, einen Feldherrnsarkophag im Vatikan[67] wiederholt, der sonst keinerlei Parallelen hat. Die Kombination genau nach antiken Sarkophagen kopierter Szenen mit dazu nicht passenden Motiven zeigt ein Fragment, das links die von Medeasarkophagen übernommene Gruppe der Kreusa mit den gabenbringenden Kindern aufweist, rechts, auf dem eben noch ‚erhaltenen' niedrigen Streifen, dionysische Geräte, u. a. eine Maske.[68] Eine ‚Langseite' ist in allen Einzelheiten genau dem Clipeussarkophag bei der Metro-Station am Kolosseum in Rom[69] nachgebildet, nur hat der Verfertiger die stark beschädigte Figur der Gea unter dem Clipeus nicht als weiblich erkannt und sie auf seinem Werk kurzerhand dem gegenüberliegenden Okeanos nachgebildet, woraufhin jetzt zwei Okeanoi den Sarkophag schmücken.[70] Derartige Varianten können aber auch mit Absicht angebracht werden, um die Kopie nicht allzu genau erscheinen zu lassen. Das gilt für einen Kentaurensarkophag, der sogar den Vorzug genoß, regelrecht publiziert zu werden.[71] Er ist nach dem Kentaurensarkophag im Vatikan[72] gearbeitet, mit unantiken Motiven untermischt.

Im folgenden seien einige weitere Sarkophage genannt, die aus diesem oder jenem Grunde als moderne Imitation, oft auch geradezu als Fälschung angesprochen werden können, ohne daß sie hier im Einzelnen näher untersucht werden. Es gehören dazu ein Meleagersarkophag in Rom in der Via Giulia 16[73] und ein ebendort befindlicher Achillssarkophag,[74] beide nach bekannten Vorbildern gearbeitet, dann einige Meerwesensarkophage in Rom,[75] ein dionysischer Sarkophag in der Villa Sciarra Wurts in Rom,[76] ein Riefelsarkophag mit Grabestür in der Via Giulia,[77] ein Riefelsarkophag in der Bibliotheca Hertziana in Rom,[78] ein Hippolytossarkophag auf der Tiberinsel,[79] ein dionysischer Sarkophag in S. Prassede in Rom,[80] ein Sarkophag mit fliegenden Eroten und Clipeus unbekannten Verbleibs[81] und ein Sarkophag mit Tabula und Löwen.[82]

Wichtig zur Frage der Kriterien ist schließlich die Tatsache, daß es auch bei den Sarkophagen, wie in anderen Kunstgattungen, solche Stücke gibt, deren Echtheit zu Unrecht angezweifelt wurde, oder, vorsichtiger gesagt, bei denen die Urteile der Archäologen sich widersprechen. Als Beispiele seien der Peleus-Thetis-Sarkophag in der Villa Albani,[83] ein Meleagersarkophag im Museo Capitolino[84] und der Heraklessarkophag in S. Maria sopra Minerva[85] in Rom genannt.

[66] INR 71.1028–34.
[67] HELBIG[4] I 239. B. ANDREAE, Röm. Kunst (1973) Abb. 500, s. Kapitel I 4.3.1.4.
[68] INR 70.4023–5.
[69] Vgl. Anm. 49.
[70] INR 65.1819/20.
[71] G. GRIMSTAD, RM 79, 1972, 277 ff.
[72] SICHTERMANN-KOCH Nr. 33 Taf. 75,2.
[73] ASR XII 6 S. 103 Taf. 62, c.
[74] ASR XII 6 S. 103, INR 61.115/6.
[75] H. SICHTERMANN, AA 1970, 241 Anm. 109, weiter INR 57.914 u. 70.4019–22.
[76] INR 69.3063–7.
[77] INR 69.3151–6, als antik publiziert bei B. HAARLØV, The Half-Open Door (1977) 141 f. Abb. 45.
[78] INR 74.318/9; dieser sehr kleine S. verdiente allerdings eine genauere Untersuchung.
[79] INR 74.1649–54.
[80] INR 69.2373–81.
[81] INR 69.717–720.
[82] INR 69.714/6. – Gefälschte Jagds.: B. ANDREAE, ASR I 2 S. 13 f. mit Anm. 18.
[83] SICHTERMANN, Endymion 100 ff. HELBIG[4] IV 3291.
[84] HELBIG[4] II 1380, Nachtrag IV S. 397. ASR XII 6,120.
[85] s. oben Kapitel IV 3.2.3 mit Anm. 10.

NACHTRÄGE

zu S. 84	(Technik der Herstellung): K. Eichner, Die Produktionsmethoden der stadtrömischen Sarkophagfabrik in der Blütezeit unter Konstantin, JbAChr 24, 1981, 85 ff.
zu S. 82	(Jagd): G. Santagata, RendPontAcc 50, 1977/78 (1980) 155 ff.
zu S. 97	(Hochzeit. Processus consularis): H. Wrede, Scribae, Boreas 4, 1981, 106 ff. (zum S. von Acilia, ‚Brüdersarkophag‘ u. a.).
zu S. 121	(Berufe): G. Zimmer, Römische Berufsdarstellungen (AF 12, 1982).
zu S. 164	(Meleagers. in Houston): The Museum of Fine Arts, Houston. A Guide to the Collection (1981) 14 f. Nr. 24.
zu S. 197	(Musen): L. Paduano Faedo, I sarcofagi romani con muse, ANRW II 12, 2 (1981) 65 ff.
zu S. 223	(Girlanden): F. S. Kleiner, BABesch 55, 1980, 37 ff.
zu S. 272	(Import): P. Pensabene, DdA N. S. 3, 1981, 85 ff.
zu S. 281	(Oberitalien, Aquileia): F. Canciani, In margine ad un sarcofago di Aquileia, Xenia 2, 1981, 66 ff.
zu S. 288 ff.,	bes. 292 (Unteritalien, Girlanden): Pensabene a. O. 105 ff. Abb. 26 ff.
zu S. 297	(S. in Quarante): I. Rilliet-Maillard, MEFRA 92, 1980, 925 ff.
zu S. 346	(S. in Dyrrhachion): Pensabene a. O. 87 Abb. 3.
zu S. 347	(S. in Larisa, Hg. Nikolaos): Pensabene a. O. 102 Abb. 24.
zu S. 401 f.	(Meleager in Chicago): The Search for Meleager. An Exhibition (1981/82) 119 Nr. 40.
zu S. 461	(Export): J. B. Ward-Perkins, BSR 48, 1980, 47 Abb. 3.
zu S. 484	(Produktion und Verbreitung von Halbfabrikaten): J. B. Ward-Perkins, Nicomedia and the Marble Trade, BSR 48, 1980, 23 ff. – P. Pensabene, Nota sullo stadio di lavorazione e la tipologia dei sarcofagi a ghirlande microasiatici esportati in occidente, DdA N. S. 3, 1981, 85 ff.
zu S. 494	(Oberes Hermostal): A. Pralong, Trouvailles dans une carrière phrygienne inconnue: une inscription rupestre et un sarcophage „in situ“, RA 1980, 251 ff.
zu S. 497	(Die Hauptgruppe der kleinasiatischen Sarkophage): M. Waelkens, Dokimeion. Die Werkstatt der repräsentativen kleinasiatischen Sarkophage (AF 11, 1982).
zu S. 501	(Eroten-Ostothek in Kassel): B. Andreae in: P. Gercke, Funde aus der Antike. Sammlung Paul Dierichs Kassel (1981) 177 ff. Nr. 82.
zu S. 506	(Themen der Säulens.): Sotheby Parke Bernet, Nov. 20/21, 1975 Nr. 680 (Frgt. mit Musen, Kunsthandel).

zu S. 507   (Export): G. Konstantinopoulos, AAA 6, 1973, 118 Abb. 6 (Frgt. eines Säulens. in Rhodos). – J. B. Ward-Perkins, BSR 48, 1980, 29 Abb. 1.
zu S. 523 A 42   (Musen in Selçuk): Inv. 1/36/78.
zu S. 560   (Syria): J. B. Ward-Perkins, BSR 48, 1980, 44 und passim.
zu S. 570   (Bleisarkophage): M. Avi-Yonah, Art in Ancient Palestine (1981) 213 ff. Taf. 31 ff.
zu S. 576   (Aegyptus): Ward-Perkins a. O. 44 ff.
zu S. 579   (Cyrenaica): Ward-Perkins a. O. 48.
zu S. 583   (Sinngehalt): H. Wrede, Consecratio in Formam Deorum (1981).

REGISTER

Aachen, Münster
Persephone 177. 218 A 7.
268. 301. 627 f.
Acerenza, Cattedrale
Eroten-Wettkampf
211 A 57. 267
Adana, Arch. Museum
1   Girl. aus Anazarbos
     551
3   lok. Girlanden 552
8   lok. Girlanden 495.
     552 A 18
3621 att. Schlacht 405 ff.
     Nr. 1. 459. 550 A 3.
3843 att. Achill 375 f.
     386 ff. 458. 550 A 3.
7330 lok. Girlanden 493.
     521. 552
     att. dionys. 420 ff.
     550 A 3.
     lok. Girlanden
     435 A 1. 470. 473.
     551 f.
     att. Löwe/Stier
     445 A 19.
     446 A 29. 550 A 3
     pamph. Ostothek
     542 f.
     K. A. Säulens.
     503 A 57
Adanda/Kilikien
   lokale S. 481. 550
Adrassos/Kilikien
   lokale S. 552 f.
Afyon, Arch. Mus.
108   K. A. Herakles 500 f.
     A 37. A 45
3315 K. A. Girlanden
     499 A 24. 531 A 3
6898 lokaler S. 512 A 18.
     533. 545 A 19. 549
7476 K. A. Girlanden 499 f.
     A 24. 531 A 3
     K. A. Ostothek
     499 A 24
     K. A. Säulens.
     503 A 58. 531 A 3
     lokale S. 532 f.

Agen, Musée
   Deckel 297 A 17
Ager, Iglesia Parroquial
   Meerwesen 309
Ağir Taş/Pisidien
   lokale S. 544 f.
Ağlasun/Pisidien
   lok. Ostotheken 481. 544
   K. A. Säulens. 503 A 57
Agliè, Castello dei Duchi di
   Genova Musen 199. 294
Agrigento, Museo Civico
   Frgt. dionys. 288 A 1
   flieg. Eroten 214 f. A 26.
   239 A 16
   Frgt. Schlacht 288 A 1
– –, Cattedrale
   att. Hippolytos 22 A 16.
   289. 394 ff. 458. 584 A 8
   Jahreszeiten 120 A 55.
   122 A 19
Ahat/Phrygien
   lok. Girlanden 531 A 7
Aidone, bei Catania
   Eroten 289 A 17
Aigina, Museum
   700: ephes. Ostothek 360.
     493. 519 A 5
     att. Greif/Stier 455
Aix-en-Provence, Musée
   Deckel 297 A 17
   Girlanden 223 ff. Nr. 1
   Frgt. 296 A 1
   Leda 144 A 1. 156 f.
   Urne Porphyr 43
Aix-les-Bains, Musée
   lok. Girlanden 299
Aizanoi/Phrygien
   lok. Girlanden 532
   K. A. Säulens. 503 A 58.
     531 A 3
Ajaccio, Musée Fesch
   Jahreszeiten 295
   Jagd 97. 296
Akşehir, Museum
238.   239–41 K. A. Säulens.
     503 A 57
     lokaler S. 532 f.

Alaşehir (ehem.?)
   lok. Girlanden 482 f.
     492 A 61. 520
Alanya, Museum
   lok. Ostothek 543 A 46
   pamph. Ostotheken 542 f.
Albano, Museo Albano
   Toter auf Kline 112 f. 278
   Riefel-Niken 168 A 8
– – Chiesa della Rotonda
   K. A. Säulens. 509 A 114
   Säulen-Meleager 166
– – Giardino Comunale
   lokale S. 37 A 19. 38. 278.
     281
Aleppo, Nationalmuseum
6024   K. A. Säulens.
     509 A 116. 562 A 7
6058. 6060 pamph. Osto-
     theken 543. 562
     K. A. Eroten
     501 A 41. 509
     lokale S. 568 f.
     S. aus Apameia
     568 A 93
Alexandria, Griech.-röm. Mu-
   seum
353   D. Porphyr 578
3897   Klinenmonument
     61 A 35. 578
3931. 3935. 3951 S. aus
     Basalt 579
17927 dionys. S. 269.
     577 f.
     S. aus Assos 518. 576
     lok. Girlanden 489 f.
     494. 576 ff.
Algier, Museum
   Bellerophon 69 A 24. 143.
     268
   christl. S. 311
   flieg. Eroten 312
   Jahreszeiten 312
   Profile 41 A 64. 312 A 27
Alinda/Karien
   lokaler S. 527
Alisca/Pannonia
   lokaler S. 327

Alupka, ehem. Gut des Fürsten Woroñzow
Achill 129. 260
Amalfi, Cattedrale
Ares-Aphrodite 142. 291
Persephone 177. 290
Profile 37 A 21
Riefel 291 A 48
Amastris/Paphlagonien
lokale S. 554
Amasya/Pontus
lokale S. 555
Amelia, Municipio
lokaler S. 280
Amman, Museum
att. dionys. 421 f. 459
lok. Eroten 575
lokale S. 575 f.
K. A. Säulens. 509 A 118. 574
– – Theater
lok. Riefel 450. 472. 575
Ampurias, Museo
Jahreszeiten 310
Anacapri, Villa San Michele
Mahl-Kline 109 f. A 2
Meerwesen 291
Parisurteil 172
Pelops 175
Urne 49 A 84
Anaphe
att. Eroten/Bellerophon 414 A 1. 424 ff. Nr. 3. 459
Anazarbos/Kilikien
lokale S. 490. 551 ff.
Ancona, Museo Nazionale
Meerwesen 267. 282
Medea 159 f. 262
K. A. Torre Nova 282. 500 A 37
Andriake/Lykien
lokale S. 538
pamph. Ostothek 536. 543
Andros
att. Eroten 424 ff. Nr. 7
Ankara, Arch. Museum
K. A. Girlanden 554 A 1
K. A. Säulens. 503 A 57. 554
lokale S. 555 f.
Annaba
lok. Amazonen 138 A 1. 140. 311. 471 f.
Antakya, Arch. Museum
8472 lok. Girlanden 435 A 1. 473. 568

8473 att. Girlanden 381. 435 ff. Nr. 25. 444 f. 458 f.
8474 lok. Girlanden 436 A 7. 471. 568
8475 lok. Eroten 471. 473. 568
9576 att. Eroten/Niken 369 A 4. 372 A 62. 381. 424 ff. Nr. 37. 443 f. 445. 458 f.
15948 att. Girlanden 426 A 16. 435 ff. Nr. 10. 445 A 22. 459
S. aus Antiocheia 567 f.
Antalya, Arch. Museum
A 16 K. A. Girlanden 499 A 24
A 67 K. A. Ostothek 419 A 54 (Druckfehler: Antakya). 501 f. A 45
A 74 K. A. Girlanden 499 A 24
A 99 att. Eroten/Weinlese 424 ff. Nr. 55
A 118 att. Achill 388
A 167 K. A. Jagd 501
A 168 A 238 D. Akrotere 427 A 22. 542 A 24
A 265 att. Schlacht 378. 405 ff. Nr. 2. 410 ff. Nr. 13. 444 A 10. 445. 459
A 275 att. Meleager 400 ff.
A 345 Ranken aus Side 39. 482. 540
A 372 A 373 Girl. aus Perge 541
A 375 prok. Girlanden 489 A 38. 541 A 12
A 380 K. A. flieg. Eroten/ Niken 500. 533 A 20
A 702 att. Hippolytos 393 A 3. 394
A 927 K. A. Niobiden 500 f. A 37. A 45

A 928 K. A. Herakles 503 ff.
A 929 K. A. Säulens. 503 ff.
A 950 K. A. Girlanden 499 A 24
att. dionys. 421 A 30
K. A. Fries/Herakles 501 A 44
att. Hippolytos (?) 396
pamph. Ostotheken 542 f.
att. Schlacht 405 ff. Nr. 3
S. aus Pamphylien 540 ff.
Antiocheia/Syria
lokale S. 567 f.
Antiphellos/Lykien
lokale S. 537 f.
Antwerpen, Museum Mayer van den Berg
2016 Klinenmonument 59 A 6
Anzio, Villa Borghese
Meleager 163 A 23
Apa/Lykaonien-Isaurien
lokale S. 548
Apameia/Syria
lokale S. 473. 568
Aphrodisias/Karien
lokale S. 482. 495 ff. 502. 507. 522 f. 527 ff. 532. 534
senkr. Riefel/Tabula 320 A 57. 530
Apollonia/Albanien
att. Eroten 424 ff. Nr. 42
Apollonia/Cyrenaica
att. Hippolytos 395 ff. 458
Apollonia/Karien
lok. Girlanden 495. 497. 527
Apollonia/Lykien
lokaler S. 538 f.
Apulum/Dacia
lokale S. 342
Aquileia, Mus. Archeol. Nazionale
131 att. Eroten 424 ff. Nr. 64
179. 2708 stadtröm. Frgt.e 267. 282
185 att. Eroten 424 ff. Nr. 4

187 att. Hippolytos 395	– – Musée Lapidaire Païen	3379 att. Schlacht 405 ff.
205 att. Schiffskampf	107 flieg. Eroten 297.	Nr. 12
410 ff. Nr. 1	298 A 36. A 37	3384 att. dionys. 421 A 31
206 lok. Schiffskampf	152 Tabula/Eroten	3655 att. Eroten 370 A 20.
410 ff. Nr. 2	298 A 34	424 ff. Nr. 69. 459
223 att. Achill 383 ff.	195 Tabula/Eroten	3736 att. Frgt. 392 A 7
225 Wagenfahrt 114 f.	298 A 38	4694. 4746 att. Girlanden
230 att. Hippolytos 395	466 Musen 200	435 ff. Nr. 47. 48
233 att. Orest (?) 403	477 Frgt. Sphinx 297	– – Byzantinisches Museum
238 att. Schlacht 405 ff.	540 Girlanden 298	1338 att. Klinen-Riefel
Nr. 4	543 Tabula u. Fries 299	446 ff. Nr. 1
278 att. Hippolytos 395	559 Girlanden 297 f.	1743 und o. Nr. att. Gir-
283 att. dionys. 421 A 31	att. Hippolytos 372 f.	landen 435 ff. Nr. 51.
338 att. Eroten 424 ff.	375 A 21. 395 ff. 458	52
Nr. 66. 434	att. Hippolytos (?)	K. A. Säulens.
2642. 2643. 2670. 2671.	396 A 38	503 A 57
2682. 93 att. Schlacht	Jagd 96. 259 A 76.	– – Nationalmuseum
405 ff. Nr. 7	296 A 4	373 att. Girlanden 435 ff.
R. C. 21 lok. Alkestis	– – Musée Réattu	Nr. 55
137 A 17. 285	Endymion 145 A 5.	940 att. Schlacht 405 ff.
att. Eroten 424 ff.	146 A 10	Nr. 13
Nr. 10	– –	1147 att. Amazonen 458
att. Jagd 379 f. A 15	lokale S. 296 ff.	1148 att. Jagd 380
att. Schlacht 405 ff.	Artena, Pal. Borghese	1150–52 att. dionys.
Nr. 5 u. 6	architekt. S. 278 f.	420 ff. 459
lokale S. 285 ff. 474	Askalon, Grabungspark	1176 att. Pelops 404 f. 418.
– – Via Sacra	Persephone 178	457. 459
Frgt. Girlanden 282 (und	att. Schlacht 405 ff. Nr. 8.	1177 att. Jagd 310 A 34.
Nachtrag)	445. 459	367. 379 f. 426 A 13.
Girlanden aus Ephesos 282.	Asolo, Schloßpark	444. 446 A 29. 458
492	Tabula/Eroten 282	1178 att. Eroten 374 f.
profil. Rahmung 282.	Assisi, S. Rufino	424 ff. Nr. 60.
285 A 35	Eroten-Opfer 211.	446 A 31. 459
Aquincum/Pannonien	241 A 39	1179 att. Schlacht 398 f.
lokale S. 325 f.	Assos/Troas	405 ff. Nr. 14. 459
Aquino, S. Maria della Libera	lokale S. 515 ff.	1180 att. Girlanden 435 ff.
Wagenrennen 124. 279	Athen, Akropolismuseum	Nr. 8. 459
Arezzo, Museo Archeologico	2309. 2375. 2749 att. Ero-	1181 att. Eroten/Bellero-
K. A. Perseus 180 A 1. 501 f.	ten 424 ff. Nr. 67	phon 414 A 1. 424 ff.
A 45. 509	2737 att. Klinend.	Nr. 9. 435 ff. Nr. 26.
Frgt. Meleager 165	426 A 18	444 A 4. 459
ungedeutet 126	2800 att. Girlanden 435 ff.	1182 att. Herakles 392 f.
Ariccia, Villa Chigi	Nr. 46	459
Riefel-Eros/Psyche	2999 att. Frgt. 403	1183 att. Eroten 424 ff.
214 A 16	3175 att. Schlacht 405 ff.	Nr. 5. 444 A 6
Klinenmonument 60	Nr. 9	1184 att. Kentauren
Tabula ansata 38	3305 att. Hippolytos	369 A 2. 398. 460
Arles, Musée d'Art Chrétienne	393 A 3. 394	1185 att. Eroten/dionys.
4 Säulens.-Hochzeit	3357–59 att. Schlacht	419 ff. 422. 424 ff.
104 A 72. 106 A 98.	399 A 12. 405 ff.	Nr. 39. 446. 456.
296	Nr. 10	459. 461
7 Weinlese 296	3373. 2719. 2762 att.	1186 att. Meleager
95 Frgt. Löwe 297	Schlacht 399 A 12.	375 A 15. 380 A 19.
123 Frgt. 297. 471	405 ff. Nr. 11	399 ff. 444 A 6.
Jagd 96. 259 A 76.	3374 att. Kentauren	445 A 28. 458
296 A 4	399 A 12	1187 att. Eroten 371 A 38.

424 ff. Nr. 1. 444 A 8.
445. 459
1188 att. Girlanden
369 A 5. 435 ff. Nr. 2.
452 A 14. 459
1189 K. A. Fries 414 A 3. 502
1190 att. Girlanden
369 A 5. 435 ff. Nr. 3.
452 A 6. A 14. 459
1191 att. Girlanden
369 A 5. 435 ff. Nr. 4.
459
1457 att. Herakles 392 f.
1497 att. Klinen-Riefel
373 A 64. 375 A 21.
446 ff. Nr. 2. 457
2019 att. Odysseus 415 f.
2020 att. Meleager 400 ff.
2021. 2022 att. Schlacht
405 ff. Nr. 15. 16
2023 att. Herakles 392
2028 att. Hippolytos (?)
396 A 38
2031/32 att. Eroten
370 A 20. 424 ff.
Nr. 69. 459
2087 att. Hippolytos
393 A 3. 394
2214 att. Achill 388 f.
2405 att. Schlacht 405 ff.
Nr. 17
2415 att. Eroten 424 ff.
Nr. 15
2666 att. dionys./Eroten
421 A 30. 424 ff.
Nr. 62
3331 att. Eroten 369 A 2.
A 6. 424 ff. Nr. 61.
459
3747 Frgt. Eroten (kein S.)
424 A 8
4008 att. Eroten/Girl. 420.
424 ff. Nr. 46. 435 ff.
Nr. 31. 459
TH 298 att. Eroten 424 ff.
Nr. 71
att. Bellerophon
414 A 1
att. Eroten/Oidipous
416. 424 ff.
Nr. 40. 435 ff.
Nr. 30. 452 A 8.
460
att. Eroten 424 ff.
Nr. 30, 70, 81, 82
u. 83

att. Girlanden 435 ff.
Nr. 56 u. 57
att. Klinen-Riefel
446 ff. Nr. 3
att. Meleager 399 ff.
att. Profile 453 Nr. 1
att. Ranken 442 f.
Nr. 1
att. Schiffskampf
410 ff. Nr. 3
– – Agora, beim Hephaisteion
att. Eroten (unfertig)
369 A 6. 374. 424 ff.
Nr. 14
att. Eroten/dionys. 419 ff.
424 ff. Nr. 38. 435 ff.
Nr. 21. 446 A 32. 459.
460
att. Klinen-Riefel 372 A 45.
A 52. 446 ff. Nr. 5
– – Agora, bei Attalos-Stoa
att. Girlanden 435 ff. Nr. 42
– – Akademie Platons
att. Eroten/Girlanden
310 A 34. 378 A 8. 379 f.
414 A 1. 424 ff. Nr. 56.
435 ff. Nr. 34. 459
– – Akropolis
att. Girlanden 435 ff. Nr. 49
u. 50
– – Dionysostheater
att. Girlanden 435 ff. Nr. 53
– – École Française
att. Schlacht 405 ff. Nr. 18
– – Ephorie
att. Girlanden 426 A 16.
435 ff. Nr. 20. 444. 459
att. Amazonen 390 A 1
– – Hadriansbibliothek
att. Girlanden 435 ff. Nr. 54
att. Klinen-Riefel 446 ff.
Nr. 4
– – Kerameikos
att. Eroten 424 ff. Nr. 68
att. Girlanden 435 ff. Nr. 6
att. Kassetten 359. 452. 459
att. Klinen-Riefel 373 A 65.
446 ff. Nr. 6
– – Olympieion
att. Profile 453 Nr. 2
Tabula ansata 359 A 2.
453 A 16
– – Panhagia Gorgoepikoos
Riefel (S.?) 450 A 25
– – Römische Agora

att. Girlanden 435 ff. Nr. 11.
459
att. Girlanden Frgt. 435 ff.
Nr. 43
– – Turm der Winde
att. Hippolytos 395
att. Eroten 424 ff. Nr. 84
att. Girlanden 435 ff.
Nr. 44, 45 u. 85
– – Stadion Averoff
att. Klinen-Riefel 375.
446 ff. Nr. 7
– – unbekannter Ort
att. Girlanden 435 ff. Nr. 84.
452 A 8
Attaleia/Pamphylien
lokale S. 540 ff.
Augsburg
lokale S. 303 ff.
Autun, Musée Rolin
lok. Meleager 297. 400. 471
Avellino, Convento di Montevergine
lok. Amazonen 290
K. A. Eroten 289. 501 A 41.
509
Riefel 82. 291 A 48
Avignon, Musée Calvet
Jagd 96. 296 A 4
att. Hippolytos 395
flieg. Eroten 298 A 36
Tabula/Eroten 298 A 34
Aydin, Arch. Museum
98. 97 lok. Girlanden 482.
496 A 94. 526 f.
376   Ostoth. aus Nysa
527
K. A. Herakles
503 A 57. 525
S. aus Tralleis 526 f.

Baalbek, Tempelbezirk
lokale S. 565
Baiae, Tempio di Venere
lok. Girlanden 292 (und
Nachtrag)
Balabolu/Kilikien
lokale S. 552 f.
Baltimore, Johns Hopkins
University, Archaeol. Collection
192   Meleager-Mahl
163 A 30
– – Walters Art Gallery
23.4/5 att. Schlacht 405 ff.
Nr. 19

23.29 K. A. Girlanden
499 A 24
23.31 dionys. 84 A 3
23.32 Leukippiden 67 A 11.
A 18. 72 A 72. 157 f.
262
23.33 dionys. 67 A 12
23.35 Greifen 236 f. 265. 629
23.36 Niken 65 A 7.
224 A 3
23.219 Persephone 177.
263
27.511 Frgt. Porphyr
578 A 24
Barce/Cyrenaica
att. Eroten 424 ff. Nr. 35
Barcelona, Museo Arqueológico
Jagd 93 f. 153. 163 A 25.
268. 309
Frgt. Jahreszeiten 310
Persephone 117 A 2. 178 f.
309
Riefel 310
Bari, S. Nicola
K. A. Säulens. 289. 503 A 57.
509
Basel, Antikenmuseum
Medea 87. 153 f. 159 f. 262
Meleager-Heimtragung
163 ff. 212. 216 A 47.
263
Frgt.e Schlacht 266 A 82
— — Historisches Museum
Bleisarkophag 303
Beaucaire, Musée
Tabula/Eroten 298 A 36
Beirut, Nationalmuseum
5 Girl. aus Sidon 471.
564
8 lok. Girlanden 473.
565 A 60
447 att. Hippolytos
393 ff. 414 A 3. 458
469 att. Hippolytos 379 f.
396
480 syr. Girlanden
565 A 56
607 att. Achill 373 A 68.
377 A 5. 384 ff. 457.
458
645 att. Hippolytos 379 f.
396
907 att. Eroten 424 ff.
Nr. 20. 459
954 att. Achill 386 ff. 458

1279 att. Schlacht 405 ff.
Nr. 20. 459
4230 att. Hippolytos
395 ff. 445. 458
att. Amazonen
390 A 1
K. A. Eroten 501
Girl./Schiff aus Si-
don 560 ff. 564 f.
A 45
Girl. aus Sidon 228.
269. 564
Girl. aus Deb'aal
563 f.
Girl. aus Assos 518.
562
lok. Klinenmahl
473. 567
att. Klinen-Riefel
373 A 65. 446 ff.
Nr. 8. 472
att. Orest/Unterwelt
372. 379 f. 381.
417 f. 426 A 16.
435 ff. Nr. 37. 459
K. A. Säulens.
509 A 116
— — École de la Sagesse
lok. Girlanden 565
Belem, Museu Etnológico
Riefel 309 f.
Weinranken/Tondo 310.
471 f.
Belevi (jetzt Selçuk)
Klinensarkophag 481. 519
Belgrad, Nationalmuseum
Frgt. aus Dyrrhachion 346
S. aus Singidunum 332 f.
S. aus Sirmium 330 f.
S. aus Viminacium 333 f.
Bellapais/Zypern
att. Girlanden 435 ff. Nr. 15.
459. 559
Belloc-Saint-Clamens, Saint
Clamens
Jahreszeiten 296 f.
Belluno
lokaler S. 285. 380. 474
Benevent, Museo del Sannio
12. 584. 586. 587 u. a. loka-
le S. 290 ff.
513 lok. Hippolytos 151.
290
585 Phaethon 182 f.
610 Amazonen 139 f.
290

611 lok. Meleager 290
bukol. Frgt. 119
Bergama, Arch. Museum
463 lok. Girlanden 515
Berkeley, Lowie Museum
8-4279 Adonis 133 A 18
Berlin, Antikenmuseum
(Charlottenburg)
1975.4 Urne 47 A 60
Achill 130. 386 A 49
— — Bode Museum, Früh-
christl.-byz. Sammlung
2234 bukolisch 205 A 32
2786 Klinen-Mahl 111
3061 Klinen-Mahl 112
6685 Säulens.-Musen
202 A 90
Riefel/Clipeus
244 A 46
Deckel, bukolisch
118
— — Pergamonmuseum
696 Mahl 109 A 1
830 dionys. 83
843 a S. Caffarelli 38 f.
843 b Medea 159 f. 262
844 Musen 198. 264
845 Orest 171. 263
846 Endymion 146 A 12.
274
847 Persephone 290
853 att. Eroten 424 ff.
Nr. 8
857 Girlanden 223 ff.
Nr. 2. 265
858. 862 Girl. aus Ephesos
521 A 27
860 syr. Girlanden
562 A 16
867 ungedeutet 190
868 Iliouspersis 155
870 Eroten-Wettkampf
211 A 57
876 Eroten-Wettkampf
211 A 57. A 63
962 Meleager (?)
164 A 37
968 Wagenrennen 123
1125 Urne 56 A 187
1130 Urne 613 A 252
1454 att. Sphingen 444
1881 Eroten-Thiasos
213 A 70. 429 A 37
Amazonen 138 f.
A 8. 140 A 29. 261
— — Klein Glienicke, Schloß

Adonis 133 A 18
Amazonen 140 f. A 33
 dionysisch 290
 Herakles 274 A 28
 Hippolytos 151
 Magistrat 103 A 55
 Klinen-Mahl 111
 Meleager-Mahl 110 A 10.
  163 f.
 Orest 171. 403 A 11
 Parisurteil 172
 Säulens.-Meleager 166
Beroia, Arch. Museum
 481. 490 u. a. lokale S. 348
 483 att. (?) Girlanden
   347. 435 ff. Nr. 59
 485 att. (?) Girlanden
   347. 435 ff. Nr. 58
   Frgt. Klinendeckel
   347. 373 A 65.
   437 A 12. 448 A 7
   S. mit Büsten 347 f.
   352 A 75
Beroia/Syria
 lokale S. 568 f.
Berytus
 Bleisarkophage 560. 570 ff.
 lokale S. 565 f.
Besara/Palaestina
 lokale S. 472. 490. 574 f.
Beth Shearim
 att. Eroten 424 ff. Nr. 72
 K. A. Säulens. 509 A 117.
  573 f.
 lokale S. 472. 574 f.
Beyşehir, Moschee
 lokaler S. 548 f.
Béziers, Musée
 Tabula/Eroten 298 A 34
 – – St. Aphrodise
  dionysisch 296 A 1
  Jagd 95. 296 A 4
  Riefel 297
Biograd/Dalmatia
 lokaler S. 315
Bitola
 lokale S. 349
Bizanthe-Rhaidestos/Thracia
 lokale S. 344
Blagoevgrad
 Ostothek 349
Blera, Chiesa
 Adonis 132 f. 261
Bodrum, Museum
 lok. Girlanden 495. 526
 lokale S. 526

Bonn, Rheinisches Landes-
 museum
 4108. 16144 lokale S. 302
Bordeaux, Umgebung
 att. Eroten 424 ff. Nr. 73
Bordj-el-Hatab
 lok. Jahreszeiten 312
Bordj Rhedir
 lokaler S. 312
Boston, Isabella Stewart Gardner Museum
 att. dionys. 366 A 1. 421 f.
   459
 K. A. (?) Girlanden 228. 557
 Frgt. Meleager 161 A 1
 – – Museum of Fine Arts
 18.443 att. Schlacht
   405 ff. Nr. 21
 62.1187 Girlanden
   223 ff. Nr. 3.
   264 f.
 69.2 Iliouperis 154 f.
 70.267 Meleager 262
 1972. 356 Urne-Pentheus
   (!) 54 A 161
 1973. 480 K. A. Eroten
   501 A 41
 Cat. 251 Riefel-Orpheus
   172 A 2
Bourges, Musée
 Tabula/Eroten 298 A 34
Bourgneuf-Val-d'or, Privat-
 besitz
 Hippolytos 153
Bourg-Saint-Andéol, Église
 Tabula/Eroten 298 A 36
Brescia, Museo Civico Romano
 att. dionys. 431
 att. Schiffskampf 410 ff.
   Nr. 22. 459
Bregenz, Landesmuseum
 Bleisarkophag 303
Brigetio/Pannonia
 lokale S. 324 f.
Broadlands/Hampshire
 Meleager 162. 262
Brocklesby Park
 Riefel-Grazien 148 A 3.
  243 A 34
Brignoles, St. Jean
 S. aus La Gayolle 297. 471
Broom Hall (noch dort?)
 att. Girlanden 435 ff. Nr. 12
Brüssel, Musées Royaux
 A 1089 Ostothek aus Si-
  don 565 A 52

A 1546 att. Meleager
   26 A 7. 399 ff.
   458
 A 3286 Eroten-Büste 241
 A 9167 Pelops 174 f.
   Girl. aus Apameia
   568 A 93
Bryn Mawr College
 Girl. aus Berytus 565 A 60
Budapest, Museum der Schö-
 nen Künste
 att. Hippolytos/Jagd 367.
  379 f. 397 f. 458
 – – Nationalmuseum
 S. aus Alisca 327
 S. aus Aquincum 326
 S. aus Brigetio 324
 S. aus Intercisa 327
 S. aus Sopianae 327 f.
 S.-Deckel 342
Buffalo, Albright Art Gallery
 Jahreszeiten 219 A 22
Bukarest, Nationalmuseum
 D. aus Tomi 339 A 40
 Grabrelief aus Durostorum
   338
 S. aus Ratiaria 335 A 38
 Säulens.-Eroten 341 f.
Burdur, Museum
 5100 K. A. Klinendeckel
   502 A 53
 5352 lok. Klinendeckel
   507 A 105. 545
 6927 Girl. aus Bubon 481.
   539
 8269 K. A. Amazonen
   501 A 43
 lok. Girlanden 544
 Ostoth. aus Sagalas-
  sos 481. 544
Bursa, Museum
 20 361. 1030. 1052 K. A.
   Säulens. 503 A 57
 2115 K. A. Amazonen
   501 A 43
 2122-24 att. Achill 388 f.
   458. 510 A 2
 2184 lok. Amazonen 502.
   513
 2815 lok. Ostothek
   512 A 19
 3367 K. A. Amazonen
   501 A 43
 lokale S. 509 ff.
Buthrotum/Epirus
 att. dionys. 420

Byzantion
lokale S. 487 ff.

Cabasse
Jagd 296 A 4
Cadenet, Église
dionys. 268
Caesareia/Palaestina
att. Schlacht 405 ff.
Nr. 22-25
prok. S. 489. 574
stadtröm. Frgt. 269 A 27.
573 A 7
Cagliari, Museo Nazionale
5839 Girlanden/Tabula
295
5896 D. Girl./Jahresz. 219.
295
5936 Jahreszeiten 294.
475
6136 Kentauren 238. 295
6137 dionys. 72 A 74.
208 A 15. 209 A 19.
295
6138 Meerwesen 294
6140-42 Kentauren-
Satyrn 155 A 5. 294
6144 Riefel-Fischer 122.
295
Riefel/Tondo
88 A 34. 294 f.
- - Cattedrale
Eroten-Thiasos 208 A 15.
209 A 18. 211 A 55.
216 A 49. 295
flieg. Eroten 239 A 16. 295
Jahreszeiten 294
flieg. Niken-Eros/Psyche
214 A 10. 239 A 7. 295
Riefel, D. Philosophen 205.
295
Cahors, Musée
Jagd 296 A 4
Camaiore Pieve
Jahreszeiten
221 f. A 62. 223 A 84. 280
Cambridge, Fitzwilliam Museum
GR 1.1835 dionys. 272
GR 7.1920 Greifen 237.
265
GR 45.1850 Achill 128 f.
260
Cambridge/Mass., Fogg Art
Museum
1899.9 und 1932.49 att.

Amazonen 391.
438 A 15. 458
1949.47.151 att. Achill
383 ff.
1969.177.1 Urne 51
1971.9 Persephone 176
- - Semitic Museum
894.3.3 pamph. Ostothek
543 A 37. 562 A 8
Çanakkale, Museum
514 Girl. aus Madytos
344
1791 lok. Girlanden 517
K. A. Girlanden
499 A 24. 514
Cantalupe in Sabina, Pal. Camuccini
Aeneas 134
Capri. Villa M. Astarita
Musen 290
Capua, Museo Campano
Clipeus/Eroten 210 A 32
lokale S. 290 ff.
- - Duomo
lok. Hippolytos 71 A 62.
151. 290
Caracal, Museum
S. aus Romula 341
Carnuntum
lokale S. 323
Casale Marco Simone
Säulens.-Grazien/Jahresz.
86 A 21. 148 A 6
Casalmoro
Truhens. 287
Castel Gandolfo, Villa Barberini
Meleager-Tod 165 f.
Castellamare di Stabia, Museo
Girlanden 291 A 49
Musen 199. 289
Riefel 291 A 48
Castle Howard
Urne 48 A 75
Catania, Museo Civico
850 Alkestis (lok.) 137
854 Hippolytos 151
980 flieg. Eroten 293
1505 Bellerophon 143
Odysseus-Polyphem
170 A 5. 288 A 1.
292
stadtröm. Frgt.e
288 A 1
Nachahmung-Assos
289. 518

Philosophen 205.
288 A 1
- - Cattedrale
K. A. Säulens. 289. 503 A 57
- - Cimitero, Cappella Sollima
Kentauren (neuzeitl.)
156 A 11. 633 A 64
- - S. Agata la Vetere
lok. Meleager 289. 399.
470. 475
Cava dei Tirreni, Badia della
Trinità
flieg. Eroten 292 A 51
Girlanden-Porträts 223 ff.
Nr. 4
lok. Girlanden 292
Greifen 290. 475
lok. Meleager 163. 290
Opfer 116. 120
Schlacht 91. 260
Cavtat, Archäol. Sammlung
Tabula ansata 316
Cefalù, S. Francesco
Riefel 120 A 51
Cesano, Chiesa
Eroten-Wettkampf
212 A 58
Cessenon, Privatbesitz
Deckel 297 A 17
Chalkis, Museum
att. Riefel 450 A 25
Chapel Hill, William Hayes
Memorial Art Center
77.66.1 Jagd 94
Chatsworth
Girl. aus Berytus 565 A 60
Chersonnesos/Regnum Bospori
lokale S. 558 f.
Chicago, Art Institute
57.1968 att. Meleager
401 f. 458
Chios, Altstadt
Profile 363
Chiusi, Museo Nazionale
lok. Meleager 280
Cibalae/Pannonia
Tabula 330
Cimitile, San Felice
Endymion 291
Persephone 290
Cividale, S. Maria della Scala
att. dionys. 421
Civita Castellana, Forte Sangallo

59646 Musen 198. 264.
  276 A 3. 423 A 8.
  610 A 218.
  615 A 270
Civitavecchia, Museo Nazionale
  flieg. Eroten 279
  Jagd-Aeneas (?) 97. 134
Cleveland, Museum of Art
  1016.28 Orest 171.
    218 A 4. 263.
    403 A 11
Cliveden
  Riefel-Eros/Psyche 213.
    243 A 31
  Girlanden 223 ff. Nr. 5. 265
  Riefel-Lenos 81 A 16
  Theseus 187
Compiègne, Palais
  Riefel 297
Constantza, Archäol. Museum
  2095. 5734 Truhens. 339
  20018 Säulens. 336 f.
    489 A 30. 503 A 58.
    509
  20617 Säulens.-Musen
    202 A 90. 336 f.
    503 A 58. 509
  D.- Dach und Kline
    318 A 37. 339 f.
  Girl. aus Silistria
    338 A 28
  S. aus Tomi 337.
    339 f. 489 A 30
Córdoba
  Säulens.-Hochzeit 78 A 21.
    103 A 56. 266 A 83. 268.
    308 f.
Cortona, Museo Diocesano
  dionys. 239. 630
Cosenza, Duomo
  lok. Meleager 291
Covarrubias, Colegiata
  Riefel 310

Damaskus, Nationalmuseum
  2834 syr. Kentauren
    566 A 65
  4861 att. Eroten 424 ff.
    Nr. 50. 459
  5085 Girl. aus Laodikeia
    473. 567 A 82
    att. Meleager 376.
    400 ff. 445 A 28.
    458

att. Schiffskampf
  410 ff. Nr. 4. u. 14.
  444 A 10. 445.
  457 A 16. 459
  lokale S. 566
Daphni, Kloster
  Profile 359
  att. Schlacht 405 ff. Nr. 26
  K. mit Dachd. 359
Dart'azze/Nordsyrien
  lok. Girlanden 568
Datça, Halbinsel von Knidos
  lokale S. 526
Dayton/Ohio, Art Institute
  Kentauren (neuzeitl.)
    156 A 11
Delphi, Museum
  att. Meleager 359 A 12.
    368 A 33. 369 A 4. 377.
    399 ff. 403 A 12.
    426 A 17. 458
– – Hypogäum
  lok. Girlanden 359 f.
– – Ostnekropole
  lokale S. 359. 453
Dendera, beim Hathortempel
  lok. Girlanden 579
Denizli, Depot = jetzt Hierapolis, Museum
Déols, St. Étienne
  Jagd 96. 296 A 4
Desenzano, Park
  lokaler S. 285
Detroit, Institute of Art
  27. 208 flieg. Niken
    239 A 5. A 9.
    240 A 35
Deutsch-Altenburg
  S. aus Carnuntum 323
Die, Privatbesitz
  Deckel 297 A 17
Diokaisareia/Kilikien
  lokale S. 552 f.
Dion, Museum
  att. Schlacht 405 ff. Nr. 27
  att. Klinen-Riefel 446 ff.
    Nr. 9
  att. dionys. 421 A 30
  lokaler S. 347
Djemila
  Musen aus Tigzirt 312 A 17
Dösene/Kilikien
  lokale S. 553
Doğan Hisar/Phrygien
  lokaler S. 532
Dokimeion/Phrygien

lokale S. 497 ff. 531. 533
Draguignan, Musée
  Deckel (Esp. II 1690!)
    297 A 17
Dresden, Albertinum
  Jagd 96 f.
Dunaujváros/Pannonia
  S. aus Intercisa 327
Durostorum/Moesia Inferior
  lokale S. 338
Durrës, Museum
  S. aus Prokonnesos 346.
    490
  att. Girlanden 435 ff. Nr. 60

Edessa, Museum
  lok. Girlanden 349
  Ostothek-Girl. 349
  Inschrift-Blüten 349
Edirne, Archäol. Museum
  lok. Girlanden 344
  prok. S., Profile 344.
    489 A 26
  K. A. Säulens. 343 A 1.
    503 A 57
– – Muradiye Cami
  prok. Girlanden 344
Elaioussa Sebaste/Kilikien
  lokale S. 552 f.
Emesa/Syria
  lokale S. 566
Eleusis, Museum
  att. Girlanden 435 ff. Nr. 9.
    459
  att. Meleager 367 A 20.
    369 A 4. 380 A 19. 400 ff.
    446. 458
Emona
  lok. Aschenkiste 329
Enns, Museum
  Frgt. Herakles (?) 306
Ephesos, Celsusbibliothek
  S. des Celsus 483. 492 A 62.
    520 ff.
– – Coemeterium der Sieben Schläfer
  lok. Riefel 477 A 6. 523
– – ehem. (?)
  att. Eroten 424 ff. Nr. 65 a
– – lokale S. 481 f. 492 f.
  519 ff.
Ephesos – siehe auch Selçuk
Epidauros, Museum
  att. Klinendeckel 372 A 62
Eretria, Museum
  att. dionys. 421 A 30

Register

Eskişehir, Museum
536 lokaler S. 533
715 lokaler S. 532
lok. architekt. S. 481.
531
Etenna/Pisidien
lok. Säulens. 507. 544
Euromos/Karien
lokale S. 526

Famagusta/Cyprus
att. Girlanden 435 ff. Nr. 16.
459. 559 f.
Farfa, Abbazia
Schlacht 91. 260
Ferentillo, Badia S. Pietro
Riefel-Eros/Psyche 213
Säulens.-dionys. 77 A 11.194
Eroten-Schiffahrt 210 A 30.
279
Jagd 96. 258 A 67
Deckel-Mahl 109 A 1
lok. Riefel 279
Fermo
lok. Truhens. 287 A 55
Ferrara, Pal. dei Diamanti
lokale S. 287
Fethiye, Museum
att. Eroten 424 ff. Nr. 27.
459
lokale S. 538 f.
Florenz, Museo Archeologico
Gefäße/Vögel 280
Meleager (Nss.) 165 f.
Persephone 177. 263
– – Museo Bardini
Riefel-Perseus 180.
242 A 16. 264
– – Museo dell'Opera del
Duomo
Hochzeit Medici-Riccardi
78 A 20. 80. 104 A 71.
260. 274. 507
Säulens.-Ehepaar 78 A 19
Phaethon 182. 264
– – Galleria degli Uffizi
82 Hochzeit 99 f. 107 f.
260
86 Persephone 137. 176.
179. 263
98 Hippolytos 151
104 Leukippiden 157 f.
262
110 Herakles 148. 261
129 Musen 198. 264
135 Meleager 162

145 Herakles 148. 261
159 Eroten-Waffen
209 A 27
181 Phaethon 65. 124.
181 f. 255 A 34. 264.
630
373 Eroten-Thiasos
208 A 15. 212 A 57.
A. 60
374 Eroten-Thiasos
208 A 15. 209 A 17
378 Eroten-Wettfahrt
210 A 36
381 Kline-Toter 112.
260
420 D., Eroten-Jagd
211 A 46
435 Girlanden 223 ff.
Nr. 6
442 Kline-Toter 112
464 Girlanden 223 ff.
Nr. 7
Aeneas (Renaissance) 134
– – Battistero S. Giovanni
Jagd 96. 258 A 67. 274 A 27
Eroten 120 A 55. 122 A 19.
280
– – Giardino Boboli
Herakles 148. 261
Riefel-bukol. 118 A 30
– – Pal. de'Mozzi
Riefel-Musen 204 A 14
– – Pal, Peruzzi
Kentauren 149 A 7. 155 A 6
– – Pal. Pitti
Riefel 280
– – Pal. Riccardi
Säulens.-Musen 201 A 85
– – Pal. Rinucci
Alkestis 137
– – Pal. Rinuccini
flieg. Eroten 239 A 16
– – Villa La Pietra
dionys. 280. 293 A 74
flieg. Eroten 239 A 16.
240 A 30. A 31
Riefel 280
Foggia
lokaler S. 292 A 65
Foligno, Museo Archeologico
att. dionys. 421 A 31
Eroten-Thiasos 208 A 15.
209 A 17. 211 A 55. 279 f.
Eroten-Wettfahrt 123 f.
A 2. 210 A 36. 280 A 58

Formello, Giardino Comunale
flieg. Eroten 239 A 16
Fossombrone
lokaler S. 281 A 78
Frankfurt, Liebieghaus
342 Ns. Amazonen
140 A 28
1528 Meleager 22. 162.
253 A 7
Frascati, Villa Aldobrandini
Endymion 145 A 7
Meleager 161. 164. 262.
278
– – Villa Parisi (Taverna)
Hochzeit-Feldherr 99 f.
255. 260
Meerwesen 278 A 19
– – unbekannt
prof. Rahmung 37 A 19
Frattocchie
lok. Riefel 278

Gadara/Arabia
lokaler S. 576
Gaeta, Cattedrale
lokale Riefel 214 A 20. 279.
291 A 48. 628
aus Gauting
Frgt.e 303
Gaziantep, Museum
1717 lok. Girlanden
569 A 102
1969. 2096 S. aus Seleukeia
569
Totenmahl 569
Gebze/Bithynien
lok. Inschrift 513
Gelibolu/Thracia
S. aus Kallipolis 344
Gemona
att. Eroten 424 ff. Nr. 75
Genf, Musée d'Art et d'Histoire
19024 Girlanden 223 ff.
Nr. 8. 265
Genua, Museo Archeologico
Herakles 148 A 2
– – Pal. Doria
Achill 127 ff. 260
Endymion 145 A 3
– – S. Lorenzo
flieg. Eroten 213 A 3.
214 A 21
Jahreszeiten 220. 265
Meleager-Heimtragung
263

lok. Riefel 280
– – S. Maria delle Vigne
   Alkestis 136 f. 261
– – S. Stefano
   flieg. Eroten 240 A 22
– – Soprintendenza
   Persephone 177. 276 A 4
Genua-Cornigliano, S. Andrea
   Riefel-Meleager 166.
   243 A 29
Genzano, Villa Riva
   Riefel 75. 205. 243
Gerasa/Arabia
   lokale S. 576
Gerona, Museo Arqueológico
   Jahreszeiten 145 f. A 9. 309
   Riefel 309
– – San Félix
   Jagd 95. 310
   Persephone 177. 309
Gigen/Moesia Inferior
   Deckel-Leda/Eroten 338
Göttingen, Privatbesitz
   Alkestis 137 A 11
Gonca Mesar/Bithynien
   lokaler S. 513
Gorsium/Pannonia
   lokaler S. 326
Gortyn/Kreta
   att. Eroten-Jagd 370 A 15.
   400 A 12. 424 ff. Nr. 59
   lok. Girlanden 365
Gotha, Schloßmuseum
   att. Hippolytos-Jagd 379 f.
   397 f. 444
Gourdargues, Chateau de la Bastide
   Deckel 297 A 17
Grado, Duomo
   lok. Säulens. 286
Granada, Museo Arqueológico
   lok. Girlanden 310
Graz, Landesmuseum
   Daidalos (kein S.) 143 A 1
   S. aus Poetovio 328 f.
   S. mit Tabula 306. 328
Grosseto, Museo Archeologico
   att. Schlacht 405 ff. Nr. 31
   lok. Riefel 280
Grottaferrata, Abbazia
   Ares-Aphrodite 98. 142.
   255 A 34. 264. 606
   att. Girlanden 435 ff. Nr. 61.
   459

D., gerundet 281
lok. Eroten/Tondo
   278 A 31
Girlanden 223 ff. Nr. 9
Heimtragung (S.?) 419 A 54
lok. Riefel 278
K. A. Säulens. 273 A 3.
   503 A 57
Kline-Toter 112
Gubbio, Museo Civico
   Jahreszeiten 8
Gytheion, Museum
   lok. Ostoth. 361
   lok. Girlanden/Herakles
   361. 435 A 1. 474
   lok. Girlanden 361. 435 A 1
   att. Profile 453 Nr. 3
   lok. Profile 361. 453
   att. Schlacht 405 ff. Nr. 32 u.
   33
Klinendeckel 361

Haifa, Museum of Ancient Art
   Säulens.-Musen 202 A 90
   Kinder-Spiel 269
Halikarnassos/Karien
   lokale S. 526
Halle, Museum Robertinum
   Meleager-Heimtragung
   165
Hannover, Kestnermuseum
   att. Schlacht 405 ff. Nr. 34
Henchir Toungar, Privatbesitz
   lokaler S. 312
Herakleia/Karien
   lokale S. 527
Herakleia Perinthos/Thracia
   lokale S. 344 f.
Herakleion, Archäol. Museum
   8   lok. Kline 365
   9   att. Bellerophon
        414 A 1
   146 att. Schiffskampf
        410 ff. Nr. 5
   249 att. Meleager 400 ff.
   387 att. Girlanden 435 ff.
        Nr. 14. 459
        att. Eroten 424 ff.
        Nr. 34
        att. Schlacht 405 ff.
        Nr. 35
Hever Castle
   dionys. 65. 70. 193
   K. A. Fries 273 A 3. 501 A 45

Girlanden 190. 223 ff.
   Nr. 10. 419 A 54. A 55
Girlanden (aus Ephesos?)
   557
Marsyas 158 f. 262
Frgt. ungedeutet 133 A 18
Urne 47 A 62
Hierapetra/Kreta
   att. Klinendeckel 372 A 62
Hierapolis, Museum
   165. 315. 747 u.a. K. A.
   Girlanden 499 A 24.
   A 28. 500. 531 f. 534
   K. A. Girl. mit Fries 342 A 9.
   499 f. A 30
   lok. Fries und Girl. 482.
   533
   K. A. Säulens. 503 A 57
– – Museum und Stadt
   lokale S. 482. 533 ff.
Hierissos, Dorfplatz
   lok. Girlanden 349
Homs/Syria
   lokale S. 566
Honolulu, Academy of Arts
   3601/02 Herakles 272.
   357 A 2. 392
   3731.1 Mahl 109 A 1
Houston, Museum of Fine Arts
   76.228 Meleager-Heimtragung 164 f. 263
   (und Nachtrag)
Huesca, San Pedro el Viejo
   flieg. Eroten 310
Hypaipa/Lydien
   lok. Girlanden 521 f.

Idebessos/Pisidien
   lokale S. 538
Ikonion
   lokale S. 548 f. 556 A 25
Ince Blundell Hall
   Girlanden 223 ff. Nr. 11,
   12, 13 u. 14
   Hochzeit 102 A 50
   Prometheus 183 A 2
   Schauspieler 123
Ince Blundell Hall – siehe
   auch Liverpool
Indianapolis, Museum of Art
   72.148 Klinenmonument
   60
Innsbruck, Landesmuseum
   8642 Hippolytos 151
Intercisa/Pannonia

Register

lokale S. 327
Ioannina, Museum
13   att. Eroten 424 ff.
      Nr. 76
412   att. dionys. 368 A 33.
      420 ff. 459
6176 att. Achill 130 A 38.
      368 A 33. 385 ff. 458
6177 att. dionys. 368 A 33.
      420 A 5. 424 ff.
      Nr. 36. 444 A 6
6179 att. Klinendeckel
      368 A 33
      lok. Girlanden/
      Tabula 357
Isaura
   lokale S. 548 f.
Isparta, Museum
   K. A. Fries 501 f. A 45
Istanbul, Archäol. Museum
10   att. Dionysos 415 f.
      459
17   att. Frgt. 416. 419
18   att. Achill (?) 384
63   att. Amazonen 391.
      458
72. 73. 22. 23 K. A. flieg.
      Eroten 500 A 35
83   att. dionys./Schiffsk.
      370 f. A 28. 410 ff.
      Nr. 6. 420
92   att. Kentauren 399
125   att. Hippolytos
      393 ff. 417. 435 ff.
      Nr. 38. 458 f.
203   Girl. aus Thessaloni-
      ki 353. 356 A 149
220   att. Schlacht 405 ff.
      Nr. 36
241. 281. 314. 417. 429.
      1177. 1178. 2244.
      3208. 3290. 3301 S.
      aus Sidon 564 f.
300   Girl. aus Tripolis 567
317   lok. Girlanden 557
343   S. aus Trysa 481. 536
345   Klinenmahl aus Tri-
      polis 473. 567
366   att. dionys. 420 ff. 459
440 B Dachdeckel 574
449   S. aus Tralleis
      526 A 28
466   K. A. Säulens.
      503 A 57
508   Hippolytos aus Tri-
      polis 396. 473. 567

509   Riefel aus Konya
      549
510   Eroten aus Tripolis
      473. 567
511   att. Eroten (Inv. 511!)
      424 ff. Nr. 2. 435 ff.
      Nr. 18. 459
513   Girl. aus Iasos 525
665   Säulens. aus Hiera-
      pytna 364
775   Frgt. aus Ephesos
      522
806   Frgt. Porphyr 578
1139 lok. Girlanden
      345 A 30
1152 Girl. aus Aleppo
      569 A 100
1165 Eroten aus Sinope
      427 A 21. 471. 473 f.
      554 f.
1179 K. A. Säulens.
      503 ff. 548
1415 att. Hippolytos
      393 A 3. 394
1417 att. dionys. 369 A 2.
      419 ff. 443. 446. 459
1886 K. A. Säulens.
      503 A 57
2100 Meleager-Heim-
      tragung 163 ff.
      254 A 28. 263.
      272 A 38
2101 dionys. 272 A 38
2247 Girl. aus Tripolis
      473. 567
2316/17 att. Schlacht
      343 A 1. 405 ff.
      Nr. 37
2452 att. Meleager 401 f.
      458
2700 att. Achill (?) 343 A 1.
      384
2768 Unterwelt Ephesos
      522. 529
3228 K. A. Herakles 509
3870 S. aus Sinope 555
4015–17 att. Schlacht
      405 ff. Nr. 38. 459.
      550 A 3
4027 K. A. Säulens.
      503 A 57
4252. 4412. 4474. 4499.
      4943. 4944. 4983.
      4993. 4944. 4996–
      98.
      5608. 5866. 71/88

      u. a. S. aus Byzantion
      345 f. 363. 487
4257. K. A. Säulens.
      343 A 1. 503 A 57
4305 prok. S. 514 A 6
4449 S. aus Parion
      342 A 11. 515
4476 lok. Girlanden 345 f.
4606. 5342. 5531 lok.
      Ostoth. 557
4640 S. aus Amastris 554
5123 K. A. Säulens.
      503 A 57
5551. 5821 frühe S. 345
6292 lok. Deckel 346
      Porphyrsarkophage
      579
– – Hagia Eirene
      Porphyrsarkophag 579
– – Hagia Sophia
      D., thasischer Marmor
      345 A 41
– – Türk ve Islam Eserleri
      Müzesi
      prok. K., Profile 346.
      489 A 31
Izmir, Archäol. Museum
20   Girl. aus Hypaipa
      521
57   K. A. flieg. Eroten
      500 A 35. 520 A 13
77   lok. Girlanden
      521 A 22
79   K. A. Girlanden
      499 A 28. 531 f. 534
272   ephes. Säulens. 507.
      523
274/75 K. A. Säulens.
      503 A 57
723   Girl. aus Mastaura
      496. 527. 528 A 48
833. 835 Riefel aus Sardes
      524
1294. 1313 K. A. Girlan-
      den 499 A 24
3557 lok. Girlanden 483.
      496 A 97. 526
3558 Jagd aus Aphrodisias
      502 A 55. 529 A 58
      lok. Girlanden
      521 ff.
      att. Klinendeckel
      373 A 68. 457
Izmit, Museum
   lokale S. 513
Iznik, Museum

702   lok. Meerwesen 513
1738 lok. Girlanden 500.
      512
2916 lok. sitzend. Paar
      512 A 17. 533 A 21.
      545 A 19. 549
3949 K. A. Amazonen
      501 A 43
      K. A. Herakles
      503 A 58
      lokale S. 507. 509 ff.
      K. A. Säulens.
      503 A 57

Jerusalem, Israel Museum
   att. dionys. 415. 421 f. 459
– – Rockefeller Museum
   att. Achill/Leda/Meleager
      383 ff. 400 ff. 415. 458 f.
   att. Amazonen 376. 391 f.
      445. 458
   lok. Girlanden 574
   prok. Girlanden 490 A 46.
      574 A 9
– – Privatbesitz
   syr. Girlanden 565 A 60
Jerusalem
   Bleisarkophage 570 ff. 575

Kadyanda/Lykien
   att. Klinendeckel 536 A 3
Kahramanmaraş, Museum
   190. 200. 1966 u. a. lokale
      S. 569
Kaisareia, Archäol. Sammlung
   Ostoth. Girl. 349
Kalamata, Benakeion Museum
   lok. Girlanden 361
Kalchedon/Bithynien
   lokale S. 487. 509 ff.
Kallatis/Moesia Inferior
   lokale S. 338 f.
Kallipolis/Thracia
   lokale S. 344
Kansas City, W. Rockhill Nelson Gallery, Atkins Museum
   33–38 Musen 198. 264.
      423 A 8
Kanytelleis/Kilikien
   lokale S. 552 f.
Karlsruhe, Badisches Landesmuseum
   Persephone 177. 263
   Eros/Psyche-Schiffahrt
      216 A 57

Karthago, Museum
   Eroten 208 A 15. 312
   Iliouperis 154 f.
   Profile 41 A 64. 312 A 27
   lokale S. 312
Kassel, Staatliche Kunstsammlungen
   K. A. Eroten (Leihgabe)
      501 A 41. 502 A 53 (und Nachtrag)
   K. A. Säulens. (Leihgabe)
      503 A 63
   Meleager (jetzt Frankfurt)
      162 A 21
Kastamonu, Museum
   lok. Girlanden 555
   K. A. Girlanden 554 A 1
Kaymaz/Phrygien
   lokaler S. 533
Kayseri, Archäol. Museum
   lok. Girlanden 552 A 16.
      556
Kemerhisar/Kappadokien
   lok. Kentauren 556
Kephissia, Grabgebäude
   att. Eroten 374 A 10. 382.
      424 ff. Nr. 43. 434.
      435 ff. Nr. 33. 445 A 17.
      452. 459
   att. Girlanden 435 ff. Nr. 13.
      443 f.
   att. Girlanden, Frgt. 435 ff.
      Nr. 62
   att. Leda/Dioskuren/
      Meerwesen 371. 415.
      422. 460 f.
   att. Profile 453 Nr. 4
Kerkyra, Archäol. Museum
   175   lok. Girlanden 357
   550   att. Achill (?) 384
   564   att. Schlacht 405 ff.
         Nr. 40
Khan-Khalde, Libanon
   lokaler S. 565
Kibyra/Kibyratis
   lok. Girlanden 497. 539
Kilkis, Museum
   20. 200 att. Amazonen
         390 A 1
   122   lok. Ostothek 349
   123   att. Eroten 424 ff.
         Nr. 63
   132   att. Hippolytos
         396 A 38
Klagenfurt, Landesmuseum
   Grabinschriftplatten 306

Knidos/Karien
   lokaler S. 526
Knin (noch dort?)
   att. Schlacht 405 ff. Nr. 39
   K. A. Säulens. 315.
      503 A 57. 509
Köln, Römisch-Germanisches Museum
   11,1 Deckel, gerundet
         305 A 28
   70   Hesione/Theseus
         301 f.
         lokale S. 301
         stadtröm. Frgt.e 301
– –   Privatbesitz
      Adonis 131
Köln-Weiden, Grabkammer
   Jahreszeiten 125 A 7. 268.
      300 f.
Koločep, Pfarrhaus
   att. Kentauren 398
Konuralp/Bithynien, Museum
   lok. Girlanden 483. 510
Konya, Archäol. Museum
   1   lok. Ehepaar
         512 A 18. 533 A 21.
         545 A 19. 548 f.
   112. 190 K. A. Säulens.
         503 A 57
   133   lok. Säulens. 507. 549
   1002 K. A. Herakles
         503 A 57. 548 A 1
   1343 K. A. Girlanden
         228 A 34. 499 A 26.
         A 27. 548
   1619 K. A. Säulens.
         503 A 58. 548
         lokale S., Ostoth.
         548 f. 556 A 25
Kopenhagen, Nationalmuseum
   Kline-Toter 112
– –   Ny Carlsberg Glyptotek
   776   att. Achill 383 ff. 458
   777   Klinenmonument
         61 A 34
   779   Riefel-Musen 202
   780a S. von Via Salaria
         85 A 18. 273 A 12.
         317 f.
   782   Marsyas 72 A 73.
         158 f. 262. 269
   783   Phaethon 182.
         218 A 6
   784   Endymion 66 A 1.
         72 A 73. 144. 261

784a dïonys. 290
786 Jagd 94
786a Jagd 96 f.
787 Schiffahrt 125
788a Girlanden 87 A 9.
      223 ff. Nr. 15
789a flieg. Eroten 96
791 S. aus Laodikeia
      567 A 82
793a Girlanden-Fälschung
      227
801 Urne 48
– – Privatbesitz
     att. Schlacht 405 ff. Nr. 41
Korakesion
  lok. Girlanden 483
Korinth, Museum
  1388. 1392 att. Schlacht
      405 ff. Nr. 42
  2504 att. Eroten 424 ff.
      Nr. 33
  S 775/76 und S 777/78 S.
      mit Klinendeckeln
      360. 453 Nr. 5 u. 6.
      474
  att. Amazonen 391.
      458
  att. antith. Panther
      446 A 32
  att. Sieben gegen
      Theben 416 f.
      435 ff. Nr. 35. 459
  att. Dachdeckel/Girl.
      227. 358 A 12.
      360. 575 A 21
  Frgt. Sphinx 360
Korykos/Kilikien
  lok. Eroten 427 A 21. 470.
      473. 551
  lokale S. 552 f.
Kos, Festung
  lok. Ostothek 364
– – Platz in der Stadt
  lok. Girlanden 364
Kozani, Bibliothek
  49 Frgt. aus Kaisareia
       348 f. 474
  50 lok. Jagd/Bellero-
       phon 348. 474
Küçük Kabaca/Phrygien
  lokaler S. 532 A 14
Kütahya, Museum
  62 K. A. Ostothek
       499 A 24
  492 lok. Girlanden
       532 A 9

K. A. Herakles
  503 A 58. 531 A 3
Kurashiki/Okayama, Museum
  Phaethon 180 f. A 1. 264
  att. Schlacht 405 ff. Nr. 70
Kurşunlu/Mysien
  lok. Säulens. 507. 512
Kuşadasi, Moschee und Platz
  lokale S. 521
Kyaneai/Lykien
  lokale S. 538
Kyrene, Museum
  att. dionys. 398 f. 421 f. 459
  att. dionys. Frgt. 421
  att. Eroten 369 A 7. 424 ff.
    Nr. 18. 427 A 21. 444 f.
    459. 472. 579 f.
  att. Herakles 392 f.
  att. Hippolytos/Jagd 379 f.
    397 f. 458
  att. Schlacht 405 ff. Nr. 44.
    579
  Girl. aus Alexandria 577.
    580 mit Anm. 5
  ehem. (?) att. Amazonen
    379
  ehem. (?) att. Riefel 451
Kythnos, Mesaria
  att. Eroten 424 ff. Nr. 44.
    459

La Bégude
  Eroten-Schiffahrt 296 A 2
Lanuvio
  Säulens.-Hochzeit 104 A 69
Laodikeia/Syria
  lokale S. 473. 567
L'Aquila, Museo Nazionale
  91. 98 u. a. lokale S.
    279 A 55
Larisa, Museum
  lok. Frgt. Löwe 347
  lok. Girlanden 347
  att. Klinen-Riefel 446 ff.
    Nr. 10
– – Hagios Nikolaos
  lok. Girlanden 347 (und
    Nachtrag)
Lattaquia, Stadtpark
  S. aus Laodikeia 567 A 82
– – Aufbewahrungsort un-
    bekannt
  att. Eroten 424 ff. Nr. 87
Lausanne, Musée
  Eroten-Wettfahrt 210 A 38
Leiden, Rijksmuseum

S. aus Simpelveld 65. 301
Leningrad, Ermitage
  A 184 Persephone 176.
          263
  A 185 Musen 199
  A 259 Orest 171
  A 272 Musen 197 f. 264.
          423 A 8
  A 432 att. Hippolytos
          394 ff. 458
  A 433 Hochzeit Monti-
          celli 100 f. 117.
          260
  A 461 Orest-Aigisth 171.
          263
  A 521 att. Schlacht 405 ff.
          Nr. 45. 445. 459
  A 543. A 930 Amazonen
          140 f. A 33
  A 813 Hippolytos
          150 A 1
  A 819 att. Schiffskampf
          410 ff. Nr. 20
  A 889 Säulens.-Hochzeit
          78 A 21
  A 985 Phaethon 182
  A 1026 att. Achill 10.
          382 ff. 397.
          426 A 16. 443.
          458. 584 A 8
  P 1834. 110 att. Achill
          382 ff. 435 ff.
          Nr. 39. 443.
          458 f. 558
  Urne 53
Leptis Magna
  lokale Urnen 580
Le Puy, Musée
  lokaler S. 299
Lesbos
  S. aus Assos 362. 517
Lissabon, Museu do Carmo
  Musen 309 f.
Lissos/Kreta
  att. Hippolytos (?) 396 A 38
Liverpool, County Museum
  Achill, Schleifung 130
  att. Amazonen 138 A 1
  att. Meleager 401 f. 458
  Persephone 176 A 19. 263
  Phaethon 180 f. 218 A 6.
    264
  Schlacht 260
Liverpool – siehe auch Ince
  Blundell Hall
Ljubljana, Archäol. Museum

lok. Aschenkiste 329
Locri, Antiquario
  lok. Riefel 291
London, British Museum
  957 att. Schlacht 405 ff.
       Nr. 46. 459
  958 att. Eroten 424 ff.
       Nr. 57. 459
  959 K. A. Säulens.
       503 A 57
  960 K. A. Fries 500 f.
       A 37. A 45
  1274–1276.1278–1282
       Ostoth. aus Ephesos
       519 A 5. 522 A 40
  2212 Mahl 109 A 1
  2217 Achill 130 A 45
  2296 att. Achill 367 A 20.
       368 A 33. 382 ff. 458
  2297 Achill 128
  2298 dionys. 191 ff. 628.
       631
  2299 Amazonen 140 A 30
  2300 Herakles 67 A 11.
       148. 261
  2301 K. A. Herakles
       503 A 57
  2303 att. Amazonen 391 f.
       398 f. 458 f.
  2304 Amazonen 361
  2305 Säulens.-Musen 201
  2306 Musen 199. 264
  2307 Hochzeit 99 f.
  2308 Fischer mit Totem
       125 A 1. 126
  2312 K. A. Säulens.
       273 A 3. 503 A 57
  2315 Kline-Toter 112.
       260
  2318 Wagenrennen
       123 A 1. 124
  2319 Eroten-Wettfahrt
       211 A 41
  2320 Klinen-Mahl 111.
       216 A 57
  2324 Girl. aus Hierapytna
       364. 368 A 33.
       435 A 1. 436. 474
  2325 Ostoth. aus Cyrenaica 269. 580
  2326 att. Girlanden
       369 A 5. 435 ff. Nr. 1.
       459
  2328 dionys. 471
  2329 att. Schlacht 405 ff.
       Nr. 47

  2334 Frgt. Girlanden 364.
       523 A 47
  2335 Klinenmonument
       59 A 8. 60
  2336 Frgt. Deckel 365
  2342–44 K. A. Girlanden
       557
  2345 Girl. aus Lydai 538
  2359 Urne 47 f. A 68
  2382. 2407 Urnen 53
  1939.3–27.4 Musen 308
  1947.7–14.4 att. Eroten
       420. 424 ff. Nr. 47
  1947.7–14.7 Amazonen
       140
  53.6–20.1 lok. Riefel 307
       Endymion 146 A 13.
       290. 610.
       617 A 278
  – – London Museum
    lok. Riefel 307 f.
  – – Soane's Museum
    Persephone 177. 263
    Urne I. Proculus 42
  – – Privatbesitz
    Persephone 176
  – – Westminster Abbey
    lok. Tabula 307
Los Angeles, County Museum of Art
    Hochzeit 99 f. 107 f. 260.
       631 A 36
    K. A. Säulens. 503 A 57
  – – Privatbesitz
    att. Schlacht 405 ff. Nr. 48
Lowther Castle (noch dort?)
    Lebenslauf 106 ff. Nr. 1.
       112 f. A 37
Lucca, Pal. Arcivescovile
    dionys., Nss. Girl. 224 A 3.
       274
  – – Pal. Mazzarosa
    Hippolytos 150 f. 262
  – – Pal. Pfanner
    Riefel 118 A 30
  – – S. Maria Forisportam
    lok. Riefel 280
Lüleburgaz
    K. mit Inschrift 344
Lyon, Musée
    Deckel 299
    Hippolytos 150 A 1
    Hirten 118
    dionys. 268
    Riefel 296 A 1
    Tabula ansata 41 A 63. 299

Tabula/Eroten 298 A 35
  – – Saint Martin
    Jahreszeiten 296
Lyrboton Kome/Pamphylien
    lokale S. 542
Madrid, Museo Arqueológico
    Orest 171. 263. 268. 309
    att. Schlacht 309. 405 ff.
       Nr. 49. 459
  – – Museo del Prado
    att. Achill 308 f. 389
    Prometheus 183 f. 308
Madytos/Thracia
    lokaler S. 344
Maguelone, Privatbesitz
    lok. dionys. 297. 471
Mailand, Museo Civico
    Hippolytos 151. 267. 282
    att. Musen 423. 459
    Urne 47 f. A 68
  – – S. Ambrogio
    Stadttorsarkophag 71
    Porphyrs. 579
  – – Sammlung Torno
    Eroten 116 A 28. 210 A 37.
       212 A 57. A 61. A 63
    Meleager-Heimtragung
       164 A 37
    Meleager-Tod 165 f. 263
    Persephone 178 f.
Mainz, Mittelrheinisches Landesmuseum
    lokale S. 302
  – – Römisch-Germanisches
    Zentralmuseum
    Eroten-Wettfahrt 210 A 36
    Girlanden/Meerwesen
       223 ff. Nr. 16. 265
    D. Schlacht Ludovisi
       92 A 22. 115
    Urne 51
Málaga, Privatbesitz
    lokaler S. 310
Malibu, J. Paul Getty Museum
    72.AA.90 Musen 198
              (230/40
              n. Chr.!)
    72.AA.115 Urne 46 A 55
    72.AA.152 K. A. Girlanden
              499 f.
              509 A 125
    72.AA.158 Girlanden
              223 ff.
              Nr. 17. 265

73.AA.2	Musen 200	Markianopolis/Moesia Infe-
73.AA.11	Klinenmonu-	rior
	ment 59 A 3.	lokale S. 338
	60	Marmara Ereğlisi
73.AA.99	D. Jagd 96 f.	S. aus Herakleia Perinthos
74.AA.25	Eroten-Greifen	344 f.
	236. 253.	Marseille, Musée Borély
	265	dionys. 296
76.AA.8	Endymion	Eroten-Schmiede 209 A 26
	145 A 5	att. Kentauren 371. 379 A 3.
77.AA.66	Girlanden	398. 444 f.
	223 ff.	D. Medea 299
	Nr. 18. 265	Tabula/Füllhörner 298 A 42
77.AA.67	att. Schiffs-	Massa, Villa Massoni
	kampf	Riefel-Musen 202 A 94.
	410 ff.	204 A 14
	Nr. 15. 459	Massa Marittima, Duomo
Leihgabe	att. Amazonen	Riefel-Eros/Psyche
	391 A 3 (frü-	214 A 11
	her Bloom-	Mazara del Vallo, Cattedrale
	field Hills)	Amazonen 139. 261

Manchester, City Art Galleries
  att. Amazonen 391 A 10
Mangalia, Museum
  S. aus Kallatis 338 f.
Manisa, Archäol. Museum
  5003 lok. Girlanden 494.
    524 A 48
    lokale S. 522 ff.
Mannheim, Städtisches Reiss-
  Museum
  Jagd 301
Mantua, Pal. Ducale
  Adonis 132. 261
  Amazonen 138. 261
  Endymion 261
  Herakles 148. 261
  Hochzeit 99 ff. 260
  Ilioupersis 129. 154.
    255 A 34. 264
  Medea 159 f. 262
  Truhens. 287
  – – Pal. d'Arco
  Gemälde: Adonis 133 A 18
  Gemälde: Meleager
    165 A 54
  Gemälde: Persephone
    176 A 20
Manziana, Villa Tittoni
  Achill 129 A 30
  Adonis 132
  Girlanden 223 ff. Nr. 19
  Persephone 176. 263
Marathon, Museum
  att. Klinendeckel 61 A 35.
    359. 372 A 58. A 62

Jagd 293
Persephone 119. 292
Urne 51
Mazères, Parc
  Tabula 298 A 43
Medinat-al-Zahara
  Meleager 162. 268. 309
  Säulens. 309
Melfi, Museo
  K. A. Säulens. 22 A 16. 289.
    503 A 57. 505 f.
Melta/Moesia Inferior
  lokale S. 338
Mentana, Sammlung Zeri
  Mahl 109 A 1
  Prometheus 183 A 1
Mérida, Museo
  Jagd 96
Messene, Museum (?)
  Jagd 361. 379 A 3. 380 f.
  A 26
  – – beim arkadischen Tor
  lok. Girlanden 361. 435 A 1.
    474
Messina, Museo Nazionale
  A 220 Riefel-Leda 157
  A 221 Kentauren 238.
          292
  A 222 Eroten-Weinlese
          209 A 21
  A 223 Daidalos/Ikaros 8.
          143 A 1. 293
  A 224 Persephone 177
  A 246 auf Nss. Alkestis
          (?) 136 A 4

Methoni
  S. aus Assos 361. 518
Miami, Villa Vizgaya, Dade
  County Art Museum
  Girlanden 223 ff. Nr. 20
Milas/Karien
  lokale S. 525 f.
Milet/Karien
  lokale S. 483. 494 f. 525
Mistra, Hg. Demetrios
  att. dionys. 420 ff.
  Profile 362
  – – (Neu-Mistra), Kirche
    Gouballi
  lok. Girlanden 362.
    437 A 14. 474
Modena, Museo Lapidario
  Frgt. Girlanden 282. 492
  S. der Peducaea Hilara
    37 A 10. 40 A 57. 282
  lokale S. 287
Mogentiana/Pannonia
  lokaler S. 323
Mokapora-Mokassoura/
  Thracia
  prok. Girlanden 344.
    351 A 66. 483. 491 A 52
Monreale, Curia Arcivescovile
  Eroten-Wettfahrt 210 A 36.
    292. 631
Montanaro, Chiesa
  Herakles 291
Montpellier, École de Médi-
  cine
  Musen 200
Morphou/Cyprus
  lokaler S. 560
Moskau, Puschkin Museum
  Meleager 166
Mudanya/Mysien
  prok. Girlanden 512
München, Glyptothek
  171   Urne 47 f.
  326   Musen 198. 264
  518   att. Eroten 424 ff.
          Nr. 41
  538   Jagd 94 f. 257
          Endymion 261
          Niobiden 169. 263
          Orest 72 A 70. 171.
          263
  – – Slg. Bernheimer
  Girlanden 223 ff. Nr. 21
  – – Künstlerhaus
  Riefel-Ares/Aphrodite
    142 A 4. 243 A 28

München (?)
D. aus Reichenhall 305
Murcia, Catedral
Musen 200. 309
Mursa/Pannonia
lokale S. 330
Mylasa/Karien
lokale S. 525 f.
Myra/Lykien, Hg. Nikolaos
att. Achill 385 f. 458
K. A. Amazonen 501 A 43.
539 A 36
att. Ranken 374 A 10. 382.
435 ff. Nr. 22. 442 f.
Nr. 2. 446. 452. 459
att. Schiffskampf 410 ff.
Nr. 16. 459
lokale S. 537
K. A. Säulens. 503 A 57
Mytilene, Archäol. Museum
Girl. aus Mesa 362 f.
Ns. Girlanden 363

Napoca/Dacia
lokale S. 342
Narbonne, Musée
att. (?) dionys. 420
Jagd 296 A 4
Riefel 168 A 11. 297
Narni, Cattedrale
Tabula ansata 281
– – Municipio
Meleager 279
Nauplia, beim Museum
att. Klinen-Riefel 446 ff.
Nr. 11
Naxos, Museum
5514 Rahmung/Gorgoköpfe 364
Nea Anchialos, Grabungen
S. aus Assos 346. 518
Ls. mit Inschrift 346 f.
Neapel, Museo Nazionale
4189. 6120 Urnen 44 A 32
6604/05 lok. Girlanden
226 A 16. 291
6674 lok. Amazonen 289.
470. 475
6677 Girlanden 223 ff.
Nr. 22
6701 dionys. 291
6705 Prometheus 183 f.
289
6711 lok. Pelops 175. 290
6712 Eroten-Wettfahrt
210 A 36

6719 Jagd 290
6730 Schauspieler 122 f.
6766 Jagd 96. 259 A 76
6776 dionys. 192
27710 dionys. 193
124325 att. Achill 26 A 11.
289. 382 ff. 435 ff.
Nr. 40. 458 f.
D. Aufzug 115
‚Brüdersarkophag'
102 f.
lok. dionysisch 291
flieg. Eroten
292 A 51
Riefel-Eros/Psyche
213 A 5. 214 A 10.
A 20
lok. Girlanden 292
lok. Girl./Greifen
289. 290. 475
Girl. aus Ephesos
289. 492 f. A 67
lok. Hippolytos 151.
290
Frgt. Hippolytos 153
bukolisch 119 A 43
Medea 154 A 6.
159 f.
lok. Meerwesen 291
Odysseus 170 A 5.
290 A 18
Riefel 291 A 48
Urnen 44 A 32
– – S. Chiara
Protesilaos 8. 184. 264
– – S. Martino
Odysseus 67 A 11. 170 A 6.
290 A 18
– – S. Restituta
lok. dionys. 290
lok. Jahreszeiten 291
Negotin, Museum
S. aus Aquae 335
Nepi, Castel S. Elia
flieg. Eroten 240 A 28
lok. Phaethon 183. 279
Riefel-Wanne 279
– – S. Biagio
lok. D. Weinlese 279
Newark, Newark Museum
Girl. aus Alexandria
577 A 16
New Haven, Yale Univ. Art
Gallery
Girlanden 223 ff. Nr. 23
New York, Metropolitan

Museum of Art (Nr. nach
McCann, Metr. Mus.)
1   Girl./Theseus
    67 A 11. 187.
    211 A 40. 219. 223 ff.
    Nr. 24. 236. 264 f.
2   Girl. aus Tarsos
    299 A 55. 551 f.
3   Endymion 117 A 3.
    145. 261
4   Endymion 65. 70.
    117. 145 f. 173 A 8.
    215 A 39. 277 A 13.
    607
5   Musen 66 A 2. 199.
    264
7   Orest 171. 403 A 11
8   Meleager-Heimtragung 165. 263
9   Achill 129 A 26
11 Rhea Silvia 185
13 Marsyas 158 A 5.
    266 A 83
16 dionys. 266 A 83
17 Jahreszeiten 6. 86
18 Schlacht 91
19 flieg. Eroten 213 A 3.
    214 A 21. 239 A 16
22 K. A. Säulens.
    503 A 57
23 Säulens.-Jahresz.
    79 A 23. 258 A 71
24 Riefel-Arzt 75. 122
– – Pierpont Morgan Library
(?)
Achill 129 A 26
Niğde, Archäol. Museum
lokale S. 556
Nikaia/Bithynien
lokale S. 507. 509 ff.
Nikopolis, Museum
3   att. Girlanden 435 ff.
    Nr. 66
4   Klinendeckel 358
16. 719 Frgt.e, Dachdeckel 358
43 Girl./Tabula
    358 A 14
46. 201 u. a. lok. Girl. 357
109. 236. 264. 648. 703.
    993 u. a. att. Girlanden 435 ff.
    Nr. 67–69, 63, 70,
    65 und 64
667 att. Ranken 435 ff.
    Nr. 32. 442 f. Nr. 3

S. aus Assos 357. 518
Frgt. Eros 358
lok. Girlanden 357.
    435 A 1
att. Girl./Riefel
    435 ff. Nr. 83. 451
Urnen 358
Nikosia, Archäol. Museum
lokaler S. 560
pamph. Ostothek 543 A 39.
    560
Niksar/Pontus
lokaler S. 555
Nimes, Musée
Frgt. att.? 297. 418
Tabula/Eroten 298 A 36
Niš, Archäol. Museum
att. Frgt. 332. 435 ff. Nr. 71
att. Schiffskampf 332.
    410 ff. Nr. 17. 459
lokaler S. 335 f.
Nisa/Lykien
lok. Girlanden 538
Norfolk, Chrysler Museum
Eroten 274 A 27. 350 A 60.
    373 A 64. 375 A 21. 426.
    475
Noviodunum/Moesia Inferior
lokaler S. 340
Nysa/Karien
lok. Girlanden 496. 527

Oberlin, Allen Memorial Art Museum
K. A. Säulens. 503 A 57
Odessos/Moesia Inferior
lokaler S. 337 f. 490 A 45
Oescus/Moesia Inferior
lokaler S. 338
Ohrid, Museum
att. Kentauren 399 A 12
Olba/Kilikien
lok. Girlanden 436 A 7.
    473. 551
Olbia/Pamphylien
lokale S. 542
Olbia/Sardinia, San Simplicio
Girlanden 223 ff. Nr. 25.
    294
Riefel 118 A 30
Olympos/Lykien
prok. Girlanden 490. 536
prok. Profile 489. 536
lokale S. 538
Orange, Privatbesitz

Jagd 296 A 4
Orvieto, Museo dell'Opera del Duomo
Girlanden 223 ff. Nr. 26.
    265
— — Pal. Comunale
Hochzeit 102. 260
Osijek, Museum
S. aus Mursa 330
Osimo, Cattedrale
Hirten 288
Jagd 62 A 5. 96. 259 A 76.
    267. 282
Riefel 282
Oslo, Nationalmuseum
dionysisch 216 A 45
Girlanden 364. 523 A 47
Kentauren – Fälschung 634
Marsyas 158 A 5
Ostia, Museo
2   Achill 128. 260.
        277 A 13
11. 913. 1499 Urnen/
        Endymion 54 A 160.
        250
34. 34 A att. Eroten
        61 A 38. 364 A 44.
        367 A 20. 424 ff.
        Nr. 22. 438 A 15. 459
101   Meleager – Tod
        165 f. 263. 631
106   Kentauren 186. 238.
        265. 278 A 22
113   Girlanden 223 ff.
        Nr. 30. 265
128   Jahreszeiten
        278 A 27
158   Klinenmonument
        60
893   Amazonen 138. 261
1101   Persephone 176 f.
        254. 263. 615 A 270
1139   Girlanden 223 ff.
        Nr. 29. 274 A 29
1141   Jagd 95. 211 A 46.
        258 A 71
1156   Greifen 236 f. 265
1170   Lebenslauf 106 ff.
        Nr. 2. 113 A 42. 260.
        278
1320   Urne 50
1324   att. Hippolytos 396
1333   Kline – Mahl 83 A 3.
        111. 113. 260.
        278 A 26. 605 A 181
1338   Girl./Hochzeit

98 A 7. 106. 223 ff.
Nr. 27. 260
1340 Berufe 122. 125. 278
1537 Hippolytos 152
1595 Hippolytos 151
10.323 Aktaion 135
16.651 Kentauren 155.
    255 A 54. 264.
    277 A 13
18.621 Meleager 162. 262.
    277 A 13.
36.231 Jagd 95
Uff. Comb. 5 Meleager-Mahl 164
    260
att. Amazonen
    390 A 1
D. Aufzug 71 A 56.
    115
Berufe 121
Dach-D. mit Reliefs
    71 A 64
Endymion 85
flieg. Eroten 278
Eroten-Thiasos
    208 A 15.
    429 A 37
Girlanden 223 ff.
    Nr. 33, 37 und 38.
    277 A 13.
    278 A 23
Girl.-Malia Titi 67.
    212 A 59. 223 ff.
    Nr. 28. 265. 278
Riefel-Grazien
    147 A 1. 243 A 34
Säulens.-Hochzeit
    66 f. A 9. 86 A 81.
    104 A 69.
    277 A 13
Klinenmonument
    59 A 15
lok. Meerwesen
    278 A 19
Niken-Eros/Psyche
    185. 214. 240 f.
Phaethon-K. 182.
    218 A 6. 264
Phaethon-Frgt. 182.
Ranken 235.
    278 A 24
K. A. Säulen 273 A 3.
    503 A 57
Sieben gegen Theben 186 A 2

Urne-Medea
  250 A 48
 Wettläufer 124
– – Castello
 Medea 159 A 1
 Musen 197 f.
 Persephone (?) 190
– – Cimitero
 Girlanden 39. 226 A 15
– – Scavi
 Riefel-Orpheus 172 A 3
– – Isola Sacra
  1323 Girlanden 223 ff.
    Nr. 34. 265. 277 A 13
  1327 Girlanden 223 ff.
    Nr. 35. 277 A 13
  1395 Girlanden 223 ff.
    Nr. 36. 277 A 13
   Girlanden 212.
    223 ff. Nr. 31.
    265. 277 A 13
   bukolisch 118
– – Isola Sacra, Azienda hinter Nekropole
  Girlanden 223 ff. Nr. 32.
   278 A 23
  Kinder/Tabula 278 A 20
Otricoli, Collegiata
 Girlanden 223 ff. Nr. 39
Oxford, Ashmolean Museum
 105 und 117 att. Orest
   143 A 1. 402 f. 415. 459
 106. 107. 108 att. Eroten
  424 ff. Nr. 12, 11 und 26
  218.1 und 218.2 att.
   Schlacht 384. 405 ff.
   Nr. 50 und 51
 1966.657 att. Herakles 392
 c 2–14 ephes. Girlanden
  514 A 2
  Amazonen 138 A 8
  dionysisch 291
  flieg. Eroten
   214 A 21
  D. Ilioupersis
   130 A 43. 154
  Meleager 290

Padua, Museo Civico
 66   Amazonen 138 f. A 8
 244 lokaler S. 287
Palermo, Museo Nazionale
 989 Girlanden 223 ff.
    Nr. 40. 265
 993 flieg. Niken 213 f.
    239 A 7

1063 Riefel-Musen
   204 A 17
   Amazonen 140 f.
    255 A 34. 261
   ungedeutet 288 A 1
– – Cattedrale
   Eroten-Opfer 211
   flieg. Eroten 239 A 16.
    240 A 24
   lok. Girlanden 293
   Jagd 95. 290 A 19
   Meleager 292
   Musen 199 f. 203 A 9
   lok. Musen/Hochzeit 102.
    105. 292 f.
   flieg. Niken/Büste 239 A 7.
    A 10
– – S. Agostino
   flieg. Niken 239 A 7
– – S. Maria di Gesù
   Tabula/Säulen/Girl. 293
Palestrina, Museo Nazionale
   att. dionys. 420 ff. 459
   Deckel 36 f.
Palm Beach/Florida, The
   Henry Morrison Flagler
   Museum
   att. Girlanden 435 ff. Nr. 5
Palmyra
   lokale S. 569 f.
Pantano, S. Maria
   lokaler S. 281
Pantikapaion/Regnum Bospori
   lokale S. 487 A 18. 559
Paris, Musée Cluny
  18838 Kline-Toter 112.
    260
– – Musée du Louvre
 17   att. Meleager 400 ff.
 29   Musen 199. 203 A 9
 51   Adonis 131
 262. 273 Amazonen 138.
    261
 267 Parisurteil 173
 283 Medea 159 f. 262
 284 D., bukolisch
    119 A 43
 303 Ostoth. aus Thessal.
    354 A 116
 306 Girlanden 223 ff.
    Nr. 41
 319 Lebenslauf 106 ff.
    Nr. 3. 113. 260
 329 Eroten-Wettkampf
    212 A 57

 339 Prometheus 183 f.
    205. 215 A 41
 342 Meerwesen 85
 347 Adonis 131. 261
 350 Eroten-Waffen 209
 351 Klinenmonument
    59 A 10. 60
 353 Achill-Priamos
    130 f. 260
 362 Endymion 261
 376 Eroten-Opfer 211
 388 flieg. Eroten 239 f.
    A 18
 409 Persephone 176. 263
 410 Iason 98 f. A 15.
    153 f. 262
 445 Prometheus 183 A 2
 451 Girlanden 223 ff.
    Nr. 42. 294
 459 Girl./Aktaion
    67 A 12. 135. 196 f.
    A 19. 223 ff. Nr. 43.
    253. 264 f.
 465 Musen 198. 264
 475 Musen 67 A 11. 198.
    200. 203 A 3. 264.
    423 A 8
 539 Meleager-Tod 165 f.
    263. 622
 569 K. A. Säulen
    503 A 58
 592 att. Hippolytos 395 f.
 659 Lebenslauf 106 ff.
    Nr. 4. 260. 600
 958 Meleager 161. 262
 973 att. Frgt. 418
 974 Pelops 174 f.
 981 att. Frgt. 418 A 43
 1017 Phaethon 182 f.
    218 A 6
 1029 Hippolytos 150 f.
    262
 1033 Pasiphae 143. 264
 1052 Amazonen 139. 261
 1330 Urne 52 A 127
 1335 Endymion 69 A 23.
    120 A 55. 145. 173.
    268
 1346 dionys. 69 A 23. 193.
    268
 1368 Achill 128. 260
 1456 Alkestis 137 A 11
 1466 D. Umzug 103 A 55
 1485 Urne 53 ff.
 1495 Phaethon 181
 1497 und 1500 K. A. Säu-

lens. 273 A 3.
503 A 57
1498 Kinder 126
1520 Lebenslauf 106 ff.
Nr. 5. 112. 203 A 6
1536 Girlanden 223 ff.
Nr. 44
1571 Wettkämpfe
124 A 10
1577 Eroten-Wettfahrt
211 A 40
1599 Wagenfahrt 115
1600 bukolisch 119 A 43
1607 Orest 171
1627 flieg. Eroten
210 A 32
1628 flieg. Eroten/
Ganymed 239 A 16.
240 A 29
1642 Hippolytos 152
1663 att. Hippolytos 395
1808 Jagd 93
1896 Herakles 312
1990 Tabula 37 f. A 25.
41 A 64. 311
2119 att. Amazonen 389 f.
391 f. 435 ff. Nr. 36.
438 A 16. 456. 458 f.
2120 att. Achill 382 ff. 458
2285 Urne 50
2294 Hippolytos 152. 471
2347 Marsyas 158 A 8
3184 Endymion aus K. A.
269. 522
3187 Ostoth. aus Thessal.
354 A 116
3192/93 Schauspieler 122 f.
3207 Dachdeckel 274 f.
A 34
3209 att. Hippolytos 379 f.
396
3212 att. Herakles 392 f.
459
3309 Ostoth. aus Sardes
519
3401 Girlanden 223 ff.
Nr. 45
3570 Achill 128 f.
3571 Triptolemos 69.
119 f. 187 f. 264
4119 att. Frgt. 289. 418
flieg. Niken 239 A 4
AO 4870/71 Girl. aus Syrien 565 A 60
AO 4929 Girl. aus Syrien 565 A 55

MNC 2134 att.
Schlacht 405 ff.
Nr. 52
MND 930 Herakles 392 A 7
MND 2188 Urne
53 A 153
MNE 760 K. A.
Eroten 501 A 41.
509 A 125
MO 1909 Musen
aus Nordafrika
312 A 17
– – Musée Rodin
K. A. Fries 501 f. A 45
Paros, Museum
hellenistischer S. 363
lokale S. 345. 363 f.
Patara/Lykien
lokale S. 536
Patras, Archäol. Museum
att. Meleager 370 A 15.
400 ff. 421 A 37. 458
att. Schlacht 405 ff. Nr. 53
lok. (?) Skylla 360. 416
stadtröm. Urnen 44 A 35.
272. 360
– – Odeion
lok. Girlanden/Inschrift
360. 435 A 1. 471. 474
lok. Girlanden 360. 471.
474
att. Jagd I 310 A 34. 379 f.
426 A 13. 445 A 26. 458
att. Jagd II 369 A 2.
378 A 10. 379 f. 460
att. Kassetten 452
att. Profile 453 Nr. 7 und 8
lok. Profile 360. 453
Pavia, Privatbesitz
Heimtragung 419 A 54
Pawlowsk, Schloß
46. 56 Urnen 49 A 87. 50.
52
ehem.: Girlanden 223 ff.
Nr. 46. 265
Pécs
S. aus Sopianae 327 f.
Pella/Arabia
lok. Ranken 573. 575
Pergamon
lokale S. 514 f.
Perge
lokale S. 540 ff.
Perugia, Museo Archeologico

Eros/Psyche 214 A 8
bukolisch 118. 119 A 43
Meleager-Heimtragung
165. 263
Eroten-Wettfahrt 211 A 40
Tabula 281
– – Volumniergrab
Urne des Volumnius 46
Pesaro, Museo Oliveriano
S. des M. Aufidius Fronto
287
lok. Riefel 282
Phaselis/Lykien
lok. Klinendeckel
507 A 105. 539
Phellion
Ostothek, Riefel 348
Philadelphia-Alaşehir
lokale S. 520. 524
Philippeville
lokale S. 312
Philippi
lokale S. 350
Philippopolis/Thracia
lokale S. 343
Piräus, Archäol. Museum
3484 att. Meleager 399 ff.
446 A 31. 458
3781 att. Girlanden 435 ff.
Nr. 72
Pisa, Museo Nazionale
Musen 280
– – Camposanto
Riefel-Ares/Aphrodite
142 A 4. 243 A 28
Deckel, dachförmig
71 A 60
Endymion 261
flieg. Eroten/Niken
210 A 32. 239 A 7. A 9.
240 A 21. A 22. A 24.
A 29. 280
Riefel-Eros/Psyche 214 A 9.
A 17
Eroten-Wettfahrt 210 A 36
Eroten-Thiasos 208 A 15.
209 A 15
Girlanden 65 A 7. 223 ff.
Nr. 47. 253
Girlanden 223 ff. Nr. 48, 49
und 50
Girl. aus Ephesos 273 A 8.
492 f. A 66
Hippolytos 150 f. 262
D. bukolisch 118
lok. Hirt 280

Riefel-Hochzeit 105 A 88.
118 A 30
Säulens.-Hochzeit 77 A 11.
98 A 9. 104 A 71. A 78.
103 A 56. 253 A 7. 255.
260
Säulens.-Hochz./Jahresz.
77 A 12. 105 f. A 82
Jahreszeiten 221
Jagd 95. 258 A 67
Meleager 162
Meleager (spät) 66 f. A 9.
163 A 23
Musen/bukol. 117. 198
Musen aus Aphrodisias
202. 273 A 6. 527. 529 f.
Riefel-Nike 168 A 6.
243 A 38
Persephone 177. 263
Profile 37 A 22
Ranken 39 f. 235. 283 A 18
Riefel-Büsten 75. 242
Riefel-Ehepaar 65 A 6
Riefel-Löwen 76. 242
Riefel 86
lok. Riefel 280
Schlacht 260
Tabula-Rafidia 38 A 33.
283 A 18
Tabula ansata/Pilaster 38
- - S. Pierino
Hochzeit/Jahreszeiten
77 A 12
Pittburgh, Carnegie Institute
Grazien-Eros/Psyche
217 A 60
Plasara/Karien
lok. Girlanden 497
Plovdiv
S. aus Philippopolis 343
Poetovio
lokale S. 328 f.
Poggio a Caiano
Ares/Aphrodite 142 A 4
dionysisch 280
Hochzeit 99 f. 260
Poitiers, Privatbesitz
Tabula/Eroten 298 A 34
Poreč, Archäol. Museum
att. Bellerophon 414 A 3
Portogruaro, Museo Nazionale
Säulens.-Hochzeit
104 A 69. 267. 282
Tabula/Rahmung 321 A 73
Porto Torres, S. Gavino

Musen 295
Riefel-Orpheus 172 A 1
Riefel 294
Weinlese-Mahl 209 A 22.
295
Positano, Chiesa del Rosario
lok. Persephone 290
Potaissa/Dacia
lokale S. 342
Potsdam, Schloß Sanssouci
Jagd 259 A 76
Riefel-Narkissos 167
Pozzuoli, beim Amphitheater
lok. Amazonen 290
Eroten mit Tabula 292
Prag, Bibliothek Strahov
Girlanden 223 ff. Nr. 51
Preveza, Hagios Charalambos
att. Girlanden/Riefel 435 ff.
Nr. 83. 451. 459
Princeton, Art Museum
att. Eroten 367 A 20. 424 ff.
Nr. 25. 459
att. Girlanden 435 ff. Nr. 73
Ostoth. aus Antiocheia
568 A 92
Privatbesitz
Hippolytos-Fälschung
150 A 1
Jagd 258 A 71
Phaethon 181
Prokonnesos
lokale S. 486 ff. 514 f.
Providence, Rhode Island
School of Design, Museum
of Art
K. A. Achill 130. 269. 501 f.
Niobiden 141. 169. 263
Prusa/Bithynien
lokale S. 509 ff.
Ptolemais
att. Achill 389
prok. Dach-D. 580
att. Eroten 424 ff. Nr. 32.
435 ff. Nr. 19. 459
att. Klinen-Riefel 446 ff.
Nr. 12
att. Schlacht 367 A 20.
405 ff. Nr. 54. 459
Ptuj, Archäol. Museum
S. aus Poetovio 328 f.
Pula, Archäol. Museum
att. dionys. 421 f. 459
att. Schiffskampf 410 ff.
Nr. 23. 459

Quarante, Église
Riefel 297 (und Nachtrag)

Racalmuto, Castello Chiaramontano
lok. Persephone 292
Raffadali, Cattedrale
lok. Persephone 292
Ratiaria/Moesia Inferior
lokale S. 335
Ravello, Duomo
Girlanden 291 A 49
Urne 49 A 84
Ravenna, Museo Arcivescovile
S., C. Didius Concordianus
217
bukolisch 205
Tabula ansata/Rahmung 25.
26 A 10. 41 A 62. 282 f.
S. der Sosia Iuliana 26 A 16.
287
lokale S. 286 ff.
S. aus Assos 282. 518
Regensburg, Städtisches Museum
lokale S. 304 f.
Reggio Calabria, Museo
lok. Achill 289. 387. 475
Riefel-Ganymed 267
Reggio Emilia, Museo Civico
S. des Decimius Philargyrus
40 A 56. 282
Reims, Musée
Jagd 94 f. 253 A 7. 268. 610.
613
Rheneia
hellenistischer S. 363
Rhodos, Archäol. Museum
lok. Ls. mit kleinen Reliefs
345. 363. 364
att. D. Frgt. 443
att. Frgt.-ungedeutet 418
att. Hippolytos 395
Klinenmonument 61 A 35.
364
lok. Ostotheken 364
Ostoth. aus Pamphylien
364. 543
att. Schiffskampf 410 ff.
Nr. 7
lokaler S. 364
Richmond, Virginia Museum
of Fine Arts
K. A. Eroten 501 A 41
Lebenslauf 107 f.

Frgt. Porphyr 578 A 24
Rignano
Riefel-Hochzeit 105 A 87.
   A 93. A 96
Rijeka, Archäol. Museum
Säulens. aus Oberitalien
   315
Rimini, Museo
   att. Schlacht 405 ff. Nr. 55
-- -- Duomo
   lokaler S. 287
Rom, Antiquarium Comunale
   Amazonen 139
   architekt. Gliederung
   40 A 55
   Riefel-Musen 202 A 102
   prof. Rahmung 37 A 19.
   38 A 27
   Urne (Inv. 1673) 50 A 96
-- -- Antiquarium Forense
   Eroten-Schiffahrt 65 A 9.
   216 A 55
-- -- Antiquarium del Palatino
   Girlanden 223 ff. Nr. 65
-- -- Museo Barracco
   Odysseus 170 A 6
-- -- Museo Borghese
   Adonis 131 A 5. 261
   D. Amazonen 140 f. 261
   D. Apollon 141. 169 A 7
   flieg. Eroten 239 A 15
   Girlanden/Meerwesen
   223 ff. Nr. 62 u. 63. 265
   K. A. Herakles 286 A 47.
   503 A 57. 546 A 33
   Musen 199 A 38. 264
   Pasiphae (Ns.) 143
   Philosophen 205
   K. A. Säulens 503 A 57
   Schlacht 260
-- -- Museo Capitolino
   213 Schlacht Ammendola 91 f. 260
   218 att. Achill 7 f.
       366 A 1. 373 A 68.
       383 ff. 457 f.
   221 Jagd 94
   249 Persephone 168 A 3.
       177. 607
   260 dionys. 193
   325 Endymion 26 A 9.
       67 A 11. A 17. 144.
       174 A 1. 196 A 19.
       253. 261. 607
   329 Prometheus 7 f. 66 f.

   A 9. 72 A 78. 183 f.
   207 A 9. 215 A 41
623 Meleager-Tod 165 f.
   263. 634
725 Endymion/Unterwelt 84 A 3. 145.
   261.-D.: 70. 189. 604
726 Amazonen 67 A 12.
   69 A 34. 138 ff.
   254 A 28. 261
729 Eroten-Götterattribute 212 A 68
822 Meleager 162.
   211 A 46. 262
941 Herakles-Poseidon
   149. 245 f.
1414. 1475 Persephone
   178 A 47
1480 Achill-Hektor 130
1884 att. dionys./Orpheus
   416. 421 f. 459
1959 D. Achill 129 f. 260.
   387
1990 Philosoph-Muse
   204 A 21
2681 Perseus 180
4600 Urne 47
   D. Eroten-Weinlese
   209 A 22
   flieg. Eroten
   239 A 15.
   240 A 22
   Riefel-Leda 157 A 3
   Medea 159 A 1
   Meleager 161. 262
   Riefel-Nike
   168 A 10
-- -- Galleria della Congiunzione
   Eroten-Weinlese 258 A 71
-- -- Museo della Civiltà Romana
   Aeneas-Gipsabguß 134 A 6
-- -- Museo Nazionale di Villa Giulia
   Arkaden/Unterwelt 40.
   189. 614
   Persephone 117 A 2. 176.
   179 A 58. 263
-- -- Museo Nazionale Romano (delle Terme)
   34 Urne 50
   175 Eroten-Schmiede
   209 A 26
   184 Schuhmacher 121.
   260. 278

203 Säulens.-Hochzeit
   78 A 17. 104 A 68
222 Medea 159 A 1. 262
325 Urne 53
407 dionys. 194
441 Girlanden 96. 223 ff.
   Nr. 52. 265
514 flieg. Eroten/Tabula
   240
535 Kline-Toter 65.
   72 A 74. 113.
   127 A 5. 185. 260
654 Persephone 176
713 Jagd 40 A 56. 97. 260
738 Girlanden 223 ff.
   Nr. 53
876 Eroten 85 f. A 18
971 flieg. Eroten-Eros/
   Psyche 213 A 3.
   240 A 19
1038 Urne 47
1039. 1040 Urnen 48 A 69
1044 Urne 47 A 58
1301 Urne 46
1303 dionys. 192
8563 Parisurteil 172. 264
8569 kl. Ludov. Schlacht
   91 f. 260
8574 gr. Ludov. Schlacht
   4. 8. 66 A 2. 87. 91 f.
8644 ungedeutet 190
20972 att. Eroten 424 ff.
   Nr. 49. 459
23894 Eroten-Opfer 211.
   241
34048 Urne 53. 113
34158 Urne 47
39400 Neoptolemos
   72 A 73. 106. 167 f.
   239. 255 A 34. 264
39504 Klinenmonument
   60 A 17
39869 Urne 53
40799 Annona-Sarkophag
   88 A 34. 98 A 12.
   102. 257
52171 Achill-Priamos
   130. 260
56138 Riefel-Meleager
   166. 242 A 9
56331 Amazonen 140 f.
   A 33
61586 Klinenmonument
   59
65197 Urne 53
65199 Wagenfahrt 106 ff.

Nr. 6. 114. 253. 260.
607 A 191
67612 D. Eroten-Spiele
212 A 62
72559 Urne 53 A 153
72879 Klinenmonument
60
72881 Ostoth. aus Ephesos
273 A 5. 493
75248 Medea 218 A 3. 262
75251 Girlanden 223 ff.
Nr. 54
77664 Urnenbehälter/
Tabula 38
78684 Meerwesen 196
80711 Musen Mattei 7. 80.
201 f. 505. 507
80712 Raub d. Sabinerinnen 186. 255 A 34.
264
106429 Girlanden
116 A 21. 223 ff.
Nr. 55. 265
106467 D. Orest 171. 263
108393 S. aus Ägypten
273 A 9. 579
108407 D. Pelops 174 f.
264
108437 Schlacht 91. 260
108438 bukolisch 120
108440 D. dionys. 70
112119 att. Klinen-Riefel
373 A 65. 375 A 22.
A 23. 446 ff. Nr. 13
112327 Schlacht Portonaccio 92. 100 A 35.
107 f. 198 f. 255.
260. 613 f.
112444 Hippolytos 152
113065 Eroten-Schiffahrt
209. 210 A 30
113195 D. Alkestis (?) 137
113226 Riefel-Ehepaar
71 A 59. 105 A 92.
118 A 32
113227 D. Odysseus/
Philosophen
205 A 33
113239 att. Schlacht 405 ff.
Nr. 56
114906 Klinenmonument
59 A 12
115172 Eroten-Thiasos/
Musen 69 A 23.
72 A 76. 115 A 20.
208. 212 A 68

115173 Achill 128. 260
115174 Kline-Mahl
83 A 3. 111. 113.
260. 278 A 26.
605 A 181
115224 Persephone 177.
263
121555 Girlanden 223 ff.
Nr. 56
121649 Urne 51. 56 A 185
121657 Girlanden 223 ff.
Nr. 57. 265
124682 dionys. 192
124706 Girlanden 223 ff.
Nr. 58
124707 Reihenurne-
Girlanden 39
124708 Girl. aus Kleinasien 273 A 7. 557
124711 dionys. 193
124734 dionys. 67 A 12
124735 flieg. Eroten/
Achill 127. 239 A 16.
240 A 25
124736 dionys. 67 A 12
124745 Riefel 71 A 61.
72 A 79. 244 A 46
125353 Musen 85
125407 Urne 51
125569 Girlanden 223 ff.
Nr. 59
125605 Klinenmonument
59. 108 A 15
125802 S. des Iulius Achilleus 72 A 77. 81 A 11.
87. 118 A 23.
211 A 40. 219. 257 f.
125829 Klinenmonument
59 A 7. 60
126372 S. aus Acilia 86.
87 A 11. 88. 102 f.
120. 257. 610
128577 dionys. 192
128578 flieg. Eroten/
Schild 70. 239 A 15
128581 Kentauren/Giganten 71. 147. 156. 278
135928 Ranken-Greifen
235. 237. 265
135930 Riefel-Grazien
147. 243 A 34
135943 Girlanden 223 ff.
Nr. 60
154592 Säulens.-Herakles
77 A 15. 148 f. 261
168186 Aeneas 24 f. A 15.

90 A 7. 96. 125 A 7.
134. 254 A 28. 264.
614 A 264
196261 dionys. 193
229694 Eroten-Clipeus
211 A 48. 212 A 58.
213 A 70
263794 prok. Profile
273 A 8. 489 A 23
D. Alkestis 137
architekt. Gliederung
40 A 55
D. bukolisch 118
Dachdeckel 67 A 11
dionys. 67 A 12
Endymion/Wechselstube 122
flieg. Eroten-Eros/
Psyche 214.
238 ff.
Eroten-Opfer
211 A 54
Eroten-Thiasos
216 A 49
Eroten-Wettkampf
212 A 58
Feldherr 83. 106 f.
Girlanden/Tabula
223 ff. Nr. 61.
274 A 29
Girl. aus Ephesos
273 A 8. 492 f.
A 66
Herakles 148 A 2. 149
att. Hippolytos 379 f.
396
Hippolytos 152 f.
163 A 25
Säulens.-Hochzeit
103 A 56.
104 A 73. A 81
Iason 153 A 2.
154 A 7
att. Klinendeckel
375 A 22
Klinenmonument
60
Mahl-Stibadium
110 A 8
Marsyas 158 A 5
Riefel-Narkissos
167
flieg. Niken/Kranz
239 A 8
Niken-Eroten/Opfer
241 A 39

Persephone 176. 263
Profile 37 A 19. A 20.
A 22
Schauspieler (Relief)
123
ungedeutet 190
Wagenfahrt 114 A 3
Wagenrennen
124 A 7
– – Museo del Palazzo dei
Conservatori
751   Urne Agrippina 43
917   Meleager 66 f. A 9.
       162 f.
954   Tabula ansata
       38 A 33
1026   Amazonen 139. 261
1082   Musen 199. 264
1185   Säulens.-Jahreszeiten
       78 A 19. 221
1212   Jahreszeiten
       216 A 51. 222
1329   Riefel-Philosophen
       204 A 19
1378   dionys. 87. 192
1999   Klinenmonument
       59 A 12
2072   Mahl-Stibadium
       110 A 8
2402   Marsyas 158 f.
       255 A 34. 262
2773/74 Riefel-Herakles
       120. 149 A 5.
       243 A 36
3319   Meleager 161. 262
3333   Schauspieler (Relief)
       123
       Eroten/Clipeus-
       Waffen 209 A 27
       Riefel-Ehepaar
       118 A 30
       flieg. Niken/Kranz
       238 ff.
– – Museo Nuovo
161   Urne 53
171   Urne 48 A 79
837   Jagd 84 A 3. 96.
       259 A 76
839   Eroten-Jahreszeiten
       209. 222. 238 ff.
       258 A 71
1324   Riefel-Herakles
       69 A 33. 75. 149 A 6.
       222. 243 f. 244 A 42
       (oder Inv. 1394?)
2103   Urne 51 f.

2116   Ostoth. aus Ephesos
       273 A 5. 493
2141   Schlacht 91 f. 260
2146. 2827 K. A. Säulens.
       503 A 57
2247   D. bukolisch 117 f.
2269   Meerwesen 196
2285   Jahreszeiten, unvoll.
       85
2772   flieg. Niken/Schild
       239 A 6
2785   Feldherr 102 A 48
       S. der Cornelier 36.
       247
       Profile 37 A 21.
       38 A 27
– – Museo Torlonia
414   Lebenslauf 106 ff.
       Nr. 7. 113. 260. 606
424   Musen d. Pullius
       Peregrinus 88 A 33.
       200 f. 204. 274 f.
       A 34. 606. 612.
       613 A 259
458   Girlanden 223 ff.
       Nr. 64
       Herakles 148. 261
       K. A. Herakles
       286 A 47.
       503 A 57
       Hochzeit-Processus
       102 f.
       Meleager 274
       Riefel-Lenos
       82 A 18
       Wettkämpfe 124 A 9
– – Abbazia Tre Fontane
       Flechten von Girlanden
       120 A 55
       att. Hippolytos 379 f. 396
       Säulens.-Musen 202 A 90
       Persephone 176 A 19
– – Accademia Belgica
       D. Amazonen 140 f. A 33
– – Biblioteca Hertziana
       Riefel-Fälschung 634
– – Campo Verano
       Riefel-Orpheus 76. 172.
       243 A 32. 632
– – Casa di Cola di Rienzo
       att. Eroten 424 ff. Nr. 13
– – Casina del Cardinale
       Bessarione
       Girlanden 223 ff. Nr. 84
       flieg. Niken 239 A 4
– – Catacombe di S. Callisto

       bukolisch 118. 258 A 71
       Dachdeckel 71. 274 f. A 34
       Hippolytos 153
       Jagd 95. 258 A 71
       D. Mahl 110 A 14
       Riefel-Nike 168 A 9
       Riefel-Türen 244
– – Catacombe di Domitilla
       Jagd 96. 259 A 76
       Psyche-Girlanden 216 A 54
– – Catacombe S. Panfilo
       Riefel-Hochzeit 277
       Persephone 178 A 47
– – Catacombe di Pretestato
       att. Achill 130 A 38. 386
       Balbinus-S. 22. 66. 87. 88.
       101 ff. 256 f. 274 A 33.
       507
       D. Delphine 85
       D. der Elia Afanasia
       72 A 76. 115. 126. 613
       att. Eroten 424 ff. Nr. 29.
       459
       Riefel-Eros/Psyche 118
       flieg. Eroten 240 A 22
       hausförmiger S. 71. 82. 122.
       246
       D. Hirten 118
       Iason 98 f. A 15. 153 f. 262.
       606
       Jagd 94
       Kline-Mahl 109 f. A 2
       Rhea Silvia 185
       Schiffahrt 125
       att. Schlacht 405 ff. Nr. 58
– – Catacombe di Priscilla
       Säulens.-Musen 201 f.
– – Cimitero acattolico (bei
       der Cestius Pyramide)
       Riefel-Orpheus/neuzeitl. 632
       Profile 37 A 19
– – Circonvallazione Appia
       Meerwesen 196
– – Coemeterium Maius
       Jagd 26 A 7. A 8. 95.
       258 A 67
– – Collegio Propaganda
       Fide
       Götterversammlung 245
       – beim Colosseum (Me-
       tro-Station)
       flieg. Eroten 209 A 23.
       210 A 32. 239 A 16. 631.
       634
– – Deutsches Archäologi-
       sches Institut

Amazonen 138 f. A 8
Urne 54 A 159
– – Foro Romano
Jagd 96
– – Giardini Quirinali
Girlanden 223 ff. Nr. 100
– – Institutum Norvegiae
Achill 130 f.
– – Isola Tiberina, Frate Benefratelli
Hippolytos-Fälschung
150 A 1. 634
– – Istituto Nazionale dell Assicurazioni
Meleager 162. 262
– – Largo Chigi 19
Ranken 235 f. 274. 374 A 7
– – Ministero dei Trasporti
prof. Rahmung 37 A 19
– – Oratorio S. Andrea, Ospedale S. Giovanni
Jahreszeiten 85 f. A 18
Kline-Mahl 112 A 30
Riefel 118 A 30
– – Ospedale di S. Spirito
Eros/Psyche 214 f. A 26
– – Palazzo Albani
Ares-Aphrodite 142
– – Palazzo Antonelli
Adonis 131 A 5
– – Palazzo Barberini
Girlanden-Marsyas 158.
223 ff. Nr. 83. 262. 265
Riefel-Nike 168 A 12
Persephone (früh) 176. 263
Persephone (spät) 178
– – Palazzo Borghese
Aeneas 99 f. 134. 186.
255 A 34. 264
Amazonen 139
Endymion 70
Klinenmonument 60
Riefel-Musen 202 A 97
S. von Torre Nova 500 f.
– – Palazzo Braschi
Endymion 142. 146 A 13.
277
– – Palazzo Cardelli
dionys. 633 A 65
Musen 200
– – Palazzo Colonna
Riefel-Ares/Aphrodite
142 A 4. 243 A 28
Leukippiden (Relief)
557 A 7
Meerwesen 196

K. A. Säulens. 273 A 3.
503 A 57
Schiffahrt 125
– – Palazzo Corsetti
Hirten 118
Eros/Psyche 217
Riefel-Eros/Psyche
214 A 13
Girlanden 223 ff. Nr. 87, 88
und 89
Riefel-Leda 157 A 2
D. Eroten-Weinlese
209 A 21. 211 A 42
– – Palazzo Corsini
steh. Eroten-Eros/Psyche
214 A 22. A 24
Kratere mit Früchten
40 A 56. 219. 224 A 3
D. Landleben 118. 119 A 43
Riefel-Musen 202
– – Palazzo Doria
Endymion 145
Marsyas 158 f.
Meleager 69 A 33. 162. 164.
262. 586 A 19
Urne 113
– – Palazzo Farnese
bukolisch 258 A 71
Endymion 261
Eroten 209 A 23
Musen 200. 203 A 4
Riefel-Tondo 75. 243 f.
Riefel-Cecilia Metella 7.
274
– – Palazzo Fiano
Friess. aus Kleinasien
273 A 5. 557
– – Palazzo Giustiniani
Säulens.-Hochzeit-Musen
105
Jagd 94
Musen 199 A 38
Orest 8. 263
Persephone 177
Schlacht 92 A 18. 260
– – Palazzo Lancelotti
Riefel 243 A 26
– – Palazzo Lazzaroni
Endymion 84 A 3
Hippolytos 150 A 1
Säulens.-Hochzeit 77 A 16
att. Schlacht 405 ff. Nr. 57.
459
– – Palazzo Lepri-Gallo
Hippolytos 93. 152.
163 A 25

– – Palazzo Massimo
Jagd 95 f.
Klinenmonument 59 A 10.
60
Pelops 174 f.
– – Palazzo Mattei
att. Achill 384
Eroten-Spiel 208 f. A 16
K. A. Eroten 500 f. A 37.
A 41
Säulens.-Eroten 77 A 16
flieg. Eroten 239 A 16
D. Feldherr 106
Girlanden 170. 223 ff.
Nr. 97 und 98
Girlanden-neuzeitlich 227
Herakles 149. 609
Ilioupersis 155
Jagd Mattei I 94. 257
Jagd Mattei II 7. 94
Musen 108 A 10. 199 A 38.
200
Orest 171
Persephone 177. 178. 263
Perseus 180
Rhea Silvia 7. 184 f.
Säulens.-Rhea Silvia/Mars
77 A 11. 80. 142. 168 A 2.
184 f. 215. 264
Wagenrennen 124
– – Palazzo Merolli (ehem.?)
Alkestis 137 A 11
– – Palazzo del Monte Citorio
Girlanden 226 A 15
– – Palazzo Niccolini
bukolisch 119 A 34.
258 A 71
– – Palazzo Nuovo della Propaganda
Riefel-Musen/Weise
202 A 96. 204 A 20
– – Palazzo Poli
Alkestis 137
– – Palazzo Primoli
bukolisch 118
– – Palazzo Rondanini
Eroten 120 A 55. 122 A 19.
209
Eroten-Wettfahrt 210 A 38
Feldherr 106
Riefel-Musen 204 A 14
– – Palazzo Rospigliosi
Adonis 131 f. 261
Amazonen 139
dionys. 216 A 46. 360

Endymion 146 A 10. 261
Girlanden 111. 223 ff.
Nr. 101
K. A. Girlanden 499 A 27.
509 A 125
Jagd 94
Musen 199
Persephone 176. 263
— — Palazzo Sacchetti
dionys. 192
flieg. Eroten 239 A 16. A 17
— — Palazzo Salviati
Riefel-Wechselstube 122
— — Palazzo Senatorio
Säulens.-Musen 201.
204 A 13. 264
— — Palazzo Sforza Cesarini
Marsyas-Musen 158 f. 262
— — Palazzo Venezia
Eroten-Weinlese 70. 209
Riefel-Eros/Psyche
216 A 58
stehende Niken/Ganymed
241 A 41
— — Palazzo Volpi
Eroten-Wettfahrt 211 A 40
— — Pantheon
Girlanden 39
— — Piazza Margana
Musen 200
— — Quirinal
Girlanden 225 A 12
— — Sammlung Schneider
Säulens.-Musen 202 A 90
— — S. Agnese
Säulens.-Eros/Psyche 215.
217
D. Eros/Psyche-Mahl
216 A 57
flieg. Eroten 78 A 18. 85 f.
A 18. 214 A 8. A 21.
239 A 16
— — S. Cecilia
Meleager-Mahl 163
Riefel-Hochzeit 105 A 87.
A 94
— — S. Clemente
Girlanden 223 ff. Nr. 103
Hippolytos 151
— — S. Cosimato
Endymion 261
Musen 200
Persephone 177 ff. 266 A 83
— — S. Crisogono
Musen 198. 264
Riefel 65 A 6

— — S. Giovanni in Laterano,
Chiostro
Eros/Psyche 214 A 23
Girlanden 223 ff. Nr. 104
Riefel-Hochzeit 105 A 87
— — S. Lorenzo fuori le mura
Amazonen 140. 258 A 71
D. Aufzug 115
D. aus Kleinasien 273 A 3.
503 A 57. 557
att. Eroten-Weinlese 424 ff.
Nr. 53. 446 ff. 459
Hochzeit 101. 260. 628
Musen/Hirt 202 f.
— — S. Lorenzo in Panisperna
Säulens.-Jahreszeiten
77 A 12. 220 f. 265
— — S. Maria dell'Anima
flieg. Eroten 239 f. A 18
— — S. Maria Antiqua
Girlanden 223 ff. Nr. 106.
265
flieg. Niken 210 A 32.
239 A 4. A 5. A 8
christl. S. 205. 613 A 258
— — S. Maria in Aracoeli
Girlanden 223 ff. Nr. 105. 628
— — S. Maria in Domnica
Riefel-Eros/Psyche
214 A 19
Riefel-bukol. 118 A 30
— — S. Maria sopra Minerva
att. Herakles 40 A 56. 393.
435 ff. Nr. 28. 629. 634
— — S. Maria del Priorato
Musen 199
— — S. Paolo fuori le mura
Achill 86 A 26. 127.
258 A 71
bukolisch 118
Dachdeckel 71 A 60. A 61
Endymion 146 A 11
(Druckfehler: S. Seba-
stiano)
Eros/Psyche 214 A 29
Girlanden 223 ff. Nr. 107
und 108
att. Hippolytos 395
Musen 200. 203 A 9. 274 f.
A 34
Riefel-Musen 202 A 100.
204 A 16
Riefel-Lenos 81 A 13
Schlacht 260
Frgt. mit Sockelfries
274 A 28

— — S. Pietro, Grotten
S. des Iunius Bassus 4. 112
Girl. aus Ägypten (?)
273 A 10. 305 A 28. 579.
627
— — Necropoli Vaticana
Jagd 95
Riefel-Meleager 21 A 4.
166. 243 A 29
Urne 51 f.
— — S. Prassede
dionys.-Fälschung 634
— — S. Saba
Riefel-Ares/Roma 142 A 4
Eroten-Schmiede 209 A 26
Riefel-Hochzeit 98 A 9.
105 A 90. A 92
Musen 200. 203 A 10
— — S. Sebastiano
Bellerophon 143
bukolisch 259 A 76
christl. S. 88 A 34
Endymion Druckfehler
für: S. Paolo f. l. m.
Eroten 217 A 60. 238 A 2.
240 A 22
Riefel-Ganymed 88.
147 A 4
Jagd I 95. 258 A 67
Jagd II 95. 258 A 71.
610 A 218. 613 A 254
Riefel-Narkissos 167
Riefel-Büste 244 A 46
— — Schweizer Institut
flieg. Eroten 240 A 22
— — Sepolcro dei Scipioni
Berufe 121
— — Studio Canova
D. Apollon 141
Hippolytos 153
Meleager-Mahl 110 A 10.
164 A 34
— — Via Annia
prof. Rahmung 37 A 19
— — Via Bocca di Leone 17
Meerwesen 631
— — Via della Buffalotta
Riefel-Lenos 81 A 13
— — Via Cassia 910
Girlanden 75 A 16. 223 ff.
Nr. 109
— — Via Cassia
Tomba di Nerone 277
— — Via Condotti
Riefel-Eros/Psyche
214 A 15

Jagd 95. 258 A 67
— — Via del Corso 525
K. A. Eroten 509 A 125
Mahl-Sigma 109 A 1
— — Via della Croce 78 a
Girlanden 223 ff. Nr. 112
— — Via Giulia
Achill und Meleager/Fälschungen 634
Riefel-Fälschung 634
— –Via Nazionale, Amerikanische Kirche
Girlanden 223 ff. Nr. 110. 265
— — Via Poli 37
Girlanden 223 ff. Nr. 111
— — Via dei Portoghesi
Eroten-Clipeus 209 A 23
— — Via della Scala 28
Wettlauf 124 A 11
— — Via dell'Umiltà
Orest (?) 190
— — Via Officio Vicario 72
flieg. Niken 239 A 4
— — Via S. Stefano del Cacco
flieg. Eroten 239f. A 18. 631
— — Via Veneto
Musen 108 A 10. 200. 203 A 8
— — Vigna Codini
Adonis 131 A 5
— — Villa Albani
131 Peleus und Thetis
  98 f. A 15. 173.
  196 A 19. 218. 254.
  264. 622. 634
139 Persephone 178. 263
140 Alkestis 7. 136f. 261
292 kein S. 137 A 11
  Riefel-Ares/Aphrodite 142 A 4.
  243 A 28
  dionys. (?) 190
  Girlanden 223 ff.
  Nr. 81 und 82.
  265
  Hippolytos (früh)
  150f. 215 A 40
  Hippolytos (spät)
  153. 262. 474
  Säulens.-Hochzeit
  104 A 74
  Jahreszeiten 220
  Meleager-Tod 263
  Pelops 174 f.

Urne 51
  Wagenlenker 124
  Zweikampf 190
— — Villa Borghese
  Girlanden 135 A 6. 223 ff.
  Nr. 85
  Girlanden Frgt. 223 ff.
  Nr. 86. 265
  Lebenslauf 109 A 16
  Phaethon 66 A 9. 182 f.
  218 A 6
  S. des Prosenes 273 A 13.
  277. 293
  Frgt. mit Sockelfries
  274 A 28
— — Villa Celimontana
  flieg. Eroten 273 A 13. 277.
  293 A 74
— — Villa Cini
  Klinenmonument 59 A 15
— — Villa Doria Pamphilj
  (Nr. nach Calza, Villa Doria)
168 Amazonen 139. 261
169 Achill 128. 260
170 Achill 129
171 Adonis 131. 261
172 Alkestis 137 A 11.
  261
178 Bellerophon 143
182 Hippolytos 151.
  215 A 40
183 flieg. Niken/Herakles 149 A 13.
  239 A 10
188 Frgt. 161 A 1
191 Meleager-Heimtragung 165 A 50. 263
194 Parisurteil 172
196 Persephone 176. 263
197 Sieben gegen Theben 186. 264
198 ungedeutet 190
203 dionys./Mahl
  110 A 7
209. 210 dionys. 66 A 2
218 Girlanden-Meerwesen 65 A 7. 223 ff.
  Nr. 90
219 Girlanden-Opfer
  116 A 21. 223 ff.
  Nr. 91
220–222 Girlanden 223 ff.
  Nr. 92, 93 u. 94
223 Girlanden 65 A 7.
  223 ff. Nr. 95

224 Jagd 95
229 Jagd 259 A 76
232 Schlacht 91. 260
233 Schlacht 92 A 18.
  260
234 Niken-Eroten/Opfer
  241 A 39
236 Eroten-Schmiede
  209 A 26
238 Eroten-Jagd 211
239 Eroten-Wettfahrt
  210 A 35
257 Jahreszeiten/
  Endymion 145 A 9.
  241 A 40. 261
263 Riefel-Ares/Aphrodite 142 A 4.
  243 A 28
264 Riefel-Eros/Psyche
  214 A 12
266 Riefel-Architektur
  71 A 59. 75 A 16.
  243 A 23
267 Riefel-Musen 202
268 Riefel-Musen
  202 A 101
286 Tabula ansata
  38 A 33
287 Profile 37 A 19
291 Lebenslauf 106 ff.
  Nr. 8. 260. 604
292. 293 Musen 200
303 Landleben 118.
  119 f. A 43
313 bukolisch 118 A 23
364 Riefel-Hochzeit
  105 A 87
— — Villa Farnesina
  flieg. Niken/Tabula
  239 A 9. 277
— — Villa Giustiniani Massimo
  Achill 129
  Adonis 132. 261
  Riefel-Ares/Aphrodite
  142 A 4. 243 A 28
  Eroten-Waffen 186 A 2.
  209 A 27
  Musen 199 A 38
  Persephone 176. 263
— — Villa Madama
  Girlanden 223 ff. Nr. 96
— — Villa Medici
  Adonis 131 A 5
  Amazonen 140
  Riefel-Berufe 121

Eroten 427 A 21
att. Eroten 424 ff. Nr. 13
Girlanden 40 A 56. 223 ff.
Nr. 99
att. Hippolytos 395 ff. 458
Jagd 96. 258 A 67. 274 A 27
Musen 198 f. 264. 423 A 8
Opfer 116
Parisurteil 172. 264
Persephone 178 f.
Riefel 243 A 23
Schiffahrt 125
– – Villa Savoia
Säulens.-Hochzeit 86 A 21.
104 A 69. A 80. 106 A 98
Säulens.-Jahreszeiten 221.
265
– – Villa Sciarra-Wurts
dionys.-Fälschung 634
– – Villa Wolkonsky
Adonis 131 A 5
Girlanden 223 ff. Nr. 102.
265
Hochzeit 99 f.
Meleager-Mahl 163 A 30.
164 A 36
Phaethon 182 f.
Schiffahrt 125
Sieben gegen Theben
186 A 2
Rom – Umgebung, Via Appia, Casale dei Monaci
K.A. Girlanden 499 A 29.
509 A 125
– – Via Ardeatina, Casale S.
Giacinta
att. Hippolytos/Jagd 379 f.
396
D. Girlanden 227 A 20
– – Via Ardeatina, Villa Barberini
Hippolytos 150 A 1
– – Via Casilina, Tor Vergata
Ranken-Tabula ansata 39 f.
235
– – Via Casilina, Casale
Corvio
Ranken 39 f. 235
– – Via Castrimeniese, Selve
nuove
Hippolytos 152 A 31
– – Via Satricana, Casale di
S. Palomba
Hochzeit-Mahl 109 f. A 2
Romula/Dacia
lokale S. 341

Rostock, Universität
Adonis 131. 133. 261
Rouen
lok. Tabula 298 A 43
Rovinji, Dom
lokaler S. 285
Sabratha
Frgt. Sphinx 472. 580 A 3
Sagalassos/Pisidien
lokale S. und Ostoth. 481.
544 f.
Salamis/Cyprus
lokaler S. 560
Saint-Aignan, Chateau
Alkestis 72 A 70. 136 f. 261.
607
– – Église
lokaler S. 299
Saint-Germain-en-Laye, Musée des Antiquites Nationales
Meleager-Mahl 164 A 35
Saint-Gilles, Église Abbatiale
lokale S. 298
Salerno, Duomo
flieg. Eroten 292 A 51
lok. Girlanden 291 A 49. 292
lok. Meleager 163. 290
dionys. 290
Meerwesen 291
Riefel 291 A 48
att. Riefel 289. 446 ff.
Nr. 14
– – Museo del Duomo
Meerwesen 291
Salona, Grabungen
A 4161 lok. Tabula 321
prok. K. mit Tabula 319 f.
487 A 22
– – Manastirine
Säulens. 317 f.
prok. Profile 316. 487 A 17
Riefel 317
– – Sv. Kaja
Herakles 317. 322
Salzburg
lokale S. 305 f.
Samaria-Sebaste/Palaestina
lok. Eroten-Hippolytos (?)
472. 575
prok. Girlanden 490. 574
Samos
lokale S. 363
S. Canzian d'Isonzo, Parrochiale

lokaler S. 282
Sans, Saint Médard
Tabula/Eroten 298 A 34
San Simeon/Kalifornien,
Hearst Castle
Amazonen 138. 261
Girlanden 223 ff. Nr. 113.
274 A 25. A 29
Musen 199
Riefel, zweizonig 274
S. Maria Capua Vetere, Antiquario
Eroten aus Cales 291
flieg. Eroten 292 A 51
lok. Meleager 290
Sant'Elpidio a Mare, Collegiata
Jagd 95. 259 A 76. 267. 282
Sardes
lokale S. und Ostoth. 481 f.
519. 524
Sarno, unbekannter Aufbewahrungsort
Girlanden/Rahmung 39.
291. 293
Sassari, Museo Nazionale
Greifen-Stiere/Widder
237. 294
Jahreszeiten/Endymion
145 f. A 9. 295. 590 A 62
Kline-Mahl 111. 294
Savaria/Pannonia
lokale S. 323
Savona, Museo Civico
lok. Jagd (S. ?) 280
Sclafani, Cattedrale
dionys. 631
Scupi/Moesia Superior
lokale S. 336
Selçuk, Archäol. Museum
1589 att. Schlacht 405 ff.
Nr. 28. 457. 459
1610 S. aus Belevi 481.
519
4/4/74 prok. Girlanden
521
1/36/78 lok. Säulens.-
Musen 507. 523
att. Amazonen
391 A 14
att. Eroten 424 ff.
Nr. 74
att. Hippolytos 396
att. Schlacht 405 ff.
Nr. 29 und 30
att. Frgt. 418 f.

– – Tor der Verfolgung
  att. Eroten-Weinlese 424 ff.
  Nr. 52. 459
Selçuk – siehe auch Ephesos
Seleukeia/Syria
  lokale S. 473. 569
Selge/Pisidien
  Kopie prok. Girl. 490. 544
Selymbria/Thracia
  lokale S. 345
Šempeter
  lokale S. 306
Sepino
  lokaler S. 292 A 65
Sesto Fiorentino, Villa Corsi-Salviati
  Riefel-Musen 204 A 17
Settimo, bei Florenz, S. Giuliano
  Girlanden 223 ff. Nr. 114. 265
Sevastopol, Historisch-Archäol. Museum
  Girlanden 228. 269. 559
  Girlanden/Kline 559
  Herakles 269. 559
Sevilla, Museo Arqueológico
  Eroten aus Mulva 308. 310. 472
Sfax, Museum
  att. Meleager 311. 400 ff.
Šibenik, Museum
  att. dionys. 421 A 31
Side, Museum
  72   att. Amazonen 390 A 1
  108   K. A. Eroten 501 A 41
  109   att. Eroten 373. 424 ff. Nr. 24. 459 (Druckfehler: 23)
  118.576/77. 578 K. A. Säulens. 503 A 57
  169   pamph. Ostothek 481. 540
  216   K. A. Girlanden 499 A 24
  244   att. dionys. 421 A 31
  575   K. A. Eroten 501 A 41
  822   att. Amazonen 391
  80-2-1 lok. Girlanden 489 A 28. 541 f.
  2.8.73 K. A. Eroten 501 A 41
  att. dionys. 420

S. mit Grabesportal 481
  att. Klinendeckel 373 A 68
S. mit Kränzen/Adler 481. 540
  lokale S. 540 ff.
  pamph. Ostotheken 542 f.
Sidon
  Bleisarkophage 560. 570 ff.
  lok. Meerwesen 269. 564
  lokale S. 471. 473. 564 f.
Sidyma/Lykien
  lokale S. 538
Siena, Museo Archeologico
  Jagd 95. 280
  Musenrelief Chigi 198 A 12
Silistria/Moesia Inferior
  S. aus Durostorum 338
Silivri
  S. aus Selymbria 345
Singidunum/Moesia Superior
  lokale S. 332 f.
Siphnos
  att. Girlanden 435 ff. Nr. 7
  Girlanden 364
  att. Klinen-Riefel 446 ff. Nr. 15
Sisak-Siscia
  lokale S. 329
Sirmium
  Bleisarkophage 330
  lokale S. 330 f.
Skopelos, Aloupe
  att. Klinen-Riefel 446 ff. Nr. 16
– – Hagios Michael
  Girlanden 362
– – Panhagia Eleutherotria
  Girlanden 362
Skoplje, Museum
  att. Frgt. 332. 336. 421 A 31
  Ostothek-Girlanden 349
  lokale S. 336
Skripou, Privatbesitz
  Girlanden 359
Smyrna
  lok. Girlanden 521 ff.
Skyros
  att. Deckel 371 A 38
Sočamica
  lokaler S. 336
Sofia, Nationalmuseum
  att. Deckel 336 A 1

S. aus Markianopolis 338 A 22
D. aus Melta 338
S. aus Ratiaria 335
  lokaler S. 343
Sopianae/Pannonia
  lokaler S. 327 f.
Sorrent, Museo Correale
  lok. Amazonen 138 A 1. 290
  Säulens.-Musen 202 A 90
  lok. Philosophen 205. 291
  lokale S. 291 f.
– – Curia Arcivescovile
  Amazonen 290
  dionys. 290
Sparta, Museum
  30   lok. dionys. 362
  34   att. (?) Eroten 399 A 12 (Druckfehler: 30)
  35. 498 u. a. lok. Amazonen 361. 391
  48. 6565. 6716 lok. Girlanden 362. 435 A 1
  290   att. Girlanden 435 ff. Nr. 74
  307   att. Eroten 424 ff. Nr. 6. 435 ff. Nr. 23
  322/23. 402 att. Achill 384. 388 f.
  538. 6257 lok. Eroten 361 f.
  708   lok. Eroten-Palästra 362. 426. 427 A 21. 474
  987   att. Amazonen 361
  6255. 6719 att. Schlacht 405 ff. Nr. 59 u. 60
        att. antith. Böcke 446 A 31
        lok. D. Frgt.e 362
        att. dionys. 420 ff. 459
        att. Eroten 424 ff. Nr. 77
        lok. Girlanden 362
Split, Archäologisches Museum
  A 148 = D 20
  A 393 u. D 86 lok. Dachd. 322
  A 782 Riefel/Tabula 320. 487 A 17
  A 1076 att. Meleager 26 A 7. 401 f. 458

A 1654 lok. Eroten/Tabula
319. 489 A 24
A 4850 lok. Dachd. 322
D 3 u. D 4 Eroten-
Greifen 321 f.
D 13 Guter Hirt 318 f.
487 A 13. A 17
D 20 Tabula ansata/
Jahresz. 319.
487 A 22
D 29 Hippolytos 152.
205. 609
D 50 att. dionys. 421.
459
D 89 Kampf um Troja
316 f. 474
D 90 att. Eroten-Wein-
lese 424 ff.
Nr. 54
D 94 Endymion 317
D 97 u. D 175 att. Achill
384
D 243 lok. Säulens. 318
D 295 lok. Jagd 322
D 367 u. 368 lok. Dachd.
320
D 404 att. Eroten 424 ff.
Nr. 58. 459
D 405 att. dionys.
421 A 31
D 426 att. Schlacht 405 ff.
Nr. 61
D 446 u. 449 Kline-Mahl
109 f. A 2
D 483 lok. Dachd. 320
Achill 316. 474
att. Achill (?) 385 f.
att. Eroten 424 ff.
Nr. 28. 459
Eroten/Tabula 320
Girlanden 317.
474
Hermes-Eros 322
Frgt. Porphyr 579
K. A. Säulens. 309.
503 A 57
att. Schlacht 405 ff.
Nr. 62-64
S. aus Kalkstein
von Brattia 320 f.
– – Casa Geremia
att. Kentauren 398 f.
– – Depot der Grabungen
att. Schlacht 405 ff. Nr. 65
– – Institut für Nationale
Archäologie

att. dionys. 421 A 30
– – beim Mausoleum Dio-
kletians
Säulens. 322
Riefel-Tabula 320
Spoleto, Museo Civico
Inschrift/Rosetten 37. 280 f.
lokale S. 279
– – Duomo
Girlanden 223 ff. Nr. 115
– – Palazzo Campello
lok. Meerwesen 279
– – Piazza del Duomo
Jagd 95
Sremska Mitrovica, Archäolo-
gisches Museum
A 13 Tabula-Büsten
321 A 76.
330 A 103
S. aus Sirmium 330 f.
Štip, Museum
att. dionys. 421 A 31
att. Hippolytos 397
Stockholm, Nationalmuseum
Wagenfahrt 114 A 4
– – unbekannter Aufbewah-
rungsort
Girlanden 223 ff. Nr. 116
Straßburg, Musée Archéolo-
gique
lokaler S. 303
Stratonikeia/Karien
lokale S. 494 f. 525 f.
Stuttgart, Württembergisches
Landesmuseum
Kline-Toter 113. 185. 260.
604
Subiaco, S. Scolastica
dionys. aus Kleinasien 269.
273 A 6. 502. 527 f. A 42.
529. 557
Sungurlu
lok. Girlanden 555
Sutri, Municipio
Riefel-Hochzeit 105 A 87.
A 91. A 96
Profile 32 A 22
Syrakus, Museo Nazionale
843. 842 Eroten 289.
427 A 21. 475
844 att. dionys. 289
845 lok. Jagd 293
13927. 42018. 50196/97
lok. Girlanden 293
33023 Heimtragung
419 A 54

Urne 44 A 34
Székesfehérvár, Museum
S. aus Csákvar 326
Szentendre
S. aus Ulcisia Castra 325
Szöny
S. aus Brigetio 324 f.
Szombathely
S. aus Savaria 323

Tabai/Karien
lok. Girlanden 496. 527.
528 A 48
Tać
S. aus Gorsium 326 f.
Taormina, Museo del Teatro
att. Achill 289. 385 f. 388
Eroten-Thiasos 208.
216 A 49
Tarent, Museo Nazionale
lok. Girlanden 289. 435 A 1
att. Schiffskampf 289.
410 ff. Nr. 8. 459
Tarquinia, Museo Nazionale
Endymion 261
– – S. Giovanni Battista
lok. Riefel 279
Tarragona, Museo Arquelógi-
co
att. Hippolytos 309. 394 ff.
458
Persephone 309
att. Schlacht 309. 405 ff.
Nr. 49
Riefel-Inschrift 244 A 48
– – Museo Paleocristiano
Musen 309
Tabula ansata 37 A 24. 309
Tarsos/Kilikien
lok. Girlanden 551 f.
Tartous, Museum
S. aus Laodikeia 495 A 82.
567 A 82
Taurunum/Pannonia
lokaler S. 331
Teano, Duomo
lok. dionys. 85. 290
Tebessa
Meleager 163 A 23
Musen 200
Tegea, Museum
lok. Achill-Hektor 360.
387. 474
att. Achill 388 A 77
lok. Girlanden 360 f.
– – beim Athena-Tempel

lok. Profile 360. 453
Tekirdağ, Museum
   Frgt. aus Aproi 344
   S. aus Bizanthe-Rhaidestos
     344
   S. mit Reliefs 344 f. 363
Termessos/Pisidien
   att. Achill 384. 388. 544 A 1
   antith. Greifen u. Löwen
     473. 547
   lokale S. 546 f.
Terni, Museo Archeologico
   D. Eroten-Wagenrennen
     279
  – – Biblioteca
   lok. Eroten 279
   Riefel-Clipeus 120 A 50
Terracina, Museo Civico
   Achill 128. 276 A 4
  – – Palazzo Comunale
   lok. Girlanden 279. 292
   Tabula ansata 281
Thasos
   lokale S. 349 f. 351 f.
Theben, Museum
   100 att. Eroten/Hippolytos 395 A 31. 424 ff. Nr. 78
   109 att. Orest 402 f. 459
   219 att. Achill 389. 458
   1008 att. dionys. 421 A 30
        att. Frgt. 419
        att. Girlanden 435 ff. Nr. 75 und 76
        lok. Girlanden 359
        att. Kassetten 452
        att. Ranken 442 f. Nr. 4
  – – Hg. Georgios Theologos
   att. Profile 453 Nr. 9
  – – Hg. Loukas Nekrotapheiou
   lok. Kassetten 359. 452. 474
Thespiai, Archäol. Sammlung
   att. (?) Girlanden 435 ff. Nr. 77, 86 und 87
   verschollene Frgt.e 359. 474
Thessaloniki, Archäologisches Museum
   229 att. Amazonen 391 A 14
   261. 10757. 10777. 11460. P 19 u. a. lok. Ostotheken 354. 356
   276 att. Amazonen 391 A 14

277 att. Girlanden 435 ff. Nr. 17
283 att. Amazonen 389 f. 391 f. 458
284. 285. 1763. 5682. 5685. 5690. 5700. 6620. 6622. 10906. P 74. P 103. lok. Girlanden 350 A 56. 351. 352 A 77. 353. 355 f.
1205 att. Greif/Stier 445 A 28
1209 att. Schiffskampf 410 ff. Nr. 9. 459
1245 att. Amazonen 391 f. 445. 458
1246 att. Schiffsk./Meleager 400 ff. 410 ff. Nr. 18. 416. 458 f.
1247 att. dionys. 398 f. 421 f. 457. 459
1248 att. Eroten 350. 369 A 6. 424 ff. Nr. 19. 427 A 21. 435 ff. Nr. 27. 461
1718 lok. Totenmahl 351 A 71. 352. 356
1719. 1720. 1721. 1832. 5672. 5673. 5674. 5679. 5683. 5684. 5688. 5693. 5697. 5699. 5701. 5705. 10811. 11041. P 63. P 71–73. P 83. P 86. P 92 u. a. lok. Profile und/oder Inschrift 351 ff. 355 f.
1722 S. der Annia Tryphaina 353 ff.
1833 lok. Rahmung-Inschrift 352. 355
1942 lok. Rahmung-Büsten 352. 355
3329 att. Meleager 379 A 3. 401 f. 458
3330 att. Hippolytos 395
4544 Klinens.-Inschrift 354 f. 449 f.
5671. 5680. 5691. P 76 u. a. S. aus Assos 350. 518
5675 att. Profile 453 Nr. 10
5676. 5677. 5686. 11456. P 93. P 97 lok. S. mit kleinen Reliefs 351 ff. 355 f.
5697 Rahmung-Büsten 352
5698 prok. Profile 346. 350 f. 489 A 25
5703 S. des T. Klaudios L. 353. 355
6602. 6622 att. Girlanden 435 ff. Nr. 79 und 80
6687 att. Eroten 424 ff. Nr. 48. 457. 459
10065 S. der Klaudia Neikop. 355
10234 att. Kentauren 398. 435 ff. Nr. 24. 459
P 36 att. Amazonen 399 A 12
P 102 att. Girlanden 426 A 16. 435 ff. Nr. 78
P 116 att. Orest (?) 367 A 20. 418. 459
P 139. 147 att. Meleager 399 ff. 458
   Dachd. mit Eros 299 A 52. 354
   Dachdeckel-Büsten 354
   att. Eroten/Girl. 424 ff. Nr. 79. 435 ff. Nr. 41
   att. Eroten 424 ff. Nr. 85
   att. Eroten-Weinlese 424 ff. Nr. 51. 459
   att. Meleager 400 ff.
– – Hagios Demetrios
   S. aus Assos 350 f. A 62. 518
– – Orthodoxer Friedhof
   lok. Profile 351 f. 356 A 140
Tibiscum/Dacia
   lokaler S. 333. 342
Timgad
   lok. Girlanden 312 A 22
   lok. Profile 41 A 64. 312 A 27
   lok. Ranken-Eroten-Büste 312
Timișoara, Museum
   S. aus Tibiscum 333. 342
Tipasa, Archäol. Park und Museum

Säulens.-Hochzeit 77 A 14.
104 A 72. A 77. 268
Meerwesen 196. 268
Pelops 174 f. 264. 268
Tirana, Nationalmuseum
att. Achill 384
Tire, Museum
lokale S. 520 f.
Tithoreia
lok. Profile-Tabula 360.
453
Tivoli, Casale Silvestrelli
Riefel-Wanne 279
– – Villa d'Este
Profile 37 A 19
Riefel 279
Tlos/Lykien
lok. Klinendeckel
507 A 105. 539
Todi
Riefel-Wanne 279
Tomi/Moesia Inferior
lokale S. 337. 339 f. 489 f.
Torcello, Duomo
lok. Eroten 285. 474
Toronto, Royal Ontario Museum
924.16.18–20 K. A. Amazonen 501 A 43
925.23.21 Girlanden 223 ff.
Nr. 117
947.26 Amazonen 138 f.
959.17.14D Parisurteil 172
959.17.25 Meleager-Mahl
110 A 12. 163 A 30
Tortona, Cattedrale
lok. Phaethon 286. 331
Traianoupolis
prok. Girlanden 344
Tralleis
lokale S. 526 f.
Trapani, S. Nicola
lok. Eroten-Wettkampf
212 A 57. 292
Trets, Église
Deckel 297 A 17
Treviso
Girlanden 223 ff. Nr. 118
Profile 285 A 35
Trier, Rheinisches Landesmuseum und St. Matthias
lokale S. 302 f.
Triest, Museo Civico
att. Achill 384
att. Amazonen 391. 458
att. Frgt. 418

lok. Girlanden 282.
490 A 46
att. Hippolytos 395
att. Kentauren (?) 399 A 12
att. Schiffskampf 410 ff.
Nr. 19. 416. 459
att. Schiffskampf (?) 410 ff.
Nr. 21
Tripolis/Africa
lok. Deckel 472. 580
Tripolis/Syria
lokale S. 567 f.
Trogir, Städtisches Museum
att. Achill 384
att. dionys. 420
Tunis, Bardo Museum
C 907 Amazonen
       311 A 10 472
C 909 Heimtragung
       (S. ?)
       419 A 54
C 968 Mahl-Stibadium
       110 A 8
C 1009 flieg. Eroten
       312
C 1113 Musen 200
C 1115 Säulens.-Jahresz. 148 A 6.
       221
C 1443 Aufzug
       103 A 55
C 1476 lok. Jahreszeiten 219. 312
C 2992 lok. Edymion
       312
C 3158 Hochzeit 105
Turin, Museo Archeologico
Iason 98 f. A 15. 153 f.
Profile 287
Tyana/Kappadokien
lok. Fries 556
Tyros, Grabungen
328   att. Achill 385 ff. 458
330   att. Hippolytos
      372 A 45. 394 ff. 458
605   lok. Mänaden 473.
      562 f. 567
1133 att. dionys./Girlanden 420. 424 ff.
      Nr. 45. 435 ff. Nr. 29.
      459
2772 att. Amazonen 389 f.
      390 A 1. 391. 458
      S. aus Ägypten 562.
      579

att. Achill 384 ff.
Bleisarkophage 560.
570 ff.
S. aus Assos 518. 562
lok. Girlanden 500.
562
stadtröm. Hippolytos 152. 563
lok. Klinen-Riefel
459. 472 f.
507 A 105. 563
att. Schiffskampf
373 A 64. 410 ff.
Nr. 10. 445 f. 459
att. Schlacht/Achill
378. 388 f. 405 ff.
Nr. 66. 457. 459
att. Schlacht 405 ff.
Nr. 67. 459
lokale S. 487 ff.
562 f.
Üskübü/Bithynien (jetzt Konuralp)
lok. Girlanden 483. 510
Ulcisia Castra/Pannonia
lokaler S. 325
Ulpianum/Moesia Superior
lokaler S. 336
Ulpia Traiana Sarmizegetusa/Dacia
lokale S. 342
Urbino, Palazzo Ducale
Platte-Bildhauer 85 A 7.
121
Uşak, Museum
lokale S. 532
Ussana, Chiesa Parocchiale
flieg. Eroten 240 A 19. 295
Varna, Archäol. Museum
att. Achill 336. 384
att. Amazonen 336
S. aus Markianopolis
338 A 22
S. aus Odessos 337 f.
490 A 45
K. A. Säulens. 336. 503 A 57
Vasto, Museo Civico
Profile 25 A 3. 37 A 19.
38 A 27. 65
Vathy/Samos, Museum
lok. und ephes. Ostotheken
363. 493. 519 A 5
Vatikan, Museen
109a   Urne 52 f.

166	Greifen-Ranken 235. 237. 265		261. 606f. 609	2422	Musen 66f. A 9. 108 A 10. 200
237	S. der Constantina 273 A 11. 578	1224	Meleager-Heimtragung 165. 263	2465	Protesilaos 7f. 184. 264
238	S. der Helena 273 A 11. 578	1256.1258	Nss. Philosophen 203 A 5	2608	Urne 50
268	Hochzeit 99	1257	Säulens.-Achill 77 A 11. 80. 129. 260	2635	Niobiden 117 A 3. 169. 263
290	Kentauren 155. 269. 274. 502. 557. 634	1345	Berufe 121	2796	Leukippiden 157f. 262
468(?)	Girlanden 223 ff. Nr. 69. 265	1365	Klinenmonument 60 A 23	2829	Endymion 72 A 70
549	Giganten 147. 255 A 34. 264	1370	Berufe 121	3107	Klinenmonument 60
565	Klinenmonument 60 A 23	1445.1447	Girl./Meerwesen 223 ff. Nr. 74 und 75. 264f.	3262	Riefel-Berufe 121
741	Persephone 176. 263	1449	Girlanden 223 ff. Nr. 76	3462	att. Hippolytos 396
866	Hochzeit 100f. 104 A 71. 105	1545	Adonis 132f.	3495	att. Musen 423
942	Feldherr 87. 88 A 22. 106. 167. 260	1604	Magistrat 103 A 55. A 58	9245	Adonis 131 ff. 261
871	Musen 201. 203 A 11	1608	Girlanden-Marsyas 158. 223 ff. Nr. 77	9482	att. Faustkämpfer 381. 458
874	Meerwesen 196	1632	Lebenslauf 106ff. Nr. 10. 260	9495	Wettkämpfe 124
878	Klinenmonument 59 A 15f.	1667	Urne 52	9504	,Plotin-'S. 4. 200. 204f. 257
879	Jahreszeiten 221	1711	Aktaion 135	9516	Riefel-Musen 202
896	Amazonen 139. 261	1737.1735	Amazonen 138f. A 8	9523	Philosophen 205
900	Amazonen 139	1873	Lebenslauf 106ff. Nr. 9. 260	9538/39	Kline-Mahl 65. 71 A 68. 111f. 121f. 610 A 218
913.916	Nss. Rhea Silvia 185 A 2	1921	K. A. Eroten 501 A 41. 509 A 125	9558	Rhea Silvia-Endymion 185
914	Säulens.-Musen 201. 203 A 11	1965	Phaethon 181. 264	9559	Adonis 133
933	Amazonen 139. 266	2077	Hippolytos 153	9813/14. 9815/16	Urnen 49 A 83. 50f.
973	Schiffahrt 125. 609	2165	Mahl 110	9819/20	Urne 47f.
983	Inschriftblock 38 A 29	2341	Pelops 174f. 254. 264	9856	Grabrelief 59f. A 16
987	dionys. 274	2348	Eroten-Wettfahrt 65 A 10. 85. 210 A 36	9874. 10062	Girlanden 223 ff. Nr. 78 und 79
993.992	Riefel-dionys. 256 A 50	2351.2356.2358	Eroten-Wettfahrt 210 A 36	10399 B. 10400	Hippolytos 96. 133. 151. 215 A 40. 262. 266
1111	Riefel-Löwen 75. 242	2364	Eroten-Wettfahrt 70. 210 A 36	10404	Meleager 162. 262
1191	S. des L. C. Scipio 37. 249	2398	att. Achill (?) 385f.	10408	D. Oidipous (zu 10409) 170
1195	Alkestis-Euhodus 67 A 12. 72 A 73. 85 A 5. 136f. 239 A 9. 254f.			10409	Adonis 132f. 151. 256. 261

Register

10425 dionys. 194
10428 dionys. 192
10435 Eroten-Weinernte 67 A 13
10437 Niobiden 70 A 51. 169. 254. 263
10443 Girlanden 67 A 13. 70 A 36. 211 A 40. 223 ff. Nr. 80. 254. 265
10450 Orest 171. 254. 263
10519 Urne 46
10529 Urne 52
10536 Berufe 85. 120. 121
10591 Urne 50 A 95
10609 Kentauren 238. 265
10694. 10696 Urnen 49 f. 51 A 109
20295 flieg. Eroten 238 ff.
20296 Girlanden-Inschrift 224 A 4. 273 A 13. 277. 293
20303 S. aus Granit 273 A 9. 579
Achill 128 f.
Adonis 132
Amazonen 140 A 30
bukolisch 119 f. A 34. A 43. A 45
christl. S. (Lat. 26) 106 A 98
D.-Inschrift-Büsten 69 A 33. 70
dionys. 65
Endymion 261
flieg. Eroten 240
Eroten-Jagd 211 A 45
Eros/Psyche 213 A 3. 214 A 13. A 18. 216 A 59
Eroten-Opfer 211

Eroten-Schifffahrt 210 A 30. A 32. 216 A 55
Eroten-Thiasos 212 A 68
Eroten-Weinlese/Keltern 209 A 21. A 23
Eroten-Wettfahrt 210 A 36
Frgt., datiert 238 n. Chr. 256 A 51
Frgt., datiert 276 n. Chr. 258
Riefel-Ganymed 147 A 3. 243
Girlanden 113. 223 ff. Nr. 66, 67, 68, 70, 71, 72 und 73. 265
K. A. Girlanden 499
Herakles 148
K. A. Herakles 286 A 47. 503 A 57
Säulens.-Herakles 148 A 3. 261
Riefel-Hochzeit/Narkissos 105 A 89. A 95. 167. 243 A 35. 260
Kinder-Spiel 212 A 65
D. Mahl 110 A 15
Relief Mahl 111 A 16
Marsyas 158 f.
D. Medea 98 f. A 15. 160 A 5
Meerwesen 196
Musen 199 A 38. 200. 203 A 9
Riefel-Nike 168 A 7
Orest 263
Persephone 176 A 19. 178 f.
S. von Via Salaria 205

Prometheus 183 f.
Tabula ansata 38 A 33
Urne der Livilla 42
Urne Gall. Cand. I 61 47 f.
Unterwelt 188 A 2
Wagenrennen 123
Weinlese (Lat. 191 A) 119. 209. 259 A 76
Wettkämpfe 124 A 9
Velletri, Museo Civico Säulens.-Unterwelt 21 A 6. 67. 77. 116 f. 137. 147. 149. 177. 184. 189. 227. 274. 507. 605. 614. 622 A 13
— — Cattedrale Wanne-Eros/Psyche 278 Urne 49 A 82
Vence, Cathédrale Riefel 296
Venedig, Museo Archeologico 44. 156 Urnen 46 167 Girlanden/Persephone 175. 223 ff. Nr. 119. 263. 265
Kleobis-Biton 7. 83 A 3. 108. 156. 264. 608
Niobiden 169. 263
K. aus Salona 282. 320 A 64
att. Schiffskampf 367 A 20. 410 ff. Nr. 11. 459
Vercelli, Museo Leone lok. Profile 287
Verschollen
ehem. Arles: Deckel 299
ehem. Arles: Riefel 297
ehem. Avolsheim: Tabula/Eroten 303
ehem. Besançon: Deckel 299 A 56
ehem. Cannes: Achill 129 A 26
ehem. Cannes: Alkestis 136 f. 261

ehem. Debrecen: S. aus
 Aquincum 326 A 43
ehem. Ephesos: att. Eroten
 424 ff. Nr. 65 a
Verschollen, ehem. Florenz,
 Conte Gherardesca
 Girlanden-Odysseus 170.
 223 ff. Nr. 122
– – ehem. Florenz, Giardino
 Boboli
 Achill-Hektor 130
– – ehem. Florenz, Palazzo
 Antinori
 Alkestis 137 A 11
 dionys. 216 A 45
– – ehem. Florenz, Palazzo
 Rinuccini
 Hochzeit-Jagd 99 f. A 21.
 133 A 25
– – ehem. Florenz, S. Pancrazio
 Säulens.-Herakles 148 A 3
– – ehem. Florenz, gemalt in
 S. Maria Novella
 att. Eroten 366 A 1. 424 ff.
 Nr. 21. 629
Verschollen
 ehem. Frascati: Klinenmonument 59 A 15
 ehem. Izmir: att. Kentauren
 399 A 12. 415. 514 A 3
 ehem. Köln: Alkestis 301
Verschollen, ehem. Kunsthandel Basel
 Säulens.-Jahreszeiten 219
 Persephone 176
 att. Schlacht 405 ff. Nr. 43
– – ehem. Kunsthandel
 Frankfurt
 Meleager-Heimtragung
 164 A 37
– – ehem. Kunsthandel
 Genf
 Musen Lansdowne 197 A 7.
 199. 203 A 7
– – ehem. Kunsthandel London
 Achill 129 A 26
 Achill-Priamos 130
 att. (?) Eroten 429 A 39
 Girlanden 223 ff. Nr. 131
 Girlanden-Fälschung 227
– – ehem. Kunsthandel Los
 Angeles
 Kentauren (früher Rom)
 156 A 11

– – ehem. Kunsthandel Rom
 att. Amazonen 390 A 1.
 391 A 14
 flieg. Eroten-Eros/Psyche
 214 A 24
 Fälschungen: Feldherr, Medea, flieg. Eroten, Tabula
 634
 Girlanden 223 ff. Nr. 128,
 129 und 132
 Girlanden-Medea 159 A 1.
 223 ff. Nr. 121. 262. 265
 Girlanden-Meerwesen
 196. 223 ff. Nr. 136
 Kentauren (nicht antik?)
 156 A 11
 Lebenslauf 106 ff. Nr. 12.
 260
 Marsyas 290
 Säulens.-Musen 202 A 90
 Persephone (angebl. Boston) 176 A 19
 D. Philosophen 205 A 33
 Prometheus 183 A 1
 Riefel 22 A 25
 Urne 48 A 71
– – ehem. Kunsthandel
 Schweiz
 Girlanden 223 ff. Nr. 135
 att. Kentauren 399 A 12
 Medea 159 f.
– – ehem. Kunsthandel Wien
 Achill-Priamos 130
 Girlanden-dionys. 223 ff.
 Nr. 127. 265
– – ehem. Kyrene
 att. Amazonen u. Jagd 379
 att. Riefel 451
– – ehem. La Gayolle
 att. Orest 377. 403 f. 424 ff.
 Nr. 16. 459
– – ehem. Ljubljana
 lok. Girlanden 329
– – ehem. Lyon
 dionys. 296
– – ehem. Mannheim
 S. aus Neuß 301
– – ehem. Marseille
 Riefel 297
– – ehem. Medina Sidonia
 Meerwesen 308
– – ehem. Padua
 att. Meleager 399 ff. 424 ff.
 Nr. 31
– – ehem. Paris, Sammlung
 Sambon

Persephone 178. 263
Urne 46 A 53
– – ehem. Petalidi
 att. Eroten 424 ff. Nr. 86
– – ehem. Remagen
 lokales Frgt. 302
– – ehem. Rhodos
 att. Dachdeckel 421 A 37
 att. Frgt., ungedeutet 418
– – ehem. Rom, Cecilia Metella
 Greifen-Eroten 236 A 8
– – ehem. Rom, Museo Kircheriano
 Landleben 119 A 43
– – ehem. Rom, Palazzo Camuccini
 Girlanden 223 ff. Nr. 125
 und 126
 K. A. Girlanden 499 A 29.
 509 A 125
– – ehem. Rom, Palazzo Castellani
 Aktaion 135 A 1
 Schauspieler 123
 Theseus 187
– – ehem. Rom, Palazzo Circi
 Greifen-Eroten 236
– – ehem. Rom, Palazzo Colonna
 Endymion-Klinendeckel
 60
– – ehem. Rom, Palazzo
 Giustiniani
 att. Eroten 366 A 1. 424 ff.
 Nr. 65
 Eros/Psyche 214 A 24
 Klinenmonument 59 A 15
– – ehem. Rom, Palazzo
 Raggi
 Girlanden 223 ff. Nr. 130.
 274 A 26. A 30
– – ehem. Rom, Palazzo Rusticucci
 Girlanden/Granit 273 A 10
– – ehem. Rom, Palazzo
 Sciarra
 Meleager-Heimtragung
 164
– – ehem. Rom, Palazzo
 Sterpini
 Girlanden-Meerwesen
 223 ff. Nr. 137. 265
– – ehem. Rom, Palazzo
 Vaccari-Bacchettini

Eroten-Schiffahrt 210 A 30.
216 A 55
Jagd 97
– – ehem. Rom, Palazzo
Valle-Capranica
Kentauren 155
– – ehem. Rom, Piazza Pollarola 43
Girlanden 227 A 23
– – ehem. Rom, Privatbesitz
Girlanden-Meerwesen
223 ff. Nr. 138
– – ehem. Rom, Sammlung
P. Hartwig
Achill-Priamos 130. 260
Persephone 176 A 19
att. Schlacht 405 ff. Nr. 69
– – ehem. Rom, Sammlung
Scalambrini
Musen 199
– – ehem. Rom, Sammlung
Stettiner
Achill-Priamos 130
– – ehem. Rom, Sammlung
Woodyat
Musen 198. 264
D. Philosophen 205 A 33
– – ehem. Rom, S. Maria sopra Minerva
Hippolytos 153
– – ehem. Rom, Studio Altini
Berufe 121 A 6
Girlanden 225 A 11
– – ehem. Rom, Studio Carimini
Girlanden 225 A 12
– – ehem. Rom, Via Latina
Achill 129 A 26
– – ehem. Rom, Via Margutta
K. A. Amazonen 509 A 125
– – ehem. Rom, Via Salaria
Riefel-Ares/Aphrodite
142 A 4. 243 A 28
– – ehem. Rom, Vigna Casali
Ilioupersis 155
Girlanden 224 A 5
– – Vigna Codini
Girlanden 225 A 14
– – Vigna Guidi
Adonis 131 A 5. 133 A 21
– – ehem. Rom, Vigna Jacobini
att. Achill 382 ff. 388

– – ehem. Rom, Vigna Pacca
Musen 198. 264. 423 A 8
– – ehem. Rom, Villa Borghese
Amazonen 139
Girlanden 225 A 10
Marsyas 158 A 8
– – ehem. Rom, Villa Carpegna
Achill 128 A 14. 129 A 26
– – ehem. Rom, Villa Gentili
att. Achill 388
– – ehem. Rom, Villa Ludovisi
Iason 98 f. A 15
– – ehem. Rom (Zeichnung in Escorialensis)
Girlanden-Meerwesen
223 ff. Nr. 123
– – ehem. Rom (Zeichnung von Heemskerk)
Girlanden-Meerwesen
223 ff. Nr. 124
– – ehem. Rom (Stich von Piranesi)
Girlanden 223 ff. Nr. 133
– – ehem. Rom
Wettkämpfe 124
– – ehem. Spanien
Phaethon 308
– – ehem. Sparta
att. Schiffskampf/Hippolytos 393 A 3. 410 ff.
Nr. 12. 459
– – ehem. Thessaloniki
Girlanden 353
– – ehem. Trier
lokale S. 302
– – ehem. Vatikan, Gärten
Unterwelt 189
– – ehem. Velletri
Meleager-Mahl 164 A 36
Riefel-bukolisch 118 A 30
– – ehem. Venedig, L. Seguso
Amazonen 65 A 6. 139
– – ehem. Verona
Kline-Toter 112 f. A 37
– – ehem. Volterra, S. Giovanni, Battistero
Riefel-Narkissos 167.
217 A 60
– – ehem. Wien, Sammlung
Trau
Girlanden 223 ff. Nr. 139.
278 A 23

– – gezeichnet von A. Aspertini
Adonis 133
– – gezeichnet im Coburgensis
Marsyas 158
– – gezeichnet im Dal Pozzo
Achill 128. 260
Riefel-Ares/Aphrodite
142 A 4. A 7
att. Eroten 424 ff. Nr. 17.
459
Eroten-Hygieia/Asklepios
245
Girlanden 223 ff. Nr. 134
Girlanden/Tabula 39
Kline-Mahl 111 A 22
Kline-Toter 112. 260
Meerwesen 81 A 12
Säulens.-Meleager 79. 166
Meleager-Mahl 112.
164 A 36
Säulens.-Musen 77 A 13.
201
Säulens.-Musen 201.
203 f. A 12
D. Philosophen 205 A 33
Schauspieler 122 f.
Urne-Tabula 113
– – Gemälde von J. Lemaire
Persephone 176 A 20
– – Gemälde
Greifen 237 A 10
Verona, Museo Archeologico
dionys. 70
Lebenslauf 107 A 6.
109 A 16
Musen 200
Phaethon 182. 218 A 6
Riefel 282
Vicenza, Museo Civico
Profile 285 A 35
Vicovaro
Riefel-Hochzeit 105 A 87
Vienne, Musée
Tabula/Eroten 41 A 63.
298 A 34. 299
Viminacium/Moesia Superior
lokale S. 333 ff.
Vinkovci, Museum
S. aus Cibalae 330
Viterbo, Museo Civico
Girlanden 223 ff. Nr. 120
Riefel 279
– – Piazza del Comune
Jagd 95. 97

Volos, Museum
  lok. Girlanden u. Urnen
  347

Warschau, Nationalmuseum
  143217 Greifen-Eroten
    236. 265
  143418 att. Achill 384.
    419
  198386. 199385 Girl.-
    Fälsch. 227
  199388 Eroten-Wettfahrt
    210 A 36
    Schlacht 92 A 21
Washington, Dumbarton
  Oaks
  36.65 Jahreszeiten 221.
    259 A 76
  38.93 Girl. aus Antiocheia
    435 A 1. 568 A 89
  – – National Museum
    Girlanden aus Berytus
    565 A 60
Weimar, Schloß
  Relief Hippolytos 393 A 3
  Orest 171. 263
West Wycombe Park
  Meleager-Heimtragung
  263
Widin, Archäol. Park
  S. aus Ratiaria 335
Wien, Kunsthistorisches Museum
  I 162   S. aus Sirmium 330 f.
  I 171   Musen 198. 264
  I 172   Iason 153 f. 262. 289
  I 212   dionys. 311
  I 884   Persephone 177. 263
  I 1101 att. Musen 423. 459
  I 1125 flieg. Niken
           214 A 10

  I 1126 Persephone 178 f.
  I 1127 Berufe (?) 122. 126
  I 1131 flieg. Eroten
           214 A 10,
           239 A 15
  I 1133 Jagd 95
  III 94 S. aus Brigetio 324
  III 1085. 1086 Ostoth. aus
           Ephesos 519 A 5
           K. A. Säulens.
           503 A 57
  – – Museum der Stadt Wien
    lokale S. 323
  – – Universität, Archäol.
    Sammlung
    Aeneas 134 A 1
Wilton House
  Meleager-Tod 165 f. 263
  Riefel-Meleager 163. 166
  Niobiden 169. 263
  Triptolemos 72 A 71. 187 f.
    264
Woburn Abbey
  Achill 129
  att. Achill 377. 385 ff.
    400 A 7. 403 A 12. 458
  att. Achill Frgt. 384
  att. Greif/Stier 445
  att. Hippolytos 395 ff.
    458
  Meleager 161 f. 163. 262
  Musen 200
  Urne 50 A 96
Worcester, Art Museum
  1915.75 Urne 48 A 75
  1939.79 att. Girlanden
    435 ff. Nr. 81. 445 A 22
  1940.11 att. (?) Girlanden
    435 ff. Nr. 82
Wraza
  lok. Ostothek 343

Würzburg, Martin-von-
  Wagner-Museum
  Meleager 162 f. 474

Xanthos/Lykien
  att. Eroten 424 ff. Nr. 80
  att. Klinen-D. 372 A 51
  att. Schlacht 405 ff. Nr. 68
  lokale S. 537

Yalvaç/Pisidien, Museum
  17. 21 K. A. Fries 501 A 45
  22. 23. 61. 212 K. A. Amazonen 501 A 43.
    539 A 36
  35 lok. Girlanden 544
  1850 lok. Paar 512 A 18.
    533 A 21. 545. 548 f.
York, Museum
  lokale S. 307

Zadar, Archäol. Museum
  att. Achill 388
  lok. Endymion 316
  att. Eroten 424 ff. Nr. 23.
    459 (Druckfehler: 24)
  Säulens.-Hermes/Herakles
    40 A 54. 316
  att. Meleager 399 ff.
  S. aus Salona 315
Zagarolo, Palazzo Rospigliosi
  Feldherr 106
Zagreb, Archäol. Museum
  Lebenslauf 106 ff. Nr. 11
  S. aus Munic. Iasorum
    329 f.
  S. aus Sirmium 330 f.
  Säulens. aus Sirmium 331
Zürich, Rehalp Friedhof
  Säulens.-Jahreszeiten
    77 A 12. 265

TAFELN

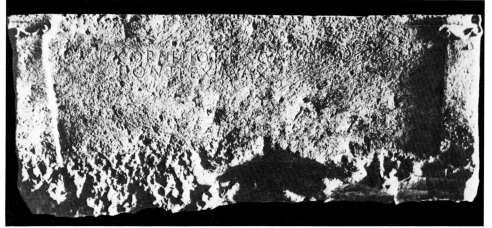

1 Rom, Pal. Cons., Sarkophag des P. Cornelius

2 Vatikan, Sarkophag des C. L. Scipio

3 Berlin, Sarkophag Caffarelli

4 Rom, Friedhof bei der Cestius Pyramide

5 Rom, NM, Serienurne des Pardalas

6 Pisa, Sarkophag der Rafidia

7 Ariccia

8   Ostia Antica

9   Rom, Pantheon

10 Pisa

11 Rom, Villa Giulia

12 Rom, NM 1301

13 Venedig 44

14 Venedig 156

15 Vatikan 10519

16 Verschollen

17 Rom, Mus. Cap.

18 Rom, NM 1038

19 Rom, NM 1044

20 Rom, NM 34158

21 Hever Castle

22 München

23 Vatikan 9819/20

24 Vatikan

25 Rom, NM 1039

26 Verschollen

27 Kopenhagen

28 Worcester

29 Rom, Pal. Cons.

30 Vatikan 9815/16

31 Vatikan 10696

32 Vatikan 10694

33 Ostia

34 Pawlowsk

35 Vatikan 10591

36 Rom, NM 34

37 Vatikan 2608

38 Paris

39 Vatikan 9813/14

40 Rom, NM 121649

41 Mazara

42 Rom, NM 125407

43 Rom, V. Albani

44 Cambridge/Mass.

45 Rom, Pal. Cons.

46 Vatikan 1667

47 Vatikan 10529

48 Pawlowsk

49 Vatikan 109a

50 Rom, NM 325

51 London

52 Rom, NM 65197

53 Leningrad

54 London

55 Rom, NM 39869

56 Rom, Pal. Cons.

57 Rom, NM 34048

58 Rom, DAI

59 Boston

60 Rom, NM 61586

61 Rom, NM 125829

62 Rom, NM 125605

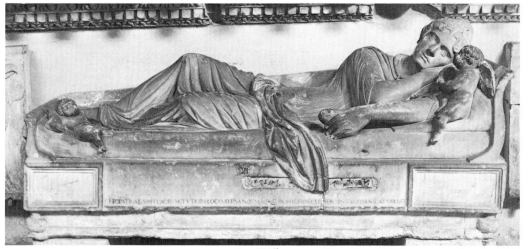

63 Vatikan

64 Rom, NM 72879

65 Kopenhagen

66/67 Urbino, Platte des Eutropos

68 Rom, S. Andrea, Jahreszeiten

69 Rom, Pal. Cons., Jahreszeiten

70 Ostia Antica, Endymion

71 Vatikan, Sarkophag des Valerianus

72 Rom, NM, Eroten

73 Cava dei Tirreni, Schlacht

74 Rom, Mus. Cap., Schlacht Ammendola

75 Rom, Antiquarium auf dem Celio, Schlacht

76 Rom, NM, Schlachtsarkophag von Portonaccio

77/78 Rom, NM, und Mainz (Deckel), Schlachtsarkophag Ludovisi

79 Rom, NM, Jagd

80 Rom, Pal. Lepri Gallo, Hippolytos

81 Barcelona, Löwenjagd

82 Paris, Löwenjagd

83　Kopenhagen, Löwenjagd

84　Rom, Pal. Mattei, Löwenjagd II

85　Rom, Pal. Mattei, Löwenjagd I

86 Rom, S. Pietro, Löwenjagd

87 Rom, S. Callisto, Löwenjagd

88 S. Elpidio, Löwenjagd

89 Kopenhagen, Eberjagd

90 Florenz, Baptisterium, Eberjagd

91 Neapel, Jagd

92 Rom, Pal. Cons., Jagd

93　Mantua, Hochzeit

94　Frascati, Hochzeit

95　Rom, NM, Neoptolemos

96　Vatikan, Feldherr

97 Rom, S. Lorenzo, Hochzeit

98 Pisa, Hochzeit

99 Florenz, Mus. dell'Opera, Hochzeit

100 Rom, Mus. der Prätextatkatakombe, sog. Sarkophag des Balbinus

101 Neapel, ‚Brüdersarkophag'

102 Rom, NM, ‚Annona-Sarkophag'

103 Rom, NM, Sarkophag von Acilia   104 Vatikan

105 Vatikan, Hochzeit

106 Rom, NM, Hochzeit

107 Rom, NM

108 London

109 Vatikan, Sarkophag des P. C. Vallianus

110 Verschollen

111 Rom, NM

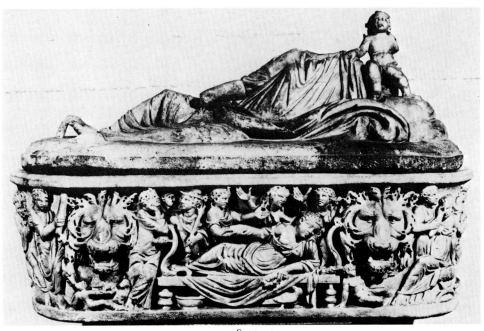

112 Stuttgart

113 Rom, NM, Wagenfahrt

114 Paris, Lebenslauf

115 Rom, Mus. Torlonia, Lebenslauf

116 Paris, Lebenslauf

117　Rom, NM

118　Wien

119　New York

120　Vatikan, Weinlese

121 Rom, V. Medici, Opfer

122 Pisa

123 Vatikan, Sarkophag von der Via Salaria

124 Rom, NM, Sarkophag des Iulius Achilleus

125 Rom, Via del Banco di S. Spirito 42

126 Rom, Villa Doria

127 Ostia, Isola Sacra

128 Vatikan, Wettkämpfe

129 Vatikan, Wagenrennen

130 Ostia, Prozession

131 Rom, S. Lorenzo, Prozession

132 Ostia, Schiffahrt und Gaststätte

133 Kopenhagen, Schiffahrt

134 Rom, Pal. Colonna, Schiffahrt

135 Vatikan, Schiffahrt

136 Verschollen, Achill auf Skyros

137 Vatikan, Achill auf Skyros

138 Paris, Priamos vor Achill

139 Rom, NM, Aeneas

140 Rom, S. Paolo, Achill

141 Paris, Adonis

142 Vatikan, Adonis

143 Vatikan, Alkestis

144 Rom, V. Borghese, Apollo

145 Palermo, Amazonen

146 London, Amazonen

147 Rom, Mus. Cap., Amazonen

148 Mazara, Amazonen

149 Vatikan, Amazonen

150 Grottaferrata, Ares

151 Rom, Pal. Mattei, Säulensarkophag

152 Rom, Pal. Mattei, Mars und Rhea Silvia

153 Rom, Villa Doria, Bellerophon

154 Algier, Bellerophon

155 Rom, Mus. Cap., Endymion

156 New York, Endymion

157 Rom, Mus. Cap., Endymion

158 Paris, Endymion

159 New York, Endymion

160 Genua, Endymion

161 Rom, Pal. Doria, Endymion

162 Vatikan, Ganymed

163 Vatikan, Giganten

164 Rom, NM, Grazien

165 Mantua, Ilioupersis

166 Florenz, Herakles

167 Mantua, Herakles

168 Rom, NM, Herakles

169 Rom, Pal. Mattei, Hylas

170　Pisa, Hippolytos

171　Vatikan, Hippolytos

172　Rom, NM, Hippolytos

173 Rom, Mus. der Prätextatkatakombe, Iason

174 Ostia, Kentauren

175 Venedig, Kleobis und Biton

176 Vatikan, Leukippiden

177 Rom, Pal. Cons., Marsyas

178 Rom, Pal. Doria, Marsyas

179 Paris, Marsyas

180 Rom, NM, Medea

181 Basel, Medea

182 Rom, Campo Verano, Orpheus

183 Mailand, Meleager

184 Rom, Pal. Doria, Meleager

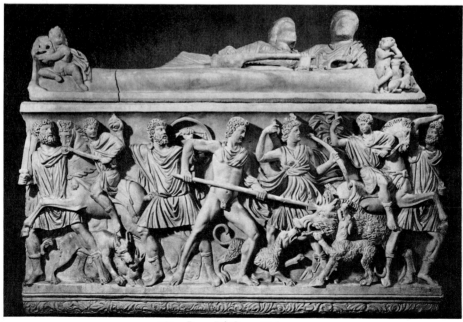

185 Rom, Pal. Cons., Meleager

186　Istanbul, Meleager

187　Basel, Meleager

188　Perugia, Meleager

189 Vatikan, Niobiden

190 Providence, Niobiden

191 Vatikan, Niobiden

192 Vatikan, Orest

193 Leningrad, Orest

194 Berlin, Orest

195 München, Orest

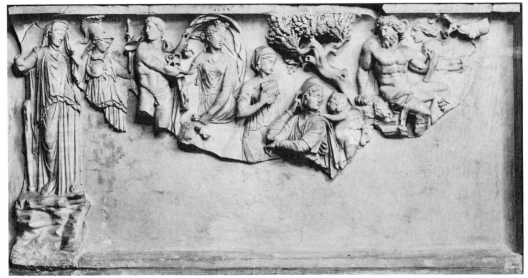

196 Rom, NM, Parisurteil

197 Rom, V. Medici, Parisurteil

198 Rom, V. Albani, Peleus und Thetis

199 Vatikan, Pelops

200 Tipasa, Pelops

201 Rom, V. Albani, Pelops

202 Rom, V. Doria, Sieben gegen Theben

203 Rom, Pal. Rospigliosi, Persephone

204 Baltimore, Persephone

205 Rom, Mus. Cap., Persephone

206 Wien, Persephone

207 Askalon, Persephone

208 Rom, Mus. Cap., Unterwelt

209 Florenz, Mus. Bardini, Perseus

210 Wilton House, Triptolemos

211 Liverpool, Phaethon

212 Florenz, Phaethon

213 Rom, V. Borghese, Phaethon

214   Paris, Prometheus

215   Rom, Mus. Cap., Prometheus

216   Neapel, Prometheus

217 Neapel, Protesilaos

218 Vatikan, Protesilaos

219 New York, Theseus

220 Cliveden, Theseus

221 Rom, NM

222 Neapel

223 Rom, Pal. Sacchetti

224 Rom, NM

225 Rom, Pal. Cons.

226 Neapel

227 Vatikan

228 Rom, NM

229 Hever Castle

230 Rom, NM

231 Rom, Mus. Cap.

232 Vatikan

233 Rom, NM

234 Ferentillo

235 Paris

236 Rom, NM

237 Verschollen

238 Vatikan

239 Rom, Pal. Colonna

240 Rom, NM

241 Rom, Circonvallazione Appia

242 Tipasa

243 Vatikan

244 Rom, Pal. Cons.

245 Neapel

246 Mailand

247 Taormina

248 Rom, NM

249 Rom, NM

250 Paris

251 Rom, Pal. Venezia

252 Rom, Pal. Cons.

253 Rom, S. Lorenzo in Panisperna

254 Tunis

255 Vatikan

256 Rom, Pal. Cons.

257 Pisa

258 Rom, Pal. Cons.

259 Washington

260 Rom, V. Medici

261 Paris

262 Rom, Pal. Cons.

263 San Simeon

264 Rom, Mus. Torlonia, Sarkophag des Pullius Peregrinus

265 Vatikan, ‚Plotin'-Sarkophag

266 Rom, NM, Musensarkophag Mattei

267 Paris

268 Vatikan

269 Rom, NM

270 Rom, S. Maria Antiqua

271 Hever Castle

272 Ostia

273 Orvieto

274 Cava dei Tirreni

275 Rom, Mus. Torlonia

276 Rom, V. Albani

277 Kopenhagen

278 Vatikan

279 Ostia

280 Ostia

281 Rom, Pal. Corsini

282 Rom, NM

283 Rom, NM

284 Vatikan

285 Rom, Pal. Cons.

286 Rom, Pal. Cons.

287 Rom, NM

288 Ostia

289 Brüssel

290 Rom, Pal. Cons.

291 Genzano

292 Rom, Pal. Farnese

293 Pisa

294 Pisa

295 Vatikan

296 Ostia, Azienda 10

297 Velletri, Kathedrale

298 Aquino

299 Florenz, Baptisterium

300 Modena

301 Torcello, Kathedrale

302 Ravenna

303 Pesaro

304 Ravenna

305 Modena

306 Ferrara

307 Ancona

308 Neapel, Amazonen

309 Capua, Hippolytos

310 Neapel

311/12 Neapel

313 Salerno

314 Salerno

315 Salerno

316 Neapel

317 Brignoles, Sarkophag aus La Gayole

318 Arles

319 Arles

320 Arles

321 Arles

322 Arles

323 Köln

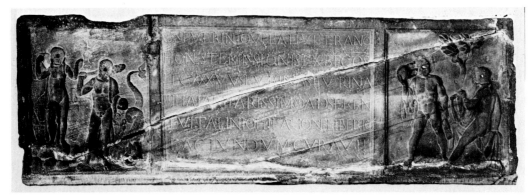
324 Köln

325 Verschollen, ehem. Köln

326 Trier, St. Matthias

327 Trier

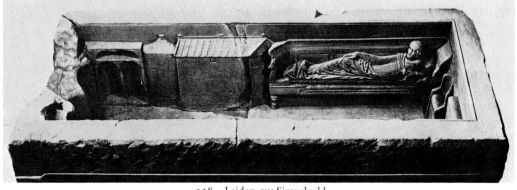

328 Leiden, aus Simpelveld

329 Straßburg, aus Königshofen

330 Augsburg

331 Augsburg

332 York

333 London

334 Belem

335 Tarragona, Musen

336 Annaba, Amazonen

337 Ehem. Philippeville

338 Tunis, Jahreszeiten

339 Karthago, Eroten

340 Algier

341 Timgad

342 Timgad

343 Ehem. Philippeville

344 Solin, Sv. Kajo

345 Salona

346 Split

347 Split

348 Split

349 Zadar, aus Narona

350 Kopenhagen

351 Split

352 Aquincum

353 Budapest, aus Brigetio

354 Belgrad, aus Sirmium

355/56 Kostolac, aus Viminacium

357 Widin, aus Ratiaria

358 Constantza, aus Tomis

359 Constantza, aus Tomis

360 Silistria, aus Durostorum

361 Caracal, aus Romula

362–65 Bukarest, aus Romula (?)

366 Çanakkale, aus Madytos

367 Istanbul 4252

368 Tekirdağ, aus Bizanthe

369 Istanbul 4998

370 Istanbul 4983

371 Istanbul 4944

372 Istanbul 4476

373 Beroia

374 Beroia

375 Thessaloniki

376 Thessaloniki, datiert 129/30 n. Chr.

377–79 Thessaloniki, Sarkophag der Annia Tryphaina, datiert 134/35 n. Chr.

380/81   Thessaloniki, datiert 145 n. Chr.

382   Thessaloniki, datiert 161 n. Chr.

383   Thessaloniki, Sarkophag des Tiberios Klaudios Lykos, datiert 147/48 n. Chr.

384 Thessaloniki

385 Thessaloniki

386 Thessaloniki

387 Thessaloniki

388 Thessaloniki

389/90   Thessaloniki

391/92   Thessaloniki

393   Hierissos, aus Akanthos

394 Theben, Hagios Loukas

395 Delphi, Ost-Nekropole

396 Nikopolis

397　Patras

398　Patras

399　Paros

400 Gytheion

401 Mistra, Kirche Gouballi

402 Sparta

403　London, aus Hierapytna

404　Herakleion

405　Gortyn

406 Patras, Löwenjagd

407 Vatikan

408 Athen, Akademie

409/10 Antakya, Nebenseiten des Sarkophags mit Eros und Psyche

411 Neapel, Achill

412 London, Achill

413 Rom, Mus. Cap., Achill

414   Beirut, aus Tyros, Achill

415/16   Beirut, aus Tyros, Achill

417 London, Schleifung Hektors

418 Woburn Abbey, Schleifung Hektors und Priamos vor Achill

419 Beirut, aus Tyros, Priamos vor Achill

420 Paris, Amazonen

421 Thessaloniki, Amazonen

422 Rom, S. Maria sopra Minerva, Herakles

423 Thessaloniki, Kentauren auf der Jagd

424 Split, Kentaurenkampf

425 Beirut, aus Tyros, Hippolytos

426 Agrigent, Hippolytos

427/28 Budapest, Hippolytos

429 Athen, Meleager

430 Damaskus, Meleager

431 Thessaloniki, Meleager

432　Chicago, Meleager

433　Thessaloniki, Orpheus

434/35　Theben, Orest

436　Beirut, aus Tyros, Unterwelt

437 Thessaloniki, Unterwelt

438 Athen, Pelops

439 Korinth, Sieben gegen Theben

440 Ptolemais, Schlacht

441 Selçuk, Schlacht

442 Beirut, aus Tyros, Schlacht

443 Tyros, Schlacht

444 Tyros, Kampf bei den Schiffen

445 Thessaloniki, Kampf bei den Schiffen

446 Brescia, Kampf bei den Schiffen vor Marathon

447　Istanbul, dionysischer Sarkophag

448　Tyros, dionysischer Sarkophag

449　Istanbul, dionysischer Sarkophag

450   Thessaloniki, dionysischer Sarkophag

451   Selçuk, Tor der Verfolgung, Weinlese

452/53   Rom, S. Lorenzo, Weinlese

454 Athen, Eroten

455 Istanbul, Eroten

456 Antakya, Eros und Psyche, stiertötende Niken

457   Athen, Eroten

458   Beirut, aus Tyros, Eroten

459   Side, Eroten

460 Athen, Akademie, jagende Eroten

461 Verschollen, ehem. Rom, Eroten beim Wettkampf

462 Rom, Prätextat-Katakombe, wagenfahrende Eroten

463 Damaskus, aus Laodikeia, Eroten

464/65 Split, jagende Eroten

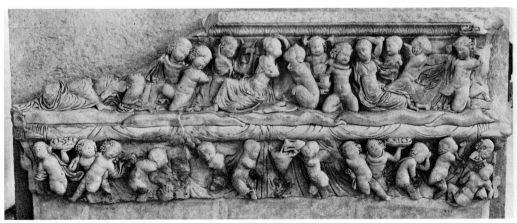

466 Thessaloniki, Erotengelage

467 Athen, NM

468 Athen, Römische Agora

469 Athen, Akademie

470 Kephissia

471 Beirut, aus Tyros

472 Preveza, aus Nikopolis

473 Kephissia, Meerwesen

474 Berlin

475 Antakya

476 Myra

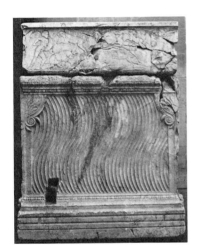

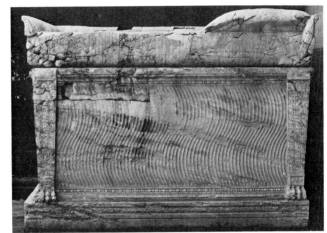

477/78 Beirut, aus Tyros

479 Athen, Kerameikos

480 Malibu

481/82 Vatikan, Ostothek mit Girlanden

483 Antalya, aus Perge

484 Rom, Pal. Borghese

485 Beirut

486 Antalya

487　Antalya, aus Perge

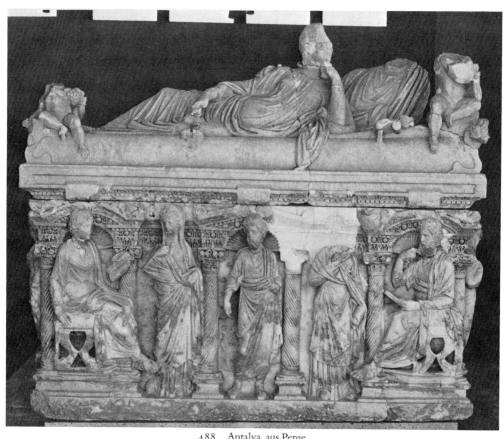

488　Antalya, aus Perge

489 Rom, Gall. Borghese

490–93 Istanbul, Säulensarkophag aus Sidamaria

494 Bilecik 495 Iznik

496 Iznik

497 Bursa

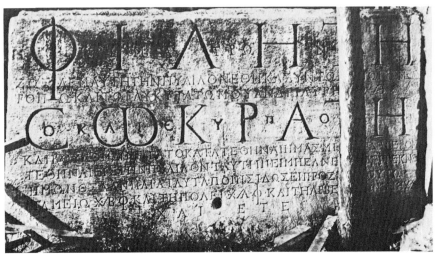

498 Gebze

499 Damaskus

500 Istanbul, aus Parion

501 Pergamon

502 Thessaloniki

503 Paris

504 Aigina

505/06 Ephesos, Sarkophag des Celsus

507　Ehem. Alaşehir

508　Selçuk, aus Ephesos

509　Selçuk, aus Ephesos

510   Paris, aus der Nähe von Smyrna, Endymion

511   Istanbul, aus Ephesos

512   Izmir, aus Hypaipa

513   Manisa, aus Philadephia

514   Aydin, aus Tralleis

515   Istanbul, aus Iasos

516 Izmir, aus Germencik

517 Aphrodisias

518 Aphrodisias

519 Aphrodisias

520 Aphrodisias

521 Ehem. Aphrodisias

522 Patara, Lykien

523 Apollonia, Lykien

524/25 Burdur, aus Bubon

526 Termessos

527 Izmir, aus Laodikeia

528 Side

529 Side

530/531 Antalya, aus Side

532 Antalya, aus Perge

533 Antalya, aus Perge

534 Side

535 Side

536 Konya

537 Konya

538 Konya

539 Adana, aus Anazarbos

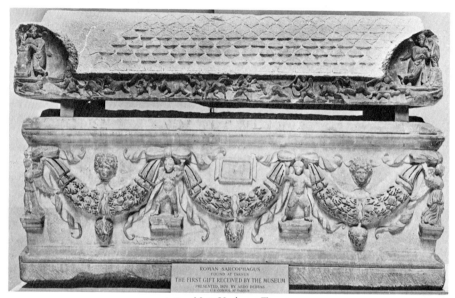

540 New York, aus Tarsos

541 Adana, aus Korykos

542 Adana, aus Augusta

543 Korykos

544 Korykos

545 Dösene

546 Adana

547 Elaiussa Sebaste

548 Istanbul, aus Sinope

549 Amasya

550 Kayseri

551 Tyros

552 Tyros

553 Tyros

554 Tyros

555 Tyros

556/57 Beirut, aus Deb'aal

558 Beirut, aus Sidon

559 Beirut, aus Sidon

560 Beirut, aus Sidon

561   Bryn Mawr College, aus Beirut

562   Washington, aus Beirut

563   Beirut, École de la Sagesse

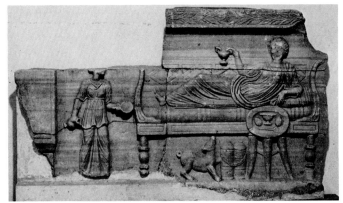

564 Beirut

565 Istanbul, aus Tripolis

566 Istanbul, aus Tripolis

567 Istanbul, aus Tripolis, Hippolytos

568 Baalbek

569 Damaskus, aus dem Hauran

570 Damaskus

571 Kopenhagen, aus Laodikeia

572 Tartous, aus Laodikeia

573 Apameia

574 Aleppo

575 Aleppo

576 Antakya

577 Antakya

578 Antakya

579 Beirut, aus Berytos

580 Beirut, aus Sidon

581 Beirut, aus Sidon

582 Beirut, aus Tyros

583 Jerusalem

584 Sarkophag aus Pella

585 Amman

586 Jerusalem

587 London, aus Jerusalem

588　Jerusalem

589　Beth Sheʻarim

590　Amman

591/92 London, aus Euhesperides

593 Alexandria

594 Alexandria

595 Alexandria

596 Alexandria

597 Rom, St. Peter

598 Vatikan, sog. Sarkophag der Constantina

599 Vatikan, sog. Sarkophag der Helena